PAULI · Lehrbuch der Küche

12. Auflage 1999
30 000 Exemplare
ISBN 3-9520249-4-5

Grundkonzept, Herstellungsleitung und Vertrieb:
Peter Blattner, Creaplan, Zürich

Lektorat, Texterfassung und sprachliche Beratung:
PRS Lektorat
Marianne & Jean-Pierre Duboux,
Thun

Fotokonzept:
Susi & Urs Fröhling, Eschenbach

Fotos und Umschlagfoto:
Dutoit & Hayoz, Fotostudio SWF,
Zürich

Herstellung, Layout, Grafik und Druck:
Schaer Thun AG, Uetendorf

Vignetten:
Yvonne Escher, Ann Kolb,
Beatrice Thommen, Ernst Jaberg,
Rudolf Levers, Peter Weibel

Lithos:
Reproscan AG, Zürich
Magma Fotolithos AG, Herrliberg

Ausrüstung:
Buchbinderei Eibert AG, Eschenbach

Schnitt- und Vorbereitungsarbeiten Bilder:
Lotti Bebie, Zürich

Betriebskundebilder:
Hansjörg Volkart, Zürich

Zubereitungsbildserien:
Studio Teubner, Postfach 1440,
D-87620 Füssen

Umschlaggestaltung:
Ziegelbauer und Derron, Weinfelden

Abschlußlektorat:
Heinrich G. Knorr, Minusio

Meinem Großvater Ernst
und meinem Vater Eugen Pauli
in Dankbarkeit und Verehrung
gewidmet

Dem Berufsnachwuchs als Ansporn,
der Fachwelt zum täglichen Gebrauch
mit Dank und Hochachtung
gewidmet

Das Fachbuch von Profis
für Profis

PAULI Lehrbuch der Küche

Für Theorie und Praxis der modernen
Koch- und Küchentechnik

Empfohlen von der Schweizerischen
Gastronomiefachlehrer-Vereinigung

Offizielles Lehrmittel der deutsch-
schweizerischen Berufsschulen

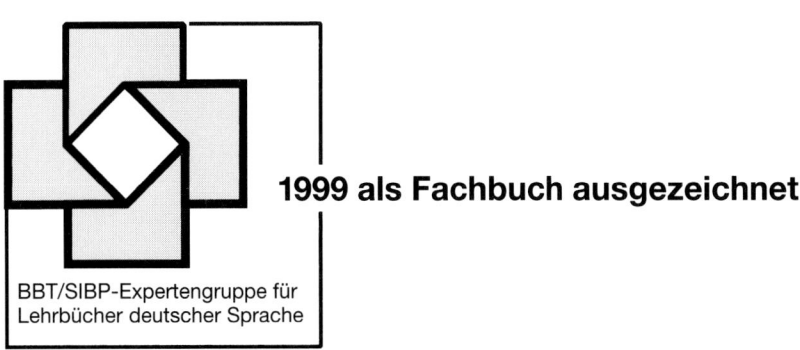

Fachbuchverlag
Philip Pauli
Stein am Rhein

Philip Pauli, geb. 1957, ist Verleger und Autor sowie Inhaber des Copyright des *Lehrbuchs der Küche*.
Er absolvierte die Handelsschule Neuenburg sowie die Hotelfachschule Lausanne und übernahm – nach dem frühen Tod seines Vaters Eugen – 1981 das sich in Überarbeitung befindende Werk. 1984 lancierte er die 10. Auflage, 1985 die *Unterrichts- und Prüfungsfragen*. Es folgten 1986 die zweite französische Ausgabe, die zweite englische und ein Jahr darauf die erste italienische Fassung. 1992 erschien das «Lehrbuch der Küche» in 11. Auflage, 1996 in 3. Auflage in französischer Sprache. Hauptberuflich ist Philip Pauli Treuhänder und Partner der PRT Pauli & Rechsteiner Treuhand AG in Winterthur, wo er für die Abteilung Hotellerie und Gastgewerbe verantwortlich zeichnet.

Walter Schudel, geb. 1942, eidg. dipl. Küchenchef, war nach der Kochlehre sowie verschiedenen Commis- und Chef-de-partie-Stellen in Erstklaßbetrieben unter anderem Küchenchef im kulinarischen Informationszentrum in Zürich. In der Zeit von 1966 bis 1976 wurde er einer breiteren Öffentlichkeit als Olympia- und als Fernsehkoch DRS bekannt.
Als Produktionsleiter erarbeitete er sich die notwendigen Kenntnisse für verschiedene Verfahren in der Großküche. Von 1976 bis 1988 war er als fachtechnischer Mitarbeiter bei der Schweizerischen Fachkommission für die Berufsbildung im Gastgewerbe tätig und prägte während dieser Zeit mit der Erarbeitung von Konzepten, Lehrmitteln und Unterrichtshilfen die Ausbildung im Kochberuf.
Nebst dem Einsatz als Experte an Lehrabschluß- und Höheren Fachprüfungen war er auch Experte an internationalen Berufswettbewerben. Walter Schudel amtet heute als Kochfachlehrer und Abteilungsvorsteher an der Berufsschule Schaffhausen und ist Präsident der Schweizerischen Gastronomiefachlehrer-Vereinigung.

Peter Blattner, geb. 1947, stieß 1977 zum *Lehrbuch der Küche*.
Er war verantwortlich für die Produktion der 9., 10. und 11. Auflage sowie für alle neuen Ausgaben in den verschiedenen Fremdsprachen. Ab 1986 befaßte er sich mit den redaktionellen Vorarbeiten zur 11. Auflage. Als er 1990 als Partner zur Agentur für Verlagsmarketing «creaplan» stieß, wurde ihm vom Autor die Aufgabe übertragen, die 11. Auflage konzeptionell neu zu gestalten, zu produzieren und marktgerecht zu vertreiben.
Peter Blattner freut sich, daß das *Lehrbuch der Küche* über die Fachwelt hinaus, wo es einen einmaligen Stellenwert genießt, zum weitverbreiteten Basiswerk für den anspruchsvollen Laien und Hobbykoch wurde. Zusammen mit seinem Team hat er gerne die Verantwortung für Produktion und Vertrieb der 12. Auflage wieder übernommen.

Für alle Informationen wende man sich direkt an:
creaplan, Postfach, 8052 Zürich
Telefon 01 302 30 11
Fax 01 302 20 22

Vorwort zur 12. Auflage

Im Jahre 1930 hat mein Großvater Ernst Pauli das erste *Lehrbuch der Küche* veröffentlicht. Damit hat er den Grundstein für eines der bedeutendsten Werke der gastgewerblichen Fachliteratur geschaffen.

Im Jahre 1961 hat mein lieber Vater Eugen das Schaffen seines Vaters übernommen und mit großem Erfolg weitergeführt. Unter seiner Leitung entstanden sechs Neuauflagen.

Im Jahre 1981 ist mein Vater unverhofft im Alter von 55 Jahren verstorben. Seither zeichne ich als Autor und Verleger verantwortlich.

Mein ganzes Schaffen ist gekennzeichnet durch die Zusammenarbeit mit meinem lieben Freund, Herrn Walter Schudel, eidg. dipl. Küchenchef, Dachsen. Für seinen unermüdlichen Einsatz und seine große Fachkompetenz danke ich ihm auch im Namen des Berufsnachwuchses von ganzem Herzen.

Der Grundsatz «Moderne Küche und Kochtechnik auf der Basis der klassischen Küche von Escoffier» wurde erweitert durch die heutigen neuzeitlichen Zubereitungsarten und Ernährungsmethoden. Die 12. Auflage wurde gänzlich überarbeitet und gilt als Grundlagenbuch. Die Rezepte wurden deshalb wiederum in ein spezielles Rezeptbuch ausgegliedert. Diese sind in alphabetischer Reihenfolge abgelegt, damit ein schneller Zugriff gewährleistet ist. Neu ist eine CD-ROM beigelegt, die das Arbeiten mit den Rezepten erleichtert. Neu ist ferner die Benennung in englischer Sprache.

Der Einsatz des «Pauli» ist sehr vielfältig. Er dient der Ausbildung der Köche und der Küchenchefs, den Absolventen gastgewerblicher Schulen und Kurse ebenso wie dem interessierten Hobbykoch. Als Grundlagenkochbuch gibt der «Pauli» einen vertieften Einblick in das Abc der Küche.

Basis dieser Auflage bildet die mehr als fünfjährige Vorarbeit zur 11. Auflage der auf den Seiten 481–483 aufgeführten Fachleute. Ich danke allen diesen Mitarbeitern und den auf Seite 9 aufgeführten Institutionen für ihre große Arbeit, welche die vorliegende Auflage überhaupt erst möglich machte. Meinen speziellen Dank möchte ich nochmals Herrn Walter Schudel aussprechen, der mit seinen Kollegen dafür sorgte, daß der neue «Pauli» topaktuell die Schwelle zum 3. Jahrtausend überschreitet.

Philip Pauli

Gesamtkoordination
Walter Schudel, Dachsen

Produktionsleitung
Peter Blattner, Zürich

Fachgruppenleiter
Annen Tony, Chur
Baggenstos Franz, Hünenberg
Bayl Dieter, Littau
Beyerle Dieter, Basel
Dal Maso Siro, Greifensee
Egli Carlos, Baden-Rütihof
Gall Erhard, Bern
Kugler Adolf, St. Gallen
Schaffner Peter, Uitikon-Waldegg
Schmid Hannes, Steckborn
Zigerli René, Sils-Maria

Fachlektoren
Frischknecht Hanspeter, Urtenen
Mäder Willy, Safenwil
Röllin Walter, Weggis
Rüdin Peter, Niederwil
Schmid Konrad, Ottoberg
Stadelmann Josef, St. Gallen

Fachtechnische Mitarbeiter
Abfalter Günter, Ittigen
Bocksberger Erwin, Sulgen
Buri Roland, Ried-Brig
Erni Franz, Zug
Fuchs Armin, Meinisberg
Glauser Günter, Chur
Graf Willy, Bern
Hanselmann Kurt, St. Gallen
Hediger Hans, Bad Ragaz
Hubler Andreas, Bätterkinden
Huck Marcel, Heiden
Hug Hans, Hergiswil
Hurter Bruno, Männedorf
Jäger Guido, St. Moritz, gest. 1992
Karolyi Martin, Frutigen
Kühne Franz, Basel
Luginbühl Rudolf, Zürich
Lutz Dieter, Ebikon
Meili Rolf, Binz
Meier Felix, Wallisellen
Munderich Fritz, Zürich
Müller Hanspeter, Luzern
Nöckl Werner, Thalwil
Nussbaumer Paul, Zürich
Pokora Franz, Speicher
Reiser Edgar, Buochs
Rickert Christian, Ebikon
Roth Marcel, Basel
Sager Pierre, Bern
Schmid Rudolf, Birmensdorf
Schmitz Helmut, Burgdorf
Schneider Hermann, Witterswil
Schuhmacher Werner, Dintikon
Schuler Bruno, Bad Ragaz
Stevens Manfred, Zürich
Wandeler Anton, Basel
Wanzenried Regina, Winterthur
Warga Hans, Thun
Wisler Beat, Winterthur
Wyss Peter, Gstaad

Im weiteren gilt der Dank folgenden Personen, Institutionen und Firmen:

Bachmann Rudolf, G. Bianchi AG, Zürich
Bianchi AG, Zürich
Bilco-Schwabenland AG, Großküchenbedarf, Zürich
Diethelm Rolf, dipl. Küchenchef, Basel
Dörig & Brandl AG, Schlieren
Franke AG, Aarburg
Gschwind B., Nestlé Produkte AG, Basel
Hammer AG, Großküchenapparate und Einrichtungen, Chur
Höhere Gastronomie-Fachschule Thun, Armin Meier und Hanspeter Brunner
Kälte 3000 AG, Kälte- und Energietechnik, Landquart
Keller Dr. R., Sais Catering, Horn
Kuhn, Metallwarenfabrik, Rikon
Lauffer Marlis, Dr. med. vet., Bundesamt für Veterinärwesen, Liebefeld
LIPS Maschinenfabrik, Urdorf
Lüchinger & Schmid AG, Buchs
Metzgerei Angst AG, Zürich
Metzgerei Bächtold, Zürich
Meyer Kurt, Küchenchef, Hans Giger AG, Gümligen
Noser Fridolin, Noser-Inox AG, Metallwarenfabrik, Oberrohrdorf
Pressestelle Schweizerischer Jagdverbände
Ruch Jakob, Direktor, Kältering AG, Interlaken
Sais Food Catering, Zug
Schöpfer J., Nestlé Produkte AG, Basel
Schramm R., Sais Catering, Zug
Schweizerische Fachkommission für Berufsbildung im Gastgewerbe, Weggis
Schweizerische Fachschule für das Metzgereigewerbe, Spiez
Schweizerische Vogelwarte, Sempach
Schweizerischer Milchverband, Bern
Soltermann Hans-Peter, Gümligen
Spring, Metallwarenfabrik, Eschlikon

Thalmann Franz, Technischer Berater Kälte 3000 AG, Landquart
Verband Schweizer Metzgermeister, Zürich
Vonlanthen Alex, E & H Einkauf + Lager AG, Winterthur
Wangler Werner, Schulungsleiter Franke AG, Aarburg

Bei der Herstellung der Farbaufnahmen haben uns folgende Firmen unterstützt:

Baer Weichkäserei AG, Küssnacht (Weichkäse)
Bianchi AG, Zürich (Wild)
Bilco-Schwabenland AG, Zürich (Küchengeräte)
Vormals **Boucherie du Grand Molard,** Zürich
(Schlachtfleisch und Geflügel)
Brunner, Kloten
(Gemüseschneidemaschine)
Brunner, Zürich
(Früchte und Gemüse)
Dörig & Brandl AG, Zürich
(Fische und Krustentiere)
Hebeisen Walter, Zürich (Käse)
Pakoba AG, Stetten (Gewürze)
Schweizer Käseunion AG, Bern (Käse)

Ausblick des Autors

Als ich 1992 den Ausblick für die 11. Auflage zusammenstellte, waren wir mitten in einem rasanten Ablösungsprozeß in Politik und Wirtschaft, und wohl niemand konnte ahnen, was uns die Neunziger alles bringen würden. Nun stehen wir an der Schwelle zu einem neuen Jahrhundert, das gleichzeitig ein neues Jahrtausend sein wird. Wir mußten von vielem Abschied nehmen, was uns lieb und teuer war, doch hat sich gezeigt, daß das Schweizer Gastgewerbe auch schwierige Zeiten zu meistern vermag.

Auch in der Gastronomie und im Tourismus wurde viel Traditionelles «über Bord gekippt». Wer hätte je gedacht, daß ein Wirt ohne Patent sein Lokal führen dürfte, daß alte Zöpfe wie die Bedürfnisklausel und eng ausgelegte Polizeistunden fallen würden.

Jede Neuerung bietet eine Chance, so gerade in der Ausbildung. In den langen Jahrzehnten des Bestehens des *«Lehrbuchs der Küche»* hat es das Redaktionsteam immer wieder verstanden, das Buch auf die nächste Zukunft auszurichten. So wurden bei der vorliegenden 12. Auflage zahlreiche Korrekturen, z. B. in der Lebensmittelverordnung, vorgenommen. Die Mehrwertsteuer ist ein weiteres Thema. Und die Benennung der Rezepte in englischer Sprache im Rezeptbuch ist sicher nützlich. Ziel ist es, daß der «Pauli» auch im neuen Jahrhundert hält, was er verspricht: «Kontinuierliche Qualitätsanforderung in und um die moderne Küche, die Zubereitungsmethoden und die gesunde Ernährung als Basis jeder Ausgabe. Es bleibt nur, was wichtig und unumstößlich ist, es fällt weg, was übertrieben oder überholt wirkt, es kommt dazu, was die Gastronomie im dritten Jahrtausend zu leisten hat.» Allen Mitarbeitern auch an dieser Stelle ein herzliches Dankeschön. Und Ihnen, liebe Leser/innen, viel Vergnügen an der neuen Lektüre. Dem Nachwuchs diene die neue Ausgabe als Standardwerk in der Schule und auf dem späteren Lebensweg.

Stein am Rhein   Philip Pauli
Frühjahr 1999

Inhalt

1. Fachkunde

1.1	Berufsethik 19	1.3.2	Schimmelpilze 26
1.2	Die schweizerische Lebensmittelgesetzgebung 20	1.3.3	Hefen 27
1.2.1	Die Lebensmittelverordnung (LMV) 20	1.3.4	Ursachen von lebensmittelbedingten Erkrankungen 27
1.2.2	Die Fleischhygieneverordnung (FHyV) 20	1.3.5	Massnahmen zur Verhütung von lebensmittelbedingten Erkrankungen 27
1.2.3	Die Verordnung über Gebrauchsgegenstände (GebrV) 20	1.4	Berufshygiene 28
1.2.4	Die Nährwertverordnung (NwV) 20	1.4.1	Grundsatz 28
1.2.5	Die Hygieneverordnung (HyV) 20	1.4.2	Persönliche Hygiene 28
1.2.6	Die Zusatzstoffverordnung (ZuV) 21	1.4.3	Warenhygiene 28
1.2.7	Die Fremd- und Inhaltsstoffverordnung (FIV) 22	1.4.4	Hygiene von Gebrauchsgegenständen, Maschinen, Apparaten, Räumlichkeiten und Einrichtungen 29
1.2.8	Vollzug und Kontrolle der Lebensmittelgesetzgebung 22	1.4.5	Reinigung und Desinfektion 29
1.2.9	Prinzipien, Kontrollen, Strafbestimmungen, Rechtswege 22	1.4.6	Eigenverantwortung / Selbstkontrolle 30
1.2.10	Organisation der Lebensmittelkontrolle 22	1.5	Unfallverhütung und Erste Hilfe 30
1.2.11	Personen des Vollzugs der Lebensmittelkontrolle 23	1.6	Rezept- und Menübuch 32
1.3	Mikrobiologische Grundlagen 25	1.6.1	Rezeptbuch 32
1.3.1	Bakterien 25	1.6.2	Menübuch 33

2. Betriebskunde

2.1	Küchenbrigade 37	2.11	Küchenmaschinen 51
2.2	Rangstufen 38	2.12	Gastro-Norm / Euro-Norm 53
2.2.1	Aus- und Weiterbildungsstufen im Kochberuf 38	2.13	Geschirrmaterialien 54
2.3	Funktionen 39	2.14	Kochgeschirr 56
2.4	Mise en place 40	2.15	Küchenzubehör 58
2.4.1	Grund-Mise-en-place 40	2.15.1	Messer 58
2.4.2	Tages- und Posten-Mise-en-place 40	2.15.2	Werkzeuge 59
2.4.3	Mise en place Produktionsküche 40	2.15.3	Küchenutensilien 61
2.4.4	Mise en place Fertigungsküche 40	2.15.4	Anrichtegeschirr 62
2.5	Küchenorganisation 40	2.16	Kühlung 62
2.5.1	Küchentypen 40	2.16.1	Kälteerzeugung 62
2.6	Informatik 42	2.16.2	Wärmerückgewinnung 64
2.7	Küchenplanung 42	2.16.3	Kühltemperaturen und Luftfeuchtigkeit 64
2.7.1	Planungsstufen 42	2.16.4	Kühl- und Tiefkühlräume 65
2.7.2	Planungsrichtlinien 43	2.16.5	Kühl- und Tiefkühlzellen 65
2.8	Wärmearten 46	2.16.6	Kühl- und Tiefkühlschränke 65
2.9	Kochgeräte und -apparate 46	2.16.7	Tiefkühlverfahren 65
2.10	Speisenaufbereitungsgeräte und Verteilsysteme 51	2.16.8	Spezialkühl- und -tiefkühlapparate 65
2.10.1	Speisenaufbereitungsgeräte 51	2.16.9	Glace-Herstellungsgeräte 65
		2.16.10	Tiefkühlkette 65
		2.17	Küchenfachausdrücke 66

3. Ernährungslehre

3.1	Die Zelle 71	3.8.1	Mineralsalze 77
3.2	Nährstoffe 71	3.8.2	Vitamine 77
3.3	Energie 72	3.8.3	Enzyme / Fermente 78
3.4	Kohlenhydrate / Saccharide 72	3.8.4	Hormone 78
3.5	Fette / Lipide 74	3.9	Geschmacks- und Reizstoffe 78
3.6	Eiweißstoffe / Proteine 75	3.10	Stoffwechsel 79
3.7	Wasser 76	3.10.1	Verdauung 79
3.8	Wirkstoffe 76	3.10.2	Zwischenstoffwechsel 80

3.11	Schadstoffe in der Nahrung 81	3.15	Diätkostformen 83
3.12	Anforderungen an eine gute Ernährung 81	3.15.1	Leichte Vollkost 84
3.13	Spezielle Kostformen 82	3.15.2	Ernährung bei Zuckerkrankheit 84
3.13.1	Vollwerternährung 82	3.15.3	Reduktionskost 85
3.13.2	Vegetabile Kostformen 82	3.15.4	Ernährung bei Herz- und Kreislauferkrankungen 85
3.14	Ernährung und Gesundheit 83		

4. Warenkunde

4.1	Einkauf und Kontrolle 89	4.5.1	Getreidearten 178
4.2	Tierische Nahrungsmittel 89		1. Brotgetreide 179
4.2.1	Fische 90		2. Übrige Getreidearten 180
	1. Salzwasser- oder Meeresfische 92	4.5.2	Getreide- und Mahlprodukte 181
	2. Süßwasserfische 104	4.5.3	Stärkeprodukte 183
4.2.2	Krustentiere, Weichtiere und Stachelhäuter 118	4.5.4	Brot 183
	1. Krustentiere 118	4.5.5	Trieb- und Lockerungsmittel 188
	2. Weichtiere 120	4.5.6	Teigwaren 188
	3. Stachelhäuter 122	4.5.7	Hülsenfrüchte 189
4.2.3	Fleisch 123	4.5.8	Gemüse 190
	1. Kalbfleisch 143	4.5.9	Kartoffeln 204
	2. Rindfleisch 144	4.5.10	Pilze 207
	3. Schweinefleisch 145	4.5.11	Obst 211
	4. Lammfleisch 146	4.5.12	Obsterzeugnisse 223
	5. Gitzi/Zicklein 146	4.5.13	Zucker 223
	6. Kaninchen 146	4.5.14	Gewürze 224
	7. Schlachtnebenprodukte 146	4.5.15	Würzmittel 230
4.2.4	Pökelwaren 147	4.6	Salze 232
4.2.5	Wurstwaren 147	4.7	Hilfsmittel 233
4.2.6	Mastgeflügel 149	4.7.1	Aromastoffe / Essenzen 233
4.2.7	Wild 159	4.7.2	Farbstoffe 233
	1. Haarwild 159	4.7.3	Geliermittel 233
	2. Federwild 160	4.7.4	Konditorei-Halbfabrikate 234
4.3	Nahrungsmittel tierischen Ursprungs 161	4.7.5	Zuckeraustauschstoffe und künstliche Süßstoffe 235
4.3.1	Milch 161	4.7.6	Honig 236
4.3.2	Milchprodukte 163	4.7.7	Convenience Food 236
4.3.3	Eier 171	4.8	Kaffee und Tee 237
4.4	Speisefette und Speiseöle 173	4.8.1	Kaffee 237
4.4.1	Tierische Fettstoffe 174	4.8.2	Tee 238
4.4.2	Pflanzliche Fettstoffe 175	4.9	Kakao und Schokolade 239
4.4.3	Margarine 177	4.9.1	Kakao 239
4.5	Pflanzliche Nahrungsmittel 178	4.9.2	Schokolade 240

5. Menükunde

5.1	Geschichte der Kochkunst 243	5.5.2	Speisekartentypen 253
5.1.1	Geschichtliche Entwicklung 243	5.6	Speiseservice 253
5.1.2	Lexikon richtungsbestimmender Persönlichkeiten und Ereignisse 244	5.6.1	Organisation 253
5.2	Menüplanung 244	5.6.2	Mise en place 253
5.3	Speisenfolge (Menügerippe) 246	5.6.3	Grundgedeck 253
5.3.1	Klassische Speisenfolge 246	5.6.4	Serviceregeln 253
5.3.2	Moderne Speisenfolge 247	5.6.5	Anrichten 254
5.4	Mahlzeitenarten, Menütypen 248	5.6.6	Servicearten 254
5.4.1	Mahlzeitentypen 248	5.6.7	Serviceabläufe 254
5.4.2	Menütypen 249	5.7	Menürechtschreibung 255
5.4.3	Bankettmenü und Bankettplanung 251	5.7.1	Allgemeine Schreibregeln (für alle Sprachen) 255
5.5	Speisekarten 252	5.7.2	Deutsche Menürechtschreibung 256
5.5.1	Kartengestaltung 252	5.7.3	Französische Menürechtschreibung 257

6. Küchenkalkulation

6.1 Grundbegriffe der Küchenkalkulation 261
6.1.1 Begriffserklärungen 262
6.2 Berechnen von Nettogewicht, Abfall, Bruttogewicht 262
6.2.1 Rüstverluste bei Gemüse 264
6.2.2 Rüstverluste bei Obst 264
6.2.3 Filetierverluste bei Fischen, Verluste beim Auslösen des Fleisches von Krusten- und Weichtieren 264
6.2.4 Gewichtsverluste durch unterschiedliche Garmethoden 265
6.3 Einkaufspreis, Warenkosten 265
6.4 Berechnung von Menüs und Gerichten 266
6.5 Kostenberechnung 267
6.5.1 Ermitteln des Verkaufspreises 267
6.5.2 Ermitteln der Warenkosten eines festgelegten Verkaufspreises 267
6.5.3 Ermitteln der Warenkosten in Prozenten 267
6.5.4 Ermitteln des Bruttoerfolges in Prozenten 268
6.5.5 Ermitteln des verwendeten Faktors 268

7. Kochkunde

7.1 Einleitung 271
7.2 Kochtechnik 272
7.2.1 Physikalisch-chemische Vorgänge 272
7.3 Konservierungsmethoden 278
7.3.1 Wärmeentzug 278
7.3.2 Wärmezufuhr / Energiezufuhr 280
7.3.3 Wasserentzug 281
7.3.4 Sauerstoffentzug 281
7.3.5 Filtrieren 281
7.3.6 Bestrahlen 281
7.3.7 Salzen 281
7.3.8 Pökeln 281
7.3.9 Räuchern 283
7.3.10 Zuckern 283
7.3.11 Säuern 283
7.3.12 Einlegen in Alkohol 283
7.3.13 Chemische Konservierungsstoffe 283
7.3.14 Convenience Food 283
7.4 Die Grundzubereitungsarten 284
7.4.1 Blanchieren 285
7.4.2 Pochieren 286
7.4.3 Sieden / Kochen 287
7.4.4 Dämpfen 288
7.4.5 Fritieren 289
7.4.6 Sautieren / Kurzbraten 290
7.4.7 Grillieren 291
7.4.8 Gratinieren / Überbacken 292
7.4.9 Rösten 292
7.4.10 Backen im Ofen 293
7.4.11 Braten 294
7.4.12 Schmoren 295
7.4.13 Glasieren 296
7.4.14 Poelieren / Hellbraundünsten 296
7.4.15 Dünsten 296
7.5 Hilfsmittel und Zutaten 297
7.5.1 Marinaden 297
7.5.2 Sulzen / Gelees 298
7.5.3 Füllungen 299
7.5.4 Duxelles 300
7.5.5 Zutaten für Fonds, Saucen und Suppen 300
7.5.6 Buttermischungen 302
7.5.7 Bindemittel 303
7.6 Fonds 304
7.6.1 Bouillon 304
7.6.2 Gemüsebouillon 304
7.6.3 Weißer Kalbsfond 305
7.6.4 Geflügelfond 305
7.6.5 Fischfond 305
7.6.6 Fischfumet 305
7.6.7 Brauner Kalbsfond 306
7.6.8 Kalbsjus 306
7.6.9 Bratenjus 306
7.6.10 Wildfond 307
7.6.11 Extrakte 307
7.7 Saucen 307
7.7.1 Einteilung und Übersicht der Saucen 308
7.7.2 Braune Saucen 309
7.7.3 Tomatensaucen 311
7.7.4 Weiße Saucen 311
7.7.5 Buttersaucen 313
7.7.6 Ölsaucen 314
7.7.7 Püreesaucen 315
7.7.8 Spezialsaucen 316
7.8 Suppen 317
7.8.1 Einteilung und Übersicht der Suppen 317
7.8.2 Klare Suppen 318
7.8.3 Gebundene Suppen 322
7.8.4 Nationalsuppen 326
7.8.5 Spezialsuppen 327
7.8.6 Kalte Suppen 327
7.9 Vorspeisen 328
7.9.1 Kalte Vorspeisen 328
7.9.2 Warme Vorspeisen 336
7.10 Eierspeisen 343
7.10.1 Gekochte Eierspeisen 343
7.10.2 Pochierte Eierspeisen 344
7.10.3 Sautierte Eierspeisen 345
7.11 Fischgerichte 346
7.11.1 Übersicht über die Grundzubereitungsarten der Fische 346
7.11.2 Warme Fischgerichte 347
7.12 Krusten- und Weichtiergerichte 362
7.12.1 Vorbereitung der Krustentiere 362
7.12.2 Warme Krustentiergerichte 363
7.12.3 Vorbereitung der Weichtiere 368
7.12.4 Warme Weichtiergerichte 369
7.13 Fleischgerichte von Schlachtfleisch, Wild und Geflügel 372

7.13.1	Übersicht über die Grundzubereitungsarten 373		7.16.9	Gratinieren 426
7.13.2	Sautieren 374		7.17	Gerichte aus Getreideprodukten 427
7.13.3	Grillieren 378		7.17.1	Teigwaren 427
7.13.4	Braten 379		7.17.2	Teiggerichte 429
7.13.5	Backen im Ofen 382		7.17.3	Gnocchi 433
7.13.6	Poelieren 383		7.17.4	Reisgerichte 434
7.13.7	Pochieren 384		7.17.5	Maisgerichte 435
7.13.8	Braisieren / Schmoren 386		7.17.6	Gerichte aus vollem Getreide 436
7.13.9	Dünsten 389		7.18	Nationalgerichte 438
7.13.10	Sieden 391		7.18.1	Die Schweizer Küche 438
7.14	Salate 395		7.18.2	Die französische Küche 439
7.14.1	Salatsaucen 395		7.18.3	Die italienische Küche 440
7.14.2	Einfache Salate 397		7.18.4	Die deutsche Küche 444
7.14.3	Gemischte Salate 398		7.18.5	Die österreichische Küche 445
7.14.4	Zusammengestellte Salate 399		7.18.6	Die spanische und die portugiesische Küche 445
7.14.5	Das Anrichten von Salaten 399		7.18.7	Die britische Küche 446
7.15	Gemüsegerichte 400		7.18.8	Die fernöstliche Küche 446
7.15.1	Übersicht über die Grundzubereitungsarten 400		7.19	Kalte Küche 447
7.15.2	Blanchieren 404		7.19.1	Übersicht über die kalten Gerichte 447
7.15.3	Sieden 404		7.19.2	Arbeiten mit Gelee 447
7.15.4	Dämpfen 406		7.19.3	Pasteten, Terrinen und Galantinen 448
7.15.5	Schmoren, Dünsten 407		7.19.4	Mousse 450
7.15.6	Glasieren 408		7.19.5	Aspiks 455
7.15.7	Gratinieren 408		7.19.6	Kalte Fischgerichte 456
7.15.8	Fritieren 410		7.19.7	Kalte Krustentiergerichte 456
7.15.9	Sautieren 410		7.19.8	Kalte Fleischgerichte 457
7.15.10	Grillieren 414		7.19.9	Garnituren 458
7.15.11	Allgemeine Zubereitungen 415		7.20	Süßspeisen 459
7.16	Kartoffelgerichte 418		7.20.1	Teige 459
7.16.1	Übersicht über die Grundzubereitungsarten 418		7.20.2	Biskuitmassen 465
7.16.2	Blanchieren 418		7.20.3	Cremen 466
7.16.3	Sieden 419		7.20.4	Saucen 467
7.16.4	Dämpfen 420		7.20.5	Glasuren 467
7.16.5	Backen im Ofen 420		7.20.6	Warme Süßspeisen 468
7.16.6	Braten 424		7.20.7	Kalte Süßspeisen 470
7.16.7	Sautieren (Rösten) 424		7.20.8	Gefrorene Süßspeisen 472
7.16.8	Fritieren 425		7.20.9	Fachausdrücke 479
			7.21	Nachtisch 480

Anhang

FachmitarbeiterInnen 481
Literaturverzeichnis 484
Quellenverzeichnis 485
Stichwortverzeichnis 486

Fachkunde

1

Themen Kapitel Fachkunde

1.1	Berufsethik	19
1.2	Die schweizerische Lebensmittelgesetzgebung	20
1.2.1	Die Lebensmittelverordnung (LMV)	20
1.2.2	Die Fleischhygieneverordnung (FHyV)	20
1.2.3	Die Verordnung über Gebrauchsgegenstände (GebrV)	20
1.2.4	Die Nährwertverordnung (NwV)	20
1.2.5	Die Hygieneverordnung (HyV)	20
1.2.6	Die Zusatzstoffverordnung (ZuV)	21
1.2.7	Die Fremd- und Inhaltsstoffverordnung (FIV)	22
1.2.8	Vollzug und Kontrolle der Lebensmittelgesetzgebung	22
1.2.9	Prinzipien, Kontrollen, Strafbestimmungen, Rechtswege	22
1.2.10	Organisation der Lebensmittelkontrolle	22
1.2.11	Personen des Vollzugs der Lebensmittelkontrolle	23
1.3	Mikrobiologische Grundlagen	25
1.3.1	Bakterien	25
1.3.2	Schimmelpilze	26
1.3.3	Hefen	27
1.3.4	Ursachen von lebensmittelbedingten Erkrankungen	27
1.3.5	Massnahmen zur Verhütung von lebensmittelbedingten Erkrankungen	27
1.4	Berufshygiene	28
1.4.1	Grundsatz	28
1.4.2	Persönliche Hygiene	28
1.4.3	Warenhygiene	28
1.4.4	Hygiene von Gebrauchsgegenständen, Maschinen, Apparaten, Räumlichkeiten und Einrichtungen	29
1.4.5	Reinigung und Desinfektion	29
1.4.6	Eigenverantwortung / Selbstkontrolle	30
1.5	Unfallverhütung und Erste Hilfe	30
1.6	Rezept- und Menübuch	32
1.6.1	Rezeptbuch	32
1.6.2	Menübuch	33

1. Fachkunde

1.1 Berufsethik

Die **Ethik** ist ein Teil der Philosophie und fragt entweder nach der **Gesinnung** oder nach der **Wirkung** der menschlichen **Handlungen.**
Unser Beruf ist trotz Computerzeitalter sehr kreativ, vielseitig und spannend. Die Voraussetzung dafür besteht aber in der **Zusammenarbeit** aller.

In der **Berufsethik** der Köche treten gewisse Fragen und Überlegungen auf, welche im Zusammenhang mit der **täglichen Arbeit** stehen und von jedem von uns eine **Beurteilung** bzw. eine **Stellungnahme** zu den folgenden Punkten verlangen:

1. Keine Verschwendung von Nahrungsmitteln.
2. Achtung vor den Lebewesen.
3. Sparsamer Umgang mit der Energie und mit allen Stoffen, die unter großem Energieaufwand hergestellt werden.
4. Vermehrt einheimische Nahrungsmittel verarbeiten sowie die Saisonangebote beachten.
5. Gesundes und schmackhaftes Essen für alle Mitmenschen.
6. Nur biologisch abbaubare Putzmittel einsetzen.
7. Abfälle nach dem Entsorgungsprinzip sortieren.

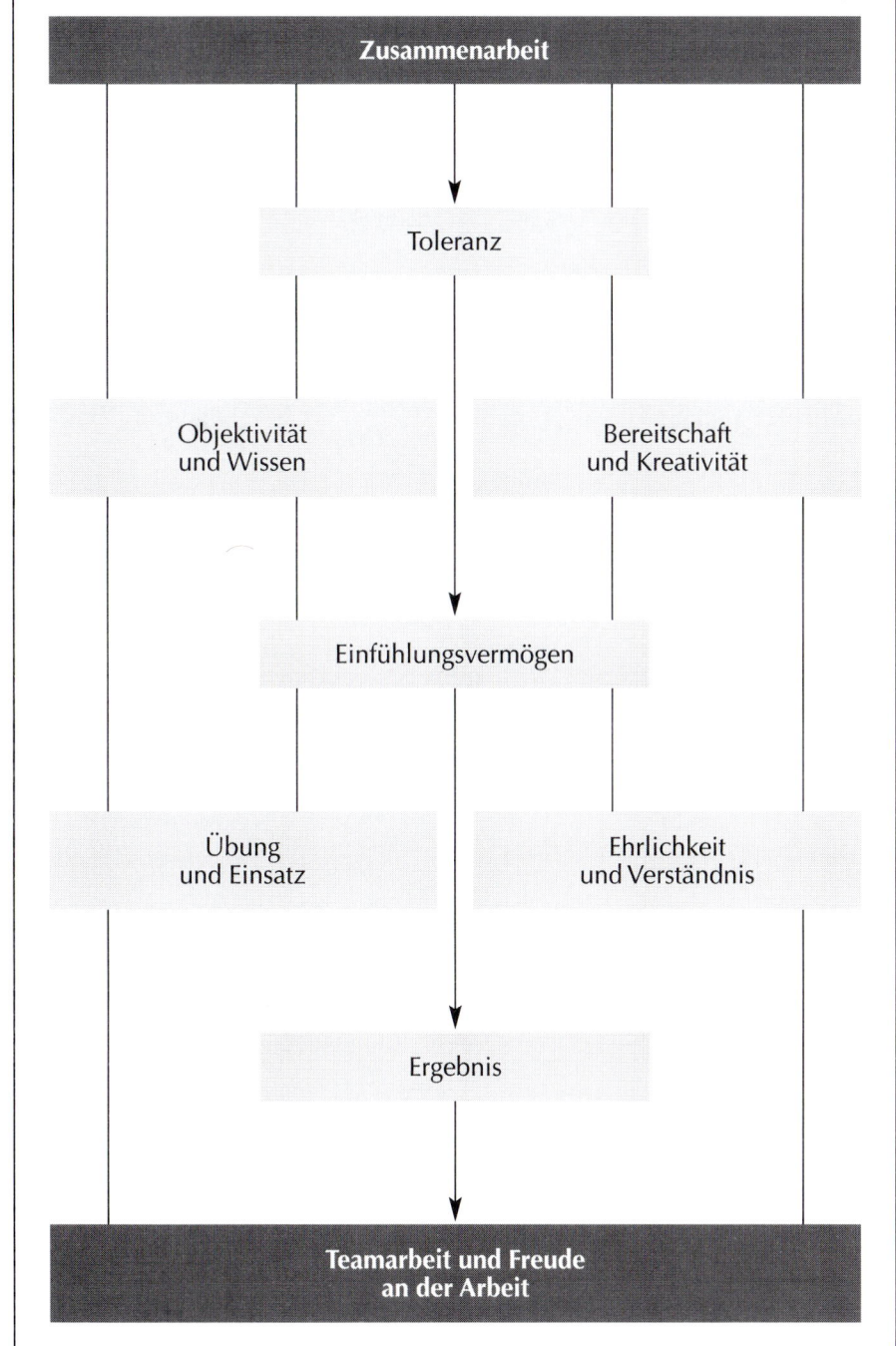

1.2 Die schweizerische Lebensmittelgesetzgebung

Die schweizerische Lebensmittelgesetzgebung besteht aus dem **Bundesgesetz über Lebensmittel und Gebrauchsgegenstände vom 9. Oktober 1992 (Lebensmittelgesetz, LMG),** und dazu gibt es verschiedene Ausführungsbestimmungen, z. B.:
- **Lebensmittelverordnung (LMV)**
- **Fleischhygieneverordnung (FhyV)**
- **Verordnung über Gebrauchsgegenstände (GebrV)**
- **Nährwertverordnung (NwV)**
- **Hygieneverordnung (HyV)**
- **Zusatzstoffverordnung (ZuV)**
- **Fremd- und Inhaltsstoffverordnung (FIV)**

Da die Gesundheit des Konsumenten stark von seiner Ernährung abhängt und die Risiken von Täuschungen in diesem Bereich hoch sind, ist das **Ziel des Lebensmittelgesetzes:**
- die Konsumenten vor Lebensmitteln und Gebrauchsgegenständen **zu schützen, welche die Gesundheit gefährden können;**
- den Umgang mit Lebensmitteln **unter guten hygienischen Bedingungen sicherzustellen;**
- die Konsumenten vor **Täuschungen** im Zusammenhang mit Lebensmitteln zu **schützen.**

Anwendungsbereich des Lebensmittelgesetzes

Das Gesetz erfaßt:
- die Herstellung, die Behandlung, die Lagerung, den Transport und die Abgabe von Lebensmitteln und Gebrauchsgegenständen;
- das Kennzeichnen und Anpreisen von Lebensmitteln und Gebrauchsgegenständen;
- die Einfuhr, Durchfuhr und Ausfuhr von Lebensmitteln und Gebrauchsgegenständen;
- die landwirtschaftliche Produktion, soweit sie der Herstellung von Lebensmitteln dient.

Der Geltungsbereich des Gesetzes erfaßt den ganzen Weg eines Lebensmittels, vom Anbau der Pflanzen und der Mast von Tieren bis zur Abgabe des Endproduktes an die Konsumenten.

Die Bundesbehörden tragen eine breite Verantwortung auf folgenden Gebieten:
- Informationspflicht über ernährungswissenschaftliche Erkenntnisse sowie über gesundheitsgefährdende Lebensmittel;
- die Möglichkeit, chemische, physikalische, mikrobiologische und gentechnische Methoden, welche die Gesundheit gefährden, zu verbieten;
- Überwachung der Einfuhren an den Grenzen;
- Vereinheitlichung der Vollzugspraxis in den Kantonen und internationale Zusammenarbeit.

Zudem betont das Gesetz die **persönliche Kontrolle (Selbstkontrolle)** und die **Eigenverantwortlichkeit** des Lebensmittelherstellers, des Importeurs und des Lebensmittelverkäufers.

Das neue Lebensmittelgesetz ist seit dem 1. Juli 1995 in Kraft; es bildet eine gute Grundlage für eine zukunftsorientierte schweizerische Gesetzgebung, die mit dem internationalen und europäischen Recht vereinbar ist.

1.2.1 Die Lebensmittelverordnung (LMV)

Die **Lebensmittelverordnung** hält die Ausführungsbestimmungen fest.

Teil 1 enthält die **allgemeinen Bedingungen,** die für sämtliche Lebensmittel anwendbar sind: Begriffserklärungen, Hygieneregeln, Verarbeitungsprozeduren und Etikettierungsvorschriften.

Teil 2 umschreibt die **verschiedenen Kategorien** der Lebensmittel. Er enthält präzise Vorschriften betreffend Zusammensetzung, Herstellung und Hygiene der Lebensmittel. Kochlehrtöchter und Kochlehrlinge finden in diesem Teil viele wertvolle Begriffserklärungen und Produktinformationen.

Teil 3 enthält **Schluß- und Übergangsbestimmungen.**

1.2.2 Die Fleischhygieneverordnung (FHyV)

Diese Verordnung regelt die Anforderungen an Schlachtanlagen, die Anforderungen an Tiere, die zum Schlachten bestimmt sind, die Anforderungen an das Schlachten, die Schlachttier- und Fleischuntersuchung und die Ermittlung des Schlachtgewichts.

Die Schlachtgewichtsverordnung (SGV), die Verordnung über die Ausbildung der Kontrollorgane (VAFHy) und die Fleischuntersuchungsverordnung (FUV) ergänzen die Fleischhygieneverordnung.

1.2.3 Die Verordnung über Gebrauchsgegenstände (GebrV)

Gewisse andere Waren als Lebensmittel können für die Gesundheit gefährlich sein. Die Verordnung über Gebrauchsgegenstände hält die anwendbaren Vorschriften für Waren (Gebrauchs- und Verbrauchsgegenstände) wie folgt fest:
- Gebrauchsgegenstände, die mit der Herstellung, der Verwendung oder Verpackung von Lebensmitteln im Zusammenhang stehen (z. B.: Geschirr, Geräte, Packmaterial);
- Körperpflege- und kosmetische Produkte (auch VO über kosmetische Mittel);
- Kleider, Textilien und andere Gegenstände, die mit dem Körper in Kontakt kommen;
- Spielwaren und andere Produkte, die für Kinder vorgesehen sind;
- Kerzen, Zündhölzer, Feuerzeuge, Dekorations- und Spaßartikel;
- Objekte und Materialien, die für die Verkleidung von Wohnräumen verwendet werden.

1.2.4 Die Nährwertverordnung (NwV)

Um eine objektive und verständliche Information zu garantieren, setzt die Verordnung über Nährwert die anwendbaren Bestimmungen für die Beschriftung von Nahrungsmitteln fest (Wert an Energie, Gehalt an Proteinen, Fett, Kohlenhydraten usw.)

1.2.5 Die Hygieneverordnung (HyV)

Diese Verordnung betrifft folgende anwendbaren Regeln:
- **Hygiene der Waren**
- **Hygiene der Räume und Einrichtungen**
- **Personalhygiene**

Sie beinhaltet die Normen (Grenzwerte und Toleranzen), welche auf die verschiedenen Lebensmittel anwend-

bar sind, und hält die Menge der tolerierbaren Mikroorganismen fest.
Sie präzisiert ebenfalls folgende Anforderungen, die zu erfüllen sind für:
- die Räume oder beweglichen Einrichtungen, in denen Lebensmittel hergestellt, verändert, gelagert und verkauft werden;
- die Geräte, Einrichtungen und Apparate, die für die Herstellung, Lagerung und den Verkauf der Lebensmittel verwendet werden;
- die Installationen, die Kleider und die Ausbildung des Personals, was die persönliche Hygiene betrifft.

Die Hygieneverordnung umschreibt die Verantwortungen, welche die **Selbstkontrolle** in den Betrieben betreffen.

Die **Analyse der Risiken nach der HACCP-Methode** muß realisiert werden. Sie muß sich auf folgende Punkte stützen:

- die Risiken, die im Verlaufe der Herstellung eines Lebensmittels entstehen können, identifizieren und analysieren;
- die technologischen Etappen der Herstellung eines Lebensmittels festlegen, bei denen Risiken ausgeschaltet oder vermindert werden können;
- Standardwerte und Toleranzlimiten festlegen, die einzuhalten und maßgebend bei der Kontrolle von kritischen Punkten sind;
- einen Überwachungsprozeß aufstellen, der die Kontrolle über die vorgesehenen Kriterien überprüft;
- Maßnahmen festsetzen, die anzuwenden sind, falls die Überwachung das Nichtbeachten der Kriterien feststellt;
- Prozeduren erlassen, die für die Prüfung der Funktionsfähigkeit des Kontrollsystemes zu befolgen sind;
- oben angeführte Punkte belegen.

1.2.6 Die Zusatzstoffverordnung (ZuV)

Zusatzstoffe sind Stoffe, die **mit Absicht** bei der Herstellung und Behandlung von Lebensmitteln aus technologischen Gründen **zugesetzt werden**.
Die Zusatzstoffverordnung setzt die **Zulässigkeit der Zusatzstoffe für jede Kategorie von Lebensmitteln fest,** indem sie sich auf den **ADI-Wert** und die **technologische Notwendigkeit** stützt.

Die **ATD** (**A**nnehmbare **T**ages-**D**osis) ist die tolerierbare **Tagesdosis** einer Substanz **pro kg Körpergewicht,** welche ein Leben lang, ohne gesundheitliche Schäden hervorzurufen, aufgenommen werden kann.

Klassierung der Zusatzstoffe

- Farbstoffe
- Konservierungsmittel
- Antioxidantien
- Gelier- und Verdickungsmittel
- Säuren, Alkalien, Salze
- Geschmacksverstärker
- Emulgatoren
- Antiklumpmittel
- Aromastoffe
- Enzympräparate
- Süßstoffe
- Backpulver
- Oberflächenbehandlungsmittel
- weitere diverse Zusatzstoffe

Verdickungsmittel

Agar-Agar	E 406
Pektin	E 440a
Johannisbrotkernmehl	E 410
Alginsäure (Braunalgen)	E 400
Carrageen (Rotalgen)	E 407

Emulgatoren

Lezithin	E 322
Essigsäure	E 472a
Milchsäure	E 472b
Weinsäure	E 472d

Farbstoffe

Name		Herkunft	Farbe
Kurkumin	E 100	Kurkuma-Wurzel	Gelb
Chlorophyll	E 140	Brennessel, Gras	Grün
Indigotin	E 132	Chemische Synthese	Blau
Betamin	E 162	Randen	Rot
Gold	E 175	Mineralien, Metalle	Gold

Antioxidantien

Tocopherole	E 306
Lezithin	E 322
Ascorbinsäure	E 300L
Zitronensäure	E 330
Schwefelsäureanhydrid (SO$_2$)	E 220

Süßstoffe

Saccharin	E 954
Cyclamat	E 952
Aspartam	E 951
Acesulfam	E 950

Konservierungsmittel

Name		Herkunft	Lebensmittel
Sorbinsäure	E 200	Chemische Synthese	Feinkostprodukte, Margarine
Ameisensäure	E 236	Chemische Synthese	Essigkonserven, Produkte auf der Basis von Fruchtsäften

1.2.7 Die Fremd- und Inhaltsstoffverordnung (FIV)

Fremdstoffe sind unerwünschte Stoffe, die natürlicherweise in den Lebensmitteln nicht vorkommen, die aber bei der Produktion oder durch Umwelteinflüsse hineingelangen. Zum Beispiel: Pflanzenschutzmittel, Desinfektionsmittel, Quecksilber, Nitrate usw.

Inhaltsstoffe sind Stoffe, die in Lebensmitteln natürlicherweise vorhanden sind; einige üben eine schädigende Wirkung aus und müssen begrenzt werden. Zum Beispiel: Solanin, Tyramin, Histamin usw.
Die Verordnung über Fremd- und Inhaltsstoffe setzt die Maximalmengen (Grenz- und Toleranzwerte) von Fremd- und Inhaltsstoffen fest, die in Lebensmitteln vorhanden sein dürfen.

1.2.8 Vollzug und Kontrolle der Lebensmittelgesetzgebung

Grundsätzlich gilt:
- **Der Bund ist verantwortlich für den Erlaß der Vorschriften und die Kontrollen an den Grenzen.**
- **Die Kantone sind zuständig für die Kontrolle der Lebensmittel und der Gebrauchsgegenstände im Landesinnern** (Vollzugsaufgabe).

1.2.9 Prinzipien, Kontrollen, Strafbestimmungen, Rechtswege

Einige gekürzte Artikel aus dem «Lebensmittelgesetz»

Art. 6 Prinzip

Lebensmittel, Zusatzstoffe und Gebrauchsgegenstände, die den Anforderungen dieses Gesetzes und seinen Ausführungsbestimmungen (Verordnungen) nicht entsprechen, insbesondere jene, die Grenz- oder Toleranzwerte überschreiten, dürfen nicht an die Konsumenten abgegeben werden.

Art. 15 Hygiene

Wer Lebensmittel herstellt, behandelt, lagert, transportiert oder abgibt, muß dafür sorgen, daß diese:
- sauber und geordnet gelagert bzw. transportiert werden, daß sie nicht von gesundheitsgefährdenden Stoffen oder sonstwie nachteilig beeinflußt werden können (Schutz vor Schädlingen);

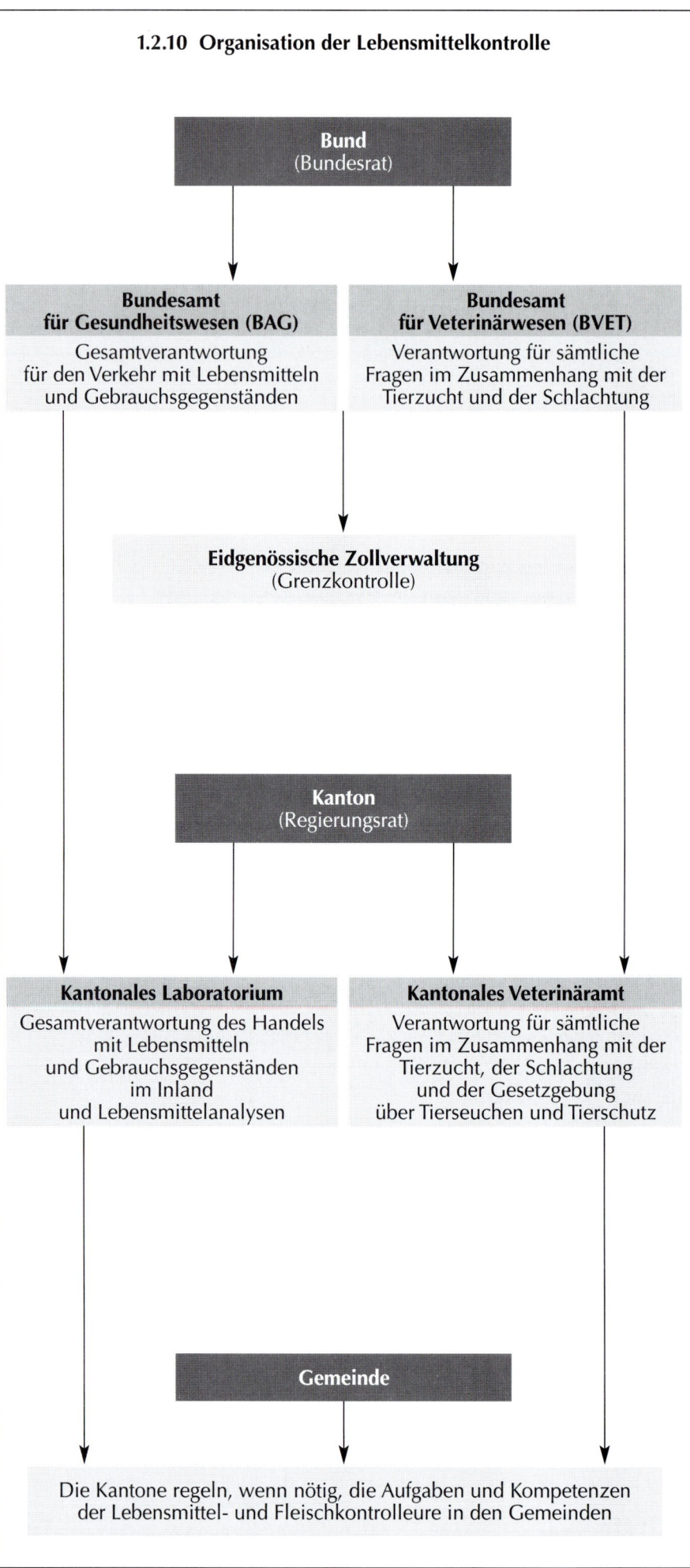

– nur mit sauberen und in gutem Zustand gehaltenen Gefäßen, Packmaterialien, Einrichtungen, Werkzeugen und dergleichen in Berührung kommen.

Personen, die Krankheitserreger ausscheiden, welche die Gesundheit der Konsumenten gefährden können, müssen besondere Schutzmaßnahmen einhalten.

Art. 18 Verbot der Täuschung

Die angepriesene Beschaffenheit sowie alle Angaben über das Lebensmittel müssen den Tatsachen entsprechen. Werbung, Präsentation und Verpackung der Lebensmittel dürfen den Konsumenten nicht täuschen oder falsche Voraussetzungen wecken.

Art. 20 Auskunftspflicht

Wer Lebensmittel abgibt, informiert Abnehmer auf Verlangen über ihre Herkunft, Sachbezeichnung und Zusammensetzung. Vorverpackte Lebensmittel enthalten immer die Zusammensetzung (Zutaten, Zusatzstoffe) in mengenmäßig absteigender Reihenfolge.

Art. 23 Selbstkontrolle

Wer Lebensmittel usw. herstellt, behandelt, verteilt, ein- oder ausführt, muß im Rahmen seiner Tätigkeit dafür sorgen, daß die Waren den gesetzlichen Anforderungen entsprechen. Er muß sie entsprechend der «Guten Herstellungspraxis» untersuchen oder untersuchen lassen.

Die amtliche Kontrolle entbindet ihn nicht von der Pflicht der Selbstkontrolle.

Art. 24 Inspektion und Probenerhebung

Die Kontrollorgane überprüfen Lebensmittel, Zusatzstoffe, Gebrauchsgegenstände, Räume, Einrichtungen, Herstellungsverfahren sowie die hygienischen Verhältnisse. Sie können Stichproben entnehmen und, falls nötig, die Lieferscheine, die Rezepte und die Kontrolldokumente prüfen. Die Kontrolle erfolgt in der Regel stichprobenweise und während der Betriebszeit.

1.2.11 Personen des Vollzugs der Lebensmittelkontrolle

Stufe	Funktion	Aufgabe
Bund	Zollbeamte	Grenzkontrolle der Lebensmittel
	Grenztierärzte	Grenzkontrolle des Fleisches
	BAG	Lebensmittelgesetzgebung
	BVET	Schlachtviehverordnung
Kanton oberste Stufe	Kantonschemiker	Chef der kantonalen Lebensmittelkontrolle
	Kantonstierarzt	Leitet die Kontrolle der Tierhaltung und der Schlachtung / Leiter der Tierseuchenpolizei / Durchführung der Tierschutzverordnung
	Leitender Tierarzt	Organisiert die Kontrolle der Viehhaltung und der Schlachtung
Kanton mittlere Stufe	Kantonale Lebensmittelinspektoren	Mitarbeiter des Kantonslaboratoriums Lebensmittelkontrolle und Überwachung der Lebensmittelkontrolleure
	Fleischinspektoren	Kontrollen der Tierhaltung und der Schlachtungen und Überwachung der Fleischbeschauer
Kanton unterste Stufe oder Gemeinde	Lebensmittelkontrolleure	Kontrollen in Betrieben
	Fleischkontrolleure	Kontrollen in Schlachthöfen

Abkürzungen

ADI-Wert	Festgelegte täglich zulässige Höchstkonzentration eines toxikologischen (giftigen) Fremdstoffes in unserer Nahrung (englisch: ADI value = **A**cceptable **D**aily **I**ntake Zones for Man)
BAG	Bundesamt für Gesundheitswesen
BVET	Bundesamt für Veterinärwesen
CEE	Europäische Wirtschaftskommission (französisch: **C**ommission **é**conomique **e**uropéenne)
Codex alimentarius	beinhaltet die Anforderungen an Lebensmittel (FAO und WHO)
EDI	Eidgenössisches Departement des Innern
EFTA	Europäische Freihandelszone (englisch: **E**uropean **F**ree **T**rade **A**ssociation)
EFV	Eidgenössische Fleischschauverordnung
EU	Europäische Union
EGH	Europäischer Gerichtshof
EWR	Europäischer Wirtschaftsraum
FAO	Lebensmittel- und Landwirtschaftsorganisation der UNO (englisch: **F**ood and **A**griculture **O**rganization)
FIV	Fremd- und Inhaltsstoffverordnung
GHP	**G**ute **H**erstellungs**p**raxis (englisch: GMP = **G**ood **M**anufacturing **P**ractice Regulations): Herstellungsvorschriften
IKS	Interkantonale Kontrollstelle für Heilmittel
LMG	Eidgenössisches Lebensmittelgesetz
LMV	Eidgenössische Lebensmittelverordnung
WHO	Weltgesundheitsorganisation (englisch: **W**orld **H**ealth **O**rganization)
WTO	Allgemeines Zoll- und Handelsabkommen (englisch: **W**orld **T**rade **O**rganization)

1.3 Mikrobiologische Grundlagen

> Mikroorganismen sind mikroskopisch kleine, meist unsichtbare Lebewesen, die Nahrung aufnehmen, Stoffwechselprodukte abgeben und sich unter günstigen Bedingungen innert kurzer Zeit rasch vermehren.

Für das Verständnis lebensmittelhygienischer Maßnahmen sind einige grundlegende Kenntnisse über Mikroorganismen (Mikroben, Keime) im Kochberuf unerläßlich. Für die Beurteilung der hygienischen Qualität eines Lebensmittels spielt in vielen Fällen die Keimzahl eine wichtige Rolle. Mikroorganismen können für den Menschen harmlos oder gar nützlich, aber auch sehr gefährlich sein.

In der Lebensmittelhygiene sind folgende Mikroorganismen von Bedeutung:
– Bakterien
– Schimmelpilze
– Hefen

Bei der Verarbeitung von Lebensmitteln muß man sich darüber im klaren sein, daß gewisse krankmachende Mikroorganismen (Krankheitserreger) sehr gut durch Lebensmittel auf den Menschen oder vom Menschen auf Lebensmittel übertragen werden können. Giftstoffbildende Arten verursachen bei massenhafter Vermehrung in Lebensmitteln sogenannte **Lebensmittelvergiftungen**. Zudem gelten bestimmte Mikroorganismen als ausgesprochene **Lebensmittelverderber**.
Mikroorganismen sind **überall**: im Erdboden (ihr ursprünglicher Standort), im Wasser, in der Luft, an und in Einrichtungen, Maschinen, Apparaten, Geräten, auf Arbeitstischen, Abstellflächen, an Küchentüchern, Wischlappen und Putzutensilien, an und in lebenden oder toten Tieren und Pflanzen. Sie finden sich aber auch beim Menschen: an den Händen, auf der Haut, in den Haaren, im Mund, im Nasen-Rachen-Raum, in sehr großer Zahl im Dickdarm und somit im Kot, an den Arbeitskleidern.

Und selbstverständlich auch in und auf Lebensmitteln, sowohl die erwünschten nützlichen als auch die unerwünschten schädlichen Mikroorganismen.

Die vorhandene Nahrung und die äußeren Bedingungen entscheiden, welcher Typ dieser Kleinstlebewesen sich vermehrt und durchsetzt.
Mit einigen Kenntnissen über die Lebensbedingungen dieser Mikroorganismen ist es möglich, lebensmittelbedingte Erkrankungen weitgehend zu verhüten und die Lebensmittel vor Verderb zu bewahren.

1.3.1 Bakterien

Aussehen

Bakterien sind extrem kleine, unsichtbare Einzeller von nur 0,001 mm Größe. Sie sehen unter dem Mikroskop kugelig, stäbchen-, komma- oder schraubenförmig aus.

Wachstum und Vermehrung

Bakterien vermehren sich ungeschlechtlich durch Zellteilung (Spaltung). Gelangen sie auf geeignete Nahrung, wachsen sie zunächst auf etwa das Doppelte der ursprünglichen Zellgröße heran und beginnen sich in der Mitte quer durch einzuschnüren, immer enger, bis am Ende der Teilung zwei selbständige Zellen entstanden sind.
Unter idealen Bedingungen können sich Bakterien explosionsartig vermehren. Sie nehmen bei ihrer Vermehrung Nahrung auf und scheiden Stoffwechselprodukte aus, die bei bestimmten Arten sehr giftig sind. Zur Vermehrung benötigen sie:

Zeit: Viele Bakterien benötigen nur 20 bis 30 Minuten für eine Verdoppelung. So können sich in einem Lebensmittel innert Stunden Millionen Bakterien bilden.

Nahrung: Sie bevorzugen protein- und kohlenhydrathaltige, nicht zu stark gesalzene, gezuckerte oder gesäuerte* (pH 8,5–4,5) Nahrung. Sie sind nicht wählerisch und ernähren sich von den besten Nahrungsmitteln, aber auch von widerlichsten Abfällen. Auch Schmutz ist für Bakterien ein idealer Nährboden.

Wärme: Die meisten Arten bevorzugen Temperaturen zwischen 10 °C und 50 °C; für Krankheitserreger ist die Körpertemperatur ideal, also rund 37 °C. Bei Temperaturen unter 0 und über 65 °C hört das Wachstum praktisch auf.

Feuchtigkeit: Ausschlaggebend ist nicht der Gesamtwassergehalt der Nahrungsmittel, sondern das frei verfügbare Wasser (mindestens 20%).

Abtötung

Durch Hitze: Bei Temperaturen zwischen 65 °C und 100 °C sterben die krankmachenden oder schädlichen Bakterien. Nur wenige Bakterien in besonders unempfindlicher Form (Sporen) können diese Temperaturen überleben. Erst bei über 120 °C – während 20 Minuten – werden auch diese Sporen abgetötet. **Viele Bakteriengifte werden aber durch das Zubereiten der Speisen nicht vernichtet.**

Nützliche Bakterien

Die natürliche Aufgabe der Bakterien ist, abgestorbene Organismen zu zersetzen (Mineralisation). Deshalb erfüllen sie und die anderen Mikroorganismen bei ihrer Vermehrung in Lebensmitteln diese Aufgabe, die ihnen von der Natur zugedacht ist:

Stoffhaushalt der Natur

– Abbau von totem organischem Material (z. B. Pflanzen, Tiere, Kleinstlebewesen)
– Selbstreinigung der Gewässer
– Biologischer Abbau in Abwässern

Mund- und Darmflora

– Sie verhüten unter anderem eine Vermehrung der Krankheitserreger.

Mitbeteiligt bei der Herstellung bestimmter Nahrungsmittel

– Milchsäurebakterien: Joghurt, Sauerrahm, Käse, Sauerkraut
– Essigsäurebakterien: Essig
– Mikrokokken: Rohwurstreifung
– Aromabakterien: Butter, Käse, Joghurt

Mitbeteiligt bei der Herstellung von Medikamenten

---

* Angaben über pH-Wert siehe Seite 284.

Schädliche Bakterien

Schädliche Bakterien verursachen:

Lebensmittelverderb

– zum Beispiel Fäulnisbakterien, Coli-Bakterien, bestimmte Milchsäurebakterien.

Lebensmittelvergiftungen und Krankheiten

Eitererreger (Staphylokokken) haben die Menschen an entzündeten Stellen auf der Haut, in eitrigen Fingerverletzungen und Hautausschlägen, auf den Schleimhäuten von Nase, Mund und Rachen. Sie gelangen durch direkte Berührung mit den Händen oder durch Niesen und Husten auf die Lebensmittel. Bei günstigen Temperaturen (Wärme) vermehren sie sich sehr rasch und treten bald in großer Zahl im Lebensmittel auf. Sie scheiden bei ihrer Vermehrung ein außerordentlich starkes, hitzeresistentes Bakteriengift aus, das nach dem Genuß verdorbener Speisen innerhalb von 1 bis 7 Stunden zu Übelkeit, Erbrechen, Durchfall, Bauchkrämpfen, in schweren Fällen zu Kollaps oder gar zum Tod führen kann.

Darmbakterien (z.B. Coli-Bakterien) befinden sich in großen Mengen bei jeder Darmentleerung im Kot: in einem Gramm bis Millionen dieser Keime. Werden die Hände nach der Toilettenbenützung nicht gründlich gewaschen, können an den Fingern haftende Darmbakterien (Fäkalkeime) bei Berührung von Lebensmitteln auf diese übertragen werden. Darmbakterien sind nicht nur äußerst unappetitlich, sondern können auch gesundheitliche Störungen, wie Übelkeit, Erbrechen und Durchfall, sowie ernsthafte Erkrankungen verursachen.

Salmonellen umfassen eine ganze Gruppe gefährlicher Darmbakterien. Sie vermehren sich rasch in ungekühlt aufbewahrten Lebensmitteln. Nach dem Verzehr von mit Salmonellen infizierten Lebensmitteln treten beim Menschen innerhalb weniger Stunden und bis zu zwei Tagen (bei Typhus und Paratyphus sogar bis 21 Tage) grippeähnliche Krankheitserscheinungen mit Übelkeit, Erbrechen, Kopf- und Gliederschmerzen und hohem Fieber auf. In schweren Fällen kann eine Salmonelleninfektion – insbesondere bei jungen und älteren Menschen – zum Tod führen. Salmonellen scheiden kein Gift in die Lebensmittel aus. Das Salmonellengift wird erst im menschlichen Körper durch die Verdauung freigesetzt.

1.3.2 Schimmelpilze

Aussehen

Schimmelpilze sind als Mehrzeller die größte Mikrobenart. Obschon sie bis zu mehreren Zentimetern Länge heranwachsen können, sind sie durchschnittlich 1–2 mm lang. Sie sind als samtartiger, verschiedenfarbiger Schimmelrasen auf Lebensmitteln, oft auch an Wänden, Decken und Einrichtungen sichtbar.

Wachstum und Vermehrung

Schimmelpilze vermehren sich ungeschlechtlich, sind aber unbedingt auf Sauerstoff angewiesen. Mikroskopisch kleine reife Sporen (Samen) lösen sich vom Fruchtkörper und werden durch die Luft oder über Hände, Werkzeuge usw. auf Lebensmittel übertragen. Schimmelsporen bilden zu Beginn ihres Wachstums ein verzweigtes Fadengeflecht (Myzel), das in das Lebensmittel eindringt und ihm wertvolle Nährstoffe entzieht.
Durch den Abbau von Eiweiß, Kohlenhydraten und Fetten werden Geruch und Geschmack des Lebensmittels verändert. Viele Schimmelpilzarten produzieren sehr giftige Stoffwechselprodukte, sogenannte Mykotoxine (Schimmelpilzgifte).
Zu ihrer Vermehrung benötigen Schimmelpilze:

Zeit: Sie vermehren sich viel langsamer als Bakterien und Hefen.

Nahrung: Sie bevorzugen kohlenhydrathaltige, saure Nährböden, können aber auf fast allen Lebensmitteln wachsen, auch auf sehr trockenen, bei einem pH-Wert zwischen 7 und 3.

Wärme: Für viele Arten ist eine Temperatur zwischen 22 °C und 25 °C optimal; sie können aber auch bei niedrigeren Temperaturen bis –12 °C wachsen. Giftbildende Schimmelpilze bevorzugen Temperaturen zwischen 30 °C und 40 °C.

Feuchtigkeit: Sie begnügen sich mit einem (frei verfügbaren) Wassergehalt von nur 12%. Zudem sind sie imstande, die für ihr Wachstum nötige Feuchtigkeit aus der sie umgebenden Luft zu entnehmen. Darum sind trockene Lebensmittel nur in trockenen Räumen vor Schimmelpilzen sicher.

Abtötung

Durch Hitze: Bei Temperaturen über 60 °C sterben die Schimmelpilze ab.

Nützliche Schimmelpilze

Käseherstellung

Bei der Herstellung von Weißschimmel- und Blauschimmelkäsen spielen bestimmte Edelschimmel eine wichtige Rolle.

Rohwurstreifung

Kulturschimmel wächst auf der Darmoberfläche der Wurst und ergibt zum Beispiel bei der Salami Aroma und Konservierung.

Medikamente

Früher wurde Penicillin aus einer Schimmelart gewonnen (heute synthetisch).

Schädliche Schimmelpilze

Schädliche Schimmelpilze verursachen **Lebensmittelverderb und Lebensmittelvergiftungen**.
Viele Schimmelpilze können Lebensmittel verderben und zugleich vergiften. Meist ist eine Verschimmelung sichtbar. Je nach Schimmelart ist der Schimmelrasen (Fruchtkörper) weiß, grau, blaugrün, schwarz, gelblich oder andersfarbig. Bestimmte Schimmelpilze können bei ihrem Wachstum ins Innere der Lebensmittel hochgiftige, krebserzeugende Stoffwechselprodukte ausscheiden (z.B. Aflatoxin), die hitzebeständig sind und beim Kochen oder anderem Zubereiten nicht zerstört werden. Das Entfernen der Schimmelbeläge von der Oberfläche eines Lebensmittels als Vorsichtsmaßnahme ist völlig verfehlt, da die Gefahr damit nicht beseitigt ist. Die gefährlichen Schimmelgifte können bis tief in das Lebensmittel eingedrungen sein. Verschimmelte Lebensmittel können nicht mehr genußtauglich gemacht werden. Sie sind zu beseitigen und auch nicht als Tierfutter zu verwenden!

1.3.3 Hefen

Aussehen

Hefen sind je nach Rasse kugelige, ellipsen- oder eiförmige Einzeller. Sie gehören wie die Schimmelpilze zu den Pilzen, sind aber rund 10mal größer als Bakterien.

Wachstum und Vermehrung

Hefen vermehren sich meistens durch Sprossung (ungeschlechtlich), selten durch Sporenbildung (geschlechtlich). Dabei bildet die Zelle eine Ausstülpung, die sich rasch vergrößert und als Tochterzelle heranwächst. Bei einigen Hefearten trennen sich dann beide Zellen, bei anderen bleiben sie zusammen und bilden einen Sproßverband. Die Tochterzelle kann ihrerseits selbst Tochterzellen bilden.

Hefen benötigen für ihre Vermehrung Sauerstoff. Bei Sauerstoffabschluß wachsen sie nur sehr langsam, dafür fördern Enzyme (den Stoffwechsel steuernde organische Verbindungen) der Hefe die alkoholische Gärung. Für ihre Vermehrung benötigen die Hefen:

Zeit: Sie können sich in einer Zeitspanne von einer halben bis zwei Stunden verdoppeln.

Nahrung: Hefen bevorzugen zuckerhaltige (pH 7–3) Nährböden; sie wandeln den Zucker durch alkoholische Gärung in Alkohol und Kohlendioxid-Gas um.

Wärme: Hefen vermehren sich gut bei Temperaturen zwischen 15°C und 35°C. Für viele Arten liegt die optimale Temperatur zwischen 22°C und 25°C.

Feuchtigkeit: Hefen benötigen wie die Bakterien Lebensmittel mit frei verfügbarem Wasser von mindestens 20%.

Abtötung

Durch Hitze: Bei Temperaturen über 60°C sterben die Hefen ab.

Nützliche Hefen

Backhefe wird in Reinkulturen gezüchtet. Ihre ideale Vermehrungstemperatur liegt zwischen 25°C und 27°C, ihre ideale Gärtemperatur zwischen 30°C und 35°C.

Weinhefe, **Fruchthefe** und **Bierhefe** werden schon seit Jahrhunderten für die Herstellung von alkoholischen Getränken genutzt.

Rohwursthefe gibt der Rohwurst Farbe, Aroma und Geschmack.

Hefen werden auch pharmazeutisch genutzt (Vitaminpräparate, kosmetische Artikel) sowie zur Herstellung von Kohlensäure für Getränke und Trockeneis.

Schädliche Hefen

Schädliche Hefen verursachen **Lebensmittelverderb.**
Der Gefahr, durch wilde Hefen zu verderben, sind vor allem zuckerhaltige, flüssige Produkte wie Fruchtsäfte, Kompotte, Fruchtsalate, Tomatensaucen, Gemüsesuppen und dergleichen ausgesetzt. Typische Anzeichen eines Verderbs durch Gärung sind Gas- und Schaumbildung sowie Trübungen.

1.3.4 Ursachen von lebensmittelbedingten Erkrankungen

Schuld an lebensmittelbedingten Krankheiten, Vergiftungen und auch am Verderb von Lebensmitteln sind eine **massenhafte Vermehrung** und **Toxinbildung** der Mikroorganismen. Ursachen dafür sind:
– unsaubere Hände und Fingernägel, offene Wunden, Schmutzfänger wie Armbanduhren, Ringe und anderer Schmuck
– Husten, Niesen, Nasenbohren, Abschmecken und Probieren von Speisen mit den Fingern
– schmutziges Werkzeug und Geschirr, schmutzige Apparate, Maschinen, Putzlappen und Putzutensilien
– ein schmutziger Arbeitsplatz (Schneidbretter)
– Kontakt mit Haustieren
– Küchenschaben, Fliegen, Mäuse, Ratten, Käfer (Krankheitserreger befinden sich in Speichel, Urin, Kot oder an Körperteilen)
– langes Stehenlassen von rohen oder zubereiteten Speisen bei Raum- und Küchentemperaturen
– falsches Auftauen von Nahrungsmitteln
– verdorbene Lebensmittel, die sehr starke Gifte enthalten können:
  – Das Aflatoxin von verschimmelten Getreideprodukten, Nüssen usw. kann Leberkrebs verursachen.
  – Gifte von anaeroben, das heißt ohne Sauerstoff lebenden Botulinus-Bakterien sind lebensgefährlich. Sie gedeihen im Innern von Lebensmitteln wie Würsten, Fleischwaren, vakuumverpacktem Fleisch und Fischen. In ungenügend sterilisierten Konserven verursachen sie Bombagen der Konservendosen. Botulinus-Sporen werden erst bei Temperaturen über 121°C abgetötet!
  – Verdorbene Pilze, Fische, Krusten- und Weichtiere sowie verdorbenes Fleisch können neben Bakteriengiften auch hochgiftige Zersetzungsprodukte der Proteine (Eiweiße) enthalten.

1.3.5 Maßnahmen zur Verhütung von lebensmittelbedingten Erkrankungen

Die zwei wichtigsten Maßnahmen zur Verhütung von lebensmittelbedingten Erkrankungen sind:

1. Den Anfangskeimgehalt möglichst tief halten!

2. Günstige Vermehrungsbedingungen für Mikroorganismen vermeiden!

Um diesen Maßnahmen gerecht zu werden, müssen wir unbedingt die **Berufshygiene** beachten!

1.4 Berufshygiene

1.4.1 Grundsatz

Die Gesundheit ist eines unserer wertvollsten Güter.
Die Berufshygiene hat den Zweck, die Gesundheit des Menschen zu schützen!

Oberstes Gebot der Berufshygiene ist **absolute Sauberkeit** an sich selbst, im Umgang mit den zu verarbeitenden Lebensmitteln, mit Gerätschaften, Maschinen, Apparaten, Räumlichkeiten und Einrichtungen.

Für die Arbeit in der Küche kommt diesem Grundsatz eine ganz besondere Bedeutung zu: Schlechte Hygiene in der Küche kann schwerwiegende Folgen für die Gesundheit, aber auch für den Betrieb haben.

1.4.2 Persönliche Hygiene

- Wichtigste hygienische Maßnahme in der Küche ist das **Händewaschen**.
  Krankheitserreger gehen von Hand zu Hand – saubere Hände und saubere, kurzgeschnittene Fingernägel vermindern das Übertragungsrisiko. Darum Hände gründlich mit warmem Wasser und Flüssigseife waschen
  - unmittelbar vor Arbeitsbeginn
  - nach jedem Arbeitsunterbruch
  - nach dem Reinigen der Nase
  - nach jedem Toilettenbesuch
  - nach dem Rüsten von Obst, Kartoffeln und Gemüse
  - nach dem Berühren von rohem Fleisch, Geflügel, Fisch, Eiern usw.
  - nach Reinigungs- und Schmutzarbeiten
  - nach dem Anfassen von verschmutzten Gegenständen (Verpackungsmaterial, Abfälle, Geld, Türklinken, Taschentücher usw.)
- Die Hände mit Einweghandtüchern trocknen (nicht mit Gemeinschaftshandtüchern, Schürzen oder Torchons).
- Der Händekontakt mit empfindlichen Lebensmitteln sollte auf das unbedingt Notwendige beschränkt werden. Nach Möglichkeit Wegwerfhandschuhe tragen. Dies gilt vor allem für Produkte, die nachträglich nicht mehr erhitzt werden (z. B. kalte Platten, Salatteller, Süßspeisen usw.).
- Bei Hautausschlägen, offenen oder eitrigen Wunden an den Händen niemals Lebensmittel berühren. Schutzmaßnahmen sind Kunststoffhandschuhe. Selbst kleine Schrammen oder Kratzer wasserdicht abdecken.
- Abschmecken und Probieren mit den Fingern unterlassen, weil im Mund sehr viele Bakterien vorhanden sind (Mundflora).
- Das Tragen von Fingerschmuck (außer Ehering), Armbändern und Armbanduhren während der Arbeit in der Küche ist unzulässig.
- Viele Bakterien finden sich im Nasen-Rachen-Raum. Darum nie auf Lebensmittel husten, schneuzen oder niesen. Das Nasenbohren unterlassen. Personen mit akuten Entzündungen des Nasen-Rachen-Raumes (z. B. Angina) müssen sich von Lebensmitteln fernhalten.
- Personen mit häufig auftretendem Durchfall müssen sich ärztlich untersuchen lassen, da die Gefahr einer ansteckenden Darmkrankheit besteht.
- Lebensmittel verarbeitende Personen pflegen auch ihren Körper, indem sie sich täglich waschen, duschen oder baden.
- Da die Haare außerordentlich starke Bakterienträger sind, sollten sie regelmäßig gewaschen werden. Eine Kopfbedeckung ist ebenfalls unerläßlich und vorgeschrieben.
- Das absolute Rauchverbot in Lebensmittelräumen muß eingehalten werden.
- Auf schmutziger Bekleidung haften massenhaft Krankheitserreger. Darum
  - zweckmäßige Unterwäsche und saubere Arbeitskleider tragen
  - die Ärmellänge der Arbeit anpassen
  - in der Küche saubere und geeignete Schuhe tragen
  - saugfähige Socken tragen und sie täglich oder nach jedem Service wechseln
  - die Toilette ohne Schürze und Torchon aufsuchen
- Das Halten von Haustieren ist in der Küche und in anderen Lebensmittelräumen verboten, weil Tiere oft Träger von gefährlichen Krankheitserregern sind.

1.4.3 Warenhygiene

Da die Küche hygienisch der wichtigste, aber gleichzeitig auch der empfindlichste Teil des Betriebes ist, sind äußerste Sauberkeit bei der Verarbeitung und richtige Lagerung der Lebensmittel die wichtigsten Voraussetzungen bei der täglichen Arbeit. Folgendes ist zu beachten:

- Die Kühlkette für leichtverderbliche und besonders gefährdete Lebensmittel strikte einhalten, zum Beispiel:
  - **unter 4°C:** Milch, Rahm, Schlagrahmprodukte, Butter, Margarine, Eier, Cremen, Farcen, Tatar-Fleisch, Hackfleisch, rohes Fleisch, Sulzen, Mayonnaise, kalter Braten, kaltes Geflügel, Wurstwaren, belegte Brötchen, Sandwiches, Kartoffel-, Wurst- und Fleischsalate
  - **um 0°C:** rohe Fische, Krusten- und Weichtiere
- Tiefkühlprodukte bei **–18°C oder kälter** lagern. Auftauen nur im Kühlraum (unter 5°C) oder kleine vakuumierte Tiefkühlprodukte in fließendem kaltem Wasser oder in speziellen Apparaten wie dem Mikrowellenherd. Vorsicht, daß das Auftauwasser nicht auf andere Lebensmittel tropft!
- **Tägliche Kontrolle** auf Frischezustand und Genußtauglichkeit der empfindlichen Nahrungsmittel.
- Das besonders verderbliche **Hackfleisch** oder *ähnliche* Rohfleisch- oder Fischwaren sollten nicht länger als einen Tag gelagert werden.
- **Vorgekochte Speisen** (Reis, Teigwaren, Pilzgerichte, Saucen, Eier usw.) nicht länger als 30 Minuten ungekühlt in der Küche stehenlassen.
- **Vorbereitete Speisen, die kalt serviert werden,** müssen bis kurz vor dem Auftragen kühl bei höchstens 4°C aufbewahrt werden.
- **Vorbereitete Speisen, die heiß oder warm serviert werden,** müssen vor

dem Auftragen auf über 70 °C erhitzt werden.
- Für **rasches Abkühlen** zubereiteter Speisen (z. B. für Mise en place) auf **unter 5 °C** sorgen.
  - Grundbrühen, Suppen, Eismassen, dünne Saucen und dünne Cremen mit Kühlschlangen oder in fließendem kaltem Wasser (eventuell mit Eis) unter öfterem Umrühren abkühlen und zugedeckt in den Kühlraum stellen. Durch Zudecken kann ein Befall durch Schimmelsporen verhindert werden.
  - Pilzgerichte, Füllungen, dicke Saucen, dicke Cremen usw. etwa 1 cm hoch auf große Bleche streichen und nach wenigen Minuten sofort im Kühlschrank oder besser im Tiefkühler gut durchkühlen lassen, anschließend vom Blech abräumen und zugedeckt im Kühlraum aufbewahren – auf keinen Fall in der warmen Küche abräumen!
- Fritüre täglich filtrieren und auf Verwendungstauglichkeit prüfen.
- Abfallöle und -fette dürfen nicht in die Kanalisation gelangen. Zur Wiederaufbereitung an die nächste Altölsammelstelle abliefern.
- Getrennte Lagerung von zubereiteten Speisen und Rohware.
- Dosenkonserven bei möglichst nicht über 15 °C und trocken (Rostbildung) aufbewahren. Der Inhalt unlackierter Weißblechdosen ist in ein geeignetes Gefäß umzufüllen, da die Doseninnenwand rasch korrodiert (schwarzer Belag). Der Inhalt bombierter Dosen darf auf gar keinen Fall verwendet werden, da er das tödliche Gift der Botulinus-Bakterien enthalten kann.
- Die für eine Wiederverwertung bestimmten **Speisereste müssen einwandfrei genießbar sein,** und die Wiederaufbereitung soll möglichst rasch erfolgen. Von den Gästen **abgetragene Speisereste dürfen nicht wieder verwertet werden.**
- Zur Selbstbedienung ausgelegte Lebensmittel müssen vor nachteiligen Einflüssen durch die Gäste geschützt werden.

1.4.4 Hygiene von Gebrauchsgegenständen, Maschinen, Apparaten, Räumlichkeiten und Einrichtungen

Folgendes ist zu beachten:
- Die Gebrauchsgegenstände (Gefäße, Gerätschaften, Werkzeuge) und die Schneidbretter müssen rein und stets in gutem Zustand gehalten werden.
- Maschinen und Apparate (z. B. Aufschnittmaschine, Schlagrahmautomat) sind **mindestens einmal täglich** zu reinigen. Es empfiehlt sich, sie von Zeit zu Zeit mit einem geeigneten Desinfektionsmittel zu behandeln.
- Kochherd, Grill, Spieß und weitere gebrauchte Apparate und Maschinen sind nach **jedem Service** zu reinigen.
- Die Küche ist **mindestens einmal täglich** zu reinigen. Böden, Decken und Wände sollen eine glatte, harte Oberfläche aufweisen, damit sie sich leicht reinigen lassen. Böden sind nach **jedem Service** zu wischen und **täglich** aufzuwaschen.
- Kühlräume und Kühlschränke sind stets sauber zu halten und **mindestens einmal wöchentlich** gründlich zu reinigen. Die Temperaturen der Kühleinrichtungen müssen jederzeit mit Thermometer kontrollierbar sein.
- Das Economat ist stets sauber zu halten und gut zu lüften.
- Das Fischbassin muß **täglich** auf tote Fische, Wasser- und Luftzufuhr kontrolliert werden. Je nach Bedarf muß es gründlich gereinigt werden.
- Küchentücher, Geschirrtücher, Herdlappen und sonstige Küchenwäsche müssen **täglich** ausgewechselt werden. Unsaubere Wäsche (Schürzen, Torchons, Passiertücher usw.) ist aus der Küche zu entfernen.
- Arbeitstische, Hackstöcke und Arbeitsflächen sind stets sauber zu halten.
- Abfälle sind in leicht zu reinigenden, bedeckten Behältern aufzubewahren, wenn möglich in einem besonderen, gekühlten Raum. Auf alle Fälle sind die Abfälle **täglich** aus der Küche zu entfernen. Die Behälter sind öfters innen und außen gründlich zu waschen und zu desinfizieren, sonst sind sie Brutstätten für Krankheitserreger.
- Mit den Lieferantengebinden kann Ungeziefer (Küchenschaben, Käfer, Motten usw.) in die Küche eingeschleppt werden. Zudem sind unsaubere Gebinde sehr gefährliche Bakterienherde. Solche Gebinde sind von der Küche fernzuhalten.
- Ungeziefer (Küchenschaben) und Nagetiere (Mäuse, Ratten) dürfen nur mit **zulässigen Präparaten** bekämpft werden. Auf jeden Fall ist darauf zu achten, daß keine Lebensmittel direkt oder indirekt mit den Schädlingsbekämpfungsmitteln (Gifte!) in Berührung kommen. Zudem besteht die Meldepflicht beim Kantonalen Labor. Bei übermäßigem Befall sollte man einen Fachmann beiziehen.

1.4.5 Reinigung und Desinfektion

Reinigen heißt: Entfernen von «Schmutz» von Oberflächen oder aus Lebensmitteln. Schmutz in der Küche ist «Lebensmittel» am falschen Ort, denn es dient als Nahrung für die Mikroorganismen.

- Die Reinigungswirkung von Wasser ist bei 50 °C am besten. Mit kaltem Wasser werden Fettverunreinigungen nur verschmiert, mit kochendheißem Wasser bilden Eiweißreste schwerlösliche Krusten auf Oberflächen.
- Die Anwendungsvorschriften der Reinigungsmittel genau einhalten.
- Nach erfolgter Reinigung mit viel sauberem Wasser spülen.
- Bewegliche, zerlegbare Maschinenteile sind einzeln zu reinigen und nach dem Spülen auf sauberer, trockener Unterlage trocknen zu lassen (eventuell mit Preßluft trocknen).

Desinfizieren heißt: Mikroorganismen mit Desinfektionsmittel (chemische Mittel) oder mit Hitze abtöten (über 80 °C heißes Wasser oder Dampf).

Eine periodische Desinfektion empfiehlt sich bei Objekten, welche bei der Behandlung leichtverderblicher Lebensmittel verwendet werden und bei denen die Reinigung zum Teil erschwert ist, zum Beispiel Schlagrahmautomat, Rahmbläser, Glacemaschine, Fleischwolf, Blitz, Aufschnittmaschine, Hackstock, Schneidbretter usw.
Da die Mikroorganismen sowohl in den Vertiefungen der Oberfläche (Risse, Poren, Scharten usw.) als auch in der an der Oberfläche haftenden Schmutzrückständen vorkommen, muß jeder Desinfektion eine gründliche Reinigung vorangehen. Dadurch werden auch die unter dem Schmutz befindlichen versteckten Mikroorganismen freigelegt.

Vorgehen
1. Entfernen des Schmutzes
2. Desinfizieren
3. Nachspülen

Achtung
Desinfektionsmittel sind für die menschliche Gesundheit schädlich. Es dürfen deshalb auf keinen Fall Rückstände von Desinfektionsmitteln in die Lebensmittel gelangen! Desinfektionsmittel sind separat zu lagern (Putzschrank).

1.4.6 Eigenverantwortung/ Selbstkontrolle

Das Gesetz legt fest:
– Wer Lebensmittel, Zusatzstoffe und Gebrauchsgegenstände herstellt, behandelt, abgibt, einführt oder ausführt, muß im Rahmen seiner Tätigkeit dafür sorgen, daß die Waren den gesetzlichen Anforderungen entsprechen.
– Er muß sie entsprechend der «Guten Herstellungspraxis» (GHP) untersuchen oder untersuchen lassen.
– Die amtliche Kontrolle entbindet ihn nicht von der Selbstkontrolle.

GHP – Gute Herstellungspraxis

GHP bedeutet die Beherrschung aller Stufen des Behandelns von der Gewinnung bis zur Abgabe eines Lebensmittels, damit dieses eine vorgegebene Qualität erreicht und zumindest alle gesetzlichen Anforderungen erfüllt.

Hygiene-Konzept

Für die Durchführung der Selbstkontrolle müssen verschiedene Dokumente erstellt und laufend nachgeführt werden, z. B.:
– Personal-Hygiene-Vorschriften
– Bedienungsanleitungen und Reinigungsvorschriften für sämtliche Kochapparate, Küchenmaschinen und Gebrauchsgegenstände
– Temperaturkontrolle bei sämtlichen Kühlsystemen und der Kühlhaltung aller Produkte
– Arbeitsanweisungen betreffend CCP (kritische Kontrollpunkte)
– Reinigungskonzept (Räumlichkeiten, Einrichtungen)
– Abfallkonzept

1.5 Unfallverhütung und Erste Hilfe

Nicht was jedermann als gefährlich erkennt, verursacht die meisten Unfälle, sondern was man leichthin für harmlos hält. Wissen allein genügt nicht, man muß es auch anwenden: Vorbeugen ist besser als heilen!

Unfallverhütung durch Vorbeugemaßnahmen

– Alle Geräte, Maschinen und Räumlichkeiten in einwandfreiem Zustand halten.
– In der Kuche und in den Nebenräumen bei Planung und Umbauten nichtgleitende Böden mit funktionierenden Bodenabläufen verwenden.
– Einwandfreie Arbeitsflächen – Eingangs- und Korridorbeleuchtung installieren.
– Alle elektrischen Anlagen müssen mit einem Erdleiter versehen sein. Defekte sind sofort beheben zu lassen. Fehlstrom-Schutzschalter installieren lassen.
– Die richtigen Feuerlöschgeräte am richtigen Platz montieren lassen und einen Servicevertrag dafür abschließen.
– Brandmeldeanlagen gehören in jeden Betrieb, damit die Sicherheit der Gäste und der Angestellten erhöht werden kann.
– Notruf-Telefonnummern für Polizei, Ambulanz, Notarzt, Spitäler, Feuerwehr, Toxikologisches Informationszentrum neben Telefonstationen anschlagen.
– Servicetüren mit splitterfreien Glaseinsätzen versehen.
– Türen von Kühl- und Tiefkühlräumen müssen jederzeit von innen geöffnet werden können.
– Tiefkühlanlage mit einer Alarmanlage versehen.

Stets aufgefüllte Hausapotheke (mit Merkblatt für Erste Hilfe) mit folgendem Inhalt bereithalten:

– Gazebinden
– Gazekompressen
– Wundschnellverbände
– Desinfektionsmittel
– Watte, steril
– elastische Binden
– Dreiecktücher
– Sicherheitsnadeln
– Pinzette und Verbandschere
– Kombiverbände
– Fingerling, Däumling
– Heftpflasterrollen
– Wundbenzin
– Verbandklammern
– Gummihandschuhe

Verhindern von Brandausbrüchen

– Feueralarmplan kennen (alarmieren, retten, löschen). Die Telefonnummer der Feuerwehr gehört an jeden Telefonapparat.
– Kennen der Feuerlöscherstellen sowie der Handhabung der Feuerlöscher.
– Kennen aller Notausgänge. Bei Notausgängen muß der Schlüssel stecken.
– Angesammelte Fettstoffe bei Abzughauben, Ventilationsschächten und Kochgeräten regelmäßig entfernen.
– Gasbeheizte Öfen vor Gebrauch öffnen und belüften.
– Kochherde, Öfen, Friteusen, Grills und Griddles sowie Salamander regelmäßig von Fettstoffrückständen säubern.
– Um Fritüre-Brände schnell zu löschen, Natrium- und CO_2-Löscher oder großes Löschtuch in unmittelbarer Nähe bereithalten.
– Totales Rauchverbot in **allen** Küchenräumlichkeiten.

Verhindern von Brandwunden und Elektrounfällen

– Beim Arbeiten mit heißen Kochgeräten Isolierhandschuhe tragen. Keine nassen Torchons benützen.
– Sich beim Öffnen von Druckdämpfern hinter die Dämpfertüre stellen.
– Flüssigkeiten in großen Kochkesseln mit langstieligen Bratschaufeln oder Kellen umrühren.
– Deckel großer Marmiten in der dem Körper entgegengesetzten Richtung öffnen.
– Pfannenstiele und -griffe von offenen Flammen fernhalten; Pfannenstiele dürfen nicht über den Herdrand hinausragen.
– Heiße Deckel von Kochgeschirr, das aus dem Ofen kommt, mit etwas

Mehl bestäuben oder sonstwie kennzeichnen, um die Verbrennungsgefahr deutlich zu machen.
- Schweres Kochgeschirr, besonders wenn es mit heißem Kochgut gefüllt ist, nicht alleine tragen; beim Tragen nicht hintereinander, sondern nebeneinander gehen.
- Mit dem Ausruf «Achtung, heiß!» andere warnen.
- Marmiten und Behälter nicht mit heißen Flüssigkeiten überfüllen und sie nicht auf dem Boden stehen lassen.
- Saubere und gut sitzende Kleider tragen. Lose Ärmel, Schürzen und Tücher verfangen sich leicht an Wärmequellen oder Geräten. Um Fußverbrennungen zu verhindern, geeignetes Schuhwerk tragen.
- Keine Flüssigkeiten in heiße Fettstoffe gießen.
- Elektrische Geräte oder Installationen nicht mit nassen Händen oder im Wasser stehend berühren.
- Defekte elektrische Installationen sofort melden. Reparaturen sollten nur von ausgewiesenen Fachleuten ausgeführt werden.
- Fehlerstromschutz-Schalter regelmäßig auf ihre Funktionstüchtigkeit prüfen.

Verhindern von Schnittwunden

- Wichtig: Bei allen Maschinen zuerst die Gebrauchsanleitung durchlesen und anwenden!
- Keine Sicherheitsvorrichtungen von Geräten und Maschinen entfernen.
- Maschinenbestandteile richtig befestigen, bevor die Maschine eingeschaltet wird.
- Messerschneiden immer scharf halten.
- Messer entweder in Halter oder Gestell aufbewahren. Niemals in einem Becken oder einem Ausguß liegen lassen.
- Für spezielle Arbeiten das dazugehörige Messer verwenden.
- Zum Öffnen von Dosen, Kannen und Behältern keine Messer verwenden.
- Scharfe Schneidwerkzeuge immer am Griff halten.
- Immer Tranchierbrett verwenden; bei Rutschgefahr geeignete Unterlage verwenden.
- Ausbeinen vom Körper weg; zur Sicherheit Gitterschürzen und Handschutz (Stechschutz) benützen.
- Vor dem Reinigen von Maschinen diese zuerst ausschalten.
- Aus laufenden Maschinen keine Ware entnehmen.
- Apparate wie Mixer, Cutter usw. nach Gebrauch ausschalten.

- Zerbrochenes Glas in Becken oder Ausguß erst entfernen, wenn das Wasser ausgelaufen ist.
- Glasbruch nicht in den normalen Abfall werfen, sondern dem Altglas zuordnen.

Verhindern von Stürzen

- Um erhöhte Kücheneinrichtungen, Abzughauben, Lampen usw. zu reinigen, nur auf standfeste Leitern stehen, nicht auf Stühle, Kisten oder Harassen.
- Fettige, glitschige und nasse Böden sofort reinigen.
- Verkehrswege nicht durch Hindernisse wie Reinigungsapparate, Schachteln oder Maschinen versperren.
- Transportwagen und Karren nur bis unterhalb Augenhöhe beladen.
- Schuhe mit rutschfesten Sohlen tragen.

Erste Hilfe bei Unfällen

Die Erste Hilfe entscheidet oft über Leben und Tod eines Verletzten oder Verunfallten. Zur Ersten Hilfe ist daher jedermann verpflichtet.

Grundsatz
Zuerst überlegen, dann handeln.
Den gesunden Menschenverstand walten lassen.
Ruhe bewahren und dem Verunfallten Mut zusprechen, ihn nie allein lassen.
Bei allen Unfällen den Patienten nach der Faustregel **GABI** beurteilen:
Gibt er Antwort?
Atmet er?
Blutet er?
Ist sein Puls normal?

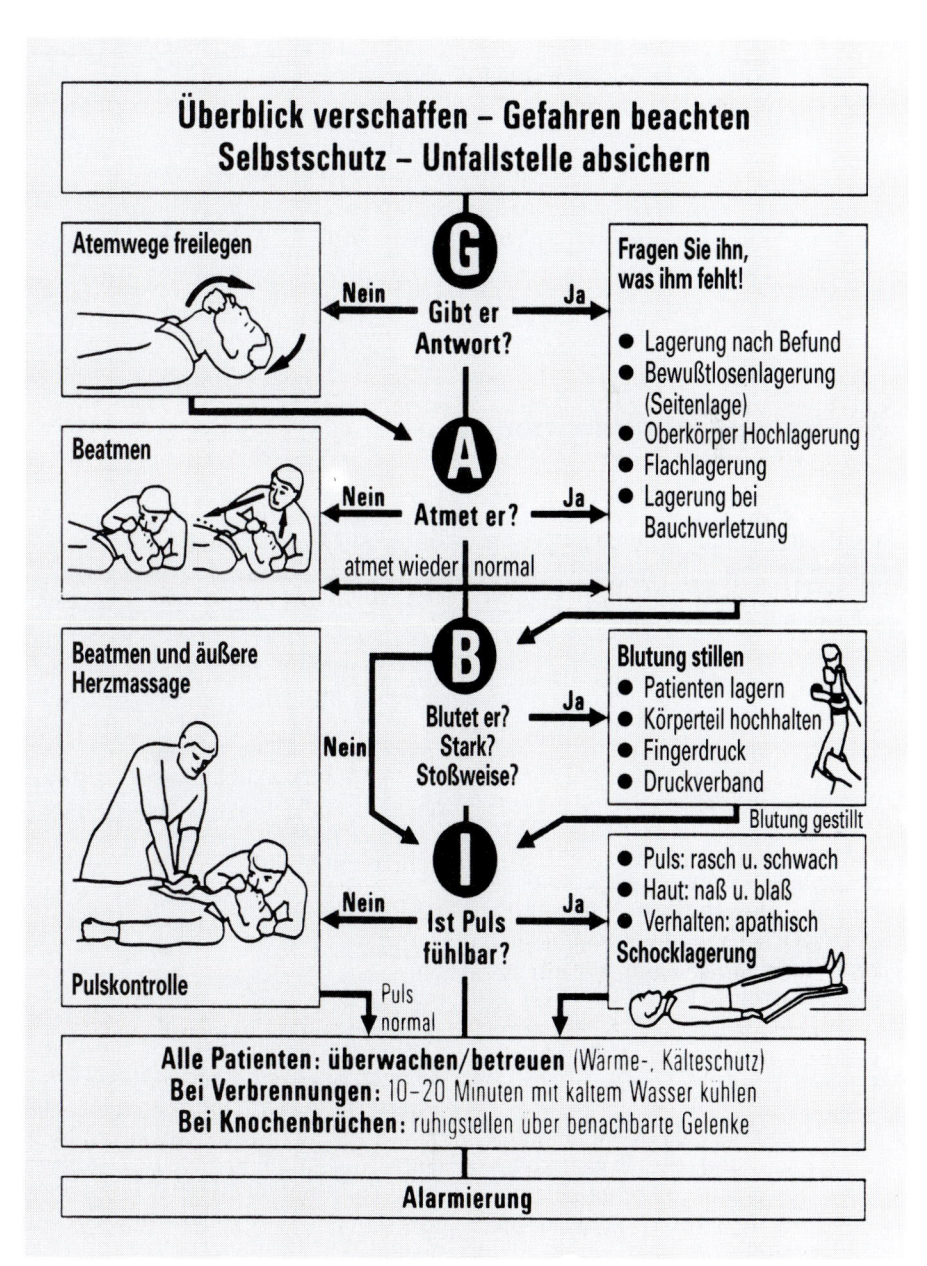

Überblick verschaffen – Gefahren beachten
Selbstschutz – Unfallstelle absichern

G – Gibt er Antwort?
- Nein: Atemwege freilegen
- Ja: Fragen Sie ihn, was ihm fehlt!
  - Lagerung nach Befund
  - Bewußtlosenlagerung (Seitenlage)
  - Oberkörper Hochlagerung
  - Flachlagerung
  - Lagerung bei Bauchverletzung

A – Atmet er?
- Nein: Beatmen
- Ja: (siehe oben)
- atmet wieder normal

B – Blutet er? Stark? Stoßweise?
- Nein: Beatmen und äußere Herzmassage
- Ja: Blutung stillen
  - Patienten lagern
  - Körperteil hochhalten
  - Fingerdruck
  - Druckverband
- Blutung gestillt

I – Ist Puls fühlbar?
- Nein: Pulskontrolle
- Ja:
  - Puls: rasch u. schwach
  - Haut: naß u. blaß
  - Verhalten: apathisch
  - **Schocklagerung**
- Puls normal

Alle Patienten: überwachen/betreuen (Wärme-, Kälteschutz)
Bei Verbrennungen: 10–20 Minuten mit kaltem Wasser kühlen
Bei Knochenbrüchen: ruhigstellen über benachbarte Gelenke

Alarmierung

Wundbehandlung

- Kleine Wunden mit flüssigem Desinfektionsmittel (Merfen, Merkurochrom, Desogen usw.) desinfizieren und mit Verband schützen.
- Größere Wunden sofort durch einen Arzt behandeln lassen.
- Grundsätzlich sind blutende Wunden weniger infektionsgefährdet als solche, die überhaupt nicht oder nur wenig bluten.

Erste Hilfe bei Verbrennungen

- Kleinere Verbrennungen können selber behandelt werden. Sofort mit kaltem Wasser kühlen!
- Wegen Infektionsgefahr Brandblasen nicht öffnen.
- Größere Verbrennungen vom Arzt behandeln lassen.
- Bei großen Verbrennungen sofort Rettungsdienst alarmieren.

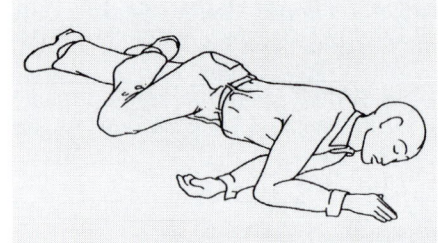

Ist das Opfer nicht ansprechbar, also bewußtlos, so ist es in die Bewußtlosenlagerung zu bringen und ständig zu überwachen.

Blutverlust durch stark fließende oder pulsierende Blutungen ist lebensbedrohend. Die Blutung muß sofort gestillt werden.

Was ist zu tun:
- lagern
- verletzten Körperteil hochlagern
- Fingerdruck
- Druckverband
- Rettungsdienst alarmieren

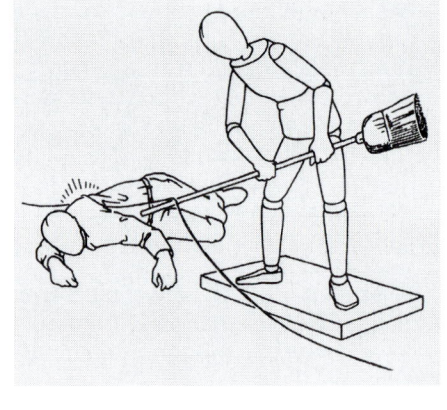

Bei Elektrounfällen sofort Stromkreis unterbrechen oder von isoliertem Standort aus Opfer an Kleidern wegziehen oder stromführende Leitung mit Holzstange wegschieben.

Aus- und Weiterbildung SanArena Rettungsschule, Zentralstraße 12, 8003 Zürich, eine Stiftung der Zürcher Kantonalbank

1.6 Rezept- und Menübuch

Rezept- und Menübücher gehören zur persönlichen Fachliteratur und werden zum wertvollen Nachschlagewerk in der beruflichen Laufbahn.

1.6.1 Rezeptbuch

Das genaue Rezept ist die Grundlage für eine einwandfreie Zubereitung eines Gerichts. Ein Rezept garantiert gleichbleibende Qualität, und es bildet die Grundlage für die Berechnung.

Vorgehen

Rezepte aufstellen, das heißt Quantitäten erfassen und die Zubereitungsschritte bestimmen. Rezepte abschreiben, kopieren, selber entwickeln oder abändern und einordnen.

Darstellung

Das Rezept setzt sich zusammen aus:

- Zutaten
- Vorbereitung
- Zubereitung

Die Zutaten müssen genau beschrieben und mit Maßangaben versehen sein. Die Auflistung der Zutaten erfolgt nach der Reihenfolge beim Ablauf der Zubereitung.

Systeme

Rezeptbuch

Das Rezeptbuch sollte immer als Ringbuch gewählt werden, damit weitere Rezepte richtig eingeordnet werden können. Für eine schnelle Notiz in der Küche ist ein kleines Rezeptbüchlein zu empfehlen. Diese Rezepte können dann in einer ruhigen Zeit überarbeitet werden.

Vorteile: Das Einordnen der Rezepte ist sehr einfach. Neu überarbeitete Rezepte oder Fotokopien können problemlos ausgewechselt werden. Kreative Gestaltung ist gut möglich.

Nachteile: Nicht sehr handlich am Arbeitsplatz.

Rezeptkarten

Handschriftliche Form mit beschriftbaren Trennkarten wählen. Die Rezeptkarten sollten laminiert (mit einer Schutzschicht überzogen) sein oder in Kunststoffhüllen gesteckt werden können. Eine Kartothek eignet sich sehr gut für die betriebsinterne Benützung.

Vorteile: Sehr übersichtlich, rasches Auffinden der Rezepte. Die einzelnen Karten können direkt dem Verfertiger ausgehändigt werden.

Nachteile: Großer Platzbedarf. Schwierige und teure Anschaffung. Ungeeignet zum Einkleben von Rezepten.

EDV-Rezeptprogramm

Immer mehr werden für die Rezeptverwaltung Computer eingesetzt. Es sind ausgearbeitete Programme im Handel. Je nach Programm können Rezepte ergänzt, geändert sowie die Kalkulation oder die Berechnung des Nährwerts erstellt werden. Dank dem Computer können Mengen oder Einkaufspreise rasch angepaßt werden.

Vorteile: Rezepte sind in kürzester Zeit abgeändert. Die Rezepte sind rasch zu finden und mit den nötigen Zusatzeinrichtungen (Drucker) auch schnell ausgedruckt. Fertige Programme sind erhältlich.

Nachteile: Hohe Anschaffungskosten. Verschiedene Betriebssysteme, damit unter Umständen erschwerter Einsatz von einem Computer zum andern. Oft nur betriebsintern benützbar.

Beispiel einer Rezeptdarstellung

1.4 Suppons **Kapitel 1**

Rezept 116

Broccolicremesuppe
Crème de brocoli
Für 2,5 Liter

Zutaten	Menge
Butter	0,04 kg
Zwiebeln	0,1 kg
Lauch	0,1 kg
Knollensellerie	0,04 kg
Broccoli, frisch	1,2 kg
Weißmehl	0,04 kg
Gemüsefond	2,5 l
Vollrahm	0,2 l
Milch	0,1 l
Abschmecken	1×

Vorbereitung
- 0,1 kg kleine Broccoliröschen für die Einlage in Gemüsefond knapp weich sieden oder dämpfen.
- Restliche Broccoli rüsten und in Stücke schneiden.
- Zwiebeln, Lauch und Sellerie zu Matignon schneiden.

Zubebereitung
- Matignon in Butter andünsten.
- Broccolistücke beigeben und mitdünsten.
- Mit Mehl stäuben, etwas abkühlen lassen.
- Mit heißem Fond auffüllen und unter Rühren aufkochen.
- Unter gelegentlichem Abschäumen sieden, bis alles weich ist.
- Mixen und durch feines Drahtspitzsieb passieren.
- Nochmals aufkochen und mit Rahm und Milch verfeinern.
- Abschmecken.
- Broccoliröschen als Einlage in die Suppe geben.

1.6.2 Menübuch

Das Aufstellen und das Zusammentragen von Menüs dient als Sammlung von Gedankengut, als Grundlage für die Menüplanung sowie für das Erstellen von Menüvorschlägen. Zudem können Menüs als Dokumente wertvolle Erinnerungen festhalten.

Vorgehen

Menüs selber zusammenstellen, abschreiben, sammeln oder kopieren und nach einem bestimmten Inhaltsverzeichnis einordnen.

Beispiel Inhaltsverzeichnis

- Tagesmenüs
- Festtagsmenüs
- Bankettmenüs
- Spezielle Menüangebote: energiearme Menüs, Fischmenüs, vegetarische Menüs, Vollwertmenüs usw.
- Aktionsmenüs: fremdländische Menüs, saisonale Menüs usw.
- Buffets

Zur Menüdarstellung siehe Menükunde, Seite 255.

Systeme

- Menü-Ringordner
- Menükasten/Kartothek
- EDV-Systeme

Betriebskunde

2

Themen Kapitel Betriebskunde

2.1	Küchenbrigade	37
2.2	Rangstufen	38
2.2.1	Aus- und Weiterbildungsstufen im Kochberuf	38
2.3	Funktionen	39
2.4	Mise en place	40
2.4.1	Grund-Mise-en-place	40
2.4.2	Tages- und Posten-Mise-en-place	40
2.4.3	Mise en place Produktionsküche	40
2.4.4	Mise en place Fertigungsküche	40
2.5	Küchenorganisation	40
2.5.1	Küchentypen	40
2.6	Informatik	42
2.7	Küchenplanung	42
2.7.1	Planungsstufen	42
2.7.2	Planungsrichtlinien	43
2.8	Wärmearten	46
2.9	Kochgeräte und -apparate	46
2.10	Speisenaufbereitungsgeräte und Verteilsysteme	51
2.10.1	Speisenaufbereitungsgeräte	51
2.11	Küchenmaschinen	51
2.12	Gastro-Norm / Euro-Norm	53
2.13	Geschirrmaterialien	54
2.14	Kochgeschirr	56
2.15	Küchenzubehör	58
2.15.1	Messer	58
2.15.2	Werkzeuge	59
2.15.3	Küchenutensilien	61
2.15.4	Anrichtegeschirr	62
2.16	Kühlung	62
2.16.1	Kälteerzeugung	62
2.16.2	Wärmerückgewinnung	64
2.16.3	Kühltemperaturen und Luftfeuchtigkeit	64
2.16.4	Kühl- und Tiefkühlräume	65
2.16.5	Kühl- und Tiefkühlzellen	65
2.16.6	Kühl- und Tiefkühlschränke	65
2.16.7	Tiefkühlverfahren	65
2.16.8	Spezialkühl- und -tiefkühlapparate	65
2.16.9	Glace-Herstellungsgeräte	65
2.16.10	Tiefkühlkette	65
2.17	Küchenfachausdrücke	66

2. Betriebskunde

In einem gastgewerblichen Betrieb ist die Küche eine von verschiedenen Abteilungen. Für ein positives Geschäftsergebnis ist das einwandfreie Zusammenarbeiten der verschiedenen Abteilungen notwendig. Die Mitarbeiter eines Betriebes bilden zusammen eine Gemeinschaft. Offene Informationspolitik, klare betriebliche Weisungen und Ziele, gute Harmonie und persönliches Engagement sind notwendige Voraussetzungen.

Beispiel einer Betriebsgliederung

		Unternehmer(in) **Geschäftsleiter(in)** **Betriebsleiter(in)**		
Administration	**Empfang/Halle/Réception**	**Gästebetreuung/Verkauf/Service**	**Küche**	**Hauswirtschaft**
– Hoteladministrationsleiter(in)	– Hotelempfangsleiter(in)	– Dipl. Restaurationsleiter(in)	– Dipl. Küchenchef/Produktionsleiter(in)	– Dipl. Hauswirtschaftsleiter(in)
– Direktionssekretär(in)	– Concierge	– Restaurationsleiter(in) mit eidg. Fachausweis	– Gastronomiekoch mit eidg. Fachausweis – Spital- und Heimkoch mit eidg. Fachausweis	– Hauswirtschaftsleiter(in) im Gastgewerbe mit eidg. Fachausweis
Kaufmännische Sachbearbeiter – Korrespondenz – Buchhaltung – EDV	– Réceptionist(in) – Telefonist(in) – Sachbearbeiter(in)	– Servicefachangestellte(r) – Gastronomiefachassistent(in)	– Koch/Köchin	– Hotelfachassistent(in) – Hauswirtschaftliche Betriebsangestellte – Gastronomiefachassistent(in)
– Lehrlinge	– Lehrlinge	– Lehrlinge	– Lehrlinge	– Lehrlinge

2.1 Küchenbrigade

Begriff

Die Küchenbrigade ist eine Arbeitsgemeinschaft (Team) gelernter Köche und Lehrlinge unter der Leitung des Küchenchefs.

Unterteilung und Zusammensetzung

Die Größe der Küchenbrigade wird vorwiegend von nachstehenden Faktoren bestimmt:

– Betriebsart und Betriebsgröße
– Betriebs-/Küchenorganisation
– Einrichtungen
– Öffnungszeiten
– Speisenangebot
– usw.

Kleine Küchenbrigade (bis etwa 6 Köche)	**Mittlere Küchenbrigade** (7–14 Köche)	**Große Küchenbrigade** (ab etwa 15 Köchen)
Küchenchef/*Chef de cuisine*	Küchenchef/*Chef de cuisine*	Küchenchef/*Chef de cuisine*
Evtl. Partie-Köche/*Cuisiniers de partie*	Brigadeköche/*Chefs de partie*	Chef-Stellvertreter/*Sous-chef*
Evtl. Jungköche/*Commis de cuisine*	Jungköche/*Commis de cuisine*	Brigadeköche/*Chefs de partie*
Lehrling/*Apprenti*	Lehrlinge/*Apprentis*	Jungköche/*Commis de cuisine*
		Lehrlinge/*Apprentis*

Die Brigade-Einteilung richtet sich nach der **Küchenorganisation:**
– konventioneller Küchenbetrieb
– kombinierte Produktions- und Fertigungsküche
– getrennte Produktions- und Fertigungsküche

– Sichtküche
– Fast-food-Küche
– Industrieküche

Auch der arbeitstechnische Einsatz (Dienstpläne, Tourenpläne) richtet sich nach der **Küchenorganisation.**

Wichtig für ideale Arbeitsverhältnisse sind:
– Personalführung mit Takt und menschlichem Verständnis
– Zusammenarbeit = Teamwork

2.2 Rangstufen

Die Rangstufen sind für den konventionellen wie auch für den modernen Küchenbetrieb grundsätzlich gleich. Eine Differenz besteht im Einsatz und in den Funktionen der Köche. Neben der Arbeitsleistung werden von den Köchen – entsprechend ihrer Stellung – unterschiedliche Verantwortung und Berufserfahrung verlangt. Im Kochberuf werden folgende Rangstufen unterschieden:

Stellung	Funktion
Dipl. Küchenchef/Produktionsleiter *Chef de cuisine diplômé*	– Verantwortlich für den gesamten Küchenbetrieb
Küchenchef *Chef de cuisine*	– Verantwortlicher für den gesamten Küchenbetrieb
Küchenchef-Stellvertreter *Sous-chef*	– Stellvertreter des Küchenchefs
Brigadekoch *Chef de partie*	– Leiter eines Postens mit mindestens einem Mitarbeiter
Partie-Koch *Cuisinier de partie*	– Koch, der ohne Mitarbeiter auf einem Posten arbeitet
Alleinkoch *Cusinier seul*	– Koch, der ohne gelernte Mitarbeiter für die Küche verantwortlich ist
Jungkoch *Commis de cuisine*	– Ausgelernter Koch, der einem Chef de partie unterstellt ist
Lehrling *Apprenti*	– Auszubildender, der gemäß Ausbildungsreglement für den Kochberuf eine gesetzliche Lehre absolviert

In einem Spital-, Heim- oder Kurbetrieb sind noch folgende Rangstufen von Wichtigkeit:

Stellung	Ausbildung
Spital- und Heimkoch mit eidg. Fachausweis *Cuisinier d'hôpital et d'établissement médicalisé brevet fédéral*	– Koch oder Diätkoch, der die Berufsprüfung für Spitalköche bestanden hat
Ernährungsberater *Diététicien*	– Frühere Bezeichnung für Diätassistent – Dreijährige spezielle Ausbildung mit Diplom des Schweizerischen Roten Kreuzes
Diätkoch *Cuisinier en diététique*	– Gelernter Koch mit einjähriger Zusatzausbildung in der Diätküche

2.2.1 Aus- und Weiterbildungsstufen im Kochberuf

Berufslehre

Koch
- Dauer: 3 Jahre
- Abschluß mit Fähigkeitszeugnis

Aufbaulehre

Diätkoch
- Dauer: 1 Jahr
- Abschluß mit Fähigkeitszeugnis

Berufsprüfung

Gastronomiekoch mit eidg. Fachausweis
- Berufsprüfung mit eidg. Fachausweis auf der Stufe mittleres Kader
- Dieser Titel ist gesetzlich geschützt

Spital- und Heimkoch mit eidg. Fachausweis
- Berufsprüfung für Fachleute im Spital- und Heimbereich
- Dieser Titel ist gesetzlich geschützt

Höhere Fachprüfung

Dipl. Küchenchef/Produktionsleiter
- Küchenchef mit bestandener höherer Fachprüfung
- Höchster beruflich erreichbarer Titel eines Kochs
- Dieser Titel ist gesetzlich geschützt

2.3 Funktionen

Die Funktionen der verschiedenen Partien werden in bestimmte Arbeitsbereiche eingeteilt. Die Koordination der Arbeitsbereiche muß durch gute und gezielte Informationen geschehen. Verlangt wird heute eine hohe Flexibilität, weshalb die Funktionen in erster Linie der Betriebs- und Küchenorganisation angepaßt werden.

Posten	Funktion
Küchenchef *Chef de cuisine*	– Verantwortlicher Leiter der Küche – Führung der Küchenbrigade – Dienst- und Arbeitseinteilung – Menügestaltung und Kartenzusammenstellung – Kalkulationen – Einkauf und Kontrolle – Ausbildung der Lehrlinge – Weiterbildung der Mitarbeiter – Überwachung der hygienischen Anforderungen – Überwachung von Produktion und Fertigung – Kontakt mit den Gästen – usw.
Küchenchef-Stellvertreter *Sous-chef*	– Vertritt den Küchenchef bei dessen Abwesenheit – Auch für die Lehrlingsausbildung verantwortlich – Oft kombiniert mit einem Chef-de-partie-Posten
Saucier *Saucier*	– Herstellung von Saucen, Fleisch-, Wild-, Geflügel- und Fischgerichten, warmen Vorspeisen
Rotisseur *Rôtisseur*	– Herstellung von Grilladen sowie von Gerichten, die im Ofen (Braten) und in der Friteuse zubereitet werden
Restaurateur *Restaurateur*	– Nur in Hotelbetrieben (Ferienhotels) – Herstellen von A-la-carte-Gerichten
Fischkoch *Poissonnier*	– Nur in Großbrigaden zur Entlastung des Sauciers – Herstellung von Fischgerichten
Entremetier *Entremétier*	– Herstellung von Suppen, Gemüse- und Kartoffelgerichten, Gerichten aus Getreideprodukten, Eier- und Käsespeisen – Zubereitung von Vollwertkost und vegetarischen Gerichten
Garde-manger *Garde-manger*	– Überwachung der kalten Küche, der Kühl- und der Tiefkühlräume – Verarbeiten und Zuschneiden von rohem Fleisch, Wild, Geflügel und Fisch – Herstellung der Salate, von kalten Vorspeisen, Saucen und Gerichten für Buffets – In Großbetrieben übernimmt der «Hors-d'œuvrier» die Herstellung der kalten Speisen
Hotel-Metzger *Boucher de cuisine*	– Nur in Großbetrieben zur Entlastung des Garde-manger – Ausbeinen und Verarbeiten des Fleisches
Patissier *Pâtissier*	– Herstellung aller Teig- und Süßspeisen sowie teilweise der Teiggerichte für die warme Küche
Tournant *Tournant*	– Ablöser der verschiedenen Posten
Wache *Chef de gard*	– Verantwortlicher während der Abwesenheit der Kochbrigade – Herstellung von bestellten Gerichten sowie Mise-en-place-Arbeiten
Ernährungsberater *Diététicien*	– Verantwortlich für Beratung und Betreuung der Gäste in Ernährungs- und Diätfragen – Zusammenstellung und Berechnung von Diätmenüs – Öffentlichkeitsarbeit in Ernährungsfragen
Diätkoch *Cuisinier en diététique*	– Enge Zusammenarbeit mit dem Ernährungsberater und dem Arzt – Herstellung der notwendigen Diätspeisen
Mitarbeiterkoch *Cuisinier pour le personnel*	– Nur in Großbetrieben – Herstellung der Verpflegung für die Mitarbeiter

2.4 Mise en place

Mise en place heißt «Bereitstellung» und ist der Beginn der Vorbereitung und der Zubereitung der Speisen sowie der Herstellung von Produkten. Für eine gute Küchenorganisation ist eine zweckmäßige Mise en place in allen Abteilungen und auf allen Posten eine Selbstverständlichkeit. Der Ausspruch: «Eine gute Mise en place ist die halbe Arbeit!» bewahrheitet sich sowohl im Kleinbetrieb als auch in der großen Produktions- und Fertigungsküche. Auch das Abräumen ist ein wichtiger Bestandteil der Mise en place. Damit verbunden sind die Überprüfung der Vorräte, die Instandstellung sowie die Reinigung der Geräte und der Arbeitsplätze.

Unter dem Sammelbegriff der großen Mise en place wird heute vom Bereitlegen der Werkzeuge und der Lebensmittel (Rohstoffe) bis zur fertig gekochten Speise so ziemlich alles verstanden.

Einteilung

- Grund-Mise-en-place
- Tages- und Posten-Mise-en-place
- Mise en place Produktionsküche
- Mise en place Fertigungsküche

2.4.1 Grund-Mise-en-place

Unter der Grund-Mise-en-place versteht man das Bereitstellen der notwendigen Koch- und Anrichtegeschirre, Werkzeuge, Küchengeräte und Wäsche.

2.4.2 Tages- und Posten-Mise-en-place

Die Tages- und Posten-Mise-en-place ist je nach Betrieb verschieden. Sie nimmt Rücksicht auf die täglichen Gegebenheiten, wie zum Beispiel Tagesmenü, Aktionen, Spezialitäten, Bankette usw. Man versteht darunter das Bereitstellen und das Herrichten aller Lebensmittel, die für die Zubereitung der Gerichte notwendig sind. Auch die tägliche Kontrolle der Vorräte ist zu beachten.

Beispiel
Mise en place von Lebensmitteln für den **Saucier-Posten:**

Fettstoff (Öl, Butter, Margarine), Mehl, Stärkemehl, Mie de pain, Weißwein, Rotwein, Zitronensaft, Essig, Madeira, Cognac, Gewürze, Würzmittel, Kräuter, Tomatenpüree, Senf, Mirepoix, geschälte Zwiebeln usw.

Im Kühlschrank (Kühlschublade): Milch, Rahm, Eier, Reibkäse, gehackte Zwiebeln, Schalotten und Petersilie, Grundbrühen, Grundsaucen usw.

2.4.3 Mise en place Produktionsküche

Die Mise en place der Produktionsküche beruht auf der Grund-, der Tages- und der Posten-Mise-en-place mit Schwerpunkt Produktion.

2.4.4 Mise en place Fertigungsküche

Die Mise en place der Fertigungsküche beruht auf der Grund-, der Tages- und der Posten-Mise-en-place mit Schwerpunkt Fertigung, das heißt Regenerieren und Anrichten der Speisen. Zu berücksichtigen ist, daß die meisten Gerichte als Halb- oder Fertigfabrikate von der Produktionsküche bereitgestellt werden.

2.5 Küchenorganisation

Die Organisation einer Küche muß auf den einzelnen Betrieb abgestimmt werden. Damit verbunden sind die verschiedenen Küchentypen, die Gliederung der Küchenräumlichkeiten und der arbeitstechnische Einsatz der Küchenbrigade.

Die Ziele einer Küchenorganisation sind:

1. Einwandfrei funktionierender Arbeitsablauf
2. Übersichtliche Anordnung der Arbeitsräume
3. Richtige Abstimmung der Einrichtung, der Maschinen und der Apparate auf die Betriebsgröße
4. Optimaler arbeitstechnischer Einsatz der Mitarbeiter

Bei der Wahl der Küchenorganisation sind die nachstehenden Faktoren zu berücksichtigen:

- Betriebsart
- Betriebsgröße
- Betriebsorganisation
- Standort des Betriebes
- Küchenart
- Küchenräumlichkeiten
- Küchenbrigade
- Bedürfnisse der Gäste
- Speisenangebot
- Serviceart
- Mahlzeiten-Ausgabesystem
- Öffnungszeiten
- usw.

2.5.1 Küchentypen

Die Küchenorganisation wird in sechs verschiedene Küchentypen unterteilt:

1. Konventionelle Küche
2. Kombinierte Produktions- und Fertigungsküche
3. Getrennte Produktions- und Fertigungsküche
4. Sichtküche und Free flow
5. Fast-food-Küche
6. Industrieküche

Konventionelle Küche

- Hauptsächlich in Kleinbetrieben
- Produktion und Fertigung im gleichen Raum
- Die Posten sind blockartig zusammengefaßt
- Die Ausgabe geht über eine Stelle (Paß, Buffet)

Kombinierte Produktions- und Fertigungsküche

- Hauptsächlich in mittleren gastgewerblichen Betrieben
- Zwei Blöcke mit Produktion und Fertigung, wobei jeder Block die Grundabteilungen einer Küche umfaßt

Getrennte Produktions- und Fertigungsküche

- Hauptsächlich in Großbetrieben, wie zum Beispiel Hotel mit Satellitenrestaurant, Restaurant mit Bankettsälen, Kongreßzentrum, Großbetriebe in der Gemeinschaftsverpflegung
- Die Produktions- und Fertigungsblöcke sind räumlich getrennt
- Die Fertigungsküche muß mit leistungsfähigen Regenerierapparaten, wie Mikrowellengerät, Kombisteamer, Grill usw., ausgerüstet sein

Sichtküche und Free flow

- Die Sichtküche ist eine offene Küche zum Gastraum
- Die Free-flow-Küche ist eine Erlebnisküche. Die Speisezubereitung erfolgt direkt vor dem Gast
- Hauptsächlich in neu konzipierten gastgewerblichen Betrieben
- Gute Kommunikation zwischen Gast, Service und Koch sind vorhanden
- Sauberes, ruhiges Arbeiten der Köche ist erforderlich
- Korrekte Bekleidung und freundliches, gepflegtes Auftreten sind Bedingung

Fast-food-Küche

- Hauptsächlich für Betriebe ohne Produktionsküche
- Der Warenbezug ist vorwiegend Convenience Food
- Eine Aufteilung in Lagerraum (Kühler, Tiefkühler) und Aufbereitungsraum mit leistungsfähigen Regenerierapparaten ist von Vorteil

Industrieküche

- Hauptsächlich für Firmen der Lebensmittelindustrie
- Räumlich getrennte Versuchs- und Produktionsküche sowie zusätzlich ein Labor
- Dazugehörende optimale Lagermöglichkeiten sind eine Voraussetzung

Arbeitstechnisches Grundschema

Konventionelle Küche	Kombinierte Produktions- und Fertigungsküche	Getrennte Produktions- und Fertigungsküche	Sichtküche (wie konventionelle Küche)	Fast-food-Küche	Industrieküche
Planen	Planen	Planen	Planen	Planen	Planen
↓	↓	↓	↓	↓	↓
Einkaufen	Einkaufen	Einkaufen	Einkaufen	Einkaufen	Einkaufen
↓	↓	↓	↓	↓	↓
Lagern	Lagern	Lagern	Lagern	Lagern	Labor
↓	↓	↓	↓	↓	↓
Vorbereiten	Vorbereiten	Vorbereiten	Vorbereiten	Regenerieren	Versuchsküche
↓	↓	↓	↓	↓	↓
Zubereiten	Zubereiten	Zubereiten	Zubereiten	Servieren	Labor
↓	↓	↓	↓		↓
Anrichten	Aufbewahren	Aufbewahren	Anrichten		Warenlager
↓	↓	↓	↓		↓
Servieren	Regenerieren	Transportieren	Servieren		Produktionsküche
	↓	↓			↓
	Anrichten	Regenerieren			Labor
	↓	↓			↓
	Servieren	Anrichten			Lager
		↓			↓
		Servieren			Verkauf
					↓
					Transport

Unterteilung in Produktion und Fertigung bei räumlicher Trennung

Vorteile

- Rationelles Arbeiten
- Gleichbleibende Qualität (Standardrezepte)
- Ausgeglichenes Produzieren
- Bessere Ausnützung von Apparaten und Maschinen (Rentabilität)
- Gleichmäßige, der Industrie angeglichene Arbeitszeit
- Strenge Hygieneanforderungen können mit gezielten Maßnahmen durchgesetzt werden
- Routinearbeit kann durch Hilfskräfte ausgeführt werden
- Während der Hauptservicezeit können Köche aus der Produktions- in der Fertigungsküche eingesetzt werden
- Die Köche der Fertigungsküche können sich voll auf die laufenden Bestellungen konzentrieren
- Abwechslungsreiche Arbeit durch Austauschmöglichkeit
- Flexible Arbeitszeiten sind möglich

Nachteile

- Größerer Platzbedarf
- Teure Anschaffungen
- Monotone Arbeitsweise, wenn kein Austausch erfolgt

2.6 Informatik

Mit zunehmender Verbreitung der elektronischen Datenverarbeitung (EDV) im Gastgewerbe wird der Computer vermehrt auch in die Küche vordringen und wertvolle Dienste leisten. Dank seiner Schnelligkeit und seiner Zuverlässigkeit können mit einfacher manueller Manipulation bisher zeitaufwendige Berechnungen problemlos in Kürze ausgeführt werden.

Damit der Einsatz der EDV den erhofften zeitlichen Vorteil bringt, ist es erforderlich, daß sich der Berufsmann mit der Informatik befaßt. Nur so kann der Computer einwandfrei bedient und gezielt eingesetzt werden.

Einsatzgebiete des Computers in der Küche

Arbeitsplan

- Erstellen von Ferien-, Arbeits- und Tourenplänen
- Berechnen von Ferien- und Freitage-Ansprüchen
- Kontrolle der Arbeitszeiten

Einkauf

- Erfassen von Lieferanten und ihren Konditionen
- Einsehen von aktuellen Preislisten verschiedener Lieferanten
- Berechnen und Vergleichen von Preisen
- Warenbestellungen mit sofortiger schriftlicher Bestätigung via Telekommunikation
- Erfassen von Lieferfristen

Kalkulation

- Preis- und Energieberechnungen von Rezepten und ganzen Menüs mit unterschiedlichen Portionsgrößen und frei wählbaren Faktoren
- Erstellen von Vor- und Nachkalkulationen
- Renditeberechnungen
- Erstellung und graphische Darstellung von Statistiken
- Kennzahlen als Betriebsführungsinstrument sind jederzeit griffbereit

Lagerbuchhaltung

- Erfassen der Lagerorte einzelner Lebensmittel
- Festhalten der Lagerumwälzung
- Automatische Meldungen über die Ablaufdaten der gelagerten Lebensmittel
- Berechnen der Lagerkosten
- Erstellen des Inventars

Menüs

- Erstellen von Menüplänen mit manuellen und automatischen Korrekturmöglichkeiten
- Erstellen von Menüplänen unter Berücksichtigung der erhältlichen Produkte
- Speichern von Menüs und schnelles Abändern bei Verwendung für ähnliche Gelegenheiten
- Übersetzen von Menüs in andere Sprachen
- Überprüfen der Menürechtschreiberegeln

Rezepte

- Erstellen von Rezeptsammlungen mit einfachsten Korrektur- und Umrechnungsmöglichkeiten
- Scannen (Fotos einlesen)

Korrespondenz

- Erstellen und Redigieren von Menü- und Speisekarten
- Einholen und Versenden von Offerten
- Verfassen von Mitteilungen

2.7 Küchenplanung

Die Küchenorganisation bestimmt die Küchenplanung. Eine Küche muß mit professionellen Küchenplanern und erfahrenen Berufsleuten (Koch) geplant werden. Die Raumaufteilung geschieht nach dem küchentechnischen Ablauf.

Die gesetzlichen Grundlagen sind in der Eidgenössischen Lebensmittelverordnung sowie in kantonalen Gesetzen und Verordnungen aufgeführt.

2.7.1 Planungsstufen

1. Konzept des Bauherrn/Budget
2. Pflichtenheft erstellen
3. Küchenorganisation und Küchentyp festlegen
4. Studium der Baupläne
5. Raumaufteilung mit Blockbildung ausarbeiten
6. Anordnung der Küchenapparate und -maschinen
7. Kontrolle der Funktionsfähigkeit und der Arbeitsabläufe
8. Detailplanung

Erläuterungen zu den Planungsstufen

1. Das Betriebskonzept anhand verschiedener Punkte festlegen, wie zum Beispiel Zielsetzung, Konkurrenzanalyse, Kundschaft, Finanzen usw.
2. Im Pflichtenheft die Grundsätze des Betriebes nach den Vorstellungen des Bauherrn festlegen.
3. Die Küchenorganisation und den Küchentyp mit der Zielsetzung des Bauherrn in Übereinstimmung bringen.

4. Von verschiedenen Planern Baupläne einholen und auswerten sowie Referenzbetriebe besichtigen.
5. Die Küchen- und die Nebenräume je nach Küchentyp in Blöcke aufteilen.
6. Die Apparate- und Maschinenlisten erstellen und nach dem Arbeitsablauf einordnen.
7. Den Küchenplan auf Funktionsfähigkeit, Raumausnützung, arbeitstechnischen Ablauf, gesetzliche Vorschriften usw. überprüfen.
8. Die Arbeitsplatzgestaltung mit Berücksichtigung von Energiezufuhr, Wasseranschlüssen und -abläufen, Ventilation, Beleuchtung, Kühlung, Wärmerückgewinnung, Entsorgung usw. planen.

2.7.2 Planungsrichtlinien

- Richtige Größenverhältnisse zwischen den einzelnen Räumlichkeiten ermitteln und die Räumlichkeiten einteilen.
- Anlieferung, Lagerung (Kühlräume), Vorbereitung, Zubereitung und Auslieferung in richtiger Reihenfolge anordnen.
- Apparate und Maschinen müssen leicht zugänglich, eventuell fahrbar sein.
- Arbeitsflächen müssen so gestaltet werden, daß genügend Tageslicht oder gute Beleuchtung vorhanden ist.
- Optimale Belüftungsmöglichkeit mit Zu- und Abluft. Über allen Kochapparaten mit Rauch- und Dampfentwicklung Ventilationshauben oder Lüftungsdeckenelemente anbringen.
- Die Wärmerückgewinnung prüfen und wenn möglich ausnützen.
- Alle Anlagen in **Gastro-Norm/Euro-Norm** (siehe Abschnitt 2.12, S. 53) ausführen. Die verschiedenen Abteilungen müssen mit fahrbaren Gastro-Norm-Wagen schwellenfrei erreicht werden können.
- Die Betriebssicherheit muß gewährleistet sein, zum Beispiel: gleitsicherer Bodenbelag, Brandmeldeanlage, elektrische Sicherheitsanschlüsse usw.
- Abschwaschbare Wandflächen anbringen und Ecken sowie Rillen möglichst vermeiden.
- Abwaschtröge und kippbare Kochgeräte mit Bodenabläufen und Auffangschalen.
- Genügend Wasseranschlüsse anbringen und große Abwasserabläufe mit ausreichendem Gefälle installieren.
- Nicht nur einseitige Energiequellen berücksichtigen.
- Elektrische Anschlüsse für eventuelle Zusatzapparate vorsehen (380/220 V).
- Maschinen nicht an die Wände montieren.
- Lärmreduzierende Maßnahmen wie Schallschluckdecken, Gummimatte beim Abwaschtrog, Geschirrspülanlage räumlich abtrennen usw.
- Genügend Kühl-, Tiefkühl- und Lagerräume sowie Arbeits- und Abstellflächen einplanen.
- Schränke, Schubladen und Regale optimal und in Normgröße einbauen.
- Gleichzeitiges Durchreichen von Speisen und Schmutzgeschirr vermeiden.
- Arbeitsablauf für eventuelle spätere bauliche oder betriebstechnische Änderungen flexibel planen.
- Gekühlten Raum für Abfälle außerhalb der Küchenräumlichkeiten erstellen.
- Gesetzliche Richtlinien abklären und einhalten.

Küchen- und Nebenräume

Räumlichkeiten	Funktionen
Hauptküche	– Herstellung und Ausgabe aller warmen Gerichte – Integration der Posten von Saucier, Rotisseur und Entremetier
Garde-manger	– Vorbereitung von Fisch, Krusten- und Weichtieren, Fleisch, Wild und Geflügel – Herstellung aller kalten Speisen
Patisserie	– Herstellung aller Süßspeisen und Teiggerichte
Diätküche	– Herstellung aller Diätspeisen – Vorwiegend in Kurhotels und Spitälern vorhanden
Mitarbeiterküche	– Herstellung der Speisen für die Mitarbeiterverpflegung – Vorwiegend in Großhotels vorhanden
Kontrolle/Annahme	– Anlieferung und Kontrolle der Ware – Waage muß vorhanden sein
Kühlräume	– Aufbewahrung und Lagerung von frischen Lebensmitteln (nach Kategorien unterteilt)
Tiefkühlraum	– Lagerung von tiefgekühlten Lebensmitteln
Rüstraum	– Zurüsten von pflanzlichen Lebensmitteln
Pfannenspüle	– Reinigung der Küchenbatterie – Wird auch «Plonge» genannt
Geschirrspüle	– Reinigung von Geschirr und Besteck
Silberspüle	– Reinigung und Polieren des Silbergeschirrs – In großen Erstklaßbetrieben sollte eine Silberpoliermaschine vorhanden sein
Economat	– Lagerraum für alle haltbaren Roh-, Halb- und Fertigprodukte
Büro	– Arbeitsraum für administrative Arbeiten des Küchenchefs und des Sous-chefs
Eßraum	– Verpflegung- und Aufenthaltsraum für das Personal
Garderobe mit Dusche	– Umkleideräume mit abschließbaren Schränken für das Personal
Toiletten	– Toiletten ausschließlich für das Personal
Entsorgungsraum	– Separater gekühlter Raum für Küchenabfälle – Separater Raum für das Gebinde – Getrennte Abfallagerung von Glas, Papier, Fett, Öl usw.
Putzraum	– Aufbewahrung von Reinigungsmitteln und -maschinen

Plan einer Großküche mit Nebenräumen

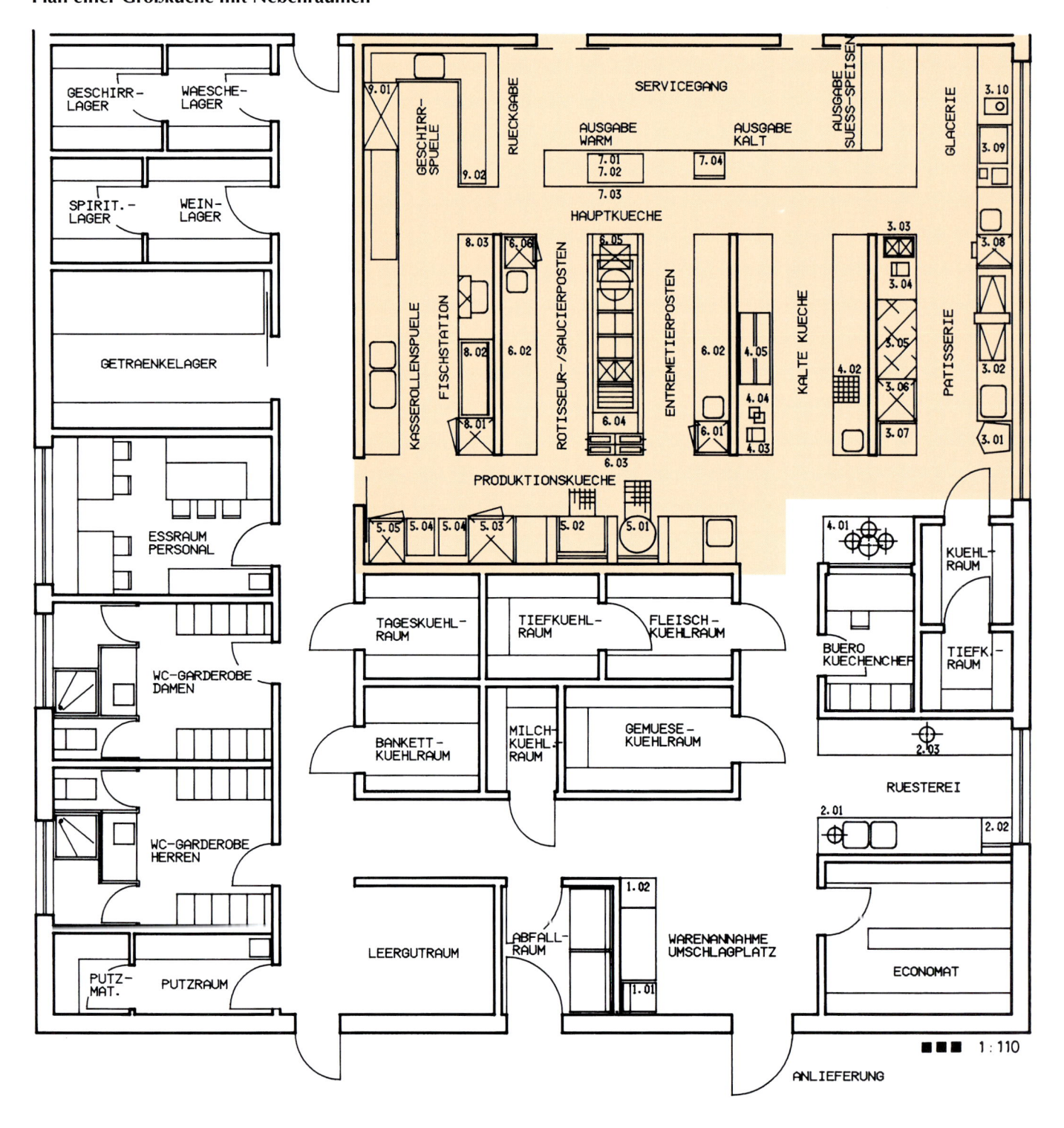

1.	**Warenannahme**
1.01	Bodenwaage
1.02	Handwaschvorrichtung

2.	**Rüsterei**
2.01	Kartoffelschälmaschine
2.02	Gemüsewaschmaschine
2.03	Gemüseschneidmaschine

3.	**Patisserie/Glacerie**
3.01	Rührmaschine
3.02	Teigausrollmaschine
3.03	Gasrechaud
3.04	Waage
3.05	Marmorplatte
3.06	Patisserieofen
3.07	Auskühlrolli
3.08	Freezer
3.09	Glacestation
3.10	Schlagrahmmaschine

4.	**Kalte Küche**
4.01	Universalmaschine
4.02	Hackstock
4.03	Waage
4.04	Aufschnittmaschine
4.05	Sandwicheinheit

5.	**Produktionsküche**
5.01	Kippkochkessel
5.02	Kippbratpfanne
5.03	Kombisteamer
5.04	Rolli (Bankettsystem)
5.05	Schockkühler

Thema 2 **Blatt 9**

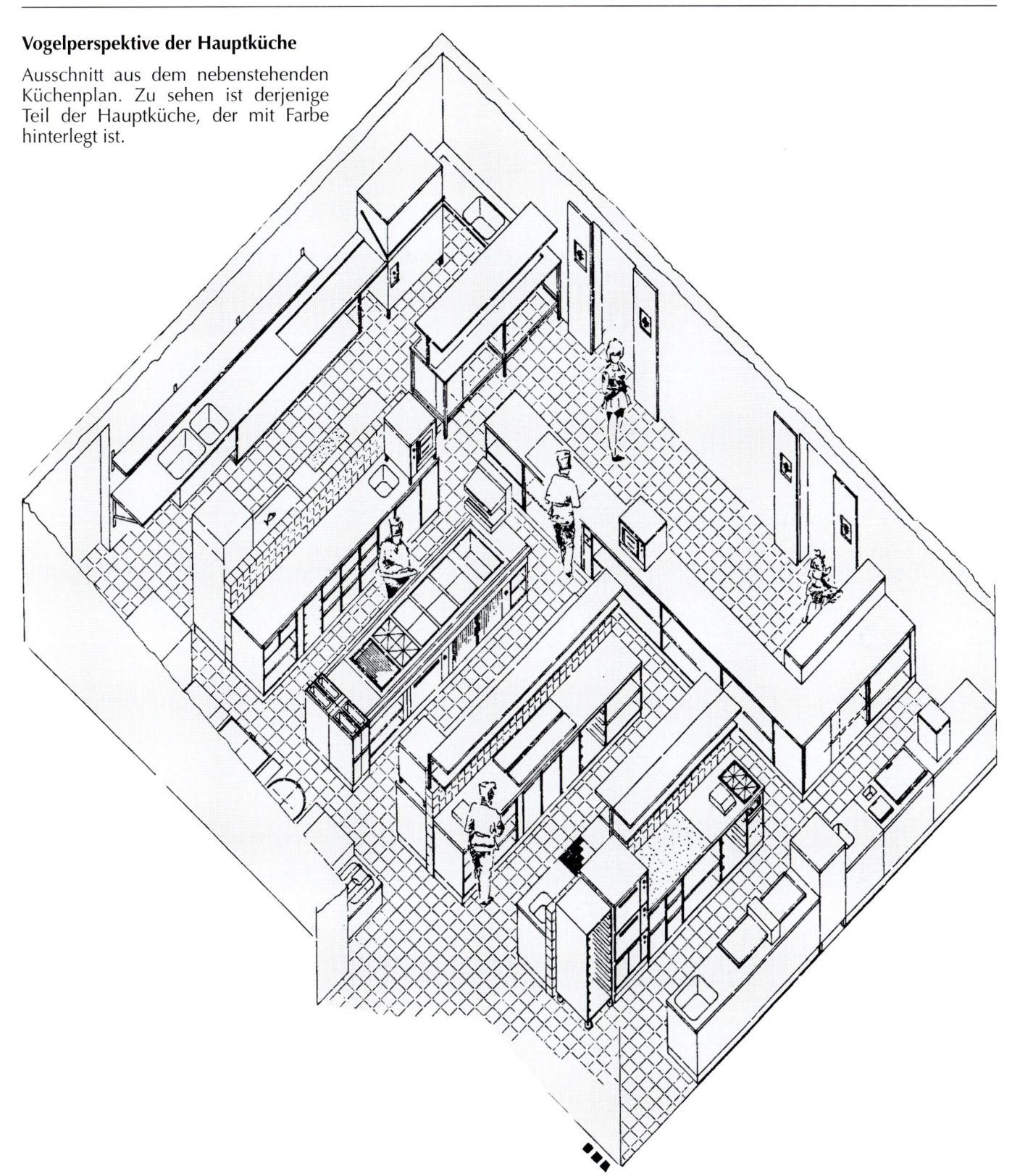

Vogelperspektive der Hauptküche

Ausschnitt aus dem nebenstehenden Küchenplan. Zu sehen ist derjenige Teil der Hauptküche, der mit Farbe hinterlegt ist.

6. Entremetier-, Rotisseur-, Saucierposten
6.01 Steamer
6.02 Kühlkorpus
6.03 Friteuse
6.04 Herd mit Grill
6.05 Salamander
6.06 Kombisteamer

7. Ausgabe
7.01 Wärmeplatte
7.02 Infra-Strahler
7.03 Wärmeschrank
7.04 Mikrowellenapparat

8. Fischstation
8.01 Fischkühlschrank
8.02 Fischbassin
8.03 Eiswürfelmaschine

9. Geschirrspüle
9.01 Geschirrspülmaschine
9.02 Gläserspülmaschine

2.8 Wärmearten

Um einen Kochprozeß ausführen zu können, braucht es eine **Energiequelle**. Energiequellen sind zum Beispiel Elektrizität, Gas, Öko-Heizöl, Stein- und Holzkohle. Die verschiedenen Grundzubereitungsarten erfordern unterschiedliche **Wärme- und Übertragungsarten.**

Wärmeart	Übertragungsmedium	Gerät/Apparat	Anwendungsbeispiel
Kontaktwärme	z. B. Elektrizität Gas Öko-Heizöl Holzkohle Holz	Guß- oder Stahlkochplatte Glaskeramik Gasbrenner Kippbratpfanne Grill, Griddleplatte Induktionsherd	Ein Steak in der Bratpfanne oder direkt auf dem Grill oder auf der Griddleplatte garen.
Übertragungswärme	z. B. Wasser Dampf Öl Heißluft	Umluftofen Steamer Kombisteamer Kipp- oder Standkessel Friteuse Niedertemperatur-Gargerät	Pommes frites in der Friteuse im Öl (Fritüre) fritieren.
Hochleistungsoberhitze	z. B. Elektrizität (Infrarot) Gas	Salamander	Eine Käseschnitte überbacken (gratinieren)
Strahlungswärme	z. B. Mikrowellen	Mikrowellenapparat	Auf einem Teller kalt angerichtete Speisen im Mikrowellenapparat aufbereiten.
Wärme durch Induktion	Elektrischer Strom erzeugt ein Magnetfeld	Induktionskochherd	Die meisten Grundzubereitungsarten (Ausnahmen: Poelieren, Braten und Backen im Ofen, Gratinieren)

Bestimmte Wärme- und Übertragungsarten können miteinander verbunden werden. Dann spricht man von **Kombinationswärme.**

Wärmeart	Übertragungsmedium	Gerät/Apparat	Anwendungsbeispiel
Kombinationswärme	z. B. Elektrizität Gas Öko-Heizöl Holzkohle	Brat- und Backofen Druckbraisiere Druckkochkessel	Ein glasierter Braten wird durch Kontakt- und Übertragungswärme gegart.

2.9 Kochgeräte und -apparate

Die Hauptfunktion der Kochgeräte und -apparate ist die Wärmeerzeugung und -übertragung auf das Kochgut. Die gewählten Geräte müssen auf die Küchenorganisation abgestimmt sein. Die moderne Technik vereinfacht die Überwachung des Kochgutes, des Kochprozesses und der Energie. Sie ermöglicht teilweise eine komplette Programmierung ganzer Garprozesse. Die optimale Nutzung der Geräte erfordert jedoch nach wie vor gute Fachkenntnisse des Kochs sowie eine apparatebezogene Schulung. Es ist wichtig, das Verhalten der einzelnen Produkte im Hitzebereich zu kennen.

Anforderungen an Geräte und Apparate

– Einfache Bedienung und Überwachung
– Betriebssicherheit
– Optimales Kosten-Leistungs-Verhältnis
– Einfache Reinigung und Wartung
– Kleine Außenmaße mit maximalem Fassungsvermögen
– Energie- und betriebsfreundlich
– Exakte Klimakontrolle (Temperatur, Zeit, Feuchtigkeit)
– Gastro-Norm-entsprechend
– Mehrfache Einsatzmöglichkeit
– Fachgerechte Kochhandbücher und Bedienungsanleitungen

Kochherd

Der Kochherd ist ein vielseitiges Kochgerät, das in verschiedenen Ausführungen erhältlich ist. Die häufigsten Energiequellen sind Elektrizität und Gas. Vereinzelt sind sie noch mit Ölbrennern ausgerüstet. Die Ausstattung ist verschieden und umfaßt zum Beispiel Einzelkochstellen, fugenloses Kochfeld, Brat- und Backofen, Wärmeschrank, Normschrank, Wasserbad, Wasser-Mischbatterie, breiten Herdrand usw. Beim Restaurationsherd ist eine genügend große Anrichtefläche erforderlich. Kochplatten, die mit Temperaturregler ausgestattet sind, bringen eine wesentliche Energieeinsparung.

Die **technische Entwicklung** des Kochherdes zeigen die nachstehenden Beispiele:

Konventioneller Kochherd
- Kochplatten mit Kontaktwärme
- Stufenschaltung
- Kochplatten und Herdrand sind niveaugleich
- Fugenlose Kochfelder
- **Zusatzausstattungen:** stufenlose Temperaturwahl, Temperaturbegrenzung, Schnellheizplatte usw.

Induktionskochherd
- Ein elektronischer Generator erzeugt ein Magnetfeld, so daß der Kochvorgang ohne Wärmeübertragung erfolgt
- Das Kochfeld bleibt kalt, weil die Hitze im Topfboden erzeugt wird
- **Vorteile:** Energieeinsparung, sofortige Einsatzbereitschaft, wenig Wärmeabstrahlung, schnelle Temperaturregulierung, reinigungsfreundlich
- **Nachteile:** Hohe Anschaffungskosten, begrenzte Hochleistung, Wärmeerzeugung nur im Bereich des Magnetfeldes, spezielles Kochgeschirr notwendig

Funktionsschema Induktionskochherd

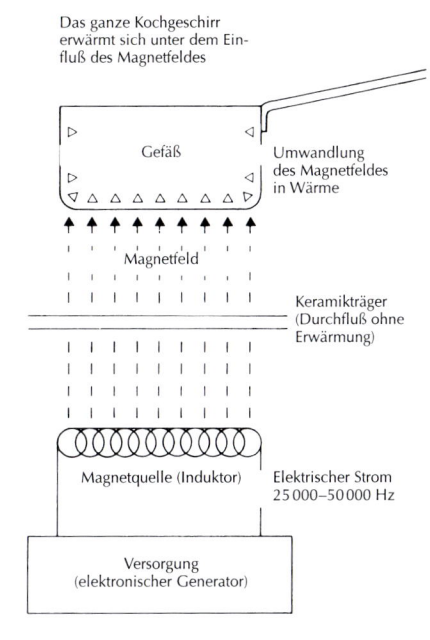

Das ganze Kochgeschirr erwärmt sich unter dem Einfluß des Magnetfeldes

Gefäß — Umwandlung des Magnetfeldes in Wärme

Magnetfeld

Keramikträger (Durchfluß ohne Erwärmung)

Magnetquelle (Induktor) — Elektrischer Strom 25 000–50 000 Hz

Versorgung (elektronischer Generator)

Glaskeramikkochherd
- Erhitzung des Cerean-Kochfeldes mittels gut sichtbaren Infrarot-Strahlungskörpers
- **Vorteile:** Minimale Aufheizphase, fugenlose und reinigungsfreundliche Kochfläche, Topferkennungssensor, kein spezielles Kochgeschirr nötig
- **Nachteile:** Begrenzte Schlagfestigkeit, Wärmeerzeugung nur im Bereich des Strahlungskörpers, Kochfeldbeschädigung durch Einbrennen (Zucker)

Kippbratpfanne/Druckbraisiere

Die Kippbratpfanne gehört zu den vielgebrauchten Kochgeräten. Die Beheizung erfolgt mit Elektrizität oder Gas. Je nach Verwendungszweck besteht die Bratfläche aus Stahl oder aus Chromnickelstahl. Beim Stahlboden klebt das Bratgut weniger an. Der Chromnickelstahlboden verhindert die Oxidation (Verfärbung des Bratgutes). Die Anwendungsmöglichkeiten sind: Anbraten, Sautieren und Schmoren.
Für zusätzliche Anwendungen wurde das Gerät als Druckbraisiere entwickelt. Die erweiterten Funktionen sind: Dünsten, Dämpfen, Sieden, Pochieren.

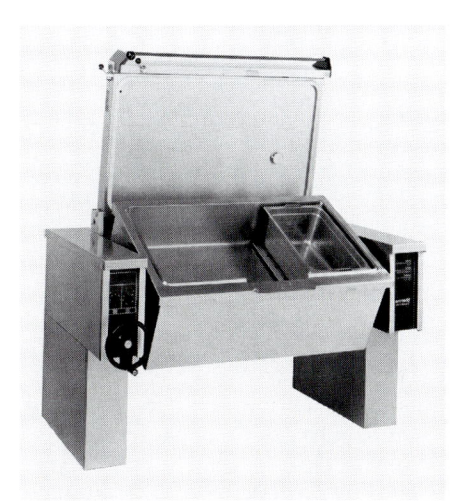

Grill

Die Auflagefläche dieses Apparates besteht aus Stäben. Die Energiequellen sind Elektrizität, Gas oder Holzkohle. Der Lavasteingrill ist gasbeheizt. Nur saubere Grillstäbe und minimaler Fettstoffeinsatz garantieren ein vorzügliches Aroma und keine Gesundheitsschädigung. Die «gerillte» Grillplatte bewirkt nur einen Zeichnungseffekt.

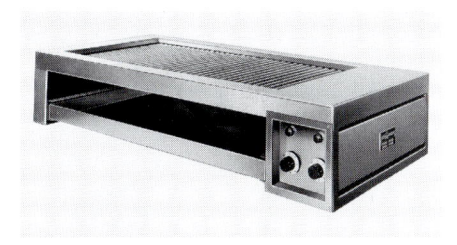

Griddleplatte

Die Griddleplatte ist eine freistehende oder eingebaute, thermostatisch regulierte Bratplatte mit Fettstoff-Auffangschale. Die Energiequelle ist Elektrizität oder Gas. Für die Bratplatte wird Stahl, Chromnickelstahl oder Glaskeramik verwendet. Die Chromstahlplatte ist energiefreundlicher (Abstrahlungswärme). Die Bratrückstände müssen sofort entfernt werden, was ein vielfaches Sautieren mit wenig Fettstoff ermöglicht und das Ankleben verhindert.

Umluftofen

Beim Umluftofen – auch Heißluftofen oder Konvektomat genannt – basiert die Übertragungswärme auf erhitzter, geschlossener Luftzirkulation. Ventilatoren ziehen die Luft aus dem Garraum an und führen diese über Heizelemente gleichmäßig in den geschlossenen Ofenraum zurück. Dies ermöglicht das gleichzeitige Garen verschiedener Produkte auf mehreren Ebenen. Es ist zu beachten, daß die Produkte bezüglich Gartemperatur und Zeit zusammenpassen. Es findet keine Geschmacksübertragung statt. Die Garzeiten entsprechen ungefähr denjenigen des konventionellen Brat- und Backofens. Die trockene heiße Luft im Garraum wird durch automatische Wassereinspritzung befeuchtet. Große Sichttüren, Garraumbeleuchtung, Thermostat, Uhr und angenehme Arbeitshöhe erleichtern die Bedienung und die Überwachung. Die herausnehmbaren Einbauelemente des Garraums erleichtern die Reinigung. Mögliche Zusatzausstattungen sind: Kerntemperaturüberwachung, Garprozeßprogrammierung, Ventilator-Geschwindigkeitsregler, Ablauf usw.

Vorteile
- Kurze Aufheizzeit
- Optimale Ausnützung des Garraumes
- Gleichzeitiges Zubereiten verschiedener Produkte ohne Geschmacksübertragung
- Schonende Garmethode durch automatische Kochgut-, Temperatur- und Energieüberwachung
- Kein Wenden des Kochgutes
- Geringerer Energieverbrauch gegenüber dem Brat- und Backofen

Nachteile
- Unter- und Oberhitze nicht getrennt regulierbar
- Bleche und Kochgeschirr mit hohem Rand nicht geeignet

Steamer

Der Steamer ist auch bekannt als Druckgarer, Jet-Cooker und Hochleistungsdämpfer. Die Übertragungswärme (Dampf) wird im Bereich 60 °C bis 96 °C drucklos oder 97 °C bis 120 °C mit Druck eingesetzt (120 °C = 1 bar, 110 °C = ½ bar). Der Dampf wird über einen eingebauten oder separaten Dampferzeuger direkt auf das Kochgut im Garraum eingespritzt. Die Temperatur sollte stufenlos einstellbar sein. Was die Kochzeit beim Druckgaren verkürzt, ist die höhere Umgebungshitze, die dank dem höheren Druck erzeugt wird. Nur das Kochen mit Druck ermöglicht, Sattdampf auf höhere Temperaturen zu bringen, wodurch der Siedepunkt des Wassers erhöht wird (Dampf). Dieses System ist von der Meereshöhe unabhängig.

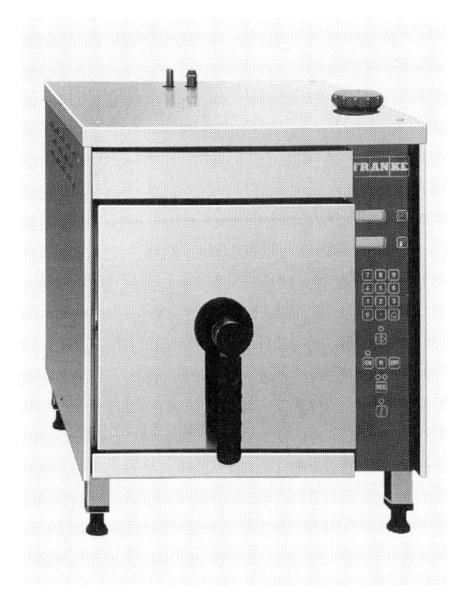

Einsatzbereich
- **Druckloses Dämpfen** = Dämpfen, Pochieren, Speisenfertigung (Regenerieren)
- **Dämpfen mit Druck** = Dämpfen, Blanchieren, Speisenfertigung

Vorteile
- Schonendes Garen
- Weitgehendes Erhalten von Eigengeschmack, Nährwert und Farbe
- Ideal für die Diätzubereitung
- Vielfältige Einsatzmöglichkeiten im Dampfbereich
- Flexibles Arbeiten in Produktion und à la carte
- Senken der Waren-, der Energie- und der Wasserkosten
- Umweltfreundlich
- Einfache Reinigung, minimaler Geschirraufwand

Nachteile
- Verriegelte Tür im Dampfbereich mit Druck
- Erschwerte Garprobe

Kombisteamer

Einige andere Bezeichnungen für den Kombisteamer sind: Kombidämpfer, Heißluftdämpfer, Aero-Steamer, Kombimatic usw. Dieses Multifunktionsgerät ist eine wertvolle Weiterentwicklung des Umluftofensystems. Nebst der Heißluft kann auch mit Dampf oder mit Heißluft-Dampf-Gemisch gegart werden. Das Klima kann einzeln, nacheinander oder kombiniert gewählt werden.

Einsatzmöglichkeiten sind:
- Braten, Backen, Gratinieren (120 °C bis 250 °C)
- Dämpfen, Pochieren (60 °C bis 96 °C)
- Dämpfen im speziellen Vakuumbeutel = Methode «sous-vide» (60 °C bis 96 °C)
- Niedertemperaturgaren (roast and hold)
- Speisenfertigung (Regenerieren 120 °C bis 140 °C)
- Gärschrank-Funktion

Es ist jedoch wichtig, daß die verschiedenen Produkte in Klima und Temperatur zusammenpassen. Neben der elektromechanischen Einstellung übernehmen elektronisch gesteuerte Programme vollautomatische Garprozeßabläufe. Dieses kombinierte Produktions- und Fertigungsgerät kann in jeder Küche – von der Zweckverpflegung bis zur gehobenen Gastronomie – eingesetzt werden.

Koch- und Druckkochkessel

Es gibt verschiedene Ausführungen, wie
- Kippkessel rund
- Standkochkessel mit Auslaufhahnen (meist rechteckig)

Die Energiequellen sind Elektrizität, Gas oder Dampf, die eine direkte oder eine indirekte Wärmeerzeugung bewirken. Die direkte Beheizung erfolgt direkt auf den Kesselboden oder die Kesselwand. Bei der indirekten Beheizung wird ein Wasser- oder Dampfmantel um den Kessel erhitzt. Die Aufheizzeit wird dadurch verkürzt und das Anbrennen des Kochgutes verringert.

Thema 2 **Blatt 13**

Der rechteckige Standkochkessel wird auch als Druckkochkessel ausgerüstet. Er ermöglicht zusätzlich ein Garen mit Dampf bis 110 °C (0,5 bar).

Standkochkessel

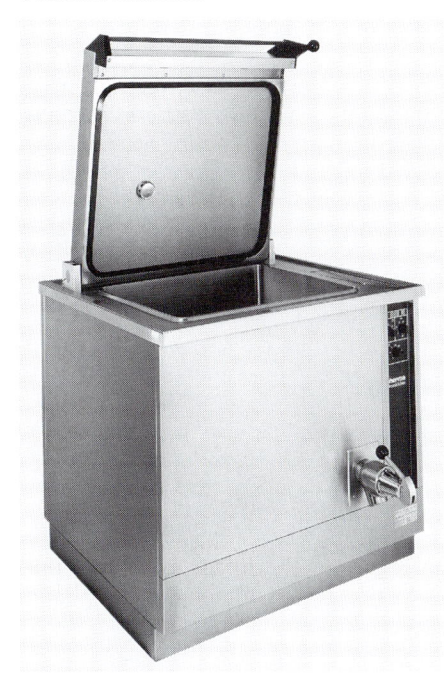

Einsetzbare Gastro-Norm-Behälter erlauben das gleichzeitige Garen verschiedener Produkte. Eine Hebelautomatik zum Herausnehmen der Gastro-Norm-Einsätze erleichtert den Arbeitsablauf.

Kippkochkessel

Die doppelwandige, isolierte Verkleidung der Koch- und der Druckkochkessel spart Energie. Das optimale Verhältnis von großem Durchmesser zu geringer Tiefe bei idealer Arbeitshöhe erleichtert die Bedienung. Diese beiden Geräte eignen sich vor allem zum Blanchieren, Sieden, Dämpfen (Druckkochkessel).

Friteuse

Unterschieden werden Stand-, Tisch- und Einbaufriteusen. Die Energiequelle ist Elektrizität oder Gas. Eine genaue Temperaturregulierung, großflächige Heizkörper sowie eine richtige Handhabung schonen das Fritierfett. Mobile oder eingebaute Fettfiltrieranlagen erleichtern die täglich notwendige Reinigung und verlängern die Nutzungsdauer des Fettes um ein Vielfaches.

Niedertemperatur-Gargerät

Dieses Gerät wird zum Garen oder zum Warmhalten verwendet. Die elektrische Beheizung erfolgt rund um den Garraum oder mit Warmluft im Bereich von 60 °C bis 120 °C. Das Gerät ist mit einer Kerntemperaturüberwachung ausgerüstet und wird vorwiegend für **große Fleischstücke** eingesetzt.

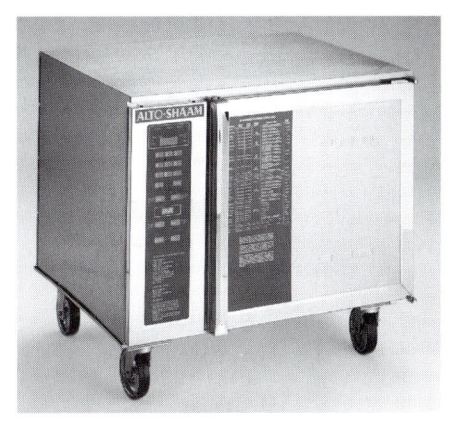

Mikrowellenapparat

Das Herzstück jedes Mikrowellenapparates ist das **Magnetron,** das die Energie vom Leitungsnetz in elektromagnetische Wellen umsetzt. Die Wellen gelangen über den Feldverteiler in den Garraum. Das elektromagnetische Feld läßt die Wassermoleküle der Speisen sich immer schneller bewegen. Dadurch entsteht Reibungswärme, welche die Speisen in kürzester Zeit erhitzt. Je nach Zusammensetzung (Wasser, Fett, Stärke usw.) erwärmen sich die Speisen unterschiedlich schnell. Metalle jeglicher Art verhindern die optimale Energie- und Wärmeverteilung und schaden auf die Dauer dem Gerät. Austretende Mikrowellen (z. B. defekte Tür) sind gesundheitsschädigend. Der Mikrowellenapparat ist optimal für die kurzfristige und wirtschaftliche Speisenaufbereitung (Regenerieren). Kombinationssysteme mit Heißluft oder Salamander sind aus technischen Gründen gewerblich nur beschränkt einsetzbar. Apparate mit stufenloser Leistungswahl und Programmierbarkeit vereinfachen den Einsatz.

Vorteile
– Sofortige Betriebsbereitschaft
– Kurzfristiges und rasches Erhitzen kleinerer Portionen
– Gezieltes, wirtschaftliches Arbeiten und Aufbereiten
– Geschirr-, reinigungs- und umweltfreundlich
– Auftaumöglichkeit mit Intervallschaltung

Nachteile
– Beschränkte Geschirrwahl, je nach Apparatetyp (z. B. ohne Golddekor, ohne Metall usw.)
– Rasches Austrocknen der Speisen möglich
– Nur reiner Erhitzungsprozeß, keine Bräunung der Speisen
– Kleiner Garraum

Salamander

Die Hochleistungsoberhitze wird mit Strom oder Gas erzeugt. Die Temperatur ist regulierbar. Die Distanz zwischen Kochgut und Heizelement sollte verstellbar sein. Außer zum Gratinieren und zum Glasieren kann der Salamander auch zum Warmhalten gewisser Speisen verwendet werden.

Drehspieß

Der Drehspieß ist vielfach mit Grill und Salamander kombiniert. Die Beheizung erfolgt mit Holzkohle, Elektrizität oder Gas (Lavastein). Er ist mit waagrechter oder senkrechter Drehautomatik ausgerüstet. Fleischsaft und Fettstoff können in separater Schale aufgefangen werden.

Brat- und Backofen

Vielfach ist der Brat- und Backofen im Kochherd eingebaut. Die freistehenden Geräte können eine oder mehrere unabhängige Backröhren enthalten (Etagenöfen). Die Bedienung des Ofens auf Sichthöhe ist vorteilhaft. Ober- und Unterhitze sind getrennt regulierbar. Als Nachteil wirken sich die lange Aufheizphase sowie die nur einlagige Beschickung aus. Der konventionelle Brat- und Backofen wird immer mehr durch den Umluftofen oder den Kombisteamer ersetzt.

Kochautomaten für Groß- und Industrieküchen

Bei der Herstellung großer Mengen von Fertiggerichten, Backwaren usw. wird der Garprozeß mit kontinuierlich arbeitenden Kochautomaten nach dem sogenannten Fließbandprinzip ausgeführt. Diese Automaten bilden ein Glied in einer Produktionskette, die von der Verarbeitung des Rohproduktes bis zur Verpackung reicht.

Beispiele

Bratautomat:	zum Anbraten und zum Sautieren
Fritierautomat:	zum Fritieren
Backautomat:	zum Backen
Siedeautomat:	zum Blanchieren und zum Sieden
Dämpfautomat:	zum Dämpfen
Autoklav:	zum Garen und zum Sterilisieren roh verpackter Produkte

Schema eines Backautomaten

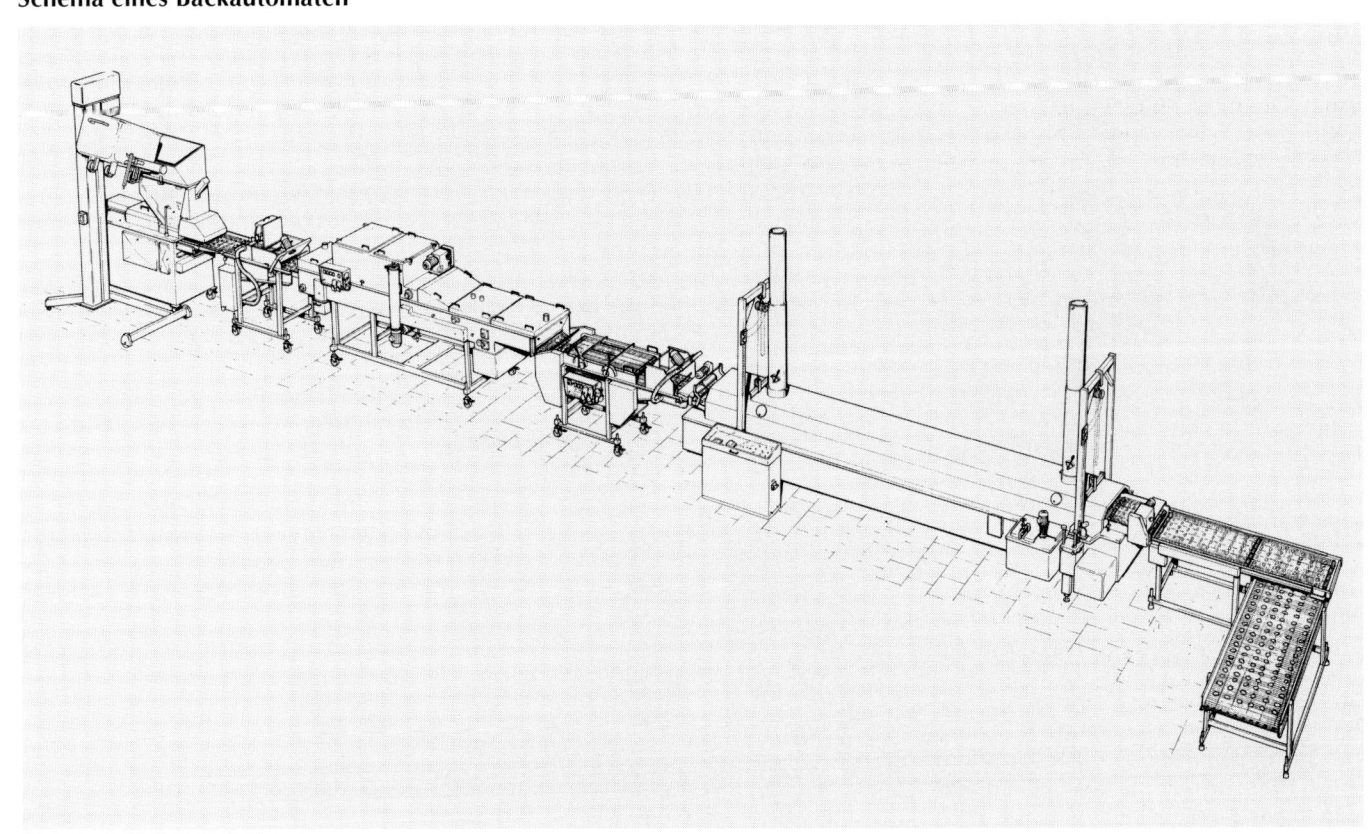

2.10 Speisenaufbereitungsgeräte und Verteilsysteme

Steigende Erwartungen des Konsumenten bezüglich flexibler Essenszeiten, gesunder Ernährung, vielfältiger Speisenauswahl und schöner Präsentation wie auch der finanzielle Kostendruck erfordern neue Wege in der Speisenaufbereitung und Verteilung. Hinzu kommen der Mangel an qualifiziertem Personal, Streßsituationen und steigende Betriebskosten. Die im Lebensmittelgesetz enthaltenen Bestimmungen zwingen viele Betriebe zu einer Zwischenlagerung und Verteilung vorproduzierter Speisen.

Zeitunabhängige Vorproduktion (**z. B. Koch-Kühl-Verfahren, Sous-vide**), gepflegtes Anrichten, flexibles, kurzfristiges Aufbereiten mit möglichst geringem Qualitätsverlust bieten die Möglichkeit, viele dieser Probleme abzubauen.
Die Speisen können entweder selbst produziert oder als Halb- und Fertigprodukte zugekauft werden. Teller und Platten werden teilweise oder vollständig fertig angerichtet. Das Verkaufsangebot ist dem Aufbereitungssystem anzupassen.

Régéthermic

Der auch als Caldomet bekannte elektrisch beheizte Apparat arbeitet mit dem Prinzip der Strahlungswärme. Die Heizkörper sind in regelmäßigen Abständen angeordnet. Die gedeckten Teller oder Gastro-Norm-Schalen werden mit einem Hordengestell in den Apparat geschoben. Aufgrund der direkten Bestrahlung von oben und von unten wird das Kochgut erhitzt.

Re-Caldomet

Der Re-Caldomet ist eine Kombination von Kühlung und Aufbereitung. Die kalt angerichteten Speisen können in diesem Gerät kühl gelagert und anschließend im gleichen Gerät auf Essenstemperatur aufbereitet (regeneriert) werden. Das Erhitzen der Speisen erfolgt über ein induktives Heizsystem. Für die Erwärmung des Servicegeschirrs ist ein am Boden speziell beschichtetes Porzellan erforderlich. Kalte und warme Gerichte werden auf einem Norm-Serviertablett fertig angerichtet, und die zu erwärmenden Speisen müssen mit einer Cloche zugedeckt sein. Auf eine bestimmte Zeit werden nur die gewünschten Gerichte erhitzt, der restliche Teil bleibt kalt.

2.10.1 Speisenaufbereitungsgeräte

Apparat	Geschirr	
Kombisteamer	Teller, Platten, GN-Schalen	– ohne Deckel/Siedebeutel
Umluftofen	Teller, Platten, GN-Schalen	– mit Deckel
Mikrowellenapparat	Teller, Platten, GN-Schalen	– mit Deckel
Induktionswärmeschrank	Spezielle Teller oder Platten	– mit Deckel
Umluft-Wärmeschrank	Teller, Platten, GN-Schalen	– mit Deckel
Steamer	Teller, Platten, GN-Schalen	– mit/ohne Deckel

Bankettsysteme

Der vorwiegend für die Produktion eingesetzte Kombisteamer und Umluftofen wird mit einem Hordengestell ergänzt. Die mobilen Gestelle haben ein Fassungsvermögen von 20 bis 100 Teller pro Charge und werden mit einem Isolationsmantel zugedeckt. Dieser Mantel verhindert das Antrocknen der kalt angerichteten Speisen im Kühlraum, und die Teller können nach der Speisenaufbereitung (**Regenerieren**) bis 20 Minuten warm gehalten werden.

Vorteile

– Zeitunabhängiges Produzieren
– Sauberes, schönes Anrichten im voraus
– Bequemes Einschieben des Hordengestells in das Gerät
– Schnelles und heißes Servieren für Bankett- und Kollektivverpflegung

Induktionswärmeschrank

In dieser mit Induktionstechnik ausgerüsteten mobilen Einheit werden die angerichteten Speisen mit einer Cloche zugedeckt und in zirka 30 Minuten erwärmt. Mittels Kupferspule/Induktionsfeld wird ein magnetisches Wechselfeld erzeugt, und die daraus entstehenden Wirbelströme erhitzen den Tellerboden. Voraussetzung dafür sind spezielle auf der Unterseite beschichtete Teller, Platten, Bowlen usw.

Bankettstation

Die Bankettstation wird besonders für Großanlässe (Festbetriebe) eingesetzt oder dort, wo Stufen, Schwellen, Etagenunterschiede den Einsatz des Bankettsystems verunmöglichen. Die in Gastro-Norm-Schalen angerichteten und aufbereiteten Speisen können über eine gewisse Zeitspanne warm gehalten werden. Anschließend werden die Speisen auf Teller angerichtet und serviert.

Eine Bankettstation besteht aus folgenden fahrbaren Einheiten:
– Gastro-Norm-Schöpfstation mit integriertem Wasserbad und Wärmeschrank sowie integrierter Anrichtefläche
– Gastro-Norm-Schneidestation mit eingebautem Wärmeschrank
– Heizbare Teller- und Tassenstapler

2.11 Küchenmaschinen

Die Küchenmaschinen erleichtern den Arbeitsablauf. Ihre Anschaffung richtet sich nach der Küchenorganisation. Die Geräte müssen richtig plaziert und in einwandfreiem, funktionstüchtigem Zustand sein. Die Bedienungsanleitungen und die Sicherheitsvorschriften sind gewissenhaft einzuhalten. Nach Gebrauch sind die Küchenmaschinen zu reinigen und von Zeit zu Zeit auf ihren Zustand zu überprüfen bzw. zu warten.

Räumliche Aufteilung (Standort)

Die nachstehende Aufteilung ist nicht verpflichtend, aber empfehlenswert. Aus küchentechnischen Gründen müssen manchmal Standortverschiebungen in Kauf genommen werden.

Maschinen für den hauptsächlichen Gebrauch in:

A Hauptküche
B Garde-manger
C Patisserie
D Rüstraum
E verschiedenen Nebenräumen

Küchenmaschine	Standort	Funktion
Universalmaschine:	A, B, C, D	Maschine mit verschiedenen Zusatzgeräten für verschiedene Arbeitsvorgänge, wie Blitzen, Pürieren, Reiben, Schneiden, Rühren, Scheffeln, Schnetzeln, Walzen usw.
Blitz	B	Zur Herstellung verschiedener Füllungen (Farcen).
Püriermaschine	A, C	Zur Herstellung von Suppen und Pürees.
Reib- und Schneidemaschine	A, B, C, D	Zum Reiben von Käse, Brot, Nüssen, Kartoffeln (Rösti) usw. und zum Schneiden von Gemüse und Kartoffeln. Die verschiedenen Scheiben sind verstell- und auswechselbar.
Rührmaschine	A, B, C	Zur Herstellung von Teigen, Massen, Cremen und Saucen. Ein Zusatzgerät (Brenner) für die Kesselbeheizung kann montiert werden.
Scheffel/Wolf	B	Zur Herstellung von Hackfleisch und Farcen.

Zusätzliche Küchenmaschinen	Standort	Funktion
Aufschnittmaschine	B	Zum Schneiden von Fleisch, Wurst, Käse und Gemüse. Die Schnittbreite ist stufenlos einstellbar. Die Maschine nur mit Restenhalter bedienen!
Brotschneidemaschine	E	Zum Schneiden verschiedener Brote. Die Schnittbreite ist einstellbar.
Eiswürfelmaschine	B, C, E	Zur Herstellung von Eiswürfeln in verschiedenen Formen.
Gemüsewaschmaschine	D	Zum Reinigen von Gemüse, Kartoffeln und Blattsalaten.
Getreidemühle	E	Zum Brechen und Mahlen von Kernen und Getreidearten. Sie dient vor allem für die Zubereitung von Vollwertkost.
Glacemaschine/Freezer	C	Zum Zubereiten und Gefrieren von Creme- und Fruchtglacen sowie Sorbets.
Green-Vac-Maschine	B, C, D	Zum Vakuumieren von Lebensmitteln in speziellen Chromnickelstahl-Behältern, anstelle von Vakuumsäcken.
Kartoffelschälmaschine	D	Zum Schälen von Kartoffeln und Knollengemüse. Mit Zusatzteil auch als Salatschwinge verwendbar.
Knochensäge	B, E	Zum Sägen von Knochen.
Kutter	B, C	Zum Zerkleinern, Mahlen und Pürieren. Zur Herstellung von Farcen, Teigen, kalten Saucen usw. Der Kutter ist ein geschlossenes Mix- und Hackgerät mit großer Leistung.
Mixer	A, B, C	Zum Pürieren von Gemüse und Früchten sowie zum Herstellen von Mixgetränken. Zum Emulgieren von Saucen und Suppen in kleinen Mengen. Der Mixer besteht aus einem Motorenteil und einem Becheraufsatz.
Paco Jet	B, C	Zum Pacossieren, d.h. Pürieren und Moussieren von tiefgefrorenen Lebensmitteln oder Cuttern von Frischprodukten.
Rahmautomat	C	Zur Herstellung und zur Portionierung von Schlagrahm.
Saftpresse	B, C, E	Zur Herstellung von Frucht- und Gemüsesäften.
Salatausschwingmaschine	D	Zum Ausschwingen von Blattsalaten, Kartoffeln und blanchiertem Gemüse.
Schnetzelmaschine	B	Zur Herstellung von geschnetzeltem Schlachtfleisch, Geflügel und Wild.
Stabmixer/Turbomixer	A, B, C	Zum direkten Pürieren in großen Marmiten und in Kochkesseln. Der Turbomixer ist größer und hat eine stärkere Leistung.
Steakmaschine	B	Zum Zerschneiden des Fleischgewebes bei Steaks und Schnitzeln. Ein Zusammenziehen des Fleischstückes wird dadurch verhindert.
Teigausrollmaschine	C	Zum Ausrollen verschiedener Teige. Die Auswalldicke ist verstellbar.
Vakuummaschine	B, E	Zum Vakuumieren von Lebensmitteln sowie Halb- und Fertiggerichten. Ein Zuführen von Stickstoff ist beim Vakuumieren von weichen Lebensmitteln notwendig.
Waage	A, B, C, E	Zur genauen Gewichtsbestimmung aller Produkte. Es gibt mechanische und elektronische Modelle.
Walzmaschine	C	Zur Herstellung von Marzipan und Pralinemasse.

Thema 2 **Blatt 17**

Maschinen in Verbindung mit der Küchenreinigung

Spezialmaschine	Standort	Funktion
Abfallzerkleinerungsmaschine	E	Zum Zerkleinern und Pressen von Verpackungsmaterial.
Geschirrspülmaschine	E	Zum Reinigen von Geschirr, Besteck und Gläsern. Verschiedene Ausführungen, vom einfachen Halbautomaten bis zum vollautomatischen Durchlaufmodell.
Kasserollenspülmaschine	E	Zum Reinigen der Kasserollen und des Küchengeschirrs.
Reinigungsmaschine	E	Zum Reinigen der verschiedenen Räumlichkeiten. Es gibt verschiedene Anwendungsmodelle, zum Beispiel Hochdruckreiniger mit Dosieranlage, Wasseransauger usw.
Silberpoliermaschine	E	Zum Polieren des Küchen- und des Hotelsilbers.

2.12 Gastro-Norm/Euro-Norm

Gastro-Norm (GN)/Euro-Norm (EN) bedeutet die innerbetriebliche Normierung aller in der Küche gebräuchlichen Einrichtungen, Apparate und Einsätze. Gastro-Norm ist ein Maßsystem, das durch die Abstimmung der Normen einen rationellen Arbeitsablauf ermöglicht.

Das Grundmaß GN 1/1/EN 1/1 hat die Größe 530×325 mm. Die Einsätze sind in verschiedenen Tiefen erhältlich.

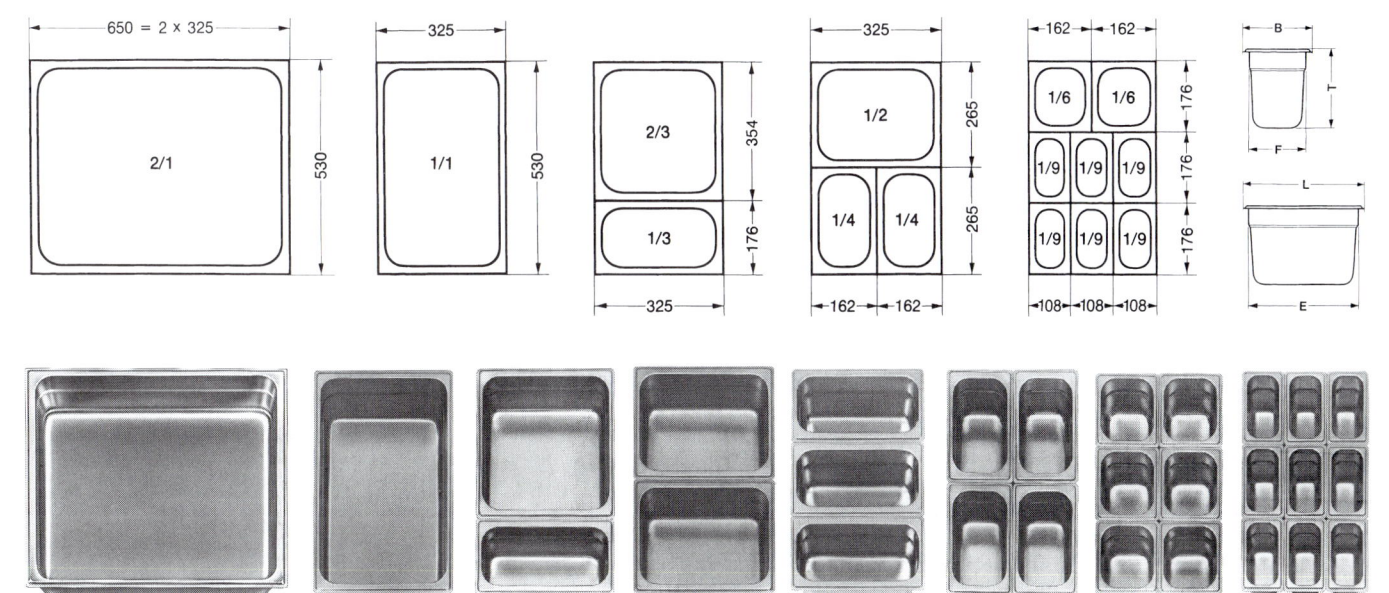

GN 2/1	GN 1/1	GN 2/3	GN 1/2	GN 1/3	GN 1/4	GN 1/6	GN 1/9
L×B 530×650 mm	530×325 mm	354×325 mm	265×325 mm	176×325 mm	265×162 mm	176×162 mm	176×108 mm
E×F 502×610 mm	488×297 mm	312×297 mm	223×297 mm	135×297 mm	223×134 mm	149×134 mm	149× 80 mm

Einsatzmöglichkeiten

- Koch- und Druckkochapparate
- Bainmarie und Selbstbedienungsanlagen
- Kühl- und Tiefkühlschränke
- Schubladen und Schrankeinbauten
- Arbeitskorpusse
- Buffetunterbauten
- Transport- und Lagereinheiten, Lagergestelle
- Speisenaufzüge
- usw.

Vorteile

- Beschleunigung der Arbeitsabläufe
- Rationalisierung der Produktion
- Vergrößerung des Stapelvolumens auf kleineren Flächen
- Maximale Ausnützung des vorhandenen Raumes
- Größe und Tiefe der Einsätze sind optimal anpaßbar
- Verkürzung der Arbeitswege
- Verwendung derselben Einheiten für Transport und Lagerung
- Vereinfachung der innerbetrieblichen Transporte
- Arbeitserleichterung
- Austauschbarkeit der Einbauelemente
- Übereinstimmung mit Maschinen und Apparaten

Material

Gastro-Norm-Einsätze können aus Chromnickelstahl, Aluminium, Glas, Porzellan oder Kunststoff sein. Die Einsätze können am Boden auch perforiert (mit kleinen Löchern versehen) sein.

2.13 Geschirrmaterialien

In der Küche werden verschiedene Materialien für Geschirr und Werkzeuge gebraucht. Jedes Material hat Vor- und Nachteile. Wichtig ist jedoch, daß dasjenige Material verwendet wird, das seine optimale Wirkung bezüglich Einsatz, Gebrauchsmöglichkeit, Anschaffung und Lebensdauer hat.

Einteilung

Metalle
aus einem Material bestehend
z.B. Aluminium, Kupfer, Stahl (Stahlblech, Gußeisen) usw.

Metallegierungen
aus zwei oder mehreren Metallen bestehend, die miteinander vermischt (legiert) sind, z.B. Chromnickelstahl, Neusilber usw.

Zerbrechliches Geschirr
z.B. Glas, Keramik (Porzellan) usw.

Unzerbrechliches Geschirr
z.B. Kunststoff, Holz usw.

Aluminium

– Der Grundstoff ist Bauxit (Verwitterungsgestein)
– Aluminium ist ein weiches Leichtmetall und wird oft mit anderen Metallen legiert
– Durch künstliche Oxidation (Eloxieren) erreicht man eine größere Härte und Widerstandsfähigkeit gegen chemische Einflüsse
– Beim Kochgeschirr sollten die Stiele oder Griffe angeschweißt sein

Verwendung
– Vielseitige Verwendung für Koch- und Aufbewahrungsgeschirr, Dosen, Tuben, Folien usw.
– Mit spezialbeschichteter Ausführung (PTFE) erzielt man einen Antihafteffekt (z.B. Teflon, Silverstone usw.)

Pflege
– Leicht und schnell zu reinigen
– Keine Metall-Putzutensilien und keine hochkonzentrierten Reinigungsmittel verwenden

Vorteile
– Gute Wärmeleitfähigkeit
– Leichtes Material
– Ideal für Gasherd

Nachteile
– Weiches, leicht verformbares Material
– Säure- und laugenempfindlich, geschmacksübertragend und farbverändernd
– Abnützung durch harte Gegenstände (z.B. Spachtel, Gabel, Schneebesen)
– Genietete Stiele und Griffe halten schlecht im weichen Aluminium

Kupfer

– Der Grundstoff ist Kupfersulfatkristall, das aus Kupfererzen gewonnen wird
– Das Kupfergeschirr für den Lebensmittelgebrauch muß innen einwandfrei verzinnt oder verchromt plättiert (plättieren: mit einer Schicht edleren Metalls überziehen) sein (Ausnahmen: Schneekessel, Zuckerpfanne)

Verwendung
– Als Koch- und dekoratives Anrichtegeschirr
– Für die meisten Feuerungsarten geeignet
– Dekor- und Anrichtegeschirr eignet sich nicht zum Kochen, da sich der dünne Boden verzieht

Pflege
– Pflege- und polierintensiv
– Verwendung von speziellen Kupferreinigungsmitteln
– Verzinntes Kupferkochgeschirr muß öfters überholt werden

Vorteile
– Sehr guter Wärmeleiter
– Geringe Anbrenngefahr
– Lange Lebensdauer, da Kupfergeschirr widerstandsfähig ist (korrosionsbeständig)
– Schönes, dekoratives Aussehen bei richtiger Pflege

Nachteile
– Hohe Anschaffungs- und Unterhaltskosten
– Schadstellen bei der Verzinnung führen zu Vitamin-C-Verlust der Speisen sowie zu Grünspan (giftiger Farbstoff)
– Kein Abräumgeschirr

Stahl

– Aus dem Eisenerz wird Roheisen (Gußeisen) gewonnen; Stahl hat weniger Kohlenstoff als Roheisen
– Es gibt verschiedene Stahlarten, welche in der Küche verwendbar sind: Stahl, Stahlblech, Gußeisen; bekannte Legierungen sind Chromstahl, Chromnickelstahl (CNS)

Verwendung
– Aus Stahlblech werden die Lyoner Pfannen hergestellt
– Gußeisen ist schwer und dient zur Herstellung von Grillpfannen, Herdplatten usw.

Pflege
– Neue Kochgeschirre müssen vor dem ersten Gebrauch eingebrannt werden
– Zur Reinigung im warmen Zustand mit einem Stofflappen trockenreiben, hartnäckige Rückstände durch Ausreiben mit Kochsalz entfernen
– Gutes Trocknen und leichtes Einfetten nach der Reinigung verhindern Rostansatz

Vorteile
– Lange Lebensdauer und hitzebeständig
– Für kräftiges Anbraten
– Gute Leitfähigkeit (bei richtiger Pflege!)

Nachteile
– Schweres Material
– Dünnes Stahlblech verbiegt sich bei großer Hitze (z.B. Kuchenbleche, Rotissoire usw.)
– Bei falscher Pflege sind Rostansatz, Geschmacks- und Farbveränderungen möglich

Chromnickelstahl

– Stahllegierungen zum Beispiel mit Chrom, Nickel, Molybdän gelten als rostfreier Stahl
– Es gibt über 50 verschiedene Sorten von nichtrostendem Stahl
– Die in der Küche am meisten verwendeten Stahllegierungen sind:

Chromnickelstahl INOX 18/10
(18% Chrom, 10% Nickel)

Chrom-Nickel-Molybdän-Stahl
18/10/2 (18% Chrom,
10% Nickel, 2% Molybdän)

Verwendung
– Chromnickelstahl ist das in der Küche am meisten verwendete Metall und eignet sich vorzüglich für Kochgeschirr, Apparate, Werkzeuge, Regale usw.
– Um die Leitfähigkeit beim Kochgeschirr zu verbessern, wird im Boden eine Aluminium- oder Kupferschicht eingelegt (Kompens- oder Sandwichboden)

Pflege
– Leichte und einfache Pflege
– Kalkrückstände lassen sich mit Essig oder mit Zitronensaft entfernen

Vorteile
- Lange Lebensdauer und vielseitig anwendbar
- Beständigkeit gegen Feuchtigkeit, Geruch, Farbe, Geschmack, Hitze, Kälte, Säuren und Laugen
- Anspruchsloser und hygienisch einfacher Unterhalt
- Als Koch- und Serviergeschirr einsetzbar

Nachteile
- Hohe Anschaffungskosten
- Große Anbrenngefahr
- Ohne Kompensboden schlechter Wärmeleiter
- Nicht aufgelöste Salzkörner greifen die Metallegierung an und führen zu Korrosionsschäden (Lochfraß)

Neusilber

- Reines Silber ist weich und biegsam, daher wird es im Gastgewerbe nur als Oberflächenveredelung verwendet
- Neusilber (Alpaka) ist eine Legierung von Kupfer, Zink und Nickel
- Die Versilberung wird in Gramm angegeben: Der Aufdruck **90 g** bedeutet, daß 12 Eßlöffel und 12 Eßgabeln zusammen mit 90 g Reinsilber oberflächenveredelt sind, was einer Fläche von 24 dm^2 entspricht.

Verwendung
- Für gepflegtes Anrichtegeschirr und Eßbesteck
- Für Dekorgegenstände im Service, wie Platzteller, Clochen, Kerzenständer usw.

Pflege
- Pflege- und polierintensiv
- Reinigungsmöglichkeiten sind: spezielle Putzmittel, Laugenbad, Poliermaschine

Vorteile
- Lange Lebensdauer und sehr dekorativ
- Guter Wärmeleiter
- Hoher Inventarwert

Nachteile
- Arbeitsaufwendige Pflege
- Schweres, leicht zerkratzbares Material
- Oxidiert beim Kontakt mit schwefelhaltigen Speisen
- Hohe Anschaffungskosten

Glas

- Je nach Einsatzzweck besteht Glas aus einer Kombination von verschiedenen natürlichen Rohstoffen wie Quarzsand, Soda und Kalk; in kleinen Mengen kommen Dolomit und Feldspat als Läuterungsmittel hinzu
- Heute wird dem Glas noch ein Anteil Altglas beigemischt. Das grüne Glas besteht ausschließlich aus Altglas!
- Glas kann geblasen, gepreßt oder gewalzt werden
- Eine große Auswahl an Glas ist in unterschiedlicher Zusammensetzung und Form erhältlich
- **Email** besteht aus Glaspulver (Quarz, Feldspat, Tonerde) und Farbstoffen und wird durch Tauchen oder Spritzen als Schutzüberzug auf verschiedene Metalle aufgetragen und eingebrannt

Verwendung
- Glas kann als feuerfestes Kochgeschirr, dekoratives Servicegeschirr und hygienisches Abräumgeschirr verwendet werden
- Feuerfestes Geschirr eignet sich vor allem zum Gratinieren und für die Speisenfertigung im Mikrowellenapparat

Pflege
- Glas muß heiß gereinigt und fettfrei getrocknet werden

Vorteile
- Vielseitige Einsatzmöglichkeiten
- Geschmacksneutral, durchsichtig und hygienisch
- Glas wirkt gepflegt und ist dekorativ

Nachteile
- Bruchgefahr bei unsachgemäßer Behandlung
- Schlechter Wärmeleiter und hohe Anbrenngefahr

Keramik

- Keramik besteht aus Ton, Lehm oder ähnlichen Rohstoffen, die gebrannt werden
- Das edelste keramische Produkt ist Porzellan

Verwendung
- Mit eingebranntem, glasiertem Überzug kann es als feuerfestes Kochgeschirr, dekoratives Servicegeschirr und hygienisches Abräum- und Konservierungsgeschirr verwendet werden

Pflege
- Keramikgeschirr muß heiß gereinigt werden
- Periodische Reinigung mit speziellem, feinem Keramikputzmittel
- Nicht mit harten Gegenständen bearbeiten

Vorteile
- Keramikgeschirr wirkt gepflegt und ist dekorativ
- Wärme- und kältespeichernd sowie geschmacksneutral

Nachteile
- Schlag- und kratzempfindlich
- Schlechter Wärmeleiter
- Glasurbeschädigungen sind für Dekor und Hygiene ungünstig

Kunststoff

- Kunststoffe können durch Umwandlung von Naturstoffen oder durch Synthesereaktionen aus einfachen Rohstoffen (z. B. Erdöl) hergestellt werden
- Von den vielen Kunststoffen sind für die Küchen zwei Gruppen von Bedeutung:

Weichplastik = Thermoplast

Hartplastik = Duroplast

Verwendung
- Vielseitige Verwendung, besonders für Einweg-, Abräum- und Lagergeschirr

Pflege
- Nicht mit harten Reinigungsutensilien bearbeiten

Vorteile
- Leichtes, preiswertes, geräuscharmes Material
- Säurebeständig und pflegeleicht

Nachteile
- Keine Form- und Hitzebeständigkeit
- Kratz- und schnittempfindlich
- Intensive Geruchsstoffe können nicht restlos beseitigt werden

Holz

- Einrichtungen und Küchenzubehör aus Holz sind in der Küche nur noch wenig vorhanden

Verwendung
- Für spezielle Küchenutensilien, wie Hackstock, Wallholz, Holzkellen, Messergriffe usw.

Pflege
- Eine spalten- und fugenlose Beschaffenheit ist für die Hygiene Voraussetzung
- Eine Trockenreinigung ist von Vorteil
- Tranchierbretter gut spülen, abtrocknen und beidseitig gut trocknen lassen

Vorteile
- Natürliches, dauerhaftes Material
- Dekoratives, rustikales Aussehen im Service

Nachteile
- Durch Nässe wird Holz spröde und verbiegt sich
- Bei direktem Feuerkontakt verbrennt es
- Nicht geschmacksneutral

2.14 Kochgeschirr

Unter Kochgeschirr wird auch die **Küchenbatterie** verstanden. Kochgeschirr wird nach Form, Größe und Verwendungszweck unterschieden. Die gebräuchlichsten Materialien sind Chromnickelstahl, nichtrostender Stahl, Gußeisen, Aluminium und verzinntes Kupfer. Kochgeschirr aus hartem, widerstandsfestem Material hat einen hohen Anschaffungspreis, dafür ist die Lebensdauer länger. Je nach Beschaffenheit des Kochgeschirrs ist der Pflegeaufwand unterschiedlich. Zu beachten ist eine schonende Behandlungsweise bei Gebrauch, Reinigung und Plazierung. Die meisten Kochgeschirre haben einen **Sandwich- oder Kompensboden** oder bestehen aus **mehrschichtigen,** leitfähigen Materialien.

Kochgeschirr in einwandfreiem Zustand ist energiesparend, verkürzt die Kochzeit und ist somit produkteschonend. Eine gut gepflegte Küchenbatterie ist heute noch der Stolz jeden Betriebes!

Schema von Kochgeschirr mit Sandwich- oder Kompensboden

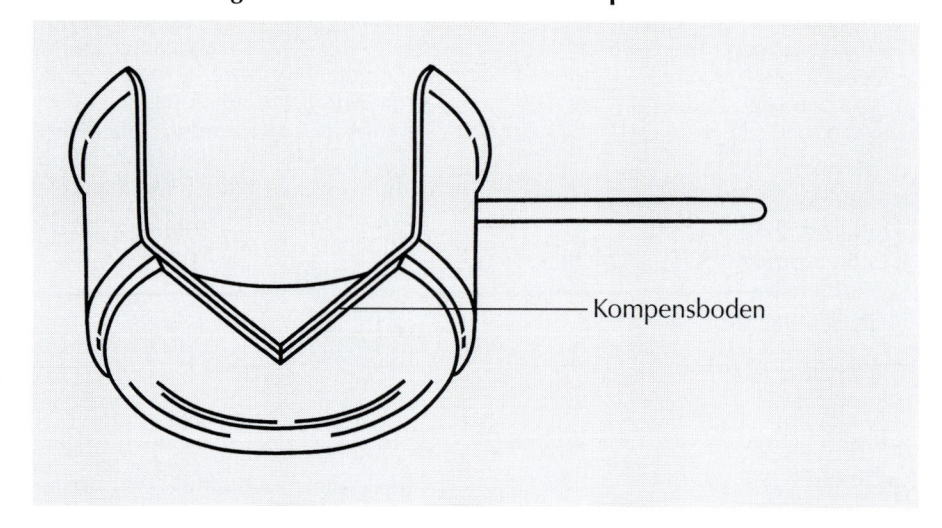

— Kompensboden

Schema von mehrschichtigem Kochgeschirr

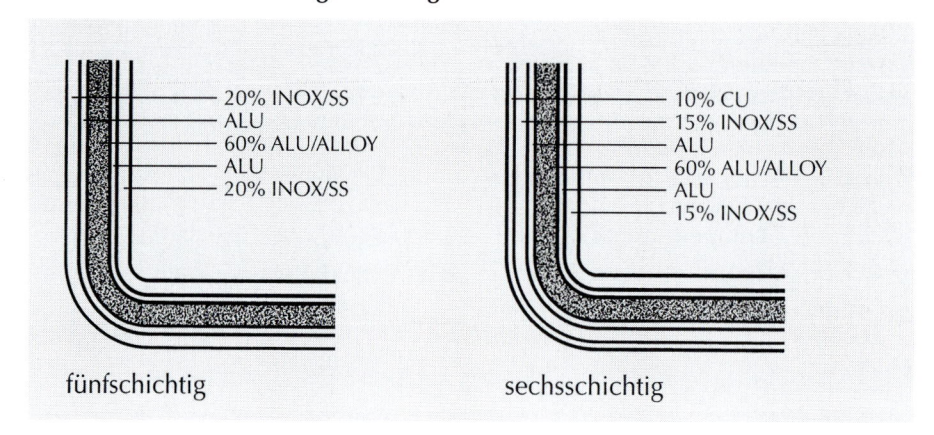

fünfschichtig:
- 20% INOX/SS
- ALU
- 60% ALU/ALLOY
- ALU
- 20% INOX/SS

sechsschichtig:
- 10% CU
- 15% INOX/SS
- ALU
- 60% ALU/ALLOY
- ALU
- 15% INOX/SS

Kochgeschirrarten

Bezeichnung	Aussehen	Besondere Merkmale und Anwendungsbereich
Lyoner Pfanne *Poêle lyonnaise*		– Vorwiegend aus Stahl oder Gußeisen – Zum Sautieren, Anbraten, Rösten
Teflonpfanne *Poêle avec revêtement antiadhésif (Teflon)*		– Nicht hitzebeständig, nicht kratzfest – Zum Sautieren mit wenig oder ohne Fettstoff
Crêpe-Pfanne *Poêle à crêpes*		– Kleine Pfanne mit niedrigem Rand – Für die spezielle Zubereitung von Pfannkuchen oder Blinis
Grillpfanne *Poêle à griller*		– Runde oder eckige Form, in der Regel aus Gußeisen oder aus Aluminium mit Antihaftbeschichtung – Dicker Boden, daher lange Aufheizzeit – Zum Grillieren
Paella-Pfanne *Poêle à paella*		– Stahlblechpfanne mit 2 Griffen – Verwendung als Koch- und Anrichtegeschirr – Für Eintopfgerichte wie die spanische Paella
Schwenkkasserolle *Sauteuse*		– Schräge, unten abgerundete Seitenwand – Zum Glasieren, Dünsten, Sautieren
Flachkasserolle *Sautoir*		– Kleine, niedrige Kasserolle – Zum Pochieren, Sautieren, Sieden, Dünsten, Schmoren von **kleinen** Portionen
Stielkasserolle *Casserole à manche*		– Ein Kochgeschirr mit punktgeschweißtem Stiel – Vielfältige Anwendungsmöglichkeiten – Zum Blanchieren, Sieden, Pochieren, Dünsten, Schmoren, Dämpfen (mit Siebeinsatz und Deckel)
Dampfkochtopf *Marmite à pression*		– Sicherheitsventil und Gummiring müssen in einwandfreiem Zustand sein – Zu diesem Kochgeschirr gehört ein Siebboden – Zum Dämpfen von kleinen Portionen

Bezeichnung	Aussehen	Besondere Merkmale und Anwendungsbereich
Niederer Bratentopf *Rondeau*		– Niedrigste Pfanne mit 2 Haltegriffen – Zum Pochieren, Dünsten, Schmoren, Braten, Poelieren
Niederer Kochtopf *Marmite basse*		– Kochtopf mit 2 Haltegriffen – Zum Blanchieren, Sieden, Pochieren, Dünsten, Schmoren
Hoher Kochtopf *Marmite haute*		– Hoher Kochtopf mit 2 Haltegriffen – Zum Blanchieren, Sieden
Bratgeschirr *Rôtissoire*		– Meistens aus Stahlblech oder Chromnickelstahl – Rechteckige Form mit abgerundeten Ecken – Zum Braten, Pochieren im Wasserbad
Schmorpfanne *Braisière*		– Höhere Seitenwände als Bratgeschirr/Rôtissoire – Immer mit Deckel – Ausgerüstet mit 2 Fallgriffen an der Schmorpfanne und am Deckel – Zum Schmoren, Poelieren
Fischkessel *Poissonnière*		– Ein Siebboden und ein Deckel gehören zu diesem Kochgeschirr – Verwendung als Koch- und als Anrichtegeschirr – Zum Pochieren im Sud, Dünsten und Schmoren vorwiegend ganzer Fische

2.15 Küchenzubehör

Das Küchenzubehör besteht aus Gegenständen, die bei der täglichen Arbeit in der Küche gebraucht werden. Sie müssen in einwandfreiem, sauberem Zustand sein. Nach jedem Gebrauch müssen sie gereinigt an den angestammten Platz zurückgelegt werden. Dadurch wird das Arbeiten in vielen Punkten erleichtert.

Einteilung

– Messer
– Werkzeuge
– Küchenutensilien
– Anrichtegeschirr

2.15.1 Messer

Messer sind teure und empfindliche Arbeitsgeräte. Sie sind in verschiedenen Größen und Ausführungen erhältlich. Die Klingen bestehen aus hochwertigem rostfreiem Edelstahl. Für die Griffe wird Kunststoff oder Holz (z. B. Palisander) verwendet. Unsachgemäße Handhabung beschädigt den Schliff und erhöht die Unfallgefahr. Das Abziehen mit dem Stahl gehört zur guten Pflege der Messer. Die Reinigung und die trockene Aufbewahrung sind Sache des Benützers.

Arten

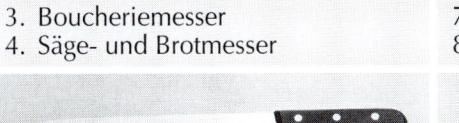

1. Schlagmesser
2. Gemüsemesser
3. Boucheriemesser
4. Säge- und Brotmesser 
5. Tranchiermesser
6. Lachsmesser
7. Filetiermesser
8. Ausbeinmesser 
9. Käsemesser
10. Tourniermesser
11. Rüstmesser
12. Sparschäler

2.15.2 Werkzeuge

Werkzeuge sind verschiedene Arbeitsgeräte für allgemeine oder spezielle Tätigkeiten. Die Auswahl an verschiedenen Formen und Größen ist riesig. Der richtige Einsatz der Werkzeuge erfordert Fach- und Produktekenntnisse. Verschiedene Werkzeuge gehören zur persönlichen Berufsausrüstung des Kochs.

Kellen	Schaufeln	Schwingbesen	Holzspatel
Fritürekelle	Backschaufel	Handschwingbesen	Kochspatel
Saucenkelle	Bratschaufel	Handschneebesen	Lochspatel
Schaumkelle	Fischheber	Maschinenbesen	Rührspatel
Schöpfkelle	Röstischaufel	Fünfangelbesen	Spatel für Teflonpfanne

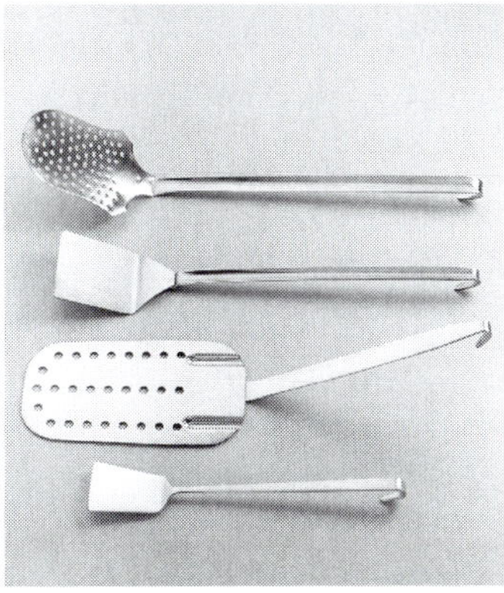

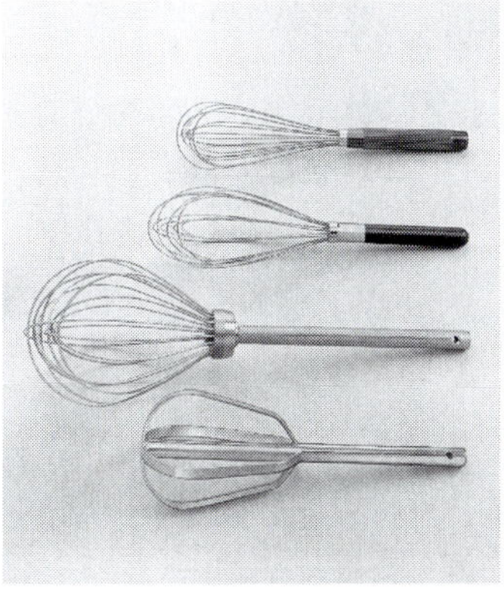

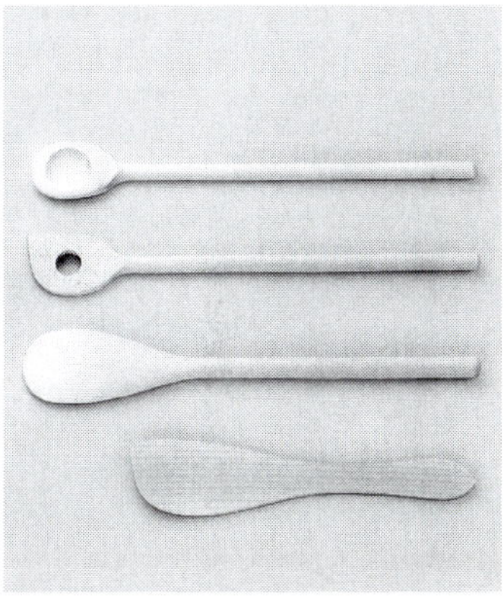

Spachtel	Gabeln	Zangen	Pressen
Spachtel	Aufschnittgabel	Kombizange	Kartoffelpresse
Spachtel abgekröpft	Bratengabel	Grillzange	Knoblauchpresse
Spachtel konisch	Fleischgabel	Spaghettizange	Vermicelle-Presse
Stahlspachtel	Tranchiergabel	Patisseriezange	Zitronenpresse

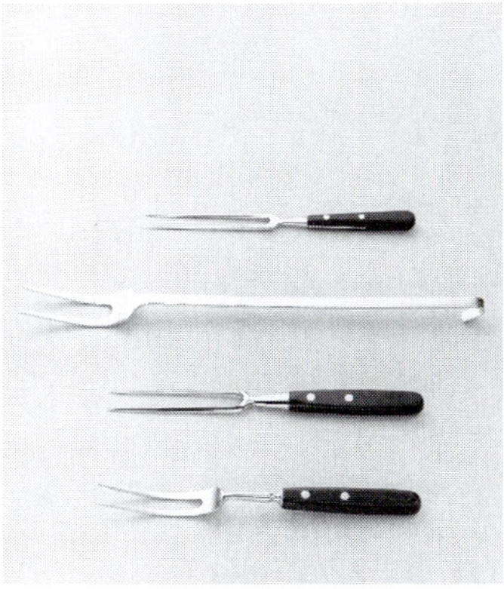

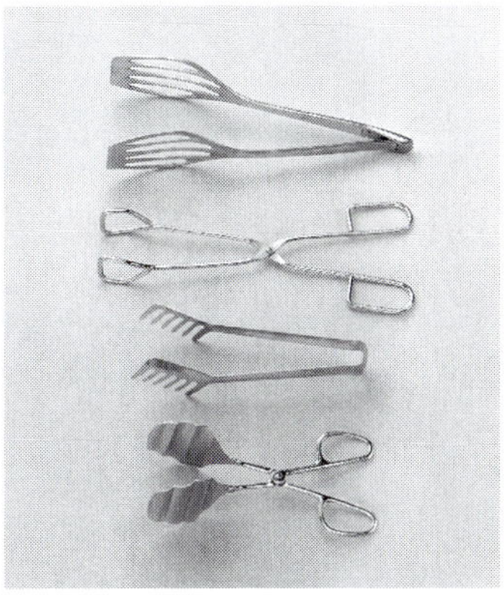

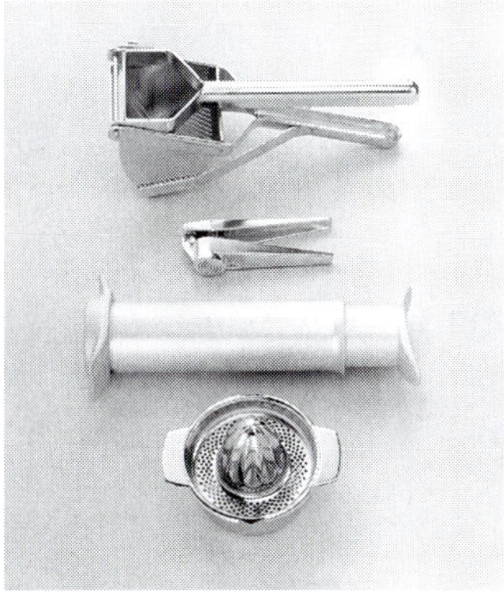

Thema 2 **Blatt 24**

Raffeln
Bircherraffel
Käseraffel
Muskatraffel
Röstiraffel

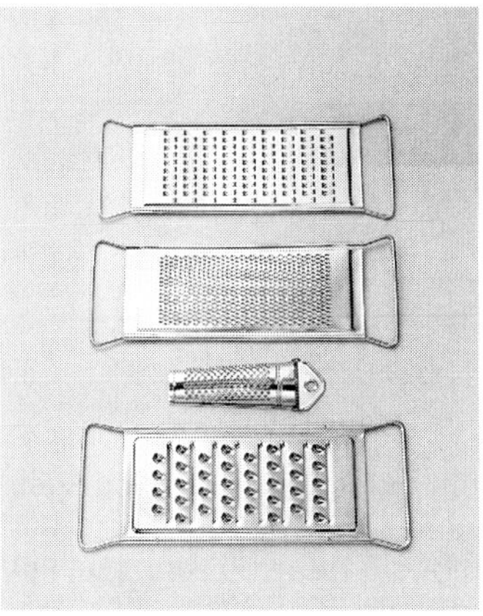

Hobel
Gemüsehobel
Käsehobel
Trüffelhobel
Universalhobel
(Mandoline)

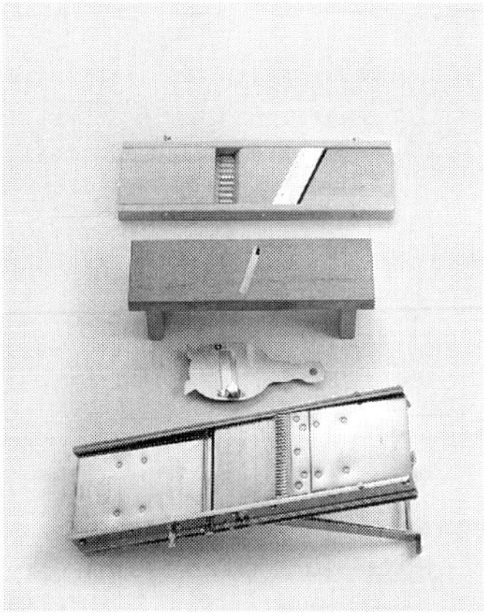

Ausstecher
Garnierausstecher
Konfektausstecher
Pastetchenausstecher
Teigausstecher
rund/gezackt

Tüllen
Berlinertülle
Dekortülle
Lochtülle
Sterntülle

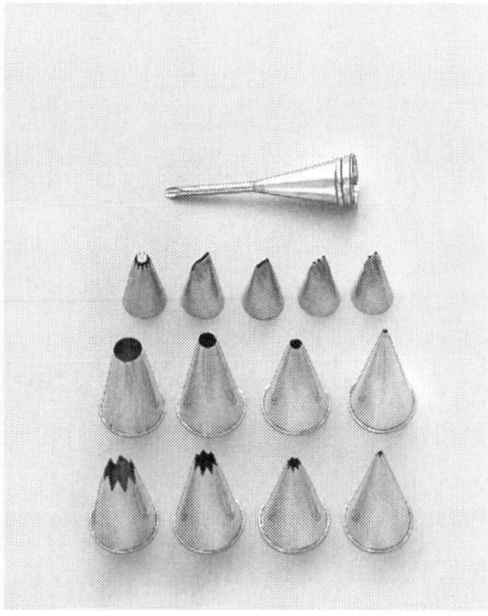

Spezialmesser

Austernöffner
Buntschneidemesser
Butterroller

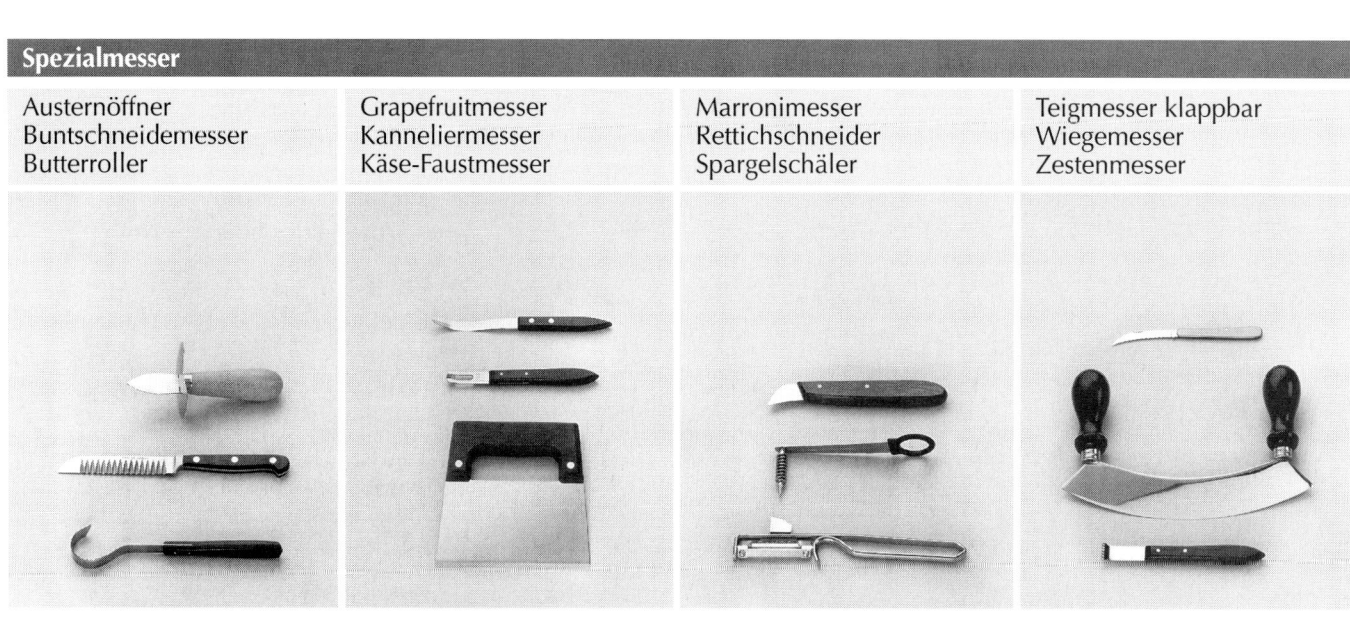

Grapefruitmesser
Kanneliermesser
Käse-Faustmesser

Marronimesser
Rettichschneider
Spargelschäler

Teigmesser klappbar
Wiegemesser
Zestenmesser

Werkzeuge im Garde-manger

Dekorspieß
Dressiernadel
Eismeißel
Fischschere

Fischschupper
Fleischhaken
Fleischklopfer
Geflügelschere

Hackstockbürste
Hamburgerpresse
Haubeil
Knochensäge

Modellierstäbe
Sehnenschneider
Spicknadel
Spickstab

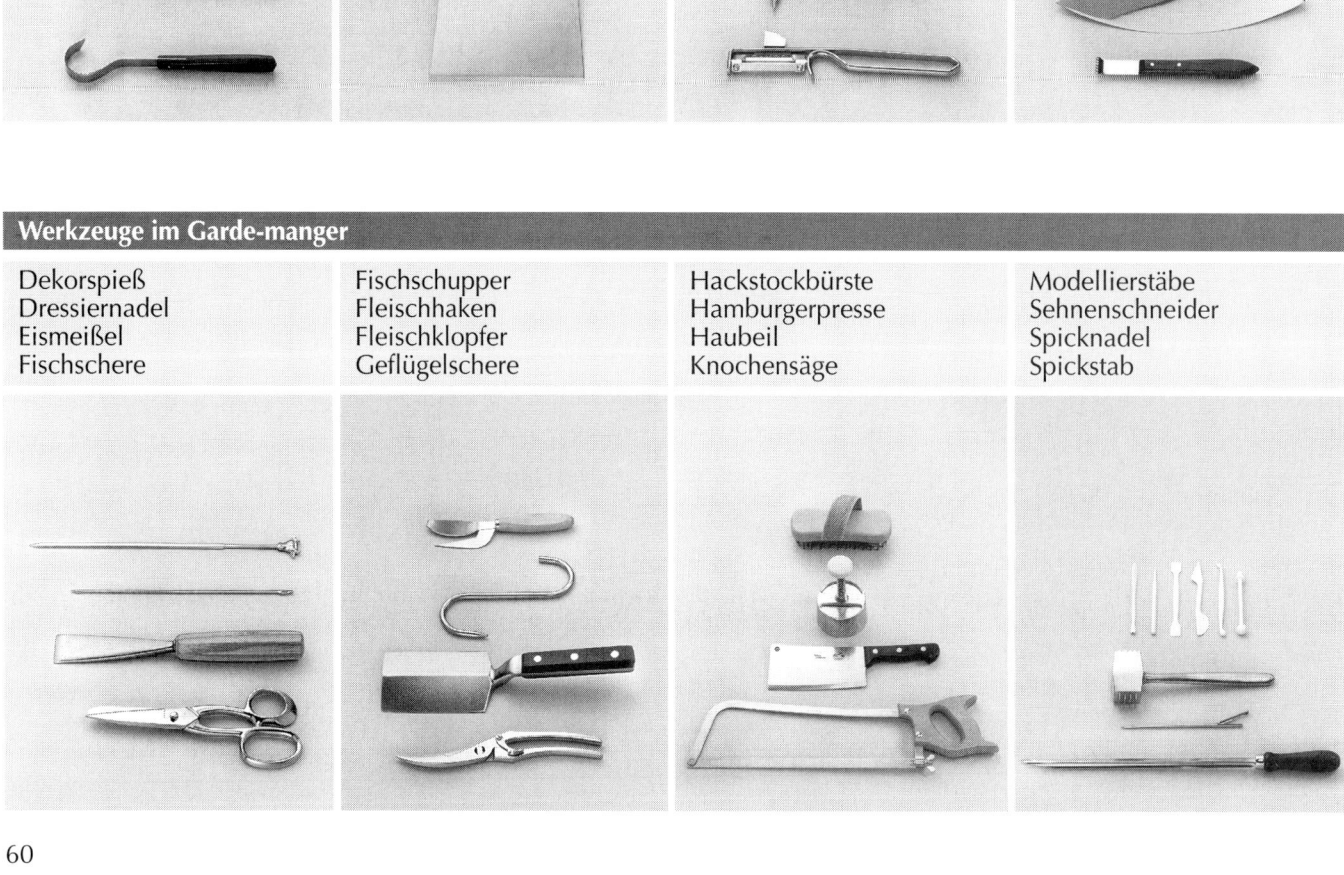

Thema 2 **Blatt 25**

Werkzeuge in der Patisserie

Apfelteiler	Schablone	Teigrolle	Trempiergabeln
Eisportionierer	Staubzuckerstreuer	Teigschaber	Wallholz
Mehlbürste	Teigklemme	Teigstupfer	Zuckerthermometer
Mehlschaufel	Teigrädchen	Torteneinteiler	Zuckerwaage

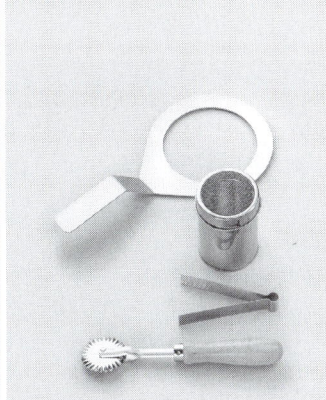

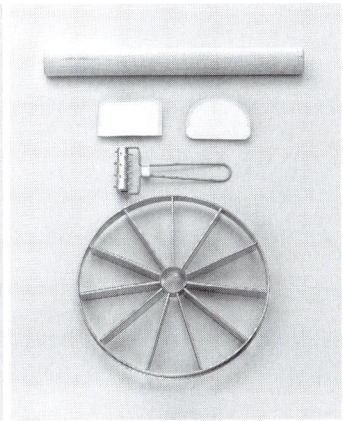

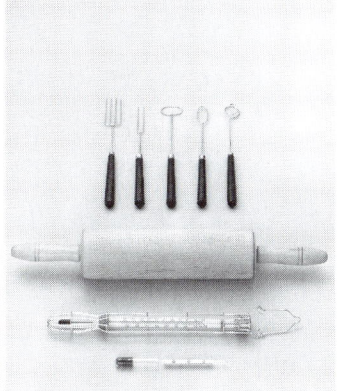

Verschiedenes

Abziehstahl	Dressiersack	Flaschenöffner	Kartoffellöffel/Ausstecher
Ananasausstecher	Dosenöffner	Grillbürste	Olivenentsteiner
Apfelausstecher	Eierschneider	Gummischaber	Pinsel

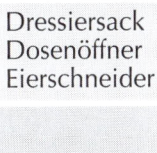

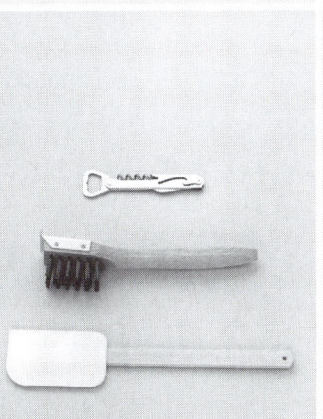

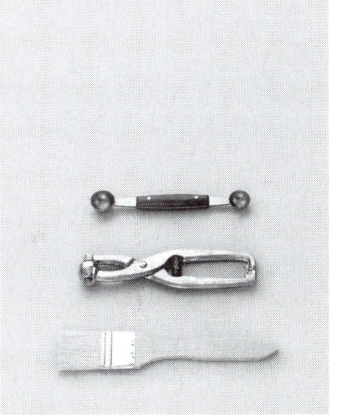

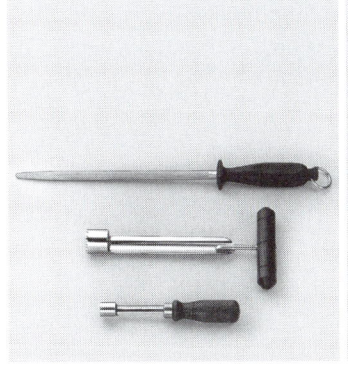

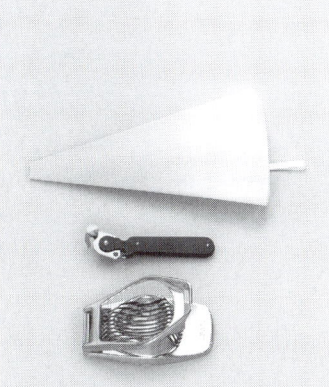

2.15.3 Küchenutensilien

Küchenutensilien sind Arbeitsgeräte, die für den täglichen Gebrauch zum Bearbeiten, zum Aufbewahren und zum Transportieren verwendet werden. In Material und Ausführung sind sie verschieden, was sich auf die Anschaffungskosten auswirkt. Sachgerechte Handhabung und gute Pflege sind unerläßlich

Bleche	Schüsseln	Siebe
Backblech	Abräumschüssel	Abtropfsieb
Gastro-Norm-Blech	Gastro-Norm-Schalen	Haarsieb
Kuchenblech	Patisserieschüssel	Kugelsieb
Metzgerblech	Rührschüssel	Mehlsieb
Patisserieblech	Schneeschlagkessel	Spätzlisieb
Perforiertes Blech	Teigschüssel	Spitzsieb

Formen	Verschiedenes	
Brioche-Form	Abtropfgitter/Geliergitter	Tortengitter
Cake-Form	Backrahmen	Tortenring
Cassata-Form	Bindfadendose	Tranchierbrett
Eisbiskuitform	Fleischthermometer	Transporteimer
Eisbombenform	Folienhalter	Trichter
Gugelhopfform	Gewürzkasten	Vorratsdose
Pastetenform	Maßbecher	
Puddingform	Passe-vite	
Savarin-Form	Passiertuch	
Springform	Raviolibrett	
Terrinen-Form	Schneidebrett	
Timbale-Form	Sorbetiere	

2.15.4 Anrichtegeschirr

Das Anrichtegeschirr dient vorwiegend dem Servieren und der Präsentation der Speisen. In einigen Anrichtegeschirren können die Speisen direkt zubereitet werden. Den dekorativen Zweck erfüllt nur sauber gereinigtes und poliertes Geschirr.

Dafür eignen sich Kupfer, Chromnikkelstahl, Neusilber, Glas, Keramik (Porzellan), Holz.

Platten, Teller, Schüsseln	Kombiniertes Koch- und Anrichtegeschirr	Verschiedenes
Ausstellplatte verziert	Auflaufform	Bainmarie
Fischplatte	Butterpfännchen	Buffetspiegel
Fleischplatte	Eierplatte	Eisbecher
Gratinplatte	Fischkessel	Früchtekorb
Hors-d'œuvre-Platte	Flambierpfanne	Käsebrett
Tortenplatte	Fondue-Pfanne (Caquelon)	Lachsbrett verziert
	Paella-Pfanne	Sauciere/Saucenschüssel
Brotteller	Schneckenpfännchen	Service-Tranchierbrett
Dessertschale/Dessertteller		Toastkörbchen
Flachteller		Wärmeglocke (Cloche)
Platzteller		
Spezialteller		
Suppentasse/Suppenteller		
Gemüseschüssel		
Glasschüssel/Salatschüssel		
Steinguttopf		
Suppenschüssel		

2.16 Kühlung

In jedem gastgewerblichen Betrieb müssen verschiedene, in Art und Größe angepaßte Kälteeinrichtungen vorhanden sein. Eine Kälteanlage sorgt dafür, daß die Temperatur eines bestimmten Raumes gesenkt wird. Mit der Kühlung wird das Wachstum der Mikroorganismen stark reduziert. Dadurch wird ein Fäulnis- oder Gärungsprozeß der Lebensmittel eingeschränkt, und die Ware bleibt länger frisch.

Vorteile
- Rationeller Einkauf
- Längere Aufbewahrung der Lebensmittel
- Erweiterte Angebotsmöglichkeiten
- Bessere Rentabilität

Nachteile
- Großer Energiebedarf bei nicht vorhandener Wärmerückgewinnung
- Umweltbelastende und aufwendige Entsorgung

2.16.1 Kälteerzeugung

Kälte entsteht, indem der Luft Wärme entzogen wird.

Vorgang

In einem geschlossenen Kreislauf wird durch Verdampfen eines flüssigen Kältemittels der Luft Wärme entzogen. Bis zum Kühlelement (Verdampfer) ist das Kältemittel flüssig. Durch die Verdampfung wird das Kältemittel gasförmig und nimmt von der Umgebung Wärme auf. Durch Abkühlung im Kondensator – durch Wasser oder Luft – wird das wärmegeladene Kältemittel wieder flüssig und frei zur Neuaufnahme von Wärme. Dieser Kreislauf wird von einem Kompressor angetrieben.

Kältemittel:
Als Kältemittel müssen chlorfreie **HFKW** = Halogenfluorkohlenwasserstoffe oder **FKW** = Fluorkohlenwasserstoffe eingesetzt werden, die kein Ozonabbaupotential aufweisen.

Thema 2 **Blatt 27**

Funktionsschema der Kühlung

A = Kompressor
C = Verflüssiger
D = Sammler
E = Einspritzventil
F = Verdampfer

☐ = flüssiges Kältemittel

☐ = gasförmiges, erwärmtes Kältemittel

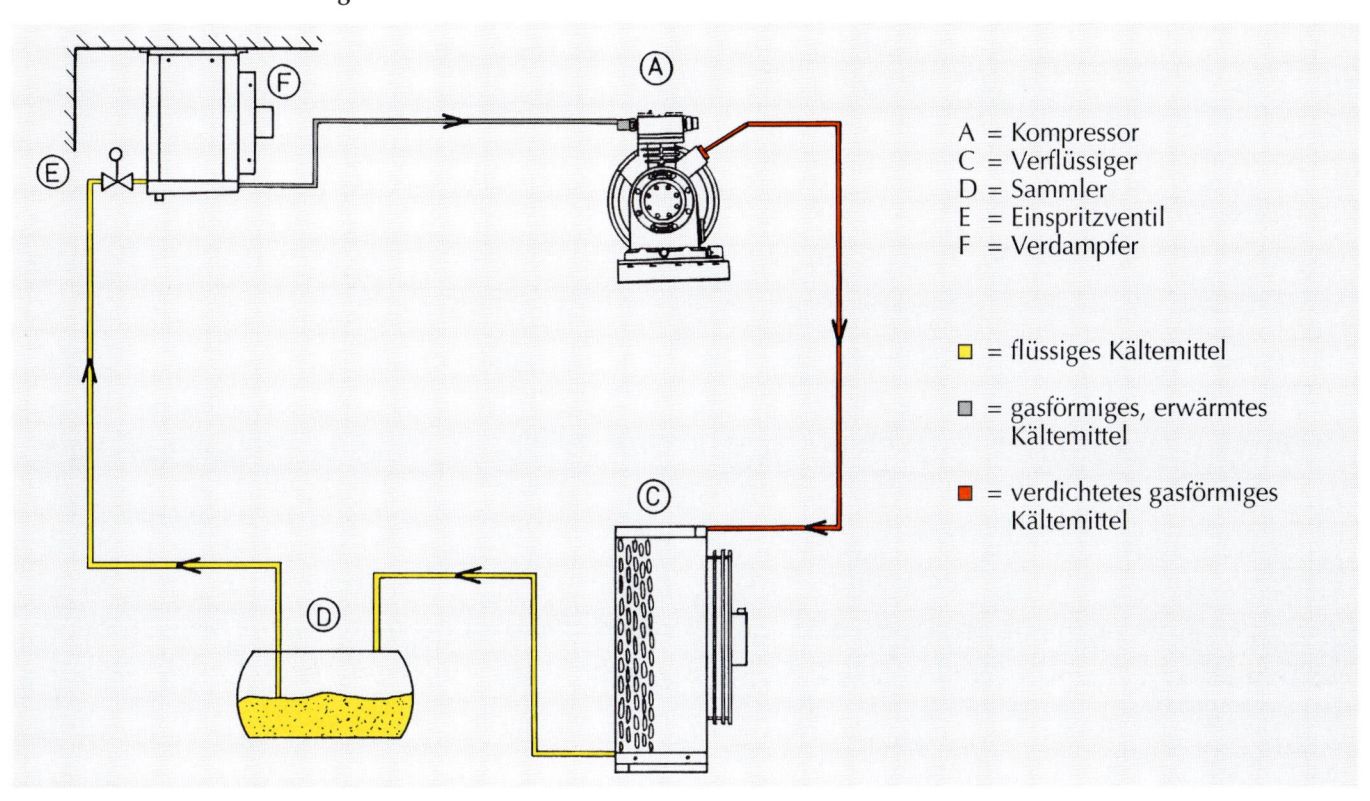

■ = verdichtetes gasförmiges Kältemittel

Funktionsschema der Kühlung mit Wärmerückgewinnung

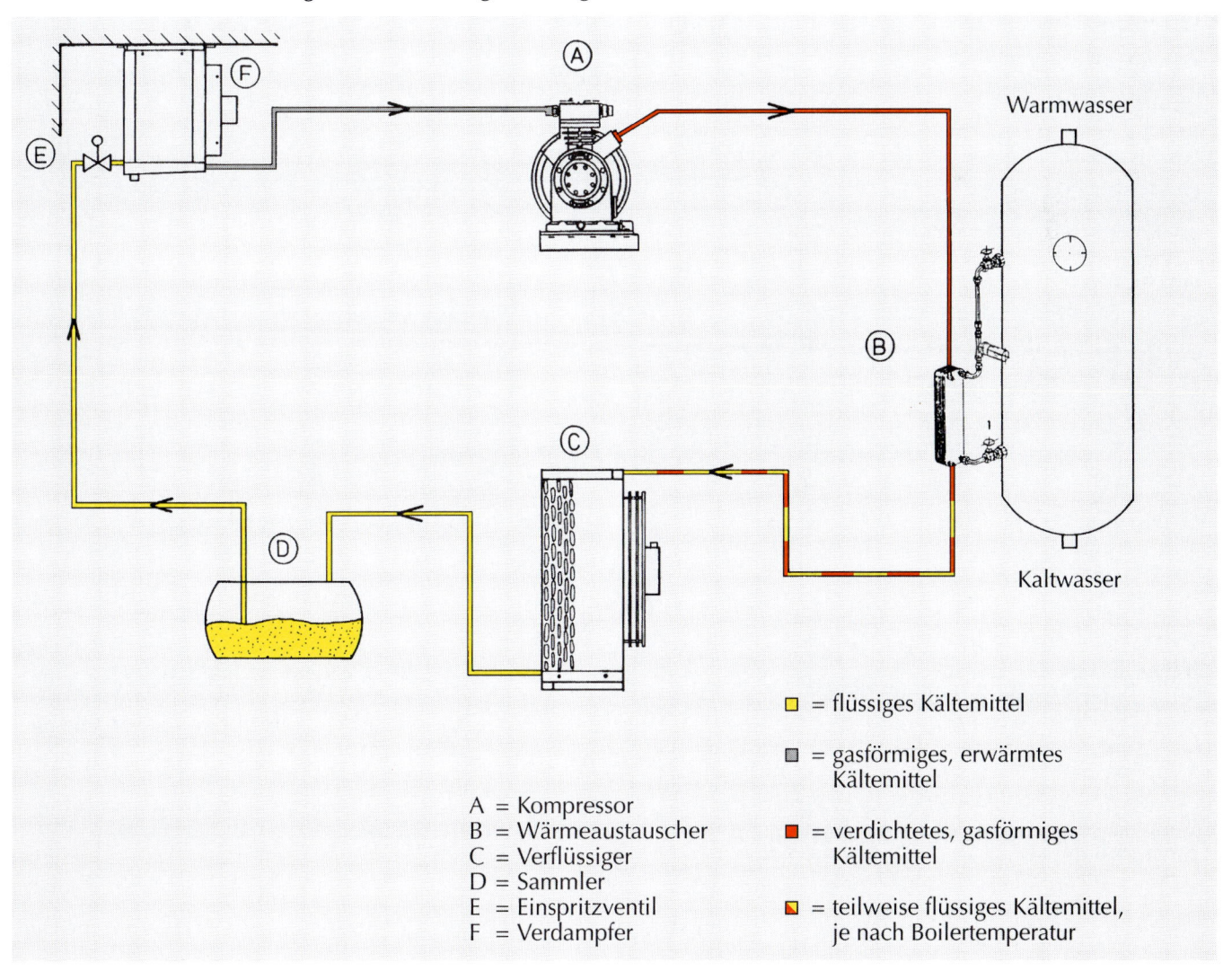

Warmwasser

Kaltwasser

A = Kompressor
B = Wärmeaustauscher
C = Verflüssiger
D = Sammler
E = Einspritzventil
F = Verdampfer

☐ = flüssiges Kältemittel

☐ = gasförmiges, erwärmtes Kältemittel

■ = verdichtetes, gasförmiges Kältemittel

☐ = teilweise flüssiges Kältemittel, je nach Boilertemperatur

2.16.2 Wärmerückgewinnung

Die vom Kühlraum abgezogene Wärme wird mit speziellen Apparaten zur Wärmerückgewinnung genutzt (z.B. Heizung, Warmwasser usw.). Dadurch kann beträchtlich Energie gespart werden, was die hohen Investitionskosten (durch den Einbau eines Wärmeaustauschers in die Kühlanlage) rechtfertigt.

2.16.3 Kühltemperaturen und Luftfeuchtigkeit

Die **Temperatur** wird mit einem **Thermostat** geregelt und mit einem **Thermometer** kontrolliert.

Die **Luftfeuchtigkeit** wird mit einem **Hygrostat** geregelt und mit einem **Hygrometer** kontrolliert.

Produkte	Raumtemperatur	Luftfeuchtigkeit
Fleisch und Wurstwaren	0 °C/+ 2 °C	85–90%
Fische	– 1 °C/+ 1 °C	90–95%
Milchprodukte, Eier	+ 2 °C/+ 4 °C	75–80%
Süßspeisen (Patisserie)	+ 4 °C/+ 5 °C	75–80%
Früchte und Gemüse	+ 4 °C/+ 6 °C	85–90%
Kartoffeln	+ 7 °C/+ 9 °C	85–90%
Getränke (Weine)	+ 8 °C/+ 10 °C	85–90%
Tiefkühlprodukte	– 18 °C/– 22 °C	85–90%
Tageskühlraum/Vorraum	+ 4 °C/+ 6 °C	85–90%
Tiefkühlkette	– 18 °C/– 22 °C	

Einteilung von Kühlräumen

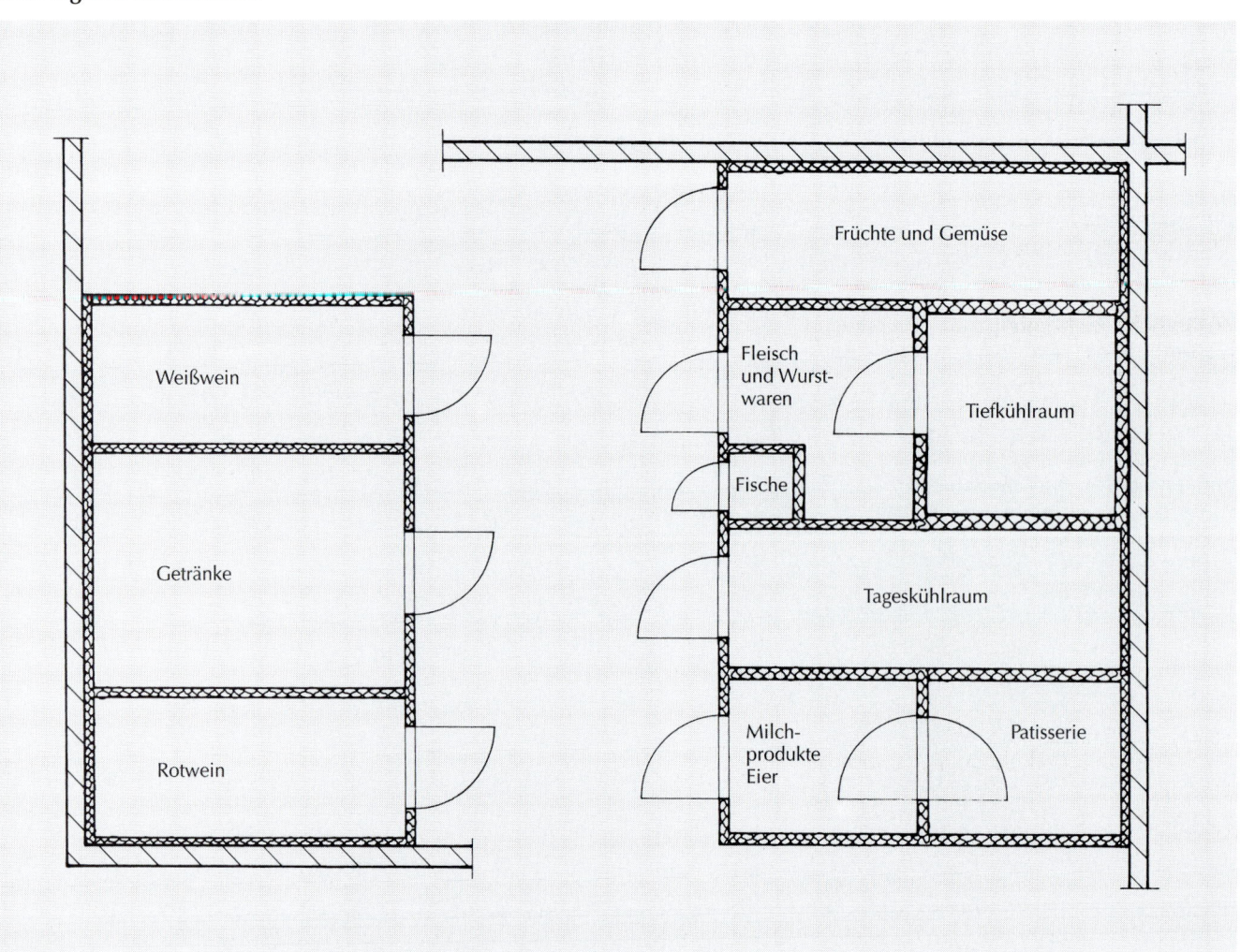

2.16.4 Kühl- und Tiefkühlräume

Größe, Einteilung und Verwendbarkeit der Kühlräume richten sich nach der Betriebsorganisation.

Richtlinien

- Isolationsdicke nach örtlichen Vorschriften
- Große Türen und leicht befahrbare Schwellen für Gastro-Norm-Wagen (evtl. Paletten)
- Selbstschließende, gut dichtende Türen
- Fußböden und Wände aus harten, glatten und abwaschbaren Materialien
- Der Lebensmittelverordnung entsprechende, leicht zu reinigende Inneneinrichtung
- Regalbefestigung an den Wänden (einfachere Bodenreinigung)
- Wasserdichter Boden und abgerundete Ecken
- Bodenablauf mit Siphon von Vorteil (nur in Kühlräumen)
- Tropfwasserablauf mit Siphon (vom Verdampfer)
- Kühlgutbezogene Be- und Entfeuchtungseinrichtung
- Kontrollthermometer an gut sichtbarer Stelle
- Spritzwassergeschützte und kältebeständige Innenbeleuchtung
- Lichtschalter mit Kontrolleuchte
- Dem Kühlgut angepaßte Temperatur
- Tageskühlräume möglichst nahe bei den jeweiligen Arbeitsplätzen
- Installation, Wartung und Entsorgung durch ausgewiesene Fachleute

Zusätzliche Richtlinien für Tiefkühlanlagen

- Personen- und Temperaturwarnanlage (SUVA-Richtlinien)
- Türentriegelung von innen mit reflektierenden Hinweispfeilen

2.16.5 Kühl- und Tiefkühlzellen

Bei nachträglicher Erweiterung der Kühl- oder der Tiefkühlkapazität werden meistens Zellen aufgestellt.

Vorteile

- Minimale Bauvorbereitung
- Rasche Montage und Betriebsbereitschaft
- Abbau und Wiedermontage möglich
- Keine Maurer- und Malerarbeiten

Nachteile

- Planebener Aufstellort ist Bedingung
- Kürzere Lebensdauer als gemauerte Räume

2.16.6 Kühl- und Tiefkühlschränke

Kühlschränke, Kühlkorpusse und Sandwicheinheiten haben im Küchenbereich vorteilhaft Gastro-Norm-Maße. Der Kreislauf der Luftkühlung garantiert einen guten Wärmeentzug im Gerät. Kühlschränke mit eigenem Aggregat sind nicht ortsgebunden und brauchen nur einen elektrischen Anschluß. Die Betriebskosten dieser Apparate sind hoch, da beim Öffnen ein beträchtlicher Kälteverlust entsteht.

2.16.7 Tiefkühlverfahren

Die im folgenden erwähnten Tiefkühlanlagen werden vorwiegend in Industrieküchen eingesetzt.

Tiefkühlen im Kaltluftstrom
- Gefriertunnel
- Fließband-Gefriertunnel
- Fließband-Gefriertunnel mit starker Luftzirkulation (Flow-freezer)

Tiefkühlen mit gekühlten Platten
- Kontaktgefrieranlage

Tiefkühlen mit flüssigen Gasen
- Stickstofftunnel

2.16.8 Spezialkühl- und -tiefkühlapparate

Spezialkühl- und -tiefkühlapparate sind in der Gastronomie stark verbreitet und haben ein eigenes, spezielles Einsatzgebiet.

Apparate
- Eisflockenapparat
- Eiswürfelapparat
- Schockkühler
- Glacevitrinen und -wagen
- Hors-d'œuvre- und Sandwich-Korpus
- Patisserievitrine
- Salatbuffet und -wagen

2.16.9 Glace-Herstellungsgeräte

Die verschiedenen Ausführungen der Glace-Herstellungsgeräte müssen ein leistungsfähiges Kälteaggregat haben. Die hohe Kühlleistung garantiert ein schnelles Gefrieren und gute Glacequalität. Eine hygienisch einwandfreie und einfache Reinigung muß gewährleistet sein.

Apparate
- Freezer
- Soft-Ice-Automat

Richtlinien

Freezer
- Standmodelle mit vertikalem Gefrierzylinder
- Tischmodelle mit horizontalem Gefrierzylinder
- Das mit der Glace in Berührung kommende Material besteht aus rostfreiem Stahl
- Standmodelle mit Mischen, Pasteurisieren und Gefrieren im selben Zylinder sind von Vorteil
- Die Geschwindigkeit des Rührwerks ist regulierbar
- Der zusätzliche Einbau einer Waschanlage ist möglich

Soft-Ice-Automat
- Ausführung mit Spezial-Mix- oder Reservoir-Rührwerk
- Die Glacefestigkeit ist individuell einstellbar
- Schneller Gefriervorgang

Hygiene

- Die Lebensmittelverordnung (LMV) umschreibt die sehr strengen Hygienevorschriften
- Peinlichste Sauberkeit gilt für alle Produktionsstufen
- Geräte und Werkzeuge sind in einwandfreiem Zustand zu halten

2.16.10 Tiefkühlkette

Unter Tiefkühlkette versteht man den Weg, den Tiefkühlprodukte und Glace vom Hersteller über Lagerhaus, Transportfahrzeuge bis zur Verkaufsstelle zurücklegen. Bei diesem Ablauf ist stets eine ununterbrochene Temperatur von *mindestens –18 °C* notwendig und einzuhalten.

2.17 Küchenfachausdrücke

Die Küchenfachausdrücke werden im Beruf täglich gebraucht. Die Umgangssprache in der Küche erfordert Kenntnis der französischen Fachausdrücke. Diese Begriffe garantieren eine genaue und schnelle Verständigung unter Berufsleuten.
Zu den unter **Einteilung** aufgeführten Begriffen gehören auch noch die folgenden Fachausdrücke:

- Rangstufen
- Funktionen
- Kochgeschirr
- Gänge (Teile) des Menügerippes
- Schnittarten von Kartoffeln, Gemüse, Fleisch, Fisch, Geflügel
- Garstufen
- Grundzubereitungsarten

Einteilung

Eine Auswahl der gebräuchlichsten Fachausdrücke:
- Fachausdrücke für Tätigkeiten und Ausführungen
- Fachausdrücke für Nahrungsmittel und Speisen
- Fachausdrücke für Küchenzubehör

Fachausdrücke für Tätigkeiten und Ausführungen

annoncer	eine Bestellung ausrufen	goûter	abschmecken, probieren, versuchen
arroser	ein Bratgut übergießen	larder	ein Fleischstück mit Hilfe eines Spickstabes mit Spickspeck durchziehen (spicken)
barder	zum Braten bestimmtes Geflügel oder Wild mit Spickspeckscheiben belegen		
beurrer	mit Butter bestreichen	lier	Suppen und Saucen binden
brider	Geflügel, Fleisch, Wild usw. binden	mariner	in Marinade einlegen, beizen
chemiser	eine Form mit Gelee ausgießen oder Ausstreichen einer Eisbombe mit Glace	mêler	mischen, vermengen
		monter	aufarbeiten
ciseler	kleine Einschnitte machen (speziell bei Fischen)	napper	gleichmäßig mit Sauce oder Gelee übergießen
clarifier	eine Flüssigkeit klären	parer	zurechtschneiden
déglacer	den Bratensatz ablöschen, auflösen	passer	durch Tuch (Sieb) absieben
dégraisser	abfetten	piquer	Fleisch oder Geflügel mit Hilfe einer Spicknadel spicken
démouler	aus einer Form nehmen, stürzen		
désosser	ausbeinen	réchauffer	regenerieren, aufwärmen
égoutter	abschütten und abtropfen lassen	réduire	eine Flüssigkeit auf ein bestimmtes Maß einkochen
émincer	in feine Scheiben schneiden		
farcir	Fleisch, Geflügel, Gemüse usw. füllen	rissoler	in Fettstoff gelbbraun anbraten
fouetter	mit Schneebesen umrühren, bearbeiten, schlagen	tamiser	durch Drahtsieb treiben, pressen
		tourner	Gemüse und Kartoffeln zurechtschneiden, abdrehen
fumer	räuchern		
garnir	auf einen Teller oder eine Platte dekorativ anrichten	tremper	eintauchen, tränken

Fachausdrücke für Nahrungsmittel und Speisen

abattis	Abschnitte von Geflügel (Hals, Flügel, Magen, Leber, Herz, Fett)	fruits de mer	alle Arten von Meer-, Krusten- und Weichtieren
appareil	fertige Masse	fumet	eingekochte Brühe
beurre manié	Mehlbutter, mit Mehl verknetete Butter	garniture	Beilage, Einlage
caramel	gebrannter Zucker	galettes	kleine Plätzchen
carcasse	Knochengerüst des Geflügels und der Krustentiere	infusion	Aufguß einer aromatischen Flüssigkeit
		jus	Fleischsaft, Fruchtsaft
convenience-food	ganz oder teilweise bearbeitete Lebensmittel	liaison	Bindemittel (z. B. Eigelb und Rahm)
		pie	gedeckte Pastete, Kuchen usw.
coulis	flüssiger Brei durch Verkochen, ohne Zusatz von Mehl	pulpe	Fruchtmark, Fruchtpüree
		roux	Mehlschwitze
court-bouillon	Sud (für Fische)	salpicon	in kleine Würfel geschnittenes Fleisch, Gemüse, Obst
croûtons	geröstete Brotwürfel oder geröstete Brotscheiben in verschiedenen Formen		
		suprême	Geflügelbrüstchen oder Fischfilet
farce	Füllung	tartelette	Törtchen
fleuron	Blätterteighalbmond	zeste	die abgeriebene oder in feine Streifen geschnittene Schale von Zitrusfrüchten
fond	Brühe (Grundbrühe)		
friture	Backfett, Fritüre		

Fachausdrücke für Küchenzubehör

bain-marie	Wasserbad, Bainmarie	*étamine*	Passiertuch
barquette	Schiffchenförmchen	*fourchette*	Gabel
bordure	Ringform	*lardoire*	Spickstab
cassolette	kleines, kochfestes Töpfchen	*légumier*	Anrichtegeschirr für Gemüse
chinois	Spitzsieb	*louche*	Schöpflöffel
cloche	Wärmeglocke, Cloche	*passoire*	Sieb
cocotte	topfartiges Koch- und Anrichtegeschirr	*plateau*	Servierbrett
couteau	Messer	*ravier*	Schale für kalte Vorspeisen
cuillère	Löffel	*saucière*	Anrichtegeschirr für Sauce
dariole	Becherförmchen	*spatule*	Spachtel
écumoire	Schaumlöffel	*sorbetière*	Aufbewahrungsgeschirr für Glace
égouttoir	Abtropfsieb	*tamis*	Haar- oder Drahtsieb

Ernährungslehre

3

Themen Kapitel Ernährungslehre

3.1 Die Zelle   71
3.2 Nährstoffe   71
3.3 Energie   72
3.4 Kohlenhydrate / Saccharide   72
3.5 Fette / Lipide   74
3.6 Eiweißstoffe / Proteine   75
3.7 Wasser   76
3.8 Wirkstoffe   76
3.8.1 Mineralsalze   77
3.8.2 Vitamine   77
3.8.3 Enzyme / Fermente   78
3.8.4 Hormone   78
3.9 Geschmacks- und Reizstoffe   78
3.10 Stoffwechsel   79
3.10.1 Verdauung   79
3.10.2 Zwischenstoffwechsel   80
3.11 Schadstoffe in der Nahrung   81
3.12 Anforderungen an eine gute Ernährung   81
3.13 Spezielle Kostformen   82
3.13.1 Vollwerternährung   82
3.13.2 Vegetabile Kostformen   82
3.14 Ernährung und Gesundheit   83
3.15 Diätkostformen   83
3.15.1 Leichte Vollkost   84
3.15.2 Ernährung bei Zuckerkrankheit   84
3.15.3 Reduktionskost   85
3.15.4 Ernährung bei Herz- und Kreislauferkrankungen   85

3. Ernährungslehre

Viele Krankheiten werden durch eine fehlerhafte, einseitige oder zu üppige Ernährung hervorgerufen. Deshalb trägt der Koch für die Volksgesundheit eine große Mitverantwortung.

Den Gast sättigen oder ihn vollwertig verpflegen ist ein entscheidender Unterschied.
Der Gast ist in der Regel um seine Gesundheit und seine Linie besorgt.

Er verlangt daher vom Koch, daß er die Grundsätze der Ernährungslehre kennt und sie auch anwendet. Deshalb ist eine gute Ausbildung in der Ernährungslehre im Kochberuf sehr wichtig.

3.1 Die Zelle

Der menschliche Körper ist, wie derjenige jedes Lebewesens, aus vielen Milliarden kleinster Körperzellen aufgebaut. Die Zelle enthält alle Eigenschaften, die wir unter Leben verstehen. Obwohl sich die Zellen im Aufbau sehr ähneln, gibt es doch unterschiedliche Merkmale. So enthält zum Beispiel die pflanzliche Zelle eine zusätzliche Zellwand als Schutz und zur Formgebung.

Der menschliche Organismus besteht aus den gleichen Nährstoffen, wie sie in den Nahrungsmitteln enthalten sind. Durch komplizierte chemische Prozesse werden sie in körpereigene Stoffe umgewandelt.

Zusammensetzung des menschlichen Körpers

1% Kohlenhydrate	in der Leber, im Blut, in den Muskeln
4– 6% Mineralsalze	in Knochen und Zähnen
10–15% Fett	im Unterhautbindegewebe
15–20% Proteine	in allen Zellen
60–70% Wasser	in allen Zellen

3.2 Nährstoffe

Bei der Ernährung kommt es nicht auf die einzelnen Nahrungsmittel an, sondern auf die darin enthaltenen Nährstoffe. Fast alle Nahrungsmittel sind Gemische von Nährstoffen; aber kaum ein Nahrungsmittel enthält alle notwendigen Nährstoffe in optimalen Mengen. Je vielseitiger und abwechslungsreicher die Nahrung, desto sicherer wird unser Körper mit allen Nährstoffen versorgt. Fehlen nämlich in der Nahrung während längerer Zeit bestimmte Nährstoffe oder werden bestimmte Nährstoffe zu reichlich angeboten, kommt es zu Mangelkrankheiten bzw. zu Wohlstands- oder Zivilisationskrankheiten.

Zusammensetzung der Nahrung

Energieliefernde Nährstoffe (Grundnährstoffe)	Nichtenergieliefernde Nährstoffe	Sonstige Inhaltsstoffe
Kohlenhydrate Fette Proteine	Wasser Mineralsalze Vitamine	Nahrungsfasern Geschmacksstoffe Aromastoffe Farbstoffe Schadstoffe

Hauptaufgaben der Nährstoffe		
Nährstoffe sind in den Nahrungsmitteln enthaltene Substanzen, die für Aufbau und Unterhalt sowie zur Energiegewinnung des menschlichen Körpers notwendig sind.	Aufbaustoffe:	Proteine, Mineralsalze, Wasser
	Energielieferanten:	Kohlenhydrate, Fette, Proteine
	Wirk- und Schutzstoffe:	Vitamine, Mineralsalze
	Transport- und Lösungsmittel:	Wasser

3.3 Energie

Jedes Lebewesen verbraucht Energie für seine Lebensvorgänge. Je intensiver die Lebensvorgänge sind, desto mehr Energie muß ihm zugeführt werden.
Unser Körper bezieht seine notwendige Energie aus den zugeführten Lebensmitteln.
Energie, Arbeit und Wärmemenge werden mit der gleichen internationalen Einheit **Joule** (J; sprich: *dschul*) gemessen. 1000 Joule sind 1 Kilojoule (kJ). Die alte, aber oft noch gebrauchte Einheit ist die Kalorie (cal).
Umrechnung: 1 kcal = 4,2 (4,184) kJ bzw. 1 kJ = 0,24 (0,239) kcal

> 1 J ist die **Energie,** die nötig ist, um einen Körper mit der Masse von 102 g um 1 m zu heben.

> 1 kJ ist die **Wärmemenge,** die nötig ist, um etwa ¼ l Wasser (239 ml) um 1°C zu erwärmen.

Der **Grundumsatz** ist die Energiemenge, die ein Mensch bei völliger Ruhestellung – also im Liegen – in 24 Stunden zur Aufrechterhaltung seiner Körperfunktionen benötigt, zum Beispiel für Herztätigkeit, Verdauung, Hirntätigkeit, Stoffwechsel der Zellen, Körpertemperatur, Atmung usw.
Die Höhe des Grundumsatzes hängt ab von Alter, Geschlecht, Körpermasse, Klima, Gesundheit und Psyche.

> Faustregel für den Grundumsatz in kJ in 24 Stunden:
>
> Körpermasse × 100

Der **Leistungsumsatz** ist die Energiemenge, die der Mensch für die körperliche Aktivität benötigt, zum Beispiel für Arbeit, Sport und Freizeit.

Leistungsumsatz bei verschiedenen Berufstätigkeiten

Berufstätigkeit	Mann	Frau
Leichte Arbeit	unter 315 kJ/h	unter 250 kJ/h
Mittelschwere Arbeit	315–630 kJ/h	250–500 kJ/h
Schwere Arbeit	630–840 kJ/h	über 500 kJ/h
Schwerste Arbeit	über 840 kJ/h	

Gesamtumsatz bzw. täglicher Energiebedarf: Grundumsatz + Leistungsumsatz = Gesamtumsatz

Energielieferanten und ihr Brennwert

1 g Fett	39 kJ
1 g Kohlenhydrate	17 kJ
1 g Protein	17 kJ
1 g Alkohol	30 kJ

Die drei Grundnährstoffe sollten sich bei einem mittleren Leistungsumsatz wie folgt verteilen:

Proteine	12–15%
Fette	25–30%
Kohlenhydrate	55–60%

Diese drei Nährstoffe können sich bei der Energiegewinnung wechselseitig vertreten. Für den Aufbau- und den Energiestoffwechsel können Proteine (Eiweiße) durch Kohlenhydrate und Fette nicht ersetzt werden, weil sie **keine Stickstoffverbindungen** sind.

Normal- und Idealgewicht

Um den individuellen Anforderungen gerecht zu werden, müssen die Unterschiede zwischen den Geschlechtern und der Körperbau berücksichtigt werden.

Normalgewicht

Körperlänge in cm minus 100.

Idealgewicht

Männer: Normalgewicht minus 10%
Frauen: Normalgewicht minus 15%

Zufuhr an Energie	Verbrauch an Energie	Körpergewicht
gleich groß	gleich groß	bleibt unverändert
größer	kleiner	nimmt zu
kleiner	größer	nimmt ab

3.4 Kohlenhydrate / Saccharide

Kohlenhydrate sind der wesentliche Bestandteil der Pflanzen und stellen den größten Anteil der auf der Erde vorkommenden organischen Substanzen dar.

Obwohl die Kohlenhydrate alle aus denselben Elementen bestehen, unterscheiden sie sich doch in ihrem Aufbau, aus dem sich dann auch der jeweils andere Geschmack und das andere Aussehen ergeben.

Zusammensetzung und Einteilung

Elemente
- Kohlenstoff (C)
- Wasserstoff (H)
- Sauerstoff (O)

Einfachzucker / Monosaccharide
(griechisch *monos* = ein): Einfachzucker bilden die **Grundbausteine** aller Kohlenhydrate.

- **Traubenzucker / Glukose** in Obst, Honig
- **Fruchtzucker / Fruktose** in Obst, Honig
- **Schleimzucker / Galaktose** in Milch

Zweifachzucker / Disaccharide
(griechisch *di* = zwei): Zweifach- oder Doppelzucker entstehen durch die Zusammenlagerung von zwei Einfachzuckern.

- **Rohr-, Rübenzucker / Saccharose** in Obst, Zuckerrohr, Zuckerrüben
- **Milchzucker / Laktose** in Milch, Frischkäse
- **Malzzucker / Maltose** in keimendem Getreide, Malz

Vielfachzucker / Polysaccharide
(griechisch *poly* = viel): Die Vielfachzucker entstehen durch kettenförmiges Aneinanderreihen vieler Einfachzucker (einige hundert bis Zehntausende).

- **Stärke:** in Getreideprodukten, Kartoffeln, Hülsenfrüchten
- **Dextrin:** Abbauprodukt der Stärke, in Zwieback, Mehlschwitze, in der Kruste von Brot und Gebäck
- **Glykogen:** einziger tierischer Vielfachzucker; wird in der Leber und in den Muskeln gespeichert
- **Zellulose:** Gerüstsubstanz der Pflanzen; für den Menschen unverdaulich

Weitere Vielfachzucker: Hemizellulose, Pektin, Inulin, Chitin.

Bedeutung der Kohlenhydrate

Die Kohlenhydrate bilden bei fast allen Völkern den Hauptanteil der Nahrung. Obwohl sie vom Stoffwechsel selbst gebildet werden können, muß der Organismus mit der Nahrung zusätzliche Mengen aufnehmen.

Aufgaben: Wichtigster Energielieferant; 1 g Kohlenhydrate liefert 17 kJ; Aufbau der Zellmembran.

Anteil am Gesamtenergiebedarf: Mehr als die Hälfte der erforderlichen Energie sollten die Kohlenhydrate decken, nämlich 55–60%.

Tagesbedarf: Mindestmenge 50 g, weil zum Beispiel das Gehirn auf Glukosezufuhr angewiesen ist. Empfohlene Menge 300–500 g (4–6 g pro kg Körpermasse), je nach Energiebedarf.

Mangel: Eine Unterversorgung kann zu Störungen im Stoffwechsel führen.

Überfluß: Speicherung als **Glykogen** in der Leber und in den Muskeln (höchstens 400 g, was einem Energievorrat für 12–18 Stunden entspricht). Überschüssige Kohlenhydrate werden in Fett umgewandelt und im Körper angelagert; es entsteht **Übergewicht.**

Empfehlenswerte Kohlenhydratlieferanten: Stärkehaltige Lebensmittel: Vollkornprodukte, Kartoffeln, Hülsenfrüchte. Zuckerhaltige Lebensmittel: Obst, Gemüse, Frischkäse.
Außer Energie liefern diese Nahrungsmittel wertvolle Vitamine, Mineralsalze und Nahrungsfasern.

Weniger empfehlenswerte Kohlenhydratlieferanten: Zuckerhaltige Lebensmittel: Süßwaren, Schokolade, Sirup, zuckerhaltige Getränke. Stärkehaltige Lebensmittel: Weißmehlprodukte, weißer Reis.
Diese Nahrungsmittel enthalten in der Regel nur Energie, aber wenig oder keine Vitamine, Mineralsalze und Nahrungsfasern.

Abbau der Kohlenhydrate

Um die Kohlenhydrate nutzen zu können, muß sie der Körper in die Grundbausteine – Einfachzucker – zerlegen. Nur in dieser Form können sie resorbiert (aufgenommen) und vom Blut an ihren jeweiligen Bestimmungsort transportiert werden.

Verdauung der Kohlenhydrate

Mund: Abbau der Stärke durch Enzyme des Mundspeichels zu Dextrin, eventuell sogar zu Malzzucker.

Magen: Enzyme des Mundspeichels sind noch kurze Zeit wirksam.

Dünndarm: Im Zwölffingerdarm weiterer Abbau zu Zweifach- und teilweise zu Einfachzuckern durch Enzyme der Bauchspeicheldrüse. Im restlichen Dünndarm wird die Verdauung vollendet, das heißt, weitere Enzyme spalten verdaubare Kohlenhydrate zu Einfachzuckern, die resorbiert werden und in den Blutkreislauf gelangen.

Nahrungsfasern

Obschon die Nahrungsfasern durch die Verdauung nicht abgebaut werden, erhöhen sie durch ihr hohes Quellvermögen und ihre Unlöslichkeit das Volumen des Speisebreis.

Aufgaben und Eigenschaften

- Die Darmtätigkeit (Peristaltik) wird angeregt.
- Überschüssige Magensäure wird neutralisiert.
- Die Aufnahme der Nährstoffe in den Körper wird verlangsamt (gleichbleibender Blutzuckerspiegel, länger anhaltendes Sättigungsgefühl, weil längere Verweildauer im Magen).
- Kurze Verweildauer der Nahrung im Darm, dadurch wird die Entstehung von gesundheitsschädigenden Fäulnisprodukten eingeschränkt.
- Wenig Energie bei großer Menge.
- Unerwünschte Begleitstoffe unserer Nahrung (giftige Stoffe) und Stoffwechselprodukte (Gallensäure, Cholesterin) werden an sie gebunden und ausgeschieden.
- Einer Verstopfung wird vorgebeugt (geschmeidigere Stuhlmasse).

Empfehlenswerte Tagesmenge: 30–50 g Nahrungsfasern.

Vorkommen von Nahrungsfasern: Zellulose und Hemizellulose: Gerüstsubstanz der Pflanzen; Pektine: in Schalen und Kernen von Obst.

Nahrungsmittel mit hohem Gehalt an Nahrungsfasern: Vollkorn-Getreideprodukte, Gemüse, Hülsenfrüchte, Obst und Kartoffeln.

Nahrungsmittel mit wenig oder gar keinen Nahrungsfasern: Tierische Nahrungsmittel oder Nahrungsmittel tierischen Ursprungs; Fettstoffe, Weißmehlprodukte, weißer Reis, Zucker.

Folgen einer nahrungsfaserarmen Ernährung: Verstopfung, Krankheiten der Verdauungsorgane, Stoffwechselstörungen, Kreislaufkrankheiten.

3.5 Fette / Lipide

In den Pflanzen entsteht Fett durch Umwandlung von Kohlenhydraten. Mensch und Tier nehmen Fett mit der Nahrung auf oder bilden es aus überschüssigen Nährstoffen.

Zusammensetzung der Fettstoffe

Elemente
- Kohlenstoff (C)
- Wasserstoff (H)
- Sauerstoff (O)

Grundbausteine: Glyzerin und Fettsäuren.

Unterteilung der Fettsäuren: Gesättigte Fettsäuren, einfach ungesättigte Fettsäuren und mehrfach ungesättigte Fettsäuren.

Die **mehrfach ungesättigten Fettsäuren** sind **essentiell** (lebensnotwendig), haben Vitamincharakter und müssen dem Körper mit der Nahrung zugeführt werden (ca. 10 g/Tag). Als wichtigste essentielle Fettsäure gilt die zweifach ungesättigte **Linolsäure**. Öle mit einem hohen Gehalt an mehrfach ungesättigten Fettsäuren sind Distelöl, Traubenkernöl, Sonnenblumenöl, Sojaöl, Maiskeimöl und Weizenkeimöl usw.

Aufbau des Fettmoleküls: Ein Fettmolekül wird gebildet, wenn sich ein Glyzerinmolekül mit drei (meist verschiedenen) Fettsäuremolekülen chemisch verbindet. Bei diesem Vorgang wird Wasser abgespalten.

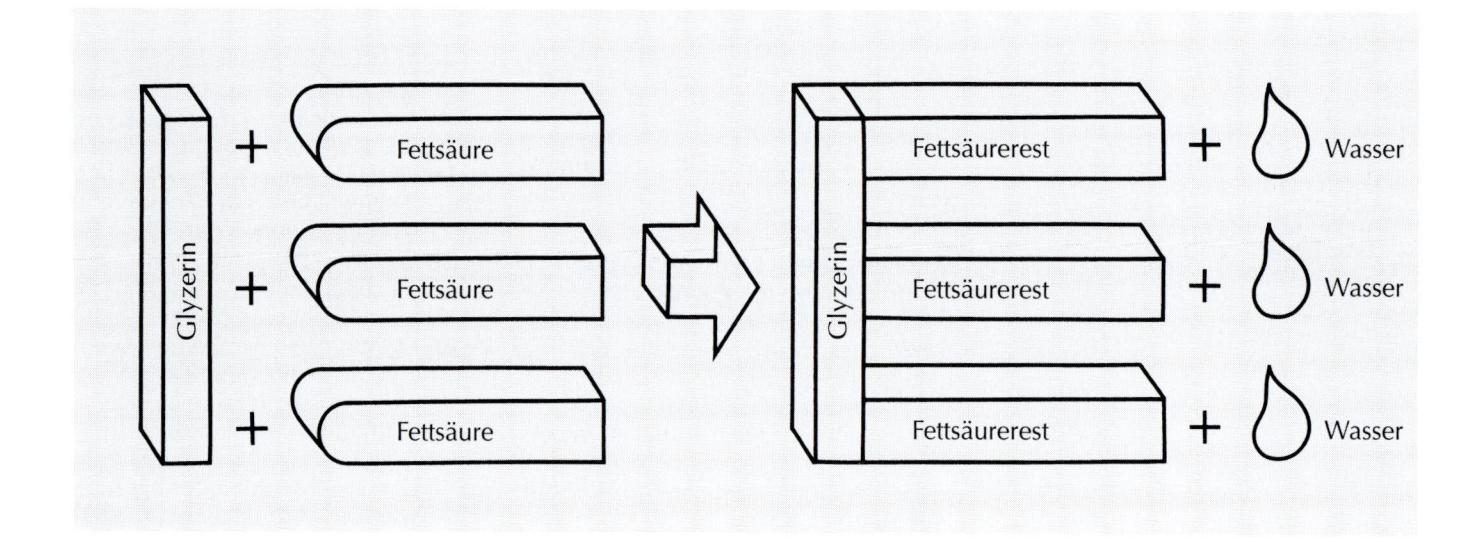

Das Glyzerin ist in allen Fetten gleich. Die verschiedenen Fettsäuren bestimmen die Art des Fettstoffes. Je kürzer die Fettsäureketten und/oder je höher der Anteil an ungesättigten Fettsäuren in einem Fettstoff, desto
- tiefer liegt der Schmelzbereich
- leichter verdaulich ist er
- anfälliger ist er gegenüber Hitze, Sauerstoff, Licht, Feuchtigkeit und Mikroorganismen

Je länger die Fettsäureketten und/oder je höher der Anteil an gesättigten Fettsäuren in einem Fettstoff, desto
- höher liegt der Schmelzbereich
- schwerer verdaulich ist er
- stabiler ist er gegenüber Hitze, Sauerstoff, Licht, Feuchtigkeit und Mikroorganismen

Bedeutung der Fette

Aufgaben
- Energielieferant: Ein Gramm Fett liefert 39 kJ.
- Energiespeicher: Im Unterhautfettgewebe befindet sich der Energiespeicher des Menschen, der bei Übergewicht beachtliche Ausmaße annehmen kann.
- Schutz vor Kälte und Stößen.
- Lieferant der fettlöslichen Vitamine (A, D, E, K) und von Karotin.
- Lieferant der essentiellen Fettsäuren, die für den Aufbau der Zellen und von Hormonen benötigt werden. Sie senken den Cholesterinspiegel.
- Lieferant verdauungsfördernder Geschmacksstoffe: Sie beeinflussen den Geschmackswert von Lebensmitteln positiv, da ein großer Teil der Geschmacksstoffe im Fett löslich ist.
- Hoher Sättigungswert wegen der langen Verweildauer der Fette im Magen.

Anteil am Gesamtenergiebedarf: 25 bis 30%.

Tagesbedarf: 50–70 g (0,7–1 g pro kg Körpergewicht), je nach körperlicher Tätigkeit.

Folgen eines zu hohen Fettkonsums: Übergewicht, hohe Blutfettwerte, hoher Blutdruck, Herzinfarkt, Gelenkleiden, Bandscheibenbeschwerden.

Kontrollierte Fettaufnahme durch Reduzieren der sichtbaren Fette: mäßiger Gebrauch von Streichfetten, fettsparende Zubereitungen wählen; durch Reduzieren der unsichtbaren Fette: mäßiger Konsum fettreicher Lebensmittel (Wurstwaren, Rahm- und Vollfettkäse, Nüsse, Rahmsaucen, Buttersaucen, Ölsaucen, Schokoladeartikel, Schlagrahmsüßspeisen usw.).

Abbau der Fette

Typisch für die Fettverdauung ist der unvollständige Abbau des Fettmoleküls. Neben den Grundbausteinen Glyzerin und Fettsäuren findet man nach der Verdauung noch eine große Menge Fettbruchstücke (Mono- und Diglyzeride).

Verdauung der Fette

Mund: Kein Abbau von Fetten.

Magen: Abbau nur von emulgierten Fetten durch Magenenzyme (z.B. Milchfett, Eifett).

Dünndarm: Im **Zwölffingerdarm** emulgieren Gallensäuren die Fette (d. h. feine Verteilung in kleine Fetttröpfchen), damit die Enzyme der Bauchspeicheldrüse die Fette in Bruchstücke oder in die Grundbausteine aufspalten können. Im restlichen Dünndarm setzen die Enzyme der Dünndarmschleimhaut die Fettspaltung fort. Das freie Glyzerin, die Fettsäuren sowie Fettbruchstücke werden resorbiert und gelangen über die Pfortader oder die Lymphbahn ins Blut.

Fettähnliche Substanzen / Lipoide

Lipoide sind Bestandteile der Zellen, sie sind jedoch als Energieträger nicht von Bedeutung.

Cholesterin

Vorkommen: Cholesterin ist ein Begleitstoff tierischer Fette. Da es an Transportvorgängen im Organismus beteiligt ist, erscheint es auch im Blut.

Aufgaben: Aufbau von Zellwänden, Bildung von Gallensäuren, Hormonen und von Vitamin D (mit Hilfe des Sonnenlichtes).

Bedarf: 300 mg pro Tag – durchschnittlich werden aber mehr als 600 mg verzehrt! Der menschliche Organismus kann aber auch selbst Cholesterin aufbauen.

Folgen eines zu hohen Cholesterinspiegels: Risikofaktor für Herz- und Kreislauferkrankungen.

Beeinflussung des Cholesterinspiegels durch die Ernährung

– Vermeiden von Übergewicht
– Reduzieren der Fettaufnahme (vorteilhaft ⅓ tierische Fette, ⅔ pflanzliche Fette)
– Mehrfach ungesättigte Fettsäuren senken den Cholesterinspiegel
– Nahrungsfasern senken den Cholesterinspiegel

300 mg (Tageshöchstmenge) Cholesterin sind enthalten in:

10 g Kalbshirn	120 g Butter	300 g Schweinefett
17 g Eigelb	130 g Kalbsmilken	330 g Kalb-, Schweine-, Schaffleisch oder Fisch
64 g Vollei	150 g Hummer oder Austern	
75 g Kalbsleber	200 g Miesmuscheln	500 g Hühnerfleisch
100 g Kaviar	207 g Emmentaler	2 kg Magerquark
115 g Mayonnaise	240 g Krevetten oder Rindfleisch	2 l Vollmilch

Lezithin

Vorkommen: Eigelb, Hirn, Knochenmark, Fischrogen, Milch, Sojabohnen, Raps.

Aufgaben: Mitbeteiligt am Aufbau der Nervensubstanz, des Knochen- und des Rückenmarks, der Blutkörperchen, medizinische Anwendung als Stärkemittel. Weil Lezithin fett- und wasserliebende Pole hat, wird es als **Emulgator** verwendet, zum Beispiel für holländische Sauce, Mayonnaise, Schokolade, Margarine, Teigwaren.

Zu den fettähnlichen Substanzen zählen auch die Provitamine (Vitaminvorstufen) **Karotin, Ergosterin** sowie die **ätherischen Öle.**

3.6 Eiweißstoffe / Proteine

Nur Pflanzen sind fähig, aus anorganischen Stoffen Proteine aufzubauen. Mensch und Tier müssen Proteine mit der Nahrung aufnehmen.

Zusammensetzung der Proteine

Elemente
– Kohlenstoff (C)
– Wasserstoff (H)
– Sauerstoff (O)
– Stickstoff (N)
– oft auch Schwefel (S) und Phosphor (P)

Grundbausteine der Proteine sind die **Aminosäuren.** Heute sind über 20 Aminosäuren bekannt, die in den Nahrungsmitteln enthalten sind. Davon sind 10 (für Kinder) bzw. 8 (für Erwachsene) essentiell (lebensnotwendig). Von Protein spricht man, wenn sich über 100 Aminosäuren miteinander chemisch verbinden und lange Ketten bilden. Dabei wird Wasser abgespalten. Es gibt Proteinketten, die von 1000 Aminosäuren gebildet werden.

Bedeutung der Proteine

Proteine sind der kostbarste Nährstoff und können wegen ihres Stickstoffgehaltes durch keinen anderen Nährstoff ersetzt werden. Ohne Proteine gibt es kein Leben.

Vorkommen: Proteine sind in allen naturbelassenen Nahrungsmitteln enthalten. Ihr Anteil ist aber verschieden hoch. **Tierische Proteine** sind in allen Tieren und tierischen Produkten reichlich enthalten, **pflanzliche Proteine** vor allem in Hülsenfrüchten, Nüssen und Getreideprodukten.
Durch richtige und gleichzeitige Kombination von tierischem und pflanzlichem Protein können sie sich gegenseitig ergänzen und den biologischen Wert erhöhen.
Die Qualität des Proteins wird mit der biologischen Wertigkeit ausgedrückt.

Aufgaben: Proteine dienen dem wachsenden Organismus (Kind) als **Aufbaustoffe.** Proteine sind der wichtigste Baustoff der Lebewesen und deshalb in jeder Zelle vertreten. Sie bilden alle Enzyme, wichtige Hormone und Antikörper, die Krankheiten abwehren. Sie sind an Denkprozessen beteiligt und legen die Erbanlagen im Zellkern fest.
Proteine werden aber auch als **Ersatzstoffe** für die alten abgestorbenen Zellen benötigt. Im Organismus findet ein ständiger Auf-, Ab- und Umbau der Proteine statt, da jede Zelle nur eine beschränkte Lebensdauer hat. Deshalb müssen dem Körper täglich Proteine in ausreichender Menge zugeführt werden.

Tagesbedarf: 50–70 g (ca. 0,8 g pro kg Körpergewicht), je nach Alter, Körpermasse, Größe, biologischer Wertigkeit.

Anteil am Gesamtenergiebedarf: 12 bis 15%. Proteine können auch Energie liefern: 17 kJ pro Gramm.

Mangel: Gestörter Stoffwechsel, verminderte Leistungsfähigkeit (körperlich und geistig), Gewichtsverlust, vermehrte Anfälligkeit für Infektionskrankheiten. In den Industrieländern ist der tägliche Bedarf in der Regel gedeckt.

Überfluß: Proteine können nicht in nennenswertem Umfang gespeichert werden. Ein allfälliger Überschuß wird im Körper in Kohlenhydrate oder Fett umgewandelt.

Abbau der Proteine

Die Proteine können nur in Form ihrer Grundbausteine – der Aminosäuren – durch die Darmwand gelangen.

Verdauung der Proteine

Mund: Kein Proteinabbau.

Magen: Quellung und Gerinnung der Proteine durch die Magensalzsäure. Die Enzyme des Magens können die Proteine in größere Bruchstücke (Peptide) zerlegen.

Dünndarm: Im **Zwölffingerdarm** werden sie durch Enzyme der Bauchspeicheldrüse zu kleineren Proteinbruchstücken abgebaut. Im restlichen Dünndarm vollenden Enzyme der Dünndarmschleimhaut den Proteinabbau bis zu den Aminosäuren. Diese werden resorbiert und gelangen über die Pfortader in den Blutkreislauf.

3.7 Wasser

Wasser ist die Grundlage des Lebens. Für den menschlichen Organismus ist es wichtig, daß die Wassermenge im Körper stets gleich groß ist. Sinkt der Wassergehalt des Körpers, wird ein Durstgefühl ausgelöst, das zur Wasseraufnahme führt. Die Wasserreserve im Körper ist beschränkt, und ein Leben ohne Wasseraufnahme ist selten länger als drei Tage möglich. Wasserverluste von über 10% des normalen Wasserbestandes des Körpers werden bereits lebensgefährlich, über 20% sind tödlich. Bei allen Stoffwechselvorgängen ist Wasser ein notwendiger Bestandteil.

Zusammensetzung: Reines bzw. destilliertes Wasser besteht aus zwei Teilen (zwei Atomen) Wasserstoff und einem Teil (einem Atom) Sauerstoff (H_2O).

Bedarf: Rund 2,5 l (bis 10 l), je nach Alter, Klima, Körpermasse, körperlicher Tätigkeit und Salzgehalt der Nahrung (jedes Gramm Salz bindet im Körper etwa 1 dl Wasser).

Zufuhr

Getränke	ca. 1,2 l/Tag
Wasserhaltige Nahrungsmittel	ca. 1,0 l/Tag
Oxidationswasser	ca. 0,3 l/Tag
	ca. 2,5 l/Tag

Ausscheidung

Urin (Nieren)	ca. 1,4 l/Tag
Atem (Lunge)	ca. 0,5 l/Tag
Schweiß (Haut)	ca. 0,5 l/Tag
Stuhl (Darm)	ca. 0,1 l/Tag
	ca. 2,5 l/Tag

Aufgaben im menschlichen Körper

Baustoff: 50–70% der Körpermasse sind Wasser. Wasser kommt sowohl innerhalb als auch außerhalb (im Zellzwischenraum) der Zellen vor. Auch das Blut besteht zu einem großen Teil aus Wasser. Zwischen der Flüssigkeit innerhalb und derjenigen außerhalb der Zellen findet ein ständiger Austausch statt.

Lösungsmittel: Wasser löst und verflüssigt die Nährstoffe, verflüssigt das Blut, löst die Abfallstoffe.

Transportmittel: Wasser transportiert die Nahrung zu den Verdauungsstationen, die gelösten Nährstoffe sowie Hormone und Antikörper zu den Zellen, die Abfallstoffe zu den Ausscheidungsorganen.

Regelung der Körpertemperatur: Wasser tritt in Form von Schweiß durch die Poren der Haut, verdunstet und kühlt dadurch die Körperoberfläche ab. Im Schweiß befinden sich 0,1–1,35% Salze. Schwitzen ist also nicht nur ein Wasserverlust, sondern auch ein Verlust an Salzen. Normal gesalzene, ausgewogene Ernährung deckt diesen Verlust bei weitem. Nur in Ausnahmefällen muß dem Körper salzhaltige Flüssigkeit zugeführt werden (z. B. Bouillon, isotonische Getränke).

3.8 Wirkstoffe

Die Lebensvorgänge in der Zelle sind alle mehr oder weniger gehemmt, sonst würden die Lebensvorgänge in wenigen Sekunden oder Minuten ablaufen – das Leben wäre auf wenige Stunden beschränkt.
Diese gehemmten Prozesse benötigen, damit sie überhaupt anzulaufen beginnen, die Einwirkung von Wirkstoffen (Reglerstoffe). Solche Wirkstoffe können – ohne dabei merklich verbraucht zu werden – in kleinsten Mengen große Quantitäten von Nährstoffen umsetzen, das heißt **aktivieren, steuern, gezielt verlangsamen.**

Anorganische Wirkstoffe

Mineralsalze müssen mit der Nahrung zugeführt werden.

Organische (biologische) Wirkstoffe

Vitamine müssen mit der Nahrung zugeführt werden.

Enzyme werden vom Körper selbst gebildet.

Hormone werden vom Körper selbst gebildet.

3.8.1 Mineralsalze

Herkunft: Mineralsalze stammen aus der Gesteinswelt, sind also anorganische Bestandteile der Lebensmittel, aber für den Menschen **lebensnotwendig**. Sie kommen in der Erde und im Wasser vor, werden von den Pflanzen aufgenommen und können so auf direktem Weg, als Bestandteile der pflanzlichen Lebensmittel, oder über das Tier, als Bestandteil der tierischen Nahrungsmittel, vom Menschen aufgenommen werden.

Unterscheidung: Mineralsalze, die in größeren Mengen im Körper enthalten und für diesen erforderlich sind, werden **Mengenelemente** genannt (z. B. Calcium, Natrium, Chlorid, Phosphor, Magnesium, Schwefel). Mineralsalze, die nur in Bruchteilen von Grammen in der Nahrung und im Körper vorkommen, sind **Spurenelemente** (z. B. Eisen, Jod, Fluor, Zink, Kupfer, Selen, Kobalt, Mangan, Molybdän, Brom).

Aufgaben: Mineralsalze dienen dem Körper als **Baustoffe** oder kreisen gelöst in den Körperflüssigkeiten und haben die Funktion von **Wirkstoffen**:
– Mitbeteiligt am Aufbau des Körpers
– Bestandteil von Hormonen und Enzymen
– Stoffwechselvorgänge
– Nervenfunktionen
– Wasserhaushalt
– Säure-Basen-Gleichgewicht

Störungen: Mangel oder **Überdosierung** können zu Störungen führen, zum Beispiel Nierenerkrankungen, Fieber, Erbrechen, Durchfall, Krämpfen, Müdigkeit, Lähmungen, Blutarmut, Blutgerinnungsstörungen, Knochen- und Gelenkerkrankungen, Austrocknen der Gewebe, Wasseransammlungen, Stoffwechselstörungen usw.

Bedarf: Täglich 7–10 g.
Bei Krankheiten oder während der Schwangerschaft ist der Mineralsalzbedarf des Körpers erhöht.
Frauen sollten vor allem auf genügende Eisenzufuhr achten (monatlicher Blutverlust).
Durch das Schwitzen und die Ausscheidung verliert der Körper ständig Mineralsalze. Deshalb ist es notwendig, den Körper regelmäßig mit diesen Substanzen zu versorgen.
Nicht die Menge einzelner Mineralsalze ist maßgebend, sondern ihr **ausgewogenes Verhältnis untereinander**.
Durch eine abwechslungsreiche gemischte Kost wird der Mineralsalzbedarf sichergestellt.

Hauptlieferanten von Mineralsalzen: Obst, Kartoffeln, Gemüse, Milch, Milchprodukte, Vollkornprodukte, Eier, Fische, Innereien, Fleisch, Fruchtsäfte, Gemüsesäfte, Mineralwasser.

Nahrungsmittel mit wenig oder keinen Mineralsalzen: Zucker, reine Fettstoffe, Stärkemehle, Weißmehlprodukte, weißer Reis.

Eigenschaft: wasserlöslich.

Maßnahmen, um Mineralsalzverluste in der Küche möglichst geringzuhalten:
– Nahrungsmittel nicht im Wasser liegen und auslaugen lassen.
– Gemüse und Obst möglichst kurz und unzerkleinert waschen.
– Gerüstetes Gemüse nicht ins Wasser legen, sondern mit Klarsichtfolie zudecken.
– Gerüstete Kartoffeln nicht ins Wasser legen, besser in Ascorbinsäurelösung tauchen.
– Blanchieren nur wenn notwendig, zum Beispiel grünes und geschnittenes Gemüse, um Farbverluste zu vermeiden oder um Bitterstoffe zu entfernen.
– Schonende Zubereitungsarten wählen, wie Dünsten, Dämpfen, Glasieren usw.
– Gemüsebrühen nach Möglichkeit weiterverwenden.
– Obst und Gemüse nicht oder nur dünn schälen, denn viele Mineralsalze befinden sich direkt unter der Schale.

3.8.2 Vitamine

Vitamine sind **lebenswichtige organische Verbindungen, die vom Körper nicht oder nur unzureichend gebildet werden, so daß sie regelmäßig mit der Nahrung zugeführt werden müssen.**

Aufgaben: Wie die Mineralsalze sind Vitamine **Wirkstoffe**, die in enger Beziehung zu den Enzymen und den Hormonen stehen. Da jedem Vitamin eine bestimmte Funktion zukommt, kann es nicht durch ein anderes ersetzt werden. Da Vitamine vor verschiedenen Krankheiten schützen, werden sie auch als **Schutzstoffe** bezeichnet.

Zur **Aufrechterhaltung der Gesundheit und der Leistungsfähigkeit** benötigt der Mensch Vitamine, denn
– sie sind beteiligt an Stoffwechselvorgängen
– sie sind beteiligt an Wachstum und Fortpflanzung
– sie erhöhen die Widerstandskraft gegen Krankheiten

Bedarf: Der tägliche Vitaminbedarf ist unterschiedlich (ca. 100 mg). Einen erhöhten Bedarf haben Kinder, Betagte, Schwangere, Stillende, Schwerarbeiter, Spitzensportler, Kranke, Raucher, Alkoholiker. Vitaminpräparate haben Medizincharakter und sollten dementsprechend behandelt werden (Dosierung beachten!).

Hauptlieferanten von Vitaminen: Obst, Gemüse, Vollkornprodukte, Kartoffeln, Milch, Milchprodukte, Fische, Eier, Innereien, Fleisch.

Vitaminmangel kann verschiedene Ursachen haben: einseitige Kost, falsche oder zu lange Lagerung von Lebensmitteln, Vernichtung bei der Zubereitung, Verlust bei der Verarbeitung (Weißmehl, weißer Reis, Zucker usw.), Störung der Resorption von Vitaminen (Krankheiten von Magen, Darm, Leber, Galle), Antivitamine (Bestandteil von Medikamenten).
Die Folgen von **teilweisem Mangel** sind Störungen des Wohlbefindens, herabgesetzte Leistungsfähigkeit, Konzentrationsschwäche, Appetitlosigkeit, Anfälligkeit für Infektionskrankheiten. Bei abwechslungsreicher gemischter Kost nehmen wir normalerweise Vitamine in genügender Menge zu uns.

Einteilung: Nach ihrer Löslichkeit unterscheidet man:
– **wasserlösliche Vitamine**, die **nicht gespeichert** werden können: Vitamine des B-Komplexes – B_1 (Thiamin), B_2 (Riboflavin), B_6 (Pyridoxin), B_{12} (Cobalamin), Nikotinamid, Pantothensäure, Biotin (Vitamin H), Folsäure – und C (Ascorbinsäure)
– **fettlösliche Vitamine**, die **gespeichert** werden können: A, D, E, K

Zudem gibt es Verbindungen, die erst im Körper in Vitamine umgewandelt werden, die Vitaminvorstufen oder

Provitamine:
– **Karotin:** Vitamin A (orangegelber Pflanzenfarbstoff, der in Karotten, in farbigem Obst und in grünem Gemüse reichlich vorkommt)
– **Ergosterin:** Vitamin D
– **Cholesterin:** Vitamin D
Ergosterin und Cholesterin sind fettähnliche Stoffe, die in den obersten Hautschichten eingelagert sind und durch die UV-Strahlen des Sonnenlichts in Vitamin D umgewandelt werden.

Feinde der Vitamine sind Wasser, Hitze, Luftsauerstoff, Tageslicht, UV-Strahlen, Kupfer, Eisen und Laugen. Deshalb
– Nahrungsmittel nicht im Wasser liegen und auslaugen lassen.
– Möglichst kurz und unzerkleinert waschen.

- Blanchieren nur, wenn es wirklich Vorteile bringt.
- Gemüsebrühen weiterverwenden.
- Zubereitungen ohne oder mit wenig Wasser.
- Nahrungsmittel (Gemüse) nicht länger garen als unbedingt nötig.
- Kartoffeln, Gemüse und Gemüsesuppen nicht zu lange heiß halten (Bainmarie, Rechaud).
- Gemüse und Obst, das für die Mise en place vorgegart wird, schnell abkühlen.
- Aufgewärmte Gemüsegerichte können durch Zugabe von frischen Kräutern etwas aufgewertet werden.
- Rohkost (frisches Obst, Salat, Frucht- oder Gemüsesaft) sollte in jedem Menü enthalten sein.
- Vor allem Obst und Gemüse nicht stark zerkleinert herumliegen lassen.
- Wenn immer möglich beim Garen gut zudecken und wenig umrühren.
- Nahrungsmittel möglichst kurz, dunkel und kühl lagern.
- Berührung mit Kupfer und Eisen vermeiden. Vor allem Gemüse nicht in einer Stahl-Lyoner-Pfanne zubereiten.
- Dem Kochwasser von Bohnen kein Natron (Bikarbonat) zusetzen.

3.8.3 Enzyme / Fermente

Enzyme sind **Steuersubstanzen** und ermöglichen die notwendigen Auf- und Abbauvorgänge im Körper. Sie sind hochkomplizierte Proteine und haben dementsprechend auch die Eigenschaften von Eiweißstoffen.

Wirkung: Im menschlichen Körper wirken rund 1800 verschiedene Enzyme. Diese Vielzahl ist notwendig, damit die vielfältigen Stoffwechselvorgänge geregelt ablaufen können und nicht durcheinandergeraten. Die **Funktion jedes einzelnen Enzyms ist daher genau festgelegt.** Die Wirkung wird häufig erst durch die Kombination anderer Wirkstoffe (Hormone, Mineralsalze, Vitamine) hervorgerufen.

Herkunft: So wie der Mensch für seine Stoffwechselvorgänge Enzyme benötigt, so sind Enzyme auch für die Lebensvorgänge von Tieren, Pflanzen und Mikroorganismen notwendig. Deshalb sind Enzyme als Bestandteile einer jeden Zelle auch in allen naturbelassenen Lebensmitteln vorhanden. Sie bleiben auch außerhalb der lebenden Zellen wirksam.

Bedingungen für die Tätigkeit von Enzymen: Damit sie reagieren können, brauchen die Enzyme
- **Wärme** (meist zwischen 10 °C und 50 °C)
  Bei niedriger Temperatur ist die Tätigkeit der Enzyme sehr eingeschränkt. Sie sind aber noch schwach wirksam (auch bei Tiefkühltemperaturen um −20 °C). Bei über 60 °C werden die meisten Enzyme unwirksam, weil das Protein des Enzyms gerinnt.
- **Feuchtigkeit** (frei verfügbares Wasser)
- einen bestimmten **pH-Wert**

Steuerung der Tätigkeit der Enzyme: Die in den Lebensmitteln enthaltenen Enzyme können zu laufenden Veränderungen führen. Die **Wirksamkeit der Enzyme kann gefördert werden** durch
- **entsprechende Temperatur**
  genügend Feuchtigkeit
  Zum Beispiel Hefeteig, Weinherstellung, Käsereifung, Nachreifen der Früchte, Kaffee, Tee, Kakaobohnen, Vanille usw.

Die **Wirksamkeit der Enzyme kann** aber auch **gehemmt werden,** und zwar durch
- **Wärmeentzug**
  Lagern in Kühl- oder Tiefkühlraum
- **Feuchtigkeitsentzug**
  Trocknen, Dörren, Gefriertrocknen
- **Vernichten mit Hitze**
  Zum Beispiel Blanchieren von Kartoffeln, Blanchieren von Grüngemüse vor dem Tiefkühlen, Garen von frischer Ananas und frischen Kiwis für Süßspeisen mit Gelatine.
- **Säurezusatz** (Zitronensaft, Citronen- oder Ascorbinsäure)
  Zum Beispiel Artischockenböden, Schwarzwurzeln, Knollensellerie, Champignons, Äpfel, Kartoffeln
- **Senken des frei verfügbaren Wassers**
  Bestimmte Zusätze (Salz, Zucker, Fett, Milcheiweiß usw.) lösen sich im Wasser des Lebensmittels und binden dadurch einen Teil seines Wassers an sich.
  Zum Beispiel Hefeteig mit hohem Fettanteil treibt schlecht. Hefeteig ohne Salz fließt und treibt sehr stark (große, ungleiche Poren).

3.8.4 Hormone

Hormone sind Wirkstoffe, die chemisch aus sehr unterschiedlichen Substanzen bestehen. Sie regulieren und steuern **Wachstum, Stoffwechsel und Fortpflanzung.**

Herkunft, Wirkung: Hormone werden von bestimmten Drüsen des Körpers gebildet, gelangen über die Blutbahn zum entsprechenden Körperorgan und beeinflussen seine Tätigkeit. Oberste Befehlsdrüse ist das Gehirn. Zwischen Hormonen und Enzymen bestehen enge Beziehungen.

Herkunft und Wirkung am Beispiel des Hormons Insulin

Hormondrüse	Wirkung	Überfunktion	Unterfunktion
Bauchspeicheldrüse	Glykogenaufbau Regulierung des Blutzuckerhaushaltes	Blutzuckermangel Krämpfe	Zuckerkrankheit (Diabetes)

3.9 Geschmacks- und Reizstoffe

Vorkommen: Als Gemisch verschiedenartiger Stoffe (z. B. ätherische Öle, Säuren, Bitter- und Gerbstoffe) kommen sie in kleinsten Mengen in Nahrungs- und Genußmitteln sowie in Gewürzen und Würzmitteln vor. Zudem entstehen sie bei der Zubereitung von Speisen (z. B. beim Grillieren, Fritieren, Backen, Braten, Gratinieren)

Aufgaben: Obwohl Geschmacks- und Reizstoffe keinen Nährwert haben, sind sie für eine gesunde Ernährung notwendig: Sie **fördern den Appetit, reizen die Verdauungsdrüsen** und

regen dadurch **den Stoffwechsel an.** Eine gut gewürzte und gut abgeschmeckte Speise erfreut nicht nur den Feinschmecker, sondern hilft den Verdauungsorganen und beeinflußt das Wohlbefinden und die Leistungsfähigkeit. Ein geschmackloses Gericht wird ohne Appetit oder nur mit Widerwillen gegessen und belastet damit den Verdauungsapparat.

3.10 Stoffwechsel

Der Stoffwechsel ist die Gesamtheit aller Abbau- und Aufbauvorgänge im menschlichen Organismus. Er ist eine der wesentlichen Voraussetzungen für das Leben überhaupt.
Der Stoffwechsel umfaßt:
- die **Aufnahme** von Sauerstoff, der Nahrung, des Wassers
- die **Verdauung**
- den **Zwischenstoffwechsel** in den Zellen, das heißt die Umwandlung der Nährstoffe in **körpereigene Substanzen** (Aufbau des wachsenden Körpers, Ersatz zugrundegegangener Zellen) und in **Energie** (zur Erhaltung der Körperfunktionen und für die körperliche Tätigkeit)
- die **Ausscheidung** von unverdaulichen Nahrungsbestandteilen (über den Stuhl) und von Endprodukten des Zwischenstoffwechsels (Wasser, Kohlendioxid, Harnstoff)

3.10.1 Verdauung

Als Verdauung werden die Vorgänge bezeichnet, welche die Nahrung auf dem Weg von der Aufnahme bis zur Ausscheidung verändern. Aufgabe der Verdauung ist es also, **die Speisen** einerseits **zu zerkleinern** (mechanische Verdauung) und andererseits **in lösliche Substanzen** umzuwandeln (biochemische Verdauung), damit sie vom Dünndarm dem Blut übergeben werden können. Unsere Verdauungsdrüsen bilden täglich rund 8 l Verdauungssäfte.

Die Verdauungsorgane und ihre Funktion

Sinnesorgane

Obwohl die Sinnesorgane nicht zu den Verdauungsorganen gehören, haben sie einen wesentlichen Einfluß auf die Verdauung. Sie prüfen die angebotenen Speisen und regen über das Nervensystem die Verdauungsdrüsen an.
Sehsinn: «Das Auge ißt mit.» Der bloße Anblick einer Speise kann den Appetit auslösen und den Hunger bewußt werden lassen.
Geschmackssinn: Empfänger für die Geschmacksstoffe des Essens sind die Geschmacksknospen, die sich hauptsächlich auf der Zunge befinden. Sie vermitteln die Eindrücke süß, sauer, salzig, bitter sowie heiß und kalt.

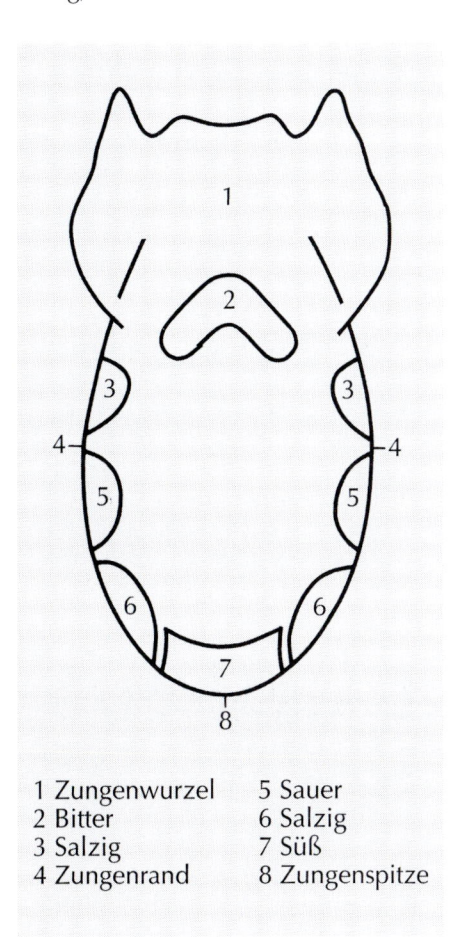

1 Zungenwurzel
2 Bitter
3 Salzig
4 Zungenrand
5 Sauer
6 Salzig
7 Süß
8 Zungenspitze

Geruchssinn: Die Riechzellen in der Nasenschleimhaut melden die Eindrücke über die Nerven dem Gehirn weiter. Die Verdauungsdrüsen beginnen ihre Säfte abzusondern, oder sie verkrampfen sich bei widerlichen Gerüchen.

Mund

- Zerkleinern der Nahrung mit den Zähnen
- Einspeicheln und Durchmischen des Speisebreis unter Mithilfe der Zunge
- Beginn des Stärkeabbaus

Speiseröhre

- Durch Schlucken wird der Speisebrei in den Magen befördert.

Magen

- Die Salzsäure des Magens läßt Proteine gerinnen und tötet die meisten Bakterien ab
- Beginn des Proteinabbaus durch Enzyme des Magens
- Abbau von Milch- und Eifett

Dünndarm

- **Zwölffingerdarm:** In der Gallenblase sammelt sich die von der Leber gebildete **Galle,** wird eingedickt und fließt bei Bedarf in den Zwölffingerdarm. Die Gallensäuren emulgieren die Fette und aktivieren die fettspaltenden Enzyme.
In den Zwölffingerdarm mündet auch die **Bauchspeicheldrüse,** die Enzyme für den Abbau aller drei Grundnährstoffe liefert. Zudem stellt sie den Speisebrei von stark sauer (Magen etwa pH_2) auf schwach alkalisch (pH_8) um.
- **Restlicher Dünndarm:** Der Abbau der Fette, der Kohlenhydrate und der Proteine wird durch Dünndarmenzyme vollendet. Die abgebauten und gelösten Nährstoffe werden durch die Darmzotten und die Darmwand resorbiert (aufgenommen) und treten in den Blutkreislauf über. Die **Leber** kontrolliert und entgiftet die Inhaltsstoffe der gesamten Blutbahn.

Dickdarm

- Resorption von Wasser und damit Eindicken des Darminhalts
- Zersetzen des Speisebreis durch die Darmflora (gutartige Bakterien)
- Sammeln des Kotes im Mastdarm (letzter Abschnitt des Dickdarms)

Unter **Peristaltik** versteht man den Transport des Speisebreis von der Speiseröhre bis zum Darmausgang in wurmartigen, wellenförmigen Bewegungen, verursacht durch das Zusammenwirken der Ring- und der Längsmuskeln. Hierbei spielen die Nahrungsfasern (Ballaststoffe) eine wichtige Rolle.

3.10.2 Zwischenstoffwechsel

Alle chemischen Ab- und Aufbauvorgänge, die sich in den einzelnen Zellen vollziehen, werden als Zwischenstoffwechsel bezeichnet. Diese Vorgänge werden von Hormonen und Enzymen gesteuert.

Umwandlung der Nährstoffe in körpereigene Substanzen

Alle Substanzen im Körper werden von Zeit zu Zeit erneuert.
Wichtigster Baustoff sind die Grundbausteine der Proteine, die Aminosäuren. Nach der Resorption strömen die aufgenommenen Aminosäuren mit dem Pfortaderblut in die Leber, wo sie um- oder zu körpereigenen Eiweißstoffen aufgebaut werden. Da Proteine nur begrenzt speicherbar sind, transportiert das Blut die Aminosäuren zu den Körperzellen. Die Zellen bauen nach einem vorgegebenen Muster körpereigene Eiweißstoffe auf. Den Bauplan dazu liefern die Erbanlagen des Zellkerns.

Umwandlung der Nährstoffe in Energie

Als Beispiel sei die **Glukose** erwähnt: Sie gelangt nach der Resorption mit dem Pfortaderblut in den Blutkreislauf. Der Gehalt des Zuckers im Blut beträgt in der Regel 0,6–1g pro Liter Blut.
Insulin (Hormon der Bauchspeicheldrüse) baut Traubenzucker zu Glykogen auf, das dann in der Leber und in den Muskeln gespeichert wird.
Adrenalin (Hormon der Nebenniere) und **Glukagon** (Hormon der Bauchspeicheldrüse) bauen Glykogen bei Bedarf wieder zu Traubenzucker ab, der dann mit dem Blut zu den Zellen des Verbrauchs transportiert wird.
In den Körperzellen findet eine **flammenlose Verbrennung (Oxidation)** von Traubenzucker mit Hilfe von **Sauerstoff** statt: Der Sauerstoff verbindet sich mit dem Kohlen- und dem Wasserstoff des Traubenzuckers. Durch die Verbindung des Sauerstoffs mit Kohlenstoff entsteht Kohlendioxid (CO_2), mit dem Wasserstoff Wasser (H_2O). Bei dieser Oxidation wird die in der Glukose gebundene Energie stufenweise frei. Der Körper speichert die freiwerdende Energie in energiereichen, transportierbaren Verbindungen, wo sie für den Grund- und den Leistungsumsatz bereit ist.
Ähnlich wie der Traubenzucker der Kohlenhydrate werden die Fette und die Proteine (sofern Proteine als Energielieferanten gebraucht werden) stufenweise abgebaut. Als Abfall entsteht bei allen drei Grundnährstoffen **Kohlendioxid** und **Wasser,** bei den Eiweißstoffen zusätzlich **Ammoniak,** das in der Leber in **Harnstoff** umgewandelt und im Urin über die Nieren ausgeschieden wird.

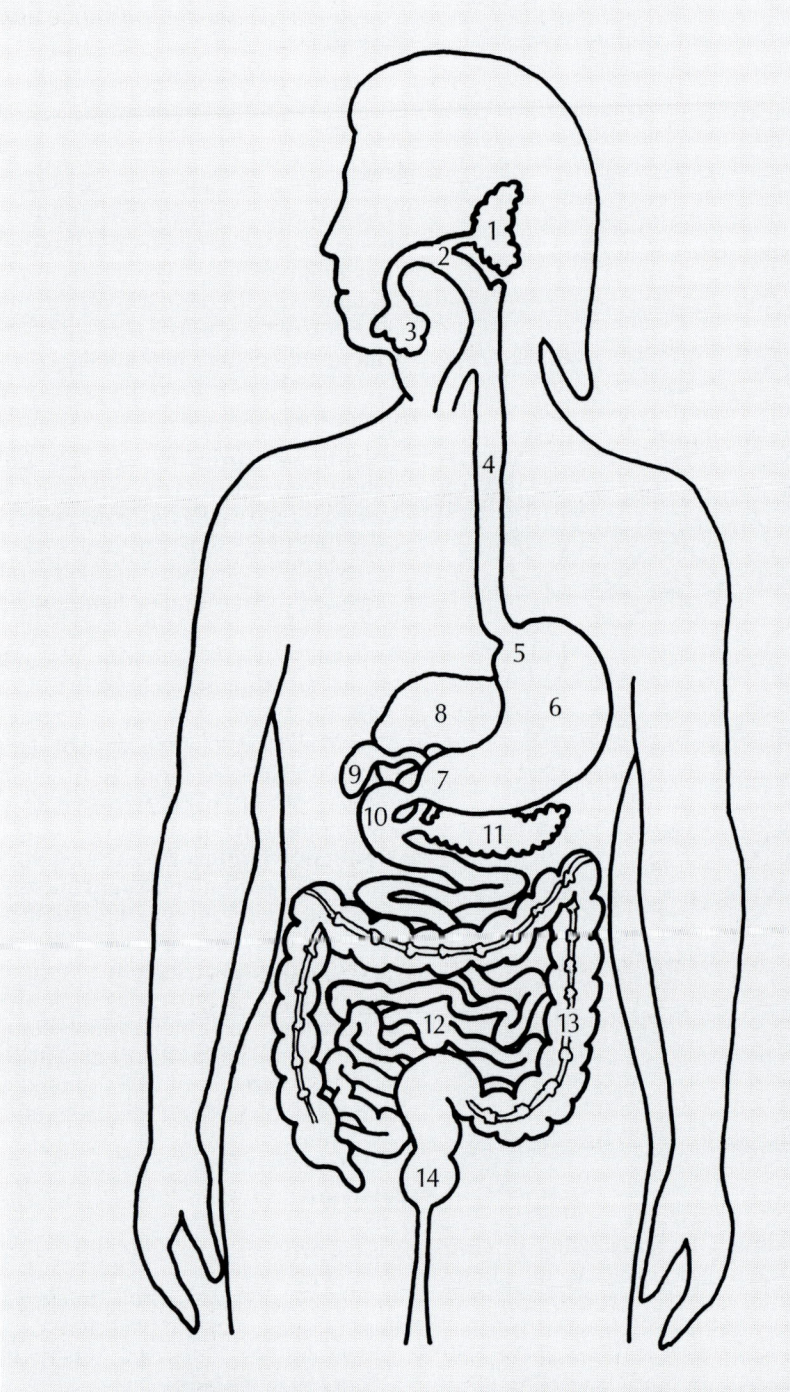

Der Verdauungstrakt

1 Mundspeicheldrüsen
2 Mundhöhle
3 Mundspeicheldrüsen
4 Speiseröhre
5 Magenmund
6 Magen
7 Magenpförtner
8 Leber
9 Gallenblase
10 Zwölffingerdarm
11 Bauchspeicheldrüse
12 Dünndarm
13 Dickdarm
14 Mastdarm

3.11 Schadstoffe in der Nahrung

Mit den Nahrungsmitteln nimmt der Mensch nicht nur notwendige Nährstoffe zu sich, es besteht die Gefahr, daß in der Nahrung auch schädliche Stoffe enthalten sind.

Unterschieden werden:
– Natürlich vorhandene Substanzen mit giftiger Wirkung, zum Beispiel Nitrate, Oxalsäure, Agglutinine, Solanin, Blausäure, Tetrodotoxin.
– Durch falsche Zubereitung entstehende giftige Substanzen, zum Beispiel Benzpyren, Nitrit, Nitrosamine, Epoxide, Peroxide usw.
– Durch falsche oder zu lange Aufbewahrung entstehende giftige Substanzen, zum Beispiel Zinksalze, Epoxide, Peroxide, Nitrit usw.
– Durch Verderb entstehende giftige Substanzen, zum Beispiel Aflatoxine usw.
– Bei der Produktion von Nahrungsmitteln aufgenommene Substanzen, zum Beispiel Düngemittel, Pflanzenschutzmittel, Hormone, Antibiotika, Schwermetalle usw.
– In der Lebensmittelproduktion beigefügte Zusatzstoffe, zum Beispiel Konservierungsmittel, Farbstoffe usw.

3.12 Anforderungen an eine gute Ernährung

Eine gute Ernährung bzw. eine gesunde Kost ist
– gut in der Zusammensetzung
– gut in der Zubereitung
– gut im Geschmack

Regelmäßige, dem Bedarf angepaßte Nahrungsaufnahme

– Die Energiezufuhr dem Bedarf des Körpers anpassen.
– Das Verhältnis der Grundnährstoffe beachten (12–15% Proteine, 25 bis 30% Fette, 55–60% Kohlenhydrate).
– Dem Körper genügend Flüssigkeit zuführen.

Abwechslung in der Wahl der Lebensmittel

– Auf eine vielseitige, abwechslungsreiche Ernährung achten, um den Bedarf an lebensnotwendigen Nährstoffen zu decken.
– Proteinbedarf je zur Hälfte mit pflanzlichen und tierischen Lebensmitteln decken, denn so werden die besten biologischen Werte erreicht.
– Kohlenhydratbedarf vor allem mit Vollkornprodukten, Kartoffeln und Hülsenfrüchten decken.

Täglich Vollkornprodukte, frisches Obst und Gemüse

Diese Produkte sind eine ausgezeichnete Quelle für Vitamine, Mineralsalze und Nahrungsfasern. Rohkost in Form von Salat, frischem Obst, Gemüse- oder Fruchtsaft sollte in jedem Menü enthalten sein.

Kleine Mahlzeiten – dafür öfters

Mit drei Mahlzeiten belastet man die Verdauungsorgane, erreicht einen starken Blutzuckeranstieg und -abfall, verbunden mit Hungergefühl, Absinken von Konzentration und Leistungsfähigkeit. Bei fünf bis sechs kleineren Mahlzeiten erreicht man einen ausgeglichenen Blutzuckerspiegel, gleichmäßiges Wohlbefinden, keine Ermüdungserscheinungen und verhindert unnötige Fettpolster.

Kochsalz sparsam verwenden

Ein hoher Salzkonsum
– führt zu viel Wasser im Gewebe,
– trägt zu hohem Blutdruck bei, einem Risikofaktor für Herz- und Kreislaufkrankheiten,
– führt zu unnatürlichem Durst und belastet die Nieren.

Deshalb gilt: Je weniger Salz, desto gesünder! Vermehrt frische Küchenkräuter und Gewürze verwenden.

Mit Fett – auch mit verstecktem – maßhalten

Fett ist geballte Energie, die als Energievorrat und für große körperliche Leistungen gedacht ist. Wird diese Energie nicht verbraucht, wird das Fett in den Fettzellen gespeichert. Das bedeutet Übergewicht und begünstigt viele unserer gefürchteten Zivilisationskrankheiten.

Deshalb:
– Mit Fetten sparsam umgehen.
– Fettarme Zubereitungen vorziehen.
– Auf fettreiche Nahrungsmittel verzichten.
– Wegen des Cholesterins auf das Verhältnis von tierischen zu pflanzlichen Fetten achten.

Zucker und Süßigkeiten möglichst meiden

Zuckerreiche Ernährung
– führt zu Übergewicht (nur Energielieferant),
– hat einen schlechten Einfluß auf den Blutzuckerspiegel,
– ist ein guter Nährboden für Bakterien, die Karies und Zahnzerfall begünstigen,
– kann die Zuckerkrankheit (Diabetes) auslösen.

Zurückhaltung beim Alkohol

Alkohol kann nur begrenzt als Energielieferant eingesetzt werden. Bei ständigem Alkoholmißbrauch entstehen hoher Blutdruck, Schäden an Gehirn, Herz, Leber, Nieren und Verdauungstrakt.

Auf nährstoffschonende Zubereitungen achten

– Gemüse und Obst kurz, aber gründlich waschen.
– Möglichst nach dem Waschen und erst kurz vor der Zubereitung zerkleinern.
– In wenig Wasser und wenig Fett garen.
– Garzeiten bei Gemüse und Obst möglichst kurzhalten.
– Lange Warmhaltezeiten im Bainmarie oder im Rechaud vermeiden.
– Zubereitete Speisen für Mise en place rasch abkühlen.

Das Essen genießen

Neben Auswahl und Zubereitung der Speisen gehört die psychische Verfassung des Menschen ebenso zu einer gesunden Ernährung. Zum Essen sollte man sich genügend Zeit nehmen und in ruhiger Atmosphäre genießen können.

3.13 Spezielle Kostformen

3.13.1 Vollwerternährung

Ziele der Vollwerternährung

- Optimale Versorgung des Körpers mit allen essentiellen Nahrungsinhaltsstoffen (Nährstoffe)
- Gesunderhaltung durch optimale Ausbildung von Abwehrkräften gegenüber Krankheiten
- Optimale körperliche und geistige Entwicklung und Leistungsfähigkeit
- Ökologische Lebensweise durch Meiden von Veredelungsverlusten, durch Energieeinsparung und Schonung der Umwelt
- Vorbild für Menschen in Industrie- und Entwicklungsländern
- Verminderung der Kosten im Gesundheitswesen

Grundsätzliches

In der praktischen Ernährung ist die Aminosäurenzusammensetzung, also die biologische Wertigkeit einzelner Lebensmittel, nicht allein entscheidend. Es werden immer nur Gemische aus verschiedenen pflanzlichen und/oder tierischen Lebensmitteln verzehrt. Durch diese Kombination verschiedener Proteinquellen entstehen Aufwertungseffekte. Günstige gegenseitige Aufwertungskomponenten zu den pflanzlichen Proteinen sind Kartoffeln und Ei, Getreide und Hülsenfrüchte, Weizen und Milch.

Getreide und Getreideerzeugnisse

Empfehlenswert sind Produkte aus dem ganzen, vollen Getreidekorn, zum Beispiel Vollkornbrote, Knäckebrot, Vollkornteigwaren, Vollkornspätzli, Vollreis, Gerichte aus Mais, Rohgerste, Hirse, Buchweizenmehl, Hafer usw.
Zu meiden sind möglichst alle Produkte aus raffiniertem Getreide und aus Auszugsmehlen, zum Beispiel Weißbrot, Weggli, Gipfeli, Toastbrot, Teigwarengerichte, die nur aus Weißmehl bestehen, glasierter Reis usw.

Gemüse, Hülsenfrüchte und Obst

Empfohlen wird, rund 60% der täglichen Nahrung in unerhitzter Form (Frischkost, Rohkost) zu verzehren, davon 20% Gemüse und 10% Obst, den Rest in Form von Frischkorn (Müesli), Vorzugsmilch und Nüssen.
Gemüse ist die Lebensmittelgruppe mit den meisten Vitaminen und Mineralsalzen.
Die gleichzeitig zugeführte Energie ist sehr gering.
Die Kartoffeln weisen eine hohe ernährungsphysiologische Qualität auf, besonders wegen ihres Gehaltes an essentiellen Aminosäuren, an Vitamin A, B_1, B_2, C und Nikotinamid sowie an zahlreichen Mineralsalzen.
Hülsenfrüchte sind die proteinreichsten pflanzlichen Lebensmittel. Die Sojabohnen nehmen dabei eine Sonderstellung ein: Vor allem wegen ihres hohen Proteingehaltes werden sie als Ausgangssubstanz für neuartige Lebensmittel auf Pflanzenbasis verwendet, zum Beispiel Tofu, Sojaprotein, Sojamilch, Sojamehl, Sojawürste, Yasoja (aus Soja- und Milchprotein).
Gemüse und Obst sind Lebensmittel, von denen sich der Mensch seit Jahrtausenden ernährt. Der Aufbau und die Funktion des menschlichen Verdauungssystems sind dadurch entscheidend geprägt worden.

Fette und Öle

Empfohlen wird, naturbelassene Fette – kaltgepreßte unraffinierte Öle und Butter – mit Maß zu verzehren. Butter wird seit Jahrtausenden von Menschen zum Verzehr hergestellt. Die Empfehlung von Butter (sofern sie nicht hoch erhitzt worden ist) läßt sich durch die günstige Zusammensetzung des Milchfettes begründen. Raffinierte Öle und Fette enthalten durch die technologische Behandlung weniger wertvolle Fettinhalts- und Fettbegleitstoffe, aber auch weniger Schadstoffe (bei der Raffination größtenteils beseitigt).

Tierische Nahrungsmittel und Nahrungsmittel tierischen Ursprungs

Für die Vollwerternährung wird die Verwendung von Fleisch, Geflügel, Fisch und Eiern nicht zwingend empfohlen, ein mäßiger Verzehr aber auch nicht abgelehnt. Sinnvoll wäre diejenige Menge, wie sie vor rund hundert Jahren üblich war: 1–2 Fleischmahlzeiten, 1 Fischmahlzeit und 1–2 Eier pro Woche.
Milch und Milchprodukte sind Bestandteile der täglichen Nahrung.

Prinzipien der Vollwerternährung

- Lebensmittel möglichst aus kontrollierter biologischer Landwirtschaft und der Saison entsprechend
- Alles frisch zubereiten (nicht vorkochen, keine Fertigprodukte)
- Verzehr von vorwiegend ovolaktovegetabiler (ovo = Ei, lakto = Milch, vegetabil = pflanzlich) Kost
- Naturbelassene Fettstoffe
- Nur Produkte aus dem ganzen, vollen Getreidekorn
- Viel Rohkost
- Raffinierte oder isolierte Lebensmittel vermeiden (kein Zucker, keine Auszugsmehle, keine raffinierten Fettstoffe, keine Genußmittel usw.)
- Weniger Eiweiß und Fett, mehr Nahrungsfasern
- Nährstoffschonende Garverfahren

Das Kochen auf diese Weise fordert den Koch mehr heraus als die übliche Kochweise. Auch das Herstellen von Teigwaren und anderen Vollkorngetreidebeilagen ist um einiges schwieriger und braucht Erfahrung.
Die Vollwertkost ist sehr gut als Dauerkost geeignet, da sie alle nötigen Nährstoffe enthält. Sie soll nicht als Diät betrachtet werden, denn sie ist ebenso wichtig für den Gesunden wie eine Diät für den Kranken.

3.13.2 Vegetabile Kostformen

Immer mehr Menschen entscheiden sich für eine fleischlose Kost. Die Gründe für diesen Entscheid sind sehr unterschiedlich:
- religiöse Gründe
- gesundheitliche Gründe (bei Rheuma, Arthrose oder aus prophylaktischen Überlegungen)
- krankheitsbedingte Gründe (Krebskranke haben oft eine Abneigung gegen Fleisch)
- ethische Gründe (Entwicklungsländer haben zuwenig Nahrungsmittel)

Vegetabile Kostformen als Dauerkost erfordern für die Zusammenstellung viel Sachkenntnis sowie große Sorgfalt bei der Zubereitung.

Streng vegetarische Kostform

Erlaubt sind nur pflanzliche Nahrungsmittel (Obst, Gemüse, Hülsenfrüchte, Pilze, Getreideprodukte, Kartoffeln).
Nicht erlaubt sind alle tierischen Nahrungsmittel (Schlachtfleisch, Wild, Geflügel, Fische, Krusten- und Weichtiere) sowie Nahrungsmittel tierischen Ursprungs (Eier, Milch, Milchprodukte).

Die Gefahr einer mangelhaften Nährstoffabdeckung ist groß, besonders was die essentiellen Aminosäuren und das Vitamin B_{12} anbelangt. Vor allem **Rohkost** als Ernährungsgrundlage ist eine extreme Kostform, die zu Mangelerscheinungen führen kann.

Laktovegetabile Kostform

Erlaubt sind pflanzliche Nahrungsmittel, Milch und Milchprodukte.

Nicht erlaubt sind alle tierischen Nahrungsmittel und Eier.

Ovolaktovegetabile Kostform

Erlaubt sind pflanzliche Nahrungsmittel und Nahrungsmittel tierischen Ursprungs (Milch, Milchprodukte, Eier).

Nicht erlaubt sind alle tierischen Nahrungsmittel.

Die ovolaktovegetabile Kost ist eine **vollwertige Kost,** die als gesunde Ernährung betrachtet werden darf. Bei einer fleischlosen Ernährung ist es absolut notwendig, auf eine optimale Abdeckung mit Proteinen sowie auf ihre biologische Wertigkeit zu achten.

3.14 Ernährung und Gesundheit

Zwischen Ernährung und Gesundheit besteht ein sehr enger Zusammenhang. Der gesunde Organismus hat die Fähigkeit, Nahrung zu verdauen, zu resorbieren, auf dem Blut- und dem Lymphweg abzutransportieren, die Nährstoffe dem Bedarf entsprechend durch verschiedene Stoffwechselvorgänge in körpereigene Substanzen umzuwandeln oder zur Energiegewinnung abzubauen und anfallende Stoffwechsel-Endprodukte zu entgiften und auszuscheiden. Dabei werden mit Hilfe verschiedener Regulationsmechanismen Körpergewicht und Zusammensetzung der Blut- und der Gewebeflüssigkeit weitgehend konstant gehalten.
All diese Vorgänge sind, solange der Bedarf an essentiellen Nährstoffen gedeckt ist, in einem relativ weiten Bereich durch unterschiedlich hohe Nährstoffaufnahme und wechselnde Nährstoffrelation belastbar, ohne daß schädigende Nebenwirkungen auftreten. Das Prinzip der gesunden Ernährung setzt sich also aus dem Bedarf für Aufbau, Funktionen und Leistungen des Körpers zusammen.

Gesunde, ausgewogene Ernährung
besteht aus
– 12–15% Protein
– 25–30% Fett
– 55–60% Kohlenhydrate
– genügend Vitaminen, Mineralsalzen, Flüssigkeit und Nahrungsfasern

Die Nahrung soll so beschaffen sein, daß alle Nährstoffe im richtigen Verhältnis zueinander stehen. Die täglich zugeführte Energiemenge muß dem Bedarf des Körpers angepaßt werden. Diesem Grundsatz wird heute viel zuwenig Beachtung geschenkt. Deshalb stehen heute in allen Industrienationen ernährungsbedingte Zivilisationskrankheiten an der Spitze aller Krankheiten. Zwar ist die Anlage für viele Krankheiten, vor allem Stoffwechselkrankheiten, erblich bedingt, aber erst durch eine falsche Ernährung brechen sie dann teilweise aus. Es ist auch statistisch belegt, daß Diabetes, Erkrankungen des Gefäßsystems, Lebererkrankungen, Fettstoffwechselstörungen und Gicht in 70–90% aller Fälle mit Übergewicht bzw. Fettsucht zusammenhängen.
Eine unserer heutigen Lebensweise angepaßte Ernährung kann lebensverlängernd wirken.

Hauptsünden der Ernährung: Wir essen zuviel, zuviel Fett, zuviel Zucker, zuviel Salz, zu einseitig, zuwenig Nahrungsfasern, zu geballt (nur drei Mahlzeiten).

Krankheiten durch falsche Ernährung (Zivilisationskrankheiten): Übergewicht, Bluthochdruck, hohe Blutfettwerte, Herzinfarkt, Zuckerkrankheit (Diabetes), Gicht, Bandscheiben- und Gelenkschäden, Leber- und Gallenleiden, Fettstoffwechselstörungen, Magen- und Darmerkrankungen, Zahnkaries.

3.15 Diätkostformen

Diät ist eine vom Arzt vorgeschriebene Kostform zur Verhütung oder Bekämpfung (Linderung) verschiedener Krankheiten. Bei der Anwendung von Diätkostformen über eine längere Zeit muß auf eine abwechslungsreiche Menügestaltung geachtet werden.

Unterteilung

Qualitative Kost, zum Beispiel leichte Vollkost

Die Zufuhr leichtverdaulicher Nahrungsmittel schont die Verdauungsorgane.
Bei Erkrankungen der Verdauungsorgane, schlechtem Allgemeinzustand, Fieber.

Quantitative Kost, zum Beispiel Reduktionskost

Neben der Auswahl von geeigneten Nahrungsmitteln muß auch die Quantität bestimmt werden.
Bei Diabetes, Übergewicht, Stoffwechselstörungen, Herz- und Kreislauferkrankungen.

3.15.1 Leichte Vollkost

Anwendbar bei Erkrankungen der Verdauungsorgane (Magen, Darm, Leber, Galle, Bauchspeicheldrüse), Fieber, schlechtem Allgemeinzustand.

Allgemeine Richtlinien

Der Tatsache, daß die Verträglichkeit der Speisen individuell verschieden ist, sollte Rechnung getragen werden:
- Die Nahrung auf mehrere kleine Mahlzeiten über den Tag verteilen (drei kleinere Hauptmahlzeiten, 2–3 Zwischenmahlzeiten).
- In Ruhe – nicht unter Zeitdruck – essen und gut kauen.
- Genügend Nahrungsfasern in der Nahrung sind wichtig für eine geregelte Darmtätigkeit; reichlich Obst und Gemüse (mindestens einmal am Tag roh).
- Auf genügende Flüssigkeitszufuhr achten.

Richtlinien für die Gemeinschaftsverpflegung

Jeder Koch und jede Köchin sollte in der Lage sein, einem Gast aus dem Tagesmenü oder aus dem Angebot der Speisekarte eine leichtverdauliche Mahlzeit zusammenzustellen.
- Schonende Zubereitungsarten anwenden: Dämpfen, Dünsten, Pochieren, leichtes Braten oder Grillieren, Garen in der Folie.
- Auf fritierte und panierte Gerichte verzichten, ebenso auf starkes Anbraten, Rösten oder Gratinieren.
- Scharfe Gewürze wie Curry, Tabasco, Paprika, Meerrettich usw. meiden; dafür frische Küchenkräuter verwenden.
- Die Speisen dürfen normal gesalzen sein.
- Für die Zubereitung nur wenig pflanzliche Fette (Margarine) und Öle (mit hohem Anteil an essentiellen Fettsäuren) sowie frische Butter verwenden. Auf braune Butter verzichten. Rahm nur sparsam verwenden.
- Salate sind ein wichtiger Bestandteil der leichten Vollkost. Für Salatsaucen können statt Essig und Öle auch Zitronensaft, Joghurt, Quark sowie saurer Halbrahm verwendet werden.

Für die leichte Vollkost geeignete Speisen

Suppen: Kraftbrühen, fettarme Bouillons, leicht gebundene Gemüse-, Grieß-, Kartoffelsuppen, Cremesuppen. Keine Kohlgemüse- und Hülsenfrüchtesuppen.

Fleisch: Magere Fleischsorten wie Kalb-, Rind-, Lamm- und Pferdefleisch, Kaninchen und Wild, vom Schwein nur Filet und Nierstück; Zunge, fettfreier Schinken, magere Wurstwaren, Innereien ohne Hirn, Nieren ohne Fett, weißes Mastgeflügel ohne Haut.

Fische: Alle fettarmen Sorten.

Eierspeisen: Rühreier, Omeletten, pochierte Eier, wachsweiche Eier, weiche Eier, Spiegeleier.

Käse: Milde Halbhartkäse wie Tilsiter, Fontina usw., Weichkäse wie Brie, Tomme, Camembert usw., Frischkäse wie Hüttenkäse, Quark, Gala, Gervais usw. Keine warmen Käsespeisen.

Gemüse: Junge zarte Gemüse wie Karotten, Blumenkohl, Broccoli, Erbsen, Fenchel, Lattich, Spinat, Krautstiele, Schwarzwurzeln, Stangensellerie, Spargeln, feine Bohnen, Kohlrabi usw.
Gedämpft, gedünstet oder als Salat. Champignons als Garnitur sind erlaubt. Zu meiden sind blähende Gemüse (Hülsenfrüchte, Kohl- und Zwiebelgemüse), rohe Gurken und Peperoni.

Kartoffeln: Alle Arten, außer fritierte, gebratene und sautierte Kartoffelgerichte.

Teigwaren: Mit wenig zerlassener Butter oder Margarine, wenig Reibkäse, nicht gratiniert.

Reis: Milder, nicht zu fettreicher Risotto, Pilaw-Reis, Trockenreis.

Grieß: Grieß-Gnocchi, keine Maisgerichte.

Brot: Vollkorn-, Ruch-, Halbweiß- und Weißbrot, Zwieback, Knäckebrot, Weggli, Zopf, Toastbrot usw. Kein frisches Brot, keine Gipfeli.

Gebäck: Leichtes Biskuit und Löffelbiskuits.

Süßspeisen: Leichte Cremen mit frischen Beeren, Quark- und Joghurtcremen, Grieß- und Reisköpfchen, Caramel-Pudding, leichte Vanillecreme, Fruchtsaucen. Zu meiden sind mastige Cremen, Torten, Rahmglacen usw.

Obst: Nur ausgereifte Früchte; Beeren, Äpfel, Birnen, Zitrusfrüchte, Trauben, Kiwi, Mangos, Papayas; Obstsalate, frisch gepreßte Fruchtsäfte, Kompott. Kein Steinobst.

Getränke: Mineralwasser, wenig Süßwassergetränke, Tee, frische Gemüse- und Fruchtsäfte. Stark kohlensäurehaltige Getränke meiden, Alkohol nur mit ärztlicher Erlaubnis.

3.15.2 Ernährung bei Zuckerkrankheit

Das Hormon Insulin der Bauchspeicheldrüse sorgt dafür, daß die Körperzellen die mit dem Blut herantransportierten Traubenzucker aufnehmen und in Energie umwandeln können.
Diabetes mellitus ist eine Störung im gesamten Stoffwechsel, bei der der Blutzuckerspiegel erhöht ist und Glukose (Traubenzucker) im Harn ausgeschieden wird. Beim Gesunden beträgt der Glukosegehalt des Blutes ungefähr 1 g pro Liter Blut.
Beim Zuckerkranken wird kein oder zuwenig wirksames Insulin gebildet. Die Körperzellen können den mit dem Blut herantransportierten Traubenzucker nicht oder nur unvollständig aufnehmen und verwerten. Das hat zur Folge, daß sich im Blut viel Zucker ansammelt. Der Körper versucht nun mit Hilfe von viel Flüssigkeit den Zucker über den Urin auszuscheiden.
Erste **Krankheitszeichen** sind:
- Vermehrte Harnmenge und durch den hohen Wasserverlust starker Durst.
- Müdigkeit und Abgespanntheit, weil die Zellen zuwenig oder keinen Traubenzucker erhalten, um Energie freizusetzen.

Weitere Folgen sind:
- Störungen im Fett- und im Proteinstoffwechsel
- Anfälligkeit für Infektionen
- Säure-Basen-Gleichgewicht verschiebt sich
- Blutungen auf der Netzhaut, Gefäßverengungen am Herzen, Nierenversagen, Durchblutungsstörungen

Gefahrensituationen für Diabetiker sind Bewußtlosigkeit bei
- **Unterzuckerung:** Der Blutzuckerspiegel sinkt auf Werte unter 0,5 g pro Liter Blut. Unterwegs sofort 2 Würfelzucker zu sich nehmen.
- **Überzuckerung** ist ein Zeichen von großem Insulinmangel.

Unterschieden werden zwei Typen Diabetes:
- **Typ-I-Diabetes:** Wird vererbt, deshalb meist bei Jugendlichen.
- **Typ-II-Diabetes:** Ursache ist oft Fehl- und Überernährung, Ermüdung der Insulinproduktion (Altersdiabetes).

Behandlungsmethoden der Zuckerkrankheit:
- Leichte Form (Typ-II-Diabetes): Diät
- Mittelschwere Form (Typ-II-Diabetes): Diät und Tabletten, die die Insulinproduktion anregen
- Schwere Form (Typ-I- und Typ-II-Diabetes): Diät und Insulinspritzen

Regeln für eine Diabetes-Diät

Durch die Diätvorschriften wird nicht nur geregelt, was der Diabetiker zu sich nehmen darf, sondern auch, wieviel er pro Mahlzeit von den erlaubten Nahrungsmitteln essen muß. Unbedingt Übergewicht vermeiden!

Als Faustregel gilt:
- Zucker jeder Art ist verboten.
- Die tägliche Nahrungsmenge auf sechs Mahlzeiten verteilen.
- Kohlenhydrate genau abwägen (der Arzt bestimmt die Menge).
- Fette sparsam verwenden.
- Reichlich proteinhaltige Nahrungsmittel.

Zu meiden sind:
- Mit Zucker hergestellte Süßigkeiten, Konserven, Getränke usw.
- Mit Mehl oder Stärke gebundene Saucen und Suppen
- Panierte Gerichte
- Stark fetthaltiges Fleisch und Geflügel, fetthaltige Fische, fette Saucen
- Alkohol (ist nur mit Erlaubnis des Arztes gestattet)

3.15.3 Reduktionskost

Ursachen von Übergewicht

- **Überernährung**
- **Bewegungsmangel**

Übergewicht läßt sich nur durch **Verminderung der Nahrungszufuhr** und **Erhöhung des Energieverbrauchs durch körperliche Aktivitäten** abbauen. Langzeiterfolge sind nur über eine Umstellung des Ernährungsverhaltens möglich. Durch Übergewicht begünstigte oder ausgelöste Krankheiten sind viele der sogenannten Zivilisationskrankheiten.

Prinzip der Reduktionskost

- Reduzieren der Energiezufuhr (weniger Fette und Kohlenhydrate)
- Genügend Proteine, Mineralsalze und Vitamine

Vom Speiseplan zu streichen sind
- fettreiche Nahrungsmittel
- salzreiche Nahrungsmittel
- zuckerreiche Lebensmittel
- alkoholische Getränke

Zur praktischen Durchführung gehören
- fester Wille
- genaue Kontrolle der Lebensmittel (Waage, Nährwerttabelle)
- tägliche Gewichtskontrolle
- viel Geduld (in Jahren angesetztes Fett kann und soll nicht in wenigen Tagen verschwinden)

3.15.4 Ernährung bei Herz- und Kreislauferkrankungen

Ursachen

- **Hoher Blutdruck**
- **Hohe Blutfettwerte**

Schuld an diesen Erkrankungen sind
- Übergewicht
- Fehlernährung
- erhöhter Kochsalzkonsum
- Streß
- Bewegungsmangel (einseitige, sitzende Lebensweise)
- Rauchen
- Alkoholmißbrauch
- Diabetes

Prinzip einer «Herz- und Kreislaufkost»

Je nach Krankheitsbild:
- Energiezufuhr dem Bedarf anpassen (bei Übergewicht Reduktionskost)
- Cholesterinzufuhr reduzieren
- Fettreiche Nahrungsmittel meiden
- Fette mit einem hohen Anteil an mehrfach ungesättigten Fettsäuren vorziehen
- Auf ein ausgewogenes Verhältnis zwischen pflanzlichem und tierischem Protein achten
- Zucker, Alkohol und Kaffee einschränken
- Auf eine nahrungsfaserreiche Kost achten
- Salzarme Kost vorziehen

Weitere Maßnahmen

- Sportlich aktiv werden
- Für tägliche Entspannung und Muße sorgen
- Mit dem Rauchen aufhören

Warenkunde

4

Themen Kapitel Warenkunde

4.1	Einkauf und Kontrolle 89	4.5.1	Getreidearten 178
4.2	Tierische Nahrungsmittel 89		1. Brotgetreide 179
4.2.1	Fische 90		2. Übrige Getreidearten 180
	1. Salzwasser- oder Meeresfische 92	4.5.2	Getreide- und Mahlprodukte 181
	2. Süßwasserfische 104	4.5.3	Stärkeprodukte 183
4.2.2	Krustentiere, Weichtiere und Stachelhäuter 118	4.5.4	Brot 183
	1. Krustentiere 118	4.5.5	Trieb- und Lockerungsmittel 188
	2. Weichtiere 120	4.5.6	Teigwaren 188
	3. Stachelhäuter 122	4.5.7	Hülsenfrüchte 189
4.2.3	Fleisch 123	4.5.8	Gemüse 190
	1. Kalbfleisch 143	4.5.9	Kartoffeln 204
	2. Rindfleisch 144	4.5.10	Pilze 207
	3. Schweinefleisch 145	4.5.11	Obst 211
	4. Lammfleisch 146	4.5.12	Obsterzeugnisse 223
	5. Gitzi/Zicklein 146	4.5.13	Zucker 223
	6. Kaninchen 146	4.5.14	Gewürze 224
	7. Schlachtnebenprodukte 146	4.5.15	Würzmittel 230
4.2.4	Pökelwaren 147	4.6	Salze 232
4.2.5	Wurstwaren 147	4.7	Hilfsmittel 233
4.2.6	Mastgeflügel 149	4.7.1	Aromastoffe / Essenzen 233
4.2.7	Wild 159	4.7.2	Farbstoffe 233
	1. Haarwild 159	4.7.3	Geliermittel 233
	2. Federwild 160	4.7.4	Konditorei-Halbfabrikate 234
4.3	Nahrungsmittel tierischen Ursprungs 161	4.7.5	Zuckeraustauschstoffe und künstliche Süßstoffe 235
4.3.1	Milch 161	4.7.6	Honig 236
4.3.2	Milchprodukte 163	4.7.7	Convenience Food 236
4.3.3	Eier 171	4.8	Kaffee und Tee 237
4.4	Speisefette und Speiseöle 173	4.8.1	Kaffee 237
4.4.1	Tierische Fettstoffe 174	4.8.2	Tee 238
4.4.2	Pflanzliche Fettstoffe 175	4.9	Kakao und Schokolade 239
4.4.3	Margarine 177	4.9.1	Kakao 239
4.5	Pflanzliche Nahrungsmittel 178	4.9.2	Schokolade 240

❶ Pazifik
❷ Karibik
❸ Westatlantik
❹ Ostatlantik
❺ Ärmelkanal
❻ Nordsee
❼ Eismeer
❽ Skagerrak
❾ Kattegat
❿ Ostsee
⓫ Mittelmeer
⓬ Weißmeer
⓭ Schwarzes Meer
⓮ Asowsches Meer
⓯ Kaspisches Meer
⓰ Indischer Ozean

4. Warenkunde

Für den Einkauf und die Verarbeitung der Rohstoffe in der Küche sind folgende Kenntnisse notwendig:

Einkauf
- Richtige Benennung der Rohstoffe
- Herkunft, Anbaugebiete, Anbaumethoden
- Saison
- Qualitätsbestimmungen
- Entsprechende Gesetze, Verordnungen und Anweisungen

Verarbeitung
- Lagerung
- Konservierungsmöglichkeiten

4.1 Einkauf und Kontrolle

Einkauf

Einkaufen bedeutet die Aufgabe, das notwendige Material in der benötigten Menge und Qualität zur richtigen Zeit, am richtigen Ort und zum günstigsten Preis herbeizuschaffen.

Kontrolle

Die Kontrolle umfaßt sowohl die Überwachung der Anlieferung und der Lagerung in bezug auf
- Überwachung der Qualität
- Überwachung der Quantität
- Überwachung der Temperaturen
- Kontrolle von Gebinde

Einteilung

Die nachfolgende Warenkunde wird in folgende Hauptgruppen unterteilt:
- tierische Nahrungsmittel
- Nahrungsmittel tierischen Ursprungs
- Speisefette und -öle
- pflanzliche Nahrungsmittel
- Salze
- Hilfsmittel
- Kaffee und Tee
- Kakao und Schokolade

Organigramm Einkaufskontrolle

Offertenvergleich
↓
Optimale Beschaffung
↓
Bestellung
↓
Anlieferung
↓
Gebinde
↓
Rechnungskontrolle
↓
Verbrauchskontrolle
↓
Erfassen der Warenkosten

Massnahmen

- Lieferantenverzeichnis erstellen und periodisch überprüfen.
- Nicht immer ist der niedrigste Preis das günstigste Angebot.
- Pflichtenheft für Lieferanten erstellen.

- Richtet sich nach Kaufpreis, Bedarf, Transport- und Lagerkosten.

- Keine unüberlegten Kaufhandlungen

- Notwendige Angaben auf Bestellschein:
  - Artikel/Marke
  - Einheitspreis
  - Menge
  - Qualität
  - Liefertermin
  - Transportart
  - Konditionen
  - Zahlungsbedingungen

- Kontrolle der angelieferten Ware mit Bestellschein (Quantum – Qualität)
- Kontrolle der Temperaturen bei Ankunft der Ware und Festhalten der Ergebnisse auf einem Kontrollblatt.

- Bei der Eingangskontrolle werden unsaubere Gebinde ausgeschieden.

- Kontrolle anhand der Lieferscheine.

- Eingangsinventar
- Economat-Bon (Lieferung an Küche)
- Ausgangsinventar

- Ermittlung des Gesamtverbrauchs
- Prozentuale Auswertung

4.2 Tierische Nahrungsmittel

Schon am Anfang der Menschheit bildeten tierische Nahrungsmittel einen wichtigen Bestandteil der menschlichen Ernährung. Mit der Nutzung des Feuers wurden Fisch und Fleisch genießbarer und schmackhafter.

Auch heute sind der Genuß- und der Nährwert von Fisch und Fleisch unbestritten. Allerdings ist eine einseitige Ernährung mit Fleisch schädlich und unzweckmäßig.

Fisch und Fleisch gelten als verderbliche Nahrungsmittel und verlangen für eine zweckmäßige Verwertung Sorgfalt und Fachkenntnisse.

Unterteilung der tierischen Nahrungsmittel

- Fische
- Krusten- und Weichtiere, Stachelhäuter
- Schlachtfleisch
- Wurstwaren, Fleischprodukte
- Mastgeflügel
- Wild

4.2.1 Fische

Einteilung der Fische

Fische werden nach unterschiedlichen Gesichtspunkten eingeteilt:

Zoologische Gruppierung

Knorpelfische: In dieser Gruppe mit rund 500 Arten sind Fische mit einem knorpeligen Innenskelett zusammengefaßt (Haie, Rochen).
Knochenfische: In diese Gruppe gehören die meisten Fische, nämlich rund 20 000 Arten. Zu ihren größten Vertretern zählen die Thunfische, die bis 2 m lang und 300 kg schwer werden können.

Gruppierung nach der Herkunft

Süßwasserfische
Salzwasserfische
Fische, die zeitweilig im Süßwasser und zeitweilig im Salzwasser leben, wie zum Beispiel der Lachs, werden als Wanderfische bezeichnet. Sie gelten jedoch als Süßwasserfische.

Gruppierung nach dem Fettgehalt

Hier sind Ernährungsaspekte ausschlaggebend für die Einteilung:
«Fettfische:» Der Fettvorrat ist im Fleisch eingebettet und wird mitgegessen (z. B. Aal, Hering, Lachs).
«Magerfische:» Der Fettvorrat in der Bauchhöhle wird entfernt (z. B. Kabeljau, Schellfisch).

Gruppierung nach der Qualität

Hier stehen Verwendungsmöglichkeiten und Preis im Vordergrund. Der unterschiedliche Preis hängt ab
– von der Nachfrage (begehrt sind festes Fischfleisch mit wenig Gräten).
– von der Fangmenge (reichliches Vorkommen oder Zuchtfisch).
Konsumfische: Von durchschnittlicher Qualität, reichliches Vorkommen, günstiger Preis (z. B. Hering, Rotbarsch, Dorsch).
Edelfische: Spitzenqualität, große Nachfrage, höherer Preis (z. B. Seezunge, Steinbutt, Lachs).

Gruppierung nach der Körperform

Rundfische: Die Körperform ist im Querschnitt rund oder keilförmig.
Plattfische: Der Fisch wird als Rundfisch geboren. Als Anpassung an seine Umgebung und an die Lebensweise dreht er sich auf die Seite und wird zum flachen Plattfisch.

Nährwert der Fische

Die einzelnen Fischarten unterscheiden sich erheblich in ihrer Zusammensetzung.
Proteingehalt: Schwankt zwischen 17 und 20%.
Fettgehalt: Bei den **Magerfischen** liegt er zwischen 0,8 und 2%, bei den **Fettfischen** zwischen 4,5 und 12%. Ausnahme: Der Aal hat einen Fettgehalt von bis zu 25%.
Kohlenhydrate: Unter 1%.
Wassergehalt: Rund 75%.
Mineralsalze: 1–1,5%, vor allem Natrium, Calcium und Phosphor. Salzwasserfische enthalten zusätzlich Jod.
Vitamine: Vor allem A (Retinsäure), B_1 (Thiamin), B_2 (Riboflavin), Niacin.
Energiegehalt: Der Energiegehalt ist stark vom Fettgehalt abhängig.

Bedeutung für die Ernährung

Im Vergleich zum Schlachtfleisch ist das Fischfleisch weniger fetthaltig. Da der Fisch vom Wasser getragen wird, hat das Fischfleisch wenig Bindegewebe und eine lockere Zellstruktur. Der geringe Gehalt an Bindegewebe ermöglicht einen raschen Abbau durch die Verdauungsenzyme. Dadurch wird Fischfleisch leichter und schneller verdaut als das Fleisch der Schlachttiere. Der minimale Fettgehalt der Magerfische führt zu einer kurzen Verweildauer im Magen, Magerfische haben somit einen geringeren Sättigungsgrad.

Frische und Qualitätsmerkmale

Als Frischfisch wird Fisch bezeichnet, der auf dem Weg zum Verbraucher lückenlos gekühlt wird, also keinem Konservierungsverfahren unterzogen ist. Um Transportkosten zu sparen, wird bei Fischen mit großem Kopf, wie zum Beispiel Kabeljau, Rochen, Seeteufel usw., der Kopf entfernt. Frischfisch wird meistens in Styroporbehältern auf Eis verpackt geliefert. Die Qualität der Lieferung ist nach Erhalt sofort zu überprüfen:
Haut: Natürlich in Glanz und Farbe, nicht verblaßt, ohne Beschädigung, nicht trocken. Der Schleim auf der Haut soll klar sein.
Schuppen: Festsitzend.
Kiemen: Hellrot und nicht verklebt.
Augen: Prall, klar und glänzend.
Fleisch: Fest, der Druck mit dem Finger darf nicht sichtbar bleiben.
Geruch: Frisch! Aufdringlicher Fischgeruch weist auf zu lange Lagerzeit hin.
Bauchhöhle: Sauber ausgeweidet, geruchlos, Blutreste leuchtend rot.
Eingeweide: Weisen bei vollen Fischen scharfe Konturen auf. Je länger der Fisch tot ist, um so undeutlicher sind die Umrisse zu erkennen.

Aufbewahrung

Frische, getötete Fische müssen immer auf Eis im Kühlkasten aufbewahrt werden. Das Schmelzwasser muß abfließen können. Ideal sind Gastro-Norm-Fischschubladen aus Chromstahl, die mit gelochten Gastro-Norm-Einsätzen ausgerüstet sind.
Die in Eis eingebetteten Fische sind jeden Tag zu kontrollieren. Jeden zweiten Tag sind die Fische neu einzubetten. Gleichzeitig müssen das Schmelzwasser entfernt und die Behälter gereinigt werden.
Große Fischstücke eignen sich auch zum Vakuumieren. Lagerung: bei –1 °C bis +1 °C.
Bei Fischen, die lebend im Fischbassin gehalten werden, ist für genügend Wasser- und Luftzufuhr zu sorgen. Wassertemperatur: 9 °C bis 12 °C. Das Fischbassin ist wöchentlich gründlich zu reinigen.

Konservierungsarten

Tiefgefrieren

Für das Tiefgefrieren eignen sich die meisten Fischarten. Lagerzeit: bis sechs Monate. Die Fische müssen luftdicht verpackt sein, sonst verdunstet Flüssigkeit aus den Randschichten, und es kommt zum sogenannten Gefrierbrand. Fettfische eignen sich weniger zum Tiefkühlen (Verderb durch fettspaltende Enzyme).

Räuchern

Kalträucherung: Die Temperatur im Bereich des Rauchgutes liegt zwischen 22 °C und 25 °C. Der Räuchervorgang ist abhängig von der Fischart und dauert einen bis sechs Tage.
Farbe und Aroma werden von der Art des Holzes bestimmt.
Haltbarkeit: Gekühlt rund 14 Tage, vakuumverpackt gekühlt 2–3 Wochen.
Kalt geräuchert werden Lachs, See- und Meerforellen.

Warmräucherung: Die gesäuberten Fische werden rund eine Stunde in eine milde Salzlake gelegt. Die Warmräucherung dauert je nach Fischart und Größe der Stücke ½–3 Stunden. Bei einer Temperatur von 70–90 °C wird der Fisch gar und erhält dabei sein appetitliches Aussehen und seinen appetitlichen Geschmack.
Das besondere Raucharoma entsteht gegen Ende des Räucherprozesses in der Rauchphase. Dabei wird die Luftzufuhr gedrosselt, und das brennende Räuchermaterial wird mit feuchten Spähnen zugedeckt. Es entsteht ein dichter, schwelender und feuchter Rauch.
Haltbarkeit: 4–8 Tage, vakuumverpackt 3–4 Wochen.
Heiß geräuchert werden: Forellen, Felchen, Aal, frische Heringe, Sprotten, Makrelen, Schillerlocken (Bauchlappen des Dornhais), Heilbutt, Stör.

Trocknen

Kabeljau, Seelachs, Schellfisch, Lumb und Leng werden zu Trockenfisch verarbeitet. Die bekanntesten Produkte sind **Stockfisch** (geköpft, ausgenommen und an der Luft getrocknet) und **Klippfisch** (meist halbiert und filetiert, gesalzen und dann getrocknet).

Salzen

Durch das Salzen wird dem Fisch Wasser entzogen. Mit der Aufnahme einer gewissen Salzmenge gerinnt das Fischprotein. Durch fischeigene und Bakterienenzyme können sich die für den Salzfisch typischen Aromastoffe entwickeln.
Matjesheringe sind im Vorfruchtbarkeitsstadium im Frühsommer gefangene Fische. Sie werden mild gesalzen und benötigen eine Reifedauer von rund acht Wochen.

Marinieren

Die Bezeichnung Marinade ist auf gesäuerte Produkte beschränkt, die vorher weder gebraten noch gekocht wurden. Die filetierte Rohware wird für vier bis sechs Tage in ein Essig-Salz-Bad gelegt. Dadurch wird das Fischprotein denaturiert, das heißt vom rohen in den genußfertigen Zustand gebracht. Anschließend kommen die Filets in ein gewürztes Garbad.
Bekannte Produkte: marinierter Hering, Rollmops, Bismarckhering.
Marinierte Fische sind sogenannte Präserven (Halbkonserven), das heißt, sie sind nicht sterilisiert wie die Vollkonserven und dadurch nur gekühlt und nur begrenzt haltbar.

Sterilisieren

Im Druckkessel (Autoklav) werden bei über 100 °C die meisten Mikroorganismen und ihre Sporen abgetötet. Fischvollkonserven wie zum Beispiel Sardinen und Sardellenfilets sind über ein Jahr haltbar, Thunfisch in Öl über zwei Jahre.

Surimi

Gewaschene Fischmasse oder Surimi wird ein Fischprodukt genannt, das in Japan auf eine jahrhundertealte Tradition zurückgeht: Reines Fischfleisch ohne Haut und Gräten wurde durch Kneten und wiederholtes Auswaschen zu einer glatten weißen Masse verarbeitet, die nach dem Würzen und nach Stärkezugabe geformt und dann gekocht oder gebacken wurde. Die Tiefkühlindustrie hat dieses traditionsreiche Produkt nun für ihre Zwecke umgeändert: Das moderne Surimi ist eine völlig geruch- und geschmacksfreie blütenweiße Grundmasse, die sich beliebig verarbeiten läßt, zum Beispiel als Fisch-Crabmeat.

Fischvergiftungen

Das Fleisch der Fische verdirbt besonders rasch. Dabei können giftige Proteinzersetzungsprodukte entstehen, sogenannte biogene Amine, die im menschlichen Körper zu Vergiftungserscheinungen führen. Eine parasitäre Gefährdung geht vor allem vom Verzehr roher oder halbroher Fische aus.

Kochtechnik

Die entsprechend vorbereiteten Fische eignen sich für fast alle Zubereitungsarten. Zum Grillieren sollten nur festfleischige, kleine, ganze Fische oder Tranchen von großen Fischen mit Gräten und Haut oder Filets von festen Fischen verwendet werden.
Zur Kochtechnik siehe Kochkunde, Seiten 316–346.

Fischzucht, Fish-farming, Aquakultur

Die Aquakultur ist weltweit derjenige Fischereizweig, der ständig an Bedeutung zunimmt. Sie hat zwei Ziele: 1. die künstliche Vermehrung von Fischen zum Besatz natürlicher Binnengewässer mit Fischeiern, Fischbrut und Jungfischen (Setzlinge); 2. die Aufzucht zu Speisefischen.

Fischzucht in Teichen

Bei Süßwasserfischen ist die Zucht in Teichanlagen heute noch die Regel.
Extensive Form: Die Fische ernähren sich vom natürlichen Nahrungsangebot in den Teichen.
Intensive Form: Die Fische werden künstlich zugefüttert. Das Futter wird

Fachausdrücke

Aquakultur	Fischzucht in Teichen, Meeresfarmen, Netzgehegen usw., zum Beispiel Lachs, Forellen
Barteln	Fadenförmige, gelegentlich gefranste, verschieden lange Anhänge der Kiefer, zum Beispiel bei Karpfen, Schleien
Besatzmaßnahmen	Brütlinge oder Jungfische aus Zuchten werden in Gewässer eingesetzt, wie zum Beispiel Saiblinge, Bachforellen, Hechte, Zander usw.
Fettflosse	Strahlenlose kleine Flosse zwischen Rücken- und Schwanzflosse
Anadrom	Aus dem Meer zum Laichen ins Süßwasser wandernder Fisch, zum Beispiel Lachs
Katadrom	Aus dem Süßwasser zum Laichen ins Meer wandernder Fisch, zum Beispiel Flußaal
Stationär	Dauernd im Süß- oder im Meerwasser bleibend
Parasit	Lebewesen, das auf Kosten eines anderen lebt, dieses aber nicht tötet, sondern durch Nahrungsentzug und durch Ausscheidungen schädigt
Population	Bevölkerung einer Fischart in einem Gewässer oder einem Gewässerteil

an die speziellen Bedürfnisse des jeweiligen Fisches angepaßt.
Gezüchtet werden vor allem Forellen, Saiblinge und Aale.

Fischzucht in Netzgehegen

Durch das Verwenden von Netzgehegen ist es möglich, auch in größeren Seen, in Flüssen, an den Küsten und in Meeresbuchten eine Fischzucht im freien Wasser anzulegen. Gegen fischfressende Vögel werden die Anlagen mit Netzen überspannt.
Gezüchtet werden in Binnengewässern Forellen und Karpfen, in Meeresbuchten Lachs und Meerforellen. Die Zucht von Steinbutt befindet sich noch im Versuchsstadium.

Fischzucht in Meeresfarmen

Ganze Meeresbuchten, Fjorde oder Lagunen werden gegen die freie See hin abgesperrt.
Gezüchtet werden in Norwegen in geeigneten Fjorden Lachse und Meerforellen, in Lagunen der Adria Meeräschen und Goldbrassen.

1. Salzwasser- oder Meeresfische

Von vielen tausend Fischarten, die es weltweit gibt, lebt der größte Teil im Meer. Die Meeresfische stellen auch den größten Anteil der Fische, die für die menschliche Ernährung von Bedeutung sind. 90% des gesamten Fischertrages kommen aus den nährstoffreichen Küsten- oder Schelfmeeren (Flachseegürtel, der das Festland umgibt) mit Tiefen bis zu 200 m. In den Hochseeregionen trifft man bis in rund 800 m Tiefe Fische in Mengen an, die für den Fang lohnend sind.

Bekannte Salzwasserfische

Knorpelfische

Haie
Heringshai – *requin (m) taupe / veau (m) de mer*
Kleingefleckter Katzenhai – *petite roussette (f)*
Großgefleckter Katzenhai – *grande roussette (f)*
Dornhai – *aiguillat (m) / chien (m) de mer*

Rochen
Nagelrochen / Keulenrochen – *raie (f) bouclée*
Glattrochen – *raie (f) cendrée / pocheteau (m)*

Knochenfische
Dorschartige Fische
Dorsch / Kabeljau – *morue (f) fraîche / cabillaud (m)*
Franzosendorsch – *tacaud (m)*
Schellfisch – *églefin (m) / égrefin (m) aigrefin (m) / aiglefin (m)*
Köhler / dunkler Seelachs – *lieu (m) noir*
Pollack / Lyr / heller Seelachs – *lieu (m) jaune*
Wittling / Weißling – *merlan (m)*
Leng – *lingue (f)*
Blauleng – *lingue (f) bleue*
Lumb – *brosme (m)*
Meerhecht / Seehecht / Hechtdorsch – *colin (m) / merlu (m)*

Heringsartige Fische
Hering – *hareng (m)*
Sardine / Pilchard – *sardine (f) / pilchard (m)*
Sardelle – *anchois (m)*
Sprotte – *sprat (m) / esprot (m)*

Makrelenfische
Atlantische Makrele – *maquereau (m) de l'Atlantique*
Mittelmeermakrele / Pazifische Makrele / Spanische Makrele – *maquereau (m) espagnol*
Großer roter Thunfisch – *thon (m) rouge*
Weißer Thunfisch – *thon (m) blanc / germon (m)*
Echter Bonito – *bonite (f)*
Schwertfisch – *espadon (m)*

Plattfische
Flunder – *flet (m)*
Glattbutt – *barbue (f)*
Weißer Heilbutt – *flétan (m)*
Schwarzer Heilbutt – *flétan (m) noir*
Kliesche / Scharbe – *limande (f)*
Rotzunge (echte) – *limande (f) sole*
Scholle / Goldbutt – *plie (f) / carrelet (m)*
Seezunge – *sole (f)*
Steinbutt – *turbot (m)*

Meeräschen
Großköpfige Meeräsche – *mulet (m) à grosse tête / muge (m) à grosse tête*
Dünnlippige Meeräsche – *mulet (m) porc / muge (m) porc*
Springmeeräsche – *mulet (m) sauteur / muge (m) sauteur*

Meerbrassen
Goldbrasse – *dorade (f) royale / daurade (f)*
Rotbrasse – *pageot (m)*
Sackbrasse – *pagre (m)*

Meerbarben
Rote Meerbarbe – *rouget-barbet (m) rouget (m) de vase / rouget-barbet (m) de vase*
Streifenbarbe – *rouget (m) de roche / rouget-barbet (m) de roche / surmulet (m)*

Barschartige Fische
Wolfsbarsch / Meerbarsch – *bar (m)/ loup (m) de mer*
Gefleckter Meerbarsch – *bar (m) rayé*
Rotbarsch / Goldbarsch – *rascasse (f) du nord / grand sébaste (m)*
Großes Petermännchen / Drachenfisch – *grande vive (f)*

Aalartige Fische
Meeraal – *congre (m)*

Seewölfe
Gestreifter Seewolf / Katfisch / Steinbeißer – *loup (m) de l'Atlantique / loup (m) du nord / loup (m) marin*
Gefleckter Seewolf – *loup (m) tacheté*

Seeteufel
Atlantischer Seeteufel – *baudroie (f) / lotte (f) de mer*

Petersfische
Petersfisch / Heringskönig – *saint-pierre (m)*

Drachenköpfe
Großer roter Drachenkopf – *rascasse (f) rouge*

Knurrhähne
Roter Knurrhahn – *grondin (m) perlon*
Grauer Knurrhahn – *grondin (m) gris*
Seekuckuck – *grondin (m) rouge*

Schnapper
Roter Schnapper – *vivaneau (m) rouge*
Kaiserschnapper / *empereur vivaneau (m) bourgeois*

Knorpelfische

Haie – *requins (m)*

Von den rund 250 Arten sind nur einige wenige begehrte Speisefische, so der **Heringshai** und vor allem der **Dornhai**. In einigen Ländern ist der Handel mit getrockneten Haifischflossen zur Suppenherstellung ein wichtiger Wirtschaftsfaktor.

Heringshai – *requin (m) taupe / veau (m) de mer*

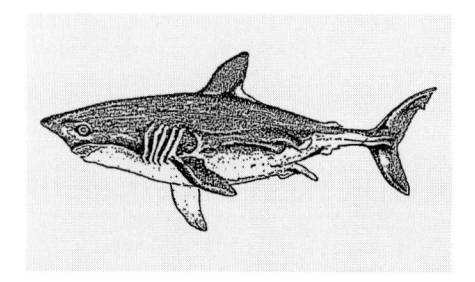

Beschreibung: Hoher kräftiger Körper mit leicht abgerundeter Schnauze und großen Augen.

Lebensraum: Südpazifik, Nord- und Südatlantik.
Nahrung: Als kräftiger Schwimmer verfolgt er in kleinen Trupps Schwarmfische (Makrelen) und Tintenfische bis in Küstennähe.
Größe: 3 m, selten bis 4 m lang.
Qualitätsmerkmale: Festes Fleisch von kalbfleischähnlichem Geschmack. In Farbe und Struktur dem Thunfisch ähnlich. Sein Fleisch ist mit dunkelroten Flecken, Blutnetzen, durchsetzt, die durch seitliche Muskelstränge verlaufen. Beim Abbau des darin befindlichen Blutes entstehen große Mengen Histamin (ein biogenes Amin), das zu Allergien führen kann. Vor der Zubereitung sollten diese Strukturen deshalb immer entfernt werden.

Katzenhai – *roussette (f)*
Variationen
Kleingefleckter Katzenhai
Großgefleckter Katzenhai
Beschreibung: Sehr schlanker, langgestreckter Körper mit kurzer, runder Schnauze. Der Rücken ist mit vielen kleinen Flecken übersät.
Lebensraum: Ostatlantik und Mittelmeer.
Größe: Höchstlänge rund 80 cm.
Qualitätsmerkmale: Enthäutet, ohne Kopf und ohne Schwanz, wird er in Frankreich als *saumonette* gehandelt. Das Fleisch ist fest, schmackhaft und demjenigen des Dornhais ähnlich.

Dornhai – *aiguillat (m)*

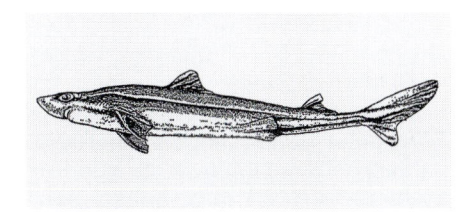

Beschreibung: Langgestreckter Körper mit kurzer, spitzer Schnauze. Große ovale Augen. Der Rücken ist unregelmäßig weiß gefleckt.
Lebensraum: Als Grundhai liebt er eher kühle Gewässer. Lebt in Schwärmen bis zu 1000 Exemplaren, die auf ihren Wanderungen bis in Küstennähe kommen.
Nahrung: Heringe, Dorsche, Krebs- und Weichtiere.
Größe: 80–110 cm lang, Höchstlänge bis 120 cm.
Qualitätsmerkmale: Hat als Speisefisch eine erhebliche wirtschaftliche Bedeutung. Sein Fleisch ist schmackhaft und eignet sich gut zum Räuchern. Er kommt entweder frisch als **Königs-** oder **Seeaal** oder in Form der geräucherten Bauchlappen als **Schillerlocken** in den Handel.

Rochen – *raies (f)*
Von dieser großen Familie sollen nur die zwei wichtigsten erwähnt werden:

Nagel- oder Keulenrochen – *raie (f) bouclée*
Glattrochen – *raie (f) cendrée / pocheteau (m)*

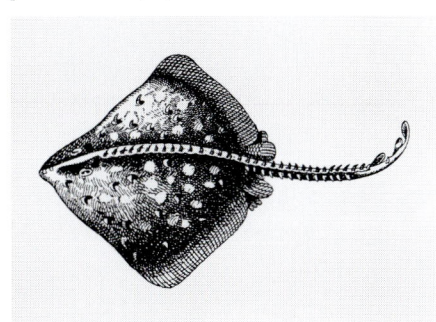

Beschreibung: Ihre vergrößerten Brustflossen («Flügel») sind mit dem Kopf und den Rumpfseiten verwachsen. Das Maul befindet sich auf der Bauchseite des scheibenförmig abgeplatteten Körpers, die Augen und die dicht dahinter liegenden großen Spitzenlöcher auf der Rückenseite. Die Haut dieser Rochen ist rauh, besonders die Rücken- und die Schwanzoberseite sind mit zahlreichen Stacheln und großen Dornen versehen.
Lebensraum: Nordostatlantik, Nord- und Ostsee, Mittelmeer.
Größe: Nagelrochen bis 125 cm, Glattrochen bis 240 cm.
Qualitätsmerkmale: Mit einem Fettgehalt von 0,2 % gehört er zu den Magerfischen. Sein Fleisch ist weiß, wohlschmeckend und weist die für Rochen typische Stäbchenstruktur auf. Frisch und geräuchert werden Teile des «Flügels» und des Schwanzstückes angeboten.

Knochenfische

Dorschartige Fische

In dieser Gruppe sind insgesamt zehn Familien und über 200 Arten vertreten. Die meisten leben in den Meeren der nördlichen Halbkugel.
Die gastronomisch wichtigsten Variationen:
Dorsch / Kabeljau – *morue (f) fraîche / cabillaud (m)*
Franzosendorsch – *tacaud (m)*
Schellfisch – *églefin (m) / égrefin (m) / aigrefin (m) / aiglefin (m)*
Köhler / Dunkler Seelachs – *lieu (m) noir*
Pollack / Lyr / heller Seelachs – *lieu (m) jaune*
Wittling / Weißling – *merlan (m)*
Leng – *lingue (f)*
Blauleng – *lingue (f) bleue*
Lumb – *brosme (m)*
Meerhecht / Seehecht / Hechtdorsch – *colin (m) / merlu (m)*

Dorsch / Kabeljau – *morue (f) fraîche / cabillaud (m)*
Beschreibung: Langgestreckter Körper mit abgerundeten, dicht beieinander stehenden Flossen. Langer kräftiger Kinnfaden. Helle Seitenlinie bis zum Ansatz der dritten Rückenflosse gebogen, dann gerade verlaufend. Wirtschaftlich ist er einer der wichtigsten Konsumfische Europas.
Dorsch wird der Jungfisch genannt, Kabeljau der geschlechtsreife Fisch.
Lebensraum: Nordatlantik von Spaniens Nordküste bis Grönland, Mittelmeer und Ostsee.
Nahrung: Boden- und Weichtiere, mit zunehmendem Alter auch andere Fische.

Größe: Rekordgröße bis 200 cm lang und über 20 kg schwer.
Qualitätsmerkmale: Wird ohne Kopf gehandelt. Sein Fleisch ist weiß, eher weich und brüchig, aber von gutem Geschmack.
Stockfisch: Nach dem Ausnehmen und dem Entfernen des Kopfes wird der Fisch an der Luft getrocknet.
Klippfisch: Der Fisch wird nach dem Herauslösen der Wirbelsäule und der seitlichen Gräten gesalzen und erst nach dem Erreichen der sogenannten Salzgare getrocknet. Zur Herstellung von Klippfisch werden nicht nur Kabeljau, sondern auch Seelachs, Schellfisch, Leng und Lumb verwendet.
Produzentenländer: Schweden, Norwegen, Spanien, Portugal, Italien.

Franzosendorsch – *tacaud (m)*
Beschreibung: Am hochrückigen Körper und an einem dunklen Fleck am Ansatz der Brustflosse zu erkennen.
Lebensraum: Europäische Atlantikküsten und westliches Mittelmeer.
Größe: 12–35 cm lang.
Qualitätsmerkmale: Von geringer wirtschaftlicher Bedeutung, aber von delikatem Geschmack. Verdirbt rasch.

Schellfisch – *églefin (m) / égrefin (m) / aigrefin (m) / aiglefin (m)*
Beschreibung: Langgestreckter Körper. Rücken- und Afterflosse deutlich voneinander getrennt. Schwarze Seiten-

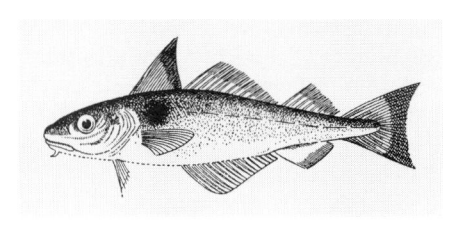

linie und schwarzer Fleck über der Brustflosse.
Lebensraum: Nordatlantik, Nordsee, Skagerrak und Kattegat.
Nahrung: Bodentiere, kleine Fische und Fischlaich.
Größe: 27–70 cm, höchstens 100 cm lang und 12 kg schwer.
Qualitätsmerkmale: Wichtiger Konsumfisch, mit eher weichem, schmackhaftem Fleisch.
Handelsformen: Frisch, als Filet tiefgekühlt, geräuchert unter der englischen Bezeichnung **Haddock**.

Köhler / dunkler Seelachs – *lieu (m) noir*
Beschreibung: Langgestreckter Körper. Rücken- und Afterflosse deutlich voneinander getrennt. Bei älteren Tieren vorstehender Unterkiefer. Helle, deutliche, fast gerade verlaufende Seitenlinie.
Lebensraum: Nordatlantik, Nordsee, Skagerrak und Kattegat.
Nahrung: Junge Tiere ernähren sich von Krebstieren und Fischbrut, erwachsene von Schwarmfischen.
Größe: 30–110 cm.
Qualitätsmerkmale: Wichtiger Konsumfisch mit aromatischem, etwas grauem Fleisch.

Pollack / Lyr / heller Seelachs – *lieu (m) jaune*
Beschreibung: Langgestreckter Körper mit deutlich getrennten Flossen und vorstehendem Unterkiefer. Grünbraune, gut sichtbare Seitenlinie, die über der Brustflosse nach oben gebogen ist und dann gerade weiterläuft.
Lebensraum: Nordostatlantik, Nordsee, Skagerrak und Kattegat.
Nahrung: Krebstiere und vor allem Fische.
Größe: 25–75 cm, höchstens 130 cm lang.
Qualitätsmerkmale: Im Gegensatz zum Köhler ist sein Fleisch weiß, aber eher trocken. Als Frischfisch selten im Handel.

Wittling / Weißling – *merlan (m)*

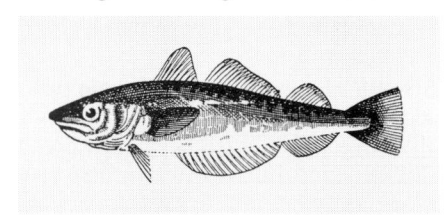

Beschreibung: Langgestreckter Körper. Rücken- und Afterflosse dicht beieinander stehend. Oberkiefer vorstehend. Am Ansatz der Brustflosse ein dunkler Fleck. Schwach gebogene silbrige Seitenlinie.
Lebensraum: Nordatlantik, nördliche und westliche Ostsee.
Größe: 25–50 cm, höchstens 70 cm lang.
Qualitätsmerkmale: Konsumfisch mit weißem, zartem, sehr bekömmlichem Fleisch. Druckempfindlich und leicht verderblich.

Leng – *lingue (f)*
Blauleng – *lingue (f) bleue*

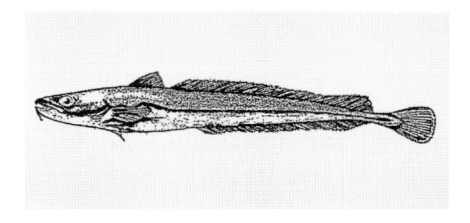

Beschreibung: Beide sind bei uns bis jetzt noch wenig bekannt, verbreiten sich aber immer stärker. Schlanker, aalartiger Körper, große Augen.
Lebensraum: Nordnorwegen, Südisland bis Südwestirland.
Größe: Leng 65–160 cm, Blauleng 60–120 cm.
Qualitätsmerkmale: Das Fleisch des Blauleng ist weiß und fest mit nur 0,6% Fettgehalt und delikater als dasjenige des Leng. Kommt ausschließlich filetiert in den Handel.

Lumb – *brosme (m)*

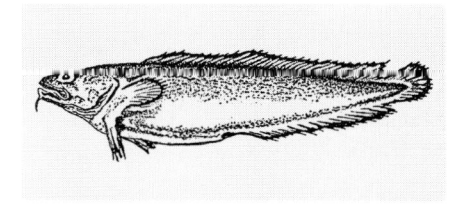

Beschreibung: Langgestreckter Körper. Rücken- und Afterflosse je ungeteilt. Auffallend ist der schwarze Flossensaum. Die Haut ist dick und mit kleinen Schuppen versehen. Kräftiger Kinnfaden.
Lebensraum: Gesamter Nordatlantik. Hält sich über Felsgrund bis 1000 m Tiefe auf.
Nahrung: Krebs- und Weichtiere, kleine Fische.
Größe: 60–95 cm.
Qualitätsmerkmale: Sein weißes Fleisch ist fest, schmeckt hummerähnlich. Kommt hauptsächlich als Filet in den Handel.

Meerhecht / Seehecht / Hechtdorsch – *colin (m) / merlu (m)*
Beschreibung: Ist ein enger Verwandter der Dorschfische. Von zunehmender wirtschaftlicher Bedeutung. Schlanker, langgestreckter Körper, weite Maulöffnung, kräftige Zähne, leicht vorgeschobener Unterkiefer, ohne Bartfäden. Im europäischen Süden und Südwesten gleiche wirtschaftliche Bedeutung wie der Kabeljau im Norden.

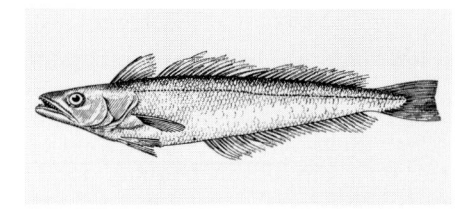

Lebensraum: In Tiefen von 100 bis 1000 m; Nordostatlantik und Mittelmeer.
Nahrung: Als Raubfisch ernährt er sich vorwiegend von Makrelen, Heringen und Sardinen.
Größe: 30–40 cm, höchstens 140 cm, etwa 10 kg schwer. Handelsgröße 50–80 cm.
Qualitätsmerkmale: Feines, weißes Fleisch, das im Sommer am besten schmeckt.

Heringsartige Fische

Überwiegend Meeresfische mit langgestrecktem, schlankem Körper, der mit Ausnahme des Kopfes mit dünnen, silberglänzenden Schuppen bedeckt ist. Nur eine Rückenflosse, die Schwanzflosse ist symmetrisch gegabelt. Sie unternehmen weite Laichwanderungen; einige steigen dazu auch in die Flüsse auf.
Die heringsartigen Fische sind von großer wirtschaftlicher Bedeutung als wichtige Speise- und Industriefische. Mit einem durchschnittlichen Fettgehalt von 11% gehören sie zu den Fettfischen. Aufgrund ihres hohen Nähr- und Sättigungswertes gehören die Heringe in den nördlichen Ländern zu den wichtigen Nahrungsmitteln.
Variationen
Hering – *hareng (m)*
Sardine / Pilchard – *sardine (f) / pilchard (m)*
Sardelle – *anchois (m)*
Sprotte – *sprat (m) / esprot (m)*

Hering – *hareng (m)*
Beschreibung: Langgestreckter, im Querschnitt ovaler Körper mit Bauchkiel. Unterkiefer vorstehend. Rückenflosse in der Mitte, dunkler Rücken, silbrige Bauchseite. Kommt in verschiedenen lokalen Arten vor.
Lebensraum: Nordatlantik, im Osten vom Eismeer bis zum Ärmelkanal, Ostsee. Schwarmbildender Freiwasserfisch, tagsüber meist in Bodennähe,

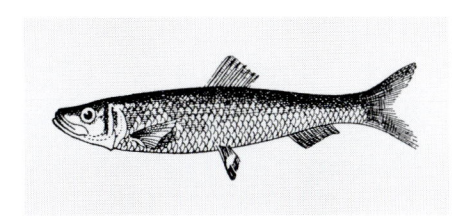

nachts steigt er in oberflächennahe Schichten auf.
Nahrung: Plankton, Leuchtgarnelen, Fischlarven.
Größe: 20–30 cm, höchstens 40 cm lang.
Handelsformen: Frischfisch, geräuchert, gesalzen, in Marinaden (z.B. Rollmops). Der **Matjeshering** ist ein nicht geschlechtsreifer Junghering.

Sardine / Pilchard – *sardine (f) / pilchard (m)*

Beschreibung: Langgestreckter, im Querschnitt längsovaler Körper, dunkler Rücken, silbriger Bauch.
Lebensraum: Nordostatlantik von Südirland und Südnorwegen bis Madeira und zu den Kanarischen Inseln sowie im Bereich des nördlichen Mittelmeeres.
Nahrung: Sardinen ziehen in Schwärmen auf Nahrungssuche: Plankton, Fischeier- und -larven.
Größe: Die **Sardine** ist die Jugendform, 13–16 cm lang, der **Pilchard** wird bis zu 30 cm lang.
Handelsformen: Im Mittelmeerraum und in Portugal frisch oder eingesalzen, bei uns hauptsächlich in Form von verschiedenen Konserven.

Sardelle – *anchois (m)*
Beschreibung: Sehr schlanker, seitlich abgeflachter Körper. Rücken dunkel, Bauch silbrig. Silbrigglänzendes Längsband den Flanken entlang.
Lebensraum: Nordostatlantik von der westafrikanischen Küste bis Norwegen, Mittelmeer und Schwarzes Meer.
Größe: 10–15 cm, höchstens 20 cm lang.
Handelsformen: Sardellenfleisch hat einen sehr intensiven Geschmack.

Eingesalzen oder in Öl kommen die Fische als Sardellen oder als Würzsaucen bzw. Würzpasten in den Handel. Hauptlieferländer: Portugal, Spanien, Italien.

Sprotte – *sprat (m) / esprot (m)*
Beschreibung: Langgestreckter, im Querschnitt ovaler Körper mit deutlichem Bauchkiel. Augen mit schmalen Fettlidern, Unterkiefer vorstehend.

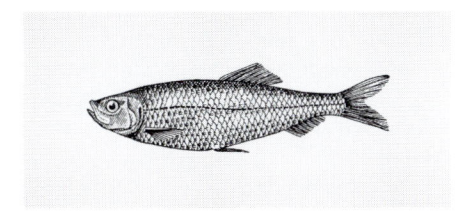

Lebensraum: Nordostatlantik von den Lofoten bis Gibraltar, Nord- und Ostsee, nördliches Mittelmeer, Schwarzes Meer.
Größe: 10–14 cm, höchstens 16 cm lang.
Handelsformen: Im Süden frisch oder gesalzen, im Norden als Konserven. Geräuchert kommen sie als **Kieler Sprotten** auf den Markt, eine geschätzte Delikatesse.
Qualitätsmerkmale: Fettes Fleisch.

Makrelenfische

Makrelenfische sind schnellschwimmende Hochseefische, die in großen Schwärmen nahe der Oberfläche weite Wanderungen unternehmen. Ihr Körper ist stromlinienförmig, die Rückenflossen sind getrennt, und vor der gegabelten Schwanzflosse sitzen fünf bis sieben flossenartige Ansätze.
Variationen
Makrele – *maquereau (m)*
Großer roter Thunfisch – *thon (m) rouge*
Weißer Thunfisch – *thon (m) blanc / germon (m)*
Bonito (echter) – *bonite (f)*
Schwertfisch – *espadon (m)*

Makrele – maquereau (m)

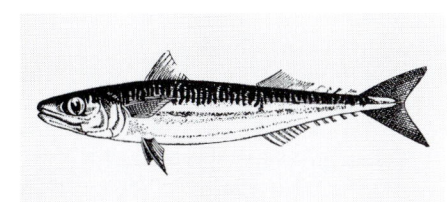

Variationen
Atlantische Makrele – *maquereau (m) de l'Atlantique*
Pazifische, Mittelmeer- oder spanische Makrele – *maquereau (m) espagnol*

Beschreibung: Langgestreckter, spindelförmiger Körper mit spitzer Schnauze, weites Maul. Der Rücken ist bis zur Mitte der Flanken mit einem zebraähnlichen Muster überzogen. Die Kiemen sind grau.
Lebensraum: Im Frühjahr bis Sommer beiderseits des nördlichen Atlantik.
Nahrung: Krebstiere, kleine Fische wie Jungheringe usw.
Größe: 12–35 cm, höchstens 50 cm lang. Handelsgrößen: 25 und 30 cm lang.
Handelsformen: Frisch, geräuchert oder als Konserve (in Öl, mariniert).
Qualitätsmerkmale: Schmackhaftes fettes Fleisch von rötlicher Farbe. Eignet sich zum Braten und zum Grillieren.

Thunfische – *thon (m)*
Beschreibung: Thunfische haben einen mehr oder weniger langgestreckten Körper, der nur entlang der Seitenlinie sowie an Brust und Rücken (bis zum Ende der ersten Rückenflosse) mit Schuppen («Korselett») besetzt ist. Sie sind aufgrund ihres starkentwickelten Blutgefäßsystems Warmblüter. Sie haben im Körper eine höhere Temperatur als das sie umgebende Wasser. Sie sind in allen Meeren verbreitet. Zum Laichen begeben sie sich im Sommer in Küstennähe, wo viele von ihnen gefangen werden. Zur Nahrungssuche legen die geselligen Tiere große Entfernungen zurück. Den Winter verbringen sie in größerer Tiefe.

Großer roter Thunfisch – *thon (m) rouge*

Lebensraum: Ostatlantik, Mittelmeer, Pazifik.
Nahrung: Tintenfische, Makrelen, Heringe, Meerhechte usw.
Größe: 1–2 m, höchstens 3 m lang.
Qualitätsmerkmale: Dunkles, festes Fleisch, im Geschmack ähnlich wie Kalbfleisch.
Handelsformen: Frisch, vor allem aber als Ölkonserve.

Weißer Thunfisch – *thon (m) blanc / germon (m)*
Lebensraum: Weltweit alle warmen und gemäßigt warmen Meere. Lebt im offenen Meer, fern der Küste.
Nahrung: Schwarmfische, Tintenfische, Garnelen.

Größe: Bis 1 m lang.
Qualitätsmerkmale: Feines, helles und besonders schmackhaftes Fleisch. Weltwirtschaftlich ein sehr bedeutender Fisch.

Echter Bonito – *bonite (f)*

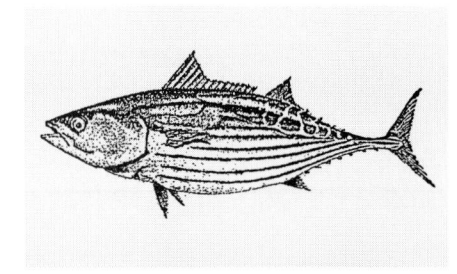

Beschreibung: Kleiner Thunfisch, der auf der Bauchseite vier bis sieben dunkle Längsstreifen aufweist.
Lebensraum: Alle warmen und gemäßigt warmen Meere.
Größe: Bis 80 cm lang.
Qualitätsmerkmale: Schmackhaftes, feines Fleisch. Wird das ganze Jahr über gefangen, vor allem an der amerikanischen Atlantik- und Pazifikküste. Für Japan und die USA von großer wirtschaftlicher Bedeutung.

Schwertfisch – *espadon (m)*

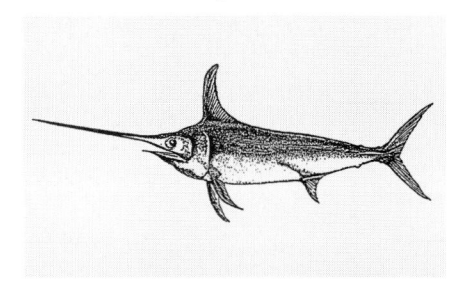

Beschreibung: Langer torpedoförmiger Körper mit Schwertfortsatz (bis zu einem Drittel der gesamten Länge) am Oberkiefer und viel kürzerem Unterkiefer. Dem Thunfisch sonst sehr ähnlich.
Lebensraum: Alle warmen und gemäßigt warmen Meere. Lebt im Freiwasser bis 800 m Tiefe.
Nahrung: Hauptsächlich Schwarmfische.
Qualitätsmerkmale: Muskulöses, aber trotzdem zartes Fleisch von gutem Geschmack, das wenig Ähnlichkeit mit herkömmlichem Fischfleisch hat. Beste Zubereitung: grilliert, mit Olivenöl und Zitronensaft beträufelt.

Plattfische

Das wesentliche Merkmal der Plattfische ist ihre platte, seitlich verbreiterte Körperform. Die Larven der Plattfische sind noch wie beim Rundfisch «normal» gebaut. Wenn sie einige Zentimeter groß sind, fängt ein Auge an, auf die andere, nun obere Seite zu wandern, die dann als Augenseite bezeichnet wird. Diese Seite ist auch gefärbt. Die Unterseite (Blindseite) dagegen bleibt meist weißlich. Die Rücken- und die Afterflosse der Bodenbewohner bilden einen geschlossenen Flossensaum um die Körperscheibe. Es gibt links- und rechtsäugige Plattfischarten. Sie haben seit jeher große wirtschaftliche Bedeutung, da sie in warmen und gemäßigt warmen Flachwassergebieten in großer Zahl auftreten. Zu ihnen gehören die besten Fischarten überhaupt.
Variationen
Flunder – *flet (m)*
Glattbutt – *barbue (f)*
Heilbutt – *flétan (m)*
Kliesche / Scharbe – *limande (f)*
Rotzunge (echte) – *limande (f) sole*
Scholle / Goldbutt – *plie (f) / carrelet (m)*
Seezunge – *sole (f)*
Steinbutt – *turbot (m)*

Flunder – *flet (m)*

Beschreibung: Ovaler Körper mit kleinen Schuppen, der Seitenlinie entlang dornige Hautwarzen.
Lebensraum: Nordostatlantik, Ostsee, westliches Mittelmeer.
Nahrung: Kleinkrebse, Garnelen, kleine Fische.
Größe: 15–35 cm, höchstens 50 cm lang und 2 kg schwer.
Qualitätsmerkmale: Festes weißes Fleisch.
Handelsformen: Frisch, ganz oder filetiert, kleine Exemplare geräuchert.

Glattbutt – *barbue (f)*
Beschreibung: Eiförmiger, von winzigen glatten Schuppen bedeckter Körper.
Lebensraum: Vom Mittelmeer bis Norwegen (Nordostatlantik). Lebt in 70 m Tiefe über Sand- und Geröllgrund.
Nahrung: Kleine Krebstiere und Bodenfische.
Größe: 30–50 cm, höchstens 100 cm lang.
Qualitätsmerkmale: Steht im Schatten seines wertvollen Verwandten, des

Steinbutts. Hat festes, aber brüchiges, weißes, schmackhaftes Fleisch. Zum Grillieren **nicht** geeignet.

Weißer Heilbutt – *flétan (m) / flétan (m) de l'Atlantique*

Beschreibung: Der lange, dickfleischige Fisch ist der größte Plattfisch. Er kann bis zu 300 kg schwer werden. Oberseite grau-braun, Blindseite weiß.
Lebensraum: Atlantik und Pazifik.
Nahrung: Fische aller Art, Tintenfische, Krebstiere.
Größe: 100–150 cm, höchstens 400 cm lang.
Qualitätsmerkmale: Sein Fleisch ist fettarm.
Handelsformen: Zwischen 2 und 40 kg, größer ist er nicht mehr wirtschaftlich.

Schwarzer Heilbutt – *flétan (m) noir*
Beschreibung: Weniger asymmetrisch gebaut als andere Plattfische. Das linke Auge sitzt außen an der Kopfkante. Sehr dunkel, fast rußig schwarz. Auch die Blindseite ist dunkel gefärbt.
Lebensraum: Arktische Gewässer, in Tiefen bis zu 2000 m, von Island und der norwegischen Küste bis zum Weißmeer und von Grönland bis Neufundland.
Nahrung: Kabeljau, kleine Barscharten, Garnelen.
Größe: Bis 120 cm lang und 50 kg schwer.
Qualitätsmerkmale: Ein wirtschaftlich wichtiger Fisch. Sein aromatisches Fleisch ist vielseitig verwendbar. Wegen des relativ hohen Fettgehalts (etwa 9%) eignet er sich gut zum Räuchern. Zum Grillieren **nicht** geeignet.

Kliesche / Scharbe – *limande (f)*
Beschreibung: Ist einer der häufigsten Plattfische. Wird gerne mit der Rotzunge verwechselt, hat aber die Gestalt der Scholle oder der Flunder.

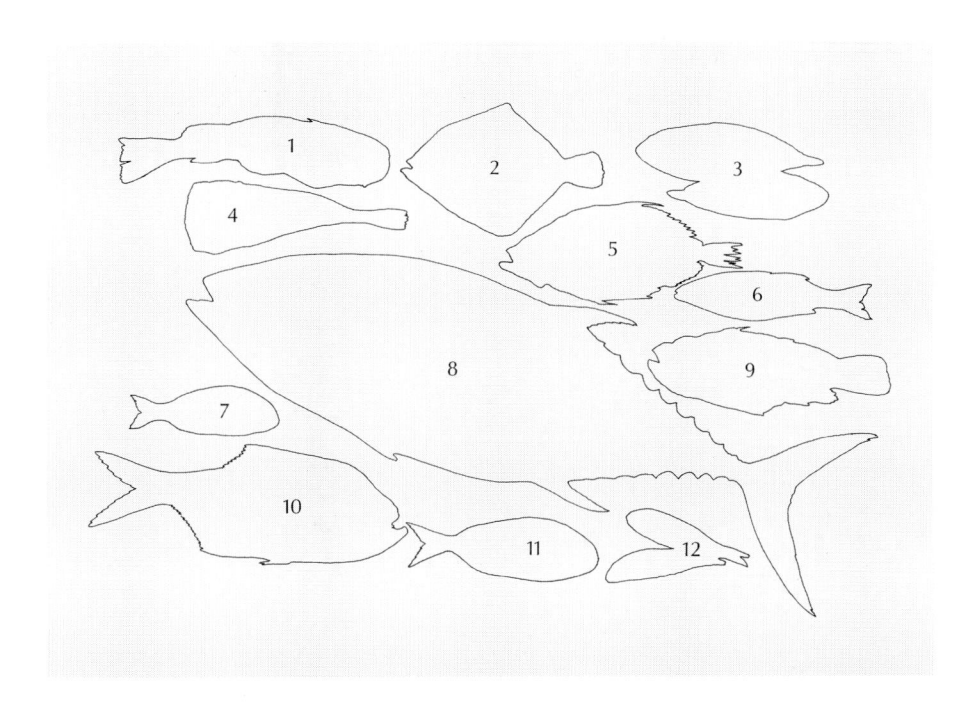

Salzwasserfische

1. Dorsch / Kabeljau (ohne Kopf)
2. Steinbutt / Baby-Steinbutt
3. Seezungen
4. Seeteufel (ohne Kopf)
5. Petersfisch / Heringskönig
6. Wolfsbarsch / Meerbarsch
7. Goldbrasse
8. Großer roter Thunfisch
9. Roter Drachenkopf
10. Schnapper
11. Rotbrasse
12. Rote Meerbarben

Salzwasserfischfilets

1. Seeteufelfilet
2. Seeteufeltranchen
3. Kabeljautranchen
4. Seeteufelbäggli
5. Haifischsteak
6. Wittlingfilet / Weißlingfilet
7. Kabeljaubäggli
8. Dorschfilets
9. Rotzungenfilet
10. Thunfischsteak
11. Flundernfilet
12. Seezunge (küchenfertig)
13. Thunfischfilet
14. Seezungenfilets

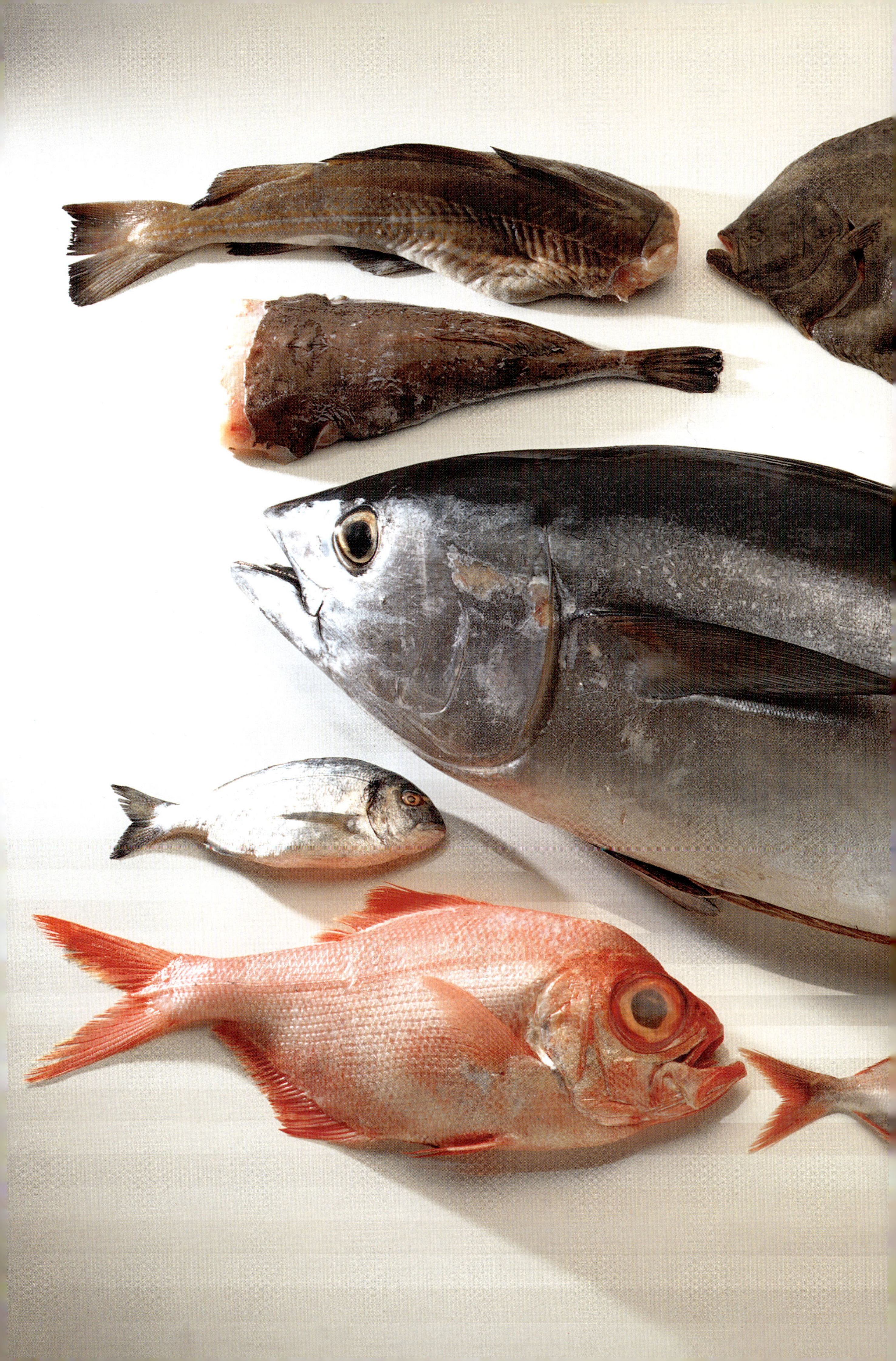

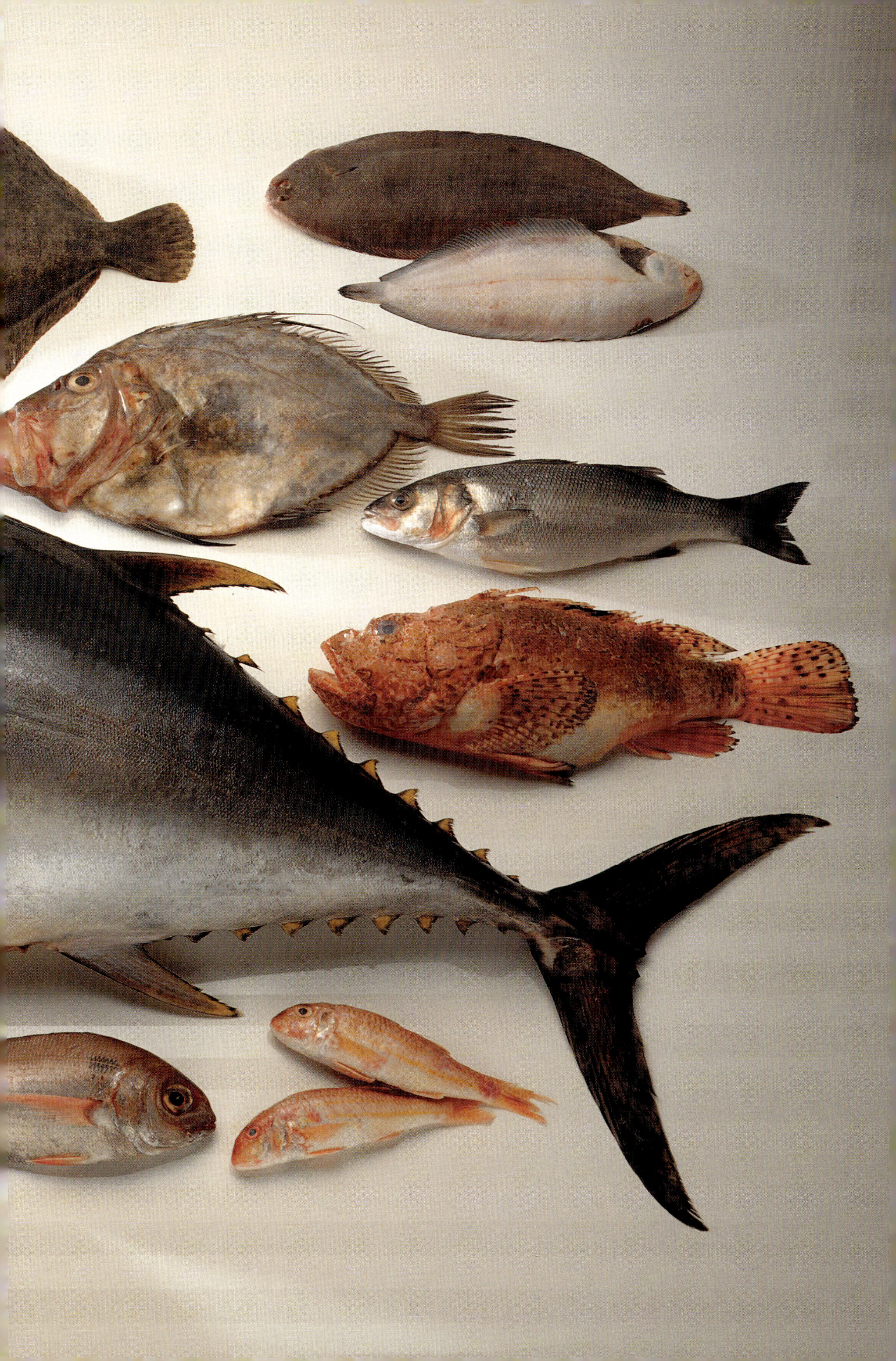

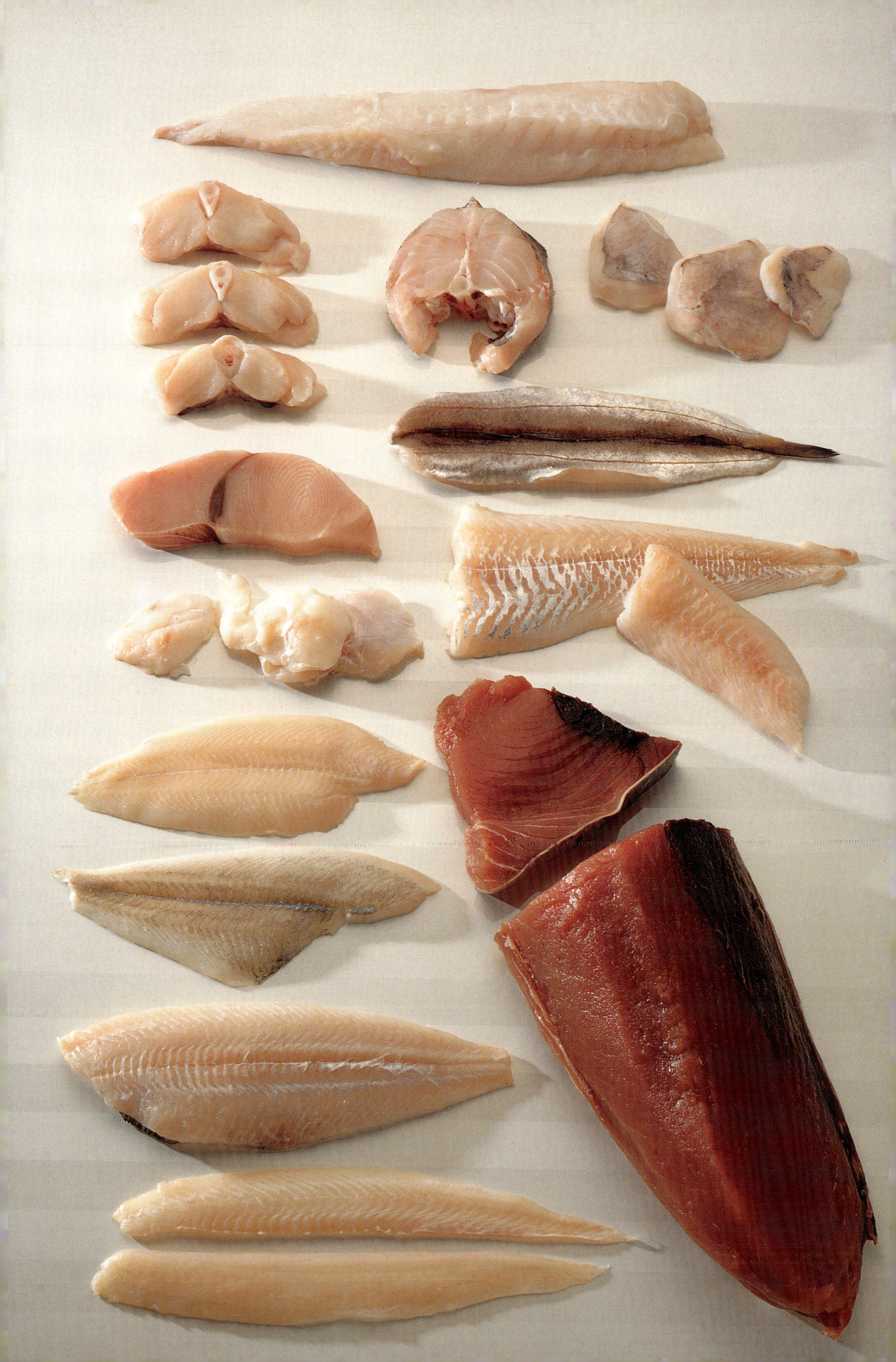

Lebensraum: Nordostatlantik von der Biskaya bis zum Weißmeer.
Qualitätsmerkmale: Wohlschmeckendes Fleisch.
Handelsformen: Meistens filetiert und tiefgekühlt.

Echte Rotzunge – *limande (f) sole*

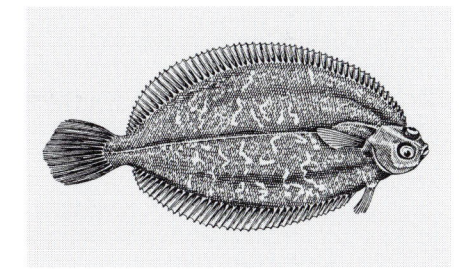

Der breitovale fleischige Körper hat einen kleinen Kopf mit kleiner Maulöffnung. Die Haut ist schleimig. Die Oberseite ist leicht marmoriert, die Blindseite weiß.
Lebensraum: Von der Biskaya über den Ärmelkanal und die Nordsee bis zum Weißmeer.
Größe: 25–35 cm, höchstens 40 cm lang.
Qualitätsmerkmale: Weißes, mageres, etwas weiches Fleisch von ausgezeichnetem Geschmack. Zum Grillieren **nicht** geeignet.
Handelsformen: Ganz oder filetiert, frisch oder tiefgekühlt.

Scholle / Goldbutt – *plie (f) / carrelet (m)*

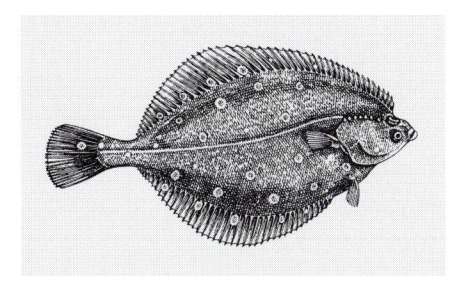

Beschreibung: Breitovaler Körper mit kleinen grauen Schuppen, kleines Maul. Von den Augen bis zur Seitenlinie ein Warzenkamm. Die Oberseite mit rötlichen oder orangefarbenen runden Flecken. Blindseite weiß.
Lebensraum: Von der Biskaya bis zum Weißmeer, nicht im Ärmelkanal und in der südlichen Nordsee.
Größe: Höchstens 90 cm lang und 7 kg schwer.

Handelsgrößen: 40–50 cm lang und 1 kg schwer; 25–35 cm lang und 300 bis 400 g schwer. Als Portionsfisch: Bratscholle.
Qualitätsmerkmale: Schmackhaftes Fleisch.
Handelsformen: Meist filetiert, frisch oder tiefgekühlt.

Seezunge – *sole (f)*

Beschreibung: Der bekannteste und feinste der Plattfische.
Oval-länglicher, zungenähnlicher Körper mit abgerundetem Kopf und kleinen Schuppen. Seezungen sind dicker und nicht so flach wie andere Plattfische und meist rechtsäugig.
Lebensraum: Von der Küste Senegals über den Ärmelkanal und die Nordsee bis Trondheim, westliche Ostsee und Mittelmeer.
Nahrung: Borstenwürmer, kleine Krebstiere, Muscheln und Jungfische.
Größe: 30–40 cm, höchstens 60 cm lang. Seezungen werden kalibriert gehandelt. Bezeichnung für kleine Seezungen: **Solette** (bis 200 g).
Qualitätsmerkmale: Beste Qualität aus dem Ärmelkanal und dem Atlantik, **Ostender** genannt. **Dover Sole** ist weltweit Synonym für diesen ausgezeichneten Fisch. Das Fleisch ist schneeweiß, fest und von ausgezeichnetem Geschmack.

Steinbutt – *turbot (m)*
Beschreibung: Körperform wie eine dicke runde Scheibe, ohne Schuppen, dafür mit Knochenhöckern (Steine) bedeckt. Linksäugig. Färbung der Oberseite je nach Untergrund variabel. Blindseite weiß.
Lebensraum: Nordostatlantik vom Mittelmeer bis Island, Nord- und Ostsee.
Nahrung: Kleine Krebse, Muscheln und Bodenfische.
Größe: 30–50 cm, höchstens 100 cm lang und 25 kg schwer. Kleine Exemplare werden **Turbotin** oder **Baby-Steinbutt** genannt.
Qualitätsmerkmale: Weißes, festes Fleisch von guter Haltbarkeit und ausgezeichnetem Geschmack. Gilt als einer der wertvollsten Speisefische des Atlantiks. Sein Preis ist aber deutlich zu hoch. Der hellfarbige, Boulogneser genannte Steinbutt aus dem Atlantik wird dem dunkelfarbigen aus der Nord- und der Ostsee vorgezogen.

Meeräschen

Meeräsche – *muge (m) / mulet (m)*
Variationen
Großköpfige Meeräsche – *mulet (m) à grosse tête / muge (m) à grosse tête* (Atlantik und Mittelmeer)
Dünnlippige Meeräsche – *mulet (m) porc / muge (m) porc* (Ostatlantik bis Norwegen, Mittelmeer)
Springmeeräsche – *mulet (m) sauteur / muge (m) sauteur* (Ostatlantik von Marokko bis zur Biskaya)

Beschreibung: Langgestreckter Körper mit großen runden Schuppen. Breites, stumpfes Maul, das an den Kieferrändern mit haarfeinen Zähnen besetzt ist.
Lebensraum: Mit Ausnahme der Springmeeräsche sind die Meeräschen Küstenfische und halten sich meist in der Gezeitenzone auf. Sehr anpassungsfähig an Meer-, Brack- und Süßwasser.
Größe: Großköpfige Meeräsche bis 120 cm lang und 9 kg schwer, dicklippige Meeräsche bis 60 cm lang und 5 kg schwer.
Qualitätsmerkmale: Kulinarisch wie auch wirtschaftlich vielenorts von großer Bedeutung. Festes, etwas fettes weißes Fleisch von gutem Geschmack.

Meerbrassen

Die Meerbrassen sind mit rund 200 Arten in allen gemäßigten und tropischen Meeren (allein im Mittelmeer mit 20 Arten) verbreitet.

Variationen
Goldbrasse – *dorade (f) royale / (vraie) daurade (f)*
Rotbrasse – *pageot (m)*
Sackbrasse – *pagre (m)*
Marmorbrasse (quergestreift)

Goldbrasse – *dorade (f) royale / (vraie) daurade (f)*

Beschreibung: Ovaler, seitlich abgeflachter Körper mit großem Kopf und steilem Stirnprofil. Tiefliegendes kleines Maul mit dicken Lippen. Auffallendstes Kennzeichen ist ein breites Goldband zwischen den Augen, das nach dem Tod langsam verblaßt. Am Beginn der Seitenlinie sitzt ein dunkler Fleck.
Lebensraum: Ostatlantik, von der nordwestafrikanischen Küste bis zur nördlichen Biskaya, um die Azoren, Mittelmeer. Lebt über Felsgrund und Seegraswiesen in 30 m Tiefe.
Nahrung: Krebse und Weichtiere.
Größe: 20–50 cm, höchstens 70 cm lang und 7 kg schwer.
Qualitätsmerkmale: Festes weißes, grätenarmes und schmackhaftes Fleisch. Am besten in den Monaten Juli bis Oktober.

Meerbarben

Meerbarben sind Bodenfische der gemäßigten und der tropischen Meere. Leben meist in kleinen Rudeln von Herbst bis Frühjahr in größeren Tiefen, im Sommer in Küstennähe, auch im Brackwasser.
Variationen
Rote Meerbarbe – *rouget-barbet (m) / rouget (m) de vase / rouget-barbet (m) de vase*
Streifenbarbe – *rouget (m) de roche / rouget-barbet (m) de roche / surmulet (m)*
Beschreibung: Langgestreckt, steiles Kopfprofil. Die großen Augen liegen dicht am oberen Kopfrand. Am Kinn haben die Meerbarben zwei lange gabelförmige Barteln, die mit Geschmacks- und Tastorganen zum Aufspüren von Nahrung ausgestattet sind. Zwei getrennte, weit auseinanderstehende Rückenflossen. Die Schwanzflosse ist leicht gegabelt.

Rote Meerbarbe – *rouget-barbet (m) / rouget (m) de vase / rouget-barbet (m) de vase*
Beschreibung: Grundfärbung silbriggrau mit Rotschimmer.
Lebensraum: Mittelmeer und Schwarzes Meer.
Größe: 15–20 cm lang.

Streifenbarbe – *rouget (m) de roche / rouget-barbet (m) de roche / surmulet (m)*
Beschreibung: Färbung je nach Jahreszeit variabel, mit dunkelrotem Längsstreifen vom Auge bis zur Schwanzflosse und mehreren gelben Längsstreifen.
Lebensraum: Ostatlantik und Mittelmeer.
Nahrung: Krebse und Weichtiere, die sie mit ihren Barteln auf dem Meeresboden aufspüren.
Größe: 15–35 cm lang.
Qualitätsmerkmale: Delikates weißes, grätenarmes Fleisch. Da die Streifenbarben keine Galle haben, werden sie auch als Schnepfen des Meeres bezeichnet.

Barschartige Fische

Innerhalb der Stachelflosser sind die barschartigen Fische die arten- und formenreichste Ordnung. Die meisten leben im Meer, einige im Brack- oder im Süßwasser.
Variationen
Wolfsbarsch / Meerbarsch – *bar (m) / loup (m) de mer*
Gefleckter Meerbarsch – *bar (m) rayé*
Rotbarsch / Goldbarsch – *rascasse (f) du nord / grand sébaste (m)*
Großes Petermännchen / Drachenfisch – *grande vive (f)*

Wolfsbarsch / Meerbarsch – *bar (m) / loup (m) de mer*

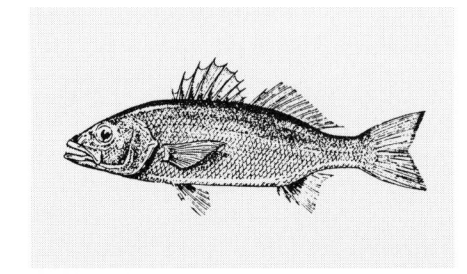

Beschreibung: Eleganter, langgestreckter, silbrigglänzender Körper. Oben grau, unten heller bis weiß gefärbt. Zwei Rückenflossen, die vordere besteht ganz aus Stacheln.
Lebensraum: Ostatlantik, von Senegal bis zum südlichen Norwegen, südliche Nordsee, Ostsee, Mittelmeer. In Küstennähe bis 100 m Tiefe.
Nahrung: Fische.
Größe: Marktgrößen 40–60 cm lang und 0,6–1,5 kg schwer.
Qualitätsmerkmale: Mageres, festes, weißes Fleisch von ausgezeichnetem Geschmack. Der Wolfsbarsch gehört zu den begehrten Fischen der gehobenen Küche. Sein Preis ist jedoch zu hoch. Zuchtversuche lassen auf niedrigere Preise hoffen.

Gefleckter Meerbarsch – *bar (m) rayé*
Beschreibung: Unterscheidet sich vom Wolfsbarsch durch einen schwarzen Fleck auf dem Kiemendeckel und durch unregelmäßig verteilte schwarze Flecken auf Rücken und Flanken.

Rotbarsch / Goldbarsch – *rascasse (f) du nord / grand sébaste (m)*

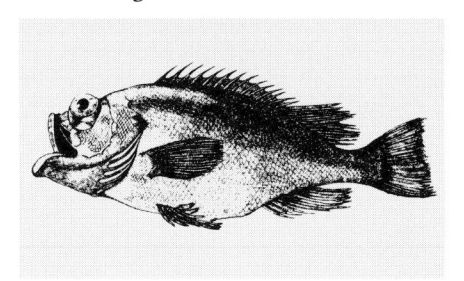

Beschreibung: Kräftiger, seitlich abgeflachter Körper, große Augen, weite Maulöffnung. Kiemendeckel mit nach hinten gerichteten Dornen besetzt.
Lebensraum: Küstenbereich, aber auch freischwimmend auf hoher See in Tiefen bis 200 m; Nordatlantik von Schottland und Norwegen über Island, Spitzbergen bis zum Weißmeer.
Nahrung: Plankton, Fische (Heringe).
Größe: 30–80 cm, höchstens 100 cm lang und 2,5 kg schwer.
Qualitätsmerkmale: Festes, mittelfettes, rosaweißes Fleisch. Da der Rotbarsch harte Schuppen und Stachelstrahlen hat, wird er meist filetiert angeboten.

Großes Petermännchen / Drachenfisch – *grande vive (f)*
Beschreibung: Bodenfisch mit langgestrecktem, seitlich abgeflachtem Kör-

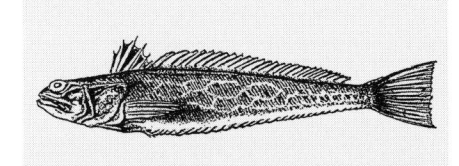

per. Die Kiemendeckel tragen starke Giftstacheln. Die erste Rückenflosse verfügt über fünf bis sieben Giftstacheln und wird deshalb meistens entfernt. Die Stacheln enthalten ein nicht hitzebeständiges, nervenlähmendes Gift. Allfällige Wunden sollten deshalb sofort während einer Stunde sehr heiß abgetupft werden.
Lebensraum: Nordostatlantik.
Nahrung: Garnelen und Kleinfische, denen das Petermännchen im Sand vergraben auflauert.
Größe: 20–30 cm, höchstens 40 cm lang.

Aalartige Fische

Meeraal – *congre (m)*

Beschreibung: Schuppenloser Fisch. Seine Rückenflosse beginnt bereits über den Spitzen der Brustflosse.
Lebensraum: Mittelmeer, Atlantik und Ostsee. Wie die Muräne ist der Meeraal ein Einzelgänger, der sich tagsüber meist in einer Wohnhöhle aufhält.
Nahrung: Krebse, Fische und Tintenfische. Jagt vor allem nachts.
Größe: 60–200 cm, höchstens 300 cm lang und 65 kg schwer.
Qualitätsmerkmale: Derbes und grätenreiches Fleisch. Fettgehalt nur etwa 5 %. Eignet sich für eine einfache Bouillabaisse. Wird auch geräuchert.

Seewölfe

Beschreibung: Der langgestreckte Körper hat keine Schuppen. Die Rückenflosse ist stachelstrahlig. Der dicke Kopf mit breitem Maul und einem furchterregenden Gebiß sowie der ausgeprägte Schleim sind für den Seewolf charakteristisch.
Lebensraum: Kalte Meere der Nordhalbkugel; Island, Grönland bis zum Weißmeer.

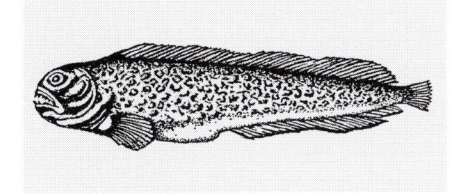

Nahrung: Hartschalige Krebs- und Weichtiere.
Größe: Bis 120 cm lang.
Handelsformen: Ohne Kopf, gehäutet, ganz oder filetiert. Aus der Haut des gefleckten Seewolfs wird Leder hergestellt.
Qualitätsmerkmale: Schmackhaftes, festes Fleisch.
Variationen
Gestreifter Seewolf / Katfisch / Steinbeißer – *loup (m) de l'Atlantique / loup (m) du nord / loup (m) marin*
Gefleckter Seewolf – *loup (m) tacheté*
Gestreifter Seewolf / Katfisch / Steinbeißer – *loup (m) de l'Atlantique / loup (m) du nord / loup (m) marin*

Seeteufel

Atlantischer Seeteufel – *baudroie (f) / lotte (f) de mer*
Beschreibung: Körper vorn abgeplattet, hinten seitlich zusammengedrückt. Der riesige Kopf ist breit, der Unterkiefer vorstehend. Die kleinen Augen liegen auf der Kopfoberseite. Das Maul ist ungeheuer groß und mit nach rückwärts gerichteten starken und spitzen Fangzähnen bewehrt. Mit zwei beweglichen Angelorganen auf dem Kopf. Die Brustflossen sind armartig vergrößert, wodurch der Seeteufel am Boden kriechen oder «schreiten» kann.

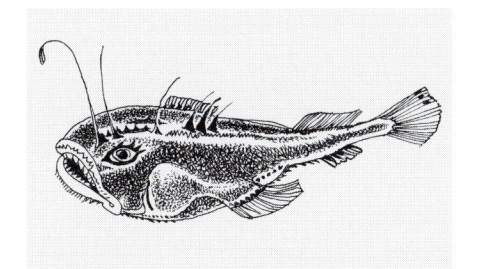

Lebensraum: Nordostatlantik, Nordsee, westliche Ostsee.
Nahrung: Gräbt sich leicht im Boden ein. Lockt durch ruckartige oder zitternde Bewegungen seiner Angel die Fische an.
Größe: Durchschnittsgröße 40 bis 60 cm, höchstens 200 cm lang und 40 kg schwer.
Handelsformen: In der Regel ohne Kopf, nur das Schwanzstück, mit oder ohne Haut.
Qualitätsmerkmale: Festes weißes Fleisch von krustentierähnlichem Geschmack. Wird geschätzt, da völlig grätenfrei.

Petersfische

Petersfisch / Heringskönig – *saint-pierre (m)*
Beschreibung: Charakteristisch sind der diskusförmige, seitlich stark abgeplattete Körper sowie Stachel- und Buckelreihen an der Basis von Rücken- und Afterflossen. Das Maul ist schräg nach oben gerichtet und der Zwischenkiefer weit vorstreckbar. An den Flanken des grauen, fleckigen Fisches befindet sich ein runder schwarzer Fleck. Die erste Rückenflosse hat fahnenartig verlängerte Flossenhäute, die zurückgelegt bis zur Schwanzflosse reichen.
Lebensraum: Ostatlantik von Südafrika bis Norwegen, Mittelmeer und Schwarzes Meer.
Nahrung: Tintenfische und kleine Schwarmfische.
Größe: 20–40 cm, höchstens 65 cm lang und bis 1,5 kg schwer.
Qualitätsmerkmale: Festes, weißes und wohlschmeckendes Fleisch.

Drachenköpfe

Großer roter Drachenkopf – *rascasse (f) rouge*
Beschreibung: Kräftiger Körper, stachelig gepanzerter großer Kopf. Am Kinn mit zahlreichen Hautanhängseln. An der Basis des stachelstrahligen Teils der Rückenflosse befinden sich Giftdrüsen, die nicht ungefährliche Verletzungen hervorrufen können.
Lebensraum: Mittelmeer und Atlantik. Träger Bodenfisch, der sich in regelmäßigen Abständen häutet.
Größe: 20–50 cm lang.
Qualitätsmerkmale: Festes, weißes Fleisch, das als Bestandteil der Bouillabaisse geschätzt wird.

Knurrhähne

Variationen
Roter Knurrhahn – *grondin (m) perlon*
Grauer Knurrhahn – *grondin (m) gris*
Seekuckuck – *grondin (m) rouge*
Beschreibung: Die Knurrhähne haben einen großen gepanzerten Kopf mit entenförmigem Schnabel, dazu große Brustflossen, von denen zwei bis drei Strahlen ohne Flossenhaut und daher frei beweglich sind. Mit ihrer Hilfe ertasten sie ihre Nahrung und «schreiten» über den Meeresboden. Ihren Namen haben sie von dem knurrenden Geräusch, das sie mit ihrer Schwimmblase erzeugen.

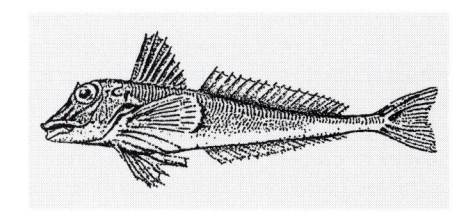

Lebensraum: Gesamter Atlantik, Nord- und Ostsee, Mittelmeer und Schwarzmeergebiet.
Nahrung: Kleine Krebstiere und Fische.

Größe: 15–40 cm, höchstens 70 cm lang und 6 kg schwer. Handelsgrößen 25–30 cm.
Qualitätsmerkmale: Festes, weißes, wohlschmeckendes Fleisch. Großer Karkassenanteil (60%). Beliebter Bouillabaisse-Fisch.

Schnapper

Variationen
Roter Schnapper – *vivaneau (m) rouge*
Kaiserschnapper / Emperor –
  vivaneau (m) bourgeois
Beschreibung und Lebensraum: Diese Familie umfaßt viele Arten, die in den tropischen Gewässern rund um die Welt zuhause sind. Der rote Schnapper wird in den warmen Zonen des Westatlantiks gefangen.
Von den zahlreichen Schnappern ist der Emperor oder Kaiserschnapper *(vivaneau bourgeois,* englisch *red emperor snapper)* der wirtschaftlich wichtigste. Er ist im Aussehen und der Fleischqualität dem roten Schnapper ähnlich, kann aber 1 m lang werden.
Größe: Durchschnittsgewicht des roten Schnappers 2–3 kg.
Qualitätsmerkmale: Die Mehrzahl der Schnapper ist von bester Qualität und für den Gourmet und die Gastronomie von großer Bedeutung. Der rote Schnapper (englisch *red snapper*) hat ein trockenes weißes Fleisch mit wenig Gräten, das sich für alle Garmethoden eignet.

2. Süßwasserfische

Die Bewirtschaftung unserer Gewässer

In schweizerischen Gewässern leben rund 50 Fischarten.
Die natürliche Population ist für viele Arten vor allem durch die gefährdete Vermehrung in Frage gestellt, da die Naturverlaichung für viele Fische nicht mehr gegeben ist. Brut- und Aufzuchtanlagen helfen mit, Fischbestände in unseren Gewässern zu erhalten.
Eine konsequente Abwasserbehandlung und die damit erzielte verbesserte Wasserqualität wie auch die Bemühungen zur Erhaltung und zur Wiederherstellung naturnaher Uferbereiche tragen wesentlich zur Verbesserung der Lebensgrundlagen der Fische in unseren Gewässern bei. Die Mittellandseen sind aber durch die intensiv genutzte Landwirtschaft immer noch stark überdüngt. In diesen Gewässern werden auch in Zukunft die Felchen nur durch künstliche Fischzuchtmaßnahmen zu erhalten sein. Den rund 500 Berufsfischern gehen jährlich rund 3500 Tonnen Fische in die Netze: durchschnittlich 900 Tonnen Felchen, 350 Tonnen Forellen, 800 Tonnen Egli, 25 Tonnen Saiblinge und etwa 12,5 Tonnen Weißfische. Die Fischer helfen aber auch, das biologische Gleichgewicht zu erhalten. Dazu ein Beispiel: Durch die Überdüngung der Seen können sich gewisse Wasserpflanzen stark vermehren. Dadurch wird der Lebensraum der Edelfische stark gefährdet, weil Laichplätze und Jagdgebiete verlorengehen. Andererseits nehmen die Bestände an Weißfischen zu. Der Fischer greift korrigierend ein, indem er die Weißfischbestände reduziert und mithilft, gefährdete Arten wieder zu vermehren.

Bekannte Süßwasserfische

Aalartige Fische

Flußaal – *anguille (f)*
Europäischer Flußaal – *anguille (f) d'Europe*
Amerikanischer Flußaal – *anguille (f) d'Amérique*

Barschartige Fische

Flußbarsch / Egli – *perche (f)*
Gelbbarsch / kanadisches Egli –
  perche (f) canadienne
Buntbarsch / Tilapia-Barsch –
  perche (f) tilapia
Zander / Schill / Hechtbarsch –
  sandre (m)

Hechte

Hecht – *brochet (m)*

Äschen

Äsche – *ombre (m)*

Felchen

Felchen / Renke – *féra (f)*
Sandfelchen
Blaufelchen
Gangfisch
Aalbock
Albeli / Brienzling
palée (f)
bondelle (f)

Lachsartige Fische / Salmoniden

Lachs / Salm – *saumon (m)*
Atlantischer Lachs / Wildlachs
  (Salmon salar) – *saumon (m) atlantique*
Huchen / Donaulachs – *huch (m) / saumon (m) du Danube*
Pazifischer Lachs (Oncorhynchus) –
  saumon (m) du Pacifique
– Königslachs – *saumon (m) royal*
– Silberlachs / Coho-Lachs –
  saumon (m) argenté
– Buckellachs – *saumon (m) rose*
– Keta-Lachs – *saumon (m) Kéta*
– Rotlachs – *saumon (m) rouge*

Forelle – *truite (f)*
Bachforelle – *truite (f) de rivière / truite (f) de ruisseau*
Regenbogenforelle – *truite (f) arc-en-ciel*
Seeforelle – *truite (f) du lac*
Meerforelle – *truite (f) de mer*

Saibling / Rötel – *omble (m) / salmerin (m)*
Seesaibling – *omble (m) chevalier*
Bachsaibling – *omble (m) de fontaine*
Kanadischer Seesaibling – *omble (m) du Canada*

Dorschartige Fische

Trüsche / Aalrutte – *lotte (f) de rivière et du lac*

Störe

Hausen / Beluga-Stör – *grand esturgeon (m)*
Stör – *esturgeon (m)*
Sternhausen / Sevruga – *sévruga (m)*
Sterlet – *sterlet (m)*
Waxdick / Osietra-Stör – *osciètre (m)*

Karpfenartige Fische / Weißfische

Karpfen – *carpe (f)*
Schuppenkarpfen / Wildkarpfen –
  carpe (f)
Lederkarpfen – *carpe (f) cuir*
Spiegelkarpfen – *carpe (f) miroir*
Rotauge / Plötze – *vangeron (m) / vengeron (m)*
Brachse – *brème (f)*
Barbe – *barbeau (m)*
Schleie – *tanche (f)*

Welse

Wels / Waller – *silure (m) / glanis (m)*
Zwergwels – *poisson (m) – chat*
Pangasius – *pangasius (m)*

Die am meisten verwendeten und auch bekanntesten Süßwasserfische werden im folgenden kurz beschrieben. Auf farbliche Beschreibungen wurde bewußt verzichtet, da viele Fische je nach Wasserart, Standort und Alter ihr Aussehen ändern oder der Umgebung anpassen.

Aalartige Fische

Flußaal – *anguille (f)*
Beschreibung: Schlangenförmiger Körper mit einer dicken schleimigen Haut, in die sehr tief winzige, länglichovale Schuppen eingebettet sind. Die weit hinter der Spitze der Brustflosse ansetzende Rückenflosse bildet zusammen mit Schwanz- und Afterflosse einen durchgehenden Flossensaum.
Lebensform: Nach vier bis zehn Jahren Aufenthalt in Flüssen und Seen beginnt der Aal im August/September mit der Abwanderung: Er muß zum Laichen aus dem Süßwasser ins Meer zu den Laichplätzen in die Sargasso See ziehen. Wanderzeit: rund 1½ Jahre. Wanderstrecke: von der Elbemündung rund 3500 Seemeilen. Die Alttiere sterben nach dem Ablaichen.

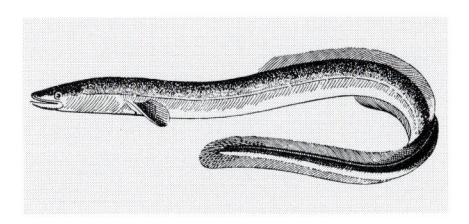

Mit dem Golfstrom treiben dann die fast durchsichtigen Larven nach Osten und erreichen im dritten Lebensjahr als sogenannte **Glasaale** die europäischen Küsten. Als **Steigaale** beginnen sie, 10–15 cm lang, in die Flußmündungen einzudringen.
Er ist sehr zählebig und kann bei sehr nasser Witterung über Land zu anderen Gewässern «wandern».
Nahrung: Würmer, Kleinkrebse, Insektenlarven, Kleinfische und Frösche.
Qualitätsmerkmale: Der Aal gehört zu den fetten Fischen (bis zu 25% Fett) und ist eher schwer verdaulich. Aale aus Teichen haben oft einen widerlichen Grundgeschmack und müssen deshalb vor der Zubereitung einige Tage im Vivier gehalten werden. Vor der Zubereitung muß der Aal gehäutet werden.
Handelsformen: Lebend frisch, geräuchert.

Barschartige Fische

Variationen
Flußbarsch / Egli – *perche (f)*
Gelbbarsch / kanadisches Egli – *perche (f) canadienne*
Buntbarsch / Tilapia-Barsch – *perche (f) tilapia*
Zander / Schill / Hechtbarsch – *sandre (m)*

Flußbarsch / Egli – *perche (f)*
Beschreibung: Mehr oder weniger hochrückiger Körper. Stumpfe Schnauze mit weitem Maul und spitz ausgezogenem Kiemendeckel. Rückenflossen hoch und stachelstrahlig.

Lebensraum: Fließende und stehende Gewässer bis 1000 m ü. M.
Nahrung: Fischlaich und kleine Fische.
Größe: 12–15 cm, höchstens 40 cm lang und 1 kg schwer.
Qualitätsmerkmale: Gehört zu den feinsten Süßwasserfischen, mit festem, weißem Fleisch, das sehr fettarm ist.

Gelbbarsch / kanadisches Egli – *perche (f) canadienne*
Beschreibung: Dem europäischen Barsch ähnlich, aber etwas kleiner. Seine Durchschnittsgröße liegt bei etwa 15 cm Länge und 220 g Gewicht. Importiert werden vor allem tiefgekühlte Filets mit Haut.

Zander / Schill / Hechtbarsch – *sandre (m)*
Beschreibung: Langer hechtähnlicher Körper, schmaler Kopf mit spitzer Schnauze und weitem Maul. Kiemendeckel mit einem kleinen Dorn.
In Ungarn und in Österreich wird er **Fogosch** genannt.
Lebensraum: Mittel- und Osteuropa, bis zum Kaspischen Meer. Bevorzugt große Flüsse, Stauseen und Seen mit hartem Grund. Ist durch Besatz in ganz Mittel- und Nordeuropa verbreitet.
Nahrung: Bevorzugt als Raubfisch Kleinfische.

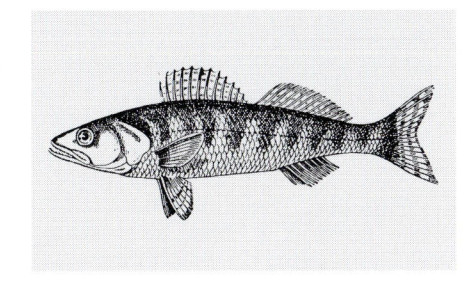

Größe: 40–70 cm, höchstens 70 cm lang, im Mittel 1–1,5 kg schwer.
Qualitätsmerkmale: Weißes, zartes Fleisch von sehr gutem Geschmack, dem Hecht ähnlich.

Hechte

Hecht – *brochet (m)*
Beschreibung: Besonderes Kennzeichen: die lange, entenschnabelähnliche Schnauze. Kurze, sehr weit nach hinten versetzte Rücken- und Afterflosse. Einjährige Hechte sind meist hellgrün und werden **Grashecht** genannt.
Lebensraum: Seen und Flüsse der gemäßigten Klimazonen Europas, Asiens und Nordamerikas, in Gebirgsregionen bis 1500 m ü. M. Liebt als Standfisch ruhige, klare Gewässer mit Kiesgrund.
Nahrung: Als Raubfisch ernährt sich der Hecht von Fischen, aber auch von Artgenossen.

Größe: 40–70 cm, höchstens 150 cm lang und 35 kg schwer. Exemplare von 1–3 kg werden bevorzugt.
Qualitätsmerkmale: Festes, mageres, weißes und aromatisches Fleisch, sehr grätenreich (Gabelgräten), eignet sich aber ausgezeichnet für Farcen und zum Fritieren.

Äschen

Äsche – *ombre (m)*

Beschreibung: Körper mäßig gestreckt, mit auffallend hoher Rückenflosse, Fettflosse. Kleiner Kopf mit großen Augen und kleinem Maul.
Lebensraum: Lebt als Standfisch in schnellfließenden, klaren Gewässern. Vorwiegend im Rhein unterhalb des Bodensees, in der Aare, in der Reuß, in der Limmat und im Doubs.
Größe: 30–40 cm, je nach Nahrungsangebot bis zu 60 cm lang.
Qualitätsmerkmale: Festes, mageres, weißes Fleisch, duftet und schmeckt nach Thymian (daher ihr lateinischer Name *Thymallus*).

Felchen

Felchen / Renke – *féra (f)*
Variationen
Eine Unterscheidung der Arten ist aufgrund des übergroßen Formenreichtums und der vielen regional entstandenen Formen äußerst schwierig. Generell unterscheidet man **Schwebe-**

felchen (leben in der Freiwasserregion) und **Bodenfelchen** (leben dicht über dem Boden der Gewässer).
In der Schweiz wird eine Unterteilung nach Größen vorgenommen: **Großfelchen, Mittelfelchen, Kleinfelchen, Zwergfelchen.**
Beschreibung: Wanderformen und stationäre Fluß- und Seenbestände wie bei den Lachsfischen. Felchen, Renken oder Maränen sind schlanke, silbrigglänzende Fische mit seitlich etwas abgeflachtem Körper, größeren Schuppen als bei Forelle und Saibling, einer Fettflosse und tief eingeschnittener Schwanzflosse.
Lebensraum: Fast alle mitteleuropäischen Seen gelten als Felchenseen. Man findet sie aber auch in voralpinen Bergseen wie Klöntaler-, Aegeri- und Lungernsee.
Nahrung: Vorwiegend Planktonkrebschen.
Größe: 20–60 cm lang.
Qualitätsmerkmale: Weißes und schmackhaftes, eher trockenes und leicht brüchiges Fleisch. Felchen sollten möglichst frisch konsumiert werden. Eignen sich nicht zum Tiefkühlen.

Lachsartige Fische / Salmoniden

Zu den Salmoniden gehören die Lachse, die Forellen, die Saiblinge und die Huchen (Donaulachse).
Alle haben einen mäßig gestreckten, seitlich wenig abgeflachten Körper, der mit zahlreichen kleinen Schuppen besetzt ist. Die weite Maulöffnung ist mit kräftigen Zähnen versehen. Stets Fettflosse zwischen Rücken- und Schwanzflosse.
Alle Arten bevorzugen kalte, sauerstoffreiche Gewässer und laichen im Herbst oder im Winter.
Die **Wanderformen** leben längere Zeit im Meer, laichen aber im Süßwasser.
Die **Standformen** bewohnen ständig Flüsse und Seen.
Qualitätsmerkmale: Fast alle Arten haben große wirtschaftliche Bedeutung. Ihr Fleisch ist von ausgezeichneter Qualität.

Forelle – *truite (f)*
Variationen
Meerforelle – *truite (f) de mer*
Seeforelle – *truite (f) du lac*
Bachforelle – *truite (f) de rivière / truite (f) de ruisseau*
Regenbogenforelle – *truite (f) arc-en-ciel*
Beschreibung: Forellen unterscheiden sich vom Lachs durch die weniger schlanke Körperform und den stumpferen Kopf.
Forellen sind der intensiven Zuchtmethoden wegen zum **Konsumfisch** der Süßwasserfische geworden, teils von der Quantität, teils von der Qualität her. Trotzdem sind sie weiterhin ein gefragter Süßwasserfisch, der frisch, aber vor allem auch tiefgekühlt angeboten wird.
Die Bestände aller Forellenformen sind stark zurückgegangen. In den meisten Fällen können sie nur durch Besatz, der in Aquafarmen gezüchtet wird, aufrechterhalten werden.
Qualitätsmerkmale: Alle Forellenarten verfügen über ein festes, in der Regel wohlschmeckendes Fleisch. Fangfrisch zubereitet schmecken sie am besten.

Meerforelle – *truite (f) de mer*
Beschreibung: Wanderfisch, der vom Weißmeer bis Nordspanien vorkommt. Der Laichaufstieg erfolgt von Dezember bis März. Die Jungfische bleiben bis zu fünf Jahre im Süßwasser. Wenn sie eine Länge von 15 bis 25 cm erreicht haben, wandern sie ins Meer, wo sie wiederum rund fünf Jahre bleiben. Dann steigen sie zum Laichen in die Flüsse auf. In Norwegen wird die Meerforelle in Aquakulturen gezüchtet.

Seeforelle – *truite (f) du lac*
Beschreibung: Wanderfisch und heimisch in großen tiefen Seen Mittel- und Nordeuropas. Das Ablaichen erfolgt in den Zuflüssen, in Kiesgruben und in den Seen selbst. Wertvoller Nutzfisch von lokaler Bedeutung (z. B. die «Rheinlake»).

Bachforelle – *truite (f) de rivière / truite (f) de ruisseau*
Beschreibung: Standorttreue, nicht wandernde Zwergform der Seeforelle. Äußerst beliebter Fisch in der Sportfischerei.
Lebensraum: Kühle, sauerstoffreiche Fließgewässer, die reich an Verstecken sind. 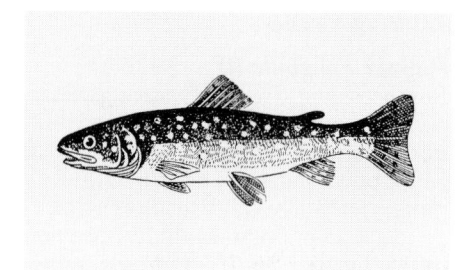
Nahrung: Insektenlarven, Krebse und Luftinsekten, nach denen die Bachforelle springt. Ältere Exemplare bevorzugen kleine Fische (Raubforellen).
Größe: Bis zu 40 cm lang und 3 kg schwer. Mittlere Größe: 25 cm lang und 300 g schwer.
Qualitätsmerkmale: Paßt sich in Farbe und Qualität der Umgebung an. Fleisch weiß bis lachsrosa.

Regenbogenforelle – *truite (f) arc-en-ciel*
Variationen
Seit 1880 gibt es zwei aus Nordamerika eingeführte Formen: die **Stammform,** die als Wanderfisch die Küstengewässer bewohnt, und die **standorttreue Süßwasserform.**

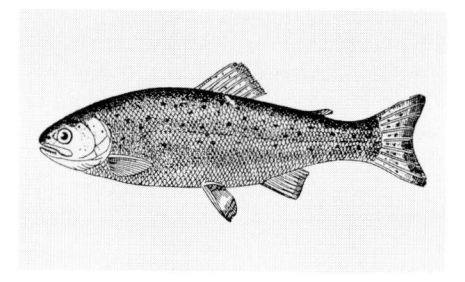

Beschreibung: Wanderfisch mit langgestrecktem, seitlich etwas abgeflachtem Körper. Stumpfschnauziger Kopf. Rücken-, Fett- und Schwanzflosse sind mit vielen kleinen schwarzen Punkten besetzt.
Lebensraum: Flüsse und Bäche, wo die Regenbogenforelle leider oft die empfindlicheren Saiblinge verdrängt.
Nahrung: Insekten und kleine Fische.
Größe: Bis 70 cm lang und 7 kg schwer. Als Zuchtfisch wird die Regenbogenforelle oft als Portionsfisch angeboten.
Qualitätsmerkmale: Dank ihrer Gefräßigkeit und ihrer Widerstandsfähigkeit gegenüber Krankheiten eignet sich diese Forelle besonders zum Züchten. Ihr Fleisch kann durch zweckmäßige Zusammensetzung des Futters geschmacklich positiv beeinflußt werden.
Bei der **Lachsforelle** – *truite (f) saumonée,* handelt es sich um die **Regenbogenforelle.** Sie darf nicht mit der echten Meer- oder Lachsforelle verwechselt werden. Durch entsprechende Zusätze im Futter, wie Karotinoide und Krevettenmehl, kann die Fleischfarbe innerhalb von 14 Tagen von Weiß auf Lachsrot verändert wer-

den. Diese Fische werden dann als sogenannte Lachsforellen angeboten. Eine weitere Forellenart aus Nordamerika ist die **Goldforelle,** eine besonders schön gefärbte Regenbogenforelle.

Lachs / Salm – *saumon (m)*
Variationen
Wildlachse (u. a. Grönland, Norwegen, Schweden, Bornholm/Dänemark, Schottland, Irland, Kanada)
Zuchtlachse (u. a. Norwegen, Schottland, Irland, Kanada)

Beschreibung: Schlanker Körper, besetzt mit kleinen Schuppen. Kleiner Kopf mit spitzer Schnauze. Blanklachse im Meer – noch nicht geschlechtsreife Tiere – haben runde schwarze Tupfen auf dem Kopf und silbrige Flanken.
Unter normalen Bedingungen zieht der Lachs zum Laichen weit flußaufwärts. Dabei wird die Haut dick und zäh und bekommt rote und schwarze Flecken. Bei den Männchen wird die Bauchseite rot, und es bildet sich ein kräftiger Unterkieferhaken (Hakenlachs), der sich nach dem Laichen wieder zurückbildet. Die Eiablage erfolgt zwischen November und Februar. Nach einem bis fünf Jahren – je nach Standort – im Süßwasser wandern die Junglachse ins Meer und ernähren sich von Fischen und vor allem von Krebstieren, die letztlich den Geschmack und die (rote) Farbe des Fleisches bestimmen. Im Meer nehmen die Lachse sehr schnell an Gewicht zu.
Lebensraum: Atlantische Küsten Europas und der Ostsee. Außerdem im Norden der USA und in Kanada, wo der Lachs heute noch in nennenswerten Mengen vorkommt. Durch die Gewässerverschmutzung und die Verbauung der Laichgewässer sind die europäischen Bestände an Wildlachs stark zurückgegangen, zum Teil sogar – wie im Rhein – ausgestorben.
Größe: Durchschnittsgewicht 3–4 kg. Es wurden auch schon Fische von 1,5 m Länge und 35 kg Gewicht gefangen.
Qualitätsmerkmale: Das Fleisch des Bornholmer Lachses ist hellrosa, fast weiß, das der anderen Sorten eher kräftig rot. Es ist fest und sehr schmackhaft. Fettgehalt rund 11%.

Atlantischer Zuchtlachs
Beschreibung: Das Schlüsselproblem bei den atlantischen Zuchtlachsen liegt vor allem in der natürlichen Anpassung an einen meist 2- bis 4jährigen Aufenthalt im Süßwasser, bevor sie in das Meer abwandern. Erst im Meerwasser mit seiner vielfältigen Nahrung beschleunigt sich das Wachstum beträchtlich. Für die Zucht kommt es also darauf an, die Dauer des natürlichen Aufenthaltes im Süßwasser zu verkürzen, bevor man die jungen Lachse in die marinen Zuchtanlagen einsetzt. Das gelingt dadurch, daß man die Jungfische unter künstlich veränderter Lichtintensität, Tageslänge und Wassertemperatur in abgekürzten Jahreszeiten aufwachsen läßt. So können sie bereits nach einem bis zwei Jahren Aufenthalt in den Gehegen als Speisefische verkauft werden.
Handelsformen: Frisch geschlachtet, kalibriert, verpackt auf Eis in Styroporkisten. Lachsseiten: geräuchert, mariniert (Gravad Lax), ganz oder geschnitten.
Qualitätsmerkmale: Gefüttert wird vorwiegend mit Fertigfutter aus Fisch- und Krevettenmehl und mit pflanzlichen Rohstoffen. Durch modernste Fütterungsmethoden können Geschmack, Farbe und Fettgehalt des Fleisches praktisch im voraus festgelegt werden. Darin liegt auch der Vorteil von Zuchtlachs: konstant bleibende Qualität bei ständiger Verfügbarkeit. Sein Fleisch ist weniger fest, aber etwas fetter als dasjenige des Wildlachses.

Pazifischer Lachs (Oncorhynchus) – *saumon (m) du Pacifique*
Beschreibung: Unterscheidet sich vom atlantischen Lachs durch eine wesentlich längere Afterflosse. Als Wanderfisch steigt er in die Zuflüsse des nördlichen Pazifiks und des Eismeeres auf.

Variationen
Königslachs – *saumon (m) royal* – king salmon / chinook salmon: der größte und feinste der pazifischen Lachse.
Silberlachs / Coho-Lachs – *saumon (m) argenté:* Kulinarisch der zweitbeste pazifische Lachs. In Zuchtanstalten werden jährlich bis zu 30 Millionen herangezogen. In Europa wird er in Teichwirtschaften gehalten.
Buckellachs – *saumon (m) rose:* Der kleinste pazifische Lachs, bis 21 kg schwer.
Keta-Lachs – *saumon (m) Kéta:* Aus dem Rogen des Keta-Lachses wird der **Keta-Kaviar** produziert.
Rotlachs – *saumon (m) rouge*

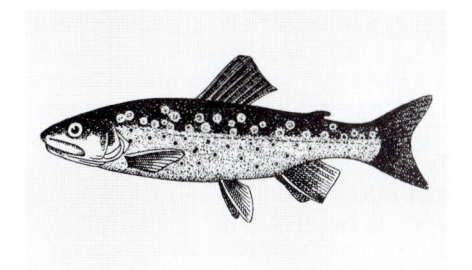

Saibling / Rötel – *omble (m) / salmerin (m)*
Variationen
Seesaibling – *omble (m) chevalier*
Bachsaibling – *omble (m) de fontaine*
Kanadischer Seesaibling (aus Aquakulturen)
Variationen des Seesaiblings
Zuger Rötel   Zugersee
Rötel   Thuner- und Vierwaldstättersee
Salmerino   Tessiner Seen
omble chevalier   Genfersee
Beschreibung: Ende des letzten Jahrhunderts wurde der Saibling aus Nordamerika in europäische Gewässer gebracht. Er ist ein wechselnd gefärbter Fisch.
Vom Wandersaibling gibt es zahlreiche Unter- und Zwergformen, auch solche in stationären Seepopulationen. In Bergseen stammt er oft aus Aquakulturen.
Lebensraum: Kühle und sauerstoffreiche Gewässer.
Größe: Bis 60 cm lang und 3 kg schwer, Zuger Rötel bis 150 g.
Qualitätsmerkmale: Schmackhaftes, zartes, lachsrotes Fleisch.

Bachsaibling – *omble (m) de fontaine*
Beschreibung: Ursprünglich beheimatet in kühlen, sauerstoffreichen Gewässern Nordamerikas und Kanadas, ist der Bachsaibling auch in Europa zu finden. Er stellt hohe Ansprüche an die Wasserqualität. Bastarde zwischen Bachsaibling und Bachforelle werden **Tigerfische** genannt. In Fließgewässern wird der Bachsaibling immer mehr von der unempfindlicheren, ertragreicheren Regenbogenforelle verdrängt. Er wird deshalb verstärkt in Aquakulturen gezüchtet.

Dorschartige Fische

Trüsche / Aalrutte – *lotte (f) de rivière*
Beschreibung: Der einzige Dorschfisch, der im Süßwasser lebt.

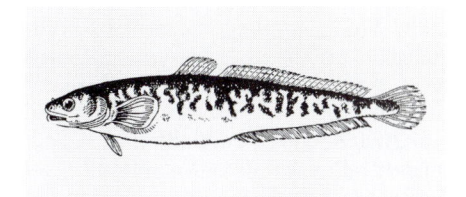

Langgestreckter, walzenförmiger Körper, hinten etwas zusammengedrückt, mit winzigen Schuppen. Breiter langer Kopf mit drei Bartfäden. Die zweite Rücken- und die Afterflosse sind, wie beim Aal, sehr lang, daher der Name **Aalrutte**.
Lebensraum: Kühle, klare Fließgewässer, in Gebirgsregionen bis 1200 m ü. M.
Nahrung: Bodentiere, Fischlaich und Fischbrut.
Größe: Bis 120 cm lang, Durchschnittsgewicht etwa 500 g.
Qualitätsmerkmale: Weißes, zartes und sehr aromatisches Fleisch. Da die Trüsche fast schuppenlos ist, wird sie gehäutet. Die übergroße Leber gilt als Delikatesse, vor deren Genuß aber gewarnt wird, da die Trüschen und vor allem ihre Leber oft von Parasiten befallen sind.

Störe

Stör – *esturgeon (m)*

Beschreibung: Störe sind Süßwasser- und Wanderfische, die nur auf der nördlichen Halbkugel vorkommen.
Haiförmiger Körper mit fünf Längsreihen von Knochenschildern. Schwanzflosse mit verlängertem Oberlappen. Das zahnlose kleine Maul kann rüsselartig vorgestreckt werden. Davor eine Querreihe von vier Bartfäden.
Die Wanderformen steigen zum Ablaichen vom Meer in die Flüsse auf. Die Jungfische wandern nach etwa zwei Jahren ins Meer ab.
Variationen
Hausen / Beluga-Stör – *grand esturgeon (m)* (200–250 cm)
Stör – *esturgeon (m)* (100–150 cm)
Sternhausen / Sevruga – *sévruga (m)* (130–140 cm)
Sterlet (Süßwasserfisch) – *sterlet (m)* (bis 100 cm)
Waxdick / Osietra-Stör – *osciètre (m)* (140–160 cm)
Lebensraum: Schwarzes, Kaspisches und Asowsches Meer.
Der Sterlet lebt nur in Zuflüssen zu Meeren und größeren Seen.
Der Stör ist wegen seines wohlschmeckenden Fleisches wirtschaftlich von großer Bedeutung. In Rußland wird er als Besatz für Staubecken und Teichwirtschaften gezüchtet.
Qualitätsmerkmale: Das Fleisch der kleineren Arten ist wohlschmeckend.

Geräucherter Stör wird sehr geschätzt. Die Nachfrage nach frischem Stör kann nicht befriedigt werden.
Die Schwimmblase des Hausen wird zur Weinklärung verwendet (Hausenblase).
Aus dem Rogen der Störarten wird der echte Kaviar gewonnen.

Kaviar – *caviar (m)*
Beschreibung: Kaviar ist der präparierte und gesalzene Fischrogen der verschiedenen Störarten. Der **echte Kaviar** stammt von vier Störarten. Produzentenländer sind Rußland und der Iran. Nur vom lebend-frischen Störweibchen gibt es guten Kaviar. Zur Entnahme des Rogen werden die Fische mit Kiemenschnitt getötet und entblutet. Der Rogen wird zum Entfernen der Gewebeteile sorgfältig von Hand durch ein Hanfsieb gedrückt und anschließend leicht gesalzen.
Von der Entnahme bis zur Verpackung des fertigen Kaviars in Dosen vergehen rund zehn Minuten. Die ideale Verpackung für frischen Kaviar ist immer noch die innen beschichtete Stülpdeckeldose mit 1,8 kg Inhalt. Mit dem Deckel wird die überschüssige Lake herausgedrückt. Verschlossen wird die Dose mit einem breiten Gummiring, so daß keine Luft in die Dose gelangen kann. In der ungeöffneten Dose bleibt der Kaviar bei bester Qualität bis zu einem Jahr genießbar. Aus diesen Dosen werden dann die gewünschten kleineren Gebinde abgefüllt.
Kaviar ist ein sehr empfindliches Produkt und sollte stets bei einer Temperatur von –2 °C bis 0 °C gelagert werden. Bei Temperaturen unter –4 °C verändern sich Geschmack und Konsistenz völlig. Moderne Kühl- und Transportanlagen ermöglichen es, frischen Kaviar an jeden beliebigen Ort der Welt zu schaffen.
Die Drehscheibe des Kaviarhandels ist der Frachtflughafen Zürich-Embraport.
Qualitätsmerkmale
Beluga ist der feinste und teuerste, mit 3,5 mm Durchmesser pro Korn auch der gröbste Kaviar. Farbe: Dunkelgrau. Ausbeute: 17–20 kg.
Osietra ist der Favorit der Kaviarkenner. Das Korn ist deutlich kleiner, hartschaliger und unempfindlicher. Der Geschmack ist nußartig und mit keinem der anderen Sorten vergleichbar. Farbe: Gelblich-Hellbraun. Ausbeute: 3–7 kg.
Sevruga stammt vom kleinsten der verschiedenen Störe, dem Sternhausen. Das Korn ist dünnschalig und sehr empfindlich, mit kräftigem und würzigem Aroma. Farbe: Mittel- bis Stahlgrau. Ausbeute: 1–3 kg.

Malossol: Die für den russischen Kaviar berühmte Bezeichnung steht für **weniger Salz,** im Maximum 3–4%.
Aussehen: Das Korn soll glasig, prall und trocken sein, gleichmäßig in Größe, Form und Farbe, von mildem, nicht salzigem oder bitterem Geschmack.
Aufbewahrung: Frische Dosenware wenn möglich auf Eis bei –2 °C bis 0 °C, pasteurisierte Ware gekühlt.
Verwendung: Beim Kaviar zählt man nicht nur den realen Wert und bezahlt ihn auch entsprechend, sondern auch seinen **Symbolwert.** Aus dem gleichen Grund steht nicht der Nährwert, sondern sein **Genußwert** im Vordergrund.
Kaviar sollte nie mit Silber oder Edelstahl in Berührung kommen, denn Silber oxydiert und bewirkt einen fischigen Geschmack des Kaviars. Geschmacksneutral sind Bestecke aus Horn, Perlmutt, Schildpatt und Holz. Serviert wird Kaviar immer kalt, wenn möglich auf einem Eissockel. Gehackte Zwiebeln und zuviel Zitrone beeinträchtigen den feinen Geschmack.

Neben dem **echten Kaviar** gibt es qualitativ guten **Ersatzkaviar:**
Keta-Kaviar: Rogen des Keta-Lachses aus dem Pazifik. Großkörnig und von natürlicher rosa Farbe.
Forellenkaviar: Der präparierte Rogen großer Exemplare ist dem Lachskaviar ebenbürtig. Am besten schmeckt der frische, nur leicht gesalzene Rogen.
Deutscher Kaviarrogen: Die günstigste aller Ersatzkaviar-Sorten stammt vom Seehasen, wird schwarz oder rot eingefärbt und ist stark gesalzen.

Karpfenartige Fische / Weißfische

Die karpfenartigen Fische bilden eine der artenreichsten Fischfamilien überhaupt. Sie gehören zu den grätenreichen Fischen. Außer Karpfen und Schleien werden sie im Gastgewerbe kaum verwendet. Da das Fleisch durchwegs schmackhaft ist, könnten sie in der einfachen Küche ihren Platz haben.

Karpfen – *carpe (f)*
Beschreibung: Der Karpfen ist asiatischen Ursprungs. Schon vor unserer Zeitrechnung wurde er in China in Teichen gezüchtet. Im römischen Altertum gelangte er nach Italien und wurde ab dem 13. und bis ins 15. Jahrhundert in ganz Europa als Teichfisch gehalten.
Kennzeichen: Auf jeder Seite des Mauls ein kürzerer und ein längerer Bartfaden.

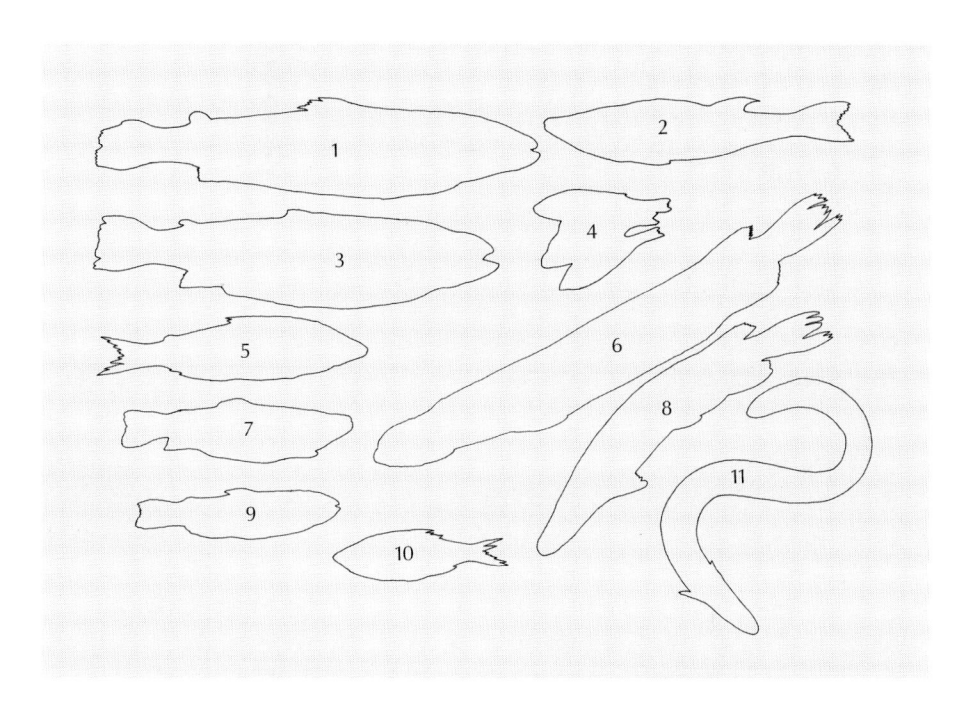

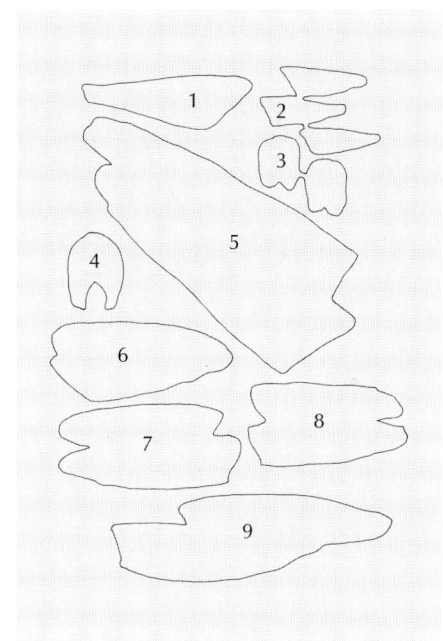

Süßwasserfische

1. Lachs / Zuchtlachs (Norwegen)
2. Zander
3. Lachsforelle / Regenbogenforelle
4. Egli / Flußbarsch
5. Felchen
6. Hecht
7. Saibling
8. Grashecht
9. Regenbogenforelle
10. Rotauge
11. Flußaal

Süßwasserfischfilets

1. Zanderfilet
2. Eglifilet
3. Hechttranchen
4. Lachstranche
5. Lachsfilets
6. Lachsforellenfilets
7. Saiblingfilets
8. Regenbogenforellenfilets
9. Felchenfilets

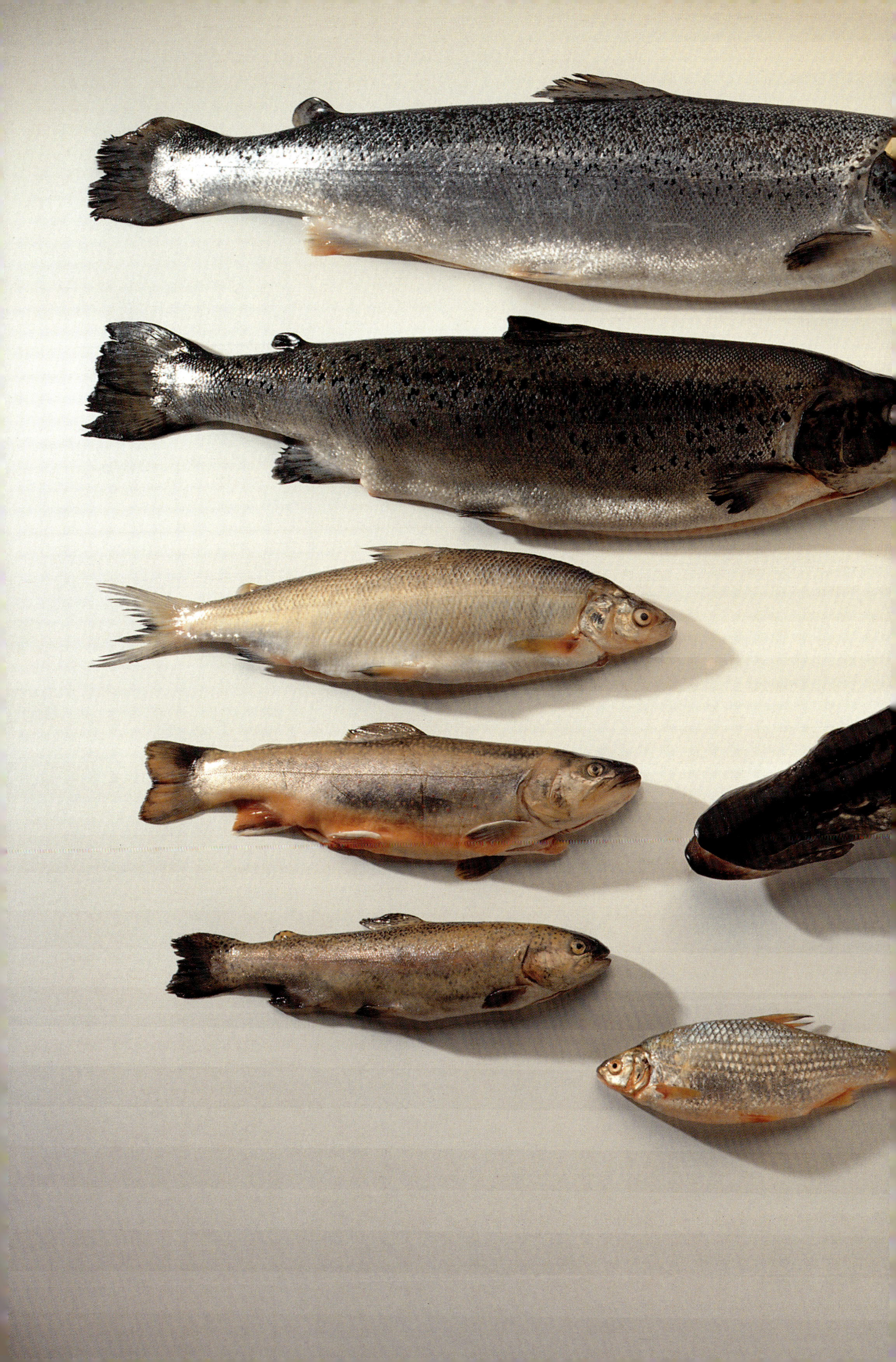

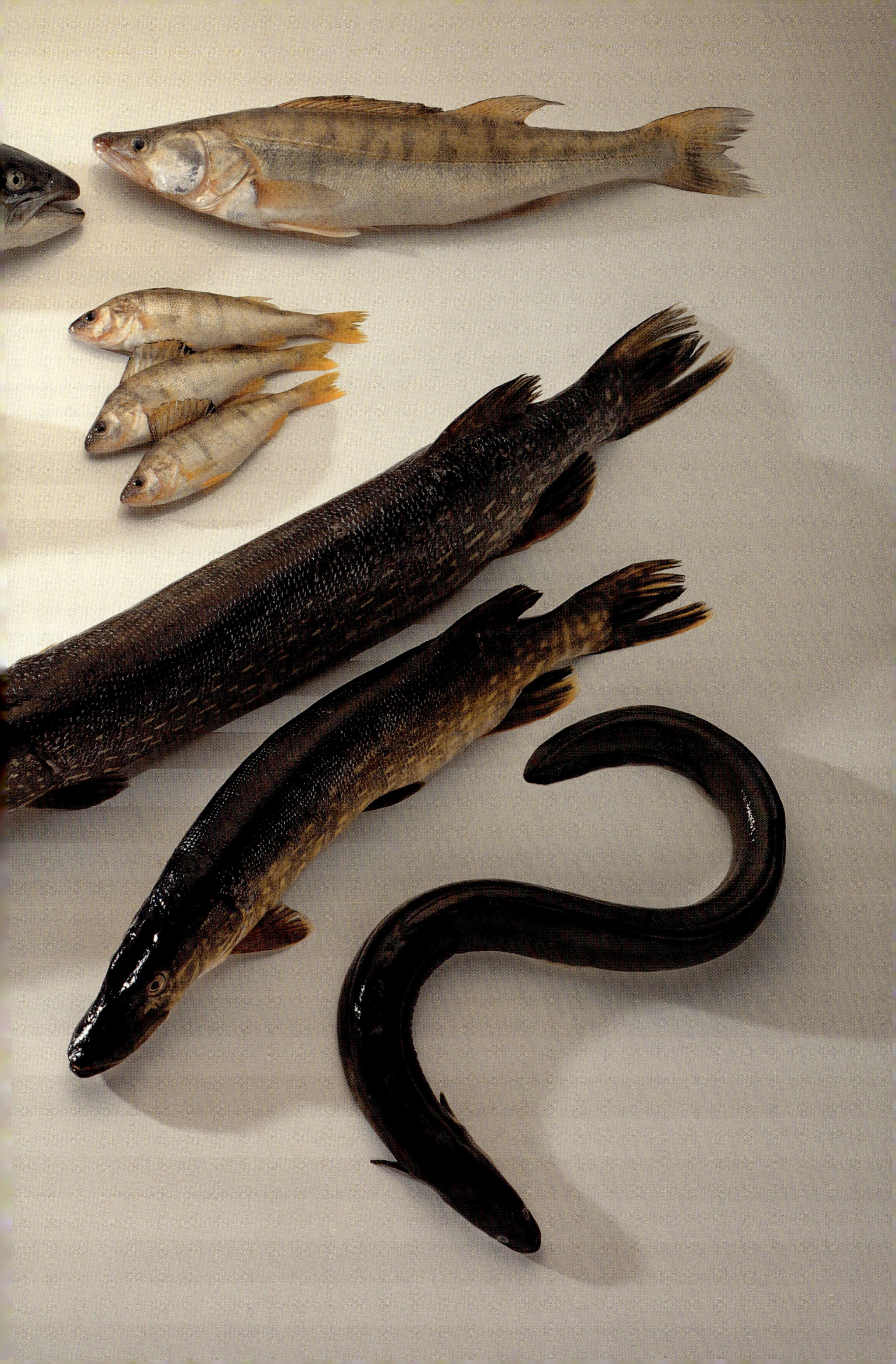

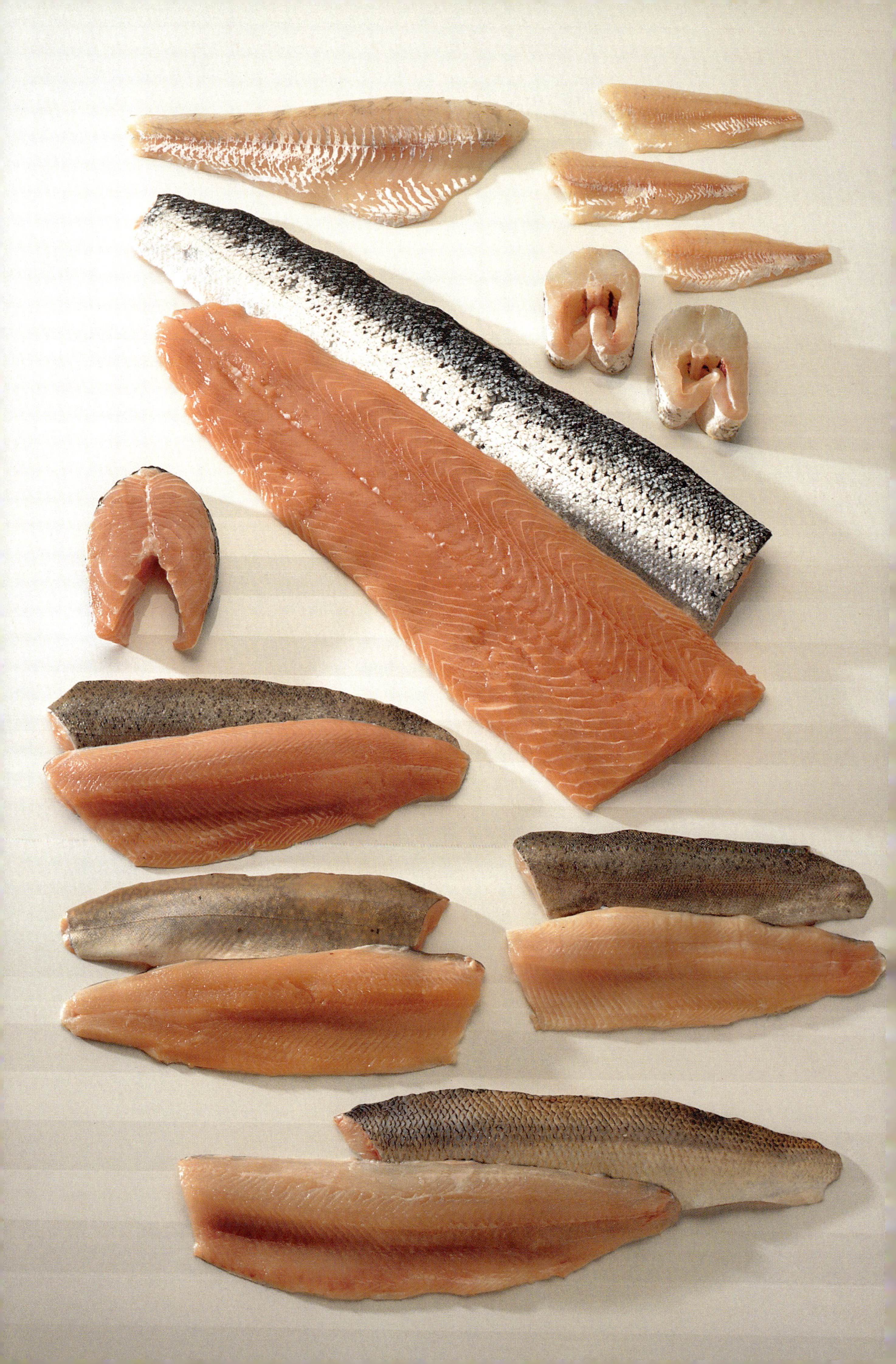

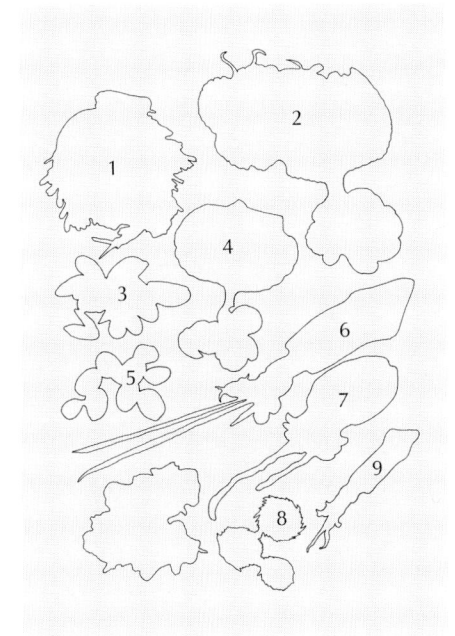

Krustentiere

1. Hummer (amerikanischer)
2. Hummer (europäischer)
3. Norwegischer Hummer / Scampo
4. Norwegischer Hummerschwanz / Scamposchwanz
5. Languste
6. Bärenkrebsschwanz
7. Königskrabbenschere
8. Krevetten (ausgelöst)
9. Flußkrebse
10. Asiatische Krevette
11. Dakar-Krevetten
12. Rote Tiefseekrevette / Carabiniero
13. Vietnamesische Süßwasserkrevette

Weichtiere und Stachelhäuter

1. Austern
2. Krake / Oktopus / Polpo
3. Miesmuscheln / *Moules*
4. Jakobsmuscheln
5. Kreuzmuster-Teppichmuscheln / Vongole
6. Gemeiner Kalmar
7. Gemeiner Tintenfisch / Sepia
8. Seeigel
9. Gemeiner Kalmar / Calamaretti

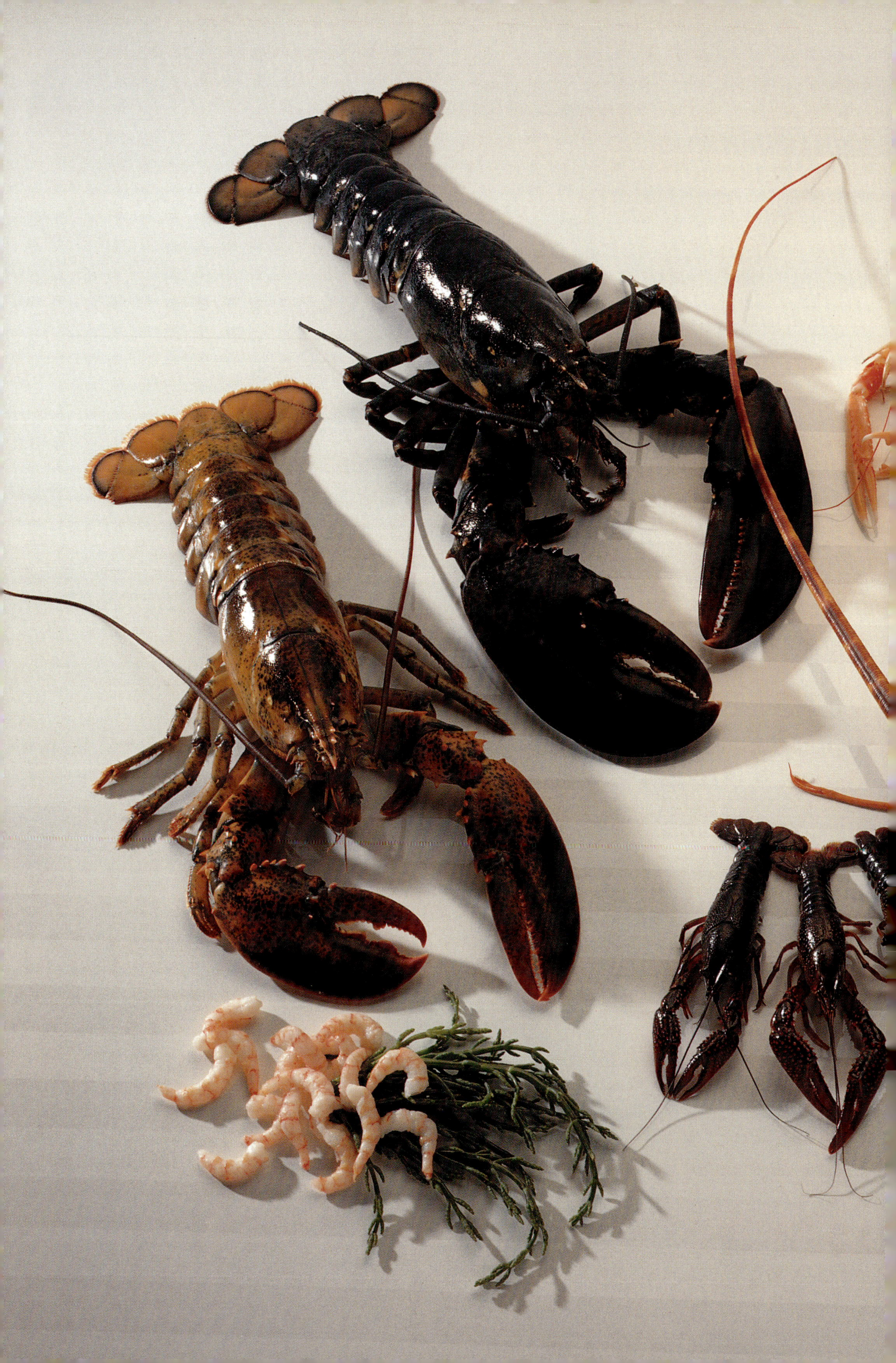

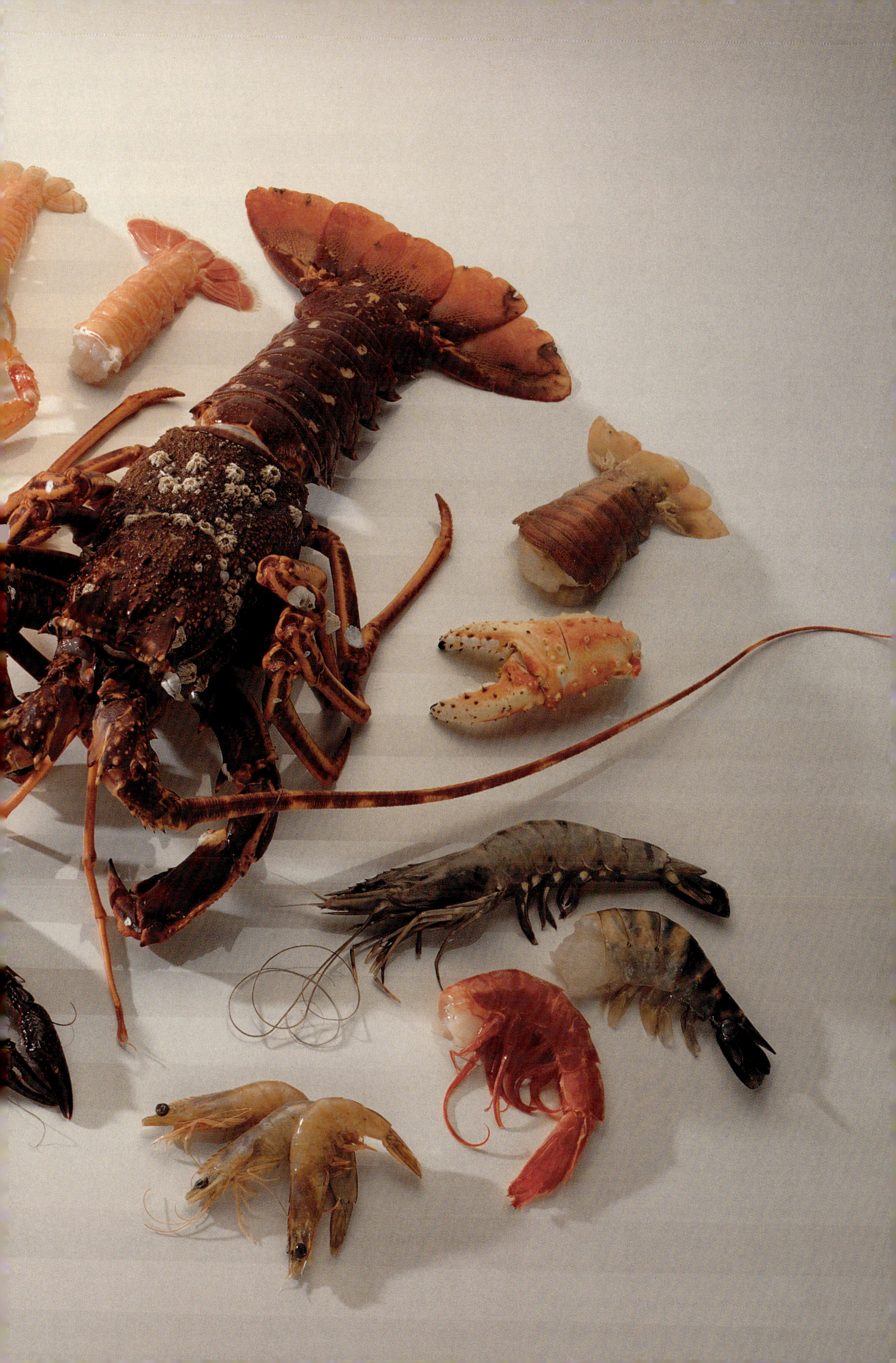

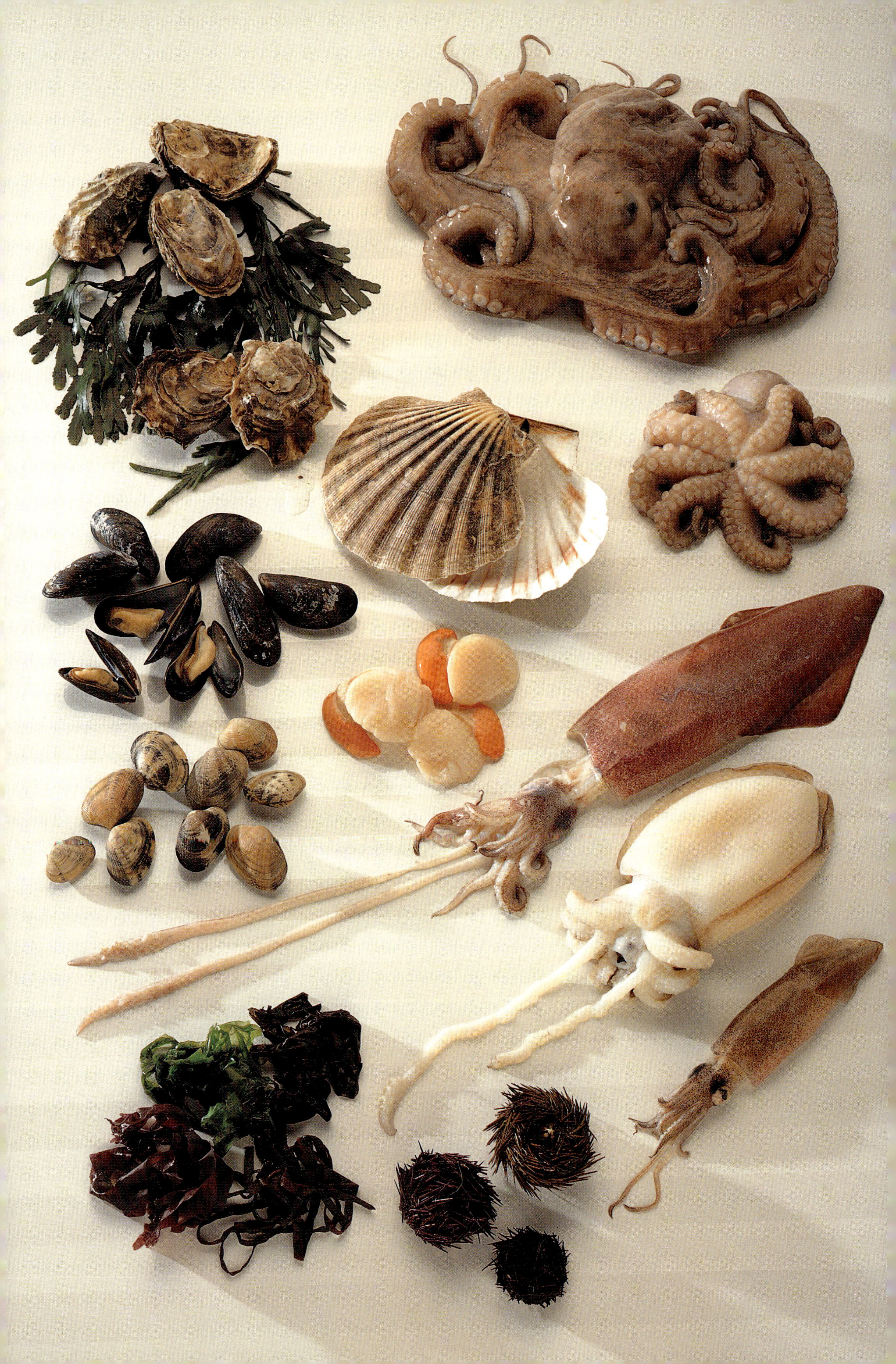

Variationen, nach der Art der Beschuppung
Schuppenkarpfen / Wildkarpfen – *carpe (f)*, die Stammform mit regelmäßigem Schuppenkleid
Spiegelkarpfen – *carpe (f) miroir*, mit wenigen, unregelmäßig verteilten, großen, spiegelartigen Schuppen
Lederkarpfen – *carpe (f) à cuir*, ohne oder mit nur wenigen Schuppen, dafür mit einer lederigen Haut

Karpfen – *carpe (f)*
Schuppenkarpfen / Wildkarpfen – *carpe (f)*
Lederkarpfen – *carpe (f) à cuir*
Spiegelkarpfen – *carpe (f) miroir*
Lebensraum: Warme, langsam fließende, am besten stehende Gewässer mit Schlammgrund und reichem Pflanzenwuchs.
Nahrung: Kleine Bodentiere und Pflanzen.
Größe: Wirtschaftlich und geschmacklich am besten sind die gezüchteten, etwa 30 cm langen und 1–2 kg schweren dreijährigen Exemplare.
Qualitätsmerkmale: Eher fettes, grätenreiches, aber schmackhaftes Fleisch. Am besten schmeckt er im Winter. Teichkarpfen werden vor dem Töten einige Tage in fließendem frischem Wasser gehalten, damit der Schlammgeruch verschwindet.

Brachse – *brème (f)*
Beschreibung: Sehr hochrückiger, seitlich abgeflachter Körper.
Lebensraum: Bevorzugt nährstoffreiche Seen und langsam fließende Gewässer.
Nahrung: Kleine Bodentiere.
Qualitätsmerkmale: Fleisch mit vielen und teils starken Gräten durchsetzt. Eignet sich deshalb vor allem zum Fritieren.

Barbe – *barbeau (m)*
Beschreibung: Kennzeichnend ist die rüsselartig verlängerte Schnauze mit vier Bartfäden an der Oberlippe.
Lebensraum: Der schlanke Fisch lebt gesellig, dicht über dem Boden klarer Fließgewässer mit Kiesgrund.
Nahrung: Kleine Bodentiere und Fischlaich.
Größe: Bis 80 cm lang und 8 kg schwer.
Qualitätsmerkmale: Wird von Kennern als feiner Speisefisch geschätzt. Vorsicht ist während der Laichzeit geboten, denn der Rogen kann Vergiftungserscheinungen hervorrufen.

Schleie – *tanche (f)*
Beschreibung: Kräftiger Körper, kleine Augen, kleines Maul, schleimige Haut, dem Karpfen ähnlich. Lichtscheuer Einzelgänger.
Lebensraum: Stehende oder langsam fließende Gewässer mit Pflanzenbeständen und Schlammgrund, in den sich die Schleie im Winter einwühlt. Kann wie der Karpfen in Zuchtteichen gehalten werden.
Nahrung: Kleine Bodentiere und Plankton.

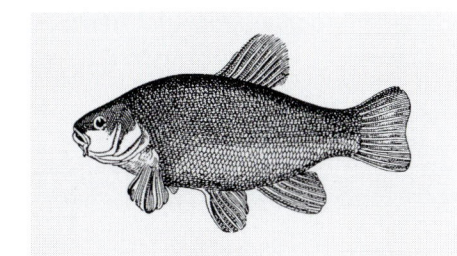

Größe: Bis 60 cm lang und 7 kg schwer. Handelsübliche Größe 600 bis 800 g und 25–30 cm lang.
Qualitätsmerkmale: Schmackhaftes, weiches, eher fettes Fleisch. Wenn die Schleien aus schlammigen Teichen stammen, müssen sie vor dem Töten in frischem fließendem Wasser gehalten werden.

Rotauge / Plötze – *vangeron (m) / vengeron (m)*

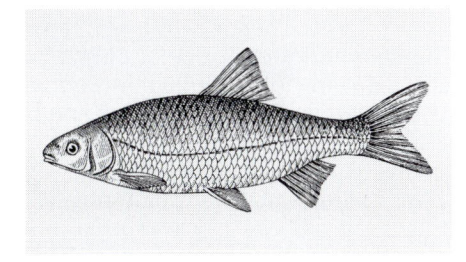

Beschreibung: Körper mehr oder weniger hochrückig, seitlich abgeflacht. Kleines Maul. Große rote Augen.
Lebensraum: Stehende oder fließende Gewässer.
Nahrung: Kleintiere und Pflanzen.
Größe: Bis 30 cm lang und 250 g schwer.
Qualitätsmerkmale: Wegen der sehr vielen hauchfeinen Gräten sollten der Fisch filetiert und die verbleibenden Gräten durch mehrmaliges Einschneiden zerkleinert werden. Anschließendes Marinieren der Filets macht die Gräten mürbe und den Fisch genießbar.

Welse

Wels / Waller – *silure (m) / glanis (m)*
Beschreibung: Walzenähnlicher, seitlich etwas abgeplatteter Körper mit breitem Kopf. Auf dem Oberkiefer zwei sehr lange, am Unterkiefer vier kürzere Bartfäden. Färbung ändert je nach Alter und Standort.

Lebensraum: Große, wärmere mitteleuropäische Flüsse und Seen mit weichem Grund.
Nahrung: Fische aller Art, Frösche. Greift auch Wasservögel an. Als gefräßiger Räuber richtet er unter den Nutzfischen großen Schaden an.
Größe: Bis 3 m lang und 150 kg schwer. Exemplare um 3 kg werden geschätzt.
Qualitätsmerkmale: Da der Wels schuppenlos ist, wird er gehäutet. Fast grätenloses, weißes, festes und eher fettreiches (11%) Fleisch.

Zwergwels – *poisson (m) – chat*
Beschreibung: Gestreckter schuppenloser Körper, nur hinten seitlich abgeflacht. Breiter Kopf mit acht Bartfäden: zwei sehr langen am Oberkiefer, vier kürzeren am Unterkiefer und je einem an den Nasenlöchern. Hat eine Fettflosse wie die Salmoniden.
Zwergwelsarten, die in Europa heimisch geworden sind, stammen aus Nordamerika. Sie haben sich in Amerika zu äußerst erfolgreichen Zuchtfischen entwickelt. Sie sind widerstandsfähig und werden deshalb auch in Europa gezüchtet.

Pangasius – *pangasius (m)*
Der Pangasius gehört zur Familie der Welse und ist somit ein Süßwasserfisch. In der Schweiz wird er unter verschiedenen Bezeichnungen wie z.B. Thai-Zungen, River Cobler, Vietnam-Seezunge usw. verkauft.
Qualitätsmerkmale: Die beste Qualität beschränkt sich auf die Namen Pangasius – Pangasius oder Pacif Dory. Das Fleisch ist weiß und fest. Bei anderen Arten findet man oft gelbliche oder rötliche Flecken auf den Filets.
Lebensraum: Die Pangasius werden hauptsächlich in Südvietnam im Mekong-Delta gezüchtet. Als Nahrung dient den Züchtern Frischfisch, welcher mit Reis zu einem Brei vermischt wird.
Handelsformen: Die gesamte Produktion wird ausschließlich tiefgekühlt exportiert.

4.2.2 Krustentiere, Weichtiere und Stachelhäuter

1. Krustentiere – *crustacés (m)*

Da die Handelsbezeichnungen von Krustentieren und Krustentierprodukten vielfach in englischer Sprache aufgeführt sind, werden neben den französischen auch die englischen Benennungen angegeben.

Hummer – *homard (m)* – lobster
Languste – *langouste (f)* – spiny lobster
Krevetten
– Krevette / Garnele – *crevette (f) grise* – shrimp
– Riesenkrevette – *crevette (f) rose* – king prawn
Norwegischer Hummer / Kaisergranat / Scampo – *langoustine (f) / scampo (m)* – Norway lobster / Dublin Bay prawn
Bärenkrebs – *cigale (f) de mer* – slipper lobster
Königskrabbe – *crabe (m) royal* – king crab
Taschenkrebs – *tourteau (m)* – crab
Seespinne – *araignée (f) de mer* – spider crab
Flußkrebs – *écrevisse (f)* – freshwater crayfish

Krustentiere sind wirbellose Tiere, deren Körper von einem Chitinpanzer (hornähnliche Körperhülle) umgeben ist. Die einzelnen Teile sind durch Gelenkhäute verbunden. Da dieser Panzer nur wenig dehnbar ist, müssen die Tiere jeden Wachstumsschritt mit einer Häutung einleiten, denn nur im frischgehäuteten Zustand können sie wachsen. Die Färbung des Panzers wird durch verschiedene Pigmente bewirkt, wobei nur der rote Farbstoff hitzebeständig, aber fettlöslich ist.
Krustentiere werden getötet, indem sie kopfvoran in siedende Courtbouillon gegeben werden. Tiere, die vor dem Verarbeiten gestorben sind, dürfen nicht verwertet werden, da die Zersetzung unter Bildung eines starken Giftes rasch erfolgt. **Tiere, die sterbend oder bereits tot gekocht worden sind, erkennt man am gestreckten Schwanz, der sich leicht bewegen läßt.**
Beschreibung: Sämtliche Krustentiere weisen fünf Paar Füße auf, wobei das vorderste Paar meist mit Greifzange und Schere ausgerüstet ist. Ebenso typisch sind – ausgenommen bei Krabben und Seespinnen – die langen Fühler (Antennen).
Im Vordergrund steht neben dem hohen Gehalt an Proteinen, die eher schwer verdaulich sind, und dem hohen Cholesteringehalt (150 mg pro 100 g) der Genußwert des Fleisches.
Aufbewahrung: Lebende Krustentiere werden in luftdurchlässigen Kisten oder Körben verpackt, die mit feuchter Holzwolle oder mit Seetang ausgelegt sind, und als Expreßgut versandt. Aus Gründen des Tierschutzes dürfen sie nicht auf Eis transportiert werden. Ideal ist die Aufbewahrung in einem Meerwasseraquarium (Vivier).
Verwendung: Als kalte oder warme Vorspeisen, für Buffets, Suppen, als selbständige Gerichte, als Garnitur für Fischgerichte.

Hummer – *homard (m)* – lobster

Variationen
Amerikanischer Hummer
Europäischer Hummer
Beschreibung: Glatter Panzer und zwei Scheren, links eine Schneideschere, rechts eine Knackschere. Die Scheren werden zum Transport zusammengebunden, damit sich die Tiere nicht gegenseitig verletzen. Die Rückenfarbe reicht von kräftiger Blaumarmorierung über Grünblau bis Schwarzviolett, je nach Bodenbeschaffenheit. Hummer aus Kanada und den USA erkennt man an der orangefarbenen Bauchseite.
Lebensraum: Algenbewachsene Felsengebiete der Meeresküsten in 20–40 m Tiefe. Der Hummer ist ein nachtaktiver Einzelgänger, der kühle Gewässer bevorzugt. Bei weniger als 5 °C verweigert er die Nahrungsaufnahme, bei über 20 °C geht er zugrunde. Importe aus Kanada, den USA (Maine), Norwegen, Irland und Island. An der amerikanischen Küste bei Maine befinden sich große Hälterungsbecken für lebende Hummer.
Nahrung: Muscheln, tote Fische und Artgenossen.
Größe: 20–70 cm, höchstens 75 cm lang.
Qualitätsmerkmale: Die Tiere kommen meistens lebend in den Handel. Der Schwanz lebender Hummer muß eingezogen und elastisch sein. Besonders geschätzt wird der **Corail,** die Eierstöcke. Am meisten werden Hummer mit Stückgewichten von 300 bis 900 g verlangt.

Languste – *langouste (f)* – spiny lobster

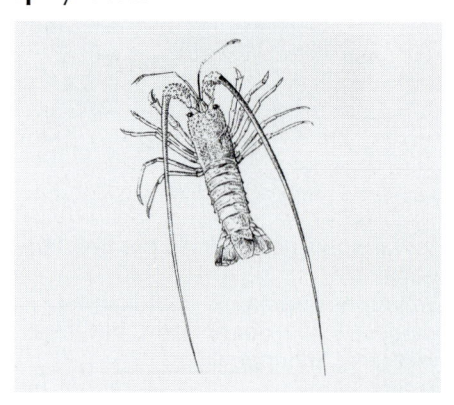

Beschreibung: Lange Fühler, stacheliger Brustpanzer, jedoch keine Scheren. Die Farbe variiert je nach Herkunft der Tiere.
Lebensraum: Langusten leben auf felsigem Grund in Tiefen von 50 bis 150 m. Sie leben als Einzelgänger und lieben mittlere Temperaturen. Importe vor allem aus Irland, Südafrika, Australien, Kuba, Portugal, der Karibik und dem Indischen Ozean.
Nahrung: Vorwiegend Weichtiere.
Größe: 25–60 cm, höchstens 75 cm lang. Bevorzugt werden 400–800 g und 1–2 kg schwere Tiere.
Qualitätsmerkmale: Langusten kommen vorwiegend lebend oder tiefgefroren (Langustenschwänze) in den Handel. Der kräftige Schwanz muß beim lebenden und beim gekochten Tier gekrümmt sein. Das Fleisch der Languste ist wohlschmeckend, aber etwas trockener als Hummerfleisch.

Krevetten – *crevettes (f)*

Unterscheidung nach Größe:
Krevette / Garnele – *crevette (f) grise* – shrimp
Riesenkrevette – *crevette (f) rose* – king prawn

Krevette / Garnele – *crevette (f) grise* – shrimp

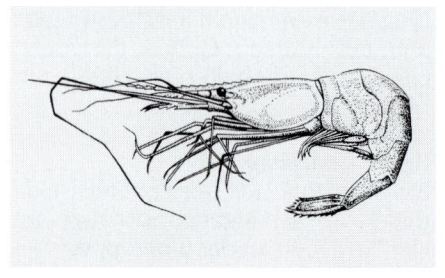

Beschreibung: Schmaler, das heißt hinten zusammengedrückter, etwas eingebogener Körper mit verhältnismäßig langen Antennen. Viele Arten wirken leicht durchsichtig. Die Farbe kann je nach Herkunft variieren.
Lebensraum: Man unterscheidet zwischen Meeres-, Süßwasser- und Brack-

wasserkrevetten. Meereskrevetten leben an sandigen Küsten in Tiefen bis zu 200 m. Süßwasserkrevetten stammen meist aus Zuchten in Reisfeldern oder aus Gezeitenzonen (Brackwasser). Importe vor allem aus Grönland, Norwegen, Dänemark, Schweden, der Türkei, Senegal, Chile und Indien.
Größe: 3–5 cm, höchstens 6 cm lang.
Qualitätsmerkmale: Kaltwasserkrevetten sind qualitativ die besten. Bei uns werden Tiefseekrevetten aus nordischen Ländern bevorzugt. Das Fleisch ist wohlschmeckend, aber leichtverderblich und wird deshalb bereits auf den Fangschiffen abgekocht und weiterverarbeitet. Erstklassige Qualitäten sind knackig, sauber geschält und vom Darm befreit.

Riesenkrevette – *crevette (f) géantes* – king prawn
Beschreibung: Schmaler, das heißt hinten zusammengedrückter, eingebogener Körper, lange Antennen. Die Farbe variiert je nach Herkunft.
Lebensraum: Man unterscheidet bei den Riesenkrevetten zwischen Meeres-, Süßwasser- und Brackwasserkrevetten. Meerestiere bevorzugen Wassertiefen zwischen 20 und 100 m und sandigen oder schlammigen Grund. Süßwasserkrevetten werden in großem Stil in Reisfeldern gezüchtet. Importe aus China, Indonesien, Taiwan, Thailand, Bangladesch, Indien und Chile.
Größe: 6–10, höchstens 15 cm lang.
Qualitätsmerkmale: Riesenkrevetten aus dem Süßwasser sind denjenigen aus dem Salzwasser qualitativ ebenbürtig. Das Fleisch ist wohlschmeckend, aber leichtverderblich. Erstklassige Riesenkrevetten sind knackig, vollfleischig, ohne Darm und geschmacksneutral. Sie kommen meist ganz oder als Riesenkrevettenschwänze tiefgefroren und nach Größen kalibriert in den Handel.

Norwegischer Hummer / Kaisergranat / Scampo – *langoustine (f) / scampo (m)* – Norway lobster / Dublin Bay prawn
Beschreibung: Schlanker Körper, auffallend dünne Scheren, glatter Panzer, lachsrote Farbe. Scampi verändern im Gegensatz zu anderen Krustentieren beim Kochen ihre Farbe kaum. Weitere Bezeichnungen: Schlankhummer, Tiefseehummer, Tiefseekrebs.
Lebensraum: Scampi leben in 50 bis 250 m Tiefe auf weichen Böden, tagsüber meist eingegraben. Die Tiere sind nachtaktiv und wachsen nur sehr langsam. Importe aus Südafrika, Island, Norwegen, Irland und Schottland.
Größe: 10–25 cm lang und 35–110 g schwer. Die Größe der Scampi-Schwänze wird in Stückzahl pro 1 lbs (Pfund) = 454 g angegeben, zum Beispiel Größe 9/12: In 454 g sind 9–12 Scampi-Schwänze enthalten, Stückgewicht 38–50 g.
Qualitätsmerkmale: Je kälter die Gewässer, in denen die Tiere leben, um so feiner ist ihr Geschmack. Da die Scheren kulinarisch ohne Bedeutung sind, gelangt meist nur der Schwanzteil in den Handel.

Bärenkrebs – *cigale (f) de mer* – slipper lobster
Beschreibung: Flacher Körper, Panzer des Vorderkörpers verbreitert, mit gezahnten Seitenrändern. Im Gegensatz zu den langen dünnen Antennen der Languste sind die Antennen des Bärenkrebses zu breiten Wülsten reduziert.
Lebensraum: Bärenkrebse leben vorwiegend in Küstennähe auf felsigem oder sandigem Grund. Man findet sie aber auch in Korallenriffen tropischer Gewässer. Importe aus Australien, Singapur und dem Indischen Ozean.
Größe: 10–45 cm lang und höchstens 2 kg schwer.
Qualitätsmerkmale: Bärenkrebse haben ein schmackhaftes, an Langusten erinnerndes Fleisch. Sie werden meist ganz, tiefgefroren oder als Bärenkrebsschwänze (Handelsbezeichnung: Slippers) angeboten.

Königskrabbe – *crabe (m) royal* – king crab

Beschreibung: Panzer mit vielen, sehr spitzen Stacheln. Nur die männlichen Tiere werden gefangen, die wesentlich größer sind als die weiblichen. Beine, Panzer und Schere sind rosarot.
Lebensraum: Die Königskrabbe lebt in arktischen und antarktischen Gewässern auf felsigem Grund in Tiefen von 150–600 m. Sie ist ein ausgesprochenes Kaltwassertier und liebt Temperaturen von 3 bis 10 °C. Importe aus Alaska, Chile und der Antarktis.
Größe: 1 m Gesamtlänge und 3–10 kg Gesamtgewicht.
Qualitätsmerkmale: Königskrabben haben einen hohen Fleischanteil. Fast alles Fleisch (Scheren, Beine, Schwanz) ist eßbar und wird verwertet. Verwendet wird aber vor allem das Beinfleisch. Das tiefgekühlte Fleisch wird als **Fancy King** bezeichnet und besteht in der Regel aus 40% Beinfleisch und 60% Körperfleisch. Bei der Dosenware wird das russische **Chatka**, das ebenfalls Fleisch von Königskrabben enthält, vorgezogen.

Taschenkrebs – *tourteau (m)* – crab
Beschreibung: In seinem Panzer sieht der Taschenkrebs aus, als sei er in zwei große flache Schalen eingebettet. Die beiden vorderen Füße sind zu Greif- und Knackzangen ausgebildet. Der Rücken des Panzers ist braun bis rötlichbraun, die Unterseite gelblich.
Lebensraum: Stationärer Bewohner sandigen und steinigen Grundes in 1–50 m Meerestiefe. Importe aus Schottland, Spanien und der Bretagne.
Nahrung: Muscheln und Bodentiere.
Größe: 10–40 cm, höchstens 50 cm lang.
Qualitätsmerkmale: Im Gegensatz zur imposanten Größe des Panzers enthält der Körper wenig Fleisch. Es wird vorwiegend den Scheren und dem Bruststück entnommen und ist sehr beliebt.

Seespinne – *araignée (f) de mer* – spider crab
Beschreibung: Die an eine Spinne erinnernde Krabbe hat einen stark gewölbten Rückenpanzer. Der vordere Rand ist mit kräftigen Stacheln bewehrt. Rücken braunrot.
Lebensraum: Seespinnen bevorzugen algenbewachsene Sandgründe oder bewachsene Felsabbrüche in Tiefen ab 20 m. Mittelmeerküste bis zum Kanal, Antlantikküste, Küsten Nordafrikas.
Nahrung: Vorwiegend Wasserpflanzen.
Größe: 10–20 cm, höchstens 25 cm lang.
Qualitätsmerkmale: Schmackhaftes, aber nicht sehr ergiebiges Fleisch. Verwendet wird das Fleisch der Beine und des Körpers.

Flußkrebs – *écrevisse (f)* – freshwater crayfish

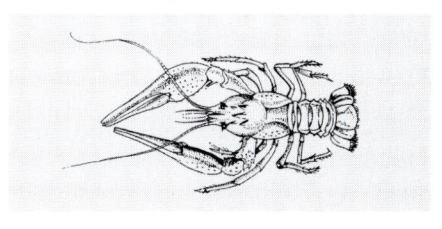

Variationen: Edelkrebs, amerikanischer Krebs, Sumpfkrebs (galizischer Krebs).
Beschreibung: Breiter, fester, teilweise rauher Brustpanzer, etwa gleich langes Schwanzstück. Die Farbe variiert von Olivgrün bis Grauschwarz oder Grauoliv, je nach Herkunft.

Lebensraum: Der Edel- oder Flußkrebs lebt in seichten, sauberen, kalkreichen Bächen, Teichen und Seen. Er wird durch Gewässerverschmutzung und Krankheiten (Krebspest) stark dezimiert. Importe aus der Türkei, aus Spanien, den USA (Mississippi) und aus den Oststaaten. Kommt in unbedeutenden Mengen auch in schweizerischen Gewässern vor.
Größe: 10–15 cm lang, 80–140 g schwer.
Qualitätsmerkmale: Geschmack und Qualität des Krebsfleisches hängen von der Reinheit des Gewässers und der Art der Nahrung ab. Das Fleisch ist saftig, zart und von leicht süßlichem Geschmack.

2. Weichtiere – *mollusques (m)*

Muscheln – *coquillages (m)*

Auster – *huître (f)*
Miesmuschel / Pfahlmuschel – *moule (f)*
Jakobsmuschel – *coquille (f) Saint-Jacques*
Pilgermuschel – *grande peigne (f)*
Kammuschel – *pétoncle (m)*
Schwertmuschel – *couteau (m)*

Schnecken – *escargots (m)*

a) Landschnecken
   Weinbergschnecke – *escargot (m) de Bourgogne*
b) Meeresschnecken
   Strandschnecke – *bigorneau (m)*
   Seeohr / Abalone – *oreille (f) de mer*

Tintenfische

Gemeiner Kalmar – *calmar (m) / encornet (m)*
Gemeiner Tintenfisch – *seiche (f)*
Zwergsepia – *sépiole (f)*
Krake / Oktopus – *pieuvre (m) / poulpe (m)*

Muscheln – *coquillages (m)*

Das Gehäuse der Muscheln besteht aus Schalen oder Klappen, die am Rücken miteinander verbunden sind. Das Schließen der Schalenhälften besorgt ein Schließmuskel. Von kulinarischer Bedeutung sind die Muschelarten des Meeres.
Beschreibung: Strenge Qualitätskontrollen sorgen dafür, daß die auf den Markt kommenden Muscheln einwandfrei sind. Dennoch sollte man auf folgendes achten:
– Lebendfrische rohe Muscheln haben geschlossene Schalen.
– Tiere mit geöffneten Schalen können tot sein. Sie dürfen auf keinen Fall verwendet werden. Der Genuß solcher Tiere kann zu schweren Vergiftungen führen.
– Beim Kochen müssen sich die Muscheln öffnen. Muscheln, die sich nicht öffnen, sind ungenießbar, und sie zu essen wäre gefährlich.

Aufbewahrung: Lebende Muscheln sollten so frisch wie möglich konsumiert werden. Im Kühlschrank sollten sie horizontal aufbewahrt werden, damit der Meerwasservorrat nicht ausläuft. Wenn sie mit einem Gewicht beschwert werden, können sie sich nicht öffnen.
Verwendung: Als kalte Vorspeisen, in Suppen, für warme Vorspeisen, als Garnituren für Fischgerichte, Salate, Landesspezialitäten.

Auster – *huître (f)*

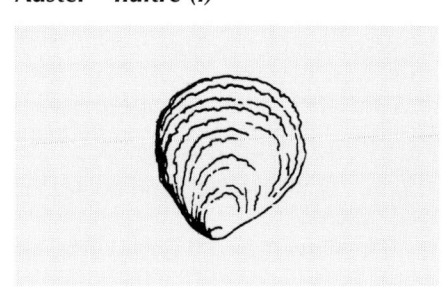

Variationen
Flache Auster / europäische Auster / Rundauster – *huître (f) plate*
Bauchige Auster / Felsenauster / portugiesische Auster – *huître (f) creuse / huître (f) portugaise*
Pazifische Felsenauster / japanische Auster – *huître (f) creuse du Pacifique / huître (f) japonaise*

Beschreibung: Die Auster hat eine obere unregelmäßig blättrige, eher flache und eine untere gewölbte Schale.
Lebensraum: Austern bewohnen die flachen Küstenräume der Meere in allen warmen und gemäßigten Zonen der Erde, die einen Salzgehalt von 2–3% aufweisen. Sie wurden bereits im Altertum mit Erfolg gezüchtet. Die Austernzucht erfolgt in künstlich angelegten Bänken oder in «Austernparks» und ist sehr arbeitsintensiv. Führend in der Austernzucht sind Frankreich, Holland, Dänemark, England, Irland, die USA, Kanada, Japan, China und Neuseeland.
Qualitätsmerkmale: Austern sind roh nur lebend genießbar. Erstklassige Austern sind fest verschlossen, vollfleischig, haben einen frischen Meergeruch, sind bis zum Schalenrand ausgebreitet und haben einen Meerwasservorrat in der Schale. Sie werden in verschiedenen Größen gehandelt. Klassierung je nach Sorte und Land unterschiedlich.

Herkunft und Benennung: Die flache Auster wird heute in verschiedenen Ländern der Atlantik- und der Nordseeküste gezüchtet. Die Bestände sind stark zurückgegangen. Bezeichnet werden sie nach dem Herkunftsort (Region):
Frankreich: Belons, Marennes, Gravettes d'Arcachon
Holland: Impériales
Belgien: Ostendes
Irland: Rossmore-, Redbank-, Galway-Austern
Dänemark: Limfjords
England: Colchester-, Helford-, Pyefleet-, Whitestable-, Native-Austern
Seit den sechziger Jahren sind Bestände und Erträge der portugiesischen Auster stark zurückgegangen. Sie wurde weitgehend durch die pazifische Felsenauster ersetzt, die sehr widerstandsfähig ist und inzwischen eine dominierende Stellung einnimmt. Bezeichnet werden diese Austern nach der Zuchtmethode, zum Beispiel: *Huîtres de parc, Fines de claires, Spéciales de claires,* manchmal auch nach der Herkunft: *Creuses de Zélande, Marennes-Oléron.*

Miesmuschel / Pfahlmuschel – *moule (f)*

Beschreibung: Die Miesmuschel ist länglichrund und hat außen eine dunkelblaue bis braunlila Schale. Die Innenseite ist weißlichblau bis schwach perlmuttern.
Lebensraum: Von Natur aus zwischen 10 m Tiefe und der Wasseroberfläche an Steinen, Pfählen und anderen natürlichen Unterlagen. Die Miesmuschel wird an allen europäischen Küsten gezüchtet. Sie ist die wichtigste eßbare Muschel. Importe aus Spanien, Frankreich, Dänemark und Holland.
Qualitätsmerkmale: Erstklassige Miesmuscheln haben geschlossene Schalen und einen frischen Meergeruch. Sie werden gereinigt und in Körben oder Säcken versandt. Das schmackhafte Fleisch stellt ein hochwertiges Nahrungsmittel dar.

Jakobsmuschel – *coquille (f) Saint-Jacques*

Beschreibung: Die fast weißschalige Jakobsmuschel, auch Pilgermuschel genannt, erreicht einen Durchmesser von 10–13 cm. Ihre ungleichklappigen Schalen haben scharfkantige breite Strahlenrippen.
Lebensraum: Bevorzugt Sand- und Korallengrund. Vor allem im Mittelmeer verbreitet.
Qualitätsmerkmale: Eßbar sind das Muskelfleisch und das orangefarbige Corail (Rogen). Erstklassige Exemplare sind vollfleischig und von heller Farbe. Jakobsmuscheln kommen lebend oder

als Muskelfleisch (frisch oder tiefgekühlt) in den Handel.

Pilgermuschel – *grande peigne (f)*
Beschreibung: Die Pilgermuschel ist wie die Jakobsmuschel eine Kammuschel und sieht ihr sehr ähnlich. Sie hat rotbraune ungleichklappige Schalen mit violettem Schimmer und gerundeten Rippen.
Lebensraum: Lebt auf sandigem Boden, kommt im Flachwasser, aber auch in Tiefen bis zu 200 m vor. Herkunft: Atlantik, Norwegen, Britische Inseln, nicht aber Mittelmeer.
Qualitätsmerkmale: Der eßbare Muschelinhalt besteht aus dem weißlichen Schließmuskel und dem orangefarbenen Corail. Erstklassige Exemplare sind vollfleischig und von heller Farbe.

Schwertmuschel – *couteau (m)*
Beschreibung: Bei allen zu dieser Familie gehörenden Arten sind die Schalen schmal und langgezogen.
Lebensraum: Weiche sandige Böden, in denen sich die Schwertmuschel schnell und tief eingräbt (bis 1 m tief). Mit Ausnahme der kalten Zonen ist die Schwertmuschel in allen Meeren verbreitet.
Qualitätsmerkmale: Das Fleisch kann roh gegessen werden, ist aber nicht sehr schmackhaft. Die Muscheln müssen vor der Verarbeitung gründlich vom Sand befreit werden.

Weitere bekannte Muschelarten

Isländische Kammuschel – *pétoncle (f)*
Strahlige Venusmuschel – *clovisse (f) / petite praire (f)*
Vongola (ital.) – *palourde (f)*
Kreuzmuster-Teppichmuschel / Vongola (ital.) – *palourde (f) croisée*
Eßbare Herzmuschel – *coque (f) / bucarde (f)*
Gemeine Herzmuschel – *bigon (m) / rigadot (m)*
Warzige Venusmuschel – *praire (f)*
Rauhe Venusmuschel – *coque (f) rayée*
Quahog-Muschel / Venusmuschel – *clam (m)*
Samtmuschel – *amande (f) de mer*
Große Sandklaffmuschel – *mye (f) / clanque (f)*
Sandmuschel / Strandauster – *bec-de-jar (m)*

Schnecken – *escargots (m)*

Die Schnecken sind die artenreichste Gruppe der Weichtiere und kommen überall – auf dem Lande, im Meer und im Süßwasser – vor. Kulinarisch von Bedeutung sind die Meer- und die Landschnecken.
Beschreibung: Die meisten Schnecken haben ein spiralförmig gewundenes Gehäuse. Es gibt Arten mit zurückgebildetem Gehäuse, das wie eine Muschelklappe aussehen kann. Schnecken haben einen deutlich erkennbaren Kopf mit «Fühlhörnern», die als Tastorgane ausgebildet sind.
Aufbewahrung: Landschnecken werden verarbeitet als Konserven oder tiefgekühlt angeboten. Meerschnecken kommen meist lebend zum sofortigen Frischkonsum in den Handel.

Landschnecken

Weinbergschnecke – *escargot (m) de Bourgogne*

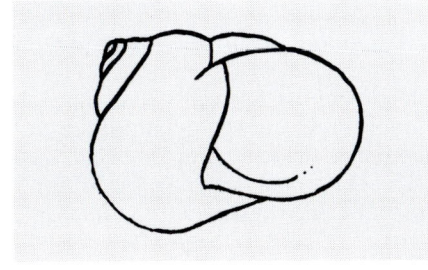

Beschreibung: Heute gilt die Weinbergschnecke als Delikatesse, während sie früher ein weitverbreitetes Volksnahrungsmittel war. Der Bedarf kann nicht mehr mit freilebenden Schnecken gedeckt werden. Sie werden in sogenannten Schneckengärten gemästet.
Lebensraum: Die in der gemäßigten Zone Europas überall anzutreffende Landschnecke hat früher in Weinbergen, wo sie besonders gerne die jungen Rebentriebe abfraß, großen Schaden angerichtet. Der Name Weinbergschnecke ist ihr geblieben, in den Weinbaugebieten aber ist sie ausgerottet. Man findet sie in Gärten, in Parks und an Waldrändern. Importe aus der Türkei, aus Frankreich, Polen und Ungarn.
Qualitätsmerkmale: Große, vollfleischige Exemplare werden bevorzugt. Sie kommen meist tiefgekühlt oder als Konserven in den Handel. Heute wird zusätzlich die tropische **Achatschnecke** aus Südostasien (Thailand, Taiwan, Vietnam) importiert.

Meeresschnecken

Strandschnecke – *bigorneau (m)*
Beschreibung: Strandschnecken haben ein kegelförmiges Gehäuse mit scharfer Spitze, sind graugrün mit konzentrischen Streifen. An der französischen Atlantikküste werden sie an einigen Stellen in sogenannten Schneckenparks gehalten.
Lebensraum: Häufigste Meeresschnecke, die an allen europäischen Küsten vorkommt.
Qualitätsmerkmale: Strandschnecken werden in der Regel im Salzwasser gekocht. Das Fleisch wird mit einem kleinen Spießchen herausgeholt und wird von Liebhabern sehr geschätzt.

Seeohr / Abalone – *oreille (f) de mer*
Beschreibung: Seeohren haben einen sehr kräftigen Saugfuß, dessen Sohle die gesamte Öffnung des Gehäuses ausfüllt. Mit ihm saugen sie sich am Untergrund fest und können nur schwer losgelöst werden. Die Schale ist an der Außenseite unscheinbar und am Gehäuserand mit einer Reihe von Löchern versehen. Die Innenseite ist mit Perlmutt überzogen.
Lebensraum: Brandungszonen der Meere in Tiefen bis zu 8 m. Importe vor allem als Konserven aus Japan, den USA und Australien.
Qualitätsmerkmale: Seeohren werden als kulinarische Köstlichkeiten vor allem in der chinesischen und der japanischen Küche geschätzt. Das Muskelfleisch ist zäh und muß lange gekocht werden.

Weitere bekannte Meerschnecken

Mittelmeerschnecke / Herkuleskeule – *murex (f) massue*
Gemeine Strandschnecke – *bigorneau (m)*
Uferschnecke – *vigneau (f)*
Wellhornschnecke – *buccin (m) / ondé (m) / bulot (m)*

Tintenfische

Die Tintenfische sind die am höchsten entwickelten Weichtiere. Sie leben durchwegs im Meer. Einige Arten zählen zu den schnellsten Meeresbewohnern.
Es werden zwei Hauptgruppen unterschieden: die zehnarmigen und die achtarmigen Tintenfische.
Der Kopf der Tintenfische ist mit teilweise langen, beweglichen Armen versehen, die vielfach mit Saugnäpfen besetzt sind und zum Ergreifen der Beute, zum Tasten und zum Kriechen benutzt werden. Eßbar sind der schlauchförmige Körper und der Kopfteil (ohne Augen und Mund). Einige Arten haben eine Farbstoffdrüse, den sogenannten Tintenbeutel.

Frische Tintenfische sind leichtverderblich und müssen rasch verarbeitet werden. Sie kommen frisch oder tiefgefroren (ganz, Tuben, Ringe) in den Handel.

Gemeiner Kalmar – *calmar (m) / encornet (m)*

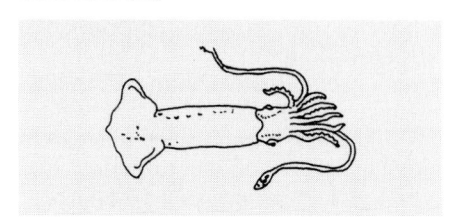

Beschreibung: Schlanker, torpedoartiger Körper mit zehn Armen. Zwei breite, dreieckige Flossen. Hellbeige bis violett. Der Kalmar hat in seinem Körper eine zellophanartige, durchsichtige Schale, den sogenannten Schulp.
Lebensraum: Mittelmeer und Atlantik. Lebt in Küstennähe, vielfach in Schwärmen. Unternimmt weite, jahreszeitlich bedingte Wanderungen.
Nahrung: Muscheln, Krebse und Fische.
Größe: Zwischen 100 und 800 g.
Qualitätsmerkmale: Erstklassige Kalmare sind weiß, zart und dickfleischig. Im Handel als Calamares oder Calamari, kleinere Exemplare als Calamaretti.

Gemeiner Tintenfisch – *seiche (f)*

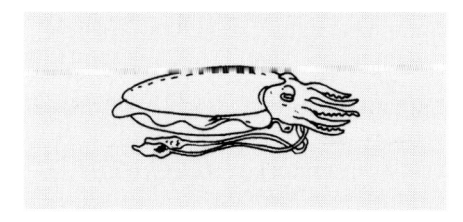

Beschreibung: Runder bis ovaler abgeflachter Körper, der an der Seite in einen dünnen Flossensaum ausläuft. Typisch ist die an Zebrastreifen erinnernde Quermusterung auf dem Rücken. 10 Arme, davon 2 Fangarme. Im Körper befindet sich eine Kalkschale (Schulp).
Lebensraum: Lebt auf dem Meeresboden im lockeren Sand. Er wühlt sich durch Schütteln des Flossensaumes darin ein. Kommt in allen Weltmeeren vor. Importe vor allem aus dem Mittelmeer und dem Atlantik.
Qualitätsmerkmale: Erstklassige Tintenfische sind weißfleischig und bis 30 cm groß. Die Farbbeutel frischer Tintenfische werden vielfach zum Färben von Teigwaren, Risotto und Saucen verwendet.

Zwergsepia – *sépiole (f)*
Beschreibung: Rundlicher, abgeflachter Körper mit seitlichem dünnen Flossensaum. Die innere Schale des Zwergsepia ist stark zurückgebildet. 10 Arme, davon 2 Fangarme.
Lebensraum: Küstennähe, auf sandigem Grund, vor allem im Mittelmeer.
Größe: 3–6 cm.
Qualitätsmerkmale: Erstklassige Exemplare sind weiß und zart.

Krake / Oktopus – *pieuvre (m) / poulpe (m)*
Beschreibung: Der Kopf mit den beweglichen Fangarmen befindet sich oberhalb des rundlichen, sackartigen Rumpfes. 8 Arme, jedoch keine Schale (Schulp). Rötlichbraun.
Lebensraum: Kraken leben als Bodentiere in Küstennähe, tagsüber in Höhlen und Felsspalten versteckt. Sie kommen in allen Weltmeeren bis in Tiefen von 200 m vor. Importe aus Marokko und von den Kanarischen Inseln.
Qualitätsmerkmale: Jüngere Tiere sind zart, ältere Exemplare benötigen eine lange Garzeit. Verwendet werden die Arme, deren Haut abgezogen wird.

3. Stachelhäuter – *échinodermes (m)*

Die bekanntesten eßbaren Stachelhäuter sind die **Seeigel** und die vor allem in Ostasien beliebten **Seewalzen** oder **Seegurken.**
Stachelhäuter haben eine lederartige, samtige oder stachelige Haut. Ihr eßbarer Anteil ist äußerst gering. Sie werden vor allem an den Fangorten gegessen.
Seeigel gelangen lebend in den Handel und sind zum sofortigen Verzehr bestimmt. Seewalzen werden ausschließlich getrocknet gehandelt und sind somit sehr lange haltbar.

Seeigel – *oursin (m)*
Beschreibung: Eßbare Seeigel sind bläulichweiß, violett, rotgrünlich oder schwarz gefärbt. Das Öffnen geschieht mit Handschuhen und Schere an der Mundseite. Stacheln in der Haut lassen sich schwer entfernen und führen meistens zu Infektionen.
Lebensraum: Auf algenbewachsenen Hartböden unterhalb der Gezeitenzone, bis in eine Tiefe von 40 m. Importe aus dem Nordatlantik (Island, Norwegen und Portugal).
Nahrung: Vorwiegend Tang und Algen. Einige Seeigel sind auch Räuber und Aasfresser.
Qualitätsmerkmale: Die eßbaren Teile des Seeigels beschränken sich auf die orange-gelbbraunen Keimdrüsen, die sternförmig angeordnet in der Schale liegen. Sie werden am besten mit einem Kaffeelöffel herausgelöst.

Seewalze / Seegurke – bèche (f) de mer
Lebensraum: Sandige oder schlammige Meeresböden bis 40 m Tiefe, vor allem Polynesien, Neuguinea, malaiischer Archipel und Indonesien.
Qualitätsmerkmale: Nach dem Fang werden die Tiere gekocht. Anschließend werden die stark geschrumpften Seewalzen an der Sonne getrocknet und zwischendurch zwei- bis dreimal gedämpft, schließlich monatelang geräuchert.
Getrocknete Seewalzen werden unter dem Namen Trepang (malaiisch für Seegurke) gehandelt. Sie werden vor allem zu fernöstlichen Gerichten (Trepang-Suppe) verarbeitet.

4.2.3 Fleisch

Die inländischen Schlachttiere decken den größten Teil des Fleischbedarfs. Importiert werden vor allem Spezialstücke wie Rindsnierstück (Filet, Roastbeef, Huft), Lammrücken, Lammkeule und Karree (Pistolas).
Die Fleischstruktur besteht aus vielen Muskelfasern, die dicker, dünner (grob- oder feinfaserig), kürzer oder länger sein können.

Gesetzliche Grundlagen

Fleisch

Fleisch sind alle genießbaren Tierkörper und Tierkörperteile, die keiner Behandlung unterzogen worden sind. Nicht als Behandlung gelten:
- Kältebehandlung
- Zerkleinern (Zerlegen, Schnetzeln, Hacken)
- Verpackung
- die Anwendung von Verarbeitungshilfsstoffen bei der Gewinnung

Fleischerzeugnisse

Fleischerzeugnisse sind Lebensmittel, die unter Verwendung von mindestens 20 Massenprozent Fleisch hergestellt sind.

Leicht verderbliche Produkte

a) Fleisch
b) küchen- und pfannenfertige Fleischerzeugnisse
c) alle rohen Hackfleischwaren
  - Brühwurstbrät, Schweinsbratwurst,
  - Adrio, Hackbraten, Hacksteaks
d) erhitzte, nicht umgerötete oder erhitzte, umgerötete und aufgeschnittene Brühwurstwaren
e) Blut- und Leberwürste, Schwartenmagen
f) aufgeschnittene Kochpökelwaren
g) Sulzartikel
h) gegartes, aufgeschnittenes Fleisch
i) gekochte Kutteln

Die oben genannten Lebensmittel gelten nicht als leicht verderblich, wenn sie tiefgekühlt sind oder einem Verfahren unterzogen wurden, welches die Haltbarkeit deutlich verlängert.

Fleisch in der Ernährung

Fleisch ist ein wertvoller Proteinspender und Lieferant von Mineralsalzen wie Eisen und Vitaminen der B-Gruppe. Das Fleischprotein ist biologisch sehr hochwertig, weshalb schon kleine Mengen ausreichen, um den Proteinbedarf des Menschen zu decken. Der Proteingehalt beträgt je nach Sorte und Stück 15–22%.
Kohlenhydrate sind, mit Ausnahme der Leber, im Fleisch praktisch nicht enthalten. Der Gehalt variiert zwischen 1 und 5%.
Der Fettgehalt ist nicht primär von der Tierart abhängig, sondern von den einzelnen Stücken. Magere Stücke haben einen Fettanteil von 1–6%, durchzogene von 15–25%. Tierart, Mastgrad, das einzelne Stück und die Zubereitungsart machen Fleisch zu einem mehr oder weniger wichtigen Fettlieferanten.
Unerwünschte Stoffe im Fleisch stammen teilweise aus der Umwelt, zum Beispiel Schwermetalle oder Pestizidrückstände. Pharmarückstände aus der Mast oder von einer Therapie können ein großes Problem darstellen, wenn solche Mittel illegal eingesetzt worden sind.
Zartes Fleisch von jungen Tieren ist leichtverdaulich.

Fleischkontrolle

Die Fleischkontrolleurin oder der Fleischkontrolleur untersucht die Schlachttierkörper und bezeichnet das Fleisch und die dazugehörenden Schlachterzeugnisse mit einem Stempelabdruck als **genießbar.**

Fleischkontrollstempel

Der Stempelabdruck befindet sich:

a) bei Tieren der Rinder- und Pferdegattung:
  - auf beiden Vordervierteln
  - auf beiden Hintervierteln
  - auf beiden Nierstücken (Ausnahme Kalb)
  - auf der Zunge (Ausnahme Kalb)

b) beim anderen Schlachtvieh sowie bei Zucht-Schalenwild: je ein Stempelabdruck auf jeder Hälfte.

Fleischlagerung

Fleisch ist sehr leicht verderblich und muß deshalb mit besonderer Sorgfalt behandelt werden. Die Haltbarkeit wird wesentlich von der persönlichen und der Betriebshygiene beeinflußt.
Fleisch und Fleischerzeugnisse müssen stets kühl gelagert werden. Der Fleischkühlraum muß eine Temperatur von 0 °C bis 2 °C aufweisen, die relative Luftfeuchtigkeit soll 82–85% betragen. Bei zu trockener Luft verliert das Fleisch an Gewicht, bei zu hoher Luftfeuchtigkeit bildet sich bald ein schmieriger Belag.
Fleisch soll getrennt nach Sorten aufgehängt oder auf Blechen gelagert werden. Um eine starke Saftbildung zu verhindern, darf es nicht gestapelt werden.
Da Fleisch bei der Lagerung, auch bei optimalem Klima, an Gewicht verliert, wird es oft schon nach kurzer Zeit in die einzelnen Stücke zerlegt und vakuumiert. Diese Art der Lagerung hat sich vor allem bei Rind- und Kalbfleisch sehr bewährt. Bei Schweinefleisch kann die Lagerzeit durch das Vakuumieren nicht wesentlich verlängert werden.
Vakuumieren ist nur in Verbindung mit Kühlen eine geeignete Konservierungsart. Alle Vakuumpackungen müssen datiert werden.
Zum Tiefkühlen ist das Vakuumverpacken für alle Fleischsorten empfehlenswert, denn das Austrocknen (Gefrierbrand) wird so am besten verhindert.

Lagerdauer (von der Schlachtung bis zum Verbrauch)

Kalbfleisch	
Kurzbratstücke	1–2 Wochen
Bratenstücke zum Glasieren	6–8 Tage
Rindfleisch	
Kurzbratstücke	3 Wochen
Schmorbratenstücke	
Siedfleischstücke	4 Tage oder länger
Schweinefleisch	
Kurzbratstücke	7–10 Tage
Bratenstücke zum Glasieren	4–8 Tage
Lammfleisch	
Je nach Verwendung	1–2 Wochen

Fleischreifung

Durch die Fleischreifung werden die Muskelfasern mürbe, das Fleisch wird zarter und aromatischer.
Vernünftige Mast und Aufzucht der Tiere sind Voraussetzung für eine gute Fleischqualität.
Werden Tiere in gehetztem oder leicht fiebrigem Zustand geschlachtet, so hat dies direkte negative Auswirkungen auf die Fleischreifung, ja sie kann praktisch verunmöglicht werden.
Unmittelbar nach dem Schlachten beginnen die fleischeigenen Enzyme aktiv zu werden. Sie bauen das Glykogen über Glukose zu Milchsäure ab. Milchsäure im Fleisch bewirkt die Aromabildung und hemmt ein übermäßiges Bakterienwachstum.
Fleischstücke mit einer langen Garzeit können nach einigen Tagen bereits verwendet werden. Kurzbratstücke hingegen benötigen eine gezielte Lagerung. Je nach Stück kann das bei optimaler Lagerung 1–4 Wochen dauern.
Fleischreifung und Verderb sind einander überlappende Vorgänge. Überreifes Fleisch kann bereits Spuren von Fäulnis (Eiweißzersetzung) aufweisen. Solche Stellen müssen großzügig weggeschnitten und dürfen nicht mehr weiterverwendet werden.

Behandlung von Fleisch

Die Kühlkette darf nicht unterbrochen werden.
Fleisch soll möglichst wenig mit den Händen, keinesfalls mit nassen Händen angefaßt werden, denn die Oberfläche wird schnell schmierig.
Beim Verbrauch vakuumierten Fleisches soll der Vakuumbeutel geöffnet und das Fleisch mit saugfähigem Papier getrocknet werden. Während mindestens 30 Minuten läßt man die Fleischstücke nun im Kühlschrank aufröten. Die Fleischfarbe wird wieder frisch und leuchtend rot.
Aus Qualitätsgründen ist es nicht ratsam, einzelne Fleischportionen zu vakuumieren und à la minute zu öffnen; zudem ist der ökologische Aspekt (Verbrauch an Vakuumbeuteln und deren Vernichtung) zu berücksichtigen.
Fäulnisvergiftungen durch Nachlässigkeit sind die häufigste Ursache für Krankheitserscheinungen durch Fleisch beim Menschen, weit häufiger als durch Tierkrankheiten.

Fleischqualitäten

Die Qualitätsbeurteilung eines Fleischstückes soll nie nur auf eine einzelne Eigenschaft abgestützt werden. Nur in der Kombination der Beurteilungskriterien – Alter des Tieres, Ernährungszustand, Fleischigkeit, Fettansatz – ist ein sachlich objektives Urteil möglich.
Der **Ernährungszustand** gibt grundsätzlich Hinweise auf die Verwertbarkeit des Fleisches.
Das **Alter** beeinflußt in erster Linie die Verwendung und die Zubereitung der Fleischstücke. Bei allen Tieren finden sich feinfaserige und grobfaserige Muskelpartien. Junge Tiere haben grundsätzlich feinfaserigeres Fleisch. Für die A-la-minute-Zubereitung eignen sich somit feinfaserige Fleischstücke von jungen Tieren am besten.
Jedes Tier liefert Stücke, die sich für unterschiedliche Zubereitungsarten eignen.
Die **Fleischigkeit** bedeutet das Fleisch-Knochen-Verhältnis. Leerfleischige Stücke haben einen hohen Knochenanteil und somit eine schlechte Fleischausbeute bzw. einen hohen Preis zur Folge.
Der **Fettansatz** ist in richtigem Maß ein Muß für eine gute Qualität. Der richtige Fettanteil ist maßgebend für die Saftigkeit und das Aroma eines Fleischstückes nach der Zubereitung.
Oberflächenfett (Fettrand), zum Beispiel der Rückenspeck bei Schweinen, ist Zeichen einer guten Mast.
Die sichtbaren Fettablagerungen zwischen den einzelnen Muskelpartien sind **intermuskuläres Fett,** und die Fleischstücke werden als **durchzogen** (marmoriert) bezeichnet.
Intramuskuläres Fett ist nicht immer sehr gut sichtbar, für das Aroma und die Saftigkeit aber ein besonders wichtiges Element.
Die **Fleischfarbe** ist mit ein Hinweis auf die Qualität eines Fleischstückes, darf aber nur im Zusammenspiel mit anderen Kriterien berücksichtigt werden. Marmorierte Fleischstücke sind immer heller als Stücke mit wenig intramuskulärem Fett. Schnittflächen verfärben sich durch den Kontakt mit Sauerstoff (Oxidation) sehr schnell. Helles Kalbfleisch darf nicht mit dem Fleisch blutarmer Tiere verwechselt werden. Eine veränderte Fettfarbe (gelblich) kann zum Beispiel auch fütterungsbedingt sein.
Verwendung: Ein der Zubereitung entsprechendes Stück von bester Qualität garantiert ein erstklassiges Resultat.

Fleischpreis

Fleisch ist teuer. Die teilweise sehr hohen Preise werden zu einem wesentlichen Teil dadurch verursacht, daß die Nachfrage nach einigen Spezialstücken groß, der Absatz vieler weniger beliebter Fleischstücke schwierig ist. Mit wenigen teuren Stücken muß das Gleichgewicht zu vielen billigen Teilen hergestellt werden. Ein Rind zum Beispiel liefert rund 20mal mehr Siedfleisch, Ragout und Hackfleisch als Filet.
Preisgünstig einkaufen heißt, gezielt der Verwendung entsprechende Stücke einkaufen. Werden bezüglich Qualität nur des Preises wegen Kompromisse eingegangen, hat dies meist einen hohen Gewichtsverlust zur Folge, und man hat schließlich doch teuer eingekauft.

Verarbeitung, Behandlung und Aufbewahrung

Art. 125 Temperaturen

Beim Transport, bei der Lagerung und beim Verkauf von Fleisch und Fleischerzeugnissen müssen folgende Höchsttemperaturen eingehalten werden:

	Transport	Lagerung	Verkauf
a. Fleisch	7 °C	2 °C	5 °C
b. Hackfleisch, rohe Hackfleischwaren, Geschnetzeltes	5 °C	2 °C	5 °C
c. Übrige Fleischerzeugnisse	7 °C	5 °C	5 °C
d. Fische, Krebstiere, Weichtiere, Stachelhäuter, ganz oder in Teilen	2 °C	2 °C	2 °C
e. Tiefgekühlte Produkte	−18 °C	−18 °C	−18 °C
f. Gefrorenes Verarbeitungsfleisch als Zwischenprodukt	−12 °C		

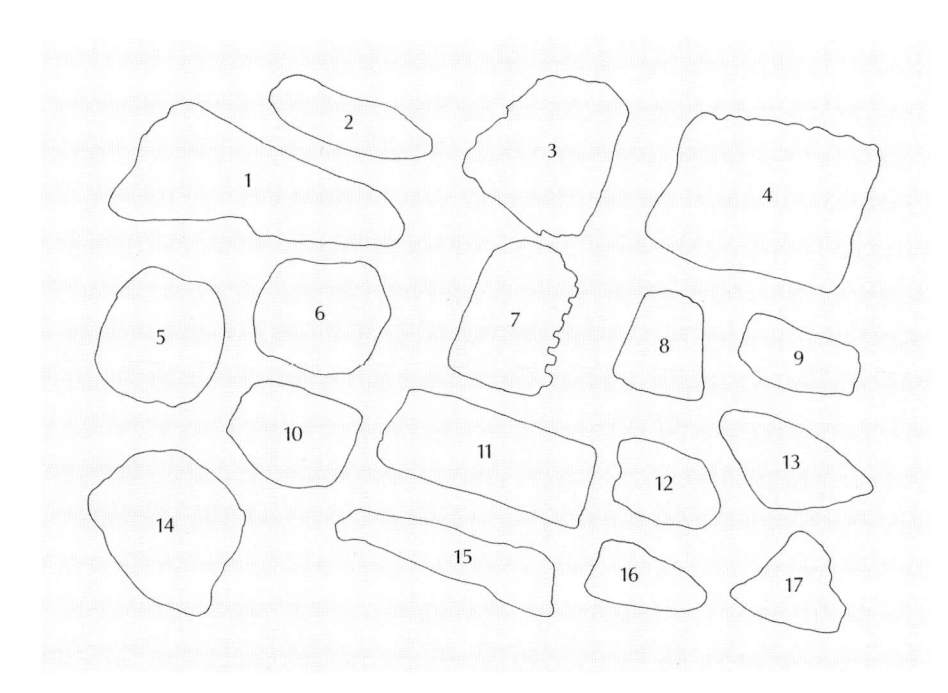

Kalbfleisch

1. Unterspälte
2. Runder Mocken
3. Hals
4. Brust
5. Nuß
6. Huft
7. Kotelettstück
8. Haxe
9. Schulterspitz
10. Rosenstück
11. Nierstück
12. Schulterdeckel
13. Dicke Schulter
14. Eckstück
15. Filet
16. Schulterfilet
17. Bug

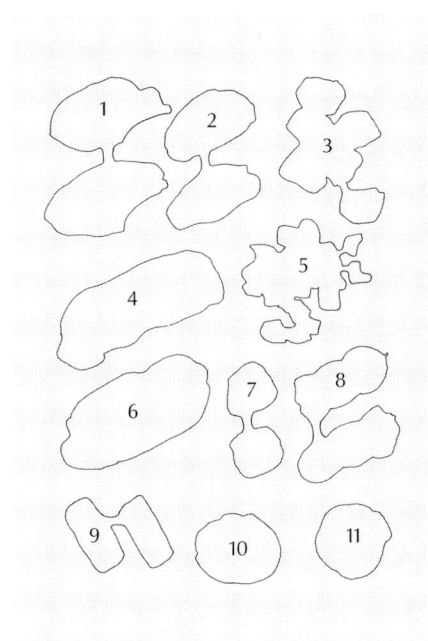

Kalbfleisch

1. Koteletts
2. Steaks
3. Voressen
4. Paillard
5. Geschnetzeltes
6. Schnitzel
7. Mignons
8. Brustschnitten
9. Fleischvögel / *Paupiettes*
10. Ossobuco
11. Gerollte Brustschnitte

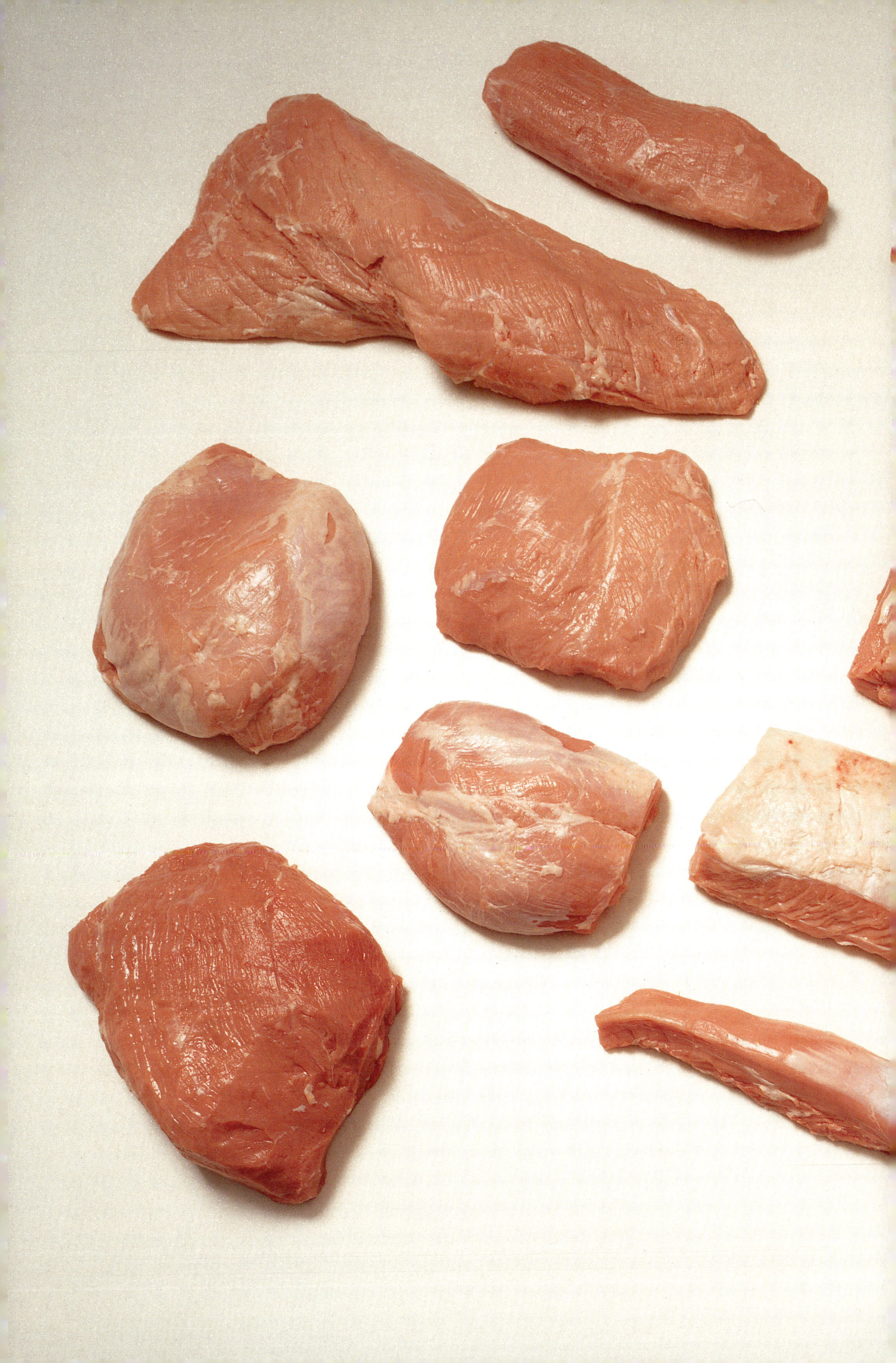

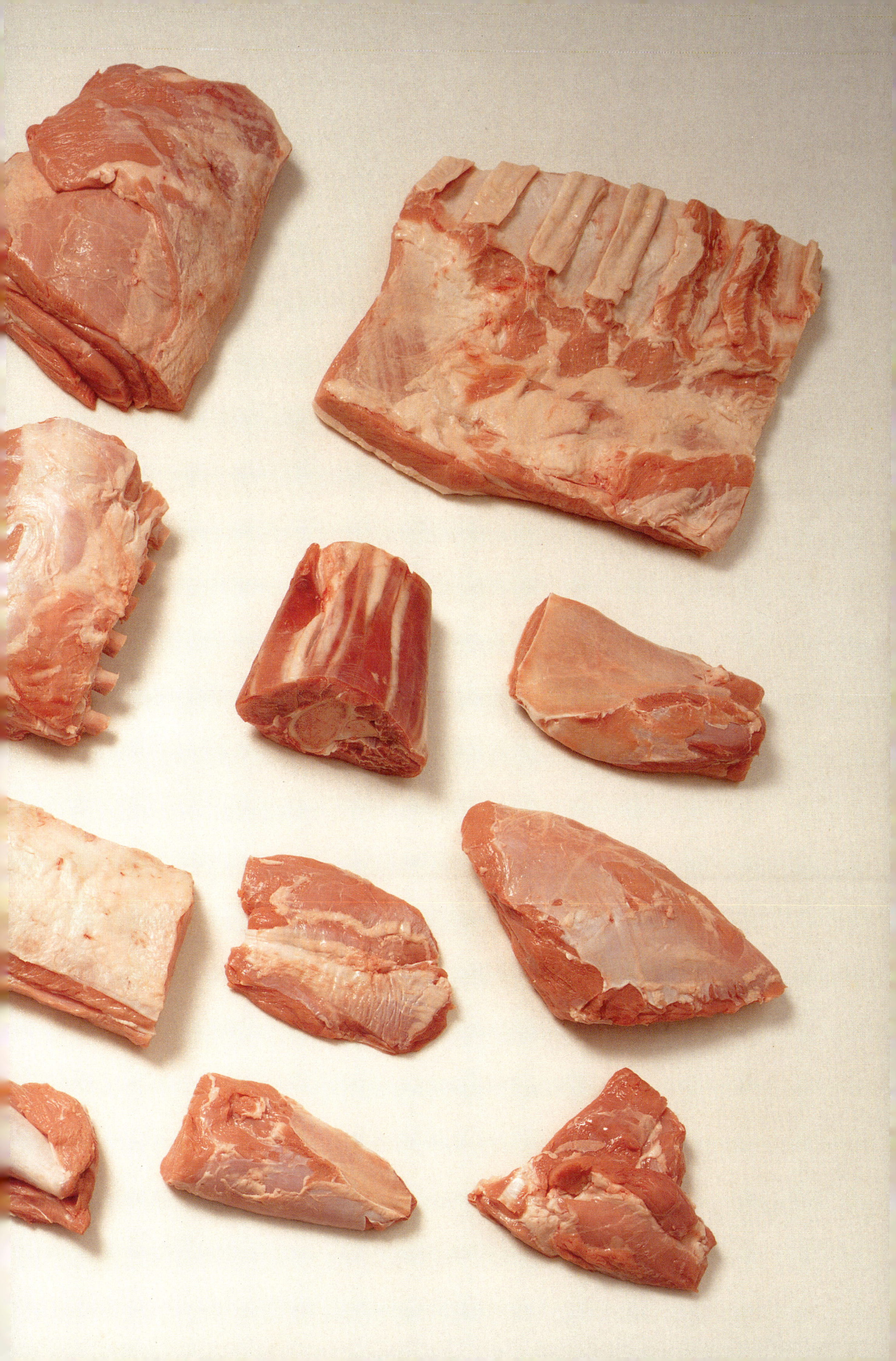

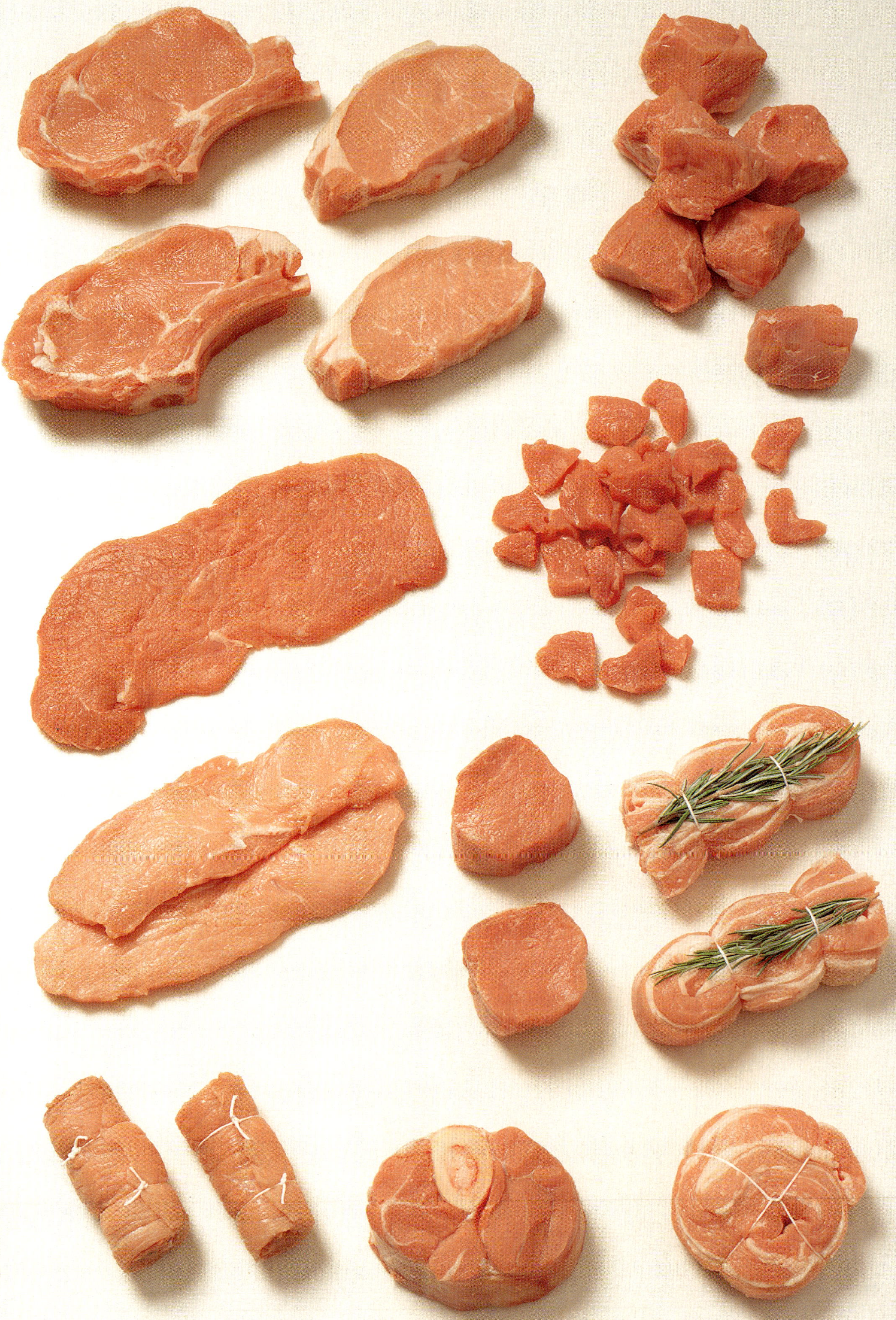

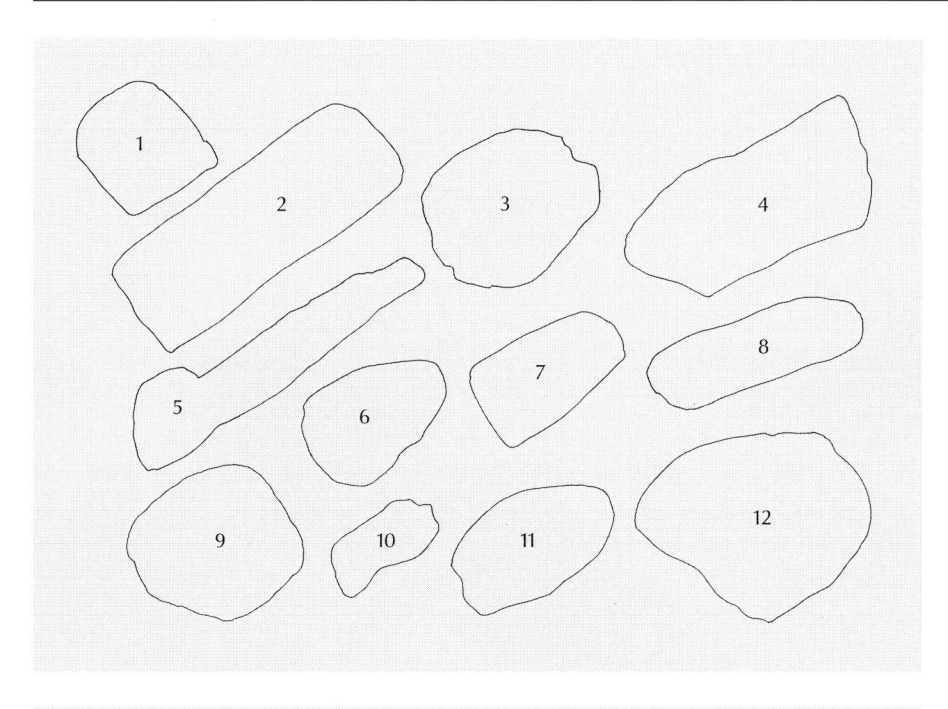

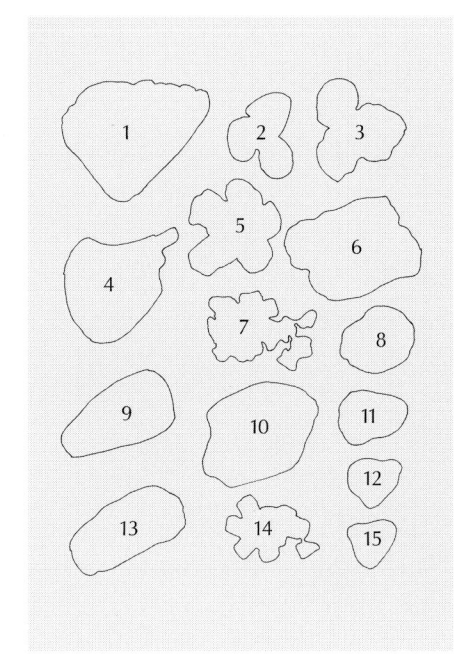

Rindfleisch Hinterviertel

1. Hohrücken
2. Roastbeef
3. Vorschlag
4. Unterspälte
5. Filet
6. Huftdeckel
7. Schenkel
8. Runder Mocken
9. Huft
10. Huftzapfen
11. Rosenstück
12. Eckstück

Rindfleisch Vorderviertel

1. Federstück
2. Brustspitz
3. Schenkel (ohne Knochen)
4. Brustkern
5. Hohrücken
6. Schulterspitz
7. Schulterfilet
8. Abgedeckter Hohrücken
9. Bug
10. Dicke Schulter

Rindfleisch

1. Porterhouse-Steak
2. Markknochen
3. Ochsenschwanz
4. Rippensteak / *Côte de bœuf*
5. Voressen
6. Huftschnitzel / *Rumpsteaks*
7. Geschnetzeltes
8. Chateaubriand
9. Doppeltes Entrecôte
10. Schmorschnitzel
11. Filetsteak
12. Tournedos
13. Entrecôte
14. Filetgulasch
15. Filet mignon

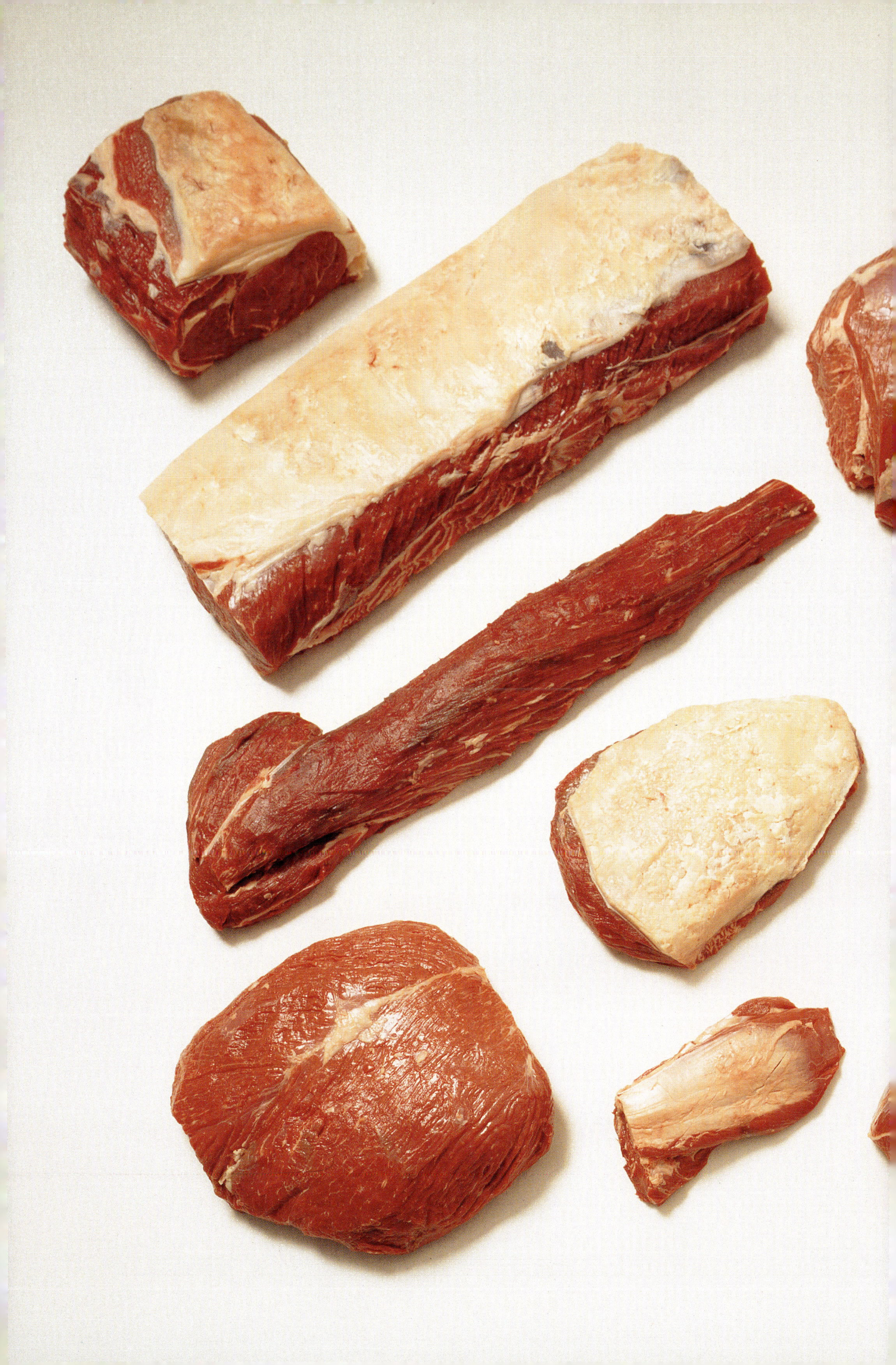

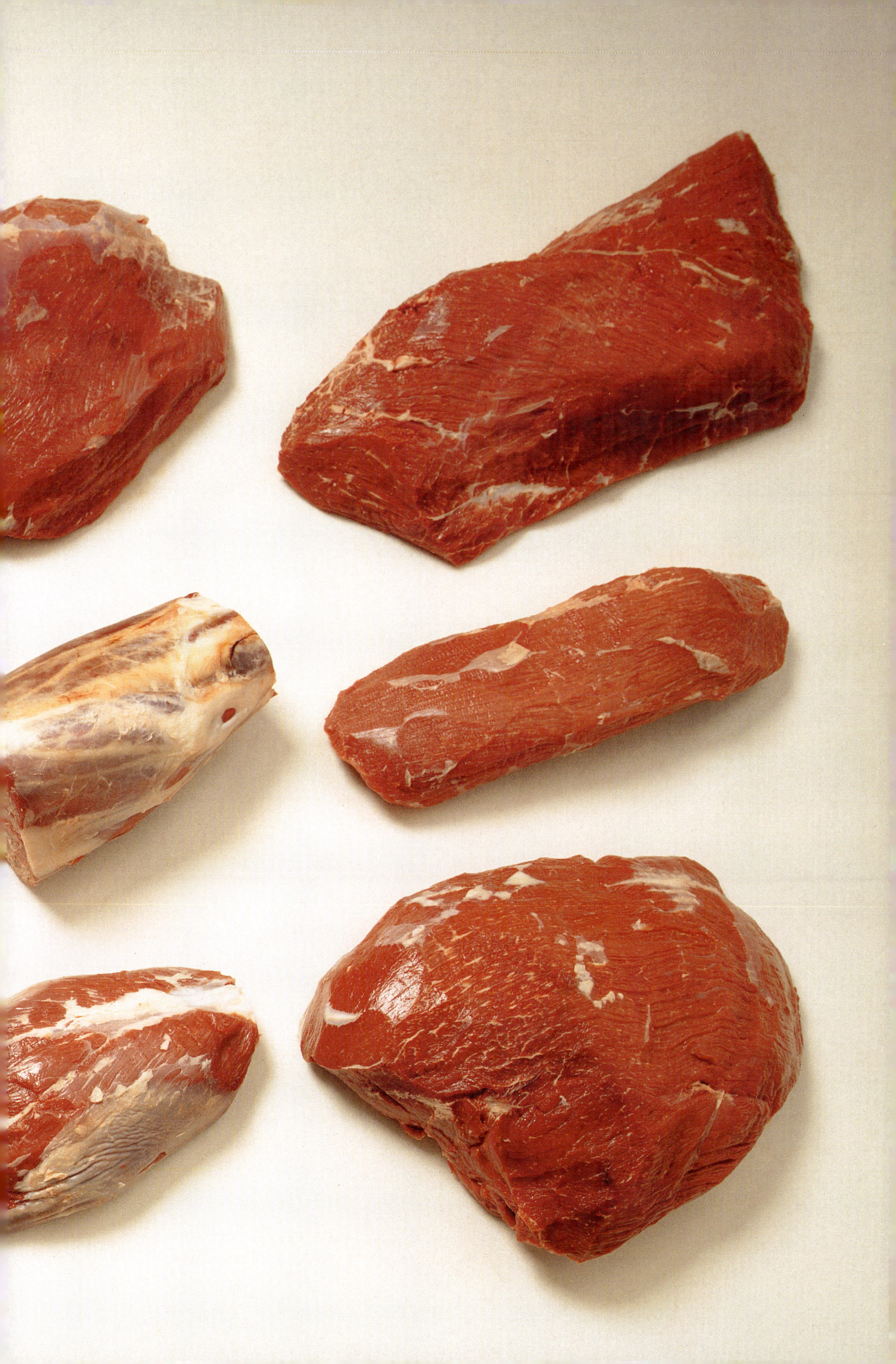

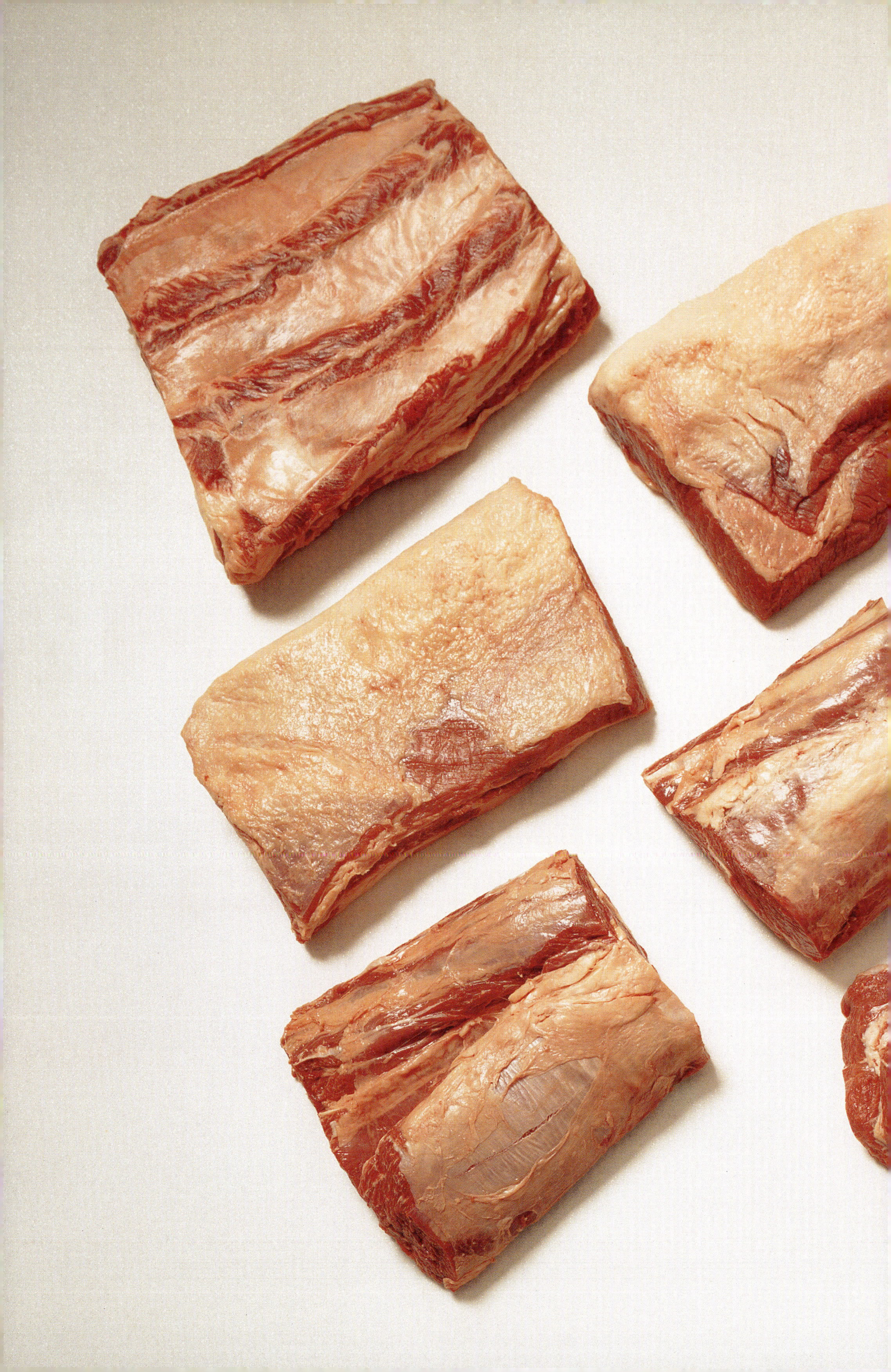

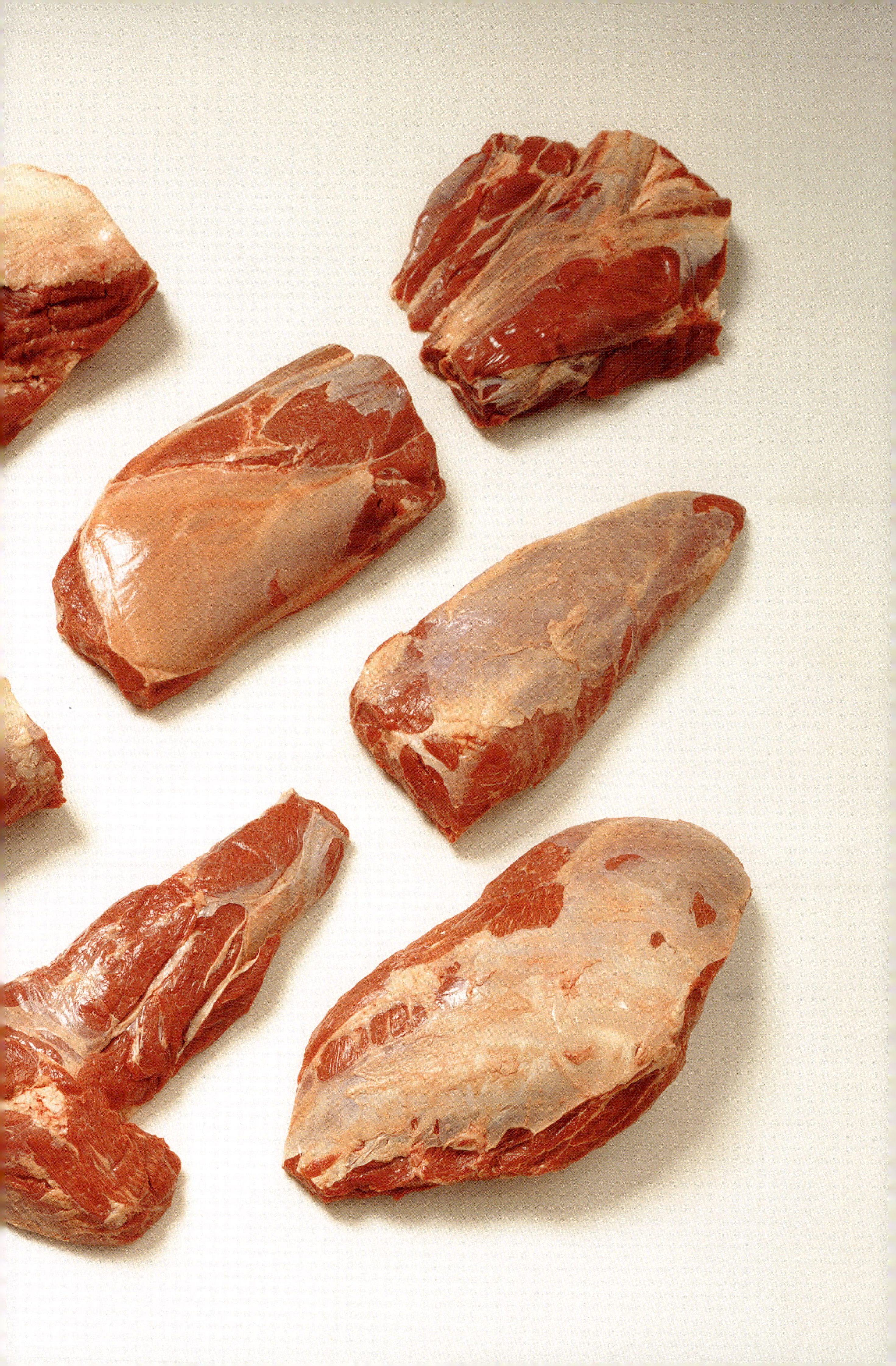

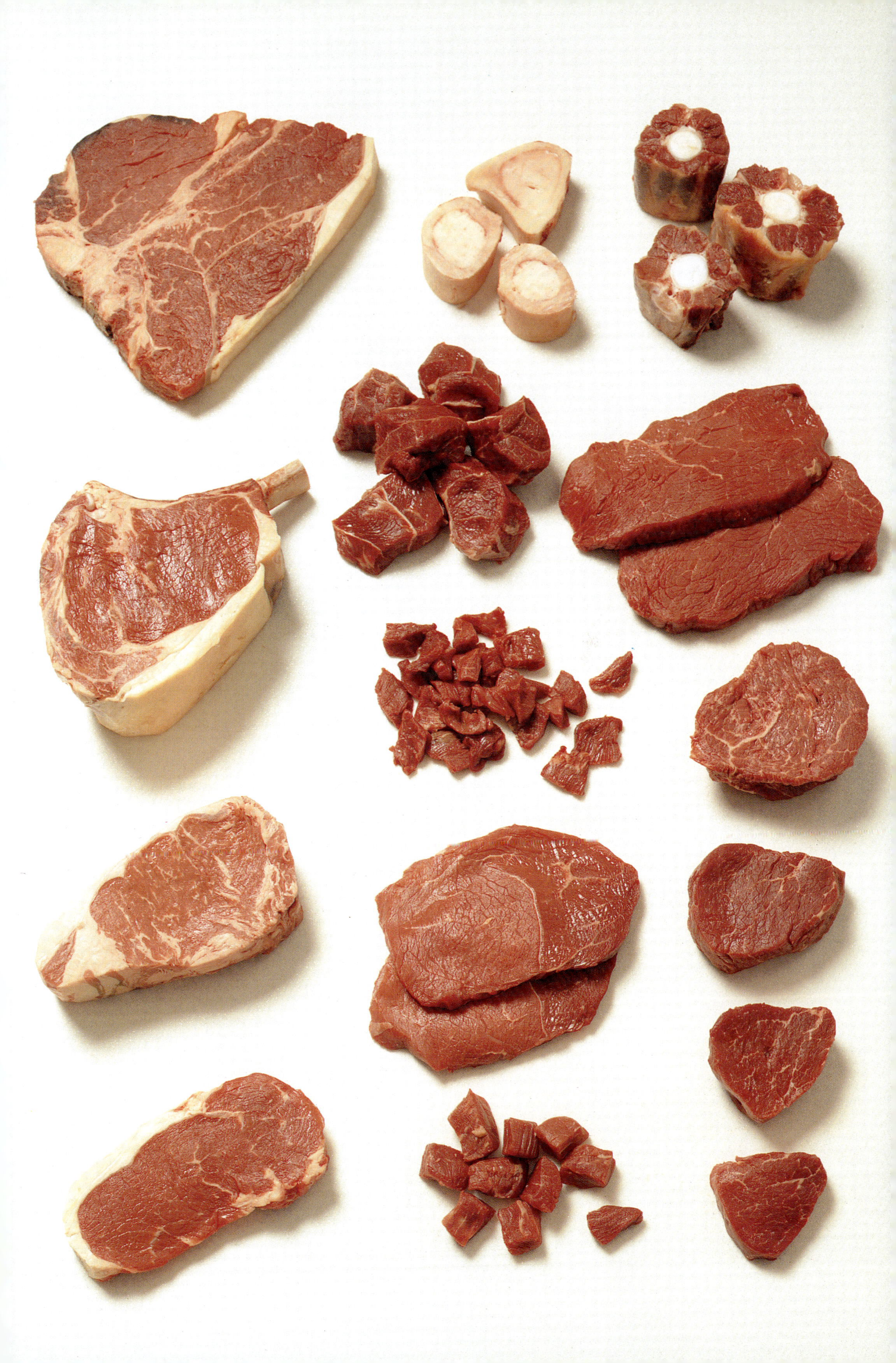

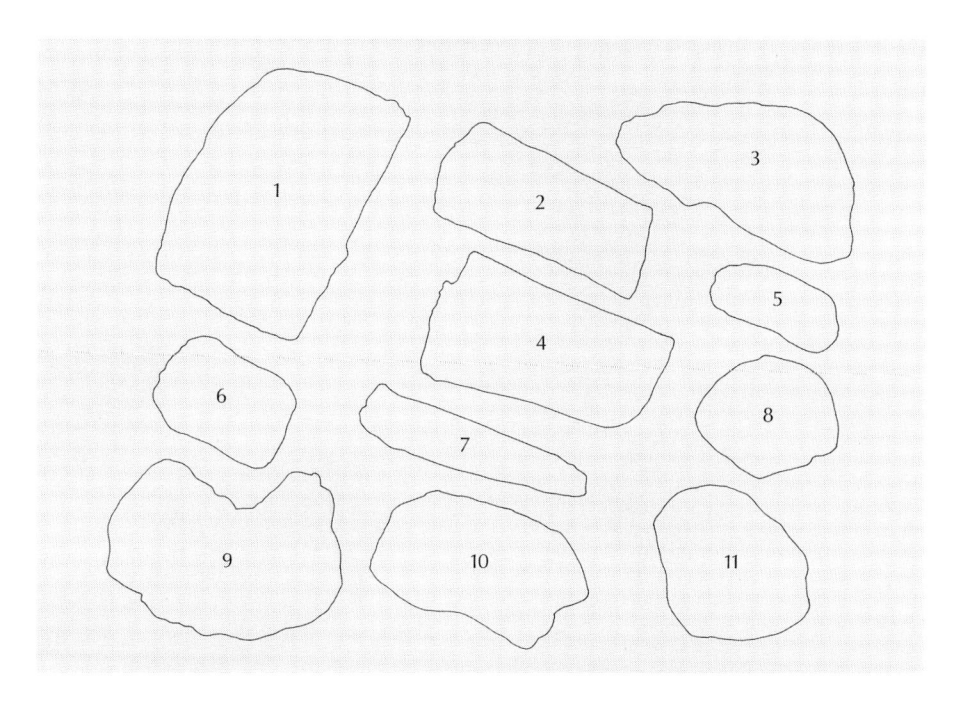

Schweinefleisch

1. Brust
2. Nierstück
3. Unterspälte
4. Kotelettstück
5. Runder Mocken
6. Huft
7. Filet
8. Nuß
9. Schulter
10. Hals
11. Eckstück

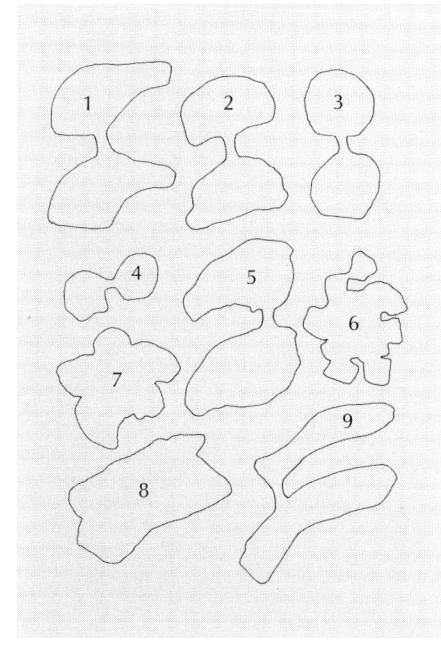

Schweinefleisch

1. Koteletts
2. Steaks
3. Haxen
4. Mignons
5. Halsschnitzel
6. Geschnetzeltes
7. Voressen
8. Schnitzel
9. Brustschnitten / Spare-Ribs

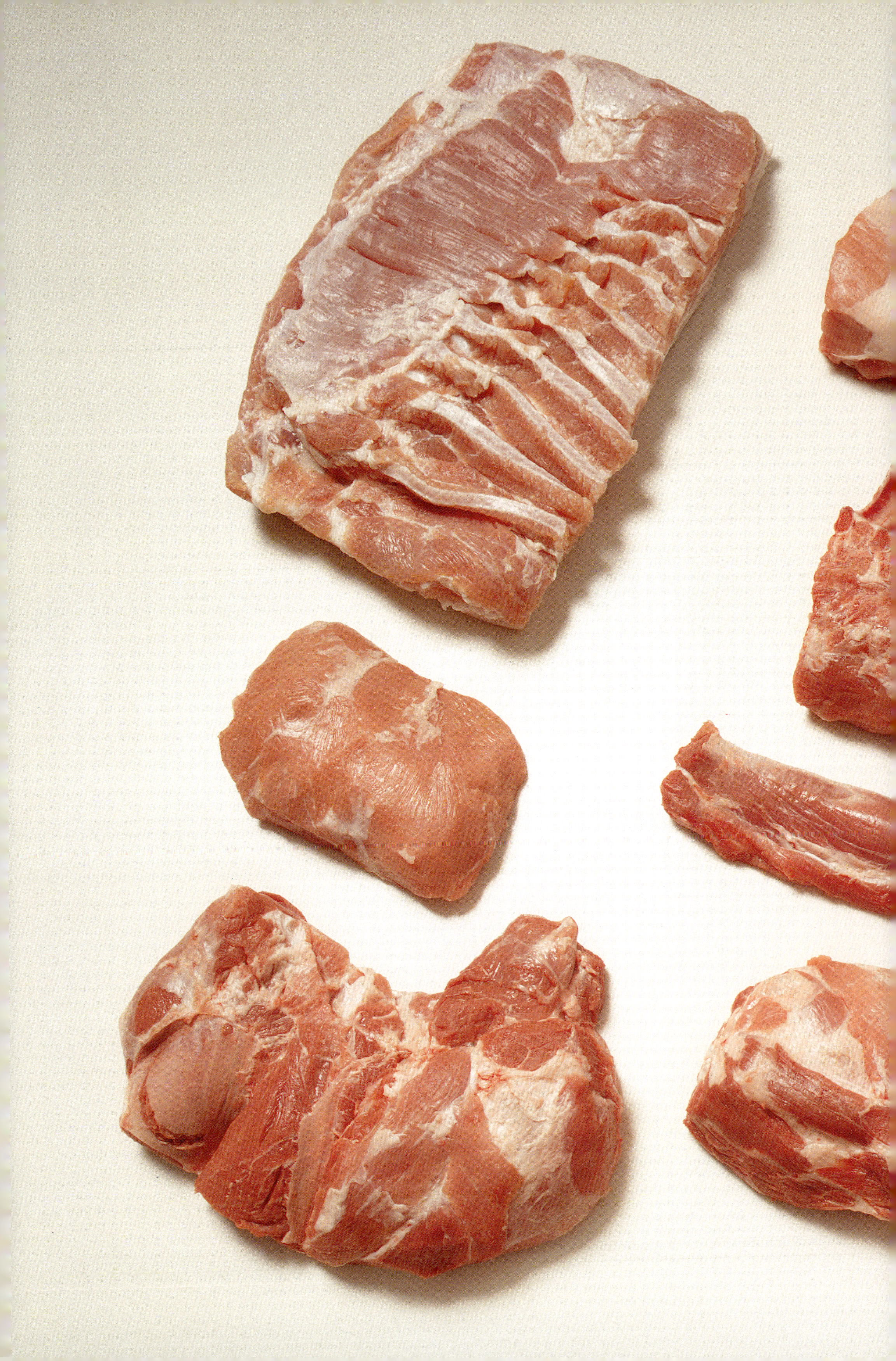

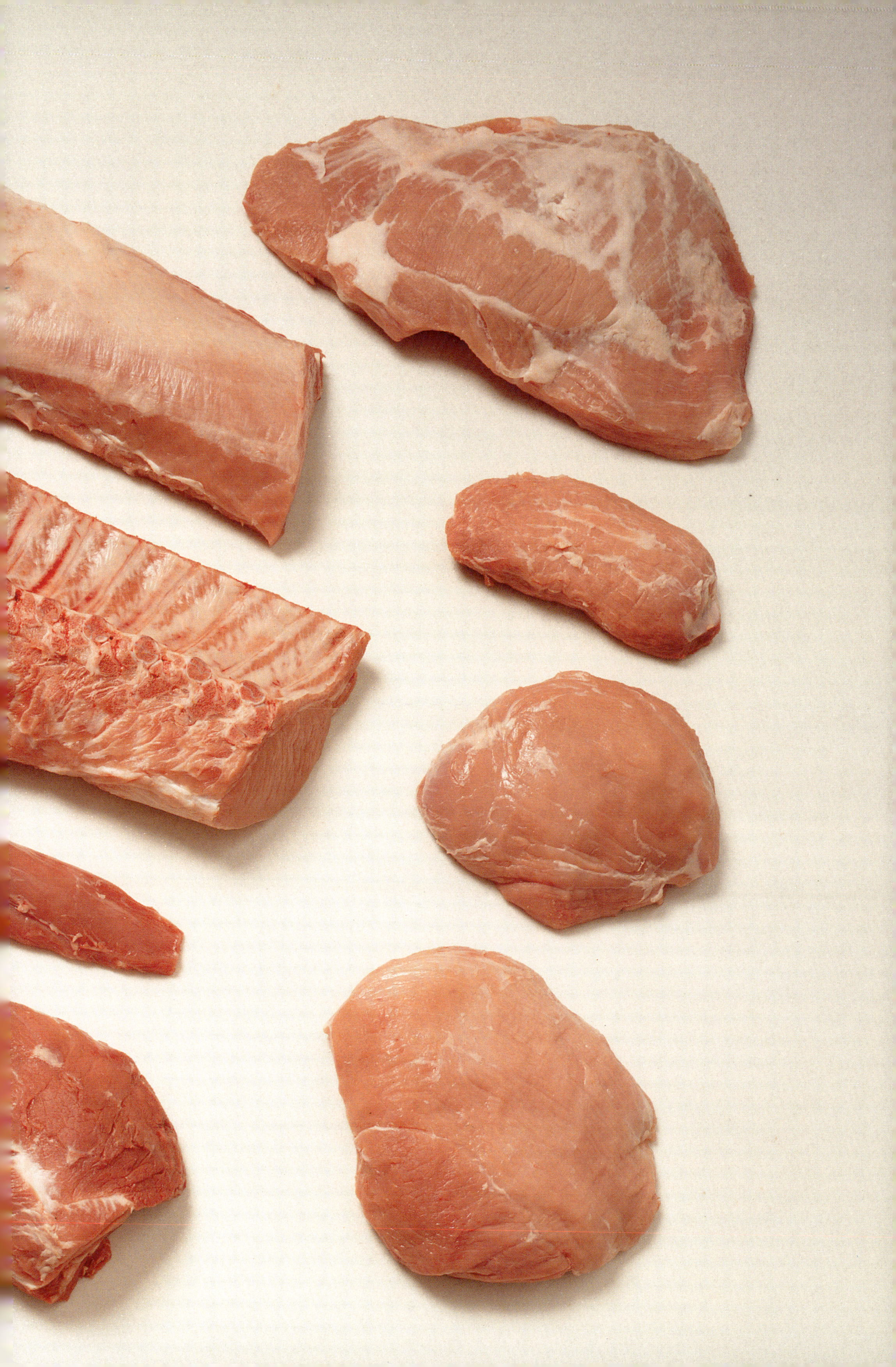

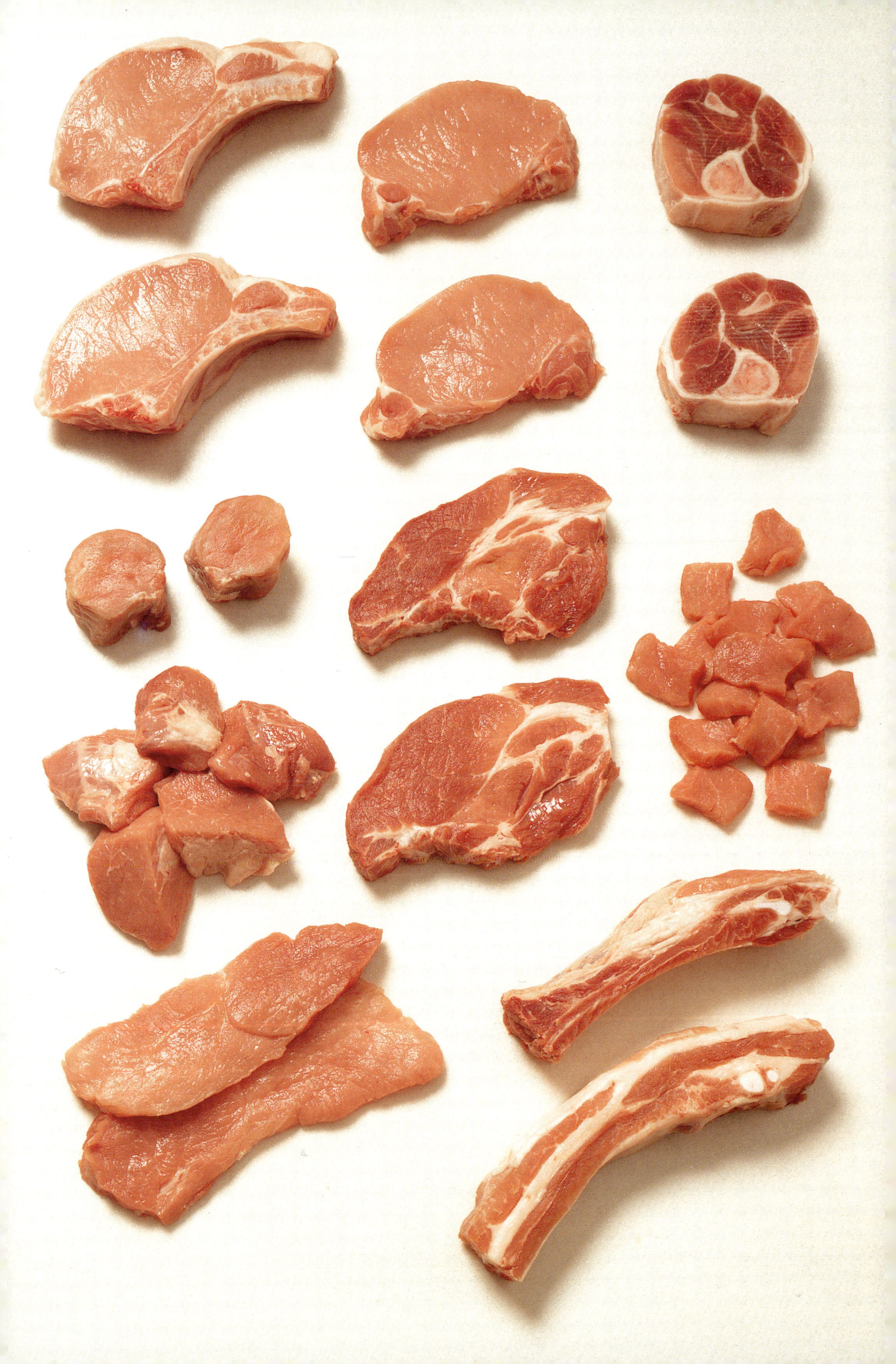

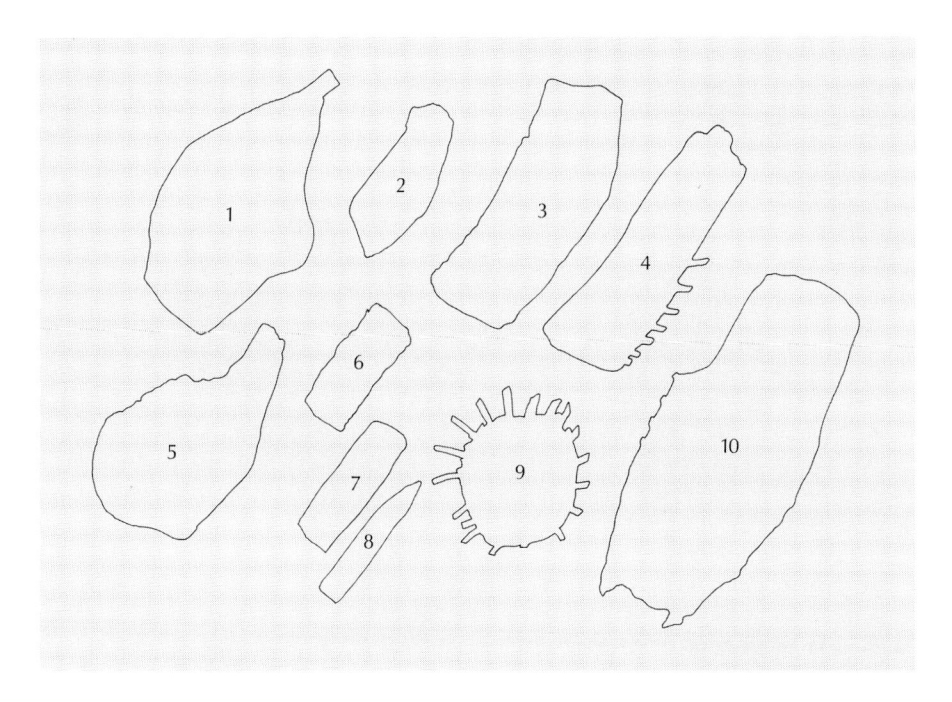

Lammfleisch

1. Gigot / Schlegel
2. Hals
3. Brust
4. Karree
   (Nierstück, Kotelettstück)
5. Schulter
6. Nierstück
   (gerollt und gebunden)
7. Rückenfilet
8. Filet
9. Krone / Kotelettstück
   (ringförmig gebunden)
10. Rücken

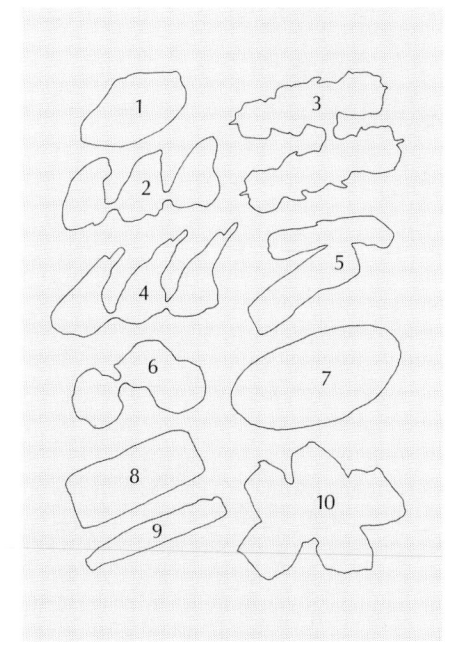

Lammfleisch

1. Rückensteak
2. Nierstück in Tranchen
3. Spießchen / Kebab
4. Koteletts
5. Brustschnitten
6. Chops
7. Gigot-Steak
8. Rückenfilet
9. Filet
10. Voressen

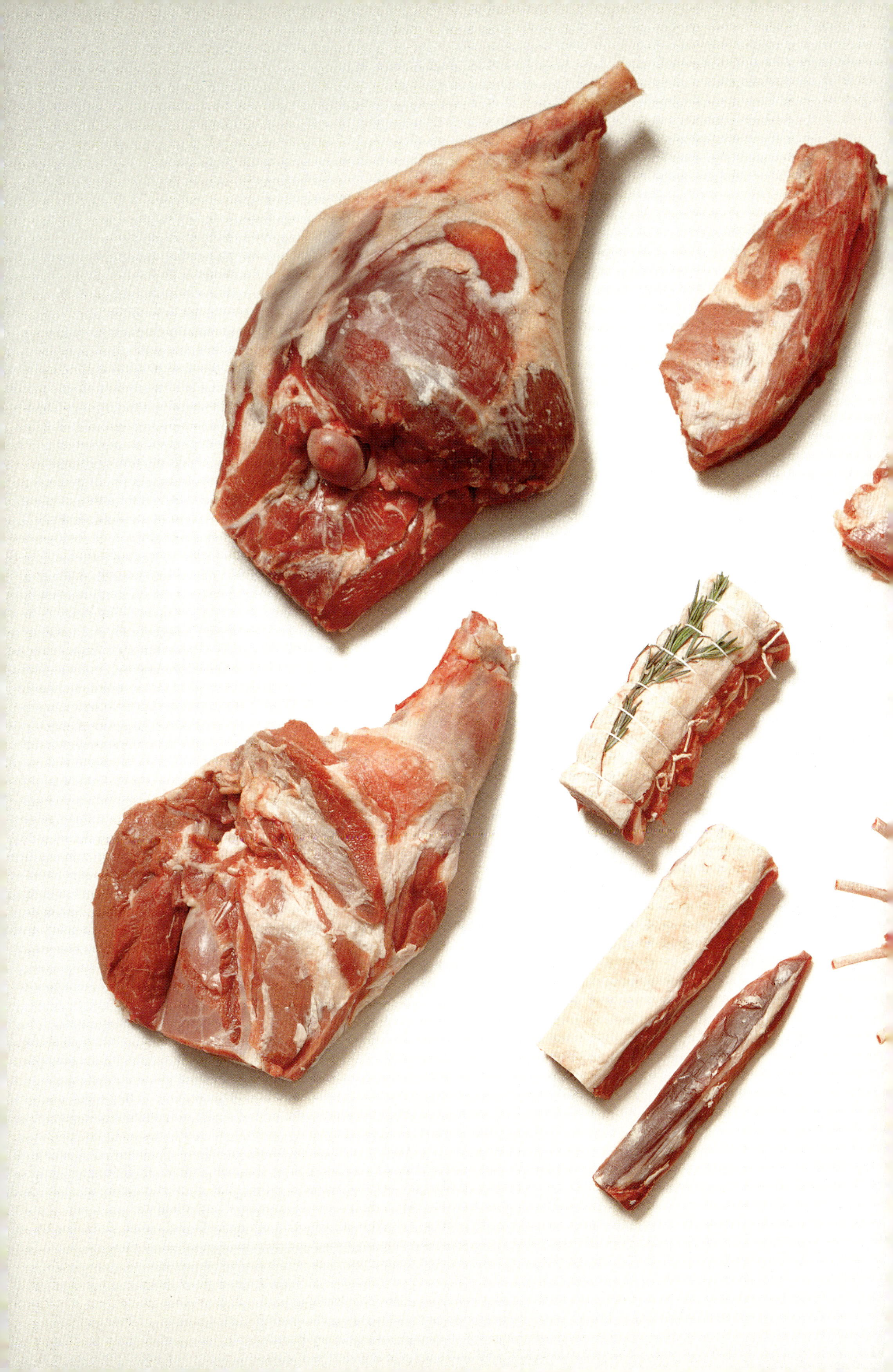

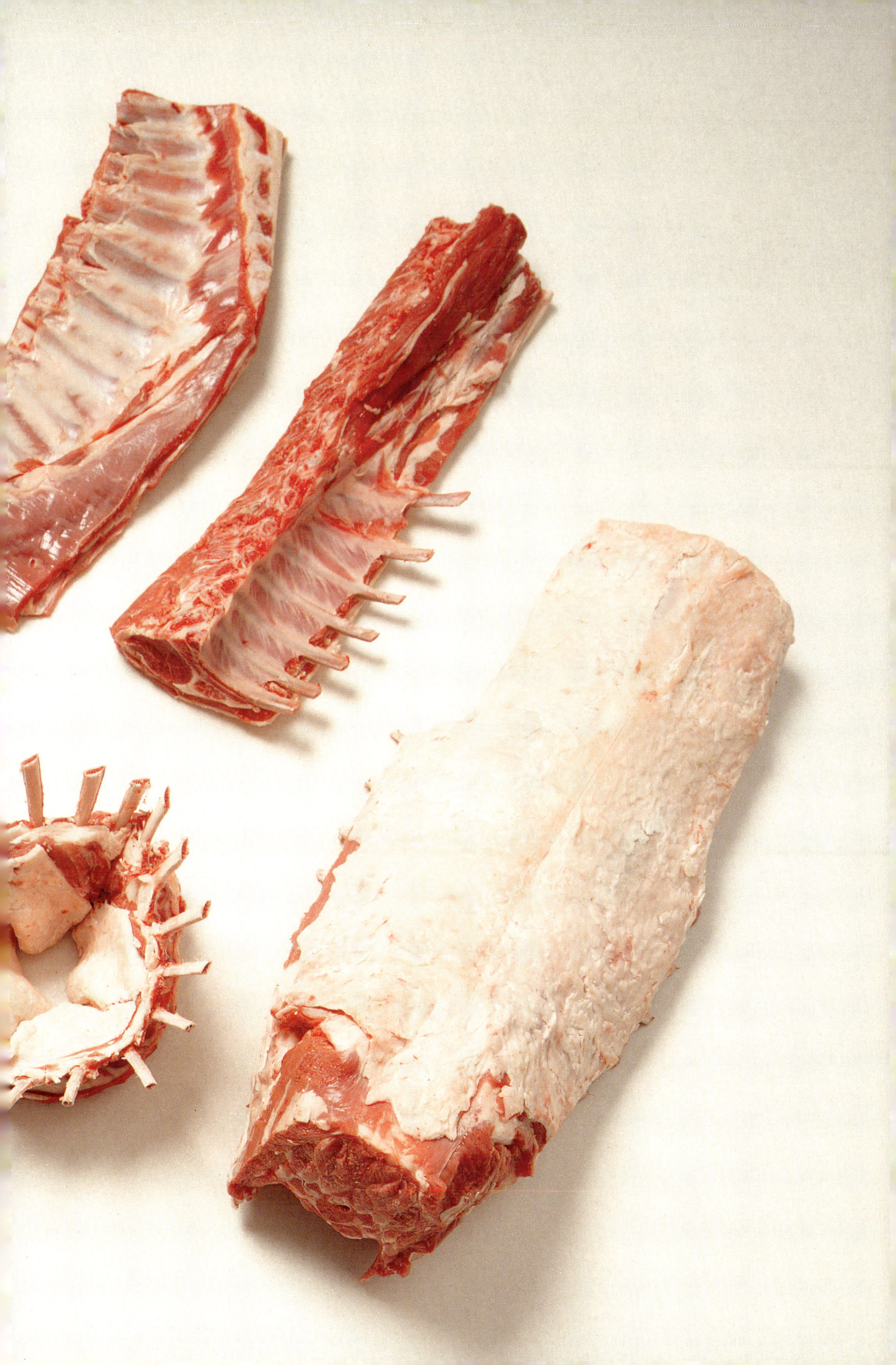

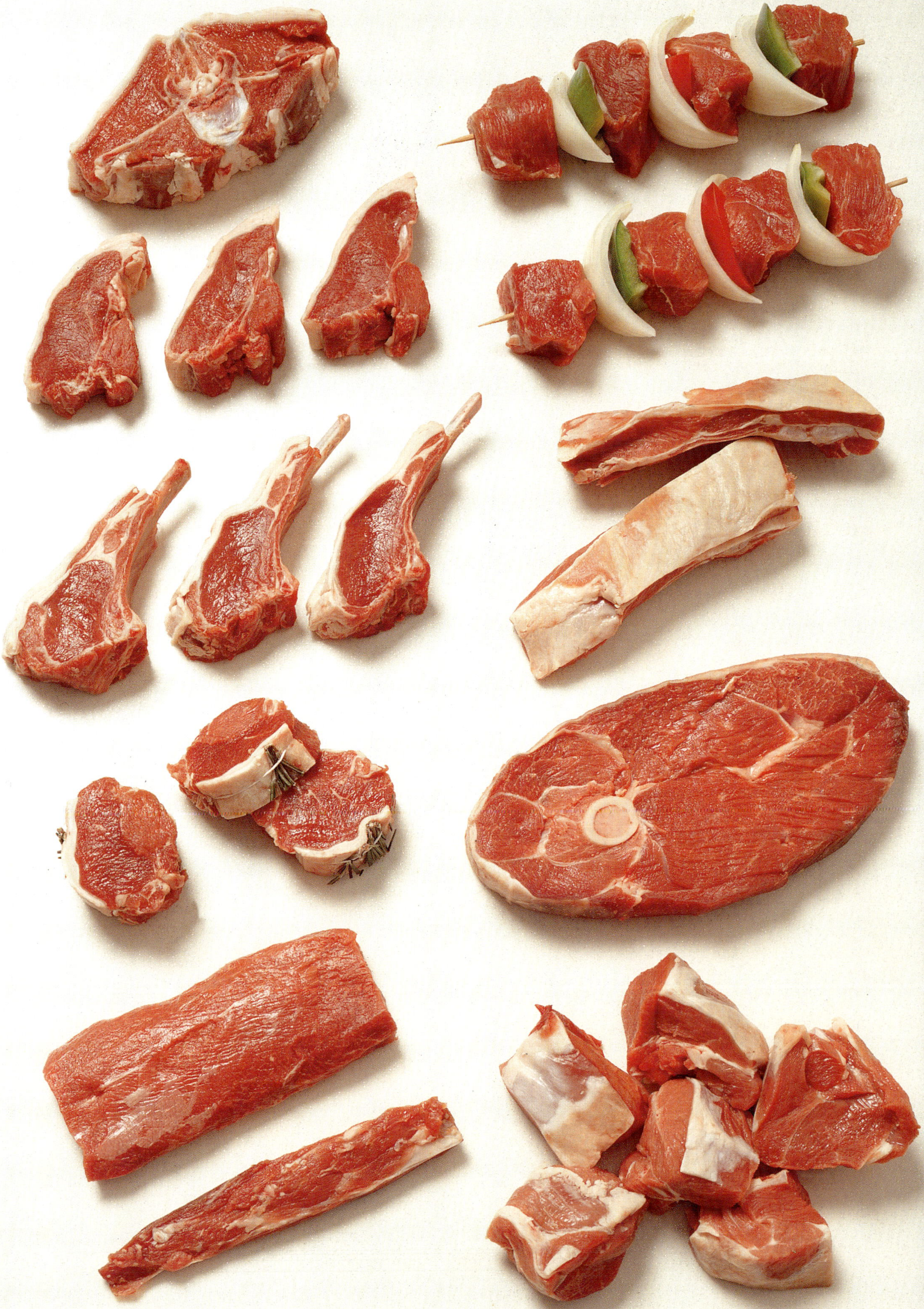

Thema 4 Blatt 25

Tiergattungen

Rinder
Kalb – *veau (m)*
Rind / junger Ochse – *bœuf (m)*
Rind / junge Kuh – *génisse (f)*
Ochse – *bœuf (m)*
Stier – *taureau (m)*
Kuh – *vache (f)*

Schweine
Spanferkel – *porcelet (m) de lait / cochon (m) de lait*
Ferkel – *porcelet (m)*
Schwein – *porc (m)*

Ziegen
Zicklein / Gitzi – *chevreau (m) / cabri (m)*
Ziege – *chèvre (f)*

Schafe
Milchlamm – *agneau (m) de lait*
Lamm – *agneau (m)*
Schaf – *mouton (m)*
Mutterschaf – *brebis (f)*
Hammel – *mouton (m)*

Pferde
Pferd – *cheval (m)*
Fohlen / Füllen – *poulain (m)*

Kaninchen
Kaninchen – *lapin (m)*

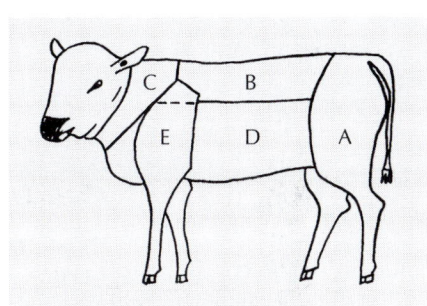

A Stotzen – *cuisseau*
B Karree – *carré entier*
C Hals – *cou*
D Brust – *poitrine*
E Schulter – *épaule*

1. Kalbfleisch

Mastkälber werden mit 3–4 Monaten geschlachtet. Leicht rötliches Kalbfleisch ist kräftiger im Aroma und hat weniger Gewichtsverlust bei der Zubereitung.
Der Bedarf an Kalbfleisch wird hauptsächlich durch das Inland abgedeckt. Nur wirklich kräftig rotes Fleisch darf als 2. Qualität bezeichnet werden. Kalbfleisch eignet sich gut zum Vakuumieren sowie zum Tiefkühlen.
Im Gegensatz zum Rind wird ein Kalb in Hälften und nicht in Viertel zerlegt.

1. Qualität

Fleischbeschaffenheit: Vollfleischig und leicht marmoriert. Helle Fleischfarbe, feste Konsistenz, Kurzbratstücke sehr zart.
Fettansatz: Gleichmäßig mit etwas Fett überdeckt. Kerniges, trockenes, helles Fett.

2. Qualität

Fleischbeschaffenheit: Nicht mehr vollfleischig, Konsistenz mittelmäßig, Fleisch kräftig rot.
Fettansatz: Schlecht mit Fett gedeckt oder überfett. Fett schwammig.
Weitere Merkmale: Nicht im Normgewicht, zu leicht oder zu schwer, dadurch erschwerte Portionierung.

Stücke und ihre Verwendung

Stück	Verwendung
Stotzen – *cuisseau (m)* Die teuersten Stücke aus dem Stotzen sind: Eckstück, Nuß und Huft.	ganz als Braten
Eckstück – *noix (f)*	A-la-minute-Gerichte
Nuß – *noix (f) pâtissière*	A-la-minute-Gerichte, glasierter Braten
Huft – *quasi (m)*	A-la-minute-Gerichte
Unterspälte – *longe (f)*	A-la-minute-Gerichte, Braten
runder Mocken – *pièce (f) ronde*	A-la-minute-Gerichte, Braten
Rosenstück – *faux-jarret (m)*	glasierter Braten, Mittelteil für Voressen, Rest für Geschnetzeltes
Haxe – *jarret (m)*	glasierter Braten, Ossibuchi
Rücken – *selle (f)*	ganz als Braten
Filet – *filet (m) mignon*	Mignons, Braten
Nierstück – *filet (m)*	Steaks, Kalbsnierenbraten, Braten
Kotelettstück – *côtes (f)*	Koteletts, Braten
Schulter – *épaule (f)*	
Dicke Schulter – *épais (m) d'épaule*	glasierter Braten
Schulterspitz – *palette (f)*	glasierter Braten
Schulterfilet – *filet (m) d'épaule*	Voressen
Bug – *gras (m) d'épaule*	Voressen
Schulterdeckel – *couvert (m) d'épaule*	Voressen
Haxe – *jarret (m)*	Ossibuchi
Hals – *cou (m)*	Rollbraten, Voressen
Brust – *poitrine (f)*	Rollbraten, glasierter Braten, gefüllte Kalbsbrust, Voressen, Brustschnitten

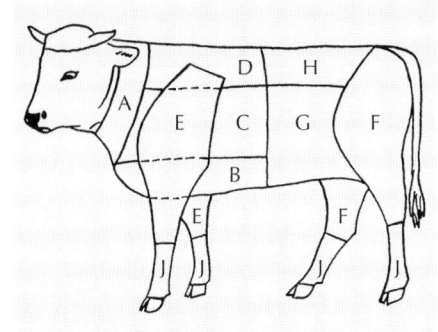

A Hals – *cou*
B Brust – *poitrine*
C Federstück – *côte plate*
D Rücken – *train de côtes*
E Schulter – *épaule*
F Stotzen – *cuisse*
G Lempen – *flanc*
H Nierstück – *aloyau*
J Füße – *pieds*

Stücke und ihre Verwendung

1. Hinterviertel

Stotzen – *cuisse (f)*

Schenkel – *jarret (m)*	Voressen, Gulasch, Klärfleisch, mit Knochen geschmort
Unterspälte – *tranche (f) carrée*	gespickter Schmorbraten, Schmorschnitzel
Runder Mocken – *pièce (f) ronde*	gespickter Schmorbraten, Schmorschnitzel
Vorschlag – *fausse tranche (f)*	1. Qualität bei optimaler Lagerung: A-la-minute-Gerichte, Tatar 2. Qualität: Schmorschnitzel, gespickter Schmorbraten
Eckstück – *coin (m)*	1. Qualität bei optimaler Lagerung: A-la-minute-Gerichte, Tatar 2. Qualität: Schmorschnitzel, gespickter Schmorbraten
Rosenstück – *faux jarret (m)*	Voressen

2. Rindfleisch

Beim Rindfleisch beziehen sich die Qualitätskriterien auf junge ausgemästete Tiere im Alter von etwa 18 Monaten.
Die einzelnen Muskelpartien sind unterschiedlich zart. Wenig beanspruchte Muskeln sind zarter (weicher), Arbeitsmuskeln sind hart, zum Beispiel Schenkel.
Vor allem die Spezialstücke (Filet, Roastbeef, Huft) werden zu einem großen Teil importiert.
Rindfleisch eignet sich zum Vakuumieren sowie auch zum Tiefkühlen.

Nierstück – *aloyau (m)*

Qualitätsmerkmale: Das Nierstück soll nicht mehr als vier bis fünf Rippen haben, nicht zu hoch geschnitten sein, das heißt, es sollen nicht Teile des Lempens dazugeschnitten werden. Knorpelteile weich und weiß, gleichmäßig mit Fett überdeckt.

Nierstück mit Knochen und Filet – *aloyau (m)*	Porterhouse-Steak, T-Bone-Steak, Clubsteak (ohne Filet), Côte de bœuf (ohne Filet)
Filet – *filet (m)*	Chateaubriand, Filetsteak, Tournedos, Filets mignons, Filetgulasch, Filet ganz
Roastbeef – *faux-filet (m) / contre-filet (m)*	Englischbraten (Roastbeef), Entrecôte, Entrecôte double, Entrecôte château (ab 3 Personen)
Huft (breite und schmale) – *culotte (f)*	Rumpsteak, Englischbraten (am Stück), A-la-minute-Gerichte, Tatar
Huftdeckel – *aiguillette (f) / pointe de culotte*	1. Qualität bei optimaler Lagerung: Englischbraten (am Stück) 2. Qualität: Schmorbraten, Siedfleisch

Lempen – *flanc (m)*

Lempen (dicker und dünner) – *flanc (m)*	Siedfleisch, meist stark mit Fett durchzogen

2. Vorderviertel

Rücken – *train (m) de côtes*

Hohrücken – *côte (f) couverte*	1. Qualität: Englischbraten (Roastbeef), Steak (Rib-Eye-Steak) 2. Qualität: Siedfleisch, Schmorbraten
Abgedeckter Rücken – *basse côte (f)*	Siedfleisch, Schmorbraten Voressen, Gulasch

Federstück – *côte (f) plate*

Abgedecktes Federstück – *côte (f) plate découverte*	Siedfleisch
Federstück – *côte (f) plate*	Siedfleisch

1. Qualität

Fleischbeschaffenheit: Sehr vollfleischig, gleichmäßig gut marmoriert. Hellrote leuchtende Fleischfarbe, feinfaserig, feste Konsistenz.
Fettansatz: Gleichmäßig mit Fett überdeckt, nicht überfett. Kerniges, helles Fett.
Weitere Merkmale: Junge Tiere haben weiße, relativ weiche Knorpel.

2. Qualität

Fleischbeschaffenheit: Nicht mehr vollfleischig, schwach oder übermäßig marmoriert. Gute Konsistenz, Kurzbratstücke mittelmäßig zart.
Fettansatz: Schwach mit Fett gedeckt oder überfett. Fett nicht mehr kernig.
Weitere Merkmale: Knorpel nur noch schwach vorhanden oder zu Knochen ausgewachsen.

Brust – *poitrine (f)*	
Brustspitz – *pointe (f) de grumeau*	Siedfleisch
Brustkern – *grumeau (m)*	Siedfleisch
Nachbrust – *os (m) blanc*	Siedfleisch
Hals – *cou (m)*	Hackfleisch, Voressen, zum Teil Siedfleisch
Schulter – *épaule (f)*	
Schenkel – *jarret (m)*	Voressen, Klärfleisch
Dicke Schulter – *épais (m) d'épaule*	Schmorbraten, Voressen
Schulterfilet – *filet (m) d'épaule*	Schmorbraten, Voressen
Schulterspitz – *palette (f)*	Schmorbraten, Siedfleisch
Bug – *gras (m) d'épaule*	Voressen, Hackfleisch
Schulterdeckel – *couvert (m) d'épaule*	Voressen, Hackfleisch

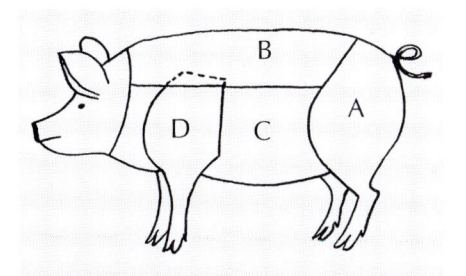

A Stotzen – *cuisse (f)*
B Karree – *carré*
C Brust – *poitrine*
D Schulter – *épaule*

3. Schweinefleisch

Mastschweine werden mit 5½–6 Monaten geschlachtet, deutlich fettärmer als früher.
Die Lagerzeit kann durch Vakuumieren nicht verlängert werden, da sich Schweinefleisch zum Vakuumieren nicht eignet. Das Fleisch sollte nicht länger als 3 Monate tiefgekühlt werden.
Spanferkel sind sehr junge Tiere mit einem Gewicht von rund 12 kg. Die Schwarte ist so fein, daß sie mitgebraten werden kann.

Stücke und ihre Verwendung

Stotzen – *cuisse (f)*	
Eckstück – *noix (f)*	A-la-minute-Gerichte, Braten
Nuß – *noix (f) pâtissière*	A-la-minute-Gerichte, Braten
Unterspälte – *longe (f)*	Braten, A-la-minute-Gerichte
Runder Mocken – *pièce (f) ronde*	A-la-minute-Gerichte
Rosenstück – *faux-jarret (m)*	Voressen
Haxe – *jarret (m)*	geschmort; gesalzen: Wädli
Karree – *carré (m)*	
Filet – *filet (m) mignon*	Mignons, Filet ganz
Nierstück – *filet (m)*	Steaks, A-la-minute-Gerichte, Braten
Kotelettstück – *côtes (f)*	Koteletts, Braten
Huft – *quasi (m)*	A-la-minute-Gerichte
Hals – *cou (m)*	Braten, Schnitzel, Voressen, Coppa
Schulter – *épaule (f)*	Braten, Voressen
Brust – *poitrine (f)*	Brustschnitten (Spare-ribs), Braten, Magerspeck

1. Qualität

Fleischbeschaffenheit: Vollfleischig, feste Konsistenz, leicht marmoriert. Fleisch rosa bis hellrot.
Fettansatz: Gleichmäßig. Kerniges, trockenes, weißes Fett.
Weitere Merkmale: Das Karree soll nicht zu hoch geschnitten werden.

2. Qualität

Fleischbeschaffenheit: Nicht vollfleischig, naß-blasse Farbe oder dunkelrot, weicher in der Konsistenz.
Fettansatz: Überfett oder zu mager. Weiches, leicht schmieriges Fett.
Weitere Merkmale: Karree zu hoch geschnitten.

A Schlegel (Gigot) – *gigot*
B Karree – *carré entier*
C Brust – *poitrine*
D Schulter – *épaule*
E Hals – *cou*

Stücke und ihre Verwendung

Stück	Verwendung
Gigot – *gigot (m)*	1. Qualität: Englischbraten, Gigot-Steak, ausgebeint für A-la-minute-Gerichte 2. Qualität: zum Sieden oder Schmoren
Rücken – *selle (f)*	Englischbraten
Nierstück – *filet (m)*	A-la-minute-Gerichte *(Chops)*, Hellrosa braten
Kotelettstück – *carré (m)*	A-la-minute-Gerichte *(côtes)*, Hellrosa braten
Filet – *filet (m) mignon*	A-la-minute-Gerichte
Schulter – *épaule (f)*	Braten, Voressen
Brust – *poitrine (f)*	Voressen
Hals – *cou (m)*	Voressen

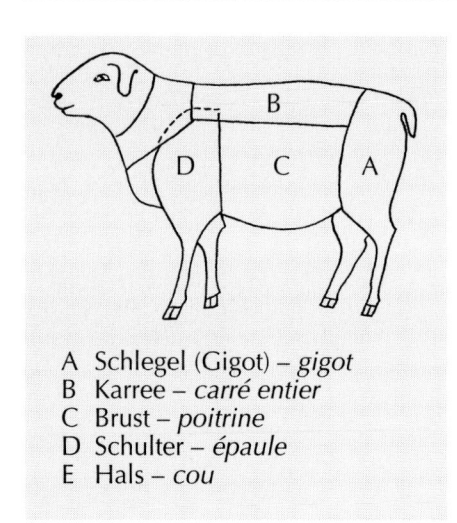

4. Lammfleisch

Ausgemästete Lämmer sind 6–8 Monate alt. Milchlämmer *(agneau de lait)* sind noch nicht entwöhnte Tiere von rund 3 Monaten. Osterlämmer sind noch jünger.
Ältere Tiere (mehr als ein Jahr alt) nennt man Schafe (weiblich) oder Hammel (männlich).
Frisches Lammfleisch kommt aus dem In- und dem Ausland. Französisches Lammfleisch, zum Beispiel *agneau pré-salé,* ist für den Schweizer Markt von geringer Bedeutung.
Importe aus Neuseeland, Schottland, England und Frankreich.
Immer mehr sind einzelne Teile (Nierstück, Lammfilets usw.) frisch erhältlich.

Nur magere Stücke eignen sich zum Tiefkühlen.

1. Qualität

Fleischbeschaffenheit: Vollfleischig, gleichmäßig marmoriert, feste Konsistenz, kräftig hellrote Farbe.

Fettansatz: Gleichmäßig gedeckt. Kerniges, helles Oberflächenfett.

2. Qualität

Fleischbeschaffenheit: Nicht vollfleischig, schwach bis gar nicht marmoriert. Fleisch dunkelrot.
Fettansatz: Stark fetthaltig – überfett.

5. Gitzi / Zicklein

Junge Ziege, die als Spezialität zu Ostern geschlachtet wird. Gitzi stammen nur zum Teil aus dem Inland. Das Schlachtgewicht beträgt 5–8 kg.
Gitzi werden meistens in große Stücke zerlegt, gebraten und dann tranchiert.

1. Qualität

Fleischbeschaffenheit: Vollfleischig, hellrosa Farbe.

6. Kaninchen

Männliche und weibliche Tiere, etwa 12 Wochen alt. Das Schlachtgewicht beträgt rund 1,5 kg.
Der Bedarf wird nur zum Teil durch das Inland abgedeckt.
Meistens werden Kaninchenschenkel zu Voressen, vorzugsweise ohne Knochen, verarbeitet. Der Rücken oder die Rückenfilets lassen sich aber sehr gut separat braten bzw. sautieren.

1. Qualität

Fleischbeschaffenheit: Sehr vollfleischig, hellrosa Fleischfarbe, wenig weißes, kerniges Fett.

7. Schlachtnebenprodukte

Innereien und andere Schlachtnebenprodukte sind unterschiedlich beliebt.
Die meisten Innereien sind in ihrer Beschaffenheit sehr zart und bedürfen keiner Lagerung, im Gegenteil: Alle Innereien sollten so frisch wie irgend möglich konsumiert werden, denn sie sind sehr leicht verderblich.
Stark durchblutete Organe, wie zum Beispiel Milken, werden vor der Zubereitung gut gewässert, damit Blutgerinnsel nicht abstoßend wirken.
Die folgenden Innereien werden üblicherweise heute noch im Gastgewerbe zubereitet:

Schlachtnebenprodukte	Kalb	Schwein	Rind
Leber – *foie* (m)	● à la minute	● à la minute	—
			● Knödel
Nieren – *rognons* (m)	● à la minute	—	—
Milken – *ris* (m)	● pochiert, à la minute	—	—
Zunge – *langue* (f)	● frisch gesotten	● gesalzen, gesotten	● gesalzen, gesotten
			● geräuchert, gesotten
Kutteln – *tripes* (f)	—	—	● gedünstet
Gekröse – *fraise* (f)	● gedünstet	—	—
Füße – *pieds* (m)	● Fonds und Saucen	—	—
	● Sulzen		
Kopf – *tête* (f)	● gesotten	● gesalzen	—
Maul – *museau* (m)	—	● gesalzen, gesotten	● Salat
Schwanz – *queue* (f)	—	—	● Suppe, Voressen

4.2.4 Pökelwaren

Pökelfleischwaren wurden früher in erster Linie hergestellt, um Fleisch haltbar zu machen. Heute wird die Vielfalt der Produkte geschätzt, die Haltbarkeit steht weniger im Vordergrund.
Durch das Salzen wird dem Fleisch Wasser entzogen, und es wird dadurch haltbar gemacht. Durch die Einwirkung des Pökelsalzes wird der rote Muskelfarbstoff (Myoglobin) stabilisiert. Der Metzger spricht dabei vom Umrötungsprozeß.

Trockene Salzung: Das Fleisch wird mit einer Salz- und Gewürzmischung trocken eingerieben. Nach kurzer Zeit bildet sich eine Naturlake.

Nasse Salzung: Salz und Gewürze werden in Wasser gelöst und die Fleischstücke darin eingelegt.

Schnellsalzung: Eine Salz- und Gewürzlake wird in das Fleisch oder in die Adern eingespritzt.
Einige Schinkenprodukte werden nach dem Salzen massiert. Dabei verteilt sich die Lake optimal im Muskel. Das Protein löst sich und tritt an die Oberfläche. Einzelne Fleischteile verbinden sich beim Kochen so, daß zum Beispiel bei Modelschinken die Tranchen nicht auseinanderfallen.
Viele Produkte werden nicht nur gesalzen, sondern auch noch geräuchert, wodurch die Haltbarkeit nochmals verlängert wird.

Kaltrauch: Temperatur bis 25 °C, zum Beispiel für Roheßspeck.
Heißrauch: Temperatur 70 °C bis 80 °C, zum Beispiel für Brühwürste.

In den Tabellen auf der nächsten Seite sind verschiedene Roh- und Kochpökelwaren aufgeführt.

4.2.5 Wurstwaren

Wurstwaren werden in die Gruppen Brühwürste, Rohwürste und Kochwürste unterteilt. Mit Ausnahme einiger Rohwürste (Dauerwürste) sind alle Sorten besonders leicht verderblich. Das Einhalten der Kühlkette ist von größter Wichtigkeit.
Angeschnittene Wurstwaren verfärben sich sehr schnell. Die Anschnittflächen sollten deshalb immer mit Folie abgedeckt werden.
Praktisch alle Sorten sind verhältnismäßig stark fett- und salzhaltig.

Brühwürste

Je nach Sorte wird aus Kuh-, Schweine- und/oder Kalbfleisch unter Zugabe von Speck, Schwarte, Eis, Salz oder Pökelsalz und Gewürzen im Blitz ein Brät hergestellt. Im Wurstfüller wird dieses Brät in Natur- oder Kunstdärme gestoßen und portioniert.
Die meisten Brühwürste werden geräuchert, und praktisch alle werden vor dem Verkauf gebrüht (pochiert). Nach dem Räuchern und dem Kochen werden die Würste mit kaltem Wasser gekühlt, damit sie nicht schrumpfen. Alle Brühwürste müssen kühl gelagert werden. Die Temperatur soll 6 °C bis 8 °C betragen.

Geräucherte Brühwürste, zum Beispiel Cervelats, Wienerli, Schübling, Schweinswürstli, Frankfurter, Schützenwürste usw. Vakuumiert sind sie etwa 10 Tage haltbar. Verpackt zum Tiefkühlen geeignet und so rund 8 Wochen haltbar.

Nicht geräucherte Brühwürste, zum Beispiel Kalbsbratwürste, Chipolatas und Weißwürste, sind leichter verderblich als die geräucherten Sorten. Vakuumiert und gekühlt sind sie etwa 5 Tage haltbar, verpackt und tiefgekühlt etwa 8 Wochen.

Rohe Brühwürste, zum Beispiel grüne Würste, Appenzeller Siedwürste, Bauernbratwürste. Da diese Sorten weder gekocht noch geräuchert werden, sind sie besonders anfällig für Verderb. Länger als einen oder zwei Tage dürfen solche Würste nicht aufbewahrt werden. Zum Tiefkühlen sind diese Sorten nur gebrüht geeignet.

Aufschnittwürste sowie Fleischkäse gehören ebenso zu den Brühwürsten. Oft werden sie in Formen anstatt in Därme gefüllt und pochiert oder gebacken. Für die Aufbewahrung gelten dieselben Regeln wie für die nicht geräucherten Brühwürste.

Rohpökelwaren

Produkt	Rohmaterial	Verarbeitung
Rohschinken	Schweinsstotzen Schinken (Schweinsstotzen)	trocken gesalzen, luftgetrocknet
Parmaschinken	ganzer Schweinsstotzen Schinken (Schweinsstotzen)	trocken gesalzen, sehr lange gereift in Italien
Coppa	Schweinshals	trocken gesalzen, luftgetrocknet
Bauernspeck	Schweinsbrust	trocken gesalzen, kalt geräuchert
Roheßspeck	Schweinsbrust	trocken gesalzen, luftgetrocknet
Pancetta	gerollte Schweinsbrust	trocken gesalzen, luftgetrocknet
Lachsschinken	Schweinsnierstück, gänzlich ohne Fett	trocken gesalzen, leicht geräuchert
Schwarzwälder Schinken	Schweinsschulter	trocken gesalzen, kalt geräuchert und luftgetrocknet im Schwarzwald
Bindenfleisch	Kuhfleisch, Stotzenstücke, z.B. Unterspälte, runder Mocken	trocken gesalzen, sehr lange luftgetrocknet
Bündner Fleisch	Kuhfleisch, Stotzenstücke, z.B. Unterspälte, runder Mocken	trocken gesalzen, sehr lange luftgetrocknet im Bündnerland
Walliser Trockenfleisch	Kuhfleisch, Stotzenstücke, z.B. Unterspälte, runder Mocken	trocken gesalzen, sehr lange luftgetrocknet im Wallis
Mostbröckli	Kuhfleisch, Stotzenstücke	trocken gesalzen, kalt geräuchert und luftgetrocknet

Kochpökelwaren

Produkt	Rohmaterial	Verarbeitung
Modelschinken	Stücke aus dem Schweinsstotzen	Schnellsalzung, gepreßt, pochiert, je nach Sorte evtl. auch leicht geräuchert
Vorderschinken	Schweinsschulter	Schnellsalzung, gepreßt, pochiert, je nach Sorte evtl. auch leicht geräuchert
Nußschinken	Schweinsnuß	Naß- oder Schnellsalzung, geräuchert, pochiert
Beinschinken	Schweinsstotzen	Naß- oder Schnellsalzung, geräuchert, pochiert
Bauernschinken	Stücke aus dem Schweinsstotzen, gerollt	Naß- oder Schnellsalzung, geräuchert, pochiert
Schüfeli	Schweinsschulter mit Schulterblatt	Naß- oder Schnellsalzung, geräuchert, gekocht
Rollschinkli	Schweinsstotzenstücke	Naß- oder Schnellsalzung, geräuchert, pochiert
Rippli	Schweinskarree	Naß- oder Schnellsalzung, geräuchert, pochiert
Magerspeck	Schweinsbrust	Naß- oder Schnellsalzung, geräuchert, zum Kochen oder Braten
Frühstücksspeck	Schweinsbrust	Naß- oder Schnellsalzung, geräuchert, zum Grillieren oder Braten, ohne Schwarte und ohne Knorpel
Salzspeck / grüner Speck	Schweinsbrust	naß gesalzen, zum Kochen
Wädli	Schweinshaxen	naß gesalzen, zum Kochen

Rohwürste

Kuh- und/oder Schweinefleisch sowie Speck werden im Fleischwolf auf die gewünschte Körnung zerkleinert und unter Zugabe von Pökelsalz und Gewürzen zu einem Brät verarbeitet. Im Gegensatz zu den Brühwürsten wird hier kein Eis dazugegeben.
Genußreif werden diese Würste durch das Trocknen (Reifen), das bei einigen Sorten noch durch Räuchern unterstützt wird. Dieser Reifungsprozeß dauert je nach Sorte einige Wochen. Die Wurst verliert dabei bis zu einem Drittel ihres Gewichtes.
Rohwürste sollten nicht tiefgekühlt werden.
Dauerwürste, zum Beispiel Salami, Salametti, Landjäger, Salsiz, Bauernschüblig usw., sind einige Wochen ohne spezielle Kühlung, am besten aber zwischen 10 °C und 12 °C haltbar. Das Vakuumieren ist höchstens für voll ausgereifte Produkte geeignet.
Streichfähige Rohwürste, zum Beispiel Mettwurst und Teewurst, sind besonders stark fetthaltig und aus einem bindenden Brät hergestellt. Sie müssen unbedingt gekühlt aufbewahrt werden.

Kochwürste

Viele Kochwürste sind mit Terrinen vergleichbar: Ein Teil der Zutaten wird vor der Verarbeitung gekocht oder angebraten. Zur Kochwurstherstellung werden zum Teil auch Innereien verwendet, zum Beispiel Schweinsleber für die Leberwurst. Oft wird eine feine Masse hergestellt, die in eine Wursthülle (Darm) oder in eine Form (Terrine) abgefüllt und anschließend pochiert wird.
Schwartenmagen oder Schinkensülze werden aus gekochtem Fleisch zubereitet, mit Sulz vermischt, in Kunstdärme abgefüllt und gekühlt.
Zu den Kochwürsten gehören Blut- und Leberwürste, Pains, Schwartenmagen und Sulzspezialitäten.
Sämtliche Kochwürste sind besonders leicht verderblich und müssen deshalb gekühlt aufbewahrt werden (1 °C bis 2 °C). Sie sind zum sofortigen Verbrauch bestimmt.

4.2.6 Mastgeflügel – *volaille (f)*

Unter Mastgeflügel versteht man das im Handel erhältliche helle und dunkle Mastgeflügel.

Bedeutung für die Ernährung

Das Fleisch des Mastgeflügels, besonders dasjenige des jungen weißfleischigen, ist leichtverdaulich.
Geflügelfleisch gehört zu den fettärmsten Fleischsorten – Ausnahme: Suppenhuhn, Ente, Gans. Stark fetthaltig sind aber immer die Haut bzw. das Hautgewebe. Es hat einen hohen Proteinanteil, ist reich an Mineralstoffen (Eisen, Phosphor, Kalium, Calcium) und an den Vitaminen A und B.

Einteilung nach der Farbe des Fleisches

- **Helles Mastgeflügel:** Haushuhn und Truthuhn
- **Dunkles Mastgeflügel:** Perlhuhn, Ente, Gans und Taube

Die Farbunterschiede zwischen hellem und dunklem Mastgeflügel beruhen auf dem wechselnden Gehalt an Blut- und Fleischfarbstoffen. Der Anteil wechselt sogar innerhalb der gleichen Tierart: Ältere Tiere weisen dunkleres Fleisch auf als junge, Schenkel sind dunkler als Brüste.

Qualitätsmerkmale

Junges Mastgeflügel hat einen geringeren Anteil an Bindegewebe als das Schlachtfleisch und ist feinfaseriger.
Qualitativ gutes Geflügel sollte vollfleischig sein, eine gut entwickelte breite Brust haben sowie einen geringen und gleichmäßigen Fettansatz aufweisen.

> Geflügelfleisch und Geflügelleber wegen Salmonellengefahr immer durchgaren!

Lagerung

Frisches Geflügel wird im Kühlraum bei 1 °C bis 3 °C und bei einer Luftfeuchtigkeit von 85 bis 90% gelagert. Unter diesen Bedingungen ist Frischgeflügel bis 7 Tage haltbar. Geflügel sollte **sofort** nach dem Schlachten ausgenommen werden!
Gefrorenes Geflügel ist bei Temperaturen zwischen −18 °C und −22 °C zu lagern. Es muß im Kühlraum auf Gitterrosten aufgetaut und ausgepackt werden, bevor sich Fleischsaft bildet. Die Auftauflüssigkeit von Geflügel grundsätzlich wegschütten (Salmonellengefahr). Die Kühlkette darf bei der Auslieferung und der Lagerung nie unterbrochen werden.

Herkunft

Frischgeflügel: Schweiz, Frankreich, Holland, Deutschland, in geringerem Maße Ungarn, Polen, Slowakei, Tschechien.
Tiefgefrorenes Geflügel: Schweiz, Frankreich, Holland, Deutschland, Dänemark, USA, Ungarn, Polen, Slowakei, Tschechien, Rumänien.

Hinweis

Wachteln und Fasane werden größtenteils gezüchtet und können somit dem dunklen Mastgeflügel zugeordnet werden.

Handelsformen von Geflügel (frisch und tiefgekühlt)

Poulet	Truthahn	Ente	Perlhuhn	Zuchtwachtel
Schenkel ganz	Oberschenkel	Schenkel	Schenkel	Ganz, hohl ausgebeint
Unterschenkel	Unterschenkel	Brust *(magret)*	Brust (ohne Haut und	Brust
Oberschenkel	Brust	Brust geräuchert	Knochen)	
Brust (ohne Haut und Knochen)	Brust geräuchert	Leber		**Zuchtfasan**
Brustschnitzel	Schnitzel			Brust
Brustfilet	Geschnetzeltes	**Gans**		Schenkel
Ragout	Ragout	Schenkel		
Geschnetzeltes	Rollbraten	Brust *(magret)*		
Flügel	Braten	Brust geräuchert		
Leber	Trutenschinken	Leber		
	Leber			

Die verschiedenen Geflügelarten

Helles Mastgeflügel

Gattung	Beschreibung	Lieferländer	Durchschnittsgewicht (pfannenfertig)
Hähnchen – *poussin (m)*	In der Schweiz als Mistkratzerli, in Frankreich als *coquelet* bezeichnet.	Schweiz, Frankreich	0,4–0,7 kg
Masthähnchen – *poulet (m) / poulet (m) reine*	Hähne und Hennen werden oft als Griller bezeichnet.	Schweiz, Frankreich	0,8–1,3 kg
Masthuhn – *poularde (f)*	Besonders gemästete Hennen. Beste Sorte ist die Bresse-Poularde. Sie ist feinknochig und ausgiebig. Besonderes Merkmal sind die blauen Füße *(pattes bleues)*.	Schweiz, Frankreich (Poularde de Bresse)	1,3–1,8 kg
Kapaun / Masthahn – *chapon (m)*	Als kastrierter Hahn das Gegenstück zur Poularde.	Frankreich	2,0–3,0 kg
Suppenhuhn – *poule (f)*	Ausgewachsenes Huhn, meistens nach der ersten Legeperiode geschlachtet.	Schweiz	1,2–1,8 kg
Junger Truthahn – *dindonneau (m)* Truthenne – *dinde (f)* Truthahn – *dindon (m)*	Die Sehnen der Schenkel müssen vor der Zubereitung herausgezogen werden. Größere Tiere werden roh zerlegt und weiterverarbeitet.	Die Stammheimat des Truthahns ist Nordamerika. Hauptlieferländer sind Frankreich und Ungarn	2,0–3,0 kg 3,0–6,0 kg 6,0–12,0 kg

Dunkles Mastgeflügel

Gattung	Beschreibung	Lieferländer	Durchschnittsgewicht (pfannenfertig)
Perlhuhn – *pintade (f)*	Mastgeflügel von kräftigem Geschmack	Frankreich	0,9–1,3 kg
Junge Ente – *caneton (m)* Ente – *canard (m)*	Junge Enten haben sehr schmackhaftes Fleisch. Neben dem Fleisch gilt die Entenleber als Delikatesse.	Frankreich: Nanteser, Bresse- und Barbarie-Enten; Deutschland: Bölts-Ente; Polen, Ungarn	1,3–1,7 kg 1,8–2,6 kg
Junge Gans – *oison (m)* Gans – *oie (f)*	Unterscheidung zwischen Mastgans und Frühmastgans. Nur das Fleisch junger Gänse ist schmackhaft. Die Gänseleber gilt als Delikatesse.	Gänse: Frankreich, Polen und Ungarn	4,0–6,0 kg
Taube – *pigeon (m)*	Junge Tiere haben helles Fleisch.	Frankreich Spezialität: Bresse-Tauben Italien (Toskana) Meleta-Tauben	0,3–0,6 kg ca. 0,45 kg
Zuchtwachtel – *caille d'élevage*	Gerupft, ausgenommen oder nicht ausgenommen erhältlich.	Schweiz Italien Frankreich Oststaaten	0,15–0,22 kg

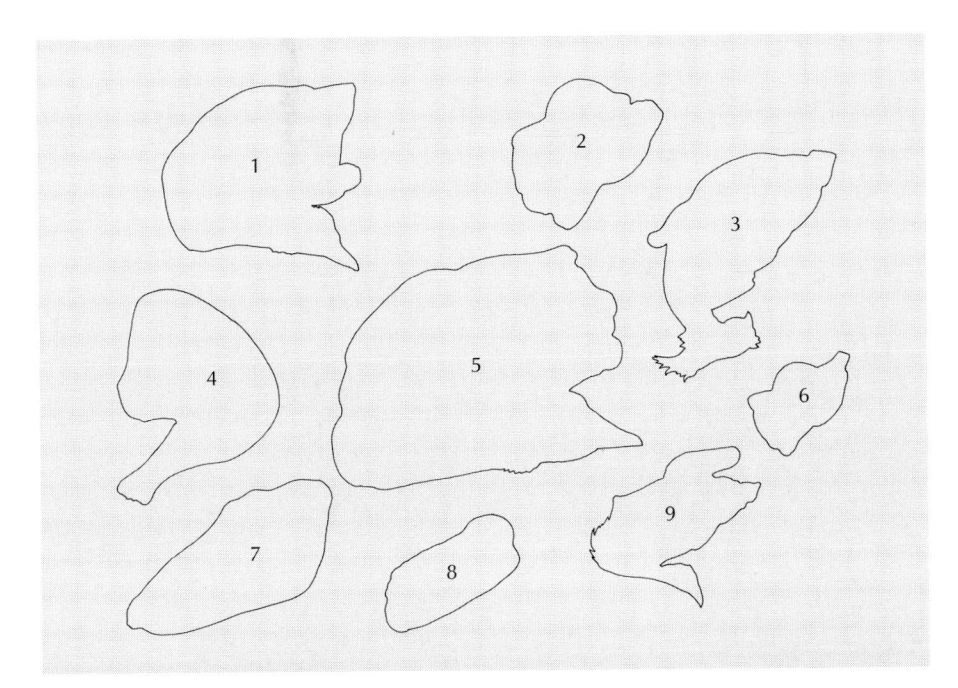

Mastgeflügel

1. Ente
2. Masthuhn
3. Bresse-Poularde
4. Trutenschenkel
5. Gans
6. Hähnchen
7. Trutenbrust
8. Trutenrollbraten
9. Perlhuhn

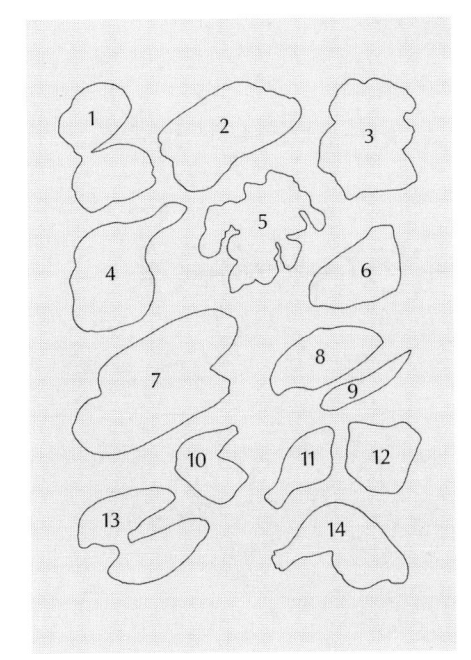

Mastgeflügel

1. Trutenoberschenkel / Haxen
2. Trutenschnitzel
3. Trutenvoressen
4. Entenschenkel
5. Trutengeschnetzeltes
6. Pouletbrustschnitzel
7. Entenbrust
8. Pouletbrust
9. Pouletbrustfilet
10. Perlhuhnschenkel
11. Pouletunterschenkel
12. Pouletoberschenkel
13. Perlhuhnbrust
14. Pouletschenkel

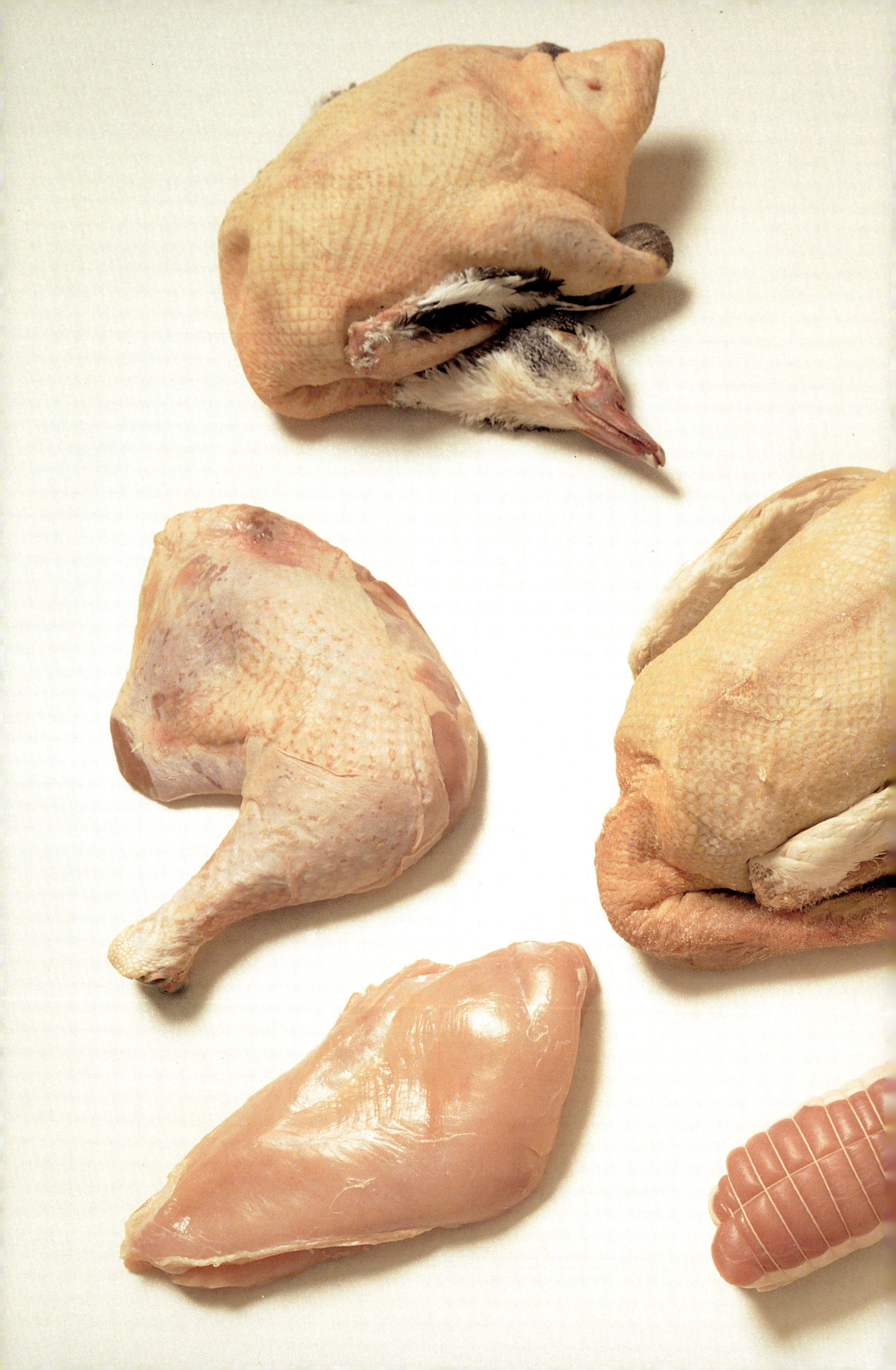

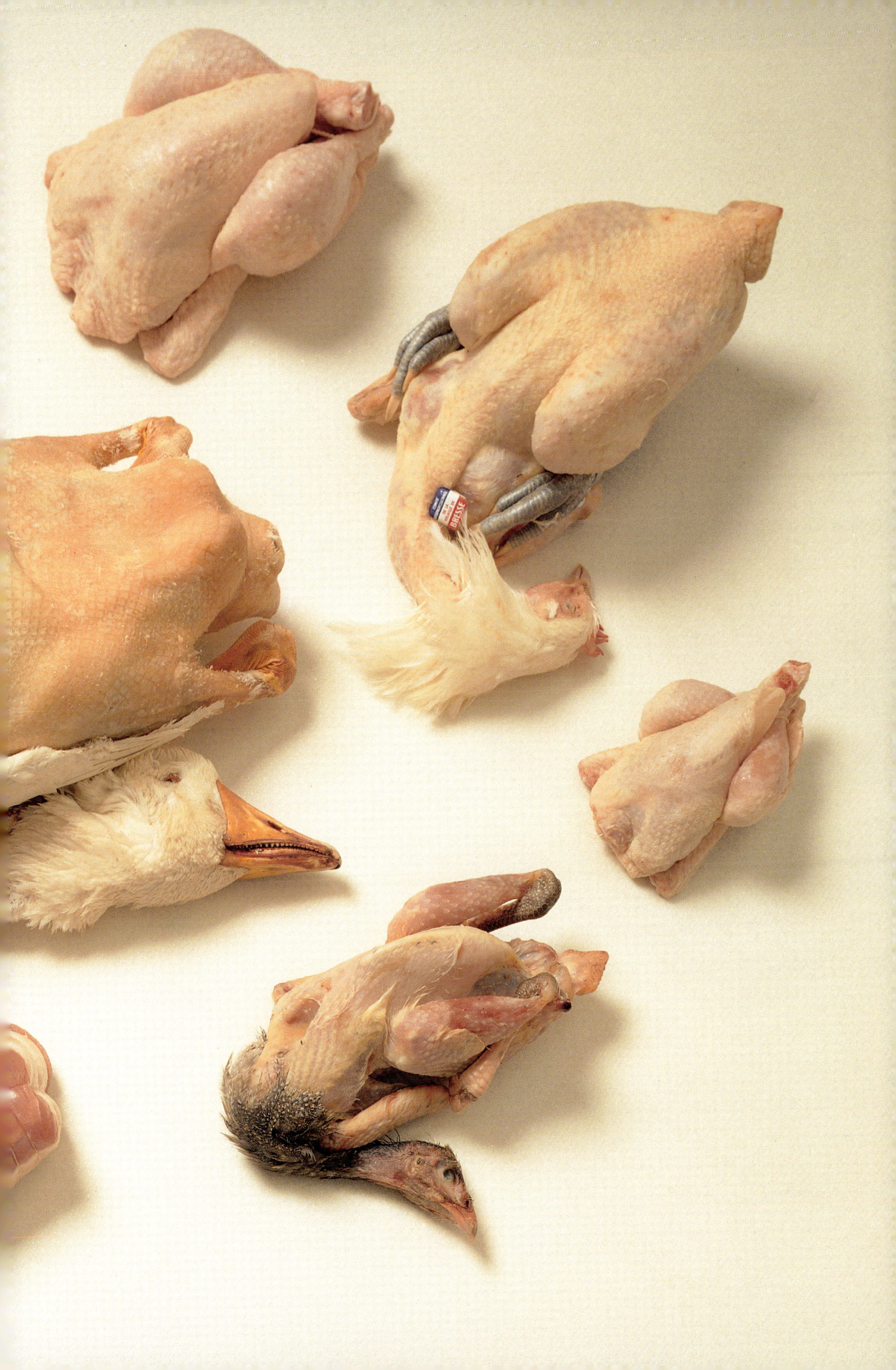

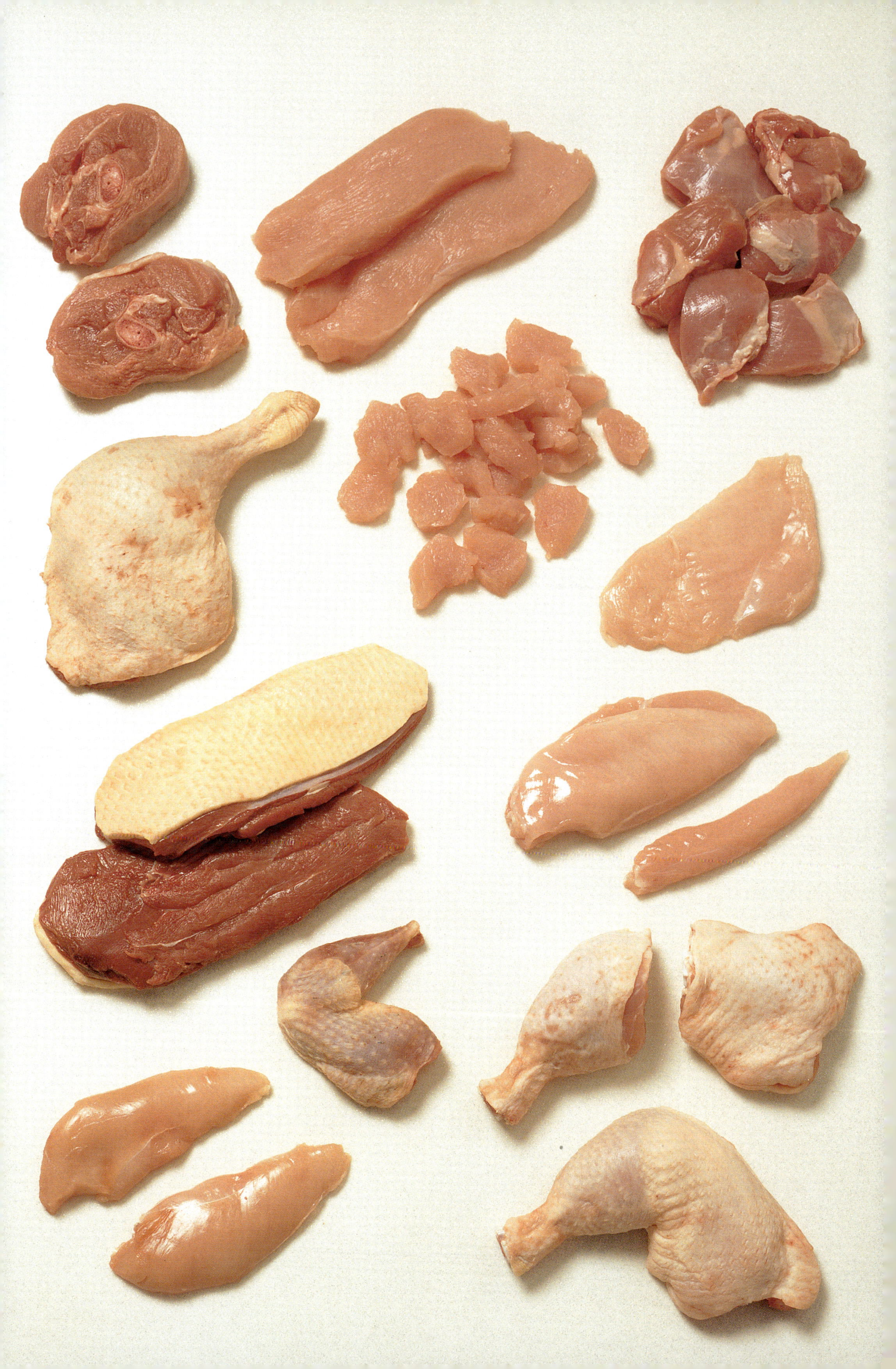

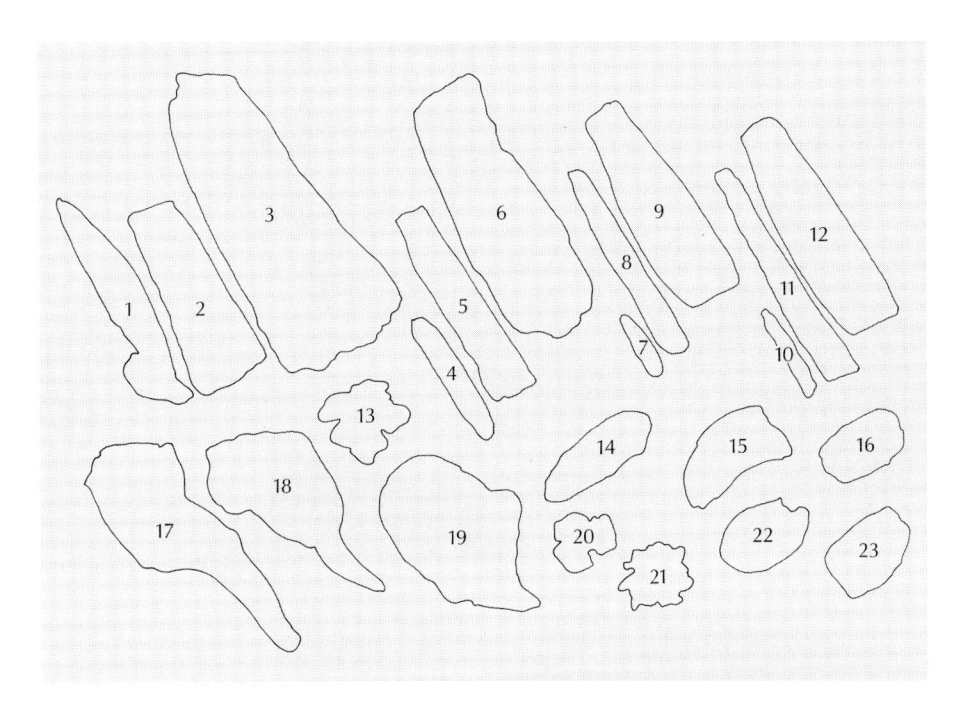

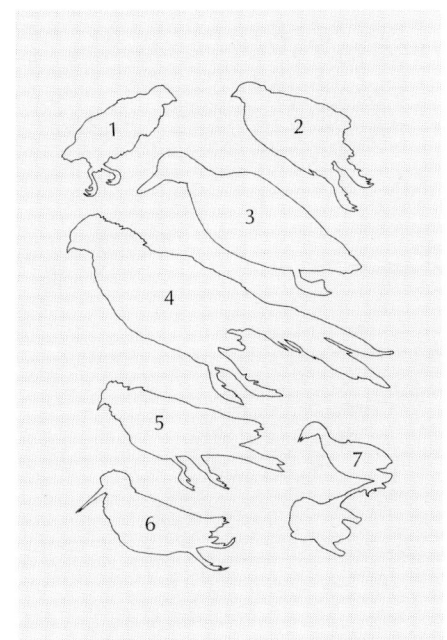

Haarwild

1. Hirschfilet
2. Hirschrückenfilet
3. Hirschrücken
4. Wildschweinfilet
5. Wildschweinrückenfilet
6. Wildschweinrücken
7. Rehfilet
8. Rehrückenfilet
9. Rehrücken
10. Gemsfilet
11. Gemsrückenfilet
12. Gemsrücken
13. Rehfleisch für Pfeffer
14. Rehbäggli
15. Rehunterspälte
16. Gemsbäggli
17. Rehlaffe
18. Rehlaffe ohne Knochen
19. Reh-/Femur-Schlegel
20. Rehschnitzel
21. Rehgeschnetzeltes
22. Rehnuß
23. Gemsnuß

Federwild

1. Rebhuhn
2. Schottisches Moorhuhn
3. Wildente
4. Fasan
5. Wildtaube
6. Schnepfe
7. Gerupfte Wachteln

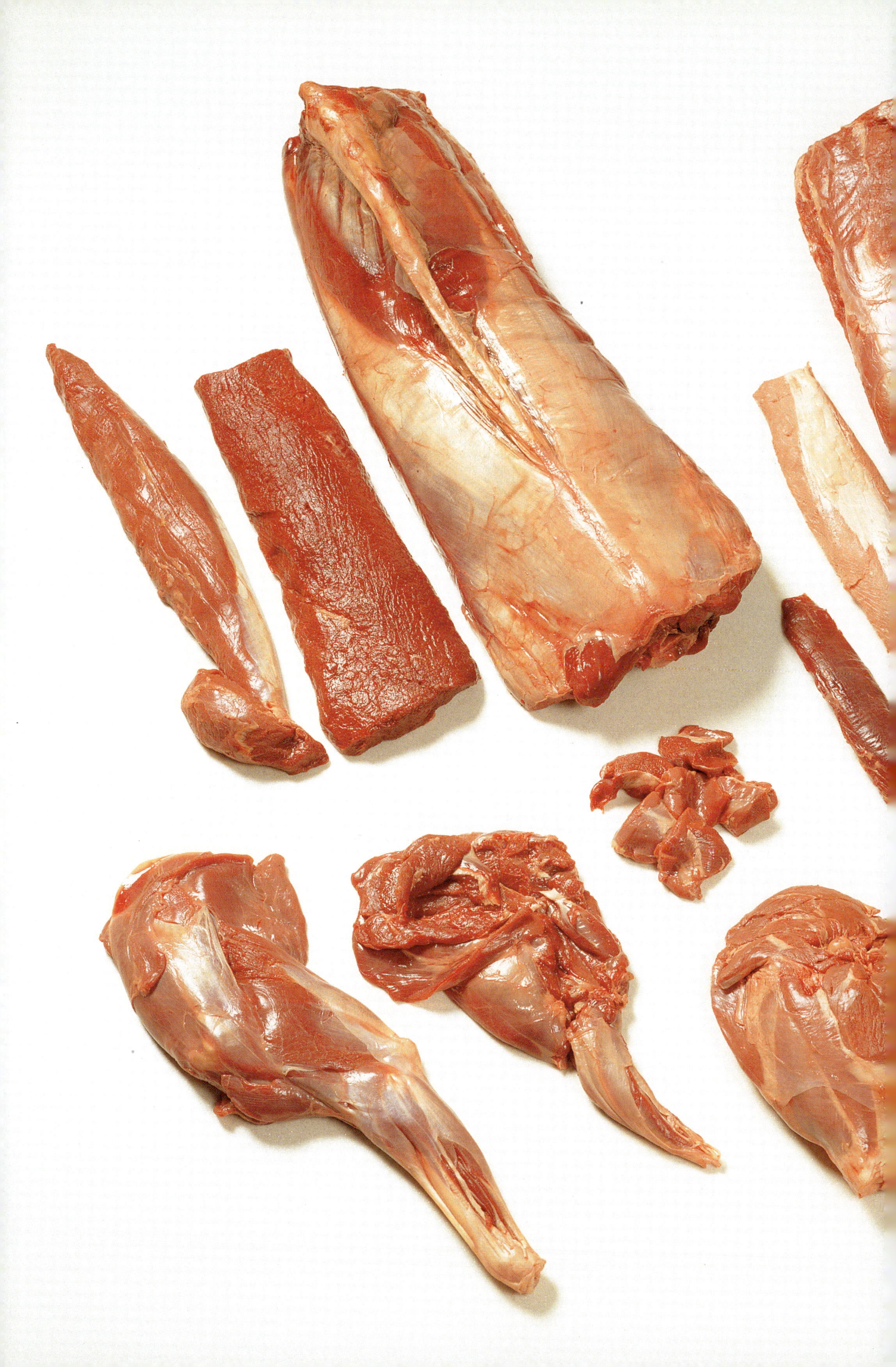

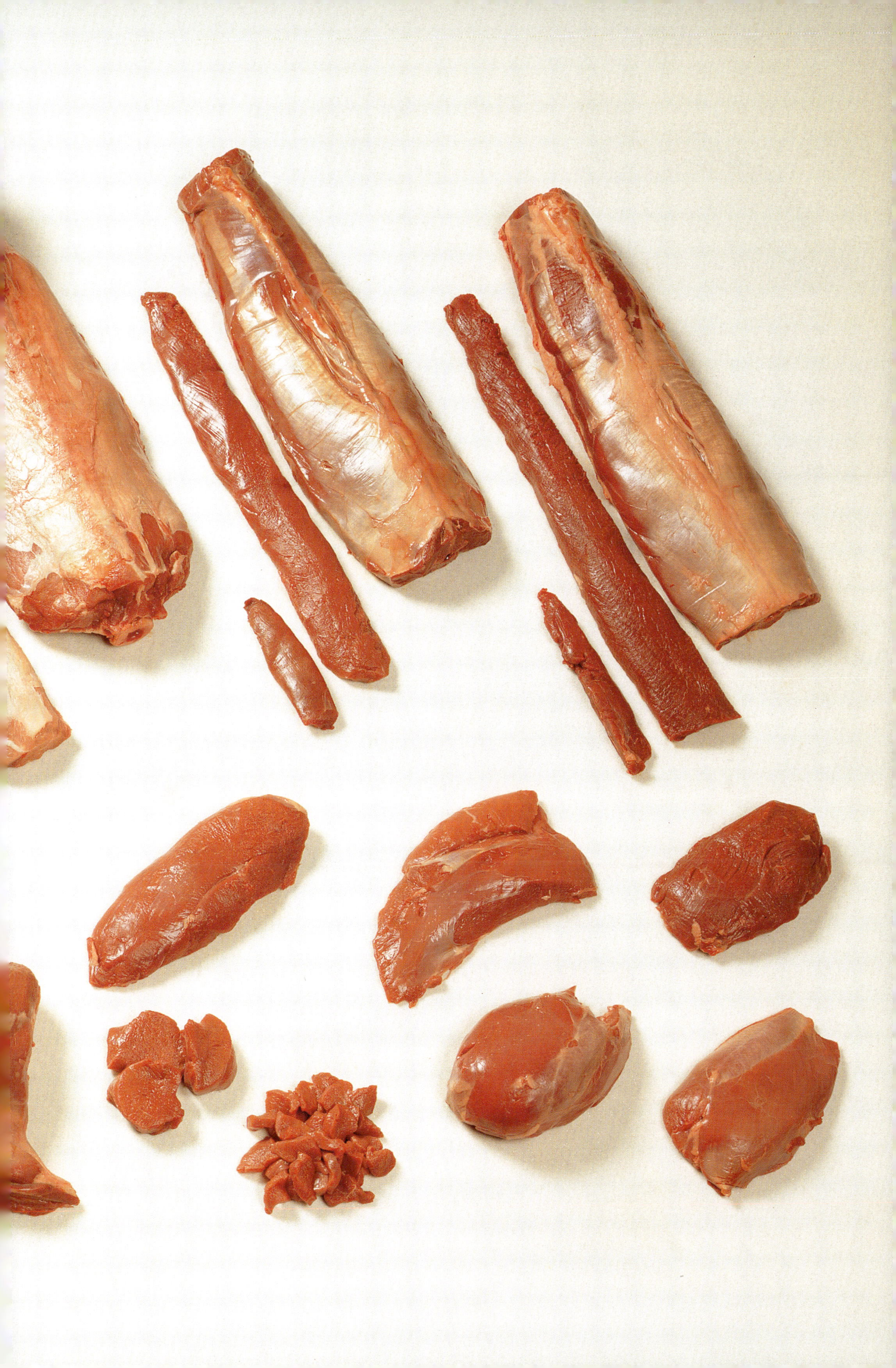

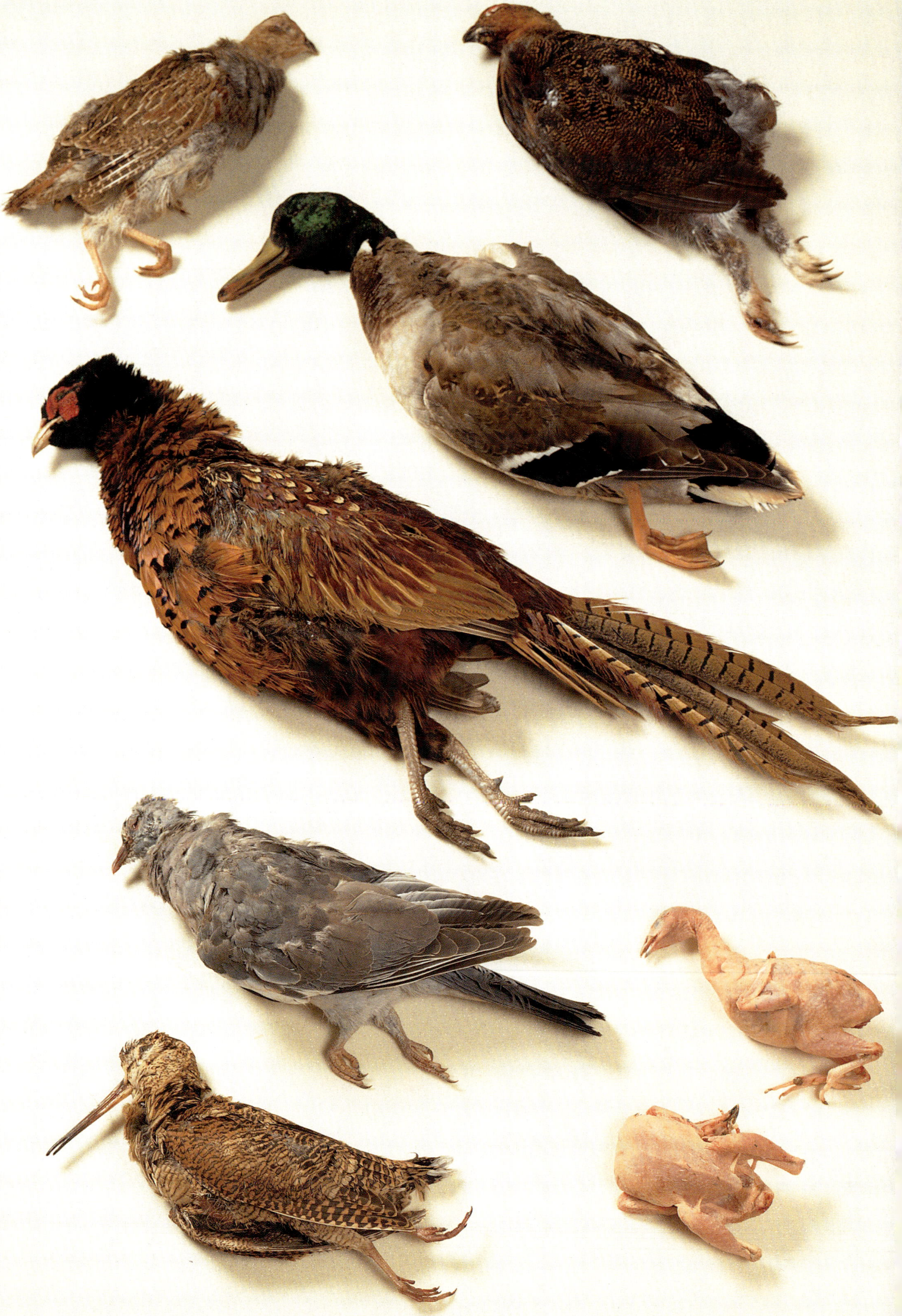

4.2.7 Wild

Unter Wild versteht man Tiere, die in freier Wildbahn leben und gejagt werden. Seit einigen Jahren aber gibt es immer mehr Zuchtbetriebe, in welchen Wildtiere gehalten werden.

1. Haarwild – *gibier (m) à poil*

Reh – *chevreuil (m)*
Rothirsch – *cerf (m)*
Damwild / Damhirsch – *daim (m)*
Gemse – *chamois (m)*
Steinbock – *bouquetin (m)*
Hase – *lièvre (m)*
Wildkaninchen – *lapin (m) de garenne*
Wildschwein – *sanglier (m)*
Bär – *ours (m)*
Ren / Rentier – *renne (m)*
Elch – *élan (m)*
Springbock – *springbock (m)*

Das Fleisch der Wildtiere bezeichnet man als Wildbret *(venaison [f])*. Rund ein Viertel des Konsums kann durch inländisches Wild gedeckt werden.
Die heutige Palette an Wildteilen mit oder ohne Bein ist so vielfältig und gut, daß es sich nicht mehr lohnt, Wild in der Decke (im Fell) zu kaufen. Dies ergibt auch Vorteile in bakteriologischer Hinsicht.
Eine genaue Deklaration des Wildbrets auf der Speisekarte ist wichtig. Im Augenblick ist Wild in der Schweiz nicht fleischschaupflichtig (außer Trichinenschau bei Wildschwein und Bär).

Nährwert

Durch den geringen Fettgehalt und die feine Struktur ist Wildbret aus unserer Ernährung nicht mehr wegzudenken, sondern sollte noch vermehrt berücksichtigt werden.

Lagerung

- Im Kühlraum bei 0 °C bis 2 °C zugedeckt, vakuumverpackt oder im Fell (nur noch selten und in separatem Kühlraum)
- Tiefgekühlt bei –18 °C
- Gebeizt im Kühlraum
- Verarbeitete oder verpackte Produkte immer **mit Datum versehen**

Hygiene

- Bei der Wildverarbeitung kommt es sehr auf die Betriebs- und die persönliche Hygiene an
- Sauberes Werkzeug und Hygiene-Schneidbretter verwenden
- Kühlkette nur so kurz wie möglich unterbrechen
- Wildfleisch nie im eigenen Saft liegen lassen (z.B. bei gefrorenem und anschließend aufgetautem Wild)

Reh – *chevreuil (m)*

Rehbock: männliches Tier, mit Geweih
Rehgeiß: weibliches Tier
Rehkitz: Jungtier
Geißkitz: weibliches Jungtier
Beschreibung: Lebt im Sommer meist einzeln, im Winter gesellig. Bevorzugt strauchreichen Mischwald, Felder und Wiesen. Ein ausgewachsenes Reh (rund 3 Jahre alt) wiegt ausgenommen 13–18 kg (mit Decke, ohne Kopf). Frisches Rehfleisch ist während der Sommerjagd und im Herbst erhältlich.
Wichtige Lieferländer: Schweiz, Deutschland, Österreich, Oststaaten, Italien.
Handelsformen: Ganze Rehe aus heimischer Jagd. Fleischstücke mit Bein: Rehschlegel, Rehrücken (10 Rippen, dressiert bis auf die Silberhaut); Femur-Schlegel (ohne Lauf- und Schloßbein), nur Mittelknochen; Rehlaffen. Fleischstücke ohne Bein: Rehrückenfilets; Schnitzelfleisch (Nuß, Eckstück, Unterspälte, Rehhuft); Laffe.

Rothirsch – *cerf (m)*

Hirsch: männliches Tier, mit Geweih
Hirschkuh: weibliches Tier
Hirschkalb: Jungtier
Beschreibung: Bevorzugt geschlossene Waldungen der Alpenregion. Rudeltier mit stark ausgeprägtem Geruchssinn. Hirschfleisch ist dunkelrot, mit Ausnahme desjenigen der Hirschkälber (heller). Bis zum Alter von etwa drei Jahren ist das Fleisch zart und schmackhaft. Während der Brunftzeit im Oktober sind Geschmacksbeeinträchtigungen (Geschlechtsgeruch) möglich.
Wichtige Lieferländer: Neuseeland, Oststaaten, Österreich, Deutschland, Schweiz.
Handelsformen: Das Verhältnis Farmtiere : Wildtiere liegt bei 50 : 50. Im Angebot finden wir meist nur noch zerteilte Tiere mit oder ohne Bein. Fleischstücke mit Bein: Rücken, Schlegel, Laffe; Fleischstücke ohne Bein: Rückenfilet, Filet, Laffe; Schnitzelfleisch (Eckstück, Nuß, Huft), Geschnetzeltes; Hirschbindenfleisch (Unterspälte). Beim Hirschpfeffer unterscheidet man zwischen Boneless A (Hals) und Boneless B (Brust).

Damwild / Damhirsch – *daim (m)*

Beschreibung: Damwild stammt aus den östlichen Mittelmeerländern; kommt bei uns nicht wildlebend vor, sondern wird in Gehegen gehalten. Typisches Merkmal des Damwildes ist das Schaufelgeweih. Das Fleisch ist ähnlich wie beim Rothirsch; es muß deshalb entsprechend bezeichnet werden.
Handelsformen: Wie beim Rothirsch.

Gemse – *chamois (m)*

Bock: männliches Tier, mit Krucken bzw. Krickeln
Geiß: weibliches Tier, mit Krucken bzw. Krickeln
Bockkitz: männliches Jungtier
Geißkitz: weibliches Jungtier
Beschreibung: Rudeltier mit gutem Gehör- und Geruchssinn. Lebt im Alpenraum. Im Sommer fahlgelb-bräunlich, im Winter dunkelbraun-schwarz. Die langen schwarzen Rückenhaare im Winterhaar des Bockes werden Gamsbart genannt. Bei Böcken hat das Fleisch während der Brunftzeit (November, Dezember) einen eigenartigen Beigeschmack. Das Fett alter Tiere riecht sehr stark, oft sogar unangenehm.
Wichtige Lieferländer: Schweiz, Deutschland, Österreich.
Handelsformen: Gamsrücken, Schlegel, Laffen, Schnitzelfleisch, Pfeffer, Ragout.

Steinwild / Steinbock – *bouquetin (m)*

Steinbock: männliches Tier
Steingeiß: weibliches Tier
Kitz: Jungtier
Lebt oberhalb der Baumgrenze. Der Steinbock ist aus inländischer Jagd erhältlich, hat jedoch für die Küche keine große Bedeutung. Jährliche Abschußzahl: rund 500 Stück.

Hase – *lièvre (m)*

Rammler: männliches Tier
Häsin: weibliches Tier
Junghase: Jungtier
Beschreibung: Aus der Familie der hasenartigen Wildtiere kommen bei uns der Feldhase und der Schneehase vor.
Feldhase: Oberseite rostgelb, Bauch und Kehle weiß, Löffelspitzen (Ohren) schwarz.
Schneehase: im Winter schneeweiß, im Sommer grau-bräunlich, Löffelspitzen schwarz. Kommt nur im Hochgebirge vor (ab 1200 m ü.M.).
Hasen ernähren sich vor allem von Saat, Kohl, Rüben, Kräutern und Knospen. Qualitativ am besten sind Hasen bis 8 Monate, im Spätherbst erlegt.
Wichtige Lieferländer: Schweiz, Österreich, Italien, Argentinien.
Handelsformen: Hasen im Fell, Rücken, Rückenfilets, Schlegel, Pfeffer.

Wildkaninchen – *lapin (m) de garenne*

Junges Wildkaninchen – *lapereau (m)*

Beschreibung: Wildkaninchen sind kleiner als Feldhasen und sollten mit diesen nicht verwechselt werden (Kaninchen graben unterirdische Höhlen, Hasen bauen Nester und ihre Jungen sind Nestflüchter). Rücken braungrau, Bauch grau-weiß. Ohren einfarbig, ohne schwarze Spitzen.
Vorkommen: Frankreich, England, Australien, vereinzelt in der Schweiz: im Tessin, auf der St.-Peters-Insel (Bielersee) und im Baselbiet.

Wildschwein – *sanglier (m)*

Keiler: männliches Tier
Bache: weibliches Tier
Frischling *(marcassin [m])*, Überläufer (Jungtier im zweiten Lebensjahr)
Beschreibung: Lebt in ausgedehnten Laub- und Mischwäldern. Allesfresser. Das Sommerhaar ist hellgrau und kurz, das Winterhaar dunkel-schwarz und lang. Frischlinge haben während der ersten 4–6 Monate helle Streifen. Wildschweine bis zum Alter von 3–4 Jahren sind einwandfrei in der Fleischqualität.
Wichtige Lieferländer: Polen (hauptsächlich), Ungarn, Jugoslawien, Österreich, Deutschland.
Handelsformen: Ganze Wildschweine sowie Wildschweinrücken, Schlegel, Laffen.
Aus Australien wird auch das verwilderte Hausschwein importiert, welches in der Qualität aber nicht gleichwertig ist.

Bär – *ours (m)*

Der Bär wird nur selten in der Küche verwendet.
Handelsformen: Aus Zucht: Rücken, Karree, Schlegel, Tatzen.

Ren / Rentier – *renne (m)*

Beschreibung: Lebt heute im hohen Norden von Europa, Asien und Amerika. Lappen, Finnen und Sibirier leben von der Rentierzucht und halten die Rens als Haustiere. Ausgewachsene Böcke können ein Gewicht von 120–150 kg erreichen.
Handelsformen: Rücken, Schlegel, Laffe, Ragout und Entrecôtes.

Elch – *élan (m)*

Beschreibung: Der Elch ist der größte Vertreter der Hirsche. Durchschnittsgewicht 300–400 kg. Der Spießer (2jährig) und das Elchkalb (bis 1jährig) liefern gutes, zartes Fleisch.

Handelsformen: Rücken, Schnitzelfleisch, Ragout, Entrecôtes. Spezialität: geräucherte Zunge.

Springbock – *springbock (m)*

Beschreibung: Bedeutendste südafrikanische Antilopenart (neben weiteren Gattungen wie Impala, Kudu usw.). Importe aus Südafrika, Namibia, Neuseeland, als Keulen, Schultern, Ragout, Rücken. Springböcke werden auf Farmen und in Wildreservaten gezüchtet. Sie leben in Herden bis zu 500 Stück. Das Fleisch ist ähnlich wie dasjenige des Rehs, darf aber keinesfalls als Rehfleisch verkauft werden.
Handelsformen: Rücken, Schlegel, Laffen.

2. Federwild – *gibier à plume*

Federwild hat einen geringen Fettgehalt. Ausnahme: Wildenten. Das Fleisch hat einen ausgeprägten Wildgeschmack. Im Trend liegen Wildgeflügelteile, hauptsächlich Brüste und Schenkel (vor allem von Fasan und Wildente). Abschnitte werden zu Tierfutter verarbeitet. **Nur junges Federwild ist zart.**

Lagerung

- Vakuumverpackt, mit Datum versehen
- Tiefgefroren bei –18 °C
- Im Federkleid aufgehängt (Ausnahme: Wasservögel). Dieser Vorgang wird **faisandieren** genannt.

Altersmerkmale

Junge Tiere haben weiche Brustknochen und Flaum unter den Federn.

Wildente – *canard (m) sauvage*

Beschreibung: Wildenten sind Wasservögel, die in vielen Arten vorkommen. Wir unterscheiden Tauch- und Schwimmenten, auch Gründelenten genannt.
Schwimmenten liegen hoch im Wasser, die Nahrung suchen sie gründelnd (ohne zu tauchen) im seichten Wasser, daher auch der Name Gründelenten. Die Stockente ist die größte und häufigste Schwimmentenart. Die Stockentenmännchen (Erpel) haben einen grünen Kopf, eine weiße Halskrause und einen rostroten Bauch; die Weibchen sind einheitlich braun.
Tauchenten suchen ihre Nahrung tauchend auf dem Grund. Sie liegen beim Schwimmen tief im Wasser, der Stoß (die Schwanzfedern) liegt auf der Wasseroberfläche auf.
Wildenten – wie alle Wasservögel – nicht faisandieren, da sie sich rasch zersetzen.
Wichtige Lieferländer: Belgien, Oststaaten, Frankreich.
Handelsformen: Ganz, im Federkleid; ganz, gerupft, mit Innereien; ganz pff (pfannenfertig); Brüste, Schenkel. Diese Artikel sind alle frisch oder tiefgekühlt erhältlich.

Fasan – *faisan (m)*

Beschreibung: Stammt aus Asien; sehr weit verbreitet. Unser heutiger Jagdfasan ist eine Kreuzung ursprünglicher Fasanenrassen. Fasane lieben eine Verbindung zwischen Wald, Wasser und Wiesen. Sie werden heute zum Teil in Fasanerien gezüchtet, ausgesetzt und dann gejagt. Junge Fasanenhähne erkennt man am stumpfen Sporn. Männliche Tiere haben ein farbenprächtiges Gefieder, Weibchen sind unscheinbar grau-braun. Männchen und Weibchen haben sehr lange Schwanzfedern.
Wichtige Lieferländer: Belgien (Fasanerien), England, Schottland, Polen, Ungarn, Rumänien, Slowakei, Republik Tschechien, Frankreich, Österreich.
Handelsformen: Ganz, im Federkleid; ganz, gerupft; ganz, pfannenfertig; Brüste, Schenkel. Diese Artikel sind frisch und tiefgekühlt erhältlich.

Wachtel – *caille (f)*

Beschreibung: Sehr kleiner Zugvogel, zu erkennen an cremefarbenem Streifen am Kopf. Das Männchen hat zusätzlich eine schwarze Kehlzeichnung.
Wichtige Lieferländer: Ausschließlich aus Farmen der Schweiz, Frankreichs, Italiens und der Oststaaten.
Handelsformen: Pfannenfertig, hohl ausgebeint, ganz; Brüste (frisch und tiefgekühlt).

Geschütztes Federwild	Jagdbares Federwild
Auerhuhn/Auerhahn, Birkhuhn	Fasan
Haselhuhn	Rebhuhn
Steinhuhn, Wachtel	Schneehuhn
Wildgans, Kolbenente, Kragenente	verwilderte Haustaube
Marmelente, Ruderente	Ringeltaube, Türkentaube
Scheckente, Spatelente	Wildente (Stockente, Reiherente)
Doppelschnepfe, Zwergschnepfe	Waldschnepfe

Rebhuhn – *perdrix (f) grise*
Beschreibung: Neben Fasan und Stockente das verbreitetste Federwild in Europa. Kommt in unserer Region nur noch spärlich vor. Am Kopf rostrot, rotbrauner Stoß.
Wichtige Lieferländer: Holland, Belgien (Zucht), Oststaaten.
Handelsformen: Ganz, im Federkleid; ganz, gerupft; Brüste. Diese Artikel sind frisch und tiefgekühlt erhältlich.

Schottisches Moorhuhn – *grouse (f)*
Beschreibung: Kommt in Schottland und in England vor. Sehr geschätztes Jagdwild. Dunkelbraun gefärbt.
Wichtige Lieferländer: Schottland, England.
Handelsformen: Im Federkleid tiefgekühlt.

Alpenschneehuhn – *perdrix (f) blanche / perdrix (f) de neige*
Beschreibung: Schneehühner sind die einzigen Vögel, die ein weißes Winterkleid haben. Sie leben in der nordischen Tundra und im Hochgebirge über der Waldgrenze. Sie werden in der Küche nur noch selten verwendet.

Waldschnepfe – *bécasse (f)*
Beschreibung: Erdfarbenes Gefieder, langer, spitzer Schnabel. Bei uns nur noch in wenigen Kantonen jagdbar. Der Balzflug der Schnepfen, der Mitte März in der Abenddämmerung beginnt, wird Schnepfenstrich genannt.
Wichtiges Lieferland: Norditalien.
Handelsformen: Ganz, im Federkleid.

Wildtaube – *pigeon (m) sauvage*
Beschreibung
Verwilderte Haustaube: Bei uns am meisten verbreitet. Darf das ganze Jahr über gejagt werden. Sie stammt von der Felsentaube ab. Nistet in Häusern der Städte. Gefiederfarbe variiert sehr stark von Schwarz über Weiß, Rotbraun usw. bis Graublau.
Ringeltaube: Größte Taubenart unserer Gegend. Weißer Hals, Flügelflecken und längerer Stoß. Im Winter auf Feldern, bei Schnee besonders in Rosenkohlfeldern. Nistet auf Laub- und Nadelbäumen.
Türkentaube: Erkennbar am schwarzen Nackenband und an der staubbraunen Oberseite. Hat sich an den Menschen gewöhnt. Nistet auf Bäumen, in Gärten und Parks. Hat sich von Jugoslawien über ganz Mitteleuropa verbreitet.
Wichtiges Lieferland: Italien.
Handelsformen: Ganz, im Federkleid; ganz, gerupft; Brüste. Diese Artikel sind meist tiefgekühlt im Handel.

4.3 Nahrungsmittel tierischen Ursprungs

4.3.1 Milch

Erste Milchspender für die Menschen waren Ziege und Schaf, später – mit zunehmendem Ackerbau – kam das Rind hinzu, und heute versteht man unter Milch als Handelsware nur Kuhmilch. Milch, die nicht von Kühen stammt, muß entsprechend bezeichnet werden, z. B. als Ziegenmilch oder Schafmilch (LMV Art. 53).

Bedeutung der Milch in der modernen Ernährung

Auf der ganzen Welt wird die Milch als wichtigste Aufbaunahrung anerkannt. In unseren modernen Lebens- und Ernährungsgewohnheiten nimmt sie deshalb einen wichtigen Platz ein. Milch ist neben Brot ein preisgünstiges Nahrungsmittel, aber das einzige überhaupt, das die Nährstoffe fast in ausgewogenem Verhältnis enthält.
Milch fördert den normalen Ablauf der Körperfunktionen, hilft im Kampf gegen Zivilisationsleiden, wie Stoffwechselkrankheiten, Gebißzerfall, Skelettdeformationen, Arteriosklerose, Herzattacken usw. Sie ist nicht nur ein guter Durstlöscher und ein sättigendes Nahrungsmittel, sondern wirkt vorbeugend gegen Managerkrankheit, Verdauungsstörungen und Nervosität, steigert die Leistungsfähigkeit, die Widerstandskraft und die Vitalität.

Zusammensetzung der Milch

In der Milch sind über 90 verschiedene Bestandteile vorhanden. Was die Milch für unsere Ernährung besonders wertvoll macht, ist die natürliche Ausgewogenheit all dieser verschiedenen Nährstoffe.
100 g Milch enthalten im Mittel:
– **3,2 g Protein**
  Milchprotein ist biologisch hochwertig. Es enthält die wesentlichen Aminosäuren (Proteinbausteine) in genügender Menge.
– **4,9 g Milchzucker (Laktose)**
  Das in der Milch enthaltene Kohlenhydrat Milchzucker (Laktose) besteht aus Traubenzucker (Glukose) und Galaktose. Milchzucker wirkt günstig auf die Entwicklung der Darmbakterien (Darmflora).
– **3,7 g Milchfett**
  Der Schmelzpunkt des Milchfetts liegt bei 28 °C bis 32 °C. Es wird also bereits bei Körpertemperatur flüssig und ist deshalb leichtverdaulich. Milchfett enthält die fettlöslichen Vitamine A und D.
– **0,8 g Vitamine, Mineralsalze, Spurenelemente**
  Milch ist unser Hauptlieferant von Calcium und Phosphor. Beide sind unentbehrlich für gesunde Zähne und einen guten Knochenbau.
  Ferner enthält Milch reichlich Kalium und Magnesium.
  Der Vitamingehalt der Milch ist hoch und ausgewogen. Vor allem vertreten sind Vitamin A, B-Vitamine, Vitamin D und E.
– **87,4 g Wasser**
  Der weitaus größte Teil der Milch besteht aus Wasser, weshalb Milch auch ein guter Durstlöscher ist.

Nährwert der Milch

1 dl Milch entspricht einem Brennwert von 280 kJ.

Bestimmungen der Lebensmittelverordnung

Unter der Bezeichnung Milch (Vollmilch) ist Kuhmilch mit unverändertem Gehalt zu verstehen. Rohmilch ist Milch, die nicht über die Gewinnungstemperatur erwärmt wurde.
Andere Milcharten (Magermilch, teilweise entrahmte Milch usw.) oder Milch von anderen Säugetieren müssen entsprechend bezeichnet werden.
Bei der Gewinnung, der Behandlung, der Aufbewahrung, der Verarbeitung und dem Verkauf von Milch ist größte Reinlichkeit zu beachten. Die für Milch bestimmten Vorratsgefäße müssen einwandfrei gereinigt (heiß ausspülen, kein Nachreiben mit Tüchern!) und in einem guten Zustand sein. Gefäße aus unverzinntem Kupfer oder aus Messing eignen sich nicht für die Aufbewahrung von Milch.
Die Milch ist stets bei einer Lagertemperatur von höchstens +5 °C zu lagern und vor Fremdgeruch sowie vor Licht zu schützen.
Wird dem Vorratsgefäß (z.B. Milchkanne) Milch zum Ausschank entnommen, so ist der Inhalt vorher mit einem geeigneten Rührer gut aufzurühren. Wird dies nicht berücksichtigt und insbesondere die aufgerahmte Milch direkt abgegossen, so ist der Rest fettärmer und muß als im Wert vermindert beanstandet werden.

Das Haltbarmachen der Milch

Wird rohe Milch nach dem Melken nicht kühl gelagert, so verdirbt sie rasch.
Als natürlich entstandenes und gewonnenes Produkt enthält Milch immer eine gewisse Anzahl Keime, die sich um so rascher entwickeln und vermehren, je wärmer die Milch ist. Dadurch werden wesentliche Bestandteile der Milch zersetzt, und die Milch wird ungenießbar.

Pasteurisationsverfahren

Gemäß LMV Art. 40 sind folgende Erhitzungsverfahren zulässig:
a) Milch wird während 15 Sekunden bei mindestens 71,7 °C gehalten.
b) Milch wird zwischen 85 °C und 134 °C pasteurisiert (Hochpasteurisation)
Bei allen Verfahren muß die Milch unmittelbar nach der Pasteurisation unter 5 °C abgekühlt werden.
Hochpasteurisierte, ultrahocherhitzte und sterilisierte Milch darf nur in verschlossenen Packungen in Verkehr gebracht werden. Ausgenommen ist der Offenausschank im Gastgewerbe, in Kollektivverpflegungsbetrieben und in Spitälern.
Die **Haltbarkeit** von pasteurisierter Milch ist beschränkt. Packungen mit pasteurisierter Milch haben unter anderem die folgenden Angaben aufzuweisen;
– den Vermerk «bei 5 °C oder weniger und vor Licht geschützt aufbewahren»
– das letztzulässige Datum (Tag und Monat) für die Abgabe im Detailhandel; als solches gilt spätestens der vierte Tag nach dem Tag der Pasteurisation
Bei vorschriftsgemäßer Aufbewahrung bleibt pasteurisierte Milch noch mindestens 1–2 Tage über das aufgedruckte Datum hinaus einwandfrei.

UHT-Verfahren

UHT steht für **U**ltra-**H**och-**T**emperatur. Bei der UHT-Behandlung wird die Milch indirekt oder direkt (z.B. durch Dampfinjektion) sehr rasch während einigen Sekunden auf Temperaturen von 135 °C bis 155 °C erhitzt und ebenso rasch wieder abgekühlt. Dadurch wird die Milch keimfrei, Nähr- und Aufbaustoffe bleiben jedoch auch bei diesem Verfahren erhalten.
Ultrahocherhitzte Milch (uperisierte Milch, UP-Milch, UHT-Milch) darf nur in Packungen in Verkehr gebracht werden, die keimfrei, keimdicht und für Licht und Gase undurchlässig sind. Ultrahocherhitzte Milch kann ungekühlt während **höchstens 11 Wochen** nach dem Tag der Ultrahocherhitzung im Detailhandel abgegeben werden. Ultrahocherhitzte Milch ist sinngemäß eine Konserve und eignet sich für die längere Aufbewahrung, zum Beispiel als Reserve im Gastgewerbe, insbesondere in entlegenen Ausflugsorten.

Kondensmilch

Bei einer Konzentration im Unterdruckverfahren (Vakuum mit Hitze) wird der Milch ein wesentlicher Teil des Wassers entzogen. Sie kann verschiedene Fettgehalte aufweisen.
Ungezuckerte Kondensmilch wird sterilisiert, gezuckerte lediglich pasteurisiert oder UHT-behandelt, da der Zucker selbst eine konservierende Wirkung hat.
Als Reserve sowie für Kaffee und Tee ist ungezuckerte Kondensmilch etwa 1 Jahr, gezuckerte etwa 2 Jahre haltbar.

Pulverisieren

Milchpulver wird grundsätzlich nach zwei Verfahren hergestellt:

Bei der **Walzentrocknung** wird ein dünner Film eingedampfter Milch auf eine heiße, sich drehende Walze aufgesprüht. Nach einer halben Drehung kann der abgetrocknete Film abgekratzt und zu Pulver verarbeitet werden.
Bei der **Sprühtrocknung** wird Milchkonzentrat zu kleinen Tröpfchen zerstreut und in hohen Trocknungstürmen im Heißluftstrom getrocknet.
Milchpulver wird aus vollfetter, teilweise oder ganz entrahmter Milch hergestellt. 1000 g Vollmilchpulver enthalten mindestens 260 g Fett.
Milchpulver dient als Reserve und zum Kochen. Es ist wasserlöslich (Achtung: nur Trinkwasser verwenden) und ist etwa 1 Jahr haltbar.

Homogenisation

Wenn Rohmilch unbehandelt stehengelassen wird, rahmt sie auf: Das Milchfett in Form feiner Kügelchen steigt zur Oberfläche auf. Will man dies verhindern, so wird die Milch homogenisiert, das heißt, die Fettkügelchen werden so weit zerkleinert, bis sie den Auftriebswiderstand der Milch nicht mehr überwinden können und deshalb in der Schwebe bleiben.
Die Homogenisation geschieht im Homogenisator, einer Kolbenpumpe, in der die auf 60 °C bis 80 °C vorgewärmte Milch mit etwa 200 bar durch eine feine Düse gepreßt wird. Dabei werden die 3–5 Tausendstelmillimeter großen Milchfettkügelchen mechanisch zertrümmert.
Die Homogenisation erfolgt stets in Verbindung mit der Pasteurisation oder der UHT-Behandlung der Milch.

Sachbezeichnungen der Milch nach ihrem Fettgehalt

Milch oder Vollmilch – *lait (m) ou lait entier*

Vollmilch ist Kuhmilch mit unverändertem Nährstoffgehalt.

Teilentrahmte Milch – *lait (m) partiellement écrémé*

Milch, der das Fett teilweise entzogen wurde. Sie muß einen Fettgehalt von mehr als 3 g Milchfett pro Kilogramm aufweisen.

Fettangereicherte Milch – *lait (m) enrichi*

Milch mit einem Milchfettgehalt von mindestens 50 g pro Kilogramm.

Magermilch – *lait (m) écrémé*

Milch, die 5 g oder weniger Milchfett pro Kilogramm enthält.

Trinkfertige Milch

Milch, die in Gaststätten und Kollektivhaushalten als Milch, in Milchmischgetränken, als Schulmilch abgegeben oder an Festen, Sportanlässen oder bei ähnlichen Gelegenheiten ausgeschenkt wird, muß trinkfertig sein. Als trinkfertige Milch gelten:
- abgekochte Milch
- pasteurisierte Milch
- uperisierte Milch
- Vorzugsmilch, das heißt keimarme, trinkfertige Rohmilch

Weitere Milchsorten

Sauermilch – *lait (m) acidulé*

Der erhitzten Milch werden Bakterienkulturen zugesetzt. Die Konsistenz ist fest oder flüssig. Die Sauermilch ist gut verdaulich und begünstigt die Darmflora. Nordische Sauermilch ist mit Rahm angereichert und enthält 6–12% Milchfett.

Buttermilch – *babeurre (m)*

Buttermilch ist die bei der Verarbeitung von Süß- und Sauerrahmbutter anfallende Flüssigkeit. Sie enthält geringe Mengen Milchfett (bis 0,5%). Der Anteil von mindestens 80 g fettfreier Trockenmasse pro Kilo macht sie besonders wertvoll, ist doch ihr Gehalt an Milchsäuren und Phospholipiden besonders hoch.
Buttermilch ist ein erfrischendes, durststillendes Getränk, das nature oder in verschiedenen Aromavarianten im Handel erhältlich ist.

Milchmischgetränke – *boissons (f) mélangées à base de lait*

Unter Milchmischgetränken versteht man Milch (Vollmilch, teilentrahmte Milch oder Magermilch), die mit aromagebenden Zutaten vermischt worden ist. Gebräuchlich sind Kakao, Schokolade, Malz, aber auch verschiedene Fruchtsäfte oder andere geschmacksintensive Bestandteile.

4.3.2 Milchprodukte

Milch ist ein Grundnahrungsmittel, das zu verschiedensten Produkten weiterverarbeitet werden kann. Die wesentlichen Nährstoffe bleiben in allen Milchprodukten erhalten, auch wenn ganz unterschiedliche Fabrikationsverfahren angewandt werden.
Die vom Bundesrat erlassene Lebensmittelverordnung (LMV) enthält sehr detaillierte Vorschriften über die verschiedenen Milchprodukte, deren Zusammensetzung und deren Behandlung. Die wichtigsten Produktegruppen sind:

Frischprodukte
- Joghurt
- Trinkjoghurt
- Kefir
- Bifidus

Rahm
- Doppelrahm
- Vollrahm, Schlagrahm
- Verdickter Rahm (Saucenrahm)
- Rahm mit Bindemittel (schlagbar)
- Halbrahm/Kaffeerahm
- Sauerrahm
- Saurer Halbrahm
- Rahmpulver

Butter
- Milchrahmbutter/Sauerrahmbutter (Floralp)
- Milchrahmbutter/Süßrahmbutter (Rosalp)
- Gesalzene Butter
- Eingesottene Butter (Bratbutter)
- Butterzubereitungen (Light-Butter, Kräuterbutter)

Quark
- Rahmquark
- Vollmilchquark
- Halbfettquark
- Magerquark
- Kräuterquark
- Quark mit Früchten
- Diätquark, künstlich gesüßt

Käse
- Extrahartkäse
- Hartkäse
- Halbhartkäse
- Weichkäse
- Frischkäse
- Käse aus Schaf- oder Ziegenmilch
- Schmelzkäse

Frischprodukte

Joghurt – *yogourt (m)*

Joghurt ist ein nach dem Eindicken und dem Pasteurisieren von Milch mit Hilfe spezifischer Gärungserreger hergestelltes Erzeugnis von feinflockiger, gallertartiger Struktur und deutlich saurem, angenehm aromatischem Geschmack. Zur Herstellung von Joghurt wird die abgekühlte Milch mit 1–3% wärmeliebenden Milchsäurebakterien geimpft und bei 42 °C bis 43 °C bebrütet. Nach 2–3 Stunden ist die so behandelte Joghurtmilch geronnen. Der Säuerungsprozeß wird durch rasches Abkühlen auf Temperaturen von 4 °C bis 5 °C unterbrochen.
Joghurt hat einen hohen Nährgehalt, einen gewissen diätetischen Wert und eine sehr leichte Verdaulichkeit.
Als Schlankheits- und Diätkost sind vor allem teilentrahmte und Magermilchjoghurt sehr beliebt.
In der modernen Küche wird Nature-Joghurt auch für feine Saucen, Salatsaucen und eine Vielzahl von Süßspeisen verwendet.
Nature-Joghurt ist ungeöffnet und bei trockener Kühlung bis zu einem Monat haltbar.

Trinkjoghurt

Aus teilentrahmtem Frucht- und Aromajoghurt hergestellt, hat das Trinkjoghurt dieselben günstigen Näreigenschaften wie sein Ausgangsprodukt.
Das trinkfertige Joghurt ist in Flaschen zu 2,5 und 5 dl erhältlich.

Kefir – *kéfir (m)*

Kefir ist ein zart geronnenes, leicht prickelndes Milchprodukt. Die pasteurisierte Milch wird durch Milchsäurebakterien und spezielle Hefen vergoren, die in den sogenannten Kefirkörnern enthalten sind. Kefir enthält Milchprotein sowie alle Mineralsalze der Milch.
Kefir gibt es in Bechern zu 140 g, nature und mit Fruchtzusätzen.

Bifidus – *bifidus (m)*

Bifidus ist gesund, weil die zur Herstellung eingesetzten Bifidus-Bakterien Essig- und Milchsäure bilden, die im Verdauungskanal das Wachstum unerwünschter Bakterien hemmen. 90% der im Bifidus enthaltenen Milchsäure verwendet der Körper beim Stoffwechsel. 100 g Bifidus nature enthalten 300 kJ.
Verwendet wird Bifidus für Salatsaucen, Cocktails und Dips, frische Fruchtsalate und exotische Fruchtkompositionen. Ideal zu einem Vollwertfrühstück.

Rahmsorten

Sorte	Verarbeitung	Merkmale	Lagerung/Verwendung
Doppelrahm – *double-crème (f)*	Zentrifugation, Pasteurisation	Dickflüssiger Spezialrahm mit mindestens 450 g Milchfett/kg. Verkauf in Bechern sowie in Tetra-Packungen, Crème de la Gruyère in 2-dl-Bechern und in 1-l-Packungen. 1 dl = 1790 kJ.	Bleibt ungeöffnet 2–3 Tage über das aufgedruckte Datum hinaus haltbar. Muß nicht geschlagen werden, weil dickflüssig. Wird vom Feinschmecker bevorzugt, z.B. zu Beeren oder Fruchtsalat.
Vollrahm, Schlagrahm – *crème (f) entière, crème (f) à fouetter*	Zentrifugation, Pasteurisation oder UHT-Behandlung (Uperisation)	350 g Milchfett/kg. Reiner Geruch und Geschmack. Gutes Schlagvermögen, Volumenzunahme 80–100%. Verkauf in Bechern und Tetra-Packungen zu 1,8, 2, 2,5 und 5 dl sowie 1 l. 1 dl = 1420 kJ.	UHT-Vollrahm bleibt ungeöffnet etwa 2 Monate ohne Qualitätseinbuße haltbar. Angebrauchte Packungen in 1–2 Tagen aufbrauchen. Ideale Schlagtemperatur bei 5 °C. Bei 8 °C wird die Schaumstufe übersprungen, und es können sich Butterkörnchen bilden.
Verdickter Rahm (Saucenrahm) – *crème (f) épaissie (pour sauces)*	Dem Rahm jeder Fettstufe wird Verdickungsmittel beigefügt	Fettgehalt muß bezeichnet werden.	Eignet sich für alle Arten von Saucen mit Rahm. Er ist kochfest und scheidet deshalb auch nicht, wenn Zitrone, Weißwein oder Essig verwendet werden. Er bindet ohne Zugabe von Mehl, Stärke usw.
Rahm mit Bindemittel (schlagbar) – *crème avec des liantes à fouetter*	Zentrifugation, UHT-Behandlung	250 g Milchfett/kg mit Bindemittel. Läßt sich wie Vollrahm schlagen, ist jedoch nicht kochfest. 1 dl = 1050 kJ.	Sehr kühl schlagen. Für Cremen, Moussen, Halbgefrorenes usw.
Kaffeerahm – *crème (f) à café*	Zentrifugation, UHT-Behandlung und Homogenisation, in steriler Linie abgefüllt für Tetra-Packungen oder Sterilisation und Homogenisation für die Flaschenabfüllung. Die Homogenisation gibt dem Kaffeerahm die gewünschte Weißkraft.	150 g Milchfett/kg. Stark lichtempfindlich. Verkauf nur in Packungen mit Lichtschutz. Weitere Angaben für Gastwirtschafts- und Konditoreigewerbe siehe LMV. 1 dl = 690 kJ.	Kaffeerahm bleibt ungeöffnet etwa 2 Monate im Kühlschrank haltbar. Nicht schlagbar. Zum Aufhellen von Kaffee und zur Verfeinerung von kalten Saucen.
Sauerrahm – *crème (f) acidulée*	Vollrahm wird mit Milchsäurebakterienkulturen geimpft und in Packungen abgefüllt. Reifung während 24 Stunden bei 20 °C bis 22 °C im Wärmeraum. Wird nach der Bebrütung auf 5 °C abgekühlt.	Angesäuerter Rahm, 350 g Milchfett/kg. Verkauf in Bechern. 1 dl = 1420 kJ.	Sauerrahm bleibt ungeöffnet 2–3 Tage über das Verfalldatum hinaus im Kühlschrank haltbar. Geeignet für Wildbret, Pfeffer, Saucen.
Saurer Halbrahm – *demi-crème (f) acidulée*	Wird behandelt wie Sauerrahm.	150 g Milchfett/kg. Cremig-fein, kochfest, angenehm säuerlich. Verkauf in Bechern. 1 dl = 723 kJ.	Wie Sauerrahm. Spezielle, energiearme Rahmsorte. Verwendung für Saucen jeder Art, zu Fleisch, Salaten, Spargeln, Schalenkartoffeln, aber auch in Birchermüesli und Fruchtcremen.

Rahm – *crème (f)*

Rahm ist der fettreiche Anteil der Milch, der durch physikalische Trennverfahren gewonnen wird und in den Fettgehaltsstufen Doppelrahm, Voll- oder Schlagrahm, Halbrahm, verdickter Rahm und Kaffeerahm pasteurisiert, UHT-erhitzt oder sterilisiert, unverändert, angesäuert oder mit Bindemittel gebunden in den Verkehr gebracht wird. Die verschiedenen Rahmsorten sind auf Seite 164 aufgeführt.

Butter – *beurre (m)*

In der Küche hat die Butter von jeher eine große Rolle gespielt. Wir finden sie in den meisten klassischen Rezepten. Köche und Feinschmecker können sich keine feine Küche ohne Butter vorstellen. Der typische aromatische Buttergeschmack rundet viele Gerichte ab, ohne aufdringlich zu sein.

Butter wird ohne chemische Zusätze oder künstliche Manipulation aus Rahm gewonnen und enthält somit dessen wertvollste Bestandteile in der ursprünglichen, natürlichen Form.
Butter sollte vor Licht und Luft geschützt bei 1°C bis 3°C und 75% relativer Luftfeuchtigkeit gelagert werden. Als Konservierungsmöglichkeit kommt für Butter das Tiefkühlen in Frage (Haltbarkeit max. 5 Monate).

Die entsprechenden Gesetze, Verordnungen und Bezeichnungen der Lebensmittelverordnung sind strikte zu befolgen.

Für den Gebrauch in der Küche ist es wichtig, die verschiedenen Buttersorten zu kennen, damit sie aufgrund ihrer spezifischen Eigenschaften richtig eingesetzt werden.

Durchschnittliche Zusammensetzung der Butter:

Fettgehalt minimal	820 g/kg
Protein	ca. 50 g/kg
Milchzucker	ca. 50 g/kg
Mineralsalze	ca. 20 g/kg
Wasser	ca. 168 g/kg

Buttersorten

Sorte	Verarbeitung	Lagerung/Verwendung
Milchrahmbutter / Sauerrahmbutter (Floralp) – *beurre (m) de choix / beurre de crème ensemencée*	Wird aus pasteurisiertem, angesäuertem Milchzentrifugenrahm hergestellt. Mindestens 83 Gewichtsprozent Milchfett.	Im Kühlschrank etwa 1 Woche über aufgedrucktes Datum haltbar. Angebrochene Packungen aufbrauchen. Eignet sich sehr gut zum Tiefkühlen. Sie ist so 2–5 Monate haltbar. Verwendung als Brotaufstrich, für Buttermischungen, zur Verfeinerung der Speisen.
Milchrahmbutter / Süßrahmbutter (Rosalp) – *beurre (m) de choix / beurre de crème fraîche*	Wird aus pasteurisiertem, jedoch nicht angesäuertem Milchzentrifugenrahm hergestellt. Mindestens 83 Gewichtsprozent Milchfett.	Die Butter sollte so wenig wie möglich mit Licht in Kontakt kommen, da sie sich sonst verfärbt. Verwendung als Brotaufstrich, für Buttercremen usw.
Gesalzene Butter – *beurre (m) salé*	Wird aus leicht gesalzenem Milchzentrifugenrahm hergestellt (0,7% Kochsalz, nach LMV höchstens 2% Kochsalz). Mindestens 83 Gewichtsprozent Milchfett.	Eignet sich besonders zu Schalen-/Pellkartoffeln («Gschwellti»), auf Toast und zum Abschmecken von Speisen.
Eingesottene Butter – *beurre (m) fondu*	Wird durch Verdampfen des Wassers hergestellt. Dosen zu 450 g, Kessel zu 1,8 und 5 kg. Fettgehalt 99,8%.	In verschlossenen Dosen oder Eimern, vor Licht geschützt, 6 Monate haltbar. Geeignet für Buttersaucen, zum Anbraten und zum Braten, weil das reine Butterfett stärker erhitzt werden kann (bis 160°C).
Klarifizierte Butter – *beurre (m) clarifié*	Wird in den Küchen der Verpflegungsbetriebe oft wie folgt hergestellt: Kochbutter erwärmen, bis sie klar wie Öl ist. Zur Seite stellen und die weiße Buttermilch absinken lassen. Die klare Butter sorgfältig abgießen. Sie soll klar und durchsichtig sein.	Zum Braten und für Buttersaucen.
Butter light – *beurre (m) allégé* Butterzubereitungen – *préparations à base de beurre*	Mindestens 50 Gewichtsprozent Milchfett. Linea Butter light enthält mindestens 40 Gewichtsprozent Milchfett.	Als Brotaufstrich für Linienbewußte. Nicht für die warme Küche geeignet.

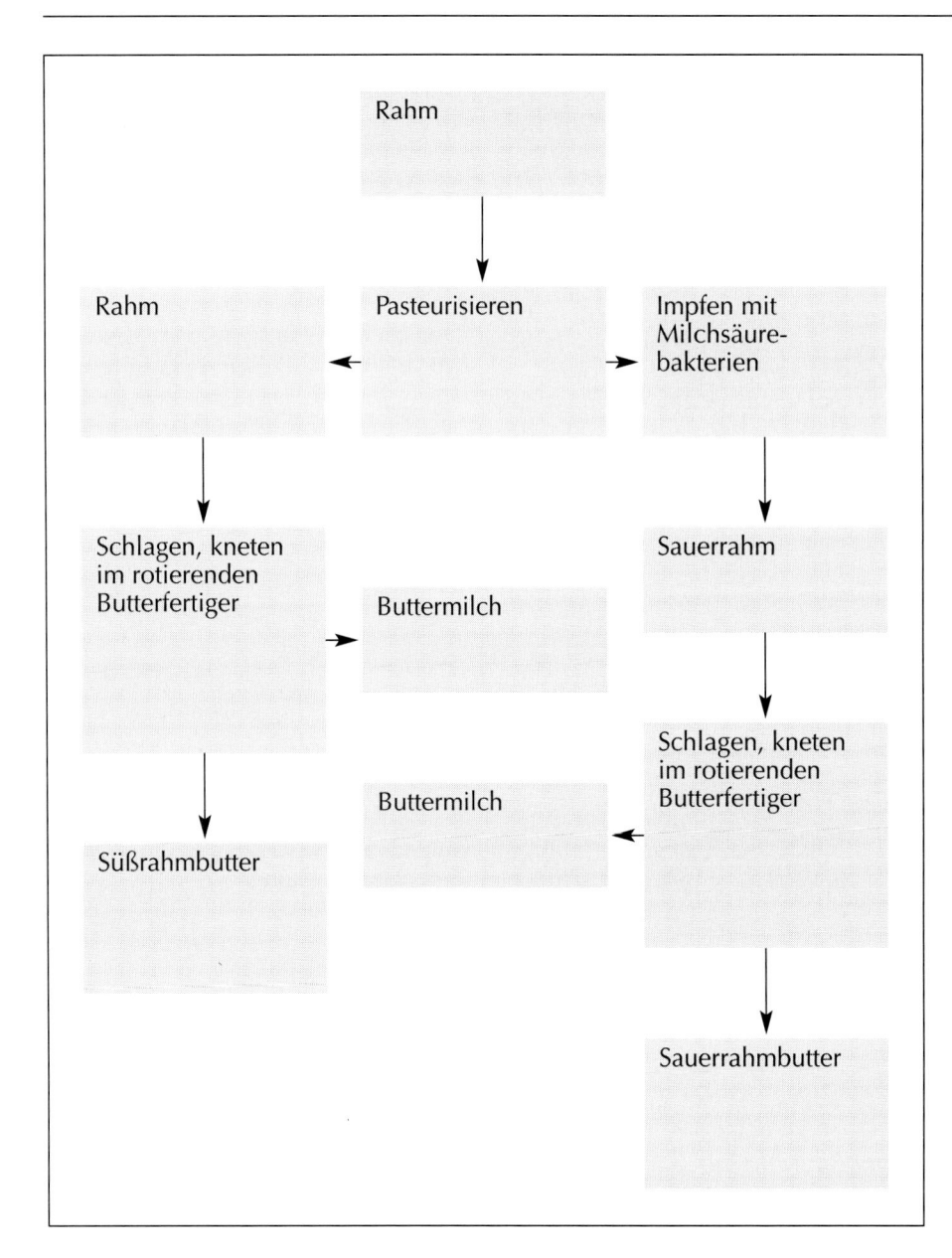

Thema 4 **Blatt 40**

```
                        Rahm
                          │
                          ▼
Rahm  ◄──────  Pasteurisieren  ──────►  Impfen mit
                                          Milchsäure-
                                          bakterien
  │                                          │
  ▼                                          ▼
Schlagen, kneten                          Sauerrahm
im rotierenden
Butterfertiger  ──►  Buttermilch             │
                                             ▼
  │                                      Schlagen, kneten
  ▼                                      im rotierenden
Süßrahmbutter        Buttermilch  ◄──    Butterfertiger
                                             │
                                             ▼
                                        Sauerrahmbutter
```

Quark – séré (m) / *fromage (m) blanc*

Quark ist ein Frischkäse. Das Kasein wird durch Säuregerinnung oder kombinierte Säure-Lab-Gerinnung gewonnen. Die in der Schweiz unter der Bezeichnung Quark vertriebenen Frischprodukte (siehe untenstehende Tabelle) machen keine Reifung durch.

Quark wird verwendet zum Frühstück und zum Abendessen, als Dessert, als Brotaufstrich, für Salatsaucen, Aufläufe, Gebäck, Diätspeisen usw. Speisequark ist energiearm (100 g = 250 kJ) und eignet sich vorzüglich für eine Schlankheitsdiät.

Käse – *fromage (m)*

Käse ist das älteste und sicher natürlichste Milchkonzentrat. Seit die Menschen Milchvieh halten, ist ihnen Käse in der einen oder andern Form bekannt. Das Haltbarmachen der Milch in Form von Milcherzeugnissen war immer Vorbedingung für die optimale Nutzung des Viehs. Die entsprechenden Gesetze, Verordnungen und Bezeichnungen der Lebensmittelgesetzgebung sind strikte zu befolgen.

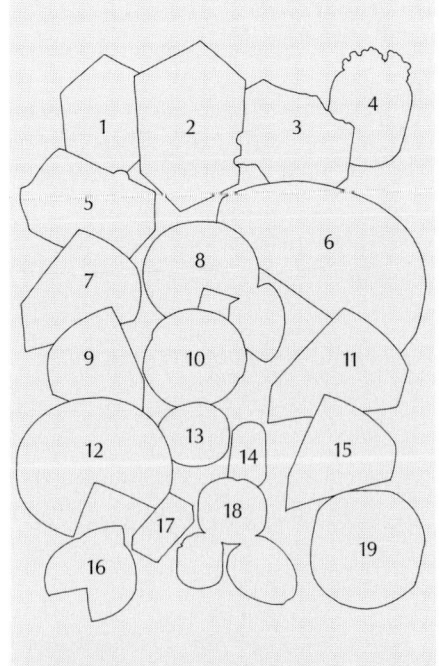

Die gelbe Farbe der Butter stammt von ihrem natürlichen Gehalt an Karotin (Provitamin A). Sie enthält die Vitamine D, E und Linolsäure.

Herstellung

Der pasteurisierte Rahm wird im Butterfertiger – ähnlich wie zu Hause der Schlagrahm – so lange geschlagen, bis sich die Butterkörner von der Buttermilch trennen.
Die Buttermilch läßt man abfließen. Die Butterkörner werden mit eiskaltem Wasser gewaschen und im Butterfertiger zur kompakten, frischen Butter geknetet, die anschließend geformt und verpackt wird.

Prinzipiell unterscheidet man zwei Geschmacksgruppen:

Sauerrahmbutter (Floralp): Vorzugsbutter, die in den Butterzentralen aus reinem, pasteurisiertem und angesäuertem Milchrahm hergestellt wird.

Süßrahmbutter (Rosalp): Vorzugsbutter aus pasteurisiertem Süßrahm. Rosalp wird wie Floralp aus reinem Milchrahm hergestellt, aber nicht angesäuert.

Quarksorten

Bezeichnung	Fettgehalt
Rahmquark	164 g/kg
Vollmilchquark	116 g/kg
Magerquark/Speisequark	unter 5 g/kg

1 Greyerzer
2 Emmentaler
3 Sbrinz
4 Tête de Moine
5 Hobelkäse
6 Raclette-Käse
7 Appenzeller
8 Mutschli
9 Tilsiter
10 Camembert suisse
11 Freiburger Vacherin
12 Brie suisse
13 Tomme vaudoise
14 Glarner Schabziger
15 Bündner Bergkäse
16 Reblochon
17 Limburger
18 Formaggini
19 Vacherin Mont d'Or

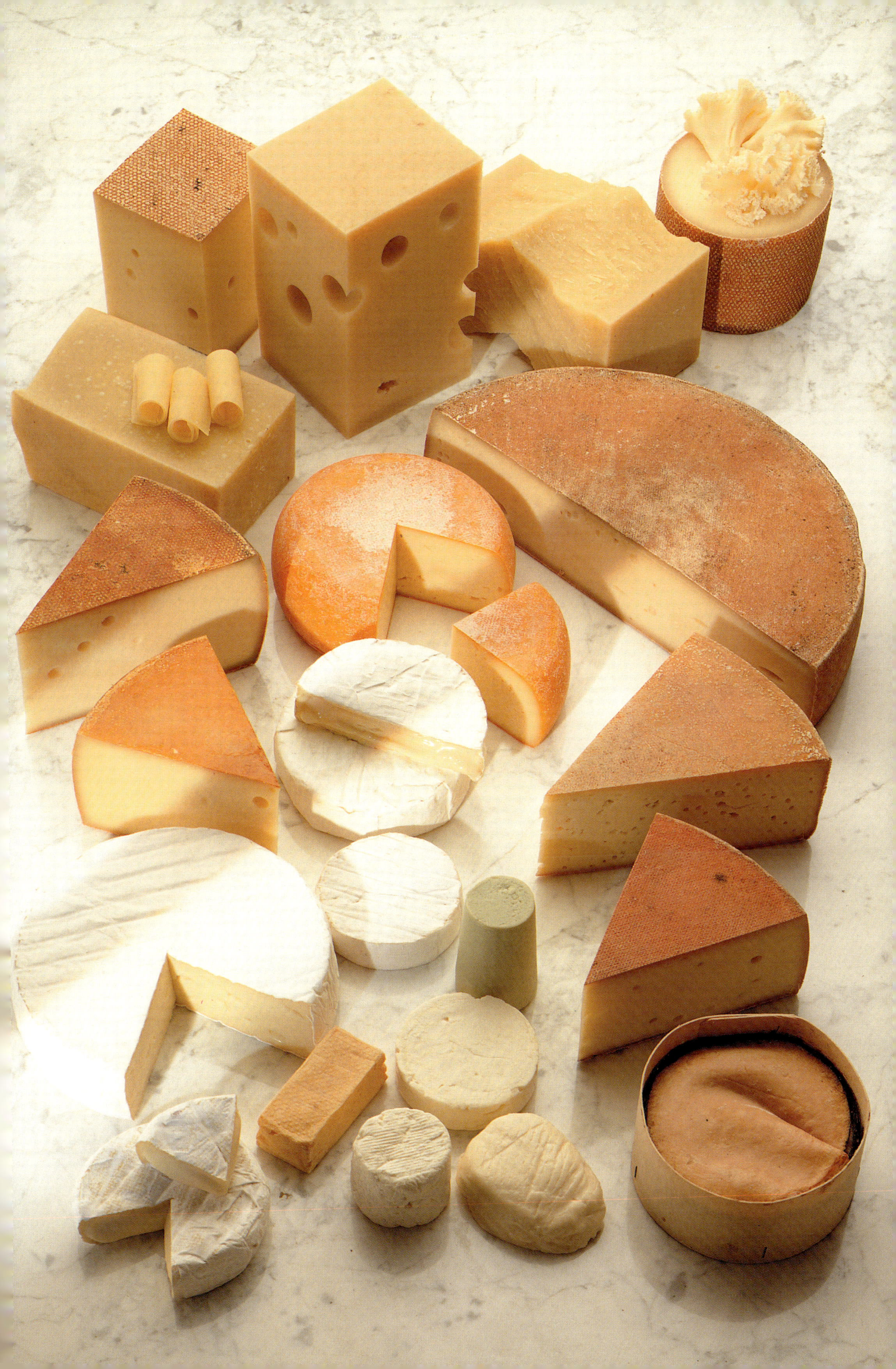

Käse

Harzer Käse	Rondena de champagne	Edamer	Provolone
Boursin	Taleggio	Cheddar	Gorgonzola
Danablue	Saint-Paulin	Chavroux frais	Stilton
Mascarpone	Ricotta	Pecorino	Mozzarella
Fontina	Roquefort	Feta	Parmesan

Zusammensetzung des Käses

100 g Emmentaler enthalten:
- 31% Milchfett
- 29% Protein
- 36% Mineralstoffe und Spurenelemente

Fett: Das Fett ist in Form allerfeinster Fettkügelchen im Käse vorhanden und schmilzt höchstens bei unsachgemäßer Lagerung zum Teil aus. Es ist üblich, den Fettgehalt des Käses in Prozenten der Trockenmasse anzugeben.

Protein: Käse ist besonders reich an Proteinen und Aminosäuren, wie Kasein und Albumin.

Wasser: Der Wassergehalt bestimmt weitgehend Konsistenz, Haltbarkeit und Aussehen des Käses und beeinflußt indirekt auch seinen Geschmack.

Mineralstoffe: Käse ist reich an Calcium, Natrium, Chloriden, Kalium, Eisen, Phosphor, Fluor, Kupfer.

Vitamine: Käse enthält verschiedene wasserlösliche Vitamine des B-Komplexes und ist besonders reich an den fettlöslichen Vitaminen A, D, E und K sowie Provitamin A (Karotin), das dem Käse sowie auch der Butter die charakteristische gelbe Farbe verleiht.

Kohlenhydrate: Gereifter Käse, außer Frischkäse, enthält keine Kohlenhydrate. Der Milchzucker – das einzige Kohlenhydrat der Milch – wird während der Käseherstellung durch die Milchsäurebakterien in Milchsäure umgewandelt.

Käseherstellung

Rohprodukt Milch: Für einen mittleren Laib Emmentaler von 80 kg werden rund 1000 Liter Milch benötigt, was dem durchschnittlichen Tagesertrag von etwa 80 Kühen entspricht.

Einlabung: Die Milch wird im «Käsekessi» auf rund 32 °C erwärmt. Lab (aus der Magenhaut von Kälbern gewonnen, heute vorwiegend synthetisch hergestellt) und Milchsäurebakterien, die später die Gärung und die Reifung bewirken, werden zugesetzt. Das Lab läßt die Milch gerinnen. Die Milch verwandelt sich langsam in eine gallertartige Masse.

Milchgerinnung: Sobald die Masse die gewünschte Festigkeit erreicht hat, wird sie so lange mit der Käseharfe zerschnitten, bis weizenkorngroße Partikel – die sogenannten Käsekörner – entstanden sind. Der wäßrige Teil, die **Sirte,** trennt sich nun von der Käsemasse.

Käsewärmen oder Brennen: Durch ständiges Rühren und weiteres Erwärmen auf etwa 53 °C während rund 30 Minuten erhalten die Käsekörner die notwendige Festigkeit.

Ausziehen: Ungefähr 2 Stunden nach dem Einlaben wird die Käsemasse mit einem Tuch aus dem Kessi ausgezogen oder, nach neuster Methode, abgepumpt.

Pressen: Die Käsemasse wird in eine runde Form («Järb») eingefüllt und die Molke abgepreßt. Im Laufe des Tages wird der Käse mehrmals gewendet.

Salzbad/Salzkeller: Am folgenden Tag wird der Käselaib für zwei Tage ins Salzwasser getaucht. Im Salzbad gibt der Käse Flüssigkeit ab und nimmt Salz auf. Dieser Vorgang fördert die Rindenbildung, verleiht dem Käse «Stabilität» und «Würze». Danach wird der Käselaib im kühlen Salzkeller (10 °C bis 14 °C) während rund 14 Tagen in Gestellen gelagert und täglich gewendet.

Gärkeller: Lagerung im warmen Gärkeller (20 °C bis 23 °C) während 6–8 Wochen. Durch die Gärung entwickelt sich Kohlensäuregas, das für die Lochbildung und das typische Aroma verantwortlich ist.

Lagerkeller: Lagerung im kühlen Reifekeller (10 °C bis 14 °C) während 4–5 Monaten. Die Reifung des Käses geschieht ausschließlich im Käseteig von innen nach außen. Er wird leichter verdaulich und entwickelt das typische Aroma. Pflege: Regelmäßig wenden und reinigen. Emmentaler-Laibe sind ab 4–5 Monaten konsumreif, voll ausgereift ab etwa 10 Monaten.

Ein Rohprodukt – viele verschiedene Käsesorten

Die folgenden Faktoren tragen mit dazu bei, daß aus dem gleichen Rohprodukt, der Milch, so viele verschiedene Käsesorten entstehen können:
- Geographische Lage, Klima, Bodenverhältnisse, Bodenbewirtschaftung und Fütterung: Sie beeinflussen die Milchbeschaffenheit und die Göranlage der Milch.
- Die Milch kann von verschiedenen Tieren stammen: Kuh-, Schaf- und Ziegenmilch.
- Unterschiedlicher Fettgehalt der Milch: Es entstehen Doppelrahm-, Rahm-, Vollfett-, Dreiviertelfett-, Halbfett-, Viertelfett- und Magerkäse.
- Unterschiedliche Art der Milchgerinnung: Labkäse und Sauermilchkäse.
- Unterschiedliche Bakterien- und Schimmelkulturen.
- Der Wassergehalt.
- Die Art der Reifung und der Pflege im Käsekeller: Alle Käse – außer Frischkäse – machen eine Reifung durch.
- Die Dauer der Reifung: Sie ist je nach Wassergehalt und Größe der Laibe unterschiedlich.
- Die natürliche Aromatisierung: zum Beispiel Kümmel, Kräuter usw.

Was bedeutet «Fett i.T.»?

Fett i.T. ist die Abkürzung für Fettgehalt in der Trockenmasse.
Während der Lagerung des Käses verdunstet Wasser, weshalb der Fettgehalt nicht von der Gesamtkäsemasse, sondern von der Trockenmasse – des Totalgewichts des Käses abzüglich Wasser – angegeben wird. Der Fettgehalt Fett i.T. gilt nur als Hinweis auf die Feinheit des Käseteiges und nicht als absoluter Fettgehalt. So enthält zum Beispiel ein Doppelrahm-Frischkäse mit 650 g/kg Fett i.T. nicht mehr, sondern ungefähr gleich viel Fett wie der nur vollfette Sbrinz mit 480 g/kg Fett i.T., nämlich etwa 330 g/kg Käse.

Gruppierung der Käse nach der Festigkeit des Teiges

Die Festigkeit des Teiges aller Käsesorten ist weitgehend vom Wassergehalt abhängig, das heißt, je mehr Wasser ein Käse enthält, desto weicher ist er. Der Wassergehalt im Käse wird beeinflußt durch Wärmebehandlung, Bruchbearbeitung, Pressen und Reifung. Je stärker die geronnene Milch zerkleinert, der Bruch gewärmt und gepreßt wird, desto fester (wasserärmer) wird der Käse.

Gruppierung der Käse nach ihrem Fettgehalt in der Trockenmasse (Fett i.T.)

Doppelrahmkäse	mindestens 650 g/kg Fett i.T.
Rahmkäse	mindestens 550 g/kg Fett i.T.
Vollfettkäse	mindestens 450 g/kg Fett i.T.
Dreiviertelfettkäse	mindestens 350 g/kg Fett i.T.
Halbfettkäse	mindestens 250 g/kg Fett i.T.
Viertelfettkäse	mindestens 150 g/kg Fett i.T.
Magerkäse	weniger als 150 g/kg Fett i.T.

Während der Lagerung und der Reifezeit wird der Wassergehalt durch Verdunsten verringert. Käse mit niedrigem Wassergehalt sind fester und lassen sich länger aufbewahren. Gruppierung der Käse siehe nebenstehende Tabellen.

Käseerzeugnisse

Schmelzkäse, Streichschmelzkäse und Schmelzkäsezubereitungen werden hergestellt, indem Käse zerkleinert, mit oder ohne Zutaten und Zugaben gemischt und unter Zusatz von Schmelzsalzen durch Pasteurisation geschmolzen und anschließend abgefüllt wird. Alle Produkte sind kühl und trocken zu lagern.

Käseeinkauf

Der Einkauf verlangt gute Sachkenntnisse. Zu achten ist bei der Auswahl des Käses auf
- Reifegrad
- feinen Teig
- reines Aroma
- gut gepflegte Rinde

Pflege und Aufbewahrung von Käse

Ganze Käselaibe: Für die Lagerung größerer Mengen Käse ist ein geeigneter Keller notwendig. Die ideale Lagertemperatur beträgt 12 °C bis 15 °C bei einer relativen Luftfeuchtigkeit von 90–95%. Aus hygienischen Gründen ist das Zudecken der Käse mit Tüchern untersagt. Werden rindengeschmierte Käse wie Raclette-Käse, Appenzeller usw. in Plastikbeuteln abgepackt geliefert, sind sie sofort auszupacken.
Käse in paraffinierter Rinde, Käse in Vakuumverpackung: Vakuumverpackte Käse oder Käse mit einer Paraffinschicht brauchen keine besondere Pflege.
Käse im Anschnitt: Bei Käse im Anschnitt sind die Schnittflächen mit Klarsichtfolie abzudecken, damit sie nicht anlaufen und nicht austrocknen. Ein spezielles Kühlabteil im Milchkühlraum ist zu empfehlen.
Weichkäse: Weichkäse wird in der Originalverpackung aufbewahrt. Die Reifung der Weichkäse kann durch die Lagertemperatur beschleunigt oder verzögert werden. Der Reifegrad von Weichkäse wird mit einem leichten Fingerdruck in der Mitte des Laibes festgestellt. Nicht unter 4 °C lagern.
Frischkäse: Frischkäse, die nicht in Öl eingelegt werden, sind nur kurze Zeit haltbar. Verfalldatum auf der Packung beachten. Unter 3 °C aufbewahren.

Käse zum Kochen

Zum Kochen immer reifen Käse verwenden, weil er leichter schmilzt.

Gruppe	Wassergehalt	Haltbarkeit
extrahart	bis 500 g/kg wff*	bis 3 Jahre
hart	bis 540 g/kg wff	mehrere Monate bis 1 Jahr
halbhart	bis 650 g/kg wff	mehrere Wochen bis einige Monate
weich	von 650 bis 730 g/kg wff	einige Wochen
Frischkäse ab 45% Fett i.T.	bis 840 g/kg wff	mehrere Tage
Frischkäse unter 45% Fett i.T.	bis 890 g/kg wff	mehrere Tage

* wff: Wassergehalt im fettfreien Käse. Dieser Prozentgehalt ist ein Maß für die Festigkeit des Käseteiges.

Käsegruppen	Fettgehalt	Herkunft
Extrahartkäse		
Hobelkäse	vollfett	CH
Sbrinz	vollfett	CH
Parmesan	¾fett	I
Hartkäse		
Emmentaler	vollfett	CH
Greyerzer	vollfett	CH
Comté	vollfett	F
Alpkäse	vollfett	CH
Bergkäse	vollfett bis mager	CH, A, D
Halbhartkäse		
Appenzeller	vollfett	CH
Tilsiter	vollfett	CH
Tête de Moine	vollfett	CH
Edamer	¾fett	NL
Fontina	vollfett	I
Glarner Kräuterkäse	mager	CH
Raclette-Käse	vollfett	CH, F
Cheddar	vollfett	GB
Freiburger Vacherin	vollfet	CH
Saint-Paulin	vollfett	CH, F
Bel Paese	vollfett	I
Weichkäse		
– **Weißschimmel**		
Camembert	vollfett	F, CH, D
Brie	vollfett	F, CH
– **Milchschimmel**		
Tomme	vollfett	CH
– **Bifidus-Bakterien**		
Bifidus-Käse		CH
– **Rotschmiere**		
Vacherin Mont d'Or	vollfett	CH
Reblochon	vollfett	F, CH
Münster	vollfett	F, CH, D

Fortsetzung nächste Seite

Käsegruppen	Fettgehalt	Herkunft
– Blauschimmel		
Gorgonzola	vollfett	I
Roquefort (Schafmilch)	vollfett	F
Danablue	vollfett	DK
Stilton	vollfett	GB
Sauermilchkäse		
Mainzer Käse	mager	D
Harzer Käse	mager	D
Frischkäse		
Mozzarella	¼ fett	I
Diverse Frischkäse	mager bis Doppelrahm	F, CH, D
Hüttenkäse	¼ fett	CH
Quark	Doppelrahm bis mager	CH
Mascarpone	Doppelrahm	I, CH

Gehaltswerte für Frischkäse

Frischkäse/Quark Fettgehalt	Frischkäsegallerte Fettgehalt	Fettgehaltsstufe
a) ≤ 5 g/kg	≤ 3 g/kg:	mager
b) ≥ 27 g/kg	≥ 19 g/kg:	¼ fett
c) ≥ 51 g/kg	≥ 35 g/kg:	½ fett
d) ≥ 79 g/kg	≥ 56 g/kg:	¾ fett
e) ≥ 116 g/kg	≥ 86 g/kg:	vollfett
f) ≥ 164 g/kg	≥ 119 g/kg:	Rahm
g) ≥ 229 g/kg	≥ 170 g/kg:	Doppelrahm

Verwendung der wichtigsten Käsesorten

Frühstück: Eher milde Käse wählen, wie Emmentaler, Tilsiter, Camembert, Frischkäse sowie regionale Spezialitäten.

Überschmelzen und Gratinieren: Greyerzer oder Emmentaler, für Spezialitäten ebenfalls Tilsiter (besonders mild), Raclette-Käse, Appenzeller (besonders rezent).

Käsemischungen für Kuchen: Klassische Mischung rezent: Greyerzer, Sbrinz; normal: Greyerzer, Emmentaler, Sbrinz; mild: Emmentaler, Sbrinz.

Reibkäse: Kräftige Käse, die keine Fäden ziehen: Sbrinz und Parmesan.

Fondue: Die gebräuchlichste Mischung besteht aus Greyerzer und Freiburger Vacherin oder Emmentaler.

Raclette: Walliser Raclette-Käse oder Schweizer Raclette-Käse.

Käsesalate: Für Käsesalate können verschiedene Käsesorten gemischt verwendet werden.

Apéritif: Sbrinz, mit dem Hobel in Späne geschnitten oder mit dem Sbrinzmesser in kleine Stücke gebrochen.

Käseplatte und Käseteller: Emmentaler, Greyerzer, Tilsiter, Appenzeller, Freiburger Vacherin, Tête de Moine, Camembert, Brie, Rahmweichkäse, Tomme, Vacherin Mont d'Or, Romadur, Reblochon, Roquefort, Gorgonzola, Geißkäse, Frischkäse usw. Beim Zusammenstellen auf die verschiedenen Geschmacksrichtungen achten, wie zum Beispiel hart und weich, mild und rezent usw.

Käse für die Käseplatte
Wichtige Hinweise für den Käseservice

– Der Reifegrad des Käses muß beachtet werden. Junger Käse ist mild. Je älter, desto reifer und aromatischer wird er.
– Die Reifung kann bei Extrahart-, Hart- und Halbhartkäse, sind sie einmal in Keile oder Blöcke geschnitten, nicht mehr beeinflußt werden.
– Weißschimmelkäse werden leicht fließend serviert. Der weiße Schimmel verleiht diesen Käsen ihren typischen Geschmack und unterstützt die Verdauung.
– Bei Rotschmierkäse wird die feuchtschmierige Schicht vor dem Servieren mit dem Messer abgeschabt.
– Es ist darauf zu achten, daß Weißschimmel-, Rotschmiere- und andere Schnittkäse mit separaten Messern portioniert werden.
– Je mehr Milchfett ein Käse enthält, desto feiner ist er im Geschmack und desto feinschmelzender der Teig.
– Nur Frischkäse werden kühl, also direkt aus dem Kühlschrank serviert, alle anderen Käse werden chambriert (16 °C bis 18 °C) serviert.
– Eine schöne, saubere Lochung hat nur visuelle Bedeutung, ist aber für die Präsentation wichtig.
– Salzstein nennt man kleine weißliche Körnchen, die sich im Teig und speziell in den Lochwandungen bilden.
– Salzwassertropfen (Tränen) nennt man die Tropfen, die sich in der Lochung speziell gut ausgereifter Käse bilden.

4.3.3 Eier

Die Sachbezeichnung **Ei** darf nur für die Eier des Haushuhns verwendet werden. Eier anderer Vögel müssen entsprechend bezeichnet werden, zum Beispiel Wachteleier, Enteneier usw.

Mindestanforderungen gemäß LMV

Eier, die zur Abgabe an Konsumentinnen oder Konsumenten bestimmt sind, müssen folgende Anforderungen erfüllen:
– Luftkammerhöhe: höchstens 9 mm
– Luftkammer: unbeweglich
– Schale: normal, sauber, unverletzt
– Eiweiß (Eiklar): klar, durchsichtig, frei von fremden Einlagerungen jeder Art
– Dotter: frei von fremden Einschlüssen
– Keim: nicht sichtbar entwickelt
– Geruch: frei von fremdem Geruch

Nährwert

Eier sind durch die ideale Zusammensetzung ihrer Nährstoffe ein vollwertiges Nahrungsmittel. Der Anteil an hochwertigem Protein sowie an essentiellen Aminosäuren ist beachtlich.
Im weiteren enthalten Eier alle lebensnotwendigen Vitamine (außer Vitamin C) und wesentliche Mengen Mineralsalze, speziell Kalium, Natrium, Magnesium, Eisen, Mangan sowie das phosphorhaltige Lezithin (Emulgator).
Eier haben einen hohen Sättigungsgrad und sind bei entsprechender Zubereitung leichtverdaulich (besonders Dreiminuteneier).

Energiewert

100 g Vollei	664 kJ
100 g Eigelb	1487 kJ
100 g Eiweiß	206 kJ

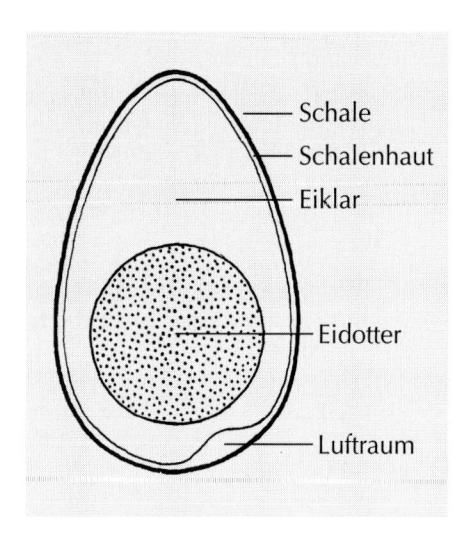

Allerdings enthält ein Ei rund 270 mg Cholesterin, was einer Tagesmenge entspricht!

Nährstoffaufteilung (CH) je 100 g (2 Eier) verzehrbarer Anteil
(ungefähre Werte in Gramm)

	Gesamtei	Eigelb	Eiweiß/Eiklar
Protein	12,8	16,1	10,9
Fett	11,5	31,9	0,2
Kohlehydrate	0,7	0,6	0,8
Wasser	74,0	50,0	87,6
Cholesterin	0,42	1,31	–
Mineralsalze	1,1	1,1	0,6
Vitamine	A, B$_1$, B$_2$, E, K, Nikotinamid, Karotin, Pantothensäure	A, E, B$_1$, B$_2$	B$_1$, B$_2$

Erkennungszeichen für Frische und Alter der Eier

Sichtprobe (beim aufgeschlagenen Ei erkennbar): Der Dotter soll fest, hochgewölbt und kugelförmig sein. Er soll mit einem Ring von festem Eiweiß umgeben sein, das scharf abgegrenzt auf einer Schicht von dünnflüssigem Eiweiß ruht. Bei älteren Eiern wird der Dotter flacher und verliert allmählich seine kugelige Form und den dickflüssigen Eiweißmantel.

Wasserprobe (auch Schwimmprobe): 100 g Salz in 1 Liter Wasser auflösen, die Eier hineingeben: Frische Eier sinken auf den Boden, alte Eier steigen auf.

Leuchtprobe: Alle Eier werden durchleuchtet. Frische Eier haben eine kleine Luftkammer (ca. 6 mm), und der Eidotter befindet sich in der Mitte des Eies. Schlechte oder gar faule Eier weisen dunkle Punkte oder Flecken auf.

Schüttelprobe: Frische Eier glucksen nicht, wenn sie geschüttelt werden.

Geruchsprobe (beim aufgeschlagenen Ei erkennbar): Frische Eier weisen einen angenehmen, frischen Geruch auf, alte Eier haben einen leicht schwefligen Geruch.

Durchschnittsgewicht

Das durchschnittliche Gewicht beträgt 57 bis 58 g.

Bezeichnungen

Sie sind zulässig auf Verpackungen oder in der Werbung:
Freilandeier: Inländische Eier von Hühnern mit Auslauf im Freien (mindestens 2,5 m² pro Huhn).
Bodenhaltungseier: Inländische Eier aus Hallenbodenhaltung mit Scharraum.
Importeier: Sie müssen einzeln auf der Schale den Namen des Herkunftslandes ausgeschrieben oder eine gebräuchliche Abkürzung haben oder die Bezeichnung «imp.» tragen.

Maße

Eier werden bei Großverbrauchern in **Litern** gemessen, in der Patisserie in **Gramm**.

1 kg Vollei	ca. 21 Eier
1 kg Eiweiß	ca. 40 Eiweiß
1 kg Eigelb	ca. 62 Eigelb
100 g Vollei	ca. 2 Eier
100 g Eiweiß	ca. 4 Eiweiß
100 g Eigelb	ca. 6 Eigelb

Einige Tips und Hinweise für die Praxis

- Eiweiß (Eiklar) gerinnt bei 63 °C bis 65 °C.
- Eiweiß von frisch gelegten Eiern (weniger als 24 Stunden alt) läßt sich nicht zu Schnee schlagen.
- Eiweiß macht Gebäck locker – aber trocken.
- Eigelb macht Gebäck fester – aber feuchter.
- Für Gerichte, die nicht über 65 °C erhitzt werden, empfiehlt es sich, **pasteurisierte Eier** zu verwenden (sonst Salmonellengefahr).

Lagerung

Eier müssen ab dem Legetag vor direkter Sonneneinwirkung geschützt und trocken und gut durchlüftet (kondenswasserfrei) bei weniger als 20 °C gelagert werden.
Eier, die über 20 Tage alt sind, dürfen nur auf 5 °C oder weniger gekühlt gelagert werden.

Konservierungsmethoden

Gefriereier

Durch Schocktiefkühlung (−45 °C) eingefroren; Lagertemperatur −25 °C. Man unterscheidet: Gefriervollei, Gefriereiweiß und Gefriereigelb. Alle drei Produkte müssen pasteurisiert werden. Nach dem Auftauen wird Eigelb nicht mehr flüssig.

Trockenei

Trockenei wird durch Sprüh- oder Walzenverfahren hergestellt. Ganze Eier oder getrennt nach Eigelb und

Eiweiß sind getrocknet bei richtiger Lagerung rund ein Jahr haltbar. Sie sind vor Licht und Luft zu schützen und kühl und trocken aufzubewahren. 1 Ei = 55 g = 10–15 g Trockenvollei-Pulver.

Pasteurisierte Eier

Dazu werden vor allem Importschaleneier verwendet. Durch vollautomatische Herstellung und Abfüllung ist eine niedere Anfangskeimzahl gewährleistet. Herstellung: Langzeitpasteurisation von etwa 6 Minuten bei einer Temperatur von 64 °C bis 65 °C, dann sofortige Kühlung und maschinelle Verpackung. Verkaufseinheiten: 1-l-Tetrapack, Schlauchbeutel. Produkte: Vollei, Eigelb, Eiklar. Haltbarkeit: Ungeöffnet bei höchstens 3 °C bis 10 Tage, angebrochene Packungen **immer kühl lagern** und in höchstens 2 Tagen aufbrauchen.

Verwendungsmöglichkeiten

Bei richtiger Zubereitung sind Eierspeisen leichtverdaulich und deshalb auch in der Krankenkost verwendbar, zum Beispiel Frühstücksei, Omelette, Rührei usw.
Eiweiß wird verwendet zum Klären von Brühen und Gelees, Eischnee als Lokkerungsmittel für Aufläufe und Massen, Eigelb als Emulgiermittel für Suppen, Saucen und Cremen; ganze Eier für verschiedene Teige und Massen.

4.4 Speisefette und Speiseöle

Fette werden aus Milch, dem Fruchtfleisch oder den Samen von Pflanzen und aus dem Fettgewebe von Tieren gewonnen. Sie erfüllen ebenso wie andere Nährstoffe im Organismus lebenswichtige Aufgaben. Fette sind wesentliche Nahrungsbestandteile: Sie versorgen den Körper mit Energie, essentiellen Fettsäuren und fettlöslichen Vitaminen. Fettsäuren sind wichtige Bestandteile der Zellmembranen.

Eigenschaften

Bei der Speisenzubereitung kommt dem Fett folgende Bedeutung zu:
Rohstoff- und Geschmacksträger: Viele Speisen schmecken erst ausgewogen, wenn sie eine bestimmte Menge Fett enthalten, zum Beispiel Farcen, Saucen, Teige und Massen.
Wärmeübertragungsmittel: Vergrößerung des Kontakts zwischen Pfanne und Lebensmittel. Erst bei Temperaturen zwischen 120 °C und 160 °C entstehen durch Umwandlung der Nährstoffe erwünschte Geschmacksstoffe (z. B. Zucker → Karamel, Stärke → Dextrin, Protein → Röststoffe).
Trennmittel: Fette verhindern ein Ansetzen der Speisen in Pfannen und Backformen und trennen Stoffe voneinander (z. B. Fett- und Teigschichten im Blätterteig).
Konsistenzverbesserer: Speisen mit ausreichendem Fettgehalt sind streichfähig (z. B. Leberwurst), saftig (z. B. Würste, Terrinen, Pasteten), sämig (z. B. Saucen, Suppen).
Frischhaltemittel: Backwaren trocknen weniger rasch aus.

Aufbewahrung

Fettstoffe sollten kühl, dunkel und trocken gelagert werden.

Fettzersetzung und Verderb

Fette und Öle sind hocherhitzbar und eignen sich deshalb zum Braten und zum Fritieren. Sie dürfen jedoch nicht überhitzt werden, da bei überhöhten Temperaturen gesundheitsschädigende Reaktionsprodukte gebildet werden können. Bei Kontakt von Fett mit sehr heißen Oberflächen (z. B. glühende Holzkohle) können krebserzeugende Substanzen gebildet werden. Die Temperatur, bei der die thermische Fettzersetzung sichtbar wird, nennt man **Rauchpunkt**.
Durch folgende Einflüsse können Fettstoffe verderben: Wärme, Sauerstoff, Licht, UV-Strahlen, Metallionen (besonders Kupfer), Mikroorganismen und Enzyme (nur bei Anwesenheit von Wasser). Besonders leicht verderblich sind Fettstoffe mit einem hohen Anteil an mehrfach ungesättigten Fettsäuren und Fettemulsionen (wasserhaltige Fettmischungen). Fettstoffe nehmen leicht Fremdgerüche an. Deshalb sollten sie aromadicht verpackt und getrennt von stark riechenden Lebensmitteln gelagert werden.

Fettemulsionen

Eine Emulsion ist eine gleichmäßige, mehr oder weniger beständige Mischung von ineinander nicht löslichen Flüssigkeiten (sogenannten Phasen).
Ist Wasser in Fett verteilt, so spricht man von einer **Wasser-in-Fett-Emulsion**. Im Fett der Butter und der Margarine ist Wasser fein verteilt; Butter und Margarine sind deshalb eine Wasser-in-Fett-Emulsion.

Ist Fett in Wasser fein verteilt, so nennt man diese Mischung eine **Fett-in-Wasser-Emulsion** (z. B. Rahm). Emulsionen werden stabil, wenn Emulgatoren zugegeben werden. Natürliche Emulgatoren sind Proteine und Lezithin.

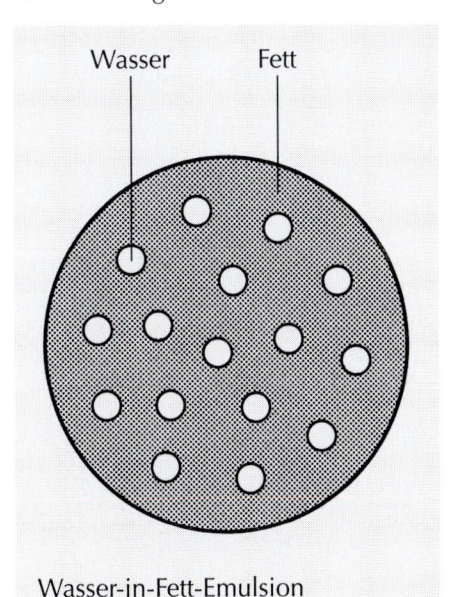

Wasser-in-Fett-Emulsion
(z. B. Butter, Margarine, Minarine)

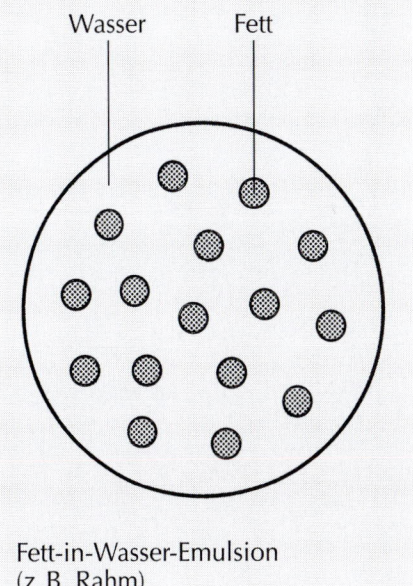

Fett-in-Wasser-Emulsion
(z. B. Rahm)

Einteilung nach der Herkunft

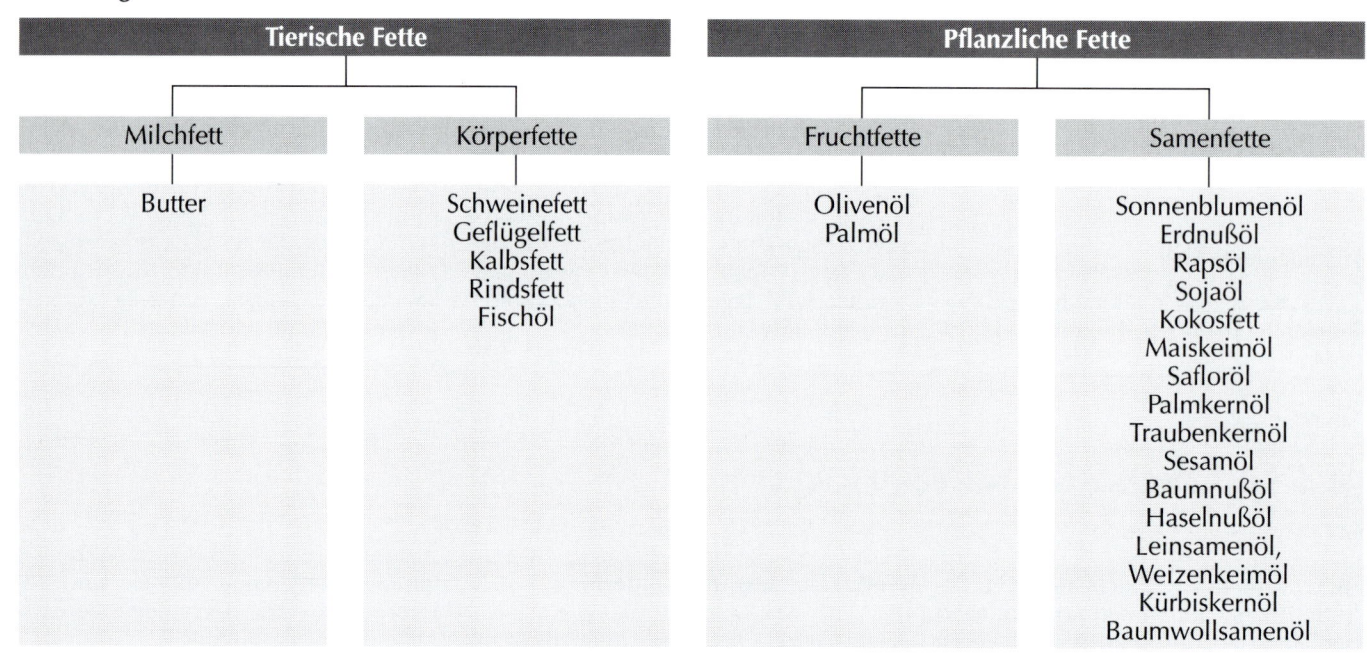

Tierische Fette		Pflanzliche Fette	
Milchfett	**Körperfette**	**Fruchtfette**	**Samenfette**
Butter	Schweinefett Geflügelfett Kalbsfett Rindsfett Fischöl	Olivenöl Palmöl	Sonnenblumenöl Erdnußöl Rapsöl Sojaöl Kokosfett Maiskeimöl Safloröl Palmkernöl Traubenkernöl Sesamöl Baumnußöl Haselnußöl Leinsamenöl, Weizenkeimöl Kürbiskernöl Baumwollsamenöl

Einteilung nach Konsistenz

(Einteilung siehe Tabelle unten.) Maßgeblich für das Beurteilen der Konsistenz eines Fettstoffes ist der Zustand bei 20 °C.

Speiseöl ist Öl tierischen oder pflanzlichen Ursprungs. Es ist bei Raumtemperatur flüssig.

Speisefett ist Fett tierischen oder pflanzlichen Ursprungs. Es ist bei Raumtemperatur fest.

Gewinnung der Fettstoffe

Für die Gewinnung der verschiedenen Fettstoffe werden die nebenstehend aufgeführten Methoden angewandt:

Zentrifugieren
Rahm (siehe Seiten 164 und 165), Olivenöl

Ausschmelzen
Körperfette

Auspressen
Samenfette, Fruchtfette

Extrahieren
Samenfette, Fruchtfette

Flüssige Fettstoffe	Öle
Halbflüssige Fettstoffe	Ölcremen
Feste Fettstoffe	Fette
Fettemulsionen — Wasser-in-Fett-Emulsionen	Butter, Margarine
Fettemulsionen — Fett-in-Wasser-Emulsionen	Rahm

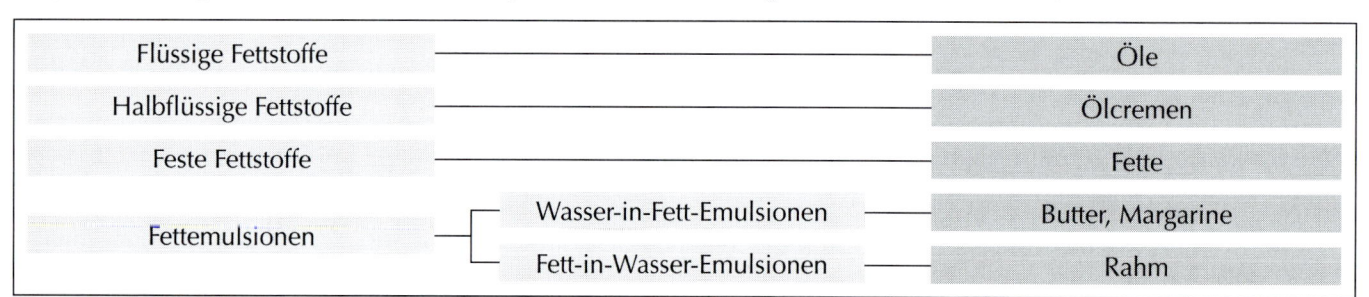

4.4.1 Tierische Fettstoffe

Der in der Küche am meisten verwendete tierische Fettstoff ist die Butter (S. 165). Es ist Aufgabe des Kochs, das am besten geeignete Fett für den entsprechenden Verwendungszweck auszuwählen und richtig einzusetzen (siehe Tabelle unten). Dazu sind genaue Kenntnisse der angebotenen Fette erforderlich.

Die meisten im Handel angebotenen tierischen Fette werden raffiniert und gehärtet.

Tierische Fette und ihre Verwendung

Fettart	Verwendung	Bemerkung
Butter – *beurre (m)*	Für die kalte und warme Küche siehe Seite 165.	Meist verwendetes tierisches Fett.
Schweinefett – *graisse (f) de porc*	Schweineschmalz – *saindoux (m)*: für geriebenen Teig, für kräftige und nahrhafte Gerichte, für Rösti Rückenspeck: zum Spicken, zum Lardieren und zum Bardieren, zur Wurstherstellung	Der Verbrauch sollte wegen der ungünstigen Fettsäurenzusammensetzung eingeschränkt werden.
Geflügelfett – *graisse (f) de volaille*	Körperfett: zum Abdecken von Geflügelterrinen Schmalz: Enten- oder Gänseschmalz	Das ausgelassene Fett von Gänsen wird zur Herstellung von «Confit» (mit Fett eingekocht) verwendet.

Fettart	Verwendung	Bemerkung
Kalbsfett – *graisse (f) de veau*	Kalbsnierenfett: zum Schmoren von weißen Gemüsen, zur Herstellung von Fettmischungen	Wird in der Küche selten verwendet.
Rindsfett – *graisse (f) de bœuf*	Rindsnierenfett: für Yorkshire-Pudding und englische Süßspeisen (z. B. Christmas Pudding) Rindermark: für Suppeneinlagen, Klößchen *(quenelles)*, Risotto	Rindsfette sind sehr schwer verdaulich und bestehen zudem vorwiegend aus gesättigten Fettsäuren.

4.4.2 Pflanzliche Fettstoffe

Gewinnung pflanzlicher Fette

Aus gereinigten, zerkleinerten und zerquetschten ölhaltigen Früchten oder Samen wird durch Pressen oder Extrahieren Öl oder Fett gewonnen.

Die Extraktion geschieht mit Leichtbenzin (Hexan), das das Fett oder das Öl aus den Pflanzen löst (siehe nachfolgende Darstellung). Das Hexan wird durch Destillation zurückgewonnen, es bleiben keine Rückstände im Fett oder im Öl.

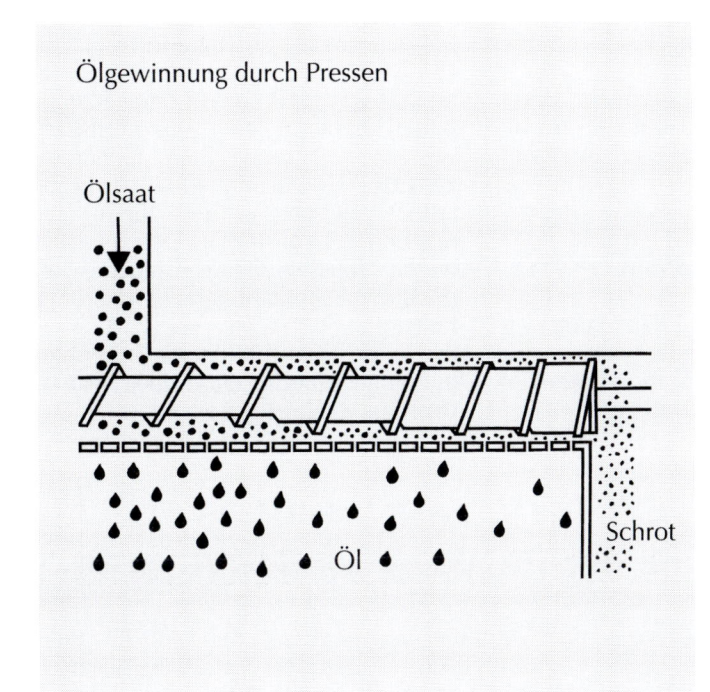

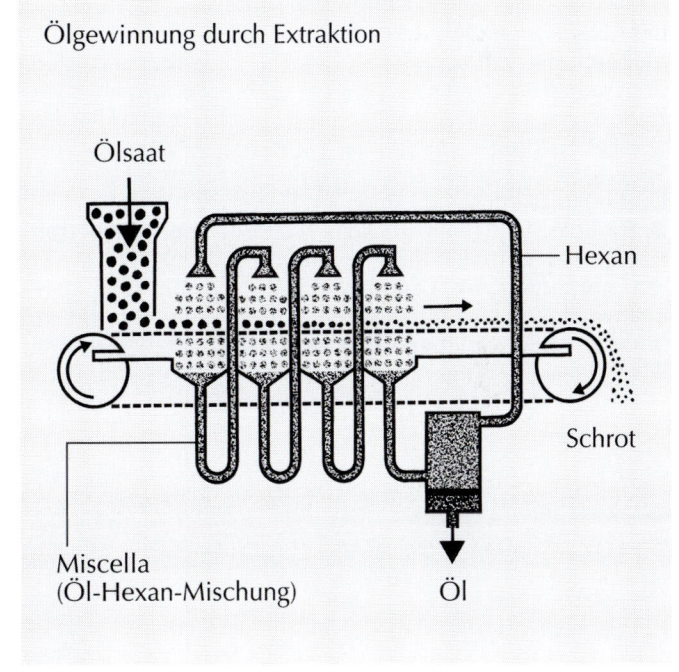

Ölgewinnung durch Pressen

Ölgewinnung durch Extraktion

Warme Pressung

Die Ölfrüchte (Ölsaat) werden zunächst gereinigt und gegebenenfalls geschält. Anschließend werden sie bei Temperaturen von rund 100 °C mit Schneckenpressen ausgepreßt. Die Rückstände enthalten meistens noch viel Öl, das in einem zweiten Arbeitsgang mit Leichtbenzin (Hexan) extrahiert wird. Die Rückstände (Ölkuchen) dienen als wertvolles proteinhaltiges Tierfutter.

Anschließend wird das Öl in mehreren Schritten raffiniert. Ziel ist die Herstellung eines geschmacksneutralen und haltbaren Speiseöls.

Kalte Pressung (naturbelassene oder kaltgepreßte Öle)

Naturbelassene oder kaltgepreßte Öle werden durch schonende mechanische sowie physikalische Verfahren gewonnen. Die Pressung erfolgt bei höchstens 50 °C. Außer daß sie gewaschen, sedimentiert (getrennt aufgrund des Dichteunterschieds), filtriert und zentrifugiert worden sind, werden diese Öle nicht weiter behandelt, sie werden auch nicht raffiniert. Kaltgepreßte Öle erfreuen sich wachsender Beliebtheit. Sie sind in der Regel teurer, da eine geringere Ausbeute in Kauf genommen werden muß. Sie haben einen kräftigen Geschmack und eine intensive Farbe und werden ausschließlich in der kalten Küche verwendet. Kaltgepreßte Öle können bedeutend mehr Nebenstoffe enthalten (vor allem Insektizide und Schwermetalle) und haben eine beschränkte Haltbarkeit. Die Verwendung kaltgepreßter Öle erfolgt häufig aus Geschmacksgründen.

Kaltgepreßtes Olivenöl kommt unter dem Namen *huile vierge* oder *huile extra vierge* in den Handel.

Die Raffination

Das Rohöl enthält noch Pflanzenreste, Trüb- und Schleimstoffe sowie freie Fettsäuren. Daher wird das Rohöl in verschiedenen chemischen und mechanischen Prozessen gereinigt. Raffiniertes Öl ist heller, klarer und neutraler in Geschmack und Geruch als nicht behandeltes Öl. Die wertvollen mehrfach ungesättigten Fettsäuren werden durch die Raffination nicht beeinträchtigt.

Entschleimung: Proteine und zuckerartige Verbindungen werden mit Hilfe von Kochsalz und Wasser entfernt.
Neutralisation: Das Fett wird mit Natronlauge entsäuert, Glyzerin und freie Fettsäuren werden entfernt.
Bleichung: Unerwünschte Farbstoffe werden mit Hilfe von Bleicherde entfernt.
Filtration: Die noch im Öl vorhandenen Pflanzenrückstände (Schwebstoffe) werden abgetrennt.
Desodorisierung: Unerwünschte Geschmacks- und Geruchsstoffe werden mit Hilfe von Wasserdampf unter Vakuum entfernt.

Die Fetthärtung

Die in der Natur vorkommenden Fette (z.B. Kokosfett oder tierische Fette) weisen bei normalen Raumtemperaturen eine feste Konsistenz auf. Aus einem Öl entsteht ein Speisefett, indem der Schmelzbereich des Öls durch das Härtungsverfahren erhöht wird. Die Härtung geschieht durch Anlagerung von Wasserstoff an die Doppelbindungen der ungesättigten Fettsäuren.

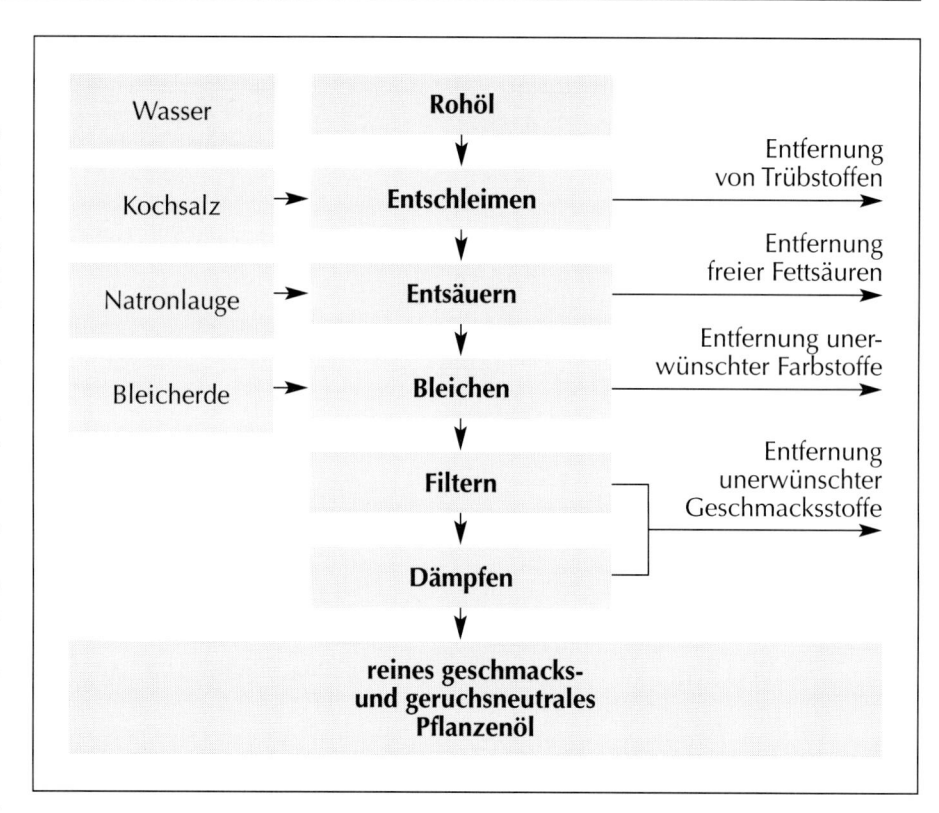

Spezialfritierfette und -öle

Fettmischungen aus Pflanzenfett, die zum Fritieren verwendet werden, sind so abgestimmt, daß sie besonders hitzestabil, geruchs- und geschmacksneutral sind und einen hohen Rauchpunkt haben. Teile des Fettstoffs werden bei wiederholtem Gebrauch zersetzt, weshalb Fritierfette nicht zu lange eingesetzt werden dürfen und regelmäßig vollständig ausgetauscht werden müssen. Das verbrauchte Fett dient den Seifenfabriken als wertvoller Rohstoff.

Es sind feste und halbfeste Fritierfette mit langer Haltbarkeit auf dem Markt, sogenannte **Shortenings.**

Die wichtigsten Pflanzenöle und ihre Verwendung

Fett/Öl	Herkunft	Hauptanbaugebiete	Verwendung/Bemerkungen
Sonnenblumenöl – *huile (f) de tournesol*	Samen der Sonnenblumen	Rußland, Europa, Argentinien, USA, Indien, Südafrika	Vielseitig verwendbares Speiseöl für die warme und insbesondere die kalte Küche, zur Herstellung von Margarine. Sonnenblumenöl ist reich an essentiellen Fettsäuren.
Erdnußöl – *huile (f) d'arachide*	Samen der Erdnußpflanze	China, USA, Indien, Westafrika, Südamerika	Vielseitig verwendbares Speiseöl für die warme und die kalte Küche, als Fritierfett, zur Herstellung von Margarine und Speisefetten.
Rapsöl – *huile (f) de colza*	Samen der Rapspflanze	Europa (Schweiz), China, Indien, Kanada, Rußland	Als Speiseöl in der kalten Küche, zur Herstellung von Margarine und Speisefetten. Wichtigste in der Schweiz angebaute Ölsaat.
Sojaöl – *huile (f) de soja*	Samen der Sojabohne	USA, Brasilien, Europa, Argentinien, China, Japan, Rußland	Vielseitig verwendbares Speiseöl von goldgelber Farbe, vor allem für die kalte Küche und zur Herstellung von Margarine.
Kokosfett/-öl – *graisse (f) de coco / huile (f) de coco*	Fruchtfleisch der Kokosnuß (getrocknet: Kopra)	Philippinen, Indonesien, Indien, Mexiko, Sri Lanka	Als Speisefett und zur Herstellung von Margarine. Gut geeignetes Fritierfett für Süßspeisen. Beschränkte Haltbarkeit (rasche Verseifung wegen hohen Gehalts an Laurinsäure).

Fett/Öl	Herkunft	Hauptanbaugebiete	Verwendung/Bemerkungen
Maiskeimöl – *huile (f) de germes de maïs*	Keimlinge der Maiskörner	USA, Westeuropa, Brasilien, Japan, Südafrika	Wertvolles Speiseöl für die kalte Küche mit hohem Vitamingehalt. Wird zur Herstellung von Margarine verwendet.
Distelöl (Safloröl) – *huile (f) de carthame*	Samen der Färberdistel	USA, Mexiko, Nordafrika, Indien	Wertvolles Speiseöl für die kalte Küche dank hohem Anteil an essentiellen Fettsäuren. Wird zur Herstellung von diätetischer Margarine verwendet.
Olivenöl – *huile (f) d'olive*	Früchte des Olivenbaums	Mittelmeerländer, USA, Argentinien	Kaltgepreßtes Olivenöl für Salate und in der kalten Küche. Raffinierte Öle für südländische Spezialitäten in der warmen und der kalten Küche.
Palmöl – *huile (f) de palmier*	Fruchtfleisch der Ölpalme	Malaysia, Indonesien, Westafrika, Mittel- und Südamerika	Geschmacksintensives Öl von roter Farbe mit hohem Karotingehalt. Wird vor allem zur Herstellung von Margarine verwendet.
Palmkernöl – *huile (f) de palmiste*	Kerne der Ölpalme	Malaysia, Indonesien, Westafrika, Mittel- und Südamerika	In Aussehen und Geschmack dem Kokosöl sehr ähnlich. Rasche Verseifung wegen hohen Gehalts an Laurinsäure. Wird vor allem zur Herstellung von Margarine verwendet.
Traubenkernöl – *huile (f) de pépins de raisin*	Kerne der Weintraube	Europa, USA	Hochwertiges, geschmacksneutrales Speiseöl. Läßt sich hoch erhitzen, geeignet für die warme und die kalte Küche. Wird auch zur Herstellung von Margarine verwendet.
Sesamöl – *huile (f) de sésame*	Samen der Sesampflanze	Afrika, Ostindien	Hellgelbes, geschmacksneutrales Speiseöl für die warme und die kalte Küche. In der asiatischen Küche wird fermentiertes Sesamöl zum Würzen verwendet.
Baumnußöl – *huile (f) de noix*	Kerne der Baumnuß	Frankreich, Italien	Vielseitig verwendbares Speiseöl mit angenehmem nußartigem Geschmack. Es muß rasch verbraucht werden, da es leicht verdirbt.
Haselnußöl – *huile (f) de noisette*	Kerne der Haselnuß	Frankreich, Italien	Eignet sich für Salate, kalte Saucen und Fischgerichte. Es wird leicht ranzig und sollte rasch verbraucht werden. Wegen seines intensiven Geschmacks sparsam verwenden.
Leinsamenöl – *huile (f) de lin*	Samen des Flachses	USA, Asien	Vor allem in der Diätküche und für kalte Speisen verwendetes Öl mit hohem Anteil an essentiellen Fettsäuren.
Weizenkeimöl – *huile (f) de germes de blé*	Keimlinge des Weizens	Westeuropa, USA	Wertvolles Speiseöl für die kalte Küche mit hohem Gehalt an essentiellen Fettsäuren und Vitamin E.
Kürbiskernöl – *huile (f) de citrouille / huile (f) de courge*	Kürbissamen	Österreich, Rumänien, Rußland	Dickflüssiges grünliches Öl mit intensivem Geschmack. Eignet sich nicht zum Erhitzen, wird daher ausschließlich in der kalten Küche verwendet.
Baumwollsamenöl – *huile (f) de grains de cotonnier*	Samen der Baumwollpflanze	USA, Westafrika	Wird nach der Raffination vor allem zur Herstellung von Margarine und Pflanzenfett oder als Speiseöl verwendet.

Die wichtigsten Ölpflanzen

- Sojabohne
- Ölpalme
- Sonnenblume
- Raps
- Erdnuß
- Kokospalme
- Olivenbaum
- Mais
- Färberdistel
- Sesam
- Baumwollpflanze

4.4.3 Margarine – *margarine (f)*

Margarine ist eine durch Emulgieren gewonnene wasserhaltige Mischung von pflanzlichen und/oder tierischen Speisefetten oder Speiseölen. Sie kann weitere Zutaten wie Milch, Milchfett oder Milchprodukte usw. enthalten. Mindestfettgehalt = 80%.

Geschichte

Die Margarine verdankt ihre Existenz Kaiser Napoleon III., der den Auftrag gab, für seine Soldaten einen preiswerten, haltbaren Butterersatz zu entwickeln. Im Jahre 1869 gelang es dem Chemiker Mège-Mouriès, aus einem Gemisch von Rinderfett und Magermilch ein preisgünstiges und haltbares Streichfett herzustellen. Das Verfahren wurde patentiert und das Produkt **Margarine** genannt (griechisch: margaron = Perle).

Herstellung

Bei der Herstellung von Margarine wird zunächst ein **Fettgemisch** aus Ölen und Fetten vorbereitet. Dieser **Fettphase** werden noch fettlösliche Vitamine, das Provitamin und der Farbstoff Karotin und als Bindungshilfe der Emulgator **Lezithin** hinzugefügt. Die **Wasserphase** enthält entrahmte Milch, Wasser und Kochsalz.
Die Herstellung der Margarine umfaßt ein intensives Mischen der Fett- und der Wasserphase (Emulgieren) und gleichzeitiges Kühlen (Kristallisieren), bis die richtige Konsistenz erreicht ist. Heute wird die Margarine meist in kontinuierlichen und völlig geschlossenen Anlagen produziert, portioniert und abgepackt.

Je nach Verwendungszweck werden an die Margarine unterschiedliche Anforderungen gestellt:
- ernährungsphysiologische Bedürfnisse
- Bäckerei-Konditorei (z. B. Blätterteig)
- Großküche

Deshalb gibt es verschiedene Margarinesorten, die sich in Zuammensetzung und Herstellungsverfahren unterscheiden.

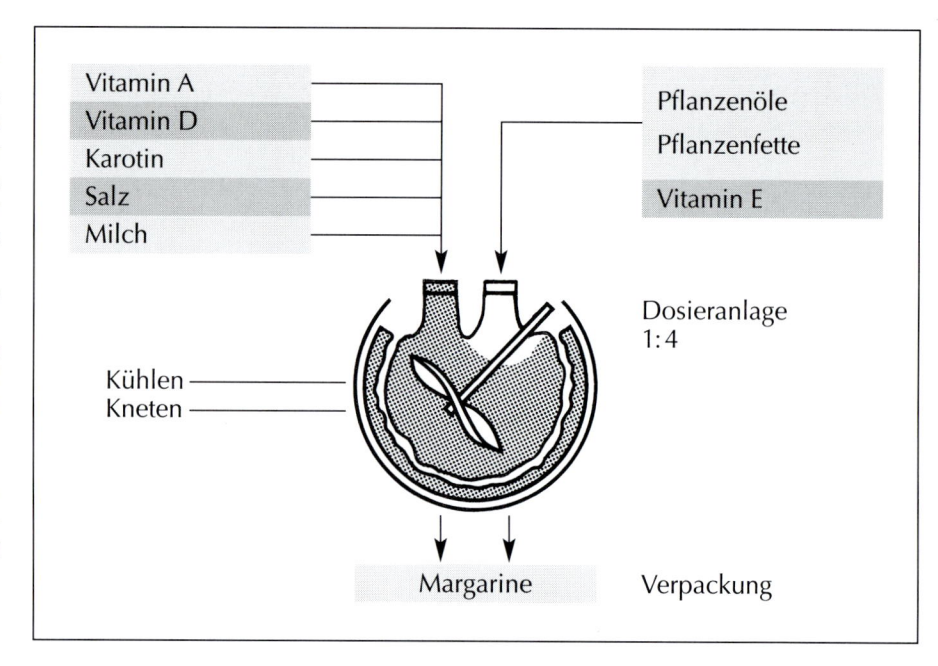

Verwendung

Die Margarine wird verwendet zur Herstellung von Teigen und Massen, zum Dünsten von Gemüse, zum Sautieren von Fleisch, Fisch und Kartoffeln usw.

Minarine

Minarine ist eine Wasser-in-Fett-Emulsion mit einem Öl- und Fettgehalt von 39–41%. Dieser Brotaufstrich liefert deshalb über 50% weniger Energie als Margarine und bietet vielen Konsumenten einen Beitrag zur Gewichtsreduktion. Wegen des hohen Wassergehaltes ist sie ausschließlich in der kalten Küche verwendbar.

4.5 Pflanzliche Nahrungsmittel

Eßbare Pflanzen, Pflanzenteile und pflanzliche Produkte bilden den größten Teil unserer Nahrung. Sie sind vorwiegend reich an Kohlenhydraten und Nahrungsfasern. Durch ihren hohen Gehalt an Vitaminen und Mineralstoffen sind sie Garant für eine gesunde Ernährung.

4.5.1 Getreidearten – *céréales (f)*

Unsere Getreidearten stammen von den Wildformen bestimmter Gräser ab.
Die Gerste, bei der es sich wahrscheinlich um die erste planmäßig angebaute Getreideart handelt, war schon um 5000 v. Chr. in Sumer und Assur (Irak) bekannt. Beim Weizen handelt es sich ebenfalls um eine sehr alte Kulturpflanze, deren verschiedene Arten eine sehr lange Entwicklungszeit hinter sich haben. Reis und Mais werden seit etwa 5000 Jahren angebaut, zuerst im tropischen Südostasien und in Mittel- und Südamerika. In tropischen und subtropischen Gebieten Asiens und Afrikas herrschen die alten Getreidearten vor: die echte Hirse und die weltweit angebaute Sorgum-Hirse.

Die für unsere Ernährung wichtigsten Getreidearten sind:
Brotgetreide: Weizen, Roggen, Dinkel
Übrige Getreidearten: Gerste, Hafer, Hirse, Mais, Reis
Stärkehaltige Körnerfrucht: Buchweizen

Aufbau des Getreidekorns und Verteilung der Nährstoffe

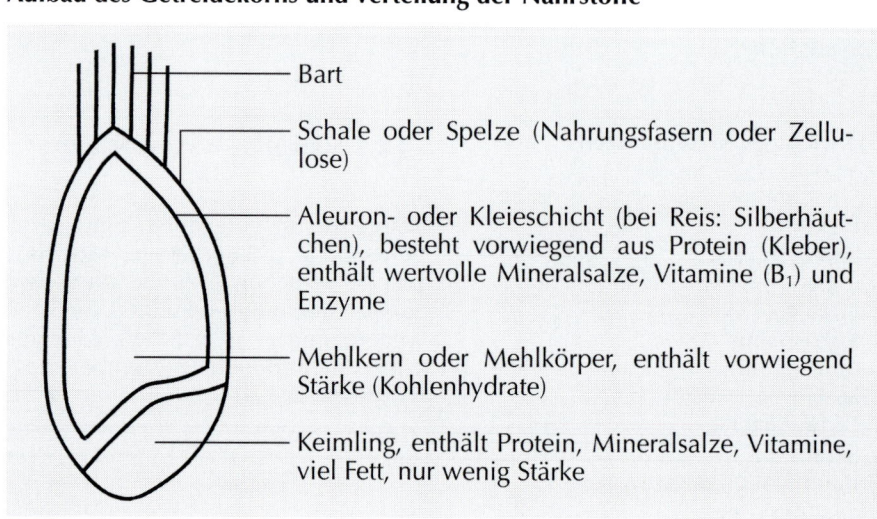

- Bart
- Schale oder Spelze (Nahrungsfasern oder Zellulose)
- Aleuron- oder Kleieschicht (bei Reis: Silberhäutchen), besteht vorwiegend aus Protein (Kleber), enthält wertvolle Mineralsalze, Vitamine (B_1) und Enzyme
- Mehlkern oder Mehlkörper, enthält vorwiegend Stärke (Kohlenhydrate)
- Keimling, enthält Protein, Mineralsalze, Vitamine, viel Fett, nur wenig Stärke

Nährstoffe verschiedener Getreidearten (pro 100 g)

	Kohlen-hydrate	Protein	Fett	Vitamin B_1	Vitamin B_2	Eisen	Nahrungs-fasern	Energie
	g	g	g	mg	mg	mg	g	kcal
Weizen	59,4	11,5	2	0,5	0,1	3,3	10,6	309
Dinkel	62,4	11,6	2,7	0,5	0,1	4,2	8,8	327
Roggen	53,5	8,6	1,7	0,35	0,17	4,6	13,1	269
Gerste	57,7	10,6	2,1	0,43	0,18	2,8	9,8	299
Hafer	61,2	12,6	7,1	0,52	0,17	5,8	5,6	368
Hirse	59,6	10,6	3,9	0,26	0,14	9	3,8	323
Reis	74,6	7,4	2,2	0,41	0,09	2,6	4	353
Mais	65,2	9,2	3,8	0,36	0,2	1,5	9,2	338

Aufbau des Getreidekorns und Verteilung der Nährstoffe

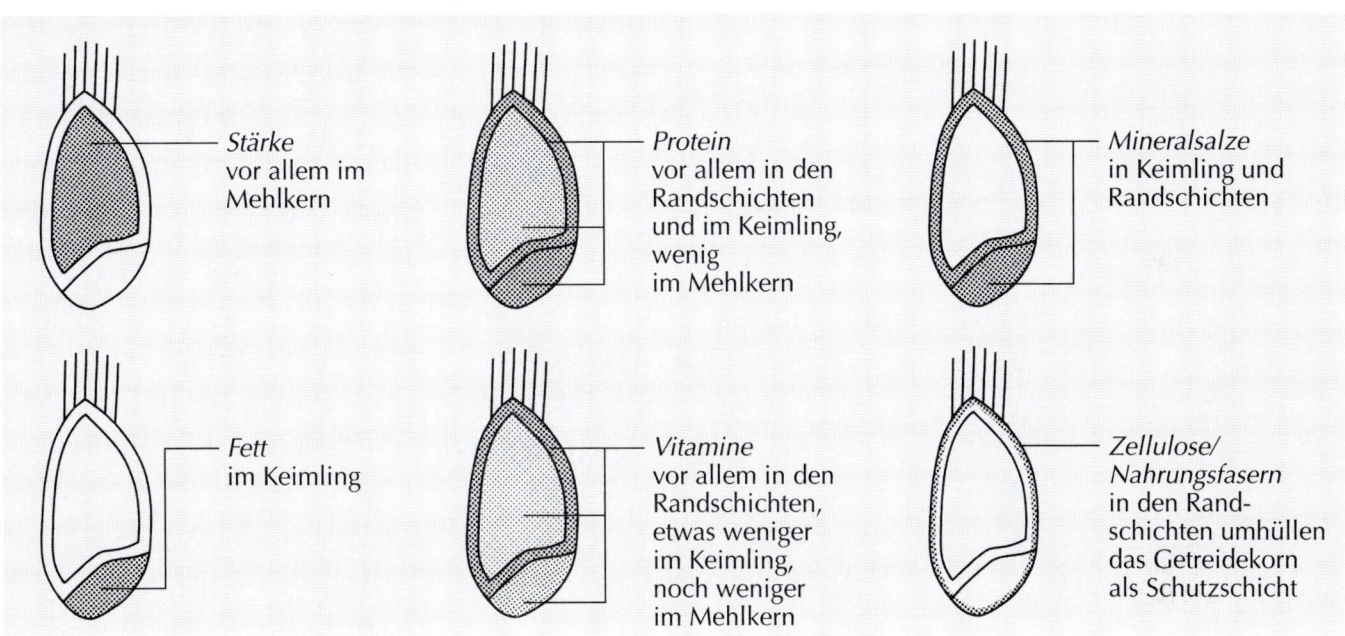

Stärke vor allem im Mehlkern

Protein vor allem in den Randschichten und im Keimling, wenig im Mehlkern

Mineralsalze in Keimling und Randschichten

Fett im Keimling

Vitamine vor allem in den Randschichten, etwas weniger im Keimling, noch weniger im Mehlkern

Zellulose/Nahrungsfasern in den Randschichten umhüllen das Getreidekorn als Schutzschicht

Lagerung von Getreide

Alle Getreidearten trocken und in Säcken oder Silos dunkel aufbewahren. Vor Schädlingen schützen. Je nach Verarbeitung bis zu 2 Jahre haltbar.

1. Brotgetreide

Weizen – *froment (m)*

Hartweizen – *blé (m) dur*
Vorkommen: Gemäßigte Klimazonen mit kurzem heißem Sommer.
Hauptanbaugebiete: Argentinien, Kanada, USA.
Produkte: Hartweizengrieß, Dunst, Mehl, Stärke.
Verwendung: **Hartweizengrieß** für Suppeneinlagen, Gnocchi romaine, Süßspeisen usw. **Dunst** zur Teigwarenherstellung. **Mehl** wird dem Backmehl aus Weichweizen beigemischt. **Stärke** zur Biskuit- und zur Feingebäckherstellung sowie als Bindemittel.
Bemerkung: Hartweizen macht nur 10% der weltweiten Weizenproduktion aus.

Weichweizen – *blé (m) tendre*
Vorkommen: Gemäßigte Klimazonen mit warmem Sommer.
Hauptanbaugebiete: Frankreich, Italien, Schweiz.
Produkte: Backmehl, Flocken, Stärke, Weizenkeimöl.
Verwendung: **Mehl** zum Binden von Saucen und Suppen, zur **Brot-** und Gebäckherstellung. **Flocken** für Müesli in der Vollwert- und der vegetarischen Kost. **Stärke** für die Biskuit- und die Feingebäckherstellung. **Keimöl** für Salate.
Bemerkung: Weichweizen hat einen höheren Stärkeanteil im Mehlkörper als Hartweizen, weshalb Stärke überwiegend aus Weichweizenmehlen gewonnen wird.

Roggen – *seigle (m)* 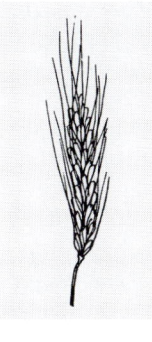
Vorkommen: Gemäßigte Klimazonen, bis etwa 1700 m ü. M.
Hauptanbaugebiete: Rußland, Polen, Deutschland.
Produkte: Ganze Körner, Schrot, Flocken, Mehl.
Verwendung: **Körner** eignen sich für Roggenkeime, eingeweicht und gekocht für Salate. Aus eingeweichten Körnern, mit **Schrot** vermischt, wird Pumpernickel hergestellt. **Flocken** für die Vollwertkost. Im Gegensatz zum Weizenmehl hat das **Roggenmehl** eine graue Farbe und wird hauptsächlich für Roggen- und Spezialbrote verwendet.

Dinkel – épeautre (m)

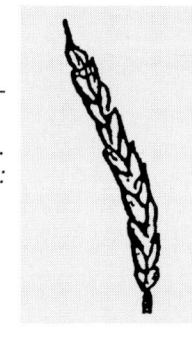

Vorkommen: Gemäßigte Klimazonen mit mageren Böden.
Hauptanbaugebiete: Deutschland, Schweiz.
Produkte: Ganze Körner, Grütze, Grieß, Mehl, Flocken.
Verwendung: Ganze gereinigte **Körner** werden zubereitet wie Pilaw-Reis, als Vollwertkost. **Grütze** für Brei, Suppen. **Grieß** wird zu Vollkornnudeln verarbeitet. **Mehl** für Cremesuppen, Gebäck, Brot. **Flocken** (ganze Körner gequetscht) für Müesli.
Bemerkung: Das nicht ausgereifte milchige Dinkelkorn (blé vert) wird getrocknet und dient zur Herstellung der Grünkernprodukte, zum Beispiel Grünkernmehl. Dinkel ist eine alte, nur noch vereinzelt angebaute Weizenart.

2. Übrige Getreidearten

Gerste – orge (f)

Vorkommen: Gemäßigte Klimazonen. Gerste hat die kürzeste Vegetationsdauer.
Hauptanbaugebiete: Rußland, Kanada, USA, Frankreich.
Produkte: Rollgerste (Graupen), fein-, mittel- und grobkörnig, Flocken, Malz, Mehl, Schrot.
Verwendung: **Rollgerste** in Suppen, für Gerstotto und Vollwertkost. **Flocken** in kochfertigen Suppen und Vollwertgerichten. **Malz,** gekeimte, gedarrte Gerste, zur Nährmittel- und Bierherstellung. **Mehl** für Schleim- und Cremesuppen, Brote. **Schrot** für Mehrkornbrote.
Bemerkung: Gerste wird für einige Whisky-Sorten verwendet.

Hafer – avoine (f)

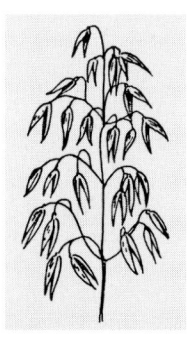

Vorkommen: Nördliche Klimazonen.
Hauptanbaugebiete: Rußland, USA, Kanada, Polen.
Produkte: Kerne, Grütze, Flocken, Hafernüsse, Mehl.
Verwendung: **Kerne** werden gedämpft und zu Hafernüssen getrocknet. **Grütze** für kräftige Suppen oder Brei. **Flocken** – mehr oder weniger abgeschälter Hafer, der gedämpft, flachgewalzt und getrocknet wird – für Müesli, Suppen, Brei, Vollwertkost. **Mehl** für Schleimsuppen.
Bemerkung: Höchster Fettgehalt aller Getreidearten; reich an Proteinen. Vor der Einführung der Kartoffel bildete der Hafer das Hauptgrundnahrungsmittel unserer Bevölkerung.

Hirse – millet (m)

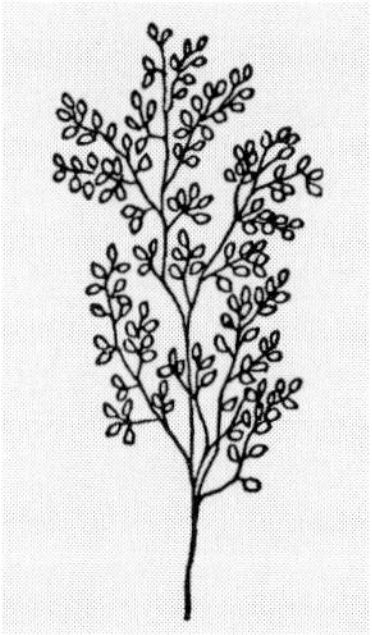

Vorkommen: Alle Klimazonen der nördlichen und der südlichen Breitengrade.
Hauptanbaugebiete: USA, Indien, Argentinien, China, Nordafrika.
Produkte: Goldhirse, Flocken, Mehl.
Verwendung: **Goldhirse,** abgeschliffene Hirsekörner, für Hirsotto. **Flocken** für Brei, Müesli und Vollwertkost. **Mehl** wird den Kindernährmitteln beigemischt.
Bemerkung: Besonders mineralstoffreiche Getreideart (Kieselsäure).

Mais – maïs (m)

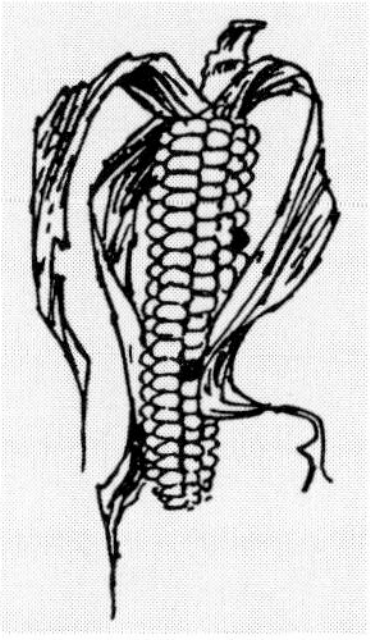

Vorkommen: Gemäßigte Klimazonen sowie Zonen mit heißem Sommer.
Hauptanbaugebiete: USA, China, Brasilien, Mexiko, Europa, Afrika.
Produkte: Kolben, Körner, Flocken, Grieß, Mehl, Stärke, Keimöl.
Verwendung: Kleine unausgereifte **Kolben** werden in Essig eingelegt, große, in der Milchreife geerntete Kolben gegart oder geröstet. **Körner** werden sterilisiert oder tiefgekühlt zu Gemüse oder Salaten verarbeitet. **Flocken** als Corn-flakes zum Frühstück. **Grieß** als Polenta, Schnitten, Gnocchi, in Suppen. **Mehl** für Maisbrot, Maisfladen (Tortillas). **Stärke** zum Binden von Saucen, Suppen, Pudding, in Cremepulver, für Feingebäck. **Öl** für Salate.
Bemerkung: Aus Maisstärke wird Traubenzucker (Dextrose) gewonnen.

Reis – riz (m)

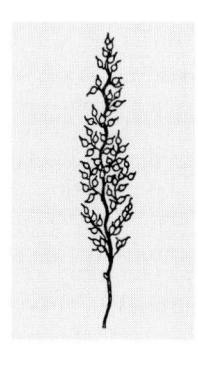

Vorkommen: Tropische und subtropische Klimazonen Asiens sowie klimatisch begünstigte Gebiete in Australien, Amerika und Europa (Po-Ebene, Rhone-Ebene, Andalusien).
Hauptanbaugebiete: China, Indien, Indonesien, Thailand, USA, Zentralamerika, Italien. Importe aus den USA: 50%, aus Italien: 40%, aus verschiedenen Ländern: 10%.
Produkte: Korn, Mehl, Stärke, Flocken.
Verwendung: **Korn** für Reisgerichte. **Mehl** (aus Bruchreis hergestellt) für Cremesuppen. **Stärke** für fernöstliche Gerichte. **Flocken** (vorgedämpft, gewalzt, getrocknet) in Fertigsuppen, für Rice-crispies. Weitere Verwertungen: Branntwein (Arrak), Reiswein (Sake), Essig.
Rundkorn- oder Kurzkornreis ist 4–5 mm lang (nur 1,5- bis 2,5mal so lang wie dick). Der bei uns bekannte Rundkornreis kommt hauptsächlich aus Italien, zum Beispiel Originario, Camolino. Die Hauptanbaugebiete liegen aber im Fernen Osten.
Mittelkornreis ist 5–7 mm lang (nur 2- bis 3mal so lang wie dick). Vorwiegend aus Italien, den USA und Argentinien, zum Beispiel Vialone, Arborio usw.
Langkornreis ist 6–8 mm lang (nur 4- bis 5mal so lang wie dick). Die bei uns erhältlichen Sorten kommen hauptsächlich aus den USA und aus Asien, zum Beispiel Carolina, Siam-Patna, Basmati und Parfumreis.

Die Verarbeitungsstufen von Reis

Den nach der Ernte gewonnenen Reis bezeichnet man als **Rohreis** oder **Paddy.** In dieser ursprünglichen Form ist das Reiskorn von einer harten, kieselsäurehaltigen Hülse, der Spelze, umgeben.
In der ersten Verarbeitungsphase, die meist im Ursprungsland erfolgt, wird die Spelze entfernt. In diesem Stadium ist das Reiskorn noch ungeschliffen, und man spricht von **Vollreis, Halbrohreis, Cargo-** bzw. **Brownrice.**
Das Silberhäutchen, die mehrschichtige zweite Schale, die den Kern umschließt, enthält Vitamine und Mineralien, aber auch Fett und Eiweiß. Da sich die Fettstoffe bei längerer Lagerung zersetzen und den Geschmack beeinträchtigen würden, wird auch diese Schicht abgeschliffen und der ebenfalls fetthaltige Keimling herausgebrochen. Diese Bearbeitung erfolgt meist in den Reismühlen des Verbraucherlandes. Der so gewonnene weiße Reis in der uns bekannten handelsüblichen Form wird als **Weißreis** oder **raffinierter Reis** bezeichnet.

Das Parboiling-Verfahren

Zu Beginn des Zweiten Weltkriegs wurde im Auftrag der amerikanischen Armee ein Verfahren entwickelt, das dem Weißreis die Vitamine und die

Mineralstoffe erhält, die sonst beim Schälen des Rohreises verlorengehen. Diese besondere Art der Verarbeitung, das sogenannte Parboiling, basiert auf einer jahrtausendealten Konservierungsart der Inder.

Den modernen Parboiling-Methoden liegt folgende Technik zugrunde: Der gereinigte Rohreis wird vorerst in heißes Wasser eingelegt. Dadurch werden die im Silberhäutchen und im Keimling enthaltenen Vitamine und Mineralstoffe gelöst. Unter sehr großem hydraulischem Druck werden diese nun aus dem Silberhäutchen und dem Keimling in das Reiskorn gepreßt und mit Dampf im Kern versiegelt. Dann wird der Reis unter Vakuum getrocknet und damit gleichzeitig an seiner Oberfläche gehärtet. Nach Abschluß dieses Arbeitsganges wird der Reis wie üblich weiterverarbeitet. Der geschälte Parboiled-Reis weist einen gelblichen Schimmer auf. Beim Kochen wird er weiß und bleibt sehr körnig. Er enthält noch einen Großteil seiner ursprünglichen Vitamine und Mineralien und wird deshalb sowie wegen seiner Kochfestigkeit im Haushalt und in der Großküche gleichermaßen geschätzt.

Die steigende Beliebtheit von Parboiled-Reis hat dazu geführt, daß sich das Parboiling-Verfahren vor allem in den USA, aber auch in Italien zu einer hochrationellen Verarbeitungsmethode entwickelt hat.

Roter Reis – *riz (m) rouge*

Vorkommen: Südfrankreich (Camargue).
Beschreibung: Dieser Reis ist durch Veränderung von wildwachsenden Reispflanzen entstanden und wird heute meistens biologisch angebaut. Seine rötlichbraune Farbe gab ihm den Namen. Oft wird er auch nach dem Anbaugebiet als Camargue-Reis *(camargue sauvage)* bezeichnet. Er schmeckt besonders würzig und paßt deshalb gut zu aromaintensiven Gerichten. Er hat eine längere Kochzeit, wobei sich das Kochwasser leicht rot färbt.

Wildreis – *riz (m) sauvage*

Vorkommen: Gemäßigte Klimazonen mit heißem Sommer.
Hauptanbaugebiete: Kanada, USA (im Fluß- und im Uferwasser der großen Seen im amerikanisch-kanadischen Grenzgebiet), Amazonas-Delta.
Produkt: Das von der Hülse befreite Korn.
Verwendung: Als Beilage zu Fleisch-, Geflügel- und Fischgerichten, für Füllungen und Salate. Wird vielfach mit Langkornreis gemischt.
Bemerkung: Wildreis hat mit dem Reis nur den Namen gemeinsam: Botanisch betrachtet gehört er zu den Gräsern. Er wächst heute noch als einziges Getreide größtenteils wild und natürlich heran. Kommt äußerst selten vor. Reich an Faserstoffen, Mineralstoffen und Vitaminen.

Buchweizen – *sarrasin (m)*

Vorkommen: Gemäßigte Klimazonen mit kühlem Sommer. Sandige, magere Böden.
Hauptanbaugebiete: Rußland, China.
Produkte: Schrot, Grütze, Flocken, Mehl.
Verwendung: **Schrot** für nach speziellem Verfahren hergestellte Früchteschnitten. **Flocken** für Frühstücksmüesli. **Mehl** für Blinis, Pizokel, Teigwaren, Waffeln.
Bemerkung: Buchweizen ist keine Getreideart, sondern ein Knöterichgewächs. Seine Samenkörner werden seit Jahrhunderten wie Getreide verarbeitet. Der Name ist abgeleitet von der Buche: Das dreieckige Buchweizenkorn gleicht einer Buchecker bzw. einem Buchnüßli.
Die aus Buchweizen hergestellten Gerichte haben einen intensiven Eigengeschmack. Buchweizen ist kleberarm und wird deshalb meist mit anderen Mehlarten vermischt.

4.5.2 Getreide- und Mahlprodukte – *produits (m) céréaliers et de minoterie*

Mehlherstellung

Getreideannahme: Nach der Grobsiebung, der Musterentnahme und der Bestimmung des Wassergehaltes wird das Getreide gelagert (in Silos).
Reinigung: Bei der Trockenreinigung werden wertlose Bestandteile wie Stroh, Spreu, Staub, Eisenteile und Steine mit speziellen Auslesemaschinen entfernt.
Vorbereitung: Um den Wassergehalt des Getreidekorns zu regulieren und die Mahlfähigkeit günstig zu beeinflussen, wird das Getreide benetzt. Anschließend werden in der Bürstmaschine Bärtchen und Schalenoberhaut entfernt. Die verschiedenen Weizensorten für die entsprechenden Backmehle werden gemischt.
Vermahlung: Die Vermahlung geschieht durch die sogenannten Walzenstühle in verschiedenen Stufen (siehe dazu die Tabelle auf der nächsten Seite).

Handelssorten	Kocheigenschaften	Verwendungsmöglichkeiten
Carolina, Uncle Ben's, Braunreis (Uncle Ben's Brown-rice), Vitaminreis, Siam-Patna	sehr körnig, trocken, nicht klebend	Trockenreis, Pilaw-Reis, Reissalate, Füllungen usw.
Basmati-Vollreis, Camargue-Vollreis	körnig trocken, leicht klebend; lange Garzeit!	Trockenreis, spezielle Zubereitungen für indische und indonesische Gerichte
Arborio, Vialone, Paddy-Reis, Halbrohreis, Naturreis, Vollreis	quillt stark, klebt, bindet noch körnig	Risotto, Pilaw-Reis, Reissalate, Füllungen, Vollwertkost
Camolino, Originario	quillt sehr stark, wird breiartig	Reissuppen, Milchreis, Süßspeisen

Getreide- und Mahlprodukte – *produits (m) céréaliers et de minoterie*

Produkte	Merkmale	Getreideart	Verwendung
Ganzes Korn	gereinigt, evtl. behandelt	Dinkel, Roggen, Reis, Mais, Hirse, Gerste	Dinkel, Roggen, Reis-, Mais-, Hirse- und Gerstengerichte
Schrot	grob bis fein geschrotete Körner (mit Keimling)	Weizen, Roggen, Gerste, Hafer	Vollkornbrot, Pumpernickel
Grütze	geschälte, grobe bis feine Bruchstücke	Hafer, Gerste, Buchweizen	Suppen, Breie
Graupen	rundliche, geschälte und polierte Ganz- oder Teilkörner	Gerste (Rollgerste) grob, mittel, fein	Suppeneinlage
Mit Dampf aufgeschlossene Körner (puffed)	unter hohem Druck 10- bis 15fache Volumenzunahme	Weizen, Hafer, Mais, Hirse, Reis	Frühstück, Zwischenmahlzeiten
Flocken	geschält, evtl. zerschnitten, mit Dampf aufgeschlossen, zerquetscht und getrocknet	Weizen, Roggen, Gerste, Hirse, Hafer, Mais, Reis	Suppen, Breie, Rohkost, Kindernahrung, Krankenkost
Grieß	grob gemahlen, schalenfrei	Weizen, Mais, Hirse	Suppen, Breie, Gebäck, Gnocchi, Teigwaren, Polenta, Pudding, Knödel
Dunst	Körnung zwischen Grieß und Mehl	Weizen, Reis, Mais	Teigwaren, Gebäck, Breie, Suppen
Mehl	feinpulverig	alle Arten	Suppen, Saucen, Teige, Massen, Teiggerichte

Ausmahlungsgrad

Der Ausmahlungsgrad gibt an, welcher Gewichtsanteil (Prozentsatz) des Korns im Mehl enthalten ist. Je nach Ausmahlungsgrad gibt es verschiedene Mehlsorten (siehe Tabellen).

Weißmehl – *farine (f) fleur*

Weißmehl wird aus Weichweizen hergestellt. Es enthält vorwiegend Stärke (Kohlenhydrate) und etwas Kleber (Protein). Dem Weißmehl fehlen die natürlichen Ergänzungsstoffe, vor allem wertvolle Vitamine und Mineralsalze, welche im Keimling und in den Randschichten des Korns enthalten sind.
Der Keimling ist fettreich und zersetzt sich deshalb rasch, weshalb er vor dem Mahlen entfernt wird.
Weißmehl läßt sich bedeutend leichter verarbeiten als dunkles Mehl.
Vitaminiertes Weißmehl ist Mehl mit Zusatz von Vitaminen, die im weißen Mehl normalerweise fehlen. Durch diesen Zusatz (vor allem Vitamine des B-Komplexes) wird Weißmehl im Nährwert dem Ruchmehl angeglichen. Dies gilt auch für das aus vitaminiertem Weißmehl hergestellte Brot und Gebäck.
Lagerung von Mehl: Trocken und dunkel. Vor Feuchtigkeit schützen. Haltbarkeit: 3–6 Monate.
Schädlinge: Mehlmotte, Mehlmilbe, Mehlkäfer.

Mahlstufen

Schrot – *blé (m) égrugé*	grob gebrochenes Korn
Grieß – *semoule (f)*	grob- bis mittelkörnig
Dunst – *cendrée (f)*	feinkörnig
Mehl – *farine (f)*	sehr feinkörnig

Ausmahlungsgrad

Vollkornmehl, Vollmehl – *farine (f) complète*	Ausmahlungsgrad 98%
Ruchmehl – *farine (f) bise*	Ausmahlungsgrad 80%
Halbweißmehl – *farine (f) mi-blanche*	Ausmahlungsgrad 72%
Weißmehl – *farine (f) fleur*	Ausmahlungsgrad 60%

Mehlarten

Backmehle	Suppenmehle
Weizenmehl – *farine (f) de froment* Roggenmehl – *farine (f) de seigle* Dinkelmehl – *farine (f) d'épeautre* Buchweizenmehl – *farine (f) de sarrasin* sowie aus Hülsenfrüchten: Sojamehl – *farine (f) de soja*	Hafermehl – *crème (f) d'avoine* Gerstenmehl – *crème (f) d'orge* Grünkernmehl – *crème (f) de blé vert* Reismehl – *crème (f) de riz* sowie aus Hülsenfrüchten: Bohnenmehl – *farine (f) de haricots* Erbsenmehl – *farine (f) de petits pois*

4.5.3 Stärkeprodukte

Stärke ist das in der Natur am meisten verbreitete Kohlenhydrat (Polysaccharid) und wird aus Körnern, Hülsen-, Knollen- oder Wurzelfrüchten durch Auswaschen und Vermahlen gewonnen. Stärke ist weiß und geruchlos. Im kalten Wasser ist Stärke unlöslich. Die Bindung erfolgt bei rund 75 °C. Stärkemehle müssen kalt angerührt und kurz vor dem Sieden in die heiße Flüssigkeit eingerührt werden (siehe Tabelle unten.)

Stärkeprodukte

Stärke	Herkunft	Merkmale	Verwendung
Arrowroot – *arrow-root (m)*	Aus verschiedenen tropischen Pflanzen, vor allem aus der Wurzel der westindischen Pfeilwurz	Feines weißes Pulver	Herstellung von Gebäck, Bindemittel
Kartoffelstärke – *fécule (f)*	Kartoffeln Stärkegehalt 17–24%	Gröbste Stärkeart; reinweiß, stark knirschend	Bindemittel für braune Saucen
Maisstärke – *fécule (f) de maïs*	Maiskörner Stärkegehalt 65–75%	Samtig knirschend, weiß mit gelbem Unterton	Für Suppen, Saucen, Fondue, Feingebäck, Pudding, Cremepulver
Reisstärke – *poudre (f) de riz*	Reiskörner (Bruchreis); weiß bis gelblich	Feinste Stärkeart; reinweiß	Für fernöstliche Gerichte, für Suppen, Saucen, Süßspeisen
Sago – *sagou (m)*	Echter Sago aus dem Stamm der Sagopalme Inländischer Sago aus Kartoffelstärke	Perlartige Form mit verkleisterter Oberfläche	Als Suppeneinlage, für Pudding
Tapioka – *tapioca (m)*	Aus verschiedenen Wurzelknollen tropischer Pflanzen (Maniokstrauch) Stärkegehalt 28–32%	Harte, weiße, kantige Stärkekörner In Perlform: Perltapioka	Als Suppeneinlage, für englische Puddings, Kaltschalen
Weizenstärke – *poudre (f) de blé / amidon (m) de blé*	Weizenkörner Stärkegehalt 60–70%	Samtig knirschend; reinweiß	Für Pudding, Cremen, Feingebäck, Süßspeisen

4.5.4 Brot – *pain (m)*

Unter der allgemeinen Bezeichnung Brot versteht man das aus Vollkorn-, Ruch-, Halbweiß-, Weißmehl oder anderen Getreideprodukten, Wasser, Hefe und Salz hergestellte Backgut.

Bestimmungen der Lebensmittelverordnung

Als «Weiß-», «Halbweiß-», «Ruch-» oder «Vollkornbrot» dürfen nur Brote bezeichnet werden, welche aus Weizenmehl hergestellt wurden.

Aus anderen Mehlen hergestellte Brotsorten müssen entsprechend bezeichnet werden, zum Beispiel: Maisbrot, Fünfkornbrot, Schrotbrot usw.
Mischungen von Mahlprodukten aus verschiedenen Körner-, Hülsen- oder Knollenfrüchten müssen als solche bezeichnet werden. Die Bestandteile der Gemische müssen angegeben werden. Brote mit Zusatz von Früchten, Weizenkeimen usw. müssen von diesen Artikeln mindestens 5% des Mehlgewichtes enthalten.
Mit Ausnahme der kleinen Brote (unter 0,5 kg) und der Spezialbrote muß alles Brot in Laiben von 0,5, 1,0, 1,5 oder 2 kg hergestellt werden. Die Kantone sind befugt, auch für Brotsorten von weniger als 0,5 kg Vorschriften über das Laibgewicht zu erlassen.
Brot darf weder fad noch sauer schmecken.
Fadenziehendes oder verschimmeltes Brot ist als verdorben zu betrachten.

Nährwert

Das Brot ist einer der Hauptlieferanten für Kohlenhydrate. Auch zur Deckung des Proteinbedarfs trägt das Brot wesentlich bei. Diese Proteine sind zwar biologisch nicht so vollwertig wie tierische Proteine. Durch tierisches Protein in Form von Milch, Milchprodukten, Eiern, Fisch, Fleisch oder Wurst als Brotbelag oder zusammen mit Brot gegessen wird das Brotprotein aufgewertet. Für die Ernährung bedeutsam ist auch der Gehalt an Vitamin B_1, B_2, Mineralstoffen und Nahrungsfasern.

Herstellung

Beispiel: In einem Maschinenkessel werden 1 l Wasser, 25–50 g Hefe und 30–40 g Salz aufgelöst. 1,5–2 kg Mehl (je nach Klebergehalt) werden in einem

Nährwerttabelle

Brot/Gebäck 100 g eßbarer Anteil	Eiweiß	Kohlenhydrate	Fett	kJ
Vollkornbrot	9,5	47,6	2,1	971
Ruchbrot	8,2	51,0	1,7	1028
Halbweißbrot	7,6	52,8	1,0	1047
Toastbrot	8,8	52,0	6,8	1339
Brötli/Semmel	8,3	54,5	2,6	1180
Weggli	9,2	54,0	7,6	1423
Pariser Gipfel	8,3	46,5	20,6	1753

Thema 4 **Blatt 56**

Einteilung der Brote

Einteilung	Sorten	Formen	Aussehen, Zusammensetzung
Großbrot	Basler Brot	länglichoval	nicht eingeschnitten, mehlige Kruste, grobe, unregelmäßige Porung
	Berner Brot	rundoval	glänzende Kruste
	St. Galler Brot	gewirkt, rund	glänzende Kruste, satte Porung
	Zürcher Brot	lange Stollen	3–5 Querschnitte, stumpfe Enden, glänzende oder mehlige Kruste
Spezialbrot (Vollkornbrot)	Grahambrot	rechteckig oder langoval	hergestellt aus Schrotmehlmischung (93% Weizen, 7% Roggen) in feiner, mittlerer oder grober Granulation
	Steinmetzbrot	rechteckig oder langoval	hergestellt aus Vollmehl (75% Weizen, 25% Roggen), dessen Getreide im Naßschälverfahren von der Zelluloseschicht befreit worden ist
	Fünfkornbrot	rechteckig oder langoval	hergestellt aus Mehlsorten oder Schrotmehlmischungen (60% Weizen, 20% Roggen, 7% Hafer, 7% Gerste, 6% Hirse); Hefe, selten auch Backpulver als Teiglockerungsmittel
	Walliser Roggenbrot	rund, flach	hergestellt aus feinem bis grobem Roggenschrotmehl; Sauerteigführung; oft mit Baumnüssen

Fortsetzung der Tabelle Seite 187

niederen Maschinengang nach und nach beigemischt und zu einem formbaren Teig geknetet (direkte Teigführung).

Gärung

Die Gärung ist abhängig von der Menge der verwendeten Hefe, der Raumtemperatur sowie der Teigtemperatur und dauert 1–2 Stunden. Während dieser Zeit entwickeln die Hefepilze Kohlensäuregas, was den Teig aufgehen läßt.
Im optimalen Gärstadium wird der Teig zur gewünschten Brotform aufgearbeitet und vor dem Backen nochmals zum Heben gebracht.
Um ein gutes Volumen zu erhalten, sollte man den Teig während der Gärzeit 2- bis 3mal aufziehen.

Backprozeß

Die Backtemperatur und die Backdauer sowie der Dampfeinsatz sind je nach der Größe, der Art der Gebäcke und des Ofentyps verschieden.
Der Backverlust beträgt 10–20%.

Richtwerte für Backtemperatur und Backdauer

Großes Hefegebäck	190–220 °C	35–45 Min.
Kleingebäck	210–240 °C	15–25 Min.
Großbrot	240–260 °C	bis 60 Min.

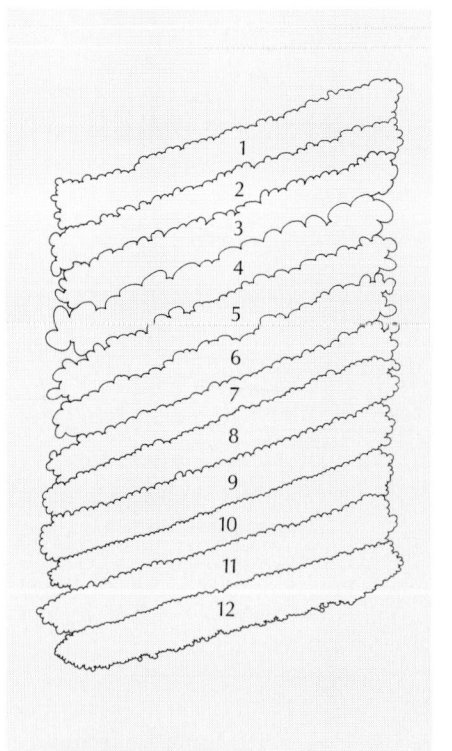

Lagerung

Kurzfristig 1 Tag, ganze Brote in geeignetem, kühlem, trockenem und gut gelüftetem Raum. Auf Gestellen mit Rosten, hochkant aneinandergereiht, mit wenig Berührungspunkten einordnen.
Angeschnittene Brote werden mit der Schnittfläche nach unten auf das Brotbrett gestellt oder mit einer Klarsichtfolie zugedeckt, damit vertrocknete Anschnitte vermieden werden.

Tiefkühlen

Bei einer längeren Lagerung kommt nur die Tiefkühlung in Frage, welche sich für alle Brotsorten eignet. Die sortenspezifischen Besonderheiten müssen dabei berücksichtigt werden.
Ausgekühlte frische Brote in feuchtigkeitsdichte Verpackung geben, bei mindestens −28 °C einfrieren und bei −22 °C lagern.
Die Lagerzeit im Tiefkühler richtet sich nach dem Fettgehalt des Gebäcks. Zum Regenerieren eignen sich verschiedene Geräte. Die Bedienungsanweisungen zum Auftauen von Gebäck sind zu beachten.

1. Weiße Perlbohnen
2. Flageolet-Bohnen
3. Schwarze Bohnen
4. Soisson-Bohnen
5. Borlotti-Bohnen
6. Kidney-Bohnen
7. Kichererbsen
8. Grüne Erbsen
9. Gelbe Erbsen
10. Grüne Linsen
11. Braune Linsen
12. Rote Linsen

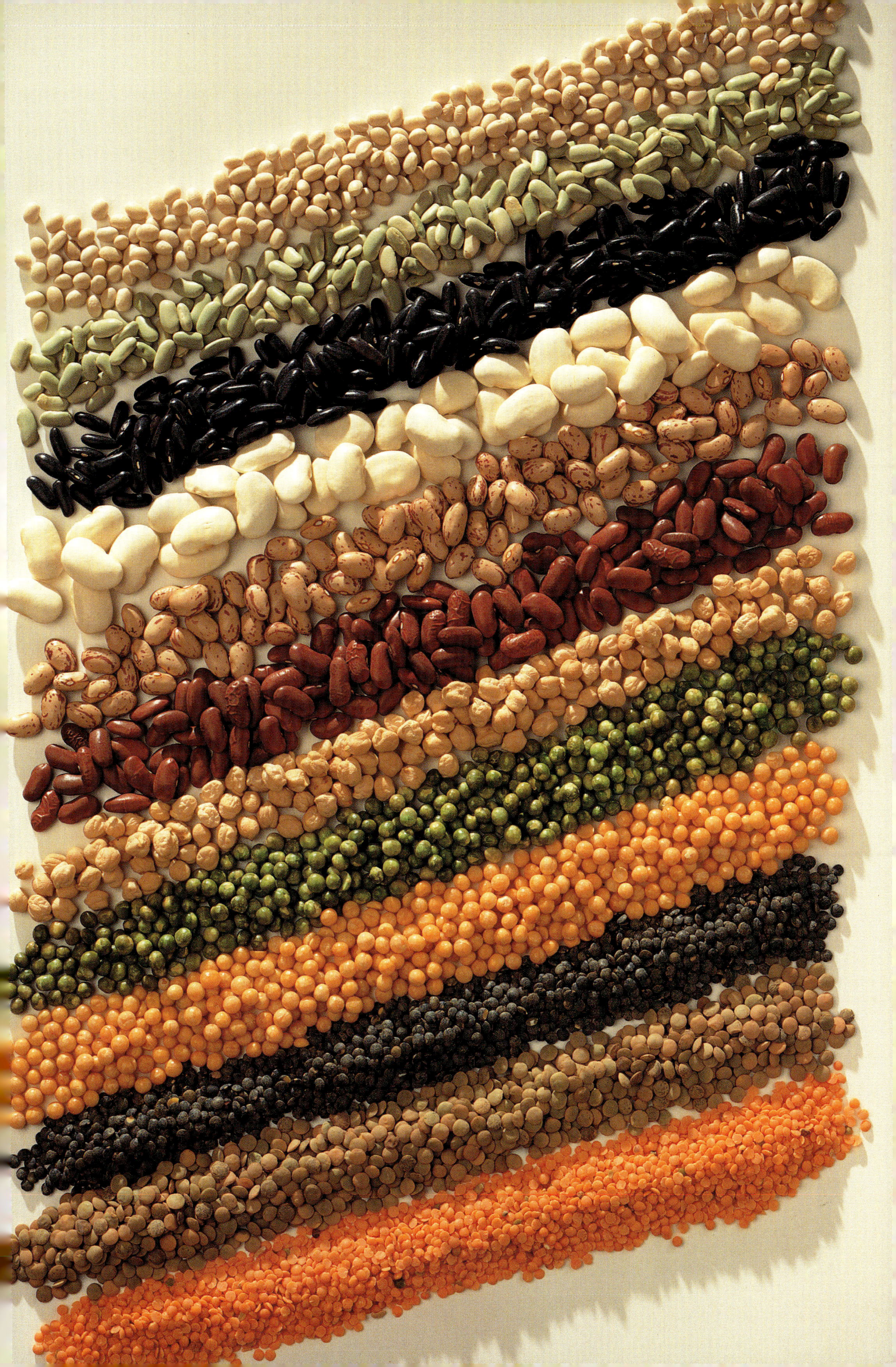

Getreide

Rundkornreis	Mittelkornreis	Langkornreis	Naturreis
Wildreis	Parboiled-Reis	Roter Reis	Grünkern
Weizen	Roggen	Hafer	Gerste
Hirse	Dinkel	Mais	Buchweizen
Mehlmischung (Graham)	Getreidemischung	Flockenmischung	Getreideprodukte

Einteilung der Brote (Fortsetzung von Seite 184)

Einteilung	Sorten	Formen	Aussehen, Zusammensetzung
Spezialbrot (Weißmehl)	Milchbrot Modelbrot	rechteckig oder rund	längs eingeschnitten, glänzende Kruste; die Schüttflüssigkeit muß mindestens 50% Vollmilch enthalten
	Englischbrot Toastbrot Sandwichbrot	viereckig, rechteckig, rund und lang	matte Kruste, Porung fein und regelmäßig mit zarter Krume; aus Milchbrotteig, welchem pro Liter Schüttflüssigkeit 100–200 g Fettstoff beigefügt wird
	Parisette	lang	2- bis 3mal diagonal eingeschnitten, helle glänzende Kruste, unregelmäßige Porung
	Tessiner Brot	5–6 längliche aneinandergeschobene Einzelteile	längsgeschnitten, hell, aber gut gebacken
Diätbrot	Diabetikerbrot	rechteckig	Kohlenhydratgehalt der verwendeten Mehle um ⅓ gesenkt
	kochsalzarmes Brot	rechteckig oder rund	Diätsalz und Gewürze anstelle von Kochsalz
	glutenfreies Brot	rechteckig	ohne Klebereiweiß hergestellt; Spezialmehl
	Sojabrot	langoval	⅓ weniger Kohlenhydrate, hoher Eiweißgehalt, für Diabetiker
Kleinbrot (Wassergebäck)	Semmel	rund	großer Schnitt, kräftiger Ausriß, rösche Kruste
	Schlumberger	rund	rosettenartig nach oben ausgerissen, mehlige Oberfläche, rösch
	Bürli	rund, aneinandergeschoben	aus Halbweiß- oder Ruchmehl; sehr rösche, großporige, dunkle und mehlige Kruste
	Grahambrötli	länglichoval oder rund	aus Grahammehl; ohne Schnitt
Kleinbrot (Milch-Butter-Gebäck)	Weggli	rundoval	in zwei Teile abgedrückt; dünne, zarte Kruste
	Sandwiches Schinkenbrötli	langoval	schwach gebacken; dünne, zarte Kruste
	Cornetti	kreuzweise verschlungen	aus zwei aufgerollten Teilen; Teig mit Ölbeigabe hergestellt; zarte, knusprige, leichte Struktur
Kleinbrot (Süßteiggebäck)	Brioches	rund, gerippt	mit aufgesetztem Köpfchen; hoher Eier- und Butteranteil im Teig
	Nußgipfel	gebogen oder gerade	mit Haselnuß- oder Mandelfüllung eingerollt
	Pariser Gipfel	gebogen	tourierter Hefeteig; zart, leicht und blättrig
	Schnecken	rund	rechteckige Teigstücke mit Haselnuß- oder Mandelfüllung und Rosinen eingerollt, dann in Stücke geschnitten

Thema 4　**Blatt 58**

4.5.5 Teiglockerungsmittel
produits pour alléger les pâtes

Teiglockerungsmittel sind Stoffe, die unter gewissen Bedingungen Gase abgeben und Teige und Massen beim Backen aufgehen lassen und lockern. Man unterscheidet zwischen biologischen, physikalischen und chemischen Triebmitteln.

Biologische Teiglockerungsmittel

Backhefe – *levure (f) de boulanger*

Backhefe ist obergärige Kulturhefe, die zur Teiglockerung verwendet wird.

Preßhefe/Frischhefe – *levure (f) fraîche*

Preßhefe ist von Wasser teilweise befreite Backhefe. Sie muß eine homogene, feuchte, aber nicht klebrig oder schmierig anzufühlende, teigartige oder bröcklige Masse von graugelblicher Farbe bilden und einen schwach säuerlichen Geruch besitzen. Die Hefen vermehren sich durch Sprossung. Ideale Vermehrungstemperatur: 25 °C bis 27 °C. Ideale Gärtemperatur: 30 °C bis 35 °C. Ab etwa 45 °C werden die Hefen abgetötet. Hefe ist imstande, aus Zucker eine alkoholische Gärung hervorzurufen, dabei entstehen Kohlensäuregas (CO_2) und Alkohol.
Verwendung: Das wichtigste Lockerungsmittel für Brot und Hefegebäck.

Trockenbackhefe – *levure sèche*

Trockenbackhefe ist schonend getrocknete Backhefe. Sie ist pulverisiert und längere Zeit haltbar.
Verwendung: für alle Hefegebäcke (Gebrauchsanweisung beachten!)

Sauerteig – *levain (m) chef*

Wilde Hefepilze vermehren sich und und gären. Der säuerliche Geschmack wird hauptsächlich durch Milchsäurebakterien hervorgerufen.

Physikalische Teiglockerungsmittel

Luft

Luft dehnt sich unter Einwirkung von Wärme aus und bewirkt beim Backen eine Lockerung der Gebäcke.
Anwendung: Biskuitmassen, Soufflés usw.

Dampf

Wasser verdampft beim Backen, dadurch tritt eine Lockerung der Gebäcke ein.
Anwendung: Blätterteig, Brandteig usw.

Chemische Teiglockerungsmittel

Backpulver – *poudre (f) à lever*

Zusammensetzung: Natron, Säure und Stärke.
Verwendung: Vor allem für stark zuckerhaltige und fettreiche Teige und Massen. Backpulver genau dosieren und mit Mehl gut vermischen.

Triebsalz, Hirschhornsalz – *bicarbonate d'ammoniaque*

Ist ein weißes Salz von stechendem Ammoniakgeruch und salzigem Geschmack. Teilweise Zersetzung erfolgt ab 20 °C, vollständige Zersetzung ab 60 °C. Dabei zerfällt das Triebsalz in Ammoniak und Kohlensäure sowie Wasser.
Anwendung: Mit Flüssigkeit auflösen, evtl. mit Mehl mischen. Nur für flache Gebäcke, die gut ausgebacken werden können (Lebkuchen, Trockengebäck).

4.5.6 Teigwaren –
pâtes (f) alimentaires

Teigwaren sind Lebensmittel, die aus Müllereiprodukten hergestellt werden.

Bestimmungen der Lebensmittelverordnung

Eierteigwaren müssen mindestens 135 g Eierinhalt von Schalen- oder Gefriereiern oder 36 g Trockenvollei auf 1 kg Müllereiprodukte enthalten. Milchteigwaren müssen mindestens 20 g Milchtrockenmasse pro kg Müllereiprodukte enthalten. Die Zugabe von Hühnerei- und Klebereiweiß, Speisefett und Speiseöl sowie von Speisesalz ist gestattet.
Teigwaren aus anderen Mehlen als Weizenmahlprodukte oder mit Zusatz von Gemüse müssen auf der Packung entsprechend gekennzeichnet sein.

Nährwert

Die Teigwaren weisen einen hohen Kohlenhydratgehalt auf (70%), zudem enthalten sie 12–14,5% Protein, etwa 2,9% Fett (Eierteigwaren), 1% Mineralstoffe und 0,5% Rohfasern (je nach verwendeten Grundstoffen).

Herstellung

Mischen von Dunst (Hartweizen- und Weichweizendunst) und Wasser (Mischverhältnis 10:3) sowie von Salz und evtl. Eimasse.
Quellen des Teiges, anschließend **Kneten** unter Vakuum zu einer kompakten, festen Teigstruktur.
Formen: Der Teig wird gepreßt und geschnitten, z. B. Hörnli, oder gewalzt und geschnitten, z. B. Nudeln, oder ausgestochen aus Teigbändern, z. B. Krawättli.
Trocknen bei 40 °C bis 60 °C. Der Wassergehalt darf 13% nicht überschreiten. Anschließend werden die Teigwaren verpackt.

Qualitätsmerkmale

Die Teigwaren sollen eine gleichmäßige, glatte Oberfläche haben und müssen eine glasige, durchsichtige Struktur aufweisen. Sie sollen so hart sein, daß sie beim Zerbrechen knacken.
Gekocht weisen sie eine gute Elastizität auf. Die ohne Eier hergestellten Teigwaren haben einen frischen Weizengeschmack, der bei Eierteigwaren schwach überdeckt wird. Das Quellvermögen oder die Volumenzunahme beim Sieden beträgt bei Wasserware rund das Dreifache, bei Eierware das Dreieinhalb- bis Vierfache der trockenen Ware.

Handelssorten

– Frischeierteigwaren
– Eierteigwaren
– Tipo Napoli oder Spezialgrießteigwaren
– Superieur- oder Normalgrießteigwaren
– Gemüseteigwaren
– Sojateigwaren
– Vollkornteigwaren
– Diätteigwaren

Lagerung

In luftigen, kühlen und trockenen Räumen bis zu einem Jahr haltbar.

Verwendung

Die Kochzeit ist unterschiedlich: Sie richtet sich nach Qualität und Dicke der jeweiligen Sorte.
Die Teigwaren sind ein preisgünstiges, lange haltbares Getreideprodukt.

4.5.7 Hülsenfrüchte – *légumineuses (f)*

Hülsenfrüchte sind die getrockneten Samen von Schmetterlingsblütlern. Sie bestehen aus einer Hülse (Schote) mit Samen. Die Hülse teilt sich bei der Reifung in zwei Teile, springt auf und gibt die Samen frei.

Nährwerttabelle der Hülsenfrüchte	Sojabohnen (getrocknet) 100 g	Erbsen (getrocknet) 100 g
Proteine	34,1	24,2
Kohlenhydrate	29,6	61,5
Wasser	10,0	9,3
Fett	17,7	2,0
Mineralstoffe	2,9	1,6
Zellulose	4,9	1,2
Vitamine	B-Komplex	A, B

Nährwert

Die Hülsenfrüchte weisen den höchsten Proteingehalt aller Gemüsearten auf. Sie sind ein wichtiger Kohlenhydratlieferant und enthalten die Vitamine B_1, B_2 und B_6 sowie die Mineralstoffe Kalium, Eisen und Phosphor.

Vorkommen

Hülsenfrüchte kommen in allen Klimazonen der Erde vor, die das Wachstum von Kulturpflanzen erlauben.

Hauptanbaugebiete

Indien, China, Rußland, Brasilien, Mexiko, USA, Europa.

Produkte

Ganze und zu Mehl verarbeitete Bohnen, Bohnenkeime, ganze, halbierte und zu Mehl verarbeitete Erbsen und Linsen.

Verwendung

Als Gemüse, als selbständige Gerichte, für Salate, Suppen, als Püree sowie als Regional- und Landesgerichte.

Qualitätsmerkmale

Gute Hülsenfrüchte müssen vollkörnig und glänzend sein. Mattes und runzeliges Aussehen weist auf zu langes Lagern hin. Solche Hülsenfrüchte schwimmen im Wasser obenauf und werden beim Kochen fast nicht weich.

Lagerung

Trocken, kühl, luftig und vor Motten und anderen Schädlingen geschützt sind Hülsenfrüchte rund 2 Jahre haltbar.

Bemerkung

Die Hülsenfrüchte sind in vielen Ländern das Grundnahrungsmittel und oft die einzige Möglichkeit für die Proteinaufnahme.

Handelssorten	Aussehen	Verwendung
Bohnen		
Borlotti-Bohnen – *haricots (m) Borlotti*	braun, gesprenkelt	Suppen und Salate
Bretonne-Bohnen – *haricots (m) bretonne*	klein, rundlich, weiß	Suppen, Gemüse, Püree, Salate
Cannellini-Bohnen – *haricots (m) cannellini*	cremig-weiß	italienische Gerichte, Salate
Flageolet-Bohnen – *flageolets (m)*	länglich, grün	Suppe, Gemüse (zu Lammfleisch)
Kidney-Bohnen – *haricots (m) kidney*	nierenförmig, dunkelrot	amerikanische Gerichte, Salate
Schwarze Bohnen – *haricots (m) noirs*	nierenförmig, schwarz	südamerikanische Gerichte
Soisson-Bohnen – *haricots (m) soissons*	groß, weiß	Suppen, Gemüse, Eintopfgerichte, Salate
Sojabohnen – *haricots (m) de soja*	verschiedene Formen und Farben, je nach Sorte	für Salate (Keimlinge), Gemüse, Tofu
Weiße Perlbohnen – *haricots (m) blancs*	rundlich, weiß	Suppen, Gemüse (Cassoulet)
Erbsen		
Gelbe Erbsen – *pois (m) jaunes*	rund, gelb	für Suppen, als Püree
Grüne Erbsen – *pois (m) verts*	rund, grün	für Suppen, als Püree
Kichererbsen – *pois (m) chiches*	rund, hellgelb	für Suppen, als Gemüse, Eintopfgerichte
Linsen		
Grüne Linsen – *lentilles (f) vertes*	flach, olivgrün	für Suppen, als Gemüse
Braune Linsen – *lentilles (f) brunes*	flach, hellbraun	für Suppen, als Gemüse, für Salate
Rote Linsen – *lentilles (f) rouges*	flach, hellrot	für Suppen, als Püree

Tofu

Herkunft

Tofu, auch **Sojaquark** oder **Sojakäse** genannt, hat in Asien eine 2000 Jahre alte Tradition. Seit den siebziger Jahren hat Tofu auch bei uns an Bedeutung stark zugenommen.

Herstellung

Die Sojamilch aus Sojabohnen wird mit wenig Nigari (Magnesiumchlorid) zum Gerinnen gebracht. Die geronnene Eiweißmasse wird gepreßt, und es entsteht eine weiße, käseähnliche Masse, der Tofu.

Zusammensetzung

100 g Tofu nature enthalten:

- 12,0 g Eiweiß (hoher biologischer Wert, Purin-arm)
- 7,0 g Fett (ohne Cholesterin)
- 2,5 g Kohlenhydrate (kein Milchzucker)
- 0,5 g Mineralsalze (Natrium-arm)
- 78,0 g Wasser
- Lezithin, Vitamine

506 kJ

Küchentechnische Eigenschaften

Unverarbeiteter, ungewürzter Tofu hat keinen Eigengeschmack. Er ist ein Rohstoff, der zu einer Speise weiterverarbeitet werden muß.

Verwendung

Kalte Vorspeisen: Terrinen, Pasteten usw.
Warme Vorspeisen: Pizzen, Pilz-Tofu-Schnitten, Lasagne, Ravioli usw.
Hauptgerichte: Tofu mit Saucen, zum Beispiel Curry-, Safran-, Kapern-, Senf-, Tomaten-, Kräutersauce usw.

Yasoya

Sojavollmehl und Sojaprotein werden mit Wasser, Milcheiweiß und Meersalz gemischt. Durch die Beigabe von Milchprotein wird die biologische Proteinwertigkeit wesentlich verbessert. Gleiche Verarbeitung wie Tofu.

4.5.8 Gemüse – *légumes (m)*

Unter dem Begriff Gemüse versteht man alle Pflanzen oder Pflanzenteile, die roh oder gekocht der menschlichen Ernährung dienen. Nicht zum Gemüse gezählt werden die Gewürze, die Früchte, die Getreideprodukte und die Hülsenfrüchte.
Unterschieden werden:

Gemüsedauerwaren

Darunter versteht man: Gemüsekonserven, Trockengemüse, Salz- und Essiggurken und Tiefkühlgemüse.

Frisches Gemüse

Konventioneller Anbau: Unter gezieltem Einsatz von heute gebräuchlichen Dünge- und Pflanzenschutzmitteln bei möglichst optimalem Ertrag.
Biologischer Anbau: Ohne chemische Zusatzstoffe an Orten mit wenig negativen Umwelteinflüssen angebautes Gemüse.
Hors-sol-Anbaumethode: Substratkulturen ohne Mutterboden.
IP: Integrierte Produktion

Bedeutung

Seit es Menschen gibt, sind die Gemüsepflanzen ein wichtiger Bestandteil ihrer Nahrung. Schon die Sammler und Jäger suchten wildwachsende Kräuter und Wurzeln. Als die Menschen in der Jungsteinzeit seßhaft wurden und Viehzucht sowie Ackerbau betrieben, pflanzten sie Wildpflanzen in Gärten an. Im Laufe der Zeit veränderten sich die Pflanzen sehr stark dadurch, daß unbeabsichtigt oder gezielt die als Nahrungslieferanten wertvollen Formen ausgewählt wurden.
Viele der heutigen Gemüsepflanzen waren schon den Griechen und den Römern bekannt. Vor allem die Römer brachten zahlreiche Gemüsearten in unsere Gegend. Die Vermischung mit den einheimischen Arten führte zu einer immer größeren Formenvielfalt und zur Verbesserung der ehemaligen Wildpflanzen.
Dank den Mönchen wissen wir vieles über das Gemüse im Mittelalter: Sie legten nicht nur Kräutergärten an, sie machten auch Aufzeichnungen über die Heilwirkung von Kräutern. In diesen Werken sind auch viele unserer heutigen Gemüsepflanzen erwähnt.
Dem Gemüsekonsum wurde schon damals, als man noch nichts von Vitaminen und Kalorien wußte, ein großer gesundheitlicher Wert beigemessen. Heute bekommt das Gemüse dank der modernen Ernährungswissenschaft und einem Umdenken den verdienten Stellenwert in der Ernährung. Die Gemüseproduktion ist ein wichtiger Faktor in der Versorgungssicherheit unseres Landes.

Nährwert

Gemüse hat einen sehr hohen Wassergehalt: 65–95%. Dieses Wasser ist von vorzüglicher Qualität, enthält es doch verschiedene wertvolle Mineralstoffe, Vitamine, ätherische Öle, Enzyme usw., die für die Regulation der Körperfunktionen wichtig sind. Gemüse hat einen geringen Gehalt an Proteinen, Kohlenhydraten und Fett, dafür aber einen großen Anteil an Nahrungsfasern.
Frisches Gemüse ist nicht nur sehr gesund, es kann auch vielseitig zubereitet werden. Jede Gemüsesorte hat ihren typischen Geschmack, der eine appetitanregende Wirkung hat. Wichtig ist, daß vor allem Salate und grüne Gemüse möglichst frisch geerntet verwendet werden, damit Nährwertverluste vermieden werden.

Verwendung

Jedes Gemüse hat seine Saison, in der es reichlich – und somit auch preiswert – sowie in optimaler Reife angeboten wird. Je nach Gemüseart wird es roh oder gegart konsumiert. Die verschiedenen Zubereitungsschritte in der Küche führen zu nicht ganz vermeidbaren Verlusten an Vitaminen, Mineral- und Nährstoffen. Um diese Verluste möglichst gering zu halten, sollte Gemüse nur kurz und möglichst ganz gewaschen werden. Das Wässern von zerkleinertem Gemüse verursacht Auslaugeverluste, die schon nach einer Viertelstunde 2–30% betragen.
Grundzubereitungsarten: blanchieren (als Vorstufe), sieden, dämpfen, dünsten, schmoren, glasieren, gratinieren, sautieren, grillieren, fritieren, im Ofen backen.

Einkauf

Beim Einkauf sollte man darauf achten, daß nur für den unmittelbaren Bedarf eingekauft wird (in der Regel Tagesbedarf). Wenn das Gemüse nicht sofort gerüstet wird, muß es im Kühlraum aufbewahrt werden. Am besten deckt man es zu oder verpackt es in gelochte Plastiksäcke, damit der Feuchtigkeitsverlust möglichst gering ist. Gemüse darf nie einfach herumliegen! Gerüstetes und geschnittenes Gemüse oxidiert an den Schnittstellen rasch, wird welk und verliert an Gehalt. Es muß deshalb vor Wärme, Licht, Frost und Fremdgeruch geschützt werden.

Lagerung

Frisches rohes Gemüse weist unmittelbar nach der Ernte die höchsten Nähr- und Wirkstoffgehalte auf. Beim Transport und bei der Lagerung ist das

Thema 4 **Blatt 61**

Saisontabelle einiger Gemüse   Hauptsaison   Lagersaison

	Januar	Febr.	März	April	Mai	Juni	Juli	August	Sept.	Okt.	Nov.	Dez.
Artischocken*												
Auberginen*												
Blumenkohl*												
Bohnen (Busch- und Stangenbohnen)*												
Broccoli*												
Catalonia												
Chicorée												
Chinakohl*												
Cicorino*												
Endivie, glatt												
Eisbergsalat/Batavia-Salat*												
Endivie/Frisée												
Erbsen												
Fenchel*												
Gurken*												
Kardy												
Karotten*												
Kefen												
Knoblauch*												
Knollensellerie*												
Kohlrabi												
Kopfsalat*												
Krautstiele (Stielmangold)												
Kresse*												
Lattich*												
Lattughino												
Lauch grün*												
Lauch gebleicht												
Melonen												
Nüßlisalat*												
Peperoni*												
Patisson												
Portulak (nur Winterportulak)												
Radieschen*												
Randen												
Rettich (inkl. Winterrettich)												
Rhabarber												
Rosenkohl												
Rotkabis*												
Schalotten*												
Schnittsalat												
Schwarzwurzeln												
Spargel (Grün- und Bleichspargel)												
Spinat												
Stachys												
Stangensellerie*												
Tomaten*												
Topinambur												
Weißkabis*												
Weißrüben												
Wirz, schwerköpfig*												
Zucchetti*												
Zuckerhut												
Zuckermais												
Zwiebeln*												

* Das ganze Jahr erhältlich.

Gemüse ständigen Veränderungen unterworfen. Meist nehmen dabei verschiedene wertvolle Inhaltsstoffe ab. Neben Veränderungen, die durch Mikroorganismen hervorgerufen werden, finden Reifungs- und Alterungsvorgänge statt, die schließlich zum Verderb des Gemüses führen. Frische Gemüsepflanzen sind lebende Produkte, die atmen. Das Wichtigste bei der Lagerung ist deshalb die Kühlung: Bei 4 °C bis 6 °C sind die Atmungs- und die Reifevorgänge verlangsamt, und die Aktivität von Fäulniserregern ist vermindert.

Frischgemüse läßt sich während einer beschränkten Zeit im Kühlraum aufbewahren. Kühle Keller mit genügender Luftfeuchtigkeit eignen sich ebenfalls. Für die längere Lagerung im Frischezustand müssen naturgekühlte Lager, Kühllager und Lager mit kontrollierter Atmosphäre (sogenannte CA-Lager) zur Verfügung stehen. In den maschinell gekühlten Kühlräumen wird neben der Temperatur meist auch die Luftfeuchtigkeit kontrolliert, was eine längere Lagerzeit gewährleistet als die Naturlager.

Bei der CA-Lagerung werden die Gemüse in gasdichten Kühlräumen aufbewahrt. Neben der Temperatur und der Luftfeuchtigkeit werden auch der Sauerstoff- und der Kohlendioxidgehalt der Lageratmosphäre geregelt, wodurch Atmung und Alterung bis auf die Hälfte verlangsamt werden können. So können Gemüse bis in den Frühling, ja sogar bis zur neuen Ernte gelagert werden.

Qualitätsverluste können mit der Lagerung nur vermindert, aber nie ganz vermieden werden. Das Ausmaß von Lagerverlusten, zum Beispiel Vitaminverluste, hängt von den Lagerbedingungen ab und nimmt mit der Lagerdauer zu.

Konservierung

Durch verschiedene Konservierungsverfahren wie Tiefgefrieren, Hitzesterilisation und Trocknen werden die Lebensvorgänge im Gemüse unterbunden und die Mikroorganismen inaktiviert oder abgetötet.

Unter den Konservierungsmethoden stellt das Tiefkühlen wohl das schonendste Verfahren dar. Verluste treten dabei vor allem bei der Vorbehandlung (Waschen, Rüsten, Schneiden, Blanchieren) auf. Vor allem Vitamine gehen verloren, wobei die Verluste je nach Gemüseart und je nach Art der Vitamine sehr unterschiedlich sein können. Die verarbeitende Lebensmittelindustrie ist bemüht, die Verfahrensschritte aufeinander abzustimmen und an die Produkte anzupassen, damit die Verluste an Wirk- und Nährstoffen möglichst gering bleiben.

Qualitätsmerkmale

Frische Gemüse in- und ausländischer Herkunft müssen folgende Anforderungen erfüllen: Sie müssen frisch, sauber, sortentypisch, der jeweiligen Jahreszeit entsprechend normal entwickelt und ernterei, von ausgeprägter, der Sorte und der Erntezeit entsprechender Farbe, ohne übermäßige Feuchtigkeit, Frostspuren oder Witterungsschäden und in gewaschenem Zustand gut abgetropft sein. Für die Qualität gelten im wesentlichen die EG-Qualitätsnormen, welche die in der untenstehenden Tabelle zusammengefaßten Gütemerkmale umfassen.

Qualitätsnormen

Klasse	Qualität	Merkmale	Verwendung
Extra	Höchste Qualität	Auserlesene, fehlerlose Ware von gleicher Größe und Sorte	Rohkostplatten
I	Gute Qualität	Einwandfreie, frische Ware mit kleinen Form- oder Farbfehlern und kleinen Fehlern der Oberfläche	Salate, gedünstete Gemüse
II	Mittlere Qualität	Zulässig sind Fehler in Form und Farbe sowie Fehler der Oberfläche. Haltbarkeit und Genießbarkeit dürfen nicht wesentlich herabgesetzt sein.	Geschmorte Gemüse, Gemüsesuppen
III	Einfache Qualität	Die Qualitätsanforderungen der Klasse II müssen erfüllt sein, jedoch dürfen mehr der genannten Fehler vorhanden sein.	Wie Klasse II

Artischocke – *artichaut (m)*

Beschreibung: Die Artischocke ist eine aus dem Orient stammende Distelpflanze von großem gesundheitlichem Wert. Sie gehört zu den kulinarischen Delikatessen und wirkt appetitanregend, weshalb man sie als Vorspeise bevorzugt. Sie bildet auch die Grundlage für eine Reihe von Aperitifs.
Qualitätsbestimmung: Ausgesuchte, gesunde, nicht ausgetrocknete Ware. Nach Größe sortiert.
Anbaugebiete: Bescheidener Anbau in der Genfersee-Region. Ausland: Frankreich, Italien und andere Mittelmeerländer.
Wird im Feldbau kultiviert. Kälteempfindlich.
Sorten: Man unterscheidet zwei Sorten: rundliche mit eng-, aber doch ziegelartig übereinanderliegenden Blättern, meist aus Frankreich, zum Beispiel Prince de Bretagne als Königin der Artischocken, und längliche mit spitzen, locker anliegenden Blättern, meist aus Italien und Spanien (Violette de Palermo).
Lagerung: Artischocken kühl und ohne Zugluft lagern. Sie trocknen sonst aus und werden fleckig.
Konservierung: Artischockenböden in Öl eingelegt oder sterilisiert (Konserven).
Verwendung: Ganze Artischocke oder Böden als Vorspeise, in Suppen, Salaten. – Sieden, dämpfen, gratinieren, fritieren.

Aubergine / Eierfrucht – *aubergine (f)*

Beschreibung: Die Aubergine mit der glänzend-violetten Farbe und der länglichen runden Form ist ein Fruchtgemüse mit hohem Nährwert. Sie enthält viel Vitamin A, B und C sowie Phosphor. Die Frucht ist 10–20 cm lang, 5–7 cm dick und sehr wasserhaltig.
Qualitätsbestimmung: Gleichmäßige, feste und fleischige Früchte, die zudem mit einem 2 cm ausstehenden Stiel versehen sind. Glänzende, glatte Früchte ohne Flecken. Verlieren sie ihren Glanz, so sind sie überreif.
Anbaugebiete: Tessin und Genfersee-Region. Ausland: Italien und andere südliche Länder. In Holland werden sie im Gewächshaus kultiviert.
Sorten: Von der Form her unterscheidet man zwei Sorten: längliche, leicht gebogene sowie rundliche, eierförmige.

Lagerung: Auberginen sind in einem kühlen Raum nicht unter 5 °C und bei rund 95% Luftfeuchtigkeit zu lagern. Sie sind sehr empfindlich gegen Wasser, Sonnenlicht und Druck.
Verwendung: Für Mischgemüse oder gefüllt. – Grillieren, fritieren, backen, schmoren, sautieren.

Blumenkohl – *chou-fleur (m)*

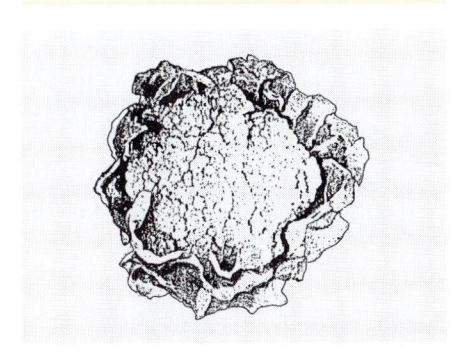

Beschreibung: Der Blumenkohl ist eine in grüne Blätter eingehüllte Blume, bestehend aus vielen eng zusammengezwängten Rosetten. Er zählt wegen der zarten Zellstruktur zu den Feingemüsen.
Qualitätsbestimmung: Weiße, fest geschlossene Blume. Frei von Beschädigungen, Flecken und Schädlingen. Blätter sollen bis zum Blumenkranz gekürzt und der Strunk direkt unterhalb des Blattansatzes abgeschnitten sein. Blätter und Strunk dürfen 20% des Gesamtgewichtes nicht übersteigen. Köpfe unter 11 cm und über 23 cm Durchmesser gelten nicht als Qualität I.
Anbaugebiete: Ganze Schweiz. Ausland: Italien, Frankreich und Holland.
Sorten: Man kennt viele Arten: Die Blume kann weiß, gelblich oder violett (sizilianischer Blumenkohl/Cymona) sein.
Lagerung: Blumenkohl ist kühl zu lagern; nur beschränkte Zeit haltbar.
Verwendung: Blumenkohl wird ganz oder in Röschen – als Beilage oder als eigenständiges Gericht – auf verschiedene Arten zubereitet und mit verschiedenen Saucen serviert. Er kann auch gegart als Salat oder roh als Rohkost verwendet werden. – Sieden, dämpfen, fritieren, gratinieren.

Bodenkohlrabi – *chou-rave (m)*

Beschreibung: Der Bodenkohlrabi ist eine ovale, rundliche, spitz zulaufende Wurzelrübe mit gelblichem Fruchtfleisch und dicker, rauher Wurzelschale.
Qualitätsbestimmung: Feste Köpfe von 8–12 cm Durchmesser.
Anbaugebiete: Ganze Schweiz, besonders im Welschland, Europa.

Sorten: Der Bodenkohlrabi ist eine Kreuzung von Kohlrabi und Herbstrüben. Weißfleischige Rüben heißen Kabis- oder Kohlrüben und dienen Futterzwecken.
Lagerung: Der Bodenkohlrabi ist kühl und trocken zu lagern. Aus geschmacklichen Gründen wird nur kurzfristige Lagerung empfohlen.
Verwendung: Wird als Gemüsebeilage oder für Eintopfgerichte verwendet. – Sieden, schmoren.

Bohne – *haricot (m)*

Beschreibung: Die Bohne ist ein Sammelbegriff für die ganze Frucht mit Kernen und Hülsen sowie auch nur für die Kerne. Die Gartenbohne stammt ursprünglich aus Südamerika.
Qualitätsbestimmung: In der Größe ausgeglichen, zarte, gesunde, hartfleischige und leicht brechende Schoten. Nicht berostet oder faserig.
Anbaugebiete: Ganze Schweiz. Ausland: hauptsächlich Italien, Spanien und Frankreich.
Sorten: Buschbohnen, Stangenbohnen und Auskernbohnen. Sehr zarte **Buschbohnen** als Salatbohnen, mittelgroße als Gemüsebohnen. Speziell zu erwähnen sind die fadenlosen Bobby-Bohnen, Cornetti und Kenia-Bohnen. **Stangenbohnen** unterteilt man in Schmalzbohnen mit rot oder violett gesprenkelten Hülsen. **Speckbohnen:** lange, rundovale, grüne Hülsen mit breitem Korn. **Prinzeßbohnen:** kurze, grüne, feine Hülsen. **Schwertbohnen:** lange, flache und sehr breite Hülsen. Vor allem aus Spanien. **Wachsbohnen:** lange, rundovale, gelbe Hülsen. **Auskernbohnen** siehe Hülsenfrüchte, Seite 188.
Lagerung: Busch- und Stangenbohnen werden kühl gelagert. Nicht mit Wasser behandeln, sie werden sonst rostig. Wegen des hohen Eiweißgehaltes entwickeln sie eine intensive Eigenwärme, weshalb sich im Innern von Körben schnell Fäulnisherde bilden.
Konservierung: Tiefkühlen, sterilisieren, dörren, trocknen.
Verwendung: Salate, Suppen, Gemüsebeilagen und Eintöpfe. – Blanchieren, sieden, dämpfen, schmoren, sautieren.

Broccoli/Spargelkohl – *brocoli (m)*

Beschreibung: Broccoli ist ein blumenkohlartiges Gemüse mit kleiner dunkelgrüner Blume. Er zählt zum Feingemüse.
Qualitätsbestimmung: Broccoli sollte ganz frisch, der Kopf geschlossen und ohne gelbe Blüten sein. Der Strunk sollte zart und 12–15 cm lang sein.
Beim **Broccoletti** sind die Blumen kleiner, und der Stengel ist dünner.
Anbaugebiete: Ganze Schweiz. Ausland: Italien, Spanien und andere Mittelmeerländer.
Sorten: In Italien sind über 30 Sorten bekannt. Von Bedeutung sind für uns nur der Kopfbroccoli und der grüne Sprossenbroccoli.
Lagerung: Broccoli ist kühl zu lagern. Er ist sehr licht-, wärme- und druckempfindlich. Muß möglichst rasch verbraucht werden, da er nur ein paar Tage haltbar ist.
Konservierung: Tiefkühlen.
Verwendung: Wie Blumenkohl zubereitet. – Sieden, dämpfen, fritieren, gratinieren.

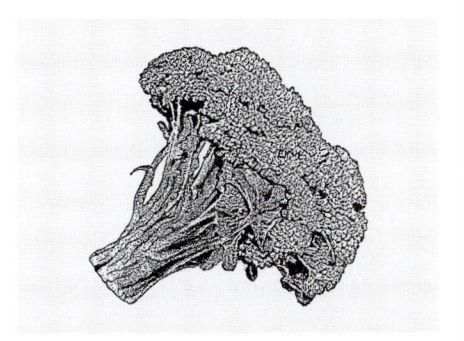

Catalonia – *catalogne (f)*

Beschreibung: Catalonia ist ein löwenzahnähnliches Gemüse mit länglicher, sich gegen oben öffnender Form und dunkelgrünen Blättern.
Qualitätsbestimmung: Dichtes Blattbüschel von sattgrüner Farbe mit zarten Herzblättern, bis zu 60 cm lang. Die Blätter haben einen charakteristischen bitteren Geschmack.
Anbaugebiete: Inland: nur selten. Ausland: vorwiegend Italien.
Lagerung: Kühl lagern; nur kurzfristig haltbar.
Verwendung: Vorwiegend für Salate oder als Gemüse. – Blanchieren, sieden, dünsten.

Chicorée (f/m) / Brüsseler Endivie / Treib- oder Salatzichorie – *endive (f) / witloof (f) / chicon (m)*

Beschreibung: Aus den im Sommer kultivierten Wurzeln wird im Winter in Gewächshäusern oder Tunnelgewölben die Chicorée getrieben. Mit Hilfe von künstlicher Wärme und Feuchtigkeit entwickelt sich unter Lichtabschluß aus der Zichorienwurzel die weiße, zapfenartige Knospe.
Qualitätsbestimmung: 1. Qualität: Sprossen von 10–20 cm Länge und mindestens 3 cm Durchmesser. Sauber, fest und ohne Schäden. Sie dürfen

keine grünen Spitzen haben. 2. Qualität: Sprossen von 8–22 cm Länge und mindestens 2 cm Durchmesser. Kleine Fehler werden toleriert.
Anbaugebiete: Wenig Kulturen in der Westschweiz. Ausland: hauptsächlich Belgien und Holland.
Sorten: Neben dem weißen Brüsseler wird hauptsächlich noch eine rötliche Sorte, «Dunkelrote von Treviso», kultiviert.
Lagerung: Chicorée ist lichtempfindlich. Kühl gelagert ist Chicorée problemlos einige Tage haltbar.
Verwendung: Als Salat (praktisch ohne Abfall), aber auch als Gemüse wird Chicorée sehr geschätzt. Das Bitterwerden kann gemildert werden, wenn an der Schnittstelle der Kern 1–2 cm tief herausgeschnitten wird. – Dünsten, schmoren, sautieren.

Chinakohl – *chou (m) chinois*

Beschreibung: Der Chinakohl ist länglich, rund 30 cm lang, mit ovaler, fest geschlossener Form und weißen, gelblichen bis grünen gerippten Blättern. Wird auch Blätter- oder Pekingkohl genannt.
Qualitätsbestimmung: Fest geschlossene und sauber ausgerüstete Köpfe mit knackigen, grünlich-weißen Blättern.
Anbaugebiete: Ganze Schweiz. Ausland: Europa und Ostasien.
Sorten: In den ostasiatischen Ländern gibt es verschiedene Sorten des Chinakohls, die sich durch die Kopfform – blockig, halblang oder lang – unterscheiden.
Lagerung: Chinakohl ist kühl zu lagern und vor Licht zu schützen.
Verwendung: Für Salate oder als Suppengemüse. Wird auch als Gemüsebeilage oder in asiatischen Gerichten verwendet. – Schmoren, sieden, dünsten.

Cicorino / Zichoriensalat – *chicorée (f) amère / chicorée (f) de Trévise*

Beschreibung: Zichoriensalat wird sowohl in Italien als auch bei uns als **Cicorino** oder **Radicchio** gehandelt. Man unterscheidet vor allem den roten (Cicorino rosso) und den grünen Zichoriensalat (Cicorino verde), der hauptsächlich im Frühjahr von Bedeutung ist.
Qualitätsbestimmung: Frische, gesunde, violettrote Blätter mit weißen Rippen, ohne Brand oder Fäulnis. Wurzelansatz muß gewaschen sein.
Anbaugebiete: Inland und Italien.
Sorten: Die **Kopfzichorie** oder «Palla rossa» hat dunkelrote, feste, faustgroße Köpfe und weiße Blattrippen. **Rosettenzichorie:** «Typ Grumolo» hat rundliche, schön rot-weiß gezeichnete Blattrosetten, «Typ Treviso» längliche rot-weiße Blattschöpfe, und «Typ Castelfranco» ist rot-grün und weiß gestreift. Die **Schnittzichorie** hat zarte, gelbgrüne, rundovale Blätter («Gelbe von Triest»).
Lagerung: Kühl lagern, schadhafte Blätter entfernen.
Verwendung: Cicorino wird hauptsächlich für Salate verwendet. Die verschiedenen Farben wirken sehr dekorativ.

Eisbergsalat / Krachsalat / Iceberg / Batavia(-Salat) – *salade (f) iceberg / laitue (f) d'hiver*

Beschreibung: Eisbergsalat hat dicht übereinanderliegende, feste, gekrauste, glänzende, hellgrüne Blätter. Sein Geschmack ist knackig, frisch und nußartig.
Qualitätsbestimmung: Feste, runde, dicke, geschlossene Köpfe von 15 bis 20 cm Durchmesser mit stark gerippten Blättern.
Anbaugebiete: USA (Kalifornien), Italien, Holland, Israel, Spanien und seit kurzem auch Norddeutschland. Eisbergsalat wird im Gewächshaus, unter Folie und im Freiland angebaut.
Sorten: **Krachsalat:** mit Umblattkranz, **Eisbergsalat:** ohne Umblätter.
Lagerung: Kühl gelagert lange haltbar.
Verwendung: Salat in Viertel zerteilt oder in Streifen geschnitten, mit verschiedenen Salatsaucen.

Endivie, glatt – *chicorée (f) / scarole (f)*

Beschreibung: Blattrosette mit außen kräftigen, mittel- bis dunkelgrünen Blättern, innen zarten und gelben Blättern.
Qualitätsbestimmung: Vollherzige, voluminöse Köpfe.
Der gesundheitliche Wert der Endivie liegt in der anregenden Wirkung durch den leicht bitteren Geschmack sowie im Gehalt an Geschmacksstoffen.
Anbaugebiet: Ganze Schweiz.
Sorten: «Bubikopf»: schnellwachsend, mittelgroß; «Grüner Riese»: gegen feuchtes und kaltes Wetter weniger empfindlich; «Eskariol»: langsam wachsend, gegen Frost und naßkaltes Wetter weniger anfällig, besser haltbar.
Lagerung: Gesunde, trockene Endivien sind kühl gelagert ziemlich lange haltbar.

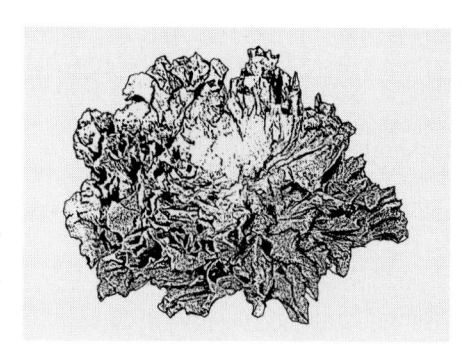

Endivie, gekraust – *chicorée (f) frisée*

Beschreibung: Gekrauste Endivie hat, wie der Name andeutet, sehr gekrauste, fein gezahnte und geschlitzte Blätter. Die Außenblätter sind grün bis zu den Herzblättern, die gelb bis hellgelb sind. Der Geschmack der gekrausten Endivie ist leicht bitter und würzig.
Qualitätsbestimmung: Frische, gesunde Pflanzen, frei von faulen Stellen, innen etwas gebleicht, Strunk kurzgeschnitten.

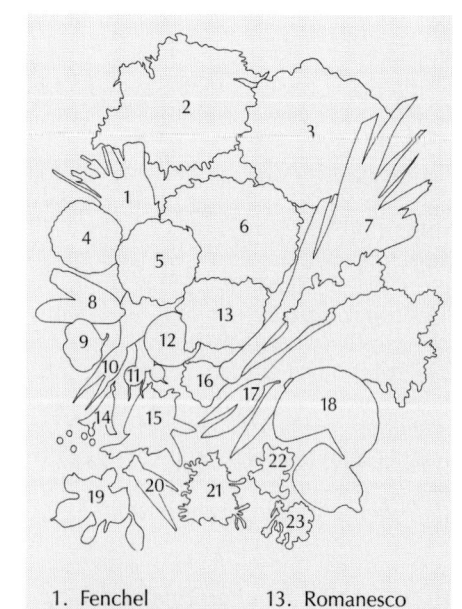

1. Fenchel
2. Gekrauste Endivie
3. Kopfsalat
4. Rotkohl
5. Blumenkohl
6. Wirz
7. Lauch
8. Zucchini
9. Knoblauch
10. Rettich
11. Radieschen
12. Rande
13. Romanesco
14. Erbsen
15. Kefen
16. Knollensellerie
17. Karotten
18. Kürbis
19. Spinat
20. Okra
21. Kresse
22. Keimlinge
23. Rettichsprossen

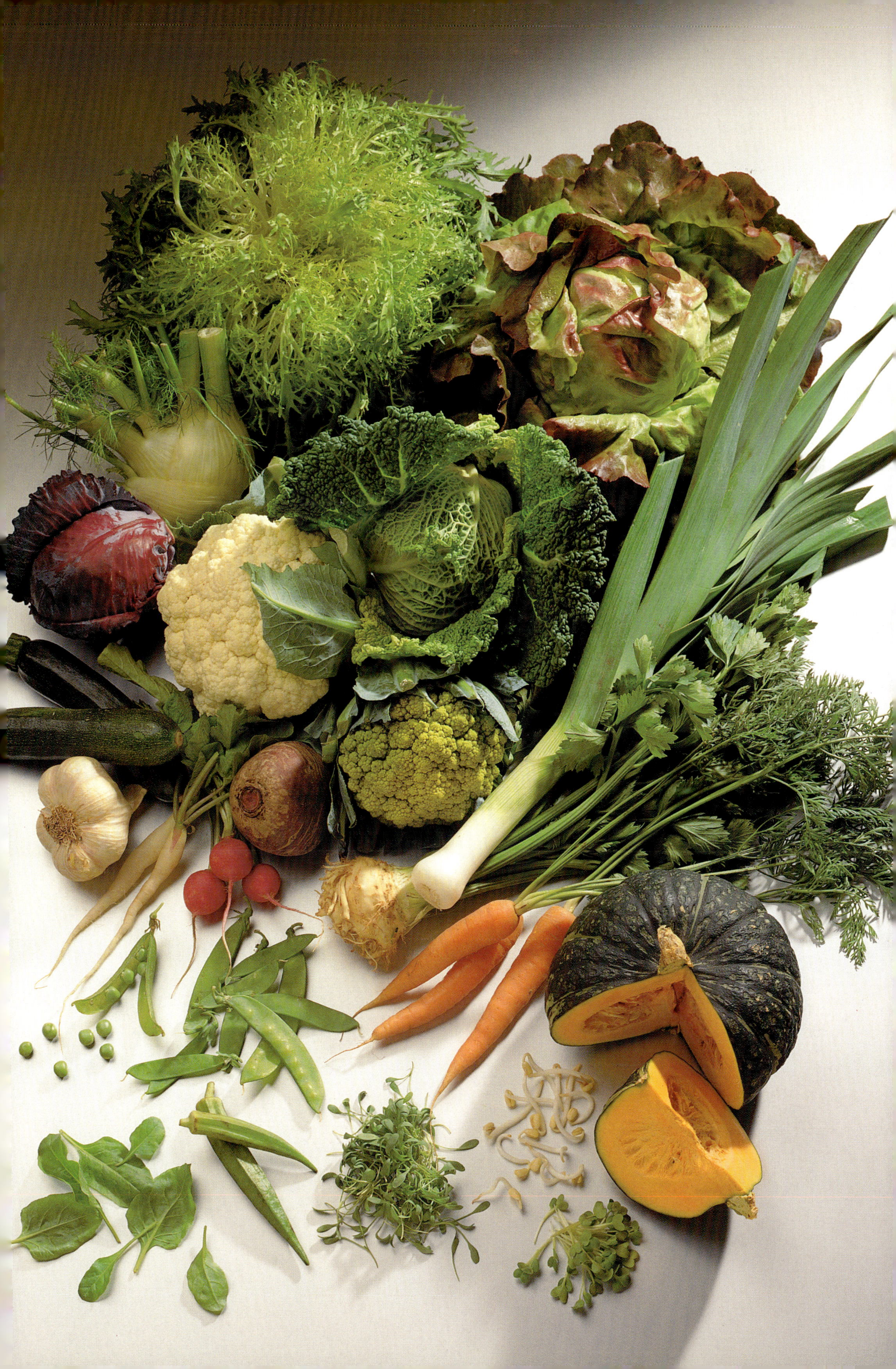

Gemüse

Peperoni, Paprika (Chili)	Bohnen	Broccoli	Artischocke
Patisson	Zwiebeln, Schalotten	Portulak	Schwarzwurzeln
Lattughini	Aubergine	Lattich	Zuckermais
Kohlrabi	Melonen	Chinakohl	Weißrüben
Cicorino, Chicorée	Krautstiele	Tomaten	Gurken

Anbaugebiete: Ganze Schweiz. Ausland: Italien, Spanien und Frankreich.
Sorten: Im Frühjahr der sehr fein gekrauste «très fine maraîchère», im Sommer der etwas größere «d'été à cœur jaune», im Herbst der kräftigere «grosse pommant seule» und im Spätherbst der mittel gekrauste, dunkelgrüne, große «Walloune».
Lagerung: Trocken und kühl aufbewahren.

Erbse – *petit pois (m)*

Beschreibung: Unter Erbsen ist die Ausmachererbse in noch unreifem Zustand zu verstehen.
Sorten: Es gibt rund 80 verschiedene Erbsensorten. Man unterscheidet vier Erbsentypen: **Auskernerbse** (Palerbse) mit rundem Samen. Die Körner werden rasch mehlig. Sie können grün und ausgereift in der Küche verwendet werden. **Markerbse** mit runzeligem Samenkorn. Die zarten süßen Körner werden nur grün geerntet. **Kiefelerbse** (Kefe, Zuckerschote) mit eßbaren flachen Hülsen. **Knackerbse** mit runden, dicken Hülsen.
Anbaugebiete: Inland: beschränkter Anbau. Ausland: Italien, Spanien und Frankreich.
Lagerung: Kühl und luftig lagern; beschränkte Haltbarkeit. Weil sie viel Eigenwärme entwickeln, werden sie schnell gelb und wertlos.
Konservierung: Tiefkühlen, sterilisieren.
Verwendung: Gemüse, Salate. – Blanchieren, sautieren, dünsten.

Fenchel / Knollenfenchel – *fenouil (m)*

Beschreibung: Der Knollenfenchel ist eine aus dem Süden stammende, blättrig zusammengeschlossene Stengelknolle mit typischem Anisgeschmack. Je nach Sorte sind die fleischigen Knollen kurz und breit oder schmal und länglich. Die Farbe variiert von Grün bis Weiß. Er muß sorgfältig gewaschen werden, da sich zwischen den Blättern leicht Sand ablagert.
Qualitätsbestimmung: Feste, weiße oder hellgrüne Knollen mit eingekürztem Kraut.
Anbaugebiete: Ganze Schweiz. Ausland: im Winter hauptsächlich Italien und Frankreich.
Sorten: Unterschieden werden Sommer- und Herbstfenchel.
Lagerung: Die Knolle ist druckempfindlich und bekommt schnell braune Flecken. Verletzte oder braun gewordene Stellen können weggeschnitten oder abgerüstet werden. Kühl und luftig lagern.

Verwendung: Gemüse, Salat. – Schmoren, dämpfen, sieden, gratinieren.

Gurke / Freilandgurke / Einlegegurke – *concombre (m) / concombre de couche / cornichon (m)*

Beschreibung: Man unterscheidet nach dem Anbau Treibhaus- und Freilandgurken oder nach der Verwendung Salat- und Einlegegurken. Sie haben einen sehr hohen Wassergehalt und sind energiearm. Junge Gurken werden unter Beigabe von Essig, Kräutern und Zucker sterilisiert. Je nach Größe und Schnittart kommen sie in den Handel als Cornichons, Delikateßgurken, Gewürzgurken, Senfgurken und Zuckergurken.
Qualitätsbestimmung: Die Gurken müssen dunkelgrün, unverletzt, sauber, nicht bitter und ohne ausgeprägte Kernenbildung sein.
Anbaugebiete: Gewächshäuser in der ganzen Schweiz. Ausland: Holland und Balkanstaaten.
Lagerung: Gurken haben eine beschränkte Haltbarkeit. Verletzungen führen zu rascher Fäulnis. Gelbe Gurken sind wertlos.
Verwendung: Als Salat oder Gemüse. – Dünsten, glasieren.

Karde / Kardy / Kardone – *cardon (m)*

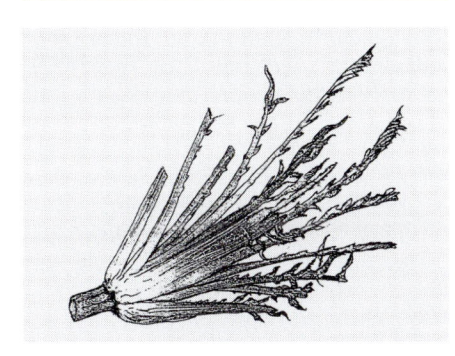

Beschreibung: Ein echt französisches Gemüse. Wird etwa 1,4 m hoch und besteht aus stark stacheligen Rippenblättern. Die innersten Blätter, das Herz, sind am zartesten. Gegen Ende des Wachstums, im Spätherbst, werden sie gebleicht. Geschälte Kardonen verfärben sich sehr schnell und müssen daher sofort in einen *blanc de légumes* (Wasser, Mehl und Zitronensaft) gelegt werden.
Qualitätsbestimmung: Hart, fleckenlos.
Anbaugebiete: In der Schweiz beschränkt sich der Anbau auf den Kanton Genf. Ausland: Spanien, Südfrankreich und Italien.
Sorten: Bevorzugt wird die Sorte «Cardy von Tours» mit fleischigen Blattrippen ohne dornenspitze Blätter.

Lagerung: Vor Licht geschützt, im Keller eingeschlagen.
Verwendung: In «blanc de légumes» gekocht, wie Spargel serviert oder gratiniert.

Karotte / Rüebli / Möhre – *carotte (f)*

Beschreibung: Durch Züchtung sind zahlreiche, heute weltweit angebaute Formen mit gleichmäßiger Farbe entstanden. Die Karotten haben einen Zuckerwert von 4–5%, was den hohen Nährwert begründet. Sie bilden außerdem unsere ergiebigste einheimische Karotinquelle.
Qualitätsbestimmung: **Bundkarotten:** Mit frischem, gesundem Kraut. Zarte und gewaschene Wurzel. Meist nur im Frühjahr und im Sommer erhältlich. **Pariser Karotten:** Klein, rund, zart, gewaschen. Ausschließlich in Büscheln im Frühjahr und im Sommer erhältlich. Große industrielle Produktion für die Konservenherstellung. **Sommerkarotten:** Ohne Kraut, zart, alles genießbar. **Lagerkarotten:** Haltbar, gesund; gewaschen, mit wenig grünen Köpfen.
Anbaugebiete: Ganze Schweiz. Ausland: Überbrückungsimporte aus Italien und Frankreich.
Sorten: Rüebli, Feldrüebli, Pariser Karotten in ihren verschiedenen kultivierten Anbausorten. Bei den Lagerkarotten unterscheiden wir Typ 1: «Nantaise», Typ 2: «Flakkeer», Typ 3: «Pfälzer».
Lagerung: Kühl, bei hoher Luftfeuchtigkeit.
Verwendung: Gemüse und Salat. – Dämpfen, dünsten, glasieren.

Kefe / Zuckererbse – *pois (m) mange-tout*

Beschreibung: Zusammengedrückte dünnschalige Hülse mit unausgewachsenen Körnern.
Qualitätsbestimmung: Junge, zarte Hülse, ohne Innenhaut.
Anbaugebiet: Inland: Anbau beschränkt. Ausland: Spanien, Italien. Die Kefe wird im Gegensatz zu der Erbse nur für den Frischmarkt angebaut.
Lagerung: Kühl und luftig, nur kurze Zeit.
Verwendung: Dämpfen, dünsten, schmoren.

Knoblauch – *ail (m)*

Beschreibung: Bei uns ist Knoblauch seit dem Mittelalter bekannt. Die genutzte Hauptzwiebel bildet sich im Boden. Sie setzt sich aus etwa zehn länglich gekrümmten kantigen Nebenzwiebeln (Zehen, Zinken, Klauen) zu-

sammen und ist mit einer trockenen weißen Hülle umschlossen. Im Frühjahr kommt meist für kurze Zeit auch frischer Knoblauch mit grünen Stengeln auf den Markt.
Qualitätsbestimmung: Feste, gesunde Knollen mit weißer, trockener Deckhaut.
Anbaugebiete: Inland: geringe Produktion. Ausland: Italien, Frankreich und Übersee.
Sorten: Unterschieden werden zwei Sorten: der violettrötlich getönte («Rose-rouge d'Albi») und der sehr haltbare perlweiße Knoblauch («Blanc du Tarn»).
Lagerung: Trocken gelagert einige Wochen haltbar.
Konservierung: In Öl eingelegt, getrocknet (Pulver).
Verwendung: Speziell zum Würzen von warmen Speisen sowie von Salatsaucen. Knoblauch sollte nicht angeröstet werden.

**Kohlrabi – *chou-rave (m) /
chou (m) pomme***

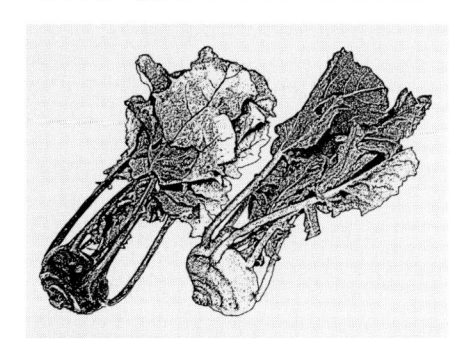

Beschreibung: Eine Stengelknolle, die nur mit dem unteren Teil mit der Erde verwachsen ist. Unterschieden werden grünlichweiße und blauviolette Kohlrabi, deren Haltbarkeit und Geschmack gleich sind.
Qualitätsbestimmung: Frische, gesunde Knollen ohne Risse. Zartes, nicht holziges Fleisch, frisches Kraut.
Anbaugebiete: Ganze Schweiz. Ausland: im Winter Importe aus Sizilien. Der Hauptanbau für den Frischmarkt ist im Frühjahr.
Lagerung: Kühle, eher feuchte Luft verhindert das Holzigwerden.
Verwendung: Gemüse, Salat. – Sieden, dünsten, dämpfen, glasieren.

Kopfsalat – *laitue (f) pommée*

Beschreibung: Unter den verschiedenen Salatarten nimmt der Kopfsalat eine Spitzenstellung ein: Er ist in Europa der meistgegessene Salat. Jahrelange Züchtungsarbeit hat zum heutigen kopfbildenden Kopfsalat von hoher Qualität geführt. Seine Vorzüge liegen in der Frische, den einfachen Zubereitungsmöglichkeiten und der Bekömmlichkeit. Den erfrischenden Geschmack verdankt der Kopfsalat seinem Gehalt an Zitronen- und Apfelsäure. Er sollte erst kurz vor dem Essen zubereitet werden, damit seine Vitamine erhalten bleiben und er nicht welkt.
Qualitätsbestimmung: Die Köpfe müssen gesund, frisch und sauber sein. Alle Salate in einem Gebinde haben die gleiche Größe. Übliche Sortierungsgröße pro Gebinde: 12, 18, 24, 30 Stück.
Anbaugebiete: Ganze Schweiz. Ausland: Frankreich, Italien, Spanien, Holland und Belgien.
Sorten: Unterschieden werden zwei Hauptgruppen: Kopfsalat, der unter Glas oder in Plastiktunneln kultiviert wird, hat meist leichte Köpfe mit zarten Blättern. Freiland-Kopfsalat hat größere, meist auch schwerere Köpfe und ist etwas weniger zart.
Lagerung: Kühl lagern, eventuell in Plastiksack. Möglichst rasch verbrauchen, nicht lange haltbar.

**Krautstiel / Stielmangold –
*côte (f) de b(l)ette***

Beschreibung: Dieses auch als Stielmangold bezeichnete Gemüse ist nicht mit dem Schnittmangold zu verwechseln. Krautstiele haben weißliche breite Rippen und kommen mit oder ohne Blätter auf den Markt.
Qualitätsbestimmung: Bei Krautstielen mit Blättern darf das Laub nicht welk sein. Bei Krautstielen ohne Blätter muß das Laub sauber abgeschnitten sein. Verkauf gebündelt oder kiloweise. Beide Arten müssen vor allem zart, sauber, frisch und gesund sein.
Anbaugebiete: Ganze Schweiz.
Lagerung: Kühl, hohe Luftfeuchtigkeit. Beschränkt lagerfähig.
Verwendung: Gemüse (einschließlich Blätter), Blätter gefüllt. Das noch zarte Kraut der jungen Krautstiele kann auch als Salat, wie Mangold oder Schnittmangold, verwendet werden. – Blanchieren, sieden, dünsten, dämpfen, gratinieren.

Kresse – *cresson (m)*

Beschreibung: **Brunnenkresse** wächst wild an feuchten Gräben und an Bächen, wird jedoch meist kultiviert auf den Markt gebracht. Bei Brunnenkresse ist der rettichartige, herbe und pikante Geschmack sehr ausgeprägt. **Gartenkresse** ist der Brunnenkresse ähnlich, jedoch weniger pikant. Genutzt werden meist die Keimpflanzen mit dreizählig gefingerten Keimblättern.
Qualitätsbestimmung: Beide Kressearten müssen grün sein, Gartenkresse locker, trocken, zart und wohlriechend, Brunnenkresse knackig-frisch. Blättchen sauber und ohne Beimischung anderer Blättchen.
Anbaugebiete: Ganze Schweiz. Ausland: Frankreich und Deutschland.
Sorten: Brunnenkresse – *cresson de fontaine,* Gartenkresse – *cresson de jardin,* Kapuzinerkresse – *cresson d'Inde.*
Lagerung: Geschnittene Kresse muß gleichentags verbraucht werden.
Verwendung: Beide Sorten vorwiegend als Salat. Erst im letzten Moment mit Salatsauce mischen, da Kresse sehr schnell welkt. Eignet sich auch vorzüglich als Garnitur zu Grilladen. Brunnenkresse kann auch gehackt wie Petersilie verwendet werden oder püriert in Suppen.

Lattich – *laitue (f) romaine*

Beschreibung: Lattich ist eine uralte Kulturpflanze. Er hat eine längliche, nur wenig kopfbildende Form. Die robusten knackigen Blätter mit den ausgeprägten Blattrippen sind meist tiefgrün. Die Köpfe vieler Sorten sind mittelfest und gut geschlossen. Hellgrüne und rötliche Sorten bilden eher losere Köpfe.
Qualitätsbestimmung: Längliche, walzenförmige, mittel- und dunkelgrüne Köpfe mit zarten, gelblichgrünen Innenblättern. Er darf nicht aufgeschossen sein, der Strunk muß kurzgeschnitten sein.
Anbaugebiete: Ganze Schweiz. Ausland: Spanien, Frankreich, Italien und Deutschland.
Lagerung: Frisch halten wie Kopfsalat, ist aber etwas weniger empfindlich.
Verwendung: Roh als Salat, gekocht als Gemüse. – Blanchieren, dämpfen, schmoren.

**Lattughino / Lollo / Schnittsalat –
*lattughino (m)***

Beschreibung: Lattughino gilt als Sammelbegriff für Salatsorten, die als Blattrosetten auf den Markt kommen. Die bis zu 20 cm großen Salatpflanzen

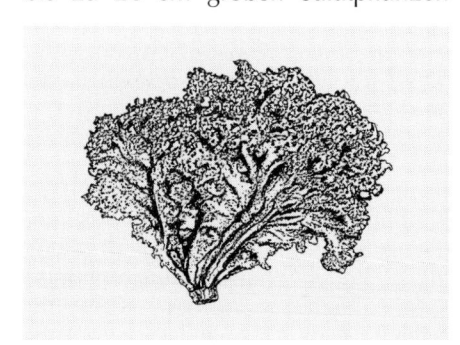

haben einen offenen Wuchs, also keine geschlossene Kopfbildung. Gekrauste braune, grüne, gelbe oder rötliche Blätter. Herber, weicher Geschmack.
Qualitätsbestimmung: Frische, gesunde Blätter, frei von faulen Stellen.
Anbaugebiete: Ganze Schweiz. Ausland: Italien und Frankreich.
Sorten: **Lollo Rosso:** kompakte Rosette mit dunkelroten gekrausten Blatträndern. **Lollo Biondo:** kompakte Rosette mit gelbgrünen gekrausten Blättern. **Salad Bowl:** gelbblättriger Eichenlaubsalat. **Red Salad Bowl:** rotblättriger Eichenlaubsalat. **Grand Rapid (Strubelpeter):** hellgrüne gekrauste Blattränder. **Rubin:** dunkelbraunrote gekrauste Blattränder.
Lagerung: Kühl lagern.

Lauch – *poireau (m)*

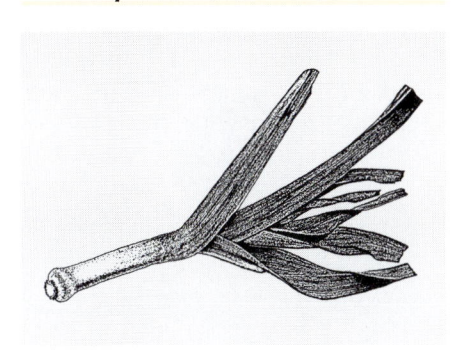

Beschreibung: Der gewöhnliche Lauch, der von der Zwiebelwurzel in einen langen, fest zusammengeschlossenen Blattstengel auswächst, ist nur oben grün, wo die breiten Blätter lose sind.
Qualitätsbestimmung: Die verschiedenen Arten müssen sortentypisch gefärbt, frisch und gesund sein. Beim Bleichlauch muß alles verwendbar sein. Geschmacklich am besten ist der Sommerlauch.
Anbaugebiete: Ganze Schweiz. Ausland: Überbrückungsbezüge.
Sorten: **Suppenlauch** oder **Junglauch. Sommerlauch:** zarter, hellgrün. **Winterlauch:** herber, dunkelgrün. **Bleichlauch:** natürlich gebleicht aus Grünlauch.
Lagerung: Lauch kühl lagern. Suppenlauch: beschränkt haltbar. Sommer- und Winterlauch: gut haltbar. Bleichlauch: kurzfristig haltbar, wird bei Tageslicht wieder grün.
Verwendung: Suppen, Gemüse, Salate. – Dünsten, dämpfen, gratinieren.

Melone – *melon (m)*

Beschreibung: Melonen sind Gemüsefrüchte. Sie sind in der wärmeren Jahreszeit sehr beliebt. Zwei Hauptsorten: Wassermelonen und Zuckermelonen, je mit verschiedenen Untergruppen.
Qualitätsbestimmung: Gesunde, reife, saubere Früchte in sortentypischer Form, ohne Risse oder Fraßstellen. Die Früchte dürfen noch nicht weich sein.
Anbaugebiete: Bescheidener Anbau in der Schweiz. Ausland: Frankreich, Spanien, Italien, Israel usw.
Sorten: **Wassermelone:** Rund oder walzenförmig mit grüner, gelblicher oder buntgefleckter Haut. Das Fruchtfleisch ist rot, rötlich, gelblich bis weiß mit schwarzen Kernen. Die Farbe des Fruchtfleisches und der Haut ist unabhängig vom Reifegrad. Wassermelonen werden groß und schwer. **Cantaloup- oder Charentais-Melone:** Früchte mit glatter, gelblicher Oberfläche, segmentähnlich eingefurcht. Das lachsfarbige Fleisch ist süß und aromatisch. Die begehrtesten und umsatzstärksten Melonensorten. **Netzmelone:** Meist ovale Früchte mit rauher, gelblicher Oberfläche, mit netzähnlichem Überzug. Das gelblich-rötliche Fruchtfleisch ist sehr aromatisch. Netzmelonen sind weniger lang haltbar als die Cantaloup- und die Charentais-Melonen. **Honigmelone:** Runde, glatte, gelbe oder grüne, sehr haltbare Früchte, die vorwiegend aus Spanien kommen. Sie sind oft sehr hart und wirken unreif. Das weißliche Fruchtfleisch ist honigsüß. **Ogen-Melone:** Diese Winterspezialität kommt aus Israel. Runde Form mit leicht eingekerbten Segmenten. Gelbliche Haut mit grünlichen Streifen. Schmelzend-süß und duftend, wenn voll ausgereift. Ogen-Melonen reifen bei Zimmertemperatur nach. Noch grüne Früchte müssen einige Tage gelagert werden. **Wintermelone:** Diese runden Überseefrüchte sind hell- und glattschalig mit weißlichem Fruchtfleisch.
Lagerung: Je nach Reifegrad in kühleren oder wärmeren Räumen aufbewahren. Vor Druck und Schlag schützen. Alle Melonensorten sollten kühl genossen werden.

Nüßlisalat / Feldsalat / Rapunzel / Ackersalat – *mâche (f) / doucette (f)*

Beschreibung: Wuchs- und Blattform des Nüßlisalates sind recht unterschiedlich. Er wächst im Freiland, unter Glas und im Plastiktunnel. Es gibt eine hellgrüne, großblättrige, langstielige, weniger winterfeste Sorte, die bei uns nicht gefragt ist. In der Schweiz, in Frankreich und in Süddeutschland werden dunkelgrüne Sorten mit kleinem bis mittelgroßem Rosettenwuchs bevorzugt.
Qualitätsbestimmung: Glas- und Tunnelware zart, gewaschen, alles verwendbar. Freilandware herber, sauber gewaschen, geputzt, nicht aufgeschossen, ohne Wurzelansätze.
Anbaugebiete: Ganze Schweiz. Überbrückungsimporte aus Holland.
Lagerung: Feucht und kühl.

Okra / Ladyfinger – *gombo (m)*

Beschreibung: Okra ist eine Schotenart, ähnlich der Paprika, jedoch grün und im Geschmack an junge Bohnen erinnernd. Sie wird 3–5 cm lang.
Qualitätsbestimmung: Nur frische, fleischige und große Früchte verwenden.
Anbaugebiete: Griechenland, Türkei und subtropische Länder.
Lagerung: Leichtverderblich; angefaulte Früchte aussortieren.
Verwendung: Wie Bohnen, auch gesotten als Salat. Da beim Kochen Schleim abgesondert wird, anschließend in Sieb abspülen und abtropfen lassen. Die Konservenware ist qualitativ nicht so gut (ähnlich wie bei den Bohnen).

Peperone / Gemüsepaprika / Gewürzpaprika / Peperoncino / Chili – *piment (m) doux / poivron (m) / piment (m)*

Beschreibung: Peperoni wachsen in den verschiedensten Formen, Geschmacksrichtungen und Farben (grün, gelb, rot, bunt). Kleine Peperoni (Peperoncini) haben ein scharfes Aroma. Es kommen ständig neue Kreuzungen und Züchtungen auf den Markt, so daß heute, unabhängig von der Größe, die verschiedensten Geschmacks- und Farbvariationen anzutreffen sind.
Qualitätsbestimmung: Gesunde, feste Früchte ohne Risse oder Flecken. Sortentypische Formen und Farben.
Anbaugebiete: Hauptsächlich Importe, meist aus südlichen Ländern sowie aus Gewächshäusern (Holland). Kleine Bezüge aus inländischen Gärtnereien. Im Winter vorwiegend aus Übersee.
Sorten: **Große grüne:** Hauptsorte; walzenförmige, glänzende, knackig-feste

Früchte. Allgemein am billigsten. Gegen Ende der Saison färben sich die grünen Sorten auch bunt. **Große rote oder gelbe:** Spezialqualitäten, meist teuer und von nur beschränkter Haltbarkeit. **Rote Tomatenpaprika:** Auch süßer Paprika genannt. Form und Farbe wie reife Tomaten, dunkelrot, mild und aromatisch. **Mittelgroße weißgelbe:** Zugespitzte Form, mild, aus den Balkanstaaten. Sie können auch ohne Zubereitung roh genossen werden. **Extralange grüne:** Bis etwa 25 cm lang, zugespitzt. Gegen Ende der Saison werden sie auch rot und gelb. Mild. **Peperoncini:** Klein und lang-schmal, in allen Farbvarianten. In der Regel sehr scharf. **Chili-Paprika:** Aussehen wie Peperoncini, aber kleiner. In verschiedenen Farben, aber vorwiegend grün. Brennend-scharfes Gewürz aus Südosteuropa. Kann wegen seiner Schärfe nur als Gewürz verwendet werden.
Lagerung: Kühl lagern. Gelbe und rote Früchte sind meist weniger lang haltbar als grüne.
Verwendung: Peperoncini und Chili-Paprika als Gewürz. Peperoni allgemein als Salat, Gemüse und gefüllt. – Dünsten, dämpfen, schmoren.

Radieschen – *radis (m) rose*

Beschreibung: Das Radieschen ist eine zarte, kleine, runde Knollenfrucht von leuchtend roter Farbe. Gefärbt ist nur die Außenhaut. Das Fleisch ist weiß, fest und saftig. Sein würzig-scharfer Geschmack wird unter anderem durch Senföl bewirkt.
Qualitätsbestimmung: Jung, sauber gewaschen, zart, mit frischem grünem Kraut, nicht gespalten oder hohl.
Anbaugebiete: Ganze Schweiz und Europa.
Sorten: Frühjahrssorten aus Treibhäusern sind in der Regel mild und sehr saftig, Sommerknollen im Freiland würzig und scharf. Es gibt auch zweifarbige, rot-weiße Sorten und weiße, längliche (Eiszapfen).
Lagerung: Kühl und feucht. Möglichst schnell verbrauchen.
Verwendung: Salat, als Garnitur.

Rande / rote Rübe / rote Bete – *betterave (f) rouge*

Beschreibung: Die Rande ist eine runde oder längliche, walzenförmige, im Boden wachsende Wurzelknolle mit tiefrotem Fleisch. Im Winter kommen Randen auch gekocht auf den Markt.
Qualitätsbestimmung: Sauber gewaschen, fest, unbeschädigt, ohne Flecken, tiefrotes saftiges Fleisch. Durchmesser 5–10 cm, nicht schwerer als 500 g. Größere Knollen sind faserig.
Anbaugebiete: Ganze Schweiz. Ausland: Italien, Deutschland und Holland.
Lagerung: Kühl lagern.
Verwendung: Salate (roh oder gekocht), Säfte, Suppen. Wird auch als Farbstoff verwendet.

Rettich – *radis (m)*

Beschreibung: Rettiche sind je nach Sorte weiß, rosarot, violett oder schwarz erhältlich. Die Wurzeln sind länglich, spindel- oder kugelförmig. Der scharfe Geschmack wird durch die ätherischen Senföle verursacht. Je jünger der Rettich, desto milder ist er im Geschmack.
Qualitätsbestimmung: Sauber gewaschene, gesunde, zarte und saftige Wurzeln ohne Beschädigung. Nicht gespalten und nicht hohl. Sommerware mit frischem Kraut.
Anbaugebiete: Ganze Schweiz. Ausland: Deutschland und andere nordeuropäische Länder.
Sorten: Frühjahrs- und Sommerrettich, auch «Ostergruß» genannt, mit weißer oder rosaroter Haut. Winterrettich violett oder kohlschwarz, sehr lang.
Lagerung: Kühl aufbewahren.
Verwendung: Salat

Rhabarber – *rhubarbe (f)*

Beschreibung: Der Rhabarber ist eine ausdauernde Blätterstaude mit dicken, fleischigen Wurzeln, die frosthart sind. Die eßbaren roten oder grünen Stengel werden bis zu 60 cm lang.
Qualitätsbestimmung: Dicke, fleischige, hell- bis dunkelrote Stiele. Die Blätter oberhalb des Stengels abgeschnitten.
Anbaugebiete: Ganze Schweiz und Europa. Frühimporte aus Holland (Treibhäuser).
Lagerung: Kühl lagern, kein Kontakt mit Metall, da Rhabarber Oxalsäure enthält.
Konservierung: Als Konfitüre einkochen, tiefkühlen.
Verwendung: Kompott, Sorbet, Kuchen.

Romanesco / grüner Blumenkohl – *romanesco (m)*

Beschreibung: Dunkelgrüne, höckerige Knospen, die wie ein Türmchen einer Burg aussehen. Romanesco ist ein attraktives Gemüse. Nach der Botanik müßte er dem Brokkoli zugeordnet werden, im Handel gilt er aber als Blumenkohl.
Qualitätsbestimmung: Der Romanesco ist geschmackvoller als der gewöhnliche Blumenkohl und nimmt nach dem Kochen auch nicht eine unansehnliche Farbe an. Er kommt vor allem im Oktober und im November auf den Markt. Das durchschnittliche Stückgewicht beträgt zwischen 400 und 600 g.
Anbaugebiete: Ganze Schweiz. Ausland: vor allem Italien; in Holland gewinnt der Anbau eine immer größere Bedeutung.
Konservierung: Tiefkühlen.
Verwendung: Romanesco wird ganz oder in Röschen zubereitet. Er bleibt nach dem Kochen bzw. dem Dämpfen kompakt und fällt nicht auseinander. Wird wie Blumenkohl zubereitet.

Rosenkohl – *choux (m) de Bruxelles*

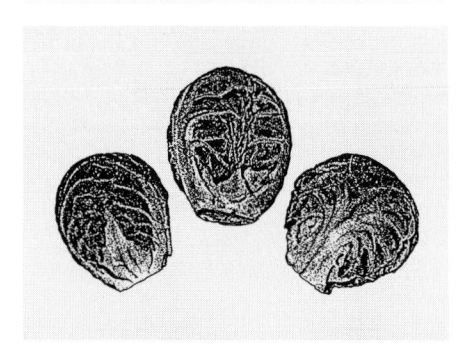

Beschreibung: Kleine, gut geschlossene Kohlschößlinge, die traubenartig am Pflanzenstengel herauswachsen. Rosenkohl ist ein der Kälte widerstehendes Wintergemüse. Kälte macht ihn eher noch bekömmlicher und aromatischer.
Qualitätsbestimmung: Die Röschen müssen fest, gesund, grün und geschlossen sein. 1. Qualität: Durchmesser 1,5–3,5 cm. 2. Qualität: weniger fest geschlossen, Durchmesser über 3,5 cm.
Anbaugebiete: Ganze Schweiz. Ausland: hauptsächlich Holland und Belgien. Während der kalten Jahreszeit praktisch in allen europäischen Ländern anzutreffen.
Lagerung: Kühl lagern. Bei zuviel Feuchtigkeitsentzug werden die Rosetten gelb und unansehnlich.
Verwendung: Gemüse. – Blanchieren, sautieren, dämpfen, sieden.

Rotkabis / Rotkohl / Blaukraut – *chou (m) rouge*

Beschreibung: Sehr feste, schwere Köpfe mit feingerippten rötlichblauen Blättern. Die charakteristische dunkelrote Farbe wird durch den blauroten Farbstoff Anthozyan bewirkt.

Qualitätsbestimmung: Frische, feste Köpfe mit unbeschädigten Deckblättern. Strunk kurzgeschnitten. 0,5 bis höchstens 2 kg schwer.
Anbaugebiete: Ganze Schweiz und Europa. Hauptimporte aus Holland.
Sorten: Frühe und späte Sorten. Die späten Sorten sind dunkler und werden bevorzugt.
Lagerung: Läßt sich kühl den ganzen Winter lagern. Achtung: Jeder Schlag verursacht Wunden, die Infektionsherde bilden und damit den Fäulnisprozeß fördern.
Verwendung: Rohkost und Gemüse. – Braisieren.

Schalotte – *échalote (f)*

Beschreibung: Kleine, längliche, eiförmige, weiß-violette Zwiebeln mit trockenhäutiger rotbrauner Schale. Die Nebenzwiebeln sind wiederum aus kleineren Teilzwiebeln zusammengesetzt.
Qualitätsbestimmung: Feste, kupferartig gefärbte, kleine, birnenförmige Zwiebeln. Lange Formen aus dem Loire-Tal und der Bretagne.
Anbaugebiete: Ganze Schweiz und Europa, besonders Mittelmeerregion.
Lagerung: Kühl gelagert sind sie sehr lange haltbar.
Verwendung: Zum Ansetzen von Saucen und Füllungen, aber auch ganz gedünstet als Garnitur. – Dünsten, glasieren.

Schwarzwurzel – *scorsonère (f) / salsifis (m) noir*

Beschreibung: Schwarzwurzeln haben eine schwarze Haut und milchiges, weißes Fleisch. Sie wachsen ganz im Erdreich. Das Kraut wird nach der Ernte abgeschnitten. Fälschlicherweise wird die Schwarzwurzel oft als *salsifis* bezeichnet statt als *scorsonère*. *Salsifis* wird die früher angebaute weiß berindete Haferwurzel genannt.
Rohe geschälte Schwarzwurzeln verfärben sich rasch. Sie müssen daher sofort in einen *blanc de légumes* (Wasser, Mehl und Zitronensaft) gelegt werden.
Qualitätsbestimmung: Feste, glatte und gerade Wurzeln ohne Verletzungen und ohne Seitentriebe.
Anbaugebiete: Inland: Berner Seeland. Ausland: Belgien und Deutschland.
Lagerung: Kühl und dunkel bei hoher Luftfeuchtigkeit, längere Zeit haltbar.
Konservierung: In Dosen sterilisiert sowie tiefgekühlt.
Verwendung: Gemüse. – Sieden, fritieren, gratinieren.

Sellerie / Knollensellerie – *céleri-rave (m) / céleri-pomme (m)*

Beschreibung: Die Sellerieknolle ist in ganz Europa heimisch und gehört zu den beliebtesten Herbst- und Wintergemüsen.
Qualitätsbestimmung: **Schnittsellerie** (Frühjahr): keine Knollen, nur gesundes, frisches Kraut, besonders aromatisch, wird zum Würzen verwendet. **Suppensellerie** (Frühjahr-Sommer): kleine Knollen, gesundes, frisches, verwendbares Kraut. **Knollensellerie mit Kraut** (Spätherbst): mittelgroße Knollen, ohne Risse, gesundes, frisches, verwendbares Kraut. **Knollensellerie ohne Kraut** (ganzes Jahr): große Knollen, ohne Risse und ohne Nebenwurzeln, Blätter entfernt.
Anbaugebiete: Ganze Schweiz. Ausland: Mittel- und Südeuropa.
Lagerung: Schnitt- und Suppensellerie halten nur bei kühler Lagerung einige Tage. Knollensellerie ist lange haltbar.
Verwendung: Roh als Salat, gekocht als Gemüse und als Salat. Die gut gereinigten Schalen sollte man stets für Suppen oder Saucen weiterverwenden. – Sieden, glasieren, dünsten, fritieren.

Spargel – *asperge (f)*

Beschreibung: Weiße und violette Spargeln wachsen ausschließlich **in** sandiger Erde, grüne Spargeln **über** dem Boden. Die Spargelkultur ist sehr aufwendig und arbeitsintensiv. Erst im dritten Jahr kann geerntet werden, weshalb die Spargeln so teuer sind. Damit früher geerntet werden kann und Erntespitzen vermieden werden können, wird ein Teil der Felder mit Plastik abgedeckt. Grünspargeln werden in bedeutenden Mengen aus Übersee importiert.
Qualitätsbestimmung: Die Stangen müssen frisch, unverletzt, gerade gewachsen, sauber und dürfen weder holzig, noch hohl, noch gerissen sein. Sortierung farblich einheitlich weiß, violett oder grün. 1. Qualität: mindestens 16 mm Durchmesser (Inlandspargeln mindestens 13 mm). In der Hauptsaison werden auch dünnere Spargeln angeboten. Sie gelten als 2. Qualität und sind billiger. Spargeln werden lose oder gebündelt gehandelt.
Anbaugebiete: Inland: größere Spargelkulturen im Wallis, in der Gegend von Kerzers und bei Ragaz. Letztere sind allerdings etwas kleiner als die üblichen Sorten, jedoch geschmacklich besonders gut. Ausland: Hauptanbau in Frankreich (Cavaillon, Loire, Drôme, Elsaß); Spanien, Italien, Ungarn, Belgien, deutsches Rheinland. Außerhalb der Hauptsaison Importe aus den USA. Bei den Konserven sind vor allem die zarten kalifornischen und die Spargeln aus Taiwan gut eingeführt.
Sorten: Man unterscheidet weiße, violette und grüne Spargeln.
Lagerung: Spargeln müssen frisch sein. Vorräte kühl und feucht lagern.

Spinat – *épinards (m)*

Beschreibung: Spinat ist ein beliebtes Blattgemüse mit zarten, vollgrünen Blättern. Spinat soll den Weg zu uns über Arabien, Persien, Spanien und Italien gefunden haben. Den neuseeländischen Buschspinat sollen Weltumsegler im 18. Jahrhundert zu uns gebracht haben. Spinat enthält Eisen, Vitamin A, B und C sowie Eisen und Calcium.
Qualitätsbestimmung: Die Blätter des Blattspinats müssen sauber, frisch und unverletzt sein, mit kurzem Blattstiel. Nicht aufgeschossen.
Anbaugebiete: Ganze Schweiz. Ausland: Italien, Deutschland und Frankreich.
Sorten: **Frühlingsspinat** mit zarten, kleinen Blättern. **Winterspinat** mit gröberen, herberen, aber widerstandsfähigeren Blättern. **Blattspinat** wird oberhalb, **Wurzelspinat** unterhalb des Wurzelhalses abgeschnitten.
Lagerung: Kühl und luftig.
Verwendung: Suppen, Salat und Gemüse. – Blanchieren, dünsten, sautieren.

Stachys / Knollenziest – *crosne (m) (du Japon)*

Beschreibung: Der ausdauernde knöllchenbildende Lippenblütler ist in Japan heimisch. Bei uns ist Stachys ein sehr seltenes Gemüse. Eßbar sind die etwa 2 g schweren Wurzelknöllchen von rund 1 cm Durchmesser und 2–4 cm Länge. Sie sind perlmuttfarbig und raupenförmig. Der Geschmack liegt zwischen Schwarzwurzel und Artischocke. Dieses Delikateßgemüse ist in Produktion (Handernte, ab Oktober) und Zubereitung

sehr arbeitsintensiv und deshalb sehr teuer. Geerntet wird nur der laufende Marktbedarf.
Qualitätsbestimmung: Feste, saubere Knöllchen.
Anbaugebiete: Japan, England und Frankreich.
Lagerung: An der Luft verfärben sich die Stachys braun und vertrocknen. Eine kurze Lagerung im feuchten Einschlag ist möglich.
Verwendung: Als Gemüse. Stachys müssen nicht geschält werden, werden aber oft nach dem Entfernen von Fäden und Enden blanchiert und in einem Tuch mit Salz abgerieben, bis sie sauber sind. Anschließend werden sie gespült und weiterverarbeitet. Stachys vorsichtig kochen, sonst zerfallen sie. – Blanchieren, sieden, dünsten, sautieren.

Stangensellerie / Bleichsellerie – *céleri (m) en branches*

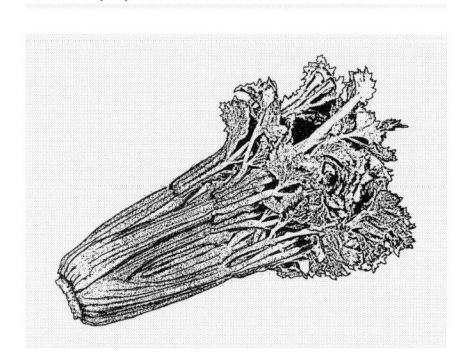

Beschreibung: Der Stangensellerie ist ursprünglich ein typisch englisches Gemüse, ein Stengelgemüse mit kleinem Wurzelansatz, aber mit auffallend hellgrünen und fleischigen Blattstielen. Zu einem Bund zusammengewachsen, dessen innerer Teil, das Herz, besonders zart ist.
Qualitätsbestimmung: Bündel mit 30 cm langen, fleischigen, gesunden Stangen, mit frischen grünlich-weißen Blättern. Die Hauptrippen dürfen nicht gebrochen, faserig, gequetscht oder gespalten sein.
Anbaugebiete: Inland: in beschränkten Mengen.
Lagerung: Kühl, trocken und luftig.
Verwendung: Rohkost, Salate, Gemüse. – Blanchieren, schmoren, gratinieren.

Tomate – *tomate (f)*

Beschreibung: Als Ganzjahresfrucht nimmt die Tomate im Gemüsehandel eine Spitzenstellung ein. Sie ist eine Gemüsefrucht und besonders in der neuzeitlichen Ernährung vielseitig verwendbar. Tomaten haben verschiedene Formen und Geschmacksrichtungen. Laufend werden neue Sorten gezüchtet. Der Anbau erfolgt im Freiland und vor allem in überdeckten Kulturen.
Qualitätsbestimmung: Spezialqualität: Absolut fehlerfreie Früchte. Nach Größe einheitlich sortiert, mit grünem Stielansatz, frei von Spritzbelag. Diese Tomaten stammen aus überdeckten Kulturen. 1. Qualität: In Form, Farbe und Reife einheitliche Früchte ohne Spritzbelag. Sie müssen einen Mindestdurchmesser von 45 mm haben und sollten schnittfest sein. 2. Qualität: Vollwertige Konsumware, aber in Form und Farbe von der 1. Qualität leicht abweichend. Inlandfrüchte unter 45 mm Durchmesser.
Anbaugebiete: Freilandware hauptsächlich aus dem Tessin und dem Wallis. Überdeckte Kulturen in der ganzen Schweiz. Importe: aus überdeckten Kulturen aus Holland, den Balkanstaaten usw. Freilandware aus Spanien, Italien, Marokko und Frankreich, im Winter von den Kanarischen Inseln, aus Ägypten, Israel usw.
Sorten: Unterschieden werden: die zwei- bis dreikammerigen runden Tomaten, die vier- bis fünfkammerigen, mittelgroßen, flachrunden Tomaten, die großen mehrkammerigen Fleischtomaten, die länglichen Tomaten (San Marzano oder Peretti) und die kleinen runden Cherry-Tomaten. Alle Tomaten sind hell- bis dunkelrot. Gelbe Sorten blieben bisher ohne großen Erfolg.
Lagerung: Sorgfältig in Gebinde kühl lagern. Angefaulte Ware wegen Ansteckungsgefahr entfernen.
Verwendung: Rohkost, Salat, Suppen, Saucen, Gemüse und als Beilage zu anderen Speisen. – Blanchieren, dünsten, grillieren, gratinieren.

Topinambur / Erdbirne – *topinambour (m)*

Beschreibung: Eine unförmige Knollenfrucht, oft stark warzig, in der Größe der Kartoffel, mit hohem Wassergehalt. Ihr Geruch ist erdig, verbunden mit schwachem Weißrübengeschmack. Die Topinambur ist kein Ersatz für Kartoffeln, sondern ein Fruchtgemüse wie etwa die Melone oder die Tomate. Sie ist eher als Spezialität anzusehen.
Qualitätsbestimmung: Frische, feste Knollenfrüchte von weiß, gelb, rot oder violett schimmernder Farbe.
Anbaugebiete: Frankreich und Deutschland. Wird heute auch bei uns angepflanzt.
Lagerung: Läßt sich nur sehr kurze Zeit lagern, da sie außerhalb der Erde sehr rasch schrumpft.
Verwendung: Wird immer geschält verwendet. Da sie sehr rasch bräunt, muß sie bis zur Verwendung in Wasser gelegt werden. Roh als Salat, gekocht als Gemüse.

Weißkohl / Weißkabis – *chou (m) blanc*

Beschreibung: Sehr feste, schwere Köpfe mit zusammengeschlossenen, feingerippten, weißgelb-grünlichen Blättern.
Qualitätsbestimmung: Frische, gesunde Köpfe mit sauberen Deckblättern ohne Schlagstellen. Höchstgewicht 2,5 kg.
Anbaugebiete: Ganze Schweiz. Ausland: Mitteleuropa, speziell Deutschland.
Sorten: **Spitzkohl:** Frühjahrssorte mit spitzer kegeliger Form und nicht so festem Kopf. **Sommerkohl:** runde grüne Köpfe. **Winterkohl:** runde weiße Köpfe. **Einschneidekabis:** große runde, bis 4 kg schwere Köpfe. Winterkohl wird für die Herstellung von Sauerkraut verwendet. Sauerkraut entsteht unter Luftabschluß durch natürliche Milchsäuregärung des feingeschnittenen und eingesalzenen Weißkabis. Nach 4–6 Wochen ist das Sauerkraut eßreif.
Lagerung: Kühl lagern. Sorgfältig behandeln, denn jeder Schlag verursacht Wunden, die Infektionsherde bilden und den Fäulnisprozeß fördern.
Verwendung: Salat, Suppen, Gemüsebeilagen und Eintöpfe. – Schmoren.

Weißrübe – *navet (m)*

Beschreibung: Plattrunde, kugelige bis walzenförmige Wurzelknolle mit glatter Haut, jung mit grünem Laub. Im Mittelalter, vor der Einführung der Kartoffel, spielte die Weißrübe zusammen mit der Kohlrübe eine große Rolle in der Ernährung.
Qualitätsbestimmung: Junge, feste, zarte, unbeschädigte Knollen.
Anbaugebiete: Ganze Schweiz, vor allem Westschweiz. Ausland: Frankreich, Deutschland und Italien.
Sorten: Neben den üblichen Weißrüben gibt es noch die etwas länglicheren und milden **Pariser Weißrüben** sowie die **Teltower Weißrüben**, die ursprünglich nur in Teltow bei Berlin angebaut wurden. In Frankreich werden sie als feinste Rüben unter dem Sammelbegriff *navets de Teltow* verwendet.
Lagerung: Kühl aufbewahren.
Verwendung: Suppen, Gemüse und Eintöpfe. – Sieden, glasieren.

Wirz, leichtköpfig / Kohl / Wirsing / Grünkohl – *chou (m) frisé léger*
Wirz, schwerköpfig / Wirsing / Kohl – *chou (m) frisé lourd*

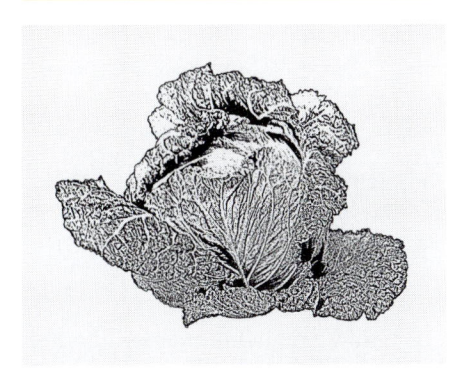

Beschreibung: Leichtköpfiger Wirz ist dunkelgrün, mit grobgekrausten Blättern; schwerköpfiger Wirz ist hellgrün bis dunkelgrün mit feingekrausten Blättern.
Qualitätsbestimmung: Köpfe und Blätter müssen gesund und frisch sein.
Anbaugebiete: Ganze Schweiz. Ausland: vorwiegend Deutschland, Österreich und Frankreich.
Sorten: Unterschieden wird zwischen dem Frühjahrs- und dem Sommerwirz mit lockeren Köpfen, dem schwerköpfigen Lagerwirz sowie dem Winterwirz (Suppenwirsing), der leichtköpfiger und grüner ist.
Lagerung: Leichtköpfiger Wirsing ist für baldigen Verbrauch bestimmt. Schwerköpfiger Wirsing läßt sich längere Zeit kühl lagern.
Verwendung: Gemüse, Suppen, gefüllt; leichtköpfiger Wirsing auch als Salat. – Blanchieren, dünsten, sieden, schmoren.

Zucchetto / Zucchino – *courgette (f)*

Beschreibung: Zucchetti sind Gemüsekürbisse, die in der Form der Gurke gleichen, im Schnitt aber sechseckig sind. Genußreif sind Zucchetti in halbreifem Zustand bei einer Länge von 15–20 cm. Bevorzugt werden bei uns dunkelgrüne, gesprenkelte Sorten. Bis 15 cm lange Früchte kommen als Zucchini auf den Markt. Auch goldgelbe Zucchetti werden angeboten.
Qualitätsbestimmung: Frisch, gesund und nicht schwammig. Marktübliche Größenunterteilung: 1. Größe bis 150 g (Zucchini), 2. Größe 150–350 g (bevorzugte Sortierung), 3. Größe 350 g oder mehr (weniger beliebt).
Anbaugebiete: Ganze Schweiz. Ausland: Italien, Frankreich und Spanien.
Lagerung: Kühl lagern. Angesteckte und schwammige Zucchetti ausscheiden.
Verwendung: Gemüse und Salat. Eine Spezialität sind Zucchetti-Blüten im Backteig oder gefüllt. – Dünsten, sautieren, glasieren, fritieren.

Zuckerhut – *pain (m) de sucre*

Beschreibung: Zuckerhut ist ein gelbgrün-weißliches Zichoriengewächs mit länglichem, festem, walzenförmigem Kopf, ähnlich wie Lattich. Er verdankt seinen Namen seinem Aussehen: tütenförmig wie ein Zuckerstock. Er schmeckt kernig und nußartig frisch.
Qualitätsbestimmung: Saubere, geschlossene Köpfe, alles verwendbar.
Anbaugebiete: Ganze Schweiz. Ausland: Italien und Frankreich.
Lagerung: Kühl lagern. Im Vergleich zu anderen Salatgemüsen ist Zuckerhut relativ lange haltbar.
Verwendung: Salate.

Zuckermais / Süßmais – *épi (m) de maïs / grains (m) de maïs / sweet corn*

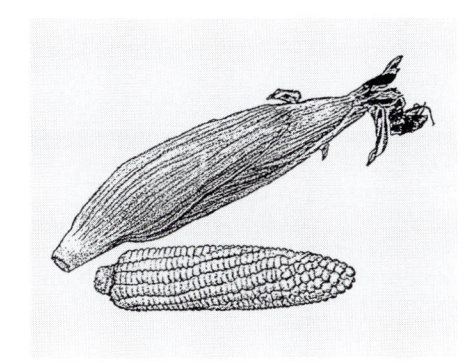

Beschreibung: Beim Zuckermais wird der Zucker während des Reifeprozesses nur langsam in Stärke umgewandelt. Nur sorgfältig ausgewählte, einwandfreie Maiskolben mit nicht ausgereiften Körnern eignen sich für den Frischkonsum. Um die empfindlichen Körner zu schützen, sollte man die gesunden Deckblätter am Kolben belassen.
Qualitätsbestimmung: Die Maiskolben müssen voll ausgebildet, die Körner weiß-gelblich, frisch, milchig und gesund, dürfen aber noch nicht hart sein.
Anbaugebiete: Ganze Schweiz. Ausland: Spanien, Israel und Übersee.
Sorten: Unterschieden werden normalsüße und extrasüße (super-sweet) Sorten. Eine Zwischenstellung nehmen die im angelsächsischen Sprachraum *sweet-gere* genannten Sorten ein.
Lagerung: Maiskolben vor Licht schützen, damit sie nicht nachreifen. Sie sollten verbraucht werden, bevor die Körner hart sind.
Verwendung: Gemüse, Salate, Garnituren. – Sieden, grillieren, sautieren.

Zwiebel – *oignon (m)*

Beschreibung: Die zahlreichen Zwiebelsorten unterscheiden sich durch Form, Größe, Farbe, Geschmack und Lagerfähigkeit voneinander. Die Speise- oder Küchenzwiebel ist mittelgroß und rund, hat eine gelbe bis braune Schale und weißes, saftiges, mildes Fleisch.
Qualitätsbestimmung: Fest, gut ausgebildet, der Sorte entsprechend regelmäßige Form und Farbe, mit trockener Hülle, frei von Verletzungen, mit sauberem Krautansatz. Durchschnittliche Größe 3,5–7,5 cm.
Anbaugebiete: Ganze Schweiz. Ausland: Europa und Ägypten.
Sorten: **Früh-** oder **Silberzwiebeln:** weiß; kommen, meist gebündelt, im Frühling auf den Markt. **Sommerzwiebeln:** gelb oder weiß, 3,5–7,5 cm groß. **Violette Zwiebeln:** frisch, süßlich, würzig, 3,5–7,5 cm groß; kommen im Sommer auf den Markt oder auch abgetrocknet im Herbst. **Lagerzwiebeln:** flach oder oval, 3,5–7,5 cm groß. **Metzgerzwiebeln:** größer als 7,5 cm. **Roller:** etwas kleiner als 3,5 cm. **Saucenzwiebeln:** klein, gelb oder rot, 2–3 cm groß. **Schalotten:** violett, klein, knoblauchförmig, 2–3 cm groß. **Wildzwiebeln** (Lampagioni): meist ungewaschen, als Gemüse verwendbar, baumnußgroß.
Lagerung: Kühl, trocken und luftig.
Verwendung: Roh oder gekocht als universelles Gewürz für Salate, Saucen, Suppen und Garnituren. Lokal sind Zwiebelgerichte als Spezialität sehr geschätzt. – Schmoren, dünsten, glasieren, fritieren, gratinieren.

4.5.9 Kartoffeln – *pommes (f) de terre*

Die Kartoffeln sind, botanisch gesehen, knollig verdickte Endteile unterirdischer Zweige und gehören nicht zu den Früchten oder den Gemüsen.

Herkunft

Die Kartoffeln wurden in ihrer Urform von den Inkas schon vor 4000 Jahren in unterschiedlichen Klimazonen angebaut. Das wahrscheinlichste Ursprungsgebiet liegt in den Anden im heutigen Grenzgebiet zwischen Bolivien und Peru. Um das Jahr 1573 brachten spanische Seefahrer zum ersten Mal Kartoffeln nach Spanien.
Die allgemeine Verbreitung der Kartoffeln in den Ländern Europas war von den jeweiligen Herrschern und deren Einsicht abhängig und hat in fast jedem Land eine Persönlichkeit hervorgebracht, die sich für den Anbau der Kartoffel als Grundnahrungsmittel einsetzte.

Lebensmittelverordnung

Der gesamte Kartoffelanbau in der Schweiz ist dem Bundesamt für Landwirtschaft unterstellt.
Die im Handel angebotenen in- und ausländischen Speisekartoffeln müssen bei der Abgabe an die Konsumenten sortenrein und möglichst frei von Erdbesatz sein.
Für Schweizer Produzenten gelten folgende Mindestgrößen: Frühkartoffeln ab 20. Mai 30 mm, ab 11. Juni 35 mm, ab 1. Juli 40 mm. Für alle Speisekartoffeln ab 1. August 42,5 mm. Nach oben ist die Größe auf 70 mm beschränkt.
Ausnahme: Für die festkochenden Sorten Charlotte, Nicola und Stella gelten 35–60 mm als Normalsortierung.

Anbaugebiete

Die Kartoffel wird in den meisten Ländern aller Kontinente angebaut. Die Schweiz baut nur für den Eigenbedarf an. Inländische Frühkartoffeln werden ab Mai/Juni im Genferseegebiet, im Tessin und im Seeland geerntet.

Importe

Frühkartoffeln liefern ab Januar Ägypten und Israel, ab Februar Algerien, Marokko und Italien, ab März Spanien, ab April Frankreich.

Nährwert

Die Kartoffeln enthalten weniger Energie als die Getreideprodukte, weil ihr Kohlenhydratgehalt (ca. 18%) gering ist. Sie enthalten vollwertige Proteine, die den menschlichen Aminosäuren entsprechen, so viel Vitamin C, daß ein wesentlicher Teil unseres Bedarfs gedeckt werden könnte, und viel Calcium.

Qualitätsmerkmale

Die Speisekartoffeln müssen schalenfest, unbeschädigt, normal geformt, gesund und ohne Schädlingsfraß sein. Die Knollen müssen die festgelegte Größe haben.

Lagerung

Kartoffeln sollen dunkel, gut gelüftet, kühl (7 °C bis 9 °C), auf Rosten (in Säcken und Harassen bis 2 Monate), bei 85–95% Luftfeuchtigkeit gelagert werden.
Gewaschene Kartoffeln sind nicht lagerfähig.
Sobald Kartoffeln dem Licht ausgesetzt sind, werden sie grün und keimen. Dabei bildet sich Solanin, ein Gift, das für Mensch und Tier schädlich ist.
Kartoffeln, die bei weniger als 4 °C lagern, werden durch die Umwandlung von Stärke in Zucker süßlich und bräunen beim Braten oder beim Fritieren zu schnell.

Kochtypen

Je nach Kocheigenschaft kann man die einzelnen Sorten den Kochtypen A, B oder C zuordnen. Bei den sogenannten Übergangstypen, zum Beispiel B–C, überwiegt die Kocheigenschaft B.
Typ A: feste Kartoffeln, für Salate. Nicht zerkochend und fest bleibend. Das Fleisch ist feucht, feinkörnig, nicht mehlig und hat einen niedrigen Stärkegehalt.
Typ B: ziemlich feste, für alle Zwecke geeignete Kartoffeln.
Beim Kochen wenig aufspringend und mäßig fest bleibend. Das Fleisch ist schwach mehlig, ziemlich feinkörnig und hat einen mittleren Stärkegehalt.
Typ C: mehlige Kartoffeln.
Sie springen beim Kochen stark auf. Das Fleisch ist mehlig, ziemlich trocken und grobkörnig. Mittlerer bis hoher Stärkegehalt.

Übersichtstabelle siehe Seite 207.

Sortierungen

Der Handel bietet nach Größe und Verwendung sortierte Kartoffeln an:

Speisekartoffeln
42,5–70,0 mm Quadratmaß

Bratkartoffeln
35,0–42,5 mm Quadratmaß

Raclette-Kartoffeln
35,0–42,5 mm Quadratmaß

Baked Potatoes
70,0–100,0 mm Quadratmaß

Für Großverbraucher werden die Kartoffeln in Säcken zu 25 kg angeboten.

Grundzubereitung

Dämpfen, sieden, im Ofen backen, gratinieren, fritieren, sautieren, braten.

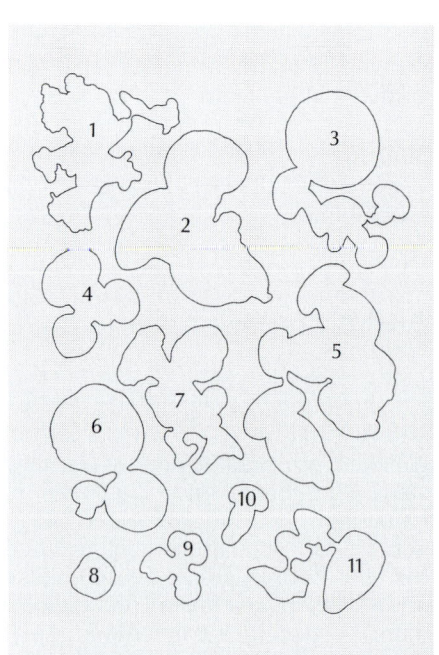

1. Herbsttrompeten / Totentrompeten
2. Austernseitlinge
3. Feldchampignons / Wiesenchampignons
4. Zuchtchampignons
5. Steinpilze
6. Braune Zuchtchampignons
7. Eierschwämme / Echte Pfifferlinge
8. Schwarzer Trüffel
9. Weiße Trüffel
10. Maronenröhrling
11. Morcheln

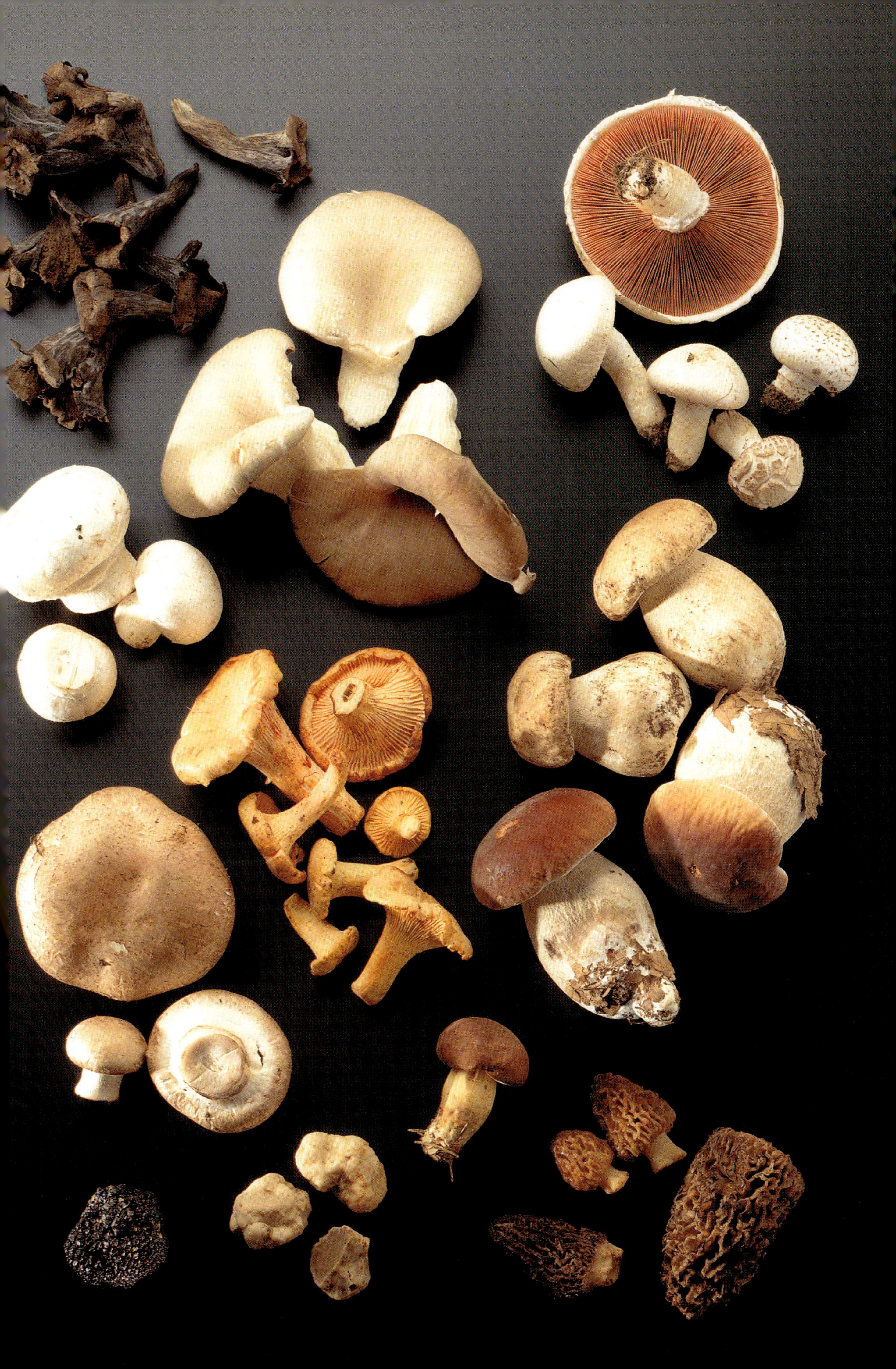

Kräuter und Gewürze

Thymian	Safran	Ingwer	Estragon
Zimt	Liebstöckel	Basilikum	Kardamom
Salbei	Bohnenkraut	Kurkuma	Lorbeer
Dill	Chili, Cayenne	Pfefferminze	Muskatblüte (Macis) Muskat
Vanille	Zitronenmelisse	Rosmarin	Majoran, Origano

206

Handelsprodukte

Rohe geschälte, auch geschnittene Kartoffeln. Im Steril- oder Vakuumbeutel als Rösti, Patatli, Schalenkartoffeln, Salat. Kartoffelflocken, -pulver, -mehl. Tiefkühlangebot mit Spezialitäten.

Die süßen Verwandten der Kartoffel

Süßkartoffel – *patate (f)* – *sweet potato*

Herkunft: Die Süßkartoffel oder *Patata americana* stammt aus Brasilien und war schon 1519 in Europa bekannt.
Anbaugebiete: China, Vietnam, Indonesien, Indien, Japan, Brasilien, verschiedene Gebiete Afrikas, Spaniens, Portugals.
Beschreibung: Süßkartoffeln werden wie Kartoffeln angebaut, erfordern aber eine warme bis tropische Witterung. Die unterirdischen runden oder länglichen Wurzelknollen sind gelb bis purpurrot, von schleimiger Struktur und süßlichem Geschmack. Der Ertrag ist kleiner als bei Kartoffeln. In den Anbauländern wichtiges Nahrungsmittel. Die Weltproduktion entspricht etwa einem Drittel der Kartoffelernte.
Alle Wurzelknollen haben einen höheren Kohlenhydratgehalt als Kartoffeln, zum Beispiel: Süßkartoffeln rund 27%, Maniok rund 32% und Yamswurzeln rund 24%.
Saison: Wie Kartoffeln, nach Anbauländern gestaffelt.
Verwendung: Wie Kartoffeln. Wird auch zu Brot und zu Tapioka verarbeitet. Brasilien stellt daraus Arrowroot her.
Bemerkung: Auf den zentralen europäischen Großmärkten werden die verschiedenen Wurzelknollen angeboten.

4.5.10 Pilze – *champignons (m)*

Die Pilze nehmen in der Botanik eine absolute Sonderstellung ein. Im Gegensatz zu anderen Pflanzen leben sie ohne Chlorophyll (Blattgrün) und sind zu ihrem Gedeihen nicht vom Sonnenlicht abhängig. Sie gedeihen in völliger Dunkelheit und leben von organischen Substanzen. Sie wachsen als Fäulnisbewohner auf modernden Pflanzenteilen oder sogar als Parasiten auf lebenden Organismen. Die Pilze in ihrer Vielfalt sind auf der ganzen Erde verbreitet. Die Gesamtzahl der Pilzarten wird auf etwa 20 000 geschätzt, und laufend werden neue Arten entdeckt.

Vorkommen

Jeder Pilz gedeiht in einer bestimmten Umgebung. Dazu muß ein gewisses Maß an Feuchtigkeit im betreffenden

Kartoffelsorten

Speisesorten	Formen, Merkmale	Kochtyp	Verwendung
Frühe Sorten			
Charlotte Juni–April	langoval, flache Augen, gelbes bis tiefgelbes Fleisch	B–A	Für Salate, Salzkartoffeln, Schalen- und Bratkartoffeln
Christa Mai–Oktober	lang bis kurzoval, flache Augen, gelbes bis tiefgelbes Fleisch	B–C	für alle Zubereitungsarten geeignet
Iroise Mai–Oktober	kurzoval, Augen mitteltief bis flach	B	speziell für Salate und Salzkartoffeln
Ostara Mai–November	kurzoval, ziemlich flache Augen, hellgelbes Fleisch	B	für alle Zubereitungsarten, auch zum Fritieren geeignet
Sirtema Mai–Oktober	rund bis kurzoval, mitteltiefe Augen, hellgelbes Fleisch	B	speziell für Salate und Salzkartoffeln
Mittelfrühe Sorten			
Agria Januar–Juni	lang bis kurzoval Augen flach bis mitteltief	B–C	für alle Zubereitungsarten geeignet
Bintje November–Juli	oval bis langoval, flache Augen, hellgelbes Fleisch	B–C	eignet sich für alle Zubereitungsarten
Désirée November–April	kurz- bis langoval, rote, unregelmäßige Schale, flache große Augen, hellgelbes Fleisch	B B–C	eignet sich für alle Zubereitungsarten
Granola November–Juni	rundlich, wenig Augen, gelbes, bis tiefgelbes Fleisch	B	vielseitig verwendbar
Matilda November–Juni	kurzoval, Augen flach	B–C	für alle Zubereitungsarten geeignet
Nicola November–Februar	lang bis langoval, flache Augen, gelbes bis tiefgelbes Fleisch	A	für Schalenkartoffeln, Salate, Salzkartoffeln
Stella August–Dezember	hörnchenartig, flache Augen, gelbes bis hellgelbes Fleisch	A	besonders für Salate geeignet
Urgenta September–April	rote Schale, lang bis langoval, mitteltiefe Augen, hellgelbes bis weißes Fleisch	B	eignet sich für alle Zubereitungsarten, besonders für Rösti

Biotop vorhanden sein. Pilze – oder «Schwämme», wie sie im Volksmund auch genannt werden – sind, soweit sie als Lebensmittel in Frage kommen, die oberirdischen Fruchtkörper höherer Pilze. Die eigentlichen Pflanzen liegen unter der Erde und bilden ein weitverzweigtes Fadengeflecht, das sogenannte Myzel.

Pilze verbreiten sich durch Sporen. Weitaus die meisten höheren Pilze wachsen in Wäldern, in einem von Bäumen bestimmten Milieu zwischen Laub- und Nadelhumus.

Gezüchtet werden vor allem der *champignon de couche*, der Tafelpilz, und der Austernseitling (lat. *Pleurotus*). Versuche, andere Edelpilze zu züchten, haben bis heute noch nicht den erwarteten Erfolg gebracht.

Der Zucht- oder Mistbeetchampignon ist einer der vorzüglichsten eßbaren Pilze. Man züchtet ihn in dunklen Gewölben und Berghöhlen, in besonders angelegten Beeten, oft auf Pferdemist oder einem Stroh-Torf-Gemisch.

Qualitätsmerkmale

Pilze sollten trocken und beim Brechen noch knackig und ohne Madenbefall sein. Sie müssen eine frisch aussehende Oberfläche ohne Druckstellen aufweisen.

Pilze verderben rasch und sollten deshalb schnell verwertet werden.

Alte, madige oder schmierige Pilze, die sonst als eßbar anerkannt sind, können giftig wirken.

Man unterscheidet eßbare, ungenießbare und giftige Pilze. Um eßbare oder giftige Pilze voneinander unterscheiden zu können, braucht es ein umfangreiches Wissen und eine langjährige Praxis im Umgang mit Pilzen.

Amtliche Pilzkontrolle

Jedem Pilzangebot muß ein amtliches Prüfungszeugnis beiliegen. Es müssen aufgeführt sein: **Art, Gewicht, Datum, Uhrzeit der Kontrolle, Stempel der Kontrollstelle, Unterschrift des Pilzexperten.** Das Ziel der amtlichen Pilzkontrolle ist es, den Konsumenten vor dem Genuß von giftigen Pilzen und damit vor gesundheitlicher Schädigung zu schützen.

Amtliche Kontrollstellen werden während der Pilzsaison in fast allen größeren Gemeinden betrieben. Der Experte übernimmt die Verantwortung für die Kontrolle von **Frischpilzen, Pilzkonserven** und **Trockenpilzen** (gefriergetrocknet).

Alle wildwachsenden Pilze sind **kontrollpflichtig.**

Gezüchtete Pilze wie Champignons oder Austernseitlinge sowie in gewissen Kantonen die Eierschwämme sind von der Kontrolle befreit.

Zusammensetzung

Die Zusammensetzung der höheren Pilze ähnelt derjenigen der Gemüsepflanzen: Wasser rund 90%, Eiweiß (Proteine) 2–3%, Kohlenhydrate (Zucker) 3–5%, Fett 1–4%, Mineralsalze und Spurenelemente, Vitamin A, B, B_1, B_2, C und D. Das Chlorophyll fehlt.

Außerdem bilden Pilze Farbstoffe, Duftstoffe, Gärungsstoffe, toxische (giftige) Substanzen, halluzinogene sowie pharmakologische Stoffe.

Verdaulichkeit

Obwohl die Pilze aus rund 90% Wasser bestehen, gelten sie allgemein als eher schwer verdaulich. Ihr Protein ist von einem chitinartigen Gewebe eingeschlossen (Chitin ist eine hornartige Masse) und deshalb für unser Verdauungssystem schwer aufschließ- und verwertbar.

Es ist wichtig, daß Pilze immer gut durchgegart werden. Es gibt sehr wenige Pilze, welche roh genossen werden können, wie zum Beispiel die weiße und die schwarze Trüffel in kleinen Mengen.

Konservierung

Trocknen

In 2–3 mm dicke Scheiben schneiden und auf eine Schnur aufziehen oder auf Gittersiebe legen und an einen luftigen, trockenen Ort legen und von Zeit zu Zeit drehen. Auch im geöffneten Backofen können sie bei schwacher Hitze getrocknet werden; besser eignet sich jedoch ein Dörrapparat. Getrocknete Pilze müssen luftdicht aufbewahrt werden. Vor der Zubereitung, je nach Art, 2–4 Stunden in lauwarmem Wasser einweichen und so behandeln, daß sie frei von Sand sind.

Tiefkühlen

Die Pilze sorgfältig reinigen, ganz belassen oder nach Wunsch schneiden. Gewisse Sorten (z. B. Eierschwämme) blanchieren, sofort abkühlen, abschütten und gut abtropfen lassen.

Vakuumieren oder sonstwie gut verpacken und sofort bei mindestens −25 °C tiefkühlen. Steinpilze können, ganz oder geschnitten, lose tiefgekühlt werden. Tiefgekühlte Pilze können 6–8 Monate aufbewahrt werden.

Einlegen (heiß einfüllen)

Die in Stücke geschnittenen und gewaschenen Pilze in einer Ölmarinade 5 Minuten sieden lassen, kochend heiß in Einmachgläser geben und diese sofort hermetisch (luftdicht) verschließen.

Dosensterilisation

Von der Industrie angewandte Methode für Dosenware.

Verwendung

Als selbständige Gerichte, als Garnitur und als Beilage, als Füllung, als Dekoration oder als Würzmittel.

Die gebräuchlichsten, in der Küche verwendeten Pilze

Zuchtchampignon / Tafelpilz – *champignon (m) de couche / champignon (m) de Paris*
Eierschwamm / echter Pfifferling – *chanterelle (f)*
Feld- oder Wiesenchampignon – *psalliote (f) champêtre*
Shiitakes – *shitakés (m)*
Speisemorchel – *morille (f) ronde*
Spitzmorchel – *morille (f) conique*
Steinpilz – *bolet (m) / cèpe (m)*
Totentrompete / Herbsttrompete – *corne (f) d'abondance*
Schwarze Trüffel – *truffe (f) du Périgord*
Weiße Trüffel – *truffe (f) blanche*
Austernseitling *(Pleurotus)* – *pleurote (m)*

Zuchtchampignon / Tafelpilz – *champignon (m) de couche / champignon de Paris*

Beschreibung: Kurz und dickstielig, weißlichbraun, anfänglich weißes, später schwach rötendes Fleisch. Hut 5–10 cm Durchmesser, gewölbt, faserig, kleinschuppig, weißlich bis hell nußbraun. Geruch: schwach, leicht nußartig, angenehm.

Vorkommen: Frankreich ist das Ursprungsland. Wird heute in vielen europäischen, amerikanischen und asiatischen Ländern gezüchtet.

Der Zuchtchampignon wird an dunklen Orten in Kulturen gezüchtet. Eine einwandfreie Brut ist neben gleichmäßigen Temperaturen zwischen 14 °C und 18 °C für das Gedeihen unerläßlich. Am wichtigsten sind jedoch peinliche Sauberkeit und häufige Laborkontrollen der Erde, auf der gezüchtet wird, um das Auftreten von Schädlingen zu verhindern.

Verwendung: Ganz, geviertelt oder in Scheiben geschnitten. In Butter gedünstet, provenzalische Art, mit Kräutern, mit Rahmsauce, für Suppen, als Einlage in Saucen, zu Duxelles verarbeitet. Kalt für Hors-d'œuvre, griechische Art, für Salat, mit Cocktail-Sauce oder als tournierter Champignon für Garnituren usw.

Eierschwamm / echter Pfifferling – *chanterelle (f)*

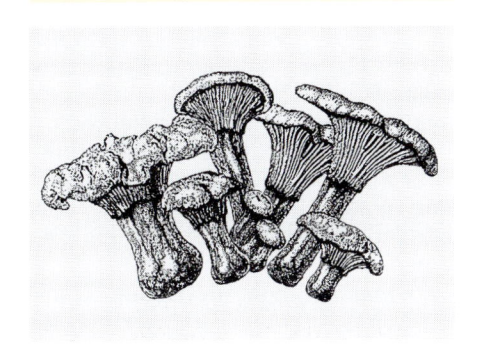

Beschreibung: Der Hut ist 3–10 cm breit, anfangs flach mit unregelmäßig eingeschlagenem Rand, später in der Mitte trichterartig eingetieft und vielfach gewellt. Die Farbe ist je nach Standort blasser oder kräftiger dottergelb. Der Stiel ist 3–8 cm hoch, kompakt, zur Basis verschmälert, hat dieselbe Farbe wie der Hut oder ist etwas heller. Das Fleisch ist gelblich, der Geschmack anfangs mild, dann ein wenig pfefferartig, aber angenehm. Der Pilz ist selten madig.
Vorkommen: Von Juni bis September, gesellig, in Laub- und Nadelwäldern, meist in feuchten Fichten- und Kieferbeständen, im Moos und zwischen Heidelbeerstauden.
Verwendung: Als selbständiges Gericht in Butter gedünstet, mit Kräutern oder mit Rahmsauce. In Wein oder in Essig eingelegt, als Salat oder auf griechische Art zubereitet. Häufig als Garnitur zu Wildgerichten.

Feldchampignon / Wiesenchampignon / Feldegerling – *psalliote (f) champêtre*

Beschreibung: Der fleischige Hut ist nahezu halbkugelig und im Zentrum häufig abgeflacht. Er breitet sich erst im Alter ganz aus. 5–15 cm Durchmesser. Die Huthaut ist weiß, bisweilen leicht bräunlich, seidigglatt oder in der Mitte etwas schuppig. Die Lamellen sind jung rosa (nie weiß), dann rotbräunlich, zuletzt schokoladebraun. Der weißliche Stiel ist gegen die Basis hin leicht verjüngt und 3–5 cm hoch. Er ist röhrig hohl und trägt einen hängenden, schmalen, weißen Manschettenring. Sein Fleisch rötet sich an den Schnittstellen leicht. Geruch und Geschmack leicht anisartig.
Die Verwechslungsmöglichkeit mit dem weißen Knollenblätterpilz und dem ebenfalls giftigen Karbolchampignon ist groß! Knollenblätterpilze haben immer weiße Lamellen. Karbolchampignons laufen an der Stielbasis chromgelb an und haben eine doppelte Stielmanschette. Sie riechen nach Karbol oder Tinte.
Vorkommen: Der Wiesenchampignon wächst von Sommer bis Herbst in Ringen oder Gruppen auf gedüngten Böden aller Art. In trockenen Jahren tritt er besonders reichlich auf, da bereits reichlich Tau zur Fruchtkörperbildung genügt.
Verwendung: Ähnliche Verwendung wie Zuchtchampignon. Für Pilzfüllungen, in Pilzmischgerichten, sautiert oder gedünstet usw.

Speisemorchel – *morille (f) ronde*

Beschreibung: Die Morchel gibt es in vielen Variationen, mit bienenwabengelbem bis dunkelbraunem kugeligem oder verlängertem Hut. Die wabenartigen Felder der Hutoberfläche sind im Gegensatz zur Spitzmorchel unregelmäßig und nicht in Längsreihen angeordnet. Äußerlich erinnert die Speisemorchel an einen Schwamm. Der Stiel ist mit dem Hutrand direkt verwachsen, weißlichgrau bis hellgelb. Er ist hohl, dünnfleischig, oft faltig und an der Basis aufgeblasen. Der Stiel riecht nicht oder nur schwach pilzartig.
Vorkommen: Von März bis Mai, ausgesprochener Frühlingspilz. Man findet sie in sandigen, gestrüppreichen Flußauen, in Gärten, Parks, auf ehemaligen Brandstellen und in lichten Laubwäldern. Sie ist standorttreu.
Verwendung: Sautiert mit Kräutern, mit Rahmsauce für Morcheltoast, als Einlage für braune oder Rahmsaucen, große Morcheln gefüllt usw.

Bemerkung: Ältere Exemplare sollten nicht geerntet werden, da sie oft von Maden befallen sind und Verdauungsstörungen verursachen können. Morcheln eignen sich besonders gut zum Trocknen.

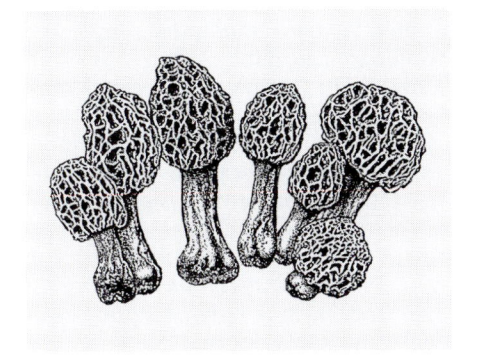

Alle Morchelarten sind in rohem oder ungenügend gegartem Zustand giftig!

Die in den Morcheln enthaltenen Giftstoffe verschwinden beim Garen oder beim Trocknen. Gut gegart sind sie hervorragende Speisepilze.

Spitzmorchel – *morille (f) conique*

Beschreibung: Der Hut hat die Form eines zugespitzten Kegels. Die bienenwabenartige Oberfläche ist durch regelmäßige Längsleisten gekennzeichnet. Der Hut ist rötlichbraun bis kastanienbraun, bisweilen mit oliven Beitönen. Zwischen Hut und Stiel existiert eine kleine Rinne. Der Stiel ist nicht zylindrisch, sondern konisch, wobei er sich zur Basis hin etwas verjüngt. (Bei der Rundmorchel ist es umgekehrt.) Der Stiel ist wie der Hut inwendig hohl, gelblich bis rostfarben, dünnwandig, oft etwas faltig und hat keinen besonderen Geruch oder Geschmack.
Vorkommen: Die Spitzmorchel kommt mit Vorliebe in Nadelwäldern in Höhenlagen zwischen 600 und 1500 m ü.M. vor. Ihr bevorzugter Standplatz aber ist unter Weißdornbüschen. Die Spitzmorchel findet man bis Juni. Sie ist gesellig, und man findet sie oft in vielen Exemplaren am gleichen Ort.
Verwendung: Wie die Speisemorchel.

Steinpilz – *bolet (m) / cèpe (m)*

Beschreibung: Der Hut ist halbkugelig, später polsterförmig gewölbt und im Durchmesser 10–20 cm, in Ausnahmefällen bis 30 cm. Riesenexemplare können ein Gewicht von über 1 kg erreichen. Die Oberfläche ist glatt und bei feuchter Witterung schmierig glänzend. Die Hutfarbe schwankt je nach Art, Alter und Standort zwischen Dunkelrotbraun – zuweilen auch fast Schwarz –, Hellbraun und Ockerbraun. Der Hutrand ist zunächst eingebogen und richtet sich im Alter auf. Bei jungen Steinpilzen sind die Röhren weiß, dann gelblich und im Alter grün. Sie lassen sich leicht vom Hutfleisch abtrennen. Das jung feste, mit zunehmendem Alter weicher werdende Fleisch ist unter der Huthaut, die sich nicht abziehen läßt, braun bis violettrötlich. Der Steinpilz hat einen dicken, massigen Stiel, der jung fast kugelig, bei ausgewachsenen Exemplaren zylindrisch, bauchig ist. Die Farbe ist blasser als diejenige des Hutes. Im oberen Teil ist er mit einem dichten weißen Netz überzogen. Geschmack leicht nußartig.

An manchen Orten wird der Steinpilz auch als Herrenpilz oder als Edelpilz bezeichnet.
Vorkommen: Der Steinpilz wächst von Sommer bis Herbst, von Juni bis November, je nach Witterung, in Wäldern, an Waldrändern und an Wegböschungen. Er liebt kalkarme Böden und wächst häufig in oder um Gebirgsfichtengruppen, eher selten unter Laubbäumen.
Verwendung: Für Suppen, verschieden zubereitet als warme Vorspeise oder als Beilage. Sautiert mit Kräutern oder gedünstet mit Rahmsauce. Der Steinpilz eignet sich gut zum Trocknen, wobei sein vorzügliches Aroma noch verstärkt wird. Steinpilze werden vielfach auch in verschiedene Marinaden eingelegt. Sie lassen sich roh, ganz oder geschnitten problemlos tiefkühlen.

Herbsttrompete / Totentrompete – *corne (f) d'abondance / trompette (f) de mort*

Beschreibung: Der Hut bildet mit dem Stiel eine kleine Röhre, die sich trompetenförmig erweitert. Der dünne Rand ist unregelmäßig kraus und gelappt, dünn und ledrig. Die Herbsttrompete ist dunkelbraun, rußbraun bis schwarz. Der Stiel ist nach unten spitz zulaufend, aschgrau. Ausgewachsene Exemplare sind 4–10 cm hoch. Die schwarzgraue Farbe dunkelt beim Trocknen noch nach. Geschmack und Geruch sind angenehm.
Vorkommen: Wächst gesellig, büschelweise, von Juli bis Ende November, in Nadelwäldern, vor allem aber im Laubstreu der Buchenwälder, kommt oft massenhaft vor.
Verwendung: Totentrompeten gelten als eigentliche Würzpilze. Sie eignen sich deshalb vor allem zum Würzen von Pilzsaucen und Pilzmischgerichten sowie als Einlagen in helle Farcen oder als Garnitur. Totentrompeten werden vorwiegend getrocknet.

Schwarze Trüffel / Périgord-Trüffel – *truffe (f) du Périgord / truffe noire*

Beschreibung: Der 1–8 cm große knollige Fruchtkörper ist mit 2–3 mm großen Warzen übersät. Die Farbe der Knollen variiert von Schwarz über Braunrot bis zu Violettschwarz. Das schwarze, bisweilen violettschwarze Fleisch ist von hellen, weißlichen Adern durchzogen. Trüffeln verbreiten einen feinen unverkennbaren Geruch.
Vorkommen: Nur in kalkhaltigem Boden unter Laubbäumen in wärmeren Gegenden. Man findet sie vor allem im Gebiet von Vaucluse, Lot et Garonne und in der Gegend des Périgord, von November bis Ende Februar. Sie kommt aber auch im Piemont, in der Toskana und in der Gegend von Aragón in Spanien vor. Sie gedeiht in der Erde, nicht tiefer als 30 cm. Die Knollen wachsen in Symbiose (Lebensgemeinschaft artverschiedener Organismen, Verpilzung von Wurzeln) vor allem mit Eichen, Kastanien, Buchen und Haselsträuchern. Für die erfolgreiche Suche braucht der Mensch die feine Nase abgerichteter Schweine oder Hunde. Dem geübten Auge hilft schon der Anflug von Fliegen.

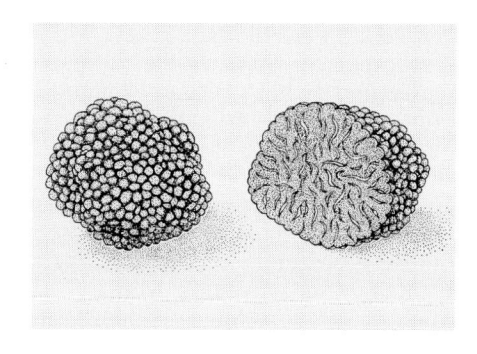

Verwendung: Trüffeln werden roh und gegart verwendet. Sie dienen als Einlage in feine Farcen, Suppen, Saucen oder als Dekor für warme und kalte Gerichte verschiedenster Art. Trüffeln sind sehr teuer.

Sommertrüffel – *truffe (f) d'été*

Beschreibung: Der Fruchtkörper ist knollig, braunschwarz, mit etwa 6 mm großen, flachpyramidalen, strahlig gerippten Warzen. Innen der schwarzen Trüffel sehr ähnlich, jedoch von sehr schwachem Aroma. Farbe Grauweiß, Gelblichbraun bis Braun.
Vorkommen: Die Sommertrüffel ist die am weitesten verbreitete europäische Trüffelsorte. Man findet sie in Frankreich, Italien, Süddeutschland und vereinzelt in der Schweiz. Sie wird von April bis August geerntet. Sie wächst unterirdisch, 3–5 cm von Humus bedeckt, in Laubwäldern.

Verwendung: Guter Speisepilz, Würzpilz. Roh für Salate, für Beilagen sautiert und mit Kräutern gedünstet.
Bemerkung: Sommertrüffeln werden oft schwarz gefärbt.
In Frankreich dürfen sie nicht unter dem Namen Trüffel verkauft werden.

Weiße Trüffel – *truffe (f) blanche*

Beschreibung: 4–12 cm Durchmesser und bis 500 g schwer (enteneigroß), unregelmäßige Knolle, weißlich, gelblichbraun. Lederartige Hülle, zuweilen mit Rissen, nicht warzig. Teilweise fleckig marmoriert. Geruch stark aromatisch.
Vorkommen: Die weiße Trüffel wächst hauptsächlich in Italien im Piemont, aber auch in Zentraleuropa, in Laub- und Nadelwäldern, dicht unter der Bodenoberfläche. Reife: Juli bis Oktober.
Verwendung: Roh für Salatmischungen, Hors-d'œuvre; fein gehobelt für Risotto oder Teigwarengerichte. Warm, sautiert und für Pilzmischungen, aber auch als Würzpilz verwendbar. Teuerster eßbarer Pilz.

Austernseitling – *pleurote (m)*

Beschreibung: Hutdurchmesser 5 bis 15 cm. In der Farbe außerordentlich veränderlich: grau, graubraun, schwarzgrau, blaugrau, olivgrau, bisweilen ocker oder fast weiß. Hut rund oder muschelförmig, glatt und kahl, dickfleischig, weich. Am Rand oft rissig oder aufsplitternd.
Vorkommen: Auf Stämmen von Laubhölzern. Er wird heute vorwiegend auf Birkenstämmen gezüchtet. Wild wächst er im Spätherbst bis Winter an lebendem oder totem Laubholz, büschelig bis dachziegelig, oft in großen Kolonien.
Verwendung: Gedünstet als selbständiges Pilzgericht, in Butter sautiert für Pilzmischgerichte, als Garnitur zu Fleischgerichten usw.

Weitere eßbare Pilze

Auch die folgenden Pilze sind eßbar, sie werden jedoch in der Hotel- und der Restaurantküche weniger verwendet: Perlpilz, Riesenschirmling (Parasol), Edelreizker, Maronenröhrling, Butterpilz, Semmelstoppelpilz, Schweinsohr usw.

4.5.11 Obst – *fruits (m)*

Obst ist die Sammelbezeichnung für alle genießbaren Früchte mehrjähriger, kultivierter oder auch wild wachsender Pflanzen sowie für einige Samenkernarten wie Nüsse und Mandeln.

Obst in der Ernährung

Obst zeichnet sich durch hohen Saftgehalt, Schmackhaftigkeit und leichte Verdaulichkeit aus, hat aber bei hohem Wassergehalt nur geringen Nährwert. Nüsse und Mandeln bilden durch ihren hohen Ölgehalt eine Ausnahme. Dennoch ist Obst wegen seines Gehaltes an Vitaminen, Mineralstoffen, Frucht- und Traubenzucker, Pektin, Fruchtsäuren, Geschmacksstoffen und Nahrungsfasern ein wichtiger und wertvoller Bestandteil der menschlichen Ernährung.

Einteilung in Gruppen

Im Handel wird das Obst in folgende Gruppen unterteilt:

Beerenobst: Brombeere, Erdbeere, Heidelbeere, Himbeere, Johannisbeere, Preiselbeere, Stachelbeere, Wein- und Tafeltraube.

Saisontabelle des Obstes

	Januar	Febr.	März	April	Mai	Juni	Juli	August	Sept.	Okt.	Nov.	Dez.
Ananas												
Apfel (s. S. 212)												
Aprikose												
Avocado												
Banane												
Baumnuß/Walnuß												
Birne (s. S. 213)												
Brombeere												
Cherimoya												
Dattel												
Erdbeere												
Erdnuß												
Feige												
Granatapfel												
Grapefruit (s. S. 217)												
Haselnuß												
Heidelbeere												
Himbeere												
Johannisbeere												
Kaki												
Kaktusfeige												
Kirsche												
Kiwi												
Klementine												
Kokosnuß												
Kumquat												
Limone												
Litschi												
Mandarine												
Mandel												
Mango												
Marroni												
Nektarine												
Olive												
Orange												
Papaya												
Paranuß												
Passionsfrucht												
Pfirsich												
Pflaume												
Preiselbeere												
Quitte												
Stachelbeere												
Wein- und Tafeltraube (s. S. 222)												
Zitrone												
Zwetschge												

Hartschalenobst: Haselnuß, Kastanie, Mandel, Paranuß, Pecan-Nuß, Walnuß.
Kernobst: Apfel, Birne, Quitte.
Steinobst: Aprikose, Kirsche, Nektarine, Pfirsich, Pflaume, Reineclaude, Zwetschge.
Südfrüchte, exotische Früchte: Ananas, Avocado, Banane, Cherimoya, Dattel, Erdnuß, Feige, Granatapfel, Grenadille, Guave, Kaki, Kaktusfeige, Karambole, Kiwano, Kiwi, Kokosnuß, Litschi, Longane, Mango, Mangostane, Mispel, Olive, Papaya, Passionsfrucht, Pinienkern, Pistazie, Rambutan.
Zitrusfrüchte: Grapefruit, Klementine, Kumquat, Limone, Mandarine, Orange, Zitrone.

Qualitätsmerkmale

Alle in- und ausländischen Obstarten werden in folgende Klassen eingeteilt:
Tafelobst wird in den Klassen Extra, I und II angeboten: vollkommen ausgereifte, fehlerfreie, saubere, in Größe und Farbe der Sorte entsprechende Früchte.
Kochobst: reife, saubere, unverletzte Früchte, die sich zum Kochen, zum Dörren oder zum Einmachen eignen.

Einkauf und Lagerung

Beim Einkauf sollte darauf geachtet werden, daß nur der unmittelbare Verbrauch gedeckt wird. Speziell bei Beerenobst ist die Haltbarkeit auf 1–2 Tage begrenzt. Kühl lagern bei 4 °C bis 6 °C und 80–90% Luftfeuchtigkeit.

Konservierung

Obst sollte im allgemeinen frisch verwendet werden. Durch die verschiedenen Haltbarmachungsmethoden wie Trocknen, Sterilisieren, Tiefkühlen, Dörren oder Kandieren kann aber die Saison verlängert werden.

Ananas – *ananas (m)*

Die wichtigsten inländischen Apfelsorten

Sorten	Saison
Klarapfel	Juli–August
Gravensteiner	August–September
Kanada-Reinette	Oktober–Januar
Golden Delicious	Oktober–Juli
Jonathan	Oktober–Juni
Cox' Orangen-Reinette	September–Dezember
Red Delicious Starking Starkrimson	Oktober–Februar
Boskoop	Dezember–April
Idared	November–Mai
Maigold	Dezember–Juni
Glockenapfel	Dezember–Juli
Primerouge	September–Oktober
Kidd's Orange	Oktober–Dezember
Spartan	Oktober–Januar
Jonagold	Oktober–Mai
Gloster	Oktober–Mai

Beschreibung: Die Ananas ist eine mehrjährige Pflanze mit einer einem Kiefernzapfen ähnelnden Scheinfrucht. Ihre zuerst grünliche Schale färbt sich bei der Reifung gelblichbraun bis leicht rötlich. Das Fruchtfleisch ist gelb. Nur bei reifen Früchten entwickelt sich der Ananasäther, welcher der Frucht ihr typisches Aroma und den angenehm süß-sauren Geschmack verleiht. Ältere Früchte – sie verlieren an Geschmack – und solche mit Druckstellen sind minderwertig. Je nach Herkunftsland sind sie von unterschiedlicher Größe und Form.
Anbaugebiete: Tropische und subtropische Länder.
Lagerung: Ananas sind empfindlich gegen Kälte. Die ideale Lagertemperatur beträgt 15 °C bis 20 °C.
Verwendung: In frischem Zustand und als Konserve wird sie zur Herstellung vieler Süßspeisen, Bowlen, Frucht-, Gemüse- und Fleischsalate, als Garnitur oder als dekorative Beilage für verschiedene, meist fremdländische Gerichte verwendet. Kandiert meist als Dekorationsfrucht in der Patisserie.

Apfel – *pomme (f)*

Beschreibung: Der Apfel ist bei uns die meistgekaufte Frucht. Dank speziellen Lagerungsmethoden ist es möglich, einzelne Sorten bis zu 8 Monate ohne Beeinträchtigung der Qualität aufzubewahren. Mehr als 90% der in der Schweiz konsumierten Äpfel stammen aus einheimischer Produktion. Schweizer Äpfel beherrschen das Angebot von August bis Juni (siehe Tabelle oben). In der übrigen Zeit und zur Ergänzung des Sortiments werden Äpfel importiert.
Qualitätsanforderungen: Die Qualitätsanforderungen an in- und ausländische Äpfel werden im Großhandel vom Schweizerischen Obstverband und an der Verkaufsfront von den Lebensmittelkontrolleuren überwacht.
Anbaugebiete: Ganze Schweiz, mit Schwerpunkt Thurgau, Mittelland, Wallis, Tessin. Ausland: Asien, Afrika, Amerika, Italien (Südtirol), Frankreich, Deutschland.
Lagerung: Kühl, luftig und nicht zu trocken.
Verwendung: Für kalte und warme Garnituren, Kuchen und Gebäcke, kalte und warme Süßspeisen, als Kompott, als Apfelsaft. Rohe, geschälte Äpfel sollten mit Zitronensaft behandelt oder sofort blanchiert werden, da sie an der Luft oxidieren (bräunen).

Aprikose – *abricot (m)*

Beschreibung: Die ursprünglich in China beheimatete Aprikose ist eine Steinfrucht von oranger oder dunkelgelber Farbe. Das Fruchtfleisch reifer Aprikosen ist saftig, süß, duftend und vom Stein leicht zu lösen. Nur eine gut ausgereifte Frucht kann ihr volles Aroma entwickeln.
Qualitätsbestimmung: In der Schweiz unterscheidet man Klasse I mit roter Etikette, Klasse II mit grüner Etikette und Klasse II b mit blauer Etikette (zur Herstellung von Konfitüre).

Anbaugebiete: Inland: Wallis. Ausland: Mittelmeerländer, USA (Kalifornien), China und Südafrika.
Lagerung: Kühl lagern. Vollreife Früchte verderben rasch.
Konservierung: Tiefkühlen, trocknen, sterilisieren, heiß einfüllen.
Verwendung: Als Tafelobst, für Kuchen, Konfitüre, Kompott, Saucen, Aufläufe, Cremen, Fruchtsalat, Glace, Liköre, Spirituosen.

Avocado – avocat (m)

Beschreibung: Avocados sind oval bis birnenförmig mit einem relativ großen braunen, gut lösbaren Stein. Die lederartige Haut ist satt dunkelgrün bis braun. Das Fleisch der reifen Avocados ist butterzart. Das Fruchtfleisch ist grüngelb und hat einen feinen, nußartigen Geschmack. Es verfärbt sich nach dem Anschneiden rasch und wird unansehnlich. Avocados enthalten viel wertvolles Pflanzenfett und sind deshalb sehr energiereich.
Qualitätsbestimmung: Als erstklassig gelten Früchte mit einem Gewicht von 200–300 g, reif und ohne Druckstellen.
Anbaugebiete: Mittelamerika, USA, Israel und Afrika.
Lagerung: Avocados sind sehr kälte- und druckempfindlich. Harte Früchte reifen bei höheren Temperaturen rasch nach.
Verwendung: Als Cocktail, zu Vorspeisen, für Suppen, Salate, Bestandteil von Saucen usw.

Banane – banane (f)

Beschreibung: Bananen erlangen ihre Reife erst durch Lagerung in hierfür speziell eingerichteten Lagerräumen. Sie sind reich an Vitaminen und Fruchtzucker und haben deshalb einen relativ großen Energiegehalt.
Qualitätsbestimmung: Reife, gute Bananen sind goldgelb. Braungefleckte Schalen deuten auf überreife oder einmal stark unterkühlte Früchte hin. Sie sind im Geschmack zwar gut, haben aber an Nährstoffen bereits viel eingebüßt.

Baumnuß-Sorten

Anbauland	Sorte	Erntezeit	Eigenschaften
Italien	*Sorrento*	Oktober	eher klein, mittlere Qualität
USA	*Kalifornien*	Oktober	dünnschalig, gute Qualität und preisgünstig
Frankreich	*Grenobler*	November	begehrte Qualität

Anbaugebiete: Heißes feuchtes Tropenklima; mittelamerikanische Staaten, Indien, Malaysia, Afrika, Thailand, Kanarische Inseln.
Sorten: In den einzelnen Anbaugebieten werden verschiedene Arten kultiviert, die sich sowohl in der Größe als auch im Geschmack und in der Farbe (rot, grün, gelb) stark unterscheiden.
Lagerung: Bananen sollten nie unter 10 °C gelagert werden. Sie sind sehr druckempfindlich.
Verwendung: Frisch als Tafelobst; zu kalten, warmen und gefrorenen Süßspeisen, für Garnituren, für Patisserie, gedörrt in der Bäckerei, zum Beispiel für Früchtebrote.

Baumnuß / Walnuß – noix (f)

Beschreibung: Die Walnuß besteht aus drei Teilen: der grünen Schale, der harten, holzigen Schale und dem Kern.
Qualitätsbestimmung: Große, unbeschädigte, trockene Nüsse gelten als beste Qualität.
Anbaugebiete: Ganz Europa, USA.
Lagerung: Wegen des hohen Fettgehalts sind Nüsse nur beschränkt haltbar. Sie müssen, damit sie nicht ranzig werden, kühl gelagert werden. Nach der Ernte im Herbst müssen Nüsse gut getrocknet werden, sonst werden sie schimmlig.
Verwendung: Die Kerne werden ganz oder gemahlen verwendet für Süßspeisen, als Garnitur in der kalten Küche und für Salate, als Beilage zu Käse, zu Vollwertkost (Müesli), für die Herstellung von Walnußöl für exklusive Salate.

Birne – poire (f)

Beschreibung: Birnen kommen in unzähligen Sorten auf den Markt und sind neben den Äpfeln das beliebteste Tafelobst in Europa. Nur reife Birnen sind saftig und erreichen ihr volles Aroma.
Anbaugebiete: Inland: in klimatisch gemäßigten Gegenden, mit Schwergewicht Wallis. Ausland: ganz Europa, USA, Afrika, Japan und China.
Konservierung: Heiß einfüllen, sterilisieren, dörren, trocknen, destillieren.
Verwendung: Als Tafelobst, für Süßspeisen, zum Beispiel Kompott, Kuchen, Birnenbrot, als Garnitur für die kalte Küche und für warme Fleischgerichte, für die Saft- und Mostherstellung, für Likör und Destillate.

Die wichtigsten Birnensorten

Sorte	Saison
*Coscia	Juli
*Frühe von Trévoux (nur Import)	Juli–August
*Dr. Jules Guyot	Juli–August
*Williams-Christbirne	August–Oktober
*Gellerts Butterbirne (Hardys Butterbirne)	September–November
Gute Luise	September–Januar
**Conférence	Oktober–März
**Boscs Flaschenbirne (Kaiser Alexander)	Oktober–März
**Passe-Crassane	Dezember–April

* Nicht für längere Lagerung geeignet.
** Bis etwa Dezember/Januar aus einheimischer Produktion, dann werden diese Sorten sowohl aus Europa als auch im Frühjahr aus Ländern der südlichen Hemisphäre importiert.

Brombeere – *mûre (f) / meuron (m) / mûron (m)*

Beschreibung: Die Brombeere wächst an einem Dornenstrauch in schattigen Wäldern und auch an sonnigen Hainen und Hecken. Sie kommt von August bis September auf den Markt.
Anbaugebiete: Ganze Schweiz, verschiedene Länder.
Sorten: Kultiviert gibt es einige Dutzend Sorten, die sich in der Größe der Frucht, den Nuancen im säuerlich-süßen Aroma und der Stärke des Duftes unterscheiden. Es gibt auch Sorten ohne Dornen.
Lagerung: Nach der Ernte müssen Brombeeren vor Sonnenbestrahlung geschützt, kühl und ausgebreitet gelagert und so rasch wie möglich verbraucht werden.
Konservierung: Tiefkühlen, heiß einfüllen, sterilisieren, Konfitüre und Gelee, in Alkohol marinieren.
Verwendung: Frischkonsum, Kompott, Joghurt, Konfitüre, Gelee, Glace, kalte Süßspeisen, Sauce, Sirup.

Dattel – *datte (f)*

Beschreibung: Die Dattel ist die Frucht der Dattelpalme, die bis 30 m hoch wird. Pro Palme werden 50–100 kg Datteln geerntet.
Qualitätsbestimmung: Frische Datteln sollten länglichoval, außen fest und das Fruchtfleisch weich sein.
Anbaugebiete: Israel, Irak, Nordafrika und Kalifornien.
Verwendung: Frisch oder getrocknet. Für Süßspeisen oder zum Nachtisch. Dattelmark zum Süßen.

Erdbeere – *fraise (f)*

Beschreibung: Die Erdbeere ist als wohlschmeckende Frucht fast auf der ganzen Welt verbreitet.
Qualitätsbestimmung: Qualitativ gute Früchte sind reif, gleichmäßig rot und trocken.
Anbaugebiete: Inland: Tessin, Wallis, Thurgau und Westschweiz. Ausland: ganz Süd- und Mitteleuropa, Israel, Südafrika und USA.
Sorten: Bei uns ist die Walderdbeere als Wildform heimisch. Die **Monatserdbeere** und die **große Gartenerdbeere** sind Abkömmlinge der Walderdbeere. Es gibt eine ganze Anzahl verschiedener Sorten, die sich in Größe, Form, Farbe und Geschmack unterscheiden.
Lagerung: Nach dem Ernten sind Erdbeeren vor Sonne und Wärme zu schützen. Sie müssen sofort verbraucht werden und lassen sich schlecht aufbewahren.
Verwendung: Die Erdbeere ist eine eigentliche Dessertfrucht. Sie eignet sich für die Herstellung verschiedener Süßspeisen, von Konfitüre und von Erdbeermark.

Erdnuß – *cacahuète (f) / arachide (f)*

Beschreibung: Die bis zu 70 cm hohe Pflanze ist ein strauchartiges Gewächs. Nach dem Verblühen verlängern sich die kurzen Blütenstiele abwärts und drängen die an der Spitze sitzenden Früchte in die Erde, wo sie 5–8 cm unter der Erde ausreifen.
Qualitätsbestimmung: Erdnüsse sollen ganze, feste Kerne mit festem Biß aufweisen und dürfen nicht ranzig sein. Geröstet werden sie das ganze Jahr hindurch angeboten, mit Hauptsaison Oktober–Februar.
Anbaugebiete: USA, Argentinien, Chile, Indonesien, Afrika, Indien, Mexiko, Israel usw.
Verwendung: Erdnüsse werden frisch geröstet gegessen: ungesalzen oder gesalzen zum Aperitif. Sie werden verwendet für fernöstliche und afrikanische Gerichte, für Brotaufstriche und zur Speiseölherstellung.

Feige – *figue (f)*

Beschreibung: Die Feige ist tropfenförmig mit grüner oder blauer, dünner Haut, die sich bei eßreifen Früchten leicht abziehen läßt. Das Fruchtfleisch ist weich, süß und hat bei hellen Sorten weißlich-rote, bei dunkelblauen Sorten dunkelrote Samenkerne.
Anbaugebiete: Der Feigenbaum oder -strauch ist eine typische Kulturpflanze der Mittelmeerländer bis in den Vorderen Orient. Die Frischware kommt vorwiegend aus Italien und aus Griechenland, während die Türkei die meisten getrockneten Feigen von höchster Qualität liefert.
Lagerung: Frische Feigen sind druckempfindlich und nicht lange haltbar. Getrocknete Feigen sind kühl und trocken zu lagern.
Verwendung: Frisch, mariniert, zu Salaten, gebacken, als Kompott, für Glace.

Granatapfel – *grenade (f)*

Beschreibung: Der Granatapfel ist trotz seiner Größe eine Scheinbeere; er hat die Form einer Orange und ist von einer glatten, gelblichen oder bräunlichen Lederhaut umschlossen. Die Haut wird bei der Lagerung zur Schale und wirkt dadurch wie eine luftdichte Verpackung, die das Fruchtinnere lange frisch hält. Das Fruchtfleisch ist rötlich, säuerlich-süß, erfrischend, mit vielen eßbaren Kernen.
Anbaugebiete: Spanien, Italien und Israel. Geerntet wird von Juni bis Oktober.
Verwendung: Frischkonsum, zu Salaten, als Garnitur, für Süßspeisen, für Grenadine-Sirup.

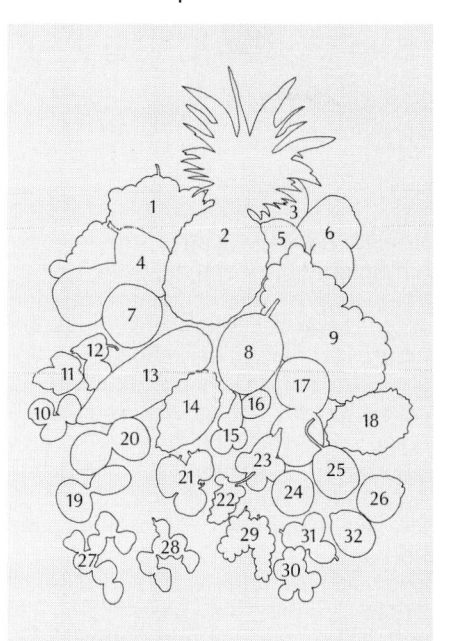

1. Blaue Trauben
2. Ananas
3. Gelber Pfirsich
4. Birnen
5. Weißer Pfirsich
6. Äpfel
7. Nektarine
8. Maracuja
9. Weiße Trauben
10. Marroni
11. Pecan-Nuß
12. Physalis / Kap-Stachelbeeren
13. Babaco
14. Pitahaya
15. Weichseln
16. Blaue Pflaume
17. Äpfel
18. Kiwano
19. Zwetschgen
20. Aprikosen
21. Erdbeeren
22. Schwarze Johannisbeeren
23. Kirschen
24. Gelbe Pflaume
25. Tamarillo / Baumtomate
26. Mangostane
27. Himbeeren
28. Brombeeren
29. Rote Johannisbeeren
30. Heidelbeeren / Blaubeeren
31. Stachelbeeren
32. Salak

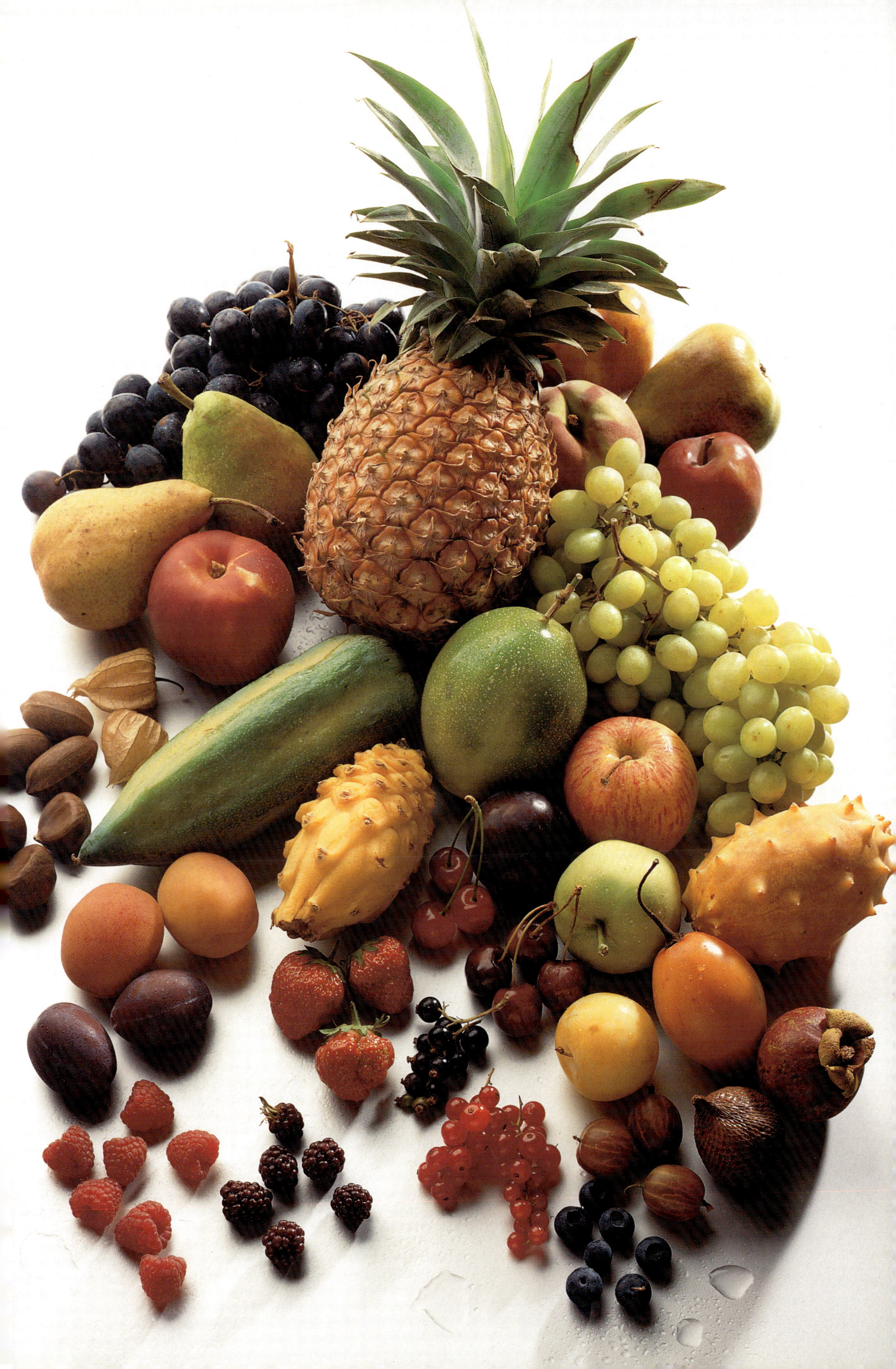

Früchte

Kokosnuß	Kiwis	Litschis	Mango
Orange, Zwergorangen	Bananen, Zwergbananen	Granatäpfel	Papaya
Karambole (Sternfrucht)	Avocado	Kaki	Feigen
Zitrone, Limonen	Passionsfrüchte	Kaktusfeige	Nespole (Wollmispeln)
Rambutane	Nüsse	Grapefruits	Datteln

Grapefruit / Pampelmuse – *pamplemousse (m)*

Beschreibung: An einer Pflanze wachsen jeweils mehrere Früchte traubenartig, daher ihr englischer Name (*grape* = Traube, *fruit* = Frucht). Nur am Baum ausgereifte Früchte erreichen ihr volles Aroma.
Anbaugebiete: Länder mit tropischem oder subtropischem Klima wie Israel, Kalifornien, Südafrika, Malaysia, Jamaika, Indien, China und Japan.
Sorten: Wie bei allen Zitrusfrüchten kennt man auch bei den Grapefruits eine ganze Anzahl verschiedener Arten und Abarten. Die auffälligste Abart ist die **Pomelo,** welche viel größer, dickschaliger und süßer ist als die Grapefruit. Weitere Sorten unterscheiden sich vor allem durch die gelbe oder rötliche Farbe der Schale und des Fruchtfleisches sowie durch den Gehalt an Fruchtzucker, Aroma- und Bitterstoffen.
Lagerung: Kühl gelagerte Früchte sind über eine längere Zeitspanne haltbar.
Verwendung: Halbiert zum Frühstück oder als Vorspeise, zu Cocktails verarbeitet, für Süßspeisen, als Garnitur, für Marmelade. Der Saft gilt als hervorragender Vitamin-C-Spender.

Die wichtigsten Grapefruit-Sorten

Anbaugebiet / Typ	Konsumzeit	Eigenschaften
Israel Jaffa	Dezember–Mai	weißfleischig, sehr saftig, säuerlich-bitter, dünne Schale, kernenlos
USA: Kalifornien	April–September	weiß- und rotfleischig
Florida	September–Januar	weiß- und rotfleischig, saftig, Außenhaut leicht «rostig»
Südafrika Outspan	Juli–August	weiß- und rotfleischig, saftig

Grenadille / gelbe Passionsfrucht – *barbadine (f) / pomme (f) liane*

Beschreibung: Die Frucht ist langoval und hat eine glatte, lederartige, gelbe bis orange Schale. Das Fruchtfleisch ist geleeartig, süß-säuerlich, mit grünlichen Kernen und himbeerartigem Geschmack. Die Grenadille zählt zu den Passionsfrüchten.
Anbaugebiete: Mittelamerika, Kolumbien, Westindien und Hawaii.
Sorten: Weiß- und gelbfleischige Sorten.
Lagerung: Grenadillen können etwa eine Woche kühl, aber nicht im Kühlschrank gelagert werden.
Verwendung: Frischkonsum, für Süßspeisen, Saft und Garnitur.

Guave – *goyave (f)*

Beschreibung: Die apfel- oder birnenartige Frucht ist gelblich-grün und hat im hellen, grünen oder zartrosa Fleisch harte Kerne. Der Geschmack ist eine Kombination von Birne, Feige und Quitte und ziemlich süß.
Anbaugebiete: Die aus dem tropischen Amerika stammende Frucht wird in Indien, Westindien, in den USA, in Südafrika und Israel angebaut. Die Erntezeit ist vom Klima abhängig. Guaven sind im Frühling und im Sommer erhältlich.
Verwendung: Frischkonsum, für Süßspeisen, Saft, Kompott, Marmelade oder Gelee.

Haselnuß – *noisette (f)*

Beschreibung: Haselnüsse sollten gleichmäßig groß sein und eine weiße bis elfenbeinartige Farbe aufweisen. Sie werden das ganze Jahr über ganz in der Schale oder ausgebrochen, getrocknet, geröstet, fein gemahlen oder mit Zucker gemischt und gerieben als Haselnußmasse angeboten.
Anbaugebiete: Haselnüsse wachsen bei uns in der Schweiz in unbedeutenden Mengen wild. Im Ausland werden sie vor allem in den Küstengebieten des Schwarzen und des Mittelmeeres angebaut. Italien, Spanien, die Türkei und Griechenland sind die größten Produzenten.
Lagerung: Wegen ihres hohen Fettgehalts werden Haselnüsse bei falscher Lagerung schnell ranzig. Sie sollten daher kühl, trocken und vor Licht geschützt gelagert werden.
Verwendung: Für die Herstellung von Süßspeisen, Torten, Konfekt, Pralinemasse, Cremen, Glace, geröstet zum Apéro. Beachtliche Mengen werden auch zu Öl verarbeitet.

Heidelbeere / Blaubeere – *myrtille (f)*

Beschreibung: Die weitverbreitete Heidelbeere hat runde, erbsengroße Beerenfrüchte, die zuerst rot, ausgereift aber blauschwarz und mit einem dauerhaften Tau bedeckt sind. Die saftige Beere gleicht der Preiselbeere, schmeckt süß-sauer und aromatisch.
Anbaugebiete: Europa, Asien, Amerika bis zu einer Höhe von 3000 m ü. M. Sie wächst vorwiegend auf trockenem Grund in Wäldern.
Lagerung: Heidelbeeren sind nicht lange haltbar und sollten deshalb sofort frisch verbraucht werden.
Verwendung: In erster Linie zum sofortigen frischen Verzehr, für Joghurt, als Kompott, für Torten und Törtchen, Konfitüre.

Himbeere – *framboise (f)*

Beschreibung: Die vielen Himbeerarten wachsen wild und gezüchtet vorzugsweise an feuchten und schattigen Stellen. Wilde Früchte sind weitaus aromatischer als gezüchtete.
Anbaugebiete: Ganze Schweiz, hauptsächlich Wallis. Ausland: Mittel- bis Nordeuropa, Asien, Nordafrika und Nordamerika.
Lagerung: Himbeeren sind leichtverderblich und sollten deshalb rasch verbraucht werden.
Verwendung: Roh als Süßspeise, mit Rahm und etwas Zucker, für Torten, Törtchen, Eisspeisen, Kompott, Marmelade, Saft, Sirup und Gelee.

Johannisbeere – *groseille (f) (à grappe)*

Anbaugebiete: Die verschiedenen Johannisbeeren wachsen wild oder gezüchtet. Sie werden in der Saison (Juni–August) hauptsächlich aus inländischer Produktion bezogen. Importe sind unbedeutend.
Sorten: Unterschieden werden drei Hauptgruppen: rote Johannisbeere – *groseille rouge,* schwarze Johannisbeere – *cassis (m)* und weiße Johannisbeere – *groseille blanche.*
Verwendung: Für Süßspeisen, Gelee, Konfitüre, Joghurt, Müesli usw. Verarbeitung der schwarzen Johannisbeere zu Cassis-Saft und Likör.
Die Johannisbeeren können sehr gut tiefgekühlt werden.

K(h)aki(pflaume) / Dattelpflaume / Persimone – *kaki (m) / plaquemine (f) / figue (f) caque / abricot (m) du Japon*

Beschreibung: Die an einem Baum wachsende Kaki sieht wie eine gelborange Tomate aus und ist äußerst

druckempfindlich. Sie ist glatt, glänzend, reif weich und saftig. Das Fruchtfleisch ist geleeartig, süß, mit leichtem Aprikosen-Vanille-Geschmack. Harte Früchte kann man bei Zimmertemperatur nachreifen lassen. Reife Kaki werden gekühlt serviert. Hauptangebot Oktober bis Dezember.
Anbaugebiete: Die Frucht stammt ursprünglich aus China und Japan. Ihr Vorkommen in Europa ist auf einige Mittelmeerregionen (Italien, Spanien, Südfrankreich, Dalmatien) beschränkt. Eine Ausnahme bildet die Schweiz mit dem Anbau bei Locarno im Tessin.
Verwendung: Frischkonsum, für Marmelade, Süßspeisen, kalte Vorspeisen.

Kaktusfeige / Kaktusbirne – figue (f) de Barbarie

Beschreibung: Je nach Sorte ist die Kaktusfeige grün, rötlich, gelb, lachsfarben oder braun. Das Fruchtfleisch ist rötlichgelb, schmeckt birnenartig süß und hat viele kleine flache Kerne. Die Schale sollte wegen ihrer Stacheln nie mit der ungeschützten Hand berührt werden.
Anbaugebiete: Spanische Seefahrer brachten die Kaktusfeige im 16. Jahrhundert nach Europa. Sie ist heute im ganzen Mittelmeerraum verbreitet. Sizilien exportiert für die meisten Märkte ab Juli.
Verwendung: Frischkonsum, für kalte Vorspeisen, Süßspeisen, Marmelade.

Karambole / Sternfrucht – carambole (f) / pomme (f) de Goa

Beschreibung: Fünfzackige, gelbe, sternförmige, wässerige Frucht mit süß-säuerlichem erfrischendem Geschmack.
Anbaugebiete: Die Sternfrucht wächst in verschiedenen tropischen Ländern auf niedrigen, buschartigen Bäumen. Importe das ganze Jahr über aus Brasilien, Israel und Thailand.
Verwendung: Die Sternfrucht wird ungeschält verwendet für Kompott, Chutney, zu Salaten, Cocktail, als Garnitur. Bei uns ist sie eine ausgesprochene Dekorationsfrucht.

Kastanie / Edelkastanie / Marrone – châtaigne (f) / marron (m)

Beschreibung: Die glänzenden Marroni oder Marronen eignen sich speziell für Kochzwecke, weil sie sich leicht schälen lassen. Dagegen läßt sich die Schale von den grauflaumigen Marroni schlecht ablösen. Die glänzenden Marroni sind vergoren, das heißt für Kochzwecke extra gebeizt worden.
Anbaugebiete: Inland: Tessin. Ausland: Italien, Spanien, Nordafrika.
Sorten: Edelkastanie – châtaigne (f), wilde Kastanie – marron (m) d'Inde.
Konservierung: Tiefkühlen, trocknen. Getrocknete Marroni sind im Gegensatz zu den Frischkastanien sehr lange haltbar. Sie sollten jedoch vor dem Garen eingeweicht werden.
Verwendung: Glasierte Marroni passen zu Rosenkohl, Rotkohl, Wild usw. Sie werden jedoch auch geröstet (vor dem Rösten wird die Schale eingeschlitzt). Marroni eignen sich für Süßspeisen (Vermicelles).

Kirsche – cerise (f)

Beschreibung: Beliebte Steinfrucht. Rundlich, hellrot bis dunkelblau, je nach Sorte.
Qualitätsbestimmung: Tafelkirschen werden ausschließlich in den Klassen Extra und I gehandelt.
Anbaugebiete: Urheimat ist der Orient. Heute in allen gemäßigten Klimazonen anzutreffen. Einheimische Kirschen von Mitte Juni bis Ende Juli: aus der Nordwestschweiz (Basel und Aargau), aus der Ostschweiz (Thurgau) und aus der Innerschweiz (Zug und Schwyz). Importiert werden Kirschen vor allem außerhalb der Saison: aus Italien und Frankreich von Ende Mai bis Mitte Juni.
Sorten: Nach ihrer hauptsächlichen Verwendung werden drei Arten von Kirschen unterschieden: **Tafelkirschen** – herzförmig bis kugelig, schwarz, dunkelrot, gelbrot und hellrot im Handel erhältlich –, **Konservenkirschen** und **Brennkirschen.** Etwas vereinfacht kann man die Kirschen auch in Süß- und Sauerkirschen unterteilen. **Sauerkirschen:** Weichselkirschen, Schattenmorellen usw. **Süßkirschen:** Bigarreaux, Schumacher, Fricktaler usw.
Verwendung: Geschmack und Farbe bestimmen den Verwendungszweck der Kirschen. Tafelkirschen als Tafelobst, für Süßspeisen, Konfitüre. Kirschen werden ohne Stein sterilisiert oder tiefgekühlt.

Kiwano / Hornmelone – kiwano (m)

Beschreibung: Oval, gelborange Schale mit warzigen Höckern. Das Fruchtfleisch ist intensiv grün, sauer, sehr kernenhaltig, mit leichtem Bananengeschmack.
Anbaugebiete: Importe das ganze Jahr über aus Kenia und Neuseeland.
Verwendung: Frischkonsum, für Cocktails, Fruchtsalat, Glace.

Kiwi / chinesische Stachelbeere – kiwi (m)

Beschreibung: Kiwi sind Früchte einer chinesischen Kletterpflanze, die durch Züchtung auch in den gemäßigten Klimazonen angebaut werden kann. Sie haben eine braune Haut, hellgrünes, säuerliches, aromatisches Fruchtfleisch mit einer weißen Mitte und sehr kleinen eßbaren Kernen.
Anbaugebiete: Frankreich, Italien und Israel, neuerdings auch Schweiz (Westschweiz, Tessin).
Verwendung: Frischkonsum, für Süßspeisen, kalte Vorspeisen, als Garnitur.

Klementine – clémentine (f)

Beschreibung: Die Klementine ist eine kernenlose, mandarinenähnliche Zitrusfrucht. Sie ist rundlich, intensiv orange gefärbt, dünnschalig und süß.
Qualitätsbestimmung: Im Handel werden Klementinen von Oktober bis Anfang März angeboten. Sie sollten fest, saftig und ohne Druckstellen sein.
Anbaugebiete: Spanien, Nordafrika, Griechenland, Israel, Italien und USA.
Sorten: Eine weitere Mandarinensorte ist die **Tangerine,** in China beheimatet. Tangerinen sind sehr klein, kernenlos, mit einer lose sitzenden, intensiv orangeroten Schale. Tangerinenschalen bilden den Grundstoff bei der Herstellung von Curaçao. Sie werden frisch gegessen oder in Dosen als Schnitze angeboten.
Lagerung: Klementinen müssen, wie die anderen Zitrusfrüchte, kühl und nicht zu trocken gelagert werden.
Verwendung: Hauptsächlich als Tafelobst für den Frischkonsum; für verschiedene Süßspeisen und Glace. Die kleinen Sorten werden in Dosen sterilisiert und dienen als Belegfrucht in der Patisserie.

Kokosnuß – noix (f) de coco

Beschreibung: Die Kokosnüsse sind die Früchte der bis zu 30 m hohen Kokospalme. Die bis kopfgroßen Kokosnüsse enthalten unter einer 4–5 cm dicken Faserschicht den von einer steinharten Hülle umgebenen weißen, fleischigen Samen, der einen mit

der sogenannten Kokosmilch gefüllten Hohlraum umschließt.
Qualitätsbestimmung: Frische Kokosnüsse sollten noch Milch enthalten.
Anbaugebiete: Indonesien, Sri Lanka, Indien, Philippinen, Brasilien und Westafrika.
Verwendung: Für Süßspeisen oder als Beilage zu fernöstlichen Gerichten. Wertvoller Fettlieferant (Kokosöl).

Kumquat / Goldorange / Zwergorange – *kumquat (m)*

Beschreibung: Die haselnußgroßen, ovalen, goldgelben, dekorativen Früchte mit meist zwei Kernen wachsen an dornigen Sträuchern und können roh konsumiert werden, weil die dünne eßbare Schale süß und das aus fünf Segmenten bestehende Fruchtfleisch nur leicht säuerlich schmeckt.
Anbaugebiete: Die Kumquats stammen aus dem südöstlichen China. Sie werden in Nord- und Südafrika, den USA sowie in einigen anderen Ländern, die Zitrusfrüchte anbauen, kultiviert.
Sorten: Es gibt verschiedene hellere und dunklere Sorten, die durch Einkreuzungen entstanden sind: Limequats, Citranquats, Orangequats.
Verwendung: Frischkonsum, für Konfitüre, Salat, Süßspeisen, als Garnitur und Cocktailfrucht.

Limette / Limone – *citron (m) vert / lime (f) / limette (f)*

Beschreibung: Die Schale der Limetten ist dünn, grün, vollreif gelb. Das Fruchtfleisch ist grün und hat wenig oder keine Kerne. Sehr aromatischer Saft.
Anbaugebiete: Sie wird in fast allen Ländern, die Zitrusfrüchte anbauen, kultiviert und ist das ganze Jahr erhältlich.
Verwendung: Für Marinaden, Salatsaucen, Süßspeisen, Getränke.

Litschi – *litchi (m) / lichee (m)*

Beschreibung: Die rundovale Frucht wächst in Rispen bis zu 30 Stück an Bäumen. Die schuppige Haut ist tiefrosa, wird aber braun, wenn die Frucht trocknet. Das saftige Fruchtfleisch ist durchscheinend weiß, fest, süß, mit einer Geschmackskombination von Sauerkirsche, Muskat und Ingwer. Der große Kern glänzt dunkelbraun.
Anbaugebiete: Litschis sind in China beheimatet, werden aber im ganzen asiatischen Raum sowie in Südafrika und Madagaskar angebaut. Frische

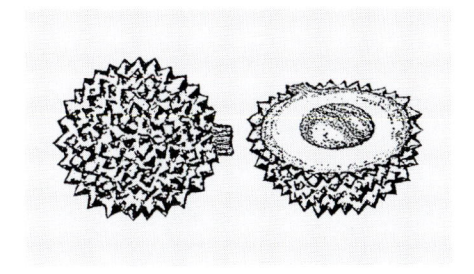

Litschis werden als Luftfracht verschickt und sind fast das ganze Jahr erhältlich.
Verwendung: Frischkonsum, als Kompott, Beilage, Garnitur, für Glace, chinesische Gerichte, Fruchtsalat.

Longane – *longane (f) / litchi (m) ponceau*

Beschreibung: Die wie Trauben in Büscheln auf Bäumen wachsenden, gelblichgrünen, runden bis ovalen Früchte werden bei ihrer Reife bräunlichbeige. Das Fruchtfleisch ist weißbläulich mit einem Kern, aber nicht so süß wie die Litschis.
Anbaugebiete: Die aus China stammende Beerensorte wächst in den tropischen Gebieten Indochinas und Indiens. Saison: Juli–September.
Verwendung: Frischkonsum, als Kompott, für Mixgetränke, als Konserven.

Mandarine – *mandarine (f)*

Beschreibung: Abgeplattete orangenähnliche Frucht, deren Schale sich leicht vom Fruchtfleisch lösen läßt. Der Saft der Mandarine ist süß, das Fruchtfleisch zart und von angenehmem Geschmack.
Qualitätsbestimmung: Gesunde Früchte mit sauberer Schale. Die Form der Früchte ist regelmäßig rund und das Fruchtfleisch saftig. Besonders dekorativ auf dem Fruchtkorb sind Früchte mit Stiel und einigen Blättern.
Anbaugebiete: Italien, Spanien, Nordafrika. Satsumas stammen aus Spanien (Frühmandarine), Paterno aus Sizilien.
Verwendung: Als Tafelobst, für kalte, warme und gefrorene Süßspeisen, auch kandiert oder als Likör.

Mandel – *amande (f)*

Beschreibung: Unterschieden werden die süße Mandel, die Bittermandel, die Krach- oder Knackmandel. **Malaga-Mandeln** sind groß und süß. **Bittermandeln** sind an der äußeren Form nicht zu erkennen. In der Regel dürfen Süßmandelprodukte etwa 1% Bittermandeln enthalten. Da die Bittermandeln Blausäure enthalten (ein starkes Gift), dürfen sie nicht in großer Dosis

verwendet werden. **Krachmandeln** haben eine brüchige Schale.
Qualitätsbestimmung: Gute Mandeln sind groß, glatt und hellbraun. Ihr Fleisch ist weiß und fest.
Anbaugebiete: Italien, Spanien, Nordafrika, Kalifornien, Frankreich und Vorderasien.
Lagerung: Kühl, trocken und vor Licht und Geruch geschützt.
Verwendung: Ganze Kerne von süßen Mandeln für Lebkuchen, als gebrannte Mandeln und als Dekor. Halbierte, gehobelte, gestiftete, geriebene Mandeln für diverse Gerichte und Süßspeisen. Für Marzipan und Mandelmasse. Gesalzen werden sie oft zum Aperitif gereicht.

Mango – *mangue (f)*

Beschreibung: Mangos sind ausgesprochene Tropenfrüchte. Sie sehen nierenförmig aus und haben ein äußerst duftendes und aromatisches Fruchtfleisch, das im Geschmack zwischen Aprikose und Ananas liegt. Die dünne lederartige Haut ist gelb und grünlich bis teilweise rötlich schimmernd. Nur bei ausgereiften Mangos läßt sich der Stein ganz vom Fruchtfleisch lösen.
Qualitätsbestimmung: Nur ausgereifte Früchte geben rundherum auf Fingerdruck nach. Da sie bei uns meist wegen des Transports noch nicht im optimalen Reifegrad auf den Markt kommen, ist ein Nachreifenlassen bei Zimmertemperatur unerläßlich.
Anbaugebiete: Fast alle tropischen Zonen. Hauptanbaugebiete sind Indien, Mexiko, Südafrika, Kenia, Israel und Brasilien.
Lagerung: Da Mangos sehr druckempfindlich sind, müssen sie sorgfältig gelagert werden: reife Früchte im Kühlraum, nicht ausgereifte Früchte bei Zimmertemperatur.
Verwendung: Frisch schmecken die Mangos am besten. Man halbiert die Frucht, entfernt den Stein und löffelt das Fleisch aus der Schale. Wird auch in Milchshakes, Eisspeisen, Kuchen, Fruchtsalat, für Marmelade und Mango Chutney verwendet.

Mangostane / Breiapfel – *mangoustan (m) (du Malabar)*

Beschreibung: Die Mangostane wächst auf hohen Bäumen. Sie ist so groß wie ein mittlerer Apfel, jedoch oben und unten leicht plattgedrückt. In die rotbraune, lederartige Schale ist das cremeweiße, in 4–5 Fächer eingeteilte Fruchtfleisch, mit gelbgrünen eßbaren Kernen, eingebettet. Das Aroma gilt als das feinste aller tropischen Früchte.

Anbaugebiete: Sie stammt aus den Tropen, kommt vor allem aus Brasilien und vom malayischen Archipel. Von Juni bis November auf dem Markt.
Verwendung: Frischkonsum, für kalte Süßspeisen.

Mirabelle – *mirabelle (f)*

Beschreibung: Die Mirabelle ähnelt in Form, Größe und Stein der Kirsche, was auch ihr englischer Name *cherry plum* verrät, die Außenhaut ist jedoch intensiv gelb. Sie ist eine Pflaumenart und stammt aus Kleinasien. Die reife Frucht ist saftig, zuckersüß, mit einer leichten, sehr köstlichen Säure.
Anbaugebiete: Südeuropa und Südwestasien. Mirabellen sind hauptsächlich im August und im September erhältlich.
Lagerung: Reife Mirabellen sind nur beschränkt lagerfähig. Sie sind deshalb oft sterilisiert oder mariniert erhältlich.
Verwendung: Frischkonsum, für Saft, Konfitüre, Kompott, Rumtopf und Spirituosen.

Mispel – *nèfle (f)*

Beschreibung: Die Frucht ist walnußgroß, bräunlich-rostrot und hart.
Anbaugebiete: Die aus dem Vorderen Orient stammende Frucht ist in Süd- und Westeuropa verbreitet. Nur Italien bringt von Mai bis Oktober genügend Mispeln auf den Markt.
Sorten: Kurzstielige Apfelmispel, langstielige Birnenmispel.
Verwendung: Für Kompott, in Wein oder in Zuckersirup eingelegt, auch für Saft und Gelee.

Nektarine – *nectarine (f)*

Beschreibung: Nektarinen sind eine Kreuzung zwischen Pfirsich und Pflaume. Sie haben eine glatte Oberfläche.
Anbaugebiete: Italien, Spanien, Frankreich.
Lagerung: Nektarinen sind in der Regel bei der Auslieferung noch hart. In diesem Zustand sind sie einige Tage haltbar.
Verwendung: Nektarinen gelten als Tafelobst und werden meistens frisch gegessen, können jedoch auch für diverse Süßspeisen (Obstsalat) verwendet werden.

Nespola / Japanische Mispel / Wollmispel / Loquat – *nèfle (f) du Japon*

Beschreibung: Die pflaumengroßen, aprikosenfarbenen Früchte haben einen kleinen Blütenkelch. Sie sind mit einer dünnen, zähen Haut überzogen. Im festen, saftigen Fleisch liegen 3–6 Kerne.
Anbaugebiete: Der Ursprung dieser in Italien bekannten und beliebten Frucht liegt in China. Heute wird sie auch im Mittelmeerraum, in Mittel- und Südamerika und in Kalifornien angebaut. Frische Nespole sind im April und im Mai erhältlich.
Verwendung: Nur vollreife Früchte ißt man roh oder verwendet sie geschält und entkernt für Fruchtsalate, Kompott, auch für Saft und Gelee. Kompott dieser Frucht findet man als Konserven unter der Bezeichnung «Loquat» im Handel.

Olive – *olive (f)*

Beschreibung: Der Olivenbaum kann bis zu zweitausend Jahre alt werden. Die Oliven sind in der Form kleinen Zwetschgen ähnlich, sind aber satt grün. **Grüne Oliven** werden unreif geerntet, oft gefüllt oder ohne Stein angeboten. **Schwarze Oliven** werden in ausgereiftem Zustand geerntet. Oliven enthalten bis zu 22% Öl, und auch der Kern ist stark ölhaltig.
Anbaugebiete: Mittelmeerländer, Kalifornien, Südamerika sowie die Länder am Schwarzen Meer.
Konservierung: Sterilisiert, mariniert, in Salzlake. Je nach Konservierungsart sollten die Oliven eine glatte, pralle Oberfläche aufweisen. Sie dürfen jedoch nie bitter sein.
Verwendung: Meist als Garnituren zu kalten und warmen Fisch- und Fleischgerichten, zum Aperitif, in griechischen Salaten. Olivenöl wird in der warmen und der kalten Küche verwendet.

Orange / Apfelsine – *orange (f)*

Beschreibung: Die Blondorangen haben gelbes, die Halbblutorangen rötliches, die Blutorangen blutrotes Fruchtfleisch. Auch die Schale der Blutorangen hat eine rötliche Pigmentierung.
Qualitätsbestimmung: Gute Orangen sollen fest und gewichtig sein. Bei allen Sorten sind Mindestgrößen vorgeschrieben.
Anbaugebiete: Der Orangenbaum wird in China seit Jahrhunderten kultiviert. Weitere Anbauländer sind Italien, Spanien, Algerien, Marokko, Südafrika, Brasilien und die USA. Orangen aus Nord- und Südamerika sind meist groß, dickschalig und haben sehr saftiges festes Fruchtfleisch. Orangen aus den anderen Ländern sind eher dünnschalig, mittelgroß und fast immer kernenlos.
Sorten: **Blondorangen,** zum Beispiel Navels, Shaouti, Jaffa, Valencia. **Blutorangen,** zum Beispiel Moro, Tarocco, Sanguinello. Die **Pomeranze,** auch Sauerorange, starke Orange, Melangolo genannt, ist die **Bitterorange,** die auch heute noch für Marmelade und Orangeat verwendet wird.
Lagerung: Orangen werden kühl gelagert mit etwas höherer Luftfeuchtigkeit, damit sie nicht austrocknen.
Verwendung: Als Tafelobst, für kalte, warme und gefrorene Süßspeisen, Marmelade und Liköre. Orangensaft als Vitamin-C-Spender.

Papaya / Baummelone – *papaye (f) / melon (m) tropique*

Beschreibung: Die Papaya hat grüngelbe bis gelbe Haut und blaßgelbes bis lachsrotes Fruchtfleisch, das bei Vollreife süß und von kürbisähnlicher Konsistenz ist. Rotfleischige Früchte sind schmackhafter als gelbfleischige. Sie schmecken wie eine Mischung aus Himbeeren und Waldmeister. Durch Beträufeln mit Limetten- oder Zitronensaft wird das Eigenaroma intensiviert. Im Innern der Früchte befindet sich ein Hohlraum mit zahlreichen grauschwarzen, pfefferkorngroßen Kernen.
Qualitätsbestimmung: Papayas erreichen ein Gewicht von 6 kg. Die im Handel angebotenen Früchte sind bis zu 1 kg schwer und werden fast das ganze Jahr über angeboten.
Anbaugebiete: Die Urheimat der Papaya ist Mexiko. Heute wird sie in ganz Mittel- und Südamerika, in Indien, Thailand und Südafrika angebaut.
Verwendung: Frischkonsum, für Salat, Sorbet, Süßspeisen, Cocktails und Drinks. Unreif als Gemüse. Papayasaft ist ein vorzüglicher natürlicher Fleischzartmacher.

Passionsfrucht – *fruit (m) de la Passion*

Beschreibung: Wie eine größere Pflaume oder ein Apfel geformt, hat die Passionsfrucht eine ledrige, weinrote bis purpurfarbene, bräunlich ge-

punktete Haut. Das saftige, gelbliche, schleimige Fruchtfleisch hat je nach Herkunft Himbeer-, Erdbeer- oder Pfirsichgeschmack. Die vielen flachen Kerne werden beim Frischkonsum mitgegessen. Passionsfruchtsaft ist säuerlich, goldgelb und trüb. Frische Passionsfrüchte sind druckempfindlich.
Anbaugebiete: Die Frucht wird in vielen heißen Ländern angebaut. Für den europäischen Markt Import frischer Früchte aus Brasilien, Kenia, Südafrika, Taiwan und den USA, Import von Fruchtkonzentrat aus Australien.
Verwendung: Frischkonsum, für Süßspeisen.

Paranuß – *noix (f) du Brésil / châtaigne (f) du Brésil*

Beschreibung: Die kugeligen Früchte wachsen auf Bäumen und haben ein Gewicht von 2–3 kg. Darin eingebettet liegen wie Schnitze 24 bis 40 der bekannten dreieckigen Nüsse. Unbeschädigte, trockene Nüsse sind von einer braunen Samenhaut umgeben. Eine weiße Bruchfläche und ihr spezielles Aroma zeichnen sie als begehrte Nußsorte aus.
Anbaugebiete: Südamerika, besonders Brasilien.
Lagerung: Kühl, trocken und vor Licht geschützt.
Verwendung: Roh, zu Käse, für Gebäck.

Pecan-Nuß – *noix (f) de pacane / pacane (f)*

Beschreibung: Der Pecan-Nußbaum hat behaarte Früchte, die ein wenig in die Länge gezogen sind. Die harte Schale ist glatt, glänzend und dünn. Es gibt jedoch zahlreiche andere Formen, von zylindrisch bis abgerundet, welche aber anbaumäßig weniger wichtig sind. Die Pecan-Nuß ähnelt der Wal- oder Baumnuß dermaßen, daß sie bis zum letzten Jahrhundert mit dieser gleichgesetzt wurde. Durch ihren geringeren Fettanteil als andere Nüsse wird sie weniger schnell ranzig.
Qualitätsbestimmung: Große Nüsse mit glänzender, brauner, fast glatter Schale, festem Kernfleisch und vollem Nußaroma zeichnen erstklassige Qualität aus.
Anbaugebiete: USA, Kanada, Nordafrika, Spanien und Israel. Saison der Pecan-Nüsse sind die Wintermonate.
Verwendung: Roh, zu Käse, für Gebäck und Süßspeisen.

Pfirsich – *pêche (f)*

Beschreibung: Pfirsiche sind kugelige Früchte, die unterteilt werden in weiß- und gelbfleischige sowie in steinlösliche und nichtsteinlösliche.
Qualitätsbestimmung: Pfirsiche werden nach Größe gehandelt: A und AA sind große, B mittelgroße, C und D kleine Früchte, die mehrheitlich in der Konservenindustrie verwendet werden. Das Fruchtfleisch sollte fest in der Konsistenz und angenehm saftig sein.
Anbaugebiete: Wie die Aprikose und die Orange stammt der Pfirsich aus China, wo er seit 4000 Jahren gehegt und gepflegt wird. Die inländische Produktion ist kaum von Bedeutung. Nach Italien – das auch als Pfirsichgarten Europas bezeichnet wird – sind die USA, Frankreich, Spanien, Griechenland, China, Argentinien, Südafrika und Australien große Produzenten. Die Pfirsichsaison dauert von Juni bis September, doch werden sie auch von Mai bis Dezember angeboten.
Lagerung: Reife Pfirsiche sind nur beschränkt haltbar und müssen kühl gelagert werden.
Verwendung: Frischkonsum, für warme, kalte und gefrorene Süßspeisen, Pfirsichbowle. In der Lebensmittelindustrie wird aus Pfirsichkernen **Persipan** (Marzipanersatz) hergestellt.

Pflaume – *prune (f)*

Beschreibung: Die Pflaume, die oft mit der Zwetschge verwechselt wird, ist kugeliger und reift bedeutend früher. Frische Pflaumen haben eine sehr feine Haut. Ihr Fruchtfleisch ist je nach Sorte grünlichgelb bis goldgelb und von zuckerigem, leicht säuerlichem Geschmack.
Qualitätsbestimmung: Pflaumen werden praktisch nur in Qualitätsklasse I gehandelt. Es bestehen Vorschriften vom Schweizerischen Obstverband bezüglich Größe, Qualität und Bezeichnung.
Anbaugebiete: Kalifornien, Jugoslawien, Italien, Deutschland und Frankreich. Der inländische Pflaumenanbau ist für den Markt eher unbedeutend. Die Pflaumensaison dauert von Juli bis August. Getrocknet und ohne Stein werden sie das ganze Jahr angeboten.
Lagerung: Feste Früchte können einige Tage kühl gelagert werden.
Verwendung: Frischkonsum, für kalte, warme und gefrorene Süßspeisen. In Frankreich und in Jugoslawien werden aus Pflaumen ausgezeichnete Liköre und Spirituosen hergestellt.

Pinienkern – *pignon (m)*

Beschreibung: Pinienkerne sind öl- und eiweißhaltige Samen aus den Zapfen der wildwachsenden Pinie.
Anbaugebiete: Mittelmeerraum: Südfrankreich, Italien, Spanien, Portugal, Türkei.
Verwendung: Leicht geröstet für Gemüse und Salate, zum Backen, als Garnitur oder für Pesto.

Pistazie – *pistache (f)*

Beschreibung: Die Pistazienpflanze gedeiht gerne auf vulkanischen Böden. Das Fruchtfleisch ist hellgrün und mandelartig. Hoher Ölgehalt.
Anbaugebiete: Italien, Spanien, USA, China, Rußland, Kleinasien.
Verwendung: Für Feingebäck, Süßspeisen (Glace), Fleischfüllungen, Pasteten, Galantinen, Würste.

Preiselbeere – *airelle (f) rouge*

Beschreibung: Preiselbeeren sind die Früchte eines wildwachsenden, niedrigen, immergrünen Strauchgewächses. Der Geschmack ist herb-säuerlich und wird erst nach der Zubereitung delikat und angenehm. Die **Cranberry** aus den USA ist eng verwandt mit der Preiselbeere.
Anbaugebiete: Hauptsächlich skandinavische Länder, Kanada, USA.
Verwendung: Als Beilage zu Haar- und Federwild, als Kompott, für Fruchtsäfte, in Gebäck.

Quitte – *coing (m)*

Beschreibung: Gelbe Frucht mit grünlichem, filzähnlichem Flaum. Das Fruchtfleisch ist säuerlich-herb. Nach dem ersten Frost geerntete Früchte haben das beste Aroma.
Anbaugebiete: Hauptsächlich Inland. Anbau weltweit.
Sorten: Apfel- und birnenförmige Quitten.
Lagerung: Da Quitten einen intensiven Duft abgeben, sollten sie getrennt von anderen Früchten bei rund 0 °C und 90–100 % Luftfeuchtigkeit gelagert werden.
Verwendung: Für Konfitüre, Gelee, Süßspeisen, Likör, als Beilage zu Wildgerichten.

Rambutane – *rambutan (m)*

Beschreibung: Die aus Malaysia stammenden Beeren wachsen auf Bäumen in Büscheln an langen Stielen. Sie sind kastaniengroß, mit einem wolligwei-

chen, rotorangen dichten Pelz. Sie haben einen schmalen Kern, durchsichtiges gelbgrünes, süß-säuerliches Fruchtfleisch.
Anbaugebiete: In ganz Südostasien verbreitet. Von Juni bis Oktober frisch erhältlich.
Lagerung: Die Früchte sind nicht lagerfähig.
Verwendung: Frischkonsum, als Kompott, für Salat, Fruchtsaucen, Mixgetränke.

Reineclaude – *reine-claude (f)*

Beschreibung: Die Reineclaude ist eine Pflaumenart von mittelgroßer, runder Form. Sie ist blaurot bis gelbgrün, ihr Fruchtfleisch saftig, süß mit einer erfrischenden Säure.
Anbaugebiete: Europa, vor allem Mittelmeerländer.
Verwendung: Als Tafelobst, für Kompott, Süßspeisen, Konfitüre.

Stachelbeere – *groseille (f)* à maquereau

Beschreibung: Die Beere des Stachelbeerstrauches kommt in etwa 500 Arten vor. Die Früchte werden nach der Farbe – rote, gelbe, grüne und weiße Beeren – eingeteilt.
Anbaugebiete: Europa, Nordafrika und Westasien.
Verwendung: Als Tafelobst und Dessertfrucht, für Süßspeisen, Kompott, Saft, Kaltschalen, Konfitüre.

Wein- und Tafeltraube – *raisin (m)*

Beschreibung: In Trauben angeordnete Beerenfrucht der Weinrebe.
Anbaugebiete: Ganze Schweiz. Ausland: Europa, Asien, Afrika, Amerika.
Sorten: Unterschieden werden **Tafeltrauben** und Trauben für die Weinbereitung. Die wichtigsten Tafeltrauben sind in der Tabelle unten zusammengestellt.

Zimtapfel / Rahmapfel / Cherimoya – *chérimole (f)*

Beschreibung: Die Frucht gleicht in der Form einem großschuppigen Pinienzapfen und hat eine gräulich- bis dunkelgrüne Schale. Das Fruchtfleisch ist weiß bis bläulich, mit großen schwarzen Kernen. Das Aroma ist eine Mischung aus Birnen-, Zimt- und Mangogeschmack. Die Früchte sind leichtverdaulich und enthalten viel Vitamine. Die Früchte sind sehr druckempfindlich.
Anbaugebiete: Ursprünglich aus Peru stammend, wird der Zimtapfel heute in warmen bis tropischen Gebieten in Höhenlagen wie Spalierobst angebaut. Importe aus Israel, Spanien, Thailand und Vietnam.
Verwendung: Frischkonsum, für Cremen, Glace, Sorbet, Milchmischgetränke.

Zitrone – *citron (m)*

Beschreibung: Die Zitronen sind länglich und haben einen mehr oder weniger ausgeprägten Nabel am einen Ende. Je nach Herkunft sind sie unterschiedlich gelb. Beliebter sind die dünnschaligen Sorten. Das blaß- bis grüngelbe Fruchtfleisch ist saftig und enthält einige Kerne. Für den Export werden die Früchte grün gepflückt und in Fermentierhäusern nachgereift. Fehlerlose Früchte werden nach Größe sortiert. Die **Zitronat-Zitrone** wird bis zu 1 kg schwer.
Anbaugebiete: Aus Südasien stammend, wird sie heute in allen Mittelmeerländern, in Kalifornien und Florida kultiviert. Saison: August–Mai. Zitronen sind das ganze Jahr erhältlich.
Verwendung: Als Garnitur zu Fleisch- und Fischgerichten. Verwendet wird in erster Linie der Saft, zum Verfeinern von kalten und warmen Saucen. Fein abgeriebene Schale für Süßspeisen.

Zwetschge – *prune (f) / quetsche (f)*

Beschreibung: Zwetschgen sind oval und von mittlerer Größe. Ihre Haut ist veilchenblau und betaut. Das Frucht-

Die wichtigsten Tafeltrauben

Sorte	Ungefähre Erntezeit	Anbaugebiete	Eigenschaften
Panse (weiß)	Juli–August	Italien	ziemlich großbeerig, grünlichgelb, am Anfang ziemlich sauer
Regina dei Vigneti (weiß)	Mitte August	Italien	gelbe Haut mit leichtem Muskatgeschmack, große Beeren
Chasselas (weiß)	Ende August–September	Spanien, Italien, Frankreich	mittelgroße Beeren mit hellgelber Haut, empfindlich, süß
Uva Italia (weiß)	September–Oktober	Italien	großbeerig, goldgelbe Haut mit Muskatgeschmack
Regina (weiß)	September–Oktober	Italien	**weiße Hauptsorte;** knackige, große, längliche Beeren mit goldgelber Haut, süß
Grosverts (weiß)	September–Oktober	Frankreich	grünlichgelb bis goldgelb, große Beeren, feste, dünne Haut
Lavallée (blau)	September–Oktober	Frankreich	**blaue Hauptsorte;** runde, große, dunkelblaue Beeren, süß, Spitzenqualität
Americana (blau)	September–Oktober	Italien, Tessin	schwarzblaue, eher kleine Beeren, eigenwilliger Erdgeschmack, Beeren fallen leicht ab

fleisch ist grünlichgelb, schmackhaft und leicht säuerlich. Zwetschgen kommen auch getrocknet in den Handel.
Qualitätsbestimmung: Es bestehen Vorschriften bezüglich Qualität und Größe.
Anbaugebiete: Die Zwetschge ist in Europa heimisch. Aus Mittel- und Südeuropa wird unser Bedarf gedeckt. Man findet sie auch in Asien und am Schwarzen Meer. Saison August–Oktober.
Sorten: Bühler, Fellenberg- und Hauszwetschge.
Verwendung: Frischkonsum, für Kompott, Konfitüre, Süßspeisen.

4.5.12 Obsterzeugnisse

Fruchtmark – *pulpe (f) de fruits*

Ein aus passierten Früchten hergestelltes Mus.
Verwendung: Für Fruchtglace und Fruchtsauce.

Fruchtnektar – *nectar (m) de fruits*

Durch Verdünnen von Fruchtsaft, Fruchtsaftkonzentrat oder Fruchtmark und unter Zugabe von Trinkwasser, Kohlensäure, Zucker oder Honig hergestelltes Fruchtsaftgetränk.
Verwendung: Als Erfrischungsgetränk.

Fruchtsäfte – *jus (m) de fruits*

Die zum unmittelbaren Genuß oder zur weiteren Verarbeitung bestimmten Fruchtsäfte werden durch Pressen von gesundem, frischem Obst gewonnen, dann behandelt und haltbar gemacht. Fruchtgetränke müssen zu 100% aus reinen Fruchtsäften bestehen.
Fruchtsäfte in Dosen oder Flaschen sind nach dem Öffnen, auch kühl gelagert, nur wenige Tage haltbar.
Verwendung: Orangen-, Apfel-, Trauben- und Beerensaft für Mischgetränke.

Kandierte (konfierte) Früchte – *fruits (m) confits*

Beim Konfieren wird das Wasser, das die Früchte enthalten, durch eine übersättigte Zuckerlösung (bis 30° Beaumé mit 10% Glukose) ausgetauscht. Durch anfangs verdünnte, dann immer konzentriertere Zuckerlösungen wird nach längerer Zeit eine vollständige Verzuckerung der Früchte oder der Schalen erreicht (Orangeat, Zitronat, Angelika).
Verwendung: Als Belegfrüchte, als Einlagen in Cakes, für Süßspeisen.

Marmelade – *marmelade (f)*

Marmelade ist ein Gemisch von passierten Früchten, Zucker, Geliermittel und Stärkesirup. Nach dem Erkalten geliert sie und wird streichfähig bis schnittfest.
Verwendung: Hauptsächlich als Brotaufstrich zum Frühstück, zum Füllen von Gebäck, zum Aprikotieren usw.

Konfitüre – *confiture (f)*

Konfitüre ist ein Gemisch von ganzen oder zerkleinerten Früchten und Zucker, eingekocht bis zur gewünschten Konsistenz.
Verwendung: Hauptsächlich als Brotaufstrich zum Frühstück, zum Füllen von Omeletten und Pfannkuchen, zum Füllen von Torten.

Obstgelee – *gelée (f) de fruits*

Gelee wird durch Einsieden frischer Obstsäfte mit Zucker und Geliermittel hergestellt.
Obstgelee soll durchscheinend klar und schnittfest sein.
Verwendung: Als Brotaufstrich zum Frühstück, in der Patisserie zum Überziehen und zum Überglänzen von Torten, Schnitten und Obstgarnituren.

Obstkonserven – *conserves (f) de fruits*

Obstkonserven sind luftdicht abgeschlossene, mit oder ohne Zucker sterilisierte Früchte. Sie werden eingeteilt in **Kompott, Mus, Senf-** und **Essigfrüchte.**
Verwendung: Obstkonserven können anstelle von frischem, gegartem Obst verwendet werden.

Obstmus – *purée (f) de fruits*

Ein aus passiertem Obst, mitunter eingedicktes, breiiges Obstmus. Es eignet sich in der Regel zum direkten Genuß.
Sorten: Zwetschgen-, Apfel-, Erdbeermus usw.
Verwendung: Zum direkten Genuß, als Beilage zu Schweinefleisch, Wild, Blut- und Leberwürsten, für Süßspeisen.

Senffrüchte – *fruits (m) à la moutarde / mostarda (m)*

Die Senffrüchte entstehen durch Sieden verschiedener Früchte in einer Zucker-Senf-Lösung.
Verwendung: Als Beilage zu Siedfleisch und Pot-au-feu, zu fernöstlichen Gerichten, für Garnituren in der kalten Küche.

Trockenfrüchte – *fruits (m) séchés*

Den Früchten wird entweder durch Luft und Sonne oder in Dörr- und Trocknungsapparaten Wasser entzogen, bis zu einem Wassergehalt von 15–20%.
Verwendung: Zum Füllen von Fleisch, zu Käse, in Brot, Kuchen usw.

4.5.13 Zucker – *sucre (m)*

Bedeutung

Zucker ist Nahrungs- und Genußmittel zugleich. Er dient dem Menschen als wichtige Energiequelle. Rüben- und Rohrzucker sind chemisch gleich zusammengesetzt. Zucker ist der wichtigste Süßstoff, aber auch Nahrungs- (Notvorrat) und Konservierungsmittel.

Negative Folgen von häufigem Zuckerkonsum

Zucker kann bei zu hohem Konsum schaden: Der über den Energiebedarf hinaus konsumierte Zucker wird im Körper zu Fett umgewandelt (Übergewicht). Eine weitere Schädigung ist zum Beispiel die Zuckerkrankheit (Diabetes).
Zucker liefert sogenannte leere oder hohle Kalorien, weil er keine Ergänzungsstoffe (Mineralsalze, Vitamine) enthält.
Häufiger Zuckerkonsum ist außerdem die Hauptursache für kranke Zähne (Zahnkaries). Der an den Zähnen haftende Zucker wird durch die Mundbakterien in Säure umgewandelt, die den Kalk aus dem Zahnschmelz herauslöst.

Rohstoffe

Zuckerrohr ist eine schilfartige Pflanze, die bis zu 6 m hoch und vor allem in tropischen Gebieten angebaut wird. Ihr Mark ist zuckerhaltig (18–22%).

Die **Zuckerrübe** ist eine zuckerhaltige (14–17%), 1–2 kg schwere Rübenknolle, die vorwiegend in Europa angebaut wird.

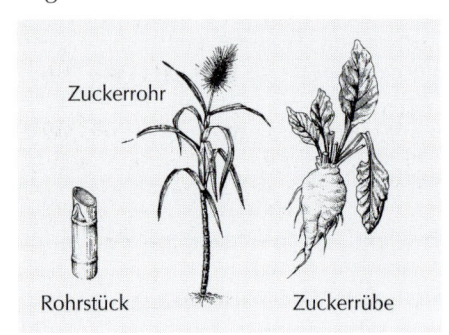

Zuckerrohr
Rohrstück
Zuckerrübe

Zuckergewinnung und -verarbeitung

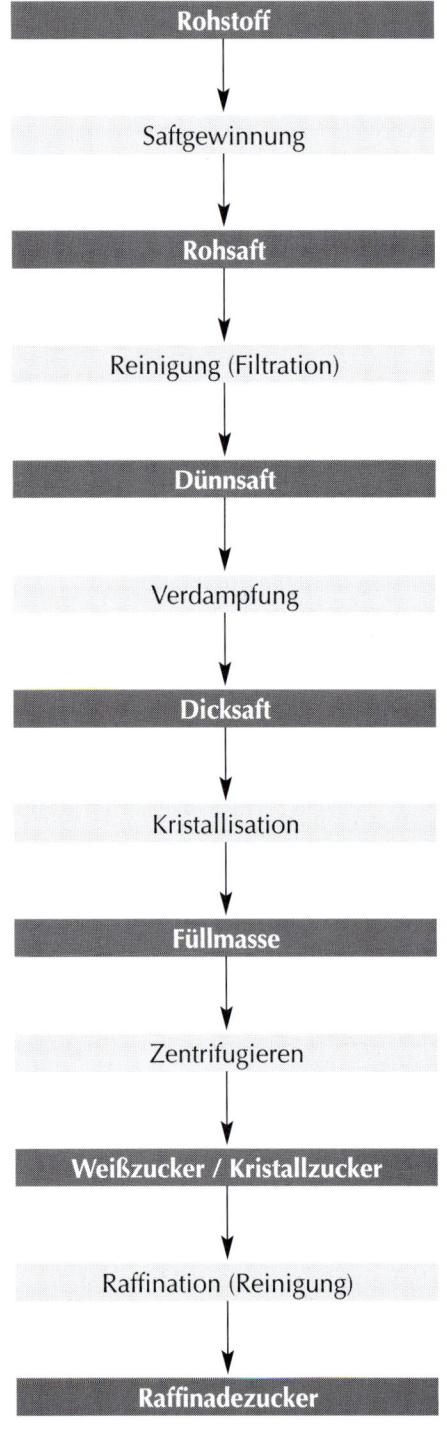

Rohstoff
↓
Saftgewinnung
↓
Rohsaft
↓
Reinigung (Filtration)
↓
Dünnsaft
↓
Verdampfung
↓
Dicksaft
↓
Kristallisation
↓
Füllmasse
↓
Zentrifugieren
↓
Weißzucker / Kristallzucker
↓
Raffination (Reinigung)
↓
Raffinadezucker

Zuckerarten

Traubenzucker / Glukose

Ist in den meisten süßen Früchten sowie in Honig enthalten. Auf dem Markt erhältlicher Traubenzucker wird aus Kartoffel- oder Maisstärke gewonnen. Die Süßkraft entspricht nur etwa der Hälfte der Süßkraft von Rohr- und Rübenzucker.

Fruchtzucker / Fruktose

Ist ebenfalls in Obst und Honig enthalten. Ergibt die höchste Süßkraft aller Zuckerarten.

Milchzucker / Laktose

Findet sich in Milch und Frischkäse.

Malzzucker / Maltose

Wird aus keimendem Getreide (Gerste, Mais, Reis) gewonnen.

Invertzucker

Hauptbestandteil des Honigs. Gemisch aus gleichen Teilen Trauben- und Fruchtzucker. Wird bei der Herstellung von Kunsthonig, Sirup, Bonbons, Likören usw. verwendet.

Melasse

Nebenprodukt bei der Zuckerfabrikation. Melasse aus Rübenzucker ist ungenießbar und dient als Futtermittelzusatz sowie zur Herstellung von Hefe. Melasse aus Rohzucker wird für die Herstellung von Kunsthonig, für die Preßhefefabrikation und für die Herstellung von Alkohol (Rum) verwendet.

Vanillezucker

Mit 1% Vanillepulver aromatisierter Zucker. Vanillin (Aromastoff der Vanillefrucht) wird heute synthetisch hergestellt (Vanillinzucker).

Zuckercouleur

Verdünnter Karamel. Die dunkelbraune Flüssigkeit wird zum Färben verschiedener Nahrungs- und Genußmittel verwendet.

Zuckersorten

Rohrzucker aus Zuckerrohr – *sucre (m) brut*

Nicht vollständig raffinierter Zucker, der noch ganz kleine Anteile Melasse enthält.

Kristallzucker – *sucre (m) cristallisé*

Gebräuchlichster Haushaltszucker; grob, fein und extrafein.

Würfelzucker – *sucre (m) en morceaux*

Angefeuchteter Kristallzucker wird gepreßt und getrocknet. Bessere Portionierung.

Grießzucker – *sucre (m) semoule*

Gemahlener und gesiebter Kristallzucker, etwas teurer und schneller löslich.

Puderzucker / Staubzucker – *sucre (m) en poudre / sucre glace*

Mehlfein gemahlener Kristallzucker.

Kandiszucker – *sucre (m) candi*

Reiner weißer Zucker in Form großer Kristallbrocken, meist braun gefärbt.

Hagelzucker – *sucre (m) grêle*

Weißer, sehr grobkörniger Zucker, der aus einer Vielzahl kleiner, zusammengeballter Kristalle besteht.

Lagerung

Trocken ist Zucker praktisch unbegrenzt haltbar.

4.5.14 Gewürze – *épices (f)*

Gewürze sind natürliche Teile von Pflanzen, wie zum Beispiel Wurzeln, Rinde, Blätter, Blüten, Früchte und Samen, welche spezielle Aromastoffe, sogenannte ätherische Öle, enthalten. Unterschieden werden **Gewürze, Gewürzkräuter** und **Pflanzen mit Gewürzcharakter**.

Lagerung

Da sich die ätherischen Öle schon bei Zimmertemperatur stark verflüchtigen, ist eine zweckmäßige Lagerung unbedingt notwendig.
Frische Gewürzkräuter: Sofort verwenden. Kurze Zeit in Kunststoffbeuteln mit Luftlöchern im Kühlschrank haltbar.
Getrocknete und gemahlene Kräuter und Gewürze: Trocken und luftdicht verschlossen aufbewahren.
Tiefgekühlte Gewürzkräuter: Lose gefroren, in verschweißten Kunststoffbeuteln, bei mindestens –18 °C etwa 6 Monate haltbar.
In Essig eingelegte Gewürzkräuter: In verschlossenen Flaschen mehrere Monate haltbar.
In Fettstoff konservierte Gewürzkräuter: Gehackt und mit Fettstoff vermischt, pasteurisiert.

Bedeutung

Die Gewürze haben die Aufgabe, den Geschmack der Speisen zu verbessern und die Verdauung anzuregen.
Die künstlich hergestellten Aromastoffe erhalten vor allem in der Nahrungsmittelindustrie eine immer größere Bedeutung. Diese chemischen Substanzen sind in Geschmack und Geruch den natürlichen Gewürzen ebenbürtig, weisen hingegen keine verdauungsfördernde Wirkung auf.

Vorkommen

Gewürze und Gewürzkräuter sind auf der ganzen Welt verbreitet und zählen zu den kostbarsten Entdeckungen der frühen Seefahrer und der Welteroberer. Besonders die Gewürze aus Südasien, Madagaskar und Zentralamerika bereicherten die europäische Küche. In den Klostergärten wurde die Vielfalt der einheimischen Kräuter und Gewürze gepflegt und kultiviert. Seit vielen Jahren werden auch in der Schweiz größere Mengen Gewürze und vor allem Gewürzkräuter angebaut, zum Beispiel Safran im Wallis. Von März bis November bietet der Markt eine große Anzahl frischer Gewürzkräuter an.

Anis – *anis (m)*

Das Gewürz Anis ist der Samen der einjährigen, weißblühenden Anispflanze, die zu den Doldenblütlern gehört. Er sollte vor Licht geschützt und gut verschlossen aufbewahrt werden.
Verwendung: Vorwiegend für Cremen, Kuchen, Brot, Kleingebäck; zum Einlegen von Gurken, für Pilz- und Fischgerichte.

Basilikum – *basilic (m)*

Basilikum ist je nach Sorte hellgrün, dunkelgrün bis rotviolett und zartseidig. Der Geschmack frischer Blätter erinnert an Nelken und Muskat. Neben den bevorzugten Blättern werden auch die Blüten und die Wurzeln in der Küche verwendet.

Verwendung: Für Salate, Saucen, Pilze, Buttermischungen, Suppen, Fisch-, Fleisch-, Eier- und Käsespeisen sowie vor allem in der italienischen Küche.

Beifuß – *armoise (f)*

Beifuß – wegen seiner Verwandtschaft mit dem Wermut auch wilder Wermut genannt – gehört zur Familie der Korbblütler. Seine jungen, zartgrünen, zweifach gefiederten Blätter, die auf der Unterseite leicht filzig sind, und seine Blüten haben einen angenehm würzigen, leicht bitteren Geschmack.
Verwendung: Vor allem für fette Speisen (Ente, Gans, Schweinebraten usw.). Sollte immer mitgekocht oder mitgeschmort werden.

Bohnenkraut – *sarriette (f)*

Bohnenkraut ist eine etwa 30 cm hohe Pflanze mit schmalen, länglichen Blättern und kleinen weißen bis violetten Blüten. Sein würziger, leicht scharfer Geschmack gab ihm den Beinamen Pfefferkraut.
Verwendung: Die zarten Blattspitzchen für Salate (Bohnen, Gurken, Zucchetti usw.). Mitkochen in Suppen, Saucen, Kartoffel-, Hülsenfrüchte- und Bohnengerichten.

Borretsch – *bourrache (f)*

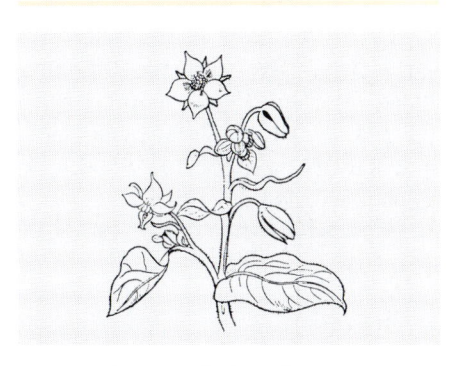

Die rund 60 cm hohe Pflanze erinnert an die Brennessel. Ihre lanzettenförmigen Blätter sind mit kratzigen Haaren bedeckt. Der kühlende Gurkengeschmack gab dem Borretsch auch den Namen Gurkenkraut.
Verwendung: Wegen der nicht sehr appetitlich aussehenden Haare nur feingehackt in Salaten (Gurken-, Tomaten-, Blattsalate), Gemüsegerichten, Saucen, für gebratene und grillierte Fleisch- und Fischgerichte.

Chili – *chili (m)*

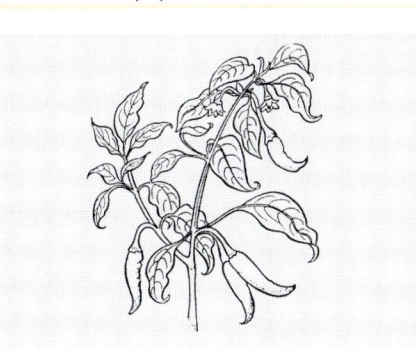

Mittelamerikanische Paprikaart mit 1 cm langen, orangeroten bis tief dunkelroten und extrem scharfen Schoten. Im Handel sind vor allem die 6–8 mm langen Chili Pequins und – getrocknet und gemahlen – der Cayenne-Pfeffer.
Verwendung: Nur in kleinsten Mengen frisch oder getrocknet für Marinaden, südamerikanische Fisch-, Fleisch-, Geflügel- und Muschelgerichte, pikante Saucen, zu Einmachgewürzen und Currypulver.

Curryblatt – *feuille (f) de curry*

Das Curryblatt sieht ähnlich aus wie ein Lorbeerblatt, stammt vom Murraya-Strauch und hat einen aromatisch scharfen Geschmack. Der Madras-Curry verdankt ihm seinen spezifischen Geruch.
Verwendung: Vor allem in der vegetarischen Küche Südindiens, in Currygerichten und in gewissen Chutney-Saucen.

Currypulver – *poudre (m) de curry*

Currypulver ist eine Gewürzmischung aus 10–30 oder mehr Gewürzen. Seine Hauptbestandteile sind Kurkuma, Pfeffer, Zimt, Nelke, Chili, Ingwer, Koriander, Kardamom, Bockshornsamen, Muskatnuß und Muskatblüten. Da Currypulver sehr schnell an Geschmack verliert, wird es in Indien immer frisch gemahlen.
Verwendung: Mit Curry werden Salate, Suppen, Saucen, Geflügel-, Fleisch-, Fisch-, Eier-, Reis- und Gemüsegerichte gewürzt. Wichtiger Bestandteil von Würzsaucen.

Dill – *aneth (m)*

Die Dillpflanze kann bis zu 1 m hoch werden, hat fadendünne gefiederte Blätter, gelbe Blütendolden und linsenförmige, zweiteilige Früchte. Das Dillkraut hat einen leicht süßlichen, dem Fenchel entfernt ähnlichen Geschmack. Die Samen schmecken leicht bitter und erinnern an Kümmel.
Verwendung: Vor allem für Fischgerichte, Gurken-, Eier-, Bohnensalat, Saucen, Kartoffelgerichte. Dillsamen eignen sich zum Einlegen von Gurken.

Estragon – *estragon (m)*

Estragon ist eine bis zu 1,5 m hohe buschige Staude mit hell- bis dunkelgrünen, 3–6 cm langen schmalen Blättern. Als Gewürz werden nur die würzig-herb schmeckenden Blätter verwendet.
Verwendung: Für Suppen, Saucen, Salate, Kalbfleisch, Geflügel, Fisch, Krustentiere, zur Herstellung von Estragonessig und -senf, zum Einlegen von Gurken.

Fenchelsamen – *fenouil (m)*

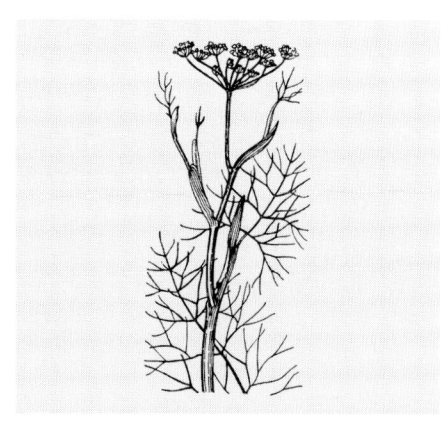

Der Fenchelsamen, die reifen, getrockneten Früchte eines 1–2 m hohen Doldenblütlers, ähnelt dem Kümmel. Je nach Herkunft unterscheiden sich die Sorten in Größe, Farbe und Form, aber auch im anisartigen Geschmack von süßlich bis leicht bitter.
Verwendung: Für Brote, Gebäck, Salate, Marinaden, Krustentiere, gewisse Reis- und Kartoffelgerichte.

Gewürzlauch – *ciboule (f) chinoise*

Der Gewürzlauch gehört als Zwiebelgewächs zur Familie der Lilien und ist dem Schnittlauch sehr ähnlich. Seine bis zu 40 cm langen Blattröhren haben je nach Größe einen milden bis leicht derben knoblauchartigen Geschmack.
Verwendung: Sein bestes Aroma entfaltet der Gewürzlauch in rohem Zustand. Für Suppen, Saucen, Salate, Reis- und Gemüsegerichte.

Gewürznelke – *clou (m) de girofle*

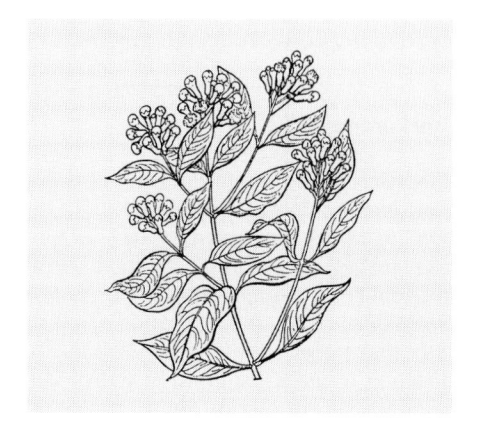

Als Gewürznelke oder Nägeli bezeichnet man die getrockneten Blütenknospen des 10–12 m hohen Gewürznelkenbaumes. Im Handel werden Gewürznelken ganz oder gemahlen angeboten.
Verwendung: Für gespickte Zwiebeln, Gewürzbeutel und Gemüsebündel, zum Ansetzen von Grundbrühen und -saucen, für Saucengerichte wie Ragout, Pfeffer usw., für Wildgerichte.

Ingwer – *gingembre (m)*

Die bis zu 20 cm langen Wurzelstöcke der schilfartigen Pflanze sind das eigentliche Gewürz. Die Wurzel soll prall, nicht runzelig und das Fleisch nur leicht faserig sein. Frischer Ingwer hat einen fruchtigen, süßlich-pikanten Geschmack. Er wird auch getrocknet und gemahlen angeboten.
Verwendung: Ingwer eignet sich sehr gut für asiatische Gerichte sowie zu Fisch-, Geflügel- und Fleischgerichten, für Saucen, Backwaren und Süßspeisen.

Kaper – *câpre (f)*

Blütenknospen des Kapernstrauches, ähnlich den Knospen der Sumpfdotterblume und der Kapuzinerkresse. Die Kapern werden sortiert, die kleinsten sind die besten, die größten die minderwertigsten.
Verwendung: Kapernsauce, Ravigote-Sauce, Remouladensauce, Fischgerichte, Garnitur für kalte Speisen, Tatarsteak.

Kardamom – *cardamome (f)*

Die Kardamompflanze ist ein 2–4 m hoher Busch, der zur Ingwer-Familie gehört. In den bräunlichen, eiförmigen, 1–2 cm langen Kapseln befinden sich die braunschwarzen Samen, die einen würzigen, feurig-pikanten Geschmack haben.
Verwendung: Für Lebkuchen, Backwaren, Wurstwaren, Pasteten, Currygerichte.

Kerbel – *cerfeuil (m)*

Kerbel ist eine 50–60 cm hohe Gartenpflanze mit feinen, petersilienähnlichen Blättchen, deren kräftiges Aroma mit süßlich anisartigem Beigeschmack kurz vor der Blüte am intensivsten ist.
Verwendung: Kurz vor dem Servieren in Suppen, Saucen, Salate, Fisch-, Geflügel-, Eier- und Gemüsegerichte. Nicht kochen, da er sonst sein feines Aroma und seinen hohen Gehalt an Vitamin C verliert.

Koriander – *coriandre (f)*

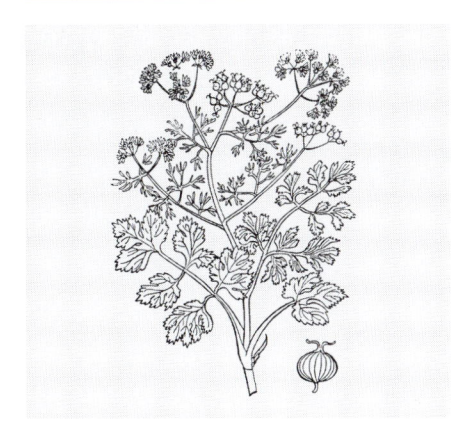

Koriander ist ein 20–60 cm hohes, weiß blühendes Doldengewächs. Die kleinen, runden, getrockneten Früchte in der Größe eines Pfefferkorns haben einen süßlichen, leicht anisähnlichen Geschmack. Auch die Blätter werden in der Küche gebraucht.
Verwendung: In Wurstwaren (Salami), in Lebkuchen, zur Herstellung von Senf, zum Einlegen von Sauerkraut, Randen und Rotkohl, zum Marinieren von Schinken, Wild, Geflügel und Hammelfleisch.

Kümmel – *cumin (m)*

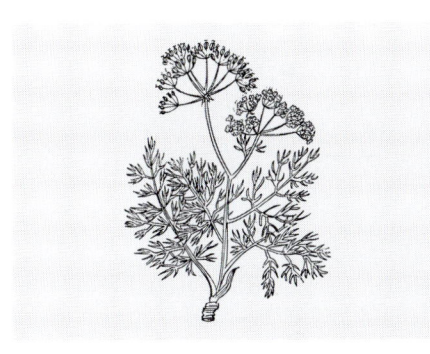

Als Gewürz dienen die getrockneten, hell- bis dunkelbraunen Früchte der zu den Doldenblütlern gehörenden Kümmelpflanze. Kümmel hat einen beißenden, aber angenehmen arteigenen Geschmack.
Verwendung: Kümmel wird vorwiegend in der deutschen und der österreichischen Küche verwendet. Er eignet sich für Sauerkraut, Rotkohl, Weißkohl, Kartoffelgerichte, Eintopf, Kutteln, Gulasch, Schweinsbraten, Hammelfleisch, Käse, Kleingebäck.

Kurkuma – *curcuma (m)*

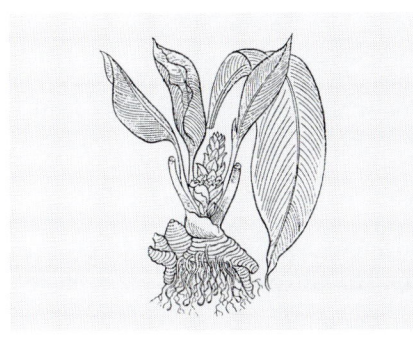

Als Gewürz verwendet werden von der dem Ingwer ähnlichen Pflanze die Wurzel und ihre etwa 6 cm langen und 2 cm dicken Seitentriebe. Geschält, getrocknet und gemahlen ergeben sie ein leuchtend gelbes Pulver, was dem Kurkuma auch den Namen Gelbwurz gab. Kurkuma hat einen aromatischen, ingwerartigen Geruch und einen eigentümlich würzigen, leicht bitteren Geschmack.
Verwendung: Kurkuma ist ein Hauptbestandteil von Curry. Er wird aber auch als Färbemittel für Süßspeisen und zur Herstellung von Senf und Worcester-Sauce verwendet.

Liebstöckel – *livèche (f)*

Liebstöckel, auch Maggikraut genannt, ist ein mehrjähriges Doldengewächs. Seine Blätter und seine Wurzeln werden beide in der Küche verwendet und riechen stark nach Sellerie. Sie sollten nur sparsam verwendet werden.
Verwendung: Die Wurzel eignet sich zum Mitkochen in Suppen und Saucen. Mit den Blättern werden Suppen, Saucen, Ragouts, Braten, Salate und Farcen von Lamm- und Schweinefleisch gewürzt.

Lorbeerblatt – *feuille (f) de laurier*

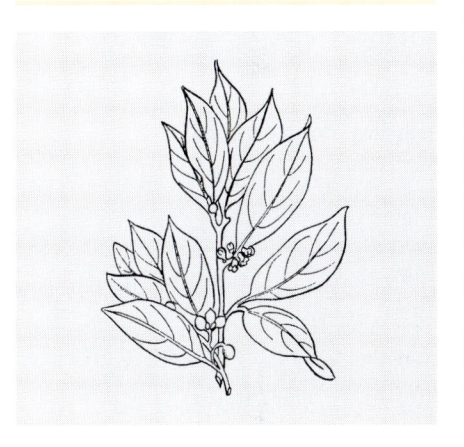

Die länglichen, eiförmigen Blätter des Lorbeerbaumes haben eine dunkelgrüne, glänzende Oberseite und eine matte Unterseite. Blätter von guter Qualität haben keinen Stiel, sind fleckenlos, elastisch und hellgrün.
Verwendung: Für Mirepoix, Gemüsebündel, Marinaden, Suppen, Brühen, geschmorte Fleisch-, Wild- und Gemüsegerichte.

Majoran – *marjolaine (f)*

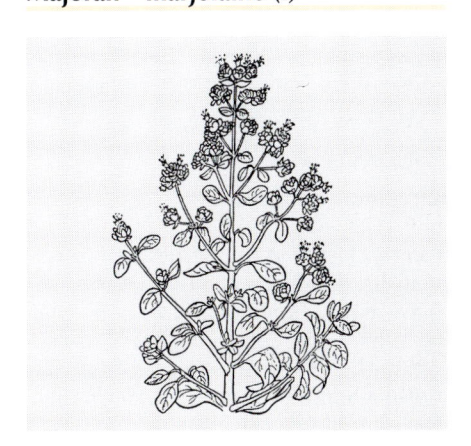

Der Majoran mit seinen filzig-haarigen Stengeln, seinen verkehrt eiförmigen kleinen Blättern und den weißen oder rosa bis blaßlila Blüten wird rund 50 cm hoch. Verwendet werden vor allem die würzigen, schwach brennenden, ähnlich wie Thymian schmeckenden Blätter.
Verwendung: Für Kartoffel- und Hülsenfrüchtesuppen, gehacktes Fleisch, Blut- und Leberwürste, Schweine-, Hammel- und Gänsebraten, Tomaten- und Pilzgerichte.

Meerrettich – *raifort (m)*

Der Meerrettich ist eine Pfahlwurzel einer Staude mit großen Blättern. Die Farbe ist bräunlich und das Fleisch ist weiß. Der typische würzige Geschmack kommt von ätherischen Senfölen. Meerrettich kann kühl und feucht einige Wochen gelagert werden.
Verwendung: Gerieben zu geräuchten Fischen, heißen Würstchen, Siedfleisch und für kalte und warme Saucen.

Muskat – *muscade (f)*

Muskat, fälschlicherweise als Muskatnuß bezeichnet, ist der Samenkern der aprikosenähnlichen Frucht des 10–12 m hohen Muskatbaumes. Die reife Frucht springt auf und gibt den von einem Samenmantel umschlossenen Kern frei. Dieser Samenmantel kommt getrocknet als **Muskatblüte** bzw. **Macis** in den Handel.
Verwendung: Nur in geringen Mengen für Suppen, Saucen, Fleisch- und Käsegerichte, Würste, Pasteten, Gemüse, Pilze, Reis, Nudeln, Eierspeisen, Weihnachtsgebäck.

Origano – *origan (m)*

Origano ist eine mit dem Majoran verwandte, rund 60 cm hohe Pflanze mit eiförmigen, spitz zulaufenden Blättern, die einen fein-bitteren, fast majoranähnlichen Geschmack haben. Die beste Qualität kommt aus Süditalien, wo er wild wächst.

Verwendung: Origano eignet sich frisch, getrocknet, gerebelt und gemahlen zum Würzen von Tomatengerichten, Braten, Salaten, Kartoffel- und Hülsenfrüchtesuppen, Auberginen und Pizzen.

Paprika – *paprika (m)*

Paprika ist die ausgereifte, hochrote, getrocknete und gemahlene Frucht eines Nachtschattengewächses. Die unterschiedlichen Sorten und Qualitäten – Delikateß-, Edelsüß-, Halbsüß-, Rosen- und Merkantilpaprika – entstehen durch unterschiedliche Reifegrade und Herstellungsverfahren. So wird für die milden Sorten (Delikateß-, Edelsüßpaprika) nur das Fruchtfleisch, für die scharfen Sorten (Rosenpaprika) die ganze Frucht mit den Samen gemahlen.
Verwendung: Für Fleisch-, Fisch- und Geflügelgerichte, Butter- und Käsemischungen, Suppen, Saucen, Eier- und Pilzgerichte. Paprika niemals anrösten, da der darin enthaltene Zucker karamelisiert, verbrennt und bitter wird.

Petersilie – *persil (m)*

Unterschieden werden die glattblättrige, würzigere und die krausblättrige, vor allem zum Dekorieren geeignete Petersilie. Die süßlich-würzigen Wurzeln und die Stiele werden ebenso geschätzt wie die Blätter.
Verwendung: Petersilienblätter, feingehackt und kurz vor dem Servieren beigefügt, verfeinern Salate, Suppen, Gemüse, Fisch, Fleischgerichte und Buttermischungen. Die Wurzel in Suppen, Gemüse- und Eintopfgerichten mitkochen.

Pfeffer – *poivre (m)*

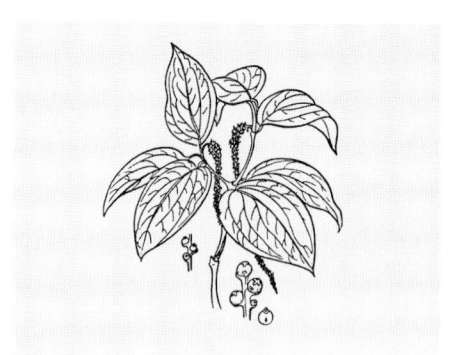

Pfefferkörner sind die Früchte einer tropischen Kletterpflanze. Sie wachsen an 8–10 cm langen ährenartigen Fruchtständen. Unterschieden werden der **grüne Pfeffer,** der unreif gepflückt wird, der **schwarze Pfeffer,** der unreif gepflückt und getrocknet wird, der **rote Pfeffer,** der reif gepflückt wird, der **weiße Pfeffer,** der reif gepflückt, fermentiert (damit er seine rote Haut verliert) und getrocknet wird. Grüner und roter Pfeffer kommen vorwiegend eingelegt, schwarzer und weißer Pfeffer ganz oder gemahlen in den Handel.
Verwendung: Für fast alle Fleisch-, Fisch-, Gemüse- und Eiergerichte, Salate, Suppen, Saucen usw.

Pfefferminze – *menthe (f)*

Die Pfefferminze ist ein mehrjähriger, bis 90 cm hoher Lippenblütler, der in unzähligen Arten vorkommt. An ihrem leicht rötlichen Stengel trägt sie lanzett- bis eiförmige, deutlich gerippte Blätter, die scharf würzig und angenehm nach Menthol schmecken.
Verwendung: Zu Lamm-, Hammel- und Geflügelbraten, Gemüse (Karotten, Erbsen, Lauch, Tomaten, Kartoffeln), als Dekoration zu Süßspeisen, als aromatisches Aufgußgetränk.

Pimpernell / Pimpinelle – *petite pimprenelle (f)*

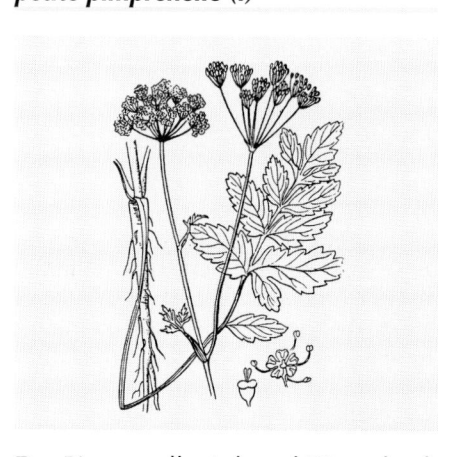

Der Pimpernell wird rund 50 cm hoch und hat hellgrüne, ovale, leicht gefiederte und gezähnte Blätter, die einen

leichten, erfrischenden Gurkengeschmack haben.
Verwendung: Für Salate, Saucen, Kräuterbutter, Quark- und Gemüsegerichte.

Rosmarin – *romarin (m)*

Rosmarin ist ein etwa 1,5 m hoher Strauch aus der Familie der Lippenblütler. Seine nadelartigen, am Rande leicht eingerollten Blätter sind auf der Oberseite dunkelgrün, auf der Unterseite weißlichgrau. Rosmarin hat einen kampferartig aromatischen Geruch und wird den Speisen meist als ganzer Zweig beigegeben und mitgekocht.
Verwendung: Für Geflügel-, Kaninchen-, Hammel-, Wild-, Schweine- und Kalbfleischgerichte. Für Saucen, Suppen usw. wird oft der gemahlene Rosmarin verwendet.

Safran – *safran (m)*

Safran besteht aus den getrockneten und oft gemahlenen Blütennarben eines Zwiebelgewächses aus der Familie der Schwertlilien. Er ist das teuerste Gewürz, das derzeit im Handel ist, denn für 1 kg Safranfäden werden 80000–100000 Blütennarben benötigt. Der zartbittere würzige Geschmack des Safrans, seine leuchtend gelbe Farbe und sein unwiderstehlicher Duft machen ihn zu einem sehr beliebten Gewürz. Da er sehr lichtempfindlich ist, muß er gut verschlossen und dunkel gelagert werden.
Verwendung: Für Fisch- und Reisgerichte, Saucen, Suppen und Backwaren.

Salbei – *sauge (f)*

Der 30–70 cm hoch werdende Halbstrauch trägt samtige, graugrüne bis silbergraue eiförmige Blätter, die einen leicht bitteren, aber angenehm würzigen Geschmack haben. Ihr bestes Aroma entwickelt die Salbei kurz vor der Blütezeit.
Verwendung: Zum Würzen von Fisch-, Geflügel-, Lamm-, Kalbfleisch- und Lebergerichten, für Tomaten- und Eierspeisen. Ganze Blätter durch den Backteig gezogen und fritiert zum Apéro.

Sauerampfer – *oseille (f)*

Sauerampfer ist vom Aussehen her eine dem Spinat ähnliche Pflanze, die zu den Knöterichgewächsen gehört. Seine Blätter, die bei der Verarbeitung nicht mit Eisen in Berührung kommen dürfen (Verfärbung), schmecken sauer und leicht bitter.
Verwendung: Sauerampfer wird nur frisch für Salate, Saucen, Suppen, Eier- und Fischgerichte verwendet und sollte nur sehr kurz mitgekocht werden.

Schnittlauch – *ciboulette (f) / civette (f)*

Schnittlauch ist ein Liliengewächs mit rosaroten bis violetten Blüten. Seine röhrigen, grasartigen Stengel schmecken scharf-würzig und sind reich an Vitamin C. Da er während der Blütezeit sein Aroma verliert, sollte er vorher verwendet werden.
Verwendung: Für Kräuterquark, Suppen, Saucen, Salate, Fischgerichte und Eierspeisen.

Senf(körner) – *grains (m) de moutarde*

Unterschieden werden drei Arten Senfkörner: der **schwarze Senf,** kleine, dunkelbraune, sehr scharfe Körner, der **weiße Senf,** etwas größere, helle, gelblichbraune Körner, etwas weniger kräftig im Geschmack, und der **Sarepta-** oder **indische Senf,** hellgraue kleine Körner. Der Sarepta-Senf ist im Handel nur selten anzutreffen.
Verwendung: Alle drei Sorten können ganz verwendet, gemahlen oder zu Senf weiterverarbeitet werden. Senf ist sehr vielseitig: Als Marinade oder Beigabe zu Grilladen, Würsten, Schinken und Rouladen, für kalte und warme Saucen, Salatsaucen, Füllungen, Eiergerichte. Senfkörner für Marinaden, Senffrüchte, Wurstwaren, Sauerkraut und Senfgurken.

Tamarinde – *tamarin (m)*

Die Tamarinde wächst auf den bis zu 20 m hohen tropischen Tamarindenbäumen. Als Gewürz wird das sauer schmeckende Fruchtfleisch der bis zu 20 cm langen, dunkelbraunen Schote verwendet. Die Tamarinde ist wegen ihres starken Säuregehaltes lange haltbar.
Verwendung: Zum Marinieren von Fisch- und Fleischgerichten, zum Säuern von Curry, in der neuzeitlichen Küche zum Herstellen von Sorbets.

Thymian – *thym (m)*

Unterschieden werden der **echte Thymian,** der 10–40 cm hoch wird und einen kräftigen, würzig-scharfen, majoranähnlichen Geschmack hat, und der **Feldthymian,** der nicht so hoch wird, aber etwas breitere Blätter hat.
Verwendung: Für Gewürzmischungen der italienischen, der französischen und der griechischen Küche, für Lamm- und Schweinefleisch, Gemüsesuppen, Pilze, Pasteten, Wurstwaren und Leberknödel.

Vanille – *vanille (f)*

Die Vanillepflanze ist eine weißgelb blühende Kletterorchidee. Die großen Blüten, die sich nur einen Tag lang öffnen, bringen die bis zu 30 cm langen Schoten zum Vorschein, die kurz vor ihrer Reife geerntet werden. Durch eine spezielle Fermentation erhalten die Schoten ihr charakteristisches Aroma und ihre schwarze Farbe. Die beste Qualität (Bourbon-Vanille) kommt von der Insel La Réunion, wo die Pflanzen künstlich befruchtet werden, weil eine bestimmte Insektenart, die sonst für die Befruchtung sorgt, dort nicht vorkommt.
Verwendung: Zum Verfeinern und zum Aromatisieren von Cremen, Glace, Schokolade, Kompott und Gebäck. Um ein volles Aroma zu erzielen, die Schoten halbieren, das Granulat herausschaben und den Speisen beifügen. Die Schoten nur kurz auskochen.

Wacholder – *genièvre (m)*

Als Wacholder werden die 2–3 Jahre alten violettblauen bis schwarzen Beeren des weiblichen Wacholderbusches bezeichnet. Die Beeren haben einen bittersüßen, oft harzigen Geschmack.
Verwendung: Für Wild- und Geflügelgerichte, Sauerkraut, Sauer- und Schweinsbraten, zur Herstellung von Fischsud und Fischmarinaden.

Zimt – *cannelle (f)*

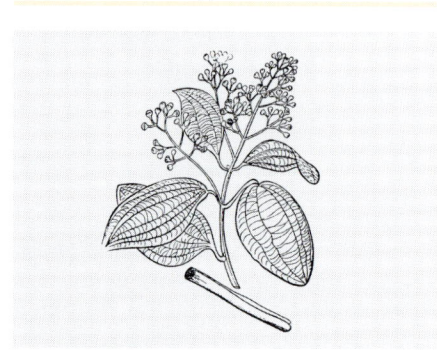

Der echte Ceylon-Zimtbaum bzw. die Kassia wird bis zu 10 m hoch und gehört zu den Lorbeergewächsen. Zur Herstellung der Zimtstangen wird nur die gelbliche bis blaßrote Innenrinde von Stamm und Zweigen des jungen Baumes verwendet. Die abgeschälte Rinde wird getrocknet und rollt sich dabei zusammen. Der süßlich-würzige, blumig riechende Zimt kommt auch als Pulver in den Handel.
Verwendung: Für Fleisch- und Currygerichte, vor allem Süßspeisen, Gebäck, Kompott, Milchreis, Zimtglace, Zimtparfait usw.

Zitronenmelisse – *citronnelle (f)*

Die gezackten, leicht behaarten, dunkelgrünen Blätter der rund 80 cm hoch werdenden Staude riechen stark nach Zitrone. Ihr Geschmack ist erfrischend zitronenähnlich.
Verwendung: Für Salate, Suppen, Saucen, Joghurt, Fisch-, Geflügel-, Reis- und Pilzgerichte, als Dekoration für Süßspeisen.

4.5.15 Würzmittel – *condiments (m)*

Essig – *vinaigre (m)*

Essig ist eine verdünnte Essigsäure, die aus alkoholhaltigen Flüssigkeiten oder anderen Ausgangsprodukten durch verschiedene Verfahren gewonnen wird. Dabei werden die in Wein, Obstwein oder anderen alkoholischen Flüssigkeiten enthaltenen Alkohole durch Essigbakterien oder durch chemische Synthese in Essigsäure umgesetzt.
Eigenschaften: Essig konserviert Gemüse, Fisch und Fleisch, wenn gewisse Voraussetzungen erfüllt sind. Er begrenzt das Wachstum von Mikroorganismen in Salaten und Marinaden. Essig wirkt härtend auf Zellulose, weshalb er erst nach dem Garprozeß beigefügt wird. Er hebt und unterstützt das Eigenaroma vieler Speisen. Er mildert die Bitterstoffe einiger Blattsalate und macht sie so erst genießbar. Er löst Kalk in verkalkten Kasserollen.
Herstellung: Beim **Oberflächenverfahren** werden die Essigbakterien auf locker geschichteten Buchenholzspänen kultiviert. Die Bakterien werden von oben mit alkoholischen Flüssigkeiten berieselt und von unten mit Luft durchströmt. Nach mehrmaliger Berieselung erhält man den Gäressig.
Beim **Naßverfahren** werden die alkoholischen Flüssigkeiten mit Essigbakterien (Essigmutter) geimpft, die bei Temperaturen von 20 °C bis 30 °C den Alkohol in 6–10 Wochen zu gleich viel Essigsäure umsetzen, das heißt, ein Wein mit 7% Alkohol ergibt einen siebenprozentigen Essig. Dieser Gärungsessig kann in Fässern oder Korbflaschen hergestellt werden.
Für **Essenzessig** wird die Essigsäure durch chemische Synthese aus Petrochemikalien oder aus Holz gewonnen. Die chemisch reine Essigsäure wird zur Herstellung von Essenzessig mit Wasser auf einen Gehalt von 60–80 Volumenprozent Säure verdünnt. Diese stark ätzende Flüssigkeit wird für Speiseessig noch weiter mit Wasser verdünnt, bis der Essigsäuregehalt nicht mehr als 14% beträgt.
Bestimmungen der Lebensmittelverordnung: **Gärungsessig** ist Essig, der durch Essigsäuregärung aus alkoholhaltigen Flüssigkeiten hergestellt worden ist, zum Beispiel:
Obstessig: Nur aus Obstwein oder aus vergorenem Obstsaftkonzentrat hergestellt.
Molkenessig. Aus eingedickter Molke durch Essiggärung hergestellt.
Alkoholessig: Aus Feinsprit durch Essiggärung hergestellt.
Weinessig: Ausschließlich aus Rot- oder Weißwein hergestellt.
Bier-, Honig-, Malzessig usw.: Nach ihrem Ausgangsprodukt bezeichnet.
Speise- oder **Tafelessig:** Mischung verschiedener Essigsorten, die nicht aufgeführt werden müssen. Die Gesamtsäure muß mindestens 4,5%, höchstens aber 9% betragen.
Essigsäure zu Speisezwecken ist Essigsäure, die auf chemischem Weg hergestellt und mit Trinkwasser verdünnt

worden ist. Sie darf einen Säuregehalt von höchstens 14% aufweisen.

Zitronenessig: Ein Teil einer Essigart wird durch ⅓ Zitronensaft oder eine entsprechende Menge Zitronensaftkonzentrat ersetzt.

Essig mit Aromastoffen: Für einen besonderen Geruch oder Geschmack werden aromatisierende Zusätze beigefügt, wie zum Beispiel Kräuter- und Gewürzauszüge, Honig, Früchte, Fruchtsäfte usw. Der entsprechende Geruch oder Geschmack muß deutlich wahrnehmbar sein. Folgende Bezeichnungen sind zulässig:
– Weinessig mit Kräutern
– Obstessig mit Honig
– Essenzessig mit Gewürzen oder Kräuteressig
– Gewürzessig

Spezialitäten: **Aceto balsamico, Aceto di Modena** und **Balsamessig** sind Bezeichnungen für eine Essigart aus der italienischen Provinz Modena, die alle nach einem gleichartigen Verfahren hergestellt werden: Der Wein aus lokalen Traubensorten wird in Holzfässern zu Essig vergoren und mindestens 6 Jahre, manchmal bis 20 Jahre gelagert. Während der Lagerzeit werden bestimmte Mengen süßer Traubensaft daruntergemischt, weshalb dieser Essig säuerlich-süß schmeckt.

Sherry-Essig wird durch Vergären von 4- bis 5jährigem Sherry gewonnen. Er schmeckt nach dem in Holzfässern oxidierten Wein.
Verwendung: Für Salate, Salatsaucen, Cornichons, Delikateßgurken, Maiskölbchen, Mixed Pickles, Silberzwiebeln, Marinaden, Pilze, verschiedene Gemüse, Peperoni, Kräuter, Kürbis, Senf, Chutney, Ketchup, Tabasco, Reduktionen, Kapern, Relishes, kalte und Spezialsaucen, süß-saure Zwetschgen.
Bemerkungen: Essenzessig hat in der Schweiz nur eine geringe Bedeutung; er wird vor allem in der Konservenindustrie verwendet.
Bei Kräuteressig ist das darin enthaltene Kochsalz (ca. 4%) beim Würzen zu berücksichtigen.

Glutamat – *glutamate (m)*

Glutamat ist ein weißes kristallines Pulver, das aus Weizengluten oder Zuckerrübenschlempe (bei der Herstellung von Zucker anfallendes Nebenprodukt) gewonnen wird. Glutamat ist eine nichtessentielle Aminosäure, die als Mononatriumglutamat (mit salzig-süßem Eigengeschmack) den Nahrungsmitteln beigefügt das Aroma hervorhebt, unterstützt und fixiert.
Verwendung: Zum Würzen von natriumarmer Diätkost, für Speisen, die wenig Eigengeschmack aufweisen, statt Salz für chinesische und japanische Gerichte, in der Nahrungsmittelindustrie in großem Umfang für Tiefkühl- und Trockenprodukte, für Konserven auf Fisch- oder Fleischbasis.
Handelsformen: In reiner Form als weißes, kristallines Pulver erhältlich. Als Zutat in den Streuwürzen (Geschmacksverstärker).
Bemerkungen: Das reine Glutamat ist schwer dosierbar, genügen doch 0,1 bis 0,3% in fertigen Speisen für eine optimale Wirkung. Beim Gebrauch von Streuwürze ist zu beachten, daß rund 50% Kochsalz enthalten sind.

Senf – *moutarde (f)*

Unter Tafelsenf ist eine Mischung von Senfpulver, Essig, Wein oder Wasser zu verstehen, welcher Salz, Zucker und Aromastoffe beigemischt werden.
Bestimmungen der Lebensmittelverordnung: Auf Trockensubstanz berechnet darf Senf höchstens 10% Reis- oder Stärkemehl enthalten. Zum Färben dürfen Kurkuma und Lebensmittelfarbstoffe verwendet werden. Die Senfpräparate müssen gemäß ihrer Zusammensetzung bezeichnet werden.
Herstellung: Weiße, braune oder schwarze Senfkörner werden gemahlen, geschrotet oder gequetscht und mit Essig, Wein oder Wasser zum Quellen gebracht. Salz, Zucker und Aromastoffe, zum Beispiel Meerrettich, sowie Farbstoffe werden beigefügt. Das Ganze wird zu einer bindenden oder pastenartigen Masse verarbeitet.
Handelsformen: Gläser, Tuben, Dosen, Alu-Vakuum, Eimer.
Sorten: **Englischer Senf** ist ein hauptsächlich aus weißen Senfkörnern hergestelltes Pulver, das mit etwas Kurkuma gefärbt wird. Er wird bei Gebrauch mit Wasser und wenig Essig angerührt.
Deutscher Senf wird überwiegend aus scharfen, hellen Senfmehlen, oft zusammen mit Meerrettich, hergestellt.
Französischer Senf: Moutarde de Dijon wird aus weißen, braunen und schwarzen gemahlenen, geschroteten oder gequetschten Senfkörnern hergestellt, die mit Verjus (frischem saurem Traubenmost) statt mit Essig gesäuert werden. Es ergibt sich eine wenig bindende Masse. Beim **Moutarde de Bordeaux** werden die mehr oder weniger fein gemahlenen Senfkörner mit Most gesäuert. Der **Moutarde de Meaux** ist ein nur aus geschroteten Senfkörnern hergestellter grober Senf, der in versiegelten Steinguttöpfen angeboten wird.

Italienischer Senf: Dem **Senape di Cremona** werden vor dem Abfüllen geschnittene kandierte Früchte beigemischt.
Österreichischer Senf ist eine grobe bis feine Masse mit viel braunen geschroteten Senfkörnern, Dillpulver und Zucker. Sein Geschmack ist mild und süßlich, er hat nur wenig Säure und eignet sich gut zur Weißwurst.
Verwendung: Für Saucen, Relishes, Piccalilli-Sauce, Marinaden, zu Aufschnitt, Wurstwaren, kaltem Fleisch, Braten.
Bemerkung: Im Senf ist Salz enthalten, weshalb nur kurz mariniert werden sollte.

Würzsaucen / Tafelsaucen – *sauces (f) aux condiments*

Würzsaucen sind auf bestimmte Speisen ausgerichtete Saucen, Pasten oder Konfitüren, die mit Gewürzen, Essig, Salz, Zucker, Früchten, Gemüsen und eventuell Öl hergestellt werden.

Anchovy-Sauce

Überwiegend aus Sardellen hergestellt. Von braunrötlicher Farbe.
Verwendung: Zu Fleisch- und Fischgerichten.

Barbecue-Sauce

Mit reichlichem Anteil Tomatenmark, außerdem Zwiebeln, Knoblauch, Salz, Essig, Worcester-Sauce, mit Raucharoma.
Verwendung: Zu Fleischgerichten vom Grill.

Chili-Sauce

Es gibt zwei Arten Chili-Sauce: Die chinesische Chili-Sauce ist sehr scharf, ähnlich wie Tabasco. Die mildere Form enthält Tomatenmark, Chili, Zucker, Essig, Salz und Zwiebeln.
Verwendung: Zum Abschmecken verschiedenster Gerichte.

Ketchup

Tomatenmark, Salz, Zucker, Essig, Ingwer, Nelken, Pfeffer, Paprika, Muskat, Zimt, Cayenne-Pfeffer, Knoblauch, Zitronensaft.
Verwendung: Zu kalten oder warmen Gerichten.

Limon Pickles

Limetten, Salz, Ingwer, Senfkörner, scharfer Chili und Koriander zu einer Paste verarbeitet.
Verwendung: Zu Gerichten der ceylonesischen und der indischen Küche.

Mango Chutney

Aus indischen Mangofrüchten, Zucker, Essig, Curry, Pfeffer, Tamarindenmus, Ingwer und Korinthen.
Verwendung: Zu Currygerichten.

Piccadilly-Sauce

Mayonnaise mit Rahm und gehacktem Fenchelgrün.
Verwendung: Zu kaltem Fleisch.

Piccalilli-Sauce

Englische Senf-Pickles, cremig, mit Curry abgeschmeckt.
Verwendung: Zu kaltem Fleisch.

Relishes

Meist eine süß-saure Mischung aus Gurken, Zwiebeln, Kräutern, Senfkörnern und Senf.
Verwendung: Zu kalten Fleischgerichten, Fast-food.

Samballan

Sammelbegriff für scharfe Würzpasten der indischen und der indonesischen Küche. Meist auf der Basis scharfer Paprikaarten.
Verwendung: Zu indischen und indonesischen Gerichten.

Sojasauce

Erzeugnis aus der Sojabohne. Das Eiweiß wird durch besondere Behandlung zu Aminosäuren abgebaut und erreicht dadurch die besondere Geschmacksnote. In China seit mehreren tausend Jahren bekannt.
Verwendung: Zu Gerichten der fernöstlichen Küche.

Speise- oder Suppenwürze

Wird ähnlich wie die Sojasauce durch Aufschließen von pflanzlichem Eiweiß gewonnen.
Verwendung: Zu kalten oder warmen Gerichten.

Tabasco

Aus Chili, Essig und Salz hergestellt.
Verwendung: Zum Abschmecken von kalten und warmen Gerichten.

Worcestershire-Sauce

Wird in England seit 250 Jahren hergestellt. Hauptbestandteile sind Fleischextrakt, Tamarindenmus, Essig, Rum, Zuckersirup, Soja, Tomatenmark, Schalotten, Sherry sowie verschiedene Gewürze.
Verwendung: Zu kalten oder warmen Gerichten.

4.6 Salze

Speisesalz (Kochsalz) ist Salz, das aus unterirdischen Steinsalzlagern, aus Meerwasser oder aus natürlicher Sole gewonnen wird und für die menschliche Ernährung geeignet ist. Es ist kein Gewürz, sondern ein Würzmittel, das der Nahrung zur Geschmackshebung beigefügt wird.
Der Körper eines Erwachsenen benötigt zwischen 3–6 g Koch- und Mineralsalze pro Tag, die bei einer ausgewogenen Ernährung durch normal gewürzte Speisen aufgenommen werden. Zuviel Salz überdeckt den Eigengeschmack der Speisen und erzeugt auf unnatürliche Art Durst, denn 1 g Salz bindet im Körper 100 ml Wasser, das bedeutet eine Gewichtszunahme von 100 g. Zudem kann zuviel Salz zu Stoffwechselstörungen führen. Bei andauerndem starkem Schwitzen (Schweiß = Wasser und Salz) muß Salz in Form einer leicht gesalzenen Bouillon oder isotonischen Getränken aufgenommen werden.
Heute wird im allgemeinen dem Körper mehr Salz zugeführt, als ihm zuträglich ist.

Zusammensetzung

Das Koch- oder Speisesalz besteht überwiegend aus Natriumchlorid (NaCl), mindestens 97%, sowie aus Wasser und Fremdsalzen wie Magnesium- und Calciumchlorid, sowie Magnesium-, Calcium- und Natriumsulfat. Außerdem enthält es noch Spurenelemente.

Eigenschaften

Salz ist **wasserlöslich** und geht in Nahrungsmittel über.
Es **würzt** und verbessert den Geschmack der Speisen.
In hoher Konzentration **konserviert** Salz die Lebensmittel.
Salz ist **hygroskopisch,** das heißt, es zieht Feuchtigkeit an. Deshalb dürfen Nahrungsmittel, die mit Flüssigkeitsentzug reagieren, nicht im voraus gesalzen werden.
Die Lagerräume müssen trocken sein, das heißt, die Luftfeuchtigkeit muß unter 70% liegen. Wird dieser Wert überschritten, ist das Salz nicht mehr streufähig.

Vorkommen

Steinsalz wird im Salzbergwerk Le Bouillet ob Bex VD nur für den Kanton Waadt produziert.
Siedesalz wird von den Schweizerischen Rheinsalinen in Schweizerhalle/Pratteln BL und Rheinfelden/Riburg AG für alle Kantone außer Waadt produziert.
Meersalz wird in die Schweiz importiert. Große Salzgärten gibt es im Rhonedelta in Frankreich, in Italien und in Spanien.

Gewinnung

Steinsalz wird im Bergbau abgebaut. Die Salzbrocken werden gebrochen, gemahlen und durch Sieben von unerwünschten mineralischen Begleitstoffen befreit.
Siedesalz wird durch Eindampfen von Sole gewonnen. Die Sole ist Salzwasser, das mindestens 4 g Salz pro Liter Flüssigkeit enthält. Der Eindampfungsprozeß erfolgt unter Vakuum bei einer Temperatur von 110 °C, bis ein Salzbrei entstanden ist. Das Restwasser wird in Zentrifugen ausgeschleudert. Anschließend wird getrocknet und zu der vom Handel verlangten Körnung vermahlen.
Meersalz wird durch Verdunstung von Meerwasser in flachen Sammelbecken unter Einwirkung von Sonne und Wind gewonnen. Durch die langsame Kristallisation entsteht ein grobkörniges Salz, das gewaschen, getrocknet, gesiebt und je nach Verwendungszweck gemahlen wird.

Handelssorten

Kochsalz mit einem **blauen Aufdruck** auf der Packung ist ein streufähiges Speisesalz **ohne Zusatz**. Kochsalz mit einem **roten Aufdruck** ist ein streufähiges Speisesalz mit **Jodzusatz**. Das Jod oder Kaliumjodid wirkt vorbeugend gegen Kropfbildung (Schilddrüsenerkrankungen). Kochsalz mit einem **grünen Aufdruck** ist ein streufähiges Speisesalz **mit Jod- und Fluorzusatz**. Fluor, genauer Natriumfluorid oder Kaliumfluorid, festigt den Zahnschmelz und wirkt so gegen Zahnkaries. Fein kristallisiertes oder fein gemahlenes Speisesalz darf als Tafelsalz bezeichnet werden. Das Tafelsalz **Gresil** in einer **blauen Packung** ist besonders feinkörnig, bleibt rieselfähig durch Beimischung von Tricalciumphosphat und enthält ebenfalls Jod.

Spezialsalze

Als **Diätsalz** wird ein Produkt bezeichnet, bei dem ein Teil des Natriums durch andere Verbindungen, wie Kalium, Calcium, Magnesium mit Bernstein-, Glutamin-, Kohlen-, Milch-, Salz-, Wein- und Zitronensäure, ersetzt wird. Mit diesem Salz ist nur eine natriumarme Kost möglich.
Knoblauch-, Sellerie-, Zwiebel- und ähnliche Salze werden durch Beimischung der entsprechenden Zusätze in Pulverform hergestellt.
Nitritpökelsalz besteht aus Speisesalz und Natriumnitrit (0,5–0,6%) ohne oder mit Zusatz von Natriumnitrat (0,9–1,0%). Zur Unterscheidung von anderen Salzen wird es mit Lebensmittelfarbstoff, Macis oder Paprika eingefärbt.
Pökelsalz ist eine Mischung aus Speisesalz und höchstens 35 Gewichtsprozenten Salpeter (salpetrigsaures Natrium).
Salpeter ist ein kristallines Salz mit stechendem Geruch. Es wird in natürlichen Vorkommen zum Beispiel in Chile abgebaut.

Bemerkungen

Die in Nitritpökelsalz und Pökelsalz enthaltenen Wirkstoffe haben die Eigenschaft, den roten Blutfarbstoff zu festigen und ihn kochfest zu machen. Salzsorten wie **Streu-, Gewerbe-, Wasserenthärtungs-** und **Viehsalz** dürfen nicht für die menschliche Ernährung verwendet werden.

4.7 Hilfsmittel

Unter Hilfsmittel versteht man Produkte unterschiedlicher Zusammensetzung, die einem Nahrungsmittel zum Verbessern, Verfeinern, Färben und Stabilisieren beigefügt werden können.

Lagerung

Trocken, kühl, gut verschlossen, vor Licht geschützt.

4.7.1 Aromastoffe / Essenzen

Aromastoffe sind flüchtige Verbindungen, die flüssig, pastenförmig oder als Pulver angeboten werden. Sie wirken auf die Geruchs- und die Geschmacksnerven und regen die Verdauung an.

Einteilung

Natürliche Aromen werden durch Auspressen, Eindampfen, Extraktion und Destillation aus pflanzlichem oder tierischem Material gewonnen, zum Beispiel: Fruchtmark, Fruchtsäfte, ätherische Öle, Extrakte.
Synthetische Aromen werden auf chemischem Weg gewonnen, das heißt, sie kommen in der Natur nicht vor, zum Beispiel: Ananas mit Rosenduft.

Verwendung

Zum Aromatisieren oder Verstärken bereits vorhandener Geschmackseigenschaften von Cremepulver, Vanillinzucker, Glace, Gebäck, Füllungen, Suppen und Saucen der Lebensmittelindustrie.

Bemerkung

Unabhängig von der Art des Aromas ist darauf zu achten, daß die Aromastoffe maßvoll verwendet werden.

4.7.2 Farbstoffe

Die natürlichen, in Pflanzen vorkommenden Farbstoffe werden durch physikalische oder chemische Verfahren gewonnen oder synthetisiert. In der Lebensmittelverordnung ist festgelegt, welche Farbstoffe für Lebensmittel verwendet werden dürfen.

Einteilung

Gelb: aus Kurkuma und Safran, für Senf, Cremepulver, Zuckerwaren.
Orange: Karotin von Karotten, für Cremepulver, Fette, Joghurt, Getränke.
Rot: aus Randen, für Milchmischgetränke, Joghurt, Konfitüre, Marmelade.
Blau: aus Heidelbeeren, für Fleischstempelfarbe, Getränke, Liköre.
Grün: aus Chlorophyll grüner Blätter (z.B. Spinat), für Gelee, Liköre, Zuckerwaren.

Bemerkungen

Beim Gebrauch von Farben ist zu beachten, daß schon kleine Mengen intensiv färben. Lieber zuwenig als zuviel!

4.7.3 Geliermittel

Unter Geliermittel versteht man Stoffe, die das Festwerden einer kalten Flüssigkeit oder Masse bewirken. Die Gel-Bildner bestehen aus Proteinen oder Polysacchariden und werden aus tierischen oder pflanzlichen Produkten gewonnen.

Tierische Herkunft

Aspik

Aspik kann aus aromatisiertem, gefärbtem Trockengeleepulver hergestellt oder durch Auskochen von Kalbfüßen und Schwarten selbst zubereitet werden.
Verwendung: Für Aufschnittteller, kalte Platten, Garnituren.

Gelatine

Gelatine wird durch Auskochen entfetteter Knochen, Schwarten und Sehnen gewonnen. Sie besteht überwiegend aus Proteinen und kommt als Blätter oder Pulver in den Handel.
Verarbeitung: Die Gelatineblätter in kaltem Wasser etwa 5 Min. einweichen, dann gut ausdrücken und durch Erwärmen im Wasserbad auflösen.
Das Gelatinepulver – 8 Teile Wasser und 1 Teil Pulver – quellen lassen, dann im Wasserbad erwärmen.
Instant-Gelatine ist eine konzentrierte, getrocknete und gemahlene Gelatinelösung, die ohne Vorquellen direkt verarbeitet werden kann.
Beim Abkühlen erstarrt die Gelatine zu einer festen Gallerte.

Verwendung: 1 Blatt Gelatine wiegt etwa 2,5 g. Zum Stabilisieren von Cremen und Rahm 5–6 g Gelatine pro Liter Flüssigkeit. Zum Stürzen und Schneiden von Rahm- und Cremesüßspeisen 10–30 g Gelatine pro Liter Flüssigkeit.
Bemerkung: Werden für Süßspeisen frische Ananas, Papayas oder Kiwis und gleichzeitig Gelatine verwendet, lösen die in diesen Früchten enthaltenen Enzyme das Protein der Gelatine auf. Es gibt nur eine standfeste Süßspeise, wenn die Enzyme der Ananas oder der Kiwi durch Kochen inaktiviert werden.

Vesiga

Vesiga ist das getrocknete Rückenmark des Störs.
Verarbeitung: In Wasser 24 Stunden quellen lassen, vorkochen.
Verwendung: Für Kulibiaks, Piroschki, zum Klären von hochwertigem Wein.

Pflanzliche Herkunft

Alginate

Alginate werden aus Braunalgen gewonnen und kommen als Pulver in den Handel. Sie sind in kalter oder heißer Flüssigkeit löslich.
Verwendung: Für Gelierung, Stabilisierung und Verdickung von Cremen, Glace, Füllungen, Pudding, Saucen, Salatsaucen.

Agar-Agar

Agar-Agar ist ein Produkt aus Rotalgen, die ausgekocht und getrocknet werden. In Pulverform, farb- und geruchlos, löst es sich in heißer Flüssigkeit auf. Die Bindefähigkeit ist 8mal höher als bei Blattgelatine. In kaltem Wasser ist Agar-Agar quellfähig. Es löst sich beim Erhitzen bei 80 °C bis 90 °C und geliert nach dem Abkühlen bei 30 °C bis 40 °C.
Verwendung: Zum Beispiel für Geleeüberzug von Fruchttorten.

Carragen

Carragen wird aus einer bestimmten Rotalgenart gewonnen.
Verwendung: Ähnlich wie Agar-Agar.

Carubin

Carubin wird durch Vermahlen von Kernen des Johannisbrotbaumes gewonnen. Es ist bekannt als Johannisbrotmehl.
Vorkommen: Mittelmeerländer, Naher Osten.
Verwendung: Als Bindemittel für Süßspeisen, zur Erhöhung der Wasseraufnahmefähigkeit von Backmehl. Wird auch als Frischhaltemittel eingesetzt.

Guarkernmehl

Guarkernmehl wird durch Vermahlen von Samen der Guar-Pflanze gewonnen.
Verwendung: Als Dickungsstoff in Saucen, Suppen, Glace, Milchprodukten. Vor allem für die Diätküche.

Gummi arabicum

Der erstarrte Pflanzensaft von Akazienbäumen, einer Gummibaumart in Afrika und Indien, wird zu einem körnigen Pulver gemahlen.
Verarbeitung: In Wasser – 5 Teile Wasser, 1 Teil Gummi – quellen lassen. Vor Gebrauch im Wasserbad erwärmen und passieren.
Verwendung: Für Biber, Lebkuchen, Konfekt.

Pektin

Pektin ist in Pflanzen sehr verbreitet und wird aus Apfeltrester oder aus den Schalen von Zitrusfrüchten gewonnen. Es kommt flüssig für Großverbraucher und als Pulver in den Handel. Manchen Produkten ist Pektin gebrauchsfertig beigemischt.
Verarbeitung: Zum Beispiel Pektinpulver mit Fruchtsaft vermischen und wenig Weinsteinsäure darunterrühren. Die Säure bewirkt das Dickwerden der ganzen Flüssigkeit.
Verwendung: Zum Binden von Fruchtgelee und Konfitüre, zum Überziehen von Fruchttorten und Fruchtschnitten, als Festigungsmittel für Eischnee und Buttercreme.
Bemerkung: Die besondere Bedeutung von Pektin besteht darin, daß es im Darm Giftstoffe absorbieren kann.

Tragant

Tragant ist weißer bis brauner Pflanzengummi, der aus dem Saft der Astragalus-Sträucher in Griechenland, im Iran, in Syrien und in der Türkei gewonnen wird.
Verarbeitung: In kaltem Wasser etwa 48 Stunden quellen lassen. Wenn nötig Wasser nachgießen. Passieren, dann mit Staubzucker zu einer teigähnlichen Konsistenz vermischen.
Verwendung: Als Bindemittel für Glace und Tortendekor, zum Stabilisieren von Bonbons und Schaustücken.

4.7.4 Konditorei-Halbfabrikate

Ananasäther

Synthetisch gewonnene Ester, werden hauptsächlich in der Aromenindustrie verwendet.

Ananasäther enthält Buttersäureamyl und Buttersäureäthylester. Die Fruchtäther werden in äthanolischer Lösung als Fruchtaromen verwendet.

Aprikosen-Gel (Abricoture)

Ein aus Obstmark, eingedickten Fruchtsäften, Fruchtrohsäften oder Fruchtaroma unter Zusatz von Weißzucker, Pektin und zugelassenen Lebensmittelfarbstoffen durch Kochen hergestelltes gallertartiges, schnittfähiges, backfestes oder nicht backfestes Erzeugnis, das hauptsächlich als Einlage und zum Garnieren in der Süß- und Backwarenindustrie verwendet wird.

Backmasse

Mandeln oder Haselnüsse werden ganz oder teilweise ersetzt durch Sojaprodukte, Sesamsamen, Stärke und Bindestoffe.
Verwendung: Wie Haselnuß- oder Mandelmasse (günstiger).

Fettglasur

Fettglasur ist eine schokoladeähnliche Masse, bei der die Kakaobutter durch ein anderes Pflanzenfett ersetzt wird. Im Gegensatz zur Couverture muß die Fettglasur nicht temperiert werden, was die Verarbeitung vereinfacht. Die LMV erlaubt die Verwendung von Fettglasur nur für Torten, Cakes und Patisserie. Für sogenannte haltbare oder Dauerartikel wie Konfekt, Pralinen, Schokoladespezialitäten usw. ist der Gebrauch von Fettglasur nicht gestattet.

Fondant

Zäh-weiche Masse aus Zucker und Glukose (Stärkezucker).
Verwendung: Als Tortenüberzug, zu Zuckerdekor.

Gianduja

⅓ geröstete Mandeln oder Haselnüsse werden mit ⅓ Puderzucker ölig verrieben, dann mit ⅓ aufgelöster Couverture vermischt.
Verwendung: Für Dekor, Pralinen, zum Eindecken von Torten und Patisserie.

Makronenmasse

Fein geriebene Mischung aus Mandeln oder Haselnüssen, Zucker und Eiweiß.
Verwendung: Für Mandelkonfekt, Makronen, Schaustücke.

Mandelmasse

Frische geschälte oder ungeschälte eingeweichte Mandeln werden mit gleich viel Zucker vermischt und fein verrieben.
Verwendung: Für Füllungen, Massen, Teige.

Marzipan

Gemisch aus geriebenen Mandeln und Bittermandeln mit bei 95 bis 100° Réaumur gekochtem Zucker.
Verwendung: Für Pralinen, Torten, Patisserie, zum Modellieren.

Nougat

Hergestellt aus gerösteten Mandeln oder Haselnüssen, Honig, Zucker, eventuell mit Zusatz von Kakao.
Verwendung: Für Nougat-Eier, Pralinen, als Dekormaterial, für Schaustücke.

Persipan

Persipan ist ein Marzipanersatz, der aus entbitterten Aprikosen- und Pfirsichkernen wie Marzipan hergestellt wird.
Verwendung: Wie Marzipan.

Pralinemasse

Zu gleichen Teilen geröstete Haselnüsse und geschälte oder ungeschälte Mandeln mit Zucker erhitzen, bis dieser kristallisiert, dann schmilzt. Auf Marmor oder Blech ausgießen und erkalten lassen. Je nach Verwendung brechen, stoßen, mahlen, verreiben.
Verwendung: Für Cremen, Füllungen, Glace, Pralinen.

Streumaterial

Vor allem in der Patisserie (Mandeln, Haselnüsse, Krokant, Biskuitbrösel, Japonais-Brösel usw.). Es soll stets mit verschieden großen Sieben zur gewünschten Körnung abgesiebt werden. Nicht abgesiebtes Streumaterial wirkt ungepflegt.

Kandierte und/oder konfierte Früchte

Angelika

Die Angelika wird auch Engelwurz genannt und gehört zur Familie der Wiesenkerbel (Knöterichgewächs). Die röhrenartigen Stengel werden konfiert.
Verwendung: Als grünes Dekormaterial für Torten, Süßspeisen.

Orangeat

Kandierte Schale der Bitterorange (Pomeranze).
Verwendung: Für sich allein oder mit Zitronat gemischt als Einlage in Cakes, Christstollen, englische Puddings.

Zitronat

Kandierte Schale der Zedrat-Zitrone.
Verwendung: Für sich allein oder mit Orangeat gemischt als Einlage in Cakes, Christstollen, englische Puddings.

Kirschen

Die Herzkirschen mit oder ohne Stein werden in gefärbter gesättigter Zuckerlösung konserviert.
Verwendung: Als Dekor, in Cakes, englischen Puddings.

Getrocknete Trauben

Verwendung: Für Gebäck, Müesli, Rohkost, Vollwertkost, Süßspeisen, als Tourenproviant.

Rosinen

Sammelbegriff für verschiedene mittelgroße, kernenhaltige, getrocknete Trauben.

Korinthen

Dunkelblaue, fast schwarze, kleine, kernenlose Beeren einer griechischen Traubensorte.

Sultaninen

Kernenlose Kulturform der großbeerigen Sultana-Trauben. Im Handel sind hellgelbe, das heißt gebleichte Beeren. Braune Sultaninen sind unbehandelt.

Weinbeeren

Von den Stielen befreite, erlesene, großbeerige, kernenhaltige, braune, getrocknete Trauben.

4.7.5 Zuckeraustauschstoffe und künstliche Süßstoffe

Zuckeraustauschstoffe

Zuckeraustauschstoffe werden als Zuckerersatz verwendet. Sie werden aus pflanzlichen Grundstoffen gewonnen, die in der Natur verbreitet sind. Der Nährwert entspricht annähernd demjenigen des Zuckers. Die Zuckeraustauschstoffe sind koch- und backfest.

Sorbit

In vielen Früchten, vor allem in der Vogelbeere vorhanden. Als Ausgangsprodukt dienen die Mais- und die Kartoffelstärke.

Mannit

Kommt in der Manna-Esche vor. Ausgangsprodukte von Mannit sind Invertzucker und Fruchtzucker.

Xylit

In den meisten Früchten, Gemüsen und Pilzen. Xylit ist vollkommen nichtkariogen, daher ideal zur Verhütung von Karies. Es weist dieselbe Süßkraft auf wie Zucker.

Künstliche Süßstoffe

Künstliche Süßstoffe werden chemisch hergestellt und haben eine wesentlich größere Süßkraft, haben aber meist keinen Nährwert.
Nicht alle künstlichen Süßstoffe sind koch- und backfest. Man benötigt deshalb Spezialrezepturen.
Lagerung: Trocken jahrelang haltbar.
Handelsformen: Würfel oder Tabletten, flüssig oder pulverisiert.

Saccharin

Sehr hohe Süßkraft. Kein Nährwert. Entwickelt bei Überdosierung leicht bitteren Nachgeschmack.
Marken: Zum Beispiel Hermesetas usw.

Cyclamat

Neutrale (milde) Süße. Kein Nährwert. Durch Mischen von Cyclamat und Saccharin wird eine höhere Süßkraft ohne Nachgeschmack erreicht.
Marken: Zum Beispiel Assugrin, Sucrosin, Zucrinet usw.

Assucro

Zusammensetzung: Cyclamat, Saccharin, Maisstärke. Kleiner Nährwert: 10% von Zucker.

Aspartam

Aus Aminosäuren bestehende proteinähnliche Substanz. Sehr kleiner Nährwert. Kein bitterer oder metallischer Nachgeschmack. Nur zum Süßen von Getränken.
Marke: Canderel.

> Künstliche Süßstoffe können bei Überdosierung gesundheitsschädlich sein!

4.7.6 Honig

Bienenhonig, ein Naturprodukt ganz besonderer Art, war als Süßstoff lange vor Einführung des Zuckers bekannt.

Entstehung

Bienen tragen kleinste Tröpfchen süßen Blütensaft (Nektar) sowie andere von Pflanzen abgesonderte Säfte in die Waben des Bienenstockes und fügen hier noch Stoffe aus dem eigenen Körper hinzu.
Durch Verdunsten von Wasser dickt der süße Saft ein, wobei allmählich der reife Honig entsteht.

Gewinnung

Der Honig wird in speziellen Zentrifugen aus den gefüllten Waben geschleudert.

Zusammensetzung und Nährwert

70%	Invertzucker
5%	Saccharose
10–20%	Wassergehalt (LMV: höchstens 21%) Aromastoffe, Fruchtsäuren, Mineralsalze, Enzyme/Fermente

Qualität, Bezeichnung

Die Bezeichnung «kontrolliert» ist zulässig für Inlandhonig, der durch anerkannte Imkerorganisationen auf Echtheit, Reinheit, Qualität und Reife geprüft wurde.
Ausländischer Honig muß ausdrücklich als solcher bezeichnet sein.

Honigarten

Art und Charakter des Honigs werden vor allem durch die honigspendenden Pflanzen bestimmt.
Blütenhonig ist in der Regel hell, **Tauhonig** (Wald- oder Tannenhonig) mehrheitlich dunkel, kräftiger und herber.

Lagerung und Haltbarkeit

Gut verschlossen hält sich Honig jahrelang. Bei Luftzutritt zieht Honig Feuchtigkeit an. Dadurch kann er gären und sauer werden.

Eigenschaften

Das Festwerden des Honigs beruht auf dem Auskristallisieren (Kandieren) des Zuckers. Dies gilt nicht als Qualitätsfehler. Damit der Honig wieder flüssig wird, in warmes Wasser stellen. Nicht über 40 °C bis 45 °C erwärmen. Höheres Erhitzen zerstört die wertvollsten Bestandteile des Honigs, vor allem die wirksamen Fermente.

4.7.7 Convenience Food

Die Begriffsbestimmung Convenience Food, die ursprünglich aus Amerika stammt, hat sich inzwischen auf die ganze Welt ausgedehnt und überall eingebürgert. Verstanden werden darunter Lebensmittel, die vor dem Einkauf teilweise oder vollständig bearbeitet worden sind und somit auch als Dienstleistungsprodukte bezeichnet werden können.
Unter **Ready Food** versteht man im allgemeinen konsumfertige Speisen und Mahlzeiten (Fertiggerichte bzw. Fertigmahlzeiten).

Anforderungen an Convenience-Food-Produkte

Folgende Bedingungen sollten Convenience-Food-Produkte weitgehend erfüllen:
– Hygienische, einwandfreie Herstellung
– Gute gleichbleibende Qualität und natürliches Aussehen
– Geringer Nährwertverlust
– Weniger Abfälle und Gewichtsverluste
– Problemlose Aufbewahrung über längere Zeit
– Schnelle, einfache Zubereitung
– Kleiner Arbeits- und Materialaufwand
– Geringe Betriebskosten, genaue Kalkulation

Einsatzmöglichkeiten

Die Einsatzmöglichkeiten sind praktisch unbeschränkt, zum Beispiel
– im Haushalt
– im Gastgewerbe
– in Personalrestaurants
– in Heimen und Spitälern
– bei Großveranstaltungen
– in Flugzeugen und Speisewagen
– in der Armee usw.
sowie bei
– Rationalisierungsmaßnahmen
– Personalmangel
– ungeeigneten Betriebseinrichtungen für die Bearbeitung von Rohprodukten
– unvorhergesehenen Situationen, Zeitknappheit usw.

Fertigungsstufen

Die Convenience-Food-Produkte können je nach Vorbereitung in folgende Stufen eingeteilt werden:
– teilweise bearbeitete Produkte
– bearbeitete, kochfertige Produkte
– fertig hergestellte Produkte für die Aufbereitung
– genußfertige Produkte

Aufbereitungsmethoden

Für das Aufbereiten (Regenerieren) von im voraus hergestellten Speisen eignen sich folgende Methoden:
– im Fond oder Wasser bei Pochier- oder Siedetemperatur
– im Dampf mit oder ohne Druck
– in mit Wasserdampf gesättigter Heißluft
– mit Heißluft
– mit Strahlungswärme (Mikrowellen)
– im Salamander
– im Backofen
– in der Friteuse
– mit Kontaktwärme (Bratpfanne, Grill)

Produkteangebot

– Pasteurisierte, uperisierte und sterilisierte Produkte in Tetra-Packungen, Vakuumbeuteln, Gläsern oder Dosen
– Gedörrte, getrocknete oder gefriergetrocknete Produkte
– Tiefgekühlte Produkte
– Fertigprodukte in hitzebeständigen Umhüllungen oder gekühlt in Schalen oder auf Teller portioniert
– Im Vakuum gegarte Speisen (cuisson sous vide)

Lagerungs- und Zubereitungsvorschriften

Die Empfehlungen der Hersteller müssen genau beachtet und eingehalten werden.
Je nach Herstellungsmethode müssen die Produkte kühl, trocken oder gekühlt bzw. tiefgekühlt aufbewahrt werden. Auch die Maßangaben und die Kochzeiten sind genau zu beachten.
Gewisse Produkte lassen sich mit entsprechenden Zutaten verfeinern.

4.8 Kaffee und Tee

Kaffee und Tee unterscheiden sich von den Nahrungsmitteln dadurch, daß sie nicht dem Aufbau und dem Unterhalt des Körpers dienen. Sie haben keinen Nährwert. Sie enthalten Stoffe, die auf Gehirn und Nerven anregend oder beruhigend wirken: Koffein, Theobromin. Kaffee und Tee müssen eine Fermentation (Gärung), eine schwächere oder stärkere Röstung durchmachen.

4.8.1 Kaffee – café (m)

Herkunft

Die Urheimat des Kaffees ist die Provinz Kaffa in Äthiopien. Von dort gelangte er über das Rote Meer nach Arabien und verbreitete sich sehr schnell in ganz Kleinasien. Erst um 1615 gelangte der erste Kaffee aus der Türkei nach Europa. Nicht nur als Getränk gelangte Kaffee über den Ozean, auch die Kaffeepflanze trat ihren Siegeszug rund um die Welt an. Im 17. und 18. Jahrhundert gehörte Holland zu den einflußreichsten Seemächten. Bereits 1699 pflanzten die Holländer Kaffee auf der Insel Java in Indonesien an. Es folgten Plantagen in Indien und auf Ceylon. Auch nach Amerika und Niederländisch Guyana brachten die Holländer den Kaffeebaum. Von dort aus verbreitete er sich in den tropischen Ländern der Neuen Welt, in jenen Gebieten, die heute den größten Teil der Weltproduktion an Kaffee liefern.

Frucht

Es gibt über 80 verschiedene Kaffeebaumsorten. Davon haben zwei eine besonders große Bedeutung: **Coffea arabica** und **Coffea robusta**. Etwa drei Viertel der Weltproduktion ist Arabica-Kaffee. Die Bohnen sind länglich, haben eine glatte Oberfläche und sind gewaschen bläulich-grünlich. Im allgemeinen ist die Qualität des Arabica-Kaffees sehr gut. Coffea robusta ist schnellwüchsiger, ertragreicher und widerstandsfähiger gegen Schädlinge als Coffea arabica. Ihre Bohnen sind rundlich, unregelmäßig, hellbraun bis grünlich. Ihr Anteil an der Weltproduktion beträgt etwa ein Viertel. Robusta-Kaffee ist von eher mittelmäßiger Qualität.

Der in den Produktionsländern aufbereitete Kaffee wird als Rohkaffee in Säcken von 60–70 kg in alle Welt verschifft.

Die wichtigsten Handelsländer

Zentralamerika: Mexiko, Guatemala, El Salvador, Honduras, Nicaragua, Costa Rica, Kuba, Haiti, Dominikanische Republik
Südamerika: Brasilien, Venezuela, Kolumbien, Ecuador, Peru, Bolivien
Afrika: Guinea, Elfenbeinküste, Ghana, Nigeria, Kamerun, Gabun, Angola, Zaire, Tansania, Uganda, Kenia, Äthiopien, Jemen, Madagaskar
Asien: Indien, Malaysia, Indonesien, Neuguinea

Rösten des Kaffees

Voraussetzung für einen guten Kaffee ist neben der Qualität der Kaffeebohnen vor allem eine gute Mischung verschiedener Provenienzen, Sorten und Qualitäten. Dafür werden meist zentral- oder südamerikanische Arabica- mit afrikanischen oder asiatischen Robusta-Kaffees gemischt. Beim Zusammenstellen der Mischung wird Rücksicht genommen auf den Verwendungszweck: Milchkaffee, Espresso, Mokka. Der Kaffee entwickelt sein Aroma und seine charakteristische Farbe erst beim Rösten, wenn die Hitze (200–250 °C) die in den Bohnen enthaltenen ätherischen Öle freisetzt.

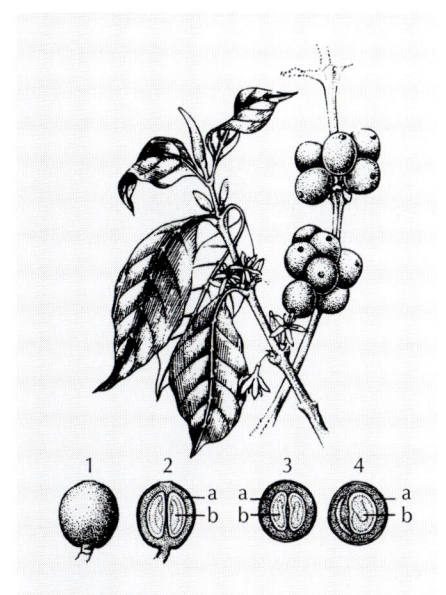

1 Frucht
2 Längsschnitt
3 Querschnitt
4 Querschnitt durch eine Perlbohne

a Fruchtfleisch
b Kaffeebohne

Aufbereitung der Kaffeebohnen

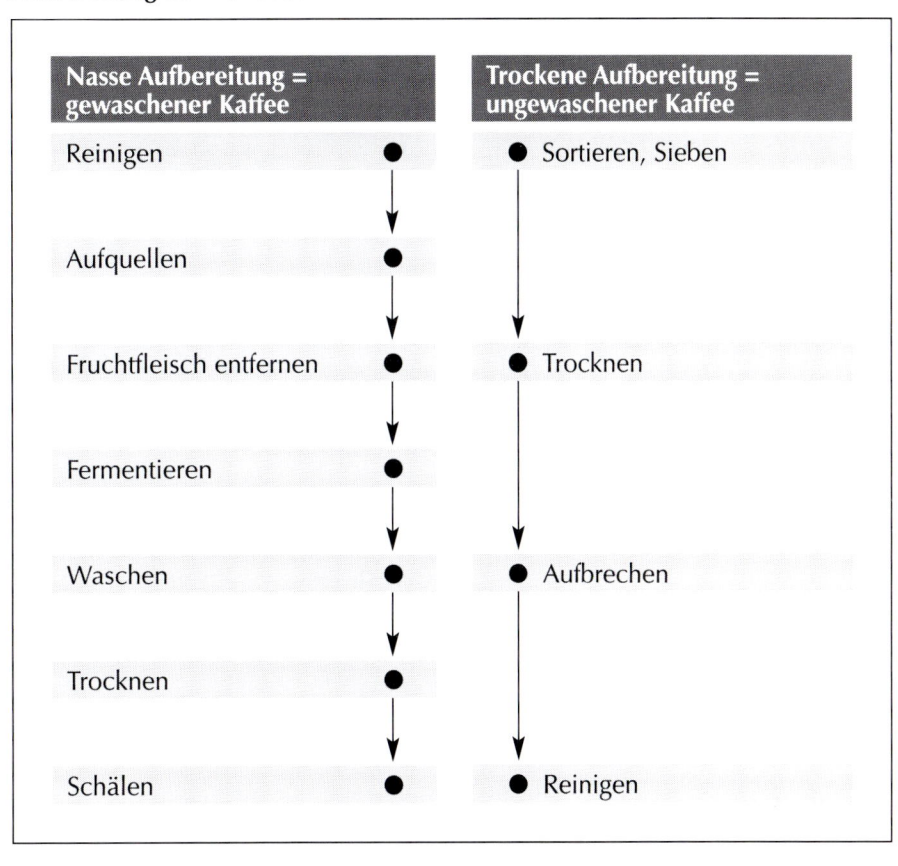

Nasse Aufbereitung = gewaschener Kaffee	Trockene Aufbereitung = ungewaschener Kaffee
Reinigen	Sortieren, Sieben
Aufquellen	
Fruchtfleisch entfernen	Trocknen
Fermentieren	
Waschen	Aufbrechen
Trocknen	
Schälen	Reinigen

Beim Rösten verliert der Kaffee etwa 20% seines Gewichts, gewinnt dafür aber bis zu einem Viertel an Volumen. Röstkaffee zieht leicht Feuchtigkeit an und muß daher sorgfältig aufbewahrt werden. Es sollte immer nur die bald benötigte Menge geröstet werden. Das Aroma des frischgerösteten Kaffees ist nach einigen Tagen am besten entwickelt, hält sich einige Zeit und läßt dann langsam nach. Kaffee sollte deshalb zur Erhaltung des Aromas erst unmittelbar vor der Verwendung gemahlen werden.

Löslicher Kaffee / Instant-Kaffee / Sofortkaffee – café (m) instantané

Für die Herstellung von löslichem Kaffee ist ebenfalls die Qualität der Mischung ausschlaggebend. Nach dem Rösten werden die Bohnen sofort abgekühlt und gemahlen. Das Kaffeepulver wird mit heißem Wasser übergossen, und es entsteht ein Kaffeekonzentrat, das entweder durch das **Sprühverfahren** oder durch **Gefriertrocknung** getrocknet wird.

Koffeinfreier Kaffee – café (m) décaféiné

Kaffee enthält Koffein: Arabica-Kaffee 1–1,5%, Robusta-Kaffee 2–2,5%. Menschen reagieren unterschiedlich auf Koffein. Deshalb wird Kaffee auch entkoffeiniert, ohne daß dabei das Aroma beeinträchtigt wird. Die grünen und ungerösteten Bohnen werden mit Wasserdampf behandelt, damit die Bohnen aufquellen. Mit modernen, unschädlichen Verfahren wird ihnen das Koffein auf natürliche Weise entzogen. Die entkoffeinierten Kaffeebohnen werden sorgfältig getrocknet und zu Röstkaffee oder löslichem Kaffee weiterverarbeitet. Nach den Vorschriften der Lebensmittelverordnung darf entkoffeinierter Kaffee höchstens 0,1% Koffein enthalten.

Kaffee-Ersatz (Surrogate) – succédanés (m) de café

Wenn auch das Wort Kaffee-Ersatz üblich ist, so kann in Wirklichkeit von einem Ersatz für Kaffee nicht gesprochen werden. Die anregende Wirkung des Kaffees und der Duft seiner Aromastoffe können von keinem Ersatz erreicht werden. Trotzdem ist schon früher versucht worden, Rohstoffe zu finden, die ein dem Kaffee ähnliches Getränk ergeben. Die verschiedenen nachfolgenden Rohstoffe werden geröstet und dann gemahlen:
– Gerste und daraus hergestelltes Malz
– Roggen
– Eicheln
– Zichorien und Zuckerrüben
– Feigen
– Zuckerarten

Heute wird Ersatzkaffee in der Regel als Streckmittel zum eigentlichen Kaffee verwendet, wenn die Kaffeepreise steigen. Sinken sie, so geht auch der Absatz von Ersatzkaffee zurück.

4.8.2 Tee – thé (m)

Herkunft

Wie der Tee nach China gekommen ist, weiß man nicht genau. Ein indischer Gelehrter aus Assam soll ihn mitgenommen und an seinem Ziel in China kultiviert haben. Es dauerte dreieinhalb Jahrtausende, bis das belebende Getränk in anderen Kontinenten heimisch wurde. Nach Japan kam der Teestrauch etwa 800 n. Chr. durch buddhistische Mönche. Den Holländern (und nicht den Engländern) ist es zu verdanken, daß der Tee zu Beginn des 17. Jahrhunderts nach Europa gelangte. Viel später kam er dann nach England, wo noch heute auf seine artgerechte Zubereitung großer Wert gelegt wird.

Der Teestrauch

Der Teestrauch gehört zur Gattung der Kameliengewächse. Heute ist die Assam-Hybride in vielen Teegärten der Welt die Grundpflanze schlechthin.

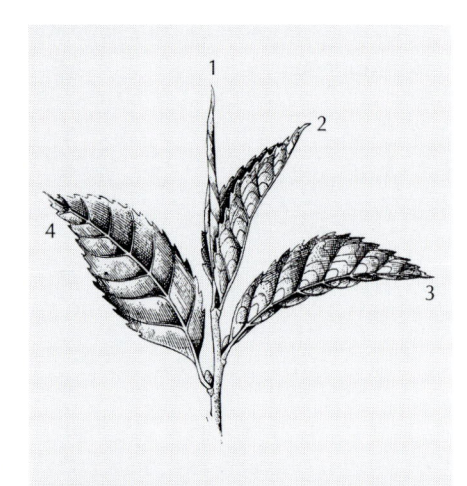

1 Flowery Orange Pekoe = feinste, zarte Blattspitzen, leicht flaumig, seidenfein behaart.
2 Orange Pekoe = zarte, gerollte Blätter, manchmal weißlich-graue bis goldene Blattspitzen.
3 Pekoe = die zweiten Blätter von der Zweigspitze aus.
4 Pekoe Souchong = drittes grobes Blatt, lang und offen (Souchong = große Blätter, kugelig, grob gerollt).

An den Boden stellt der Teestrauch keine Ansprüche. Anspruchsvoll hingegen ist der Teestrauch, was das Klima anbelangt. Die besten Tees wachsen in der Regel in Höhenlagen bis zu 2000 m ü. M., auf Bergrücken, die in Wolken gehüllt sind, was das qualitative Wachstum fördert. Kräftigere Lichteinwirkung intensiviert das Aroma, häufiger Wechsel von Sonne und Wolken ist günstig für den Ausgleich bzw. die Konstanz der Luftfeuchtigkeit, und gelegentliche Abkühlung zügelt den Pflanzenwuchs.

Die Blattgrade

Flowery Orange Pekoe (FOP)
Ganz junge feine Blätter mit vielen Spitzenblättchen und geschlossenen Knöspchen. Orange bezeichnet die Blattgrüne und wird vom holländischen oranje = königlich abgeleitet. Es handelt sich um zarte Blattspitzen, die beim Fermentieren nicht ganz dunkel werden.

Orange Pekoe (OP)
Zarte junge Blättchen.

Pekoe (P)
Jüngere noch behaarte Blättchen.

Pekoe Souchong (PS) und **Souchong**
Die größte der Blattsortierungen. Offenes breites Blatt. Souchong ist die chinesische Bezeichnung für die gröbste im Handel befindliche Ware.

Broken Pekoe Souchong
Meistens die Bezeichnung bei nordindischen Tees für ein kugelig gerolltes Blatt.

Lapsang Souchong
Stammt aus China. Mit stark rauchigem Geschmack. Kenner sind der Ansicht, der heutige Lapsang sei nicht mehr mit jenem der Vorkriegszeit zu vergleichen, der nur über dem Holz des White-Fir-Baumes geräuchert wurde.

Broken Orange Pekoe (BOP)
Gebrochene Blätter. Dieser Tee ist ergiebiger als Blatt-Tee, dafür weniger zart im Parfüm.

Broken Pekoe (BP)
Gebrochene, größere Blätter.

Pekoe Fannings (PF)
Abgebrochene Blattsplitter, jedoch keine Blattränder und Blattrippen.

Dust (D)
Allerkleinste Teesortierung.

Wie beste Qualität entsteht

Im Gegensatz zum Kaffee wird Tee bereits in den Plantagen im Ursprungsland verarbeitet und als fertiger Schwarztee exportiert.

Welken

Nach dem Pflücken kommen die Teeblätter zum Welken in Tröge oder auf Gitter, wo sie durch Heißluft oder auf natürliche Art geschmeidig gemacht werden. Dem Blatt werden rund 30% Wasser entzogen.

Rollen

Die gewelkten Blätter werden in einer Maschine mit zwei sich gegeneinander bewegenden Messingplatten in Tischgröße gerollt. Dabei werden die Zellen aufgebrochen, damit sie Sauerstoff aufnehmen und sich die ätherischen Öle entwickeln. Je nach Druck, den die obere Platte ausübt, entstehen Blatt-Tees oder Broken-Tees.

Fermentieren

Die gerollten Blätter kommen in feuchte und dunkle Räume, wo sie einen Oxidations- und Gärungsprozeß durchmachen. Das Blatt färbt sich kupferrot, das Koffein wird aktiviert, der Gerbstoffgehalt vermindert, und das Aroma entwickelt sich zusehends.

Trocknen

Durch Trocknen in heißer Luft bei etwa 90 °C wird die Fermentierung unterbrochen. Die Blätter werden immer dunkler, und es entsteht Schwarztee. Aus 4 kg grünen Blättern entsteht 1 kg schwarzer Tee.

Sortieren

Zum Schluß wird der Tee nach handelsüblichen Blattgraden über verschieden großen Rüttelsieben sortiert. Neben dem allgemein bekannten schwarzen Tee wird auch grüner Tee gehandelt. Dieser wird gleich nach dem Pflücken entweder durch Wasserdampf oder in erhitzten Pfannen durch Verdampfung des eigenen Saftes bearbeitet.

Die wichtigsten Teeanbauländer und -gebiete

Indien und Ceylon sind heute die größten Tee-Exporteure der Welt. Wichtig für die geschmacklichen Unterschiede sind Anbaugebiet, Klima und Boden sowie Erntezeit und Verarbeitung.

Indien, Darjeeling: Hochgelegenes Anbaugebiet an den Hängen des Himalaya (2000–3000 m ü. M.). Feinste Tees, sehr aromatisch.
Indien, Assam: In Nordindien zu beiden Seiten des Brahmaputra-Flusses gelegen. Außerdem in Doars und Nilgiri. Vollmundiger, malziger, kräftiger und dunkler Tee.
Ceylon: Ceylon-Tees haben einen charakteristischen herben Geschmack und stehen «golden in der Tasse».
Kenia: Kenia-Tees sind sehr ergiebig und werden besonders für Beuteltees verwendet.
China: China-Tees (Yasmin, Leechy, Rauchtee) werden besonders für aromatische Mischungen verwendet.
Indonesien: Java und Sumatra.
Tee wird unter anderem auch in weiteren Ländern Afrikas, in Japan, in Rußland, der Türkei, in Bangladesch, Malaysia, im Iran sowie in Südamerika angebaut.

4.9 Kakao und Schokolade

4.9.1 Kakao – cacao (m)

Unter dem Begriff «Kakao» gelten:
- **Kakaobohnen,** fermentierte und getrocknete Samen des Kakaobaumes.
- **Kakaokerne,** geröstete oder nicht geröstete Kakaobohnen, welche gereinigt, geschält und von Keimwurzeln befreit wurden.
- **Kakaomasse,** wird durch ein mechanisches Verfahren aus verarbeiteten Kakaokernen gewonnen, denen keine natürlichen Fette entzogen wurden.
- **Kakaobutter** ist das Fett, das aus Kakaobohnen oder deren Teilen gewonnen wurde.

Die Kakaomasse ist die Grundlage des Kakaopulvers und das Ausgangsprodukt der Schokolade.

Der Kakaobaum

Der Kakaobaum wächst nur in den heißesten Zonen der Erde, die jungen Pflanzen brauchen jedoch viel Schatten. «Kakaomütter» heißen in der Fachsprache die Schattenspender: Tropenwälder, Bananenbäume, Brotfruchtbäume, Kokospalmen. Die Früchte sitzen am Stamm oder in der Vergabelung der Hauptäste. Jeder Baum trägt durchschnittlich 20–30 Früchte. Die feste rauhe Schale wechselt von Grün oder Gelb bis zu Rotbraun. Das Innere enthält in einem weißen Fruchtmus 20–40 mandelförmige Kakaobohnen, die in fünf Reihen angeordnet sind. Jeder Baum liefert im Jahr 0,5–2 kg Samenkerne.

Die Fermentation

An den Fermentationsplätzen, zum Teil im Busch oder an den Sammelstellen, wird die Frucht geöffnet. Die Samenkerne werden mit dem anhaftenden Fruchtmus (Pulpa) aus der Schale gekratzt und einem Gärungsprozeß unterworfen.
Die Gärung ist der entscheidende Prozeß zur Gewinnung von hochwertigem Rohkakao. Je nach Anbauland ist die Technik verschieden: Die Kakaobohnen werden entweder zu Haufen zusammengeschüttet oder in Körbe gefüllt. Meist werden sie mit Bananenblättern oder Zweigen gut abgeschirmt. Sie bleiben je nach Sorte 2–6 Tage liegen. Im Verlauf dieses Gärungsprozesses verändert sich die Kakaobohne wesentlich: Die Pulpa wird durch die Fermente abgebaut, und die dabei entstehende Wärme von rund 50 °C zerstört die Keimfähigkeit der Kakaosamen. Der bittere Geschmack verliert an Intensität. Es bilden sich neue Aromastoffe, aus denen sich später beim Trocknen und beim Rösten das eigentliche Kakaoaroma entwickelt.

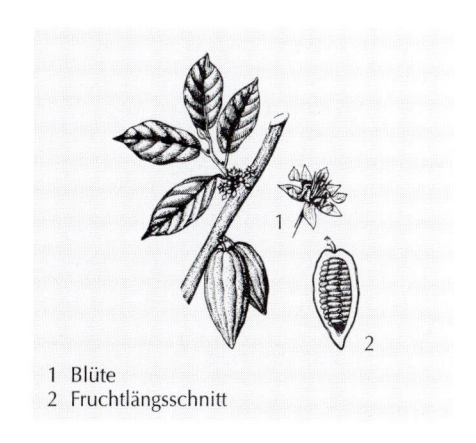

1 Blüte
2 Fruchtlängsschnitt

Die Trocknung

Der fermentierte Rohkakao enthält noch 60% Wasser, weshalb er auf sonnenüberfluteten Böden oder Matten zum Trocknen ausgebreitet wird. Nach einer Woche ist das Wasser verdunstet, die Bohnen sind brauner, das Aroma ausgeprägter. In dieser Form werden die Bohnen in Jutesäcken exportiert.

Die wichtigsten Anbaugebiete

Zentralamerika: Mexiko, Costa Rica, Kuba, Haiti, Dominikanische Republik, Grenada, Trinidad
Südamerika: Kolumbien, Ecuador, Peru, Bolivien, Venezuela, Brasilien
Afrika: Sierra Leone, Elfenbeinküste, Ghana, Togo, Nigeria, Kamerun, Guinea, Sao Tomé, Gabun, Zaire
Asien: Sri Lanka, Malaysia, Indonesien, Philippinen, Papua-Neuguinea

Verarbeitung

In den Schokoladefabriken werden die Kakaobohnen nach der Reinigung bei einer Temperatur von 100 °C bis 140 °C geröstet, wobei die Aromastoffe entstehen. Anschließend werden sie in Brech- und Putzmaschinen geschält, von Keimen befreit und zugleich zerkleinert. Die gebrochenen Kerne werden je nach Qualität und Preis, ähnlich wie Kaffee und Tee, nach den verschiedenen Herkunftsländern zu Mischungen vereinigt und auf Kakaowalzen zu einem glatten, flüssigen Brei gemahlen – je feiner vermahlen, desto wertvoller die Fertigware. Die so gewonnene Kakaomasse besteht zur Hälfte aus Fett, der Kakaobutter. Sie bildet das Halbfabrikat für Kakaopulver und alle Schokoladeerzeugnisse. Da der hohe Fettgehalt ein Pulverisieren der Kakaomasse verunmöglicht, wird ihr in Pressen die Kakaobutter teilweise entzogen. Der zurückbleibende harte Kuchen wird in Brechern zerkleinert und in Mühlen zu feinerem Kakaopulver vermahlen.

Lagerung

Weder Sonne noch Temperaturschwankungen sind dem Kakaopulver zuträglich. Es ist trocken zu lagern und vor der Mehl- und der Kakaomotte zu schützen.

4.9.2 Schokolade – *chocolat (m)*

Schokolade ist ein Gemisch aus Kakaomasse und Zucker, dem je nach Sorte Kakaobutter, Gewürze, Mandeln, Nüsse, Milch und andere Bestandteile beigegeben werden. Bestandteile und Zutaten bestimmen Charakter, Geschmack und Namen des Produktes. Obwohl die Kakaomasse zur Hälfte aus Kakaobutter besteht, wird der Schokolade noch weitere Kakaobutter zugesetzt, damit ein feinerer Schmelz und ein milderer Geschmack erreicht wird. Die vermischten Zutaten werden mehrmals geschliffen und gewalzt (conchiert), damit die Schokolade die Zartheit und den Schmelz erhält.

Überzugsschokolade – *couverture (f)*

Überzugsschokolade enthält höchstens 50% Zucker und mindestens 33% Kakaomasse. Der Kakaobutteranteil wird auf mindestens 31% erhöht. Couverture wird zum Beispiel als Überzug von Pralinen verwendet sowie als Überzugmasse für Gebäck, Torten, Patisserie und Cakes.

Menükunde

5

Themen Kapitel Menükunde

5.1	Geschichte der Kochkunst	243
5.1.1	Geschichtliche Entwicklung	243
5.1.2	Lexikon richtungsbestimmender Persönlichkeiten und Ereignisse	244
5.2	Menüplanung	244
5.3	Speisenfolge (Menügerippe)	246
5.3.1	Klassische Speisenfolge	246
5.3.2	Moderne Speisenfolge	247
5.4	Mahlzeitenarten, Menütypen	248
5.4.1	Mahlzeitentypen	248
5.4.2	Menütypen	249
5.4.3	Bankettmenü und Bankettplanung	251
5.5	Speisekarten	252
5.5.1	Kartengestaltung	252
5.5.2	Speisekartentypen	253
5.6	Speiseservice	253
5.6.1	Organisation	253
5.6.2	Mise en place	253
5.6.3	Grundgedeck	253
5.6.4	Serviceregeln	253
5.6.5	Anrichten	254
5.6.6	Servicearten	254
5.6.7	Serviceabläufe	254
5.7	Menürechtschreibung	255
5.7.1	Allgemeine Schreibregeln (für alle Sprachen)	255
5.7.2	Deutsche Menürechtschreibung	256
5.7.3	Französische Menürechtschreibung	257

5. Menükunde

5.1 Geschichte der Kochkunst

Das Verständnis für die Geschichte der Kochkunst muß im Zusammenhang mit den anderen bedeutenden kulturellen Epochen der abendländischen Kultur betrachtet werden. Keine der Künste – sei es die Baukunst, die musische oder die bildende Kunst – kann man ohne den damaligen Zeitgeist verstehen, so auch nicht die Kochkunst. Alle bedeutenden Ereignisse einer Epoche spiegelten sich im Kochen und im Essen wider.

5.1.1 Geschichtliche Entwicklung

Die großen Epochen der abendländischen Kultur

Antike	800 v. Chr. bis 400 n. Chr.
Mittelalter	500 bis 1500
Renaissance	16. und 17. Jahrhundert
Barock und Rokoko	17. und 18. Jahrhundert
Biedermeier	19. Jahrhundert
Neuzeit	20. Jahrhundert

Die Antike
800 v. Chr. bis 400 n. Chr.

Schon immer diente die Nahrungsaufnahme dem Überleben. Mit der Zeit entwickelte sich aus der Notwendigkeit ein Genuß.
Das klassische Griechenland (800–30 v. Chr.) war die Grundlage Europas und der westlichen Zivilisation. Unser Denken, Formen und Gestalten ist heute noch durchwirkt von den Prinzipien, die die Griechen seit dem 6. Jahrhundert vor Christus entdeckt und aufgestellt haben.
Der große griechische Arzt und Lehrer der Medizin **Hippokrates** (etwa 460–377 v. Chr.) war ein früher Befürworter einer kräftigen Nahrung. Er wußte schon um die Wichtigkeit der Nahrungsaufnahme im Zusammenhang mit der Gesundheit.
Die Römer (753 v. Chr. bis 476 n. Chr.), die im Laufe der Zeit das ganze heutige Europa, einen Teil von Nordafrika, Ländereien im Osten bis ans Rote Meer und den Persischen Golf ihrem Imperium einverleibten, benutzten die Griechen als ihre Lehrmeister in allen schönen Künsten. Im Nahen Osten, von den Römern Orient genannt, blühten große Handelsmetropolen auf. Neben Gold und Seide wurde mit Gewürzen und Lebensmitteln aller Art gehandelt.

Das Mittelalter
5. bis 15. Jahrhundert

Wie die Römer, so fanden auch die Europäer des Mittelalters Gefallen an der Suche nach ausgefallenen Delikatessen, was aber keineswegs erstaunlich ist; denn seit der Römerzeit war kein wesentlicher neuer kulinarischer Einfluß nach Europa gekommen. Die Raubzüge der Nordländer hatten auf dem Gebiet der Kochkunst wenig Neues gebracht.
Während des Mittelalters bewährten sich die Klöster bei der Überlieferung der römischen Kochkunst wie auch anderer Schätze der alten Kulturen. Die Mönche retteten nicht nur Manuskripte, sondern auch Rezepte und pflegten die Kochkunst ausgiebig.
Die Italiener hatten mit weltweitem Handel großen Reichtum erlangt und verfeinerten fortwährend ihre Küche. So entwickelte sich die erste wirkliche Kochkunst des Abendlandes.

Die Renaissance
16. und 17. Jahrhundert

Die größte Kulturepoche seit der griechischen Klassik entwickelte sich nach 1500 zur vollen Blüte und strahlte von Italien ausgehend auf ganz Europa aus. In Florenz herrschte eine Atmosphäre des Forschens und Experimentierens. Die Florentiner gaben die wesentlichen Impulse für die westliche Welt, welche auch die französische Eßkultur beeinflußten.
Im Jahre 1651 veröffentlichte François **Pierre de la Varenne** Le Cuisinier Français, in dem die Veränderung deutlich wird, die Frankreichs Küche seit dem Mittelalter durchgemacht hatte.

Barock und Rokoko
17. und 18. Jahrhundert

Während der Regierungszeit Ludwigs XV. (1710–1744) erreichte die Kochkunst der französischen Küche ihren ersten Höhepunkt. Viele neue Gerichte wurden nach berühmten Leuten benannt. Die Liste der «Großen», deren Namen mit einem Gericht verbunden sind, ist endlos. Viele Meisterköche schrieben Kochbücher und gingen im 17. und 18. Jahrhundert an die **Höfe** und die **Fürstenhäuser** in ganz Europa. Sie wirkten so als Botschafter der klassischen französischen Küche. Große Küchenchefs und «literarische Feinschmecker» aus jener Zeit kennen wir dank ihren Werken heute noch.

Die Jahrhundertwende
19. und erste Hälfte 20. Jahrhundert

Die Ära der Französischen Revolution (1789) brachte eine große Wende in der ganzen Kulturgeschichte. Es begann das Zeitalter der Technik und der Industrialisierung, aber auch des Reisens und des Tourismus.
Die ersten gepflegten Speiserestaurants wurden ab 1765 in Paris und anderen großen Städten eröffnet. Die gute Küche gelangte somit aus den Fürstenhäusern in die bürgerliche Oberschicht. Wie in der Kunst, gab es auch in der Kochkunst Fachleute, die ihre Zeitgenossen überragten und neue Impulse brachten. Zwei große Köche, **Marie-Antoine Carême** und **Auguste Escoffier,** waren die beherrschenden Gestalten in der Kunst des Kochens im 19. und zu Anfang des 20. Jahrhunderts.
Der Kochkunstführer Le Guide culinaire, Nachschlagewerk der klassischen Küche von Auguste Escoffier, gilt als Fundament unserer heutigen Speisenzubereitung.

Die Neuzeit
Zweite Hälfte des 20. Jahrhunderts

Mit den Veränderungen im Lebensrhythmus mußte sich zwangsweise auch die Ernährungsweise der Menschen ändern. Gleichzeitig rückte die Welt zusammen, moderne Reisemittel ließen die Distanzen zwischen den Kulturräumen kleiner werden.
Beispiele aus neuester Zeit sind die «Nouvelle Cuisine», die «Cuisine du marché», die «Cuisine naturelle», die «Vollwertküche» usw., die etwas frischen Wind in die Menügestaltung und die Herstellungsmethoden brachten.

Die moderne Küche baut auf den Grundlagen der alten auf und bezieht die neuesten Erkenntnisse der Ernährungsphysiologie und die Ansprüche der Gäste mit ein.

Die Entwicklung der Kochkunst in der Schweiz

Wie in Italien, so waren auch in der Schweiz die ersten Anfänge der Kochkunst in **Kirchen und Klöstern** zu finden. Speziell das Kloster St. Gallen nahm damals eine führende Stellung ein. Langsam verbreitete sich die Eßkultur auch in der bürgerlichen Küche, und die überlieferten Rezepte erscheinen heute als beliebte regionale Schweizer Spezialitäten. Die vielseitigen regionalen Gerichte und Speisen entsprechen ebenso unserer vielseitigen Landschaft und unserem Brauchtum.
Bei der Weiterentwicklung der Kochkunst in unserem Land spielen die Einflüsse der Nachbarländer eine große Rolle: im Osten Vorarlberg, im Norden Baden-Württemberg, im Westen das Elsaß und Savoyen und im Süden die Lombardei und das Veltlin.
Die Schweizer Gastronomie hat die klassische Küche als Grundlage übernommen. Sie pflegt jene Kunst der Zubereitung, die durch zweckentsprechende Aufmachung Augen und Gaumen erfreut.

5.1.2 Lexikon richtungsbestimmender Persönlichkeiten und Ereignisse

Nicht nur geschichtliche Ereignisse bestimmten die Kochkunst, sondern sehr oft auch die beruflichen Qualitäten und die herausragenden Fähigkeiten einzelner Köche und Gastronomen. Sie gaben ihr Fachwissen in Büchern und anderen Veröffentlichungen weiter und stellten ihr Können oft auch an Fachausstellungen unter Beweis.

Persönlichkeiten

Carême Marie-Antoine (1784–1833)

Berühmter französischer Küchenchef, Koch von Fürsten und Königen. Verfasser bekannter Werke der Kochkunst, in denen er jene französische kulinarische Klassik begründete, deren höchster Erfolg in pompösen Sockeln, Aufsätzen *(pièces montées)* und bildlichen Darstellungen zu finden war, in Auswüchsen, die der damaligen Zeit in jeder Hinsicht entsprachen. Trotzdem hat Carême in seinen Werken für die Kochkunst in rein kulinarischer Hinsicht unendlich Wertvolles hinterlassen, wie zum Beispiel sein bekanntestes Werk, *L'art de la cuisine française au XIXe siècle,* 1833.

Dubois Urbain (1818–1901)

Dubois hat ein schriftstellerisches Werk hinterlassen, das einzigartig ist und an einen Honoré de Balzac erinnert: *La Cuisine de tous les pays* (1868), *La Cuisine artistique* (1872), nebst anderen wertvollen Werken. Mit Emile Bernard gab er 1856 *La Cuisine classique* heraus, ein Buch, das heute noch berühmt und geschätzt ist (1900 erschien die 18. Auflage).

Escoffier Auguste (1847–1935)

Küchenchef in Paris und in verschiedenen Luxushotels des Auslandes, besonders in London. Sein größtes Verdienst ist sein Werk *Le Guide culinaire,* das die alte französische Küche *(la cuisine classique)* durchgreifend reformierte und von Meister Escoffier jene Grundlagen enthielt, welche die heutige französische Küche bestimmen.
Escoffier ist bei der Ausarbeitung seines *Guide culinaire* wohl von ehernen Grundregeln der altfranzösischen Küche ausgegangen, hat aber pompöse Geschmacklosigkeiten früherer Zeiten ausgemerzt und – was beachtlich ist – auch die brauchbaren Spezialitäten anderer Länder einbezogen. Damit war er der Begründer einer **internationalen Kochkunst,** die heute zum Inbegriff der französischen Küche geworden ist. Carême war der Koch der Könige, Escoffier der König der Köche.

Bocuse Paul (1926)

Bocuse gilt als Botschafter der **modernen** französischen Küche. 1961 wurde er mit dem Ehrentitel *Meilleur ouvrier de France* ausgezeichnet. Sein Vater, Georges Bocuse, hatte seine Kochlehre beim Altmeister der französischen Küche, Fernand Point, absolviert, dem Paul Bocuse dann sein erstes Buch widmete.
In seinem Restaurant in der Nähe von Lyon zelebrierte Paul Bocuse die **Nouvelle Cuisine.** Sein erstes Kochbuch, *Cuisine du marché,* ist in viele Sprachen übersetzt worden. Seine Anliegen sind: marktfrische Lebensmittel, die Zubereitung *à la minute* und neue Lebensmittelkompositionen. Paul Bocuse gilt als erster Koch, der das Zeitalter der «Nouvelle Cuisine» einleitete.

Ereignisse

Internationale Kochkunstausstellungen

Seit gut hundert Jahren werden in vielen Ländern regionale und internationale Wettbewerbe durchgeführt, die alle zum Ziel haben, die Kochkunst zu fördern und einem breiten Publikum vorzuführen. Dies bewirkt vielfach auch, daß sich neue Ideen bis in kleine Betriebe auswirken.

Geschichtliche Ereignisse

Viele geschichtliche Ereignisse sind in der Kochkunst dadurch verewigt, daß Gerichte nach ihnen oder nach mit den Ereignissen verbundenen Personen benannt wurden. So wurde mancher Staatsmann durch die Kochkunst berühmter als durch seine politischen Taten. Aber auch andere berühmte Persönlichkeiten – Musiker, Dichter, Erfinder usw. – wurden durch die Kochkunst geehrt.
In den Kochkunstmuseen von Thun, Villeneuve-Loubet, Frankfurt usw. sind viele Exponate und entsprechende Literatur zu finden.

5.2 Menüplanung

Die Definition des Wortes Menü lautet:

> Ein Menü ist die festgelegte Reihenfolge einer Anzahl von Gängen, wobei die verschiedenen Speisen aufeinander abgestimmt sein sollten. Ein Menü wird in der Regel zu einem festgelegten Preis angeboten.

Zweck des Menüs

Das Menü oder die Speisenfolge für eine bestimmte Mahlzeit ist das Aushängeschild des Betriebes. Es bildet somit für den Gast eine Art Qualitätszeichen des Hauses. Mit dem Auflegen eines Menüs will man dem Gast den Plan des Essens bekanntgeben.
Das Menü der Gegenwart zeichnet sich durch optische und geschmackli-

che Harmonie aus unter Anwendung ernährungsphysiologischer Erkenntnisse.

Aus diesen und betriebswirtschaftlichen Überlegungen heraus ergibt sich die fachtechnisch richtige Aufstellung der Menüs. Dies setzt umfassende Kenntnisse in geschmacklichen Dingen, die Beherrschung der gastronomischen Regeln, aber auch Freude an einem guten Essen voraus:
- Kenntnisse der Rohstoffe (Warenkunde)
- Kenntnisse der Zubereitungen (Kochkunde)
- Kenntnisse der Organisation (Betriebskunde)
- Kenntnisse der Kalkulation (Fachrechnen)
- Kenntnisse der Ernährungsphysiologie (Ernährungslehre)
- Kenntnisse der gastronomischen Regeln (Menükunde und Menürechtschreibung)

Grundsätze für das Aufstellen von Menüs

Vor dem Aufstellen von Menüs sollten folgende Unterlagen erarbeitet werden:
1. Genaue Rezepturen
2. Genaue Kalkulation
3. Marktanalyse

Beim Zusammenstellen von Menüs sollten die folgenden Punkte berücksichtigt werden:
4. Betriebsart und Leistungsfähigkeit des Betriebes
5. Jahreszeit und Klima
6. Wünsche und Erwartungen der Gäste
7. Neuzeitliche Ernährungsformen
8. Abwechslungsreiche Zusammensetzung

Für die Darstellung sollten folgende Punkte beachtet werden:
9. Korrekte, fehlerfreie Schreibweise
10. Wahrheitsgetreue Benennung und richtige Deklaration

1. Genaue Rezepturen

Eine genaue Rezeptierung bildet die Grundbedingung für eine tadellose Menüaufstellung. Sie garantiert eine gleichbleibende Qualität, verbunden mit einer richtigen Kalkulationsgrundlage. Sie ermöglicht eine rationale Warenbeschaffung.

2. Genaue Kalkulation (Betriebsökonomie)

Das richtige Angebot eines Restaurationsbetriebes ist eine Grundvoraussetzung für seinen wirtschaftlichen Erfolg. Als Ausgangsbasis gilt in der Regel der Verkaufspreis (Kaufbereitschaft des Gastes). Die Höhe des Verkaufspreises hängt von verschiedenen Faktoren ab, wie Betriebsart, Art des Gastes usw.

Der Verkaufspreis bestimmt die zulässigen Warenkosten, die anhand der genauen Rezeptierung errechnet werden.

Eine genaue Vor- und Nachkalkulation sind unerläßlich.

Die vorhandenen, speziell die verderblichen Nahrungsmittel müssen berücksichtigt werden sowie die Beschaffungsmöglichkeiten der Rohstoffe. Ebenfalls ist eine optimale, zweckmäßige Restenverwertung anzustreben.

3. Marktanalyse

Die Durchführung regelmäßiger Marktanalysen garantiert ein aktuelles, zeitgemäßes und den Erwartungen der Gäste angepaßtes Produkteangebot.

4. Betriebsart und Leistungsfähigkeit des Betriebes

Das Menü soll an die Betriebsart und die Leistungsfähigkeit des Betriebes angepaßt sein, das heißt:
- Berücksichtigen der Betriebsart (Luxus-, Spezialitäten-, Stadt- oder Selbstbedienungsrestaurant)
- Berücksichtigen der küchen- und der servicetechnischen Möglichkeiten (Räumlichkeiten und Einrichtungen)
- Berücksichtigen der Leistungsfähigkeit von Küche und Service
- Keine einseitigen Überlastungen, weder der Einrichtungen noch der Mitarbeiter (Arbeit gleichmäßig verteilen)

5. Jahreszeit und Klima

Wegen der guten Transport- und Lagermöglichkeiten sowie moderner Produktionsmethoden sind die meisten Lebensmittel das ganze Jahr verfügbar. Trotzdem ist bei der Wahl der Rohstoffe die Saison zu berücksichtigen. Viele Gäste bevorzugen ein vermehrt saisongerechtes Speisenangebot, sowohl aus ökonomischen als auch ökologischen sowie gesundheitlichen Gründen.

Bei heißem Wetter sind leichte, kalte Gerichte vorteilhaft.

Bei kühlem Wetter finden eher kräftige Gerichte Zuspruch.

Grundsatz für den Menüplaner: Stete Informationen über die aktuellen Angebote der Lieferanten und Orientierung über das Marktgeschehen gewährleisten eine saisonal ausgerichtete Menüplanung.

6. Wünsche und Erwartungen der Gäste

Den Wünschen und Erwartungen der Gäste ist bei der Menüplanung weitgehend entgegenzukommen. Vor allem bei Menüs für Spezialveranstaltungen sollten folgende Faktoren berücksichtigt werden:
- Alter der Gäste
- Herkunft, Nationalität und Religion der Gäste
- Standeszugehörigkeit der Gäste
- Anlaß des Essens

Kinder nicht vergessen! Kinder sind die Gäste der Zukunft! Deshalb sollten auf Kinder ausgerichtete Menüs erstellt werden.

7. Neuzeitliche Ernährungsformen

Der ernährungsbewußte Gast von heute verlangt ein abwechslungsreiches, gesundes, ernährungsphysiologisch richtig zusammengestelltes Essen. Die Qualität der Nahrung ist ihm wichtiger als die Quantität. Damit diese Forderungen erfüllt werden können, gilt:
- Möglichst Frischprodukte verwenden. Ganz besonderen Wert auf Gemüse, Salate, Obst und Fruchtsäfte legen.
- Nahrungsfaserhaltige Nahrungsmittel mitberücksichtigen.
- Schonende Grundzubereitungsarten bevorzugen (Pochieren, Dämpfen, Dünsten, Grillieren usw.).
- Energiegehalt den Bedürfnissen der Gäste anpassen.
- Auf das richtige Verhältnis der Nährstoffe achten.
- Ernährungsphysiologische Kenntnisse der Ernährungslehre in der Praxis anwenden (siehe Kapitel 3, Ernährungslehre).

8. Abwechslungsreiche Zusammenstellung

Hauptgrundsatz bei der Menüzusammenstellung soll die Abwechslung sein: Jeder Gang innerhalb eines Menüs soll sich in seiner Zusammensetzung von den andern Gängen unterscheiden in bezug auf
- die Rohstoffe (Kochgut)
- die Grundzubereitungsart
- die Form und die Farbe der Speisen
- den Geschmack
- die Präsentation bzw. die Anrichteart

Wiederholungen von Menüs vorangegangener Tage sind unbedingt zu vermeiden.

9. Menüdarstellung und Schreibweise

Auf die Menükarte gehören
- die genaue Namensbezeichnung und die Adresse des Betriebes
- das Datum
- die Bezeichnung der Mahlzeitenarten
- eventuell der Preis

Der Menütext sollte
- sauber und übersichtlich dargestellt sein
- die Speisen in der fachtechnisch richtigen Reihenfolge aufführen

10. Wahrheitsgetreue Benennung und richtige Deklaration

Unter dem Begriff der Menü- und der Speisekartendeklaration versteht man die gesamte Information, die dem Gast bei der Anpreisung eines Lebensmittels vermittelt wird.
Die Lebensmittelgesetzgebung will vor Täuschung und Betrug in bezug auf Lebensmittel schützen. Dieser Schutz ist immer dann besonders nötig, wenn es dem Konsumenten nicht ohne weiteres möglich ist zu prüfen, ob die angebotenen Lebensmittel den Anpreisungen tatsächlich entsprechen.
Eine der wichtigsten Komponenten der Lebensmitteldeklaration ist die **Sachbezeichnung** (z. B. nicht «paniertes Schnitzel», sondern «paniertes Trutenschnitzel» usw.). Zudem muss die Herkunft von Fleisch, Geflügel, Wild, Fisch usw. für den Gast ersichtlich sein.

Erstellen von Menüplänen

Menüpläne sind stets für eine bestimmte Zeitperiode vorzuplanen. Dies erlaubt auch eine Planung in den Sektoren Einkauf, Mise en place, Produktion und Personaleinsatz. Zudem ermöglicht eine fortlaufende Menüplanung mehr Abwechslung und verhindert Wiederholungen.
Vorgeplante Bankette können mit einbezogen werden. Es lassen sich teilweise Suppen, Vor- oder Hauptspeisen sowie auch Süßspeisen mehrfach in die Vorschläge einfügen.
Als Hilfsmittel zum Erstellen von Menüplänen stehen zur Verfügung: Warenangebote, Rezeptsammlungen, Menüsammlungen, Fachliteratur, Gästereaktionen, Statistik, EDV usw.

5.3 Speisenfolge (Menügerippe)

Unter der Speisenfolge wird die Einordnung der verschiedenen Gänge des Menüs in der richtigen Reihenfolge verstanden.
Die verschiedenen Gerichte müssen, dem Geschmacksempfinden folgend, aufeinander abgestimmt sein.

5.3.1 Klassische Speisenfolge

Der gesellschaftliche Ursprung der klassischen Speisenfolge ist an den Höfen der Adeligen und in den Klöstern um 1650 zu finden. Wohlstand und gute wirtschaftliche Bedingungen waren die Voraussetzungen dafür.
In der klassischen Küche des 18. und des 19. Jahrhunderts wurden mehrere Gerichte menüartig zu einer *table* (Tisch, Tafel) zusammengestellt, und je nach Anlaß wurden mehrere *tables* nacheinander serviert. Erst gegen Ende des 19. Jahrhunderts bildete sich die sogenannte **klassische Speisenfolge** heraus. Sie umfaßte bis zu 13 Gänge:

1. Kalte Vorspeise	*Hors-d'œuvre froid*
2. Suppe	*Potage*
3. Warme Vorspeise	*Hors-d'œuvre chaud*
4. Fisch	*Poisson*
5. Hauptplatte	*Grosse pièce / relevé*
6. Warmes Zwischengericht	*Entrée chaude*
7. Kaltes Zwischengericht	*Entrée froide*
8. Sorbet	*Sorbet*
9. Braten mit Salat	*Rôti, salade*
10. Gemüse	*Légumes*
11. Süßspeise oder: 11. Nachtisch	*Entremets ou: Dessert*
12. Würzbissen 12. Würzbissen	*Savoury Savoury*
13. Nachtisch 13. Süßspeise	*Dessert Entremets*

Austern auf Eis
Huîtres sur glace
***
Doppelte Kraftbrühe
Consommé double
***
Kartoffelnocken
Gnocchi piémontaise
***
Seeteufelmedaillons auf Broccolicremesauce
Médaillons de baudroie sur crème de brocoli
***
Roastbeef mit Yorkshire-Pudding
Roastbeef Yorkshire
***
Grillierte Kalbsnierentranchen
Tranches de rognons de veau dijonnaise
***
Schinkenmousse mit grünen Spargeln
Mousse de jambon aux asperges vertes
***
Champagner-Sorbet
Sorbet de champagne
***
Poelierte Poularde mit Morcheln
Sojasprossensalat
Poularde poêlée aux morilles
Salade de germes de soja
***
Gefüllter Lattich
Laitue farcie
***
Camembert mit Roggenbrot
Camembert et pain de seigle
***
Blinis mit Kaviar
Blinis au caviar
***
Feigen mit Cassis-Creme
Figues à la crème de cassis

Solche Menüs mit 13 Gängen haben heute nur noch nostalgischen Wert und können sowohl vom materiellen als auch vom ernährungsphysiologischen Standpunkt aus kaum mehr vertreten werden. Hingegen bietet die klassische Speisenfolge die Grundlage für das Kombinieren von verkürzten Menüs.

Kalte Vorspeise –
hors-d'œuvre froid

Kalte Speisen in appetitanregender Aufmachung in verschiedenen leichten und bekömmlichen Kompositionen. Sie sind auf die nachfolgenden Gerichte abgestimmt.
Wenn im Menü eine kalte Vorspeise serviert wird, muß sie immer der erste Gang sein.

Suppe – *potage*

Die Suppe ist sehr oft der Auftakt einer Mahlzeit. Sie wird vielfach durch Fruchtsaft, Kaltschale, Gemüsesaft oder einen Salat ersetzt.

Warme Vorspeise –
hors-d'œuvre chaud

Wird eine warme Vorspeise serviert, so ist sie immer nach der Suppe aufzuführen. Die Größe des Gerichts hat sich nach der Anzahl der Gänge innerhalb des Menüs zu richten.

Fisch – *poisson*

Alle möglichen warmen Fisch-, Krusten- und Weichtiergerichte.

Hauptplatte – *grosse pièce / relevé*

Am Stück zubereitete Fleischstücke, die vor dem Gast oder in der Küche tranchiert werden. Die Hauptplatte wird oft mit einer Garnitur versehen, die dem Gericht den Namen gibt.

Warmes Zwischengericht – *entrée chaude*

Fleischstücke, die vor der Zubereitung geschnitten bzw. portioniert werden. Sie werden durch eine kleine Beilage ergänzt.

Kaltes Zwischengericht – *entrée froide*

Kalte Gerichte aus Fleisch, Geflügel und Wild sowie Aspiks, Galantinen, Pasteten, Terrinen und Moussen, aber auch kalte Fisch-, Krusten- und Schalentiergerichte.
Anwendung heute vor allem als kalte Vorspeise, als Hauptgericht oder ganz besonders als Bestandteil von kalten Buffets.

Sorbet – *sorbet*

Auch als Eispunsch oder als Scherbet bezeichnet. Bei großen Speisenfolgen diente das Sorbet als Erfrischung und als Verdauungsförderer. Demselben Zweck dienen auch Granités, Spooms (Sorbet mit doppelter Menge italienischer Meringage) und ähnliche Kompositionen.
In der modernen Speisenfolge wird das Sorbet als Süßspeise eingesetzt.

Braten mit Salat – *rôti, salade*

Gerichte, die im Ofen oder am Spieß gebraten werden. Dazu wird ein einfacher, leichter Salat serviert.

Gemüse – *légumes*

Als separater Gang werden nur ausgesuchte Gemüse bzw. Gemüsegerichte verwendet.

Süßspeise – *entremets*

Alle aus der Patisserie stammenden warmen, kalten und gefrorenen Süßspeisen.

Würzbissen – *savoury*

Es handelt sich um kleine, stark gewürzte warme Gerichte wie Käsegebäck usw. Würzbissen sind heutzutage besonders beliebt als Zugabe zum Apéro und als Snack.

Nachtisch – *dessert*

Dazu zählen:
– Käse
– Früchte
– Feingebäck
– Pralinen
Mit Ausnahme des Käses wird der Nachtisch in der Regel immer nach der Süßspeise serviert. Der Käse jedoch wird vor der Süßspeise aufgetragen.
Feingebäck und Pralinen werden heute vor allem zum Kaffee gereicht.

5.3.2 Moderne Speisenfolge

Die maßvolleren Eßgewohnheiten des modernen Menschen, aber auch die begrenzten zeitlichen Möglichkeiten des Verbrauchers führten zur verkürzten bzw. modernen Speisenfolge.
Mittelpunkt des verkürzten Menüs bildet das Hauptgericht, das je nach Wunsch mit weiteren Gängen ergänzt werden kann.
Merkmale der modernen Speisenfolge:
– In der Regel 3–6 Gänge
– Ernährungsphysiologisch vorteilhaft zusammengestellt
– Kleinere Portionen
– Vielfach auf Tellern angerichtet

Menübeispiele

Grießsuppe
Potage Léopold
***
Geschnetzeltes Kalbfleisch Zürcher Art
Emincé de veau zurichoise
Rösti
Rœsti
Saisonsalat
Salade de saison
***
Schokoladenmousse
Mousse au chocolat

Räucherlachsroulade
Roulade de saumon fumé
***
Geflügelkraftbrühe Demidow
Consommé Demidov
***
Poeliertes Kalbsfilet
Filet mignon de veau poêlé
Morchelrahmsauce
Sauce aux morilles
Hausgemachte Nudeln
Nouilles maison
Broccoli mit Mandeln
Brocoli aux amandes
Kopfsalat
Salade de laitue pommée
***
Kalte Weinschaumsauce
Sabayon frappé

Saisonsalat mit Geflügelleber
Salade de saison au foie de volaille
***
Morchelkraftbrühe mit Tapioka
Essence de morilles au tapioca
***
Pochiertes Seezungenfilet mit Tomate
Filet de sole Dugléré
***
Roastbeef
Contre-filet rôti au four
Bratkartoffeln
Pommes rissolées
Gemüsegarnitur
Garniture de légumes
***
Früchtesorbet
Sorbet aux fruits

Einsatzmöglichkeiten der Gänge der klassischen Speisenfolgen

Moderne Speisenfolge	Klassische Speisenfolge
Kalte Vorspeise	Kalte Vorspeise Kaltes Zwischengericht
Suppe	Suppe
Warme Vorspeise	Warme Vorspeise Fisch Kleines warmes Zwischengericht Gemüse Savoury
Hauptgericht	Fisch Hauptplatte Warmes Zwischengericht Kaltes Zwischengericht Braten mit Salat Gemüse
Nachtisch	Sorbet Süßspeise Nachtisch

5.4 Mahlzeitenarten, Menütypen

Die früher üblichen klassischen Mahlzeitenarten haben sich sowohl in der Zusammensetzung als auch in der Abfolge stark verändert. Trotzdem spielt die Tradition noch eine wenn auch untergeordnete Rolle, weshalb von Land zu Land die einzelnen Mahlzeitenarten von unterschiedlicher Bedeutung sind. Die verschiedenen Lebensgewohnheiten der internationalen Gäste haben die Mahlzeitenarten auch bei uns beeinflußt.

Übersicht

Frühstück – *Petit déjeuner* – Breakfast → Brunch ← Buffetmahlzeiten

Zwischenmahlzeiten Snacks

Mittagessen – *Déjeuner / repas de midi* – Lunch

Abendessen – *Dîner / repas du soir* – Dinner → Souper

5.4.1 Mahlzeitentypen

Frühstück – *petit déjeuner* – breakfast

Das Frühstück ist die je nach Nationalität und Eßgewohnheit unterschiedlich zusammengesetzte erste Mahlzeit des Tages.
Am auffälligsten ist die «Frühstücksgrenze» zwischen Großbritannien und dem europäischen Festland. Für die Briten ist das Frühstück eine ausgiebige Mahlzeit, Franzosen und Italiener nehmen ein einfaches Frühstück ein.
Im internationalen Gastgewerbe haben sich mittlerweile vier Frühstücksarten durchgesetzt:

Das kontinentale Frühstück

Es ist auf dem europäischen Festland das gebräuchlichste Frühstück und wird bei uns auch als «Schweizer Frühstück» oder als «Swiss Zmorge», als *«Petit déjeuner»* oder als *«Complet»* bezeichnet.
Es kann sich folgendermaßen zusammensetzen:
Getränke: Fruchtsäfte, Kaffee, Milchkaffee, Tee, Schokolade, Milch.
Brotsorten: Reiche Auswahl an regionalen Brotspezialitäten, Brötchen und Gipfel, Zwieback und Toast.
Butter: Butter oder auf Wunsch Margarine wird meist in abgepackten Portionen gereicht.
Konfitüre: Offen oder abgepackt in Portionen, in verschiedenen Aromen, Honig zur Auswahl.
Zusätzlich: Weiche Eier, Käse, Wurst, Birchermüesli usw.

Das amerikanische oder englische Frühstück

Es wird von Amerikanern, Engländern und allen bevorzugt, die das Frühstück gerne zur ausgiebigen Mahlzeit machen.
Zusätzlich zum Angebot des kontinentalen Frühstücks stehen für das amerikanische Frühstück die folgenden Speisen zur Auswahl:
Frische Früchte: Grapefruits, Äpfel, Birnen, Bananen, Orangen usw.
Fruchtsäfte: Orangen-, Grapefruit-, Mangosaft usw.
Konfitüre: Bitterorangenkonfitüre
Früchtekompott: Zwetschgen, Aprikosen, Birnen, Pfirsiche usw.
Zerealien: Verschiedene Sorten, wie Corn-flakes oder Porridge.
Eierspeisen: Spiegeleier, Omeletten, Rührei mit Speck oder Schinken, Eier im Glas, gekochte Eier usw.
Fleisch: Wird meist kalt serviert, wie Roastbeef, aufgeschnittener Braten oder aufgeschnittene Wurst, Schinken, Salami; zum Angebot gehören aber auch kleine Grilladen wie Chipolatas, Lammkoteletts, Kalbsnieren usw.
Fisch: Zum Beispiel Haddock.
Milchprodukte: Joghurt, Quark, Kefir, Hüttenkäse, verschiedene Käse usw.

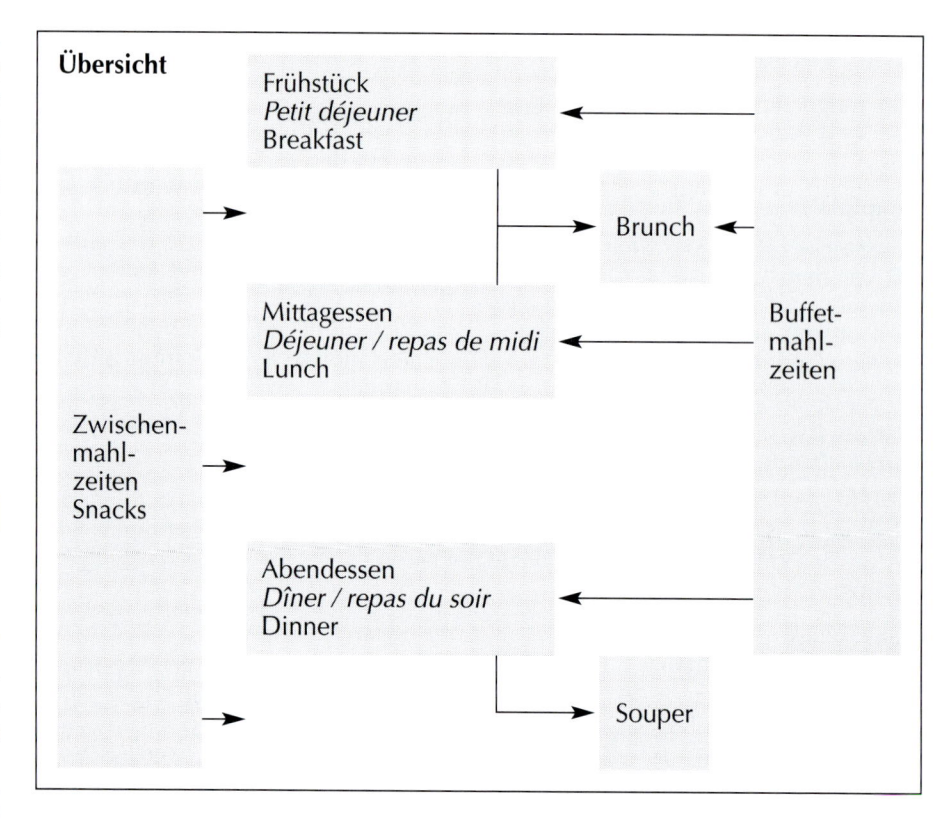

Das Frühstücksbuffet
Das Frühstücksbuffet ist, was die Vielfalt des Angebots betrifft, dem amerikanischen Frühstück sehr ähnlich. Der Hauptunterschied liegt in der Serviceart: Beim Frühstücksbuffet bedienen sich die Gäste selbst, nur die heißen Getränke werden durch das Servicepersonal eingeschenkt.

Der Brunch
Der Brunch ist eine Mischung zwischen **Br**eakfast (Frühstück) und **L**unch (Mittagessen). Der Brunch ist im Prinzip ein erweitertes Frühstücksbuffet. Er könnte auch als spätes Frühstück oder als frühes Mittagessen bezeichnet werden. Jedenfalls erfreut er sich wachsender Beliebtheit. So wie die beiden Bezeichnungen zu einem neuen Begriff kombiniert worden sind, bietet auch die Auswahl eine Kombination beider Mahlzeiten: Zusätzlich werden neben verschiedenen Salaten auch klare Suppen, Kaltschalen, geräucherte Fische, Fleischgerichte, Eierspeisen, Kuchen, Torten und Cremen angeboten.

Mittagessen – *déjeuner* – lunch

Ein Mittagessen wird heutzutage vorwiegend aus leichten, einfachen Speisen zusammengestellt und besteht aus 3 Gängen:

Suppe (oft ersetzt durch Frucht- oder Gemüsesaft, Salat oder Vorspeise)
***
Hauptgericht
Stärkebeilage
Gemüse oder Salat
***
Nachtisch oder Süßspeise

Abendessen – *dîner / repas du soir* – dinner

Im Gastgewerbe – im Gegensatz zum Privathaushalt – handelt es sich beim Abendessen meist um die Hauptmahlzeit des Tages, besonders in Saisonbetrieben mit Halbpension. Dies entspricht jedoch nicht dem neuzeitlichen ernährungsphysiologischen Grundsatz, daß am Abend die Verdauungsorgane nicht mehr stark belastet werden sollten. Beim Zusammenstellen des Abendessens muß dies berücksichtigt werden.
Ein Abendessen besteht in der Regel aus 3–5 Gängen:

> Kalte Vorspeise oder Salat
> ***
> Suppe
> ***
> Warme Vorspeise oder Fisch
> ***
> Hauptgericht
> Sättigungsbeilage
> Gemüse und/oder Salat
> ***
> Nachtisch oder Süßspeise

Souper

ist eine **Abendmahlzeit zu später Stunde.**
Vor allem nach Abendunterhaltungen wird ein 3- bis 6gängiges Menü serviert. Wegen der späten Servicezeit handelt es sich hier meistens um kleine, leicht verdauliche, jedoch auserlesene Gerichte.

5.4.2 Menütypen

Unterschieden werden folgende Menütypen (s. auch Tabelle unten).

Auto-Lunch	*Auto-lunch*
Quick-Lunch	*Quick-lunch*
Business-Lunch	*Business-lunch*
Galamenü	*Menu de gala*
Kindermenü	*Menu d'enfant*
Seniorenmenü	*Menu de l'aîné*
Fastenmenü	*Menu maigre*
Vegetarisches Menü	*Menu végétalien ou végétarien*
Vollwertkostmenü	*Menu à valeur intégrale*
Energiearmes Menü	*Menu pauvre en énergie*
Diätmenü	*Menu régime ou diététique*
Spezialmenü	*Menu spécial*
– Jagdmenü	*Menu de gibier / venaison*
– Fischmenü	*Menu de poisson*
– Herrenmenü	*Menu des messieurs*
– Damenmenü	*Menu des dames*
Mitarbeitermenü	*Menu pour le personnel*
Bankettmenü	*Menu de banquet*

Auto-Lunch
(Mittagessen für Reisende)

Prinzip: Leichtverdauliche Verpflegung, die weder die Konzentrationsfähigkeit einschränken noch die Verdauungsorgane überbelasten soll.
Zusammensetzung: 2- bis 3gängiges Menü.
– Keine blähenden Nahrungsmittel
– Fettarm zubereitete Speisen
– Nicht zu stark gewürzte Gerichte
– Keine alkoholischen Getränke und keine alkoholhaltigen Speisen
– Die Gesamtenergiemenge sollte, einschließlich Getränke, 3800 kJ nicht überschreiten
Anwendung: Dieser Menütyp eignet sich vor allem für Autobahnraststätten, Restaurants an Autostraßen und Ausflugsorten, Bahnhofrestaurants, Flughafenrestaurants usw.

Quick-Lunch
(schnell zubereitetes Mittagessen)

Prinzip: Zweckmäßige Verpflegung, in kürzester Zeit zubereitet, zu einem günstigen Preis.
Zusammensetzung: Meistens Tellerservice, ergänzt mit Suppe, Jus oder Salat.
– Schnell servier- und konsumierbare Gerichte auswählen
Anwendung: Spezielle Restauranttypen wie Imbißstuben, Personalrestaurants sowie in Stadtrestaurants, Fast-food-Betrieben usw.

Business-Lunch

Prinzip: Mahlzeit für Geschäftsleute und ihre Gäste, die Essen und Geschäftsbesprechungen kombinieren.
Zusammensetzung: 3- bis 4gängiges Menü.
– Leichtverdauliche, aber doch etwas speziell zubereitete Speisen der gehobenen Preiskategorie
– Kleine Mengen, raffiniert angerichtet, finden besonderen Anklang
Anwendung: Restaurants in der Stadt oder in Stadtnähe (Agglomeration) mit leistungsfähiger Küche und leistungsfähigem Service.

Galamenü / Gala-Lunch / Galadiner
(Fest- und Festtagsmenü)

Prinzip: In Anbetracht des außergewöhnlichen Stellenwerts eines Festtages soll auch die Auswahl der Nahrungsmittel und der Gerichte außergewöhnlich, **nicht alltäglich** sein. Mit Dekorationen und anderen Möglichkeiten (Musik, Vorträge usw.) kann die festliche Stimmung unterstrichen werden.
Zusammensetzung: Mehr Gänge als allgemein im Menü üblich (4 Gänge und mehr).

Dîner de Noël

Cocktail d'agrumes au vin doux

***

*Crème de morilles
aux d'artichauts*

***

*Filet de sandre
sous croûte de grains de sésame
et herbes fraîches*

***

*Aiguillettes de suprême de dinde poêlées
Quartiers de pommes caramélisés
Galettes de pommes de terre
au beurre
Choux de Bruxelles
à la crème*

***

*Stilton
Biscuits de grain complet*

***

*Bûche de Noël glacée
Friandises*

Dîner de gala de Saint-Sylvestre

*Terrine de pintade
au ris de veau et morilles
Sauce aux églantines
Salade de céleri en branches
et pommes au séré*

***

*Consommé de queue de bœuf
au vieux cognac*

***

*Suprême de sole
sur feuilles d'épinards*

***

Sorbet de champagne

***

*Médaillons de filet de veau sautés au caviar
Tartelette aux petits pois
et endives braisées*

***

*Vacherin Mont-d'Or
Pain de seigle*

***

*Petite timbale de bavarois
Coulis de framboises
Friandises et pralinés*

- Auserlesene Rohmaterialien
- Exquisite Spezialitäten
- Leichtverdauliche Gerichte

Anwendung:
- bei festlichen Anlässen (Familienfeste wie Taufe, Geburtstag, Hochzeit usw.; Firmenfeste wie Jubiläen, Erfolge usw.)
- an Festtagen (Weihnachten, Silvester/Neujahr, Ostern usw.)

Weitere Spezialmenüs

Prinzip: Durch die besondere Auswahl der Nahrungsmittel und der Gerichte sollen die Menüs einen ganz speziellen Charakter erhalten.

Zusammensetzung: Je nach Anlaß bzw. Menücharakter. Beispiele: Jagd-, Fisch-, Herren-, Damenmenü usw.

Anwendung: In Spezialitätenrestaurants, für spezielle Anlässe in allen Restaurationsbetrieben.

Kindermenü

Prinzip: Die Kinder, eine wichtige Gästegruppe, haben auch ihre speziellen Wünsche, die aus unternehmerischen Überlegungen berücksichtigt werden müssen. Eine Süßspeise darf nie fehlen.

Zusammensetzung: Ganz besondere Aufmerksamkeit gilt der Nahrungsmittelauswahl.

Beliebte Gerichte:
- Klare Suppen mit Einlagen
- Panierte Schnitzel, Hamburger
- Teigwaren, Kartoffelstock, Pommes frites
- Karotten
- Glace, Cremen usw.
- usw.

Weniger geeignet sind:
- Innereien
- Blutig gebratenes Fleisch
- Lamm und Wild
- Gerichte, die kompliziert zu essen sind, zum Beispiel ganze Fische, Krusten- und Schalentiere, Fleisch mit Knochen usw.
- Zu stark gewürzte Gerichte
- Alkoholhaltige Gerichte

Anwendung: Besonders in Familienhotels, Ausflugsrestaurants, Restaurationsbetrieben mit Familienkundschaft.

Seniorenmenü

Prinzip: Ältere Leute lieben bekannte und herkömmliche Gerichte. Diese sollen vor allem den veränderten Lebensgewohnheiten angepaßt sein.

Zusammensetzung: Kleine Menüs (3 Gänge) mit einer Suppe als erstem Gang.

- Kleine Portionen
- Leichtverdauliche Gerichte
- Keine blähenden Speisen
- Leicht eßbare Gerichte (gut weichgegart, ohne Knochen, ohne Gräten)

Anwendung: In allen Betrieben mit Senioren als Kunden.

Energiearmes Menü

Prinzip: Eine Mahlzeit mit genauer Angabe des Energiegehaltes der einzelnen Gerichte.

Energiearme Menüs dienen dem Beibehalten oder dem Reduzieren des Körpergewichtes. Abnehmen bedeutet, dem Körper weniger Energie zuzuführen, als er braucht. Da sich ein immer größerer Teil der Gäste sehr ernährungsbewußt verpflegt, wird die Nachfrage nach energiearmen Speisen und Menüs immer größer.

Das komplette Menü sollte, einschließlich Getränke, 2900 kJ nicht übersteigen.

Durch die Möglichkeit, einzelne Speisen im Menü wegzulassen, sollte jeder Gast seine Energieaufnahme selbst bestimmen können.

Zusammensetzung: Durch die Verwendung nahrungsfaserreicher Lebensmittel wird ein besseres Sättigungsgefühl erreicht.

Anwendung: Dieser Menütyp eignet sich vor allem für Kliniken, Restaurants in Kurorten, Stadtrestaurants, aber auch für Mitarbeiterrestaurants usw.

Diätmenü

Diätkost wird vom Ernährungsberater nach Vorschrift eines Arztes dem Krankheitsbild eines Patienten angepaßt.

Fastenmenü

Verschiedene Religionen kennen Einschränkungen und Vorschriften in der Eßkultur: besondere Kostformen der Mohammedaner, der Hindus, der Juden (koscher) usw.

Die katholische Kirche kennt den Begriff der Fastentage (Aschermittwoch, Karfreitag), an denen der Genuß von Fleisch von Warmblütern, also Schlachtfleisch, Geflügel, Wild usw., verboten ist. Dagegen ist der Verzehr von Fisch und bestimmten Wasservögeln sowie von pflanzlichen Nahrungsmitteln, Eiern und Milchprodukten erlaubt.

Prinzip: Ein Fastenmenü besteht in der Regel aus 3 Gängen.

Mitarbeitermenü

Die Mitarbeiter haben Anspruch auf eine vollwertige, qualitativ gute und geschmacklich einwandfrei zubereitete Nahrung.

Es gibt verschiedene Möglichkeiten, um diese Forderung zu erfüllen:
- Für die Mitarbeiter wird ein spezielles Essen zubereitet. Diese Möglichkeit ist die häufigste.
- Die Mitarbeiter können die Menüs und eventuell andere Gerichte zu Vorzugspreisen individuell beziehen.
- Die Mitarbeiter erhalten eine Barentschädigung und verpflegen sich selbst.

Es empfiehlt sich, die Mitarbeitermenüplanung schriftlich gleich festzuhalten wie die übrige Menüplanung.

Eine gute Verpflegung für die Mitarbeiter ist Mitgarant für ein gutes Betriebsklima!

Vegetarisches Menü

Diese Art von Menüs wird von einem immer breiteren Publikum gewünscht. Die vegetarische Kost ist eine Kostform für Menschen, die sich aus den unterschiedlichsten Gründen für eine fleischlose Ernährung entschieden haben. Auch Personen, die sich mit Normalkost ernähren, lieben hin und wieder eine Abwechslung und entscheiden sich für ein vegetarisches Menü. Viele Gäste schätzen die große Auswahl an Speisen aus pflanzlichen Nahrungsmitteln.

Da die Motivation für eine vegetarische Ernährung sehr unterschiedlich sein kann, bestehen auch Unterschiede in der vegetarischen Kostform:

Zusammensetzung: Vegetabile Kostform: Erlaubt sind nur pflanzliche Nahrungsmittel. **Laktovegetabile** Kostform: Erlaubt sind pflanzliche Nahrungsmittel und Milchprodukte. **Ovovegetabile** Kostform: Erlaubt sind pflanzliche Nahrungsmittel sowie Eierspeisen. **Ovolaktovegetabile** Kostform: Erlaubt sind pflanzliche Nahrungsmittel, Eier und Milchprodukte.

Weitere Angaben siehe Seiten 82/83.

Vollwertkostmenü

Prinzip: Verzehr vorwiegend ovolaktovegetabiler Kost.

Grundanforderungen:

- Lebensmittel möglichst aus kontrollierter biologischer Landwirtschaft (daher stark saisongeprägt)

- Möglichst geringer Verarbeitungsgrad der Nahrung durch Prozeßtechniken und Zubereitungsverfahren: unter anderem viel Rohkost, kaltgepreßte Öle, Vollgetreide und Vollgetreideprodukte usw.
- Isolierte, raffinierte Produkte, wie Zucker, Auszugsmehle und Genußmittel, reduzieren oder meiden
- Weniger Protein und Fett, dafür nahrungsfaserreiche Lebensmittel
- Schonende Garverfahren

Weitere Angaben siehe Seite 82.

Buffetmahlzeiten

Selbstbedienungsbuffet

Die Selbstbedienung wird in verschiedenen Betriebsarten und für verschiedene Anlässe eingesetzt. Vor allem in Restaurants von Kaufhäusern, Ausflugsrestaurants sowie in Personalrestaurants und Festwirtschaften findet man die vollständige Selbstbedienung. Selbstbedienung funktioniert immer nach dem «Einbahnprinzip»: Am Anfang nimmt der Gast Plateau und Besteck selber, wählt dann aus dem Angebot und bezahlt am Ende der Ausgabelinie seine Konsumation an der Kasse.

Teilkomponenten-Buffet

Bei dieser Art Buffet sitzen die Gäste an gedeckten Tischen (Ausnahme Stehbuffets). Durch das Servicepersonal wird eingedeckt und werden die Getränke serviert. Der Gast holt lediglich seine Speisen selbst, die zur Auswahl bereitgestellt sind.
Diese Buffets sind bei den Gästen sehr beliebt. Sie schaffen eine außergewöhnliche Atmosphäre durch ihre schöne Präsentation und die reiche Auswahl. Je nach Art der Veranstaltung kann das Buffet relativ einfache Gerichte bis hin zu kulinarischen Köstlichkeiten der hohen Kochkunst enthalten. Bei dieser Art Buffet sollten Köche bereitstehen, um den Gästen Auskunft zu geben und beim Schöpfen behilflich sein.
Bei guter Organisation erleichtern Buffets auch den Serviceablauf, was besonders bei Großanlässen oft von Vorteil ist.

Unterteilung und Buffetarten

- Kalte Buffets (nur kalte Gerichte)
- Warme Buffets (nur warme Gerichte)
- Kombinierte Buffets (kalte und warme Gerichte)
- Spezialbuffets (ausgerichtet auf bestimmte Gerichte: Frühstücksbuffet, Käsebuffet, Salatbuffet, Schwedenbuffet, Bauernbuffet usw.)

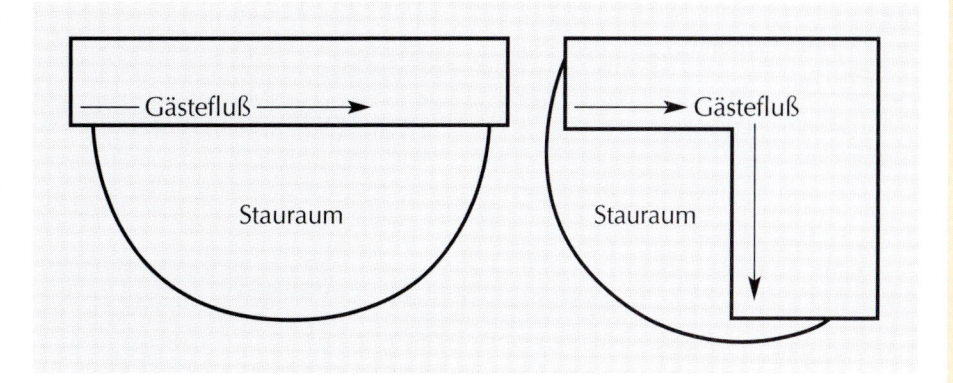

Buffetplanung

Die Buffetplanung richtet sich nach den gleichen Richtlinien wie die Menüplanung.
Das fertig zusammengestellte Buffet sollte trotz der Vielfalt an Speisen und Anrichtearten eine Einheit bilden. Optisch soll es begeistern und für jeden Geschmack eine Auswahl bieten.

Interne organisatorische Aufgaben:
- Speisenzusammenstellung
- Bestellen der notwendigen Waren (auch Dekorationsmaterial)
- Kontrolle des Wareneingangs
- Personaleinsatzplan (Vorbereitung, Zubereitung, Anrichten und Servieren)
- Raumeinteilung (Buffetstandort, Stauraum, Sitzordnung)
- Personalinstruktion

Buffetaufbau

Der Buffetaufbau beginnt bereits mit der richtigen Tafelzusammenstellung, wobei besonders auf einen reibungslosen Gästefluß und genügend Stauraum (s. Darstellung oben) geachtet werden muß (pro Anlaufstation 40–50 Personen).
Das Buffet soll so aufgebaut sein, daß sich alle Gäste relativ schnell und bequem bedienen können und die Reihenfolge der Speisen in etwa dem Menügerippe entspricht.
Durch eine übersichtliche Aufstellung der einzelnen Platten und Schüsseln (stufenförmig) erleichtern wir dem Gast die Auswahl. Saucen, Salate und verschiedene Beilagen werden neben die entsprechenden Hauptplatten gestellt.

Grundsätze

- Richtiges Anrichten, so daß die Platten auch nach den ersten Gästen noch appetitlich aussehen. Hauptstücke am Buffet nachtranchieren.
- Köche, die hinter dem Buffet stehen, müssen in der Lage sein, die Gäste fachlich zu beraten.

Zwischenmahlzeiten –
repas intermédiaires – snacks

Durch die modernen Eßgewohnheiten sowie aus gesundheitlichen Gründen empfohlen, haben die kleinen Zwischenmahlzeiten (Imbiß) einen festen Platz zwischen den Hauptmahlzeiten erobert. Sie bestehen meist aus kleinen kalten oder warmen Speisen, wie Sandwiches, Canapés oder Tellergerichten, die mit Salaten, Früchten, Joghurt- und Quarkspeisen kombiniert werden können. Alle Wurst- und Fleischwaren wie Aufschnitt, Bündner Fleisch usw. dürfen als kleine Portionen ebenfalls zu den Snacks gezählt werden.
Die Bezeichnung Snack stammt aus Amerika und bedeutet kleine Mahlzeit. Auch bei uns gibt es immer mehr solche Restauranttypen, wie Snack-Bar, Coffee-Shop usw.
Die Wichtigkeit dieser Produktegruppe zeigt sich im Erfolg der Fastfood-Restauration.
Mit Alternativangeboten, Spezialitäten und einer straffen Betriebsorganisation kann auch der traditionelle Betrieb dieser Herausforderung entgegentreten und einen Teil dieses Geschäftes abdecken.

5.4.3 Bankettmenü und Bankettplanung

Für das Aufstellen von Bankettmenüs sind neben fachlichen Voraussetzungen auch Angaben über die Art der Veranstaltung und der Gäste notwendig, wie Anzahl der Teilnehmer, Verkaufspreis, besondere Wünsche usw. Deshalb gilt als allgemein **wichtigster Grundsatz**: richtige und vollständige Bestellungsaufnahme.
Beim Aufstellen von Bankettmenüs kommen die persönliche Phantasie und Kreativität noch besser zur Geltung als bei der Zusammenstellung von Speisekarten und Tagesmenüs.
Anderseits sind die Leistungsfähigkeit und die Möglichkeiten des Betriebes zu berücksichtigen.

Thema 5 **Blatt 10**

Dank der hochentwickelten Technik und den möglichen neuen Regeneriermethoden kann auch ein Bankettservice für eine große Anzahl von Gästen auf einem hohen Qualitätsniveau angeboten werden.
Notwendige Maßnahmen in der Küche:
- Bankettbestellung in der Küche aufhängen bzw. in allen betroffenen Abteilungen
- Notwendige Bestellung rechtzeitig tätigen und Eingang der Ware kontrollieren
- Personal einteilen (Dienstplan) und nähere Instruktionen geben
- Art und Anzahl des Servicegeschirrs mit dem Bankettchef besprechen
- Anzahl Service und Nachservice vereinbaren
- Der Abruf der einzelnen Gänge soll der Küche rechtzeitig zum voraus gemeldet werden

Die Ankunftszeit der Gesellschaft und die gewünschte Essenszeit sind der Küche zu melden.

5.5 Speisekarten

Die Speise- und die Tageskarten stellen eine Auswahl von fertigen oder kurzfristig erhältlichen Gerichten dar, im Gegensatz zu den Menüs, die eine bestimmte Mahlzeit verkörpern.
Der Gast soll die Möglichkeit haben, eine kleine oder eine große Mahlzeit selbst zusammenzustellen.
Die Speisekarten sind vielfach der erste Eindruck für den Gast, somit sind sie die Visitenkarte eines Betriebes. Zudem sind sie eine verbindliche Offerte an den Gast.

5.5.1 Kartengestaltung

Vor dem Erstellen der Speisekarte sollten folgende Grundlagen abgeklärt werden:
- Durchführung einer Marktanalyse, die folgende Punkte umfaßt:
  Lage und Standort (Land, Dorf, Stadt, Großstadt: City, Industriequartier, Wohnquartier usw.)
  Charakter der zu erwartenden Kundschaft (Geschäftsleute, Angestellte, körperlich Arbeitende, Studenten, gemischtes Publikum usw.)
  Verkehrsfrequenz und Verkehrsmittel (Privatverkehr, öffentlicher Verkehr usw.)
  Öffnungszeiten (erwünschte oder vorgeschriebene; Öffnungszeiten umliegender Geschäfte, Kinos usw.)

- Anzahl, Art und Atmosphäre der Galträume
- Zur Verfügung stehende Lager- und Arbeitsräume
- Vorhandene Einrichtungen
- Anzahl und Ausbildungsgrad des Personals
- Klima und Durchschnittstemperaturen der Jahreszeiten
- Warenbeschaffungsmöglichkeiten
- usw.

Darstellung

Für die Ein- und die Unterteilung sowie für die Darstellung der Speisekarten gibt es verschiedene Möglichkeiten:
- Einteilung der Speisengruppen nach der fachtechnischen Reihenfolge, sogenannte **klassische Speisekarte**
- Einteilung der Speisengruppen nach marktgerechten Prinzipien, sogenannte **moderne Speisekarte**

Die Reihenfolge auf der Speisekarte ist nicht genau identisch mit derjenigen der klassischen Speisenfolge (Menügerippe). Da die Tagesplatten sowohl aus warmen Zwischengerichten als auch aus Hauptplatten (aus dem Menü) bestehen können, wird diese gemischte Gruppe nach den Zwischengerichten aufgeführt.
Tagesplatten: Speisen mit langer Zubereitungsdauer werden in einer separaten Rubrik als Tagesplatten *(Plats du jour)* aufgeführt.

Die fachtechnischen Grundsätze einer modernen Speisekarte

- Die einzelnen Gruppen übersichtlich und optisch getrennt darstellen
- Die gewählten Gruppen sollen dem betrieblichen Charakter entsprechen
- Kalte und warme Gerichte auseinanderhalten
- Zuerst die leichten, dann die schweren Gerichte aufführen

Grundsätze für die Erstellung einer Speisekarte

Die nachfolgenden Angaben sind lediglich Richtlinien oder Anregungen.
Blickfang: Die Wahl der Plazierung bestimmt das unterschiedliche Erkennen und die Entscheidung zu Angebotenem.

Generell soll die Speisekarte **verkaufsfördernd** gestaltet sein. Deshalb:
- Nur saubere, nicht korrigierte Karten auflegen.
- Fehlerlose Menürechtschreibung einhalten. Wenn möglich neben der Landessprache die Speisen und die Menüs auch in französischer Sprache schreiben. Vor allem gilt es die Sprache der Gäste zu berücksichtigen.
- Karten nicht in «Landkartengröße» herstellen lassen, sie stören Gast und Betrieb.
- Bei kleiner Auswahl größere Schrift. Nicht zu kleine und nicht zu viele verschiedene Schriften wählen.
- Anzahl Karten pro Sitzplatz berechnen.
- Nicht das billigste, sondern das zweckmäßigste und am längsten gebrauchsfähige Papier ist das rentabelste.
- Spezialitäten irgendwelcher Art durch Fettdruck, Farbendruck, farbige Kleber usw. hervorheben.

Die fachtechnische Reihenfolge der klassischen Speisekarte

Kalte Vorspeisen	*Hors-d'œuvre froids*
Suppen	*Potages*
Warme Vorspeisen	*Hors-d'œuvre chauds*
Fischgerichte	*Poisson*
Zwischengerichte	*Entrées*
Tagesplatten	*Plats du jour*
Braten	*Rôtis*
Gemüsegerichte	*Mets de légumes*
Süßspeisen / Nachtisch	*Entremets / Desserts*

252

- In die Speisekarte integrierte Menüs oder Tagesspezialitäten sollen hervorstechen und auswechselbar sein.
- Preise direkt hinter oder unter dem Text sind am leserlichsten.
- Numerierung der Gerichte erleichtert die Bestellung und die Abrechnung; bei EDV-Systemen unerläßlich.
- Energiearme Gerichte mit entsprechendem Energiegehalt versehen.
- Bei Gerichten mit längerer Zubereitungsdauer kann die notwendige Wartezeit dazu vermerkt werden; ebenso bei größeren Fleischstücken die Mindestanzahl Portionen.

Fragen Sie sich **vor** dem Druck, ob
- der Entwurf auch auf Ihre Mitarbeiter und ihre Stammgäste einen guten Eindruck macht
- die Karte gut lesbar ist und verstanden wird
- alle Gerichte populär und aktuell sind
- jedes Gericht klar deklariert und beschrieben ist
- das ausgewählte Papier den Anforderungen genügt
- die gewählte graphische Darstellung attraktiv ist
- die Küche und der Service die in der Karte gestellten Anforderungen erfüllen können
- die Saucen, die Beilagen und die Garnituren zu den Gerichten nicht vergessen worden sind
- alle Preise richtig vorkalkuliert worden sind
- auch wirklich keine Schreibfehler mehr vorhanden sind

5.5.2 Speisekartentypen

Menükarte
Zusammenstellung bestimmter Gerichte in vorgegebener Reihenfolge.

Tageskarte
Zur Auswahl stehen sowohl Tagesmenüs als auch Tagesspezialitäten.

Speisekarte
(große, kleine): Auswahl an kurzfristig erhältlichen Gerichten.

Spezialkarte
Ergänzung zur Speisekarte, zum Beispiel Spezialitätenwoche.

Saisonkarte
Angebot von Gerichten, die zur betreffenden Jahreszeit aktuell sind.

Süßspeisenkarte
Aufstellung von Süßspeisen; kann in der Tageskarte oder der Speisekarte integriert sein oder separat gedruckt werden.

Bankettkarte
Vorschläge von Menüs, die sich für eine größere Anzahl Gäste eignen, in verschiedenen Preiskategorien.

5.6 Speiseservice

5.6.1 Organisation

Im Speiseservice ist eine richtige Organisation wie in jedem anderen Betrieb nötig. Sie setzt sich aus folgenden Hauptpunkten zusammen:
- Richtige Personalinstruktion
- Richtige Arbeitseinteilung
- Kartenstudium
- Mise en place
- Begrüßung der Gäste
- Plazierung der Gäste
- Beratung
- Bestellungsaufnahme
- Service
- Abräumen
- Kassieren
- Verabschieden

5.6.2 Mise en place

Wie in der Küche ist die Mise en place Voraussetzung für einen reibungslosen Serviceablauf. Sie erstreckt sich auf das Studium der Menü- und der Tageskarte und das sich daraus ergebende Bereitstellen auf dem Servicetisch von
- Reservewäsche
- Geschirr
- Gläsern
- Besteck
- Menagen
- Angebotskarten
- Aschenbechern
- Plattenrechauds
- Serviceplateaus, Bestell- und Rechnungsblock usw.

Zum gegenseitigen Verständnis von Mitarbeitern in Küche und Service gehören auch grundlegende Kenntnisse im betreffenden anderen Arbeitsbereich.

5.6.3 Grundgedeck

Für den Service von Menüs und A-la-carte-Gerichten wird zunächst immer ein Grundgedeck aufgelegt, das dann der Bestellung des Gastes entsprechend erweitert oder ausgetauscht wird.

1. Auflegen der Serviette

Vor dem Auflegen der Serviette muß die Tischwäsche geprüft und der Abstand der Stühle kontrolliert werden. Die Serviette wird in einfacher Form zusammengelegt und etwa 0,5 cm vom Tischrand plaziert. Sie bildet die Mitte des Grundgedecks.

2. Besteck auflegen

Zuerst wird das große Messer rechts und mit der Schneide nach innen aufgelegt. Die große Gabel kommt immer auf die linke Seite der Serviette. Dabei muß sie zum großen Messer so viel Abstand haben, daß ein großer Teller dazwischen eingesetzt werden kann.

3. Glas plazieren

Das Glas, meist ein Rotweinglas, wird etwa 1 cm über der Spitze des großen Messers plaziert; ein eventuelles zweites Glas (Weißwein) kommt rechts, leicht nach unten versetzt, neben das erste.

4. Menagen aufstellen

Die Menagen Salz und Pfeffer gehören auf jeden Tisch.

5.6.4 Serviceregeln

Für das Bedienen und das Einsetzen von Speisen und Getränken gibt es international gültige Regeln:

Links vom Gast
- werden Platten präsentiert
- wird von Platten mit dem Zangengriff geschöpft
- werden Platten gehalten, wenn der Gast selbst schöpfen will
- wird Salat als Beilage zum Menü plaziert
- werden Brötchen auf dem Brotteller gereicht
- wird die Finger-Bowle eingesetzt
- wird das Tischtuch mit einem gefalteten Servicetuch oder einem Tischroller gesäubert
- wird alles von links eingesetzte Geschirr auch wieder abgeräumt

Rechts vom Gast
- werden Teller eingesetzt und wieder abgeräumt
- werden Gedecke ergänzt oder ausgewechselt
- werden alle Getränke eingeschenkt und Flaschen präsentiert

Keine Regel ohne Ausnahme: Bei Tischen, die zum Beispiel in einer Ecke stehen, ist es nicht immer möglich, die Serviceregeln einzuhalten. Es ist in solchen Fällen zu beachten, daß die Gäste so wenig wie möglich gestört werden.

5.6.5 Anrichten

Beim Anrichten gibt es international gültige Regeln, die beachtet und eingehalten werden sollen.

Generelle Regeln

- Delikate Suppeneinlagen separat servieren oder im letzten Augenblick zur Suppe geben.
- Eierspeisen nie direkt auf Metall anrichten.
- Saucen entweder separat in einer Sauciere einsetzen oder links neben das Fleisch oder den Fisch schöpfen.
- Bei Gerichten, die in einer Sauce gegart oder fertiggemacht werden, wird die Sauce über das Fleisch geschöpft.
- Buttermischungen direkt auf das Fleisch geben, eventuell etwas separat dazu servieren.
- Beim Anrichten der Beilagen die farbliche Harmonie beachten.
- Bei warmen Gerichten nicht zu viele oder zu komplizierte Beilagen dazugeben.
- Anrichtegeschirr darf nie überfüllt wirken: Der Platten- bzw. der Tellerrand muß immer frei bleiben (nie mit Speisen oder Garnituren belegen) und darf keine Schöpfspuren aufweisen.
- Heiße Gerichte auf sehr heißes, kalte Gerichte auf kaltes Anrichtegeschirr geben und servieren.
- Auf Silberplatten mit verziertem Rand oder Griff werden keine warmen Speisen serviert.
- Fritierte Gerichte niemals mit Sauce übergießen, auch nicht mit einer Cloche decken, sondern gut entfetten, auf Papierservietten (Plattenpapier) anrichten.
- Bei paniertem oder englisch gebratenem Fleisch Sauce oder Jus separat servieren.
- Als Garnitur darf nur Eßbares verwendet werden.

Plattenservice

- Fleisch- und Fischtranchen, Steaks usw. so anrichten, daß das erste Stück zuoberst liegt.
- Beilagen dürfen beim Schöpfen nicht hinderlich sein.
- Garnituren sollen in der Anzahl mit den zu bedienenden Personen übereinstimmen.

Tellerservice

- Fleisch immer gegen den unteren Tellerrand zum Gast hin anrichten.
- Teller mit Vignetten oder anderen Abbildungen so anrichten, daß sie im richtigen Blickwinkel zum Gast stehen.
- Beim Anrichten von Kuchen und Torten die Spitze auf den Gast richten.

5.6.6 Servicearten

International haben sich folgende Servicearten durchgesetzt:

Plattenservice

a) Der Gast bedient sich von der Platte.
b) Dem Gast wird von der Platte geschöpft.

Guéridon-Service

Die Speisen werden dem Gast zuerst präsentiert, auf dem Vorstelltisch auf Rechauds gestellt und auf heiße Teller geschöpft.

Tellerservice

Die Speisen werden in der Küche direkt auf die Teller angerichtet. Mit Ausnahme von fritierten Gerichten immer mit Teller-Cloche zudecken.

Selbstbedienung / Self-Service

a) Komplette Selbstbedienung: Der Gast nimmt vom Besteck bis zu den Getränken alles selber auf einem Plateau an seinen Platz.
b) Teilweise Selbstbedienung: Die Tische werden aufgedeckt und die Getränke serviert. Die Gäste bedienen sich am Buffet.

Etagenservice

Die Speisen werden gleichzeitig dem Gast im Zimmer serviert.

Party-Service

Hauslieferdienst

5.6.7 Serviceabläufe

Der Serviceablauf kennzeichnet die Organisation eines Mahlzeitenservices.
Die vier wichtigsten Serviceabläufe sind:
- Bankett
- Table d'hôte
- à part
- à la carte

Bankett-Service

Bei einem Bankett handelt es sich um eine Gemeinschaft von Gästen. Bei diesem Serviceablauf wird in der Regel allen Gästen zur gleichen Zeit das gleiche Menü serviert.
Dafür eignen sich Plattenservice, Guéridon-Service, Tellerservice, Self-Service (größere Bankette).

Table-d'hôte-Service

Darunter versteht man den Service einer Mahlzeit, bei dem Zeitpunkt und Menü für alle Gäste festliegen, obwohl die Gäste keine gemeinsame Gruppe bilden. Das ist zum Beispiel in Kleinhotels, Pensionen oder Heimen der Fall, wo in einem Speisesaal innerhalb festgelegter Zeiten allen Gästen das gleiche Menü angeboten wird.
Für diesen Serviceablauf eignen sich Plattenservice, Tellerservice.

A-part-Service

Bei diesem Serviceablauf wird den Gästen unabhängig voneinander und zu nicht festgelegten Zeiten das gleiche Menü serviert.
Dafür eignen sich Plattenservice, Guéridon-Service, Tellerservice.

A-la-carte-Service

Hier wählen die Gäste frei aus dem Speisekartenangebot innerhalb der normalen Betriebsöffnungszeiten. Diese freie Auswahl des Gastes schließt natürlich nicht aus, daß das Angebot der Speisekarte auch Menüvorschläge enthält oder der Servicemitarbeiter Empfehlungen zur Zusammenstellung eines Menüs gibt.
Für diesen Serviceablauf eignen sich Guéridon-Service, Plattenservice oder Tellerservice.

5.7 Menürechtschreibung

Ziel: Erreichen einer einheitlichen und zeitgemäßen Menürechtschreibung.

Anforderungen an eine korrekte Menürechtschreibung

- Im Einklang mit den allgemein gültigen Rechtschreiberegeln.
- Im Einklang mit den geltenden fachlichen Menüregeln.

Da sich die Rechtschreibung und somit auch die Menürechtschreibung der Zeit entsprechend wandeln, sind sie immer wieder Änderungen unterworfen.

Die nachfolgenden Schreibregeln sollen Leitfaden und Hilfe sein für Betriebsinhaber, Küchenchefs sowie sämtliche Mitarbeiter, die sich mit dem Schreiben von Menü- und von Speisekarten befassen.

5.7.1 Allgemeine Schreibregeln (für alle Sprachen)

Menüsprache

Die Menüsprache soll sich vor allem nach der Sprachregion oder aber nach der Sprache der Gäste richten. **Wichtig** ist jedoch, daß innerhalb eines Menüs konsequent nur eine Sprache angewandt wird.

Um eine einheitliche Menürechtschreibung zu gewährleisten, sollte auf die früher angewandte Menüsprache verzichtet werden, in der alle Hauptwörter mit großen Anfangsbuchstaben und oft in Anführungszeichen gesetzt wurden.

Orthographie

Für die Menürechtschreibung sind in erster Linie die offiziellen Regeln der entsprechenden Sprache maßgebend. Hinzu kommen die Regeln der fachtechnischen Abmachungen.
Maßgebende und unentbehrliche Ratgeber für die Rechtschreibung sind:

Für die deutsche Sprache:
Duden, Großer Brockhaus

Für die französische Sprache:
Larousse

Für die englische Sprache:
The Concise Oxford Dictionary

Für alle drei Sprachen:
Duboux, Fachwörterbücher

Empfohlene Ergänzungen sind Wörterbücher (für Übersetzungen), Küchenlexika sowie der *Larousse gastronomique* (Fachsprache).

Nationalgerichte

Landes- oder Regionalspezialitäten dürfen in der Originalversion im Menü aufgeführt werden, dies vor allem bei bekannten Gerichten, zum Beispiel: Pizza, Minestrone, Bouillabaisse, Irish Stew, Apfelstrudel usw.
Bei unbekannten Gerichten oder besonders bei Gerichten aus Sprachgebieten mit anderer Schreibweise oder gar anderem Alphabet bzw. anderen Buchstaben ist der Gast froh, eine Übersetzung oder zumindest eine Erklärung zu erhalten, zum Beispiel:

Borschtsch = Randensuppe
Lesco = ungarisches Gemüsegericht
Fiskebollars = schwedische Fischklößchen

Wortlaut des Menüs (Menütext)

Eine Menükarte, wie auch die Speisekarte, richtet sich im Wortlaut **immer nur an eine Person** (dies auch bei Banketten).

Einzahl / Mehrzahl

Einzahl: Es wird pro Person nur ein Stück serviert, oder aus einem Stück werden mehrere Portionen geschnitten.

Beispiele:

Bachforelle Müllerinart
Truite de rivière meunière

Lammkeule Bäckerinart
Gigot d'agneau boulangère

Warme Artischocke
Artichaut tiède

Mehrzahl: Es werden zwei oder mehrere Stücke pro Person serviert

Beispiele:

Eglifilets Müllerinart
Filets de perche meunière

Lammkoteletts Bäckerinart
Côtelettes d'agneau boulangère

Grüne Bohnen
Haricots verts sautés

Ausnahmen: In jeder Sprache gibt es Bezeichnungen, die sowohl in der Einzahl als auch in der Mehrzahl gleich geschrieben werden, zum Beispiel:

deutsch
Fenchel, Rosenkohl usw.

französisch
tournedos, pois usw.

(Siehe dazu auch die entsprechenden Sprachwerke.)

Bemerkung: In vielen Fachbüchern (Pauli «Rezeptbuch der Küche») sind Gerichte in der Mehrzahl benannt, da sie in der Regel für mehrere Personen rezeptiert sind. Auf der Menü- und der Speisekarte müssen jedoch obenerwähnte Regeln eingehalten werden.

Darstellung

Grundprinzip: Sauber und fehlerfrei.

Möglichkeiten

linksbündig:

Kalte Vorspeise
***
Suppe
***
Hauptgericht
Sauce
Stärkebeilage
Gemüse
Salat
***
Süßspeise

Mittelachse / zentriert:

Kalte Vorspeise
***
Suppe
***
Hauptgericht
Sauce
Stärkebeilage
Gemüse
Salat
***
Süßspeise

Abtrennen der einzelnen Gänge

Jeder Gang ist durch eine Markierung oder durch einen genügend großen Zwischenraum klar abzutrennen.

Zeilenanfang

Am Zeilenanfang wird immer mit einem Großbuchstaben begonnen:

Glasierte Kastanien
Frische Erdbeeren

Ausnahmen:
- wenn es sich um die Fortsetzungszeile eines Gerichtes handelt (Zeilentrennung siehe nächste Regel)
- nicht zum eigentlichen Menü gehörende Wörter (oder, und)

Zeilentrennung

Eine Zeilentrennung darf nicht entstellend wirken:

richtig:	Gebratener Rehrücken Försterinart *Selle de chevreuil rôtie forestière*
falsch:	Gebratener Rehrücken Försterinart *Selle de chevreuil rôtie forestière*

Abkürzungen

Abkürzungen sind häufig irreführend und sollten deshalb vermieden werden.
Falsch wäre Sc. statt Sauce, gem. statt gemischt usw.

Doppelbenennungen

Wenn in einer Benennung die Zubereitung oder der Rohstoff schon enthalten ist, soll dies nicht nochmals aufgeführt werden:

richtig:	Fruchtsalat mit Rahm oder Fruchtsalat Chantilly
falsch:	Fruchtsalat mit Rahm Chantilly
richtig:	Gratinierter Blumenkohl
falsch:	Gratinierter Blumenkohl Mornay
richtig:	Féra meunière
falsch:	Féra sautée meunière

Getränke: Markengetränke werden in allen Sprachen mit großen Anfangsbuchstaben geschrieben, ebenso andere namentlich bezeichnete Getränke:

Rémy Martin
Kraftbrühe mit Rémy Martin
Consommé au Rémy Martin

Puschkin
Sorbet mit Puschkin
Sorbet au Pouchkine

Andere Getränke werden nur in der deutschen Sprache groß geschrieben (Substantiv), in der französischen Sprache nur bei einem Zeilenanfang (Satzbeginn):

Kraftbrühe mit Cognac
Consommé au cognac

Sorbet mit Wodka
Sorbet à la vodka

Russische Personennamen

Bei russischen Personennamen mit der Endung -ov, -off, -ow gilt in der Regel:

deutsch: -ow Eisbecher Romanow
französisch: -ov *Coupe Romanov*

Deklarationsbestimmungen

Alle auf dem Menü und der Speisekarte aufgeführten Gerichte und Speisen müssen der Wahrheit entsprechen (siehe S. 246).

Übersetzungen

Bei der Übersetzung von Gerichten, Menüs und Speisekarten bieten sich zwei Varianten an.
Variante A: die wortwörtliche Übersetzung
Variante B: die sinngemäße Übersetzung

Beispiel: *Filets de féra grenobloise*
- Variante A:
  Felchenfilets Grenobler Art
- Variante B:
  Sautierte Felchenfilets mit Zitronen und Kapern

Bei der Anwendung von Fremdwörtern gelten die allgemein gültigen Sprachwerke als Richtlinien.
Vor allem die deutsche Sprache hat viele Fremdwörter übernommen mit teils abgeänderter Schreibweise:

crevettes	Krevetten
confiture	Konfitüre
carré	Karree

teils mit gleicher Schreibweise:

sauce	Sauce	(Soße)
filet	Filet	(Lende)
fond	Fond	(Brühe)

5.7.2 Deutsche Menürechtschreibung

In der Praxis fällt es dem Fachpersonal oft leichter, die Gerichte in französischer Sprache zu schreiben (Fachsprache) als mühevoll das entsprechende deutsche Wort zu suchen. Zudem klingen die deutschen Übersetzungen in der Schweiz häufig völlig fremd.
Generell gilt: Die deutsche Sprache gemäß Duden, doch ist auf die besondere Situation der einzelnen Sprachgebiete Rücksicht zu nehmen.

Groß- und Kleinschreibung

Nach den Regeln der deutschen Grammatik (Duden) werden alle Substantive (Hauptwörter, Dingwörter, Nomen) sowie der Satzbeginn (Zeilenbeginn bei der Menürechtschreibung) mit großen Anfangsbuchstaben geschrieben.

Spezielle Regeln in der Menürechtschreibung bestehen im Zusammenhang mit der Zubereitung, des «nach Art von».

1. Geografische Bezeichnungen

Mit **großen** Anfangsbuchstaben und in zwei Wörtern werden die von geografischen Namen abgeleiteten Wörter mit der Endung -er geschrieben:

Kartoffeln Walliser Art
Sellerie Mailänder Art
Pastetchen Toulouser Art

Mit **kleinen** Anfangsbuchstaben und ebenfalls in zwei Wörtern werden die von geografischen Namen abgeleiteten Eigenschaftswörter mit der Endung -isch geschrieben:

Kartoffeln ungarische Art
Eier russische Art
Käsekuchen französische Art

2. Berufs- und Personenbezeichnungen

Hier wird die Zubereitungsart in einem Wort geschrieben, wobei der Wortbestandteil -art am Schluß steht:

Kartoffeln Herzoginart
Suppe Gärtnerinart
Muscheln Matrosenart

Bemerkung: Weibliche Bezeichnungen mit der Endung -in (Bäckerin, Fischerin usw.) werden immer in der **Einzahl** geschrieben: Bäckerinart, Fischerinart (nicht: Bäckerinnenart, Fischerinnenart).

3. Namen und Ortschaften

Wird ein Gericht nach einer Person oder nach einem geografischen Ort benannt, läßt man das «Art», gemäß den allgemeinen Regeln, weg:

Namen   Kraftbrühe Carmen
                 Lammkoteletts Nelson
                 Salat Emma

Ortschaften   Kraftbrühe Monte Carlo
                 Kalbskopf Orly
                 Rehrücken Baden-
                 Baden

Zusammen- oder Getrenntschreibung

Bei der Zusammen- und Getrenntschreibung handelt es sich um einen ständigen Entwicklungsvorgang. In Zweifelsfällen konsultiere man den Duden.

Zusammengeschrieben werden im allgemeinen Zusammensetzungen aus Grundwort (zum Beispiel Forelle) und einfachen oder zusammengesetzten erdkundlichen Namen:

Blauseeforelle
Oberbergkäse
Mittelmeerfische

Getrennt schreibt man jedoch Ableitungen erdkundlicher Namen, die auf -er enden und eine spezifische Lage oder Herkunft bezeichnen:

Berner Rösti
Appenzeller Käse
Luzerner Kügelipastete

Der Unterschied des Getrennt- oder Zusammenschreibens soll an einem Beispiel dargestellt werden:

Schweizerkäse (z.B. Tilsiterkäse): allgemeiner Begriff für einen Käsetyp, der nicht nur in der Schweiz, sondern in verschiedenen Ländern produziert wird.

Schweizer Käse (z.B. Emmentaler Käse): ein in der Schweiz produzierter Käse.

Koppelwörter

Unter Koppeln ist das Zusammensetzen von Wörtern mit einem Bindestrich (-) zu verstehen.
Gekoppelt wird in folgenden Situationen:

– Wenn deutsche Wörter und fremdsprachige Wörter zu einem Begriff zusammengezogen werden oder das fremdsprachige Wort anders geschrieben als ausgesprochen wird:

   Mais-Gnocchi
   Eis-Charlotte
   Dauphine-Kartoffeln

– Nach den im Duden aufgeführten Regeln betreffend Bindestrich:

   Brunnen- und Gartenkresse

   Wird in zusammengesetzten Wörtern ein gemeinsamer Bestandteil nur einmal genannt, wird als Ergänzungszeichen ein Bindestrich gesetzt

   Tee-Eis

   Zusammentreffen dreier gleicher Vokale

   Vierwaldstättersee-Forelle

   Unübersichtliche Zusammensetzung, mehr als drei Glieder

   Weiße-Bohnen-Suppe

   Nicht die Bohnensuppe ist weiß, sondern die Suppe besteht aus weißen Bohnen

   Das Adjektiv bezieht sich auf den Hauptbestandteil des zusammengesetzten Wortes, zum Beispiel:

   Weißes Kalbsvoressen

5.7.3 Französische Menürechtschreibung

Nach wie vor führen viele Betriebe der deutschsprachigen Regionen die Tradition weiter, Menüs und den Text der Speisekarten in französischer Sprache zu verfassen. Einerseits ist dies durch die Entwicklung der Kochkunst begründet, andererseits soll dadurch eine Abhebung vom Alltäglichen ausgedrückt werden.

Groß- und Kleinschreibung

Die Groß- und Kleinschreibung in der französischen Menürechtschreibung wird erleichtert durch die folgende generelle Regel: Alle Wörter werden mit kleinen Anfangsbuchstaben geschrieben, wenn sie nicht einer der folgenden **Ausnahmen** zugeordnet werden können.

Mit **großen** Anfangsbuchstaben schreibt man:

1. Am Zeilenanfang

Pommes de terre sautées
Sauté de veau
Bœuf braisé aux champignons
Champignons étuvés

2. Vor- und Nachnamen

Salade Emma
Sauce Robert
Filets de féra Eve
Côte de veau Nelson
Œufs au plat Meyerbeer
Tournedos Rossini

3. Phantasiebezeichnungen

Pommes Mont d'Or

4. Ortschaften, Regionen

Diese Regel gilt, wenn die Bezeichnung als Hauptwort (Substantiv) angewandt wird:

Carottes Vichy
Consommé Monte-Carlo

Asperges du Valais
Melon de Cavaillon

Substantive, die adjektivisch gebraucht werden, müssen mit **kleinen** Anfangsbuchstaben geschrieben werden:

Ortschaft, Region Hauptwort Berlin	Berlin Boules de Berlin
Zubereitet Adjektiv berlinoise	Berliner Art Foie de veau berlinoise

5. Schlösser, Hotels, Restaurants

Salade Windsor
Salade Waldorf
Beurre Café de Paris

6. Gedenkstätten

Steak de veau Waterloo
Potage Solferino

Bezeichnungen, die ursprünglich im näheren Zusammenhang mit der Herstellung eines Gerichtes standen, heute aber als allgemeine Begriffe gelten, **können** mit kleinen Anfangsbuchstaben geschrieben werden:

une béchamel (une sauce Béchamel)
une soubise (une purée Soubise)

Einzahl / Mehrzahl (Singular / Plural)

Hauptregel: Der Plural (Mehrzahl) der Substantive und der Adjektive wird in der Regel durch Anhängen eines s an die Singularform (Einzahl) gebildet:

la pomme	*les pommes*
le champignon	*les champignons*
le haricot	*les haricots*

Ausnahmen

Die im Singular auf -s, -x oder -z endenden Substantive bleiben im Plural unverändert.

Die im Singular auf -au, -eau, -eu (sowie einige auf -ou) endenden Substantive und Adjektive nehmen im Plural ein x an.
Einige Fremdwörter verändern sich im Plural nicht.

Bemerkung

Geachtet werden muß auf die bei den allgemeinen Regeln festgehaltene **Grundregel**:

Einzahl wird geschrieben, wenn ein Stück oder aus einem Stück mehrere Portionen serviert werden.

Mehrzahl wird geschrieben, wenn mindestens zwei Stücke serviert werden.

Ausnahme, wenn ein Gericht bezeichnet wird:

Emincé de veau
Sauté de bœuf

Eigenschaftswörter (Adjektive)

Das Adjektiv (Eigenschaftswort) gleicht sich stets dem Substantiv an, zu dem es gehört, und stimmt mit diesem in Geschlecht und Anzahl überein, ebenfalls das zum Adjektiv gewordene Verb (Tätigkeitswort):

männlich Einzahl

rôti de porc glacé
beurre blanc

weiblich Einzahl

poitrine de veau glacée
sauce blanche

männlich Mehrzahl

marrons glacés
haricots blancs

weiblich Mehrzahl

carottes glacées
asperges blanches

Gehört ein Eigenschaftswort sowohl zu weiblichen als auch zu männlichen Hauptwörtern, richtet es sich immer nach dem männlichen Geschlecht in der Mehrzahl:

Truite et saumon fumés
Carottes et petits pois sautés au beurre
Tomate et piment farcis

Anwendung von Vorwörtern

Vorwort *en*

Dient als Hinweis auf die Art der Zubereitung bestimmter Gerichte:

Pomme en cage
Œuf en gelée
Jambon en croûte

Vorwort *de*

Diesem Vorwort kommen zwei Bedeutungen zu:

1. Das Vorwort *de* oder *du* bezeichnet die Herkunft von Rohstoffen:

   Asperges du Valais
   Melon de Cavaillon

2. Enthält ein Gericht eine bestimmte Zutat, die mengenmäßig oder in der Geschmacksrichtung dominiert, wird anstelle von *à la* (mit) das Wort *de* (von, aus) verwendet:

Cocktail de crevettes
Krevettencocktail
(Cocktail **aus** Krevetten)

Sauce aux crevettes
Krevettensauce
(Sauce **mit** Krevetten)

Beignets de fromage
Käsekrapfen
(Krapfen **aus** Käse)

Soufflé au fromage
Käseauflauf
(Auflauf **mit** Käse)

Die Verwendung von *à la*

Das *à la* oder *à la mode,* wie es richtigerweise heißen sollte, soll innerhalb eines Menüs auf ein Minimum beschränkt werden.

Das Vorwort *à* wird in der Menüsprache für zwei verschiedene Begriffe verwendet:

1. «Zubereitet nach Art von...»

à la façon
à la mode
à la manière

Hier **kann** auf *à la* verzichtet werden:

Truite à la meunière
oder
Truite meunière

Eigenschaftswörter nehmen bei der Verwendung von *à la,* aber auch bei dessen Weglassen die **weibliche Form** an, da das *à la* für *à la mode (mode* ist weiblich) steht:

le homard   homard américain**e**
le saumon   saumon suédois**e**

2. «mit Beigabe von»

Materialbezeichnung, die das Produkt angibt (deutsch «mit»). Hier soll das *à la* immer geschrieben werden. Es ist jedoch darauf zu achten, daß sich das *à la* nach dem betreffenden Hauptwort verändert:

au	männlich Einzahl
à la	weiblich Einzahl
à l'	vor nachfolgendem Vokal oder stummem H
aux	(männlich und weiblich) Mehrzahl

le beurre	carottes au beurre
la vanille	crème à la vanille
l'œuf	consommé à l'œuf
les câpres	sauce aux câpres

Küchenkalkulation

6

Themen Kapitel Küchenkalkulation

6.1	Grundbegriffe der Küchenkalkulation	261
6.1.1	Begriffserklärungen	262
6.2	Berechnen von Nettogewicht, Abfall, Bruttogewicht	262
6.2.1	Rüstverluste bei Gemüse	264
6.2.2	Rüstverluste bei Obst	264
6.2.3	Filetierverluste bei Fischen, Verluste beim Auslösen des Fleisches von Krusten- und Weichtieren	264
6.2.4	Gewichtsverluste durch unterschiedliche Garmethoden	265
6.3	Einkaufspreis, Warenkosten	265
6.4	Berechnung von Menüs und Gerichten	266
6.5	Kostenberechnung	267
6.5.1	Ermitteln des Verkaufspreises	267
6.5.2	Ermitteln der Warenkosten eines festgelegten Verkaufspreises	267
6.5.3	Ermitteln der Warenkosten in Prozenten	267
6.5.4	Ermitteln des Bruttoerfolges in Prozenten	268
6.5.5	Ermitteln des verwendeten Faktors	268

6. Küchenkalkulation

Dieses Kapitel bezweckt lediglich das Erfassen der normalen Grundlagen für die reinen Küchenkalkulationen. Beispiele und Übungen sind Angelegenheit der betreffenden Berufs-, Gewerbe- und Hotelfachschulen. Dasselbe gilt für die Waren- und die Finanzbuchhaltung im Zusammenhang mit den Inventaren, den Betriebsrechnungen und den Bilanzen. Die nachfolgenden Grundlagen sind ausschließlich für die in der Praxis immer wiederkehrenden Berechnungen für Gerichte und Menüs bestimmt.

Organisation

Die Grundlagen für eine wirkungsvolle Küchenkalkulation setzen sich aus folgenden Punkten zusammen:

– Zweckmäßiger Einkauf
– Überwachung des Verbrauchs
– Berechnung des Verkaufspreises (Vorkalkulation)
– Überwachung der Verluste
– Ermittlung des Bruttoerfolges

Sind diese Voraussetzungen geschaffen, so können sie gleichzeitig nicht nur eine stabile Rendite bewirken, sondern stellen auch ein Barometer der guten Küchenführung dar. Bei einem zu hohen Bruttoerfolg wird in Wirklichkeit an Qualität und Quantität zu stark gespart, was sich in einem sinkenden Küchenumsatz zeigt. Ist dagegen der Bruttoerfolg zu tief, sind wahrscheinlich schlechter Einkauf, ungenaue Kalkulation, schlechte Restenverwertung und eine schlechte Überwachung der Quantitäten dafür verantwortlich.

Richtig kalkulieren und gleichzeitig gut und ökonomisch kochen will gelernt sein. Nur wer die Zusammenhänge zwischen einer seriösen Küchenkalkulation und der Praxis erfaßt hat, wird schließlich durch einen angemessenen Gewinn (Unternehmerlohn und Risiko) und zufriedene Gäste belohnt werden. Exaktheit und Zuverlässigkeit sind für alle nachfolgenden Kalkulationen unerläßlich.

Die in den folgenden Grundlagen angegebenen Preise, Quantitäten und Prozente haben lediglich schematischen Charakter.

6.1 Grundbegriffe der Küchenkalkulation

Die Kostenrechnung im Gastgewerbe dient dazu, alle anfallenden Kosten für Speisen, Getränke und Dienstleistungen zu erfassen und auf dieser Grundlage kostendeckende und konkurrenzfähige Preise zu kalkulieren. Mit Hilfe der Kostenrechnung kann der Küchenchef feststellen, zu welchen Einkaufspreisen er Ware einkaufen kann, in welcher Höhe innerbetriebliche Kosten anfallen und zu welchem Preis er die Speisen unter Berücksichtigung eines angemessenen Gewinns anbieten kann. Einer Kostenrechnung kann man auch mögliche Rationalisierungs- oder Einsparungsmöglichkeiten entnehmen, um das Unternehmen betriebswirtschaftlich erfolgreich zu führen.

Die Küchenkalkulation umfaßt neben der Berechnung der Warenkosten bzw. der Verkaufspreise auch folgende Bereiche:

Einkauf

Für den Einkauf bzw. die Bestellung der Rohprodukte muß folgendes berücksichtigt werden:
Rechtzeitige Bestellung aufgrund der Einkaufs-, der Lager- und der Produktionsmöglichkeiten im Betrieb.
Qualitätsanforderungen: preislich günstig und doch der Qualität der Waren für die einzelnen Gerichte entsprechend.
Menge festlegen aufgrund der Lagermöglichkeiten sowie der Lager- und der Verarbeitungsverluste.

Überwachung der Anlieferung

Die Kontrolle der angelieferten Ware erstreckt sich auf die
Menge: Die Menge der angelieferten Ware muß mit der Bestellung und dem Lieferschein übereinstimmen.
Qualität: Die Kontrolle der Qualität muß durch einen ausgewiesenen Fachmann erfolgen. Nachträgliche Reklamationen können kaum ohne Verluste berücksichtigt werden.

Überwachung der Lagerhaltung

Der Küchenchef kontrolliert:
Lagerhaltung: Kontrolle der zweckmäßigen Lagerhaltung der Nahrungsmittel in den dafür vorgesehenen Räumlichkeiten.
Frischezustand: Der Frischezustand verderblicher Nahrungsmittel muß täglich kontrolliert werden, damit größere Lagerverluste vermieden werden können.
Warenentnahme: Ältere Ware muß zuerst aufgebraucht werden.

Inventar: Um die Lagerhaltung und den Verbrauch unter Kontrolle zu halten, ist es unerläßlich, periodisch Inventuren durchzuführen.

Überwachung des Verbrauchs

Damit der Warenverbrauch mit der Warenkostenberechnung übereinstimmt, müssen die folgenden Punkte beachtet werden:
Rezepte: Es müssen genaue Rezepte erstellt und an die Produktions- und die Fertigungsküche weitergegeben werden.
Verluste: Rüst- und Kochverluste sollten öfters kontrolliert werden, damit Kostensteigerungen vermieden werden können.
Portionen: Portionengrößen müssen zum voraus bestimmt werden. Von Zeit zu Zeit sollten auch abgetragene Teller und Platten kontrolliert werden.
Nachkalkulation: Damit weitere Kostenberechnungen möglich sind, ist es unerläßlich, eine Nachkalkulation zu erstellen, das heißt die tatsächlich verarbeiteten Nahrungsmittel mit den daraus hervorgegangenen Einnahmen zu vergleichen; nur so können kurzfristige Änderungen oder Korrekturen angebracht werden.

Thema 6 Blatt 2

Preisliste

Damit eine genaue Küchenkalkulation erstellt werden kann, ist es empfehlenswert, eine umfassende Preisliste aufzustellen, die jederzeit mit Aktionen und Spezialangeboten ergänzt werden kann.

Um Preisschwankungen auffangen zu können, muß die Preisliste immer aktuell geführt werden.

Eine große Erleichterung ist in diesem Falle eine Computer-Preisliste, da diese mit einem minimalen Aufwand nachgeführt werden kann.

6.1.1 Begriffserklärungen

Abfall	Rüstabfall, der nicht mehr weiter verwertbar ist.
Anteil	Noch zu verwertende Abschnitte, Rüstabgänge, Knochen, Gräten, Tournierabschnitte usw.
Betriebskosten	Sie umfassen alle Kosten, die mit der betrieblichen Leistungserstellung in Zusammenhang stehen, wie Personalkosten, Sozialleistungen, Versicherungen, Löhne, Zinsen, Energiekosten, Mieten, Anschaffungen usw.
Bruttoerfolg	Betriebskosten plus Gewinnanteil; Differenz zwischen Warenkosten und Verkaufspreis/Umsatz oder Zuschlag zu den Warenkosten, der notwendig ist, damit alle übrigen Kosten abgedeckt werden und ein Gewinn erzielt werden kann.
Bruttogewicht	Einkaufsgewicht (Gemüse: ungerüstet; Fleisch: wie gewachsen; Fische: ganz oder lebend).
Einkaufspreis	Der zu bezahlende Preis für Frischwaren (Bruttopreis), Halbfertig- oder Fertigprodukte (Nettopreis).
Faktor	Multiplikator zur Berechnung des Verkaufspreises. Der Faktor kann, je nach Arbeitsintensität, unterschiedlich sein (± 3,0, je nach Aufwand).
Gewinnanteil	Prozentualer Aufschlag auf die Selbstkosten zur Abdeckung des Unternehmerrisikos. Damit sichert der Unternehmer die Existenz seines Betriebes und finanziert Investitionen.
Nettogewicht	Das Gewicht der Nahrungsmittel nach dem Rüsten, dem Ausbeinen, dem Parieren usw.
Pfannenfertig	Halbfertig- und Fertigprodukte, aus welchen keine Verluste mehr entstehen.
Selbstkosten	Warenkosten plus Betriebskosten, also die Summe aller Kosten, die bei der Leistungserstellung angefallen sind.
Tara	Das Gewicht des Verpackungsmaterials, von Kisten, Kartons usw.
Verkaufspreis	Wert/Kosten eines Gerichts, eines Menüs usw. Selbstkosten plus Gewinnanteil oder Warenkosten plus Betriebskosten plus Gewinnanteil oder Warenkosten plus Bruttoerfolg.
Umsatz	Gleiche Kostengröße wie Verkaufspreis; Einnahmen während einer Periode (Tag, Monat, Jahr).
Warenkosten (Nettopreis)	Die Summe der Kosten sämtlicher Nahrungsmittel, zur Herstellung von Speisen benötigter Rohstoffe sowie Zutaten.

Abkürzungen

BE	Bruttoerfolg	GA	Gewinnanteil	SK	Selbstkosten
BG	Bruttogewicht	KV	Kochverlust	U	Umsatz
BK	Betriebskosten	NG	Nettogewicht	VP	Verkaufspreis
EP	Einkaufspreis	PFF, pff	Pfannenfertig	WK	Warenkosten
F	Faktor	RV	Rüstverlust		

6.2 Berechnen von Nettogewicht, Abfall, Bruttogewicht

Berechnen des Nettogewichts

Bruttogewicht (1000 g)

Nettogewicht **Abfall**
(200 g)

1000 g (Bruttogewicht)
− 200 g (Rüstabfall)
800 g (Nettogewicht)

Berechnen des Abfalls

Bruttogewicht (1000 g)

Nettogewicht **Abfall**
(800 g)

1000 g (Bruttogewicht)
− 800 g (Nettogewicht)
200 g (Rüstabfall)

Berechnen des Nettogewichts in Prozenten

Bruttogewicht		100% (Bruttogewicht)
(1000 g) oder 100%		– 20% (Rüstabfall)
Nettogewicht	**Abfall**	80% (Nettogewicht)
(%)	(20%)	

oder 1000 g – 200 g = 800 g

$$\frac{800 \times 100}{1000} = 80\%$$

Berechnen des Abfalls in Prozenten

Bruttogewicht		1000 g (Bruttogewicht)
(1000 g) oder 100%		– 800 g (Nettogewicht)
Nettogewicht	**Abfall**	200 g (Abfall)
(800 g)	(%)	

$$\frac{200 \times 100}{1000} = 20\%$$

Berechnen des Bruttogewichts in g/kg

Bruttogewicht		100% (Bruttogewicht)
		– 20% (Abfall)
Nettogewicht	**Abfall**	80% (Nettogewicht)
(800 g)	(20%)	

$$\frac{800 \times 100}{80} = 1000 \text{ g}$$

Vom Rohprodukt zum bearbeiteten Produkt in mehreren Verarbeitungsschritten

Viele Gemüse benötigen nach dem Rüsten noch eine spezielle Schnittart, oder sie werden tourniert. Das Nettogewicht wird in mehreren Schritten berechnet, beginnend beim Rohprodukt (Bruttogewicht):

| **Bruttogewicht** (1000 g) | | Unbearbeitetes Produkt im Rohzustand z. B. Karotten = 100% |
| **Nettogewicht** | **Abfall** (200 g) | Geschälte Karotten = 80% (Rüstabfall 20%) |

| **Nettogewicht** | | Geschälte Karotten, jetzt wieder = 100% |
| **Pfannenfertiges Produkt** | **Anteil** | Tournierte Karotten = 80% (Tournieranteil = 20%) |

Beispiel

Der Entremetier hat 2,5 kg rohe ungeschälte Karotten. Er will diese für *carottes glacées* tournieren. Durch das Schälen entsteht ein Abfall von 20%, und durch das Tournieren werden nochmals 20% weggeschnitten.
Wie viele Kilogramm tournierte Karotten können glasiert werden?

$$100\% = 2,5 \text{ kg}$$
$$80\% = \frac{2,5 \times 80}{100} = 2,0 \text{ kg}$$

$$100\% = 2,0 \text{ kg}$$
$$80\% = \frac{2,0 \times 80}{100} = 1,6 \text{ kg}$$

Es können 1,6 kg Karotten glasiert werden.

Verluste dürfen nie zusammengezählt werden!

Vom bearbeiteten Produkt zurück zum Rohprodukt in mehreren Verarbeitungsschritten

Bekannt ist, wieviel pfannenfertiges Gemüse benötigt wird und wie hoch der Rüstverlust ist; berechnet werden soll das Bruttogewicht.
Das Bruttogewicht wird in mehreren Schritten berechnet, beginnend beim pfannenfertigen Produkt:

| **Bruttogewicht** | | Unbearbeitete Karotten, = 100% |
| **Nettogewicht** | **Abfall** | Geschälte Karotten = 80% (Rüstabfall 20%) |

| **Nettogewicht** | | Geschälte Karotten, = 100% |
| **Pfannenfertiges Produkt** | **Anteil** | Tournierte Karotten = 80% (Tournieranteil = 20%) |

Beispiel

Der Entremetier benötigt für einen Anlaß 1,6 kg tournierte Karotten. Beim Tournieren werden durchschnittlich 20% weggeschnitten, und beim Schälen entsteht ein Abfall von 20%.
Wie viele Kilogramm Karotten muß er beim Gemüsehändler bestellen?

$$80\% = 1,6 \text{ kg}$$
$$100\% = \frac{1,6 \times 100}{80} = 2,0 \text{ kg}$$

$$80\% = 2,0 \text{ kg}$$
$$100\% = \frac{2,0 \times 100}{80} = 2,5 \text{ kg}$$

Er muß 2,5 kg Karotten bestellen.

Die einzelnen Retourschritte dürfen nie zusammengezählt werden!

Thema 6 **Blatt 4**

6.2.1 Rüstverluste bei Gemüse

Gemüse wird in der Regel in unbearbeitetem Zustand angeliefert. Durch Rüsten und Schälen entstehen Abfälle, die bei der Berechnung der Warenkosten berücksichtigt werden müssen.
Bei den nachfolgenden Werten handelt es sich um **Durchschnittswerte,** die je nach Qualität, Verarbeitung, Saison und Herkunft variieren können.

Artischocken für Böden	80%
Auberginen	10%
Blumenkohl	25%
Bohnen	5%
Brokkoli	30%
Brunnenkresse	10%
Champignons de Paris	5%
Champignons, braune	10%
Chicorée	10%
Cicorino rosso	15%
Chinakohl	10%
Eisbergsalat	15%
Eierschwämme	5%
Fenchel	20%
Frisée-Salat	10%
Gartenkresse	10%
Gurken	15%
Kabis, roter	15%
Kabis, weißer	15%
Kardonen	20%
Karotten	20%
Kartoffeln, handgeschält	25%
Kartoffeln, maschinengeschält	30%
Kefen	5%
Knoblauch	5%
Kohlrabi	30%
Kopfsalat	15%
Krautstiele	20%
Kürbis	20%
Lattich	15%
Lauch, grüner	10%
Lauch, gebleichter	15%
Löwenzahn	10%
Lollo, grüner/roter	5%
Marroni, frische	20%
Melonen	20%
Nüßlisalat	5%
Peperoni	15%
Randen, gedämpfte	15%
Randen, rohe	20%
Rettich	10%
Rhabarber	15%
Rosenkohl	15%
Schwarzwurzeln	30%
Schnittsalat	10%
Sellerieknollen	30%
Stangensellerie	20%
Steinpilze	5%
Spargeln, weiße	30%
Spargeln, grüne	10%
Spinat	10%
Tomaten	5%
Tomaten-Concassé	50%
Zucchetti	10%
Zuckerhut	10%
Zwiebeln	10%

6.2.2 Rüstverluste bei Obst

Bei den nachfolgenden Werten handelt es sich um **Durchschnittswerte,** die je nach Qualität, Verarbeitung, Saison und Herkunft variieren können.

Ananas	45%
Äpfel 1. Qualität	15%
Äpfel zum Kochen	20%
Aprikosen	10%
Avocados	25%
Bananen	20%
Birnen	15%
Datteln	10%
Erdbeeren	5%
Feigen, frische	5%
Grapefruits	45%
Johannisbeeren, rote	5%
Johannisbeeren, schwarze	5%
Kirschen	5%
Kiwi	10%
Klementinen	30%
Mandarinen	30%
Mangos	20%
Nektarinen	15%
Orangen, Filets	45%
Papayas	15%
Passionsfrüchte	40%
Pfirsiche	15%
Pflaumen	15%
Quitten	25%
Trauben	10%
Zwetschgen	15%

6.2.3 Filetierverluste bei Fischen Verluste beim Auslösen des Fleisches von Krusten- und Weichtieren

Beim Bearbeiten von Fischen, Krusten- und Weichtieren entstehen Abfälle, wie Eingeweide, Gräten, Karkassen, Schalen, Kopf und Haut, die bei der Berechnung der Warenkosten berücksichtigt werden müssen.
Bei den nachfolgenden Werten handelt es sich um Durchschnittswerte, die je nach Herkunft, Laichzeit, Jahreszeit und Verarbeitung der Tiere variieren können.

Süßwasserfische

Äsche	30%
Egli/Flußbarsch	65%
Felchen	30%
Forelle	30%
Hecht	60%
Karpfen	50%
Lachs/Salm	35%
Lachsforelle	30%
Wels	50%
Zander	40%

Salzwasserfische

Goldbrasse	45%
Dorsch/Kabeljau	50%
Meerhecht	40%
Merlan/Wittling	50%
Rotbarbe	50%
Seeteufel, ohne Kopf	20%
Seezunge	50%
Steinbutt	60%
St.-Peters-Fisch	70%
Wolfsbarsch	55%

Krusten- und Weichtiere

Flußkrebs	85%
Hummer	70%
Kalmar/Tintenfisch	20%
Krabbe	75%
Languste	80%
Miesmuschel, spanische	80%
Riesenkrevette, mit Kopf	75%
Riesenkrevette, ohne Kopf	15%
Scampi, mit Kopf (Langustine)	75%
Scampi, ohne Kopf	20%

6.2.4 Gewichtsverluste durch unterschiedliche Garmethoden

Durch unterschiedliche Garmethoden entstehen bei der Zubereitung von Nahrungsmitteln unterschiedliche Gewichtsverluste. Die Größe dieser Verluste ist von verschiedenen Faktoren abhängig, zum Beispiel:
– Qualität der Nahrungsmittel
– Zustand und Beschaffenheit
– Oberfläche des Kochgutes
– Zubereitungsart und Kochmethode
– Einhalten der korrekten Temperatur
– Einsatz unterschiedlicher Kochapparate

Bei der Rezeptierung und der Preisberechnung müssen die Gewichtsverluste berücksichtigt werden, das heißt, die Verluste müssen bekannt sein.

Bei den nebenstehenden Angaben handelt es sich um **Durchschnittswerte**.

Hauptplatten (Fleisch am Stück gegart)	Zarte Stücke	Weniger zarte Stücke
Braten *(saignant)*	15–20%	–
Braten *(bien cuit)*	ca. 25%	ca. 30%
Niedertemperaturgaren	ca. 10%	ca. 15%
Schmoren (dunkles Schlachtfleisch)	ca. 30%	ca. 35%
Glasieren (helles Schlachtfleisch)	ca. 25%	ca. 30%
Sieden	ca. 35%	ca. 40%
Pochieren	ca. 10%	ca. 15%
Vakuumgaren *(cuisson sous vide)*	ca. 5%	ca. 10%

Zwischengerichte (Fleisch vor dem Garen in Stücke geschnitten)		
Sautieren (Kurzbraten)	ca. 10%	ca. 15%
Grillieren	ca. 10%	ca. 15%
Pochieren	ca. 10%	ca. 15%
Sieden	ca. 20%	ca. 25%
Dünsten	ca. 15%	ca. 20%
Glasieren	ca. 20%	ca. 25%
Schmoren	ca. 25%	ca. 30%
Vakuumgaren *(cuisson sous vide)*	ca. 5%	ca. 10%

Geflügel		
Ente	ca. 30%	ca. 40%
Gans	ca. 35%	ca. 40%
Poularde, Poulet	ca. 15%	ca. 20%

6.3 Einkaufspreis, Warenkosten

Die Differenz zwischen dem Einkaufspreis und den Warenkosten nennen wir **Zuschlag**.

Der Zuschlag in Prozenten ist nie identisch mit Abfall oder Verlust in Prozenten!

Damit die Warenkosten berechnet werden können, müssen zwei Dinge bekannt sein:

– der Einkaufspreis
– der Abfall bzw. der Verlust in Prozenten oder
– das Nettogewicht in Prozenten (Bruttogewicht minus Abfall/Verlust)

$$\frac{\text{EP (Einkaufspreis)} \times 100\%}{100\% - \text{Gewichtsverlust \%}} = \frac{\text{WK}}{\text{(Warenkosten)}}$$

$$\frac{\text{EP (Einkaufspreis)} \times 100\%}{\text{Nettogewicht \%}} = \frac{\text{WK}}{\text{(Warenkosten)}}$$

Beispiel

1 kg Felchen mit Kopf kostet	Fr. 14.40	EP (Einkaufspreis)
Verluste beim Filetieren	28%	Gewichtsverlust in %
Brauchbarer Anteil (Filets)	72%	Nettogewicht in %

Lösung

$$\frac{14.40 \text{ (Fr.)} \times 100\%}{72\%} = \text{Fr. } 20.-$$

Ein Kilogramm Felchenfilets kostet also Fr. 20.–

Nettopreis	Fr. 20.–
– Einkaufspreis	– Fr. 14.40
= Zuschlag in Franken	= Fr. 5.60

Der Zuschlag in Franken ist die Differenz zwischen dem Nettopreis und dem Bruttopreis (EP)

Gewichtszuschlag in Prozenten oder **Frankenzuschlag in Prozenten**

$$\frac{\text{Verlust in \%} \times 100}{\text{Nettogewicht \%}} = \text{Zuschlag \%}$$

$$\frac{\text{Zuschlag Fr.} \times 100}{\text{Einkaufspreis}} = \text{Zuschlag \%}$$

$$\frac{28\% \times 100}{72\%} = 38{,}89\%$$

$$\frac{5.60 \times 100}{14.40} = 38{,}89\%$$

6.4 Berechnung von Menüs und Gerichten

Menü
Gerstensuppe
Kalbsvoressen mit Frühlingsgemüse
Kartoffelpüree
Gurkensalat
Äpfel Hausfrauenart (10 Personen)

Warenbezeichnung	Menge brutto		Einkaufspreis	Warenkosten	Total
Gerstensuppe					
Butter	0,04	kg	14.90	–.60	
Zwiebeln	0,08	kg	1.40	–.11	
Karotten	0,08	kg	2.–	–.16	
Lauch, gebleicht	0,08	kg	3.20	–.26	
Sellerieknollen	0,05	kg	2.40	–.12	
Rollgerste	0,15	kg	2.40	–.36	
Weißmehl	0,03	kg	1.90	–.06	
Kalbsfond, weiß	2,5	l	–.90	2.25	
Vollrahm	0,3	l	13.05	3.92	
Abschmecken				–.20	
Schnittlauch	0,005	kg	16.–	–.08	8.12
Kalbsvoressen					
Kalbsragout, Schulter	1,8	kg	22.–	39.60	
Gewürzsalzmischung für Fleisch				–.40	
Weißmehl	0,025	kg	1.90	–.05	
Erdnußöl	0,1	kg	4.90	–.49	
Knoblauch	0,01	kg	8.90	–.09	
Tomatenpüree	0,05	kg	2.–	–.10	
Weißwein	0,2	l	6.90	1.38	
Kalbsfond, braun	1	l	1.65	1.65	
Demi-glace	0,5	l	2.55	1.28	
Gemüsebündel für Bouillon	0,3	kg	1.80	–.54	
Gewürznelken	1	Stück		–.50	
Maizena	0,02	kg	3.10	–.06	46.14
Garnitur					
Karotten	0,2	kg	2.–	–.40	
Weißrüben	0,2	kg	2.20	–.44	
Sellerieknollen	0,2	kg	2.40	–.48	
Perlzwiebeln	0,15	kg	2.50	–.38	
Erbsen extra fein	0,15	kg	3.80	–.57	
Butter	0,05	kg	14.90	–.75	
Kalbsfond weiß	0,3	l	–.90	–.27	
Kristallzucker, weiß	0,01	kg	1.25	–.01	
Abschmecken mit Salz, Pfeffer				–.20	3.50
Kartoffelpüree					
Kartoffeln, Bintje	2,0	kg	–.95	1.90	
Wasser	2	l			
Salz	0,02	kg	–.95	–.02	
Butter	0,075	kg	14.90	1.12	3.04
Zwischentotal					**60.80**

Warenbezeichnung	Menge brutto		Einkaufspreis	Warenkosten	Total
Übertrag					**60.80**
Pastmilch	0,4	l	1.75	–.70	
Muskat				–.10	
Abschmecken mit Salz, Pfeffer				–.20	1.–
Gurkensalat					
Gurken	1,2	kg	3.90	4.68	
Sauce					
Dill				–.02	
Senfpulver Colman's	0,005	kg	29.–	–.15	
Abschmecken mit Salz, Pfeffer aus der Mühle				–.20	
Kräuteressig	0,1	l	2.–	–.20	
Joghurt nature	0,1	kg	3.25	–.33	
Sonnenblumenöl	0,1	l	4.80	–.48	
Dillzweigspitzen				–.10	6.16
Äpfel Hausfrauenart					
Äpfel (Gloster)	1,2	kg	2.60	3.12	
Zucker	0,1	kg	1.25	–.13	
Sultaninen	0,1	kg	6.30	–.63	
Zimtpulver	0,001	kg	8.90	–.01	
Butter	0,1	kg	14.90	1.49	
Weißwein	0,3	l	6.90	2.07	
Puderzucker	0,02	kg	2.10	–.04	7.49
Warenkosten (10 Personen)					**75.45**
Warenkosten (1 Person)					**7.55**
Faktor 3,5					
Verkaufspreis (1 Person)					**26.50**

Felchenfilets Zuger Art (10 Personen)

Warenbezeichnung	Menge brutto		Einkaufspreis	Warenkosten	Total
Felchenfilets	1,3	kg	18.50	24.05	
Butter	0,05	kg	14.90	–.75	
Schalotten	0,06	kg	3.90	–.23	
Kräuter, frische				1.50	
Zitrone	½	Stück	–.30	–.15	
Weißwein	0,3	l	6.90	2.07	
Fischfumet	0,3	l	2.80	–.84	
Abschmecken				–.20	
Mehlbutter	0,05	kg	8.–	–.40	
Vollrahm	0,15	l	13.05	1.96	32.15
Warenkosten (10 Personen)					**32.15**
Verkaufspreis (1 Person)					**10.30**
Faktor 3,2					

6.5 Kostenberechnung

Bei der Bestimmung der Kostenarten handelt es sich darum, die Kosten nach ihrer Entstehung zu gliedern. So lassen sich die verschiedenen Kostenarten etwa den Hauptkategorien **Warenkosten und Betriebskosten** zuordnen. Neben diesen Kostenarten ist auch eine Gliederung der Kosten nach ihrer Verrechnung sehr wichtig. Zu unterscheiden ist dabei zwischen **direkten** und **indirekten Kosten.**

Bei den direkten Kosten handelt es sich um Kosten, die von einer bestimmten Leistung direkt verursacht werden. Dies betrifft die **Warenkosten.**

Indirekte Kosten werden durch verschiedene Leistungen gemeinsam verursacht und können den einzelnen Leistungen daher nur indirekt, über einen Zuschlag, belastet werden. Dies betrifft die **Betriebskosten.**

6.5.1 Ermitteln des Verkaufspreises

Damit ein Verkaufspreis ermittelt werden kann, werden folgende Angaben benötigt:

– die Warenkosten (direkte Kosten)
– der Faktor

Warenkosten	× Faktor	= Verkaufspreis
(WK)	× F	= VP
12.50	× 2,9	= 36.25

Der Verkaufspreis ist immer der Nettoverkaufspreis. Auf diesen Betrag wird zusätzlich die Mehrwertsteuer (Mwst) belastet.

Verkaufspreisberechnung (Vorkalkulation)

Warenkosten
+
Betriebskosten / Gewinnanteil
=
Verkaufspreis

Verkaufspreisberechnung (Nachkalkulation)

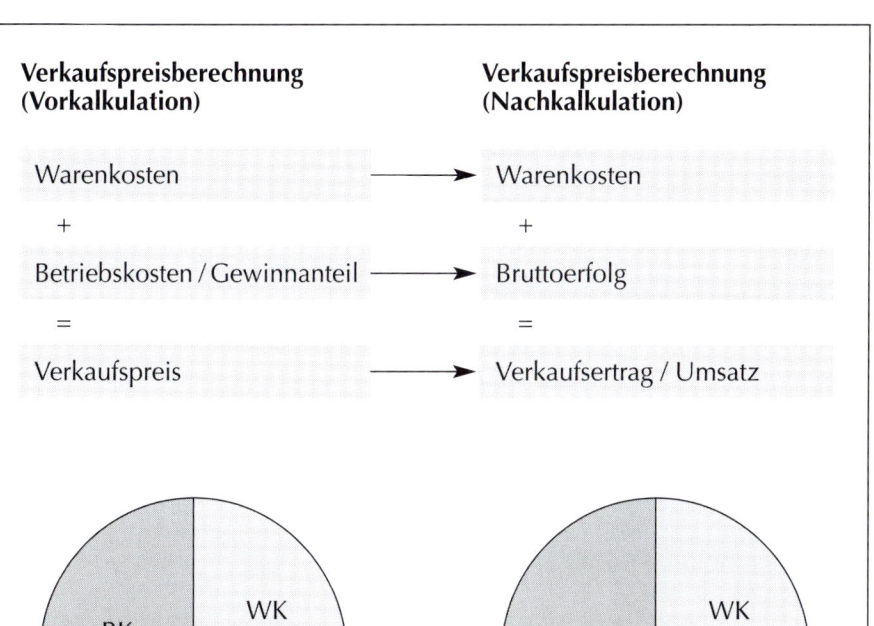

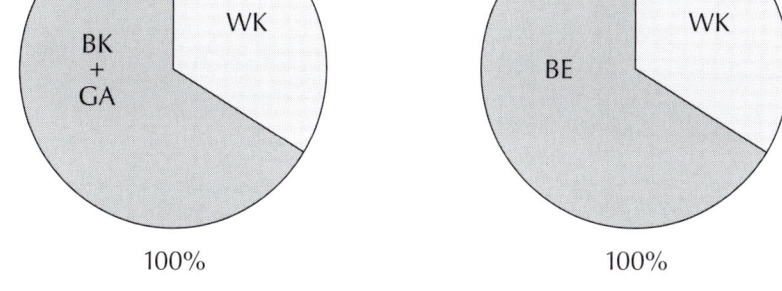

Warenkosten
+
Bruttoerfolg
=
Verkaufsertrag / Umsatz

(Vorkalkulation: BK + GA, WK — 100%)
(Nachkalkulation: BE, WK — 100%)

Die obige Aufstellung zeigt eine theoretische Übereinstimmung zwischen Vor- und Nachkalkulation.
Differenzen entstehen zum Beispiel durch Verluste, Resten, Diebstahl, zu hohe Lohn- und Betriebskosten usw. Damit der Verkaufspreis schnell ermittelt werden kann, wird mit einem sogenannten **Faktor** gearbeitet, der sich wie folgt ermitteln läßt:

Aufbau des Verkaufspreises

WK
+
BK + GA
=
VP / U

Aufbau des Faktors

1
+
1,9
=
2,9

Verkaufspreis / Einnahmen bzw. Umsatz entspricht immer 100%.
Nettoeinnahmen ohne Mwst = 100%

6.5.2 Ermitteln der Warenkosten eines festgelegten Verkaufspreises

Damit die Warenkosten ermittelt werden können, werden folgende Angaben benötigt:

– der Verkaufspreis
– der Faktor

Verkaufspreis : Faktor	= Warenkosten
VP : F	= WK
36.25 : 2,9	= 12.50

6.5.3 Ermitteln der Warenkosten in Prozenten

Damit die Warenkosten in Prozenten ermittelt werden können, werden folgende Angaben benötigt:

– der Verkaufspreis
– die Warenkosten oder
– der Faktor

$$\frac{(WK)\ 12.50 \times 100\%}{(VP)\ 36.25} = 34{,}48\%\ WK$$

Der Nettoverkaufspreis ohne Mwst ist immer 100%.

$$\frac{(VP)\ 100\%}{(F)\ 2{,}9} = 34{,}48\%\ WK$$

6.5.4 Ermitteln des Bruttoerfolges in Prozenten

Damit der Bruttoerfolg in Prozenten ermittelt werden kann, werden folgende Angaben benötigt:

– der Verkaufspreis
– die Warenkosten

$$\begin{array}{l} \text{Verkaufspreis (VP)} \\ - \text{ Warenkosten (WK)} \\ \hline = \text{Bruttoerfolg (BE)} \end{array} \longrightarrow \frac{\text{BE} \times 100\ (\%)}{\text{VP}} = \text{BE \%}$$

Beispiel

Die Warenkosten für 10 Portionen Äpfel Hausfrauenart werden mit Fr. 9.80 angegeben.
Es wird mit dem Faktor 3,5 gerechnet.

a) Wie hoch ist der Verkaufspreis?
b) Wie hoch sind die Warenkosten in Prozenten?
c) Wie hoch ist der Bruttoerfolg in Prozenten?

a) 9.80 (WK) × 3.5 (Faktor) = Fr. **34.30** (VP)   Der Verkaufspreis beträgt Fr. 34.30.

b) $\dfrac{9.80\ (\text{WK}) \times 100\ (\%)}{34.30\ (\text{VP})} = \mathbf{28{,}57\%}\ (\text{WK})$ Die Warenkosten betragen 28,57%.

c) $\begin{array}{l} \text{Fr. } 34.30\ (\text{VP}) \\ -\ \text{Fr. }\ \ 9.80\ (\text{WK}) \\ \hline \text{Fr. } 24.50\ (\text{BE}) \end{array} \longrightarrow \dfrac{24.50\ (\text{BE}) \times 100\ (\%)}{34.30\ (\text{VP})} = \mathbf{71{,}43\%}$ Der Bruttoerfolg beträgt 71,43%.

6.5.5 Ermitteln des verwendeten Faktors

Damit der Faktor ermittelt werden kann, werden folgende Angaben benötigt:

– der Verkaufspreis
– die Warenkosten

$$\begin{array}{l} \text{Verkaufspreis (VP)} \\ :\ \text{Warenkosten (WK)} \\ \hline =\ \text{Faktor (F)} \end{array} \qquad \dfrac{34.30\ (\text{VP})}{9.80\ (\text{WK})} = 3{,}5\ (\text{F})$$

$$\dfrac{100\%\ (\text{VP})}{28{,}57\%\ (\text{WK})} = 3{,}5\ (\text{F})$$

Kochkunde

Themen Kapitel Kochkunde

7.1	Einleitung	271
7.2	Kochtechnik	272
7.2.1	Physikalisch-chemische Vorgänge	272
7.3	Konservierungsmethoden	278
7.3.1	Wärmeentzug	278
7.3.2	Wärmezufuhr / Energiezufuhr	280
7.3.3	Wasserentzug	281
7.3.4	Sauerstoffentzug	281
7.3.5	Filtrieren	281
7.3.6	Bestrahlen	281
7.3.7	Salzen	281
7.3.8	Pökeln	281
7.3.9	Räuchern	283
7.3.10	Zuckern	283
7.3.11	Säuern	283
7.3.12	Einlegen in Alkohol	283
7.3.13	Chemische Konservierungsstoffe	283
7.3.14	Convenience Food	283
7.4	Die Grundzubereitungsarten	284
7.4.1	Blanchieren	285
7.4.2	Pochieren	286
7.4.3	Sieden / Kochen	287
7.4.4	Dämpfen	288
7.4.5	Fritieren	289
7.4.6	Sautieren / Kurzbraten	290
7.4.7	Grillieren	291
7.4.8	Gratinieren / Überbacken	292
7.4.9	Rösten	292
7.4.10	Backen im Ofen	293
7.4.11	Braten	294
7.4.12	Schmoren	295
7.4.13	Glasieren	296
7.4.14	Poelieren / Hellbraundünsten	296
7.4.15	Dünsten	296
7.5	Hilfsmittel und Zutaten	297
7.5.1	Marinaden	297
7.5.2	Sulzen / Gelees	298
7.5.3	Füllungen	299
7.5.4	Duxelles	300
7.5.5	Zutaten für Fonds, Saucen und Suppen	300
7.5.6	Buttermischungen	302
7.5.7	Bindemittel	303
7.6	Fonds	304
7.6.1	Bouillon	304
7.6.2	Gemüsebouillon	304
7.6.3	Weißer Kalbsfond	305
7.6.4	Geflügelfond	305
7.6.5	Fischfond	305
7.6.6	Fischfumet	305
7.6.7	Brauner Kalbsfond	306
7.6.8	Kalbsjus	306
7.6.9	Bratenjus	306
7.6.10	Wildfond	307
7.6.11	Extrakte	307
7.7	Saucen	307
7.7.1	Einteilung und Übersicht der Saucen	308
7.7.2	Braune Saucen	309
7.7.3	Tomatensaucen	311
7.7.4	Weiße Saucen	311
7.7.5	Buttersaucen	313
7.7.6	Ölsaucen	314
7.7.7	Püreesaucen	315
7.7.8	Spezialsaucen	316
7.8–7.8.6	Suppen	317
7.9–7.10.3	Vorspeisen	328
7.11	Fischgerichte	346
7.11.1	Übersicht über die Grundzubereitungsarten der Fische	346
7.11.2	Warme Fischgerichte	347
7.12	Krusten- und Weichtiergerichte	362
7.12.1	Vorbereitung der Krustentiere	362
7.12.2	Warme Krustentiergerichte	363
7.12.3	Vorbereitung der Weichtiere	368
7.12.4	Warme Weichtiergerichte	369
7.13	Fleischgerichte von Schlachtfleisch, Wild und Geflügel	372
7.13.1	Übersicht über die Grundzubereitungsarten	373
7.13.2	Sautieren	374
7.13.3	Grillieren	378
7.13.4	Braten	379
7.13.5	Backen im Ofen	382
7.13.6	Poelieren	383
7.13.7	Pochieren	384
7.13.8	Braisieren / Schmoren	386
7.13.9	Dünsten	389
7.13.10	Sieden	391
7.14–7.14.5	Salate	395
7.15	Gemüsegerichte	400
7.15.1	Übersicht über die Grundzubereitungsarten	400
7.15.2	Blanchieren	404
7.15.3	Sieden	404
7.15.4	Dämpfen	406
7.15.5	Schmoren, Dünsten	407
7.15.6	Glasieren	408
7.15.7	Gratinieren	408
7.15.8	Fritieren	410
7.15.9	Sautieren	410
7.15.10	Grillieren	414
7.15.11	Allgemeine Zubereitungen	415
7.16	Kartoffelgerichte	418
7.16.1	Übersicht über die Grundzubereitungsarten	418
7.16.2	Blanchieren	418
7.16.3	Sieden	419
7.16.4	Dämpfen	420
7.16.5	Backen im Ofen	420
7.16.6	Braten	424
7.16.7	Sautieren (Rösten)	424
7.16.8	Fritieren	425
7.16.9	Gratinieren	426
7.17–7.17.6	Gerichte aus Getreideprodukten	427
7.18–7.18.8	Nationalgerichte	438
7.19	Kalte Küche	447
7.19.1	Übersicht über die kalten Gerichte	447
7.19.2	Arbeiten mit Gelee	447
7.19.3	Pasteten, Terrinen und Galantinen	448
7.19.4	Moussen	450
7.19.5	Aspiks	455
7.19.6	Kalte Fischgerichte	456
7.19.7	Kalte Krustentiergerichte	456
7.19.8	Kalte Fleischgerichte	457
7.19.9	Garnituren	458
7.20–7.20.8	Süßspeisen	459
7.20.9	Fachausdrücke	479
7.21	Nachtisch	480

7. Kochkunde

7.1 Einleitung

Die Koch- und Küchenkultur muß immer in engem Zusammenhang mit dem soziokulturellen und wirtschaftlich-politischen Umfeld der jeweiligen Zeit gesehen werden.

Ihren Anfang nimmt sie in der italienischen **Renaissance,** der wichtigsten Kulturwende der Neuzeit, spiegelt in der überladenen alten französischen Küche den Trend der **Barockzeit** wider und wandelt sich im allgemeinen **Rationalismus** des frühen 19. Jahrhunderts zur klar strukturierten klassischen französischen Küche.

Auch die heutige neuzeitliche Küche spiegelt nichts anderes wider als ein verändertes Lebensgefühl und die Erkenntnis, daß Wohlbefinden und Gesundheit im Alltag durch eine werterhaltend-ausgewogene Ernährung wesentlich beeinflußt werden können.

Die wichtigsten Küchenströmungen der letzten Jahrhunderte

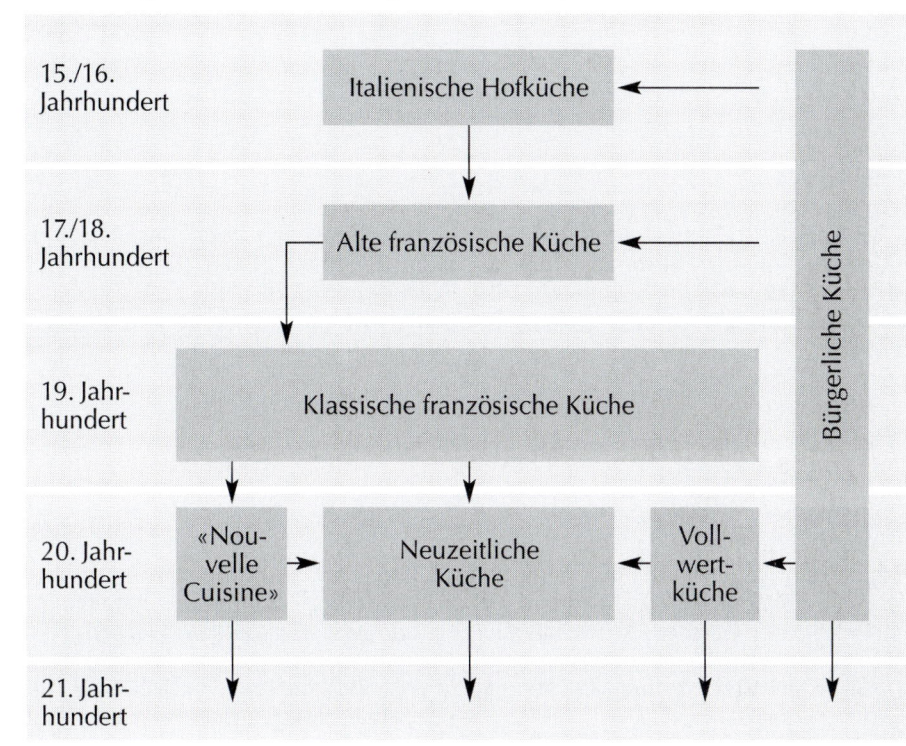

15./16. Jahrhundert	Italienische Hofküche
17./18. Jahrhundert	Alte französische Küche
19. Jahrhundert	Klassische französische Küche
20. Jahrhundert	«Nouvelle Cuisine» → Neuzeitliche Küche ← Vollwertküche
21. Jahrhundert	

(Bürgerliche Küche wirkt durchgehend von außen ein.)

(Die ausgezogenen Pfeile deuten auf eine Beeinflussung hin.)

Küchenströmungen und ihre charakteristischen Merkmale

Bürgerliche Küche	Sie stellt die über Jahrhunderte gewachsene Familienküche dar. Die einfach zubereiteten, schmackhaften Gerichte sind aus heimischen Nahrungsmitteln zusammengesetzt. Regional- und Landesspezialitäten sind nichts anderes als besonders beliebte und weitverbreitete Gerichte der jeweiligen bürgerlichen Küche.
Italienische Hofküche	Die italienischen Fürstenhäuser verfügten über die am höchsten entwickelte Koch- und Tischkultur Europas, die im Rahmen eines allgemeinen Kulturtransfers, ausgelöst durch die Heirat von Katharina de Medici mit dem späteren König Heinrich II., nach Frankreich gelangte.
Alte französische Küche	In der Zeit des Barocks und des französischen Absolutismus beschränkte sich die französische Küche weitgehend auf die Königs- und die Fürstenhöfe. Dadurch, daß für diese vom Überfluß gezeichnete und dekadente Gesellschaftsschicht die Mahlzeiten mehr Unterhaltungs- als Ernährungscharakter haben mußten, wurden die Küchenchefs zum Teil zu bizarren kulinarischen Kreationen gezwungen. Im Zeitgeist der Aufklärung und des Rationalismus Ende des 18. Jahrhunderts wurde unter der Federführung von **Marie-Antoine Carême** eine neue, in Grundzubereitungsarten und Ableitungen klar strukturierte Küche definiert, aus der später die klassische französische Küche hervorging.
Klassische französische Küche	In der aufstrebenden Hotel- und Restaurationsgastronomie ab Mitte des 19. Jahrhunderts erfolgte eine Befreiung der Gerichte von nicht eßbarem Beiwerk, und die Bedürfnisse des Gaumens wurden ins Zentrum gestellt, was zu einer grundsätzlichen Verfeinerung der Speisen führte. Ebenfalls Gebote der damaligen Zeit waren Neuentwicklungen von Rezepten, Kochanleitungen, Arbeitsabläufen, Werkzeugen, Geräten und Maschinen. In dieser Hinsicht wurde von vielen Küchenchefs, allen voran **Auguste Escoffier,** wertvolle Arbeit geleistet. Die klassische französische Küche bildete bis in die sechziger Jahre dieses Jahrhunderts den Standard in den Küchen der internationalen Hotel- und Restaurationsgastronomie.

«Nouvelle Cuisine»	Die «Nouvelle Cuisine» ist in ihren Ursprüngen der klassischen Küche verpflichtet, ohne jedoch deren Struktur- und Sachzwänge zu übernehmen. Sie zeichnet sich durch Aktualität, Spontanität und Kreativität aus und strebt geschmackliche und optische Vollkommenheit an. Diese Art der Küche ist jedoch stark an die Persönlichkeit des Küchenchefs gebunden und ständigen Modeströmungen ausgesetzt.
Neuzeitliche Küche	Die neuzeitliche Küche ist eine Weiterentwicklung der klassischen Küche, unter Einbezug diätetischer (Diätetik ist die Lehre von der Gesundheit durch Ernährung), energetischer und ökologischer Erkenntnisse. Sie verschließt sich gesellschaftlichen Weiterentwicklungen nicht und bezieht selektiv Gerichte anderer Küchenströmungen ein. Die neuzeitliche Küche kann als aktueller und zukünftiger Standard der internationalen Hotel- und Restaurationsgastronomie bezeichnet werden.
Vollwertküche	Die Vollwertküche ist eine von der Diätetik und der Ökologie stark beeinflußte neuzeitliche Küche. Charakteristisch für sie sind die Reduzierung tierischer Nahrungsmittel zugunsten unraffinierter Getreideprodukte sowie die Verwendung von Lebensmitteln, die möglichst umweltfreundlich erzeugt worden sind.

Kochkunst

Der Begriff Kochkunst umfaßt überdurchschnittliche Leistungen, die in diesem Fachgebiet in hochentwickelter, spezialisierter Form vollbracht werden.

Inhaltlich ist die Kochkunst wie jede Kunstströmung einer fortwährenden Wandlung und dem Zeitgeschmack unterworfen. Kochkunstausstellungen sind nötig, um diesen Zeitgeschmack herauszufinden. Sie sind für Kochkünstler eine wichtige Plattform, damit sie ihre Fähigkeiten einem breiten Publikum vorstellen können.

7.2 Kochtechnik

Nicht alle Lebensmittel können roh und unbehandelt verzehrt werden; für einige ist ein Garprozeß unerläßlich. Das Garen bewirkt
– ein Weichwerden durch Lockerung der Faserstruktur
– das Abtöten gesundheitsschädlicher Keime
– die Bildung von Duft- und Geschmacksstoffen
– eine bessere Verzehrbarkeit und Verdaulichkeit
– den Aufschluß von Nährstoffen, die ohne die Einwirkung von Wärme unverdaulich bleiben
– eine Erhöhung des Genußwertes durch Struktur-, Geschmacks- und Farbveränderungen

Vor dem Genuß bzw. vor dem Garen müssen die Nahrungsmittel vorbereitet werden:
– Nahrungsmittel wie Obst und Gemüse müssen gewaschen werden, damit Staub, Schmutz, Krankheitskeime und chemische Behandlungsmittel möglichst entfernt werden.
– Obst und Gemüse müssen gerüstet, das heißt, Schalen, Blätter, Stiele, Kerngehäuse usw. müssen entfernt werden.
– Fische werden geschuppt und filetiert, Fleisch muß fachgerecht zerlegt werden.
– Getrocknete Nahrungsmittel werden eingeweicht, damit die Stärkekörner und die Proteine quellen und Wasser aufnehmen können.

– Größere Nahrungsmittel werden zerkleinert, damit sie schneller gar und besser verdaulich werden.

Es ist deshalb notwendig, über die physikalisch-chemischen Vorgänge Bescheid zu wissen, damit eine optimale Herstellung mit minimalen Geschmacks- und Nährwertverlusten erzielt werden kann.

7.2.1 Physikalisch-chemische Vorgänge

Küchentechnische Eigenschaften des Wassers

Wasser kann lösen und extrahieren
(herausziehen, herauslösen)

Jedes Molekül Wasser ist aus zwei Atomen Wasserstoff und einem Atom Sauerstoff (H_2O) zusammengesetzt. Die Atome sind so angeordnet, daß sie zwei gegensätzlich geladene Pole bilden. Deshalb bezeichnet man das Wassermolekül als Dipol (Zwei-Pol). Diese **Dipol-Eigenschaft** ermöglicht es dem Wasser, mit vielen Substanzen sogenannte Wasserstoffbrücken zu bilden, sich anzulagern und Stoffe zu lösen. Diese ausgezeichnete Lösungseigenschaft wird vielfach noch dadurch verbessert, daß man das Wasser erhitzt. Sie wird in der Küche genutzt zum Lösen von Salz, Zucker, Instant-Produkten und bestimmten Proteinen. Beim Extrahieren ist heißes Wasser Bedingung, da sonst die Geschmacks-, die Farb- und die Aromastoffe nicht herausgelöst werden können. Extrahiert werden Knochen, Fischgräten, Fleisch jeglicher Tierart, Gewürze, Gemüse (auch in Form von Bouquet garni oder Mirepoix) für verschiedene Fonds, Suppen, Saucen usw. Auch Aufgußgetränke wie Kaffee und Tee werden extrahiert.

Gefahr droht unseren Nahrungsmitteln durch unsachgemäßes Verarbeiten, weil Proteine, Mineralsalze und wasserlösliche Vitamine ausgelaugt werden und somit verlorengehen.

Wasser kann quellen

Beim Quellvorgang wird Wasser von Proteinen und Stärke angezogen und festgehalten. Dadurch wird ihr Volumen vergrößert, gelockert und der Garprozeß erleichtert und verkürzt. Dies nutzt man in der Küche beim Einweichen von Hülsenfrüchten, Getreidekörnern, Trockenobst, getrockneten Pilzen und Trockengemüse sowie bei der Zubereitung von Teigen und Massen.

Wasser überträgt Wärme

Die Eigenschaft der Wärmeübertragung wird in der Küche ausgenützt, indem heißes Wasser oder Dampf beim Zubereiten (Blanchieren, Pochieren, Sieden, Dünsten, Schmoren, Glasieren, Dämpfen) verschiedenster Nahrungsmittel verwendet wird. Je höher die Temperatur, desto kürzer ist in der Regel die Kochzeit.

Wird Wasser erwärmt, so geraten die Moleküle mit zunehmender Temperatur immer mehr in Bewegung, bis sie in Form von Dampf aus der Wasseroberfläche herausgeschleudert werden. Wasser siedet bei Normaldruck von 1 bar (z. B. auf Meereshöhe) bei einer Temperatur von 100 °C. Erhöht sich der Luftdruck über dem Wasser – wie zum Beispiel im Dampfkochtopf oder im Steamer –, erhöht sich auch der Siedepunkt des Wassers (bei einem Überdruck von 0,5 bar auf 111 °C, bei 1 bar Überdruck auf 120 °C). Ist der Luftdruck dagegen niedriger – zum Beispiel in einem Vakuumkochapparat (wo ein Teil der Luft abgesaugt wird) oder in großer Höhe –, siedet das Wasser bei weniger als 100 °C (bei 0,5 bar Unterdruck bei 81 °C, im Mittelland zwischen 500 und 600 m ü. M. bereits bei 96 bis 97 °C).

Wasser reinigt und desinfiziert

Wie Bestandteile von Lebensmitteln gelöst oder zum Quellen gebracht werden können, so kann das Wasser auch viele Schmutzstoffe lösen, lokkern und mit sich fortspülen. Heißer Dampf wirkt als Desinfektionsmittel (siehe auch Kapitel 1, Abschnitt 1.4.5).

Wasser ist anomal

Wasser verhält sich bei Temperaturänderungen nicht ganz normal, was als **Anomalie des Wassers** bezeichnet wird: Wasser dehnt sich beim Gefrieren aus, die anderen Stoffe ziehen sich zusammen. In einem Wasser-Eis-Gemisch beträgt die Temperatur oben 0 °C, weiter unten +4 °C. Bei allen anderen Flüssigkeiten ist die Temperatur oben immer höher als unten. Eis schwimmt auf dem Wasser, alle anderen Stoffe würden in gefrorenem Zustand absinken. Deshalb überleben Fische und Pflanzen in gefrorenen Gewässern, wobei die an der Oberfläche entstehende Eisdecke wegen ihrer geringen Wärmeleitfähigkeit die unteren Wasserschichten zusätzlich vor zu starker Abkühlung schützt.
– Im Augenblick des Gefrierens bei 0 °C nimmt das Volumen des Wassers zu. 1 l Eis wiegt bei 0 °C 0,917 kg.
– Durch Zugabe von Salz, Zucker oder Alkohol kann der Gefrierpunkt nach unten gesenkt werden. Deshalb gefrieren viele Lebensmittel wegen ihres Mineralsalzgehaltes nicht bei 0 °C, sondern erst bei niedrigeren Temperaturen; ein *soufflé glacé* mit zu viel Zucker und/oder zu viel Alkohol gefriert nicht richtig.
– Wasser dehnt sich beim Gefrieren zwar wenig, aber mit ungeheurem Druck aus. Deshalb platzen mit Flüssigkeit gefüllte Flaschen im Tiefkühler.

Aggregatzustände des Wassers und ihre Übergänge

Verdampfen	Übergang vom flüssigen in den gasförmigen Zustand am Siedepunkt; Wasser verdampft.
Kondensieren	Übergang vom gasförmigen in den flüssigen Zustand. Der umgekehrte Vorgang von Sieden. Beide Vorgänge finden bei etwa 100 °C (je nach Siedepunkt) statt. Beispiele: Abkühlen des Wasserdampfes, sichtbar als Wasserniederschlag am Deckel des Kochtopfes oder als beschlagene Fenster.
Verdunsten	Übergang vom flüssigen in den gasförmigen Zustand unterhalb des Siedepunktes. Beispiele: Lebensmittel trocknen aus, nasse Straßen trocknen ab; Wasser/Schweiß auf der Hautoberfläche kühlt, weil Wasser verdunstet.
Sublimieren	Direkter Übergang vom festen in den gasförmigen Zustand. Beispiele: «Gefrierbrand», vereiste Straßen trocknen auch bei Minustemperaturen; wird angewandt beim Gefriertrocknen.
Desublimieren	Umgekehrter Vorgang von Sublimieren, das heißt direkter Übergang vom gasförmigen in den festen Zustand. Beispiele: Schnee, Reif, sogenannter Industrieschnee, Eisbildung im Tiefkühler.
Schmelzen	Übergang von Eis in Wasser, indem Wärme zugeführt wird.
Gefrieren/Erstarren	Übergang von Wasser zu Eis, indem Wärme abgeführt wird. Beispiele: Tiefkühlen, Hagel.
	Schmelzen und Gefrieren finden bei 0 °C statt.

Übersicht über die Eigenschaften des Wassers

Eigenschaft des Wassers	Anwendungen, Bemerkungen
Löst in kaltem/heißem Wasser, je nach Produkt	Salz, Zucker, Instant-Produkte, Proteine. Gefahr des Auslaugens
Extrahiert nur in heißem Wasser	Knochen, Fischgräten, Fleisch, Gewürze, Gemüse, Tee, Kaffee
Läßt Proteine und Stärke quellen	Hülsenfrüchte, Trockengemüse, Trockenobst, getrocknete Pilze, Getreidekörner, Teige, Massen
Überträgt Wärme in Form von heißem Wasser oder Dampf	Zwischen etwa 65 °C und 120 °C: Pochieren, Sieden, Dünsten, Blanchieren, Dämpfen, Schmoren, Glasieren; Siedepunkt ist vom Druck abhängig
Reinigt	Löst, lockert und entfernt Schmutzstoffe
Desinfiziert	Heißer Dampf wirkt keimtötend
Ist anomal	Größte Dichte bei 4 °C, weshalb Eis schwimmt. Gefrierpunkt sinkt durch Zugabe von Salz, Zucker und Alkohol

Aggregatzustände des Wassers

Zustand	Zufuhr/Entzug	Übergang	Neuer Zustand
Fest (Eis)	Wärmezufuhr	Schmelzen	Flüssig (Wasser)
Fest (Eis)	Wärmezufuhr	Sublimieren	Gasförmig (Wasserdampf)
Flüssig (Wasser)	Wärmezufuhr unter Siedepunkt	Verdunsten	Gasförmig (Wasserdampf)
Flüssig (Wasser)	Wärmezufuhr am Siedepunkt	Verdampfen	Gasförmig (Wasserdampf)
Flüssig (Wasser)	Wärmeentzug	Erstarren/Gefrieren	Fest (Eis)
Gasförmig (Wasserdampf)	Wärmeentzug	Kondensieren	Flüssig (Wasser)
Gasförmig (Wasserdampf)	Wärmeentzug	Desublimieren	Fest (Eis, Schnee)

Küchentechnische Eigenschaften der Kohlenhydrate

Kohlenhydrate sind teilweise wasserlöslich

Diese Eigenschaft weisen Einfach- und Doppelzucker sowie Dextrin und Glykogen auf.
Warmes Wasser kann mehr Zucker aufnehmen als kaltes. Beim Abkühlen konzentrierter Zuckerlösungen kristallisiert Zucker nach dem Abkühlen daher gerne aus.

Der Lösungsvorgang kann beschleunigt werden durch
- **Zerkleinern:** Verwendung von Staubzucker für kalte Fruchtsaucen und Glasuren
- **Erwärmen:** Herstellung von Zuckersirup, italienischer Meringage
- **Bewegung:** Umrühren des Zuckers in Tee, Kaffee, Saucen, Cremen

Wasserlösliche Dextrine hinterlassen auf Gebäck (z. B. Brot) einen Glanz, wenn man das Gebäck noch heiß mit Wasser abpinselt.

Kohlenhydrate sind teilweise süß

Einfach- und Zweifachzucker schmecken süß, ihre Süßkraft ist aber unterschiedlich. Setzt man die Süßkraft des Rohr- und des Rübenzuckers gleich 100, so hat der Fruchtzucker die Süßkraft 120, Invertzucker 80, Malzzucker 65, Traubenzucker 50 und Milchzucker 35.

Kohlenhydrate wirken wasseranziehend (hygroskopisch)

Die **Einfachzucker** (Traubenzucker, Fruchtzucker) ziehen am stärksten Wasser an. Deshalb setzt man Gebäck, das lange weich bleiben soll, Honig zu, denn Honig hat den höchsten Einfachzuckergehalt. Auch **Puderzucker** ist stark hygroskopisch.
Zucker wirkt dadurch konservierend, daß er große Mengen Wasser an sich bindet (Konfitüren, Gelees, kandierte Früchte). Bakterien und Hefen steht damit zu wenig Wasser zur Verfügung.

Kohlenhydrate können quellen

Ausgeprägte Quellfähigkeit haben die Stärke sowie die Nahrungsfasern Hemizellulose und Pektine (siehe auch Kapitel 3, S. 73).

Pektine quellen beim Kochen mit Säure und Zucker und gelieren beim Erkalten. Diese Eigenschaft nutzt man bei der Herstellung von Konfitüren und Gelees.
Da **Stärke** schwerer und in Wasser nur teilweise löslich ist, setzt sie sich auf dem Boden ab. Deshalb muß mit kalter Flüssigkeit angerührte Stärke kurz vor dem Abbinden eines Fonds oder einer Sauce nochmals aufgerührt werden.
In warmem Wasser (ab 40 °C) quillt die Stärke, und oberhalb von 60 °C platzen die Stärkekörner und binden gleichzeitig Flüssigkeiten an sich (Suppen, Saucen, Cremen usw. werden abgebunden). Bei 80 °C ist das Quellen der Stärke beendet. Durch Abkühlen wird der Stärkekleister puddingartig fest. Durch Abkühlen fest gewordene Cremen nie in der Rührmaschine glattrühren, weil sonst die feinen Vernetzungen zerreißen würden, das eingelagerte Wasser wieder frei wird und die Creme einen Teil der Bindung verliert. Deshalb ist es besser, dicke Cremen durch ein Haarsieb zu streichen, um sie glatt zu bekommen.

Bewahrt man mit Stärke abgebundene Gerichte längere Zeit auf, setzt sich Wasser ab, und die Bindung läßt nach, was auf der Alterung des Stärkekleisters beruht. Der gleiche Vorgang bewirkt das Alt- und Trockenwerden von Brot und anderem Gebäck, denn das von der Stärke freigegebene Wasser verdunstet.
Die Bindung mit Stärke läßt nach, wenn man mit Stärke abgebundene Gerichte auf über 95 °C erhitzt, also kochen läßt. Deshalb werden Saucen und Suppen durch das Kochen etwas dünner.
Genügend Stärke kann bei dicken weißen Saucen oder dicken Vanillecremen das Ausflocken von Eigelb verhindern, selbst wenn man sie aufkochen läßt. Bei dünneren Vanillecremen, Suppen oder Saucen flockt das Eigelb hingegen bereits bei knapp über 80 °C aus.

Mit **Mehl** gebundene Flüssigkeiten sollten mindestens 15 Minuten lang auf 95 °C oder höher gehalten werden, wodurch man die volle Sämigkeit erreicht und sicher ist, daß alle Zellulosekörper gesprengt sind.

Kohlenhydrate können bräunen

Erhitzt man Kohlenhydrate, so bilden sich Geruchs-, Geschmacks- und Farbstoffe.
Erhitzt man Zucker auf 150 °C, so schmilzt er zuerst zu einer klaren, durchsichtigen Masse. Durch weiteres Erhitzen entsteht gelbbrauner **Karamel.** Je stärker die Bräunung, desto geringer wird die Süßkraft.
Erhitzt man Stärke ohne Wasser auf 150 °C oder höher, entsteht durch den Abbau von Stärke **Dextrin,** das leicht süßlich schmeckt und leichter verdaulich ist als Stärke. Dextrin haben wir zum Beispiel in der Kruste von Brot

und Gebäck, in Zwieback, in der Mehlschwitze. Je stärker das Mehl geröstet ist, desto größer ist der Verlust an Quell- und Bindefähigkeit.

Als **Melanoidine** (Röstbitterstoffe) bezeichnet man Verbindungen von einfachen Zuckerstoffen mit Proteinen (Eiweiß), wie sie zum Beispiel bei Temperaturen von über 120 °C in der Kruste von Gebäck entstehen können.

Kohlenhydrate können gären

Einfachzucker (Trauben- und Fruchtzucker) können von **Hefen** zu Alkohol und Kohlendioxid vergärt werden, was bei der Herstellung von Hefeteig, Wein und Bier genutzt wird.

Milchsäurebakterien bauen Einfachzucker zu Milchsäure ab, was bei der Herstellung von Sauermilch, Joghurt, Sauerrahm, Käse, Sauerkraut und Rohwurst ausgenützt wird.

Übersicht über die Kohlenhydrate

Einfachzucker	Doppelzucker	Dextrin	Stärke	Stärkekleister	Pektine	Melanoidine	Mehl
Süß	Süß	Entsteht durch trockene Hitzeeinwirkung aus Stärke	In Wasser nur teilweise löslich	Wird durch Abkühlen puddingartig fest	Quellen durch Kochen mit Zucker und Säure	Bräunungsprodukte aus Verbindungen von einfachen Zuckerstoffen und Proteinen	Als Bindemittel für Suppen, Saucen usw. sollte es mindestens 15 Minuten auf 95 °C oder höher gehalten werden
Wasserlöslich	Wasserlöslich		Quillt ab 40 °C	Hoher Anteil an Stärke verhindert Ausflocken von Eigelb	Gelieren beim Erkalten		
Stark hygroskopisch	Schmilzt zu Karamel		Verkleistert zwischen 60 °C und 80 °C				
Vergärbar (alkoholische Gärung, Milchsäuregärung)	Hygroskopisch (speziell Puderzucker)	Wasserlöslich	Verliert ab 95 °C an Bindefähigkeit	In kaltem Zustand nicht rühren		Geben Farbe und Geschmack	
		Leichter verdaulich als Stärke		Gibt bei längerem Aufbewahren Wasser ab, «altert»			
		Quell- und Bindefähigkeit lassen nach					
		Gibt Backgut Farbe und Geschmack					

Küchentechnische Eigenschaften der Fette

Fette können bestimmte Stoffe lösen

Fett kann nicht in Wasser gelöst werden und ist auch nicht mit Wasser mischbar, weil es keine «wasserfreundlichen Gruppen» enthält. Fette können aber mit sogenannten Fettlösungsmitteln (z. B. Benzin, Alkohol) gelöst werden. Dies nutzt man zum Beispiel beim Extrahieren der Fettstoffe. Fette selbst sind aber Lösungsmittel für die fettlöslichen Vitamine A, D, E, K und für bestimmte Farbstoffe, was man beim Auskochen von Schalen der Krustentiere zur Herstellung von Hummerbutter, Krebsbutter, Krebsöl usw. nutzt. Auch der menschliche Körper kann das Karotin zusammen mit Fett besser nutzen.

Fette heben den Geschmackswert

Bei den meisten Gerichten wird durch die Zugabe von Fettstoffen der Geschmackswert vorteilhaft beeinflußt (z. B. Fettstoff bei Teigwaren, Kartoffeln, Reis, Gemüse; Öl bei Salaten; Rahm bei bestimmten Saucen, Suppen und Cremen), weil die meisten Geschmacksstoffe in Fett löslich sind. Teige werden durch die Zugabe von Fettstoffen geschmeidiger und elastischer, das Gebäck saftiger und mürber.

Fette sind leichter als Wasser

Fettstoffe haben eine geringere Dichte als Wasser und schwimmen deshalb als «Fettaugen» auf Fonds, Suppen und Saucen. Durch das «Degraissieren» wird es in der Küche entfernt. Restloses Entfernen der Fettstoffe erreicht man durch vorgängiges Abkühlen. Dabei erstarrt das Fett, und der Fond kann vollkommen fettfrei abpassiert werden.

Fette sind hocherhitzbar

Zum Bräunen und zum Bilden von Röstbitterstoffen (Melanoidinen) braucht es Temperaturen von über 120 °C. Dafür eignen sich alle Fettstoffe. Nicht alle Fettstoffe eignen sich jedoch für das Braten, das Sautieren, das Grillieren und das Fritieren, da sie unterschiedlich hoch erhitzbar sind. Alle Fette beginnen ab einer bestimmten Temperatur zu rauchen und sich zu zersetzen. Man spricht dann vom Rauch-, vom Siede- oder vom Zersetzungspunkt. Solche Zersetzungsprodukte sind gesundheitsschädlich und enthalten krebserregende Stoffe.

Fette leiten Wärme gleichmäßig

Diese Eigenschaft wird in der Friture besonders deutlich, weil das Gargut von allen Seiten gleichmäßig und schnell bräunt.

Fette isolieren Stoffe voneinander

Diese Fähigkeit nutzt man beim Einfetten von Blechen und Backformen. Beim Blätterteig trennen die Fettschichten die einzelnen Teigschichten. Das im Teig enthaltene Wasser bildet beim Backen Dampf. Dieses Dampfkissen treibt den Teig hoch und lockert ihn. Wird der Blätterteig beim Tourieren zu dünn oder ungleichmäßig ausgerollt, sind die Fettschichten zu dünn oder verletzt und isolieren nicht mehr genügend: Der Blätterteig geht ungleichmäßig oder schlecht auf.

Fette haben einen Schmelzbereich

Als Schmelzpunkt bezeichnet man die Temperatur, bei der ein Körper vom festen in den flüssigen Zustand übergeht. Speisefette und -öle sind Gemische verschiedener Fettsäuren mit verschiedenen Schmelzpunkten. Deshalb schmelzen sie nicht bei einem ganz bestimmten Schmelzpunkt, sondern innerhalb eines **Schmelzbereiches.**

Fette verunmöglichen einen schönen Eischnee

Fettsäuren zerstören die Eiweißfilme, und der Eischnee fällt zusammen. Deshalb fettfreies Geschirr und fettfreien Schneebesen verwenden. Wegen des hohen Fettgehalts des Eigelbs das Eigelb gut vom Eiklar trennen. Auch Rückstände von Abwaschmitteln verunmöglichen einen schönen Eischnee.

Fette können emulgiert werden

Eine dauerhafte Vermischung von Fett und Wasser bezeichnet man als Emulsion. Dazu benötigt man Emulgatoren. Bei der Mayonnaise und der holländischen Sauce übernimmt diese Aufgabe das Eigelb (d.h. das darin enthaltene Lezithin und die Proteine), bei Farcen das Protein des Fleisches.

Emulsionen sind auch Milch, Rahm, Butter und Margarine.

Fette können leicht verderben

Beim Verderb von Fetten trennen sich die Fettsäuren und das Glyzerin. Verderb wird verursacht durch Licht (UV-Strahlen), Wärme, Feuchtigkeit, Luft (Sauerstoff), Salze, Metallionen, Mikroorganismen. Leicht verderblich sind wasserhaltige Fette und Fettstoffe mit einem hohen Anteil an mehrfach ungesättigten Fettsäuren.

Übersicht über die Eigenschaften der Fette

Eigenschaft der Fette	Anwendungen, Bemerkungen
Lösen	Fettlösliche Vitamine, roter Farbstoff der Krustentiere; bessere Ausnutzung von Karotin
Heben den Geschmackswert	Bei der Zubereitung von Fleisch, Fisch, Teigwaren, Gemüse, Kartoffeln, Saucen, Salaten usw.
Leichter als Wasser	Abfetten von Fonds, Saucen, Suppen; Umrühren von Vinaigrette-Sauce
Hocherhitzbar	Aber nicht bis zum Rauchpunkt erhitzen
Leiten Wärme gleichmäßig	Fritiergut wird gleichmäßig und schnell gebräunt
Isolieren Stoffe voneinander	Backformen ausfetten; Blätterteig geht auf
Haben einen Schmelzbereich	Zusammensetzung aus verschiedenen Fettsäuren mit unterschiedlichen Schmelzpunkten
Verunmöglichen einen schönen Eischnee	Schneekessel, Schneebesen unbedingt fettfrei halten
Können emulgiert werden	Proteine und Lezithin wirken als Emulgatoren
Können leicht verderben	Deshalb vor Licht, Sauerstoff, Feuchtigkeit, Wärme schützen

Küchentechnische Eigenschaften der Proteine

Proteine sind löslich

- **in Wasser,** zum Beispiel Albumine
  Diese Eigenschaft wird beim Auslaugen des Klärfleisches genutzt sowie beim Wässern von Milken, Hirn und Mark. Andere proteinhaltige Nahrungsmittel sollte man deshalb nicht im Wasser liegen lassen
- **in Salzlösungen von 2–3 %,** zum Beispiel Globuline
  Beim Blitzen oder Kuttern von Fleisch oder Fisch wird das für die Bindung einer Farce oder von Brät notwendige Globulin mit der Zugabe von Salz gelöst
- **durch Sieden in Wasser,** zum Beispiel Kollagene
  Knochen, Knorpel, Sehnen, Schwarten, Fischgräten usw. enthalten viel Kollagen, ein leimartiges Protein. Durch Auskochen wird es gelöst und geht in den entsprechenden Fond über. Der Zusatz von Säure verkürzt die Kochzeit.

Proteine quellen

(vermögen Wasser zu binden), zum Beispiel Globuline, Kleber, Kollagene

- **durch Wasseraufnahme**
  Damit Hülsenfrüchte weich werden, müssen sie quellen können. Deshalb werden sie kalt angesetzt, oder man weicht sie kurze Zeit ein. Hefeteig, Pastetenteig oder Spätzliteig werden stark bearbeitet, weil dadurch der Kleber gestärkt und die Wasseraufnahme erhöht wird. Farcen und Brühwürste werden durch die Wasseraufnahme saftig. Fleischgerichte mit viel Bindegewebe und langdauernder Zubereitungsart (Dünsten, Schmoren, Sieden) nehmen während der langen Garzeit viel Flüssigkeit auf, und das Kollagen wird in weiche Gelatine umgewandelt. Deshalb ist ein Gulasch aus bindegewebereichem Schenkelfleisch sehr saftig
- **durch Säureeinwirkung**
  Beim Marinieren in Essig- oder Weinmarinaden (z.B. Sauerbraten, Wild- und Schweinspfeffer oder marinierter Fisch) werden die Proteine der Muskelfasern gefestigt, diejenigen des Bindegewebes quellen, werden gelatineartig und verlieren an Zähigkeit.

Proteine schäumen

zum Beispiel Albumine, Globuline

Beim Schlagen von Eiklar tritt eine leichte Gerinnung ein. Dies wird genutzt bei der Herstellung von Biskuitmassen, Sabayon, Eischnee für Süßspeisen usw.

Proteine emulgieren

zum Beispiel Albumine, Globuline

Bei der Herstellung von Brät, Farcen, Buttercremen, Mayonnaise, holländischer Sauce vermögen sie Fett und Wasser zu binden. Bei den Saucen wirkt neben dem Protein das Lezithin des Eigelbs als weiterer Emulgator. Emulsionen sollten nicht über 40 °C erhitzt werden, weil diese Emulgatoren auf Wärme sehr empfindlich reagieren (vor allem Albumin).

Die Endtemperatur sollte – je nach Art von Farce oder Brät – nicht höher als ungefähr um 15 °C liegen.

Proteine gerinnen (denaturieren)

- **durch Wärme** (ab 60 °C), zum Beispiel Albumine, Globuline, Kleber Sichtbar als Haut bei der Milch, als Schaum beim Sieden von Hülsenfrüchten, Kartoffeln, Fleisch, Knochen usw., ebenso als Schaumbildung beim Erhitzen von Butter. Beim Gerinnen durch Hitze können Proteine Wasser binden. Der Gerinnungsprozeß kann nicht mehr rückgängig gemacht werden. Deshalb können Proteine nach Vollendung der Gerinnung kein Wasser und keine anderen Stoffe mehr binden. Diese Eigenschaft wird genutzt:

- beim Festwerden von hartgekochten Eiern
- Farcen, Brüh- und Blutwürste werden schnittfest (beim Gerinnen schließt das Protein alles übrige wie Fett und Wasser ein)
- Gerüstbildung bei Brot und allen Backwaren
- Garmethoden für Fleisch, Fisch, Gemüse, Getreideprodukte usw.
- Bindemittel für Cremen, Cremeglacen, Eierstich, Pudding usw.

Übersicht über die Eigenschaften der Proteine

Eigenschaft	Albumin	Globulin	Kleber	Kasein	Kollagen	Anwendungen, Bemerkungen
Löslich						
– in Wasser	●					Auslaugen von Klärfleisch, Wässern von Milken, Hirn, Mark
– in Salzlösung		●				Ohne Salz keine richtige Bindung von Farcen und Brät
– durch Sieden					●	Gelatine wird aus Knochen, Sehnen, Schwarten, Fischgräten herausgelöst; Beschleunigung durch Säurezugabe
Quellen durch						
– Wasseraufnahme			●			Herstellung von Teigen, Massen; Bearbeiten fördert die Wasseraufnahme (Spätzliteig, Hefeteig usw.)
– Wasseraufnahme		●				Ergibt saftige Farcen und saftiges Brät
– Wasseraufnahme					●	Bindegewebereiches Fleisch wird durch langes Garen saftig
– Säureeinwirkung					●	Essig- und Weinmarinade bewirkt u.a. Zartwerden des Fleischbindegewebes
Schäumen	●	●				Biskuit, Sabayon, Eischnee usw.
Emulgieren	●	●				Fett- und Wasserbindevermögen bei Farcen, Brät, Buttercremen, Mayonnaise, holländischer Sauce
Gerinnen durch						
– Hitze	●	●				Farcen werden schnittfest, Eier werden fest, Klärmittel für *consommés*, Bindung von Cremeglacen, Cremen, Eierstich
– Hitze			●			Gerüstbildung bei Brot und Gebäck
– Säure				●		Herstellung von Sauerrahm, Käse, Joghurt und weiteren Sauermilchprodukten
– Lab				●		Milchgerinnung für die meisten Käse
Bräunen	●	●	●	●	●	Beim Braten, Sautieren, Grillieren, Fritieren, Gratinieren, Backen von Fleisch, Fisch, Krustentieren, Kartoffeln, Gemüse, Käse usw.
Verderben	●	●	●	●	●	Mikroorganismen und Enzyme zersetzen proteinhaltige Lebensmittel sehr rasch (gesundheitsschädlich)

- Liaison für Suppen und Saucen, Blut für Pfeffer
- Klärmittel bei der Herstellung von *consommés,* Gelee (beim Gerinnen bindet das Protein Trübstoffe an sich)
- **durch Säure,** zum Beispiel Kasein
Wird bei der Herstellung von Joghurt, Sauerrahm, einigen Käsen und anderen Sauermilchprodukten angewandt.
- **durch Lab,** zum Beispiel Kasein
Diese schnelle Gerinnungsmethode wendet man bei den meisten Käsen an.

Geronnene Proteine sind für den Körper leichter verdaulich, da die Enzyme sie in dieser Form besser angreifen können.

Nachteilige Auswirkungen der Gerinnung:
- Bei Temperaturen über 80 °C können Proteine entquellen, scheiden. Beispiele: Gerinnselbildung bei Suppen oder dünneren Saucen und Cremen mit Eigelb, Liaison oder Blut; Eierstich und Karamelcremen fallen zusammen.
- Proteine des Fleisches gerinnen bei Temperaturen zwischen 60 °C und 75 °C und geben dabei Wasser ab. Das hat zur Folge, daß bindegewebearmes Fleisch (Kurzbratstücke), das zu lange erhitzt wird, trocken ist.

Proteine bräunen bei hohen Temperaturen

Beim Braten, Sautieren, Grillieren, Fritieren sowie beim Gratinieren von Fleisch, Fisch usw. bilden sich Aroma- und Röststoffe (Geschmacksstoffe).
Der Proteingehalt läßt Butter bereits bei etwa 120 °C bräunen.

Proteine verderben rasch

Proteinhaltige Lebensmittel verderben rasch durch Einwirkung von Enzymen und Mikroorganismen. Verdorbene Proteine sind gesundheitsschädlich und können zu schweren Vergiftungen führen.

7.3 Konservierungsmethoden

Unter Konservierung versteht man das Haltbarmachen von Lebensmitteln für eine kürzere oder längere Periode. Die dazu benutzten Methoden zielen darauf hin, die **Mikroorganismen** (Fäulnisbakterien, Gärungserreger, Schimmelpilze) und die lebensmitteleigenen **Enzyme** abzutöten oder zumindest ihre Aktivität stark einzuschränken. Vielfach werden mehrere Methoden gleichzeitig oder nacheinander angewandt. Je nach Art der Konservierung handelt es sich um einen physikalischen oder einen chemischen Vorgang:

Physikalische Verfahren

Wärmeentzug:
- Kühlen, Tiefkühlen

Wärmezufuhr:
- Pasteurisieren, Heißeinfüllen, Sterilisieren, UHT-Verfahren

Wasserentzug:
- Trocknen, Dörren, Gefriertrocknen, Eindicken

Sauerstoffentzug:
- Vakuumieren, Überziehen

Filtrieren

Bestrahlen

Chemische Verfahren

Salzen

Pökeln

Räuchern

Zuckern

Säuern

Einlegen in Alkohol

Chemische Konservierungsstoffe

Temperatur	Einfluß auf Mikroorganismen und Enzyme
–20 °C bis –40 °C	Fettspaltende Enzyme sind noch schwach wirksam
0 °C bis –20 °C	Alle Enzyme sind noch schwach wirksam
–15 °C und kälter	Mikroorganismen sind nicht mehr aktiv, keine Vermehrung mehr
0 °C bis –15 °C	Mikroorganismen vermehren sich nur sehr langsam
0 °C bis 10 °C	Mikroorganismen und Enzyme werden langsam aktiv
10 °C bis 50 °C	Mikroorganismen sind sehr aktiv und vermehren sich massenhaft, Enzyme sind sehr aktiv
50 °C bis 60 °C	Hefen und Schimmelpilze werden abgetötet
50 °C bis 70 °C	Enzyme werden in feuchter Hitze inaktiviert (d. h., sie wirken nicht mehr)
65 °C bis 80 °C	Die meisten Bakterien werden abgetötet
80 °C bis 90 °C	Enzyme werden in trockener Hitze inaktiviert
bei 121 °C	Sporen von Bakterien werden in feuchter Hitze abgetötet
bei 180 °C	Sporen von Bakterien werden in trockener Hitze abgetötet

7.3.1 Wärmeentzug

Kühlen

Wirkung: Durch tiefe Temperaturen (für die meisten Lebensmittel **unter 5 °C**) werden die Mikroorganismen im Wachstum gehemmt. Auch die Enzyme sind weniger aktiv.

Anwendung: Die meisten Lebensmittel, außer Trockenware und Konserven.

Regeln für sachgemäßes Kühlen

- Vorgegarte Speisen möglichst schnell abkühlen und bei Kühl-

schranktemperaturen aufbewahren, sonst **Gefahr der Verletzung der Lebensmittelhygienevorschriften** (siehe Abschnitt 1.4).
- Kühltemperatur und Luftfeuchtigkeit dem Lebensmittel anpassen, sonst **Qualitätseinbuße** (siehe Abschnitt 2.16).
- Höchstlagerzeiten beachten, sonst **Verluste durch Verderb.**
- Temperaturschwankungen vermeiden, Türen von Kühlräumen und -schränken nicht unnötig offen lassen (erhöht sonst zudem die Betriebskosten) und Speisen erst nach dem Abkühlen in den Kühlschrank stellen, sonst schlägt sich **Kondenswasser** nieder, das das Wachstum von Mikroorganismen begünstigt.
- Aromaempfindliche und stark riechende Kühlgüter separat lagern oder aromadicht verschließen, sonst **Geschmacksübertragungen.**
- Stark wasserhaltige Kühlgüter (Fonds, Suppen, Saucen usw.) zudecken, sonst **Anstieg der Luftfeuchtigkeit** und somit gute Bedingungen für die Mikroorganismen.
- Leicht austrocknende Lebensmittel abdecken oder vakuumieren, sonst **Austrocknungsschäden.**

Tiefkühlen

Tiefkühlen gilt als **schonendste längerfristige Haltbarmachung** von frischen oder schon zubereiteten Nahrungsmitteln mit schockartig einwirkender Kälte, die die Lebensmittel möglichst rasch bis auf ihren Kern bei **mindestens** $-18\,°C$ erstarren läßt. Der Hauptbestandteil der meisten Gefriergüter ist Wasser. Dieses Wasser kommt nicht rein vor, sondern als ungesättigte Lösung von Salzen, Zuckern, Säuren und anderen löslichen Stoffen und ist zum Teil frei in den Zellen oder den Zellzwischenräumen. Es gilt nun, dieses Wasser rasch gefrieren zu lassen, damit sich möglichst **kleine Eiskristalle** bilden. Geht der Gefriervorgang langsam vor sich, so entstehen relativ große Eiskristalle, die das Zellgewebe verletzen. Dadurch können beim Auftauen Zellsäfte ausfließen, und wertvolle Nährstoffe, Geschmack und Saftigkeit gehen verloren.
Sobald das Wasser im Lebensmittel erstarrt ist, hört die **Aktivität der Mikroorganismen** auf. Spätestens bei $-15\,°C$ stellen auch die gegen Kälte robusten Mikroorganismen ihr Wachstum ein.

Voraussetzungen für gute Tiefkühlprodukte
- **Eignung** der Produkte zum Tiefkühlen.

- Nur **frische Rohprodukte** verwenden.
- **Sachgemäße Verarbeitung,** das heißt, die Produkte werden koch-, brat- oder genußfertig vorbereitet. Dabei ist wichtig, daß auf nährstoffschonendes und hygienisch einwandfreies Arbeiten geachtet wird.
- **Portionierte** und **lose gefrorene Tiefkühlprodukte** lassen sich einfacher entnehmen als an einem Stück gefrorene.
- **Luftdichte Verpackung** schützt die Produkte vor Austrocknung («Gefrierbrand»).
- Bei **großem Gefrierleistungsbedarf** für sehr tiefe Temperaturen sorgen **(mindestens $-30\,°C$;** je kälter, desto besser), damit der kritische Bereich der Eiskristallbildung zwischen $0\,°C$ und $-5\,°C$ schnellstens überbrückt werden kann.
- Aufrechterhalten der **Tiefkühlkette** vom Moment der Produktion bis zum Verbrauch bei mindestens $-18\,°C$ bis $-22\,°C$.
- **Sachgemäßes Auftauen und Zubereiten:** Aufgetaute Tiefkühlprodukte sollen rasch verbraucht und kein zweites Mal eingefroren werden (aus hygienischen und qualitativen Gründen).

Regeln für sachgemäßes Tiefkühlen
Vorbereitung
- **Gemüse** sollte möglichst **erntefrisch** sein. Rüsten, blanchieren, abkühlen und abtropfen lassen. Durch das Blanchieren werden die lebensmitteleigenen Enzyme zerstört, die Farb- und Geschmacksveränderungen hervorrufen könnten.
- Nicht blanchieren: zum Beispiel Gurken, Zucchetti, Peperoni, Tomaten (außer für Tomaten-Concassé), Küchenkräuter.
- **Obst** sollte **eßreif** sein. Beeren können entsprechend der späteren Verwendung roh, ohne jegliche Beigabe, lose tiefgekühlt werden oder mit Zuckerbeigabe oder Zuckersirup (evtl. mit etwas Ascorbinsäure). Kernobst in Zuckerwasser mit Zitronensaft blanchieren. Pfirsiche schälen und dann wie Aprikosen oder Zwetschgen halbieren, entsteinen und lose tiefkühlen.
- **Fleisch:** Schlachtfleisch und Wild muß vor dem Tiefkühlen wie für den Sofortgebrauch **gelagert** und vorteilhafterweise **pfannenfertig** vorbereitet sein.
- **Fische** sollten **fangfrisch** sein. Zuerst schuppen, ausnehmen, reinigen. Dann ganz, portioniert oder filetiert tiefkühlen und – als zusätzlichen Schutz vor dem Austrocknen

– eventuell glasieren. (Lose vorfrieren und dann kurz in kaltes Wasser tauchen. Dadurch bildet sich eine dünne Eisschicht.)
- **Halbfertig- und Fertiggerichte:** Sparsame Fettverwendung (Einfluß auf Lagerzeit). Mehlsaucen verlieren ihre Sämigkeit, deshalb besser erst nach dem Auftauen abbinden oder **kältebeständige Bindemittel** verwenden. Nach der Zubereitung **rasch abkühlen** und tiefkühlen.
- **Backwaren:** Teige nach gewohnten Rezepturen zubereiten; einzig bei Hefeteigen den Hefezusatz erhöhen, da die Hefe durch das Tiefkühlen an Wirksamkeit verliert. **Kleinbackwaren innerhalb von 30 Minuten, andere Backwaren innerhalb von 2 Stunden** einfrieren.

Verpacken
Alle Lebensmittel müssen verpackt werden. Das Verpackungsmaterial muß **lebensmittelecht, kältebeständig, fett- und säureresistent, fest, schmiegsam** sowie **für Wasserdampf und Sauerstoff undurchlässig** sein. Am besten werden die Lebensmittel **vakuumiert,** denn eingeschlossene Luft braucht Platz, isoliert und verzögert das rasche Durchfrieren. Zudem enthält Luft Mikroorganismen, die beim Auftauen sofort wirksam werden.

Richtig einfrieren
- Das Gerät im voraus auf **maximale Kälte** einstellen.
- Gefrierleistung des Gerätes beachten; **nicht zuviel** auf einmal tiefkühlen.
- Möglichst **flache Pakete** formen, damit die Gefriergeschwindigkeit erhöht wird.
- Die Pakete direkt an die kühlen Wände bzw. auf die kühlenden Tablare legen.
- Pakete **locker nebeneinander** legen, damit die kalte Luft gut zirkulieren kann. Erst **nach dem Durchfrieren stapeln.**
- Auf der Verpackung immer **Inhalt, Gewicht und Herstelldatum** angeben.

Anwendung und Lagerzeiten
Zum Tiefkühlen eignen sich die meisten Lebensmittel. Die Lagerzeiten variieren je nach Art und Fettgehalt der Lebensmittel (siehe Tabelle Seite 280). **Fettreiche Lebensmittel können nach einiger Zeit ranzig werden** (fettspaltende Enzyme sind auch bei Tiefkühltemperaturen noch wirksam). Die einzuhaltende Mindesttemperatur von $-18\,°C$ täglich kontrollieren.

Auftauen von tiefgekühlten Produkten

Prinzipiell sollte man aus hygienischen Gründen immer bei **Kühlschranktemperaturen** auftauen. Folien bei Geflügel vorher entfernen. Vorsicht, daß **kein Auftauwasser** (wegen Salmonellengefahr) auf andere Lebensmittel tropft.
Da die Wärmeübertragung von Wasser um ein Mehrfaches höher liegt als von Luft, kann der Auftauvorgang in kaltem Wasser stark beschleunigt werden. Diese Methode ist aber nur mit vakuumverpackten Lebensmitteln anzuwenden.

Zubereiten von Tiefkühlprodukten

Gemüse, das zu einem kompakten Block gefroren ist, läßt man auf- oder zumindest antauen. Hingegen sollte man lose tiefgekühltes Gemüse gefroren verarbeiten. Die Garzeiten reduzieren sich um 30–50%.
Obst: Zum Kochen und zum Backen gefroren weiterverarbeiten. Für den Rohverbrauch mit einer Folie abgedeckt auftauen lassen.
Schlachtfleisch, Wild, Geflügel: Ganze Bratenstücke mit Vorteil zuerst langsam im Kühlschrank auftauen lassen, weil der Garprozeß besser kontrolliert werden kann. Kleine Fleischstücke können – je nach Verwendungszweck – gefroren, angetaut oder aufgetaut verarbeitet werden.

Fische: So weit auftauen lassen, bis sie getrennt oder tranchiert werden können. Panierte Fischstücke gefroren, höchstens angetaut zubereiten.

Vorgebackene Kartoffeln (z. B. Pommes frites): Gefroren fritieren, da das Auftauwasser zum Schäumen und Spritzen der Fritüre führt. Entsprechend wenig in den Korb füllen.

Richtwerte für die Lagerdauer einiger Lebensmittel

Lebensmittel	Lagerdauer in Monaten
Erbsen, Spinat, Bohnen	10–12
Himbeeren, Erdbeeren	10–12
Fruchtsäfte	10–12
Rindfleisch, Kalbfleisch	9–12
Poulets	7–12
Fertiggerichte	6–12
Kirschen, Pfirsiche	8–10
Federwild, mager	8–10
Gefriervollei	8–10
Pommes frites	6– 8
Butter	6– 8
Haarwild, mager	5– 7
Fisch, mager	5– 7
Krustentiere	4– 6
Brot	4– 6
Schweinefleisch, mager	3– 4
Schweinefleisch, fett	2– 3
Fisch, fett	2– 4
Hackfleisch	bis 3
Gebäck	bis 1

7.3.2 Wärmezufuhr/Energiezufuhr

Die meisten lebensmittelverderbenden Mikroorganismen vermehren sich bei Temperaturen zwischen 20°C und 40°C sehr schnell. Erhöht man die Temperatur in feuchter Hitze auf 60°C, sterben die Hefen und die Schimmelpilze, bei 80°C auch die meisten Bakterien. Um jedoch auch die Sporen zu vernichten, benötigt man Konservierungstemperaturen über 120°C. Die lebensmitteleigenen Enzyme werden spätestens bei 100°C inaktiviert, weil ihr Protein gerinnt.

Pasteurisieren

Pasteurisieren ist ein kurzes Erhitzen auf Temperaturen zwischen **65°C und etwa 90°C** mit anschließendem raschem Abkühlen. Je höher die Temperatur ist, desto kürzer kann die Einwirkungszeit sein. Mit der Pasteurisation erreicht man, daß lebensmitteleigene Enzyme unwirksam und **Krankheitserreger abgetötet** werden.

Pasteurisieren ist eine schonende, aber auch nur bedingt haltbar machende Konservierungsmethode. Deshalb müssen pasteurisierte Produkte kühl aufbewahrt werden.
Anwendung: Milch, Rahm, Frucht- und Gemüsesäfte, Kaviar, Fische in Marinaden, Salate, Sous-vide-Produkte, vorgekochte und vakuumierte Gerichte (Rollschinken, «Schüfeli», Fertiggerichte).

Heißeinfüllen

Wie der Name schon andeutet, werden die Produkte **kochend heiß abgefüllt** und sofort luftdicht verschlossen. Auch bei dieser Methode werden die meisten Mikroorganismen – außer den Sporen – abgetötet.
Anwendung: Konfitüren, Früchtegelees, Kompott.

Sterilisieren

Beim Sterilisieren erreicht man – je nach Verfahren – Temperaturen zwischen **100°C und 135°C** (Temperaturen über 96°C nur bei Überdruck). Bei diesen hohen Temperaturen werden alle Krankheits- und Verderbniserreger abgetötet. Deshalb können sterilisierte Produkte bei Raumtemperatur über eine längere Zeit gelagert werden. Wegen der starken Hitzeeinwirkung kommt es oft zu unerwünschten Nebeneffekten, wie Vitaminverlusten und Veränderungen der Lebensmittel (Aussehen, Konsistenz, Aroma).
Anwendung: Kondensmilch, Halb- und Fertiggerichte, Konserven von Fleisch, Fisch, Gemüse, Pilzen, Obst usw.

UHT-Verfahren

Mit hohen Temperaturen zwischen **135°C und 155°C,** einer sehr kurzen Einwirkungszeit von wenigen Sekunden und sofortiger Abkühlung erreicht man vollkommen keimfreie Produkte, vergleichbar mit dem Sterilisieren.
Anwendung: Milch- und Rahmsorten.

7.3.3 Wasserentzug

Beim Trocknen, beim Dörren und beim Gefriertrocknen wird den Lebensmitteln der größte Teil des **Wassers entzogen,** das Mikroorganismen und Enzyme brauchen. Dadurch wird ihre **Aktivität stark gehemmt.** Wegen der wasseranziehenden Wirkung müssen diese Lebensmittel als **Schutz vor Schimmelbildung** trocken oder noch besser luftdicht verschlossen aufbewahrt werden. Lebensmittel mit sehr geringem Wassergehalt können ungekühlt gelagert werden. Durch den Wasserentzug verändern sich oft die Struktur, die Farbe, das Aroma und der Energiegehalt; Proteine werden denaturiert.

Trocknen

An der Luft

Trocknen an **warmer, bewegter Luft.**
Anwendung: Getreide, Teigwaren, Kaffeebohnen, Hülsenfrüchte, Pilze, Tee, Kräuter, Gewürze, Trockenfleisch, Coppa, Stockfisch, Weinbeeren.

Walzen- und Sprühverfahren

Diese Verfahren werden industriell bei breiartigen und flüssigen Produkten angewandt, indem man diese auf **heißen Walzen** trocknet oder sie mit **feinen Düsen** in einem heißen Luftstrom zerstäubt.
Anwendung: Milchpulver, Eipulver, Fruchtsaftextrakte.

Dörren

Das Wasser wird mit Hilfe eines **Dörrapparates** oder im **Umluftofen/Kombisteamer** entzogen.
Anwendung: Obst, Gemüse.

Gefriertrocknen

Das Gefriertrocknen ist das **schonendste Trocknungsverfahren.** Zuerst wird das Produkt tiefgefroren, und dann wird das gefrorene Wasser im Vakuum sublimiert und als Wasserdampf abgesaugt.
Anwendung: Instant-Kaffee, Instant-Tee, Zitrussäfte, Milchpulver, Pilze, Kräuter, Gemüse.

Eindicken

Durch das **Reduzieren von Flüssigkeiten** wird Wasser entzogen, zugleich werden Enzyme unwirksam. Bei Tomatenpüree und Obstmark wird das Wasser schonend, zum Teil auch unter Vakuum, entzogen. Durch den Wasserentzug werden die Mikroorganismen in ihrer Aktivität stark gehemmt, da ein Teil des noch verfügbaren Wassers an andere Stoffe gebunden ist (z. B. an Proteine und Salze).
Anwendung: Tomatenpüree, Obstmark, Herstellung von Extrakten wie *glace de viande, glace de poisson* usw.

7.3.4 Sauerstoffentzug

Vakuumieren

Vakuumieren allein ist **keine Konservierungsmethode.** Trockengüter werden durch Verpacken in Folie vor Luftfeuchtigkeit geschützt. Von luftempfindlichen Produkten werden auf diese Art der **Sauerstoff** sowie **Keime** ferngehalten. Kühl- und Tiefkühlprodukte schützt man vor Wasserverlust durch Verdunsten (= Gewichtsverlust bzw. Austrocknungsschäden). Vakuumieren bewahrt bestimmte Produkte auch vor **Aromaverlust** oder **Geschmacksübertragungen.**
Druckempfindliche Produkte werden nach dem Absaugen der Luft maschinell begast.
Anwendung: Tiefkühlprodukte, Kühlgüter, Trockenprodukte, Sous-vide-Gerichte.

Überziehen

Durch das Überziehen der Lebensmittel mit einer **luftabhaltenden** Fett- oder Wachsschicht wird die Haltbarkeit für eine bestimmte Zeit erhöht.
Anwendung: Wachs bei Edamer, Fett bei Terrinen, Zuckerguß bei Süßigkeiten.

7.3.5 Filtrieren

Beim Filtrieren von Flüssigkeiten durch **feinporige Zellulosefilter** werden Mikroorganismen und Trübstoffe zurückgehalten, somit wird auf kaltem Wege entkeimt. Das Produkt wird im Wert nicht verändert.
Anwendung: Fruchtsaft, Bier, Wein, Speiseöl.

7.3.6 Bestrahlen

Ultraviolettstrahlen können die Luft in Lebensmittelräumen oder die Oberfläche, zum Beispiel von Obst und Gemüse, **entkeimen,** indem sie Mikroorganismen abtöten.
In einigen Ländern werden Lebensmittel zum Konservieren **radioaktiv** bestrahlt, damit Mikroorganismen abgetötet oder ein Auskeimen verhindert werden kann (z. B. Kartoffeln, Zwiebeln, Geflügel, Gewürze, Getreide, Erdbeeren).
Unerwünschte Folgen sind:
– Bestimmte Vitamine werden zerstört.
– Fettsäuren und Proteine werden verändert.
– Wasserstoffperoxid kann sich bilden.

Anwendung: Da gesundheitliche Folgen beim Verzehr bestrahlter Lebensmittel noch ungeklärt sind, ist der Einsatz von ionisierenden Strahlen für Lebensmittel in der Schweiz bewilligungspflichtig.

7.3.7 Salzen

Salz reduziert das **frei verfügbare Wasser,** indem es sich im Lebensmittel löst und einen Teil des Wassers an sich bindet, zugleich dringt das Salz in das Produkt ein. Damit haben die Mikroorganismen weniger oder zu wenig Wasser für ihre Vermehrung zur Verfügung. Das gleiche gilt für die Enzyme, die nur bei genügend Wasser aktiv sind.
Anwendung: Fische, Käse, fetter Speck, Kaviar, Butter, Kapern.

7.3.8 Pökeln

Zum Pökeln braucht es neben dem Salz noch Zusätze wie Zucker und Salpeter oder Nitritpökelsalz. Pökeln wirkt wie das Salzen, aber zusätzlich **antimikrobiell.** Es wirkt auf die Mikroorganismen wie Gift und daher stark hemmend. Durch den Pökelprozeß entstehen die kochfeste rote Pökelfarbe und das charakteristische Pökelaroma. Der Salzraum sollte eine Temperatur von 6°C bis 8°C aufweisen.
Die bekanntesten Verfahren sind:
– **Trockenpökelung:** Einreiben mit Pökelsalz.
– **Naßpökelung:** Die Pökelprodukte werden in eine Pökellake (Pökelsalzlösung) eingelegt.
– **Schnellpökelung:** Die Pökellake wird in das zu pökelnde Produkt eingespritzt.

Anwendung: Alle Arten von Schinken, Wurstwaren, Fleischwaren, Speck, Pökelzunge, Gnagi.

Übersicht über die Konservierungsmethoden

Konservierungsmethode	Wirkung	Anwendung
Kühlen, von –1 °C bis ca. 5 °C	Kälte hemmt die Tätigkeit der Mikroorganismen und der Enzyme	Lebensmittel aller Art
Tiefkühlen, bei mindestens –30 °C; bei mindestens –18 °C lagern	Starke Kälte unterbricht die Tätigkeit der Mikroorganismen, hemmt die Tätigkeit der Enzyme	Lebensmittel aller Art
Pasteurisieren, zwischen 65 °C und ca. 90 °C	Bei dieser Hitze werden die meisten Mikroorganismen abgetötet, Enzyme sind nicht mehr aktiv	Milchprodukte, Fruchtsäfte, vakuumierte Produkte
Heißeinfüllen, bei ca. 100 °C	Siedetemperaturen töten die meisten Mikroorganismen, Enzyme sind nicht mehr aktiv	Konfitüren, Gelees, Kompott
Sterilisieren, zwischen 100 °C und 135 °C	Bei dieser Hitze werden alle Mikroben und Sporen abgetötet, Enzyme sind nicht mehr aktiv	Konserven von Fleisch, Fisch, Pilzen, Gemüse usw.
UHT-Verfahren, zwischen 130 °C und 150 °C	Alle Mikroorganismen und Sporen werden abgetötet, Enzyme sind nicht mehr aktiv	Milch- und Rahmsorten
Trocknen	Hemmt die Tätigkeit der Mikroben und der Enzyme durch Entzug des Wassers	Fleisch, Fisch, Teigwaren, Getreide, Gewürze, Gemüse
Dörren	Hemmt die Tätigkeit der Mikroben und der Enzyme durch Entzug des Wassers	Obst, Gemüse
Gefriertrocknen	Hemmt die Tätigkeit der Mikroben und der Enzyme durch Entzug des Wassers	Instant-Getränke, Gemüse, Pilze, Milchpulver, Kräuter
Eindicken	Hemmt die Tätigkeit der Mikroben durch Reduzieren des Wassers, Enzyme sind unwirksam	Extrakte wie *glace de viande, glace de poisson*; Tomatenpüree
Vakuumieren	Hemmt sauerstoffabhängige Mikroorganismen, schützt vor neuen Keimen, vor Austrocknung usw.	Kühl- und Tiefkühlprodukte
Überziehen	Hemmt sauerstoffabhängige Mikroorganismen und schützt vor Neubefall	Terrinen, Edamer
Filtrieren	Feinporiger Filter hält Mikroorganismen und Trübstoffe zurück	Fruchtsaft, Wein, Bier, Öl
Bestrahlen (in der Schweiz bewilligungspflichtig)	Radioaktive Strahlen töten Mikroorganismen, Enzyme werden unwirksam	Gewürze, Kartoffeln, Geflügel, Zwiebeln, Getreide
Salzen	Hemmt die Tätigkeit der Mikroben durch Entzug des frei verfügbaren Wassers	Fisch, Fleisch, Gemüse
Pökeln	Starke Hemmung der Mikroben durch Entzug des frei verfügbaren Wassers; Nitrit wirkt auf Mikroben wie Gift	Fleischwaren, Wurstwaren, Gnagi, Schinken
Räuchern	Wie Pökeln; Rauchbestandteile töten Mikroben noch zusätzlich ab	Speck, Rippli, Rohschinken, Wurstwaren, Fisch, Geflügel
Zuckern	Hemmt die Tätigkeit der Mikroben durch Entzug des frei verfügbaren Wassers	Konfitüren, Gelees, kandierte Früchte, Kondensmilch
Säuern	Senken des pH-Wertes unter 5 hemmt Fäulnisbakterien und viele Verderbniserreger	Sauerkraut, Sauerrahm, Salate, Pilze, Sauerbraten, Wildpfeffer
Einlegen in Alkohol	Bei einem Alkoholgehalt von mehr als 15 % haben die Mikroorganismen keine Überlebenschance	Rumtopf, Maraschino-Kirschen, Branntweinobst
Chemische Konservierungsstoffe	Konservierungsstoffe wirken auf verderbniserregende Mikroben wie Gift und töten sie ab	Lebensmittel, die industriell hergestellt werden

7.3.9 Räuchern

Räucherwaren werden in der Regel gepökelt. Der Rauch hat eine **keimtötende Wirkung.** Zudem trocknet – vor allem der heiße – Rauch die Oberfläche aus. Zur konservierenden Wirkung hinzu kommen das typische **Raucharoma** und die **Räucherfarbe,** die heute die Hauptgründe für das Räuchern sind. Die Räuchertemperaturen liegen zwischen 15 °C und 100 °C.
Anwendung: Fische, Wurstwaren, Schinken, Speck, Rippli, Geflügel, Wild.

7.3.10 Zuckern

Zucker in verdünnten Lösungen ist ein guter Nährboden für die Mikroorganismen. Große Zuckermengen töten sie jedoch oder hemmen zumindest ihr Wachstum, indem sich Zucker wie Salz löst und den Anteil des **frei verfügbaren Wassers** im Lebensmittel reduziert.
Anwendung: Konfitüren, Gelees, Zitronat, Orangeat, kandierte Früchte, Marzipan, Kondensmilch.

7.3.11 Säuern

Säuren wirken **hemmend auf das Wachstum** der Mikroorganismen. Bei einem pH-Wert unter 5 können Fäulniserreger nicht mehr und andere Verderbniserreger kaum mehr wachsen.
Der **pH-Wert ist ein Maßstab** für die Wasserstoffkonzentration in wässriger Lösung. Liegt der pH-Wert zwischen 0 und 6,99, so ist eine Lösung **sauer,** liegt der pH-Wert bei 7,0, ist eine Lösung **neutral** (Wasser). Bei Werten oberhalb 7 zeigt der pH-Wert ein **alkalisches** (basisches) Milieu an.

Salzsäure	pH 0,0
Magensaft	pH 1,0
Zitronensaft	pH 2,3
Weinessig	pH 2,9
Wein	pH 3,5
Tomatensaft	pH 4,1
Kaffee (schwarz)	pH 5,0
Milch	pH 6,6

Man unterscheidet zwischen der **Milchsäuregärung,** hervorgerufen durch Enzyme der Milchsäurebakterien, und dem **Säurezusatz,** bei dem man meistens Essig verwendet. Dabei werden aber bestimmte Nährstoffe ausgelaugt.
Anwendung: Mit Milchsäuregärung sind am bekanntesten Sauerkraut, Sauerrüben und verschiedene Milchprodukte; mit Essigzusatz: Essiggurken, Mixed Pickles, Oliven, Pilze, Salate, Zwiebeln, süß-saure Früchte, Fische, Sauerbraten, Wildpfeffer usw.

7.3.12 Einlegen in Alkohol

In Lösungen, die mehr als **15% Alkohol** enthalten, sind Mikroorganismen nicht mehr lebensfähig. Bei dieser Konservierungsmethode spielt die Geschmacksgebung eine wichtige Rolle.
Anwendung: Rumtopf, Branntwein, Maraschino-Kirschen, Branntweinobst usw.

7.3.13 Chemische Konservierungsstoffe

Sie werden nur in **kleinsten Mengen** Lebensmitteln zugesetzt, da sie auf die Mikroorganismen wie **Gift** wirken. Entweder zerstören sie die Zellmembranen der Kleinstlebewesen, oder sie greifen in ihren Stoffwechsel ein.
Anwendung: Für welche Lebensmittel und in welcher Menge diese Stoffe eingesetzt werden dürfen, ist gesetzlich genau geregelt (Zusatzstoffverordnung). In der Regel werden nur in der industriellen Herstellung Konservierungsstoffe zugesetzt. In jüngster Zeit wird immer mehr auf den Zusatz dieser Stoffe verzichtet, denn ein Problem bilden die Summe dieser Konservierungsstoffe einerseits und die Schadstoffe aus der Umwelt andererseits. Es ist heute noch nicht abzuschätzen, welche gesundheitlichen Auswirkungen es auf den Menschen haben könnte, zumal die Kombinationswirkung der einzelnen Stoffe noch zu wenig bekannt ist. So können Konservierungsstoffe zum Beispiel Allergien auslösen.

7.3.14 Convenience Food

Der Trend zu vorgefertigten oder industriell hergestellten Nahrungsmitteln hat sich aufgrund veränderter soziologischer Faktoren in den letzten Jahren stark durchgesetzt. Wir sprechen dabei von Convenience-Produkten. Convenience bedeutet **Erleichterung, Bequemlichkeit** – Convenience Food besteht demzufolge aus **bequemen Nahrungsmitteln.** Unter Convenience Food versteht man Produkte, die uns einen Teil der Arbeit, wie waschen, rüsten, kochen, würzen, konservieren, abnehmen.
Convenience Food ist eigentlich längst bekannt, wurden doch über Generationen gewisse Arbeitsgänge nach und nach abgebaut und dem Spezialisten überlassen, zum Beispiel das Mahlen von Getreide, das Backen von Brot, das Herstellen von Teigwaren usw.

Arbeiten mit Convenience Food

Convenience-Produkte sind Hilfsmittel

Viele Convenience-Produkte sind Basisprodukte, die individuell bereichert, verfeinert und abgeschmeckt werden können/sollen.

Zubereitungsanleitungen beachten

Kochanleitungen auf den Produkten genau durchlesen. Die Angaben bezüglich Gewicht, Kochzeit und Zubereitung sind genau einzuhalten.

Kurze Kochzeiten

Saucen und Suppen haben eine sehr kurze Kochzeit. Durch unnötig langes Kochen leidet die Qualität, und die Bindung läßt nach.

Mengenverhältnisse einhalten

Die Mengenverhältnisse Masse : Flüssigkeit sind genau aufeinander abgestimmt und müssen abgewogen und abgemessen und sollen nicht nur geschätzt werden.

Löslichkeit von Pulversaucen und -suppen

Saucen und Suppen müssen – je nach Rezeptur – in kaltem oder warmem Wasser aufgelöst und dann aufgekocht werden.

Instant-Produkte

Instant-Produkte können ohne Knollenbildung in heiße Flüssigkeiten eingerührt werden. Produkte in Pastenform sind frei dosierbar.

Teilmengen

Vor Entnahme von Teilmengen die Masse durchmischen. Angebrochene Packungen wieder gut verschließen und trocken und kühl aufbewahren.

Convenience-Produkte sind als Hilfsmittel in der Küche, sinnvoll eingesetzt und individuell verfeinert, eine Hilfe und Herausforderung für den Koch. Andererseits dürfte klar sein, daß in Betrieben, welche vorwiegend nur Convenience Food aufbereiten und servieren, eine seriöse Ausbildung von Kochlehrtöchtern und Kochlehrlingen nicht möglich und auch nicht gestattet ist.

Fertigungsstufen

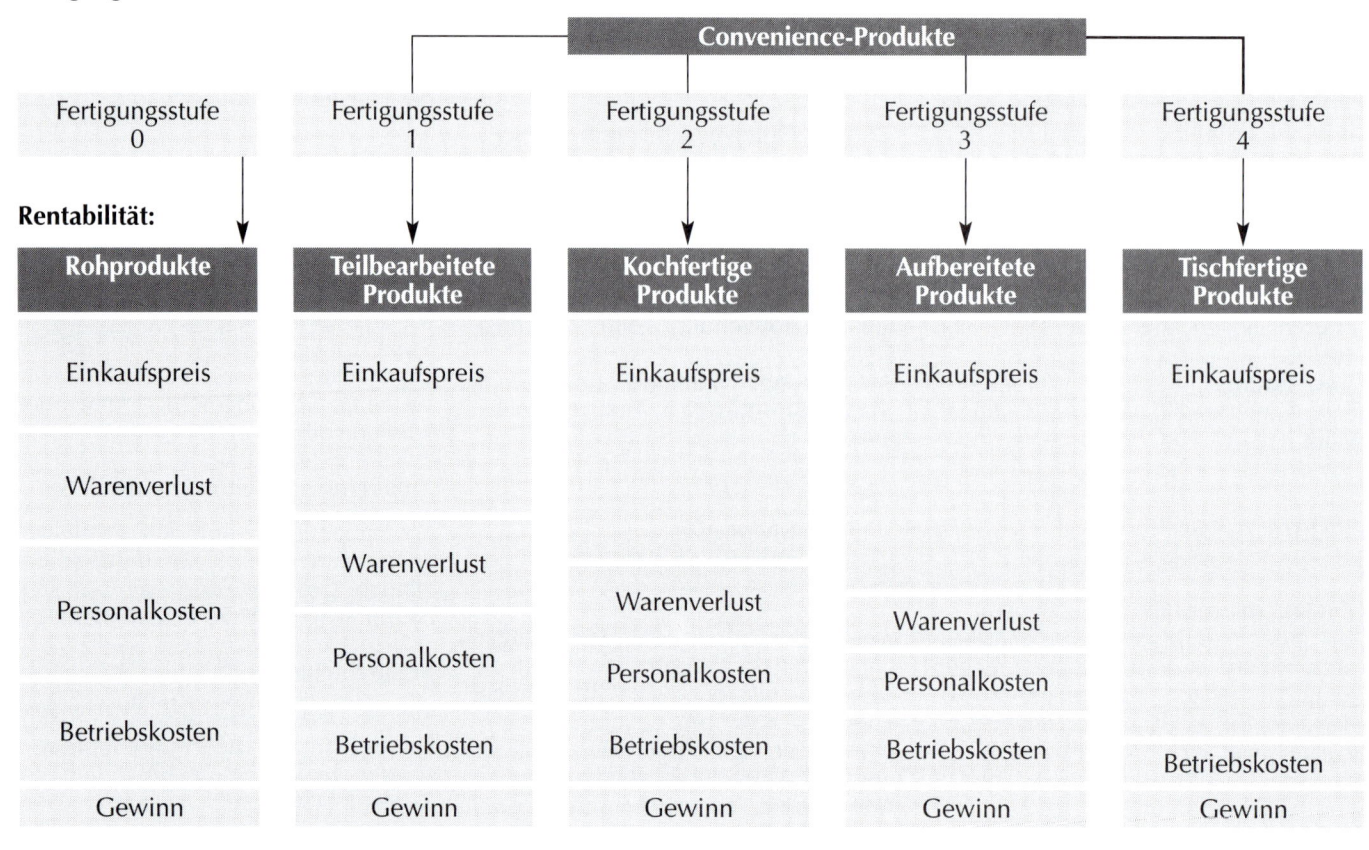

		Convenience-Produkte		
Fertigungsstufe 0	Fertigungsstufe 1	Fertigungsstufe 2	Fertigungsstufe 3	Fertigungsstufe 4

Rentabilität:

Rohprodukte	Teilbearbeitete Produkte	Kochfertige Produkte	Aufbereitete Produkte	Tischfertige Produkte
Einkaufspreis	Einkaufspreis	Einkaufspreis	Einkaufspreis	Einkaufspreis
Warenverlust				
	Warenverlust			
Personalkosten		Warenverlust	Warenverlust	
	Personalkosten	Personalkosten	Personalkosten	
Betriebskosten	Betriebskosten	Betriebskosten	Betriebskosten	Betriebskosten
Gewinn	Gewinn	Gewinn	Gewinn	Gewinn

7.4 Die Grundzubereitungsarten

Nur das Beherrschen der Grundzubereitungsarten ermöglicht eine einwandfreie Durchführung der Kochprozesse. Das heißt, nur wer sie beherrscht und konsequent anwendet, ist in der Lage, auch komplizierte Gerichte davon abzuleiten.

Jedes Gericht ist in irgendeiner Form mit einer oder mehreren der folgenden Grundzubereitungsarten hergestellt:

Blanchieren
Blanchir

Pochieren
Pocher

Sieden
Bouillir

Dämpfen
Cuire à la vapeur

Fritieren
Frire

Sautieren / Kurzbraten
Sauter

Grillieren
Griller

Gratinieren / Überbacken
Gratiner

Rösten
Brunir

Backen im Ofen
Cuire au four

Braten
Rôtir

Schmoren
Braiser

Glasieren
Glacer

Poelieren / Hellbraundünsten
Poêler

Dünsten
Etuver

7.4.1 Blanchieren

Blanchieren ist ein Garprozeß für Blattgemüse, für alle übrigen Kochgüter ein Vorgaren.

	Wo	**Was**	**Wie**	**Warum**
Im kalten bzw. heißen Wasser ansetzen		Knochen, im kalten Wasser; Fleischstücke, Suppenhuhn, im heißen Wasser	Kochgut in entsprechendes Wasser geben. Rasch zum Siedepunkt bringen, abschäumen, abfetten, abschütten. Erst heiß, dann kalt abspülen.	Entfernen von Unreinheiten (Sägerückstände, Fett). Frische Fleischstücke sollten nicht blanchiert werden.
Im siedenden Wasser		Kartoffeln	In viel siedendes Salzwasser geben, rasch zum Siedepunkt bringen, abschütten, auf einem Blech zur Weiterverarbeitung auskühlen.	Enzyme werden inaktiviert. Die Kartoffeln sind für nachfolgende Zubereitungsarten bereits trocken und schneller gar.
		Gemüse	In viel siedendes Salzwasser geben, rasch zum Siedepunkt bringen. Im kalten Wasser oder im Eiswasser abschrecken.	Bitterstoffe werden entfernt. Das Blattgrün bleibt erhalten. Enzyme werden inaktiviert. Aus verarbeitungstechnischen Gründen (Tiefkühlen).
Im Dampf (Druckdämpfer, Kombidämpfer, Kombisteamer)		Kartoffeln	Im Steamer oder im Kombisteamer nach Vorschrift vorgaren. Auf flachem Geschirr bis zur Weiterverwendung auskühlen lassen.	Vitamine und Mineralsalze werden geschont. Dampf laugt das Kochgut weniger aus. Kochgut bleibt trocken zur Weiterverwendung.
		Gemüse	Im Steamer oder im Kombisteamer nach Vorschrift vorgaren. Sofort in Eiswasser abschrecken.	Vitamine und Mineralsalze werden geschont. Dampf laugt das Kochgut weniger aus. Kochgut bleibt trocken zur Weiterverwendung.
Im Öl (Fritüre)		Kartoffeln, Gemüse, Obst, Fische	In der Fritüre bei 140 °C bis 150 °C vorgaren.	Das Backgut wird vorgegart. Aus verarbeitungstechnischen Gründen (rationellere Fertigung).

7.4.2 Pochieren

Pochieren ist ein ausgesprochen schonender Garprozeß bei genau überwachten Temperaturen (in der Regel zwischen 65 °C und 80 °C).

Wo	Im Fond, mit wenig Flüssigkeit	Im Wasser oder im Fond schwimmend	Im Wasserbad mit Bewegung	Im Wasserbad ohne Bewegung	Im Kombisteamer oder im Steamer mit exakter Dampftemperatursteuerung
Was	Ganze Fische, Fischfilets, Geflügelbrust, Krustentiere, Weichtiere	Eier, Galantinen, Wurstwaren, Geflügel, Klösse, Gnocchi, Hirn, Milken, Füllungen, geräuchertes, gepökeltes Schweinefleisch, große Fische, Fischtranchen	Cremen, Sabayon, Biskuitmassen, Buttersaucen, Süßspeisen, Parfait-Massen	Eierstich (Royale), gestürzte Cremen, Terrinen, Timbalen, Gemüseflans, Puddings, weitere Süßspeisen	Eierstich (Royale), ganze Fische, Fischfilets, Gemüseflans, Terrinen, gestürzte Cremen, weitere Süßspeisen
Wie	In wenig Fond, mit Pergamentpapier oder Deckel bedeckt, nach Möglichkeit im Ofen pochieren.	Schwimmend, je nach Nahrungsmittel, bei 70 °C bis 80 °C pochieren.	Massen in einer Rührschüssel schlagen; maximale Zugänglichkeit für den Schneebesen.	Formen auf Papierservietten oder Pergamentpapier stellen (Schutz vor übermäßiger Kontaktwärme, erhöht die Standfestigkeit).	Je nach Pochiergut bei unterschiedlichen Temperaturen.
Warum	Die kurzgehaltene Flüssigkeit wird für die Sauce weiterverwendet. Schonende Zubereitungsart für bindegewebearme Nahrungsmittel.	Langsames Garziehen ist gewährleistet. Zu große Hitze würde die Struktur der Nahrungsmittel ungünstig beeinflussen.	Durch das Wasserbad ist eine gleichmäßige Wärmeübertragung gewährleistet.	Schonendes, gleichmäßiges Garen bei kontrollierten Temperaturen.	Schonendes Garen bei genauen Temperaturen. Gleichmäßige Wärmeverteilung im Garraum. Einfache Handhabung.

7.4.3 Sieden / Kochen

Sieden ist ein Garprozeß knapp unter dem Siedepunkt (nicht sprudelnd).
Kochen ist ein Garprozeß auf dem Siedepunkt (sprudelnd).

Wo	Im Wasser oder in einem Fond							
Wie	Kalt ansetzen				Heiß ansetzen			
	Mit Deckel		Ohne Deckel		Mit Deckel		Ohne Deckel	
	Sprudelnd	Nicht sprudelnd	Nicht sprudelnd		Sprudelnd		Sprudelnd	Nicht sprudelnd
Was	Trockengemüse, Hülsenfrüchte	Dörrobst	Knochen, Fischgräten, Grundfonds, Kraftbrühen		Gemüse, Kartoffeln		Reis, Teigwaren, Blattgemüse	Blankett, Siedfleisch, Suppenhuhn, Zunge, Eier in der Schale
Warum	Das Kochgut muß während des Kochprozesses Wasser aufnehmen (aufquellen).	Zartes Kochgut würde durch sprudelndes Sieden unansehnlich.	Klare Flüssigkeiten werden durch sprudelndes Sieden trübe.		Schnelles Erreichen des Siedepunktes und somit geringerer Verlust an Nährstoffen und Aroma.		Ein Zusammenkleben bei Reis und Teigwaren wird vermieden. Das Kochgut muß dauernd überwacht werden.	Geringerer Gewichtsverlust bei Fleisch. Die Garzeit verlängert sich nur unwesentlich.

7.4.4 Dämpfen

Dämpfen ist ein Garprozeß mit Trocken- oder Naßdampf, mit oder ohne Druck.

	Im Druckdämpfer Im Steamer	Im Kombidämpfer Im Kombisteamer	Im Dampfkochtopf	In einer Kasserolle mit Deckel und Siebeinsatz	Im Universal-Druckkochapparat	Im Kombidämpfer Im Vakuum (*sous vide*)
Wo						
Was	Gemüse aller Art, Kartoffeln, Fleisch, Fische, Krusten- und Weichtiere, Innereien, Getreideprodukte, Hülsenfrüchte. Regenerieren von vorgegarten Speisen. Zusammen gedämpft werden können – Kochgut gleicher Stückgröße – Kochgut gleicher Zellstruktur				Größere Mengen von Gemüse, Kartoffeln, Getreideprodukten, Hülsenfrüchten, Fleisch usw.	Gemüse, Fleisch, Fische, Krustentiere ohne Schale, Weichtiere, Salzkartoffeln, Terrinen usw.
Wie	Mit oder ohne Druck. Temperatur mittels Dampf stufenlos regulierbar von 60 °C bis 120 °C (Trockendampf).	Ohne Druck. Stufenlose Temperatursteuerung von 60 °C bis 98 °C (Naßdampf).	Mit Druck und Naßdampf.	Ohne Druck, mit Naßdampf.	Mit Druck und Trockendampf.	Ohne Druck bei genauen Temperaturen stufenlos von 60 °C bis 98 °C (Naßdampf).
Warum	Reduktion der Garzeit bis zu zwei Drittel (nur bei Druck über 100 °C). Dampf laugt das Kochgut weniger aus. Das Kochgut bleibt trocken und kann sofort weiterverwendet werden. Das Kochgut wird nicht bewegt und bleibt deshalb äußerlich schöner.				Für große Mengen mit minimalem Platzbedarf. Universell einsetzbar. Weitere Vorteile siehe Druckdämpfen.	Kein «Aufwärmgeschmack». Optimale Farberhaltung bei Gemüse. Längere Garzeiten. Große Anforderungen an die Hygiene.

Thema 7   Blatt 19

7.4.5 Fritieren

Fritieren ist ein Garprozeß in einem Fettbad (Fritüre), bei steigender oder konstanter Temperatur.
Ein Hitzeabfall ist bei dieser Grundzubereitungsart unbedingt zu vermeiden.
Vorfritierte Rohstoffe (Kartoffelstäbchen) können auch in Fritierautomaten mit Heißluft gebacken werden.
Der Fettanteil der vorfritierten Rohstoffe muß 5 bis 7% betragen.

Wo

- In der Friteuse bzw. in der Fritüre.
- Fritierautomaten mit Heißluft.

Was

- Fleischgerichte, Fischgerichte, Krustentiere, Weichtiere, Käsegerichte, Kartoffeln, Gemüse, Pilze, Obst, Süßspeisen usw.

Wie

- Vorfritieren bei 140°C bis 150°C
- Fertig fritieren bei maximal 180°C

Warum

- Dem Gargut in kurzer Zeit eine gleichmäßige Farbe und Kruste zu geben.
- Mit der Kruste erhält das Gargut die typischen Geschmacksstoffe.

Spezifische Anforderungen an die Fritüre

- Nur hitzebeständige, nicht schäumende Fettstoffe verwenden.
- Thermostat richtig einstellen und periodisch auf Genauigkeit überprüfen lassen.
- Fettstoffe nie über 200°C erhitzen.
- Keine Fettstoffe mit einem hohen Anteil an mehrfach ungesättigten Fettsäuren verwenden – sie zersetzen die Fritüre.
- Während der schwachen Betriebszeiten die Friteuse auf halbe Leistung stellen oder den entsprechenden Schalter betätigen.

Kennzeichen einer verdorbenen Fritüre

- Starkes Schäumen, feinblasiger zäher Schaum (Bierschaum), der nicht mehr zusammenfällt und beim Ausbacken ständig ansteigt.
- Tiefer Rauchpunkt (170°C) und starke Rauchentwicklung bei 180°C bis 190°C.
- Beißender Rauch, der Augen und Schleimhäute reizt.
- Schlechter Geruch und Geschmack des Backgutes.
- Zähflüssiges, dickes Fritiermedium, starke Dunkelfärbung.
- Negatives Testergebnis am Testgerät (z.B. Fritest).

Wenn das Kochgut in die Fritüre kommt

- Nur kleine Mengen auf einmal in die Fritüre geben (Temperatur fällt sonst, Fritiergut nimmt zu viel Fett auf).
- Nasses Fritiergut gründlich abtropfen lassen (Blasenbildung, Fritüre kocht über, Verbrennungsgefahr). Panierte, in Mehl, Ei oder Teigmassen gewendete Fritiergüter gründlich abklopfen oder abstreifen (sonst unnötige Verschmutzung der Fritüre).

Wenn das Kochgut aus der Fritüre kommt

- Fritiertes zum Entfetten auf einer Papierserviette ausbreiten.
- Niemals über der Fritüre salzen, zuckern oder würzen.
- Fritiertes nie zudecken (Kondenswasserbildung).

Nach dem Fritieren

- Die Fritüre abpassieren, die Friteuse eventuell reinigen.
- Fettstoff auf die weitere Verwendbarkeit überprüfen.
- Bei Nichtgebrauch abstellen und nach Erkalten zudecken.

7.4.6 Sautieren / Kurzbraten

Sautieren ist ein Garprozeß im erhitzten Fettstoff – unter Schwenken oder Wenden –, ohne Flüssigkeitszugabe (Flüssigkeitszugabe erfolgt bei Saucengerichten nach dem Herausnehmen der Fleischstücke).

Wo	In Bratpfanne, Sautoir, Sauteuse, Kippbratpfanne	In Lyoner Pfanne, Kippbratpfanne	In Lyoner Pfanne, Sauteuse, spezialbeschichteten Pfannen	In Lyoner Pfanne, spezialbeschichteten Pfannen	Auf Griddleplatte
Was	Zarte Fleischstücke	Kleine Fische, Fischteile (Filets, Tranchen, Goujons usw.)	Gemüse, Pilze	Kartoffeln, Obst	Zarte Fleisch- und Fischstücke
Wie	– Fleischstücke im erhitzten Fettstoff mit Bewegung oder durch Wenden garen. – Den vorhandenen Bratensatz deglasieren und für die dazugehörende Sauce bzw. den Fond verwenden.	– Fische oder Fischteile im erhitzten Fettstoff mit Bewegung oder durch Wenden garen. – Am Schluß mit wenig schaumiger oder flüssiger Butter übergießen.	– Gemüse (blanchiert, roh oder gesotten) und Pilze in Fettstoff sautieren oder schwenken. Mit oder ohne Farbgebung.	– Gesottene oder gedämpfte Schalenkartoffeln im Fettstoff durch Schwenken oder Wenden rösten. – Obst in Butter mit oder ohne Farbgebung sautieren.	– Griddleplatte leicht einölen. Fleisch- oder Fischstücke durch Wenden garen.
Warum	– Das schnelle beidseitige Anbraten im heißen Fettstoff bewirkt, daß sich die Fleischporen an der Oberfläche zusammenziehen und kein Saft nach außen tritt. – Fleisch erst im letzten Moment salzen.	– Ganze Fische ziselieren, um ein gleichmäßiges Durchbraten zu erreichen. – Zuerst die Innenseite der Fischfilets anbraten, damit nach dem Wenden diese Seite obenauf zu liegen kommt.	Sautiertes Gemüse behält weitgehend Farbe, Geschmack und Festigkeit.	Vorteile: – Kleiner Fettstoffverbrauch – Ideal für größere Mengen – Gut geeignet für Fleischtranchen Nachteile: – Man kann keine Saucen herstellen – Nicht geeignet für Kochgut, das schwingend sautiert werden muß	

Thema 7 **Blatt 21**

7.4.7 Grillieren

Unter Grillieren versteht man das Garen auf einem in der Regel durch elektrische Energie, Gas oder Holzkohle erhitzten Rost.

Wo	**Was**	**Wie**	**Warum**
Auf Elektrogrill, Gasgrill, in Grillpfanne	Kleinere bis mittlere Fleischstücke (Schnitzel, Steaks, Koteletts, Entrecôtes, Chateaubriands, Spießchen, Tournedos, Medaillons usw.) Geflügel (Geflügelteile, Brüstchen, Schnitzel usw.) Kleinere Fische und Fischteile (Süßwasser-, Salzwasserfische) Krusten- und Weichtiere (Scampi, Hummer, Langusten, Calamares usw.) Kartoffeln in der Alufolie Gemüse und Obst (eventuell vorher in Alufolie einpacken)	Das Grillieren geschieht mittels Kontaktwärme. Je nach Art das Grillgut leicht marinieren. Zuerst mit starker Hitze die Oberfläche schließen, dann mit schwächerer Hitze fertiggaren. Das Grillgut wenden (nicht mit der Gabel hineinstechen), wodurch das charakteristische Grillmuster entsteht. Die Temperatur dem Grillgut anpassen (dünne Stücke: starke Hitze; dicke Stücke: schwächere Hitze). Garstufenbestimmung mit Druckprobe.	Die Ölmarinade schützt die Gewürze vor dem Verbrennen. Die Aromastoffe dringen mit dem Öl in das Fleisch ein.
Auf Holzkohlengrill			Fleisch nicht über, sondern etwas vor der Glut plazieren (dazu eine Auffangschale für Fett). Begründung: In die Glut tropfender Fettstoff verbrennt. Der aufsteigende Rauch und die darin enthaltenen Verbrennungsprodukte sind gesundheitsschädlich (Benzpyrene).

291

Thema 7 **Blatt 22**

7.4.9 Rösten

Geröstet wird bei Temperaturen von etwa 100 °C bis 300 °C mit Fettstoff oder nur mit trockener Hitze.

Wo

Mit Fettstoff:
- In der Bratpfanne, Kippbratpfanne oder im Bratgeschirr im Ofen (Umluftofen)

Ohne Fettstoff:
- Im Toaster, unter dem Salamander, im Ofen oder in der Lyoner Pfanne (Mehl)

Was

Mit Fettstoff:
- Knochen und Röstgemüse für Fonds und Saucen

Ohne Fettstoff:
- Röstbrotschnitte (Toast)
- Mandeln, Haselnüsse, Kürbis- und Sonnenblumenkerne, Kastanien (Marroni)
- Mehl
- Kaffee, Kakao

Wie

Mit Fettstoff:
- Knochen im Fettstoff langsam anrösten, Knochen immer wieder wenden, damit sie gleichmäßig geröstet werden. Mirepoix zugeben und mitrösten.
- Mehl in einer Lyoner Pfanne, im Ofen, langsam braun rösten.

Ohne Fettstoff:
- Haselnüsse, Mandeln oder Kastanien auf Backblech im Ofen gleichmäßig rösten.
- Kaffeebohnen bei etwa 200 °C bis 250 °C in speziellen Röstapparaten rösten.
- Kakaobohnen bei etwa 100 °C bis 140 °C rösten.

Warum

- Die Aromastoffe (Röstbitterstoffe) kommen besser zur Geltung.
- Kruste wird gebildet (knusperig).
- Braune Farbe wird erreicht.

7.4.8 Gratinieren / Überbacken

Gratiniert wird mit starker Oberhitze:
200 °C bis 300 °C im Backofen oder Salamander.
Die trockene Wärmeeinwirkung führt rasch zur Krustenbildung.

Wo

Unter dem Salamander oder im Ofen mit starker Oberhitze (Wärmestrahlen)

Was

Rohes Kochgut:
- Tomaten

Vorgegartes Kochgut:
- Eierspeisen, Suppen, Käsegerichte
- Fische, Krusten- und Weichtiere
- Schlachtfleisch und Mastgeflügel
- Teigwarengerichte, Teiggerichte
- Gemüsegerichte, Kartoffeln
- verschiedene Süßspeisen

Wie

Mindestens einer der folgenden Stoffe ist, gesondert oder als Bestandteil z. B. von Saucen oder Cremen, zum Gratinieren erforderlich:
- Käse
- Mie de pain (Weißbrotbrösel)
- Rahm
- Butter oder Fettstoff
- Eier
- Eimasse

Saucen, die sich zum Gratinieren (Überbacken) eignen:
- weiße Käsesauce (sauce Mornay)
- weiße Zwiebelsauce (soubise)
- weiße Saucen

Warum

- Um eine trockene Kruste zu erhalten, bestreut man das Kochgut mit geriebenem Käse, Panierbrot oder mie de pain (Weißbrotbrösel).
- Eine weiche, saftige Kruste entsteht, wenn das Kochgut mit einer Creme- oder einer Mornay-Sauce nappiert wird.

7.4.10 Backen im Ofen

Backen ist ein Garprozeß bei trockener Hitze, ohne Fettstoff und ohne Flüssigkeit.

	Wo	**Was**	**Wie**	**Warum**
Im Backofen (Blech, Rost, in Formen)		Backwaren (Torten, Kuchen, Kleingebäck) Kartoffeln (gebackene Kartoffeln, Duchesse-Kartoffeln) Teiggerichte (Gnocchi Pariser Art, *quiches*, Pizzen) Soufflés (mit Käse, Schinken, Champignons, Gemüse) Puddings (Frankfurter, Saxon, alle englischen Puddings) Schlachtfleisch (Schinken im Teig, Filet Wellington, Pasteten) Mastgeflügel (Poulet im Teig) Wildbret (Fasan Suworow)	Auf Blechen, in Formen oder auf dem Rost. Temperatur je nach Backgut 140 °C bis 250 °C. Hitze während des Backprozesses steigend oder fallend.	Vorteile von Fleischgerichten im Teig: – Fleisch bleibt durch den hermetischen Abschluß saftig. – Geschmacksstoffe können nicht entweichen. – Speisen bleiben lange heiß. – Kohlenhydratbeilage bereits durch den Teig.
Im Kombidämpfer				
Im Umluftofen				
Im Mehrlagen-Umluftofen mit Etagenheizung		Alle nebenstehenden Gerichte, aber speziell geeignet für – Kuchen aller Art – Gebäck – Blätterteiggerichte – Wähen, Pizzen – Teiggerichte	Auf dem Rost bei unterschiedlichen Temperaturen. Durch Zuschalten der Etagenheizung kann eine bessere Bräunung erzielt werden.	Bessere Farbgebung durch zuschaltbare Etagenheizung bei Kuchen- und Tortenböden sowie Gebäck.

7.4.11 Braten

Braten ist ein Garprozeß bei mittlerer Hitze, unter fleißigem Begießen mit Fettstoff, ohne Flüssigkeit und ohne Deckel.

	Im Ofen	Im Kombidämpfer	Im Umluftofen oder im Mehrlagen-Umluftofen mit Etagenheizung	Am Spieß	Im Niedertemperaturofen
Wo					
Was		Schlachtfleisch: Rind (Filet, Roastbeef, Hohrücken, Huft); Kalb (Rücken, Nierenbraten, Kronenbraten); Schwein (Hals, Karree, Schinken); Lamm (Schlegel, Rücken, Karree, Baron, Kronenbraten) Mastgeflügel: alle Hühner (außer Suppenhuhn), Ente, Perlhuhn, Gans, Taube, Trute Wildbret: Rücken und Keulen von jungem Haarwild, alle Arten von jungem Federwild Kartoffeln: Bratkartoffeln, Kartoffeln Pariser Art, Schloßkartoffeln, Bäckerinkartoffeln		Alle nebenstehenden Gerichte von Schlachtfleisch (außer Kronenbraten vom Lamm und vom Kalb), Mastgeflügel und Wildbret, Spanferkel	Alle nebenstehenden Gerichte von Schlachtfleisch, Mastgeflügel und Wildbret
Wie		– Bei mittlerer Hitze ohne Deckel anbraten (Ausnahme: Fleischstücke mit dicker Fettschicht wie US-Beef). – Nachher bei sinkender Hitze unter öfterem Begießen oder Wenden mit Fettstoff ohne Flüssigkeit. – Fleischstücke nach dem Braten 15–30 Minuten an einem mäßig warmen Ort «nachziehen» lassen.		– Bei anfänglich starker Hitze anbraten. – Nachher Hitze etwas reduzieren und unter öfterem Begießen oder Bepinseln mit Fettstoff fertig braten. – «Nachziehen» lassen.	Im Niedertemperaturofen nach Vorschrift bei genau einzuhaltenden Temperaturen fertig garen.
Warum	Warum läßt man einen Braten «nachziehen»? Temperaturausgleich muß zuerst stattfinden, damit der Saftverlust beim Aufschneiden möglichst gering bleibt. Zum Schneiden ein Tranchiermesser verwenden.				Durch den langen Garprozeß bei niedrigen Temperaturen werden Fleischstücke äußerst zart. Geringer Gewichtsverlust. Nachteile: – Bei Nichteinhalten der genauen Temperaturen kann das Fleisch verderben. – Fleisch bzw. Fettkruste ist nicht knusprig.

Thema 7 **Blatt 25**

7.4.12 Schmoren

Schmoren ist ein Garprozeß in wenig Flüssigkeit, mit Deckel, im Ofen oder in einer Druckbraisiere.

Wo	In der Braisiere oder in der Druckbraisiere			In der Braisiere oder in der Poissonniere
Was	Dunkles Schlachtfleisch (= schmoren)	Helles Schlachtfleisch und Geflügel (= glasieren)	Saftplätzli, Ragouts, Geflügel	Gemüse	Fische
Wie	– Fleisch stark anbraten – Mirepoix, Tomatenpüree zugeben – Mit Wein oder Marinade (aufkochen und passieren) ablöschen, einkochen – Mit Fond bis zu ⅓ der Höhe des Kochgutes auffüllen – Im Ofen schmoren, des öfteren arrosieren – Fleisch herausnehmen – Fond oder Sauce einkochen, passieren, entfetten, abschmecken – Fleisch tranchieren und mit Sauce bzw. Fond nappieren	– Fleisch leicht anbraten – Mirepoix zugeben – Mit Wein ablöschen, einkochen – Mit Fond bis zu ¼ der Höhe des Kochgutes auffüllen – Im Ofen zugedeckt schmoren – Am Schluß ohne Deckel mit dem sirupartigen Fond glasieren (Gelatinegehalt des hellen Schlachtfleisches bewirkt Glasur) – Fleisch herausnehmen – Wein bzw. Fond zugeben, Sauce herstellen – Fleisch tranchieren – Sauce separat servieren	– Fleischstücke anbraten – Mirepoix usw. zugeben – Mit Wein ablöschen, sirupartig einkochen – Mit Fond bzw. Sauce vollkommen bedecken und weichschmoren – Fleisch ausstechen – Sauce passieren, abschmecken, vervollständigen – Fleisch wieder in die Sauce zurückgeben	– Zutaten (Matignon, Speck) andünsten – Vorbereitetes Gemüse zugeben – Mit Bouillon oder anderer Flüssigkeit bis zu ⅓ der Höhe des Gemüses auffüllen – Aufkochen und zugedeckt weichschmoren – Im Fond erkalten lassen – Evtl. schneiden oder dressieren	– Klein geschnittenes Mirepoix andünsten – Fisch zugeben – Wein und Fischfond bis zu ¼ der Höhe des Fisches auffüllen – Aufkochen, zudecken – Im Ofen unter öfterem Begießen schmoren und glasieren – Zurückbleibenden Fond für die Sauce verwenden
Beispiele	**Große Fleischstücke:** Rind: Teile des Stotzens, Schulter, Huft von älteren Tieren Hammel: Gigot und Schulter Wild: Schulter sowie ältere Exemplare	**Große Fleischstücke:** Kalbsnierenbraten, Kalbshaxe, Kalbsschulter, Kalbsbrust, Lammschulter, Schinken, Schweinsschulter. **Kleinere Fleischstücke:** Gefüllte Pouletschenkel, Kalbsbrustschnitten, Fleischröllchen, «Ossibucchi».	Kalbsvoressen (Ragout), Rinds-, Schweins-, Lammvoressen, Pfeffer, Saftplätzli, Voressen mit Curry, Pouletvoressen.	Lattich, Knollensellerie, Stangensellerie, Fenchel, Rotkraut*, Sauerkraut*, bayerisches Kraut*, Stangenbohnen*, Brüsseler Endivien usw. * ohne Matignon	Große Fische und Fischstücke von Lachs, Seeforelle, Steinbutt, Karpfen (nach Belieben gefüllt), gefüllte Kalmare.

	7.4.13 Glasieren	7.4.14 Poelieren / Hellbraundünsten	7.4.15 Dünsten
	Unter Glasieren versteht man gedünstetes Gemüse, das am Schluß im sirupartig eingekochten Fond überglänzt wird. (Siehe auch Schmoren von hellem Fleisch, Seiten 386–388.)	Poelieren ist ein Garprozeß im Fettstoff, bei schwacher Hitze, im Ofen, mit Deckel, ohne Fremdflüssigkeit.	Dünsten ist ein Garprozeß mit möglichst wenig Fremdflüssigkeit.
Wo	In einer Sauteuse (größere Mengen in einem Rondeau)	In Braisiere, Sautoir mit Deckel, Rondeau mit Deckel	In Kasserolle, Sauteuse, Sautoir, Rondeau (meist mit Deckel)
Was	Vor allem zuckerhaltige Gemüse: – Karotten, Weißrüben – Kastanien, Perlzwiebeln – Knollensellerie, Gurken – Zucchetti, Kohlrabi – usw.	Geflügel: Zartes Mastgeflügel aller Art Schlachtfleisch: zarte Stücke wie Filet, Gigot, Kalbsnierenstück, Kotelettstück	Fleischgerichte: Frikassees, Gulasch Gemüse: Tomaten, Gurken, Zucchetti, Blattspinat, Pilze usw. Obst: Äpfel, Ananas, Aprikosen, Pfirsiche usw.
Wie	– Gemüse nach Möglichkeit nicht blanchieren. – Gemüse in heller Bouillon oder im Wasser mit Butter, Salz und Zucker ansetzen (geschmackliche Verbesserung; Glasureffekt wird erhöht). – Zugedeckt weichdünsten. – Am Schluß im sirupartig eingekochten Fond durchschwenken und glasieren.	– Mirepoix und eventuell Speckwürfel in der Braisiere verteilen. – Gebundene und gewürzte Fleischstücke draufsetzen. – Geklärte Butter über das Fleisch geben. – Zudecken und unter öfterem Arrosieren bei 140°C bis 160°C poelieren. – Zuletzt ohne Deckel rasch Farbe geben. – Mirepoix und Bratensatz für dazugehörende Sauce verwenden.	– Fettstoff leicht erhitzen. – Kochgut evtl. mit weiteren Zutaten zugeben. – Je nach Kochgut evtl. Flüssigkeit zugeben. – Meist zugedeckt weichdünsten. – Für Obst kann anstelle von Fettstoff wenig Zuckersirup oder Weißwein erhitzt werden.
Warum	Warum Gemüse nach Möglichkeit nicht blanchieren? Durch das Blanchieren wird Gemüse unnötig ausgelaugt, wertvolle Mineralsalze und Vitamine gehen verloren. Verlust an Eigengeschmack.	Bei Temperaturen von lediglich 160°C gart das Fleisch besonders nährstoffschonend und wird wegen des Fehlens einer Bratkruste auch leichtverdaulich.	Weil Röstbitterstoffe fehlen und mit wenig Fremdflüssigkeit gegart wird, kommen die eigenen Aromastoffe besser zur Geltung.

7.5 Hilfsmittel und Zutaten

7.5.1 Marinaden – *marinades*

Durch das Marinieren oder das Einlegen in Marinaden (Beizen) sollen
- bestimmte Fasern der Fleischstücke zarter gemacht,
- mit Geschmacksstoffen die marinierten Nahrungsmittel (Fische, Fleisch, Gemüse, Obst usw.) aromatisch verändert,
- Produkte konserviert bzw. die Haltbarkeit der marinierten Produkte verlängert werden.

Unterschieden werden

Kurzmarinaden
Marinades rapides

Marinaden für Schlachtfleisch und Wildbret
Marinades pour viandes de boucherie et pour gibier

Salzlaken – *saumures*

Kurzmarinaden – *marinades rapides*

	Öl	Gewürze, Kräuter, Zitronensaft													Spirituosen			
	Erdnußöl	Basilikum	Salbei	Petersilie	Kerbel	Dill	Zitronenmelisse	Thymian	Majoran	Rosmarin	Estragon	Paprika	Pfeffer aus der Mühle	Knoblauch	Pastetengewürz	Zitronensaft	Madeira	Portwein	Cognac	Kirsch, Rum
Fische				●	●	●	●	●			●		●			●				
Grilladen von Rindfleisch	●							●		●			●							
Grilladen von Kalbfleisch	●	●						●	●				●			●				
Grilladen von Lammfleisch	●	●						●	●				●	●						
Grilladen von Geflügel	●		●					●		●		●	●							
Grilladen vom Schwein	●									●			●	●						
Pasteten und Terrinen								●	●						●			●	●	
Obst																●				●

Bemerkungen: Sämtliche Kurzmarinaden ohne Salz herstellen. Die Marinierdauer richtet sich nach der Stückgröße (Dicke) und nach der gewünschten Geschmacksstärke.

Marinade für Schlachtfleisch und Wildbret – *marinade pour viande de boucherie et pour gibier*

Zutaten für 5 l		
Rot- oder Weißwein	4,5	l
Rot- oder Weißweinessig	0,5	l
Zwiebeln	0,4	kg
Karotten	0,2	kg
Sellerie	0,15	kg
Knoblauchzehen	0,02	kg
Lorbeerblätter	2	Stück
Gewürznelke	1	Stück
Pfefferkörner	20	Stück
Thymian, Rosmarin		
Wacholderbeeren (für Wild)		

Vorbereitung
- Gemüse rüsten und ein Mirepoix schneiden.

Zubereitung
- Das parierte und eventuell geschnittene Fleisch mit den Gewürzen und dem Mirepoix in ein passendes rostfreies Geschirr geben.
- Essig mit dem Wein vermischen und darübergießen.
- Leicht beschweren, so daß das Fleisch mit der Flüssigkeit bedeckt ist.
- Im Kühlraum einige Tage stehen lassen.

Bemerkungen

Um die Marinierdauer zu verkürzen, kann man den Wein mit den Gewürzen und dem Mirepoix aufkochen und kalt an das Fleisch geben. Es handelt sich dann um eine **gekochte Marinade** *(marinade cuite)*.

Salzlake – *saumure*

Zutaten für 10 l	Salz	Wasser
10prozentige Lake	1 kg	9 l
12prozentige Lake	1,2 kg	8,8 l
15prozentige Lake	1,5 kg	8,5 l
18prozentige Lake	1,8 kg	8,2 l
20prozentige Lake	2 kg	8,0 l

Zusätzlich werden pro Liter Lake 5 g Salpeter, 10 g Zucker und 2 g Natriumascorbat benötigt. Zur Salzung eignen sich alle Gefäße, die von Natur aus oder durch vorherige Behandlung keinen Eigengeruch haben. Als Salzraum eignet sich ein Kühlraum mit einer ständigen Temperatur von 6 °C bis 8 °C.

7.5.2 Sulzen / Gelees – gelées

In der kalten Küche werden Sulzen als Hauptbestandteil verschiedener Sulzgerichte oder als wichtige Zutat für Pasteten, Moussen oder zum Chemisieren von Formen verwendet. Beim Gelieren von kalten Speisen gibt Sulze einen schönen Glanz, verhindert das Austrocknen sowie unerwünschte Farbveränderungen. Bei versilberten Platten dient Sulze als Schutzbelag.

Unterschieden werden

Fleischsulze – *gelée de viande*
Geflügelsulze – *gelée de volaille*
Fischsulze – *gelée de poisson*
Fertigsulze – *gelée de … en poudre*

Das Arbeiten mit Sulze wird im Abschnitt 7.19.2, S. 477, behandelt.

Fleischsulze – *gelée de viande*

Zutaten für 5 l

Kalbsknochen	5	kg
Kalbsfüße	3	kg
Schwarten	0,5	kg
Gemüsebündel	0,6	kg
Weißer Kalbsfond, fettfrei	10	l
Salz	0,03	kg

Klarifikation

Kuhfleisch, mager	0,8	kg
Matignon	0,2	kg
Eiweiß	0,09	kg
Eiswasser	0,2	l

Gewürzsäcklein

Majoran, Thymian, Pfefferkörner, Lorbeer, Nelke

Vorbereitung

– Die Kalbsknochen klein zerhacken und zusammen mit den Kalbsfüßen und den Schwarten blanchieren.
– Gemüsebündel und Gewürzsäcklein bereitstellen.
– Kuhfleisch durch die grobe Scheibe des Fleischwolfes drehen, mit Eiweiß, Matignon und Eiswasser mischen.

Zubereitung

– Die blanchierten Kalbsknochen, Kalbsfüße und Schwarten mit kaltem Kalbsfond auffüllen und zum Siedepunkt bringen.
– Abschäumen, Salz beigeben.
– Behutsam 4–5 Stunden sieden lassen.
– Von Zeit zu Zeit abfetten.
– Eine Stunde vor Ende der Kochzeit Gemüsebündel und Gewürzsäcklein beigeben.
– Vorsichtig durch ein Passiertuch passieren.
– Erkalten lassen und entfetten.
– Klarifikation beigeben und wie eine Kraftbrühe klären.
– Durch ein Passiertuch passieren, abschmecken und vollständig entfetten.
– Mit Madeira oder Portwein parfümieren.
– Falls notwendig, mit etwas Zucker-Couleur färben.

Bemerkungen

Nach dem Klären muß der Festigkeitsgrad der Sulze geprüft werden, indem man eine kleine Menge auf einen gekühlten Teller gießt. Wenn nötig mit einigen Gelatineblättern korrigieren. Um die Qualität der Sulze nicht zu beeinträchtigen, dürfen je Liter höchstens 6–8 Blatt (ca. 15 g) verwendet werden. Fleischsulze sollte bernsteinfarben sein.

Geflügelsulze – *gelée de volaille*

Zutaten für 5 l

Kalbsknochen	1	kg
Geflügelabschnitte	4	kg
Kalbsfüße	3	kg
Geflügelfond, fettfrei	10	l
Schwarten	0,5	kg
Gemüsebündel für weiße Fonds	0,6	kg
Salz	0,03	kg

Klarifikation

Geflügelfleisch, mager	0,8	kg
Matignon	0,2	kg
Eiweiß	0,09	kg
Eiswasser	0,2	l

Gewürzsäcklein

Thymian, Majoran, Pfefferkörner, Lorbeer

Vorbereitung

– Kalbsknochen klein zerhacken und zusammen mit den Kalbsfüßen, den Geflügelabschnitten und den Schwarten blanchieren.
– Gemüsebündel und Gewürzsäcklein bereitstellen.
– Geflügelfleisch durch die grobe Scheibe des Fleischwolfes drehen, mit Eiweiß, Matignon und wenig Eiswasser mischen.

Zubereitung

– Die blanchierten Knochen, Kalbsfüße und Schwarten mit dem kalten Geflügelfond auffüllen und zum Siedepunkt bringen.
– Abschäumen, salzen.
– Behutsam 3–4 Stunden sieden lassen.
– Von Zeit zu Zeit abfetten.
– Eine Stunde vor Ende der Kochzeit Gemüsebündel und Gewürzsäcklein beigeben.
– Vorsichtig durch ein Passiertuch passieren.
– Erkalten lassen und entfetten.
– Klarifikation beigeben und wie eine Kraftbrühe klären.
– Durch ein Passiertuch passieren, abschmecken und vollständig entfetten.

Bemerkung

Geflügelsulze sollte hellgelb sein.

Fischsulze – *gelée de poisson*

Zutaten für 5 l

Fischfumet	6,5	l
Weißwein	0,25	l

Klarifikation

Merlanfilet	0,6	kg
Hechtfilet	0,6	kg
Eiweiß	0,05	kg
Eiswasser	0,2	l
Matignon für Fischfond	0,12	kg
Champignonabschnitte	0,05	kg
Pfefferkörner, Lorbeer, Dill		
Salz	0,02	kg
Gewürzsäcklein	1	Stück
Gelatine	0,125	kg
Noilly Prat	0,05	l

Vorbereitung

– Fischfilets entgräten, enthäuten und durch die grobe Scheibe des Fleischwolfes drehen.
– Fischfleisch, Matignon und Eiweiß mit Eiswasser mischen.
– Gelatine im kalten Wasser einweichen.

Zubereitung

- Klarifikation und Weißwein mit dem kalten Fischfumet mischen.
- Champignonabschnitte beigeben und alles langsam zum Siedepunkt bringen.
- Des öfteren abschäumen, abschmecken, Gewürzsäcklein beigeben.
- 30 Minuten am Siedepunkt ziehen lassen.
- Vorsichtig durch ein Passiertuch passieren.
- Die eingeweichte und ausgedrückte Gelatine beigeben.
- Vollständig entfetten, Noilly Prat beigeben, abschmecken.

Bemerkungen

Fischsulze sollte eine helle Farbe aufweisen. Vor dem Erkaltenlassen die Festigkeit prüfen, indem man eine kleine Menge auf einen kalten Teller gießt. Die Gelatinezugabe richtet sich nach dem Gelatinegehalt der verwendeten Fische und Fischgräten.

Fertigsulze – *gelée de ... en poudre*

Die Nahrungsmittelindustrie bietet heute in Farbe und Geschmack verschiedene Sulzepulver an, die mit der richtig abgemessenen Menge Wasser eine ausgezeichnete Sulze ergeben. Diese Produkte können mit Wein, Madeira oder Cognac verfeinert oder mit klarifiziertem, salzlosem Fond statt Wasser zubereitet werden. Auch eine Infusion von Kräutern verfeinert den Geschmack.

7.5.3 Füllungen – *farces*

Als Füllungen werden pürierte Massen von rohem oder gekochtem Schlachtfleisch, Wild, Geflügel, Fisch, Krustentieren, Gemüse, Pilzen usw. bezeichnet. Verwendung: für warme und kalte Fleisch-, Fisch- und Geflügelgerichte, Suppeneinlagen, gefülltes Gemüse usw.

Unterschieden werden

Rohe Kalbs-Mousseline-Farce
Farce mousseline de veau

Wildfarce
Farce de gibier

Rohe Mousseline-Farce
für Fischgerichte
Farce mousseline de poisson

Rohe Kalbs-Mousseline-Farce – *farce mousseline de veau*

Zutaten für 1 kg	
Kalbfleisch (Schulter)	0,85 kg
Eiswürfel	0,1 kg
Vollrahm	0,45 l
Salz	0,007 kg
Pfeffer aus der Mühle, Muskat	

(Verluste durch das Passieren – Fleischwolf, Sieb – sind berücksichtigt.)

Vorbereitung

- Das Fleisch von Sehnen und Fett befreien, in Würfel schneiden und kalt stellen.

Zubereitung

- Das Fleisch durch die mittlere Scheibe (Nr. 5) des Fleischwolfes treiben, salzen und zusammen mit dem Eis im Blitz (Cutter) rasch verarbeiten.
- Die Masse durch ein Sieb *(tamis)* streichen und in eine Schüssel geben.
- Auf Eis stellen und mit einem Spatel nach und nach den Rahm unterziehen.
- Mit Pfeffer aus der Mühle und Muskat würzen.

Bemerkungen

Alle Zutaten müssen immer gut durchgekühlt verarbeitet werden, sonst trennen sich die Inhaltsstoffe des Fleisches (Protein und Fett), die Bindefähigkeit läßt nach, die Füllung gerinnt.
Als Einlage eignen sich Trüffeln, Pistazien, Gänseleber, Champignons, Zungenwürfel usw.

Wildfarce – *farce de gibier*

Zutaten für 1 kg	
Wildfleisch (Schulter, Parüren)	0,5 kg
Schweinefleisch (Hals)	0,15 kg
Kochbutter	0,02 kg
Schalotten	0,05 kg
Apfel	0,1 kg
Geflügelleber, frisch	0,15 kg
Cognac, 40%	0,04 l
Madeira	0,04 l
Rückenspeck (Spickspeck)	0,15 kg
Vollrahm	0,1 l
Salz, Pfeffer aus der Mühle	

Vorbereitung

- Das Wild- und das Schweinefleisch von den Sehnen befreien und in Würfel schneiden.
- Schalotten hacken.
- Apfel schälen, Kerngehäuse entfernen und Apfel in Scheiben schneiden.
- Geflügelleber parieren (entnerven).

Zubereitung

- Schalotten, Apfel und Geflügelleber in Butter kurz ansautieren.
- Mit Cognac flambieren und mit Madeira ablöschen, erkalten lassen.
- Das Wild- und Schweinefleisch durch die grobe Scheibe des Fleischwolfes treiben und salzen.
- Den Rückenspeck separat durch die grobe Scheibe des Fleischwolfes treiben.
- Das Fleisch im Blitz (Cutter) verarbeiten, nach und nach den Spickspeck sowie die Schalotten, den Apfel und die Geflügelleber zugeben.
- Die Masse durch ein Sieb streichen und in eine Schüssel geben.
- Auf Eis stellen und mit einem Holzspatel den Rahm nach und nach zugeben.
- Mit Pfeffer aus der Mühle abschmecken.

Bemerkungen

Zutaten gut durchgekühlt verarbeiten, sonst gerinnt die Füllung. Bei einer geronnenen Farce tritt Saft aus, sie wird trocken und grießig. Um ein Erwärmen der Masse zu vermeiden, darf man den Blitz (Cutter) nicht unnötig lange laufen lassen.

Rohe Mousseline-Farce für Fischgerichte – *farce mousseline de poisson*

Zutaten für 1 kg	
Hechtfleisch, Filet	0,6 kg
Merlan, Filet	0,3 kg
Vollrahm	0,35 l
Eiweiß	0,05 kg
Noilly Prat	0,05 l
Salz, Pfeffer aus der Mühle, Cayenne	

Vorbereitung

- Fischfleisch entgräten, parieren, enthäuten und in Würfel schneiden.
- Fischwürfel kalt stellen.
- Eiweiß leicht schlagen.

Zubereitung

- Fisch im Blitz (Cutter) mit wenig Rahm und Salz fein pürieren.

- Durch ein Sieb streichen, in eine Schüssel geben, kalt stellen.
- Anschließend auf Eis mit einem Spatel den restlichen Rahm nach und nach daruntermischen.
- Vorsichtig das leicht geschlagene Eiweiß daruntermischen.
- Mit Pfeffer, Cayenne und Noilly Prat abschmecken.

Bemerkungen

Ein Drittel des Fischfleisches sollte immer Hecht sein, da die Farce dadurch optimal bindet und sehr homogen wird. Die Rahmzugabe hängt vom übrigen Fischfleisch ab und von der gewünschten Konsistenz. Alle Zutaten möglichst kühl verarbeiten. Vor dem Pochieren stets eine Probe herstellen.

7.5.4 Duxelles – *duxelles*

Unter Duxelles versteht man allerlei Gehacktes, hauptsächlich Pilze, Schalotten und Kräuter, die zur Hauptsache als Füllung dienen.

Unterschieden werden

Trockene Duxelles *Duxelles sèche*
Duxelles für Gemüsefüllungen *Duxelles pour légumes farcis*
Duxelles für Törtchenfüllungen *Duxelles pour tartelettes farcies*

Trockene Duxelles – *duxelles sèche*

Zutaten für 1 kg	
Kochbutter	0,1 kg
Schalotten	0,17 kg
Champignons, frisch	1,3 kg
Petersilie	0,05 kg
Zitronensaft	0,015 l
Salz, Pfeffer aus der Mühle	

Vorbereitung

- Schalotten und Petersilie fein hacken.
- Champignons waschen und fein hacken.

Zubereitung

- Schalotten in Butter andünsten.
- Gehackte Champignons beigeben und mitdünsten.
- Zitronensaft, Salz und Pfeffer beigeben.
- So lange auf kleiner Flamme dünsten, bis alle Flüssigkeit verdampft ist.
- Abschmecken und die gehackte Petersilie beigeben.

Duxelles für Gemüsefüllungen – *duxelles pour légumes farcis*

Zutaten für 1 kg	
Kochbutter	0,03 kg
Tomatenpüree	0,05 kg
Trockene Duxelles	0,8 kg
Brauner Kalbsfond	0,05 l
Weißbrot	0,15 kg
Weißwein	0,05 l
Salz, Pfeffer aus der Mühle	

Vorbereitung

- Vom Weißbrot die Rinde entfernen und *mie de pain* herstellen.

Zubereitung

- Tomatenpüree in Butter kurz andünsten, um die Säure abzubauen.
- Trockene Duxelles beigeben.
- Mit dem Weißwein ablöschen, Fleischextrakt beigeben.
- *Mie de pain* zugeben und alles zur gewünschten Konsistenz eindünsten.
- Mit Salz und Pfeffer abschmecken.

Duxelles für Törtchenfüllungen – *duxelles pour tartelettes farcies*

Zutaten für 1 kg	
Trockene Duxelles	0,5 kg
Rohe Kalbs-Mousseline-Farce	0,5 kg
oder gekochter Schinken	0,5 kg

Vorbereitung

- Rohe Kalbs-Mousseline-Farce herstellen.
- Trockene Duxelles herstellen.
- Falls Variante mit Schinken, diesen in Brunoise schneiden.

Zubereitung

- Trockene Duxelles mit roher Kalbs-Mousseline-Farce oder Schinken vermischen.

7.5.5 Zutaten für Fonds, Saucen und Suppen – *ingrédients pour fonds, sauces et potages*

Zur Herstellung von Fonds, Suppen und Saucen sollten nur frische Zutaten verwendet werden, denn nur so kommen die verschiedenen Aromastoffe zur Geltung. Zutaten, die im Geschmack dominieren, nur vorsichtig verwenden, denn mit diesen Hilfsmitteln soll ein ausgeglichenes Aroma erzielt werden, das heißt, einzelne Geschmacksträger dürfen nicht hervortreten.

Unterschieden werden

Gemüsebündel für weiße Fonds *Bouquet garni pour fonds blancs*
Gemüsebündel für Bouillon *Bouquet garni pour bouillon*
Mirepoix für braune Fonds und braune Saucen *Mirepoix pour fonds bruns et sauces brunes*
Mirepoix für Fleischgerichte *Mirepoix pour mets de viande*
Matignon für Fischfonds und Suppen *Matignon pour fonds de poisson et potages*
Kräuterbündel *Bouqet aromatique*
Gewürzsäcklein *Sachet d'épices*

Gemüsebündel für weiße Fonds – *bouquet garni pour fonds blancs*

Gemüsebündel für Bouillon – *bouquet garni pour bouillon*

Bemerkungen

Gemüse werden zu einem Bündel zusammengebunden und je nach Verwendung mit den entsprechenden Gewürzen ergänzt. Tournier- und Rüstabschnitte können auch in ein Tuch eingebunden werden. Die Zusammensetzung und das Verhältnis der Zutaten können unterschiedlich sein, sollten aber ein ausgeglichenes Aroma ergeben (siehe Tabelle 1).

Menge

Man rechnet etwa 5 bis 10% des Endproduktes (10 l Bouillon = 0,5 kg bis 1 kg Gemüsebündel).

Mirepoix für braune Fonds – *mirepoix pour fonds bruns*

Mirepoix für Fleischgerichte – *mirepoix pour mets de viande*

Bemerkungen

In Würfel geschnittenes Gemüse und Gewürzzutaten, die je nach Verwendung unterschiedlich zusammengesetzt sein können (siehe Tabelle 2). Nach Belieben können auch Lauch und Knoblauch **nach dem Anbraten** beigefügt werden. Für Mirepoix eignen sich auch **Abschnitte** von sauber gewaschenem Gemüse.

Thema 7 **Blatt 31**

Menge

Man rechnet etwa 5 bis 10% des Endprodukts, für Fleischgerichte rund 10% des Rohgewichtes.

Matignon für Fischfonds und Suppen – *matignon pour fonds de poisson et potages*

Das Matignon besteht aus den gleichen Zutaten wie ein Mirepoix, aber es wird in kleinere Würfel oder oft feinblätterig geschnitten.
Matignon wird in Butter angedünstet und wird für Gerichte mit kurzer Garzeit verwendet.

Kräuterbündel – *bouquet aromatique*

Neben den gebräuchlichsten Zutaten wie Petersilie, Lorbeerblättern und Thymian kann das Kräuterbündel je nach Verwendungszweck mit anderen Kräutern ergänzt werden.

Gewürzsäcklein – *sachet d'épices*

Ein Gewürzsäcklein besteht aus verschiedenen Gewürzen und Kräutern, die in ein Stofftüchlein gebunden werden, damit sie sich während des Garens nicht in der Flüssigkeit verteilen. Die Zusammensetzung ist je nach Verwendung verschieden. Anwendungsbeispiele: Rotkraut, Sauerkraut, Pfeffer, Ragouts, Schmorbraten, Fonds usw.

Tabelle 1

Gemüsebündel	Gemüse						Gewürze			
	Geröstete Zwiebeln	Zwiebeln	Lauch	Weißer Lauch	Karotten	Knollensellerie	Weißkabis	Lorbeerblätter	Gewürznelken	Weiße Pfefferkörner	Petersilienstengel
Gemüsebündel für weiße Fonds		●		●	○	●		●	●	●	●
Gemüsebündel für Bouillon	●			●	●	●	○	●	●	●	●

Tabelle 2

Mirepoix	Gemüse			Gewürze							Verschiedenes
	Zwiebeln	Sellerie	Karotten	Pfefferkörner	Lorbeerblätter	Gewürznelken	Knoblauch	Thymian	Majoran	Petersilienstengel	Speckabschnitte
Mirepoix für braune Fonds	●	●	●	●	●	●		●	●	●	
Mirepoix für Fleischgerichte	●	●	●				●	●			●

Tabelle 3

Matignon	Gemüse					Gewürze		
	Suppenlauch	Weißer Lauch	Karotten	Sellerie	Zwiebeln	Lorbeerblätter	Gewürznelken	Petersilienstengel
Matignon für Fischbrühen		●		●	●	●	●	●
Matignon für Kraftbrühen	●		●	●	●			●
Matignon für Cremesuppen		●		●	●	●		●

7.5.6 Buttermischungen – *beurres composés*

Buttermischungen werden aus schaumig gerührter Butter unter Zusatz verschiedener Zutaten hergestellt. Buttermischungen erfreuen sich großer Beliebtheit, sei es als Beigabe zu Grilladen oder zum Aufmontieren von Saucen. Sie sind aber auch gute Nährböden für Bakterien, weshalb sie immer kühl zu lagern und frisch zuzubereiten sind.

Gesetzliche Bestimmung: Der Milchfettgehalt von Butterzubereitungen muß mindestens 510 g pro Kilogramm betragen.

Zutaten für 1 kg	Gewürze, Kräuter								Verschiedene Zutaten					
	Salz	Pfeffer aus der Mühle	Dill	Basilikum	Estragon	Petersilie	Knoblauch	Korianderblätter	Fleischglace	Senf	Meerrettich	Trüffelfond	Schwarze Trüffel	Zitronensaft	Sardellen
Knoblauchbutter *Beurre d'ail*	0,015 kg	●					0,2 kg							●	
Sardellenbutter *Beurre d'anchois*														●	0,2 kg
Dillbutter *Beurre d'aneth*	0,015 kg	●	0,15 kg											●	
Basilikumbutter *Beurre de basilic*	0,015 kg	●		0,15 kg										●	
Colbert-Butter *Beurre Colbert*	0,015 kg	●			0,05 kg				0,05 kg					●	
Kräuterbutter *Beurre maître d'hôtel*	0,015 kg	●				0,2 kg								●	
Senfbutter *Beurre de moutarde*	0,015 kg	●								0,15 kg				●	
Meerrettichbutter *Beurre de raifort*	0,015 kg	●									0,2 kg			●	
Trüffelbutter *Beurre de truffes*	0,015 kg	●										0,1 kg	0,025 kg		
Korianderbutter *Beurre de coriandre*	0,015 kg	●						0,12 kg							

Danieli-Butter – *beurre Danieli*

Zutaten für 1 kg Butter		
Butter	1	kg
Schalotten	0,1	kg
Krevetten, gekocht	0,2	kg
Peperoni, farbig, frisch	0,25	kg
Sardellenfilets	0,02	kg
Eigelb, pasteurisiert	0,1	kg
Cognac	0,02	l
Zitronensaft	0,015	l
Salz, Pfeffer aus der Mühle		

Vorbereitung

– Schalotten fein hacken, in 20 g Butter sautieren und auskühlen lassen.
– Krevetten in kleine Würfel schneiden.
– Peperoni in Brunoise schneiden und kurz dünsten.
– Sardellenfilets fein hacken.

Zubereitung

– Butter mit dem Eigelb schaumig rühren.
– Die schaumige Butter mit den restlichen Zutaten mischen und abschmecken.

Bemerkung

Danieli-Butter wird vor allem zu grillierten Krusten- und Weichtieren serviert.

Hummerbutter – *beurre de homard*

Zutaten für 1 kg Butter		
Butter	1	kg
Hummerkarkassen	0,8	kg
Hummerabschnitte	0,2	kg
Matignon für Fischfond	0,15	kg
Tomatenpüree	0,05	kg
Cognac	0,05	l
Weißwein	0,2	l
Fischfumet	0,3	l
Pfeffer aus der Mühle, Dill, Thymian		

Vorbereitung

– Die Hummerkarkassen und die Hummerabschnitte zerstoßen.

Zubereitung

- Hummerkarkassen und Abschnitte in Butter langsam anrösten, damit die roten fettlöslichen Pigmente freigesetzt werden.
- Das Matignon beigeben und mitrösten.
- Tomatenpüree beigeben und mitdünsten.
- Gewürze beigeben.
- Mit Cognac flambieren.
- Mit dem Weißwein ablöschen und einreduzieren.
- Fischfumet zugeben und 30 Minuten sieden lassen.
- Durch ein Spitzsieb pressen, anschließend durch ein Passiertuch passieren und kalt stellen.
- Die obenauf schwimmende Hummerbutter abschöpfen.
- Der zurückbleibende Fond kann zur Herstellung eines Krustentierfumets oder für eine *bisque* verwendet werden.

Bemerkungen

Hummerbutter kann durch Zugabe von passiertem Corail (Eierstöcke des Hummers) qualitativ verbessert werden. Sie wird zum Aufmontieren von Saucen und Suppen verwendet. Dieses Rezept kann auch für Krebsbutter verwendet werden, wobei anstelle von Hummer Krebskarkassen benötigt werden.
Die Industrie liefert hochwertige Fertigprodukte (Hummerbutter, Krebsbutter usw.).

Rotweinbutter – *beurre au vin rouge*

Zutaten für 1 kg Butter		
Butter	1	kg
Schalotten	0,3	kg
Rotwein, kräftig	1	l
Petersilie	0,07	kg
Salz, Pfeffer aus der Mühle		

Vorbereitung

- Schalotten fein hacken und in 20 g Butter ansautieren.
- Mit dem Rotwein ablöschen und auf 0,15 l einreduzieren.
- Erkalten lassen.

Zubereitung

- Butter schaumig rühren.
- Reduktion sowie restliche Zutaten beigeben und abschmecken.

Bemerkung

Rotweinbutter eignet sich besonders zu grilliertem Rindfleisch.

7.5.7 Bindemittel – *liaisons*

Bindemittel dienen dazu, Flüssigkeiten zu verdicken, Suppen und Saucen sämiger zu machen und die entstehenden Produkte geschmacklich zu verbessern. Um den neuzeitlichen Erkenntnissen gerecht zu werden, sollte der Energiegehalt der Bindemittel reduziert werden. Der Konsument verlangt heute leichte und gehaltvolle Speisen.

Unterschieden werden

Stärkemehle – *amidon de blé*
Mehle – *farines*
Mehlschwitze – *roux*
Mehlbutter – *beurre manié*
Eigelb – *jaune d'œuf*
Eigelb und Rahm – *liaison*
Butter – *beurre*
Blut – *sang*

Stärkemehle – *amidon de blé*

Stärkemehle müssen immer mit einer kalten Flüssigkeit angerührt werden. Kommt Stärke direkt mit siedender Flüssigkeit in Berührung, können die Stärkekörner nicht quellen; sie verkleistern, und es bilden sich Knollen. Stärke bindet bei 80 °C optimal, ab 95 °C läßt die Bindefähigkeit nach, und abgebundene Saucen und Suppen werden dünner. Das Aussehen der Bindung ändert sich je nach dem verwendeten Stärkemehl. Die Industrie liefert neuzeitliche Stärkemehle, die frei sind von verdaulichen Kohlenhydraten, hergestellt auf der Basis von Guarkern- oder Johannisbrotkernmehl.

Mehl – *farine*

Suppen und Saucen können auch nach dem Auffüllen mit Mehl gebunden werden. Das Mehl wird je nach Verwendung mit Milch, Wasser oder Wein angerührt und unter die heiße Flüssigkeit gerührt. Suppen und Saucen lassen sich auf diese Weise leichter und energieärmer zubereiten, da gegenüber einer Mehlschwitze auf Fettstoff verzichtet werden kann. Mit Mehl gebundene Flüssigkeiten müssen mindestens 15 Minuten gekocht werden, damit das Mehl den Geschmack der Flüssigkeit nicht beeinträchtigt und eine optimale Bindung erreicht wird.

Mehlschwitze – *roux*

Unterschieden werden

Weißer Roux:	Mehl im Fettstoff leicht dünsten
Blonder Roux:	Mehl im Fettstoff anschwitzen
Brauner Roux:	Mehl im Fettstoff braun rösten

Zutaten für 1 Liter Suppe	Zutaten für 1 Liter Sauce
20 g Fettstoff	40 g Fettstoff
30 g Mehl	50 g Mehl

Durch Erhitzen bildet sich aus der Stärke des Mehls Dextrin. Dadurch verliert sich der «Mehlgeschmack». Saucen oder Suppen mindestens 15 Minuten sieden lassen, damit das Mehl seine volle Bindefähigkeit erlangt.

Mehlbutter – *beurre manié*

Weiche Butter und Mehl werden im Verhältnis 1:1 verknetet. Mehlbutter wird meistens zum Nachbinden von A-la-minute-Gerichten verwendet. Um eine optimale Bindung zu erreichen, muß Mehlbutter einige Zeit mitgekocht werden.

Rahm – *crème*

Warme Saucen: Meistens wird der Rahm mit der Sauce reduziert, oder es wird Doppelrahm verwendet. Die Bindung mit Rahm (Vollrahm) ergibt dünnflüssigere Saucen, was den neuzeitlichen Ernährungsgewohnheiten entspricht, aber den Energiegehalt erhöht.
Suppen: Es empfiehlt sich, den Rahm zum Schluß beizugeben und nicht mitzukochen, da das Rahmaroma besser erhalten bleibt.
Saurer Halbrahm eignet sich ebenfalls zum Binden gewisser Saucen und Suppen, er sollte aber immer erst am Schluß beigefügt werden.

Eigelb – *jaune d'œuf*

Zum Abbinden von Salpikon für Kroketten, Krapfen, Duchesse-Masse: Das Eigelb der noch heißen Masse unter starkem Rühren beigeben, damit die Bindung erreicht wird.
Zum Abbinden von Cremeglacen, englischen Cremen, Füllcremen und bayerischen Cremen: Eigelb verrühren und die heiße Milch unter Rühren zugeben. Höchstens auf 80 °C erhitzen, da das Eigelb sonst gerinnt. Sofort abkühlen. Pasteurisiertes Eigelb verwenden.

Eigelb mit Rahm – *liaison*

Die Liaison mit einem Teil der heißen Suppe oder Sauce gut verrühren und durch ein Spitzsieb oder ein Passiertuch passieren. Unter kräftigem Rühren der gesamten Sauce oder Suppe zugeben. Suppen, Saucen und Cremen mit geringem oder gar keinem Stärkeanteil dürfen auf höchstens 80 °C erhitzt werden (bei 83 °C gerinnt das Eigelb). Niemals in kochendes Bainmarie stellen. Mit einer Liaison gebundene Flüssigkeiten haben den Nachteil, daß sie nicht wieder erhitzt werden können.

Zutaten für 1 Liter Suppe		Zutaten für 1 Liter Sauce	
1	Eigelb, past.	2–4	Eigelb, past.
0,1 l	Vollrahm	0,2 l	Vollrahm

Butter – *beurre*

Butter gilt als das feinste Bindemittel. Kalte Butter in Flocken der fertigen Sauce oder Suppe unterziehen. Die Sauce oder die Suppe anschließend nicht mehr kochen lassen und rasch servieren. Bei starker Hitze trennt sich die Butter von der Sauce, es bilden sich Fettaugen, und die Bindung läßt nach.

Blut – *sang*

Blut (meistens Schweineblut) wird vor allem als Bindemittel für Pfeffer verwendet. Da Blut eine proteinreiche Substanz und daher leichtverderblich ist, muß darauf geachtet werden, daß nur frisches Blut verwendet wird.
Oft wird Blut mit etwas Rahm vermischt. Anwendung wie eine Liaison.

7.6 Fonds

Vom Ansetzen und der richtigen, sorgfältigen Behandlung der Fonds hängen Qualität und Geschmack der später daraus entstehenden Gerichte ab.

Folgende Punkte sind besonders zu beachten:
- Ausschließlich einwandfreie Rohstoffe verwenden (Knochen, Gräten, Parüren, Gemüse).
- Bezüglich Material und Größe zweckmäßiges Kochgeschirr benützen.
- Beherrschen der Kochtechniken beim Ansetzen und der Pflege der Fonds.
- Alle Fonds langsam sieden.
- Während des Kochens niemals zudecken.
- Häufiges Abfetten und Abschäumen.
- Mäßig würzen, im Geschmack möglichst neutral halten.
- Die Knochen für braune Fonds möglichst klein zerhacken, nach dem Anrösten zwei- bis dreimal mit wenig Flüssigkeit ablöschen und zu Glace einkochen. Erst dann die volle Menge Flüssigkeit beigeben.

7.6.1 Bouillon – *bouillon d'os*

Zutaten für 10 l		
Rindsknochen	8	kg
Wasser	15	l
Gemüsebündel	1	kg
Salz	0,05	kg
Gewürzsäcklein (Lorbeer, Gewürznelken, Pfefferkörner, Thymian)		

Vorbereitung
- Rindsknochen zerkleinern und blanchieren.
- Erst heiß und dann kalt abspülen.
- Gemüsebündel (evtl. mit gerösteter Zwiebel) und Gewürzsäcklein bereitstellen.

Zubereitung
- Rindsknochen im kalten Wasser aufsetzen und zum Siedepunkt bringen.
- Salz beigeben, öfters abschäumen und abfetten.
- 3–4 Stunden schwach sieden lassen.
- Die letzte Stunde das Gemüsebündel und das Gewürzsäcklein zugeben.
- Vorsichtig durch ein Passiertuch passieren.

Bemerkungen

Je nach Verwendungszweck der Bouillon kann das Gemüsebündel mit Weißkabis, Tomaten usw. ergänzt werden.
Durch das Mitsieden eines Stückes Siedfleisch erhält man eine gehaltvollere Bouillon *(bouillon de viande)*.

7.6.2 Gemüsebouillon – *bouillon de légumes*

Zutaten für 10 l		
Pflanzenmargarine	0,1	kg
Zwiebeln	0,3	kg
Knoblauch (fakultativ)	0,01	kg
Gemüselauch	0,6	kg
Karotten	0,6	kg
Weißkohl	0,3	kg
Fenchel	0,2	kg
Stangensellerie	0,3	kg
Tomaten	0,2	kg
Wasser	12	l
Salz	0,05	kg
Pfefferkörner, Gewürznelken, Lorbeer, Petersilie, Korianderblätter		

Vorbereitung
- Gemüse rüsten und in ein Matignon schneiden.

Zubereitung

- Zwiebeln, Knoblauch und Lauch im Fettstoff andünsten.
- Restliche Gemüse und Gewürze zugeben und mitdünsten.
- Mit Wasser auffüllen, aufkochen, salzen, abschäumen.
- ½ Stunde schwach sieden.
- Vorsichtig durch ein Passiertuch passieren.

Bemerkungen

Die Zusammensetzung und das Verhältnis der Zutaten und der Gewürze können je nach Verwendungszweck unterschiedlich sein.
Gemüsebouillon wird vorwiegend in der vegetarischen Küche verwendet, eignet sich aber auch ausgezeichnet für Fischgerichte.

7.6.3 Weißer Kalbsfond – fond de veau blanc

Zutaten für 10 l

Kalbsknochen	6	kg
Wasser	14	l
Salz	0,05	kg
Weißes Gemüsebündel	1	kg
Gewürzsäcklein (Lorbeer, Gewürznelken, Pfefferkörner, Thymian)		

Vorbereitung

- Kalbsknochen zerkleinern und blanchieren.
- Erst heiß, dann kalt abspülen.
- Gemüsebündel und Gewürzsäcklein bereitstellen.

Zubereitung

- Kalbsknochen im kalten Wasser aufsetzen und zum Siedepunkt bringen.
- Salz beigeben, abschäumen und abfetten.
- 2–3 Stunden schwach sieden.
- Die letzte Stunde das Gemüsebündel und das Gewürzsäcklein zugeben.
- Vorsichtig durch ein Passiertuch passieren.

Bemerkungen

Je nach Verwendungszweck können dem Gemüsebündel auch wenig Karotten beigefügt werden. Wird auf das Blanchieren der Knochen verzichtet, erzielt man wohl einen kräftigeren Fond, aber auch eine zumeist unerwünschte gräuliche Farbe.

7.6.4 Geflügelfond – fond de volaille

Zutaten für 10 l

Geflügel-Abattis, Karkassen	5	kg
Suppenhuhn	1	kg
Wasser	12	l
Salz	0,05	kg
Weißes Gemüsebündel	1	kg
Gewürzsäcklein (Lorbeer, Gewürznelken, Pfefferkörner, Thymian)		

Vorbereitung

- Abattis, Karkassen und Suppenhuhn blanchieren.
- Gemüsebündel und Gewürzsäcklein bereitstellen.

Zubereitung

- Abattis, Karkassen und Suppenhuhn in kaltem Wasser aufsetzen und zum Siedepunkt bringen.
- Salz beigeben, abschäumen und abfetten.
- 1–2 Stunden leicht sieden.
- Die letzte Stunde das Gemüsebündel und das Gewürzsäcklein zugeben.
- Vorsichtig durch ein Passiertuch passieren.

Bemerkungen

Bei frischen Abattis und Karkassen kann auf das Blanchieren und den dadurch bewirkten Geschmacksverlust verzichtet werden. Wässern und häufiges Abschäumen sind aber unerläßlich. Das mitgekochte Suppenhuhn kann anderweitig weiterverwendet werden.

7.6.5 Fischfond – fond de poisson

Zutaten für 10 l

Fischgräten oder Abschnitte von Meerfischen	6	kg
Wasser	10	l
Weißwein	1	l
Matignon für Fischfond	0,6	kg
Champignonabschnitte	0,1	kg
Salz	0,025	kg
Pfefferkörner, Lorbeer, Gewürznelken, Petersilienstengel		

Vorbereitung

- Köpfe und blutige Stellen entfernen.
- Fischgräten oder Fischabschnitte zerkleinern und kurz wässern.
- Matignon schneiden und Gewürze bereitstellen.

Zubereitung

- Fischgräten oder Abschnitte mit kaltem Wasser ansetzen und zum Siedepunkt bringen.
- Abschäumen, Weißwein, Matignon, Salz und Gewürze beigeben.
- 30 Minuten am Siedepunkt ziehen lassen.
- Durch ein Passiertuch passieren.

Bemerkungen

Die Gewürze können je nach Verwendung des Fischfonds variieren und mit Dill, Kerbel oder Fenchel usw. ergänzt werden.

7.6.6 Fischfumet – fumet de poisson

Zutaten für 10 l

Kochbutter	0,05	kg
Schalotten	0,05	kg
Matignon für Fischfond	0,45	kg
Champignonabschnitte	0,1	kg
Fischgräten oder Abschnitte von Meerfischen	6	kg
Weißwein	1	l
Fischfond	10	l
Salz, Gewürze		

Vorbereitung

- Köpfe und blutige Stellen entfernen.

- Fischgräten oder Fischabschnitte zerkleinern und wässern.
- Schalotten feinschneiden, weißes Matignon schneiden, Gewürze bereitstellen.

Zubereitung

- Schalotten in Butter andünsten, Matignon und Champignonabschnitte beigeben und mitdünsten.
- Fischgräten und Gewürze zugeben und ebenfalls andünsten.
- Mit Weißwein ablöschen und mit dem Fischfond auffüllen.
- 30 Minuten am Siedepunkt ziehen lassen, abschäumen.
- Durch ein Passiertuch passieren und abschmecken.

Bemerkungen

Fischfond und Fischfumet sollten mit den Gräten nicht länger als 30 Minuten gekocht werden, da sich sonst ein unangenehmer Geschmack bildet.
Durch Einreduzieren des **passierten** Fischfumets erreicht man einen intensiveren Geschmack. Die Gewürze variieren je nach Verwendungszweck.

7.6.7 Brauner Kalbsfond – fond de veau brun

Zutaten für 10 l

Erdnußöl	0,15	kg
Kalbsknochen	6	kg
Kalbsfüße	2	kg
Mirepoix für braune Fonds	1	kg
Tomatenpüree	0,1	kg
Weißwein	1	l
Wasser	15	l
Salz	0,05	kg
Pfefferkörner, Gewürznelken, Thymian, Lorbeer, Rosmarin		

Für das Anbraten der Knochen im Umluftofen wird kein Fettstoff benötigt.

Vorbereitung

- Kalbsknochen möglichst klein hacken.
- Kalbsfüße zerkleinern.
- Mirepoix und Gewürze bereitstellen.

Zubereitung

- Kalbsknochen und Kalbsfüße im Fettstoff langsam anrösten (Kippbratpfanne, Rotissoire oder Umluftofen).
- Mirepoix zugeben und mitrösten.
- Überschüssigen Fettstoff abgießen (nicht in den Ausguß).
- Tomatenpüree beigeben und sorgfältig anrösten.
- Mit wenig Wasser zwei- bis dreimal ablöschen und bis zur Glace einkochen.
- Mit dem Weißwein ablöschen und mit Wasser auffüllen.
- Aufkochen, salzen, abschäumen und abfetten.
- 3–4 Stunden schwach sieden.
- Gewürze 1 Stunde vor dem Passieren beigeben.
- Abschmecken und durch ein Passiertuch passieren.

Bemerkungen

Je kleiner die Knochen zerhackt werden, desto größer ist die Röstfläche und desto brauner und kräftiger wird der braune Kalbsfond. Das Anrösten der Knochen und des Tomatenpürees muß langsam erfolgen, sonst bilden sich statt der erwünschten Aromastoffe Bitterstoffe. Lauch und Knoblauch werden durch das Anrösten bitter, daher, falls gewünscht, erst nach dem Ablöschen beigeben.

7.6.8 Kalbsjus – jus de veau

Zutaten für 10 l

Erdnußöl	0,15	kg
Kalbsbrustknochen	5	kg
Kalbsknochen	3	kg
Kalbsfüße	2	kg
Kalbsparüren	1	kg
Mirepoix für braune Fonds	1	kg
Tomatenpüree	0,1	kg
Weißwein	2	l
Brauner Fond	5	l
Wasser	15	l
Salz, Pfefferkörner, Lorbeer, Gewürznelken, Majoran, Thymian		

Vorbereitung

- Knochen möglichst klein hacken.
- Kalbsfüße zerkleinern.
- Mirepoix und Gewürze bereitstellen.

Zubereitung

- Knochen und Parüren in der Kippbratpfanne oder in der Rotissoire langsam rösten.
- Mirepoix beigeben und mitrösten.
- Überschüssiges Fett abschütten.
- Tomatenpüree zugeben und langsam mitrösten.
- Mit Wasser zwei- bis dreimal ablöschen und bis zur Glace einkochen.
- Mit Weißwein ablöschen und mit Wasser und braunem Fond auffüllen.
- Aufkochen, abschäumen und abfetten.
- 3–4 Stunden schwach sieden.
- Gewürze 1 Stunde vor dem Passieren beigeben.
- Durch ein Passiertuch passieren.
- Den Kalbsjus auf 10 Liter einreduzieren und abschmecken.

Bemerkungen

Durch seine reichhaltigen Zutaten wird der Kalbsjus besonders kräftig und geschmacksintensiv. Er wird als Basis für exquisite Saucen verwendet.

7.6.9 Bratenjus – jus de rôti

Um den Eigengeschmack eines Bratens hervorzuheben, wird nach der Entnahme des Bratens und dem Ableeren des Bratenfettes im Bratensatz ein Matignon angedünstet und mit Wein und entsprechendem braunem Fond deglasiert. Bratenjus wird meistens klar, eventuell mit Stärkemehl leicht gebunden serviert.

7.6.10 Wildfond – *fond de gibier*

Zutaten für 10 l		
Erdnußöl	0,15	kg
Wildknochen und -parüren	6	kg
Mirepoix für braune Fonds	1	kg
Tomatenpüree	0,08	kg
Rot- oder Weißwein	2	l
Wasser	14	l
Salz	0,05	kg
Pfefferkörner, Wacholderbeeren, Lorbeer, Gewürznelken, Thymian		

Vorbereitung

– Wildknochen möglichst klein hakken.
– Mirepoix und Gewürze bereitstellen.

Zubereitung

– Wildknochen und -parüren mit Fettstoff langsam in der Kippbratpfanne oder in der Rotissoire anrösten.
– Mirepoix beigeben und mitrösten.
– Überschüssiges Fett abschütten.
– Tomatenpüree zugeben und langsam mitrösten.
– Mit Wasser zwei- bis dreimal ablöschen und zur Glace einkochen.
– Je nach Verwendungszweck mit Weiß- oder Rotwein ablöschen.
– Mit Wasser auffüllen, aufkochen, abschäumen und abfetten.
– 3–4 Stunden schwach sieden.
– Gewürze 1 Stunde vor dem Passieren beigeben.
– Durch ein Passiertuch passieren.

Bemerkungen

Der Wildfond kann auch mit Karkassen von Federwild ergänzt werden. Die Gewürze variieren in der Zusammensetzung je nach Verwendungszweck des Fonds.

7.6.11 Extrakte – *glaces*

Extrakte erhält man durch Einkochen eines Fonds, bis er eine sirupartige Konsistenz hat. Als Basis dient ein jeweils salzloser Fond.

Zum Beispiel:

fond de volaille	→ *glace de volaille*
fond de poisson	→ *glace de poisson*
fond de veau brun	→ *glace de viande*
fond de gibier	→ *glace de gibier*

Um eine gute Qualität zu erreichen, ist es notwendig, die zu reduzierende Flüssigkeit öfters zu passieren, in eine kleinere Kasserolle umzuleeren und fleißig abzuschäumen. Der noch warme Extrakt wird zum Aufbewahren am vorteilhaftesten in einen Kunstdarm abgefüllt. Bei Gebrauch kann man ihn in beliebig dicke Scheiben schneiden und der jeweiligen Sauce zugeben.

7.7 Saucen – *sauces*

Nach Joseph Favre, dem Autor des *Dictionnaire universel de cuisine pratique*, versteht man unter Saucen «jede Art von aromatischen Substanzen, die mehr oder weniger flüssig, gelatinös, mit Mehl, Stärkemehlen, Eigelben oder Blut gebunden sein können».

Die Saucen im Verlauf der Geschichte

In der Blütezeit der klassischen französischen Kochkunst erreichten die Saucen einen qualitativen Höhepunkt. Der Aufwand an Personal, Zeit und Rohstoffen für die Saucenherstellung überstieg nicht selten denjenigen, der für die Zubereitung des eigentlichen Hauptproduktes nötig war. Die aromaintensiven Saucen wurden weniger durch Mehl als durch starkes Einkochen und durch Aufmontieren mit fetthaltigen Substanzen wie Butter, Gänseleber- oder Markpüree gebunden.
In den Krisenjahren während und nach den zwei Weltkriegen mußte sparsamer gekocht werden. Dies hat zu einem erhöhten Einsatz von Bindemitteln auf Kosten der geschmacksgebenden Grundstoffe geführt.
Die Saucenherstellung der letzten dreißig Jahre ist geprägt von neuen ernährungsphysiologischen Erkenntnissen und einem wachsenden Gesundheitsbewußtsein der Gäste.
Obwohl die heutigen Saucen auch weiterhin nach klassischem Muster aufgebaut werden, haben sie sich innerlich – durch eine andere Gewichtung der Zutaten und den Einsatz moderner Küchenmaschinen – zu einem neuen Typ gewandelt: Sie sind von leichterer Konsistenz, sparsamer gewürzt und zeichnen sich durch ein feines, klar definiertes Aroma aus.

Aufgaben der Saucen

Beim Garen verlieren Nahrungsmittel, je nach Garverfahren, mehr oder weniger Geschmacksstoffe. Diese müssen gesammelt und dem Gericht wieder zugeführt werden.
Andererseits gibt es Nahrungsmittel, die zu wenig eigene Geschmacksstoffe enthalten, so daß passende Geschmacksstoffe zugeführt werden müssen.
Dadurch ergeben sich die folgenden zwei Hauptaufgaben der Saucen:
1. Zurückführen von Geschmacksstoffen, die durch den Garprozeß verlorengegangen sind: Die Sauce muß in diesem Fall unter Verwendung des Garfonds oder des Bratensatzes hergestellt werden (z.B. braune und weiße Saucen).
2. Geschmackliche Ergänzung und Abrundung eines Gerichtes: In diesem Fall muß die Sauce nicht unbedingt Geschmacksstoffe des Nahrungsmittels enthalten, zu dem sie gereicht wird (z.B. Tomaten-, Butter-, Öl-, Spezialsaucen).

Voraussetzungen für eine gute Sauce

Neben den Fachkenntnissen des Kochs sollten folgende Punkte ebenfalls erfüllt sein:
– Einwandfreie Rohstoffe in genügender Menge
– Gehaltvolle Grundfonds von reinem Geschmack
– Nach Möglichkeit frische Kräuter
– Nur qualitativ gute Weine und Spirituosen

Kennzeichen einer guten Sauce

– Sie hat einen appetitlichen Farbton und weist kein sichtbares Fett auf.
– Sie ist von leichter Konsistenz.
– Ihr Grundaroma tritt klar hervor und wird nicht von Gewürzen überdeckt.

7.7.1 Einteilung und Übersicht der Saucen

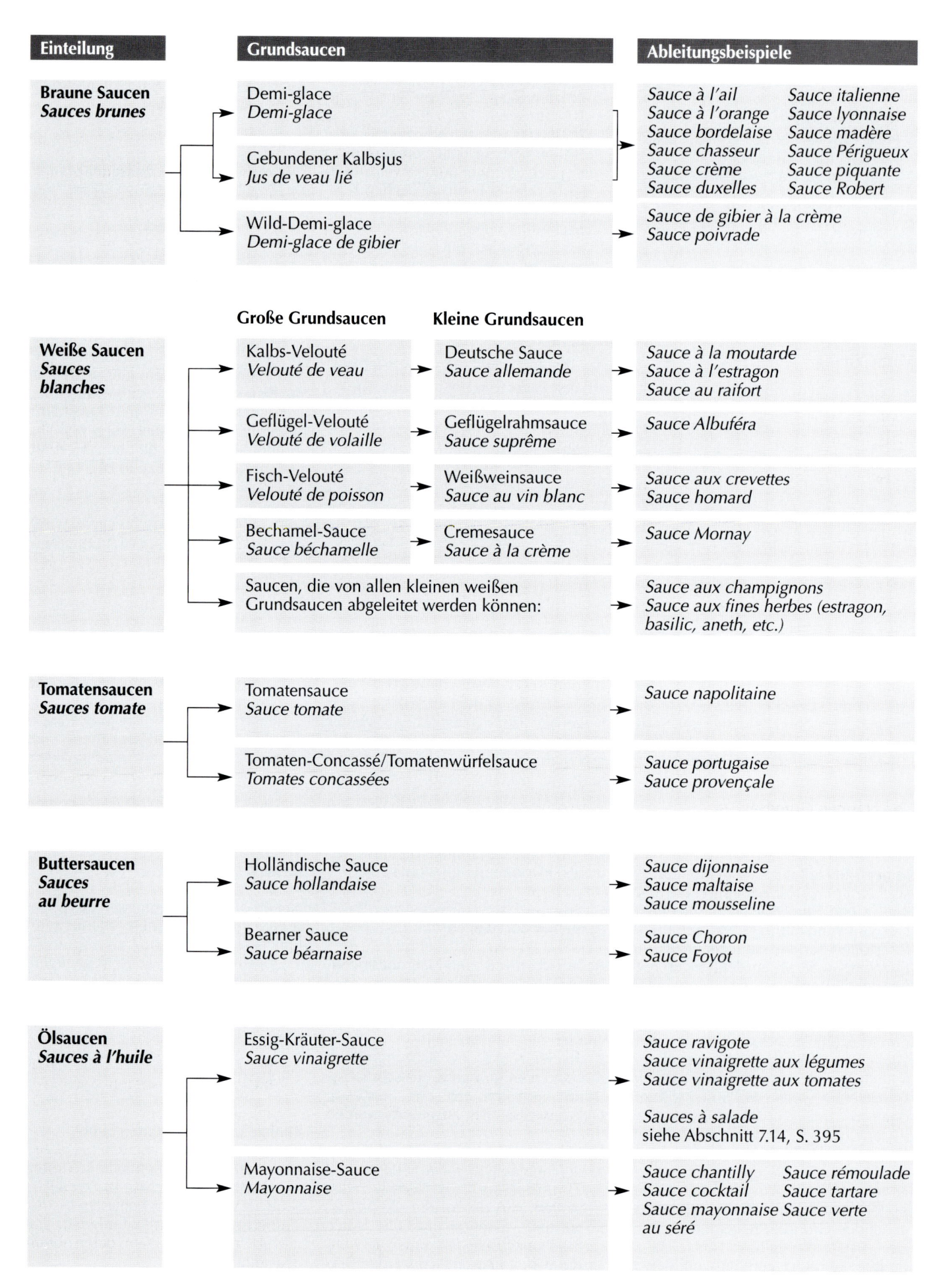

Einteilung	Grundsaucen		Ableitungsbeispiele
Braune Saucen *Sauces brunes*	Demi-glace *Demi-glace*		Sauce à l'ail — Sauce italienne Sauce à l'orange — Sauce lyonnaise Sauce bordelaise — Sauce madère Sauce chasseur — Sauce Périgueux Sauce crème — Sauce piquante Sauce duxelles — Sauce Robert
	Gebundener Kalbsjus *Jus de veau lié*		
	Wild-Demi-glace *Demi-glace de gibier*		Sauce de gibier à la crème Sauce poivrade

	Große Grundsaucen	**Kleine Grundsaucen**	
Weiße Saucen *Sauces blanches*	Kalbs-Velouté *Velouté de veau*	Deutsche Sauce *Sauce allemande*	Sauce à la moutarde Sauce à l'estragon Sauce au raifort
	Geflügel-Velouté *Velouté de volaille*	Geflügelrahmsauce *Sauce suprême*	Sauce Albuféra
	Fisch-Velouté *Velouté de poisson*	Weißweinsauce *Sauce au vin blanc*	Sauce aux crevettes Sauce homard
	Bechamel-Sauce *Sauce béchamelle*	Cremesauce *Sauce à la crème*	Sauce Mornay
	Saucen, die von allen kleinen weißen Grundsaucen abgeleitet werden können:		Sauce aux champignons Sauce aux fines herbes (estragon, basilic, aneth, etc.)

Tomatensaucen *Sauces tomate*	Tomatensauce *Sauce tomate*	Sauce napolitaine
	Tomaten-Concassé/Tomatenwürfelsauce *Tomates concassées*	Sauce portugaise Sauce provençale

Buttersaucen *Sauces au beurre*	Holländische Sauce *Sauce hollandaise*	Sauce dijonnaise Sauce maltaise Sauce mousseline
	Bearner Sauce *Sauce béarnaise*	Sauce Choron Sauce Foyot

Ölsaucen *Sauces à l'huile*	Essig-Kräuter-Sauce *Sauce vinaigrette*	Sauce ravigote Sauce vinaigrette aux légumes Sauce vinaigrette aux tomates Sauces à salade siehe Abschnitt 7.14, S. 395
	Mayonnaise-Sauce *Mayonnaise*	Sauce chantilly — Sauce rémoulade Sauce cocktail — Sauce tartare Sauce mayonnaise — Sauce verte au séré

Unterteilung		Saucenbeispiele	
Püreesaucen *Coulis*		Coulis d'écrevisses Coulis de homard Coulis de myrtilles	Coulis de poivrons Coulis de tomates
Spezialsaucen *Sauces spéciales*	Warme Spezialsaucen	Apple sauce Horseradish sauce Sauce armoricaine Sauce curry Sauce smitane	Sauce Soubise Sweet-and-sour sauce Fisch-Spezialsaucen siehe S. 359
	Kalte Spezialsaucen	Raifort chantilly Sauce ailloli Sauce aux airelles rouges	Sauce Cumberland Sauce menthe Sauce moutarde à l'aneth

7.7.2 Braune Saucen – *sauces brunes*

Braune Saucen zeichnen sich durch ein kräftiges Aroma aus, das von Röstbittern herrührt, die beim Braten von proteinhaltigen Substanzen (Knochen, Fleisch) mit Zuckerstoffen (im Mirepoix, Tomatenpüree) entstehen. Da damit gleichzeitig eine Bräunungsreaktion verbunden ist, bildet das sorgfältige und gute Anbraten der Grundzutaten die geschmackliche und farbliche Basis der braunen Saucen.
Beim nachfolgenden Auskochen gehen diese Geschmacksstoffe zusammen mit den aus den Knochen gelösten gelatinösen Substanzen in die Sauce über.

Aufbau der braunen Saucen

1. Herstellung des braunen Grundfonds (Herstellung siehe Abschnitt 7.6.7, Seite 306)
2. Herstellung der braunen Grundsauce
Der Grundfond wird durch erneute Zugabe von gerösteten Grundbestandteilen verstärkt und nach dem Passieren eingekocht und abgebunden.
3. Herstellung der Ableitung
Der Grundsauce werden die Reduktion des entsprechenden Bratensatzes und damit die charakteristischen Geschmacksstoffe zugeführt. Vielfach kommt noch eine Einlage dazu.

Verwendung der braunen Saucen

Braune Saucen werden hauptsächlich zu sautierten Fleischstücken gereicht. Sie passen aber ebenfalls zu warmen Eiergerichten, verschiedenen warmen Vorgerichten und zu geschmortem Gemüse wie Lattich, Stangensellerie, Brüsseler Endivie usw.

Braune Saucen, die geschmorte oder glasierte Fleischgerichte begleiten, werden nicht speziell hergestellt, sondern fallen bei fachgerechter Zubereitung der Gerichte von selbst an.

Die braunen Grundsaucen

Demi-glace

Zutaten für 10 l		
Kalbsknochen	9	kg
Kalbsfüße	1	kg
Erdnußöl	0,1	l
Mirepoix für braune Fonds	1	kg
Tomatenpüree	0,2	kg
Weißwein	1	l
Brauner Kalbsfond	24	l
Gewürzsäcklein		
Butter	0,3	kg
Mehl	0,36	kg

Vorbereitung

– Knochen kleinhacken. (Ergibt größere Bratfläche und somit mehr Geschmacksstoffe.)
– Mirepoix ohne Lauch zusammenstellen. (Der Lauch würde beim Anbraten Bitterstoffe bilden.)
– Gewürzsäcklein zusammenstellen.
– Roux herstellen und auskühlen lassen.

Zubereitung

– Kalbsknochen und Kalbsfüße in der Rotissoire allseitig gut anrösten. (Geschmacks- und Farbstoffe bilden sich.) Überflüssiges Öl ableeren.
– Mirepoix beigeben und mitrösten.
– Tomatenpüree beifügen und leicht mitrösten. (Säure reduziert sich, Geschmacks- und Farbstoffe bilden sich.)
– Mit Wein ablöschen und mit wenig braunem Kalbsfond auffüllen, sirupartig einkochen. (Das Glasieren stärkt Farbe und Geschmack.)
– In eine Marmite umfüllen, braunen Kalbsfond zugeben, aufkochen, abfetten und abschäumen.
– Während drei Stunden leicht sieden lassen.
– Gewürzsäcklein beifügen und während einer halben Stunde mitsieden. (Kurze Kochzeit bewirkt Aromaerhaltung.)
– Sauce durch ein Tuch passieren.
– Den Roux unter die Sauce rühren und diese auf 10 l einkochen.
– Nur ganz leicht salzen und durchs feine Spitzsieb passieren.

Bemerkungen

Das Stäuben der Knochen beim Anbraten kann nicht empfohlen werden, da die Knochen vom gebundenen Fond weniger ausgelaugt werden können als vom ungebundenen. Zudem besteht die Gefahr des Anbrennens der Sauce.

Statt Weißwein kann auch Rotwein verwendet werden. Weißwein gibt ein feineres Aroma und ist neutraler, Rotwein gibt eine kräftigere Farbe.

Gebundener Kalbsjus – *jus de veau lié*

Als Alternative zur Demi-glace wird heute in vielen Küchen der gebundene Kalbsjus verwendet.
Dabei handelt es sich um einen Kalbsjus (siehe Abschnitt 7.6.8, Seite 306), der zur Verstärkung noch etwas eingekocht und mit angerührtem Stärkemehl (z. B. Maizena) leicht abgebunden wird.

Im gleichen Verfahren kann aus dem entsprechenden Jus auch ein *jus de gibier lié* oder ein *jus de volaille lié* hergestellt werden.

Wild-Demi-glace – *demi-glace de gibier*

Gleiche Zubereitung wie Demi-glace, jedoch mit folgenden Unterschieden in den Zutaten:

- Statt Kalbsknochen und Kalbsfüße: Wildknochen und Wildparüren
- Gewürzsäcklein ergänzt mit Wacholderbeeren und getrockneten Steinpilzen

Ableitungen der braunen Saucen

Aus der klassischen Küche sind unzählige Ableitungen der braunen Saucen bekannt. Grundsätzlich basieren sie aber alle auf drei Herstellungsschritten:

Herstellungsschritte

1. Bratfett ableeren und den Bratensatz des sautierten Fleisches mit Aromaten und Wein reduzieren.
2. Mit der entsprechenden Grundsauce auffüllen und kurz durchkochen.
3. Die Sauce passieren und verfeinern. Entsprechende Einlage beigeben.

Beispiel: Marksauce

1. Bratfett ableeren und feingehackte Schalotten im Bratensatz andünsten, mit Rotwein ablöschen und sirupartig einkochen.
2. Mit Demi-glace auffüllen und kurz durchkochen.
3. Sauce passieren, mit Butterflocken verfeinern, abschmecken und die blanchierten Markwürfel oder -scheiben beigeben.

Bemerkungen

- Der Bratensatz ist obligatorischer Bestandteil einer Ableitung. (Er ergibt den charakteristischen Geschmack.)
- Für die Reduktion nur Weine guter Qualität verwenden und gut einkochen. (Die Säure bildet sich zurück.)
- Süßweine erst am Schluß beifügen. (Aroma bleibt besser erhalten.)
- Braune Saucen nicht mit dem Schwingbesen bearbeiten. (Sie hellen sonst auf.)
- Einlagen in der Sauce nicht mehr kochen. (Grundgeschmack wird sonst beeinträchtigt.)

Beispiele von Ableitungen der braunen Saucen

Sauce	Reduktion des Bratensatzes mit	Grundsauce	Verfeinerung, Einlage
Orangensauce *Sauce à l'orange*	Portwein, Orangensaft	Demi-glace	Curaçao, Orangenzeste
Marksauce *Sauce bordelaise*	Schalotten, Pfefferkörner Kräuter, Rotwein	Demi-glace	Markwürfel
Jägersauce *Sauce chasseur*	Schalotten, Weißwein	Demi-glace	Champignons, Petersilie
Pikante Sauce *Sauce piquante*	Schalotten, Pfefferkörner, Weißwein	Demi-glace	Cornichons, Kräuter
Senfsauce *Sauce Robert*	Zwiebeln, Weißwein	Demi-glace	Senfbutter oder französischer Senf und Zitronensaft
Wildrahmsauce *Sauce de gibier à la crème*	Schalotten, Weißwein	Wild-Demi-glace	Rahm, Johannisbeergelee, Gin
Wild-Pfeffersauce *Sauce poivrade*	Schalotten, Pfefferkörner, Wildmarinade	Wild-Demi-glace	Butterflocken

7.7.3 Tomatensaucen – sauces tomate

Tomatensaucen haben dank ihrer schönen Farbe und ihrem fruchtig-säuerlichen Geschmack eine appetitanregende Wirkung.
Als Tomatensorten sind voll ausgereifte Fleischtomaten oder die ovalen Peretti-Tomaten am besten geeignet. Tomaten-Concassé läßt sich während der Hauptsaison dieser Tomaten gut vorproduzieren und für den späteren Verbrauch problemlos tiefkühlen.

Die zwei Tomatengrundsaucen

Unterschieden werden die folgenden zwei Grundsaucen:

Tomatensauce
Sauce tomate

Tomaten-Concassé
Tomates concassées

Verwendungsbeispiele

Tomatensauce: Zu Teigwaren, zu Teiggerichten, zu Gemüse, als Bestandteil von Saucenableitungen (braune Saucen), als Basis für A-la-minute-Tomatencremesuppen usw.

Tomaten-Concassé: Zu grillierten oder sautierten Schlachtfleisch-, Fisch- und Krustentiergerichten, zu Krapfen, Fritots, Teigwaren, Teiggerichten, Gemüse usw.

Tomatensauce – *sauce tomate*

Zutaten für 1 l		
Butter	0,08	kg
Matignon für Cremesuppen	0,15	kg
Tomatenpüree	0,25	kg
Knoblauch	0,005	kg
Mehl	0,01	kg
Tomaten	0,8	kg
Weißer Kalbsfond	0,7	l
Gewürzsäcklein		
Salz, Zucker		

Vorbereitung

– Gewürzsäcklein zusammenstellen (Basilikum, Thymian und zerdrückte Pfefferkörner).
– Tomaten halbieren, entkernen und vierteln.

Zubereitung

– Matignon in Butter andünsten (ohne Farbe, da die Sauce sonst einen Braunton erhält).
– Tomatenpüree und Knoblauch beigeben und mitdünsten. (Aroma konzentriert sich, Säure wird abgebaut.)
– Mit Mehl stäuben und kurz mitdünsten.
– Tomaten beigeben und mit dem Fond auffüllen, aufkochen und abschäumen. Gewürzsäcklein sowie Salz und Zucker beigeben.
– 1 Stunde leicht kochen.
– Abschmecken und durch feines Spitzsieb passieren.

Tomaten-Concassé – *tomates concassées*

Zutaten für 1 l		
Olivenöl	0,05	l
Schalotten	0,05	kg
Knoblauch	0,005	kg
Tomatenpüree	0,08	kg
Tomaten	2	kg
Salz, Zucker		

Vorbereitung

– Schalotten fein hacken, Knoblauch fein zerreiben.
– Tomaten schälen, entkernen und würfeln.

Zubereitung

– Schalotten in Olivenöl dünsten, Knoblauch beigeben.
– Tomatenpüree beigeben und mitdünsten.
– Gewürfelte Tomaten beigeben und etwa 1 Minute vorsichtig mitdünsten. (Darauf achten, daß die Tomatenwürfel nicht zu stark zerfallen.)
– Abschmecken.

Ableitungen der Tomatengrundsaucen

Ableitungen werden hergestellt, indem man den Tomatengrundsaucen Einlagen wie gehackte Kräuter, gedünstete geschnittene Pilze, Oliven usw. beigibt.
Als klassische Ableitungen gelten zum Beispiel:

Neapolitanische Sauce – *sauce napolitaine*
Tomatensauce und Tomaten-Concassé im Verhältnis 1:2 mischen.

Portugiesische Sauce – *sauce portugaise*
Tomaten-Concassé mit viel gehackten Zwiebeln ansetzen und mit *glace de viande* und gehackten Kräutern verfeinern.

Provenzalische Sauce – *sauce provençale*
Tomaten-Concassé mit geschnittenen schwarzen Oliven und gehackten Kräutern.

7.7.4 Weiße Saucen – sauces blanches

Die Geschmacksbildung der weißen Saucen kann sich nicht auf Röstbitter stützen, sondern ist allein auf die natürlichen Geschmacksstoffe des Grund- oder Pochierfonds angewiesen. Gehaltvolle Fonds von reinem Geschmack sind deshalb Voraussetzung für die Herstellung der weißen Saucen.

Die Verfeinerung der großen Grundsaucen kann nach Belieben mit Liaison (Eigelb und Rahm) oder nur mit Rahm erfolgen. Die Anwendung der Liaison bringt wohl geschmackliche Vorteile, gleichzeitig erhöht sich aber durch das Eigelb der Cholesteringehalt, und die Saucen gerinnen beim Aufkochen.

Die geschmackliche Basis der weißen Saucen

Da sich die Bezeichnungen der weißen Saucen meist nur auf die Einlagen beziehen, muß beim Aufbau der Saucen darauf geachtet werden, daß ihre geschmackliche Basis zum Gericht paßt, zu dem sie gereicht werden. Das bedeutet:

Kalbsfond: für Schlachtfleischgerichte
Geflügelfond: für Geflügelgerichte
Fischfond: für Fisch-, Schalen- und Krustentiergerichte

Milch: für Teigwaren-, Gemüse-, Pilz- und Eiergerichte

Spezialfall Curry- und Paprikasauce

Wird eine Curry- oder eine Paprikasauce als Ableitung einer weißen Sauce hergestellt, so gilt der Grundsatz, daß die Gewürze das feine Grundaroma nur parfümieren, niemals aber überdecken dürfen.

Dazu eignen sich besonders zwei Verfahren:

– Eine kleine weiße Grundsauce mit einem Teil Currysauce oder Peperoni-Coulis ergänzen.
– Einen entsprechenden Gewürzauszug (Currypulver oder Paprika) in wenig Butter schwach andünsten und in der kleinen Grundsauce mitkochen.

Große weiße Grundsaucen

Die großen weißen Grundsaucen bilden einerseits die Basis der kleinen weißen Grundsaucen und dienen andererseits als Bindemittel für entsprechende Massen.

Aufbau der großen weißen Grundsaucen

Roux + Kalbsfond
= Kalbs-Velouté
Velouté de veau

Roux + Geflügelfond
= Geflügel-Velouté
Velouté de volaille

Roux + Fischfumet
= Fisch-Velouté
Velouté de poisson

Roux + Milch
= Bechamel-Sauce
Sauce Béchamel

Beispiel: Kalbs-Velouté – *velouté de veau*

Zutaten für 1 l	
Butter	0,05 kg
Mehl	0,06 kg
Weißer Kalbsfond	1,2 l
Salz	

Zubereitung

– Butter und Mehl bei schwacher Hitze hellblond schwitzen. (Stärke wird zu Dextrin abgebaut, wodurch die Sauce den «Mehlgeschmack» verliert.)
– Roux auskühlen lassen und heißen Fond beigeben. (Kalter Roux verhindert Knollenbildung.)
– Unter Rühren mit dem Schwingbesen aufkochen.
– Mindestens 30 Minuten auskochen lassen, abschmecken und durch ein Tuch passieren.

Kleine weiße Grundsaucen

Die kleinen weißen Grundsaucen sind die Basis der Ableitungen der weißen Saucen.

Aufbau der kleinen weißen Grundsaucen

Kalbs-Velouté
+ reduzierter Grundfond + Rahm
= deutsche Sauce –
sauce allemande

Geflügel-Velouté
+ reduzierter Grundfond + Rahm
= Geflügelrahmsauce –
sauce suprême

Fisch-Velouté
+ reduzierter Grundfond + Rahm
= Weißweinsauce –
sauce au vin blanc

Bechamel-Sauce
+ Rahm
= Cremesauce – *sauce à la crème*

Beispiel: deutsche Sauce – *sauce allemande*

Zutaten für 1 l	
Kalbs-Velouté	0,8 l
Kalbsfond	0,4 l
Eigelb, pasteurisiert	0,05 kg
Rahm	0,2 l
Butter	0,05 kg
Salz, Cayenne, Zitronensaft	

Zubereitung

– Den weißen Kalbsfond **schnell** zu Glace einkochen und der Velouté beigeben.
– Am Herdrand unter Rühren die Liaison beigeben, nicht mehr aufkochen. (Eigelb würde sonst gerinnen.)
– Abschmecken und durch feines Spitzsieb passieren. Mit Butterflocken verfeinern.

Ableitungen der weißen Saucen

Wie die Ableitungen der braunen Saucen, basieren auch die Ableitungen der weißen Saucen auf drei Herstellungsschritten. Im Gegensatz zu den braunen Ableitungen wird jedoch die charakteristische Geschmacksbildung nicht von einem Bratensatz, sondern vom einreduzierten Pochier- oder Dünstfond übernommen, in dem das entsprechende Produkt gegart worden ist.

Herstellungsschritte

1. Reduzieren des Pochier- oder Dünstfonds.
2. Mit der entsprechenden kleinen Grundsauce auffüllen und kurz durchkochen.
3. Die Sauce passieren und verfeinern. Kurz mixen und die entsprechende Einlage beigeben.

Beispiel: Kerbelsauce zu Fisch

1. Den pochierten Fisch aus dem Sautoir nehmen und warmstellen. Den Pochierfond sirupartig einkochen.
2. Mit Weißweinsauce auffüllen und kurz durchkochen.
3. Sauce passieren, abschmecken. Mit Butterflocken verfeinern. Kurz mixen und den frischgehackten Kerbel beigeben.

Bemerkungen

– Der reduzierte Pochier- oder Dünstfond ist obligatorischer Bestandteil einer Ableitung.
– Einlagen in der Sauce nicht mehr kochen. (Grundgeschmack wird sonst beeinträchtigt.)

Beispiele von Ableitungen der weißen Saucen

Sauce	Reduktion	Kleine Grundsauce	Verfeinerung, Einlage
Estragonsauce *Sauce à l'estragon*	Z. B. Dünstfond von Kalbsmilkentranchen	*Sauce allemande*	Butterflocken, gehackter Estragon
Albufera-Sauce *Sauce Albuféra*	Z. B. Pochierfond einer Geflügelbrust	*Sauce suprême*	*Glace de viande* und rotes Peperoni-Coulis
Hummersauce *Sauce homard*	Z. B. Pochierfond von Seezungenfilets	*Sauce au vin blanc*	Hummerbutter
Steinpilzrahmsauce *Sauce aux cèpes*	Dünstfond der Steinpilze	*Sauce crème*	Die gedünsteten Pilze, gehackte Petersilie
Mornay-Sauce *Sauce Mornay*	Keine	*Sauce crème* (mit wenig Rahm)	Eigelb und Reibkäse

7.7.5 Buttersaucen – *sauces au beurre*

Buttersaucen stellen eine Emulsion aus warmgeschlagenem Eigelb und flüssiger, geklärter Butter dar.
Da diese Saucen einen hohen Cholesteringehalt (durch das Eigelb) und einen hohen Energiegehalt (durch das Butterfett) aufweisen, sollten sie zurückhaltend und nur zu fettarmen Gerichten serviert werden, zum Beispiel zu Gemüse aus dem Wasser oder zu Fisch aus dem Sud sowie zu magerem Fleisch und Fisch vom Grill.

Das Aufbewahren der Buttersaucen in der für Mikroorganismen attraktiven Temperaturzone von 40 °C bis 50 °C hat eine Geschmacksveränderung schon nach 4–5 Stunden zur Folge.
Buttersaucen sollten deshalb für jeden Service frisch zubereitet werden.

Die Buttergrundsaucen

In der klassischen Küche werden zwei geschmackliche Linien unterschieden, denen jeweils eine andere, hinsichtlich Zutaten und Zubereitung aber fast identische Grundsauce vorsteht:
1. **Holländische Sauce** (für die feine, neutrale Linie)
2. **Bearner Sauce** (für die kräftige, würzige Linie)
Enthält in der Reduktion statt Weißweinessig Estragonessig und Estragon, als Einlage gehackten Estragon und Kerbel.

Wenn sowohl holländische wie Bearner Sauce benötigt werden, ist es aus arbeitssparenden Gründen durchaus sinnvoll, die Bearner Sauce aus einem Teil der holländischen Sauce herzustellen, indem man die würzigen Bestandteile als Reduktion vor dem Passieren und die gehackten Kräuter nach dem Passieren beigibt.

Holländische Sauce – *sauce hollandaise*

Zutaten für 1 l		
Reduktion		
Schalotten	0,05	kg
Pfefferkörner	10	Stück
Weißweinessig	0,03	l
Weißwein	0,02	l
Wasser	0,1	l
Weitere Zutaten		
Wasser	0,05	l
Eigelb pasteurisiert	0,2	kg
Butter	1	kg
Salz, Cayenne, Zitronensaft		

Vorbereitung

– Butter durch Abstehenlassen im Wasserbad klären. (Bei dieser sanften Art der Klärung bleibt das Butteraroma am besten erhalten.)
– Butterfett vorsichtig von der abgesetzten Buttermilch dekantieren. (Die Buttermilch wirkt sich geschmacklich negativ auf die Sauce aus.)
– Butter auf rund 45 °C auskühlen lassen (Eigelbproteine gerinnen sonst).

Zubereitung

– Reduktionsbestandteile fast vollständig eindünsten. (Geschmacksstoffe werden zuerst ausgelaugt, dann konzentriert.)
– Reduktion mit Wasser verdünnen. (Die aggressive Säure der Reduktion würde die emulgierende Wirkung der Eigelb-Lezithine beeinträchtigen.)
– Reduktion absieben.
– Eigelb beigeben und im rund 80 °C warmen Wasserbad zu einer dick bleibenden Masse aufschlagen.
– Das Butterfett in dünnem Faden unter tüchtigem Schwingen mit dem Schwingbesen unter die Masse rühren. (Zu viel Fett auf einmal kann das Eigelb-Lezithin nicht emulgieren.)
– Abschmecken und nochmals gut durchrühren.

Beispiele von Ableitungen der Buttersaucen (Fortsetzung Seite 314, oben)

Sauce	Grundsauce	Verfeinerung, Einlage	Anwendung
Schaumsauce *Sauce mousseline*	Holländische Sauce	Zitronensaft und Schlagrahm (obenauf oder untermeliert)	Fisch und Gemüse aus dem Sud
Dijon-Sauce *Sauce dijonnaise*	Holländische Sauce	Dijon-Senf (leicht vorgewärmt)	Im Sud pochierte Plattfischstücke

Thema 7 **Blatt 44**

Beispiele von Ableitungen der Buttersaucen (Fortsetzung von Seite 313, unten)

Sauce	Grundsauce	Verfeinerung, Einlage	Anwendung
Choron-Sauce *Sauce Choron*	Bearner Sauce (ohne Kräuter)	Tomaten-Coulis oder Tomatenkonzentrat (vorgewärmt)	Rindfleisch und Fisch vom Grill
Foyot-Sauce *Sauce Foyot*	Bearner Sauce	*Glace de viande* (warmflüssig) Achtung: Sauce verdickt sich	Rindfleisch vom Grill, in Artischockenböden

7.7.6 Ölsaucen – *sauces à l'huile*

Zu den Ölsaucen werden alle kalten Saucen gezählt, deren Hauptbestandteil Öl ist.
Ölsaucen werden in zwei Gruppen eingeteilt, denen jeweils eine Grundsauce vorsteht:

Klare Ölsaucen
Essig-Kräuter-Sauce
Sauce vinaigrette

Gebundene Ölsaucen
Mayonnaise-Sauce
Sauce mayonnaise

Klare Ölsaucen

Klare Ölsaucen bilden einen idealen Träger für die ätherischen Öle von Kräutern und Gewürzen.
Sie lassen sich im Bereich der kalten oder der lauwarmen Gerichte ebensogut einsetzen wie als Salatsaucen oder als raffinierte Marinaden für gekochte Gemüse, Pilze, Fische, Krusten- und Weichtiere.

Essig-Kräuter-Sauce – *sauce vinaigrette*

Zutaten für 1 l	
Sonnenblumenöl	0,6 l
Kräuteressig	0,25 l
Zwiebeln	0,15 kg
Kräuter (Schnittlauch, Petersilie, Kerbel, Estragon, Basilikum)	0,1 kg
Salz, Pfeffer aus der Mühle	

Zubereitung
– Zwiebeln fein hacken.
– Kräuter waschen, fein hacken bzw. schneiden.
– Alle weiteren Zutaten zusammen mit den Zwiebeln und den Kräutern in eine Schüssel geben und mit dem Schwingbesen verrühren.
– Abschmecken.

Bemerkungen
– Die Öl- und die Essigsorte richten sich nach der Anwendung der Sauce.
– Mögliche **Ölsorten:** Maiskeim-, Raps-, Oliven-, Nuß-, Traubenkernöl usw.
– Mögliche **Essigsorten:** Rotweinessig, Aceto di Modena, Sherry-Essig, Kräuteressig usw.
– Wegen des schnellen Gärens der Zwiebeln und des Farbverlustes der Kräuter sollte jeweils nur der Servicebedarf hergestellt werden.
– Die Sauce vor jedem Gebrauch gut aufrühren.

Beispiele von Ableitungen der klaren Ölsaucen

Sauce	Öl-, Essigsorte	Verfeinerung, Einlage	Anwendung
Gemüse-Vinaigrette *Vinaigrette aux légumes*	Olivenöl, Aceto di Modena	Sojasauce, blanchierte Gemüse-Brunoise	Z.B. zu sautiertem Fisch auf Salatbett
Tomaten-Vinaigrette *Vinaigrette aux tomates*	Olivenöl, Weißweinessig	Tomatenwürfel, etwas mehr Basilikum	Z.B. als Marinade für lauwarmen Fischsalat
Eier-Vinaigrette *Vinaigrette aux œufs*	Sonnenblumenöl, Weißweinessig	Gehackte Eier	Z.B. zu Spargelsalat
Ravigote-Sauce *Sauce ravigote*	Sonnenblumenöl, Kräuteressig	Gehackte Cornichons, gehackte Kapern	Z.B. zu kaltem Siedfleisch

Gebundene Ölsaucen

Bei den gebundenen Ölsaucen handelt es sich um ein homogenes Gemisch (Emulsion) aus aufgeschlagenem Eigelb und Pflanzenöl.
Die Zusammensetzung der Grundsauce, der Mayonnaise, unterliegt gesetzlichen Bestimmungen.

Gesetzliche Bestimmung (Lebensmittelverordnung, Art. 114 und 115)

«Mayonnaise ist eine Zubereitung aus mindestens 70% Speiseöl, Hühnereiern (Vollei oder Eigelb) und Gärungsessig, unter Beigabe von Kochsalz, Gewürzen, Senf, evtl. auch Zucker oder Zuckerarten und Zitronensaft.»

Aus bakteriologischen Gründen (Salmonellen) ist es vorteilhaft, pasteurisiertes Eigelb zu verwenden.

Die Rolle des Eigelb-Lezithins als Emulgator

Lezithin ist ein fettähnlicher Stoff, dessen Moleküle die Fähigkeit haben, Fett- und gleichzeitig auch Wassermoleküle an sich zu binden. Dadurch wirkt das Lezithin wie ein Bindemittel zwischen diesen zwei sonst unverbindbaren Stoffen.
Buttersaucen oder gebundene Ölsaucen gerinnen immer nur, wenn grundsätzliche Regeln im Umgang mit dem empfindlichen Eigelb-Lezithin nicht beachtet werden.

Die emulgierende Wirkung des Eigelb-Lezithins wird stark beeinträchtigt, wenn

- es durch gerinnende Proteine (wegen Hitze oder Säure) eingeschlossen wird (deshalb nie Essig oder Reduktion direkt ans Eigelb geben);
- es mit zähfließendem (kaltem) Öl zusammengebracht wird;
- während des Emulsionsvorgangs nicht fleißig gerührt oder zu viel Öl auf einmal beigemengt wird.

Mayonnaise-Sauce – *sauce mayonnaise*

Zutaten für 1 l	
Eigelb pasteurisiert	0,1 kg
Wasser	0,02 l
Senf	0,02 kg
Sonnenblumenöl	0,8 l
Weißweinessig	0,03 l
Salz, weißer Pfeffer, Zitronensaft	

Zubereitung

- Eigelb, Wasser, Senf und Salz gut schaumig rühren.
- Öl in feinem Faden unter tüchtigem Schwingen beigeben, gegen Schluß den Essig. Abschmecken.

Bemerkungen

- Es ist darauf zu achten, daß Eigelb und Öl Zimmertemperatur haben.
- Es ist empfehlenswert, ein Öl mit neutralem Geschmack und hohem Anteil an mehrfach ungesättigten Fettsäuren zu verwenden. Der neutrale Geschmack läßt eine vielseitige Verwendung zu; die mehrfach ungesättigten Fettsäuren sorgen dafür, daß dank ihrem tiefen Erstarrungspunkt die Mayonnaise ohne Konsistenzverlust im Kühlschrank aufbewahrt werden kann.

Beispiele von Ableitungen der gebundenen Ölsaucen

Sauce	Würzstoffe, Einlage	Anwendung
Remouladensauce *Sauce rémoulade*	Gehackte Cornichons, Sardellenfilets, Kapern, Kräuter, Zwiebeln	Z. B. zu fritiertem Fisch
Tatarensauce *Sauce tartare*	Gehackte Eier, gehackte Cornichons, Schnittlauch	Zu kalten Fleischgerichten
Cocktailsauce *Sauce cocktail*	Geriebener Meerrettich, Tomaten-Ketchup, Cognac, Tabasco	Zu kalten Krustentiergerichten
Grüne Sauce *Sauce verte*	Feinstes Püree von blanchiertem Spinat und Kräutern (Kresse, Petersilie usw.)	Zu pochiertem kaltem Fisch

Die Ableitungen können bei entsprechender Bezeichnung (Quark- oder Joghurtmayonnaise) durch rund ein Drittel Magerquark- oder Joghurtanteil energieärmer hergestellt werden.

7.7.7 Püreesaucen – *coulis*

Unter einem Coulis versteht man ein sehr feines, geschmacklich möglichst reines, leicht flüssiges Püree von Früchten, Gemüse, Fleisch, Fisch, Krustentieren usw.
Obwohl teuer in der Zubereitung, sind die Coulis die wohl leichteste und geschmackvollste Saucenart. Charakteristisch für die Coulis ist, daß sie ausschließlich durch den Hauptbestandteil selbst gebunden werden, das heißt, ohne Bindemittel wie Stärke oder Mehl auskommen.

Die wichtigsten Coulis-Arten

Früchte-Coulis werden hauptsächlich für Süßspeisen verwendet. In der warmen Küche lassen sich die Früchte-Coulis – unter Einbezug der entsprechenden Glace und etwas sparsamer gezuckert – gut mit Wild- oder Geflügelfleisch kombinieren.

Gemüse-Coulis sind vor allem für die warme Küche von Bedeutung. Grundsätzlich läßt sich aus jedem Gemüse ein Coulis herstellen. Falls das Coulis nicht für ein vegetarisches Gericht bestimmt ist, ist es für den Geschmack von Vorteil, wenn das Coulis mit der entsprechenden Glace (Fisch-, Kalbs-, Geflügel- oder Wildglace) abgeschmeckt wird.
Krustentier-Coulis (Hummer, Süßwasserkrebse) sind konzentrierte Auszüge aus Schalen und Innereien des entsprechenden Tieres. Sie werden oft zusätzlich mit Corail-Butter und Rahm verfeinert.

Verwendung von Coulis

Coulis lassen sich äußerst vielseitig verwenden. Hauptanwendungsgebiete in der Küche sind:

- **als eigentliche Saucen:** Wegen ihrer festeren Konsistenz sind sie besonders beliebt als Saucenspiegel.
- **als Aromatisierungsmittel:** Wegen ihres reinen konzentrierten Geschmacks lassen sich aus kleinen weißen Grundsaucen durch Zugabe von etwas Coulis besonders feine Ableitungen herstellen.
- **als Suppen:** Aus allen Coulis – außer den süßen – lassen sich leichte und geschmackvolle Suppen herstellen.

Beispiel: Tomaten-Coulis – *coulis de tomates*

Zutaten für 1 l	
Olivenöl	0,05 kg
Zwiebeln	0,2 kg
Knoblauch	0,01 kg
Tomatenpüree	0,1 kg
Tomaten	2,5 kg
Salz, Zucker	
Glace von…	0,05 l
Butter	0,05 kg

Thema 7 **Blatt 46**

Vorbereitung

- Zwiebeln fein hacken, Knoblauch fein zerreiben.
- Tomaten schälen, halbieren und entkernen.

Zubereitung

- Zwiebeln in Butter dünsten, Knoblauch beigeben.
- Tomatenpüree beigeben und mitdünsten.
- Tomaten beigeben.
- Zugedeckt im Ofen etwa 15 Minuten dünsten.
- Mixen und durch feines Drahtspitzsieb passieren.
- Mit der entsprechenden Glace, *beurre noisette,* Salz, Zucker und Pfeffer abschmecken.

Verwendungsbeispiele für die warme Küche

Tomaten-Coulis – *coulis de tomates* zu sautiertem oder grilliertem Schlachtfleisch, zu Fischspießen, zu sautierten oder grillierten Krustentieren; zu Gemüse, Teigwaren, Getreidebratlingen, Krapfen, Fritots.

Heidelbeeren-Coulis – *coulis de myrtilles* zu sautiertem Haarwild wie Rehnüßchen, Hirschkalbmedaillons; zu sautiertem oder gebratenem Federwild und Mastgeflügel.

Hummer-Coulis – *coulis de homard* zu sautierten oder grillierten Krustentieren, zu Fischklößchen; zur Herstellung von Ableitungen der Weißweinsauce.

7.7.8 Spezialsaucen – *sauces spéciales*

Die Gruppe der warmen und der kalten Spezialsaucen umfaßt alle Saucen, die sich aufgrund ihrer speziellen Zusammensetzung oder Herstellung von keiner der üblichen Grundsaucen ableiten lassen.
Bei vielen Spezialsaucen mit pikantwürzigem Aroma wird bewußt der geschmackliche Kontrast zwischen Sauce und Gericht gesucht. Bei der Zusammenstellung einer solchen Sauce darf jedoch nicht dies allein im Vordergrund stehen, sondern die Sauce sollte in erster Linie die fehlenden geschmacklichen Komponenten liefern, die dem Gericht zur vollen Geltung verhelfen.

Warme Spezialsaucen

Beispiele und spezielle Hinweise zu warmen Spezialsaucen

Sauce	Spezielle Hinweise	Verwendung
Apfelsauce Apple sauce	Die Apfelsauce sollte dick gehalten werden, da sie sonst mit dem jeweiligen Bratenjus, der auch noch dazu serviert wird, auf dem Teller zusammenfließt.	Zu Gänse- oder Entenbraten, zu Schweinebraten
Currysauce *Sauce curry*	Currypulver nur leicht andünsten, niemals rösten, da sich sonst Bitterstoffe entwickeln.	Zu speziellen Currygerichten; zum Aromatisieren von Suppen und Saucen
Meerrettichsauce Horseradish sauce		Zu gebratenem oder gekochtem Rindfleisch
Sweet-and-sour-Sauce	Die im Handel erhältlichen Sweet-and-sour-Saucen sind, weil aus Originalprodukten hergestellt, in der Regel von ausgezeichneter Qualität.	Vor allem zu in Öl gebackenen Gerichten der asiatischen Küche
Fischspezialsaucen	Siehe Seite 359.	

Kalte Spezialsaucen

Beispiele und spezielle Hinweise zu kalten Spezialsaucen

Viele kalte Spezialsaucen stammen aus der englischen Küche oder aus den Küchen der ehemaligen englischen Kolonien. Diese Saucen werden bei uns hauptsächlich als Würzsaucen verwendet und von der Lebensmittelindustrie in sehr guter Qualität fertig angeboten, zum Beispiel Ketchup, Chili-Sauce, Worcestershire-Sauce, Sojasauce, Mango-Chutney, Sweet-and-sour-Sauce.

Sauce	Spezielle Hinweise	Verwendung
Minzsauce *Sauce menthe*	Heiß abgefüllt, verschlossen und kühl aufbewahrt hält sich diese Sauce über Monate.	Zu Lammbraten
Cumberland-Sauce *Sauce Cumberland*	Vor der Verwendung sollte diese Sauce einige Tage kühl lagern.	Zu kalten Wildgerichten, Pasteten und Terrinen
Meerrettichrahm *Raifort chantilly*	Der Meerrettich muß fein gerieben werden. Ableitungen: zum Beispiel mit Baumnüssen, Dill usw.	Zu geräuchertem Fisch

Thema 7 **Blatt 47**

7.8 Suppen – *potages*

7.8.1 Einteilung und Übersicht der Suppen

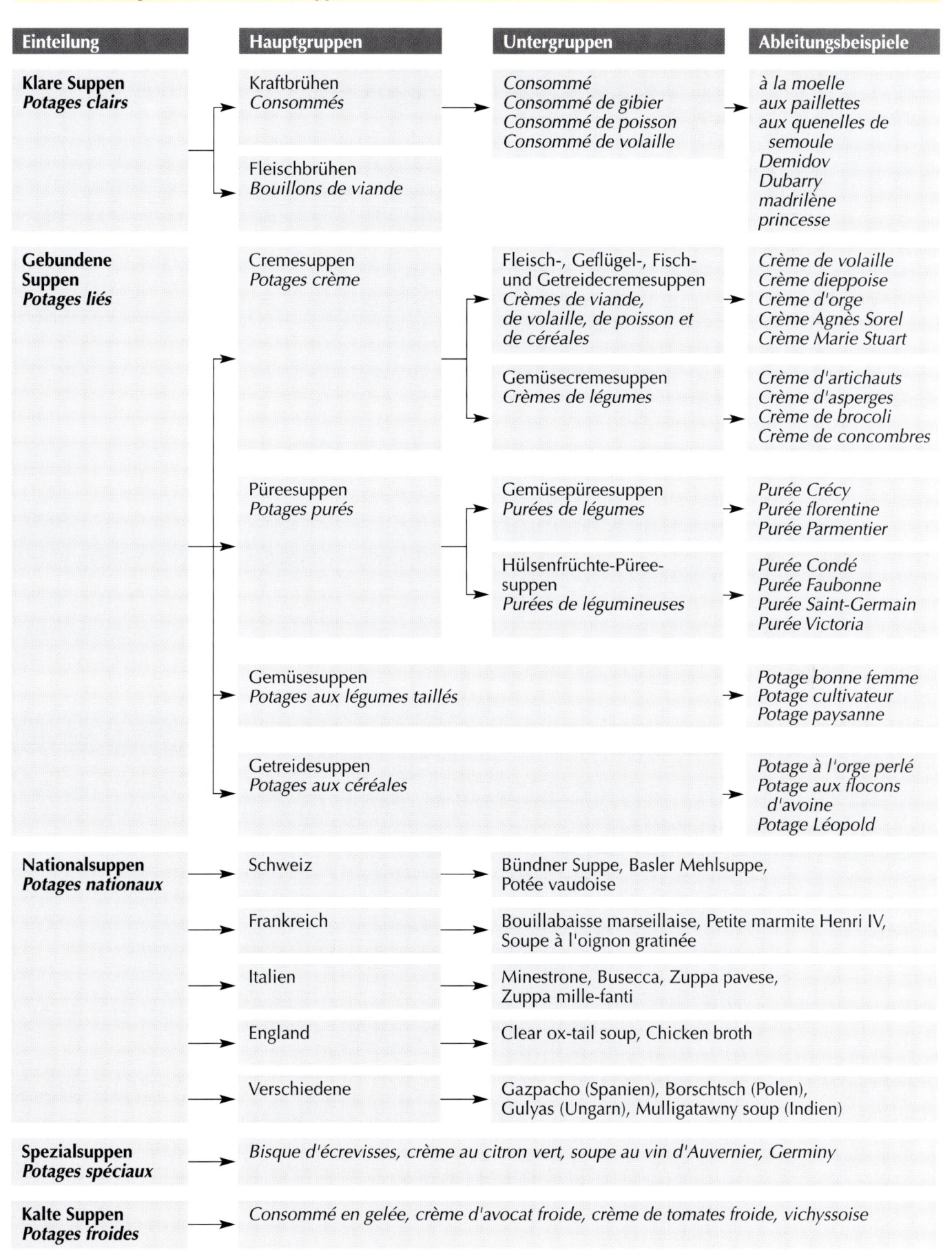

Einteilung	Hauptgruppen	Untergruppen	Ableitungsbeispiele
Klare Suppen *Potages clairs*	Kraftbrühen *Consommés*	*Consommé* *Consommé de gibier* *Consommé de poisson* *Consommé de volaille*	*à la moelle* *aux paillettes* *aux quenelles de* *semoule* *Demidov* *Dubarry* *madrilène* *princesse*
	Fleischbrühen *Bouillons de viande*		
Gebundene Suppen *Potages liés*	Cremesuppen *Potages crème*	Fleisch-, Geflügel-, Fisch- und Getreidecremesuppen *Crèmes de viande,* *de volaille, de poisson et* *de céréales*	*Crème de volaille* *Crème dieppoise* *Crème d'orge* *Crème Agnès Sorel* *Crème Marie Stuart*
		Gemüsecremesuppen *Crèmes de légumes*	*Crème d'artichauts* *Crème d'asperges* *Crème de brocoli* *Crème de concombres*
	Püreesuppen *Potages purés*	Gemüsepüreesuppen *Purées de légumes*	*Purée Crécy* *Purée florentine* *Purée Parmentier*
		Hülsenfrüchte-Püree- suppen *Purées de légumineuses*	*Purée Condé* *Purée Faubonne* *Purée Saint-Germain* *Purée Victoria*
	Gemüsesuppen *Potages aux légumes taillés*		*Potage bonne femme* *Potage cultivateur* *Potage paysanne*
	Getreidesuppen *Potages aux céréales*		*Potage à l'orge perlé* *Potage aux flocons* *d'avoine* *Potage Léopold*
Nationalsuppen *Potages nationaux*	Schweiz	Bündner Suppe, Basler Mehlsuppe, Potée vaudoise	
	Frankreich	Bouillabaisse marseillaise, Petite marmite Henri IV, Soupe à l'oignon gratinée	
	Italien	Minestrone, Busecca, Zuppa pavese, Zuppa mille-fanti	
	England	Clear ox-tail soup, Chicken broth	
	Verschiedene	Gazpacho (Spanien), Borschtsch (Polen), Gulyas (Ungarn), Mulligatawny soup (Indien)	
Spezialsuppen *Potages spéciaux*	*Bisque d'écrevisses, crème au citron vert, soupe au vin d'Auvernier, Germiny*		
Kalte Suppen *Potages froides*	*Consommé en gelée, crème d'avocat froide, crème de tomates froide, vichyssoise*		

Die Suppen im Verlauf der Geschichte

Wegen der einfachen Kücheneinrichtungen des 16. und des 17. Jahrhunderts waren suppenähnliche Eintopfgerichte die üblichste Mahlzeitenform. Suppen als Teile einer Mahlzeit waren damals noch weitgehend unbekannt. Mit dem Entstehen der klassischen Kochkunst im 18. Jahrhundert und der Entwicklung der klassischen Speisenfolge bekamen die Suppen ihren festen Platz im Menü. In den gehobenen Häusern gehörte es bald zum guten Ton, die Gäste innerhalb eines Menüs jeweils zwischen einer klaren und einer gebundenen Suppe wählen zu lassen. Diesem Umstand verdanken wir die große Suppenvielfalt, über die wir heute verfügen.

Aufgaben der Suppen

Innerhalb eines Menüs haben die Suppen vor allem die Aufgabe, den Magen für die nachfolgenden Speisen aufnahmebereit zu machen.
Dies geschieht durch
– Anregung zur Aktivierung von Verdauungssäften durch die Wirkung von Geruchs- und Geschmacksstoffen sowie durch ein appetitliches Aussehen;
– Vorwärmen des Magens.
Zudem haben viele Suppen einen hohen Nähr- und Sättigungswert, was vor allem dort von Bedeutung ist, wo mit begrenzten finanziellen Mitteln gekocht werden muß, zum Beispiel in der Familienküche und in der bürgerlichen Küche.
Auch in der leichten Schonkost werden Suppen verwendet. So werden oft fettarme Getreideschleimsuppen und Kraftbrühen als Schon- und Aufbaukost verordnet.

Wichtige Grundsätze

1. Wahl der richtigen Suppenart

Die Suppenart hat sich in bezug auf die Hauptzutaten den vorangegangenen oder den nachfolgenden Gerichten anzupassen, wobei Wiederholungen (Farbe, Hauptzutaten usw.) zu vermeiden sind.

2. Mengen

Steht bei der Suppe der Sättigungswert im Vordergrund, so rechnet man mit etwa 0,25 l, sonst mit etwa 0,17 l pro Person.
In vier- und mehrgängigen Menüs sollte nicht mehr als 0,15 l Suppe pro Person serviert werden.

7.8.2 Klare Suppen – *potages clairs*

Geschmacksträger der Kraftbrühen sind aromaintensive Aminosäureverbindungen, die während des Siedeprozesses im Fleisch bzw. in der Klarifikation entstehen und in die Brühe übergehen.

Unterschieden werden die folgenden zwei Hauptgruppen:

Kraftbrühen
Consommés

Fleischbrühen
Bouillons de viande

Kraftbrühen – *consommés*

Aufbau der Kraftbrühen

Grundfond	+	Klarifikation	=	Kraftbrühe
Bouillon	+	Mageres Kuhfleisch, Eiweiß, Matignon, Tomatenabschnitte und Wasser (Eis)	=	Kraftbrühe *Consommé*
Fischfond	+	Fischfleisch, Eiweiß, kleines Matignon von Schalotten, weißer Lauch, Champignons und Wasser (Eis)	=	Fischkraftbrühe *Consommé de poisson*
Geflügelfond	+	Rind- und Geflügelfleisch (1:2), *angebratene* Geflügelkarkassen, Eiweiß, Matignon und Wasser (Eis)	=	Geflügelkraftbrühe *Consommé de volaille*
Wildfond	+	Rind- und Wildfleisch (1:2), *angebratene* Wildabschnitte, Eiweiß, Matignon, Tomatenabschnitte und Wasser (Eis)	=	Wildkraftbrühe *Consommé de gibier*

Zubereitung der Klarifikation

1. Mageres Fleisch von älteren Tieren durch die mittelgroße Scheibe des Wolfes drehen. (Zerkleinertes Fleisch kann besser ausgelaugt werden. Fleisch von älteren Tieren hat mehr Geschmacksstoffe.)

2. Restliche Zutaten beigeben und gut mischen. Klarifikation einige Stunden an der Kühle stehen lassen. (Fleischproteine treten in die Klarifikationsflüssigkeit über.)

Der Klärvorgang

Die Klärung der Kraftbrühe wird durch die Proteine des Klärfleisches und des Huhneiweißes bewirkt. Beim Mischen mit der kalten Brühe verteilen sich diese in der Flüssigkeit. Bei etwa 70 °C beginnen sie zu gerinnen und schlie-

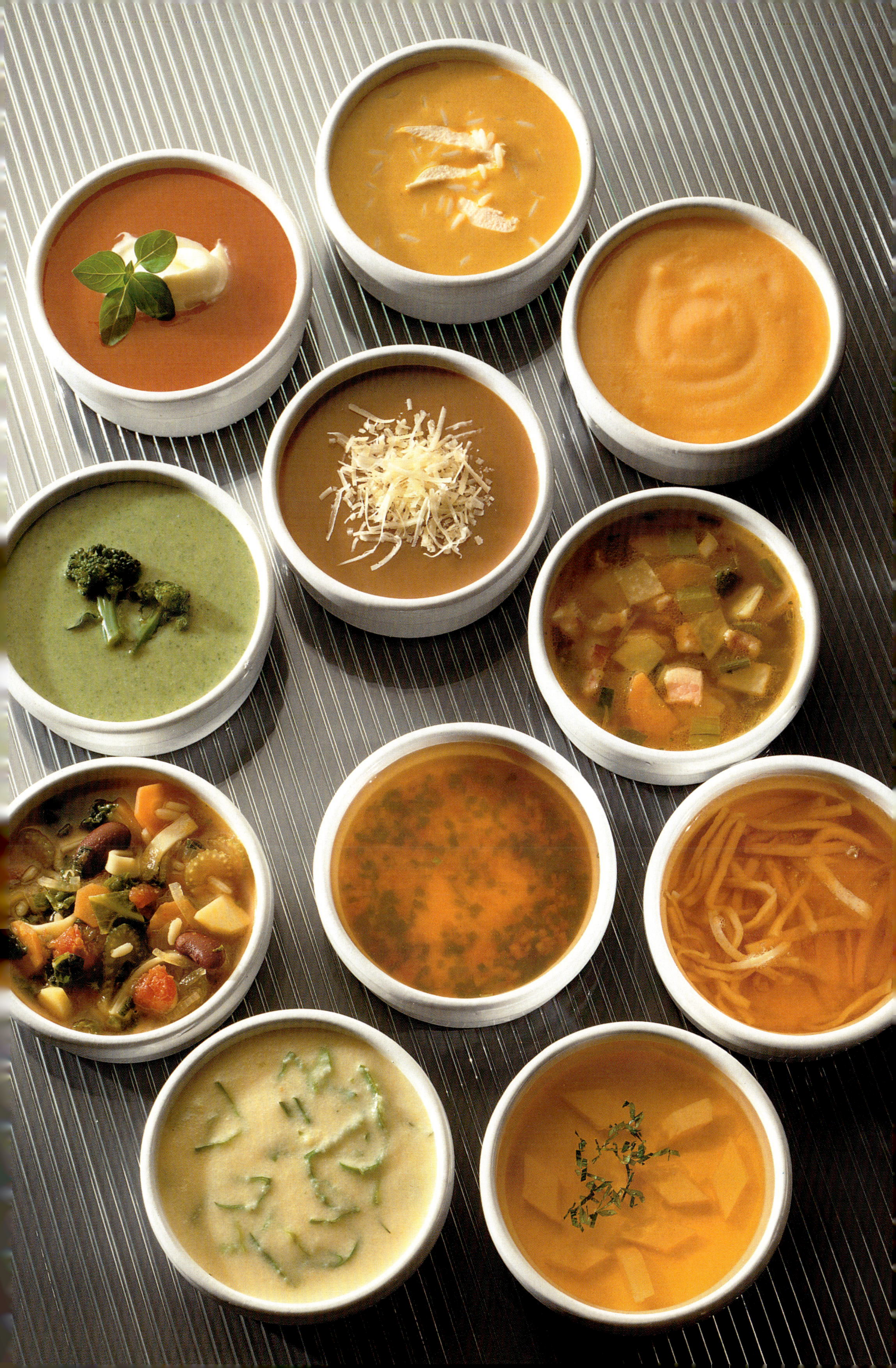

7.8	Suppen 317	
7.8.1	Einteilung und Übersicht der Suppen	317
7.8.2	Klare Suppen 318	
7.8.3	Gebundene Suppen 322	
7.8.4	Nationalsuppen 326	
7.8.5	Spezialsuppen 327	
7.8.6	Kalte Suppen 327	

ßen dabei die vorhandenen Trübteilchen mit ein. Wenn die Flüssigkeit den Siedepunkt erreicht hat, steigen die geronnenen Proteine als kompakte Schicht nach oben.

Bemerkung

Mehr Hühnereiweiß als nötig wirkt sich negativ auf den Geschmack aus, da nicht nur Trübteilchen, sondern auch Geschmacksstoffe eingebunden werden.

Kraftbrühe – *consommé*

Zutaten für 2,5 l (10 Personen)		
Kuhfleisch	0,45	kg
Matignon	0,25	kg
Tomaten	0,05	kg
Eiweiß	2	Stück
Wasser	0,2	l
Bouillon	3	l
Salz, Gewürze		

Vorbereitung

– Klarifikation herstellen und einige Stunden, besser über Nacht, kühl stellen.

Zubereitung

– Klarifikation mit der kalten Bouillon gut vermischen. (Heiße Bouillon würde die Proteine bereits beim Angießen gerinnen lassen, und der Kläreffekt wäre verloren.)
– Unter zeitweisem Rühren aufkochen. (Rühren verhindert Absinken und Anbrennen der Proteine.)
– Nach dem Aufkochen nur noch leicht sieden lassen und nicht mehr rühren. (Sonst bricht die Klarifikation auseinander, und Trübteilchen treten aus.)
– Unter gelegentlichem Abfetten 1 Stunde leicht sieden lassen (Fischkraftbrühe nur 30 Minuten).
– Klarifikationsschicht vorsichtig auf die Seite schieben und die Kraftbrühe durch ein doppelt gefaltetes Passiertuch abschöpfen.
– Abschmecken und eventuell vorhandene Fettaugen mit Küchenkreppapier vollständig entfernen.

Doppelte Kraftbrühen – *consommés doubles*

Doppelte Kraftbrühen werden mit der doppelten Menge Klärfleisch hergestellt, weshalb auf die Zugabe von Eiweiß in der Klarifikation verzichtet werden kann.
Doppelte Kraftbrühen werden meist nur für spezielle Anlässe zubereitet und auf französisch oft auch als *essence (de bœuf, de volaille, de gibier)* bezeichnet. Zudem bilden sie die Basis der kalten Kraftbrühen.

Ableitungen der Kraftbrühen

Ableitungen werden hergestellt, indem man
– eine oder mehrere **Einlagen** beigibt,
– mit **Süßweinen** abschmeckt,
– separat passende **Beilagen** reicht.
Einlagen sollten klein gehalten und immer separat gegart werden, damit der Grundgeschmack der Suppe nicht beeinträchtigt wird.

Beispiele von Einlagen und von Beilagen

Eier: Eigelb, Eierfäden, Eierstich; Wachteleier
Fleisch: Markscheiben; Streifchen oder Würfelchen von gekochtem Fleisch, Klößchen
Gemüse: Gemüse in Scheibchen, Streifchen, Würfelchen; geschnittene Pilze
Teige: Pfannkuchenstreifchen, kleine Ravioli, Tortellini; Suppenteigwaren; Backerbsen
Zerealien: Reis, Gerste
Beilagen: Blätterteiggebäck, geriebener Käse, geröstete Brotwürfelchen

Bezeichnungen

Unter dem Ausdruck Kraftbrühe bzw. *consommé* wird grundsätzlich die normal, das heißt die mit Kuhfleisch angesetzte Kraftbrühe verstanden. Kraftbrühen von Geflügel, Wild und Fisch sollten immer entsprechend bezeichnet werden.
Die Bezeichnung richtet sich nicht nur nach der Art der Kraftbrühe, sondern auch nach den Einlagen:

Kraftbrühe	*Consommé*
mit Leberklößchen	*aux noques de foie*
mit Gemüsestreifchen	*julienne*
mit Madeira	*au madère*
mit Käseschnittchen	*aux diablotins*
mit Eierstich	*royale*
mit Mark	*à la moelle*
mit Pfannkuchenstreifchen	*célestine*

Fleischbrühen – *bouillons de viande*

Unter einer Fleischbrühe versteht man eine Bouillon, die durch Mitsieden von Fleisch geschmacklich verstärkt wurde.
Nach dem Entfernen des Fleisches, das in der warmen oder der kalten Küche verwendet wird, werden die Fleischbrühen durch ein Tuch passiert, leicht abgefettet, abgeschmeckt und als Suppe weiterverwendet.
Für Fleischbrühen werden die gleichen Einlagen verwendet, wie sie bei den Kraftbrühen aufgeführt sind.

Charakteristische Unterschiede zu den Kraftbrühen

In bezug auf:	Fleischbrühe	Kraftbrühen
Grundbrühen	Rindsknochenbrühe	Rindsknochenbrühe, Geflügel-, Wild- oder Fischfond
Verstärkung	Siedfleisch oder Suppenhuhn	Gehacktes Fleisch vom entsprechenden Tier
Aromaten	Gemüsebündel	Matignon
Klärung	Wird nicht geklärt	Vollständige Klärung durch Klarifikation
Entfettung	Darf noch Fettaugen aufweisen	Darf keine Fettaugen mehr aufweisen
Farbe	Goldgelb	Richtet sich nach der Kraftbrühenart: von sehr hell (Fisch) bis bernsteinfarben (Wild)

7.8.3 Gebundene Suppen – *potages liés*

Zu den gebundenen Suppen zählen alle Brühen, die Stärke enthalten oder mit stärkehaltigen Produkten wie Gemüse, Getreide oder Hülsenfrüchten angesetzt wurden und dadurch mehr oder weniger stark gebunden werden. Im Gegensatz zu den klaren Suppen, die für jeden Menütyp geeignet sind, werden gebundene Suppen hauptsächlich in verkürzten Menüs verwendet.

Übersicht und wichtigste Merkmale der gebundenen Suppen

Suppenart	Aromaten	Bindung	Grundfonds	Fertigstellen	Verfeinerung
Cremesuppen Fleisch-, Geflügel-, Fisch- und Getreidecremesuppen	Weißes Matignon	Weißmehl oder entsprechendes Getreidemehl	Bouillon, Kalbs-, Geflügel-, Fisch- oder Gemüsefond	Durch Tuch passieren	Rahm oder Liaison; Butterflocken
Gemüsecremesuppen	Weißes Matignon und entsprechendes Gemüse	Wenig Weiß- oder Reismehl und entsprechendes Gemüse	Bouillon oder Gemüsefond	Mixen und durch feines Drahtspitzsieb passieren	Rahm
Püreesuppen Gemüse- und Hülsenfrüchte-Püreesuppen	Weißes Matignon und entsprechendes Gemüse oder entsprechende Hülsenfrüchte	Kartoffeln	Bouillon oder Gemüsefond	Durch Mixer oder Passiermaschine und gröberes Spitzsieb passieren	Rahm
Getreidesuppen	Gemüse-Brunoise oder gehackte Zwiebeln	Entsprechendes Getreide in Form von Grieß, Flocken oder Schrot	Bouillon, Kalbs-, Geflügel- oder Gemüsefond	Unpassiert oder passiert	Rahm oder Liaison
Gemüsesuppen	Gehackte Zwiebeln und blättrig geschnittenes Gemüse	Blättrig geschnittene Kartoffeln oder (wenig) Weißmehl	Bouillon oder Gemüsefond	Unpassiert	Variiert je nach Suppe

Cremesuppen – *potages crème*

Unter dem Begriff Cremesuppen bzw. *crèmes* werden alle leicht gebundenen, passierten und mit Rahm oder Liaison verfeinerten Suppen zusammengefaßt.

Aufgrund der unterschiedlichen Zubereitung und Zutaten unterscheidet man zwischen **Fleisch-, Geflügel-, Fisch- und Getreidecremesuppen** sowie **Gemüsecremesuppen**.

Anwendung der Liaison

Liaison zuerst mit etwas heißer Suppe angießen und dann zur restlichen Suppe passieren. Unter Rühren bis etwa 80 °C erhitzen und sofort servieren.

Energiearme Zubereitung

Sie beruht auf einer Reduktion des Fettgehaltes. Der Roux wird durch kalt angerührtes Reismehl oder sonstiges Suppenmehl ersetzt, das unter kräftigem Rühren der kochenden Brühe beigegeben wird. Zudem kann der Rahmanteil reduziert werden.

Getreidecremesuppen

Getreidecremesuppen werden wie Fleischcremesuppen hergestellt. Das Weißmehl wird dabei durch das entsprechende Getreidemehl ersetzt und nicht angeschwitzt, sondern nur gestäubt oder angerührt beigegeben.

Fleisch-, Geflügel-, Fisch- und Getreidecremesuppen – *crèmes de viande, de volaille, de poisson et de céréales*

Zutaten für 2,5 l (10 Personen)	
Butter	0,05 kg
Matignon für Cremesuppen	0,15 kg
Weiß-/Getreidemehl	0,08 kg
Kräftiger Fond	2,5 l
Rahm oder Liaison	0,3 l
Butterflocken	0,02 kg
Salz, Gewürze	

Zubereitung

- Matignon in Butter dünsten (Aromaverstärkung).
- Mehl dazugeben und andünsten. (Mehlgeschmack baut sich ab.)
- Auskühlen lassen. Mit heißem Fond (kürzere Rührzeit) auffüllen und unter Rühren aufkochen.
- 20 Minuten leicht sieden lassen. (Mehl wird ausgekocht.) Gelegentlich abschäumen.
- Durch Tuch passieren und erneut aufkochen.
- Abschmecken und mit Rahm oder Liaison verfeinern.
- Die separat gegarten Einlagen dazugeben.

Beispiele von Fleisch-, Geflügel-, Fisch- und Getreidecremesuppen

Suppe	Einlage
Curry-Geflügelcremesuppe *Crème Lady Hamilton*	Feine Gemüsewürfelchen
Fischcremesuppe *Crème dieppoise*	Muscheln und Krevetten
Geflügelcremesuppe mit Champignons *Crème Agnès Sorel*	Champignons, Kalbszunge und Pouletfleisch
Geflügelcremesuppe mit Gemüse *Crème Marie Stuart*	Karotten-, Sellerie- und Lauch-Brunoise
Gerstencremesuppe *Crème d'orge*	Z. B. Gemüsewürfelchen
Grünkern-Cremesuppe *Crème de blé vert*	Z. B. Artischockenwürfelchen
Hafercremesuppe *Crème d'avoine*	Z. B. Gemüsestreifchen
Kalbscremesuppe mit Reis *Crème Carmen*	Körnig abgekochter Reis
Mandelmilch-Geflügelcremesuppe *Crème dame blanche*	Geflügelklößchen und -würfelchen
Reiscremesuppe *Crème allemande*	

Gemüsecremesuppen – *crèmes de légumes*

Im Gegensatz zu den Fleischcremesuppen, deren Geschmacksbildung von der Qualität des verwendeten Fonds abhängt, erhalten die Gemüsecremesuppen den charakteristischen Geschmack durch das Mixen der mitgekochten Zutaten.

Zutaten für 2,5 l (10 Personen)		
Butter	0,04	kg
Matignon für Cremesuppen	0,2	kg
Gemüse	0,75–1	kg
Mehl	0,04	kg
Gemüsebouillon	2,5	l
Rahm	0,3	l
Kräuter		
Salz, Gewürze		

Zubereitung

- Matignon und das Gemüse in Butter dünsten (Aromaverstärkung und Säureabbau).
- Mit Mehl (Reis- oder Weißmehl) stäuben, weiterdünsten. (Die Menge des Mehls hängt vom Stärkegehalt des Gemüses ab.) Auskühlen lassen.
- Mit heißer Gemüsebouillon (kürzere Rührzeit) auffüllen und unter Rühren aufkochen.

- ½ Stunde leicht sieden lassen. Gelegentlich abschäumen.
- Mixen, durch Drahtsieb passieren und erneut aufkochen.
- Abschmecken und mit Rahm verfeinern.
- Die separat gegarten Einlagen dazugeben.
- Mit frischgehackten Kräutern bestreuen.

Bemerkung

Ist kein entsprechender Gemüsefond vorhanden, so sollten Gemüsecremesuppen mit einer eher neutralen Brühe, wie zum Beispiel Bouillon, aufgefüllt werden.

Beispiele von Gemüsecremesuppen

Suppe	Einlagebeispiele
Artischockencremesuppe *Crème d'artichauts*	Würfel von Artischockenböden
Broccolicremesuppe *Crème de brocoli*	Broccoliröschen
Champignoncremesuppe *Crème de champignons*	Champignonstreifen
Gurkencremesuppe *Crème de concombres*	Gurkenwürfel
Karottencremesuppe *Crème de carottes*	Karottenperlen, Tapioka, Kerbelblättchen
Kürbiscremesuppe *Crème de potiron*	Steinpilzstreifchen, Artischockenwürfelchen, Kürbiskerne
Lauchcremesuppe *Crème de poireaux*	Lauchstreifchen, Schnittlauch
Spargelcremesuppe *Crème d'asperges*	Grüne Spargelspitzen, Geflügelklößchen, Pistazien
Tomatencremesuppe Crème de tomates	Tomatenwürfelchen, Reis, geröstete Brotwürfelchen

Püreesuppen – *potages purés*

Früher waren neben Gemüse- und Hülsenfrüchte-Püreesuppen Püreesuppen von Geflügel, Wild und Krustentieren weit verbreitet. Heute spielen die Fleischpüreesuppen keine Rolle mehr, hingegen erfreuen sich die nahrungsfaserreichen und sättigenden Gemüse- und Hülsenfrüchte-Püreesuppen, vor allem in der bürgerlichen Küche, weiterhin großer Beliebtheit.
Die wesentlichsten Unterschiede zwischen den Gemüsecreme- und den Püreesuppen ist, daß die Püreesuppen statt Mehl immer einen Kartoffelanteil enthalten und von etwas dickerer Konsistenz sind.

Gemüsepüreesuppen – *purées de légumes*

Zutaten für 2,5 l (10 Personen)		
Butter	0,06	kg
Matignon für Cremesuppen	0,2	kg
Gemüse	0,8	kg
Bouillon	2,5	l
Kartoffeln	0,3	kg
Rahm	0,2	l
Butter	0,02	kg
Kräuter	0,02	kg
Salz, Gewürze		

Zubereitung

- Matignon in Butter dünsten.
- Entsprechendes Gemüse beigeben und mitdünsten. (Aroma verstärkt sich, Säure baut sich ab.)
- Mit heißer Bouillon auffüllen, aufkochen und abschäumen. (Unreinheiten werden entfernt.)
- 20 Minuten sieden lassen, Kartoffeln beigeben und nochmals 20 Minuten sieden lassen.
- Suppe mit Püriermaschine pürieren und durch Spitzsieb passieren. (Schalen und Fasern bleiben zurück).
- Suppe erneut aufkochen, abschmecken und mit Rahm und Butterflocken verfeinern.
- Separat gegarte Einlagen dazugeben.

Bemerkung

Es können die gleichen Einlagen wie für die Gemüsecremesuppen verwendet werden.

Beispiele von klassischen Gemüsepüreesuppen

Kastanienpüreesuppe *Purée Clermont*
Karottenpüreesuppe *Purée Crécy*
Kartoffelpüreesuppe *Purée Parmentier*
Blumenkohl-Püreesuppe *Purée Dubarry*

Hülsenfrüchte-Püreesuppen – *purées de légumineux*

Zutaten für 2,5 l (10 Personen)

Butter	0,06 kg
Matignon für Cremesuppen	0,2 kg
Hülsenfrüchte	0,35 kg
Bouillon	3 l
Speck (evtl.)	0,05 kg
Kartoffeln	0,2 kg
Butter	0,02 kg
Kräuter	0,02 kg
Rahm (evtl.)	0,2 l
Salz, Gewürze	

Zubereitung

- Matignon in Butter dünsten.
- Die eingeweichten Hülsenfrüchte abschütten und beigeben.
- Mit kalter Bouillon auffüllen, aufkochen und abschäumen. Nach Belieben ein Stück Speck zum Mitkochen beigeben.
- Etwa 1 Stunde sieden lassen, Kartoffeln beigeben und nochmals ½ Stunden sieden lassen.
- Speck herausnehmen.
- Suppe mit Püriermaschine pürieren und durch gröberes Spitzsieb passieren. Nach Belieben noch zusätzlich mixen.
- Suppe erneut aufkochen, abschmecken und mit Butterflocken, evtl. Rahm verfeinern.
- Mit frischgehackten Kräutern bestreuen.

Bemerkung

Als Einlage eignen sich besonders in Butter geröstete Brotwürfelchen.

Beispiele von klassischen Hülsenfrüchte-Püreesuppen

Püreesuppe von roten Bohnen
Purée Condé

Linsenpüreesuppe
Purée Esaü

Püreesuppe von weißen Bohnen
Purée Faubonne

Grünerbsen-Püreesuppe
Purée Saint-Germain

Gelberbsen-Püreesuppe
Purée Victoria

Gemüsesuppen – *potages aux légumes*

Gemüsesuppen haben ihren Ursprung in der bürgerlichen Küche. Sie bestehen aus einem oder mehreren, meist **blättrig** geschnittenen Gemüsen und werden **nicht passiert**.
Besonders geeignete Gemüse sind Zwiebeln, Lauch, Sellerie, Karotten, Wirsing, Weißrüben und Kartoffeln. Unter Berücksichtigung des Garpunktes können zusätzlich Zucchetti, grüne Bohnen, Tomatenwürfel, Spargelspitzen usw. beigegeben werden.

Gemüsesuppe – *potage aux légumes*

Zutaten für 2,5 l (10 Personen)

Butter	0,03 kg
Speckwürfelchen	0,05 kg
Gemüse	0,75 kg
Kartoffeln	0,25 kg
Mehl (evtl.)	0,02 kg
Bouillon	2,5 l
Gehackte Kräuter	0,02 kg
Salz, Gewürze	

Zubereitung

- Speckwürfelchen in Butter andünsten.
- Zwiebel- und Kohlgemüse zuerst beigeben und andünsten. (Sie enthalten viel Fruchtsäure.)
- Das restliche Gemüse (ohne Kartoffeln) beigeben und ebenfalls sorgfältig andünsten. (Aroma konzentriert sich.)
- Eventuell mit Mehl stäuben.
- Mit Bouillon auffüllen und 15 Minuten sieden. Kartoffeln beigeben und nochmals rund 10 Minuten sieden.
- Abschmecken.
- Unmittelbar vor dem Servieren die Kräuter beigeben. (Geschmack, Farbe und Vitamine bleiben besser erhalten.)

Beilagen

Als Beilagen zu Gemüsesuppen eignen sich Reibkäse, geröstete oder mit Käse überbackene Brotscheibchen.

Beispiele von Gemüsesuppen

Suppe	Zutaten	Einlagen, Beilagen
Gemüsesuppe Hausfrauenart *Potage bonne femme*	Lauch, Kartoffeln, Rahm zum Verfeinern	Schnittlauch, geröstete Brotscheibchen
Gemüsesuppe Bauernart *Potage paysanne*	Zwiebeln, Lauch, Karotten, Sellerie, Wirsing, Kartoffeln, etwas Mehl	Gehackte Petersilie, Reibkäse
Gemüsesuppe Pflanzerart *Potage cultivateur*	Speckwürfelchen, Zwiebeln, Lauch, Karotten, Weißrüben, Kartoffeln	Gehackte Petersilie, Reibkäse
Gemüsesuppe dörfliche Art *Potage villageoise*	Lauch, Wirsing, Fideli	Kerbelblättchen, Reibkäse

Getreidesuppen – *potages aux céréales*

Zu den Getreidesuppen gehören alle Suppen, die als gemeinsames Merkmal Getreide in Form von Schrot, Graupen, Flocken oder Grieß als Hauptbestandteil enthalten.
Obwohl das Angebot an Getreidesuppen noch relativ klein ist, ist abzusehen, daß diese Suppenart im Zuge der Vollwerternährung wesentlich an Bedeutung gewinnen wird.

Aufbau der Getreidesuppen

Ansetzen
Gehackte Zwiebeln oder eine Gemüse-Brunoise in Butter dünsten.
Getreide beigeben und mitdünsten.

Fertigstellen
Mit Fleischbrühe oder Geflügelbrühe auffüllen, weichsieden.
Passieren oder nicht passieren!

Verfeinerung
Einlage je nach Rezept.
Eventuell mit Rahm oder Liaison und gehackten Kräutern verfeinern

Beispiele klassischer Getreidesuppen

Grießsuppe Leopold
Potage Léopold

Geröstete Grießsuppe
Potage à la semoule rôtie

Gerstensuppe
Potage à l'orge perlé

Haferflockensuppe
Potage aux flocons d'avoine

7.8.4 Nationalsuppen – *potages nationaux*

Nationalsuppen sind ursprünglich Suppen aus Regionalküchen, die aufgrund ihrer Zusammensetzung und ihrer Zubereitung über die Regions- und die Landesgrenzen hinaus bekannt geworden sind.
Die Zubereitungsmethoden sind grundverschieden: Es gibt klare, gebundene und kalte Nationalsuppen.

Nationalsuppen spiegeln die Eßgewohnheiten der betreffenden Länder wider und sollten deshalb in der **Sprache des Landes,** aus dem sie stammen, benannt werden.

Charakteristische Merkmale der Nationalsuppen

Funktion: In ihrer ursprünglichen Funktion sind Nationalsuppen vielfach Eintöpfe, die vollständige Mahlzeiten darstellen.
Die Verwendung im Menü sollte deshalb gut bedacht und die Rezepte sollten gegebenenfalls mengenmäßig angepaßt werden.

Zutaten: In der Regel handelt es sich um für die Region typische und preiswerte Zutaten.
Allzu exotische Zutaten können nicht immer ohne weiteres übernommen werden. Das gleiche gilt auch für die zum Teil groben Schnittarten.

Rezept: Vielfach existieren selbst in den Herkunftsländern verschiedene Variationen von ein und derselben Suppe. Ein Anspruch auf ein allgemeingültiges «Originalrezept» sollte deshalb nicht erhoben werden.

Auswahl wichtiger Nationalsuppen

Land	Suppe	Kurzbeschrieb
Schweiz	Bündner Suppe	Gerstensuppe mit einer Gemüse-Brunoise, Bündner Fleisch, weißen Bohnen und Rohschinken. Mit Liaison verfeinern.
	Basler Mehlsuppe	Braune Mehlsuppe mit viel Zwiebeln ansetzen und passieren. Mit Rotwein und geriebenem Käse abschmecken.
Frankreich	*Bouillabaisse*	Fischsuppe mit Muscheln, Languste, Gemüsestreifchen und Tomatenwürfeln. Mit Safran würzen und mit Pernod abschmecken. Separat Knoblauchbrot.
	Petite marmite Henri IV	Fleischbrühe mit Huhn, Siedfleisch, Markknochen und Gemüse. Separat geröstete Brotscheiben.
	Soupe à l'oignon gratinée	Fleischbrühe mit viel braungeschwitzten Zwiebeln. Mit gerösteten Brotscheiben und Käse, überbacken.
Italien	Minestrone	Tomatierte Gemüsesuppe mit Borlotti-Bohnen und Teigwaren. Mit Pesto abschmecken.
	Busecca	Gemüsesuppe mit Tomatenwürfeln, Borlotti-Bohnen und in Streifen geschnittenem Kalbsgekröse (Kalbskutteln). Mit Pesto abschmecken.
	Zuppa mille-fanti	Bouillon mit zerquirlten Eiern, *mie de pain*, Parmesan und gehackter Petersilie.
England	Clear ox-tail soup	Ochsenschwanz und Kalbsfüße wie für einen Jus ansetzen. Mit Rindfleischklarifikation klären und mit Sherry abschmecken. Das ausgelöste, gepreßte und gewürfelte Ochsenschwanzfleisch als Einlage.
Weitere:	Gazpacho (Spanien), Borschtsch (Polen), Gulyas (Ungarn), Mulligatawny soup (Indien), Chicken broth (England)	

Thema 7 **Blatt 55**

7.8.5 Spezialsuppen – *potages spéciaux*

Spezialsuppen sind klare oder gebundene Suppen, die mit **speziellen Zutaten** zubereitet werden.
Durch meist exklusive und oft auch exotische Zutaten haben Spezialsuppen einen ausgeprägten, nicht alltäglichen Geschmack. Sie eignen sich deshalb vor allem für mehrgängige Menüs bei kleinen speziellen Anlässen oder als A-la-carte-Suppen.

Kleine Mengen unterstreichen die Exklusivität dieser Suppen. So sollte innerhalb eines Menüs, je nach Geschmacksintensität der Suppe, nicht mehr als 0,1–0,12 l pro Person serviert werden.

Beispiele spezieller Zutaten

Krustentierschalen: Suppen von Krustentieren erhalten auf französisch die Bezeichnung *bisque* und je nach Art der verwendeten Krustentierschalen den betreffenden Namen, zum Beispiel *bisque de homard, bisque d'écrevisses*. (Schalen anderer Krustentiere sind aus geschmacklichen Gründen abzulehnen.)
Die Basis der *bisques* ist ein stark konzentrierter Fond aus den entsprechenden Schalen. In der weiteren Zubereitung werden sie aufgebaut wie die Fischcremesuppen. Die Einlage besteht aus gewürfeltem Krustentierfleisch.

Haifischflossen, Känguruhschwanz, Abalonen (Meerschnecken), Schwalbennester, Trepang (Meergurken): Diese Zutaten sind bei uns auf dem Markt nicht frisch erhältlich. Suppen dieser Art werden von der Lebensmittelindustrie als Konserven fertig angeboten und in der Küche nach Vorschrift des Herstellers zubereitet. Diese an sich klaren Suppen lassen sich – zum Beispiel mit einer Schlagrahm-Curry-Mischung obenauf – glasieren oder mit einer Liaison binden.

Hinweis: In Übereinstimmung mit dem Washingtoner Artenschutzabkommen hat das Bundesamt für Veterinärwesen die Einfuhr von Schildkrötenfleisch und von daraus hergestellten Produkten ab dem 1. Juni 1988 verboten.

Trüffelfond: Den Sterilisierfond von Trüffeln (kann auch in Dosen bezogen werden) mit zum Beispiel einer feingeschnittenen vorgegarten Gemüseeinlage ergänzen, kalt in Tassen geben und mit Blätterteig überbacken (*fumet de truffes en croûte*).

Sauerampfer: Eine mit Sauerampfer-Chiffonnade ergänzte Fleischbrühe, die mit einer Liaison bis etwa 85 °C erhitzt wird (*potage Germiny*).

Limonensaft: Eine doppelte Kraftbrühe, die mit einer Liaison bis etwa 85 °C erhitzt und mit Limonensaft abgeschmeckt wird; weichgekochter Reis als Einlage (*crème au citron vert*).

Spezielle Weine: Eine Kalbscremesuppe, die mit etwas Wein angesetzt und mit Wein abgeschmeckt wird. Geschälte, halbierte und entkernte Trauben als Einlage (*crème au vin d'Auvernier*).

7.8.6 Kalte Suppen – *potages froids*

Kalte Suppen sind in der warmen Jahreszeit eine willkommene Abwechslung auf der Speisekarte. Sie werden gut gekühlt in kalten Suppentassen serviert.
Zu beachten ist, daß Suppen, die kalt verwendet werden, kräftiger abgeschmeckt werden müssen als warme. Als Alternative zu den klassischen kalten Suppen gewinnen heute die **Kaltschalen**, die **Gemüse-** und die **Fruchtsäfte** immer mehr an Bedeutung. Dank ihrer erfrischenden, appetitanregenden und verdauungsfördernden Wirkung erfreuen sie sich einer immer größeren Beliebtheit.

Auswahl beliebter kalter Suppen

Grundsuppen	Kalte Suppen	Besondere Hinweise, Kurzbeschrieb
Kraftbrühen	Kalte Kraftbrühe *Consommé en gelée* Variationen: *à l'estragon, aux poivrons, aux tomates, au vin de…* usw.	Um ein befriedigendes Geschmackserlebnis zu vermitteln, sollte dafür eine **doppelte Kraftbrühe** verwendet werden. Die kalte, kräftig abgeschmeckte Kraftbrühe wird in Tassen abgefüllt und im Kühlraum rund 5 Stunden gekühlt. Kalte Kraftbrühen sollten nur leicht gelieren. Die Zugabe von zusätzlicher Gelatine ist deshalb überflüssig.
Cremesuppen	Kalte Tomatencremesuppe *Crème de tomate froide*	Eine dünn gehaltene Tomatencremesuppe leicht mit Tabasco abschmecken. Als Einlage zum Beispiel Tomatenwürfel und gehacktes Basilikum.
Püreesuppen	Vichyssoise	Kartoffelpüreesuppe mit viel Lauch ansetzen. Mit Schnittlauch bestreuen, mit Rahm verfeinern und sehr kalt servieren.
Nationalsuppen	Gazpacho	Gurken, Tomaten, Peperoni, Zwiebeln, Knoblauch, *mie de pain* und wenig Kraftbrühe im Mixer unter Beigabe von Olivenöl und etwas Essig zu einer homogenen Masse aufmontieren. Entsprechende Gemüsewürfelchen als Einlage.
Spezialsuppen	Kalte Avocadosuppe *Crème d'avocat froide*	Fein gemixtes Avocadofleisch mit etwas Rahm oder Joghurt sowie Kraftbrühe verdünnen und glattrühren. Kräftig abschmecken. Als Einlage zum Beispiel Krabbenfleischwürfelchen.

Fruchtkaltschalen – *soupes froides aux fruits*

Fruchtkaltschalen kann man aus einer einzelnen Fruchtart oder aus einer Mischung mehrerer Früchte herstellen.

Besonders eignen sich Kirschen, Pfirsiche, Mangos usw. sowie alle Beerenfrüchte.

Für Gemüsekaltschalen eignen sich Melonen.

Zubereitung

- **Grundsirup:** Zucker (richtet sich nach den Früchten), Wasser, Vanillestengel, Orangen- und Zitronenschale aufkochen, abkühlen und passieren.
- **Bindung:** Einen Teil der Früchte pürieren und dem Sirup beigeben.
- **Einlage:** Den anderen Teil der Früchte fein würfeln und beigeben. Nach Belieben abgekochte Sagoperlen dazugeben.
- **Verfeinerung:** Je nach Wunsch einen Likör (Curaçao, Grand Marnier, Himbeergeist usw.) oder – unmittelbar vor dem Servieren – Champagner beigeben.

Bemerkung

Serviert werden die Kaltschalen in vorgekühlten Gläsern, mit Trinkhalm und kleinem Löffel.

7.9 Vorspeisen – *hors-d'œuvre*

Die Vorspeise im Verlauf der Geschichte

Die Entwicklung der kalten und der warmen Vorspeisen läßt sich bis ins frühe zaristische Rußland zurückverfolgen: Hier wurden erstmals kleine Köstlichkeiten – Zakouski – gereicht, die nicht die Aufgabe hatten, den Gast zu sättigen, sondern seinen Appetit anzuregen.
Die französische Bezeichnung *hors-d'œuvre* ist damit zu erklären, daß diese Appetithäppchen immer **außerhalb** (hors) des Zimmers, in dem die «**Essensvorführung**» (œuvre) stattfand, eingenommen wurden. Von der Art her lassen sich die Vorspeisen von damals mit den warmen und den kalten Aperitif-Beilagen von heute vergleichen.
Unter dem Einfluß der klassischen französischen Kochkunst wurden die Vorspeisen inhaltlich verfeinert, in zwei Gruppen eingeteilt und im Menü integriert (kalte Vorspeise vor der Suppe, warme Vorspeise nach der Suppe).
Während im klassischen Menügerippe Vorspeisen nur ganz charakteristischen Gerichten zugeordnet werden durften, wandelte sich ihr Bild entscheidend mit der Einführung des verkürzten Menügerippes.
Im heute üblichen verkürzten Menügerippe besteht die Möglichkeit, die Vorspeisen mit Elementen der weggelassenen Gänge (z. B. kalte Zwischengerichte) erweitern zu können. Diesem Umstand verdanken wir die große Vielfalt an Vorspeisen, über die wir heute verfügen.

7.9.1 Kalte Vorspeisen – *hors-d'œuvre froids*

Sinn und Zweck der kalten Vorspeisen

Kalte Vorspeisen sollen appetitanregend sein und deshalb immer als erster Gang serviert werden. Oft wird nach der kalten Vorspeise keine Suppe mehr gereicht. Wird aber eine Suppe eingeschaltet, dann mit Vorteil eine pikante klare Suppe wie *consommé, oxtail clair, essence de faisan* usw., damit der Gaumen von neuem angeregt wird.

> Je nach Anlaß kann eine Vorspeise aus einem Element bestehen oder eine Kombination mehrerer erlesener Elemente sein. Dabei ist nicht die Anzahl der Elemente maßgebend, sondern deren geschmackliche und farbliche Harmonie.

Grundsätze für das Anrichten kalter Vorspeisen

Der Ausspruch «Das Auge ißt mit» trifft bei den Vorspeisen ganz besonders zu, weshalb auf ihre appetitanregende Präsentation besonderer Wert gelegt werden sollte. Die gediegene Einfachheit der neuzeitlichen Küche sollte auch hier als Richtlinie gelten.
Zu achten ist auf
- sorgfältige Auswahl des Anrichtegeschirrs
- kleine Mengen, aber ausgesuchte Qualität
- Anrichtearten, die keine komplizierten Handgriffe erfordern
- Reduktion der Garnituren auf das Sinnvolle

Anrichtearten für kalte Vorspeisen

Auf Teller – *sur assiette*

Einzelne Vorspeisen oder verschiedene Vorspeisen zusammen werden auf einen Teller angerichtet. Diese Anrichteart ist sowohl für den Gast wie auch für die Küche am wirkungsvollsten und am rationellsten (besonders geeignet für Menüs sowie für Bankettanlässe).

In Schalen – *en raviers*

In jede der meist viereckigen Glasschalen wird eine Vorspeise angerichtet. Die Schalen können nachher auf einer Silberplatte arrangiert oder auf einem gekühlten Hors-d'œuvre-Wagen im Restaurant plaziert werden. (Besonders geeignet für den A-la-carte-Service.)

Im Ravier-System werden traditionsgemäß noch die folgenden zwei Hors-d'œuvre-Arten unterschieden:

Gemischte kalte Vorspeisen – *hors-d'œuvre variés*
Eine Auswahl beliebter kalter Vorspeisen, begleitet von den dazupassenden Saucen, Toasts und Butter.

Spezielle kalte Vorspeisen – *hors-d'œuvre riches*
Ein *hors-d'œuvre varié*, das mit ausgesuchten Spezialitäten wie Hummer, Languste, Kaviar usw. ergänzt wird.

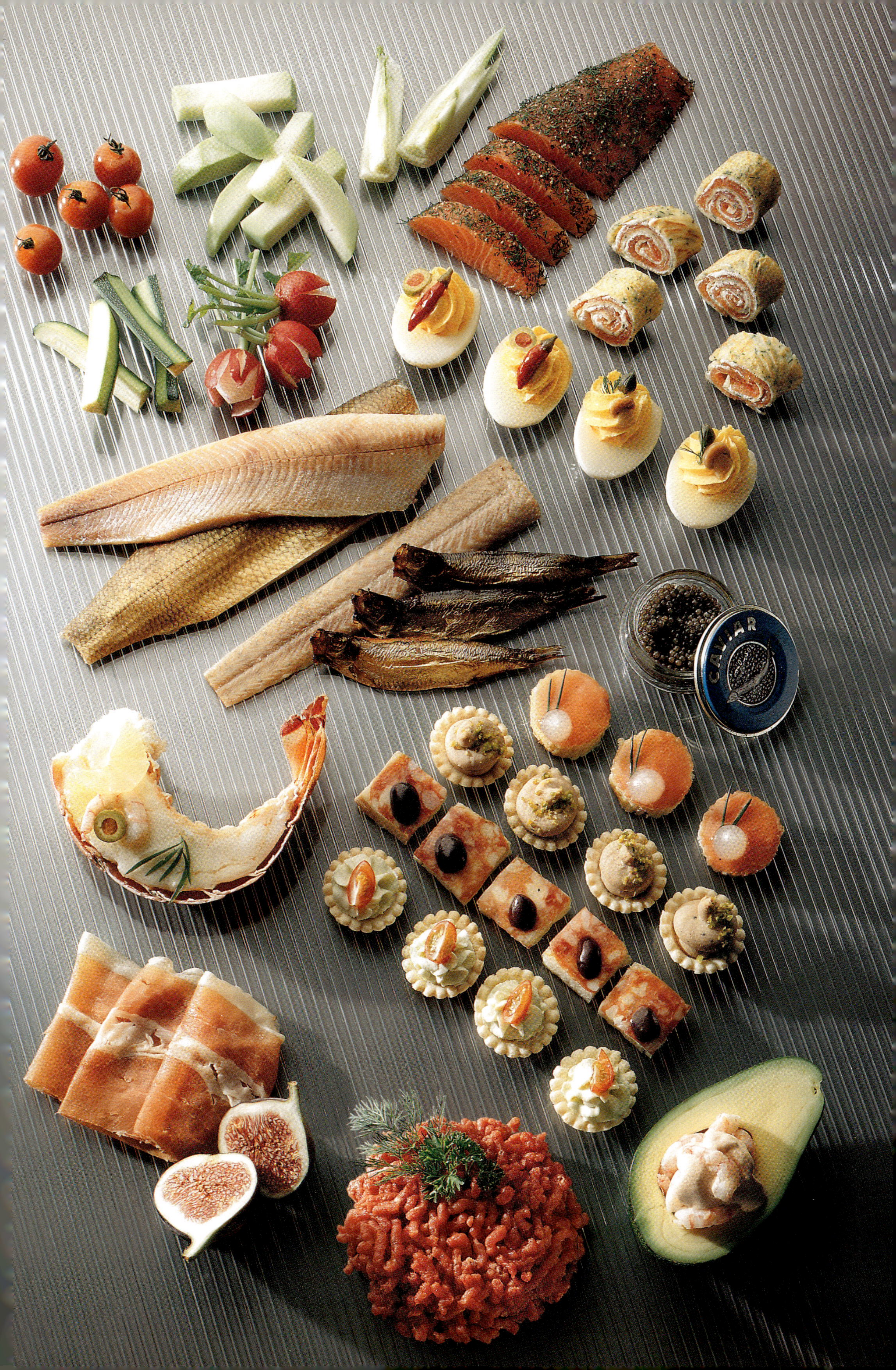
CAVIAR

7.9	Vorspeisen	328
7.9.1	Kalte Vorspeisen	328
7.9.2	Warme Vorspeisen	336
7.10	Eierspeisen	343
7.10.1	Gekochte Eierspeisen	343
7.10.2	Pochierte Eierspeisen	344
7.10.3	Sautierte Eierspeisen	345

Einteilung und Übersicht der kalten Vorspeisen

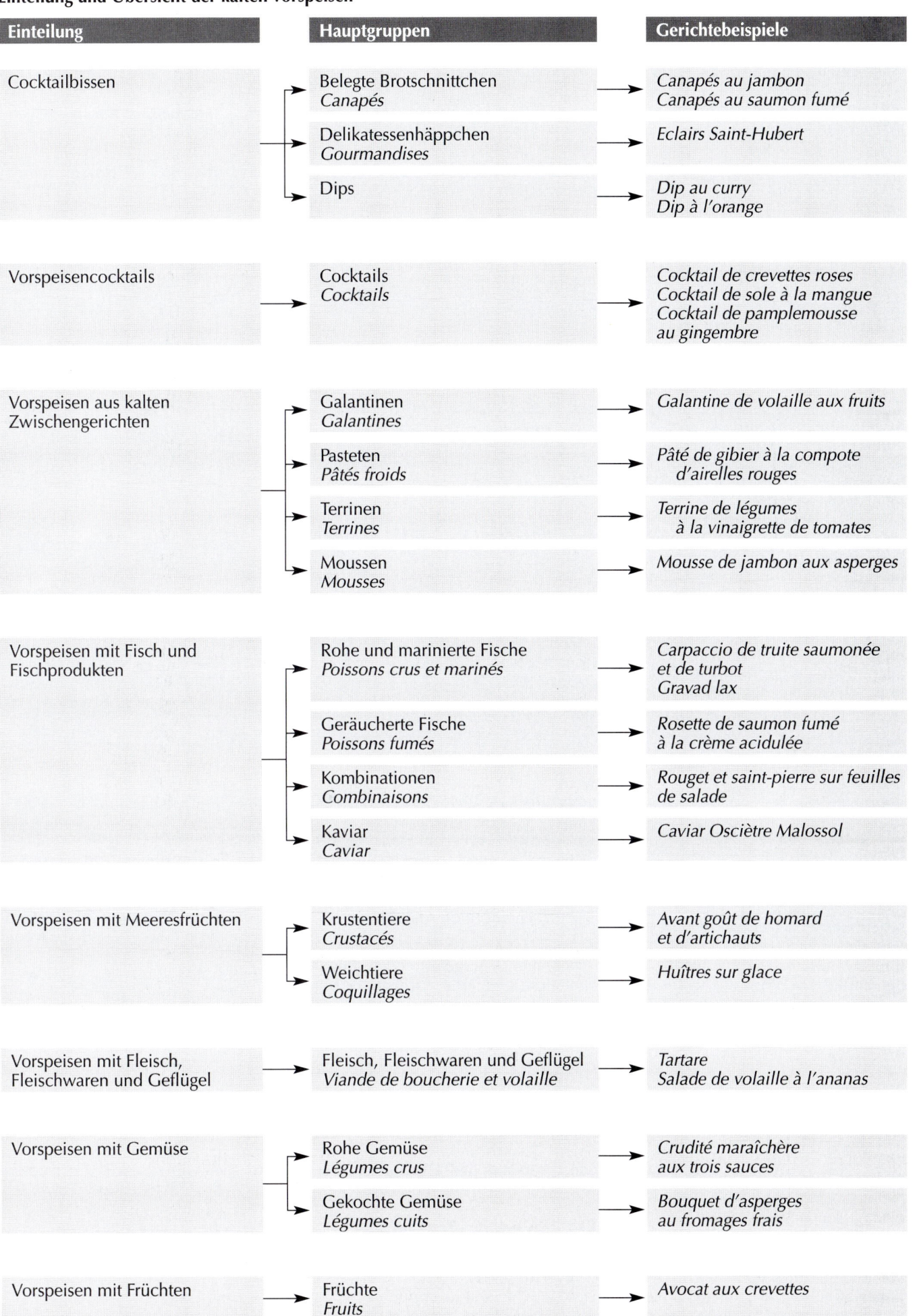

Einteilung	Hauptgruppen	Gerichtebeispiele
Cocktailbissen	Belegte Brotschnittchen *Canapés*	Canapés au jambon Canapés au saumon fumé
	Delikatessenhäppchen *Gourmandises*	Eclairs Saint-Hubert
	Dips	Dip au curry Dip à l'orange
Vorspeisencocktails	Cocktails *Cocktails*	Cocktail de crevettes roses Cocktail de sole à la mangue Cocktail de pamplemousse au gingembre
Vorspeisen aus kalten Zwischengerichten	Galantinen *Galantines*	Galantine de volaille aux fruits
	Pasteten *Pâtés froids*	Pâté de gibier à la compote d'airelles rouges
	Terrinen *Terrines*	Terrine de légumes à la vinaigrette de tomates
	Moussen *Mousses*	Mousse de jambon aux asperges
Vorspeisen mit Fisch und Fischprodukten	Rohe und marinierte Fische *Poissons crus et marinés*	Carpaccio de truite saumonée et de turbot Gravad lax
	Geräucherte Fische *Poissons fumés*	Rosette de saumon fumé à la crème acidulée
	Kombinationen *Combinaisons*	Rouget et saint-pierre sur feuilles de salade
	Kaviar *Caviar*	Caviar Osciètre Malossol
Vorspeisen mit Meeresfrüchten	Krustentiere *Crustacés*	Avant goût de homard et d'artichauts
	Weichtiere *Coquillages*	Huîtres sur glace
Vorspeisen mit Fleisch, Fleischwaren und Geflügel	Fleisch, Fleischwaren und Geflügel *Viande de boucherie et volaille*	Tartare Salade de volaille à l'ananas
Vorspeisen mit Gemüse	Rohe Gemüse *Légumes crus*	Crudité maraîchère aux trois sauces
	Gekochte Gemüse *Légumes cuits*	Bouquet d'asperges au fromages frais
Vorspeisen mit Früchten	Früchte *Fruits*	Avocat aux crevettes

Cocktailbissen

Cocktailbissen werden hauptsächlich zu Aperitifs und Cocktails gereicht. Einerseits helfen sie, den Einfluß des Alkohols auf den leeren Magen zu mildern, andererseits verkürzen sie das Warten auf den ersten Gang.

Man unterscheidet drei Hauptgruppen:

Belegte Brotschnittchen
Canapés

Delikatessenhäppchen
Gourmandises

Dips

Präsentation: Cocktailbissen werden gefällig auf Platten mit Servietten- oder Papierunterlage angerichtet (Ausnahme: Dips). Die Platten können zur Selbstbedienung auf kleinen Tischchen plaziert oder durch das Servicepersonal den stehenden Gästen angeboten werden.

Belegte Brotschnittchen – *canapés*

Für Canapés, auch *amuse-bouche* genannt, wird hauptsächlich von Rinde befreites getoastetes oder ungetoastetes Englischbrot verwendet. Es kann – in Scheiben von etwa 0,5 cm Dicke geschnitten – mit dem Ausstecher ausgestochen oder mit dem Messer in beliebige Formen geschnitten werden. Bei einer größeren Anzahl ist es von Vorteil, vom ganzen Brot Längsscheiben zu schneiden und diese erst nach dem Belegen, dem Garnieren und dem Gelieren in die entsprechenden Formen zu schneiden.

Canapés schmecken am besten, wenn sie unmittelbar vor dem Servieren zubereitet werden. Falls dies nicht möglich ist, verhindert ein nachträgliches leichtes Gelieren mit dem Pinsel, daß Belag und Garnitur unansehnlich werden und austrocknen.

Anstelle von Englischbrot können auch Spezialbrotsorten wie Knäckebrot, Schwarzbrot, Pumpernickel, Vollkornbrot usw. verwendet werden.

Kombinationsbeispiele

Brotsorte	Belag	Garniturbeispiele
Englischbrot	Spargelspitzen	Mayonnaise und Radieschenscheiben
	Gekochter Schinken	Halbierte Cherry-Tomate
	Krevetten und Cocktailsauce	Tomatenfächer
	Schnittlauch-Ei-Masse	Radieschenscheibe
	Tomatenscheibe und gehackte Eier	Gehackte Kräuter
Englischbrot, geröstet	Rassige Tatare-Fleischmasse	Scheiben gefüllter Oliven
	Räucherlachsscheiben	Zwiebelring und Kaper
Pumpernickel	Tomme vaudoise und Kräuter	Kräuterblättchen
Vollkornbrot	Trockenfleisch	Feigenscheibe

Delikatessenhäppchen – *gourmandises*

Delikatessenhäppchen sind Cocktailbissen, die aus besonderen Delikatessen zusammengesetzt sind. Ihre Herstellung ist äußerst aufwendig und verlangt große Fachkenntnisse. Aus optischen Gründen werden sie meist mit dem Pinsel leicht geliert.

Im Gegensatz zu den Canapés, bei denen die Unterlage meist aus Brot besteht, sind Unterlagen bei Delikatessenhäppchen nicht zwingend. Um dem Gast das Essen zu erleichtern, werden, falls keine stabile Unterlage vorhanden ist, die Delikatessen mit einem Zahnstocher fixiert.

Unter **Frivolités** versteht man eine Auswahl an Delikatessenhäppchen.

Beispiel einer Frivolités-Auswahl

- Blind gebackene Törtchen aus geriebenem Teig, gefüllt mit Geflügelmousse, garniert mit Trüffelscheibe
- Kleine Pastetchen, gefüllt mit Räucherlachsmousse, garniert mit Kaviar
- Kleine Windbeutel, gefüllt mit einer Roquefort-Schnittlauch-Butter-Mischung
- Kleine gekochte und marinierte Artischockenböden mit Hummermousse und Hummermedaillon
- Blind gebackene Mürbeteigschiffchen mit einem mit Meerrettichschaum gefüllten Räucherlachsröllchen
- Blitzkrapfen, gefüllt mit Wildmousse, garniert mit Feigen und glasierten Kastanien

Dips – *dips*

Die Bezeichnung Dip stammt vom englischen *to dip* = eintauchen und bedeutet im gastronomischen Sinn, kleine Stücke Fleisch, Gemüse usw. in eine passende Sauce tunken.

Vor allem Gemüse-Dips erfreuen sich bei den Gästen einer zunehmenden Beliebtheit.

Präsentation: In die Mitte einer Platte werden *raviers* oder Gläser mit dem rohen gerüsteten Gemüse und den mit einem Zahnstocher fixierten angebratenen Fleischstücken gestellt. Die Schälchen mit den Dip-Saucen werden darum herum angeordnet.

Beispiele von Dip-Bestandteilen

- Junge Karotten, eventuell der Länge nach gespalten
- Radieschen mit etwas Grün
- Herzblätter von Stangensellerie
- Chicorée-Blätter
- Gurkenstäbchen
- Stäbchen vom Fenchelherzen
- Röschen von rohem Blumenkohl
- Englisch gebratene Rindsfiletwürfel
- Rosa gebratene Rehfiletwürfel
- Pochierte Scampi-Würfel
- **Dip-Saucen:** Eier-, Orangen-, Käse-, Kräuter-, Curry-Dip usw.

Vorspeisencocktails

Vorspeisencocktails können Kombinationen verschiedenster Zutaten sein, wie von Früchten, Gemüsen, Pilzen, Fischen, Krustentieren und Geflügel. Sie werden hauptsächlich in Gläser angerichtet. Früchtecocktails werden oft auch in die entsprechenden ausgehöhlten Früchteschalen (Grapefruits, Papayas, kleine Melonen usw.) angerichtet und auf gehacktem Eis serviert.

Wichtig ist, daß die Zutaten in Geschmack und Farbe harmonisch aufeinander abgestimmt sind. Traditionsgemäß wird zu Vorspeisencocktails – ausgenommen zu Früchtecocktails – Toast und Butter gereicht.

Beispiele von Vorspeisencocktails

Gerichtebeispiele	Kurzbeschrieb
Riesenkrevettencocktail *Cocktail de crevettes géantes*	Pochierte Riesenkrevetten in Scheiben schneiden. Mit feinen Stangenselleriestreifen und Champignonvierteln vermischen, würzen. In Cocktailglas auf Salat-Chiffonnade anrichten und mit einer pikanten Cocktailsauce nappieren, die mit Tomatenwürfeln und Schlagrahm verfeinert wurde. Als Garnitur Avocado- und Tomatenwürfelchen.
Feigencocktail mit Porto *Cocktail de figues au porto*	Frische Feigen in Porto-Sirup marinieren, in Schnitze schneiden und in Cocktailgläser anrichten. Mit Joghurt nappieren, das mit schwarzem Pfeffer und mit Feigensirup abgeschmeckt wurde.
Gemüsecocktail mit Joghurt *Cocktail de légumes au yogourt*	Blumenkohl, Tomaten, Fenchel, Champignons, Avocado und gekochten Artischockenboden gefällig schneiden und marinieren. Zusammen mit Spezialjoghurtdressing (Joghurt, Ketchup, Tabasco, Meerrettich) in Cocktailglas anrichten und garnieren.
Grapefruitcocktail mit Ingwer *Cocktail de pamplemousse au gingembre*	Grapefruit-Filets mit frisch geriebenem Ingwer würzen. Mit Himbeeren und einem Pfefferminzblatt garnieren.
Melonencocktail Cremona *Cocktail de melon Crémona*	Melonenstücke zusammen mit gehackten Senffrüchten in Rum-Portwein-Sirup marinieren lassen. In Cocktailglas anrichten und garnieren.
Seezungencocktail mit Mango *Cocktail de sole à la mangue*	Seezungenstreifchen pochieren und mit einer Mango-Mayonnaise vermischen. In Cocktailglas auf Blattsalat und Selleriestreifen anrichten, mit Mangoscheiben und grünem Pfeffer garnieren.
Waldpilzecocktail *Cocktail de champignons des bois*	Waldpilze mit Schalotten dünsten. Mit etwas Essig und Petersilie abschmecken und marinieren. In Cocktailgläser auf Salatblätter anrichten, mit Frühlingszwiebelringen garnieren.

Vorspeisen aus kalten Zwischengerichten

Die eigentliche Herstellung von kalten Zwischengerichten wird im Abschnitt 7.19, Kalte Küche, ausführlich behandelt.
Präsentation: Kalte Zwischengerichte präsentieren sich selbst am besten. Eine sauber geschnittene Tranche – auf einem neutralen Teller angerichtet und mit einer passenden Garnitur – bringt in der Regel das beste Resultat. Als Beilage werden Toasts oder Brioches und Butter gereicht.

Folgende Hauptgruppen werden als Vorspeisen verwendet:

Pasteten – *pâtés*
Terrinen – *terrines*
Galantinen – *galantines*
Moussen – *mousses*

Beispiele von Vorspeisen aus kalten Zwischengerichten

Wildpastete mit Preiselbeerkompott *Pâté de gibier à la compote d'airelles rouges*
Gemüseterrine mit Tomaten-Vinaigrette *Terrine de légumes à la vinaigrette de tomates*
Geflügelgalantine mit Früchten *Galantine de volaille aux fruits*
Schinkenmousse mit grünen Spargeln *Mousse de jambon aux asperges vertes*

Vorspeisen mit Fisch

Die Herstellung von kalten Fischgerichten wird im Abschnitt 7.19, Kalte Küche, behandelt.
Im Gegensatz zur klassischen französischen Küche, die sich auf einige wenige auserlesene kalte Fischvorspeisen beschränkte, verfügen wir heute – vor allem aufgrund des Einflusses der skandinavischen und der japanischen Küche – über eine große Vielfalt an kalten Fischvorspeisen.

Fischvorspeisen lassen sich in folgende vier Hauptgruppen einteilen:

Vorspeisen mit rohen und marinierten Fischen
Vorspeisen mit geräucherten Fischen
Kombinierte Fischvorspeisen
Kaviar

Vorspeisen mit rohen und marinierten Fischen

Gravad Lax

Bei dieser skandinavischen Lachsspezialität handelt es sich um eine mit Salz, Zucker, Gewürzen und Dill marinierte Lachsseite. In Tranchen geschnitten, wird sie mit einer Senf-Dill-Sauce serviert. Nach dem gleichen Prinzip lassen sich auch alle größeren Forellenarten wie Lachs- oder Seeforelle marinieren.

Fisch-Carpaccio

Frischer Fisch kann, hauchdünn aufgeschnitten und nur leicht gesalzen und gewürzt, höchst delikat schmecken. Diese Erkenntnis, beeinflußt von der japanischen Küche mit dem traditionellen *Sashimi,* findet auch bei uns immer mehr Liebhaber. Als Bezeichnung dafür haben die europäischen Köche das ursprünglich für marinierte rohe Rindfleischtranchen reservierte Carpaccio übernommen und ergänzen den Ausdruck mit der entsprechenden Fischbezeichnung, zum Beispiel Lachs-Carpaccio.

Fisch-Tatar

Eine weitere Art, rohen Fisch zu genießen, ist das Fisch-Tatar. Es handelt sich dabei – in Anlehnung an das klassische Rindfleisch-Tatar – um rohes gehacktes, würzig abgeschmecktes Fischfleisch.
Als ideale Fische für Fisch-Carpaccio und Fisch-Tatar gelten vor allem Lachs, Forelle, Steinbutt und Petersfisch. Es kommen nur absolut frische Fische dafür in Frage.

Vorspeisen mit geräuchertem Fisch

Zu den bekanntesten und beliebtesten geräucherten Fischen gehört der Räucherlachs. Je nach Art und Nahrung variiert seine Farbe von Hellrosa bis zu kräftigem Rot. Wildlachse sind zwar wesentlich teurer, geschmacklich jedoch den Zuchtlachsen vorzuziehen. Sein Aroma entfaltet der Räucherlachs am besten, wenn er dünn aufgeschnitten wird.
Seit auf dem Markt leicht zu bedienende, kleine Räuceröfen erhältlich sind, ist es möglich, zum Beispiel Forellen- oder Saiblingsfilets auf Bestellung hin heiß zu räuchern. Kombiniert mit einem Blattsalat oder auch mit den klassischen Beilagen ergeben sich ausgezeichnete Räucherfischvorspeisen.
Weitere bedeutende Räucherfische sind Aal, Stör, Sprotte, Makrele, Scholle usw.
Beilagen: gehackte Zwiebeln, Kapern, Oliven, Meerrettichschaum, Zitronen, Toasts oder Blinis.

Kombinierte Fischvorspeisen

Pochierte, gebratene oder grillierte Fischstücke lassen sich lauwarm hervorragend mit Gemüse und Blattsalaten kombinieren. Klein portioniert und mit einer raffinierten Vinaigrette gewürzt, lassen sich daraus eine Vielzahl appetitanregender und leichtverdaulicher Sommervorspeisen herstellen.

Beispiel kombinierter Fischvorspeise

> Kleiner Salat mit Seeteufel und grünen Spargeln
> *Petite salade de baudroie et asperges vertes*

Kaviar

Kaviar gilt als **die** klassische Delikatesse unter den kalten Fischvorspeisen. Ob als selbständige Vorspeise oder als kleine Garnitur auf einem *hors-d'œuvre riche:* Er verleiht jedem Anlaß eine exklusive Note.

Vorspeisen mit Meeresfrüchten

Klassiker wie die Krevetten- und die Hummercocktails werden zwar auch weiterhin ihren Stammplatz auf den renommierten Speisekarten halten können, doch die Zukunft gehört den leichten, raffiniert abgeschmeckten und phantasievoll angerichteten Meeresfrüchtevorspeisen in Form von Kombinationen mit tagesfrischem Gemüse oder Salaten.

Service aus der Originaldose

Vor und nach dem Service muß die Dose gewogen werden, damit festgestellt werden kann, wie viele Gramm Kaviar berechnet werden müssen.
Originaldose auf Eissockel anrichten oder in einer Kristallschüssel in gehacktem Eis einbetten. Den Deckel schräg anstellen, damit die Kaviarsorte für den Gast ersichtlich ist. Der Kellner schöpft mit speziellem Kaviarbesteck (Perlmutt) die gewünschte Menge Kaviar dem Gast auf den Teller.
Separat serviert werden Toast und Butter oder Blinis.
Kaviar von guter Qualität kommt ohne Zitrone und ohne gehackte Zwiebeln aus.

Service nach Gewichtsangabe

Die gewünschte Menge (meist 30 oder 50 g) wird in der Küche eiförmig aus der Originaldose ausgestochen und in ein flaches Kristallschälchen angerichtet.
Separat werden Toast und Butter oder Blinis serviert.

Entscheidend sind auch hier absolute Frische und einwandfreie Qualität der verwendeten Zutaten, wobei durch die Beigabe der entsprechenden, **noch lauwarmen** Hauptzutat ein gesteigertes Geschmackserlebnis erzielt werden kann.
Als Zubereitungsarten für die kalte Weiterverwendung kommen hauptsächlich das Pochieren im Sud und das Dünsten in Frage, wobei es wichtig ist, daß man die Meeresfrüchte in ihrem Sud bzw. Fond erkalten läßt.

Gerichtebeispiele kalter Krustentiervorspeisen

Gerichtebeispiel	Kurzbeschrieb
Salatvorspeise mit Hummer und Artischocken *Avant-goût de homard et d'artichauts*	Kombination von gekochten Artischockenböden und pochiertem Hummer

Gerichtebeispiele kalter Weichtiervorspeisen

Gerichtebeispiel	Kurzbeschrieb
Austern auf Eis *Huîtres sur glace*	Geöffnete Austern auf gehacktes Eis anrichten. Separat Zitrone, Butter, Roggenbrot oder Pumpernickel.
Allerlei von Austern und Jakobsmuscheln *Panaché d'huîtres et de coquilles Saint-Jacques*	Kombination von pochierten Austern und Jakobsmuscheln, mit Broccoli und Lauch mit Baumnußöl-Vinaigrette.

Vorspeisen mit Fleisch, Fleischwaren und Geflügel

Fleisch, Fleischwaren und Geflügel sind als **Hauptbestandteile** von Vorspeisen eher ungeeignet, da ihre appetitanregende Wirkung gering ist und sie einen hohen Sättigungswert haben. Anders verhält es sich, wenn sie als **Teilkomponenten,** vorzugsweise in Kombination mit appetitanregenden Bestandteilen wie Gemüse, Kräutern, Würzsaucen und Früchten eingesetzt werden.

Tatar – *tartare*

(Gesetzliche Bestimmungen und Hygienehinweise siehe Kapitel 4, Warenkunde, Abschnitt 4.2.3, Fleisch.)
Für Tatar wird sehnen- und fettloses Rindfleisch 1. Qualität (z.B. Filet, Huft) verwendet. Das Fleisch wird im Moment der Bestellung durch die mittelfeine Scheibe des Fleischwolfes getrieben oder mit dem Messer gehackt und mit Eigelb, Salz, verschiedenen Gewürzen und Würzsaucen rassig abgeschmeckt.

Die Masse kann zu einem flachen Kuchen geformt und auf Salatblätter angerichtet (Toast und Butter separat) oder direkt auf einen gebutterten Toast gestrichen werden.

Carpaccio – *carpaccio*

Bei dieser norditalienischen Spezialität handelt es sich um rohes, hauchdünn aufgeschnittenes Rindsfilet, das auf dem Teller ausgelegt und mit Salz, Pfeffer aus der Mühle, Olivenöl und einigen Tropfen Zitronensaft *à la minute* mariniert wird. Über das Fleisch werden in der Regel noch Späne von Parmesan gehobelt.
Je nach Region unterscheidet sich das Carpaccio nicht nur durch eine andere Zusammensetzung der Marinade, sondern auch dadurch, daß in einigen Gegenden das ganze Fleischstück schon vor dem Aufschneiden während einer gewissen Zeit mariniert wird.

Beispiele von Fleisch-Früchte-Kombinationen

Lachsschinken
mit frischen Feigen
*Jambon saumoné
aux figues fraîches*

Geräucherte Entenbrust
mit Zwergorangen
*Magret de canard fumé
aux kumquats*

Frischlingsschinken
mit Senffrüchten
*Jambon de marcassin
aux fruits moutardés*

Geflügelsalat mit Ananas
Salade de volaille à l'ananas

Beispiele von Fleisch-Gemüse-Kombinationen

Geräucherte Gänsebrust
mit Meerrettichschaum
*Poitrine d'oie fumée
au raifort parisienne*

Salat mit Kalbsmilken
und Eierschwämmen
*Salade au ris de veau
et aux chanterelles*

Kleiner Salat mit Geflügelleber
und Brotwürfelchen
*Petite salade au foie de volaille
et aux croûtons*

Vorspeisen mit Gemüse

Dank geringem Sättigungswert, großer Farbenvielfalt und hohem Anteil an natürlichen Säuren und Geschmacksstoffen haben Gemüse von Natur aus eine appetitanregende Wirkung.
Der hohe Mineralstoff-, Vitamin- und Nahrungsfaseranteil der Gemüse prädestiniert kalte Gemüsevorspeisen geradezu für Menüs, die nach neuzeitlichen ernährungsphysiologischen Grundsätzen zusammengestellt werden müssen.

Einfache oder gemischte Blatt- und Gemüsesalate sind vom klassischen Standpunkt aus keine Vorspeisen. In kleinen Menüs, zum Beispiel Business-Lunch, können sie aber durchaus diese Funktion übernehmen.

Vorspeisen mit rohem Gemüse

Als wichtigste Neuerung in diesem Bereich darf wohl die Einführung der Rohkostvorspeisen gelten. Diese von der Vollwerternährung beeinflußten Vorspeisen bestehen aus rohem, gefällig geschnittenem Gemüse, das auf Teller arrangiert und meist noch mit Früchten und Nüssen ergänzt wird.

Besondere Aufmerksamkeit wird der Sauce geschenkt. Spezielle Essig- und Ölsorten, Joghurt, Honig und Fruchtsäfte sind oft verwendete Bestandteile.

Gerichtebeispiele

Stangensellerie-Rohkost
mit Früchten
*Crudité de céleri-branche
aux fruits*

Schwarzwurzel-Rohkost
mit Tomaten
Crudité de scorsonères aux tomates

Rohkost mit drei Saucen
Crudité maraîchère aux trois sauces

Tomaten mit Mozzarella
und Basilikum
Tomates au mozzarella et au basilic

Halbe Melone mit Räucherlachs
und Sellerie
*Demi-melon au saumon fumé
et au céleri*

Melonenmuscheln mit Datteln
und Honig
*Coquilles de melon aux dattes
et au miel*

Melone mit Portwein
Melon au porto

Vorspeisen mit gekochtem Gemüse

Gewisse Gemüse wie Artischocken, Bohnen, Kartoffeln, Spargeln usw. sind roh ungenießbar und müssen vorher gekocht werden.
Zu starkes Garen bewirkt nicht nur Konsistenzverlust, sondern auch einen Verlust an Geschmacks-, Farb- und Nährstoffen.
Am besten schmecken diese Vorspeisen, wenn sie noch leicht warm serviert werden.

Gerichtebeispiele

Artischockenboden
mit marinierten Waldpilzen
*Fond d'artichaut
aux champignons des bois marinés*

Spargelsalat Mikado
Salade d'asperges mikado

Nizza-Salat
Salade niçoise

Griechischer Salat mit Safran
Salade grecque au safran

Vorspeisen mit Früchten

Wie Gemüse, so sind auch Früchte aufgrund ihrer appetitanregenden Fruchtsäure und Farbenvielfalt für kalte Vorspeisen bestens geeignet.
Die Früchte werden dazu oft mit verschiedenen Salaten gefüllt oder mit Gemüse, Fleisch, Geflügel, Fisch, Krustentieren oder Milchprodukten kombiniert.

Beispiele von Avocadovorspeisen

Gericht	Kurzbeschrieb
Avocadofächer mit Pilzen *Eventail d'avocat aux champignons*	Avocado längs halbieren, schälen und fächerartig aufschneiden. Mit Peperoni-Vinaigrette leicht nappieren. Mit gedünsteten, marinierten Pilzen und Radieschen garnieren.
Avocado mit Krevetten *Avocat aux crevettes*	Avocado längs halbieren, entsteinen und die Hälften mit Krevettencocktail füllen. Mit Eischeibe, Radieschen und Scheibe von schwarzer Olive garnieren.

Beispiele von anderen Früchtevorspeisen

Gericht	Kurzbeschrieb
Früchtefächer süß-sauer *Eventail de fruits à l'aigre-doux*	Beliebige zarte Früchte (z. B. Erdbeeren, Kiwi usw.) aufschneiden und fächerartig auf den Teller anrichten. Mit einer Marinade aus Honig, Portwein, Zitrone und Zimt beträufeln. Mit schwarzem Pfeffer würzen.
Nektarinensalat mit Pfefferminze *Salade de nectarines à la menthe*	Nektarinen in feine Schnitze filetieren und kranzförmig auf einen Spiegel von Pfefferminzjoghurt anrichten. Mit Portulaksalat garnieren.
Grapefruitsalat mit Quark *Salade de pamplemousse au séré*	Grapefruitschnitze und blanchierte Fenchel-Julienne marinieren. Zwei Klößchen von frischem, abgeschmecktem Quark auf den Teller anrichten und mit dem Grapefruitsalat umlegen. Mit Kerbelblättchen garnieren.

7.9.2 Warme Vorspeisen – *hors-d'œuvre chauds*

Klassische warme Vorspeisen

Klassische warme Vorspeisen sind kleine, in ihrer Art genau definierte, pikant abgeschmeckte Gerichte, die zwischen Suppe und Fischgang serviert werden.
Man vergißt heute oft, wie klein diese Vorspeisen in den umfangreichen klassischen Menüs sein mußten. Die Pastetchen *(bouchées)* zum Beispiel durften nur gerade so groß sein, daß sie als ganzes in den Mund paßten *(bouche* = Mund).
Die Verkürzung der Menüs und ihre Zusammenstellung unter ernährungsphysiologischen Gesichtspunkten hat zu einem teilweisen Verschwinden der klassischen warmen Vorspeisen geführt.

Klassische Vorspeisengruppen, die in heutigen Menüs noch verwendet werden

Aufläufe – *soufflés*
Teigkrapfen – *rissoles*
Krapfen – *beignets*
Kroketten – *croquettes*
Kuchen – *quiches*
Pastetchen – *bouchées*
Schnitten – *croûtes*

Warme Vorspeisen im verkürzten Menü

Im verkürzten Menü können die klassischen warmen Vorspeisen durch Gerichte von weggelassenen Gängen erweitert werden. Voraussetzung dafür ist jedoch, daß diese die Anforderungen, die an warme Vorspeisen gestellt werden, ebenfalls erfüllen:

– Nicht sättigend
– Leicht und fein zubereitet
– Sehr gut abgeschmeckt
– Appetitanregend präsentiert
– Heiß serviert

Je nach Zusammensetzung des Hauptgerichts kommen dafür folgende Gerichte in Frage:
– eine klassische warme Vorspeise
– ein Gemüse- oder Pilzgericht
– ein Teig- oder Reisgericht
– ein warmes Eiergericht
– ein Käsegericht

Fisch-, Krustentier- und Schalentiergerichte werden ebenfalls vor dem Hauptgericht serviert. Sie gehören jedoch nicht zu den warmen Vorspeisen, sondern werden als selbständiger Gang unter der Bezeichnung **Fisch** zusammengefaßt.

Einteilung und Übersicht der warmen Vorspeisen

Einteilung	Hauptgruppen	Gerichtebeispiele
Aufläufe	Aufläufe / *Soufflés*	*Soufflé de homard, au fromage, au jambon, aux épinards*
Krapfen	Krapfen / *Beignets*	*Fritot de légumes* *Beignets soufflés au fromage, au jambon, de cervelle*
Kroketten	Kroketten / *Croquettes*	*Croquettes de crevettes, de légumes, de volaille*
Schnitten	Schnitten / *Croûtes*	*Croûte aux champignons, à la moelle, au foie de volaille, au fromage*
Teigvorspeisen	Teigkrapfen / *Rissoles*	*Rissoles forestière, aux fruits de mer, au salpicon de gibier*
	Blätterteigkissen / *Feuilletés*	*Feuilleté jardinière, au saumon et au basilic*
	Pastetchen / *Bouchées*	*Bouchées à la reine, au ris de veau, fermière*
	Kuchen / *Quiches*	*Quiche lorraine, marseillaise, aux poireaux*
Gemüse- und Pilzvorspeisen	Gratin / *Gratin*	*Gratin de légumes, de brocoli et de crevettes*
	Gefüllt / *Farcis*	*Fonds d'artichauts farcis, courgettes farcies, champignons de Paris farcis*
	Spargeln / *Asperges*	*Asperges milanaise, maltaise, aux morilles*
	Artischocken / *Artichauts*	*Artichaut bouilli à la vinaigrette, hollandaise*
Stärkevorspeisen	Einfache Teigwaren / *Pâtes alimentaires simples*	Gerichtebeispiele sind in den entsprechenden Abschnitten aufgeführt.
	Teigwarengerichte / *Mets aux pâtes alimentaires*	
	Gnocchi / *Gnocchi*	
	Risotto / *Risotto*	
Eiervorspeisen	Eier im Töpfchen / *Œufs en cocotte*	Gerichtebeispiele sind in den entsprechenden Abschnitten aufgeführt.
	Omeletten / *Omelettes*	
	Rühreier / *Œufs brouillés*	
	Verlorene Eier / *Œufs pochés*	
	Wachsweiche Eier / *Œufs mollets*	

Thema 7 **Blatt 64**

Aufläufe

Aufläufe sind temperaturempfindliche Speisen, die, einmal aus dem Ofen genommen, innert kürzester Zeit in sich zusammenfallen. Um ein befriedigendes Ergebnis für den Gast zu erzielen, ist die reibungslose Zusammenarbeit von Küche und Service absolute Grundvoraussetzung.

Aufläufe werden am besten in Portionenkokotten serviert und sollten von einer passenden Sauce begleitet sein.

Aufbau der Aufläufe

Obwohl Aufläufe einheitlich aufgebaut sind, ist es schwierig, ein allgemeingültiges Grundrezept zu schaffen. Kleine Differenzen, vor allem im Wasser- oder im Fettgehalt der verschiedenen Pürees, müssen individuell erfaßt und im jeweiligen Rezept berücksichtigt werden.

Auflauf	Entsprechend aromatisierte, dicke Bechamel	+ Eigelb	+ gegarter, pürierter Grundbestandteil	+ Eischnee	Passend dazu
Hummerauflauf	Bechamel mit Hummerbutter angesetzt	Eigelb	Püree und Würfelchen von Hummerfleisch	Eischnee	Hummersauce
Käseauflauf	Bechamel mit etwas Pfeffer und Muskat	Eigelb	Geriebener Käse und Käsewürfelchen	Eischnee	Tomaten-Coulis
Schinkenauflauf	Bechamel mit etwas Schalotten und Paprika	Eigelb	Püree von magerem Schinken	Eischnee	Madeirasauce
Spinatauflauf	Bechamel mit etwas Knoblauch	Eigelb	Püree von blanchiertem Spinat	Eischnee	Cremesauce

Zubereitung am Beispiel eines Spinatauflaufs

Zutaten für 10 Personen

Butter	0,1	kg
Weißmehl	0,1	kg
Milch	0,4	l
Salz, Pfeffer aus der Mühle, Muskat		
Eigelb, pasteurisiert	0,2	kg
Knoblauch	0,005	kg
Spinat gehackt, tiefgekühlt	0,25	kg
Eiweiß	8	Stück
Stärkemehl	0,01	kg

Vorbereitung

– Kokotten sorgfältig buttern und mit Mehl ausstäuben. (Ermöglicht das Hochgleiten der Soufflé-Masse während des Garens.) Überflüssiges Mehl ausklopfen.
– Aufgetauten Spinat gut ausdrücken
– Knoblauchzehe fein zerstoßen.

Zubereitung

– Mit 0,08 kg Butter, Mehl und Milch eine dicke Bechamel herstellen und leicht auskühlen lassen.
– Mit Knoblauch und Gewürzen abschmecken.
– Die Eigelb nach und nach unter die Masse ziehen.
– Spinatpüree beifügen.
– Eiweiß zu festem Schnee schlagen, Stärkemehl beigeben und mit einem Viertel davon die Masse lockern.
– Restlichen Eischnee locker unterheben.
– In Kokotten bis zu drei Viertel der Höhe einfüllen.
– Im Wasserbad rund 30 Minuten vorwärmen.
– Bei steigender Hitze (160 °C bis 200 °C), ohne Wasserbad im Ofen ausbacken.
– Backzeit für kleine Kokotten (1 Portion): 10–15 Minuten.
– Auf Platte mit Papier stellen und sofort servieren.

Krapfen – *beignets*

Unterschieden werden

Krapfen – *beignets*
Auflaufkrapfen – *beignets soufflés*
Teigkrapfen – *rissoles*
(werden unter Teigvorspeisen, auf S. 340, behandelt)

Die Bezeichnung Krapfen wird für Nahrungsmittelstücke verwendet, die durch einen Backteig gezogen und in der Friture gebacken werden.
Der Name richtet sich nach der Art ihrer Hauptzutat, zum Beispiel Broccolikrapfen, Zucchettikrapfen. Besteht das Gericht aus gemischten Zutaten, so wird es auch als **Fritot** oder als **Fritto misto** bezeichnet.
Krapfen, die einen Brandteig als Basis haben, werden als **Auflaufkrapfen** – *beignets soufflés* bezeichnet und ohne Backteig gebacken.
Je nach Zusammensetzung wird separat eine Tomaten-, eine Tataren- oder eine Remouladensauce gereicht.

Grundzutaten für Krapfen

Stücke, Stäbchen, Röschen von gegartem Gemüse oder Fleisch: Blumenkohl, Broccoli, Artischockenböden, Stangensellerie, Schwarzwurzeln, Kalbsmilken, Kalbshirn, Kalbskopf usw.
Streifchen, Scheibchen, Stücke von rohen Fischfilets, Scampi, Champignons, Steinpilzen, Auberginen, Zucchetti usw.
Kugeln von Brandteig, ergänzt mit Würfelchen von Schinken, Zunge, Pilzen, Käse, Geflügel, Sardellen oder mit Kräutern.

Fritot von Gemüse – *fritot de légumes*

Zutaten für 10 Personen

Gegarte Gemüsestücke	0,8	kg
Zitrone	1	Stück
Gehackte Kräuter	0,01	kg
Salz, Pfeffer		
Weißmehl	0,05	kg
Backteig	0,6	kg

Zubereitung

- Gemüse 10 Minuten mit Zitronensaft und gehackten Kräutern (Kerbel, Basilikum) marinieren.
- Mit Salz und Pfeffer würzen, mit Mehl stäuben.
- Durch den Backteig ziehen und in 180 °C heißer Fritüre knusprig backen.
- Auf Küchenpapier abtropfen lassen.
- Auf Platte mit Papier anrichten.
- Tomaten-Concassé separat.

Schinkenauflaufkrapfen – beignets soufflés au jambon

Zutaten für 10 Personen	
Brandteig	0,8 kg
Salz, Muskat, Paprika	
Schinken-Brunoise	0,25 kg

Zubereitung

- Brandteig mit Salz, Muskat und Paprika abschmecken, etwas an der Kühle abstehen lassen.
- Schinken-Brunoise beigeben.
- Mit Dressiersack mit glatter Tülle (10 mm) etwa 20 g schwere Klößchen auf geöltes Pergamentpapier spritzen.
- Bei 170 °C langsam fritieren (die Krapfen sollten auf das Doppelte aufgehen).
- Auf Küchenpapier gut abtropfen lassen.
- Auf Platte mit Papier anrichten, mit Petersilie garnieren.
- Separat Madeirasauce.

Kroketten – croquettes

Die Grundmasse der Kroketten bildet in der Regel gegartes, in Salpikon (kleinwürfelig) geschnittenes Gemüse, Fleisch von Geflügel, Wild, Fisch oder Krustentieren, das mit gedünsteten, gehackten Champignons, Steinpilzen, Schinken und Kräutern ergänzt wird. Als Bindung dienen eine entsprechende, stark eingekochte braune oder weiße Grundsauce und Eigelb.

Man streicht die Masse etwa 1½ cm hoch auf ein geöltes Blech und läßt sie erkalten. Durch kurzes Anwärmen des Blechbodens kann sie danach problemlos auf ein Schneidbrett gestürzt und in beliebige Formen geschnitten oder ausgestochen werden.

Die Stücke werden anschließend paniert und in Öl oder geklärter Butter gebacken. Separat wird eine zu den Grundbestandteilen passende Sauce serviert.

Wird ein warmes Vorgericht als *côtelette* (z. B. *côtelette de volaille*) bezeichnet, so handelt es sich um eine in Kotelettform ausgestochene und panierte Krokettenmasse. Der Knochen wird dabei durch ein Stückchen Makkaroni symbolisiert.

Beispiele von Kroketten

Kroketten	Grundbestandteil	Ergänzung	Bindung	Passend dazu
Geflügelkroketten *Croquettes de volaille*	Geflügelwürfelchen	Gehackte Champignons, Steinpilze und Schinken	Geflügel-Velouté, Grieß, Eigelb	Trüffelsauce
Krevettenkroketten *Croquettes de crevettes*	Krevettenwürfelchen	Gehackte Champignons, gedünstete Lauch-Brunoise	Fisch-Velouté, Krevettenbutter, Eigelb	Dillsauce
Gemüsekroketten *Croquettes de légumes*	Gemüsewürfelchen	Gehackte Champignons und Steinpilze	Grieß, Bechamel, Eigelb	Tomaten-Concassé

Geflügelkroketten – croquettes de volaille

Zutaten für 10 Personen		
Butter	0,04	kg
Gehackte Schalotten	0,03	kg
Gehackte Champignons	0,1	kg
Geflügelwürfelchen	0,6	kg
Schinkenwürfelchen	0,1	kg
Geflügel-Velouté	0,5	l
Grieß	0,02	kg
Rahm	0,05	l
Eigelb, pasteurisiert	0,1	kg
Mehl	0,1	kg
Eier	2	Stück
Mie de pain oder Paniermehl	0,2	kg

Zubereitung

- Schalotten in Butter weichdünsten.
- Gehackte Champignons beigeben und trockendünsten.
- Geflügel- und Schinkenwürfelchen beigeben, kurz weiterdünsten.
- Mit Velouté und Rahm auffüllen, würzen, Grieß zugeben und auf dem Feuer 2–3 Minuten gut abrühren, pikant abschmecken.
- Eigelb beigeben, abrühren bis die Masse fest ist.
- Masse etwa 1,5 cm hoch auf ein geöltes Blech ausstreichen und im Kühlraum erkalten lassen.
- Auf ein Schneidbrett stürzen, in Formen schneiden und panieren.
- Fritieren, auf Küchenpapier abtropfen lassen.
- Auf Platte mit Papier anrichten. Sauce separat.

Schnitten – croûtes

Schnitten und Toasts haben beide Englischbrot als Basis. Sie unterscheiden sich aber grundsätzlich dadurch, daß die Brotscheiben für Schnitten vorgängig in geklärter Butter gebacken, für Toasts hingegen geröstet werden. Ein weiterer Unterschied liegt in der Art des Belages: Schnitten eignen sich vor allem als Träger von saucengebundenen Bestandteilen, da sie Feuchtigkeit weniger schnell aufnehmen. Toasts hingegen werden meist mit trockenen Bestandteilen belegt und sind oft mit Käse überbacken.

Im Gegensatz zu den Schnitten spielen Toasts als warme Vorspeisen nur eine untergeordnete Rolle. Sie sind jedoch ideale Snack-Gerichte, da sie ohne großen Aufwand hergestellt werden können und für ihre Zubereitung lediglich ein Salamander als Hitzequelle nötig ist.

Vorbereitung

Für runde Schnitten (falls kein rundes Englischbrot zur Verfügung steht) wird normales Englischbrot entrindet und in einen Zylinder von rund 6 cm Durchmesser, für rechteckige in Quader von etwa 4,5×7 cm geschnitten. Von dem so vorbereiteten Brot werden rund 8 mm dicke Scheiben geschnitten. Auf das früher übliche leichte Aushöhlen der Brotscheiben wird heute aus arbeitssparenden Gründen meist verzichtet.

Ausbacken

Die Scheiben werden in einer Lyoner Pfanne in geklärter Butter goldbraun gebacken und auf einem Gitter ausgekühlt.

Fertigstellen

Die Schnitten auf eine Gratinplatte oder auf Teller anrichten und kurz im Ofen aufwärmen. Die heiße Füllung über die Schnitten geben. (Die Füllung darf stellenweise über den Schnittenrand hinausgehen.)

Beispiele von Schnitten

Schnitte	Kurzbeschrieb der Füllung
Champignonschnitte *Croûte aux champignons à la crème*	Frische Pilze (Champignons, Steinpilze, Eierschwämme oder Morcheln) in Butter mit Schalotten dünsten. Mit etwas Cremesauce zur gewünschten Dicke einkochen. Mit frischen Kräutern bestreuen.
Geflügelleberschnitte mit grünem Pfeffer *Croûte aux foies de volaille et au poivre vert*	Schalotten in Butter weichdünsten. Rosa gebratene Geflügelleberstücke beigeben und mit eingekochter Madeirasauce abbinden, abschmecken und grüne Pfefferkörner beigeben.
Käseschnitte mit Tomaten und Peperoni *Croûte au fromage portugaise*	Schnitte mit etwas Weißwein beträufeln und mit Greyerzerscheiben belegen. Unter dem Salamander gratinieren. Mit einem Bouquet Tomaten-Peperoni-Ragout garnieren.

Teigvorspeisen

Zu den Teigvorspeisen gehören alle Teiggebäcke (Blätterteig, Halbblätterteig, geriebener Teig usw.), die eine Füllung aus gegarten, kleingeschnittenen Bestandteilen enthalten. Die Füllung kann beliebig zusammengesetzt sein und ist in der Regel mit einer Sauce oder mit einer Royale gebunden.

Unterschieden werden die folgenden Hauptgruppen:

| Teigkrapfen *Rissoles* |
| Pastetchen *Bouchées / vol-au-vent* |
| Blätterteigkissen *Feuilletés* |
| Kuchen *Quiches / tartelettes* |

Grundsätzliches zu den Teigvorspeisen

– Die Größe des Gebäcks richtet sich nach dem Umfang des Menüs. Zwei kleine Stücke pro Person wirken grundsätzlich besser als ein großes.

– Der dominierende Teil der Füllung gibt der Teigvorspeise den Namen, zum Beispiel *rissoles aux chanterelles, bouchées aux crevettes*.
– Wird eine saucengebundene Füllung zusammen mit dem Teig im Ofen gebacken, zum Beispiel bei den Rissolen, so darf ihr Fettgehalt nicht zu hoch sein, da die Füllung sonst scheidet.

Kurzbeschrieb der Hauptgruppen

Teigkrapfen: Darunter versteht man halbmondförmige gefüllte Teigtaschen aus Blätterteig oder aus geriebenem Teig, die im Ofen gebacken werden. Separat sollte immer etwas verdünnte, verfeinerte Füllung oder eine passende Sauce gereicht werden.

Pastetchen (bouchées) sind kleine, zylinderförmige Blätterteiggebilde, die nachträglich mit einem beliebigen feinen Ragout gefüllt werden. Als vol-au-vent wird eine große Pastete (für 3–4 Personen) bezeichnet.

Blätterteigkissen: Im Gegensatz zu den Pastetchen sind Blätterteigkissen niedriger und meist rechteckig oder oval. Die Füllung muß nicht ragoutförmig, sondern kann frei zusammengesetzt sein.

Kuchen: Unter *quiches* versteht man große, unter *tartelettes* kleine Kuchen aus Halbblätter- oder geriebenem Teig. Die Füllung besteht meist aus gegarten Zutaten, die mit einer Royale gebunden werden.

Teigkrapfen mit Pilzen – *rissoles aux champignons*

Zutaten für 10 Personen (10 Stück, als Vorspeise)		
Halbblätterteig	0,8	kg
Fertige Füllung	0,6	kg
Eier	1	Stück

Zubereitung

– Halbblätterteig 2 mm dick auswallen und mit kannelliertem Ausstecher Plätzchen von 14 cm Durchmesser ausstechen.
– In die Mitte mit einem Löffel kalte Füllung häufen. Rand mit Ei bestreichen.
– Teig halbmondförmig zusammenklappen und mit umgekehrtem Ausstecher gut andrücken.
– Mit Ei bepinseln und nach Belieben mit Teigornamenten schmücken.
– 1 Stunde ruhen lassen, dann bei 200 °C rund 20 Minuten im Ofen backen.

Blätterteigkissen mit feinem Gemüse – *feuilletés jardinière*

Zutaten für 10 Personen (10 Stück, als Vorspeise)		
Blätterteigkissen, ausgebacken, 10×6 cm	10	Stück
Gemüse mit leichter Cremesauce	1	l
Frische Spargelspitzen	20	Stück
Butter	0,02	kg
Kerbel	0,01	kg

Zubereitung

- Vom Blätterteigkissen einen Deckel wegschneiden und reservieren.
- Blätterteigkissen wärmen.
- Heißes Gemüse auf den Blätterteigboden geben.
- Mit je zwei in Butter aufgewärmten Spargelspitzen garnieren.
- Mit Kerbelblättchen überstreuen.
- Reservierten Deckel schräg daraufsetzen.

Kalbsmilkenpastetchen – *bouchées au ris de veau*

Zutaten für 10 Personen (20 Stück, als Vorspeise)		
Pastetchen, ausgebacken, 6 cm	20	Stück
Fertiges Kalbsmilkenragout	1	l

Zubereitung

- Deckel der Pastetchen herausschneiden und reservieren.
- Pastetchen aufwärmen.
- Heiße Füllung hineingeben (darf überfüllt sein).
- Reservierten Deckel wieder aufsetzen.

Meeresfrüchtekuchen mit Safran – *quiche marseillaise*

Zutaten für 10 Personen (1 Stück, 30 cm Durchmesser)	
Halbblätterteig	0,4 kg
Pochierte Fische und Meeresfrüchte	0,4 kg
Gedünstete Lauch-Julienne und Zwiebeln	0,2 kg
Safran-Royale	0,3 l

Zubereitung

- Halbblätterteig 2 mm dick auswallen und Kuchenblech damit auslegen.
- Erkaltete Einlagen darauf verteilen.
- Mit der Safran-Royale aufgießen.
- Im Ofen bei 220 °C rund 30 Minuten backen.
- Nach Belieben separat Weißweinsauce.

Gemüse- und Pilzvorspeisen

Spargeln – *asperges*

Grüne und weiße Spargeln sind beliebte Gemüsevorspeisen. Nachstehend einige der bekanntesten klassischen Zubereitungen:

Spargeln	*asperges*
mit holländischer Sauce	*hollandaise*
mit Orangensauce	*maltaise*
mit Parmesan	*milanaise*
mit Morcheln	*aux morilles*
mit Ei und Brotbröseln	*polonaise*

Artischocken – *artichauts*

Von den Artischocken werden hauptsächlich die Böden verwendet. Gefüllt oder als Bestandteil von Gratins (siehe nächsten Abschnitt) gehören Artischockenböden wie die Spargeln zu den bevorzugten warmen Gemüsevorspeisen.

Eine weitere Möglichkeit stellt das Servieren der ganzen gekochten Artischocke dar (Vorbereitung siehe Abb. S. 412). Nach dem Entfernen des Artischockeninnern (Stroh) werden sie, begleitet von einer Sauce (z.B. holländische Sauce, Vinaigrette-Variation usw.), warm serviert.

Gefüllte Gemüse und Pilze

Die Möglichkeiten, Gemüse zu füllen, sind äußerst vielseitig. Die Fertigstellung erfolgt vielfach durch Überbacken mit einer Sauce, mit Käse oder mit *mie de pain*.
Das Vorbereiten der Gemüse und der Pilze zum Füllen wird im Abschnitt 7.15, Gemüsegerichte, eingehend behandelt.

Beispiele gefüllter Gemüse und Pilze

Gemüse	Beispiele von Füllungen	Beispiele von Fertigstellungen
Artischockenböden	Pilz-Duxelles, Blattspinat, Pilze *à la crème*, Erbsenpüree, Spargelspitzen, Ratatouille	– Mit Gemisch von holländischer Sauce und Schlagrahm glasieren – Mit Mornay- oder Soubise-Sauce überbacken
Auberginen, Peperoni, Zucchetti, Zwiebeln	Gefüllt mit einer separat zubereiteten, pikant abgeschmeckten Reis-Fleisch-Mischung, der das Fruchtfleisch des ausgehöhlten Gemüses beigegeben wird; das Gemüse füllen und im Ofen weichschmoren	– Mit Mornay- oder Soubise-Sauce überbacken – Mit Parmesan bestreuen, mit Butter beträufeln und überbacken
Champignonköpfe	Pilz-Duxelles, Geflügelleberfarce	– Mit Mornay- oder Soubise-Sauce überbacken

Gemüse- und Pilzgratins

Hauptzutaten

- **Nicht zu klein geschnittenes Gemüse,** das mit weiteren Zutaten wie Pilzen, Kalbsmilken, Scampi usw. ergänzt werden kann.
- **Geschnittene Pilze,** die ebenfalls mit weiteren Zutaten ergänzt werden können.

Zubereitungsarten

Als Grundzubereitungsarten eignen sich vor allem Dünsten und Sautieren, da dabei der Eigengeschmack am besten erhalten bleibt. Das Gemüse sollte nicht zu weich gegart werden.

Saucenherstellung

Den Dünstfond einkochen, mit etwas Bechamel vermischen und mit Eigelb aufschlagen. Vor der Verwendung mit etwas geschlagenem Rahm und nach Belieben mit geriebenem Käse ergänzen. (Eigelb, Schlagrahm und Käse enthalten die für das Gratinieren notwendigen Fette und Proteine.)

Fertigstellen

Die angerichteten, warmgehaltenen Gemüse mit der Gratiniersauce nappieren und unter dem Salamander gratinieren.

Stärkevorspeisen

Die Grundzubereitungen der verschiedenen Stärkegerichte werden in den entsprechenden Abschnitten behandelt.

Stärkegerichte sind vor allem in der italienischen Küche beliebte warme Vorspeisen.

Dank ihrem feinen, neutralen Grundaroma eignen sich vor allem Teigwaren und Risotto für die Kombination mit geschmackvollen und appetitanregenden Bestandteilen. Die sättigende Eigenschaft dieser Gerichte muß jedoch bei der Menüzusammenstellung unbedingt berücksichtigt werden.

Unterschieden werden folgende Hauptgruppen:

Einfache Teigwaren *Pâtes alimentaires simples*
Teigwarengerichte *Mets aux pâtes alimentaires*
Gnocchi *Gnocchi*
Risotto *Risotto*

Vorspeisenbeispiele von Stärkegerichten

Einfache Teigwaren	Makkaroni, Hausmachernudeln (weiße, grüne), Spaghetti, Krawättli usw.	
	In Butter:	mit Parmesan, mit Kräutern und Knoblauch, mit Zucchetti usw.
	Rahmgebunden:	mit Parmesan, mit weißen Trüffeln, mit Julienne von Fleischwaren
	Tomatensauce:	Tomaten-Concassé und seine Ableitungen
	Ragout:	mit kleinen gebratenen Fleischwürfeln in Demi-glace
Teigwarengerichte	Cannelloni, Lasagne, Tortellini, Ravioli	
	Füllungen:	Frischkäse-Kräuter-Füllung, Pilzfüllung, Fleischfüllung, Fischfüllung, Gemüsefüllung
Gnocchi	Gnocchi Piemonteser Art, römische Art, Pariser Art	
	Garnitur:	Garniermöglichkeit der fertigen Gnocchi römische Art: Geflügelleberragout, Pilzragout, Tomatenwürfelsauce, Ratatouille usw.
Risotto	Garnitur:	Geflügelleberragout, Pilze (Steinpilze, weiße Trüffeln), Meeresfrüchte, Safran, Tomaten-Concassé usw.

Eiervorspeisen

Grundzubereitungen und verschiedene Ableitungen von Eiergerichten werden im entsprechenden Kapitel behandelt.

Wegen des neutralen Geschmacks des Nahrungsmittels Ei und der damit verbundenen großen Kombinierbarkeit sind unzählige warme Eiervorspeisen aus der klassischen Küche bekannt.

Die veränderten Ernährungsgewohnheiten haben jedoch dazu geführt, daß Eiergerichte nur noch selten als warme Vorspeisen verwendet werden.

Hauptgruppen, die in heutigen Menüs noch als Vorspeisen verwendet werden:

Eier im Töpfchen *Œufs en cocotte*
Omeletten *Omelettes*
Rühreier *Œufs brouillés*
Pochierte Eier *Œufs pochés*
Wachsweiche Eier *Œufs mollets*

Portionengröße

Sie richtet sich grundsätzlich nach dem Menüumfang. In der Regel reicht ein Ei pro Person – mit Ausnahme der Omeletten (2 Eier) – als Vorspeise aus.

7.10 Eierspeisen – *œufs*

Eier sind preiswerte und je nach Zubereitung leichtverdauliche Nahrungsmittel, die einen hohen Nährwert haben.
Während um die Jahrhundertwende in Mittagsmenüs Eierspeisen als warme Vorspeisen weit verbreitet waren, sind sie in heutigen Menüs nur noch selten anzutreffen. Ebenfalls ist abzusehen, daß der allgemein geführte Kampf gegen zu viel Nahrungscholesterin die Eierspeisen noch weiter zurückdrängen wird.

Heutige Anwendung von Eierspeisen

Als Frühstücksgerichte: weiche Eier, pochierte Eier, Spiegeleier, Rühreier, Omeletten (auf Toast, mit Speck, Schinken oder Chipolatas)
Als warme Vorspeise (1–2 Eier) oder **als Snack** (2 Eier): Eier im Töpfchen, Omeletten, Rühreier, pochierte Eier, Spiegeleier, wachsweiche Eier (verschiedene Arten, meist mit einer feinen Garnitur ergänzt)
Als eigenständiges Gericht (2–3 Eier): Eier im Töpfchen, Omeletten, Rühreier, pochierte Eier, Spiegeleier, wachsweiche Eier (verschiedene Arten, meist mit Garnitur und Beilagen)
Als Süßspeisen: Weinschaumsaucen, Auflaufomeletten, Pfannkuchen, Omeletten mit Konfitüre, französische Cremen usw.

Bemerkungen

– Da bei vielen Zubereitungen das Eigelb in bezug auf Bakterien nur ungenügend erwärmt wird, dürfen hinsichtlich Qualität und Frische der verwendeten Eier keine Kompromisse eingegangen werden. Es sollten deshalb nur unbeschädigte frische Eier (weniger als 20 Tage alt) verwendet werden.
– Eierspeisen dürfen nicht direkt auf Silbergeschirr angerichtet werden, da es sich an den Kontaktstellen unansehnlich schwarz verfärbt.

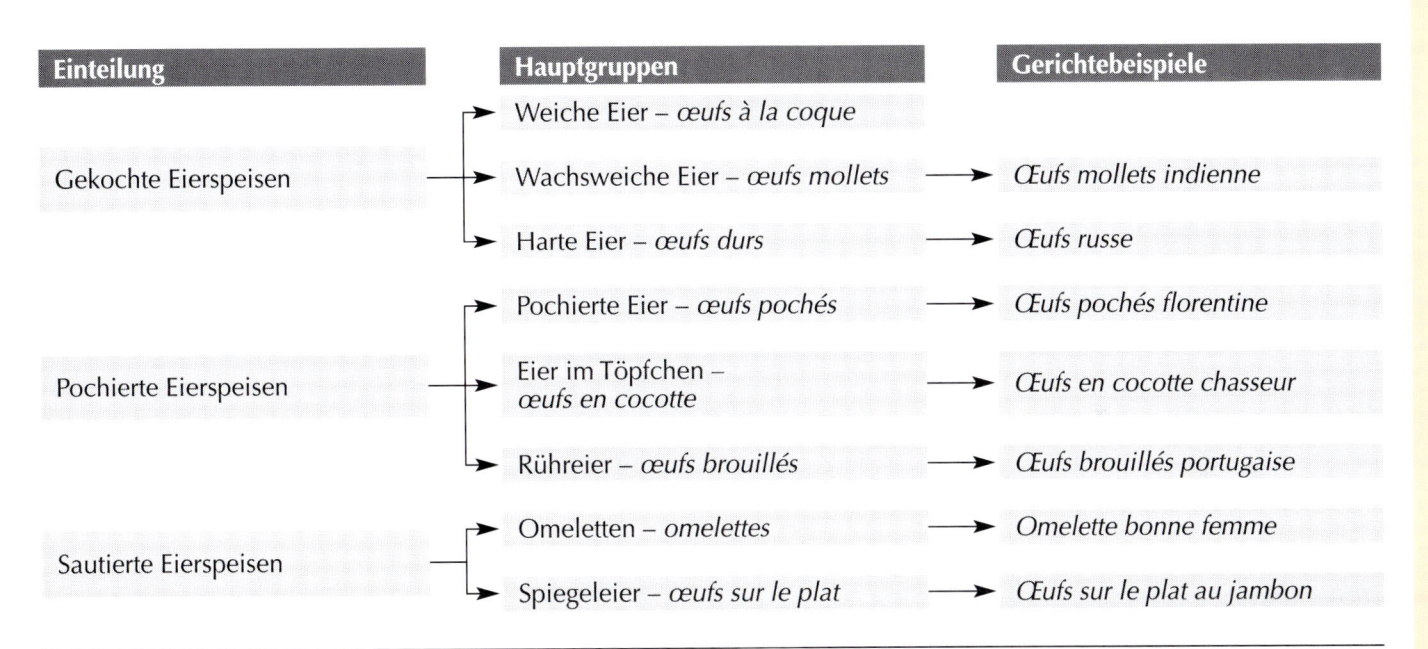

Einteilung	Hauptgruppen	Gerichtebeispiele
Gekochte Eierspeisen	Weiche Eier – *œufs à la coque*	
	Wachsweiche Eier – *œufs mollets*	*Œufs mollets indienne*
	Harte Eier – *œufs durs*	*Œufs russe*
Pochierte Eierspeisen	Pochierte Eier – *œufs pochés*	*Œufs pochés florentine*
	Eier im Töpfchen – *œufs en cocotte*	*Œufs en cocotte chasseur*
	Rühreier – *œufs brouillés*	*Œufs brouillés portugaise*
Sautierte Eierspeisen	Omeletten – *omelettes*	Omelette bonne femme
	Spiegeleier – *œufs sur le plat*	*Œufs sur le plat au jambon*

7.10.1 Gekochte Eierspeisen

– Eier weisen oft feine, unsichtbare Haarrisse auf, die sich beim Kochen erweitern und Eiweiß austreten lassen. Feststellen kann man dies, indem man je zwei Eier leicht gegeneinanderklopft. Ist der dabei entstehende Ton hell und klar, handelt es sich um unbeschädigte Eier.
– Starke und abrupte Temperaturschwankungen können die Schale an Schwachstellen platzen lassen. Es ist deshalb empfehlenswert, Eier aus dem Kühlschrank vor dem Kochen kurz in lauwarmes Wasser zu legen.
– Eier werden immer in siedendem Wasser angesetzt. Müssen größere Mengen gekocht werden, so verteilt man die Eier in Drahtkörbe und kocht sie nacheinander im selben Wasser.
– Die Kochzeit wird vom Wiederaufwallen des Wassers an gerechnet. Am Ende der Kochzeit müssen die Eier sofort in kaltem Wasser abgeschreckt werden. Dabei löst sich das Ei von der Schalenhaut und läßt sich leichter schälen.

Bemerkung

Werden harte Eier zu lange gekocht, oder läßt man sie heiß stehen, entsteht im Eigelb Eisensulfat, das sich als blaugrüne Verfärbung der äußeren Dotterschicht zeigt.

Verwendungsbeispiele für wachsweiche Eier

Für warme Gerichte: Eier auf gefülltem, blind gebackenem Törtchen oder Blätterteigkissen anrichten und mit passender Sauce überziehen. **Füllungsbeispiele:** feine Fischragouts (Geflügel, Milken, Krustentiere usw.), gebundene Gemüsestreifen, Pilze, Blattspinat, Reiskompositionen usw.

Für kalte Gerichte: Eier auf gefüllte Artischockenböden oder Tomaten anrichten und im letzten Moment mit einer verdünnten Mayonnaise-Ableitung überziehen. Mit Sardellenfilets, Kräuterblättchen, Paprika usw. garnieren. **Füllungsbeispiele:** rassig abgeschmeckte Salate (von Geflügel, Krustentieren, Pilzen, Gemüse usw.).

Thema 7   **Blatt 70**

Verwendungsbeispiele für hartgekochte Eier

Harte Eier werden überwiegend für kalte Gerichte verwendet.
Als Garnitur: in Scheiben oder Sechstel geschnitten auf Salaten und kalten Platten.
Als Zutat: gehackt in kalten Saucen, in Scheiben auf Cocktailbissen oder als Eiersalat.
Gefüllt: horizontal oder vertikal halbiert und gefüllt, zum Beispiel mit Krustentiercocktail, Räucherlachssalat oder einer Eigelb-Butter-Mischung, und beliebig garniert.
Als eigenständiges Gericht: halbiert, auf russischem Salat angerichtet und mit verdünnter Mayonnaise überzogen. Beliebig mit Räucherfischen, Ölsardinen, Spargeln, Salami usw. garnieren.

Hauptgruppen

Eier	Kochzeit	Zubereitung
Weiche Eier	2–5 Minuten, je nach Wunsch der Gäste	Eier nach dem Kochen in kaltem Wasser abschrecken und sofort in Eierbechern servieren.
Wachsweiche Eier	6 Minuten	Eier nach dem Kochen abschrecken, abkühlen lassen und unter Wasser vorsichtig schälen. Bis zum Gebrauch in Wasser aufbewahren. Sollen sie warm verwendet werden, werden sie vor Gebrauch in heißem Salzwasser aufgewärmt.
Hartgekochte Eier	10 Minuten	Eier nach dem Kochen abschrecken und in kaltem Wasser vollständig auskühlen lassen. Schälen und je nach Verwendung halbieren, in Scheiben oder in Sechstel schneiden oder hacken.

7.10.2 Pochierte Eierspeisen

Pochierte Eierspeisen zeichnen sich durch eine besonders gute Bekömmlichkeit und Zartheit aus, weil bei niedrigen Temperaturen die Proteine nicht unnötig ausgelaugt und verhärtet werden.
Pochierte Eier, vor allem Rühreier, eignen sich deshalb auch für die Schonkost.

Eierspeisen, die **ohne Bewegung** pochiert werden:

Pochierte Eier
Œufs pochés

Eier im Töpfchen
Œufs en cocotte

Eierspeisen, die **mit Bewegung** pochiert werden:

Rühreier
Œufs brouillés

Pochierte Eier – *œufs pochés*

Pochierte Eier werden ohne Schale in heißem Essigwasser pochiert. Die Säure des Essigs hat dabei die Aufgabe, das noch flüssige Eiweiß im Augenblick des Eintauchens sofort zusammenzuhalten. Auf die Zugabe von Salz zum Pochierwasser wird verzichtet, da es die genau gegenteilige Wirkung hat. Neben der Säure ist auch die Frische der Eier maßgebend: Je frischer sie sind, desto besser halten sie zusammen. Alte Eier laufen im Pochierwasser auseinander und sind unbrauchbar.

Pochierte Eier werden gleich verwendet wie die wachsweichen Eier.

Zubereitung

– Essigwasser in einem Sautoir bis unter den Siedepunkt erhitzen.
– Die Eier, ohne den Dotter zu verletzen, einzeln in Schälchen aufschlagen.
– Eier sorgfältig ins Essigwasser gleiten lassen. (Falls sie am Pfannenboden haften bleiben, vorsichtig mit Holzspatel lösen.)
– 3–4 Minuten pochieren. (Das Weiße muß fest, das Gelbe jedoch noch flüssig sein.)
– Mit einer flachen Schaumkelle herausheben und, falls sie nicht sofort weiterverwendet werden, in Eiswasser abschrecken und parieren (überflüssiges Eiweiß abschneiden).
– Werden sie warm weiterverwendet, in 50 °C warmem Salzwasser aufwärmen.
– Vor dem Anrichten auf Tuch abtropfen lassen.

Eier im Töpfchen – *œufs en cocotte*

Eier im Töpfchen werden in Portionenkokotten im Wasserbad im Ofen pochiert. Ihre Benennung richtet sich nach der Art der Garnitur, die sie enthalten.

Zubereitung

– Portionenkokotten ausbuttern.
– Mit wenig Rahm ausgießen.
– Garnitur hineingeben (Geflügelragout, Krustentierragout, Trüffelragout, rahmgebundene Pilze, Gemüse usw.).
– Je ein aufgeschlagenes Ei hineingeben.
– Eiweiß salzen und mit Butterflocken belegen.
– In ein mit Küchenkreppapier ausgelegtes Wasserbad stellen und im Ofen rund 5 Minuten pochieren. (Das Eiweiß sollte dem Rand entlang fest, das Eigelb hingegen nur warm sein.)
– Über das Eiweiß (Eigelb sollte sichtbar bleiben) eine zur Garnitur passende Sauce oder heißen Rahm geben.
– Kokotten auf Teller mit Serviette anrichten.

Rühreier – *œufs brouillés*

Rühreier werden in einer Sauteuse oder in einem Sautoir zubereitet. Damit die gewünschte kleinflockig-cremige Beschaffenheit erreicht wird, muß die Eimasse unter ständigem Rühren mit dem Holzspatel bei geringer Hitze langsam pochiert werden. Durch Zugabe von Rahm oder Milch und Butterflocken wird der Pochiervorgang gestoppt und außerdem die Masse verfeinert.

Zubereitung

– Eier in eine Schüssel schlagen, würzen und mit dem Schneebesen sehr gut verquirlen.
– Butter im Sautoir erwärmen.
– Eimasse hineingeben und bei mäßiger Hitze mit Holzspatel zu gebundener Masse abrühren.
– Rahm oder Milch dazurühren, abschmecken.
– Mit Butterflocken verfeinern.

344

Ableitungen

Mit Räucherlachs-, Trüffel-, Schinken-, Tomatenwürfelchen, Schnittlauch, Croûtons, Geflügelleber usw.

Anrichtearten

In Kokotte, auf Toast, in blind gebackenem Törtchen, in ausgehöhltem Brioche usw.

7.10.3 Sautierte Eierspeisen

Omeletten – *omelettes*

Omeletten werden in speziell dafür reservierten Omelettenpfannen (Lyoner Pfannen) oder in Pfannen mit nichthaftender Beschichtung zubereitet.
Wegen der Bekömmlichkeit wird bei mäßiger Temperatur in Butter sautiert, ohne daß diese gebräunt wird.

Zubereitung

- Eier in eine Schüssel schlagen, würzen und mit dem Schneebesen sehr gut verquirlen.
- Butter, ohne zu bräunen, in der Pfanne erhitzen.
- Eimasse hineingießen und unter ständigem Bewegen der Pfanne und Rühren mit dem Gabelrücken die Eier zu einer feinflockig-cremigen Masse garen. (Bei beschichteten Pfannen kein Metall verwenden.)
- Gegen Ende dieses Vorgangs nicht mehr rühren und die Masse durch Heben der Stielseite in den vorderen Pfannenteil gleiten lassen.
- Mit der Speisegabel die verbleibende Bodenschicht nach vorne rollen, bis die Omelette ihre ovale Form hat.
- Durch einen leichten Faustschlag auf das Stielende der Pfanne die Omelette vollständig vom Boden lösen.
- Mit der Gabel die Enden nach innen klappen.
- Die Omelette auf einen warmen Teller stürzen.
- Oberfläche mit flüssiger Butter leicht überglänzen.

Merkmale einer fachgerecht zubereiteten Omelette

- Ovale, vollständig geschlossene Form
- Zarte und glatte Oberfläche
- Inneres von weicher Konsistenz *(baveuse)*

Zutaten für die Herstellung von Ableitungen

- Pilze, Tomatenwürfel, Blattspinat, Zucchetti, Spargelspitzen, Käse, Schinken, Speck usw.
- Feine Ragouts von Geflügel, Geflügelleber, Kalbsmilken, Krustentieren usw.

Die Zutaten können dabei auf verschiedene Arten beigegeben werden:
- Gedünstet, in die rohe Eimasse
- Als Füllung, in die Mitte vor dem Zusammenrollen (meist Ragouts)
- In die angerichtete, längs aufgeschnittene Omelette (meist Ragouts)
- Bouquet-förmig neben die Omelette gelegt

Nach Belieben kann die Omelette zusätzlich noch mit einer passenden Sauce umgossen werden.

Spiegeleier – *œufs sur le plat*

Spiegeleier werden in speziellen Spiegeleierpfännchen oder in feuerfesten Spezial-Eierplatten zubereitet.
Für bessere Bekömmlichkeit sollten Spiegeleier keine Bratränder aufweisen. Der richtige Garpunkt ist erreicht, wenn das Eiweiß gestockt, der Eidotter warm, glänzend, aber noch flüssig ist. Gesalzen wird lediglich das Eiweiß, da Salzkörner auf dem Eidotter weiße Punkte hinterlassen.

Zubereitung

- Eier in eine Schale aufschlagen, ohne die Dotter zu beschädigen.
- Butter im gewählten Geschirr erhitzen.
- Die aufgeschlagenen Eier behutsam hineingleiten lassen.
- Eiweiß mit Salz würzen.
- Bei mäßiger Hitze garen, ohne daß Bratränder entstehen.
- Es ist vorteilhafter, das Ei im Ofen von oben zu erwärmen.
- Falls nicht direkt in der Eierplatte zubereitet, auf vorgewärmte Teller anrichten und mit den Beilagen garnieren.

Ableitungen

Garniert mit gebratenen Schinken- oder Specktranchen, gebratenen Chipolatas, Geflügelleberragout, sautierten Pilzen, gedünsteten Tomatenwürfeln usw.

7.11 Fischgerichte – *poissons*

Obwohl zwischen dem Fleisch der Fische und demjenigen der Warmblüter chemisch gesehen kaum ein Unterschied besteht, vermitteln Fische dadurch, daß sie sich in bezug auf Lebensraum und Ernährung wesentlich von den Säugetieren unterscheiden, ein anderes Geschmackserlebnis.

Ernährungsphysiologisch ist Fisch ein bedeutender Proteinlieferant. Der meist geringe Fettanteil ist reich an essentiellen Fettsäuren, und das Fleisch ist dank dem geringen Bindegewebegehalt leichtverdaulich (siehe auch Kapitel 4, Warenkunde).
Die Güte der Fischgerichte hängt nicht nur von der Fachkompetenz des Kochs ab, sondern auch von der Qualität und der Frische des Produktes.

Hochentwickelte Transport- und Verteilsysteme sorgen heute dafür, daß auch im Landesinnern fast fangfrische Fische erhältlich sind.
Das Wissen um die ernährungsphysiologischen Vorteile, aber auch die Phantasie und die Kreativität, mit der immer mehr Köche Fischgerichte zubereiten, haben zu einer steigenden Beliebtheit der Fischgerichte geführt.

Verwendungsmöglichkeiten von Fischen

Funktion	Merkmale	Beispiele
Cocktailbissen	Hauptsächlich geräucherte oder marinierte Fische sowie Kaviar. Auf kleinen Toasts, Spezialbroten, Buchweizenfladen oder Teigkrusten angerichtet.	*Canapé au saumon fumé* *Tartelette au caviar*
Kalte Vorspeise	Gegarte, kalte oder lauwarme Fische (z.B. in Kombination mit Salaten), geräucherte oder marinierte Fische sowie kalte Fisch-Zwischengerichte.	*Variation de saumon suédoise* *Rouget à la vinaigrette de légumes*
Suppe	Als Fischkraftbrühe, Fischcremesuppe, National- oder Spezialsuppe.	*Crème dieppoise* *Bouillabaisse*
Warme Vorspeise	In warmen Vorspeisen im klassischen Sinn spielt Fisch immer nur eine Nebenrolle (z.B. als Bestandteil der Füllung).	*Vol-au-vent du pêcheur* *Quiche marseillaise*
Fischgericht	Sobald Fisch in einem warmen Gericht als Hauptbestandteil auftritt, wird das Gericht im Menü zum Fischgang. Ein Fischgericht kann, falls kein Fleischgericht mehr folgt, auch Hauptgericht sein.	*Médaillons de baudroie au Sauternes* *Escalope de saumon écossaise* *Filets de sole Marguery*
Kaltes Zwischengericht	Fisch als Terrine, Pastete, Galantine oder Mousse.	*Terrine de loup de mer au fenouil* *Galantine de brochet à l'aneth*
Buffetplatte	Ganze Fische oder Fischtranchen im Sud pochieren und erkalten lassen. Schön garnieren und auf Spiegel oder gelierten Platten mit passenden Garnituren anrichten.	*Saumon en bellevue* *Turbotin farci*

7.11.1 Übersicht über die Grundzubereitungsarten der Fische

Einteilung	Hauptgruppen	Gerichtebeispiele
Pochieren *Pocher*	im Sud *au court-bouillon*	*Truite au bleu* *Darne de saumon pochée hollandaise* *Tranche de colin pochée aux câpres*
	im Wein *au vin*	*Omble chevalier zougoise* *Filets de sole Marguery* *Turbot aux pistils de safran*
Schmoren *Braiser*		*Loup de mer braisé au Noilly Prat* *Turbotin braisé au champagne*

Thema 7 **Blatt 73**

Einteilung	Hauptgruppen	Gerichtebeispiele
Dämpfen *Cuire à la vapeur*		→ *Escalope de saumon à la moutarde*
Sautieren *Sauter*	→ Müllerinart *meunière* → im Ei *à l'œuf* → paniert *pané*	→ *Filets de limande-sole belle meunière* → *Tranche de colin sautée à l'œuf* → *Filets de sole panés aux bananes*
Fritieren *Frire*	→ im Mehl *nature* → paniert *pané* → im Backteig *en pâte à frire*	→ *Goujons de poisson frits au citron* → *Solette Colbert* → *Filets de perchettes Orly*
Grillieren *Griller*		→ *Tranche de baudroie grillée sur lit de poireaux*
Backen im Ofen *Cuire au four*		→ *Filet de turbot farci en croûte*

Spezielle Zubereitungen

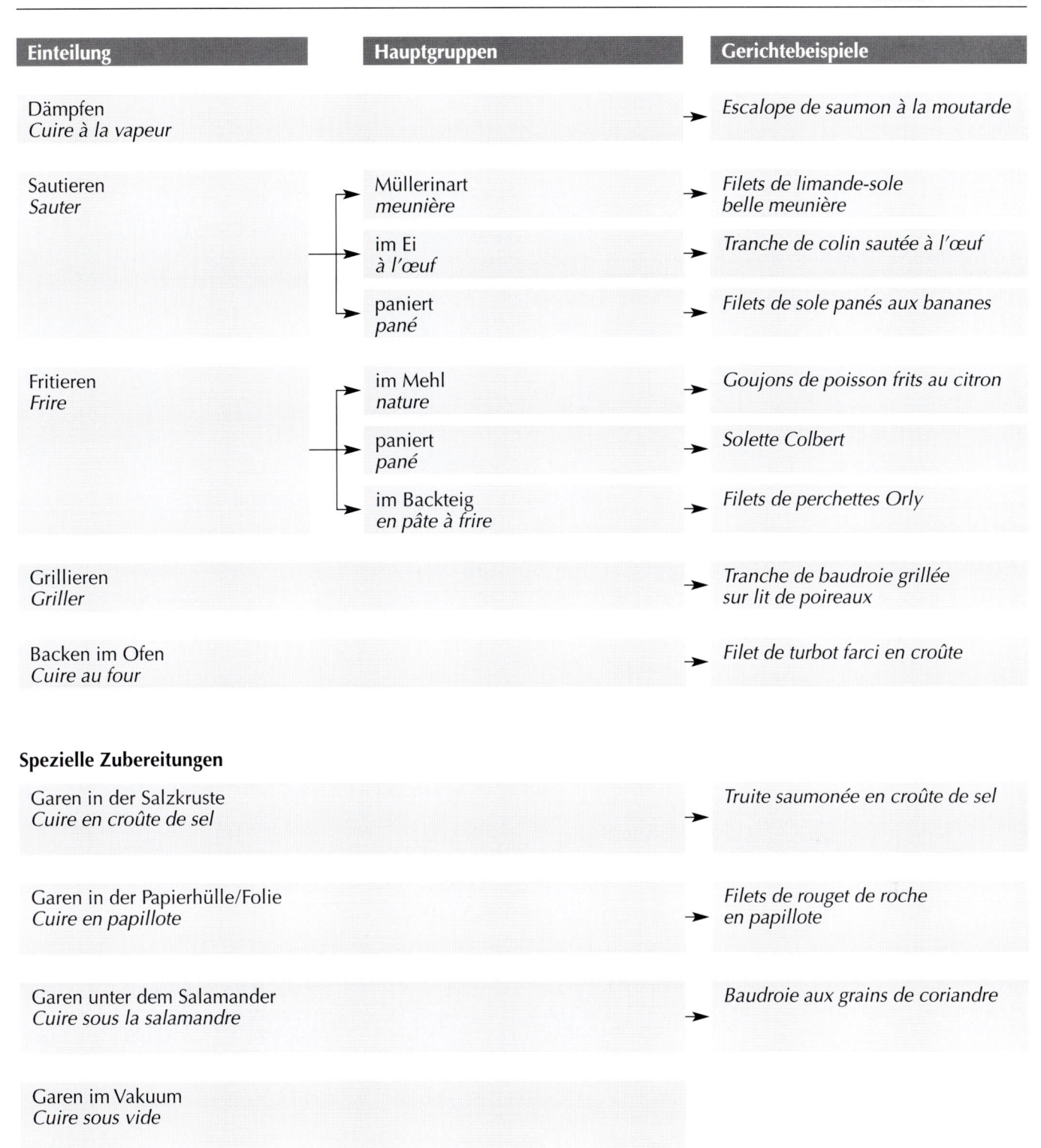

Garen in der Salzkruste *Cuire en croûte de sel*		→ *Truite saumonée en croûte de sel*
Garen in der Papierhülle/Folie *Cuire en papillote*		→ *Filets de rouget de roche en papillote*
Garen unter dem Salamander *Cuire sous la salamandre*		→ *Baudroie aux grains de coriandre*
Garen im Vakuum *Cuire sous vide*		

7.11.2 Warme Fischgerichte – *poissons chauds*

Die Grundzubereitungsarten für Fische sind teilweise identisch mit denjenigen des Schlachtfleisches. Es werden jedoch durchweg niedrigere Gartemperaturen angewandt, da die Fische kaum zähes Bindegewebe aufweisen. Für die Praxis bedeutet dies, daß Fische beim Erreichen der aus bakteriologischen Gründen notwendigen Kerntemperatur von etwa 65 °C gleichzeitig auch ihren idealen Garpunkt erreicht haben. Höhere Kerntemperaturen führen zum Austrocknen der Proteine.

Pochieren – *pocher*

Unter Pochieren versteht man das Garziehenlassen eines Fisches oder eines Fischstückes in rund 75 °C heißer Flüssigkeit.

Unterschieden werden zwei Arten des Pochierens:
a) Pochieren im Sud – *pocher au court-bouillon*
b) Pochieren in Wein – *pocher au vin*

347

a) Pochieren im Sud – *pocher au court-bouillon*

Art des Pochierens	Zutaten	Verwendung
Pochieren im gewöhnlichen Sud *Pocher au court-bouillon ordinaire*	Wasser, Essig, Weißwein, Salz, Matignon, Kräuter und Gewürze	Für ganze Fische, Stücke und Tranchen von **Süßwasserfischen**. **Blau pochieren:** Für die Blaufärbung ist die lebendfrische Schleimhaut verantwortlich, die sich unter Einwirkung des säurehaltigen Sudes blau verfärbt. Fische für blau dürfen deshalb nicht mit einem Tuch oder einem Küchenpapier angefaßt werden, da die Schleimhaut daran kleben bleiben würde. Blau pochieren kann man nur ganze Fische, die **unmittelbar** vor der Zubereitung getötet worden sind. Falls etwas Pochier-Matignon mit serviert wird, sollte es schön geschnitten werden.
Pochieren im weißen Sud *Pocher au court-bouillon blanc*	Wasser, Milch, Salz, Gewürze, Zitronenscheiben	Für ganze Fische, Stücke oder Tranchen von **Plattfischen**. Für die übrigen **Salzwasserfische** kann ebenfalls weißer Sud oder aber auch nur Salzwasser mit geschälten, in Scheiben geschnittenen Zitronen verwendet werden.

Prinzip des Ansetzens

- Große ganze Fische in **kaltem Sud** ansetzen und langsam erhitzen.
- Fischstücke sowie Fische für blau in **heißem Fischsud** ansetzen.
- Fische, die nach dem Pochieren **kalt** weiterverarbeitet werden, **im Sud** erkalten lassen.

Beilagen

Als Stärkebeilage eignen sich **Salzkartoffeln**. Werden die Fische als Hauptgericht gereicht, so passen feine Gemüse wie Blattspinat, junge Kefen, Fenchel, grüne Spargeln usw. sehr gut dazu. Separat sollte immer eine Zitronenhälfte oder ein Zitronenviertel gereicht werden.

Saucen

Butter: frische Butter, zerlassene Butter, Schalottenbutter usw.
Buttersaucen: holländische Sauce, Schaumsauce, Dijon-Sauce usw.
Fisch-Spezialsauce mit Basilikum, mit Lauch usw.

Pochieren im gewöhnlichen Sud – *pocher au court-bouillon ordinaire*

Zutaten für 10 Personen (Vorspeise)		
Lachstranchen (10 Stück)	1,3	kg
Wasser	3	l
Matignon für Fischfond	0,25	kg
Petersilienstengel	0,03	kg
Lorbeer	1	Stück
Pfefferkörner	0,01	kg
Thymian, frisch	0,005	kg
Weißwein	0,25	l
Weißweinessig	0,15	l
Salz	0,04	kg

Zubereitung kleiner Fische und Fischstücke

- Matignon sowie sämtliche Zutaten mit Ausnahme von Essig und Weißwein (Säure verhärtet Zellulose) 10 Minuten vorkochen.
- Essig und Weißwein dazugeben.
- Vorbereitete Fische bzw. Fischstücke dazugeben (Fische für blau vorher mit etwas Essig beträufeln, was die Blaufärbung verstärkt).
- Hitze auf etwa 75 °C reduzieren.
- Garen während etwa 5–8 Minuten, je nach Größe und Dicke

Zubereitung großer ganzer Fische

- Matignon und Gewürze auf dem Boden des Fischkessels verteilen.
- Vorbereiteten Fisch auf Locheinsatz geben und diesen auf das Gemüse setzen.
- Mit kaltem Wasser, Weißwein und Essig auffüllen, aufkochen.
- Hitze auf etwa 75 °C reduzieren.
- Pochieren lassen (Garzeit ca. 15 Minuten, je nach Dicke des Fisches).

Pochieren im weißen Sud – *pocher au court-bouillon blanc*

Zutaten für 10 Personen (Vorspeise)		
Steinbutttranchen (10 Stück)	1,5	kg
Wasser	3	l
Milch	0,3	l
Zitrone	½	Stück
Dill, frisch	0,005	kg
Lorbeerblatt	1	Stück
Pfefferkörner, zerdrückt	0,01	kg
Salz	0,04	kg

Zubereitung

- Zitrone abschälen und in Scheiben schneiden.
- Alle Zutaten – außer Steinbutt, Zitrone und Dill – miteinander aufkochen.
- Steinbutttranchen beifügen.
- Hitze auf etwa 75 °C reduzieren.
- Mit Zitronenscheiben und Dillzweigen belegen.
- Garzeit etwa 5 Minuten bei 75 °C.

Beispiele im Sud pochierter Fische

Gericht	Kurzbeschrieb
Forelle blau *Truite au bleu*	Forelle töten und für blau vorbereiten. Leicht mit Essig beträufeln. In den heißen Sud für blau gleiten lassen und einige Minuten pochieren. Salzkartoffeln, flüssige Butter und Zitrone separat.
Pochierter Kabeljau mit Sardellenbutter *Cabillaud poché au beurre d'anchois*	Kabeljauschnitte in weißem Sud oder in Salzwasser mit Zitronenscheibe pochieren. Salzkartoffeln, Sardellenbutter (Buttermischung) und Zitrone separat.
Lachs im Sud *Darne de saumon à la nage*	Das Lachsmittelstück in gewöhnlichem Sud kalt ansetzen und pochieren. Salzkartoffeln, passende Sauce und Zitrone separat.
Meerhechtschnitte holländische Art *Tranche de colin hollandaise*	Wie Kabeljauschnitte, jedoch mit separater holländischer Sauce.

b) Pochieren in Wein

Diese Grundzubereitungsart ist die am häufigsten angewandte Zubereitungsart für Fisch.
Besonders geeignet ist sie für Fischstücke wie Fischtranchen, Fischfilets und Fischschnitzel.

Bedeutende Unterschiede zum Pochieren im Sud

– Die Pochierflüssigkeit besteht aus einem kräftigen **Fischfumet** und einem **guten Wein.**
– Der Fisch wird in nur **sehr wenig** Flüssigkeit pochiert (verhindert ein Auslaugen des Fisches).
– Der Fisch wird immer mit einer **Sauce** serviert.

Der Pochierfond muß bei der Saucenherstellung immer mitverwendet werden. Auf diese Weise werden dem Fisch die beim Pochieren verlorengegangenen Geschmacksstoffe zurückgegeben.

Beilagen

Wegen der Sauce eignen sich Trockenreis, Dampfkartoffeln oder Teigwaren. Werden pochierte Fische als Hauptgericht gereicht, so passen in Butter geschwenkte feine grüne Gemüse wie Blattspinat, junge Kefen, grüne Spargeln usw. sehr gut dazu.

In Weißwein pochierte Fische werden oft zusätzlich mit Blätterteighalbmonden *(fleurons)* garniert.

Pochieren in Weißwein – *pocher au vin blanc*

Zutaten für 10 Personen (Vorspeise)		
Fischfilets	0,8	kg
Butter	0,03	kg
Schalotten	0,06	kg
Zitrone	½	Stück
Weißwein	0,3	l
Fischfumet	0,3	l
Salz, weißer Pfeffer aus der Mühle		
Mehlbutter (1:1)	0,05	kg
Rahm	0,2	l

Zubereitung

– Flaches Kochgeschirr (Sautoir) mit Butter ausstreichen.
– Mit feingehackten Schalotten ausstreuen.
– Filets würzen, nebeneinander einordnen.
– Mit Butterpinsel bestreichen (verhindert ein Zusammenkleben).
– Mit Zitronensaft beträufeln, Weißwein und Fumet dazugeben.
– Mit Folie abdecken.
– Bis knapp an den Siedepunkt erhitzen.
– Im Ofen (oder im Steamer) sorgfältig pochieren.
– Herausnehmen und zugedeckt in etwas Fond warm stellen.
– Pochierfond mit Mehlbutter binden und mindestens 15 Minuten zur gewünschten Dicke einkochen.
– Rahm dazugeben und nochmals etwas einkochen.
– Abschmecken, durch ein feines Sieb passieren.
– Eventuelle Einlagen dazugeben.
– Fisch gut abtropfen lassen und anrichten.
– Mit der Sauce nappieren.

Bemerkungen

– Die Einlagen für die Sauce müssen, mit Ausnahme der Kräuter, immer gegart sein.
– Für größere Mengen und Menüzubereitungen ist es in der Praxis üblich, den Pochierfond zu reduzieren und ihn einer separat zubereiteten Weißweinsauce beizufügen.

Beispiele in Weißwein pochierter Fische

Ableitung	Kurzbeschrieb
mit Krebsen, Champignons und Trüffeln *Joinville*	Mit Krebssauce nappieren. Ausgebrochene Krebsschwänze, Champignonviertel und Trüffelscheiben als Garnitur.
glasiert, mit Tomatenwürfeln *Dugléré*	Gedünstete Tomatenwürfel über den Fisch geben. Mit Weißweinsauce nappieren und glasieren.
mit Whiskysauce und Räucherlachs *écossaise*	Weißweinsauce mit Gemüse-Brunoise und Whisky. Nappieren. Mit Räucherlachsrosette, Lachsrogen und Dill garnieren.
mit Safranblüten *aux pistils de safran*	Fisch auf gedünstete Gemüse-Julienne setzen. Mit Safran-Weißweinsauce nappieren. Tomatenwürfel als Garnitur.
mit Wodkasauce und Kaviar *moscovite*	Weißweinsauce mit Wodka verfeinern. Kaviar dazugeben und Fisch sofort nappieren. Mit Dill garnieren.
Zuger Art *zougoise*	Weißweinsauce mit frischgehackten Kräutern (6 oder 7 Sorten) ergänzen und mit Butterflocken aufschwingen. Nappieren.

Thema 7 **Blatt 76**

Glasieren von Fischgerichten

Unter Glasieren eines Fischgerichtes versteht man das leichte Abflämmen der Sauce, indem man das fertige Gericht einige Sekunden den vollen Hitzestrahlen des Salamanders aussetzt. Neben einem optischen Effekt entstehen dabei auf der Saucenoberfläche noch zusätzliche Geschmacksstoffe.

Nach dem Glasieren sollte die Saucenoberfläche eine regelmäßige ockergelbe Farbe aufweisen. Auf keinen Fall dürfen sich auf der Saucenoberfläche dunkelbraune oder schwarze Flecken bilden.

Die Glasierfähigkeit der Weißweinsauce hängt weitgehend vom Protein- und vom Fettgehalt ab.

Durch die Zugabe von etwas **holländischer Sauce** und **Schlagrahm** oder nur Schlagrahm **unmittelbar** vor dem Nappieren wird diesem Umstand Rechnung getragen.

Pochieren in Rotwein – *pocher au vin rouge*

Das Pochieren in Rotwein ist eine weniger verbreitete Zubereitungsart, weil die Feinheiten des Fischaromas neben dem ausgeprägten Geschmack des Rotweins nur noch schwer zur Geltung kommen. Zudem verfärbt sich das weiße Fischfleisch beim Pochieren in Rotwein gräulich.

Zutaten für 10 Personen (Vorspeise)

Fischfilets	0,8	kg
Butter	0,03	kg
Schalotten	0,06	kg
Rotwein	0,4	l
Rotwein-Fischfumet	0,4	l
Salz, Pfeffer aus der Mühle		
Mehlbutter (1:1)	0,05	kg
Butterflocken	0,05	kg
Zitrone	½	Stück

Zubereitung

- Fischfilets pochieren, wie unter Pochieren in Weißwein angegeben, jedoch statt mit Weißwein und Fischfumet mit Rotweinreduktion und mit Rotwein-Fischfumet auffüllen.
- Herausnehmen und zugedeckt warm stellen.

Beispiele in Rotwein pochierter Fische

Gericht	Kurzbeschrieb
Steinbuttfilets mit Rotweinsauce und Sesam *Filet de turbotin au vin rouge et au sésame*	Sesamkörner unter dem Salamander rösten und den nappierten Fisch damit bestreuen.
Seeteufelfilets Matrosenart *Matelote de baudroie*	Glasierte Perlzwiebeln und sautierte Krebsschwänze über die Fischfilets geben und mit Rotweinsauce nappieren.

- Pochierfond reduzieren, mit Mehlbutter binden und zur gewünschten Dicke einkochen.
- Durch ein feines Sieb passieren, abschmecken.
- Butterflocken unterschwenken.
- Mit Zitronensaft abschmecken.
- Eventuelle Einlagen (Kräuter usw.) dazugeben.
- Fisch gut abtropfen lassen und anrichten.
- Mit der Sauce nappieren.

Bemerkungen

Um dem Fischfleisch die schöne Farbe zu erhalten, kann der Fisch auch wie für das Pochieren in Weißwein pochiert werden. Der Rotwein wird dem Pochierfond erst nach dem Herausnehmen des Fisches als Rotweinreduktion beigegeben.

Um eine Rotwein-Fischsauce zu verfeinern, kann man sie zusätzlich noch mit etwas Doppelrahm aufmontieren.

Schmoren – *braiser*

Geschmort werden vorwiegend große Fische und Fischstücke wie mittelgroße Steinbutte, Steinbuttrücken, Lachsmittelstücke *(darnes)* usw.

Das Schmoren von Fischen ist ein Mittelding zwischen dem Schmoren von Gemüse und dem Schmoren von Schlachtfleisch. Mit dem Schmoren von Gemüse hat es gemeinsam, daß nicht vorgängig angebraten wird, mit demjenigen des Fleisches, daß das Stück mit dem Eindünsten des Fonds gleichmäßig gar wird und während des Garens des öfteren übergossen (glasiert) werden muß.

Der Fond wird nach dem Herausnehmen des Fisches passiert, eingekocht und einer fertigen Weißweinsauce oder einer Fisch-Rotweinsauce beigegeben. Es können auch beide Saucenarten gleichzeitig gereicht werden.

Präsentation und Service

Der Aufwand für diese Zubereitungsart lohnt sich grundsätzlich nur, wenn das zubereitete Stück auf einer entsprechenden Platte den Gästen präsentiert und vor deren Augen fachgerecht tranchiert werden kann.

Beilagen

Salzkartoffeln, Trocken- oder Pilawreis, gedünstete Fenchel-Julienne, gedünstete Gemüse-Julienne, feine grüne Gemüse in Butter.

Zutaten für 10 Personen (Vorspeise)

Steinbutt, ganz	4	kg
Butter	0,08	kg
Matignon für Fischfond	0,3	kg
Dill, frisch	0,01	kg
Estragon, frisch	0,01	kg
Lorbeerblatt, klein	1	Stück
Weißwein	0,5	l
Fischfumet	1,5	l
Salz, Pfeffer aus der Mühle		
Weißweinsauce	0,5	l
Zitrone (abschmecken)	½	Stück

Zubereitung

- Steinbutt für Zubereitung am Stück vorbereiten.
- Steinbuttkesseleinsatz mit Butter bestreichen, Fisch würzen und mit der weißen Seite nach oben darauflegen.
- In Sautoir das Matignon (Zwiebeln, Lauch, Sellerie, Fenchel) in Butter andünsten und auf dem Boden des Steinbuttkessels verteilen.
- Die Kräuter darüber verteilen.
- Steinbuttkesseleinsatz auf das Gemüse legen.
- Mit Weißwein und Fumet bis ¼ der Dicke des Fisches auffüllen.
- Aufkochen, zudecken (nicht hermetisch, da ein Teil des Fonds verdampfen soll).
- Im Ofen bei schwacher Hitze unter öfterem Arrosieren schmoren.
- Fisch herausheben, zudecken und warmstellen.

(Fortsetzung Seite 351)

- Den Fond passieren, zu Glace reduzieren* und der fertigen Weißwein- oder Rotwein-Fischsauce oder einer ihrer Ableitungen beigeben.
- Den Steinbutt auf eine schöne Platte anrichten und mit dem Butterpinsel überglänzen.
- Sauce und Beilagen separat.

Bemerkung

Muß der Fisch aus servicetechnischen Gründen in der Küche enthäutet werden, so empfiehlt es sich, die enthäuteten Stellen mit etwas Sauce zu überziehen.

Beispiele von braisierten Fischen

Gericht	Kurzbeschrieb
Geschmorter Wolfsbarsch mit Noilly Prat *Loup de mer braisé au Noilly Prat*	Fisch mit Noilly Prat schmoren. Enthäuten. Reduzierten Fond mit Doppelrahm ergänzen und mit holländischer Sauce verfeinern. Nappieren. Mit gedünsteter Gemüse-Julienne und mit Trüffel-Julienne bestreuen.
Steinbutt mit Champagnersauce *Turbotin au champagne*	Steinbutt in Champagner schmoren. Enthäuten. Aus dem Schmorfond unter Beigabe von Doppelrahm eine Sauce herstellen. Den Fisch leicht nappieren. Rest der Sauce separat.

* Wird der Weißwein durch einen feinen Wein wie zum Beispiel Champagner usw. ersetzt, kann der Pochierfond nach dem Reduzieren mit kalter Butter auch direkt zu einer Sauce aufgeschwungen werden.

Garen im Dampf – *cuire à la vapeur*

Beim Garen von Fisch im Dampf handelt es sich immer um ein Dämpfen **ohne** Dampfdruck. Dampfdruck würde eine höhere Gartemperatur bewirken, die zum Austrocknen und zum Verhärten der Proteine führt.
Alle Fischarten, die durch Pochieren gegart werden können, eignen sich auch für das Dämpfen, wobei Fischstücke wie Tranchen, Filets oder Schnitzel besser geeignet sind als ganze Fische. Im Gegensatz zum Pochieren kommt der Fisch beim Dämpfen nie unmittelbar mit der Flüssigkeit in Berührung, was einerseits den Vorteil hat, daß der Fisch weniger ausgelaugt wird und sein Nährwert sowie sein Geschmack geschont werden, andererseits den Nachteil, daß kein charakteristischer Fond für die Saucenzubereitung anfällt.

Kochgeschirrvarianten und Dampfmedium

Beispiele von Dämpfern	Medium für die Dampfherstellung
– Steamer und Kombisteamer	Wegen der automatischen Dampfeinspritzung nur Wasser möglich
– Flache Kasserollen mit Siebeinsatz und Deckel – Couscous-Töpfe – Spezielle, im Handel erhältliche Dämpfer	Fischfond Je nach Gutdünken mit Wein, frischen Kräutern, Gewürzen usw. ergänzen.

Für die Zugabe von Wein, Kräutern und Gewürzen zum dampferzeugenden Medium spricht, daß die ätherischen Öle mit nach oben steigen und dabei den Geschmack des Fisches positiv beeinflussen.
Wichtig ist, daß immer direkt der Fisch und nicht das dampferzeugende Medium gesalzen wird, da sich das Salz im Dampf nicht lösen kann.

Dämpfen im Steamer

Wird der Fisch im Steamer gedämpft, fallen die Flüssigkeiten und die Kräuter weg, da der Dampf automatisch mit Wasser erzeugt wird. Die Einstellung muß auf «drucklos» und die automatische Steuerung auf 70 °C bis 75 °C eingestellt sein. Wird der Fisch unter Beigabe von Fumet und Weißwein in einem Geschirr im Steamer gegart, so handelt es sich nicht um ein Garen im Dampf, sondern um die Grundzubereitungsart Pochieren in Wein.

Saucen und Beilagen

Da beim Garen im Dampf kein eigentlicher Pochierfond zur Saucenherstellung anfällt, werden vor allem mit **Fischglace** verstärkte Saucen verwendet, wie zum Beispiel
- Fisch-Spezialsaucen
- Tomaten- oder Peperoni-Coulis
- Weißwein- oder Rotwein-Fischsaucen

Es eignen sich die gleichen Beilagen, wie sie beim Pochieren in Wein aufgeführt sind.

Zutaten für 10 Personen (Vorspeise)	
Fischfilets	0,8 kg
Fischfumet*	1,5 l
Weißwein	0,5 l
Kräuter	0,01 kg
Butter	0,08 kg
Salz, Pfeffer aus der Mühle	
Fertige Fischsauce	0,4 l

Zubereitung

- Fischfumet, Wein und Kräuter in eine entsprechende Dampfvorrichtung geben und aufkochen.
- Fischfilets salzen, pfeffern.
- Siebeinsatz mit Butter bestreichen (damit der Fisch nicht klebt) und Filets nebeneinander einordnen.
- Mit Butter leicht bepinseln.
- Den Siebeinsatz über die Flüssigkeit hängen und mit Deckel abdecken.
- Die Flüssigkeit knapp am Siedepunkt halten und die Filets im Dampf auf den Punkt garen.
- Auf Saucenspiegel oder mit Sauce nappiert servieren.

* Die Flüssigkeitsmenge richtet sich nach der Größe des Kochgeschirrs. Der Fumet kann für die Herstellung von Fischsaucen weiterverwendet werden.

Thema 7 Blatt 78

Sautieren – *sauter*

Unter Sautieren versteht man das Kurzbraten eines Produktes in Fettstoff. Sautiert wird immer vollständig auf dem Herd.

Zum Sautieren eignen sich
- kleine ganze Rund- oder Plattfische
- Filets, Schnitzel und Tranchen aller Fische

Sautiert wird in Lyoner Pfannen, CNS-Bratpfannen oder in Bratpfannen mit nichthaftender Beschichtung.

In der Praxis umfaßt das Sautieren der ganzen Fische und von dicken Fischstücken drei Phasen:

Phase 1: Die Fische, Filets oder Tranchen säubern, dann mit Pfeffer und Zitronensaft marinieren und im letzten Moment salzen. Mit Mehl bestäuben, Mehl leicht abklopfen.

Phase 2: Mit einem hitzebeständigen Fettstoff anbraten und unter Arrosieren zu vier Fünfteln durchbraten. (Die dabei austretenden Proteine gerinnen in der Hitze und bilden die Bratkruste. Dies wiederum verhindert ein weiteres Entweichen des Saftes. Gleichzeitig entstehen auch Geschmacks- und Farbstoffe.)

Phase 3: Die vorgebratenen Fische in frischer Butter fertig braten und anrichten. (Dünne Fischstücke bei Abruf direkt in hitzebeständigem Fettstoff braten und anrichten.) Je nach Ableitung garnieren und mit schäumender Butter übergießen. Den Fisch sofort servieren, damit die Butter am Gästetisch noch leicht schäumt.

Werden die sautierten Fischfilets ohne Zugabe von schäumender Butter serviert, lautet die Bezeichnung: **goldgelb gebraten – *sauté doré.***

Beilagen

Als Beilagen eignen sich vor allem **Salzkartoffeln** oder in Butter und Kräutern (Dill, Schnittlauch, Petersilie) geschwenkte Dampfkartoffeln.
Wird das Gericht als Hauptgericht serviert, so passen feine Gemüse wie Blattspinat, junge Kefen, grüne Spargeln usw. sehr gut dazu.
Separat sollte immer Zitrone gereicht werden.

Die drei Arten des Sautierens

Bezeichnung	Vorbereitung	Fertigstellung
Müllerinart *Meunière* (ganze Fische, Tranchen, Filets)	Ganze Fische ziselieren, mit Zitronensaft und Pfeffer marinieren. Salzen, in Mehl wenden und überflüssiges Mehl gut abklopfen.	Sautieren, anrichten. Mit *jus meunière* (Mischung von Worcestershire-Sauce, Kalbsjus und Zitronensaft) beträufeln, mit Petersilie bestreuen und mit schäumender Butter übergießen. Garnitur je nach Ableitung.
Im Ei sautieren *Sauter à l'œuf* (Filets, Schnitzel)	Wie für Müllerinart. Zusätzlich durch aufgeschlagenes Ei ziehen und leicht abstreifen.	Nicht zu heiß sautieren, anrichten. Je nach Ableitung garnieren und mit schäumender Butter übergießen.
Paniert sautieren *Sauter pané* (Filets, Schnitzel)	Wie für im Ei sautiert. Zusätzlich in frischem *mie de pain* drehen, leicht andrücken.	In nicht zu heißer geklärter Butter sautieren. Je nach Ableitung garnieren. Mit schäumender Butter übergießen.

Grundsätze für das Sautieren von Fischen

Ganze Fische ziselieren

Das Ziselieren von ganzen Fischen hat den Vorteil, daß Marinade und heiße Butter besser eindringen können. Das Ergebnis ist ein aromatischer Fisch und gleichzeitig eine kürzere Garzeit.

Zuerst die schönere Seite anbraten

Beim Einlegen der Fische und der Fischstücke in den heißen Fettstoff muß berücksichtigt werden, daß, bedingt durch den Proteinaustritt, diejenige Seite schöner gebraten wird, die zuerst gebraten wird.

Das Panieren ohne Ei

Bei dieser sehr heiklen Methode wird der Fisch nach dem Mehlen statt durch das Ei durch geklärte Butter gezogen (die beim Sautieren austretenden Proteine übernehmen dabei die Rolle des «Klebstoffes»).

Müllerinart – *meunière*

Zutaten für 10 Personen (Vorspeise)		
Kleine Seezungen (10 Stück)	2,2	kg
Zitrone	1	Stück
Pfeffer aus der Mühle, Salz		
Mehl	0,05	kg
Erdnußöl	0,1	l
Petersilie	0,04	kg
Jus meunière	0,015	l
Butter	0,1	kg
Zitronen (separat)	2½	Stück

Zubereitung

- Seezungen für Zubereitung am Stück vorbereiten.
- Mit Pfeffer und etwas Zitronensaft marinieren.
- Salzen, mehlen, leicht abklopfen.
- In Öl goldgelb braten.
- Auf vorgewärmtes Geschirr anrichten.
- Mit *jus meunière* beträufeln.
- Mit gehackter Petersilie bestreuen.
- Mit schaumigheißer Butter übergießen.

Thema 7 **Blatt 79**

Im Ei sautieren – *sauter à l'œuf*

Zutaten für 10 Personen (Vorspeise)

Fischfilets	1	kg
Zitrone	1	Stück
Pfeffer aus der Mühle, Salz		
Mehl	0,05	kg
Eier	2	Stück
Erdnußöl	0,1	l
Butter	0,06	kg
Zitronen (separat)	2½	Stück

Zubereitung

- Mit Pfeffer und etwas Zitronensaft marinieren.
- Salzen, mehlen, leicht abklopfen.
- Durch die aufgeschlagenen Eier ziehen, leicht abstreifen.
- In nicht zu heißem Öl oder geklärter Butter goldgelb braten.
- Auf vorgewärmtes Geschirr anrichten.
- Mit schaumigheißer Butter übergießen.

Paniert sautieren – *sauter pané*

Zutaten für 10 Personen (Vorspeise)

Fischfilets	1	kg
Zitrone	1	Stück
Pfeffer aus der Mühle, Salz		
Mehl	0,05	kg
Eier	2	Stück
Mie de pain	0,2	kg
Geklärte Butter	0,15	kg
Butter	0,06	kg
Zitronen (separat)	2½	Stück

Ableitungen von sautierten Fischen

Bezeichnung	Art	Kurzbeschrieb
mit Kapern und Zitrone *grenobloise*	– Müllerinart	Kleine Würfel von Zitronenfilets, Kapern und gehackte Petersilie in die Bratbutter geben, diese über den Fisch geben.
mit Tomaten und Kapern *lucernoise*	– Müllerinart	Tomaten-Concassé mit feingeschnittenen gedünsteten Zwiebeln, Kapern und Kräutern ergänzen und über den Fisch geben.
mit Artischocken und Kartoffeln *Murat*	– Müllerinart	Mit sautierten Artischockenbödenvierteln, kleintournierten gebratenen Kartoffeln, *jus meunière*, gehackter Petersilie und schäumender Butter.

Zubereitung

Wie im Ei sautiert, jedoch zusätzlich:
- In *mie de pain* wenden, leicht andrücken.
- Statt in Öl in geklärter Butter braten.

Fritieren – *frire*

Fritierte Produkte zeichnen sich durch eine hohe Geschmacksintensität aus, die sich aus dem teilweisen Verdampfen des Wasseranteils bei den hohen Fritiertemperaturen ergibt.
Die Temperatur beim Ausbacken sollte immer rund 180 °C betragen, was ein knuspriges Endprodukt garantiert.
Zum Fritieren eignen sich alle **eher fettarmen** Fische:
- kleine ganze Rund- oder Plattfische
- Tranchen, Filets oder Streifen

Fischprodukte sollten aus geschmacklichen Gründen in einer speziell reservierten Friteuse fritiert werden.
Für grätenreiche Fische, wie zum Beispiel Hecht und die karpfenartigen Fische, ist das Fritieren eine geeignete Zubereitungsart, da bei den hohen Fritiertemperaturen ein Teil der feinen Gräten knusprig und dadurch eßbar wird.

Die verschiedenen Arten des Fritierens

Bezeichnung	Geeignet für	Zubereitung (stichwortartig)
Im Mehl fritiert *Frit nature*	Ganze Fische, Tranchen, Filets, Streifen	Marinieren, salzen, mehlen, abklopfen, fritieren.
Paniert fritiert *Frit pané*	Filets, Streifen, Seezunge Colbert	Marinieren, salzen, mehlen, abklopfen, durch aufgeschlagenes Ei ziehen, in frischem *mie de pain* drehen, andrücken, fritieren.
Im Backteig fritiert *Frit à la pâte à frire*	Filets, Streifen	Marinieren, mehlen, abklopfen, im Backteig wenden, fritieren.

Die Fische können einige Stunden im voraus mariniert, dürfen aber erst im letzten Moment gesalzen werden.

Anwendung im Menü

Für die Anwendung im Menü, wo innerhalb kurzer Zeit größere Mengen Fisch fritiert werden müssen, lohnt es sich, den Fisch bei etwa 140 °C hell vorzufritieren. Auf Abruf können die Fischstücke dann bei rund 180 °C fertig fritiert werden.

Anrichteart

Nach dem Ausbacken auf einer saugfähigen Unterlage entfetten und auf einer vorgewärmten Unterlage auf Papierserviette anrichten. Nach Belieben mit Petersilie garnieren.
Wie bei allen fritierten Produkten ist es wichtig, daß sie nie zugedeckt (Dampfbildung) und sofort serviert werden.
Separat Zitronengarnitur.

Thema 7 **Blatt 80**

Beilagen

Stärkebeilagen sind nicht zwingend. Sind aber solche gewünscht, so eignen sich besonders **Salzkartoffeln.**

Saucen

Mayonnaise, Remouladen-, Tataren-, Tomatenwürfel- oder Tomatensauce. Zu gebackenem Fisch Orly wird nach der klassischen Küche ein Tomaten-Coulis serviert.

Im Mehl fritiert

Zutaten für 10 Personen (Vorspeise)		
Fischfilets	1	kg
Zitrone	1	Stück
Pfeffer aus der Mühle, Salz		
Mehl	0,05	kg
Ölverlust (ca. 10%)	0,1	kg
Zitronen (separat)	2½	Stück

Zubereitung

– Mit Zitrone und Pfeffer marinieren.
– Salzen, mehlen, überflüssiges Mehl abklopfen.
– Bei 170°C bis 180°C (je nach Dicke) knusprig fritieren.
– Auf Küchenpapier entfetten, leicht nachsalzen.
– Auf vorgewärmte Platte auf Papierserviette anrichten und mit Petersilie garnieren.
– Zitronenviertel, Beilagen und Sauce separat.

Grillieren – *griller*

Unter Grillieren versteht man das Garen auf einem in der Regel durch elektrische Energie, Gas oder Holzkohle erhitzten Rost.
(Weitere allgemeine Hinweise zum Grillieren im Abschnitt 7.4.7, Grillieren.)
Korrekt grillierte Fische sind saftig gegart und zeichnen sich durch eine hellbraune, gut sichtbare rhombusartige (schräge Vierecke) Grillzeichnung aus.

Zum Grillieren eignen sich ganz frische, festfleischige Fische in Form von
– kleinen ganzen Rund- oder Plattfischen
– Tranchen oder Filets

Wie beim Sautieren sollten auch beim Grillieren ganze Fische vor dem Marinieren ziseliert werden.

Ernährungsphysiologische Betrachtungen

Grillierte Fische sind auch in der Diätetik von Bedeutung, denn:
– Durch Grillieren lassen sich Fische besonders fettarm zubereiten.
– Inhaltsstoffe werden durch die kurzen Garzeiten geschont.
– Die intensive Geschmacksentwicklung durch die hohen Temperaturen läßt grillierten Fisch sogar salzlos gut schmecken.

Anrichten

Grillierter Fisch wird grundsätzlich trocken angerichtet. Aus optischen Gründen kann mit etwas geklärter Butter (Pinsel) überglänzt werden.

Beilagen und Saucen

Als Stärkebeilage eignen sich vor allem **Salzkartoffeln,** als **Saucen** Bearner Sauce, Remouladensauce, Buttermischungen, Tomaten-Coulis, Fisch-Spezialsaucen usw.

Zutaten für 10 Personen (Vorspeise)		
Lachstranchen (10 Stück)	1,3	kg
Zitrone	1	Stück
Pfeffer aus der Mühle, Salz		
Erdnußöl	0,1	kg
Zitronen (separat)	2½	Stück
Brunnenkresse	0,1	kg

Zubereitung

– Fisch mit Pfeffer und Zitronensaft einige Minuten marinieren lassen.
– Salzen und gut im Öl drehen.
– Schräg auf die absolut sauberen und heißen Grillstäbe (schöne Seite nach unten) legen.
– Nach einem Drittel der Garzeit kreuzartig verschieben, damit die Grillzeichnung entsteht.
– Nach einem weiteren Drittel drehen und fertig grillieren.
– Auf vorgewärmtes Geschirr anrichten.
– Mit geklärter Butter (Pinsel) überglänzen.
– Mit Brunnenkresse garnieren.
– Zitronenviertel, Saucen und Beilagen separat.

Bemerkungen

Fische mit weißem oder trockenem Fleisch können vor dem Wenden im Öl noch leicht gemehlt werden. Dies hat den Vorteil, daß durch die dünne Mehlschicht eine leichte Kruste entsteht, die das Auslaufen von Saft weitgehend verhindert und gleichzeitig dem Grillmuster eine schöne goldgelbe Farbe verleiht.

Gerichtebeispiele

Grillierte Lachsschnitzel mit weißer Buttersauce und grünen Spargeln
Escalopes de saumon grillées au beurre blanc et aux asperges vertes

Grillierte Seezungenfilets auf frischen Nudeln
Filets de sole grillés aux nouillettes fraîches

Grillierte Seeteufelschnitte auf Lauchbett
Tranche de baudroie grillée sur lit de poireaux

Backen im Ofen – *cuire au four*

Diese Grundzubereitungsart wird für diejenigen Fische verwendet, die mit einer **eßbaren Teighülle** umgeben sind und beim Backen der Hülle gleichzeitig gegart werden.
Da das Backen der Teigkruste eine gewisse Zeit erfordert, kommt diese Grundzubereitungsart in erster Linie für **ganze, größere Fische** in Frage (ohne Kopf, geschuppt evtl. enthäutet, entgrätet und gefüllt).
Servicetechnisch ist es jedoch besser, **größere enthäutete Filets** sackartig aufzuschneiden und mit einer Farce zu füllen oder die Farce wie bei einem Sandwich zwischen zwei große Filets zu streichen und die Filets dann erst in den entsprechenden Teig zu schlagen.

Geschützt vor der starken Ofenhitze, die an der Teigoberfläche eine Vielzahl von Aromastoffen entstehen läßt, gart der Fisch in der Teigmitte langsam und auf eine sehr schonende Weise.
Austretender Saft wird vom Teig aufgenommen und trifft mit den nach innen drängenden Aromastoffen zu einer geschmacklichen Einheit zusammen.

Vorbereitungs-, Schnitt- und Bindearten Salzwasserfische

Der Seezunge die Haut am Schwanz lösen und nach vorne wegziehen.

Den Flossensaum vom Steinbutt wegschneiden.

Die Filets vom Mittelgrat her auslösen.

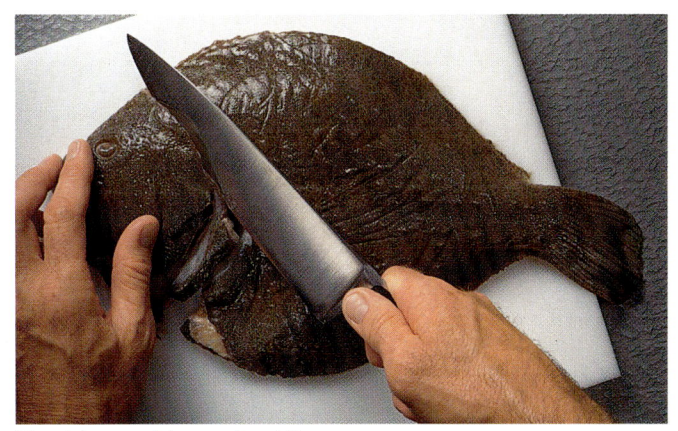

Das Messer hinter den Kiemen ansetzen und den Kopf wegschneiden.

Ausgelöste Seezungenfilets parieren.

Beim Rückgrat halbieren.

Formen und Schnittarten von Seezungenfilets:
Ganz – *entier*, in Streifen geschnitten – *coupé en goujons*, Krawattenform – *plié en cravate*, Foulard-Form – *plié en foulard*, gefaltet – *plié*, gerollt – *enroulé en paupiette*

Gegen den Schwanz hin breiter werdende Tranchen schneiden.

355

Vorbereitungs-, Schnitt- und Bindearten Süßwasserfische

Lachstranchen – *tranches de saumon*.

Lachsmittelstück – *darne de saumon*.

Schwanzstück – *tronçon de saumon*.

Lachskoteletts und -schnitzel –
côtelettes et escalopes de saumon.

Die Felchen schuppen, Flossen wegschneiden: ausnehmen und reinigen.

In gleichmäßigen Abständen einschneiden (ziselieren).

Beim Egli hinter den Kiemen einschneiden und filetieren.

Die Filets vom Schwanz her häuten.

Geeignete Teige

Blätterteig ist aus verarbeitungstechnischen und geschmacklichen Gründen besonders geeignet.

Hefeteig paßt geschmacklich hervorragend, ist aber schwieriger zu verarbeiten.

Präsentation und Service

Das zubereitete Stück sollte auf einer entsprechenden Platte auf Papierservietten den Gästen präsentiert und vor ihren Augen fachgerecht tranchiert werden.

Beilagen

Zu im Teig gebackenen Fischen sind keine weiteren Beilagen mehr nötig. Wenn Fisch im Teig als Hauptgericht zubereitet wird, dann passen zarte Gemüse ausgezeichnet dazu.

Saucen

– Weißweinsauce und ihre Ableitungen
– Fisch-Spezialsaucen

Spezielle Zubereitungsarten

Spezielle Zubereitungen im Ofen

Das Garen in Hüllen wie Salz, Alufolie, Bratfolie, Pergamentpapier usw. kann nicht zur Grundzubereitungsart des Backens im Ofen gezählt werden, da die aromabildenden Backvorgänge des Backens fehlen.
Diese Zubereitungsarten sollen, neben einem optischen Effekt, durch das Zurückhalten der flüchtigen Aromastoffe dem Fisch den höchstmöglichen Eigengeschmack erhalten.

Unterschieden werden grundsätzlich zwei Arten:
a) **Garen in der Salzkruste:** für größere ganze Fische **mit Haut**
b) **Garen in der Folie** (Alufolie, Bratfolie, Pergamentpapier usw.): für kleine ganze Fische sowie für Tranchen, Filets und Schnitzel
Fisch in der Folie sollte immer nur als **Einzelportion** zubereitet werden.

Präsentation und Service

Das zubereitete Stück in der Hülle auf Papierserviette (Salzkruste) oder in einer heißen Gratinplatte (Folien) den Gästen präsentieren. Vor dem Gast öffnen und falls nötig tranchieren. Auf Teller anrichten.

Im Blätterteig gebacken – *cuire en feuilletage*

Zutaten für 10 Personen (Vorspeise)		
Fischfilets (2 Stück)	0,6	Stück
Zitrone	½	Stück
Pfeffer aus der Mühle, Salz		
Fischfarce	0,5	kg
Blätterteig	0,6	kg
Mehl	0,03	kg
Eigelb	2	Stück

Zubereitung

– Fischfilets (ohne Haut) mit Pfeffer und Zitronensaft marinieren.
– Salzen.
– Fischfarce (evtl. mit Einlage) auf die Innenseite des einen Filets dressieren.
– Das zweite Filet mit der Innenseite voran darauflegen. Kühl stellen.
– Die eine Hälfte des Blätterteigs auf bemehlter Unterlage 3 mm dick und 4 cm größer als der Fisch auswallen.
– Fisch darauflegen und Ränder des Teigs mit Ei bestreichen.

Beilagen

Die Beilagen richten sich beim Garen in der Folie nach den weiteren Zutaten, mit denen der Fisch in der Folie kombiniert wird.
Beim Garen in der Salzkruste paßt zartes Gemüse sehr gut dazu.

Saucen

Weißweinsauce und ihre Ableitungen, Fisch-Spezialsaucen.

a) Garen in der Salzkruste – *cuire en croûte de sel*

Zutaten für 10 Personen (Vorspeise)		
Lachsforelle	1,8	kg
Zitrone	1	Stück
Salz, Pfeffer aus der Mühle		
Kerbel	0,02	kg
Dill	0,03	kg
Petersilie	0,02	kg
Kochsalz	1	kg
Meersalz, grob	1	kg
Eiweiß	2	Stück
Wasser, ca.	0,05	l

– Mit der anderen Hälfte des Blätterteigs den Fisch zudecken und gut verschließen.
– Mit Eigelb (mit etwas Wasser verdünnt) bestreichen und mit Blätterteigdekor garnieren.
– 30 Minuten an der Kühle ruhen lassen. Mit einer Gabel die Oberseite 2- bis 3mal einstechen.
– Im Ofen bei 200 °C rund 25 Minuten backen.

Im Hefeteig gebacken – *cuire en brioche*

Gleiche Mengen und Zutaten wie bei «Im Blätterteig gebacken», jedoch statt Blätterteig Hefeteig.

Zubereitung

– Fisch in den Hefeteig einschlagen.
– Mit Eigelb (mit etwas Wasser verdünnt) bestreichen und mit Teigresten garnieren.
– Mit der Küchenschere vorsichtig Schuppenmuster in den Teig einschneiden.
– Etwa 30 Minuten kühl stellen.
– Im Ofen bei etwa 240 °C rund 25 Minuten backen.

Zubereitung

– Fisch für Zubereitung am Stück vorbereiten, innen salzen.
– Mit den gehackten Kräutern einreiben.
– Eiweiß, Salz und Wasser 1–2 Minuten verrühren.
– Fisch 1–1,5 cm dick in die Salzmasse einpacken.
– Im Ofen bei 200 °C 20–25 Minuten backen.

b) Garen in der Papierhülle – *cuire en papillote*

Zutaten für 10 Personen (Vorspeise)		
Lachsschnitzel	0,8	kg
Zitrone, Pfeffer, Salz		
Blattspinat, abgeschmeckt	0,3	kg
Champignon-Duxelles	0,3	kg
Schnittlauch	0,05	kg
Geklärte Butter	0,15	kg

Zubereitung

– Lachsschnitzel marinieren, salzen.
– In etwas geklärter Butter kurz ansautieren.
– Pergamentpapier (rund, ca. 30 cm Durchmesser) einmal falten.

Thema 7 **Blatt 82**

- Zentrum des unteren Teils mit geklärter Butter bepinseln.
- Blattspinat, Lachs, Duxelles, Schnittlauch lagenförmig übereinander anrichten.
- Andere Hälfte darüberklappen und Ränder sehr gut überfalzen (luftdicht).
- Oberfläche mit geklärter Butter bepinseln.
- Im heißen Ofen, in Gratinplatte, einige Minuten fertiggaren. (Papierhülle bläht sich durch die Dampfentwicklung auf.)
- Sofort servieren und vor dem Gast öffnen.

Garen unter dem Salamander – *cuire sous la salamandre*

Diese Zubereitungsart hat den Vorteil, daß der Fisch direkt auf dem Teller, auf dem er serviert wird, gegart werden kann.
Bei dieser Garmethode werden die dünn ausgelegten und gewürzten Fischscheiben direkt oder auf einer dünnen Saucenschicht (falls glasiert wird) den Hitzestrahlen des Salamanders ausgesetzt und dabei gegart.
Das Garen muß wegen der Austrocknungsgefahr unter **ständiger Aufsicht** geschehen. Der Fisch darf niemals Farbe annehmen und muß auf den Punkt (nicht ganz durch) gegart werden. Diese Zubereitungsart kann grundsätzlich für **jeden Fisch** angewandt werden. Wichtig ist jedoch, daß immer nur **Einzelportionen** angerichtet werden (10 Personen = 10 Teller).

Saucen

Separat hergestellte, mit Fischglace verstärkte Ableitungen der Weißweinsaucen oder der Fisch-Spezialsaucen.

Vorbereitung	Wenn nicht glasiert wird	Wenn glasiert wird
– Teller sparsam mit flüssiger Butter bepinseln – Leicht salzen und pfeffern (mit Pfeffer aus der Mühle) – Fisch filetieren, enthäuten und entgräten – In 2–3 mm dicke Scheiben schneiden – Teller damit auslegen	**Mageren Fisch** mit geklärter Butter leicht bepinseln (schützt vor Austrocknung) **Fetten Fisch** mit etwas Fumet beträufeln – Unter dem Salamander garen – Mit einer feinen Schicht Sauce überziehen; mit Kräutern bestreuen – Sofort servieren In der Regel ohne Stärkebeilagen	Etwas geschlagenen Rahm unter die fertige Sauce ziehen – Sauce über die rohen ausgelegten Fischscheiben verteilen – Unter dem Salamander glasieren – Sofort servieren In der Regel ohne Stärkebeilagen

Garen im Vakuum – *cuire sous vide*

Diese Zubereitung ist **keine neue Grundzubereitungsart,** sondern eine Produktionsmethode, an deren Ende das Regenerieren steht.

Das Garen im Vakuum hat nur dort einen Sinn, wo weitgehend nach dem Regeneriersystem gearbeitet wird und die Küche entsprechend eingerichtet ist.

(Mehr dazu siehe Abschnitt 7.4.4, Dämpfen.)

Verfahren für Fische

Herkömmliche Zubereitungsart	Vakuumverfahren					
	1.	2.	3.	4.	5.	6.
Pochieren im Sud Pochieren in Wein Dämpfen Garen in der Folie	Fisch oder Fischstück wie üblich vorbereiten. **Roh,** zusammen mit den notwendigen Zutaten (nur wenig Flüssigkeit), in speziellen Vakuumsack geben und vakuumieren.	Im Steamer bei rund 75 °C garen (ca. 20% länger als normal)	Sofort in Eiswasser auf ca. 1 °C abkühlen	Beschriften, datieren, im Kühlraum lagern	Im Beutel, im Steamer oder im Wasserbad regenerieren	Anrichten und mit passender Sauce und Beilagen servieren
Sautieren Grillieren	Marinieren, würzen. Auf dem Grill zeichnen bzw. kurz ansautieren, erkalten lassen und vakuumieren.					

358

Fisch-Spezialsaucen

Bei gewissen Fischzubereitungen wie Dämpfen, Garen in der Papierhülle, Garen unter dem Salamander, Garen in der Salzkruste oder Garen im Vakuum fällt kein oder zuwenig Garfond für die Saucenherstellung an. Deshalb wurden spezielle Fischsaucen entwickelt, die nicht auf Fisch-Velouté, sondern auf **Fischglace** basieren.

Im Gegensatz zur herkömmlichen Weißweinsauce wird die Fisch-Spezialsauce nicht über das Kohlenhydrat (Roux), sondern in der Regel durch das Protein (in der Fischglace und im Eigelb) und das Fett (im Doppelrahm und in der Butter) gebunden.

Diese in bezug auf Feinheit und Geschmack nicht zu überbietende Saucenherstellungsart hat jedoch den Nachteil, daß die Saucen hitzeempfindlich, teuer, energiereich und nur à *la minute* zubereitbar sind.

Fischglace – *glace de poisson*

Zutaten für 1 l		
Seezungengräte	5	kg
Butter	0,08	kg
Schalotten	0,5	kg
Weißer Lauch	0,6	kg
Petersilienstengel	0,2	kg
Noilly Prat	0,8	l
Weißwein	1,6	l

Vorbereitung

– Seezungengräte wässern.
– Schalotten und Petersilie grob hakken, Lauch feinblättrig schneiden.

Zubereitung

– Das Gemüse in Butter gut andünsten.
– Seezungengräte dazugeben und rund 15 Minuten mitdünsten.
– Mit Noilly Prat und Weißwein ablöschen, unter gelegentlichem Abschäumen etwa 25 Minuten leicht sieden.
– Durch ein Tuch passieren und auf 1 l reduzieren.

Bemerkungen

In kleine Plastikbecher abgefüllt, läßt sich die Glace sehr gut als Mise en place im Kühlraum aufbewahren.

Die Verwendung der Fischglace beschränkt sich nicht nur auf die Spezial-Fischsaucen, sondern sie kann zur Verstärkung jeder Art Fischsauce oder Fischcremesuppe verwendet werden.

Übersicht und Zusammensetzung der Fisch-Spezialsaucen

Sauce	Kurzbeschrieb
Fisch-Spezialsauce mit Rahm *Sauce poisson spéciale à la crème*	Fischglace und Doppelrahm etwas einkochen. Abseits vom Feuer mit sehr kalten Butterwürfeln aufmontieren. Abschmecken.
Fisch-Spezialsauce zum Glasieren *Sauce poisson spéciale à glacer*	Fisch-Spezialsauce mit Rahm. Abseits vom Feuer Eigelb und halbgeschlagenen Rahm sorgfältig untermischen. Abschmecken.
Fisch-Sabayon *Sabayon de poisson*	Weißwein, Fischglace, Geflügelfond, gehackte Schalotten und Kräuter reduzieren und passieren. Reduktion mit Eigelb zum Band aufschlagen. Weiche Butterwürfel unter die Masse rühren. Abschmecken.
Weiße Buttersauce *Beurre blanc*	Fischglace, etwas Weißwein und Geflügelfond aufkochen. Abseits vom Feuer mit kalten Butterwürfeln zu Sauce aufschlagen. Mit Salz, Pfeffer aus der Mühle und Zitronensaft abschmecken.
Rote Buttersauce *Beurre rouge*	Wie weiße Buttersauce, jedoch statt Weißwein mit reduziertem, kräftigem Rotwein.

Ableitungen

Durch Beigabe von **gehackten Kräutern** wie Estragon, Dill, Basilikum usw., **Buttermischungen** wie Seeigelbutter, Hummerrogenbutter, roter Hummerbutter usw. läßt sich eine Vielzahl Ableitungen herstellen.

Auswahl besonders geeigneter Zubereitungsarten für Süßwasserfische

Als Kriterien für die Wahl gelten hauptsächlich:
- Konsistenz des Fischfleisches
- Geschmack
- Fettgehalt
- Schnittart
- Größe der Stücke

Fisch	Pochieren in gewöhnlichem Sud	Pochieren in weißem Sud	Pochieren in Weißwein	Pochieren in Rotwein	Schmoren	Garen in Dampf	Müllerinart	In Ei sautieren	Paniert sautieren	In Mehl fritieren	In Ei fritieren	Paniert fritieren	In Backteig fritieren	Grillieren	Backen im Ofen	Garen in der Salzkruste	Garen in der Papierhülle	Garen unter dem Salamander
Flußaal – *anguille*	●		●							●				●				
Grashecht – *brocheton*			●		●		●											
Grashechtfilet – *filet de brocheton*						●	●			●				●				
Grashechtschnitte – *tranche de brocheton*							●			●								
Karpfen – *carpe*	●			●	●													
Stör – *esturgeon (filet)*							●							●				
Felchen – *féra*			●				●											
Felchenfilet – *filet de féra*			●			●	●		●	●			●					
Welsfilet – *glanis (filet)*					●		●				●							
Saibling – *omble chevalier*	●		●	●			●											
Saiblingsfilet – *filet d'omble chevalier*			●	●		●	●											●
Äsche – *ombre*			●				●							●				
Äschenfilet – *filet d'ombre*			●			●	●											
Egli – *perche*							●			●								
Eglifilets – *filets de perche*			●			●	●	●		●	●		●					
Zander – *sandre*			●				●							●		●		
Zanderfilet – *filet de sandre*			●			●				●	●		●	●				
Lachs – *saumon*	●														●	●		
Lachsfilet – *filet de saumon*			●	●		●	●							●				●
Regenbogenforelle – *truite arc-en-ciel*	●		●				●		●					●		●		
Regenbogenforellen-Filet – *filet de truite arc-en-ciel*			●	●		●	●	●		●								●
Seeforelle – *truite du lac*	●			●		●	●								●	●		
Seeforellenfilet – *filet de truite du lac*			●	●		●	●											●
Bachforelle – *truite de rivière*	●		●				●	●									●	

Thema 7 Blatt 85

Auswahl besonders geeigneter Zubereitungsarten für Salzwasserfische

Als Kriterien für die Wahl gelten hauptsächlich:
- Konsistenz des Fischfleisches
- Geschmack
- Fettgehalt
- Schnittart
- Größe der Stücke

	Pochieren in gewöhnlichem Sud	Pochieren in weißem Sud	Pochieren in Weißwein	Pochieren in Rotwein	Schmoren	Garen in Dampf	Müllerinart	In Ei sautieren	Paniert sautieren	In Mehl fritieren	In Ei fritieren	Paniert fritieren	In Backteig fritieren	Grillieren	Backen im Ofen	Garen in der Salzkruste	Garen in der Papierhülle	Garen unter dem Salamander
Schellfisch – *aiglefin*		●	●				●											
Seeteufelfilet – *baudroie (filet)*		●	●			●	●							●				●
Seeteufelschnitte – *tranche de baudroie*			●			●								●			●	
Goldbrasse – *dorade royale*						●	●							●		●	●	
Schollenfilet – *carrelet (filet)*			●			●	●	●	●	●	●	●	●					
Kabeljau – *cabillaud*		●	●				●											
Meerhecht – *colin*		●	●				●											
Schwertfisch – *espadon*						●	●							●				
Flunderfilet – *flet (filet)*			●			●	●	●	●	●	●	●	●					
Heilbuttfilet – *flétan (filet)*	●	●	●				●							●				●
Heilbuttschnitte – *tranche de flétan*	●	●												●				
Rotzungenfilet – *limande-sole (filet)*			●			●	●	●	●	●	●	●						
Wolfsbarsch – *loup de mer*					●		●							●	●	●		
Wolfsbarschfilet – *filet de loup de mer*			●			●	●							●				
Makrele – *maquereau*							●							●				
Weißling – *merlan*							●							●				
Weißlingsfilet – *filet de merlan*			●				●	●	●	●	●	●						
Meeräsche – *mulet*		●					●		●					●				
Rochenflügel – *raie (aile)*		●					●											
Rotbarsch – *rascasse du nord*			●						●									
Rotbarbe – *rouget barbet*							●							●				
Rotbarbenfilet – *filet de rouget barbet*						●								●				
Seezunge – *sole*		●	●				●	●	●	●	●	●	●	●				
Seezungenfilet – *filet de sole*			●	●		●	●	●	●	●	●	●	●	●				
Steinbutt – *turbot*	●				●													
Steinbuttfilet – *filet de turbot*						●	●							●			●	●
Steinbuttschnitte – *tranche de turbot*	●	●					●							●				
Thunfisch – *thon*							●			●				●				

7.12 Krusten- und Weichtiergerichte – *mets de crustacés et de mollusques*

Zoologisch umfassen diese zwei Gruppen eine kaum zu überblickende Vielfalt von Tieren. Von gastronomischer Bedeutung sind jedoch nur einige wenige, hauptsächlich im Meer lebende Arten.
Sie werden oft auch unter dem Begriff **Meeresfrüchte** auf der Speisekarte zusammengefaßt.

Ernährungsphysiologisch gesehen verfügt das Fleisch dieser Tiere über einen hohen Protein- und Mineralstoffgehalt sowie einen bedeutenden Geschmackswert. Es ist jedoch cholesterinreich und eher schwer verdaulich.

Krusten- und Weichtiere dürfen nur frisch getötet oder tiefgekühlt verarbeitet werden. Bei verendeten Tieren entstehen innert kurzer Zeit Giftstoffe, die kochfest sind und zu schweren Vergiftungen führen können.

Verwendungsmöglichkeiten von Krusten- und Weichtieren

Funktion	Merkmale	Beispiele
Kalte Vorspeisen	**Ungegart:** vor allem Austernarten, aber auch andere Muschelarten wie Teppichmuscheln oder Samtmuscheln, die geöffnet auf gehacktem Eis mit Zitrone, Butter und Schwarzbrot serviert werden. **Gegart:** Krusten- und Weichtiere hauptsächlich als kleine Salate oder Cocktails.	*Fines de claires sur glace* *Salade d'huîtres au caviar* *Homard et coquilles Saint-Jacques en salade* *Variation de fruits de mer aux avocats* *Cocktail de crevettes*
Suppen	Als kalte oder warme Fischkraftbrühen mit Meeresfrüchteeinlage, Krustentier-Cremesuppen *(bisques)*, Muschelsuppen (klare, gebundene, überbackene).	*Bisque de homard* *Germiny aux crevettes* *Soupe aux moules gratinée*
Warme Vorspeisen	In warmen Vorspeisen im klassischen Sinn spielen Meeresfrüchte nur immer eine Nebenrolle.	*Risotto aux langoustines et au basilic* *Soufflé de homard* *Bouchées aux crevettes Nantua*
Fische	Innerhalb des Menüs werden Krusten- und Weichtiergerichte dem Fischgang zugeordnet. Eine kleine Portionierung hebt dabei den Delikatessencharakter.	*Fricassée de homard au Sauternes* *Ecrevisses bordelaise* *Langoustines à la crème au caviar* *Coquilles Saint-Jacques à la ciboulette* *Moules marinière* *Fines de Belon chauds au xérès*
Eigenständige Gerichte	Größer portioniert, können sie auch als Haupt- oder Einzelgerichte verwendet werden.	
Kalte Zwischengerichte	Krusten- und Weichtiere in Form von Terrinen, Pasteten, Krustentiermoussen und Aspiks.	*Mousse de homard* *Aspic de crustacés au riesling*
Buffetplatten	Krustentiere im Sud pochieren und erkalten lassen. Ausbrechen, schön garnieren und auf Platten mit passenden Garnituren anrichten. Platten mit geöffneten Austern auf Eis.	*Langouste bellevue* *Homard parisienne*

7.12.1 Vorbereitung der Krustentiere

Das Töten der Krustentiere

Aus Gründen der Ethik und des Tierschutzes werden die Tiere vor jeder Verarbeitungsmethode zuerst getötet.

Die Krustentiere schnell und kopfvoran in kochendes Salzwasser oder in Sud werfen und mindestens 1 Minute darin überbrühen lassen.
Das früher übliche Halbieren und Zerteilen von noch lebenden Hum- mern und Langusten wird ausnahmslos abgelehnt.
Für folgende Zubereitungsarten werden die Krustentiere
– in Salzwasser oder Sud nur überbrüht: Dünsten, Sautieren, Grillieren;
– im Sud überbrüht und anschließend darin pochiert: Pochieren im Sud, Fritieren, für die kalte Küche.

Das Herauslösen des Fleisches
(Hummer und Langusten)

1. Beine abtrennen und am mittleren Gelenk auseinanderbrechen. Mit einem Spieß oder mit einer Hummergabel die dünnen Fleischstreifen herausziehen.
2. Je nach Zubereitungsart die Hummer und die Langusten halbieren und die Hummerscheren aufbrechen oder die Scheren von der Karkasse abtrennen und das Fleisch herauslösen.
3. Die Messerspitze zwischen Oberkörper und Schwanzteil ansetzen und mit festem Druck auf das Messer zuerst den Schwanz und nachher den Oberkörper der Länge nach halbieren.
4. Die Innereien herauslösen, Magen und Darmkanal entfernen. Leber, Rogen und Eierstöcke *(corail)* werden durch ein Haarsieb gestrichen, mit Butter vermischt (Buttermischung) oder zum Aufmontieren von Saucen verwendet.
5. Für Medaillons das Krustentier nicht halbieren, sondern den Schwanz vom Oberkörper lösen und die Innenseite mit einer Schere auf beiden Seiten aufschneiden. Das Schwanzfleisch aus der Schale lösen. Von der Oberseite mit einem Längsschnitt den Darm entfernen.

Herauslösen von Scampi-Schwänzen

Scampi werden in der Regel ohne Oberkörper angeliefert. Erhalten wir die Scampi-Schwänze mit der Schale, müssen die Scampi ausgebrochen werden:
1. Rückenpanzer kräftig zusammendrücken, damit die hornartige Unterschicht aufgesprengt wird.
2. Rückenpanzer von innen auseinanderdrücken und das Fleisch herauslösen.
3. Den Darmkanal entfernen, eventuell muß mit einem spitzen Messer auf der Oberseite etwas eingeschnitten werden, damit der Darm besser entfernt werden kann.

Schnittarten

Unterschieden werden
– **Halbieren:** kleinere Langusten, Hummer, Scampi (mit oder ohne Schale)
– **Medaillons:** Langusten, Hummer
– **Ragouts:** kleinere Langusten und Hummer (zuerst halbieren, dann in gleich große Stücke schneiden)
(Die Vorbereitungsarbeiten für Krustentiergerichte der kalten Küche sind im Abschnitt 7.19, Kalte Küche, beschrieben.)

7.12.2 Warme Krustentiergerichte – *mets chauds de crustacés*

Übersicht über die Grundzubereitungsarten für Krustentiere

Grundzubereitungsart	Gerichtebeispiele
Pochieren im Sud *Pocher au court-bouillon*	*Homard à la nage*
Dünsten *Etuver*	*Fricassée de homard au Noilly Prat* *Homard américaine* *Ecrevisses bordelaise*
Sautieren *Sauter*	*Langoustines aux pistils de safran*
Fritieren *Frire*	*Scampi Orly*
Grillieren *Griller*	*Homard grillé provençale*

Bei den Krustentieren befindet sich das Fleisch hauptsächlich im Schwanz und in den Scheren, bei größeren Tieren auch in den Beinen.
Von der Struktur her unterscheiden sich das Scheren- und das Beinfleisch wesentlich von demjenigen des Schwanzstückes. Scheren- und Beinfleisch sind eher weich und faserig, das Schwanzfleisch hingegen ist bißfest und elastisch. Strukturloses bröckeliges Schwanzfleisch bei gegarten Tieren weist auf ein verendetes Tier hin und darf nicht verwendet werden.
Zu hohe Gartemperaturen und zu lange Garzeit sollten auch bei Krustentieren unbedingt vermieden werden. Das Scheren- und das Beinfleisch reagieren zwar relativ unempfindlich, das Schwanzfleisch hingegen wird sofort zäh und trocken.

Pochieren im Sud –
pocher au court-bouillon / pocher à la nage

Diese Grundzubereitungsart wird für **alle lebenden Krustentiere** verwendet, die im Sud serviert oder kalt weiterverarbeitet werden.
Für im Sud servierte Krustentiere wird ein Sud für blau (exakt geschnittenes Matignon) verwendet, für die kalte Weiterverarbeitung genügt der gewöhnliche Sud zum Pochieren. Die Zusammensetzung des Sudes unterscheidet sich vom Sud für Fische nur durch die Zugabe von Dillsamen oder etwas Kümmel.

Um sicherzugehen, daß die Tiere augenblicklich getötet werden, müssen sie kopfvoran in **viel sprudelnden** Sud gegeben werden. Danach bei rund 75 °C pochieren.

Für die kalte Weiterverarbeitung Tiere im Sud erkalten lassen.
Krustentiere röten sich beim Kochen, was auf der Zerstörung der Pigmentschicht beruht, die bei lebenden Tieren den roten Farbstoff verdeckt.

Pochierzeiten

– Für 0,5–1 kg schwere Tiere
 12–20 Minuten

– Für Scampi, Krevetten und Krebse
 5 Minuten

Anrichte- und Serviceart

Die Krustentiere aus dem Pochiertopf in ein Servicegeschirr, in der Regel eine Poissonnière, geben und mit dem Pochiersud, einschließlich Sudgemüse, aufgießen. Obenauf mit geschälten Zitronenscheiben und etwas Dill garnieren.
Süßwasserkrebse nicht tranchieren, sondern dem Gast mit einer Lochkelle ohne Sud auf den Teller schöpfen. Kleine Hummer oder Langusten vor dem Gast aus dem Sud nehmen, der

Länge nach halbieren (Schwanzfleisch anlösen, Darm entfernen) und Arme und Scheren anbrechen. Der Gast löst sich das Fleisch selbst heraus. In beiden Fällen gehören Hummerbesteck und Finger-Bowle auf den Tisch.

Beilagen

Salzkartoffeln oder Weißbrot, Zitronengarnitur.

Saucen

Butter (frische oder zerlassene), Buttersaucen (z. B. holländische Sauce), *beurre blanc* (mit Dill, mit Basilikum usw.).

Hummer in Sud –
homard au court-bouillon

Zutaten für 10 Personen (Hauptgericht)		
Hummer (10 Stück)	4,5	kg
Wasser	5	l
Matignon für Fischfond	0,5	kg
Petersilienstengel	0,025	kg
Lorbeer	1	Stück
Pfefferkörner	0,01	kg
Kümmel, Dillsamen	0,002	kg
Weißwein	0,8	l
Weißweinessig	0,25	l
Salz	0,075	kg

Zubereitung

– Gemüse (in kleine Würfel oder schön geschnitten) sowie sämtliche Zutaten mit Ausnahme von Essig und Weißwein (Säure verhärtet Zellulose) 10 Minuten vorkochen.
– Essig und Weißwein dazugeben, aufkochen.
– Krustentiere schnell und kopfvoran in den kochenden Sud geben.
– Kurz aufkochen.
– Bei 75 °C 12 Minuten pochieren.
– Hummer in die Poissonnière geben und mit der nötigen Menge Sud aufgießen. Mit dem Sudgemüse und nach Belieben mit etwas Dill und geschälten Zitronenscheiben garnieren.

Dünsten – *étuver*

Diese Zubereitungsart wird für alle **mit der Schale** zubereiteten Krustentiere verwendet, die in einer Sauce serviert werden.
Dazu eignen sich vor allem Süßwasserkrebse, Scampi, Riesencrevetten, Hummer und Langusten.
Als Besonderheit gilt, daß beim Dünsten in der Kruste vorher kurz in heißem Öl angeröstet wird. Das Anrösten bezweckt
– das Entstehen von aromaintensiven Röstbittern an der Kruste (für Saucenherstellung wichtig);
– das sofortige Gerinnen der Proteine an der Fleischoberfläche (das Fleisch bleibt dadurch saftiger und gleichzeitig aromaintensiver).

Glasieren von Krustentiergerichten

Wie bei den Fischgerichten werden der Sauce unmittelbar vor dem Nappieren etwas holländische Sauce und Schlagrahm oder Schlagrahm und Eigelb untergezogen, und das Gericht wird unter dem Salamander glasiert.

Anrichte- und Serviceart

Krebse, Hummer- und Langustenstücke können sowohl unausgebrochen als auch vollständig ausgebrochen serviert werden.
Für den **Bankettservice** empfiehlt es sich, die Krustentiere immer vollständig auszubrechen.

Hummerfrikassee –
fricassée de homard

Zutaten für 10 Personen (Hauptgericht)		
Hummer (10 Stück)	4,5	kg
Olivenöl	0,08	kg
Butter	0,15	kg
Schalotten	0,15	kg
Cognac	0,1	l
Noilly Prat	0,15	l
Fischfumet	0,25	l
Doppelrahm	0,5	l
Salz, Cayenne, Zitronensaft		

Vorbereitung

– Hummer durch Einwerfen in kochendes Wasser töten, herausnehmen und in Stücke schneiden.
– Eierstöcke *(corail)* und Leber mit einer Gabel zusammen mit 0,075 kg Butter zu Paste verarbeiten und durch ein Haarsieb streichen.

Zubereitung

– Hummerstücke salzen, pfeffern.
– In Sautoir in heißem Olivenöl kurz anrösten.
– Öl abschütten und durch 0,075 kg Butter ersetzen.
– Schalotten dazugeben und kurz mitdünsten.
– Mit Cognac flambieren.
– Noilly Prat dazugeben und reduzieren lassen.
– Krustentierstücke herausnehmen.
– Fischfumet und Doppelrahm ins Sautoir geben und zur gewünschten Dicke einkochen.
– Passieren und abschmecken.
– Hummerstücke in die Sauce geben, kurz erhitzen, aus der Sauce heben und anrichten.
– Die nicht mehr kochende Sauce mit der Corail-Butter aufschlagen (Schwingbesen oder Stabmixer) und über die Hummerstücke geben.

Ableitungen

Durch Verwendung anderer
– **Weine** (Sauternes, weißer Portwein, Champagner usw.),
– **Kräuter** (Basilikum, Dill, Kerbel, Estragon usw.),
– **Konzentrate** (Hummerglace, Peperoni-Coulis, englischer Senf usw.)
können unzählige Variationen des Grundrezeptes hergestellt werden.

Weitere Beispiele	Kurzbeschrieb
Hummer amerikanische Art *Homard américaine*	Hummerstücke mit gehackten Schalotten, Kräutern und Tomatenwürfeln dünsten. Hummerstücke herausheben. Dünstfond mit etwas Fleischglace auffüllen und einkochen. Mit Corail-Butter aufschwingen. Über die warmgehaltenen Hummerstücke geben.
Krebse Bordeleser Art *Ecrevisses bordelaise*	Krebse töten, Darm entfernen und ganz, wie Hummer amerikanische Art, zubereiten. Schwanzfleisch vor dem Nappieren mit Sauce ausbrechen. Sauce statt mit Corail-Butter mit Doppelrahm verfeinern. Mit gehacktem Kerbel und Estragon bestreuen.

Vorbereitungs-, Schnitt- und Bindearten **Krustentiere**

Die Scampi-Schale aufbrechen.

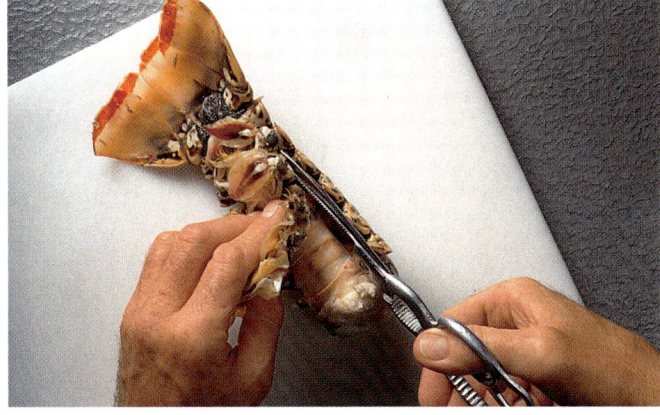

Den Langustenschwanz auf der Innenseite mit einer Schere auf beiden Seiten aufschneiden.

Das Fleisch sorgfältig herauslösen.

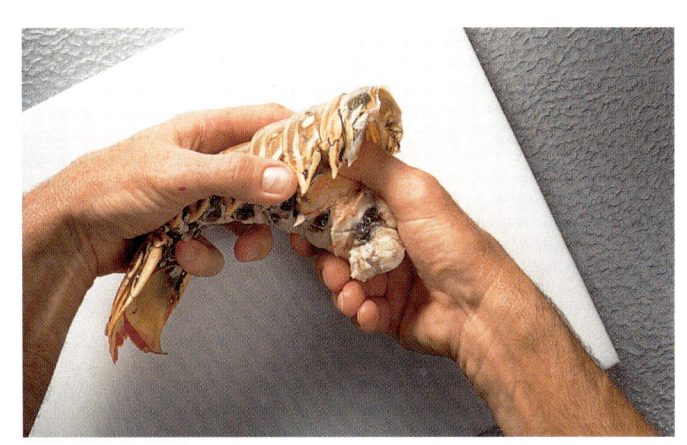

Das Schwanzfleisch aus der Schale lösen.

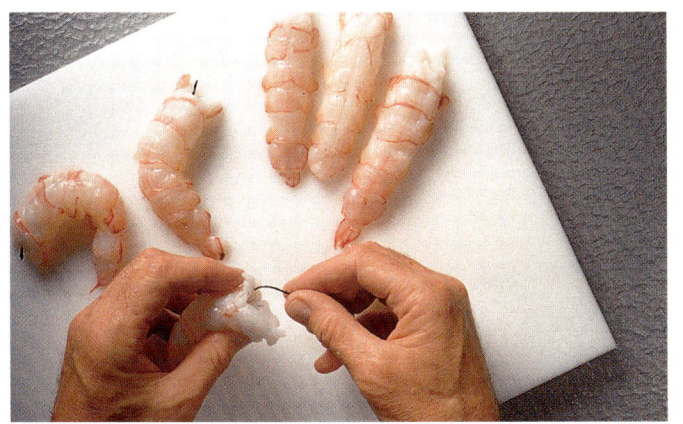

Den Darm herausziehen und entfernen.

Auf der Oberseite mit einem Längsschnitt einschneiden und den Darm entfernen.

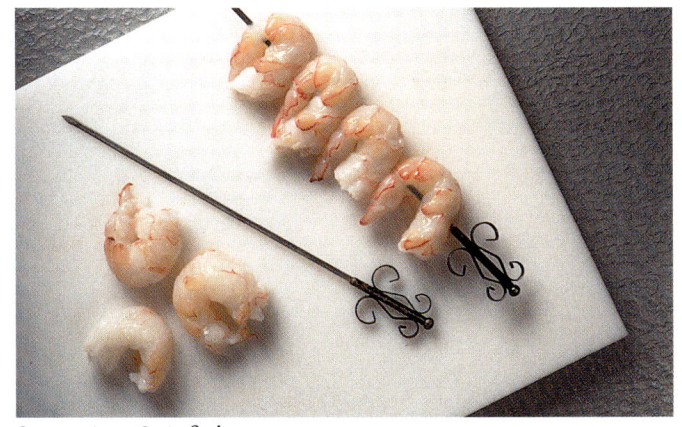

Scampi an Spießchen stecken.

In gleichmäßige Medaillons schneiden.

Vorbereitungs-, Schnitt- und Bindearten **Weichtiere**

Austernöffner ansetzen und Austern öffnen.

Kopfteil vom Körper des Kalmars trennen und das transparente Fischbein entfernen.

Geöffnete Austern.

Die Haut vom Körperteil abziehen.

Schalensplitter mit einem Pinsel entfernen.

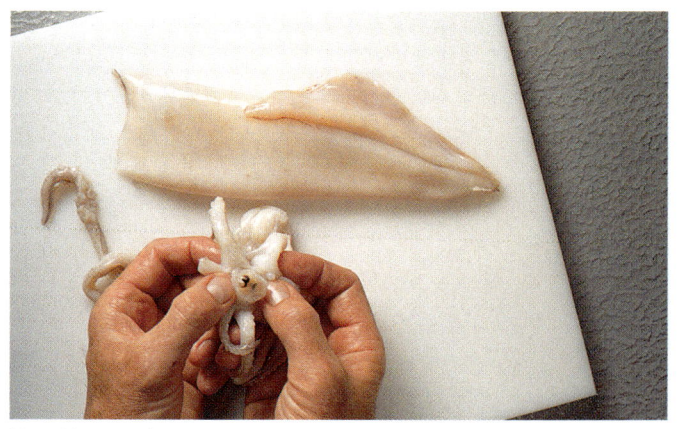

Das Kauwerkzeug herausdrücken.

Die Austern auf zerkleinertes Eis anrichten.

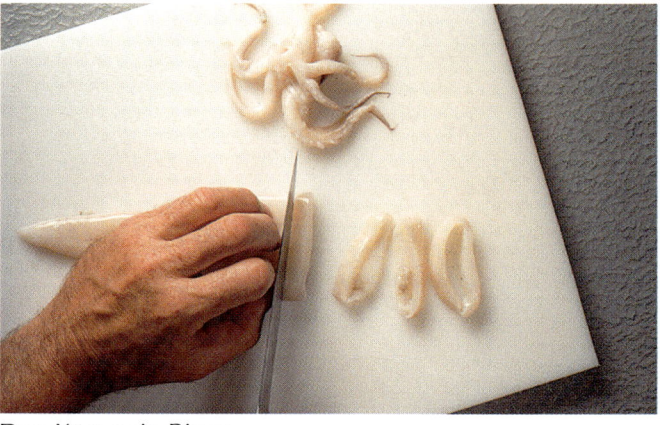

Den Körper in Ringe schneiden.

Sautieren – *sauter*

Sautiert werden hauptsächlich **ausgebrochene Krustentierschwänze,** vor allem von **Hummer, Scampi** und **Riesenkrevetten.**
Im Gegensatz zum Dünsten geschieht das Garen beim Sautieren weitgehend in Fettstoff. Die höheren Temperaturen bewirken, daß die Proteine an der Oberfläche gerinnen (denaturieren) und zusätzliche Geschmacksstoffe entstehen.

Vorbereitung

- Schwänze ausbrechen.
- Einen feinen Einschnitt dem Rücken entlang führen und mit der Messerspitze Darm entfernen.
- Darmrückstände abwaschen.

Sautiert und in Sauce serviert

Da beim Sautieren kein Dünstfond anfällt, wird die Sauce durch das Ablöschen der Sautierrückstände und durch Beigabe von Fischfumet aufgebaut.
Besonders wichtig ist, daß die Schwänze hell, das heißt **ohne Farbe** sautiert werden, da eine Bratkruste in der Sauce aus optischen (dunkle Punkte) und geschmacklichen Gründen unerwünscht ist.
Als Beilage eignet sich Trockenreis sehr gut.

Scampi mit Safransauce – *scampi au safran*

Zutaten für 10 Personen (Hauptgericht)		
Scampi-Schwänze mit Schale	2,2	kg
Olivenöl	0,1	l
Noilly Prat	0,1	l
Weißwein	0,15	l
Fischfumet	0,2	l
Safranfäden		
Doppelrahm	0,3	l
Butter	0,1	kg
Salz, Pfeffer aus der Mühle		

Garnitur

Mandeln, gehobelt	0,05	kg
Pistazien, geschält	0,05	kg

Zubereitung

- In Sautoir Olivenöl erhitzen.
- Aus der Schale gelöste, vorbereitete Scampi zugeben, salzen, pfeffern.
- Ohne Farbe, bis ¾ durch, sautieren.
- Scampi aus dem Sautoir heben, warm stellen.
- Öl ableeren, Rückstände mit Noilly Prat und Weißwein ablöschen und reduzieren.
- Fischfumet dazugeben und durch feines Drahtspitzsieb passieren.
- Safranfäden beigeben und reduzieren lassen.
- Doppelrahm dazugeben und durchkochen.
- Scampi der Sauce beigeben und erhitzen.
- Aus der Sauce heben und anrichten.
- Sauce mit Butterflocken aufschwingen, abschmecken und Scampi nappieren.
- Mit gerösteten Mandeln und grobgehackten Pistazien überstreuen.

Ableitungen

Durch Verwendung anderer
- **Weine** (Sauternes, weißer Portwein, Champagner usw.),
- **Kräuter** (Basilikum, Dill, Kerbel, Estragon usw.),
- **Konzentrate** (Hummerglace, verschiedene Coulis, englischer Senf usw.)

können unzählige Variationen des Grundrezeptes hergestellt werden.

Sautiert und ohne Sauce serviert

Diese Zubereitungsart entspricht der Müllerinart, wie sie bei den Fischgerichten aufgeführt ist.

Zubereitung

- Vorbereitete Schwänze marinieren.
- Leicht mehlen und in Öl hellbraun sautieren.
- Anrichten (z. B. auf grüne oder weiße Hausmachernudeln, Blattspinat, Ratatouille, Tomaten-Concassé, Trockenreis- oder Risottovariationen).
- Mit schäumender Butter, nach Belieben mit Kräutern ergänzt, übergießen.

Fritieren – *frire*

Für das Fritieren sind vor allem die **ausgebrochenen Schwänze** von Riesenkrevetten und Scampi sowie die ausgebrochenen **Scheren** von **Taschenkrebsen** am besten geeignet.
Wichtig ist, daß das delikate Krustentierfleisch nicht direkt der starken Hitze des Fritieröls ausgesetzt, sondern immer durch eine Hülle geschützt wird.

Geeignete Hüllen

- Backteig oder ähnliche Teige
- Ei und *mie de pain*

Vorbereiten der Schwänze

Aus optischen (Sortenmerkmal) und praktischen Gründen (z. B. wenn sie als Aperitifbeilagen angefaßt werden müssen) ist es empfehlenswert, die Krustentierschwänze nur bis zur Schwanzflosse auszulösen.

Anrichteart

- Nach dem Fritieren und dem Entfetten die Schwänze auf eine vorgewärmte Platte mit Papierserviette anrichten.
- **Nicht zudecken!** Kondenswasserbildung würde die knusprige Hülle aufweichen.
- Mit Zitrone und Petersilie garnieren.

Saucen

- Gebundene Ölsaucen (Remouladensauce, Dillmayonnaise mit Quark usw.)
- Asiatische Spezialsaucen (auf der Basis einer Sweet-and-sour-Sauce oder Sojasauce)

Paniert fritieren – *frire pané*

Zutaten für 10 Personen (Hauptgericht)		
Riesenkrevettenschwänze mit Schale	2	kg
Zitrone	1	Stück
Pfeffer aus der Mühle, Salz		
Mehl	0,05	kg
Eier	3	Stück
Mie de pain	0,3	kg
Ölverlust (ca. 10%)	0,2	kg
Zitronen (separat)	5	Stück

Zubereitung

- Schwänze bis zur Schwanzflosse auslösen.
- Dem Rücken entlang fein einschneiden und mit der Messerspitze Darm entfernen.
- Darmrückstände abwaschen, mit Küchenkreppapier abtupfen.
- Mit Zitronensaft und Pfeffer marinieren.
- Salzen und mehlen. Überflüssiges Mehl gut abschütteln.
- Durch aufgeschlagenes Ei ziehen. Überflüssiges Ei abstreifen.
- In *mie de pain* drehen, leicht andrücken.
- Bei 170 °C bis 180 °C in kleinen Portionen knusprig fritieren.
- Gut abtropfen lassen, auf einem Tuch entfetten.
- Auf vorgewärmte Platte auf Papierserviette anrichten. Mit Zitrone und Petersilie garnieren.
- Sauce separat dazugeben.

In Backteig fritieren – *frire en pâte*

Zutaten für 10 Personen (Hauptgericht)		
Scampi-Schwänze mit Schale	2,2	kg
Zitrone	1	Stück
Pfeffer aus der Mühle, Salz		
Mehl	0,05	kg
Backteig	0,6	kg
Ölverlust (ca. 10%)	0,2	l
Zitronen (separat)	5	Stück

Zubereitung

Gleiche Zubereitung wie für «Paniert fritieren» angegeben, man zieht jedoch die Schwänze nach dem Mehlen durch einen Backteig.

Bemerkung

Bei der Zubereitung **Orly** wird immer eine Tomatensauce oder ein Tomaten-Coulis separat dazu serviert.

Grillieren – *griller*

Krustentiere können sowohl mit als auch ohne Schale grilliert werden. Lebende Tiere wie **Hummer** und **Langusten** werden getötet und in der Kruste grilliert (siehe Vorbereitung, S. 362, 363 und Abb. S. 365).
Bei **Norweger Hummer** (Scampi) oder **Riesenkrevetten,** von denen oft nur die Schwänze zubereitet werden, besteht die Möglichkeit,
- sie mit der Kruste zu halbieren und zu grillieren,
- sie teilweise auszubrechen und zu grillieren,
- sie vollständig auszubrechen und zu grillieren.
- Darm immer entfernen.

Bemerkung

Fleisch von 1–2 Minuten vorpochiertem Hummer bleibt beim nachträglichen Grillieren saftiger und vollfleischiger (Fleisch von **rohen** Krustentieren zieht sich beim Grillieren stark zusammen).

Saucen

Grillierte Krustentiere sollten von einer separaten Sauce begleitet werden. Dazu eignen sich besonders
- flüssige Butter (z. B. mit Schalotten und provenzalischen Kräutern ergänzt)
- verschiedene kalte Buttermischungen
- Buttersaucen (z. B. Bearner Sauce)
- Spezialsaucen (z. B. *beurre blanc* mit Basilikum)
- Coulis (z. B. Tomaten-, Peperoni-Coulis usw.)

Beilagen

Stärkebeilagen sind nicht zwingend. Falls trotzdem gewünscht, eignet sich Trockenreis oder etwas Wildreis sehr gut.
Ohne Schale grillierte Tiere lassen sich auch auf Beilagen (wie beim Sautieren ohne Sauce angegeben) anrichten.

Garnitur

Grillierte Krustentiere mit Zitrone und frischen Kräutern (z. B. Petersilienbüschel, Kressesträußchen, Dill, Basilikum usw.) garnieren.

Grillierter Hummer provenzalische Art – *homard grillé provençale*

Zutaten für 10 Personen (Hauptgericht)		
Hummer (10 Stück)	5	kg
Zitronensaft	0,03	l
Pfeffer aus der Mühle, Salz		
Olivenöl	0,15	l
Zitrone	1	Stück
Brunnenkresse	0,02	kg
Tomaten-Coulis	0,25	kg
Provenzalische Butter	0,25	kg

7.12.3 Vorbereitung der Weichtiere

Miesmuscheln

Reinigen der Miesmuscheln

Miesmuscheln werden häufig in ihren Schalen zubereitet und so dem Gast gereicht. Deshalb müssen diese Weichtiere vor der Zubereitung gründlich gereinigt werden, das heißt, die

Zubereitung

- Hummer in kochendem Sud töten und 1–2 Minuten pochieren lassen.
- Tiere aus dem Sud heben und wie auf Seite 363 beschrieben zerteilen und reinigen.
- Fleischseite mit Pfeffer und Zitronensaft marinieren.
- Unmittelbar vor der Zubereitung salzen und gut ölen.
- Mit der Fleischseite voran auf den sehr heißen Grill geben und sorgfältig beidseitig zeichnen.
- Mit der Fleischseite nach oben auf vorgewärmte Platte anrichten.
- Mit Zitrone und Kresse garnieren.
- Tomaten-Coulis und provenzalische Butter (flüssige heiße Butter mit Schalotten und provenzalischen Kräutern) separat.

Bemerkung

Tiefgekühlte Schwänze von Hummer und Languste werden nicht vorpochiert, sondern nach dem Marinieren, dem Salzen und dem Ölen mit der Schnittfläche beginnend direkt grilliert.

Schalen müssen von anhaftendem Sand und Parasiten befreit werden, indem man sie unter fließendem Wasser mit einer starken Reisbürste abreibt.
Das Büschel haarähnlicher Fasern, die Byssus-Fäden, müssen vor der Zubereitung entfernt werden.

Öffnen der Miesmuscheln

Die Schalen der Miesmuscheln müssen geschlossen sein. Sind sie geöffnet und bleiben sie auch nach einem kräftigen Antippen offen, sind die Muscheltiere wahrscheinlich tot und dürfen nicht mehr weiterverwendet werden.
Im Gegensatz zu den Austern, die mit einem Spezialmesser aufgebrochen, also mechanisch geöffnet werden, werden die Miesmuscheln thermisch, also durch Erhitzen geöffnet.

Jakobsmuscheln

Öffnen der Jakobsmuscheln

Jakobsmuscheln können mechanisch oder thermisch geöffnet werden.
Die gewölbte Unterseite mit einem Tuch festhalten und mit einem kurzen Messer dem Schalenrand entlangfahren, um eine Öffnung zu suchen. Die Klinge hineinschieben und den inneren Muskel durchtrennen. Die Jakobsmuscheln sofort weiterverarbeiten.

Man kann die Jakobsmuscheln auch in den heißen Backofen legen, bis sie sich öffnen.

Austern

Öffnen der Austern

Für das Öffnen der Austern ist ein spezielles Werkzeug, das Austernmesser oder der Austernöffner, nötig. Zwischen dem Messergriff und der starken, spitzen Klinge ist ein Metallschutz angebracht, der beim eventuellen Abgleiten an die Auster stößt und so vor Verletzungen schützt.
Die Auster mit der flachen Seite nach oben auf ein Tuch auf das Schneidebrett legen. Die Auster mit dem Tuch zudecken, so daß der vordere Teil (Gelenk) noch frei ist. Während man mit der Hand die Auster festhält, fährt man mit der Spitze eines Austernmessers in die kleine Öffnung im Gelenk und öffnet die obere Schale mit einer scharf drehenden Bewegung.

Die geschlossene Auster muß beim Öffnen einen ziemlich großen Widerstand leisten. Ist dies nicht der Fall, war die Auster schon vor dem Öffnen tot und darf auf keinen Fall verwendet werden.

Herrichten der Austern

Mehrheitlich werden die Austern kalt, also roh gegessen. Nach dem Abheben der oberen Schale müssen die Schalensplitter mit einem Pinsel entfernt werden. Die Auster wird mit einer Messerspitze vom Muskel gelöst, der die Auster mit der unteren Schale verbindet. Die Auster sollte dabei nicht berührt und die in der Schale befindliche Flüssigkeit (Meerwasser) nicht ausgeschüttet werden.
Die Austern auf klein zerhacktes Eis anrichten.
Für die warme Küche wird die Auster aus der Schale entfernt und sofort weiterverwendet.

7.12.4 Warme Weichtiergerichte
Mets chauds de mollusques

Unter den Weichtieren sind aufgrund ihres Wohlgeschmackes und ihrer vielseitigen Verwendbarkeit vor allem die **Muscheltiere** von Bedeutung.
Muscheln können sowohl roh (vor allem Austernarten) als auch gegart gegessen werden. Sie weisen einen hohen Nährwert auf, gehören aber zu den eher schwerverdaulichen Nahrungsmitteln (cholesterinreich).
Wichtig ist, daß nur lebende, gut verschlossene Exemplare verwendet werden. Tiere mit geöffneter Schale können tot sein, und ihr Genuß kann zu schweren Vergiftungen führen.
Tintenfische, Strandschnecken und **Weinbergschnecken** gehören ebenfalls zu den Weichtieren, spielen aber in der Küche, mit Ausnahme einiger weniger Spezialgerichte, nur eine untergeordnete Rolle.

Austern – *huîtres*

Obwohl Austern ihre Güte und ihren exklusiven Geschmack beim Rohgenuß am besten entfalten können, lassen sich sehr delikate warme Austerngerichte herstellen.
Als Garmethode eignet sich dafür das **Pochieren** (im eigenen Austernwasser) am besten. Das Pochieren muß sehr

Übersicht über Weichtiergerichte

Weichtierart	Gerichtebeispiele
Austern *Huîtres*	*Fines de Belon chaudes au xérès* *Huîtres florentine*
Jakobsmuscheln, Pilgermuscheln *Coquilles Saint-Jacques, grandes peignes*	*Coquilles Saint-Jacques grillées* *Coquilles Saint-Jacques à la ciboulette*
Miesmuscheln, Herz- und Venusmuscheln *Moules, coques, clams*	*Brochette de moules frites* *Moules marinière* *Clams orientale* *Coques aux tomates et au basilic*
Schnecken *Escargots*	*Escargots au riesling* *Escargots bourguignonne*
Tintenfische *Seiches*	*Sépioles frites en pâte à frire*

sorgfältig durchgeführt werden, da die Austern nie ganz durchpochiert werden dürfen, sondern im Innern noch leicht roh bleiben müssen. Durchgegarte Austern werden zäh.

Anrichtearten

– Die pochierten Austern in den gewölbten Teil der gereinigten und erwärmten Schalenhälfte zurücklegen und mit einer Sauce nappieren, die unter Mitverwendung des Pochierfonds hergestellt wurde, und je nach Zubereitungsart glasieren.
– Beliebte Anrichtegeschirre sind ebenfalls kleine Porzellantöpfchen

oder kleine Kupferkasserollen, die die Exklusivität der Gerichte zusätzlich unterstreichen.

Glasierte Austern auf Blattspinat – *huîtres florentine*

Zutaten für 10 Personen		
Austern	40	Stück
Blattspinat (tiefgekühlt)	0,4	kg
Schalotten	0,03	kg
Butter	0,03	kg
Salz, Pfeffer		
Fisch-Spezialsauce	0,75	l

Vorbereitung

- Schalotten hacken und in Butter dünsten. Spinat beigeben und weichdünsten. Abschmecken.
- Austern öffnen und entbarten.
- Austernwasser in ein Sautoir passieren.
- Gewölbte Schalenhälften gut reinigen, in kleine Gratinplatten, eventuell spezielle Muldenteller, setzen und vorwärmen.
- Fisch-Spezialsauce zum Glasieren bereitstellen.

Zubereitung

- Spinat in die Schalen verteilen und eine Vertiefung eindrücken.
- Austernwasser kurz aufkochen lassen, auf die Seite ziehen und Austern einige Sekunden darin pochieren.
- Austern in die Spinatmulde geben.
- Austernfond reduzieren und der Fisch-Spezialsauce beigeben.
- Austern damit nappieren und sofort glasieren.

Ableitungen

Ableitungen werden durch Variieren der Sauce hergestellt (au champagne, au xérès usw.).

Jakobsmuscheln, Pilgermuscheln – coquilles Saint-Jacques, grandes peignes

Die zu den Kammuscheln gehörenden Jakobs- und Pilgermuscheln zählen in Feinschmeckerkreisen zu den beliebtesten Muscheltieren. Aus ihrem zarten elfenbeinfarbigen Muskelfleisch (auch **Nuß** bzw. *noix* genannt) und dem orangefarbigen **Rogen** *(corail)* läßt sich eine Vielzahl ausgezeichneter Gerichte herstellen.

Handelsformen

In der Schale: Wie bei allen Schalentieren auf gut geschlossene Muscheln achten.
Frisch, ohne Schale: Die mit Muschelwasser in Plastiksäcke abgepackten Nüsse und Rogen sofort auf Eis legen und möglichst schnell verbrauchen.

Grundzubereitungsarten

Als Grundzubereitungsart eignet sich besonders das Dünsten. Ebenfalls geeignet sind: Müllerinart, Grillieren (an Spießchen), Garen über dem Dampf, Garen unter dem Salamander (siehe je die entsprechenden Fischgerichte).
Dünsten – *étuver:* Eignet sich besonders für Kammuscheln, die in Sauce zubereitet werden. Die Nüsse können zum Dünsten ganz belassen werden oder in etwa 5 mm breite Scheiben geschnitten werden.
Es muß besonders darauf geachtet werden, daß die Muscheln nach der Flüssigkeitszugabe bzw. beim Aufwärmen in der Sauce nie kochen, da sie sofort trocken und zäh werden und die Sauce gleichzeitig stark verdünnen.

Gedünstete Jakobsmuscheln mit Schnittlauchsauce – *coquilles Saint-Jacques à la ciboulette*

Zutaten für 10 Personen (Hauptgericht)		
Jakobsmuscheln ohne Schale	1,2	kg
Butter	0,1	kg
Salz, Pfeffer aus der Mühle		
Noilly Prat	0,05	l
Fischfumet	0,2	l
Weißweinsauce	0,3	l
Butter	0,1	kg
Schnittlauch	0,015	kg

Vorbereitung

- Jakobsmuscheln (wie S. 369 angegeben) vorbereiten.
- Weißweinsauce bereitstellen.
- Schnittlauch schneiden.

Zubereitung

- Butter in Sautoir erhitzen.
- Jakobsmuscheln beigeben und vorsichtig kurz andünsten. Mit Salz und Pfeffer würzen.
- Mit Noilly Prat ablöschen.
- Fischfumet dazugeben und Jakobsmuscheln darin garziehen lassen.
- Jakobsmuscheln herausnehmen.
- Pochierfond zur Hälfte einkochen lassen.
- Weißweinsauce dazugeben und kurz durchkochen (evtl. mit Mehlbutter etwas nachbinden).
- Mit Butterflocken aufmontieren, abschmecken.
- Sauce nach Belieben kurz mixen.
- Unmittelbar vor dem Servieren die Jakobsmuscheln sorgfältig in der Sauce erhitzen und im letzten Moment den Schnittlauch beigeben.

Ableitungen

Durch Variieren der **Kräuter** (Estragon, Kerbel, Basilikum usw.), der **Weine** (Sauternes, Noilly Prat, weißer Portwein usw.), durch Zugabe von **Spezialsaucen** (Fisch-Spezialsauce, Currysauce, Coulis, Hummersauce usw.) sowie durch Variieren der **Anrichteart** (auf Beilagen, glasiert usw.) können beliebige Ableitungen des Grundrezeptes hergestellt werden.

Miesmuscheln, Herzmuscheln, Venusmuscheln – *moules, coques, clams*

Im Gegensatz zu den Austern und den Jakobsmuscheln, die **vor** dem Garen geöffnet werden, werden diese Muschelarten gleichzeitig mit dem Garvorgang geöffnet.
Da die Hitze einerseits möglichst groß sein sollte, damit die Schalen sich schnell öffnen, diese Hitze aber andererseits feucht sein sollte, damit das zarte Muskelfleisch geschont wird, ist feuchter Dampf das ideale Garmedium.
Dämpfen in der Schale – *étuver en coquilles* kann sowohl eine Zubereitungsart (bei unmittelbarer Weiterverwendung) als auch eine Vorbereitungsart sein (z.B. für Muscheln für Salate, Spießchen, als Zutaten zu anderen Gerichten).
Um lange Garzeiten zu verhindern, sollte nach dem Zugeben der Muscheln darauf geachtet werden, daß der zum Öffnen der Muscheln nötige Dampf möglichst schnell entsteht. Ein breites Kochgeschirr mit Deckel (z.B. ein Rondeau) sowie eine starke Hitzequelle bilden dazu die besten Voraussetzungen.

Handhabung des Garfonds

- Die Muscheln beim Dämpfen nie salzen, da die Muschelflüssigkeit genug Salz enthält.
- Den Fond vor der Weiterverarbeitung durch eine Serviette passieren, damit Kalkpartikel und Sandkörnchen herausgefiltert werden.

Gedünstete Miesmuscheln – moules étuvées

Zutaten für 10 Personen (Hauptgericht)		
Miesmuscheln	4	kg
Butter	0,1	kg
Schalotten	0,1	kg
Weißwein	0,5	l
Thymianzweig	1	Stück

Zubereitung

– Schalotten hacken und in Butter andünsten.
– Die gereinigten Muscheln dazugeben.
– Mit Weißwein übergießen, Thymianzweig beigeben und zudecken.
– Unter gelegentlichem Schütteln 3–5 Minuten dämpfen, bis sich die Muscheln geöffnet haben.
– Abschütten (Fond durch Serviette passieren).
– Muscheln noch warm aus den Schalen lösen.

Muschelgerichte mit Sauce

Sie werden hergestellt, indem man
– den Muschelfond leicht abbindet;
– nach Bedarf aromatisiert (Safran, Curry usw.);
– mit frischer Butter, Rahm oder Liaison verfeinert;
– eine entsprechende Einlage (gehackte Kräuter, gedünstete Gemüse-Julienne, Tomatenwürfelchen usw.) dazugibt

und die Muscheln in der Sauce vorsichtig erwärmt.

Beispiele von Anrichtearten

– Das Muschelragout locker über die in Teller ausgelegten und vorgewärmten Schalen verteilen.
– Eine weitere Möglichkeit besteht darin, das Muschelragout als Füllung in kleine Pastetchen, Blätterteigschiffchen usw. zu geben.

Gerichtebeispiele	Kurzbeschrieb der Sauce bzw. der Zubereitung
Miesmuscheln mit Kräutersauce *Moules marinière*	Leicht eingekochter und leicht gebundener Muschelfond mit Schalotten und gehackter Petersilie. Mit Butter aufmontieren.
Miesmuscheln mit Safransauce *Moules marseillaise*	Wie *moules marinière*, jedoch zusätzlich mit Safran, gedünsteter Gemüse-Julienne und gedünsteten Tomatenwürfelchen versetzt.
Gebackene Miesmuscheln am Spieß *Brochette de moules frites*	Große Muscheln mit etwas Abstand an einen Spieß stecken und in Mehl, Ei und *mie de pain* panieren. In geklärter Butter goldgelb fritieren. Remouladensauce separat.
Venusmuscheln orientalische Art *Clams orientale*	Muscheln in vorgewärmte Schalen verteilen. Eine Curry-Weißwein-Sauce mit etwas Muschelfond abschmecken, Schlagrahm und holländische Sauce unterheben und glasieren.
Herzmuscheln mit Tomaten und Basilikum *Coques aux tomates et au basilic*	Wie *moules marinière*, jedoch zusätzlich mit gedünsteten Tomatenwürfelchen und gehacktem Basilikum.

Schnecken – *escargots*

Obwohl Schnecken die artenreichste Gruppe der Weichtiere sind, sind für die Küche hauptsächlich die **Landschnecken**, insbesondere die europäischen **Weinbergschnecken** und die südasiatischen **Achatschnecken**, von Bedeutung. Die Rolle der **Meerschnecken** beschränkt sich auf die frische Verarbeitung in den entsprechenden Regionalküchen.

Vorbereitung der Schnecken

Heute werden Weinberg- und Achatschnecken in der Regel in «Schneckengärten» speziell gemästet.
Gehandelt werden die Schnecken als **Konserve** oder **tiefgekühlt**. Die gereinigten Häuschen sind jeweils separat dazu erhältlich. Die Schnecken werden in den meisten Fällen durch den Erzeuger selbst vorbereitet. Es werden nur gut verschlossene, d.h. gedeckelte Schnecken verwendet.
Die Vorbereitung umfaßt:
– Waschen und Bürsten der Häuschen.
– Töten in sprudelndem Wasser und zehnminütiges Vorgaren (Deckel öffnet sich dabei).
– Abkühlen unter fließendem kaltem Wasser und Herausnehmen der Tiere mit einer Spicknadel.
– Mehrmaliges Abreiben (Entschleimen) der Tiere mit grobem Salz und Essigwasser.
– Abschneiden des Kopfes und des schwarzen hinteren Teils.
– Andünsten der Schnecken in Schalotten und Knoblauch und ein rund dreistündiges Garsieden in Weißwein und kräftigem Kalbsfond.
– Reinigen der leeren Häuschen.

Schnecken Burgunder Art – *escargots bourguignonne*

Zutaten für 10 Personen		
Schnecken gegart, ohne Haus	120	Stück
Schneckenhäuschen	120	Stück

Schneckenbutter

Butter	0,3	kg
Schalotten	0,04	kg
Knoblauch	0,015	kg
Salz, Pfeffer aus der Mühle		
Petersilie	0,03	kg
Majoran, frisch	0,005	kg
Thymian, frisch	0,005	kg
Cognac	0,015	l
Rahm (nicht zu kalt)	0,1	l

Zubereitung der Schneckenbutter

– Schalotten feinhacken.
– Knoblauch fein zerreiben.
– Petersilie hacken.
– Thymian und Majoran zupfen und hacken.
– Butter gut schaumig rühren.
– Alle Zutaten für die Kräuterbutter miteinander verrühren (nicht schlagen!).
– Mit Salz und Pfeffer gut abschmecken.

Zubereitung der Schnecken

– Etwas Schneckenbutter in die Häuschen geben.
– Je eine Schnecke in ein Häuschen geben (bei sehr kleinen Exemplaren zwei Stück).
– Mit reichlich Schneckenbutter zustreichen.
– In die Mulde der Schneckenpfanne setzen.
– Im Ofen bei 200 °C bis 220 °C garen, bis die Butter leicht kocht und schäumt.

Separat in der Regel 5 cm große Weißbrotstäbchen, mit denen der Gast die Butter im Häuscheninnern auftunken kann.

Weitere Gerichtebeispiele	Kurzbeschrieb
Schnecken Neuenburger Art *Jacquerie neuchâteloise*	Gegarte Schnecken in Butter und Weißwein erwärmen, auf Sauerkraut anrichten, Schneckenbutter darübergeben und unter dem Salamander glasieren.
Schnecken mit Riesling-Sauce *Escargots au riesling*	Gegarte Schnecken in Riesling dünsten und mit einer Riesling-Doppelrahm-Sauce nappieren, die mit Schneckenbutter aufmontiert wurde, und unter dem Salamander glasieren.

Tintenfische – *seiches*

Tintenfische (**Kalmar, gemeiner Tintenfisch, Sepia** und **Krake**) spielen vor allem in der mediterranen und der asiatischen Küche eine Rolle, wo sie hauptsächlich in **Meeresfrüchtesalaten, Fischsuppen, im Teig fritiert** und **geschmort** (gefüllt oder als Ragout) verwendet werden.
Die schwarzbraune würzige Tinte, die sich in den Farbdrüsen im Körperinnern befindet, kann auch zum Färben von Suppen, Saucen, oder Teigwaren verwendet werden.
Tintenfische sind sehr leicht verderblich und müssen daher möglichst frisch verarbeitet werden.
Die sackförmige Körperhülle und die Fangarme bilden das Fleisch der Tintenfische. Es hat einen leicht süßlichen, milden Fischgeschmack und läßt sich gut mit südländischen und exotischen Gewürzen und Gemüsen kombinieren. Im Gegensatz zum Fleisch der Fische gilt es als schwerverdaulich.

Bemerkungen

Tintenfische müssen immer gut weichgegart werden. Je größer (älter) der Tintenfisch, desto länger die Garzeit. Nach dem Garen die Tintenfische sofort servieren, da das Fleisch, läßt man es stehen, relativ schnell zäh wird.

Gebackene Sepia in Bierteig – *sépioles frites en pâte à frire*

Zutaten für 10 Personen		
Sepia (kleine!)	2,5	kg
Zitrone	1	Stück
Pfeffer aus der Mühle, Salz		
Mehl	0,05	kg
Bierteig	0,4	kg
Ölverlust (ca. 10%)	0,1	kg
Zitronen (separat)	2½	Stück
Petersilie (Bouquet)	0,03	kg
Remouladensauce	0,3	l

Vorbereitung

– Kopf von der Körperhülle entfernen.
– Körperhülle entleeren.
– Augen, Tintensack, Eingeweide, Haut und Kauwerkzeug entfernen.

Zubereitung

– Sepia in Stücke schneiden.
– Mit Zitronensaft und Pfeffer marinieren.
– Salzen und leicht mehlen.
– In Bierteig drehen.
– In kleinen Portionen bei rund 175 °C knusprig backen.
– Auf Küchenkreppapier abtropfen lassen.
– Auf vorgewärmte Platte auf Papierserviette anrichten.
– Mit Petersilie garnieren.
– Remouladensauce und Zitronengarnitur separat.

7.13 Fleischgerichte von Schlachtfleisch, Wild und Geflügel – *mets de viande de boucherie, de gibier et de volaille*

Fleisch ist aufgrund seines hohen Nähr- und Sättigungswertes ein wichtiger Bestandteil der menschlichen Ernährung. Fleischgerichte stellen in den meisten Menüs das Hauptgericht dar, nach dem sich die übrigen Gänge in geschmacklicher wie auch farblicher Hinsicht zu richten haben.
Die Aufwendungen für Fleisch bilden in der Küchenkalkulation in der Regel den größten Posten. Eine sachgemäße Verwendung und Zubereitung des Fleisches sind deshalb für ein gutes Küchenresultat besonders wichtig.

Vom Garverfahren zur Grundzubereitungsart

In der letzten Zeit haben sich zu den folgenden Garverfahren Grundzubereitungsarten herausgebildet, die sich bis in die heutige Zeit bewährt haben.

Gute Resultate erzielt nur derjenige, der zu einer gewünschten Grundzubereitungsart das richtige Fleischstück bzw. für ein vorhandenes Fleischstück die geeignetste Grundzubereitungsart auswählen kann.

Der Koch muß deshalb
– die Qualität bzw. den Zartheitsgrad des Fleisches bestimmen können;
– aufgrund des Zartheitsgrades dem Fleisch das geeignete Garverfahren zuordnen können, wobei in erster Linie Grundzubereitungsarten ausgewählt werden sollten, die vorgängig oder während des Garvorgangs Röstbitter entstehen lassen.

Garverfahren

Garziel bei bindegewebearmen Fleischstücken

Enthält das Fleisch wenig sichtbares oder unsichtbares Bindegewebe, das heißt, ist das Fleisch **zart,** so stehen die **Geschmacksbildung** und die **Erhaltung der Saftigkeit** im Vordergrund.

Die folgenden zwei Punkte sind dabei von Bedeutung:

- Geschmacksstoffe (Röstbitter) entstehen an der Fleischoberfläche durch den thermischen Abbau von Proteinen. Damit verbunden ist eine Bräunungsreaktion.
Folgerung: Da eine Bräunung erst ab etwa 165 °C einsetzt, darf keine Flüssigkeit verwendet werden.
- Bei Temperaturen ab 60 °C bis 72 °C beginnen die Proteine der Fleischfasern (Albumine und Globuline) Wasser zu verlieren, und das Fleisch wird trocken.

Folgerung: Zarte Fleischstücke nie über eine Kerntemperatur von 72 °C erhitzen.
Die **Kerntemperatur** bei Mastgeflügel (Salmonellen) und Schweinefleisch (Parasiten) sollte während 10 Minuten 72 °C betragen.

Deshalb:

Trockene Garverfahren für zarte Fleischstücke.

Garziel bei bindegewebereichen Fleischstücken

Enthält das Fleisch viel sichtbares oder unsichtbares Bindegewebe, das heißt, ist das Fleisch **weniger zart,** so steht das **Zartmachen** im Vordergrund.

Der folgende Punkt ist dabei von Bedeutung:

- Bindegewebe hat die Eigenschaft, bei längerer Wärmeeinwirkung und Temperaturen knapp am Siedepunkt (ca. 97 °C) Wasser aufzunehmen. Dabei quillt das Kollagen auf und geht in leicht kaubare und gut verdaubare Gelatine über.
Als weiterer Nebeneffekt ersetzt die Gelatine den durch die längere Wärmeeinwirkung verlorengegangenen Fleischsaft.

Folgerung: Da eine längere Wärmeeinwirkung wegen der Austrocknungsgefahr nur in feuchter Umgebung möglich ist, muß der Garprozeß mit Flüssigkeit erfolgen.

Deshalb:

Feuchte Garverfahren mit Temperaturen knapp am Siedepunkt für weniger zarte Fleischstücke.

7.13.1 Übersicht über die Grundzubereitungsarten

Fleischtyp	Garverfahren	Grundzubereitungsart	Unterteilung
Bindegewebearmes (zartes) Fleisch	**Trockenes Garverfahren** (ohne Zugabe von Fremdflüssigkeit)	Sautieren *sauter à la minute*	– Sautieren von dunklem Fleisch – Sautieren von hellem Fleisch – Sautieren von Fleisch in einer Hülle
		Grillieren – *griller*	
		Braten – *rôtir*	– Braten im Ofen – Braten im Umluftofen – Braten am Spieß – Garen mit Niedertemperatur
		Backen im Ofen *cuire au four*	– Backen im Teig – Garen in speziellen Hüllen
		Poelieren – *poêler*	
	Feuchtes Garverfahren bei Temperaturen von 70 °C bis 75 °C	Pochieren – *pocher*	– Pochieren von Innereien – Pochieren von Geflügel – Pochieren von Gepökeltem
Bindegewebereiches (weniger zartes) Fleisch	**Feuchtes Garverfahren** bei Temperaturen knapp am Siedepunkt (mit Zugabe von Fremdflüssigkeit)	Schmoren – *braiser*	– Schmoren von großen Fleischstücken – Schmoren von portionierten Fleischstücken – Schmoren von Ragouts – Schmoren von zarten Fleischstücken
		Dünsten – *étuver*	– Dünsten von hellem Fleisch – Dünsten von dunklem Fleisch
		Sieden – *cuire par ébullition*	– Sieden von großen Fleischstücken – Sieden von Blanketts – Sieden von Gepökeltem

7.13.2 Sautieren – *sauter à la minute*

Das Sautieren wie auch das Grillieren sind Grundzubereitungsarten für zarte, **geschnittene** Fleischstücke, deren Gardauer in der Regel nur einige Minuten beträgt. Diese Gerichte werden deshalb als **A-la-minute-Gerichte** bezeichnet.

Bei sautierten Gerichten ist es wichtig, daß sie nach der Fertigstellung ohne Verzögerung serviert werden, damit eine Qualitätsverminderung durch Austrocknen (Zähwerden) vermieden werden kann. Da die Fleischstücke für den Einsatz eines Fleischthermometers zu dünn sind, muß durch Fingerprobe ermittelt werden, ob das Fleisch genügend gebraten ist.

Garstufenermittlung durch Fingerdruck

°C	Deutsch	Französisch	Englisch	Anwendung	Reaktion auf Fingerdruck
Ab 45 °C	Stark blutig	*Bleu*	Rare	Rind	Fleisch ist schwammig
Ab 50 °C	Blutig	*Saignant*	Underdone	Rind	Fleisch federt stark
Ab 60 °C	Mittel / rosa	*A point / rosé*	Medium	Rind, Wild, Lamm, Ente, Perlhuhn	Fleisch federt leicht
(Ca. 68 °C	Hellrosa	*Légèrement rosé*		Kalbfleisch)	
Ab 72 °C	Durch	*Bien cuit*	Well-done	Mastgeflügel, Schwein	Fleisch ist fest

Übersicht über die Arten des Sautierens

	Sautieren von dunklem Fleisch	Sautieren von hellem Fleisch	Sautieren von Fleisch in einer Hülle
Schnittarten	– Stückgrößen für 1–2 Personen – Geschnetzelt – Gewürfelt – Streifen	– Stückgrößen für 1–2 Personen – Geschnetzelt – Gewürfelt – Streifen	– Stückgrößen für 1 Person
Vorbereitung	Würzen	Würzen, mit Mehl stäuben	– Würzen, stäuben – In Ei wenden – In Ei-Käse-Masse – Panieren
Bratgeschirr	– Sautoir – Sauteuse – Chromnickelstahl-Bratpfanne	– Sautoir – Sauteuse – Chromnickelstahl-Bratpfanne	– Lyoner Pfanne – Pfannen mit Spezialbeschichtung
Gartemperatur	200 °C anbraten 180 °C fertig braten	180 °C anbraten 160 °C fertig braten	In geklärter Butter bei 160 °C braten
Fertigstellen	Fleisch herausnehmen, Bratensatz bei der Saucenherstellung mitverwenden	Fleisch herausnehmen, Bratensatz bei der Saucenherstellung mitverwenden	Anrichten und in der Regel nur mit Butter übergießen

Bemerkungen

Sautiertes Fleisch wird oft mit einer Sauce serviert. Ob es sich dabei nur um einen leicht gebundenen Jus oder um eine Ableitung der braunen Saucen handelt, der abgelöschte Bratensatz ist immer ein obligatorischer Bestandteil. Das Fleisch kann **nature** (Sauce separat), **mit der Sauce nappiert** oder **in der Sauce serviert** werden.

Wichtige Grundregeln des Sautierens

1. Fleisch erst im letzten Moment würzen

Salz hat die Eigenschaft, den Nahrungsmitteln Feuchtigkeit zu entziehen. Beim Einlegen eines feuchten Fleischstückes in das heiße Öl bildet sich Dampf zwischen dem Öl und dem Fleisch, was einerseits verhindert, daß sich die Fleischporen sofort schließen (Saft tritt aus), andererseits erfolgt kaum eine Bräunung. Das Ergebnis ist ein trockenes, schlecht gebräuntes Fleischstück.

2. Helles Fleisch mit Mehl stäuben

Helles Fleisch hat gegenüber dem Fleisch etwas älterer Tiere (dunkles Fleisch) einen höheren Wassergehalt. Der dünne Mehlfilm bindet beim Einlegen in heißes Öl den austretenden Saft sofort. Die Oberfläche bleibt auf diese Weise trocken, und das Fleischstück bleibt saftiger, bräunt regelmäßig und schneller.

3. Heiß anbraten, dann Temperatur reduzieren

Das schnelle beidseitige Anbraten in heißem Öl bewirkt, daß die Proteine an der Oberfläche gerinnen (denaturieren) und kein Saft nach außen tritt. Damit bei dickeren Stücken eine Krustenbildung (Austrocknung der Oberfläche) vermieden werden kann, muß die Temperatur nach dem Anbraten etwas reduziert werden.

4. Nicht zudecken

Kondenswasser, das sich unweigerlich an der Deckelinnenseite bilden würde, würde ins Öl tropfen und dort zu einem Sieden statt zum Braten führen.

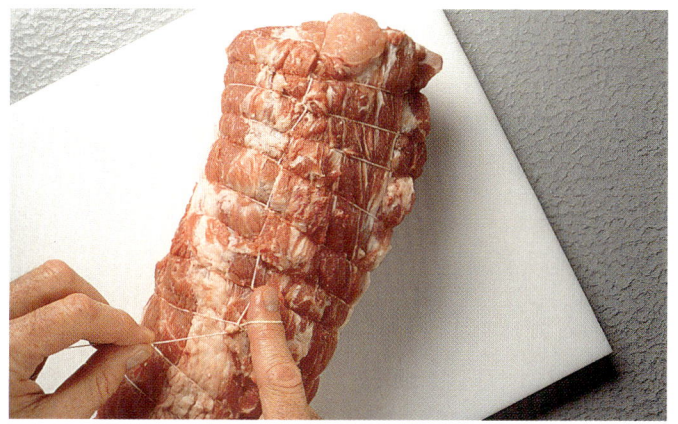

Vorbereitungs-, Schnitt- und Bindearten **Fleisch**

Binden eines Schweinshalses.

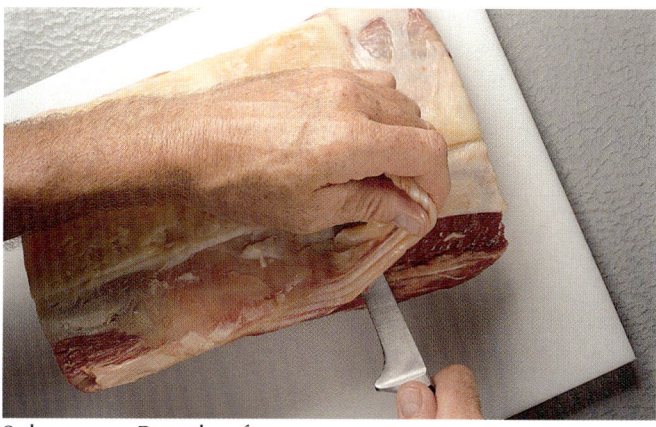

Sehne vom Roastbeef entfernen.

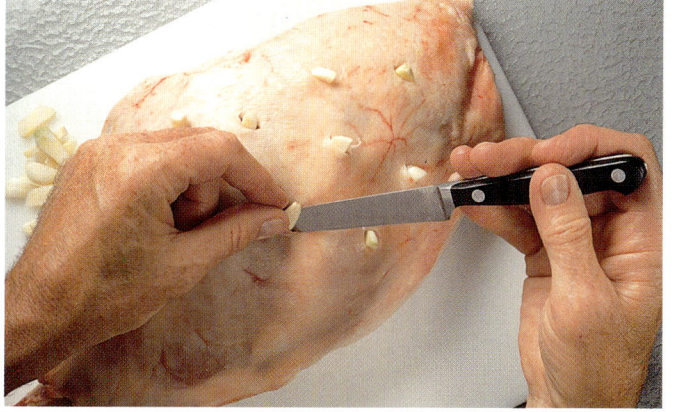

Lammgigot mit Knoblauch spicken.

Rindsfilet parieren.

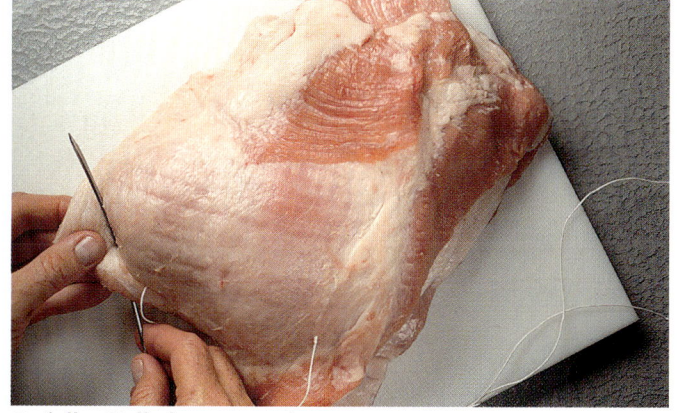

Gefüllte Kalbsbrust zunähen.

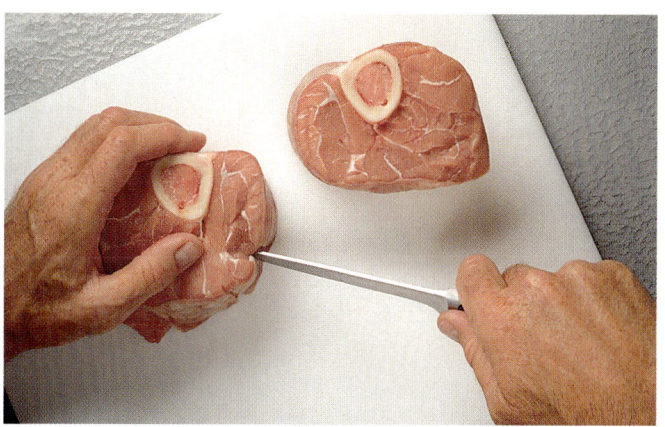

Einschneiden der Haut bei Kalbshaxen.

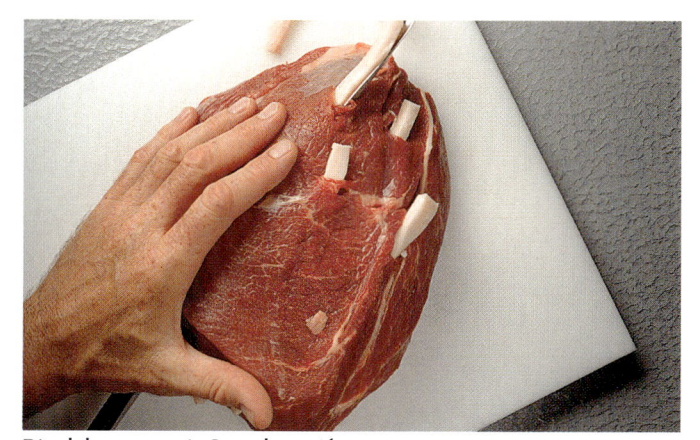

Rindsbraten mit Speckstreifen durchziehen (lardieren).

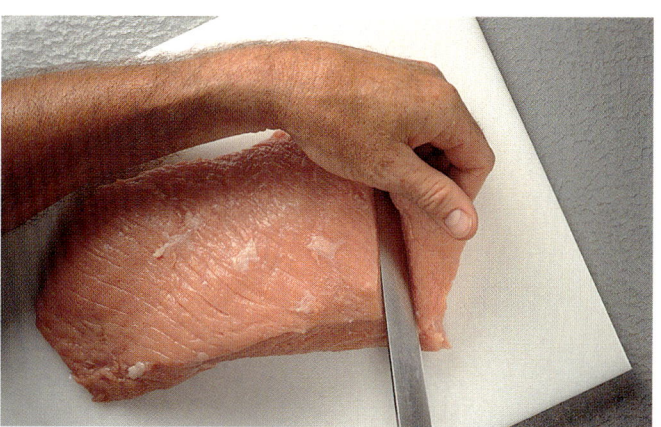

Kalbsschnitzel gegen die Fleischfasern schneiden.

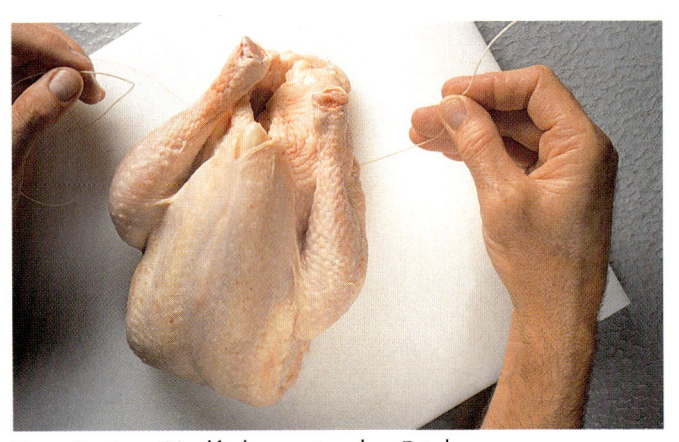

Vorbereitungs-, Schnitt- und Bindearten **Geflügel**

Zum Braten: Bindfaden unter den Rücken des Poulets legen.

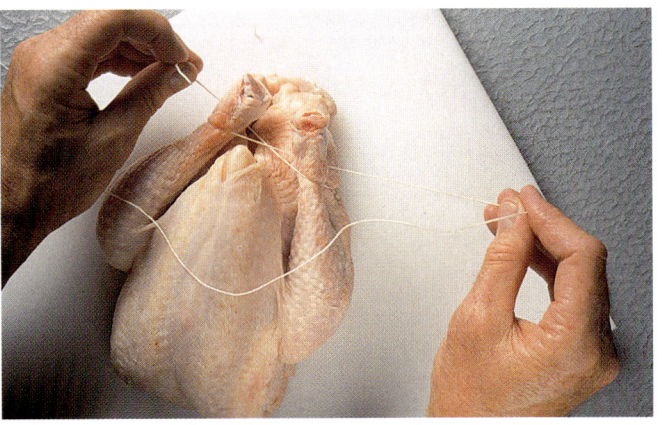

Bindfaden zwischen den Beinen kreuzen.

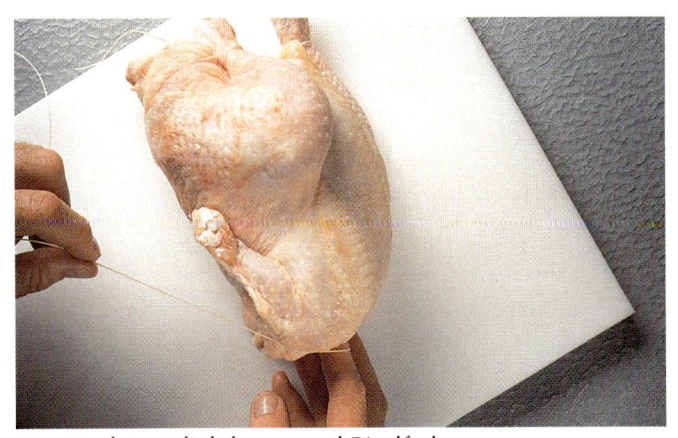

Das Poulet seitlich legen und Bindfaden über dem Halsansatz durchführen.

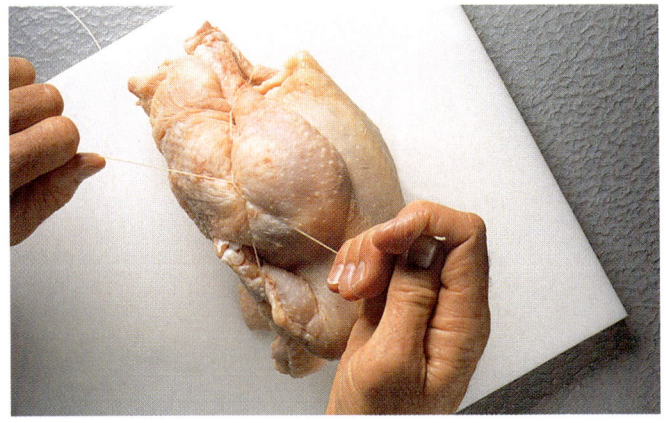

Seitlich fest binden und verknoten.

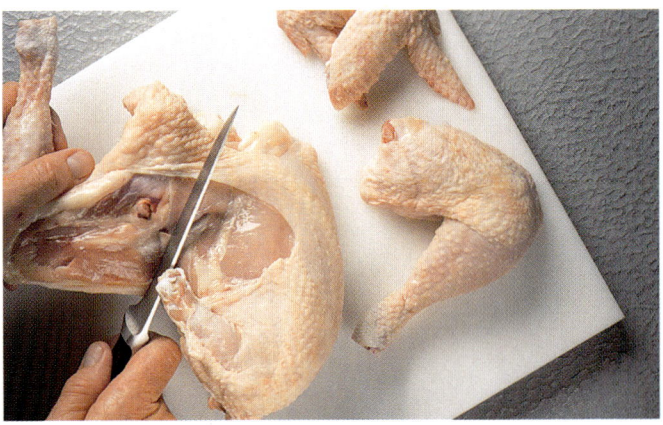

Zum Sautieren: Beide Schenkel des vorbereiteten Poulets wegschneiden.

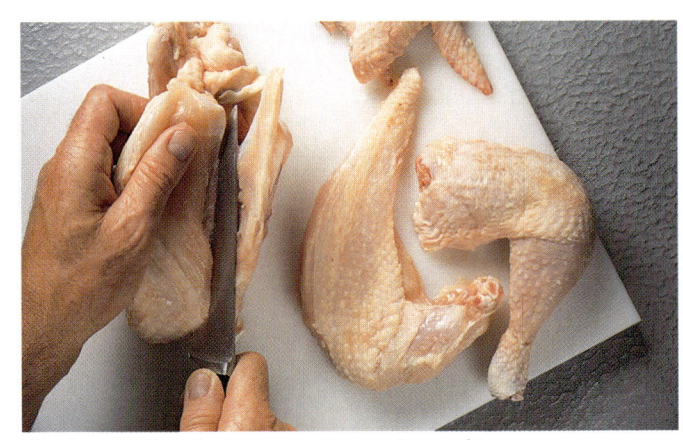

Die Brüste beidseitig von der Karkasse lösen.

Den Schenkel beim Gelenk durchtrennen und die Brüste halbieren.

Fertig zerlegtes Poulet für «*poulet sauté*».

5. Nicht mit der Gabel ins Fleisch stechen

Fleischstücke sollten nach dem beidseitigen Anbraten nicht mehr zu oft gewendet werden. Vor allem darf nicht mit der Gabel ins Fleisch gestochen werden, da durch den höheren Druck im Fleisch sehr viel Saft durch die Einstechöffnungen auslaufen würde.

6. Nicht im eigenen Saft liegen lassen

Fleischstücke, die für die Saucenherstellung kurz aus der Pfanne genommen werden müssen, sollten auf eine warme Unterlage, bei der der Saft ablaufen kann, abgelegt werden. Dickere Fleischstücke werden in der Regel vor dem Anrichten nochmals kurz in Butter gewendet, dünnere kurz unter dem Salamander erhitzt und, wenn die Sauce separat gereicht wird, mit etwas Butter übergossen.

7. Nicht in der Sauce kochen lassen

A-la-minute-Fleischstücke, die in der Sauce serviert werden, wie zum Beispiel Geschnetzeltes, dürfen vor dem Servieren in der Sauce nur aufgewärmt, nicht aber aufgekocht werden, da die Fleischstücke austrocknen und gleichzeitig die Sauce stark verdünnen.

Sautieren von hellem Fleisch

Kalbsschnitzel mit Rahmsauce – *escalopes de veau à la crème*

Zutaten für 10 Personen		
Kalbsnußschnitzel (20 Stück)	1,5	kg
Salz, Pfeffer		
Mehl	0,05	kg
Erdnußöl	0,1	l
Schalotten	0,07	kg
Weißwein	0,2	l
Gebundener Kalbsjus	0,3	l
Rahm, flüssig	0,2	l
Rahm, halb geschlagen	0,2	l

Zubereitung

- Kalbsschnitzel würzen und mit Mehl stäuben.
- In heißem Öl beidseitig hell braten.
- Herausnehmen und warm stellen, Öl abgießen.
- Feingehackte Schalotten im Bratensatz andünsten.
- Mit Weißwein ablöschen und gänzlich reduzieren.
- Gebundenen Kalbsjus und flüssigen Rahm beifügen.
- Sauce kurz durchkochen und absieben.
- Abschmecken und mit dem halb geschlagenen Rahm verfeinern, eventuell Zitronensaft beifügen.
- Schnitzel anrichten und mit einem Teil der Sauce nappieren, Rest der Sauce separat.

Beispiele weiterer Gerichte

Kalb

Geschnetzelte Kalbsleber mit Madeirasauce
Emincé de foie de veau au madère

Sautierte Kalbsfilet-Mignons mit Steinpilzrahmsauce
Mignons de veau sautés aux cèpes à la crème

Kalbsschnitzel mit Rohschinken und Salbei
Saltimbocca alla romana

Sautiertes Kalbsschnitzel mit Spiegelei
Escalope de veau Holstein

Schwein

Sautiertes Schweinskotelett mit Senfsauce
Côte de porc sautée Robert

Sautiertes Schweinsschnitzel mit Paprikarahmsauce
Escalope de porc sautée à la crème au paprika

Sautierte Schweinsfiletmedaillons auf Apfelschnitzen
Médaillons de filet mignon de porc sautés normande

Sautiertes Schweinssteak Zigeunerart
Steak de porc sauté zingara

Lamm

Sautierte Lammchops provenzalische Art
Chops d'agneau sautés provençale

Sautierte Lammnüßchen mit Thymian
Noisettes d'agneau sautées au thym

Mastgeflügel

Geschnetzeltes Geflügelfleisch indische Art
Emincé de volaille indienne

Sautiertes Geflügelbrüstchen mit Gurken
Suprême de volaille sauté Doria

Sautieren von dunklem Fleisch

Entrecôte mit Rotweinsauce – *entrecôte au vin rouge*

Zutaten für 10 Personen		
Entrecôtes	1,5	kg
Salz, Pfeffer		
Erdnußöl	0,1	l
Schalotten	0,07	kg
Kräftiger Rotwein	0,3	l
Demi-glace	0,4	l
Kochbutter	0,1	kg

Zubereitung

- Entrecôtes würzen.
- In heißem Öl beidseitig nur rasch anbraten.
- Herausnehmen und warm stellen, Fett abgießen.
- Feingehackte Schalotten im Bratensatz andünsten.
- Mit Rotwein ablöschen und gänzlich reduzieren.
- Mit Demi-glace auffüllen.
- Sauce kurz durchkochen und absieben.
- Abschmecken und mit 0,05 kg Butter verfeinern.
- Entrecôtes in der restlichen Butter kurz wenden.
- Anrichten und mit wenig Sauce umgießen, Rest der Sauce separat.

Beispiele weiterer Gerichte

Rind

Rindsfiletgulasch Stroganow
Filet de bœuf Stroganov

Sautiertes Rumpsteak mit Kräutersauce
Rumpsteak maître d'hôtel

Sautiertes Tournedos mit zerdrücktem Pfeffer
Tournedos sauté au poivre écrasé

Wild

Sautiertes Hirschkotelett mit Heidelbeeren
Côtelette de cerf sautée aux myrtilles

Sautierte Rehnüßchen Mirza
Noisettes de chevreuil Mirza

Sautierte Rehnüßchen Jägerart
Noisettes de chevreuil sautées chasseur

Sautieren von hellem Fleisch in einer Hülle

Grundregeln

1. Nach dem Würzen im Mehl wenden, gut abklopfen und einhüllen

Ohne Mehl würde die Hülle beim Braten abfallen.

2. Statt Öl geklärte Butter verwenden

Je nach Zusammensetzung der Hülle hat diese die Eigenschaft, mehr oder weniger Bratfett aufzusaugen. Aus geschmacklichen Gründen sollte deshalb Butterfett dem Öl vorgezogen werden.
Geklärte Butter hat gegenüber der frischen Butter den Vorteil, daß sie frei von Milchproteinen und deshalb hitzebeständiger ist.

3. Mit tieferen Temperaturen sautieren

Da das Fleisch von einer schützenden Hülle umgeben ist, ist ein heißes Anbraten nicht mehr nötig. Damit ein zu starkes Bräunen der Hülle verhindert wird, sollte die Brattemperatur bei dünnen Fleischstücken etwas höher, bei dicken etwas tiefer liegen.

4. In der Regel ohne Sauce servieren

Da beim Braten kein Bratensatz anfällt, wird diese Art von Fleischgerichten nach dem Anrichten nur noch mit schäumender Butter übergossen. Wird trotzdem eine Sauce gewünscht, so sollte sie immer separat gereicht werden.

Beispiele von Hüllen	Beispiele von Gerichten
Aufgeschlagenes Ei nach Belieben ergänzt zum Beispiel mit gehackten Kräutern, geriebenem Käse usw.	Piccata
Aufgeschlagenes Ei und *mie de pain* (statt *mie de pain* kann auch helles Panierbrot verwendet werden) Immer gut andrücken!	Kalbsschnitzel Cordon bleu *Escalope de veau Cordon bleu*

7.13.3 Grillieren – *griller*

Für das Grillieren gelten die gleichen Grundregeln, wie sie im Abschnitt 7.13.2, Sautieren, S. 374, aufgeführt sind.

Unter Grillieren versteht man das Garen auf einem in der Regel durch elektrische Energie, Gas oder Holzkohle erhitzten Rost.
Wichtigste Voraussetzung ist ein absolut sauberer und heißer Grill, damit beim Kontakt des Fleisches mit dem Grill die Proteine an der Oberfläche sofort gerinnen und kein Fleischsaft nach außen dringen kann.
Korrekt grillierte Produkte sind saftig gegart und zeichnen sich durch eine braune, gut sichtbare rhombusartige (schräge Vierecke) Grillzeichnung aus.

Ernährungsphysiologische Betrachtungen

Grilliertes Kalb- und Geflügelfleisch spielt auch in der Diätetik eine wichtige Rolle, denn
- durch Grillieren lassen sich diese leichtverdaulichen Fleischsorten besonders fettarm zubereiten;
- Inhaltsstoffe werden durch die kurzen Garzeiten geschont;
- die intensive Geschmacksentwicklung aufgrund der hohen Temperaturen läßt grilliertes Fleisch auch salzlos gut schmecken.

Anrichten

Grilliertes Fleisch wird grundsätzlich trocken angerichtet. Aus optischen Gründen kann die Oberfläche mit etwas geklärter Butter (Pinsel) überglänzt werden. Nach Belieben mit einem Büschel Brunnenkresse und mit Zitrone garnieren.

Saucen / Buttermischungen

Da grilliertes Fleisch über sehr viel Röstbitter verfügt, bevorzugen viele Gäste anstelle einer Sauce lediglich ein Stück Zitrone.
Ansonsten eignen sich:
- **zu Geflügel- und Kalbfleisch:** leichte Buttermischungen, wie Zitronenbutter, Orangenbutter, Thymianbutter usw., oder Tomaten-Coulis
- **zu Schweinefleisch:** kräftige Kräuterbutter oder Barbecue-Saucen
- **zu Rindfleisch:** Bearner Sauce, Choron-Sauce, Foyot-Sauce, kräftige Kräuterbutter oder Tomaten-Concassé
- **zu Lammfleisch:** Schalottenbutter, Knoblauchbutter, kräftige Kräuterbutter oder Tomaten-Concassé

Grundregeln für das Grillieren

1. Marmorierte Fleischstücke bevorzugen

Marmorierte (mit feinen Fettäderchen durchzogene) Fleischstücke trocknen weniger schnell aus und sind deshalb den mageren Stücken vorzuziehen. Da Wildfleisch sehr mager ist, wird es fast nie grilliert.

2. Zuerst marinieren, dann erst salzen

Dickere Fleischstücke werden öfters mit Öl und Kräutern im voraus mariniert. Aufgrund der wasserziehenden Eigenschaft des Salzes darf aber erst unmittelbar vor der Zubereitung gesalzen werden.

3. Nie über offenem Feuer grillieren

4. Fleischtyp und Fleischdicke berücksichtigen

Helles Fleisch trocknet schneller aus und sollte deshalb schonender (heller) grilliert werden. Für die Fleischdicke gilt: Je dicker das Fleischstück, desto tiefer die Grilltemperatur.

5. Nicht auf das Fleisch drücken

Die starke Hitze, die von außen nach innen dringt, bewirkt im Fleischinnern einen hohen Saftdruck. Jeder zusätzliche Druck von außen oder Einstich mit der Gabel bewirkt einen hohen Saftverlust.

6. Dicke Stücke bepinseln und nachziehen lassen

Bei dickeren Stücken wie *Entrecôtes château*, Chateaubriands usw. kann es zur Bildung einer Grillkruste kommen. Diese darf aber nicht verhärten oder austrocknen, sondern muß durch öfteres Bepinseln mit Öl oder Marinade mürbe gehalten werden. Zudem sollte man dicke Stücke nach dem Grillieren kurz «nachziehen» lassen, damit sich die Hitze im Fleischstück gleichmäßig verteilt und der Fleischsaftverlust beim Aufschneiden gering bleibt.
Um bei größerem Mastgeflügel ein Austrocknen zu verhindern, kann dieses erst auf dem Grill gezeichnet, dann auf einem Gitter im Ofen fertig gegart werden.

Das Grillieren von Fleisch

Grilliertes T-Bone-Steak

Zutaten für 10 Personen		
T-Bone-Steaks	2,5	kg
Marinade		
Erdnußöl	0,08	l
Thymian, frisch	0,001	kg
Rosmarin	0,001	kg
Pfefferkörner	0,005	kg
Salz		
Erdnußöl	0,1	kg
Brunnenkresse	0,1	kg
Zitrone	2	Stück

Vorbereitung

Marinade
- Thymian, Rosmarin und Pfefferkörner hacken bzw. zerstoßen. Mit 0,08 kg Öl mischen.
- Fleischstücke 1–2 Stunden vor dem Grillieren mit der Marinade bepinseln.

Zubereitung

- Marinade abstreifen und Fleisch salzen.
- Fleisch im frischen Öl wenden.
- Mit der schöneren Seite zuerst auf die sauberen, heißen Grillstäbe legen.
- Nach kurzer Zeit die Fleischstücke, ohne zu wenden, so verschieben, daß eine Grillzeichnung entsteht.
- Fleischstücke wenden und die zweite Seite gleich grillieren wie die erste.
- Fleisch anrichten und mit Brunnenkresse und Zitrone garnieren. Kräuterbutter oder passende Sauce (z. B. Bearner Sauce) separat.

Beispiele weiterer Gerichte

Kalb

Zürcher Leberspießli
Brochette de foie de veau grillée zurichoise

Grilliertes Kalbskotelett mit Basilikumbutter
Côte de veau grillée au beurre de basilic

Grilliertes Kalbs-Paillard mit Zitrone
Paillard de veau grillé au citron

Grillierte Kalbsnierenschnitten mit Senf
Tranches de rognon de veau grillées dijonnaise

Rind

Chateaubriand mit Bearner Sauce
Chateaubriand béarnaise

Grilliertes Entrecôte mit provenzalischen Kräutern
Entrecôte grillée aux herbes de Provence

Grilliertes Rumpsteak mit Tomaten und gebackenen Zwiebelringen
Rumpsteak grillé tyrolienne

Grilliertes Porterhouse-Steak mit Kräuterbutter
Steak Porterhouse grillé maître d'hôtel

Schwein

Grillierte Schweinsbrustrippen
Spare-ribs

Lamm

Grillierte Lammchops mit Thymian
Chops d'agneau grillés au thym

Grillierte Lammkoteletts provenzalische Art
Côtelettes d'agneau grillées provençale

Mastgeflügel

Grilliertes Hähnchen amerikanische Art
Poulet grillé américaine

Grilliertes Hähnchen Teufelsart
Poulet grillé diable

Mixed-Grill

Unter einem Mixed-Grill versteht man eine Auswahl verschiedener kleiner grillierter Fleischstücke, zum Beispiel je ein Stück
- Rinds-, Kalbs- **und** Schweinsfiletmedaillon
- Lammkotelett **oder** Lammnüßchen **oder** Lamm-Chops
- Kalbslebertranche
- Kalbsmilken- **oder** Kalbsnierentranche
- Specktranche
- Chipolata

Garniert wird es meist mit
- einer grillierten Tomate
- einem Büschel Brunnenkresse
- einem Stück Zitrone

Separat Kräuterbutter.

7.13.4 Braten – rôtir

Braten ist eine trockene Garmethode, die für **zarte, ganz belassene** größere Fleischstücke und für Geflügel angewandt wird.

Im Gegensatz zum Sautieren und zum Grillieren wird das Bratenstück einer allseitigen Hitze ausgesetzt, damit es regelmäßig von außen nach innen garen kann.

Aufgrund der großflächigen Bildung von Röstbittern ist das Braten eine der schmackhaftesten Zubereitungen für zartes Fleisch.

Bratenstücke werden immer von einem klaren oder leicht gebundenen Jus begleitet, dessen geschmackliche Basis der ausgelaufene Bratensaft ist.

Der richtige Garpunkt

Für die Ermittlung der Kerntemperatur (siehe Tabelle, S. 374) bei Fleischstücken sind auf dem Markt erhältliche Fleischthermometer oder Kerntemperaturfühler die geeignetsten Instrumente. Sie müssen individuell, gemäß der jeweiligen Gebrauchsanweisung, gehandhabt werden.

Zu beachten ist, daß diese Instrumente lediglich die momentane Kerntemperatur anzeigen und daß man zusätzlich die Temperaturerhöhung während des Abstehenlassens berücksichtigt werden muss.

Der richtige Garpunkt bei Geflügel ist dann erreicht, wenn beim Auslaufenlassen des inneren Saftes auf einen Teller die letzten Tropfen **beim Mastgeflügel** hell durchscheinend, bei **Ente** und **Wildgeflügel** hingegen noch rosa sind.

Das Abstehenlassen

Mit Ausnahme des Geflügels, das man nach dem Braten sofort servieren sollte, muß man alle größeren Bratenstücke vor dem Aufschneiden 10–15 Minuten abstehen lassen (dünne Fleischstücke wie z. B. ein Lammkarree nur etwa 5 Minuten).
Am Beispiel eines Roastbeef läßt sich aufzeigen, daß dies fast ebenso wichtig ist wie das Braten selbst:
Unmittelbar am Ende eines korrekt gebratenen Roastbeef beträgt die Tempe-

ratur in den Randschichten einiges über 100 °C, im Kern hingegen nur rund 40 °C. Würde man das Roastbeef in diesem Moment aufschneiden, wäre das Ergebnis ernüchternd: eine graue, trockene Randschicht und ein rohes, noch kaltes Inneres, aus dem der blutige Fleischsaft durch den hohen Druck im Fleisch herausläuft.

Läßt man hingegen das Roastbeef an einem warmen Ort bei etwa 45 °C auf einem Gitteruntersatz (damit das Fleisch nicht im eigenen Saft liegt) abstehen, so erfolgt ein Wärmeausgleich gegen innen und ein Saftausgleich gegen außen, so daß die Randschichten aufweichen und wieder rot werden.

Das Ergebnis im Moment des Aufschneidens: ein von außen bis ins Innerste regelmäßig gegartes Fleischstück, das kaum Saft verliert.

Übersicht über die Bratmethoden

Bratmethode	Kurzbeschrieb
Braten im Ofen	– Fleisch würzen und im heißen Öl anbraten – In der Rôtissoire oder auf Gitterrost mit Auffangschale unter häufigem Arrosieren fertig braten – Fleisch herausnehmen – Bratensaft und Bratensatz für den Bratenjus weiterverwenden
Braten im Umluftofen oder im Kombisteamer	– Fleisch würzen, auf Bratschale geben – Mit Öl beträufeln und in den vorgeheizten Ofen schieben – Unter gelegentlicher Wassereinspritzung braten – Bratensaft und Bratensatz für den Bratenjus weiterverwenden
Braten am Spieß (Holzkohle oder elektrische Beheizung)	– Fleisch eventuell marinieren, würzen, mit Öl einstreichen – Am Spieß einspannen – In den vorgeheizten Ofen oder Apparat hängen, Drehautomatik starten – Mit dem Inhalt der Saftauffangschale fleißig arrosieren – Den Bratensaft für den Bratenjus weiterverwenden

Garen mit Niedertemperatur

– Ungelagertes Fleisch (Zimmertemperatur) ansetzen, eventuell kurz anbraten.
– Kerntemperatur einstellen, Fühler in das Fleisch stecken.
– Im Temperaturbereich von 90 °C bis 120 °C garen.

Grundregeln für das Braten im Ofen, im Umluftofen oder im Kombisteamer

1. Wildgeflügel bardieren

Wildgeflügel (Fasan, Rebhuhn, Wachtel) sollte bardiert werden, da ihr Brustfleisch kaum Fett enthält und deshalb besonders geschützt werden muß. Kurz vor Ende der Bratzeit muß der Spickspeck entfernt werden. Temperatur etwas erhöhen und häufig arrosieren, damit auch sie Farbe erhalten.

2. Geflügel und Bratenstücke binden

Das Binden verhindert, daß sich durch das Zusammenziehen der äußeren Schichten beim Anbraten die Form unerwünscht verändert.

3. Fleisch nicht eiskalt in den Ofen schieben

Das zu bratende Fleisch sollte rund 1 Stunde vor dem Ansetzen aus dem Kühlraum genommen werden. Dies hat den Vorteil, daß die Temperatur auf eine sehr schonende Art bereits um 15 °C bis 20 °C erhöht werden kann und das Fleisch deshalb weniger lang gebraten werden muß.

4. Anbratkruste verhindern

Im herkömmlichen Ofen ist ein gutes Anbraten notwendig.
Beim (vorgeheizten) Konvektomat gerinnen die Proteine an der Oberfläche durch den Kontakt mit der heißen Luft automatisch.
Eine ausgeprägte Anbratkruste muß zu diesem frühen Zeitpunkt jedoch verhindert werden, denn sie würde wie eine Isolationsschicht wirken, die die Hitze nur sehr schlecht nach innen dringen läßt, und dabei selbst immer stärker verkohlen. Deshalb nach dem Anbraten Hitze reduzieren.

5. Geflügel auf der Seite liegend braten

Dieses Vorgehen hat zwei Vorteile:
– Die empfindliche Brust trocknet weniger aus, weil der Fleischsaft von innen her den jeweils untenliegenden Brustteil befeuchtet.
– Da in dieser Stellung die Schenkel direkt der Unter- bzw. der Oberhitze ausgesetzt sind, garen sie etwa gleich schnell wie die Brust.

Erst in der letzten Bratphase das Geflügel auf den Rücken kehren und der Brust durch fleißiges Arrosieren die endgültige Farbe geben.

6. Dampfabzug öffnen – häufig arrosieren

Ein fertiger Braten muß eine knusprige Oberfläche haben, darf aber keine spröden, ausgetrockneten Schichten aufweisen.
Im herkömmlichen Ofen wird das erreicht, indem von Anfang an mit offenem Dampfabzug (verhindert, daß sich im Garraum Feuchtigkeit ansammelt) gearbeitet und häufig arrosiert wird (verhindert das Austrocknen der äußeren Schichten).
Beim Umluftofen, wo die Luft im Garraum wesentlich trockener ist, ist eine mäßige Feuchtigkeitseinspritzung während des Bratens notwendig. Sie ist in der Endphase jedoch abzuschalten, damit sich die knusprige Oberfläche bilden kann.

Braten von Fleisch im Ofen

Roastbeef englische Art
Roastbeef anglaise

Zutaten für 10 Personen		
Roastbeef, pff	2	kg
Salz, Pfeffer		
Erdnußöl	0,08	l
Mirepoix	0,2	kg
Rotwein	0,2	l
Brauner Kalbsfond	0,6	l
Yorkshire-Pudding	10	Stück

Zubereitung

- Roastbeef würzen.
- Im Ofen im heißen Öl (ca. 230 °C) beidseitig anbraten.
- Unter öfterem Arrosieren bei 180 °C bis 200 °C braten.
- 10 °C bis 15 °C vor der gewünschten Kerntemperatur («englisch» sollte nicht mehr blutig, sondern rosa sein) Fleisch herausnehmen und abstehen lassen. Bratfett vorsichtig abgießen.

Herstellen des Bratenjus

- Mirepoix in Restfettstoff und Bratensatz andünsten.
- Mit Rotwein (bei hellem Fleisch mit Weißwein) ablöschen und gänzlich reduzieren.
- Mit braunem Kalbsfond (vorzugsweise ein Fond, der mit den entsprechenden angebratenen Fleischabschnitten ergänzt wurde) auffüllen, aufkochen und durch ein Tuch passieren.
- Bratenjus bis zur gewünschten Stärke einkochen, entfetten und abschmecken, nach Belieben mit Stärkemehl leicht binden.
- Jus und Yorkshire-Pudding separat.

Beispiele weiterer Gerichte

Kalb

Gebratenes Kalbskarree mit Gemüse
Carré de veau rôti bouquetière

Kalbsnierenbraten bürgerliche Art
Rognonnade de veau rôtie bourgeoise

Rind

Gebratenes Rindsfilet mit glasiertem Gemüse
Filet de bœuf rôti nivernaise

Gebratener Rindshuftdeckel
Aiguillette de bœuf rôtie

Schwein

Schweinsbraten mit Dörrpflaumen
Rôti de porc suédoise

Lamm

Gebratenes Lammkarree provenzalische Art
Carré d'agneau rôti provençale

Gebratene Lammkeule Bäckerinart
Gigot d'agneau rôti boulangère

Mastgeflügel

Gebratene junge Ente mit Orangen
Caneton à l'orange

Gebratenes Masthuhn mit Artischocken und Oliven
Poularde rôtie Beaulieu

Haarwild

Gebratene Rehkeule mit frischen Feigen
Gigue de chevreuil rôtie aux figues fraîches

Gebratener Rehrücken mit Preiselbeerbirne
Selle de chevreuil Baden-Baden

Federwild

Gebratene Wachteln mit Trauben
Cailles rôties vigneronne

Gebratener Fasan mit Sauerkraut
Faisan rôti à la choucroute

Braten am Spieß

Aufgrund der Umtriebe und des großen Arbeitsaufwandes wird der traditionelle Holzkohlespieß immer mehr durch automatisierte, elektrisch beheizte Drehspießapparate ersetzt.
Da diese Hitzequelle jedoch keinerlei aromatische Bestandteile enthält, ist das so gebratene Fleisch dem am traditionellen Spieß gebratenen geschmacklich in keiner Weise ebenbürtig.
Zum Braten am Spieß eignen sich gut durchzogene und gut gelagerte Stücke, wie zum Beispiel
- Hohrückenstücke vom Rind
- ganze Kalbs- und Schweinskarrees
- Lammkeulen
- Spanferkel
- weißes Mastgeflügel von mittlerer Größe

Grundregeln für die traditionelle Methode

(Siehe auch die in der Tabelle auf Seite 380 zusammengefaßten Bratmethoden)

1. Nur Holzkohle oder harzfreies Holz verwenden
Es ist verboten, für die Glutherstellung Briketts, Braun- oder Steinkohle zu verwenden, da diese giftige Bestandteile enthalten und gesundheitsschädliche Gase entwickeln.
Aus geschmacklichen Gründen sollte ebenfalls auf harziges Holz verzichtet werden.

2. Als Anzündehilfen nur Festbrennstoffe verwenden
Das Arbeiten am Holzkohlespieß birgt immer eine gewisse Brandgefahr in sich und sollte nur erfahrenem Fachpersonal überlassen werden.
Als Anzündehilfe nie Flüssigbrennstoffe, sondern immer nur Brennstofftabletten oder Brennstoffpaste verwenden.

3. Fleisch vor und nicht über die Glut hängen
Das nach unten tropfende Öl-Saft-Gemisch könnte sonst nicht in einer Schale aufgefangen werden, sondern es würde in der Glut unter starker Flammen- und Rauchentwicklung verbrennen und das Fleisch ungenießbar machen. Die aufgefangene Flüssigkeit muß zum Arrosieren verwendet werden.

4. Distanz zur Glut im Verlaufe des Bratens vergrößern
Mit fortschreitendem Braten muß die Hitze durch Vergrößern der Distanz zur Glut reduziert werden, da es sonst zu einer isolierenden Krustenbildung kommt.

Garen mit Niedertemperatur

Das Niedertemperatur-Garverfahren kann nicht als eigentliche Grundzubereitungsart angesehen werden. Aufgrund des beschränkten Anwendungsbereichs und der besonderen Anforderungen muß es als spezielles Garverfahren innerhalb der Grundzubereitungsart des Bratens im Ofen betrachtet werden.
Spezielle Niedertemperaturapparate – und nur in ihnen sollte diese Garmethode durchgeführt werden – sind vollelektronische, zum Teil computerisierte Apparate mit Kerntemperatur-

fühler, in denen Fleischstücke sehr schonend gegart und ohne Qualitätsverlust über Stunden hinweg warm gehalten werden können.
Das Vorgehen und die Einstellungen sind apparatespezifisch und müssen der jeweiligen Gebrauchsanweisung entnommen werden.

Prinzip des Niedertemperaturgarens

Ungelagertes Fleisch ist noch reich an fleischeigenen Enzymen, die erst im Verlauf der Lagerung abgebaut werden.
Wird nun dieses ungelagerte Fleisch in einem Temperaturbereich von etwa 120 °C gegart, so stellt sich ein Optimum an Enzymtätigkeiten ein, die in einer Vielzahl von chemischen Reaktionen dem Fleisch eine natürliche Zartheit und Saftigkeit verleihen.

Anforderungen an das Fleisch

– Niedertemperaturgaren ist sowohl für bindegewebearme als auch für magere, bindegewebereichere Fleischstücke von Schlachtfleisch und Haarwild geeignet.
– Das Fleisch sollte möglichst ungelagert sein.
– Das Fleisch sollte beim Ansetzen Zimmertemperatur haben.

Vorteile

– Keine Gewichtsverluste durch die Lagerung.
– Kaum Garverluste (weniger als 10% gegenüber 20–25% beim herkömmlichen Braten).
– Durch die schonende Hitze kaum Nährwertverluste.
– Genau auf den gewünschten Punkt gegartes, zartes und saftiges Fleisch.
– Längeres Warmhalten ohne Qualitäts- und Geschmackseinbußen.

Nachteile

– Nicht so geschmackvolles Fleisch, da sich die meisten fleischeigenen Geschmacksstoffe erst im Reife- und Lagerungsprozeß bilden.
– Es fallen kein Bratensaft und kein Bratensatz an, aus dem der Bratenjus hergestellt werden könnte.
– Das Fleisch muß nachträglich noch angebraten werden, damit sich die für den bratenähnlichen Geschmack notwendigen Röstbitter bilden können.
– Bereits gelagertes Fleisch wird bei dieser Garmethode fast überreif und bekommt einen säuerlichen Geschmack.
– Die Apparate stellen hohe hygienische Anforderungen, da unterhalb des sterilisierenden Temperaturbereiches gegart wird.

7.13.5 Backen im Ofen – cuire au four

Backen im Ofen (oder im Umluftofen) ist eine trockene Garmethode für **zarte, ganz belassene** Fleischstücke von Schlachtfleisch und Haarwild. Typisch für diese Grundzubereitungsart ist, daß die in der Regel ausgebeinten Fleischstücke nach einem vorausgehenden Anbraten zuerst in eine Farce-, dann in eine Spickspeck- und darauf in eine Teighülle eingeschlagen und im Ofen fertig gebacken werden. Eine Ausnahme bildet dabei gepökeltes Fleisch wie Schinken und Rippchen, das vorher pochiert und dann direkt in den Teig eingeschlagen wird.

Fleischthermometer und Kerntemperaturfühler geben nur die momentane Kerntemperatur an. Zusätzlich berücksichtigt werden muß die Temperaturerhöhung während des Abstehenlassens.

Das Abstehenlassen

(Siehe dazu auch Abschnitt 7.13.4, Braten.)
Damit im Fleischinnern ein Temperatur- bzw. ein Saftausgleich erfolgen kann, muß man (mit Ausnahme von Gepökeltem) das Fleisch am Ende des Backprozesses abstehen lassen. Aufgrund der geringeren Temperaturunterschiede reichen beim Backen im Ofen dafür in der Regel 5–10 Minuten aus. Wichtig ist, daß der Wärmeschrank dabei leicht offen bleibt, da bei der geringsten Dampfentwicklung die Teigkruste aufgeweicht würde.

Präsentation und Service

Das zubereitete Stück sollte auf einer Platte oder einem Schneidbrett den Gästen präsentiert und vor ihren Augen fachgerecht tranchiert werden.

Beilagen

Da zu jedem Stück Fleisch auch ein Teil der Teigkruste serviert wird, sind in der Regel keine weiteren Stärkebeilagen mehr nötig.

Saucen

Ableitungen der Demi-glace, zum Beispiel Madeirasauce oder Trüffelsauce.

Übersicht über das Backen im Ofen

Fleischstück	Farcekombination	Fleischvorbereitung	Teig
Rindsfilet	Duxelles – Schlachtfleisch-Leber-Gratinfarce	Würzen, allseitig kurz anbraten, auf einem Gitter auskühlen lassen	z. B. – Blätterteig – Halbblätterteig – Geriebener Teig – Brioche-Teig
Kalbsfilet	Duxelles – Spinatfarce		
Schweinsfilet	Duxelles – Spinatfarce		
Milchlammgigot	Duxelles – Kräuterfarce		
Lammrückenfilet	Duxelles – Kräuterfarce		
Rehrückenfilet	Duxelles – Wildfleisch-Leber-Gratinfarce		
Schinken Rippchen, Saucissons	Evtl. gedünstete Zwiebeln, gedünsteter Lauch oder Kohl	Pochieren, im Fond auskühlen lassen	Brotteig Brioche-Teig

Grundregeln für das Backen im Ofen

1. Verhältnis Fleisch : Farce : Teig beachten

Nicht Teig oder Farce, sondern das Fleisch ist die Hauptzutat. Wenn lediglich dünne Fleischstücke wie beispielsweise Lammrückenfilets eingepackt werden, empfiehlt es sich, diese doppelt (durch etwas Farce getrennt) zu führen.

2. Anbratzeit und Querschnittgröße beachten

Anbratzeit des Fleisches sowie Querschnittgröße der ganzen Komposition müssen so bemessen werden, daß, wenn die Teighülle genügend gebacken ist (Blätterteig je nach Dicke ca. 30 Minuten), auch die gewünschte Kerntemperatur erreicht ist.

3. Eigentemperatur der Komposition beachten

Eine weitere Möglichkeit, die Kerntemperatur trotz gleichbleibender Backzeit des Teiges zu beeinflussen, besteht darin, die Komposition kühlschrankkalt (bei dünnen Fleischstücken) oder zimmertemperaturwarm (bei dicken Querschnitten) in den Ofen zu schieben.

Das Backen im Ofen

Kalbfilet mit Morcheln in Blätterteig
Filet mignon de veau aux morilles en croûte

Zutaten für 10 Personen		
Kalbfilet, pff	1,6	kg
Salz, Pfeffer		
Erdnußöl	0,05	l
Englischbrot	0,3	kg
Rahm	0,15	l
Eier	4	Stück
Butter	0,03	kg
Zwiebeln	0,15	kg
Morcheln, getrocknet	0,05	kg
Schnittlauch	0,03	kg
Rückenspeck	0,1	kg
Blätterteig	0,6	kg

Vorbereitung

- Morcheln einweichen, der Länge nach vierteln, gut waschen.
- Zwiebeln hacken und in Butter andünsten. Morcheln dazugeben, mitdünsten, würzen und erkalten lassen.
- Schnittlauch schneiden.
- Englischbrot entrinden und fein reiben. Mit drei Eiern, dem Rahm, den gedünsteten Morcheln und dem Schnittlauch zu einer Masse mischen. Gut abschmecken.
- Kalbfilet würzen, in heißem Öl allseitig anbraten, auf einem Gitter erkalten lassen.
- Spickspeck in dünne Tranchen schneiden.

Zubereitung

- Den Blätterteig nicht zu dünn auswallen und mit den Spickspeckscheiben belegen.
- Die Hälfte der Brotmasse als Sockel auf den Spickspeck geben.
- Kalbfilet daraufsetzen und mit der anderen Hälfte der Masse zudecken.
- Die Speckscheiben über das Filet ziehen, so daß es vollständig eingepackt ist. Blätterteigrand mit Eiweiß bestreichen.
- Mit dem Blätterteig das Filet einpacken und mit der Zuschlagsnaht nach unten auf ein Backblech legen.
- Mit Eigelb bestreichen und Verzierungen anbringen.
- Vor dem Backen kalt stellen, mit einer Gabel leicht einstechen.
- Im vorgeheizten Ofen bei etwa 200 °C während 30–40 Minuten backen.
- Madeirasauce separat dazu.

Beispiele weiterer Gerichte

Schwein

Schinken im Brotteig
Jambon en croûte

Saucisson in Brioche-Teig
Saucisson en brioche

Rind

Rindsfilet Wellington
Filet de bœuf Wellington

Garen in speziellen Hüllen

Das Garen in Hüllen wie Salz, Alufolie, Bratfolie, Pergamentpapier usw. kann nicht zur Grundzubereitungsart des Backens im Ofen gezählt werden, da wegen des Fehlens aromabildender Backvorgänge von Backen keine Rede sein kann.

Beispiele weiterer Gerichte

Roastbeef in der Salzkruste
Roastbeef en croûte de sel

Kalbskotelett in der Papierhülle
Côte de veau en papillote

7.13.6 Poelieren – *poêler*

Poelieren ist eine Garmethode für **zarte, ganz belassene** Fleischstücke und Geflügel.
Das Fleisch wird, **ohne angebraten zu werden,** zugedeckt bei 140 °C bis 160 °C ausschließlich in Butter und Mirepoix bzw. Matignon gegart.
Kurz vor dem Fertigstellen wird der Topf (ein Rondeau mit Deckel oder eine Braisiere) abgedeckt, damit das Fleisch leicht Farbe nehmen kann.
Obwohl vom Fleischtyp her gesehen alles, was im Ofen gebraten, auch poeliert werden kann, ist bei fettreichem Fleisch (Enten, Gänse) sowie bei Fleisch, das einen ausgeprägten Eigengeschmack hat (Lamm, Rind, Haarwild), das Braten nach wie vor die geschmacklich empfehlenswertere Grundzubereitungsart.

Wesentliche Vorteile des Poelierens

- Die milden Röstbitter, die bei diesen Temperaturen entstehen, überdecken den Eigengeschmack des Fleisches nicht, sondern lassen ihn besonders gut zur Geltung kommen, was bei **Kalbfleisch, Mastgeflügel** und **Wildgeflügel** besonders erwünscht ist.
- Bei Temperaturen von lediglich 160 °C gart das Fleisch besonders **nährstoffschonend** und ist, da eine Bratkruste fehlt, auch **leichtverdaulich.**

Der richtige Garpunkt

(Siehe dazu auch Abschnitt 7.13.4, Braten.)

Thema 7   **Blatt 104**

Zubereitung des Poelierfonds

Am Ende der Zubereitung sammelt sich am Boden des Poeliertopfes ein butterhaltiger aromatischer Fleischsaft, der die Basis für den Poelierfond bildet:
– Poeliertes Fleischstück ausheben und warm stellen.
– Mit etwas Weißwein ablöschen und mit einem kräftigen braunen Kalbsfond (bei Geflügel: mit braunem Geflügelfond) auffüllen.
– Etwa 5 Minuten leicht kochen lassen, passieren.
– Fond entfetten, etwas einkochen.
– Nach Belieben mit etwas Stärkemehl leicht abbinden, abschmecken.

Den Poelierfond separat servieren.

Anrichten

– Poelierte Fleischstücke werden in der Regel dem Gast auf einer Platte präsentiert und am Tisch tranchiert.
– Poeliertes Geflügel wird tranchiert und immer mit der Haut serviert.
– Mit der Sauce umgießen oder Sauce separat dazu servieren.

Grundregeln für das Poelieren

1. Fleischstücke und Geflügel binden wie für das Braten im Ofen

2. Gemüseschnittart anpassen
Damit das Gemüse voll zur Geltung kommt, sollte es bei Fleischstücken mit kurzer Gardauer (z.B. Fasan, Kalbsfilet) zu Matignon, bei Fleischstücken mit langer Gardauer (z.B. Kalbsrücken, Truthahn) zu Mirepoix geschnitten werden.

3. Auf jegliche Fremdflüssigkeit verzichten
Mit Ausnahme des Wildgeflügels, das man vor dem Herausnehmen noch mit Cognac flambiert, darf dem Kochgut aus geschmacklichen Gründen keine Fremdflüssigkeit beigegeben werden.

4. Hin und wieder arrosieren
Das Arrosieren schützt einerseits vor dem Austrocknen, andererseits hilft es mit bei der Bildung von milden Geschmacks- und Aromastoffen auf der Fleischoberfläche.

Das Poelieren von Fleisch

Poeliertes Kalbskarree mit Madeira
Carré de veau poêlé au madère

Zutaten für 10 Personen		
Kalbskarree, pff	2	kg
Salz, Pfeffer		
Mirepoix für braune Fonds	0,3	kg
Thymian, Rosmarin, Lorbeerblatt		
Eingesottene Butter	0,1	kg
Weißwein	0,05	l
Brauner Kalbsfond	0,6	l
Stärkemehl	0,01	kg
Madeira	0,05	l

Zubereitung

– Eine in der Größe passende Braisiere oder ein Rondeau mit dem Mirepoix und den Gewürzen auslegen.
– Das gebundene, gewürzte Fleischstück daraufsetzen.
– Heiße Butter über das Fleisch geben.
– Im vorgeheizten Ofen bei etwa 165 °C ohne Deckel kurz andünsten.
– Zugedeckt unter öfterem Arrosieren bei 140 °C bis 160 °C poelieren.
– Während der letzten 10 Minuten abdecken und das Poeliergut leicht Farbe nehmen lassen.
– Fleisch herausnehmen, warm stellen.
– Mit Weißwein ablöschen.
– Kalbsfond dazugeben und mit dem Mirepoix etwa 5 Minuten leicht kochen lassen.
– Fond abpassieren, leicht entfetten.
– Stärkemehl mit etwas Madeira anrühren und abbinden, eventuell noch etwas einkochen. Abschmecken.
– Poelierfond mit dem Madeira abschmecken.
– Fleisch tranchieren, mit Sauce umgießen oder Sauce separat dazu servieren.

Beispiele weiterer Gerichte

Kalb

Poeliertes Kalbsfilet mit Steinpilzen
Filet mignon de veau poêlé aux cèpes

Poelierter Kalbsrücken Orlow
Selle de veau poêlée Orlov

Mastgeflügel

Poeliertes Perlhuhn mit kleinem Gemüse
Pintadeau poêlé aux petits légumes

Poeliertes Masthuhn mit Morcheln
Poularde poêlée aux morilles

Federwild

Poeliertes Rebhuhn in der Kokotte
Perdreau poêlé en cocotte

Poelierter Fasan mit Trüffelrahmsauce
Faisan poêlé à la crème aux truffes

7.13.7 Pochieren – *pocher*

Das Pochieren ist ein feuchtes Garverfahren für zartes helles Fleisch.
Das Prinzip dieser Grundzubereitungsart besteht darin, das Fleisch **in einer Flüssigkeit** bei Temperaturen von **70 °C bis 75 °C** auf eine äußerst **schonende** Art zu garen.
Obwohl das Pochieren grundsätzlich für alle bindegewebearmen Fleischstücke möglich ist, beschränkt es sich in der heutigen Praxis sinnvollerweise hauptsächlich auf Kalbshirn und Kalbsmilken sowie zartes gepökeltes Schweinefleisch und Masthuhn.
Sinnvoll ist das Pochieren vor allem dort, wo **die Bildung von Röstbittern nicht erwünscht** ist oder ein Fleischstück für eine weitere Zubereitung vorgegart werden muß.
Nicht erwünscht sind Röstbitter
– **in der Diätetik** (Geflügel und Kalbfleisch), wenn es darum geht, eine kräftigende, fettarme und leichtverdauliche Kost zuzubereiten;
– bei der Zubereitung eines **leichtverdaulichen Nachtessens** (die meisten pochierten Geflügelgerichte sind in der Hotellerie deshalb speziell für Diners entwickelt worden);
– bei **zartem gepökeltem und geräuchertem** Schweinefleisch (hier sind Röstbitter geschmacklich überflüssig).

Kalbshirn und **Kalbsmilken** müssen durch Pochieren vorgegart werden, da wegen ihrer weichen Fleischstruktur im Rohzustand ein direktes Sautieren, Grillieren oder Schmoren fast nicht möglich ist.

Übersicht über die Arten des Pochierens

Fleisch	Vorbereitung	Blanchieren	Pochieren	Fertigstellen
Innereien (Hirn und Milken)	Gut wässern, von Blutresten befreien (Hirn zusätzlich enthäuten), nochmals wässern	**Hirn** nicht blanchieren	**Hirn** in Essig-Salz-Wasser (mit Thymian, Lorbeer und Pfefferkörnern) kalt ansetzen; Pochierzeit: ca. 10 Minuten	**Hirn** pochiert servieren
		Milken in kaltem Wasser ansetzen, schnell aufkochen, abschütten, zuerst heiß, dann kalt abspülen	**Milken** in weißem Kalbsfond (mit Weißwein und gespickter Zwiebel) heiß ansetzen; Pochierzeit: ca. 20 Minuten	**Milken** mit einer Ableitung der deutschen Sauce servieren oder im Fond auskühlen lassen
Geflügel (Masthuhn)	Flambieren, reinigen und binden	Zusammen mit den Geflügelabschnitten in heißem Wasser ansetzen, aufkochen, abschütten, zuerst heiß, dann kalt abspülen	In weißem Geflügelfond (mit den blanchierten Geflügelabschnitten und einem weißen Gemüsebündel) heiß ansetzen; Pochierzeit: ca. 50 Minuten	Enthäuten und tranchieren, mit einer Ableitung der Geflügelrahmsauce servieren
Gepökeltes (Schinken und Rippchen)	Schinken je nach Größe ca. 12 Stunden wässern	Nicht blanchieren	In kaltem Wasser ohne Salz ansetzen; Pochierzeit: ca. 40 Minuten pro kg	Direkt servieren oder im Fond auskühlen lassen

Pochieren von Innereien

Hirn

Vor allem aus ernährungsphysiologischen Gründen sollte Hirn auf der Speisekarte eher eine Ausnahme sein: Hirn gehört zu den leichtverderblichen und cholesterinreichsten Nahrungsmitteln (100 g enthalten den zehnfachen Tagesbedarf an Cholesterin).

Kalbsmilken mit Rahmsauce, Gurken und Champignons –
ris de veau à la crème aux concombres et aux champignons

Zutaten für 10 Personen		
Kalbsmilken	1,5	kg
Weißer Kalbsfond	2,5	l
Weißwein	0,2	l
Zwiebeln	0,05	kg
Nelke, Lorbeerblatt, je	1	Stück
Butter	0,04	kg
Mehl	0,05	kg
Eigelb	1	Stück
Rahm	0,1	l
Salz, Gewürze		

Garnitur

Champignons	0,15	kg
Zitrone	½	Stück
Gurken	0,15	kg
Butter	0,05	kg

Vorbereitung

- Kalbsmilken gut wässern, in kaltem Wasser aufsetzen und blanchieren. Zuerst heiß, dann kalt abspülen.
- Mit Butter und Mehl einen Roux herstellen und mit 1 l Kalbsfond eine Velouté zubereiten.
- Champignons vierteln und mit etwas Butter und Zitronensaft dünsten.
- Gurken schälen, entkernen und in regelmäßige Würfelchen schneiden. In der restlichen Butter dünsten.

Zubereitung

- Kalbsfond, Weißwein und gespickte Zwiebel aufkochen.
- Blanchierte Kalbsmilken hineingeben und einmal kurz aufkochen lassen.
- Unter gelegentlichem Abschäumen etwa 15 Minuten bei 70 °C pochieren.
- 0,5 l des Pochierfonds schnell zu Glace einkochen und der passierten Velouté beigeben.
- Rahm und Eigelb zu Liaison vermischen und damit die Velouté verfeinern. Nochmals erhitzen, ohne aufzukochen. Abschmecken.
- Kalbsmilken in Scheiben schneiden und anrichten.
- Mit einem Teil der Sauce nappieren und die gedünsteten Champignons und Gurkenwürfel darüber verteilen.
- Restliche Sauce separat.

Beispiele weiterer Gerichte

Kalb
Pochiertes Kalbshirn mit Kapern *Cervelle de veau pochée aux câpres*
Überbackene Kalbsmilken mit Steinpilzen *Gratin de ris de veau aux cèpes*

Das Pochieren von Geflügel

Pochiertes Masthuhn mit Estragonsauce –
poularde pochée à l'estragon

Zutaten für 10 Personen

Masthuhn	3,5	kg
Geflügelfond	3,5	l
Gemüsebündel für weiße Fonds	0,25	kg
Butter	0,05	kg
Mehl	0,06	kg
Rahm	0,2	l
Estragon, frisch	0,01	kg
Salz, Gewürze		
Zitronensaft	0,5	Stück

Vorbereitung

- Geflügel abflämmen, ausnehmen, reinigen und binden.
- Zusammen mit den verwendbaren Geflügelabschnitten in heißem Wasser aufsetzen und blanchieren.
- Zuerst heiß, dann kalt abspülen.
- Mit Butter und Mehl einen Roux herstellen und mit 0,6 l Geflügelfond eine Velouté zubereiten.
- Den restlichen Geflügelfond aufkochen.
- Estragon zupfen und hacken.

Zubereitung

- Blanchierte Geflügelabschnitte und Masthuhn in eine passende Kasserolle geben und mit dem heißen Geflügelfond knapp bedecken.
- Einmal kurz aufkochen lassen, Gemüsebündel beigeben und unter gelegentlichem Abschäumen etwa 50 Minuten bei 70 °C pochieren.
- 0,5 l des Pochierfonds schnell zu Glace einkochen und der passierten Velouté beigeben.
- Rahm beigeben, aufkochen und abschmecken.
- Gehackten Estragon und Zitronensaft dazugeben.
- Geflügel enthäuten und tranchieren.
- Mit einem Teil der Sauce nappieren und restliche Sauce separat servieren.

Bemerkung

Pfannenfertig vorbereitete Geflügelbrüstchen werden direkt im Geflügelfond (ohne Gemüsebündel) pochiert.

Weiteres Beispiel

Mastgeflügel

Pochiertes Masthuhn Albufera
Poularde pochée Albuféra

Pochieren von Gepökeltem

Pochiert werden hauptsächlich Schinken und Rippchen. Wegen des ausgeprägten Pökelaromas ist die Verwendung eines Fonds oder zusätzlicher Aromaten überflüssig.
Da gepökelte Fleischstücke in der Regel über eher zu viel Salz verfügen, ist auch das Salzen des Pochierwassers überflüssig.

Schinken: Wegen seiner Größe wird ganzer Beinschinken in der Regel länger gepökelt als Rippchen. Je nach Größe sollte er deshalb vor dem Pochieren etwa 12 Stunden im Wasser entsalzt werden.
Wird Schinken nachher im Ofen gebacken oder geschmort, sollte die Pochierzeit um etwa 30 Minuten reduziert werden.

Weiteres Beispiel

Schwein

Rippchen mit Sauerkraut
Carré de porc fumé à la choucroute

7.13.8 Braisieren / Schmoren – *braiser*

Schmoren ist eine kochtechnisch anspruchsvolle und arbeitsaufwendige Grundzubereitungsart mit einem weiten Anwendungsbereich.
Beim Schmoren handelt es sich um eine Garmethode, die sowohl das trockene als auch das feuchte Garverfahren in sich vereinigt.
Das Prinzip dieser Grundzubereitungsart besteht darin, daß man

- **in einem ersten Teil** das Fleisch anbrät, um die Poren zu schließen und um Röstbitter entstehen zu lassen;
- **in einem zweiten Teil** das Fleisch zugedeckt im Ofen in einem kurzen braunen Fond am Siedepunkt gart, damit sich das zähe Bindegewebe durch Flüssigkeitsaufnahme in leicht kaubare Gelatine umwandeln kann.

Anwendungsbereich

Durch den zweiten Teil der Zubereitung ergibt sich, daß sich diese Grundzubereitungsart hauptsächlich für **alle weniger zarten Fleischstücke** sowohl von Schlachtfleisch als auch von Geflügel und Wild eignet.

Bemerkung

Das Schmoren von zarten Fleischstücken wie Masthähnchen, Milken oder Schinken hat mit der Grundzubereitungsart des Schmorens nur am Rande etwas gemeinsam: Es handelt sich dabei um eine **Fertigungsart,** die der eigentlichen Grundzubereitungsart (beim Poulet: Sautieren; bei Schinken und Kalbsmilken: Pochieren) folgt.

Glasieren

Helles Fleisch (Fleisch jüngerer Tiere) enthält mehr gelatinöse Stoffe als dunkles Fleisch. Diese sammeln sich im Schmorfond und gelangen durch das Arrosieren auf das Fleisch, wo sie im Verlauf des Schmorprozesses einen glänzenden Überzug bilden.
Diese gelatinöse Schicht ist sehr erwünscht, da sie das empfindlichere und deshalb schwächer angebratene helle Fleisch vor dem Austrocknen schützt.
Um den Gelatinegehalt im Schmorfond zusätzlich zu erhöhen, werden helle Fleischstücke vor dem eigentlichen Auffüllen nur mit einem Teil des braunen Fonds aufgefüllt. Erst wenn dieser nach fleißigem Arrosieren zu Glace reduziert ist, erfolgt das eigentliche Auffüllen.

Durch diese Glasurschicht, die sich beim korrekten Schmoren von hellem Fleisch automatisch bildet, werden geschmorte helle Fleischstücke (mit Ausnahme der Ragouts) mit dem Begriff **glasiert** – *glacé* bezeichnet, zum Beispiel glasierte Lammschulter – *épaule d'agneau glacée.*

Einteilung der Arten des Schmorens

Schmoren von:
- **großen Fleischstücken**
  Beispiele: Rindsschulterspitz, gefüllte Kalbsbrust, Lammschulter usw.
- **portionierten Fleischstücken**
  Beispiele: Ossibuchi, Kalbsgrenadins, Rindfleischvögel, Schweinskarbonade usw.
- **Ragouts**
  Beispiele: Lamm-Navarin, Rindsragout, Rehpfeffer, Kalbsvoressen usw.
- **zarten Fleischstücken**
  Beispiele: Geflügel, Schinken, Kalbsmilken

Grundregeln für das Schmoren von hellem und dunklem Fleisch

1. Helles Fleisch nicht marinieren
Helles Fleisch sollte nicht in eine Weinmarinade gelegt werden, da dies aufgrund des kleineren Bindegewebeanteils gar nicht nötig ist und der schwache Eigengeschmack des Fleisches darunter leiden würde.

2. Helles Fleisch weniger stark anbraten
Beim dunklen Fleisch ist eine Bratkruste zum Vermeiden von Geschmacks- und Saftverlust erwünscht. Beim hellen Fleisch wirkt eine Bratkruste störend, zudem schützt ja die Glasur vor Saftverlust.

3. Dunkles Fleisch mit Rotwein, helles Fleisch mit Weißwein ablöschen
Rotwein paßt geschmacklich besser zu dunklem als zu hellem Fleisch. Zudem verleiht er der Schmorsauce von dunklem Fleisch die gewünschte dunkle Farbe, die jedoch bei hellem Fleisch eher braun sein sollte.

4. Tranchiertes dunkles Fleisch mit Sauce übergießen, helles Fleisch nur umgießen
Der Muskelfarbstoff (Myoglobin) und der Blutfarbstoff (Hämoglobin) verändern ihre Farbe bei etwa 70 °C von Rot zu Grau. Da geschmortes Fleisch immer durchgegart ist, weist dunkles Fleisch wegen des höheren Anteils an Myoglobin und Hämoglobin eine unansehnliche Farbe auf.

5. Garpunkt mit der Fleischgabel kontrollieren
Über die Garzeit von geschmortem Fleisch können keine Angaben gemacht werden, da diese einerseits von Form und Größe des Fleischstückes, andererseits vom Alter des Tieres und vom Lagerungsgrad des Fleisches abhängt.

Da beim Schmoren jedoch das Zartmachen im Vordergrund steht, ist der richtige Garpunkt dann erreicht, wenn die folgenden zwei Bedingungen erfüllt sind:
- Beim Einstechen mit der Gabel an der dicksten Stelle muß der austretende Fleischsaft hell und klar sein.
- Die Gabel sollte ohne nennenswerten Widerstand ins Fleisch eindringen.

Bei Ragouts probiert man am besten ein Stück.

Schmoren von großen Fleischstücken

	Dunkles Fleisch	Helles Fleisch
Vorbereiten	– Magere Fleischstücke lardieren, binden – Fleischstücke in Rotweinmarinade einlegen	– Fleischstücke binden
Ansetzen	– Würzen, in Braisiere in heißem Öl allseitig anbraten, damit sich eine Bratkruste bildet – Fleisch herausnehmen, Öl abgießen – Mirepoix beigeben, ebenfalls gut anrösten – Leicht tomatieren, kurz mitrösten	– Würzen, in Braisiere in Öl allseitig leicht anbraten – Fleisch herausnehmen, Öl abgießen – Mirepoix beigeben, leicht anrösten – Etwas frische Tomaten dazugeben
Ablöschen Auffüllen	– Fleisch dazugeben – Marinade aufkochen, absieben und zum Fleisch geben, einkochen – Mit ⅔ braunem Kalbsfond und ⅓ Demi-glace bis zu einem Drittel auffüllen	– Fleisch dazugeben und mit Weißwein ablöschen – Etwas braunen Kalbsfond beigeben und unter Arrosieren sirupartig einkochen lassen – Bis zu einem Viertel auffüllen
Garen	– Gewürzsäcklein dazugeben und zugedeckt im Ofen unter zeitweisem Wenden und Arrosieren weichschmoren – Verdampfte Flüssigkeit ergänzen	– Gewürzsäcklein dazugeben und zugedeckt im Ofen unter Arrosieren weichschmoren – In der Endphase mit der eingedünsteten Flüssigkeit fleißig glasieren
Fertigstellen	– Fleisch herausheben und warm stellen – Sauce passieren, etwas einkochen, evtl. mit Stärkemehl etwas nachbinden – Fleisch tranchieren und mit der Sauce nappieren	– Fleisch herausheben und warm stellen – Die stark eingedünstete Schmorflüssigkeit mit etwas braunem Kalbsfond verdünnen, aufkochen – Mit Stärkemehl leicht abbinden, passieren, entfetten – Fleisch tranchieren, mit Sauce umgießen, Rest der Sauce separat

Beispiele weiterer Gerichte

Kalb

Gefüllte Kalbsbrust
Poitrine de veau farcie

Glasierte Kalbshaxe bürgerliche Art
Jarret de veau glacé bourgeoise

Glasierte Kalbsschulter Mirza
Epaule de veau glacée Mirza

Rind

Geschmorter Rindshuftspitz mit Gemüse
Pointe de culotte de bœuf à la mode

Rindsschmorbraten Burgunder Art
Pièce de bœuf bourguignonne

Lamm

Gefüllte Lammschulter
Epaule d'agneau farcie

Schmoren von portionierten Fleischstücken

Dunkles und helles Fleisch

Die Grundregeln für das Schmoren sind auch hier zu berücksichtigen.

Vorbereiten	– Fleisch je nach Gericht zu Portionenstücken wie Schnitzel, Haxenschnitten, Fleischröllchen usw. vorbereiten
Ansetzen	– Etappenweise würzen (helles Fleisch stäuben) und in Braisiere in heißem Öl beidseitig anbraten – Fleisch herausnehmen, Öl abgießen – Mirepoix (je nach Rezept auch nur Zwiebeln oder Gemüse-Brunoise) beigeben und anrösten (Brunoise nur andünsten) – Leicht tomatieren und kurz mitrösten
Ablöschen Auffüllen	– Fleisch dazugeben – Mit Wein ablöschen und einkochen lassen – Mit braunem Kalbsfond bis knapp zur Höhe des Fleisches auffüllen (Helles Fleisch zuerst mit nur einem Teil des Fonds glasieren und etwas weniger auffüllen)
Garen	– Gewürzsäcklein dazugeben und zugedeckt im Ofen unter zeitweisem Wenden und Arrosieren weichschmoren – Verdampfte Flüssigkeit teilweise ergänzen – Helles Fleisch am Schluß mit dem sirupartig eingekochten Fond überglänzen (glasieren)
Fertigstellen	– Fleischstücke herausheben und sofort mit Folie abdecken – Fond verdünnen, je nach Gericht passieren und entfetten – Evtl. mit Stärkemehl nachbinden, abschmecken – Fleischstücke anrichten – Dunkles Fleisch mit der Sauce nappieren, helles mit der Sauce umgießen – Je nach Gericht eine Garnitur dazugeben

Beispiele weiterer Gerichte

Kalb

Ossobuco Cremolata

Glasierte Kalbsbrustschnitte mit Ratatouille
Tendron de veau glacé à la ratatouille

Rind

Geschmorte Rindsröllchen mit Tomaten
Paupiettes de bœuf braisées aux tomates

Schwein

Karbonade von Schweinefleisch flämische Art
Carbonnade de porc flamande

Geflügel

Gefüllter Geflügelschenkel mit Pistazienrahmsauce
Ballottine de volaille glacée aux pistaches

Schmoren von Ragouts

Dunkles und helles Fleisch

Die Grundregeln für das Schmoren sind auch hier zu berücksichtigen.

Vorbereiten	– Fleisch in Würfel schneiden – Wildfleisch für Pfeffer in Rotweinmarinade legen
Ansetzen	– Etappenweise würzen (helles Fleisch stäuben) und in Braisiere oder Rondeau in heißem Öl allseitig anbraten – Öl abgießen – Mirepoix (je nach Rezept Gemüse-Brunoise oder gehackte Zwiebeln) beigeben und gut andünsten – Leicht tomatieren und kurz mitrösten
Ablöschen Auffüllen	– Mit Wein ablöschen und einkochen lassen – Mit ⅔ braunem Kalbsfond (für Pfeffer die aufgekochte passierte Marinade und brauner Wildfond) und ⅓ Demi-glace auffüllen, bis das Fleisch knapp bedeckt ist
Garen	– Gewürzsäcklein dazugeben und zugedeckt im Ofen weichschmoren – Verdampfte Flüssigkeit ergänzen
Fertigstellen	– Fleischstücke herausheben und sofort mit Folie abdecken – Sauce eventuell passieren und etwas einkochen – Evtl. mit Stärkemehl nachbinden, abschmecken (die Sauce des Pfeffers wird in der Regel zusätzlich mit einer Mischung aus Schweinsblut und Rahm verfeinert) – Fleischstücke in die Sauce zurücklegen und darin servieren – Je nach Gericht eine Garnitur dazugeben

Beispiele weiterer Gerichte

Kalb

Kalbsvoressen mit Frühlingsgemüse
Sauté de veau aux primeurs

Kalbsvoressen Großmutterart
Sauté de veau grand-mère

Rind

Rindsragout mit Pilzen
Sauté de bœuf aux champignons

Lamm

Lammragout mit kleinem Gemüse
Navarin d'agneau aux petits légumes

Wild

Rehpfeffer Jägerart
Civet de chevreuil chasseur

Schmoren von zarten Fleischstücken

	Poulet	Schinken	Kalbsmilken
Vorbereiten	– Poulet für *sauté* vorbereiten – Würzen – Im Ofen in einem Sautoir **hell braten,** bis die einzelnen Stücke zu ¾ durch sind – Öl abgießen – Mit Cognac flambieren – Geflügelstücke herausnehmen und warm stellen	– Bis ¾ durch pochieren, nicht auskühlen – Schwarte und Schlüsselknochen entfernen – Fettschicht rhombusartig (schräge Quadrate) einschneiden	– Kalbsmilken bis ¾ fertig pochieren – Im Fond auskühlen lassen
Ansetzen	– Etwas Butter in den Bratensatz geben und gehackte Schalotten oder Gemüse-Brunoise darin andünsten	– Matignon in einer Braisière anrösten – Schinken daraufsetzen	– Gehackte Schalotten in Sautoir andünsten – Milken daraufsetzen
Ablöschen Auffüllen	– Mit Weißwein ablöschen und reduzieren – Mit gebundenem Geflügeljus (evtl. Kalbsjus) auffüllen – Kurz kochen lassen – Sauce passieren, abschmecken	– Mit Madeira oder Portwein deglasieren – Mit braunem Kalbsfond bis ¼ der Höhe des Fleisches auffüllen	– Mit weißem Wermut oder weißem Portwein ablöschen – Etwas Kalbsjus dazugeben und unter Arrosieren sirupartig einkochen – Mit braunem Kalbsfond bis ¼ der Höhe des Fleisches auffüllen, zudecken
Garen	– Zuerst die Schenkelstücke, etwas später die Bruststücke in die Sauce legen und unter dem Siedepunkt saftig fertigschmoren	– Unter fleißigem Begießen saftig fertigschmoren – Schinken herausheben und warm stellen	– Unter fleißigem Begießen saftig fertigschmoren – Kalbsmilken herausheben und warm stellen
Fertigstellen	– Pouletstücke in Kokotte anrichten – Mit der Sauce nappieren und mit der Garnitur belegen	– Schmorfond passieren, etwas einkochen und mit Stärkemehl leicht binden – Schinken mit Staubzucker bepudern und unter dem Salamander kurz glasieren – Sauce separat	– Schmorfond passieren und abschmecken – Mit Butterflocken aufmontieren – Evtl. Garnitur beigeben – Kalbsmilken tranchieren, anrichten und mit der Sauce umgießen

Beispiele weiterer Gerichte

Poulet	Schinken	Kalbsmilken
Geschmorter Hahn in Rotwein *Coq au vin rouge*	Geschmorter Schinken mit Madeira *Jambon braisé au madère*	Glasierte Kalbsmilken mit Estragon *Ris de veau glacés à l'estragon*
Geschmorter Hahn mit Curryrahmsauce *Coq à la crème au curry*		

7.13.9 Dünsten – *étuver*

Dünsten ist ein feuchtes Garverfahren für weniger zartes, hauptsächlich in Würfel geschnittenes Fleisch. Obwohl dem Schmoren sehr ähnlich, vermittelt diese Grundzubereitungsart durch das Fehlen von Röstbittern (das Fleisch wird beim Dünsten nur angedünstet, nicht angebraten) einen ganz anderen Geschmackseindruck.

Prinzip:
– **in einem ersten Teil** Fleisch und die geschnittenen Zwiebeln andünsten, ohne Farbe annehmen zu lassen, so lange andünsten, bis sich der austretende Fleischsaft und der Saft der Zwiebeln zu einer sirupartigen Flüssigkeit verdickt haben;
– **in einem zweiten Teil** das Ganze mit Weiß- oder Rotwein ablöschen, mit einem weißen oder braunen Fond knapp bedeckt und am Siedepunkt weichgaren.

Unterschieden werden
– das Dünsten von hellem Fleisch, zum Beispiel **alle Frikassees** und **Wiener Gulasch**
– das Dünsten von dunklem Fleisch, zum Beispiel **alle Dünstragouts** und **Rindsgulasch**

Übersicht über die Arten des Dünstens

	Helles Fleisch (Kalb, Milchlamm, Geflügel, Kaninchen)	**Dunkles Fleisch** (Rind)
Vorbereiten	– Kalb- und Lammfleisch in Würfel von ca. 40 g schneiden	– In Würfel von ca. 50 g schneiden (längere Garzeit = größerer Garverlust)
Geschirr	– Rondeau	– Rondeau
Ansetzen	– Bratbutter erhitzen – Gewürztes, leicht mit Mehl gestäubtes Fleisch und Zwiebeln beigeben – Zusammen dünsten, bis sich ein sirupartiger Saft (Glace) gebildet hat – Je nach Rezept Curry oder Paprika beigeben – Mit restlichem Mehl leicht stäuben	– Bratbutter erhitzen – Gewürztes Fleisch, Zwiebeln und Knoblauch beigeben – Zusammen dünsten, bis sich ein sirupartiger Saft (Glace) gebildet hat – Leicht tomatieren, mitdünsten – Je nach Rezept mit Paprika würzen, kurz mitdünsten – Nach Belieben mit Mehl leicht stäuben (Ausnahme: Gulasch)
Ablöschen Auffüllen	– Weißwein dazugeben – Mit weißem Kalbs- oder Geflügelfond knapp decken, aufkochen und abschäumen – Gewürzsäcklein beigeben	– Rotwein dazugeben und einkochen lassen – Je nach Rezept mit braunem Kalbsfond oder mit Fleischbrühe knapp decken, aufkochen und abschäumen – Gewürzsäcklein beigeben
Garen	– Zugedeckt im Ofen oder auf dem Herd weichdünsten – Starken Flüssigkeitsverlust ersetzen	– Zugedeckt im Ofen oder auf dem Herd ca. 1½ Stunden weichsieden – Starken Flüssigkeitsverlust ersetzen
Fertigstellen	– Fleisch und Gewürzsäcklein mit Schaumkelle entnehmen und sofort mit Folie abdecken (verhindert das Austrocknen) – Dünstfond mixen und passieren – Etwas einkochen und evtl. etwas nachbinden – Rahm beigeben und abschmecken – Fleisch und je nach Rezept eine Garnitur in die Sauce geben	– Fleisch und Gewürzsäcklein mit Schaumkelle entnehmen und sofort mit Folie abdecken (verhindert das Austrocknen) – Bei Gulasch Sauce pürieren, bei Dünstragout evtl. passieren – Etwas einkochen und evtl. etwas nachbinden – Fleisch und je nach Rezept eine Garnitur in die Sauce geben

Kalbsfrikassee

Zutaten für 10 Personen		
Kalbsschulter, pff	1,6	kg
Salz, Pfeffer		
Mehl	0,07	kg
Butter, eingesottene	0,1	kg
Zwiebeln	0,25	kg
Weißwein	0,3	l
Weißer Kalbsfond	1,5	l
Gewürzsäcklein	1	Stück
Rahm	0,2	l
Zitrone	½	Stück
Abschmecken		

Vorbereitung
– Fleisch in Würfel von 40 g schneiden.
– Zwiebeln hacken oder schneiden
– Gewürzsäcklein herstellen.

Zubereitung
– Butter in Rondeau erhitzen.
– Gewürztes Fleisch mit Mehl bestäuben und Zwiebeln beigeben.
– Zusammen dünsten, bis sich eine Glace gebildet hat.
– Mit restlichem Mehl stäuben.
– Mit Weißwein ablöschen.
– Mit Kalbsfond auffüllen und aufkochen.
– Abschäumen und Gewürzsäcklein beigeben.
– Zugedeckt auf dem Herd etwa 1 Stunde leicht sieden.
– Fleisch mit Fritürekelle herausheben, in eine Schüssel geben und sofort mit Folie abdecken.
– Dünstfond mit den Zwiebeln mixen und durch feines Spitzsieb passieren.
– Aufkochen und eventuell mit Stärkemehl leicht nachbinden.
– Unter Rühren Rahm beifügen und mit Zitronensaft und Salz abschmecken.
– Fleisch in die Sauce geben.

Beispiele weiterer Gerichte

Kalb

Kalbsfrikassee mit Champignons
Fricassée de veau aux champignons de Paris

Wiener Gulasch
Goulache viennoise

Geflügel

Geflügelfrikassee mit Gemüse
Fricassée de volaille aux légumes

Geflügelfrikassee mit Estragon
Fricassée de volaille à l'estragon

Lamm

Lammfrikassee mit Curry
Fricassée d'agneau au curry

Rind

Kutteln in Weißweinsauce
Tripes à la sauce vin blanc

Rindsdünstragout mit kleinem Gemüse
Estouffade de bœuf aux petits légumes

Rindsdünstragout mit Tomaten und Oliven
Estouffade de bœuf aux tomates et aux olives

Ungarisches Gulasch
Goulache hongroise

Gulasch

Grundsätzlich versteht man unter einem **ungarischen Gulasch** ein **unpassiertes** Paprikadünstragout, bestehend aus Rindfleisch, viel geschnittenen Zwiebeln, frischen Tomaten und Kartoffeln. Heute wird vielfach die Sauce mit den Zwiebeln und den Tomaten im Mixer püriert oder durch das passe-vite getrieben. Aus praktischen und servicetechnischen Gründen hat sich in der Restaurationsküche eine leicht abgeänderte Art der Gulaschzubereitung durchgesetzt: Das Gulasch wird wie ein normales Dünstragout angesetzt, man nimmt jedoch etwas mehr Zwiebeln und würzt mit Paprika. Die Tomaten gibt man in Würfeln erst nach dem Passieren der Sauce dazu, und die Kartoffeln werden als Salzkartoffeln separat gereicht.

7.13.10 Sieden – *bouillir*

Sieden ist ein feuchtes Garverfahren für **weniger zarte Fleischstücke.**
Bei dieser Grundzubereitungsart wird das Fleisch bei Temperaturen knapp am Siedepunkt (ca. 98 °C) in einem dem Fleischstück entsprechenden Fond gegart, so daß das zähe Bindegewebe Flüssigkeit aufnehmen und sich im Verlauf des Garens in leicht kaubare Gelatine umwandeln kann. Aromaträger sind neben dem Fleisch und dem Garfond Gemüsebündel und Gewürzsäcklein.

Anwendungsbereich

Da beim Sieden keine Röstbitter gebildet werden, ist diese Grundzubereitungsart speziell für weniger zartes Fleisch geeignet, das aber über **genügend Eigengeschmack** verfügen muß, zum Beispiel
- Kalbfleisch älterer Tiere
- Rind- oder Kuhfleisch
- Lamm- oder Schaffleisch
- Huhn (ältere Tiere)
- Gepökeltes

Unterschieden werden
- das Sieden von ganzen Fleischstücken, zum Beispiel Rindshohrücken zweiter Qualität, Schafskeule, Huhn, Kalbskopf, Kalbszunge
- das Sieden von Blanketts, zum Beispiel Kalbsblankett, Schafsblankett, Geflügelblankett
- das Sieden von Gepökeltem, zum Beispiel Speck, Gnagi, Rindszunge

Grundregeln für das Sieden

1. Große Fleischstücke und Suppenhuhn binden
Das Binden bewahrt größere Fleischstücke vor unerwünschten Formveränderungen.
Müssen Fleischstücke verschiedener Größe zusammen gegart werden, ist es von Vorteil, sie einzeln mit einer Schnur am Henkel des Kochtopfes zu fixieren. Dies erleichtert die Kontrolle des Garpunktes bei den einzelnen Stücken.

2. Fleischstücke heiß blanchieren und heiß ansetzen
Mit Ausnahme von Gepökeltem müssen alle Fleischstücke blanchiert werden.
Einerseits bewirkt das Blanchieren, daß sich die Poren rasch schließen und das Fleisch nicht ausgelaugt wird, andererseits bleiben die Oberflächenschmutzstoffe im Blanchierwasser zurück.
Das Fleisch sollte nach dem Blanchieren erst heiß, dann kalt abgespült werden, damit noch hängengebliebene Schmutzteilchen vollständig entfernt werden.

Dadurch, daß das blanchierte Fleisch in siedendem Fond angesetzt wird, bleiben die Poren geschlossen.

3. Garpunkt mit der Fleischgabel kontrollieren
Über die Garzeit von gesottenem Fleisch können keine Angaben gemacht werden, da diese einerseits von Form und Größe des Fleischstückes, andererseits vom Alter des Tieres und vom Lagerungsgrad des Fleisches abhängt.
Da beim Sieden jedoch das Zartmachen im Vordergrund steht, ist der richtige Garpunkt dann erreicht, wenn die folgenden zwei Bedingungen erfüllt sind:
- Beim Einstechen mit der Gabel an der dicksten Stelle muß der austretende Fleischsaft hell und klar sein.
- Die Gabel sollte ohne nennenswerten Widerstand ins Fleisch eindringen.

Bei in Würfel geschnittenem Fleisch probiert man am besten ein Stück.

4. Für die kalte Weiterverarbeitung Fleischstücke im Fond auskühlen lassen
Fleischstücke, die noch warm aus dem Fond genommen werden, trocknen sehr schnell aus und dunkeln nach.

Sieden von ganzen Fleischstücken (Fortsetzung Seite 392)

	Siedfleisch, Lammfleisch, Schaffleisch	Kalbskopf, Kalbszunge
Vorbereiten	– Entsprechende Knochen blanchieren – Knochen in kaltem Wasser erneut ansetzen, aufkochen und unter gelegentlichem Abschäumen und Abfetten ca. 1½ Stunden sieden lassen – Fleisch binden, in heißes Wasser geben, blanchieren, abschütten, zuerst heiß, dann kalt abspülen	– Fleisch (Kalbskopf ausgebeint) in heißes Wasser geben, blanchieren, abschütten, zuerst heiß, dann kalt abspülen – Einen fertigen weißen Kalbsfond bereitstellen
Aromaten	– Für Siedfleisch Gemüsebündel mit Röstzwiebeln und Gewürzsäcklein – Für Huhn und Schaffleisch weißes Gemüsebündel und Gewürzsäcklein	– Weißes Gemüsebündel und Gewürzsäcklein
Ansetzen Garen	– Blanchiertes Fleisch in die leicht siedende Brühe geben – Etwa 1 Stunde vor Ende der Kochzeit Aromaten beigeben und knapp am Siedepunkt unter gelegentlichem Abschäumen und Abfetten weichsieden	

Sieden von ganzen Fleischstücken (Fortsetzung von Seite 391)

	Siedfleisch, Lammfleisch, Schaffleisch	Kalbskopf, Kalbszunge
Fertigstellen (Beispiele)	**Siedfleisch** Tranchieren, anrichten und mit etwas Brühe begießen. Würzige Beilagen wie Gemüsesalate, Mixed Pickles, Meerrettichschaum, Preiselbeersauce usw. sowie Salzkartoffeln separat. **Lamm-, Schaffleisch** Tranchieren und mit gekochtem Gemüse sowie Salzkartoffeln umlegen. Aus dem Garfond eine Kapernsauce herstellen und separat servieren.	**Kalbskopf** Im Fond auskühlen lassen und in Würfel schneiden. Heiß mit einer Essig-Kräuter-Sauce oder fritiert mit Tomatensauce servieren. **Kalbszunge** Kalbszunge schälen und der Länge nach fein tranchieren. Aus dem Garfond eine Ableitung der deutschen Sauce herstellen und die Zunge damit nappieren.

Beispiele weiterer Gerichte

Kalb

Kalbskopf Schildkrötenart
Tête de veau en tortue

Kalbszunge mit weißer Sauce
Langue de veau allemande

Rind

Siedfleisch Elsässer Art
Bœuf bouilli alsacienne

Überbackenes Siedfleisch
in Zwiebelsauce
Miroton de bœuf

Lamm

Lammkeule englische Art
Gigot d'agneau anglaise

Sieden von Blanketts

Kalbsblankett –
Blanquette de veau

Zutaten für 10 Personen

Kalbsschulter, pff	1,6	kg
Weißer Kalbsfond	1,5	l
Weißwein	0,3	l
Gemüsebündel für weiße Fonds	0,16	kg
Gewürzsäcklein	1	Stück
Salz		
Butter	0,04	kg
Mehl	0,05	kg
Eigelb	3	Stück
Rahm	0,2	l
Zitronensaft	½	Stück
Abschmecken		

Vorbereitung

– Fleisch in Würfel von 40 g schneiden, in heißes Wasser geben und blanchieren.
– Abschütten, zuerst heiß, dann kalt abspülen.
– Weißes Gemüsebündel herstellen.
– Gewürzsäcklein (mit etwas Thymian) herstellen.

Zubereitung

– Kalbsfond und Weißwein aufkochen, Fleisch dazugeben, wieder aufkochen und abschäumen.
– Leicht salzen.
– Gemüsebündel und Gewürzsäcklein beigeben, knapp am Siedepunkt etwa 1 Stunde weichsieden.
– Fleisch herausnehmen und in wenig Fond warm stellen.
– Butter zergehen lassen, Mehl dazugeben und leicht andünsten.
– Roux auskühlen lassen und 1 l vom heißen Siedefond dazurühren.
– Unter Rühren aufkochen und 20 Minuten leicht kochen lassen.
– Durch Tuch passieren.
– Eigelb und Rahm vermischen (Liaison) und unter Rühren der Sauce, abseits der Hitze, beifügen.
– Sauce nicht mehr kochen lassen.
– Warmgehaltenes Fleisch in die Sauce geben und kurz erhitzen.
– Anrichten und je nach Rezept eine Garnitur darübergeben.

Beispiele weiterer Gerichte

Kalb

Kalbsblankett mit Champignons
und Perlzwiebeln
Blanquette de veau ancienne

Geflügel

Geflügelblankett mit Schnittlauch
*Blanquette de volaille
à la ciboulette*

Lamm

Emmentaler Lammvoressen
Blanquette d'agneau emmentaloise

Lammblankett mit Tomaten
und Kräutern
*Blanquette d'agneau aux tomates
et aux fines herbes*

Irish stew

Sieden von Gepökeltem und Geräuchertem

Gesotten werden hauptsächlich
– **vom Schwein:** gepökelter Brustspeck (grüner Speck), Magerspeck, gepökelte Haxen (Wädli), gepökelte Ohren, Füße, Maul, Schwanz (Gnagi)
– **vom Rind:** gepökelte Zunge, geräucherte Zunge

Zubereitung

– Das gepökelte Fleisch 6–12 Stunden in kaltem Wasser entsalzen.
– In reichlich kaltem Wasser ohne jegliche Zutaten ansetzen und weichsieden.
– Der richtige **Garpunkt** bei **Brustspeck** ist dann erreicht, wenn sich die Schwarte mühelos abziehen läßt.
– Der richtige **Garpunkt** bei **Rindszunge** ist dann erreicht, wenn die Zungenspitze weich ist.
Rindszunge nach dem Weichsieden herausheben, kalt abspülen und schälen. Die geschälte Zunge in leicht gesalzenem Wasser aufbewahren.

Beispiele weiterer Gerichte

Rind

Geräucherte Rindszunge
auf weißen Bohnen
Langue de bœuf fumée bretonne

Rindszunge mit Madeirasauce
Langue de bœuf, sauce madère

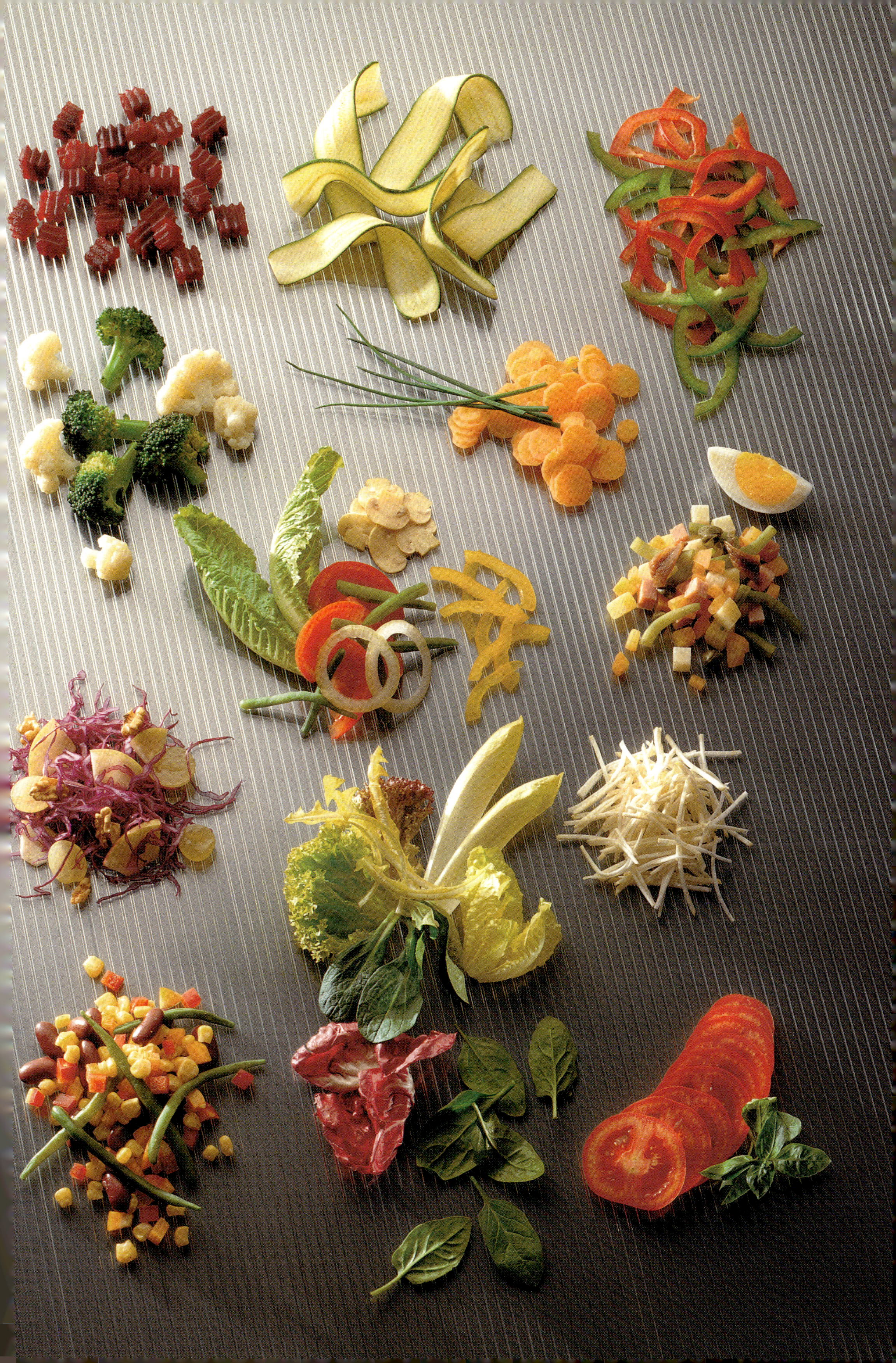

7.14 Salate 395
7.14.1 Salatsaucen 395
7.14.2 Einfache Salate 397
7.14.3 Gemischte Salate 398
7.14.4 Zusammengestellte Salate 399
7.14.5 Das Anrichten von Salaten 399

7.14 Salate – *salades*

Eine Vielfalt von Lebensmitteln läßt sich zu Salaten verarbeiten. Ernährungsphysiologisch gesehen sind Blattsalate und rohe Gemüsesalate, ergänzt mit frischen Kräutern, Obst oder Nüssen, am wertvollsten. Auch gekochte Gemüsesalate, ebenso Verbindungen von Gemüse und tierischen Produkten mit Reis, Hülsenfrüchten oder Teigwaren, vermengt mit einer harmonierenden leichten Salatsauce, angereichert mit passenden Kräutern ergeben vollwertige Salate.
Die Übergänge von Salat als Beilage zu Salat als Vorspeise und Cocktail bis zur erlesenen Salatdelikatesse sind fließend.

Unterscheidung der Salate

Salate aus pflanzlichen Produkten

Sie dienen als Beilage zu Hauptplatten oder als Extragang im Rahmen eines Menüs. Dazu gehören:

Einfache Salate – *salades simples*
- Blattsalate
- Rohe Gemüsesalate
- Salate aus Sprößlingen (gekeimte Samen)
- Rohkostsalate
- Gekochte Gemüsesalate
- Salate aus Hülsenfrüchten

Gemischte Salate – *salades mêlées*
Verschiedene gemischte Salatsorten, bestehend aus: Blattsalaten, rohen und gekochten Gemüsesalaten, Sprößlingen, Hülsenfrüchten oder Reis, kombiniert mit Früchten oder Nüssen.

Zusammengestellte Salate – *salades assorties*
Verschiedene Salate bukettartig zusammengestellt: Blattsalate, rohe und gekochte Gemüsesalate, Pilzsalate, Salate aus Hülsenfrüchten usw.

Salate aus pflanzlichen und tierischen Produkten

Sie sind eigenständige Zubereitungen. Als Beilage kommen sie deshalb nicht in Betracht.

Salatvariationen für Vorspeisen – *variations de salade pour hors-d'œuvre*
Blattsalate, rohe Gemüsesalate, gekochte Gemüsesalate, kombiniert mit gekochten oder gebratenen Schlachtfleischstücken, Geflügel, Wild, Innereien, Fischen, Krustentieren, Muscheln (meist lauwarm beigegeben), ergänzt mit frischen Früchten, gerösteten Nüssen oder Kernen.

7.14.1 Salatsaucen – *sauces à salade*

Die Ausdrücke Salatsauce, Dressing oder Marinade werden meist nebeneinander verwendet. Die Bezeichnungen richten sich nach Herkunft, Zusammensetzung und Verwendung.

Hauptbestandteile aller Salatsaucen

	Enthalten
Säure Sie verleiht den Salaten eine erfrischend pikante Note	– in den verschiedenen Essigsorten, wie Rotweinessig, Weißweinessig, Balsamico, Sherry-Essig, Himbeeressig, Apfelessig, Zitronenessig, Kräuteressig usw. – in Zitronensaft, Orangensaft, Joghurt, Sauermilch, Magerquark, saurem Halbrahm
Öle und fetthaltige Bindemittel Sie fördern die Geschmacksentfaltung und die Ausnützung fettlöslicher Vitamine	– Öle aus Sonnenblumenkernen, Maiskeimen, Erdnüssen, Oliven, Disteln, Raps, Soja, Haselnüssen, Baumnüssen, Traubenkernen usw. – Rahm, Doppelrahm, Rahmquark, saurer Vollrahm – Eigelb, Mayonnaisesauce
Geschmacksergänzungen	– Fein zerkleinerte Zutaten wie Schalotten, Zwiebeln, Knoblauch, Meerrettich, Kapern – Frische Gewürzkräuter wie Petersilie, Schnittlauch, Kerbel, Estragon, Dill, Basilikum, Liebstöckel, Pfefferminze, Bärlauch usw. – Senf, Würzsaucen, Wein, Honig, Spirituosen
Garnituren zu Salaten	– Frische Früchte wie Äpfel, Birnen, Filets von Zitrusfrüchten, Ananas, Mango, Datteln, Feigen, Trauben sowie Dörrobst – Nüsse und Samenkerne wie Mandeln, Sonnenblumenkerne, Pinienkerne, Pistazien, Baumnüsse, Haselnüsse, Sesam und Mohn

Die hauptsächlichen Salatsaucen basieren auf Grundrezepten. Das persönliche Können besteht darin, die Rezepte so zu ergänzen, daß durch die Verbindung von Sauce und Naturalien ein wohlschmeckender Salat entsteht. Für den Gebrauch in der Küche werden die hergestellten Saucen zweckmäßig in Flaschen abgefüllt und kühl gehalten. Vor jedem Gebrauch ist die Sauce kräftig durchzuschütteln.
Salatsaucen mit gärenden Zutaten wie Zwiebeln, Knoblauch und Schalotten nur für den Tagesbedarf herstellen.
Emulsionen, die mit Eigelb hergestellt werden, müssen immer kühl aufbewahrt werden. Aus bakteriologischen Gründen ist es besser, pasteurisiertes Eigelb zu verwenden.
Um Oxidationen auszuschließen, dürfen zum Herstellen von Salatsaucen, zum Vermengen mit Salaten und zum Aufbewahren von Salaten nur Gefäße sowie Bestecke aus säurebeständigem Material benützt werden.

Aus ernährungsphysiologischen Gründen sollten Salatsaucen eher energiearm sein.
Fetthaltige Bindemittel lassen sich oft durch magere ersetzen oder mit mageren kombinieren.

Die Verwendung von frischen Kräutern richtet sich nach dem verwendeten Salat.
Die Verwendung von Zwiebeln und Knoblauch ist Geschmackssache, deshalb nur schwach dosieren.

Salatsaucen *Sauces à salade*	Öle			Fetthaltige und magere Bindemittel									Säurehaltige Zutaten					Gewürze und Würzmittel							
	Sonnenblumenöl	Olivenöl	Spezialöle	Vollrahm	Saurer Halbrahm	Sauerrahm	Rahmquark	Eigelb (pasteurisiert)	Roquefort	Magerquark	Joghurt	Sauermilch	Weißweinessig	Rotweinessig	Spezielle Essigsorten	Zitronensaft	Orangensaft	Schalotten/Zwiebeln	Knoblauch	Frische Kräuter	Senf	Gewürze/Würzsaucen	Salz, Pfeffer	Zucker	Apfel/Meerrettich
Einfache Salatsauce *Sauce à salade simple*	●												●										●	●	
Französische Salatsauce *Sauce à salade française*	●												●							●	●		●		
Amerikanische Salatsauce *Sauce à salade américaine* (French Dressing)	●							●					●			●		●				●	●	●	●
Italienische Salatsauce *Sauce à salade italienne*		●												●				●	●	●			●		
Rahmsalatsauce *Sauce à salade à la crème*				●	●	●								●									●	●	
Sauerrahmsalatsauce *Sauce à salade à la crème acidulée*					●	●								●						●			●		
Roquefort-Salatsauce *Sauce à salade au roquefort*	●							●	●				●					●			●		●		
Quarksalatsauce *Sauce à salade au séré*							●			●			●							●			●		
Joghurtsalatsauce *Sauce à salade au yogourt*											●			●	●					●			●		
Energiereduzierte Salatsauce *Sauce à salade régime*					●		●						●	●				●	●						
Apfelsalatsauce *Sauce à salade aux pommes*	●															●			●						●

7.14.2 Einfache Salate – *salades simples*

Unter einem einfachen Salat versteht man einen einzelnen Salat, der je nach Art kurz vor Gebrauch mit der passenden Salatsauce sorgfältig vermengt oder im voraus vermengt bzw. mariniert wird.

Beispiele von Salaten

Blattsalate

Catalonia – *salade de catalogne*
Rote und grüne Zichorie (Cicorino rosso e verde) – *salade de chicorée amère*
Gekrauste Endivie – *salade de chicorée frisée*
Breitblättrige Endivie – *salade de chicorée scarole*
Chinakohl – *salade de chou de Chine*
Kresse – *salade de cresson*
Löwenzahn – *salade de dent-de-lion*
Brüsseler Endivie – *salade d'endives*
Krachsalat / Bataviasalat – *salade de laitue batavia*
Eisbergsalat – *salade de laitue iceberg*
Kopfsalat – *salade de laitue pommée*
Lattughino / Lollo – *salade de latughino/lollo*
Nüßlisalat – *salade de mâches / doucette*
Zuckerhut – *salade de pain de sucre*
Portulak – *salade de pourpier*

Rohe Gemüsesalate und Rohkostsalate

Verwendet werden:
Bleichsellerie / Stangensellerie
Fenchel
Gurken
Karotten
Knollensellerie
Peperoni
Radieschen
Randen
Rettich
Rotkohl
Sauerkraut
Spinat
Tomaten
Weißkohl
Zucchetti

Gekochte Gemüsesalate

Verwendet werden:
Artischocken
Blumenkohl
Broccoli
grüne Bohnen
Kartoffeln
Karotten
Knollensellerie
Lauch
Maiskörner
Pilze
Randen
Spargel

Salate aus Hülsenfrüchten

Verwendet werden:
Bohnenkerne (Borlotti-Bohnen, Perlbohnen, Soisson-Bohnen, rote und schwarze Bohnen usw.)
Linsen (rote, grüne, braune)

Salate aus Sprößlingen

Verwendet werden Sprößlinge von:
Bohnen
Linsen
Rettich
Senf
Soja

Blattsalate, Gemüsesalate und Rohkostsalate

Vorbereitung

Blattsalate

– Blattsalate rüsten, von welken Teilen, Strünken und starken Blattrippen befreien.
– In viel Wasser sorgfältig und gründlich waschen, damit anhaftender Sand und Schmutz entfernt werden. Die Blätter dürfen nicht geknickt werden.
– Salate nicht im Wasser liegen lassen, sonst gehen wertvolle wasserlösliche Mineralsalze und Vitamine verloren.
– In der Salatschleuder von anhaftendem Wasser befreien.
– Bis zur Fertigstellung ausgebreitet und kühl aufbewahren.

Rohe Gemüsesalate

– Gemüse gründlich waschen.
– Wurzelgemüse schälen.
– Junge Gurken, Zucchetti sowie Tomaten aus ernährungsphysiologischen Gründen nicht schälen.
– Beim Stangensellerie und beim Fenchel mit dem Sparschäler nur die äußere Schicht entfernen.
Beim Rot- und beim Weißkohl die Deckblätter entfernen, die Köpfe vierteilen. Den Strunk und starke Blattrippen entfernen.
– Sprößlinge (Keimlinge) gut waschen und kurz blanchieren, da sie gesundheitsgefährdende Proteinkörper, sogenannte Hämagglutinine, enthalten, die durch das Erhitzen ihre Wirkung verlieren.

Rohkostsalate

– Rohkostsalate sind durch ihren hohen Gehalt an Vitaminen, Mineralsalzen und Nahrungsfasern ein wesentlicher Bestandteil der gesunden Ernährung.
– Für das Herrichten und das Zerkleinern gelten die Richtlinien der rohen Gemüsesalate.
– Verarbeitet wird nur ganz frische, zarte Saisonware von einwandfreier Qualität.
– Damit der volle Nährwert erhalten bleibt, wird erst unmittelbar vor dem Verzehr zerkleinert.

Zerkleinern

Der besseren Verdaulichkeit wegen werden die gereinigten Rohstoffe zerkleinert. Die Zerkleinerungsart richtet sich nach der Zellstruktur der Gemüse:
– **Zerpflücken:** Blattsalate
– **In feine Streifen schneiden:** Kohlarten und Wurzelgemüse, Fenchel
– **In Streifen schneiden:** Peperoni
– **In feine Scheibchen schneiden bzw. hobeln:** Radieschen, Rettich, Gurken, Zucchetti
– **In Scheiben schneiden:** Tomaten
– **Raffeln,** vor allem für Rohkost: Karotten, Knollensellerie, Randen

Zubereitung

– Die vorbereiteten Salatbestandteile werden mit der jeweiligen Salatsauce in einer Schüssel sorgfältig vermengt. Das Wenden bzw. das Mischen muß gründlich, aber behutsam erfolgen, damit alle Bestandteile von der Sauce umgeben sind, aber unbeschädigt bleiben.
– **Für Mischvorgänge immer Einweghandschuhe oder Salatbesteck verwenden.**
– **Unmittelbar vor dem Service fertiggestellt** werden Blattsalate und Salate aus zartem Gemüse, zum Beispiel Tomaten, Gurken usw., damit sie knackig und frisch bleiben. Werden sie zu früh mit der Salatsauce vermengt, entzieht das Salz dem Salat Wasser, und er fällt in sich zusammen.
– **Längere Zeit vor dem Service fertiggestellt** werden Salate aus festeren, weniger saftigen Gemüsearten, zum Beispiel Karotten, Sellerie, Peperoni. Die Salatsauce kann dadurch einziehen, und der Geschmack kommt voll zur Geltung.

Salat aus Kohlarten wird oft mit warmen Marinaden vermengt und gut bearbeitet, damit die Zellstruktur bricht und der Salat weicher wird.
- **Rohkostsalate** werden meist mit kaltgepreßten Ölen, Milchprodukten, Fruchtsäften, Honig oder Obstessig vermengt, wobei Salz nur sparsam verwendet wird. Ergänzen oder garnieren kann man diese Salate mit frischen Kräutern, Nüssen, frischen Früchten oder Trockenfrüchten.

Gekochte Gemüsesalate, Salate aus Hülsenfrüchten

Vorbereitung

- Die Gemüse können roh oder gekocht ihrem Aussehen entsprechend in verschiedene Formen geschnitten werden. Bei Sellerie und Karotten ist auch der Einsatz von Ausstechlöffeln, Ausstechern oder eines Buntschneidemessers möglich.
- Die Schnittflächen von rohen, hellen Gemüsen wie Artischockenböden, Sellerie und Schwarzwurzeln verfärben sich unter Einwirkung des Luftsauerstoffes zusehends. Deshalb werden sie bis zum Garen in Zitronenwasser gelegt.
(Detailliertere Vorbereitungsarbeiten, Schnittarten, mögliche Garverfahren und Garzeiten siehe Abschnitt 7.15, Gemüsegerichte.)
- Die zugeschnittenen rohen Gemüse nach Vorschrift sieden, dämpfen oder dünsten. Dabei soll das Gemüse voll aufgeschlossen, aber nicht zu weich gegart werden.
- Damit Aroma und Geschmack erhalten bleiben, die Gemüse im Fond erkalten lassen. In der heißen Flüssigkeit zieht das Gemüse noch nach, deshalb ist der Garprozeß frühzeitig zu unterbrechen.
- Den gekochten Hülsenfrüchten etwas Essig beifügen und sie ebenfalls im Fond erkalten lassen. Vor dem Weiterverarbeiten abschütten und eventuell abspülen.

Zubereitung

- Salate aus gekochten Gemüsen und Hülsenfrüchten sind immer im voraus mit der Sauce zu vermengen, damit die Marinade einziehen kann.
- Frische Kräuter, die in Säure rasch ihre appetitliche Farbe verlieren, gibt man erst beim Anrichten dazu.
- Die abgetropften Gemüse werden mit der vorgesehenen Salatsauce in einer geräumigen Schüssel vermengt.
- Sind die Gemüse oder Hülsenfrüchte **noch lauwarm,** kann die Marinade **besser einziehen,** und die Salate werden schmackhafter.
- Wird eine mayonnaisehaltige Sauce verwendet, müssen die Gemüse gut trocken und ausgekühlt sein. Durch feuchtes Gemüse würde die Sauce dünnflüssig und im Geschmack fade.
- Aus bakteriologischen Gründen sind die Salate bis zum Anrichten in zugedeckten Gefäßen kühl aufzubewahren.

7.14.3 Gemischte Salate – *salades mêlées*

Gemischte Salate lassen sich mit Phantasie, Geschmacks- und Farbensinn zu unzähligen Variationen zusammenstellen.

Stellvertretend für die Vielfalt einige Beispiele klassischer gemischter Salate.

Beispiele gemischter Salate

Salat andalusische Art Reissalat mit Tomaten und Peperoni *Salade andalouse*	Tomatenviertel, Peperoni-Julienne und körnig gekochter Langkornreis, vermengt mit einer Salatsauce aus Olivenöl, Sherry-Essig, Knoblauch und frischen Kräutern.
Salat aus Früchten mit Curry *Salade de fruits au curry*	Frische Früchte wie Äpfel, Ananas, Bananen, Orangen und Papaya rüsten und gefällig schneiden. Vermengen mit einer Sauce aus Mayonnaise, saurem Halbrahm, Curry, Ingwer und Zitronensaft. Garnieren mit gerösteten Pinienkernen und Pfefferminzblättern.
Salat italienische Art Gemüsesalat mit Schinken, Kapern und Sardellen *Salade italienne*	Karotten, Weißrüben und Kartoffeln in kleine Würfel schneiden. Bohnen in Stücke von 1–2 cm schneiden. Alles knackig kochen, erkalten lassen, abschütten. Mit gehackten Sardellenfilets, Schinkenwürfeln und Kapern mischen. Mit einer rassigen Mayonnaisesauce vermengen. Mit Eivierteln und gehackter Petersilie garnieren.
Salat mexikanische Art Bohnensalat mit Maiskörnern und Peperoni *Salade mexicaine*	Kidney-Bohnen, Maiskörner, Peperonistreifen und grüne Bohnen mischen. Mit einer Salatsauce aus Weißweinessig, Knoblauch, Sonnenblumenöl, Bohnenkraut und Chili-Sauce vermengen.
Rohkostsalat mit Äpfeln, Karotten und Rosinen *Salade de pommes et de carottes aux raisins secs*	Säuerliche Äpfel sowie Karotten raffeln, mit frisch gepreßtem Orangensaft marinieren. In Orangensaft eingeweichte Rosinen dazugeben. In Gläser oder Schalen anrichten. Mit Chicoréeblättern dekorieren. Garnitur: Rahmmeerrettich-Rosette mit gerösteten Sonnenblumenkernen.
Salat russische Art Gemüsesalat *Salade russe*	Karotten, Sellerie und Kartoffeln in kleine Würfel schneiden, knackig kochen. Bohnen in 1 cm lange Stücke schneiden, zusammen mit den Erbsen knackig kochen, alles abkühlen und abtropfen. Mayonnaise mit Joghurt nature mischen, den Salat damit vermengen, rassig abschmecken.

Rohkostsalat mit Rotkraut, Äpfeln und Weintrauben *Salade de chou rouge et de pommes aux raisins*	Rotkraut und Äpfel in feine Streifen schneiden, mit Zitronen- und Apfelsaft marinieren. Weiße Trauben halbieren und dazugeben. Den Salat mit Johannisbeergelee und Baumnußöl vermengen. In Glasschalen anrichten, mit gehackten Baumnußkernen bestreuen.
Waldorfsalat Selleriesalat mit Äpfeln und Baumnüssen *Salade Waldorf*	Sellerie in Julienne schneiden, Äpfel in kleine Würfel schneiden. Mayonnaise mit saurem Halbrahm und Zitronensaft verrühren, abschmecken. Den Salat damit vermengen. Garnieren mit Baumnußkernen und Ananasstücken.
Windsor-Salat Selleriesalat mit Champignons, Poulet und Rindszunge *Salade Windsor*	Julienne von Sellerie, Rindszunge, pochierte Poulardenbrust mit gedünsteten Champignons mischen. Mayonnaise mit Joghurt nature und reduziertem Hühnerfond verrühren, abschmecken. Den Salat damit vermengen. Auf einen Kranz von fertigem Nüßlisalat dressieren.

7.14.4 Zusammengestellte Salate – *salades composées*

Die nachfolgend aufgeführten Salate sind ausschließlich klassischen Ursprungs. Zu ihrer Zubereitung werden aber die heute üblichen Zutaten verwendet, wie zum Beispiel Spezialessig, Öle, die reich an mehrfach ungesättigten Fettsäuren sind, Quark, Joghurt, Sauerrahm, Fruchtsäfte usw. Nach dem heutigen Verständnis werden diese Salate folgendermaßen interpretiert: Man richtet sich hauptsächlich nach dem Marktangebot und nach der Saison. Es bleibt der Kreativität des Kochs überlassen, ob er sich gewissen Modetrends oder den klassischen Überlieferungen verpflichtet fühlt.

Moderne zusammengestellte Salate, kombiniert aus Fisch, Schlachtfleisch, Geflügel, Früchten, Käse usw., sind bereits Salate mit Vorspeisencharakter und deshalb im Abschnitt 7.9.1, Kalte Vorspeisen, unter den kalten Vorspeisen mit Gemüse aufgeführt.

Beispiele zusammengestellter Salate

Salat Aida Endiviensalat mit Artischocken und Peperoni *Salade Aïda*	Frisée-Salat, geschälte und in Schnitze geschnittene Tomaten, in Streifen geschnittene Peperoni und gekochte, in feine Scheibchen geschnittene Artischockenböden bukettweise anrichten. Mit gehackten Eiern bestreuen und mit einer einfachen Salatsauce beträufeln. (Die Salate können auch einzeln mit der Sauce vermengt werden.)
Salat spanische Art Bohnensalat mit Tomaten, Champignons und Peperoni auf Lattich *Salade espagnole*	Frisch gekochte Bohnen in 4–5 cm lange Stücke schneiden, mit Tomatenschnitzen mischen. Auf zerkleinerte Lattichblätter anrichten. Peperoni und gedünstete Champignons bukettartig ringsum legen. Garnieren mit feinen Zwiebelringen, mit einer beliebigen Salatsauce beträufeln.
Salat kaiserliche Art Bohnen-, Karotten- und Apfelsalat mit Trüffel-Julienne *Salade impériale*	Apfelsalat mit Rahmsalatsauce, gekochte grüne Bohnen und gekochte Karottenstäbchen bukettartig auf Kopfsalatblätter anrichten. Bohnen und Karotten mit Essig-Kräuter-Sauce beträufeln. Den Apfelsalat mit Trüffel-Julienne bestreuen.
Salat Marie-Louise Stangensellerie mit Blumenkohlröschen und Kopfsalatherzen *Salade Marie-Louise*	Fein geschnittenen Stangensellerie mit Baumnuß-Salatsauce vermengen. Knackig gekochte Blumenkohlröschen mit Sauerrahm-Salatsauce vermischen. Kopfsalatherzen vierteln. Alles bukettartig anrichten. Salatherzen mit Essig-Kräuter-Sauce beträufeln. Mit gehackten Baumnüssen bestreuen.

7.14.5 Das Anrichten von Salaten

Grundsätzliches

- Alle Salatbestandteile sollen mundgerecht zerkleinert sein, da zum Verzehren nur eine Gabel benutzt wird.
- Gerüstete und mit der Salatsauce bereits vermengte Salate dürfen aus bakteriologischen Gründen nur im Kühlschrank oder in einer gekühlten Salatkombination bei etwa 4 °C aufbewahrt werden und sollten keinesfalls älter als einen Tag sein.
- Aus geschmacklichen Gründen sollen aber die zu servierenden Salate nicht kalt sein. Falls sie nicht à la minute hergestellt werden, müssen sie rechtzeitig vor dem Anrichten aus der Kühle genommen werden.
- Salate immer locker und appetitlich mit Einweghandschuhen oder Salatbesteck anrichten. Sie dürfen nie in Sauce schwimmen.
- Blattsalate schmecken besser, wenn sie mit Sauce sorgfältig vermengt und nicht nur übergossen werden.
- Geschmacksvarianten ergeben sich durch die verschiedenen Salat- und Gemüsesorten und vor allem durch die unterschiedlichen Saucen, mit denen die Salate vermengt werden.
- Farben üben eine appetitanregende Wirkung aus. Deshalb ist beim Zusammenstellen von Salaten nicht nur der Geschmackssinn, sondern auch der Farbensinn zu berücksichtigen. Das richtige Ausgarnieren unterstützt den optischen Eindruck noch zusätzlich.
- Flache Teller, Schalen oder Platten aus Glas sind zum Anrichten vorteilhaft, weil sie die Frische, die Farben und die Formen der Salate am besten zur Geltung bringen.

7.15 Gemüsegerichte – *mets de légumes*

Die Gemüse haben die Aufgabe, dem Körper ausreichend Vitamine, Mineralsalze und Nahrungsfasern zuzuführen.

Bei der Verarbeitung von Gemüse gilt es, die Verluste dieser wichtigen Nährstoffe so gering wie möglich zu halten.

Vitamine und Mineralsalze gehen hauptsächlich verloren durch	Einwirkung durch Wasser	– Wässern (Auslaugen) – Sieden
	Einwirkung von Sauerstoff	– Lagern
	Einwirkung durch Hitze	– Zubereiten – Warmhalten
Vitamine und Mineralsalze bleiben besser erhalten, wenn folgende Punkte beachtet werden:		– Gemüse frisch verarbeiten, nicht zu lange lagern – Kühl und dunkel aufbewahren – Vor dem Zerkleinern waschen – Gereinigte Gemüse nicht im Wasser liegen lassen, sondern feucht abdecken – Nur blanchieren, wenn unbedingt erforderlich – Dämpfen und Dünsten bevorzugen, denn beim Sieden entstehen die größten Verluste – Zum Sieden das Gemüse in kochendem Wasser ansetzen – Nur in kleinen Mengen vorgaren, denn Warmhalten zerstört Vitamine, Struktur und Farben – Das Einweichwasser von Hülsenfrüchten mitverwenden, da es Nährstoffe in gelöster Form enthält

Gemüse können als Vorspeise, als Beilage oder als selbständiges Gericht angeboten werden.
Für die richtige Auswahl und Zubereitung muß das Wissen über die Herkunft, die Hauptsaison und die Lagerung der Gemüse sowie über ihre Vorbereitung und die Grundzubereitungsarten vorhanden sein.
Bei der Zubereitung von Gemüse gilt es, das Garverfahren zu wählen, das
– die Nährstoffe weitestgehend erhält
– dem Eigengeschmack der Gemüse gerecht wird
– die Inhaltsstoffe für die Verdauung aufschließt
– die Verwendung innerhalb eines Menüs berücksichtigt

7.15.1 Übersicht über die Grundzubereitungsarten

Gemüse werden am häufigsten durch feuchte Garverfahren zubereitet, da diese den Eigengeschmack schonen und unterstützen. Für spezielle Zubereitungen verwendet man trockene oder kombinierte Garverfahren.

Blanchieren *Blanchir*	– Vorstufe für viele Zubereitungen – Garverfahren für einige Blattgemüse
Sieden *Bouillir*	– Sieden im weißen Sud *Cuisson des légumes dans un blanc* – Sieden von Trockengemüse *Cuisson des légumineuses*
Dämpfen *Cuire à la vapeur*	– Dämpfen in der Kasserolle – Dämpfen im Steamer – Vakuumgaren *(cuisson sous vide)*
Schmoren *Braiser*	
Dünsten *Etuver*	
Glasieren *Glacer*	
Gratinieren *Gratiner*	
Fritieren *Frire*	
Sautieren *Sauter*	
Grillieren *Griller*	

Thema 7 **Blatt 119**

Übersicht über die Vorbereitungsarbeiten von Gemüsen sowie Zuordnungen möglicher Grundzubereitungsarten
(die fettgedruckten Grundzubereitungsarten sind besonders geeignet)

Gemüseart	Vorbereitung	Mögliche Grundzubereitungsarten
Artischocken *Artichauts*	Artischocken waschen, Stiel sorgfältig abbrechen. Dadurch werden die zähen Stielfasern aus dem Blütenboden herausgezogen. Untere kleine Blätter entfernen und die Blattspitzen stutzen. Den Boden flach abschneiden, sofort mit Zitronensaft einreiben.	– **Sieden** – Dämpfen – Vakuumgaren
Artischockenböden *Fonds d'artichauts*	Siehe Bildreportage Seite 412.	– **Sieden im weißen Sud** – **Vakuumgaren**
Auberginen *Aubergines*	Waschen, Stielansatz entfernen (eventuell mit dem Sparschäler schälen). Fruchtkörper in Scheiben, Würfel oder Stäbchen schneiden. Zum Füllen: Kleine Früchte halbieren, Schnittfläche kreuzweise mehrmals einschneiden, mit Olivenöl bepinseln. Im Ofen backen, danach das weiche Fruchtfleisch mit einem Löffel entfernen und für die Füllung beiseite legen.	– Dünsten – Fritieren – **Sautieren** – Gratinieren (gefüllt) – Grillieren
Blumenkohl *Chou-fleur*	Strunk und Blätter zurückschneiden. Den Blumenkohl in kleine Röschen zerlegen, gründlich waschen.	– Blanchieren – Sieden – **Dämpfen** – **Vakuumgaren** – Fritieren – Gratinieren
Broccoli / Spargelkohl *Brocoli*	Blätter entfernen. Lange Stengel mit den Blütenknospen vom dickeren Strunk abschneiden. Stiel auf 5–6 cm zurückschneiden (eventuell schälen), sorgfältig, aber gründlich waschen. Strunk und überlange Stiele können für Suppen verwendet werden.	– Blanchieren – Sieden – **Dämpfen** – **Vakuumgaren** – Fritieren – Gratinieren
Brüsseler Endivie *Chicorée*	Äußere unschöne Blätter entfernen. Strunk, der die meisten Bitterstoffe enthält, mit spitzem Messer aushöhlen, anschließend waschen.	– Blanchieren – **Sieden im weißen Sud** – **Vakuumgaren** – Schmoren – **Sautieren** – Gratinieren
Erbsen *Petits pois*	Erbsen enthülsen und waschen. Frische Erbsen verändern sich farblich und geschmacklich unter Einfluß von Sauerstoff, deshalb sofort weiterverarbeiten.	– Blanchieren – **Sieden** – **Dämpfen** – **Dünsten**
Fenchel *Fenouil*	Stiele 1–2 cm oberhalb der Knollenbildung abtrennen. Fenchelkraut als Gewürz weiterverwenden. Wurzelende glatt abschneiden und kreuzweise einschneiden. Mit dem Sparschäler die äußerste Schicht wegschälen. Gründlich waschen. Große Knollen längs halbieren.	– Blanchieren – **Schmoren** – Sieden – **Vakuumgaren** – Gratinieren
Grüne Bohnen *Haricots verts*	An beiden Enden abspitzen, eventuelle Fäden vom Ende nach oben abziehen. Danach waschen. Übergroße Bohnen in Stücke schneiden.	– Blanchieren – **Schmoren** – Sieden → Sautieren – Dämpfen → Sautieren
Gurken *Concombres*	Waschen. Als Gemüse immer schälen, längs halbieren und entkernen. Freilandgurken von der Mitte aus nach oben und nach unten schälen, die Enden auf Bitterstoffe überprüfen. Tournieren, in Stäbchen schneiden oder zum Füllen vorbereiten.	– **Glasieren** – Dünsten – Gratinieren (gefüllt)
Kardy / Kardonen *Cardons*	Eventuelle Blätter und Stacheln entfernen, dunkle Stellen wegschneiden. Mit dem Rüstmesser am Stengelende von innen nach außen einschneiden und nach oben hin abziehen, wodurch die zähen Fasern entfernt werden, und mit dem Sparschäler schälen. Waschen und in Wasser mit Zitronensaft legen.	– Blanchieren – **Sieden im weißen Sud** – Gratinieren

Gemüseart	Vorbereitung	Mögliche Grundzubereitungsarten
Karotten *Carottes*	**Junge kleine Karotten:** Kraut und Wurzelfäden abschneiden. In siedendem Salzwasser während 2 Minuten blanchieren. Karotten abschütten, gelockerte Haut unter fließendem Wasser rasch abspülen und abreiben. **Lagerkarotten:** Mit dem Sparschäler schälen oder mit einem Rüstmesser abschaben. Tournieren, in Scheiben oder Stäbchen schneiden.	Lagerkarotten: – Blanchieren – Sieden – Vakuumgaren – Dämpfen – **Glasieren**
Kefen / Zuckerschoten *Pois mange-tout*	An beiden Enden abspitzen, eventuelle Fäden vom Ende nach oben mitabziehen. Danach waschen. Übergroße Kefen aushülsen und nur die Erbsen verwenden.	– **Dünsten** – Dämpfen – Vakuumgaren – **Sautieren**
Krautstiele *Côtes de bette*	Die nach innen gewölbte Seite des Stiels nach oben legen und das Blatt sorgfältig abschneiden. Die schönen Blätter blanchieren und weiterverarbeiten wie Spinat. Den Stiel oben fast durchschneiden. Das kleine Stück mit dem an ihm haftenden feinen Häutchen zum Wurzelansatz hin abziehen. Den Arbeitsgang für die innere Seite des Stiels wiederholen. Die geschälten Stiele waschen, in gleichmäßige Rechtecke schneiden.	– Blanchieren – **Sieden im weißen Sud** – Gratinieren
Kohlrabi *Choux-raves*	Blätter von den Knollen entfernen. Zarte Blätter entstielen und zur Weiterverwendung aufheben. Knollen vom Wurzelende zur Blattseite mit dem Sparschäler schälen. Holzige Stellen großzügig wegschneiden. Tournieren, in Scheiben (große Knollen zuvor halbieren) oder Stäbchen schneiden.	– **Sieden** – **Dämpfen** – Vakuumgaren – **Glasieren** (junge Kohlrabi)
Lattich *Laitue romaine*	Unschöne Außenblätter entfernen. Strunk nur so weit kürzen, daß keine Blätter abfallen. Am Strunk fassen und senkrecht in reichlich Wasser tauchen. Diesen Vorgang mehrmals wiederholen, damit der zwischen den Blattlagen haftende Sand weggeschwemmt wird.	– Blanchieren – **Schmoren** (gefüllt) – Dämpfen
Lauch / Bleichlauch *Poireaux*	Wurzelansatz und äußere Blatthülle entfernen. Längs durchschneiden. Unter fließendem Wasser gründlich waschen.	– Blanchieren – **Sieden** – Dünsten – **Schmoren** – Gratinieren
Pastinaken *Panais*	Waschen, schälen wie Lagerkarotten.	– Sieden – **Glasieren**
Peperoni *Piments doux*	Waschen, halbieren, Stiel mit den Kernen entfernen. Früchte ausspülen. Zum Füllen eignen sich bauchige, dickwandige Früchte.	– **Dünsten** – Dämpfen – Gratinieren (gefüllt)
Randen *Betteraves rouges*	Rohe Randen mit dem Sparschäler schälen. Tournieren oder in Stäbchen schneiden. Bei gekochten Randen die Haut mit den Händen abstreifen. Knollen in Stäbchen schneiden.	– Glasieren – Sieden – Dämpfen
Rosenkohl *Choux de Bruxelles*	Beschädigte oder welke Blättchen entfernen. Den Strunk nur leicht kürzen, sonst fallen beim Garen Blättchen ab. Strunk kreuzweise einschneiden, damit Strunk und Blätter gleichmäßig garen. Gründlich waschen.	– Blanchieren – Sieden → **Sautieren** – Dämpfen – Dünsten
Rotkohl *Chou rouge*	Unschöne Außenblätter entfernen. Köpfe von der Strunkseite her vierteln. Die Strunkanteile an den Vierteln abschneiden, ebenso starke Blattrippen zurückschneiden oder ganz entfernen. Die Kohlviertel waschen. In feine Streifen schneiden oder hobeln, eventuell marinieren.	– **Schmoren**
Schwarzwurzeln *Scorsonères / salsifis noirs*	Die Wurzeln in kaltem Wasser gut abbürsten, um die anhaftende Erde zu entfernen. Mit einem Sparschäler schälen und sofort in Zitronenwasser legen, sonst oxidieren sie. Die geschälten Wurzeln in 4–5 cm lange Stücke schneiden und im weißen Sud kochen.	– **Sieden im weißen Sud** – Gratinieren – Fritieren

Gemüseart	Vorbereitung	Mögliche Grundzubereitungsarten
Sellerie / Knollensellerie *Céleri-rave*	In viel Wasser mit einer Bürste gründlich reinigen. Mit dem Sparschäler schälen, Wurzelansatz mit Rüstmesser wegschneiden, sofort in Wasser mit Zitronensaft legen, sonst oxidiert er. Knollensellerie kann auch ungeschält gegart werden. Knollen halbieren und garen oder tournieren, in Stäbchen schneiden.	– Blanchieren – **Sieden** – **Vakuumgaren** – Sieden im weißen Sud – **Glasieren**
Sellerie / Stangensellerie *Céleri-branche*	Blattwerk entfernen und beiseite legen (für Gemüsebündel, Mirepoix). Wurzelansatz glattschneiden. Faserprofil der äußeren Stangen mit dem Sparschäler abnehmen. Stangen spreizen und Sand aus dem Innern herausspülen. Die Stauden ganz oder quer halbiert garen.	– Blanchieren – **Schmoren** – Sieden – Vakuumgaren – Gratinieren
Spargel *Asperges*	Spargelschäler oder Sparschäler unterhalb des Kopfes ansetzen und die Schalen in dünnen Streifen zum Ende hin rundum abschälen. Spargel in kaltem Wasser abspülen, bündeln und an den Enden so abschneiden, daß die Stangen gleich lang sind. Aus den gewaschenen Abschnitten kann man Fond für Suppen herstellen. Grünen Spargel, wenn überhaupt, nur leicht von der Mitte zum Ende hin rundum abschälen. (Siehe Bildreportage Seite 412.)	– **Sieden** – Vakuumgaren – Gratinieren – Dämpfen
Spinat *Epinards*	Spinat verlesen, von welken Blättern, beschädigten Teilen, Wurzeln und harten Stengeln sowie Unkraut befreien. In reichlich Wasser mehrmals gründlich waschen, damit Ungeziefer und anhaftende Erde weggeschwemmt werden. (Wasser mehrmals wechseln.) Gut abtropfen lassen.	– Blanchieren – Dünsten – **Sautieren** – Gratinieren
Topinamburen *Topinambours*	Unter fließendem Wasser mit einer Bürste sauber reinigen. Mit dem Sparschäler schälen, in den Ritzen die Schale mit dem Rüstmesser wegkratzen. Bis zur Verwendung in Wasser aufbewahren.	– Sieden – Sautieren (wie Rösti) – Gratinieren
Weißkohl *Chou blanc*	Unbrauchbare Außenblätter entfernen. Köpfe von der Strunkseite her vierteln oder sechsteln. Die Strunkanteile abschneiden, ebenso starke Blattrippen zurückschneiden oder ganz entfernen. Die Kohlstücke waschen. Entsprechend der vorgesehenen Zubereitungsart zerkleinern.	– Schmoren – Dämpfen – Füllen → Schmoren
Weißrüben *Navets*	Nur junge Weißrüben verwenden. Blattwerk und Wurzeln entfernen. Die Rüben waschen und mit dem Sparschäler schälen. Tournieren oder Stäbchen schneiden.	– Blanchieren – Sieden – **Glasieren**
Wirz / Wirsing *Chou frisé*	Unbrauchbare Außenblätter entfernen. Köpfe von der Strunkseite her vierteln. Die Strunkanteile abschneiden, ebenso starke Blattrippen zurückschneiden oder ganz entfernen. Da der Wirz locker und die Blätter von blasiger Struktur sind, nistet sich gerne Ungeziefer ein, deshalb gründlich waschen.	– Blanchieren – Schmoren – Dämpfen – Füllen → Schmoren
Zucchetti *Courgettes*	Zucchetti waschen, das Stielende abschneiden. Junge, ganz kleine Früchte nicht schälen. Größere enthalten Bitterstoffe und sind deshalb zu schälen, ebenfalls ist das schwammige Innere zu entfernen. Tournieren, in Scheiben oder in Stäbchen schneiden.	– Glasieren – Sautieren – Dünsten – Gratinieren (gefüllt) – Fritieren
Zuckermais / Maiskolben *Epi de maïs*	Bei frischen Kolben Deckblätter und Fäden zum Stiel hin abziehen, dann mit dem Stielansatz abbrechen. Gründlich waschen. Will man nur die Körner verwenden, nur die Deckblätter und die Fäden abreißen. Den Kolben am freigelegten Stiel fest anfassen und mit einem scharfen Gemüsemesser die Körner durch Abschaben vom Kolben lösen.	**Kolben** – Sieden – Dämpfen – In Folie einpacken und grillieren **Körner** – Sieden – Dämpfen
Zwiebeln *Oignons*	Wurzelansatz und Spitze von Saucenzwiebeln entfernen, etwa 1 Minute in kochendes Wasser geben, damit sich die Schale leichter lösen läßt. Abtropfen und etwas abkühlen lassen, dann die Schale abziehen und die dünne Haut unter der Schale entfernen. Gemüsezwiebeln schälen, blanchieren und zum Füllen aushöhlen.	– Blanchieren – Glasieren – Schmoren (gefüllt)

7.15.2 Blanchieren – *blanchir*

Das Blanchieren ist eigentlich keine klassische Grundzubereitungsart, sondern meist eine Vorstufe zur Weiterverarbeitung der Gemüse (Tiefkühlen, Zwischenlagerung oder Garen).
Beim Blanchieren ist zu unterscheiden zwischen:

Blanchieren als Vorbereitung, zum Beispiel:

- um das Blattgrün (Chlorophyll) zu erhalten oder zu verstärken (Grüngemüse)
- um das Volumen für die Weiterverarbeitung zu verkleinern (Spinat, Lattich)
- um strengen Geschmack zu mildern (Kohl- und Rübenarten, Fenchel, Sellerie, Zwiebeln)
- um Tomaten zu schälen
- um die Struktur flexibel zu machen (Kohl für Kohlköpfchen, Peperoni zum Füllen)
- um das Gemüse vor Oxidation und Verfärbungen beim anschließenden Garen zu schützen (Sellerie, Blumenkohl, Fenchel, Kardy)

Garen bei feinen Grüngemüsen, z. B.: Blattspinat, zarte Kefen und ganz zarte Bohnen. Hier ist das Verfahren dem Sieden gleichzusetzen, da wegen der dünneren Struktur die Wärme rasch eindringt und zu den gleichen Veränderungen führt wie beim Sieden von festeren Gemüsen. Zur besseren Geschmacksgebung werden die so gegarten Gemüse meist noch kurz in Butter sautiert.

Vorbereiten zum Tiefkühlen

Bohnen

Zutaten für 10 Personen		
Bohnen	1	kg
Wasser	5	l
Salz	0,05	kg

Zubereitung

- Leicht gesalzenes Wasser auf den Siedepunkt bringen.
- Die vorbereiteten Bohnen dazugeben.
- Aufkochen lassen, abschütten.
- In Eiswasser rasch abkühlen.
- Abschütten und abtropfen lassen.
- Auf Normblechen locker auslegen, im Kühlraum vorkühlen, dann tiefkühlen.
- Lose verpacken, am besten leicht vakuumieren und nach Vorschrift lagern.

Feste Gemüse ohne herbe Aromastoffe können auch im Steamer vorgegart werden (höchstens 110 °C oder 0,5 bar).

Damit die Bohnen nicht auslaugen, das Wasser leicht salzen.
Bei Gemüsen mit fester Struktur 5 Teile Wasser und 1 Teil Gemüse.

Als Schutz vor Oxidation

Kardy

Zutaten für 10 Personen		
Kardy	1	kg
Wasser	5	l
Zitronensaft	0,025	l
Salz	0,05	kg

Zubereitung

- Leicht gesalzenes Wasser auf den Siedepunkt bringen.
- Zitronensaft und die vorbereiteten Kardy dazugeben.
- Aufkochen lassen, abschütten.
- Mit kaltem Wasser oder in Eiswasser abkühlen.
- Abschütten und gut abtropfen lassen.
- Bis zur Weiterverarbeitung kühl aufbewahren.

Bei sauerstoffempfindlichen Gemüsen das Wasser immer leicht mit Zitronensaft säuern. Gut aufkochen lassen, damit auch nachträglich keine Verfärbungen auftreten.

Blanchieren als Garprozeß

Spinat

Zutaten für 10 Personen		
Blattspinat	1	kg
Wasser	10	l
Salz	0,07	kg

Zubereitung

- Salzwasser auf den Siedepunkt bringen.
- Den vorbereiteten, gut abgetropften Spinat dazugeben.
- Aufkochen lassen, abschütten.
- Mit kaltem Wasser oder in Eiswasser abkühlen.
- Abschütten und gut abtropfen lassen.
- Bis zur Verwendung kühl aufbewahren.

Da das Blanchieren hier der eigentliche Garprozeß ist, muß das Wasser genügend gesalzen werden.
Bei Gemüsen mit einer lockeren Struktur: 10 Teile Wasser und 1 Teil Gemüse wählen, sonst wird das Gemüse zu weich.

7.15.3 Sieden – *bouillir*

Beim Sieden wird die Wärme durch feuchte Hitze übertragen, wodurch bei den Gemüsen
- die Konsistenz gelockert und Inhaltsstoffe aufgeschlossen werden,
- der Eigengeschmack erhalten, aber allfällige Geschmacksstrenge gemildert wird.

Je kürzer die Garzeit, desto geringer sind die Auslaugverluste. Deshalb
- das vorbereitete Gemüse in siedendes Wasser geben
- mit der größtmöglichen Hitzeeinwirkung zum Sieden bringen
- anschließend die Wärmezufuhr so weit drosseln, daß das Gemüse knapp am Siedepunkt bleibt, wodurch eine Veränderung von Farbe und Struktur weitgehend vermieden wird

Das Gemüse ist gar, wenn es noch knackig ist, das heißt, wenn es noch «Biß» hat. Zu lange gegartes Gemüse verliert unnötig Wirkstoffe und ist im Genußwert geringer.
Bei der Bestimmung des Garpunktes ist das Aufbewahren bis zur Weiterverwendung zu berücksichtigen.

Blumenkohl, Spargel, Knollensellerie und **Karotten** bleiben bis zur Weiterverwendung im Fond und ziehen nach. Im Zweifelsfall kann durch Zugabe von Eiswürfeln der Garprozeß abgebrochen werden.
Broccoli und **Romanesco** werden, falls sie nicht sofort weiterverwendet wer-

den, sorgfältig aus dem Fond herausgenommen und in leichtem Salzwasser abgekühlt. Zum Aufbewahren legt man sie in den inzwischen abgekühlten Fond zurück.
Zarte Gemüse in nicht zu großen Mengen auf einmal sieden, denn je größer die Kochmenge, desto längere Hitzeeinwirkung ist erforderlich, was aber den Inhalts- und den Geschmacksstoffen schadet. **Besser nacheinander kleinere Mengen garen.**
Fonds sollten nach Möglichkeit weiterverwendet werden, zum Beispiel für Suppen oder zum Regenerieren der Gemüse. Milde Fonds können reduziert der zum Gemüse gehörenden Sauce als Geschmacksverstärker beigegeben werden (Blumenkohl mit Rahmsauce, Kohlrabi mit Kräuter-Velouté).
Hülsenfrüchte verlesen, Steinchen und unschöne Ware entfernen. Gut waschen. Das Einweichen ist bei frischer Ware nicht zwingend, aber von Vorteil. Bedeckt mit der 2- bis 3fachen Menge kalten Wassers während 4 bis 8 Stunden nehmen sie Wasser auf. Die Kochzeit wird verkürzt, die Stärke kann verkleistern; die Hülsenfrüchte werden leichter verdaulich und bekömmlicher. Im Einweichwasser befinden sich bereits gelöste Nährstoffe, weshalb es zum Kochen mitverwendet werden sollte.
Tiefgekühlte Gemüse wie Blumenkohl, Broccoli, Erbsen, Bohnen usw. gefroren sieden.

Sieden im weißen Sud

Die Zugabe von Kalbsnierenfett beim Sieden bereichert das Aroma. Aus ernährungsphysiologischen Gründen wird heute jedoch vielfach darauf verzichtet.

Unterschieden werden:

Sieden in Salzwasser

Kohlrabi

Zutaten für 10 Personen	
Kohlrabi	1,2 kg
Wasser	3 l
Salz	

Vorbereitung

– Kohlrabi waschen und schälen.
– Je nach Verwendungszweck schneiden oder ganz lassen.

Zubereitung

– Salzwasser zum Sieden bringen.
– Kohlrabi dazugeben, rasch aufkochen, abschäumen.
– Am Siedepunkt bis zum Erreichen des gewünschten Garpunktes sieden.
– Im Fond erkalten lassen.

Sieden im weißen Sud

Krautstiele

Zutaten für 10 Personen		
Krautstiele	1,8	kg
Wasser	2	l
Salz		
Zitronensaft	0,025	l
Mehl	0,05	kg
Kalbsnierenfett	0,05	kg

Vorbereitung

– Blätter der Krautstiele entfernen.
– Blätter blanchieren, aufbewahren.
– Den Stielen von oben nach unten die feine Haut abziehen.
– In gleichmäßige Rechtecke schneiden.
– In siedendem Salzwasser mit etwas Zitronensaft blanchieren.
– Mehl mit wenig Wasser anrühren.

Zubereitung

– Salzwasser mit Nierenfett und Zitronensaft aufkochen.
– Mit dem angerührten Mehl binden.
– Krautstiele dazugeben, aufkochen.
– Knapp am Siedepunkt weichsieden.
– Bis zur Weiterverwendung im Fond lassen.

Sieden von Hülsenfrüchten

Linsen

Zutaten für 10 Personen		
Linsen	0,6	kg
Wasser	2,5	l
Gemüsebündel	0,2	kg
Gespickte Zwiebel	1	Stück
Speckschwarten		
Salz		

Vorbereitung

– Linsen sauber waschen, eventuelle Fremdkörper (Steinchen) entfernen.
– (4–8 Stunden einweichen.)
– Gemüsebündel bereitstellen.

Zubereitung

– Linsen mit dem Einweichwasser kalt ansetzen.
– Aufkochen, abschäumen.
– Aromaten dazugeben.
– Zugedeckt knapp weichsieden.
– Salzen, im Fond nachziehen lassen.
– Vor der Weiterverwendung lauwarm abspülen.

Beispiele gesottener oder gedämpfter Gemüsegerichte

Spargeln Mailänder Art *Asperges milanaise*
Artischocken mit holländischer Sauce *Artichauts, sauce hollandaise*

Sellerie mit frischen Kräutern *Céleri-pomme aux fines herbes*
Rosenkohl mit Butter *Choux de Bruxelles anglaise*

Kohlrabi mit Butter *Choux-pommes au beurre*
Maiskörner mit Butter *Grains de maïs au beurre*

7.15.4 Dämpfen – cuire à la vapeur

Das Dämpfen der Gemüse hat den Vorteil, daß keine Auslaugverluste entstehen können, weil das Gargut nicht **direkt** mit dem Wasser in Berührung kommt.
Beim Dämpfen mit Druck wird die Kochzeit verkürzt, Nährstoff- und Vitaminverluste bleiben gering.
Bei drucklosem Dämpfen verkürzt sich die Garzeit unwesentlich.

Die Regeln für das Aufbewahren von vorgegartem Gemüse sowie die Möglichkeiten der Fertigstellung sind die gleichen wie beim Sieden von Gemüsen.

Zum Dämpfen eignen sich vor allem Gemüse mit fester Zellstruktur, zum Beispiel Karotten, Sellerie, Kohlrabi, Blumenkohl, Broccoli, Fenchel, Artischocken, Artischockenböden, Erbsen. Weniger geeignet sind Lattich, Spinat, Peperoni, Spargel, Auberginen, Zucchetti, Pilze.

Zum Garen im Vakuum eignen sich praktisch alle frischen Gemüse mit Ausnahme der Blattgemüse.

Unterschieden werden:

Dämpfen ohne Druck
– Dämpfen in der Kasserolle mit Siebeinsatz
– Dämpfen im Kombisteamer
– Vakuumgaren (cuisson sous vide)

Dämpfen mit Druck
– Dämpfen im Dampfkochtopf
– Dämpfen im Steamer

Die Vorteile moderner Garmethoden und Gargeräte werden zunehmend genutzt. Beim Arbeiten mit diesen Geräten sind immer die Gebrauchsanweisungen der Gerätehersteller zu befolgen. Wegen des unterschiedlichen Drucks und der unterschiedlichen Methoden variieren die Gartemperaturen und somit auch die Garzeiten.

Dämpfen von Gemüse im Steamer

Unter Zubereitung im Steamer versteht man das Garen im Dampf unter erhöhten Temperaturen mit mehr oder weniger Druck.

Druck und Gartemperaturen:
0,5 bar = 108 °C bis 110 °C
1,0 bar = 118 °C bis 120 °C

Vorgehen
– Die entsprechend vorbereiteten Gemüse in dafür geeignete Normschalen (hohe, flache, gelochte oder ungelochte) einschichten.
– Garen im Dampf, bis sie die gewünschte Garstufe (Weichheit) aufweisen. Dabei sind unbedingt Anleitung und Rezepte der Gerätehersteller zu beachten.
– Nach dem Garen würzen.

Die Garzeit wird beeinflußt durch:
– die **Warenqualität:** frisch, getrocknet oder tiefgekühlt; Reifegrad, junges oder altes Gemüse
– die **Schnittgröße:** je kleiner, desto schneller gar; möglichst gleiche Stückgröße
– die **Gewebestruktur des Kochgutes:** harte oder poröse Struktur; Wassergehalt des Kochgutes
– die **gewählte Druckstufe:** 0,5 oder 1,0 bar

Fertigstellen

Die Gemüse können mit den dazu geeigneten Grundzubereitungsarten, wie Sautieren, Fritieren, Gratinieren, fertiggestellt werden.

Das Garen im Steamer erfordert ein Umdenken: Um gute Resultate zu erzielen, sollte man einerseits die Richtlinien der Herstellerfirmen beachten, andererseits sollte man für die betriebsspezifischen Bedürfnisse selber Anwendungsmethoden und Garzeitentabellen kreieren und austesten.

Der Koch soll das Gerät beherrschen und nicht das Gerät den Koch.

Garen von Gemüse im Vakuum

Unter der Bezeichnung *cuisson sous vide* versteht man das Garen in kochfesten Siede- oder Schrumpfbeuteln mit gleichzeitiger Teilkonservierung (Pasteurisieren) bei auf das Kochgut abgestimmten Temperaturen.

Gartemperatur für Gemüse, Früchte, Pilze und Kartoffeln:
95 °C bis 98 °C

Vorgehen
– Die entsprechend vorbereiteten Gemüse würzen und mit etwas Butter in kochfesten Siedebeuteln luftdicht vakuumieren.
– Garen im Steamer, im Wasserbad oder im Kombisteamer bei etwa 96 °C.

Die Garzeiten im Vakuumbeutel sind 10–15 % länger als üblich, da unter dem Siedepunkt gearbeitet wird.
– Schockabkühlung in Eiswasser auf eine Kerntemperatur von 1 °C bis 3 °C.
– Zwischenlagerung im Kühlraum bis zur Weiterverarbeitung bei 1 °C bis 3 °C bis zu 2 Wochen.

Dieser Arbeitsvorgang stoppt das Weitergaren und verhindert Keimbildung. Die abgefüllten Gemüse werden zu Halbkonserven.

Fertigstellen / Regenerieren

Das perfekte Aufbereiten erfolgt mit Vorteil im Beutel. Geeignet dazu sind die gleichen Geräte und Methoden wie beim Garen. Die Gemüse können aber auch mit den dazu geeigneten Grundzubereitungsarten wie Sautieren, Fritieren und Gratinieren fertiggestellt werden.

Es ist unumgänglich, sich mit dieser Art des Garens intensiv auseinanderzusetzen, um durch viele Versuche für die betriebsspezifischen Bedürfnisse optimale Anwendungsmöglichkeiten und Resultate zu erzielen.
Die korrekte Niederschrift der gemachten Erfahrungen hilft mit, immer gleich bleibende Qualität servieren zu können.

7.15.5 Schmoren – *braiser* / Dünsten – *étuver*

Beim Schmoren und beim Dünsten wird das Gemüse langsam in einer relativ geringen Flüssigkeitsmenge gegart.

Im Gegensatz zum Sieden oder Dämpfen, bei denen das Gemüse so schnell wie möglich garen soll, damit Geschmack und Struktur erhalten bleiben, gehen Schmoren und Dünsten langsam vor sich, damit sich die Aromen der einzelnen Zutaten zu einer geschmacklichen Einheit verbinden. Es ist nicht zu vermeiden, daß dabei Aroma des Gemüses an den Fond abgegeben wird, was jedoch kein Nachteil ist, da der so gewonnene Fond sehr oft ein ebenso wichtiger Bestandteil des fertigen Gerichts ist wie das weichgeschmorte oder gedünstete Gemüse.

Aromaten

Geschmorte oder gedünstete Gerichte sollten zusätzlich gewürzt werden: Lattich, Fenchel oder Brüsseler Endivie mit einem Mirepoix, ergänzt durch Speckabschnitte oder Kalbsnierenfett, was diesen geschmorten Gemüsen neben dem guten Geschmack einen schönen Glanz gibt. Oder fein geschnittene Gemüse nur mit frischen Kräutern, Knoblauch, feingeschnittenen Zwiebeln usw. würzen. Diese Zutaten können einzeln oder auch kombiniert verwendet werden. Zucker wird oft beigefügt, um bittere Bestandteile zu mildern oder um einen glasurähnlichen Glanz zu erzielen.

Flüssigkeiten zum Garen

Die Wahl der zu verwendenden Flüssigkeit beeinflußt den Geschmack des Gerichtes. Kalbsfond, Gemüsefond oder helle Bouillon werden verwendet zum Schmoren von Fenchel, Lattich, Stangensellerie usw., Wein und Bouillon zum Schmoren von Rot- und Sauerkraut, brauner Fond oder Bouillon zum Schmoren oder Dünsten von gefüllten Gemüsen wie Peperoni, Kohlköpfchen, Gemüsezwiebeln, Tomaten usw.

Anwendungen

Das Garverfahren **Schmoren** wird vielfach für die Zubereitung der Kohlarten, für Lattich, Stangensellerie, Brüsseler Endivie und Fenchel angewandt. Es ist aber auch oft die Zubereitungsart für gefüllte Gemüse wie Kabisköpfchen, Krautwickel, gefüllte Peperoni, Gemüsezwiebeln, Bischofsmützen usw.
Das Garverfahren **Dünsten** wird hauptsächlich für Gemüsesorten mit einem hohen Wassergehalt angewandt, wie zum Beispiel Tomaten, Pilze, Zucchetti, Gurken, Kefen, Peperoni.

Die Übergänge zwischen Dünsten und Schmoren sind fließend. Die Wahl ist weitgehend von der Struktur des zu garenden Gemüses abhängig.
Das Schmoren von Gemüse erfolgt meistens zugedeckt im Ofen, das Dünsten eher zugedeckt auf dem Herd.

Schmoren – *braiser*

Fenchel

Zutaten für 10 Personen		
Fenchel	1,6	kg
Butter	0,02	kg
Weißes Matignon	0,16	kg
Speckschwarte	0,05	kg
Kalbsnierenfett	0,05	kg
Weißer Kalbsfond	1	l
Salz, Gewürze		

Vorbereitung

- Fenchel waschen, rüsten, schälen und Stielansatz kreuzweise einschneiden, eventuell halbieren.
- In Salzwasser blanchieren.
- Matignon bereitstellen.
- Kalbsnierenfett zerkleinern.

Zubereitung

- Passende Schmorpfanne mit Butter ausstreichen.
- Matignon, Speckschwarte und Kalbsnierenfett leicht andünsten.
- Fenchel darauf einschichten.
- Würzen und mit weißem Kalbsfond bis ⅓ der Höhe des Kochgutes auffüllen.
- Mit Butter bestrichene Folie darauflegen, mit einem Teller beschweren. Aufkochen.
- Zugedeckt im Ofen bei 160 °C weichschmoren.
- Bei nicht sofortiger Verwendung in ein flaches Geschirr umbetten, den Fond passieren und auskühlen lassen.

Bemerkung

Die Zugabe von Kalbsnierenfett bereichert das Aroma. Aus ernährungsphysiologischen Gründen wird heute jedoch vielfach verzichtet.

Dünsten – *étuver*

Kefen

Zutaten für 10 Personen		
Kefen	1,3	kg
Butter	0,08	kg
Schalotten	0,1	kg
Knoblauch	0,005	kg
Speck	0,1	kg
Gemüsebouillon	0,2	l
Salz, Pfeffer		

Vorbereitung

- Kefen waschen und rüsten.
- Eventuell in Salzwasser blanchieren, in Eiswasser abkühlen, abtropfen lassen.
- Schalotten und Knoblauch fein hacken.
- Speck in kleine Würfel schneiden.

Zubereitung

- In passender Sauteuse Schalotten und Speckwürfelchen glasig dünsten.
- Kefen dazugeben, kurz mitdünsten, würzen.
- Gemüsefond dazugießen.
- Bei mäßiger Hitze zugedeckt langsam dünsten.
- Die Kefen müssen noch knackig sein. Sofort servieren oder abkühlen, sonst verlieren sie ihre grüne Farbe und werden zu weich.

Beispiele geschmorter und gedünsteter Gemüsegerichte

Geschmorte Gemüsegerichte

Geschmorter Fenchel mit Mark
Fenouil braisé à la moelle

Geschmorter Fenchel mit Käse
Fenouil milanaise

Kardy polnische Art
Cardons polonaise

Geschmortes Rotkraut
Choux rouges braisés

Geschmortes Sauerkraut
Choucroute braisée

Geschmorte Brüsseler Endivie
Chicorée braisée

Gedünstete Gemüsegerichte

Vichy-Karotten
Carottes Vichy

Junge Erbsen mit Zwiebeln und Salatstreifen
Petits pois française

Gedünstete Tomatenwürfel
Tomates concassées

Zucchetti mit Kräutern
Courgettes provençale

Okra mit Tomaten
Gombos aux tomates

Gemischtes Gemüsegericht
Ratatouille

Gefüllte geschmorte Gemüse

Gefüllte Peperoni
Poivrons doux farcis

Gefüllter Kohl
Chou farci

Chinakohlroulade
Roulade de chou chinois

Gefüllte gedünstete Gemüse

Gefüllte Gurken
Concombres farcis

Gefüllte Tomaten mit *mie de pain* und Kräutern
Tomates farcies provençale

7.15.6 Glasieren – *glacer*

Glasieren heißt, Gemüse in Butter mit wenig Zucker und etwas Flüssigkeit bei schwacher Hitze garen. Dabei wird es saftig, leicht süßlich, und es legt sich ein schimmernder sirupähnlicher Film um das Gemüse, der auch nach dem Verdunsten der Flüssigkeit erhalten bleibt.

Glasieren eignet sich besonders für festes kohlenhydratreiches (Stärke und Traubenzucker) Gemüse wie Karotten, Sellerie, Pastinaken, Randen, junge Kohlrabi, Weißrüben, Zucchetti, Saucenzwiebeln und Kastanien.

In Salzwasser knackig gekochtes Gemüse kann auch *à la minute* in einer Sauteuse in Butter mit etwas Zucker sorgfältig geschwenkt werden. Dieses **Schnellverfahren** eignet sich besonders für Zucchetti, Kohlrabi, Weißrüben oder Mischgemüse, das Gemüsesorten mit weicher Struktur enthält. Geschmacklich sind auf diese Art und Weise glasierte Gemüse nicht mit der klassischen Zubereitung zu vergleichen.

- Ältere, oxidationsanfällige sowie geschmacksintensive Gemüse zuerst blanchieren. Nur kleine Zucchetti verwenden, nicht schälen.
- Aus geschmacklichen Gründen zum Glasieren weder Zwiebeln noch Schalotten verwenden. Reduzierter Fond kann vor allem helles Gemüse und Karotten verfärben.
  Das Ziel des Glasierens soll neben dem Aussehen immer die Eigengeschmacksverstärkung und nicht Geschmacksverfremdung sein.
- Zwiebeln können braun glasiert werden, indem die Zwiebeln leicht mit etwas Zucker angeröstet und dann mit Bouillon abgelöscht werden.
- Für das Glasieren von Kastanien zuerst Zucker karamelisieren, dann mit hellem Gemüsefond oder Wasser auflösen. Kastanien und Butter dazugeben und weich glasieren.

Zum Glasieren möglichst wenig Flüssigkeit verwenden. Deshalb: Je wasserhaltiger das Gemüse und je tiefer die Gartemperatur, um so weniger Fremdflüssigkeit zugeben.

Glasierte Karotten – *carottes glacées*

Zutaten für 10 Personen		
Karotten	1,8	kg
Butter	0,04	kg
Zucker	1	Prise
Wasser oder helle Bouillon	0,5	l
Salz		

Vorbereitung

- Karotten waschen, schälen und tournieren (oder in Stäbchen schneiden).
- Eventuell blanchieren.

Zubereitung

- Sauteuse mit Butter ausstreichen.
- Karotten und Zucker dazugeben.
- Leicht andünsten.
- So viel Wasser oder Bouillon dazugeben, daß die Karotten knapp bedeckt sind.
- Würzen und zudecken.
- Knapp weich garen, Deckel entfernen.
- Restliche Flüssigkeit sirupartig einkochen und das Gemüse durch Schwingen überglänzen.

Glasierte Gemüsegerichte

Glasierte Kastanien
Marrons glacés

Glasierte Zwiebeln
Petits oignons glacés

Glasierte Gurken
Concombres glacés

Kleine glasierte Gemüse
Petits légumes glacés

Glasierter Sellerie mit Kräutern
Céleri-pomme glacé aux herbes

Kleine glasierte Bischofsmützen
Petits patissons glacés

Glasierte Pastinaken mit Schnittlauch
Panais glacés à la ciboulette

7.15.7 Gratinieren – *gratiner*

Gemüsegerichte, die im Backofen oder unter dem Salamander bei sehr starker Oberhitze (250 °C bis 300 °C) überbacken oder gegart werden, erhalten eine knusprige, braune Oberfläche. Viele Gemüse werden nur überbacken, damit sie den letzten Schliff erhalten, wobei meist gegartes Gemüse verwendet wird. Häufig ist aber die knusprige Oberfläche wesentlicher Bestandteil des Gerichts.

- Um eine trockene Kruste zu erhalten, bestreut man das Gemüse mit geriebenem Käse, Panierbrot oder *mie de pain*. Käse kann auch mit *mie de pain* gemischt und mit fein-

gehackten Kräutern ergänzt werden. Am Schluß mit Butter beträufeln und gratinieren. Dies kann sowohl unter dem Salamander als auch im Ofen geschehen.
- Eine weiche, saftige Kruste entsteht, wenn das Gemüse mit einer leichten Mornay-Sauce nappiert und dann gratiniert wird. Damit hier eine schmackhafte Kruste entsteht, sollte im Backofen gratiniert werden. Oft wird dazu auch vorgegartes, kaltes Gemüse verwendet.
- Wird feines Gemüse wie Broccoli, Blumenkohl oder Spargel mit einer Buttersauce überzogen und kurz unter dem Salamander abgeflämmt, bezeichnet man dies als **Glasieren.**

Varianten des Gratinierens

Trocken gratinieren

(Reibkäse und *mie de pain,* Reibkäse und gehackte Kräuter, Butter)
Für Blumenkohl, Stangensellerie, gefüllte Gemüse (Zucchetti, Auberginen, Gurken, Tomaten, Champignons) usw.

Saftig gratinieren

(Mornay-Sauce, Tomaten-Concassé mit Käse, Buttersaucen)
Gegarte Gemüse wie Blumenkohl, Sellerie, Kohlrabi, Broccoli, Brüsseler Endivie, Stangensellerie, Spargel werden nappiert.

Gemüsegratin

Hier ist die Sauce ein wesentlicher Bestandteil. Basis ist eine Cremesauce oder eine Gemüse-Velouté, die mit Rahm, Käse, Eigelb oder holländischer Sauce verfeinert wird. Dabei wird das Gemüse oft mit der Sauce gemischt. Gemüsegratins werden langsam bei mittlerer Ofenhitze gebacken und erst gegen den Schluß bei starker Oberhitze gratiniert, zum Beispiel Krautstielgratin, Schwarzwurzelgratin, Brüsseler-Endivien-Gratin.

Tomaten mit Kräutern und *mie de pain* – *tomates farcies provençale*

Zutaten für 10 Personen	
Tomaten (10 Stück)	1,2 kg
Butter	0,02 kg
Füllung	
Olivenöl	0,1 l
Zwiebeln	0,1 kg
Knoblauch	0,01 kg
Mie de pain	0,15 kg
Petersilie	0,03 kg
Thymian	0,01 kg
Origano	0,01 kg
Sardellen	0,02 kg
Abschmecken (Salz, Pfeffer)	1mal
Butter	0,05 kg
Sbrinz, gerieben	0,03 kg

Zum Gratinieren

Reibkäse (Sbrinz)	0,03 kg
Butter	0,05 kg

Vorbereitung

- Tomaten waschen, Stielansatz entfernen und quer halbieren.
- Leicht aushöhlen.
- Würzen und in ein mit Butter bestrichenes Geschirr ordnen.
- Zwiebeln und Knoblauch fein hakken.
- Kräuter waschen, zupfen und fein hacken.
- Sardellen wässern, abtupfen und fein hacken.

Zubereitung

- Für die Füllung Zwiebeln und Knoblauch in Olivenöl dünsten.

- Mie de pain, Kräuter und Sardellen beigeben, abschmecken.
- Tomaten damit füllen.
- Mit Reibkäse bestreuen und mit Butterflocken belegen.
- Gratinieren und gleichzeitig garen.

Krautstielgratin – *gratin de côtes de bette*

Zutaten für 10 Personen	
Krautstiele	1,8 kg
Weißmehl	0,005 kg
Zitronensaft	0,025 l
Kalbsnierenfett	0,05 kg
Sauce	
Bechamel-Sauce	0,3 l
Vollrahm	0,1 l
Reibkäse (Sbrinz)	0,03 kg
Butter	0,025 kg
Schalotten	0,025 kg
Knoblauch	0,005 kg
Salz, Pfeffer, Muskat	

Zum Gratinieren

Reibkäse (Sbrinz)	0,05 kg
Butter	0,05 kg

Vorbereitung

- Krautstiele waschen.
- Blätter sorgfältig abschneiden, blanchieren und in Eiswasser abkühlen, abtropfen lassen, grob hacken und beiseite stellen.
- Schalotten und Knoblauch fein hacken.
- Den Stielen beidseitig die Haut abziehen, in gefällige Stücke schneiden.
- Im weißen Sud knapp weich sieden.
- Die Blätter in etwas Butter mit Knoblauch und Schalotten dünsten, abschmecken.

Zubereitung

- Gratinplatte mit Butter ausstreichen.
- Die Bechamel-Sauce mit Rahm und Käse vollenden.
- Die abgetropften Krautstiele daruntermischen, abschmecken und in die Gratinplatte geben.
- Die Krautstielblätter in die Mitte dressieren.
- Das Ganze mit Reibkäse bestreuen und mit Butterflocken belegen.
- Im Backofen langsam gratinieren.

Bemerkung

- Für dieses Rezept eignen sich nur junge Krautstiele mit zarten Blättern.

Thema 7 Blatt 128

Beispiele weiterer Gerichte

Gratinierte Gemüsegerichte	Gemüsegratins
Gratinierter Blumenkohl *Chou-fleur Mornay*	Brüsseler-Endivien-Gratin *Gratin de chicorée*
Gratinierter Lauch *Poireaux gratinés*	Auberginengratin *Gratin d'aubergines*

7.15.8 Fritieren – *frire*

Zum Fritieren müssen Gemüse von fester Struktur (Blumenkohl, Broccoli, Schwarzwurzeln, Sellerie usw.) vorgegart werden. Gemüse von weicher Struktur und hohem Wassergehalt (Zucchetti, Auberginen und Pilze) verwendet man roh.

- Die in Scheiben, Stücke oder Ringe zerkleinerten Gemüse müssen trocken sein.
- Zur Geschmacksverbesserung werden sie mariniert oder nur gewürzt.
- Müssen innerhalb kurzer Zeit größere Mengen ausgebacken werden, lohnt es sich, die Gemüse bei 160 °C bis 170 °C hell vorzubacken. Auf Abruf werden sie dann bei 180 °C knusprig ausgebacken.
- Das fritierte Gemüse gut abtropfen lassen, offen anrichten und sofort servieren, weil sonst beim Warmhalten die Kruste weich wird und die Gemüse ihre Schmackhaftigkeit einbüßen. Zitronenstücke und Petersilie dazugeben.

Die verschiedenen Arten des Fritierens von Gemüse

Hülle	Geeignet für	Zubereitung
Mehl	Auberginenscheiben, Peperoniringe, Zwiebelringe	Marinieren, salzen, mehlen, abklopfen, fritieren
Ei	Auberginen- und Zucchettischeiben	Marinieren, salzen, mehlen, abklopfen, durch aufgeschlagenes Ei ziehen, leicht abstreifen, fritieren
Mie de pain oder Paniermehl	Champignons, Sellerie*, Spargel*	Marinieren, salzen, mehlen, abklopfen, durch verrührtes Eiweiß ziehen, in frischem Mie de pain wenden, andrücken, fritieren
Ausbackteig (Bier oder Wein)	Broccoli*, grüner Spargel*, Schwarzwurzeln*, Blumenkohl*, Champignons	Marinieren, salzen, mehlen, abklopfen, im Bier- oder Weinteig wenden, fritieren

* Gegartes Gemüse.

Gebackene Schwarzwurzeln – *scorsonères frites*

Zutaten für 10 Personen		
Schwarzwurzeln, gekocht	1	kg
Petersilie	0,03	kg
Zitronensaft	0,02	kg
Salz, Pfeffer		
Mehl	0,05	kg
Bierteig	0,5	kg
Erdnußöl (Ölverlust ca. 10%)	0,1	l

Vorbereitung

- Schwarzwurzeln in gefällige Stücke schneiden, marinieren.
- 10 schöne Zweiglein Petersilie waschen, gut abtropfen; den Rest fein hacken.

Zubereitung

- Bierteig mit der gehackten Petersilie vermischen.
- Schwarzwurzelstücke mehlen und im Bierteig wenden.
- Gut abstreifen und bei 180 °C fritieren, gut abtropfen lassen.
- Petersilie am Schluß kurz in die heiße Fritüre tauchen; knusprig fritieren, herausnehmen, abtropfen lassen, leicht salzen.

7.15.9 Sautieren – *sauter*

Gemüse, das kurz in der Pfanne sautiert wird, behält weitgehend Farbe, Geschmack und Festigkeit. Da das Gemüse beim Sautieren ziemlich starker Hitze ausgesetzt ist, muß es sorgfältig vorbereitet und beim Garen aufmerksam überwacht werden.
Zum Sautieren eignen sich: Lyoner Pfanne oder Pfannen mit nichthaftender Beschichtung. Zum schwingend Sautieren: Sauteuse.

Unterschieden werden:

Feuchtes Sautieren

Dazu **keine Stahlpfannen** verwenden, da sonst ein Großteil des Vitamins C zerstört wird.

- **Sautieren von blanchierten oder bereits gegarten Gemüsen:** Blattgemüse, zarte Bohnen, Kefen, Rosenkohl. Zuerst blanchieren oder sogar knapp garen.
- **Sautieren von rohen Gemüsen und Pilzen:** Pilze waschen, reinigen, gut abtropfen lassen und in Scheiben oder Streifen schneiden. Auberginen, Zucchetti roh in Scheiben schneiden oder tournieren.

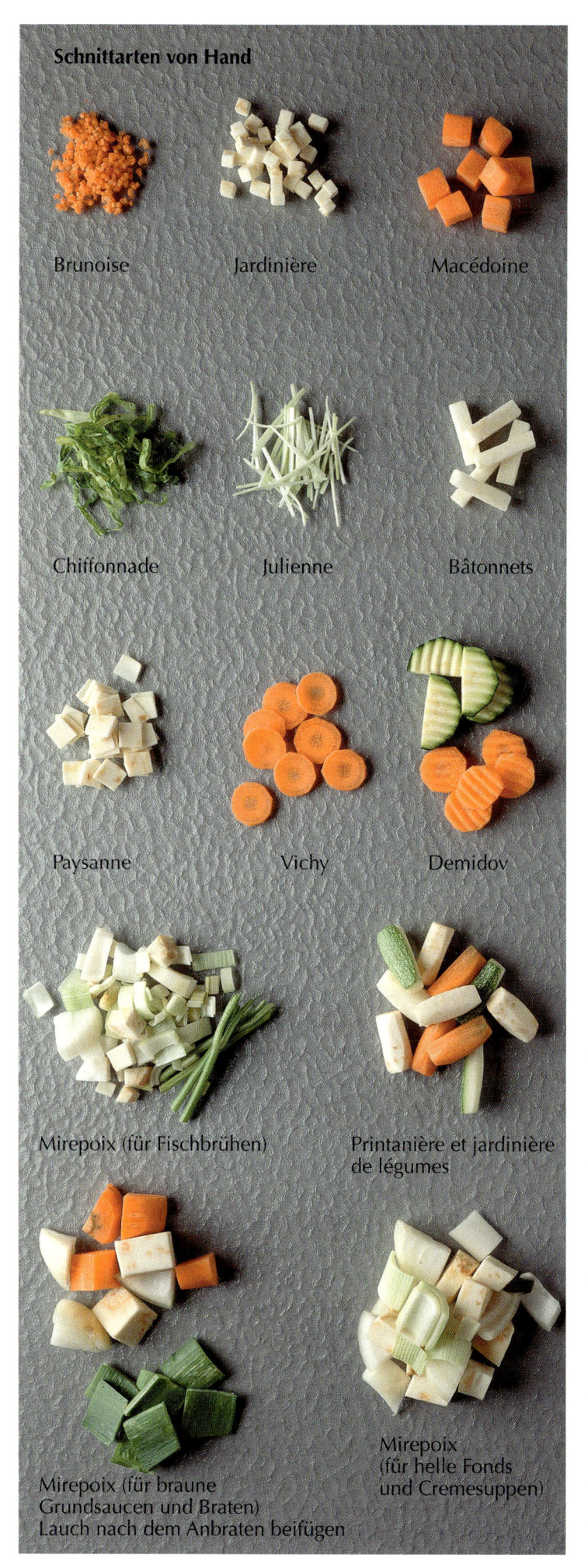

Vorbereitungs-, Schnitt- und Bindearten **Gemüse**

Schnittarten von Hand

- Brunoise
- Jardinière
- Macédoine
- Chiffonnade
- Julienne
- Bâtonnets
- Paysanne
- Vichy
- Demidov
- Mirepoix (für Fischbrühen)
- Printanière et jardinière de légumes
- Mirepoix (für braune Grundsaucen und Braten) Lauch nach dem Anbraten beifügen
- Mirepoix (für helle Fonds und Cremesuppen)

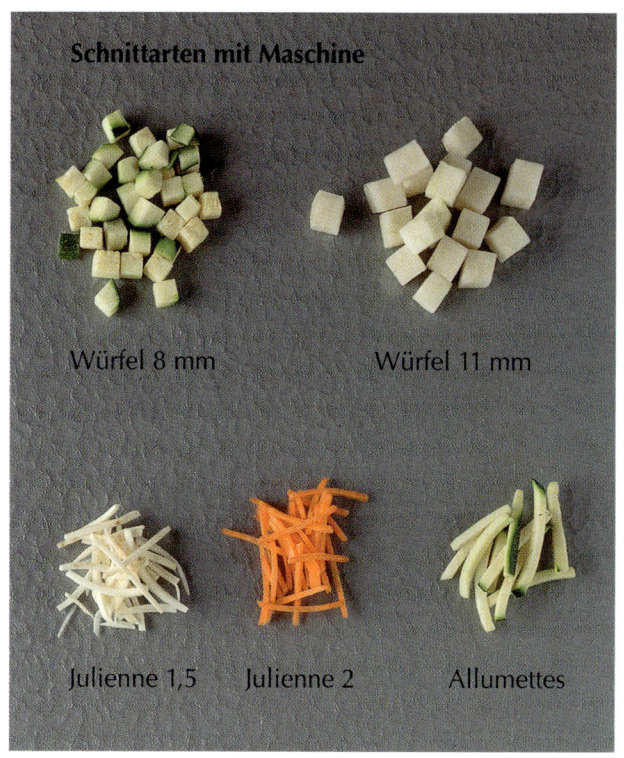

Schnittarten mit Maschine

- Würfel 8 mm
- Würfel 11 mm
- Julienne 1,5
- Julienne 2
- Allumettes

Vorbereitungsarten

- Gemüsebündel für weiße Fonds
- Gemüsebündel für Bouillons
- Kräuterbündel
- Gewürzsäcklein

Vorbereitungs-, Schnitt- und Bindearten **Gemüse**

Artischockenstiel sorgfältig abdrehen.

Spargeln schälen (grüne Spargeln können auch ungeschält gekocht werden).

Für ganze Artischocken: oberes Drittel wegschneiden.
Für Böden: obere zwei Drittel wegschneiden.

Zu Portionen bündeln.

Für ganze Artischocken: Blattspitzen stutzen.
Für Böden: tournieren.

Enden abschneiden.

Für ganze Artischocken: sofort mit Zitronensaft beträufeln.
Für Böden: «Heu» entfernen, sofort mit Zitronensaft einreiben.

Zum Kochen vorbereitete Spargelbündel.

Trockenes Sautieren

- **Sautieren von rohen Gemüsen:** Tourniertes, in Würfel oder Scheibchen geschnittenes Gemüse schwingend in Fettstoff sautieren, so daß sich schwache Röstbitter bilden können. Das Gemüse soll noch knackig sein.
- **Sautieren in einer Hülle:** Das Gemüse (roh oder gegart) muß vor dem Sautieren gut abgetropft und trocken sein, sonst zieht es Wasser, und die Krustenbildung wird verhindert.

Übersicht über die verschiedenen Arten des Sautierens

Feucht sautieren

Sautierter Blattspinat mit Pinien –
feuilles d'épinards aux pignons

Zutaten für 10 Personen		
Blattspinat	2	kg
Salz		
Butter	0,08	kg
Schalotten	0,075	kg
Knoblauch	0,01	kg
Salz, Pfeffer, Muskat		
Pinienkerne	0,05	kg
Butter	0,03	kg

Vorbereitung

- Blattspinat waschen und blanchieren, in Eiswasser auskühlen, abschütten, gut abtropfen lassen.
- Schalotten und Knoblauch fein hacken.

Zubereitung

- In Sauteuse Schalotten und Knoblauch in Butter dünsten.
- Blattspinat beigeben, sautieren, bis er heiß ist, abschmecken.
- Pinienkerne in Butter rösten und über den angerichteten Spinat geben.

Trocken sautieren

Zucchetti und Karotten mit Thymian –
courgettes et carottes sautées au thym

Zutaten für 10 Personen		
Junge Karotten	1	kg
Kleine Zucchetti	0,75	kg
Olivenöl	0,1	l
Thymian	0,015	kg
Salz, Pfeffer		

Vorbereitung

- Karotten waschen, schälen, in etwa 2 mm dicke Scheibchen schneiden, kurz blanchieren.
- Zucchetti waschen und rüsten, in etwa 3 mm dicke Scheibchen schneiden.
- Thymian zupfen.

Zubereitung

- Olivenöl erhitzen, Karotten dazugeben.
- Rund 5 Minuten schwingend sautieren.
- Zucchetti und Thymian beigeben, abschmecken und fertig sautieren.
- Das Gemüse darf leicht Farbe nehmen, aber kein Wasser ziehen.

Sautieren in einer Hülle

Sellerie-Piccata –
piccata de céleri-pomme

Zutaten für 10 Personen		
Knollensellerie	1,5	kg
Zitrone	½	Stück
Salz, Pfeffer		
Mehl	0,05	kg
Eier	3	Stück
Reibkäse (Sbrinz)	0,075	kg
Butter	0,080	kg
Tomaten-Concassé	0,5	l

Vorbereitung

- Sellerie waschen, schälen und halbieren.
- In rund 5 mm dicke Scheiben schneiden (evtl. ausstechen).
- In leicht gesäuertem Salzwasser knackig sieden.
- In Eiswasser auskühlen, abtropfen lassen und trocknen.
- Ei und Reibkäse glattrühren.

Zubereitung

- Sellerietranchen würzen und mehlen.
- Durch die Ei-Käse-Masse ziehen, abstreifen.
- In Butter langsam auf beiden Seiten knusprig sautieren.
- Auf das heiße Tomaten-Concassé anrichten.

Prinzip	Geeignet für	Zubereitung
Sautieren ohne Farbgebung		Sautieren in Butter, geklärter Butter, Olivenöl
Feucht sautieren	Blattspinat*, Kefen*, Krautstiele*, Rosenkohl*, Bohnen* usw.	Schalotten (Knoblauch) in Fettstoff dünsten, Gemüse dazugeben, kurz sautieren, abschmecken
Trocken sautieren	Zucchetti, Auberginen, Karotten, Pilze	Eventuell Schalotten und Knoblauch dünsten, Gemüse dazugeben, unter fleißigem Schwenken rasch sautieren (das Gemüse soll trocken und saftig bleiben)

* Blanchiertes oder gegartes Gemüse.

(Fortsetzung Seite 414)

Prinzip	Geeignet für	Zubereitung
Sautieren mit Farbgebung		
Sautieren in einer Hülle		Nur Butter (langsam), in geklärter Butter oder zuerst Öl, dann Butter
aus Mehl	Brüsseler Endivie*, Knollensellerie*, Auberginenscheiben, Zucchettischeiben	Würzen oder marinieren, abtrocknen, mehlen, abklopfen, nicht zu heiß sautieren, bis sich Röstbitter bilden
aus Ei oder Ei mit Käse	Knollensellerie*, Fenchel*, Auberginenscheiben, Zucchettischeiben, Kürbisscheiben	Marinieren, mehlen, abklopfen, durch aufgeschlagenes Ei ziehen, leicht abstreifen, langsam sautieren
aus *mie de pain* oder Paniermehl	Knollensellerie*, Fenchel*, Karotten*, Gemüselauch*	Marinieren, salzen, mehlen, abklopfen, durch verrührtes Eiweiß ziehen, in frischem *mie de pain* wenden, andrücken, langsam knusprig sautieren

* Blanchiertes oder gegartes Gemüse.

Beispiele weiterer Gerichte

Sautierter Rosenkohl
Choux de Bruxelles sautés

Steinpilze mit Knoblauch und Kräutern
Cèpes provençale

Sautierter Blattspinat mit Sardellen
Epinards italienne

Sautierte Bohnen
Haricots verts sautés

Sautierte Kefen mit Speck
Pois mange-tout sautés au lard

Sautierte Peperoni-Ecken
Quartiers de poivrons doux sautés

Auberginen im Ei mit Kräutern sautiert
Aubergines romaine aux herbes

Panierter Sellerie auf Peperoni-Coulis
Céleri-pomme pané sur coulis de poivrons doux

7.15.10 Grillieren – *griller*

Beim Grillieren wird Gemüse einer trockenen, starken Hitze direkt ausgesetzt. Es erhält dadurch eine knusprige, gebräunte Oberfläche und ein ausgezeichnetes Aroma, das vor allem durch das Karamelisieren des gemüseeigenen Zuckers entsteht.
Grillierte Gemüse sind in den Sommermonaten beliebte Beilagen zu Fleischgerichten vom Holzkohlengrill, spielen aber in der klassischen Küche eine untergeordnete Rolle.

– Grilliert werden kann mit Holzkohle, Gas- oder Elektrogrill oder in Grillpfannen.
– Zum Grillieren eignen sich Zucchetti, Auberginen, Peperoni, große flache Champignonköpfe, Tomaten und Maiskolben, junge Zwiebeln und große Knoblauchzehen in der Folie.
– Unabhängig von der Hitzequelle muß das Gemüse so vorbereitet werden, daß die Hitze es gleichmäßig durchdringen kann, damit es gar ist, bevor es außen verbrennt.

Vorbereitung

– **Zucchini** und **kleine Auberginen** der Länge nach halbieren, größere Exemplare in schräge, etwa 1,5 cm dicke Scheiben schneiden. Die Schnittflächen kreuzweise ritzen, damit die Hitze gleichmäßiger eindringen kann. Die Schnittflächen mit gehackten Kräutern bestreuen und mit Olivenöl beträufeln.
– Den Stielansatz der **Tomaten** ausstechen, oben kreuzweise einschneiden, die vier Lappen leicht nach außen drücken. In das freigelegte Innere gehackte Kräuter und Gewürze geben, mit Olivenöl beträufeln.
– **Peperoni** waschen, halbieren, Stielansatz und Kerne entfernen. Nochmals halbieren. Innenflächen mit Olivenöl bepinseln.
– **Champignonköpfe** nur pfeffern und mit Öl bepinseln.
– Von frischen **Maiskolben** die Blätter herunterziehen und die Fäden entfernen, dann die Blätter wieder um den Kolben legen und sie etwas unterhalb der Spitze mit Bindfaden befestigen. (Hier bekommt der Kolben keinen Kontakt mit dem Grill.)
– Die so vorbereiteten Kolben 30 Minuten wässern, wodurch die Körner weich und saftig bleiben. Die Kolben gut abtropfen lassen und unter öfterem Wenden grillieren. Oder die Kolben ohne Blätter mit Öl bepinseln, würzen und in Folie einwickeln.
– **Kleine Zwiebeln** und **große Knoblauchzehen** schälen, salzen, pfeffern, mit Öl bepinseln und in Folie einpacken.

Zubereitung

– Überflüssiges Öl oder Marinade abstreifen, salzen und pfeffern.
– Mit der schöneren Seite nach unten auf die heißen Grillstäbe legen.
– Nach kurzer Zeit mit dem Spachtel um etwa 60° drehen, so daß eine Grillzeichnung entsteht.
– Mit Öl bepinseln, das Gemüse wenden, wenn möglich gleich verfahren wie mit der anderen Seite.
– Bei mäßiger Hitze das Gemüse garen, bis man es leicht mit der Spitze eines Messers durchstechen kann. Größere und dickere Stücke auf etwas Folie legen und fertig garen.

7.15.11 Allgemeine Zubereitungen

Übersicht

englische Art / mit Butter *anglaise*	Das gegarte Gemüse mit Butterflocken belegen
mit Butter *au beurre*	Zuletzt mit schaumigheißer Butter abschmelzen
mit Mark *bordelaise*	Gemüse mit Rotweinsauce nappieren, mit blanchierten Markscheiben oder -würfeln belegen, mit gehackter Petersilie bestreuen
Clamart	Mit leicht gebundenen Gartenerbsen oder frischem Erbsenpüree füllen
mit Rahmsauce *à la crème*	Mit Rahmsauce nappieren oder mit wenig reduziertem, gewürztem Rahm begießen
mit gerösteten Brotwürfeln *aux croûtons*	Gemüse mit den Croûtons belegen
mit Demi-glace *demi-glace*	Zuletzt mit wenig Demi-glace übergießen
mit Blätterteighalbmonden *aux fleurons*	Angerichtetes Gemüse mit Blätterteighalbmonden umlegen
Mailänder Art / mit Käse *milanaise*	Mit geriebenem Käse (Sbrinz, Parmesan) bestreuen, mit zerlassener Butter übergießen oder leicht überbacken
Mornay	Mit Mornay-Sauce (mit Rahm, Eigelb und Käse verfeinerte Milchsauce) überziehen, mit Butterflocken belegen und überbacken
polnische Art *polonaise*	Mie de pain in Butter rösten, gehackte Eier und Petersilie beifügen, das Gemüse damit übergießen
mit Kräutern *provençale*	Gehackte Petersilie und frische gehackte Kräuter mit etwas Knoblauch, Mie de pain und Olivenöl vermengen; entweder das Gemüse damit füllen und leicht gratinieren oder die Masse anrösten und über das Gemüse geben
mit Velouté *au velouté*	Velouté mit etwas stark reduziertem Fond des Gemüses verfeinern und damit überziehen oder vermengen

Gefüllte Gemüse – *légumes farcis*

Für das Füllen werden Gemüse entsprechend vorbereitet und roh, blanchiert oder gegart gefüllt. Die Fertigstellung erfolgt durch Garen (Schmoren, Dünsten) oder Gratinieren. Möglichkeiten, Gemüse zu füllen, gibt es äußerst viele. Die folgenden Beispiele sollen als Anregung dienen.

Gemüse / Vorbereitung	Füllung	Fertigstellung
Artischockenböden Nach Vorschrift herrichten und sieden, in ein gebuttertes Geschirr einordnen.	Mit Mornay-Sauce überzogene Broccoli	Gratinieren
	Duxelles, überziehen mit Zwiebelpüree	Gratinieren
	Clamart: Püree von frischen Erbsen	Mit Butter beträufeln
Champignonköpfe Pilze von 5 cm Durchmesser, roh oder gekocht. Mit der Öffnung nach oben in ein gebuttertes Geschirr legen. Die gehackten Stiele unter die Füllung mischen.	Rohe Mousseline-Farce (Fleisch oder Fisch), angereichert mit Kräutern.	Mit Mie de pain bestreuen. Im Ofen dünsten und leicht Farbe annehmen lassen.
	Gehackter Blattspinat und Ricotta.	Mit Mischung von Mie de pain und Reibkäse bestreuen. Im Ofen garen und gratinieren.
Gurken Gurken schälen, Spitze und Ende abschneiden. Längs halbieren und die Hälften in 2 Stücke teilen. Mit Ausstechlöffel die Kernsubstanz entfernen.	Rohe Mousseline-Farce (Fleisch oder Fisch), angereichert mit Kräutern. Mit Spritzsack einfüllen. Gurkenenden mit Alufolie abschließen. Oder Füllung aufdressieren, mit flüssiger Butter bepinseln. Mit gewöhnlicher Fleischfarce füllen.	Gurken in ein mit Butter ausgestrichenes Geschirr legen, etwas Gemüsefond beifügen. Zugedeckt im Ofen schmoren. Flüssigkeit reduzieren, mit etwas Butter montieren und über die zerteilten Gurkenstücke geben.

Gemüse / Vorbereitung	Füllung	Fertigstellung
Gemüsezwiebeln Schälen, von oben um einen Viertel kürzen, in Salzwasser halb garen, abkühlen und mit einem Ausstechlöffel bis auf die zwei äußersten Schichten aushöhlen.	Gewöhnliche Fleischfarce, angereichert mit den gedünsteten Zwiebelresten und mit Kräutern.	Geschirr mit Butter ausstreichen, mit Speckschwarten und Matignon auslegen, die Zwiebeln einschichten, etwas Bouillon dazugeben und zugedeckt im Ofen weichschmoren. Mit Reibkäse bestreuen, gratinieren. Braisierfond reduzieren, zu den Zwiebeln servieren.
Kohlarten **Weiß- und Rotkohl** Strunk ausstechen, waschen, in Salzwasser sieden, bis erste Schicht Blätter elastisch ist. Kohl herausnehmen, in Eiswasser legen und die erste Blätterschicht entfernen. Den Arbeitsgang so lange wiederholen, bis die verbliebenen Blätter zu klein sind zum Füllen. **Chinakohl und Wirz** Blätter lösen, blanchieren, in Eiswasser abkühlen.	Die restlichen Kohlblätter hacken. Zwiebeln, Knoblauch und Speck-Brunoise sautieren. Kohl dazugeben, würzen, eventuell mit Rahm leicht binden. Mit leicht gebundenen gegarten Linsen füllen. **Köpfchen formen:** Bei den großen Blättern die starken Rippen entfernen, auslegen und 1 oder 2 kleinere Blätter dazugeben. Mit Salz und Pfeffer würzen. In die Mitte Füllung geben, das Ganze mit den Blättern umschließen, in einem Stück Passiertuch zu Köpfchen formen.	Geschirr mit Butter ausstreichen, mit Speckschwarten und Matignon auslegen, die Kohlköpfchen oder Kohlrouladen einschichten, etwas Bouillon dazugeben und zugedeckt im Ofen weichschmoren. Braisierfond reduzieren und über die Köpfchen gießen.
Kohlrabi und Knollensellerie Gemüse schälen, Oberseite flach abschneiden. Sieden oder dämpfen, abschrecken und aushöhlen. Oder blanchieren, abschrecken und aushöhlen.	Gewöhnliche Fleischfarce, vermischt mit einem Teil des ausgehöhlten, gehackten und gedünsteten Fruchtfleisches.	Geschirr mit Butter ausstreichen, mit Speckschwarten und Matignon auslegen. Das gefüllte Gemüse einschichten, etwas Bouillon dazugeben und zugedeckt im Ofen weichschmoren. Mit Reibkäse bestreuen, gratinieren. Braisierfond reduzieren und zum Gemüse servieren.
Peperoni Gleich große und gleichförmige, dickwandige Früchte auswählen. Waschen, Stielseite quer als Deckel abschneiden. Samen entfernen. Frucht und Deckel blanchieren.	Mit roher Fleisch-Gemüse-Farce füllen. Mit vorgegartem Reis, vermischt mit gedünsteten Pilzen und Gemüse-Brunoise, füllen. Mit leicht gebundenem, gegartem Hackfleisch und vorgegartem Reis füllen.	In Bouillon oder Tomatensauce zugedeckt im Ofen weichschmoren.
Tomaten Gleich große Tomaten waschen, Stielansätze ausstechen. Große Tomaten halbieren und aushöhlen, bei kleineren die Oberseite um 1–2 cm abschneiden, sorgfältig aushöhlen oder nur den Saft leicht ausdrücken.	Duxelles für Gemüsefüllung. Blumenkohlröschen, Broccoli. Sautierter Blattspinat, Erbsen. Provenzalische Art. Mit Pilzen und Rahmsauce.	Mit Sbrinz bestreuen, mit Butter beträufeln und unter dem Salamander gratinieren. Mit Mornay-Sauce überziehen oder mit holländischer Sauce nappieren. Unter dem Salamander kurz glasieren. Mit Butter beträufeln. Im Ofen bei starker Oberhitze backen und gratinieren. Warm stellen.
Zucchetti, Auberginen Gemüse waschen, längs halbieren, Fruchtfleisch kreuzweise einschneiden, leicht salzen, mit Olivenöl bepinseln. Auf Backblech absetzen und im Ofen backen, bis sich das Fruchtfleisch mit einem Löffel leicht herausnehmen läßt, ohne daß die Randschichten dabei weich geworden sind. Das Fruchtfleisch hacken und unter die Füllung geben. Rohe Zucchetti	Feines Ratatouille, Pilzragout mit Rahmsauce. Gegarter Reis und Tomaten-Concassé; feines Ragout (Schlachtfleisch, Geflügel), ergänzt mit Gemüsen, Pilzen usw. Wie gefüllte Gurken.	Mit Parmesan bestreuen, mit Butter beträufeln und im Ofen backen und gratinieren. Wie gefüllte Gurken.

Übersicht über die allgemeinen Zubereitungen

	anglaise	au beurre	bordelaise	à la crème	aux croûtons	demi-glace	aux fleurons	gratiné	milanaise	Mornay	polonaise	au velouté	Clamart	provençale	farci
Artischocken – *artichauts*			•										•		•
Auberginen – *aubergines*								•		•					•
Blumenkohl – *chou-fleur*	•	•		•				•	•	•	•				
Broccoli – *brocoli*	•	•						•	•	•	•				
Brüsseler Endivie – *endives*								•	•	•					
Champignons – *champignons*				•								•		•	•
Chinakohl – *chou chinois*															•
Erbsen – *petits pois*	•	•										•			
Fenchel – *fenouil*		•	•			•		•	•		•	•			
Gombo / Ladyfinger – *okra*		•													
Grüne Bohnen – *haricots verts*	•	•													
Gurken – *concombres*		•		•								•			•
Kardy – *cardons*		•	•	•		•		•	•	•		•			
Karotten – *carottes*	•	•		•											
Kefen – *pois mange-tout*		•													
Kohlrabi – *choux-raves*	•	•		•						•		•			•
Knollensellerie – *céleri-pomme*	•	•	•	•		•		•	•	•	•				•
Krautstiele – *côtes de bette*								•	•						•
Lattich – *laitue*			•			•		•							•
Lauch – *poireaux*			•					•		•					
Maiskolben – *épis de maïs*		•													
Morcheln – *morilles*				•											•
Pastinaken – *panais*		•													
Peperoni – *poivrons doux*															•
Randen – *betteraves rouges*	•	•													•
Rosenkohl – *choux de Bruxelles*	•	•	•												
Schwarzwurzeln – *scorsonères*		•		•				•	•	•	•	•			
Spargeln – *asperges*	•	•		•				•	•	•	•	•			
Spinat – *épinards*		•		•	•		•	•				•			
Stangensellerie – *céleri-branche*	•	•	•			•		•		•					
Steinpilze – *cèpes*			•	•								•		•	
Süßmaiskörner – *sweet corn*		•		•											
Tomaten – *tomates*										•			•	•	•
Topinambur – *topinambours*		•		•				•			•				
Weißkabis – *chou blanc*															•
Weißrüben – *navets*	•	•								•					•
Zucchetti – *courgettes*		•												•	•
Zwiebeln – *oignons*															•

417

7.16 Kartoffelgerichte – *mets de pommes de terre*

Die Kartoffeln sind ein wesentlicher Bestandteil unserer Nahrung, weil sie
- im Geschmack neutral sind
- vielfältige Zubereitungsarten ermöglichen
- je nach Zubereitung mit den unterschiedlichsten Gerichten harmonieren
- Nährstoffe in einem ausgewogenen Verhältnis enthalten

Die Kartoffeln (Ausnahme Schalenkartoffeln) werden zuerst geschält und anschließend in die gewünschten Formen geschnitten, tourniert oder ausgestochen. Die Abfälle sind dabei möglichst klein zu halten und weiterzuverwenden.

Das Schälen der Kartoffeln soll möglichst kurz vor der Weiterverarbeitung und der Zubereitung geschehen, denn durch das Wässern entstehen Nährwertverluste, das heißt, **Stärke, Proteine, Mineralsalze und Vitamine** werden ausgelaugt.

Für Kartoffeln, die zugeschnitten werden, verwendet man aus wirtschaftlichen Gründen große Sorten, wodurch weniger Abschnitte entstehen. Bei gleichmäßig geschnittenen Kartoffeln sind alle Stücke gleichzeitig gar, und sie sehen appetitlicher aus.

Durch das Schneiden der Kartoffeln werden Zellen zerstört, und an den Oberflächen haftet austretende Stärke. Beim Fritieren würde dies zu ungleichmäßigem Bräunen führen, weshalb geschnittene Kartoffeln immer gewaschen werden müssen.

Verluste, die durch das Bearbeiten von Kartoffeln entstehen

Verluste	Abfälle in %
Rüstverluste bei gekochten Schalenkartoffeln	ca. 15%
Schälen der Kartoffeln von Hand	ca. 25%
Schälen der Kartoffeln mit der Maschine	ca. 30%
Tournieren von geschälten Kartoffeln	ca. 35%
Ausstechen der geschälten Kartoffeln	45–50%

7.16.1 Übersicht über die Grundzubereitungsarten

Blanchieren *Blanchir*	– Vorfritieren im Öl – Blanchieren im Salzwasser
Sieden *Cuire par ébullition*	– Sieden in Salzwasser – Sieden in Bouillon
Dämpfen *Cuire à la vapeur*	– Im Druckdämpfer (Steamer) – In der Kasserolle mit Siebeinsatz
Backen im Ofen *Cuire au four*	– Backen – Backen und füllen – Backen und stürzen
Braten *Rissoler*	– In der Lyoner Pfanne – Im Sautoir – In der Rôtissoire – In der Kippbratpfanne – Im Umluftofen – Im Ofen
Sautieren (Rösten) *Sauter à la poêle*	– Gekochte gerüstete Kartoffeln – Rohe gerüstete Kartoffeln – Kartoffelmassen
Fritieren *Frire*	– Rohe Kartoffeln, mit Blanchieren – Rohe Kartoffeln, ohne Blanchieren – Kartoffelmassen: mit Eigelb (Duchesse-Masse) oder mit Brandteig (Dauphine-Masse)
Gratinieren *Gratiner*	– Rohe Kartoffeln – Gebackene gefüllte Kartoffeln – Kartoffelmassen

7.16.2 Blanchieren – *blanchir*

Blanchieren im Salzwasser

Zutaten		
Kartoffeln	1	Teil
Wasser	5	Teile
Salz (pro Liter Wasser)	0,01	kg

Zubereitung
- Der Menge entsprechend richtiges Kochgeschirr wählen.
- Salzwasser zum Sieden bringen.
- Kartoffeln hineingeben.
- Auf den Siedepunkt bringen (die Blanchierzeit richtet sich nach Größe und Form der Kartoffeln), umrühren.
- Abschütten und auf Normblech ausbreiten, um zu vermeiden, daß die Kartoffeln weiter ziehen.

Bemerkungen
- Das Blanchieren kann laufend, ohne daß das Wasser erneuert wird, mit Hilfe eines Korbes ausgeführt werden. Wird das Wasser durch austretende Stärke schmierig, muß es gewechselt werden.
- Werden die Kartoffeln zu kurz blanchiert, verfärben sie sich nachher dunkel.
- Zum Blanchieren kann auch der **Steamer** verwendet werden. In diesem Fall werden die Kartoffeln nicht gesalzen.

Vorfritieren im Öl

Zutaten

Kartoffeln	
Erdnußöl	130 °C bis 150 °C

Zubereitung

- Gleichmäßig geschnittene Kartoffeln, zum Beispiel Pommes frites, waschen und gut trocknen.
- Korb nicht zu stark füllen.
- Durch das Vorfritieren sollen die Kartoffeln gar (weich) werden, aber keine Farbe bekommen.
- Fritierkorb von Zeit zu Zeit bewegen, was ein Zusammenkleben der Kartoffeln verhindert.
- Im Korb über der Fritüre gut abtropfen lassen (schütteln).
- Auf Normblech breit ausstreuen, um zu vermeiden, daß die Kartoffeln weiter ziehen.

7.16.3 Sieden – *cuire*

Sieden in Salzwasser

Salzkartoffeln

Zutaten für 10 Personen	
Kartoffeln	1,8 kg
Wasser	
Salz	

Zubereitung

- Kleinere Kartoffeln schälen.
- Gleichmäßig oval tournieren oder schneiden.
- In heißem Salzwasser ansetzen.
- Rasch auf den Siedepunkt bringen (sonst verkleistern die Randschichten, und die Kartoffeln werden im Kern nicht mehr weich).
- Abschäumen, zudecken.
- Langsam weichsieden.
- Abschütten und servieren oder zugedeckt im Bainmarie warm halten.

Sieden in Bouillon

Bouillonkartoffeln

Zutaten für 10 Personen		
Kartoffeln	1,8	kg
Butter	0,02	kg
Zwiebeln	0,1	kg
Gemüse-Brunoise	0,1	kg
Bouillon	1	l
Gehackte Petersilie	0,01	kg
Salz, Pfeffer		

Zubereitung

- Kartoffeln schälen, in Scheiben oder Würfel mit einer Seitenlänge von 2 cm schneiden und blanchieren. Durch das Blanchieren verkleistert in den Randschichten die Stärke, was beim Garprozeß das Zerfallen der Kartoffelstücke verhindert.
- Gehackte Zwiebeln und Brunoise in Butter dünsten, Kartoffeln dazugeben.
- Mit heißer Bouillon knapp bedecken, aufkochen, abschäumen.
- Zudecken und langsam weichsieden.
- Abschmecken.
- Vor dem Servieren mit Petersilie bestreuen.

Ableitungen von gekochten Kartoffeln (Fortsetzung Seite 420)

Tournierte oder geschnittene Kartoffeln

Kartoffeln mit Butter *Pommes anglaise*	Salzkartoffeln in Butter schwenken.
Salzkartoffeln mit Kräutern *Pommes aux fines herbes*	Salzkartoffeln in flüssiger Butter und mit frischen Kräutern wie Petersilie, Kerbel, Schnittlauch sorgfältig schwenken.
Milchkartoffeln *Pommes maître d'hôtel*	Schalenkartoffeln heiß schälen und in Scheiben schneiden. Sorgfältig in leichter Cremesauce schwenken. Mit gehackter Petersilie bestreuen.
Petersilienkartoffeln *Pommes persillées*	Salzkartoffeln in flüssiger Butter und frisch gehackter Petersilie sorgfältig schwenken.

Passierte Kartoffeln

Schneekartoffeln *Pommes en neige*	Salzkartoffeln abschütten, kurz ausdämpfen und durch das Passe-vite treiben, mit Butterflocken servieren.
Gratinierte Kartoffelkugeln *Pommes Byron*	Gekochte Kartoffeln trocknen, zerquetschen. Mit in Butter gedünsteten Zwiebeln, gehackter Petersilie und Muskat verfeinern. Mit Schöpfkelle kleine Kugeln formen, oben etwas eindrücken. Auf gebutterte Gratinplatte absetzen. Mit Rahm begießen, mit Reibkäse bestreuen und im Ofen gratinieren.
Gratiniertes Kartoffelpüree *Pommes Mont-Dore*	Kartoffelpüree bergartig auf Gratinplatte dressieren. Mit geriebenem Sbrinz bestreuen, mit Butter beträufeln und gratinieren.
Kartoffelpüree mit Rahm *Pommes mousseline*	Kartoffelpüree mit Rahm verfeinern.
Kartoffelpüree *Pommes purée*	Salzkartoffeln abschütten, kurz ausdämpfen, heiß passieren. Mit Butter und heißer Milch glattrühren, mit Salz und Muskat abschmecken.

In Bouillon gegarte Kartoffeln

Bouillonkartoffeln mit Paprika *Pommes hongroise*	Kartoffeln in Scheiben oder Würfel schneiden und blanchieren. Gehackte Zwiebeln und Tomatenwürfel in Butter dünsten, mit mildem Paprika stäuben, Kartoffeln beigeben, knapp mit Bouillon bedecken und weichsieden. Mit gehackter Petersilie bestreuen.
Bouillonkartoffeln mit Minze *Pommes à la menthe*	Beim Sieden der Bouillonkartoffeln einige frische Blätter Pfefferminze beifügen.
Lauchkartoffeln *Pommes aux poireaux*	Bouillonkartoffeln in Scheiben oder Würfeln, mit Lauchstreifen.
Bouillonkartoffeln mit Speck *Pommes paysanne*	Bouillonkartoffeln in Scheiben oder Würfeln, mit Zwiebeln und Speck-Brunoise.

Mit Bouillon im Ofen gegart

Schmelzkartoffeln *Pommes fondantes*	Große, oval tournierte Kartoffeln in gebuttertes Randblech setzen. Mit heißer Bouillon umgießen, im Ofen unbedeckt garen. Mehrfach mit dem Fond überpinseln. Wenn sie gar sind, muß die Oberfläche goldbraun sein. Vor dem Anrichten mit Butterpinsel bestreichen.
Gratinierte Kartoffelscheiben *Pommes savoyarde*	Längs halbierte Kartoffeln leicht tournieren, in 2 mm dicke Scheiben schneiden. In ein mit Butter bestrichenes Randblech flach einsetzen. Mit heißer Bouillon knapp bedecken. Im Ofen unbedeckt garen. Mit geriebenem Sbrinz bestreuen, mit Butter beträufeln und gratinieren. Die Kartoffeln müssen saftig bleiben.

7.16.4 Dämpfen – *cuire à la vapeur*

Das Dämpfen hat den Vorteil, daß die Kartoffeln nicht ausgelaugt werden, sondern daß sie die Nährstoffe behalten und bereits trocken sind, wenn sie zu Püree verarbeitet werden.
Nach dieser Zubereitungsart werden auch Schalenkartoffeln gegart. Dabei ist zu beachten, daß nur gleich große und sauber gewaschene Kartoffeln verwendet werden. Zum Auskühlen die Schalenkartoffeln auf ein flaches Blech schütten und noch warm schälen. Die Schale läßt sich so am leichtesten entfernen.

> Diese Zubereitungsart wird für fast alle Ableitungen der sautierten und der pürierten Kartoffeln angewandt.

Dämpfen im Steamer

Zutaten

Kartoffeln
Salz

Zubereitung

– Gleichmäßig geschnittene oder tournierte Kartoffeln im Steamer dämpfen.
– Erst nach dem Dämpfen salzen; der einsprühende Dampf bläst die Salzkörner an die Steamer-Wand, wo sie sich festsetzen.
– Die Garzeit richtet sich nach der Größe der Kartoffeln einerseits und nach der gewählten Druckstufe andererseits.

Dämpfen in der Kasserolle mit Siebeinsatz

Zutaten

Kartoffeln
Salz
Wasser

Zubereitung

– In Kasserolle mit Siebeinsatz bis knapp unter den Siebeinsatz Wasser einfüllen (es darf den Siebboden nicht berühren).
– Der Kasserolle angepaßte Menge geschnittener oder tournierter, leicht gesalzener Kartoffeln daraufgeben.
– Mit schwerem Deckel gut verschließen, dämpfen.
– Garprozeß überwachen, wenn nötig etwas Wasser nachgießen.

7.16.5 Backen im Ofen – *cuire au four*

Backen im Ofen ist ein trockenes Garverfahren, das sich vor allem für ganze ungeschälte Kartoffeln oder für Kartoffelmassen eignet. In Scheiben oder Streifen geschnittene rohe Kartoffeln werden ebenfalls gebacken, aber in speziellen Formen und unter Zugabe von Butter. Austretende Stärke verbindet sich mit der Butter zu einer kleisterigen Masse, wodurch sich diese Kartoffeln nachher stürzen lassen.

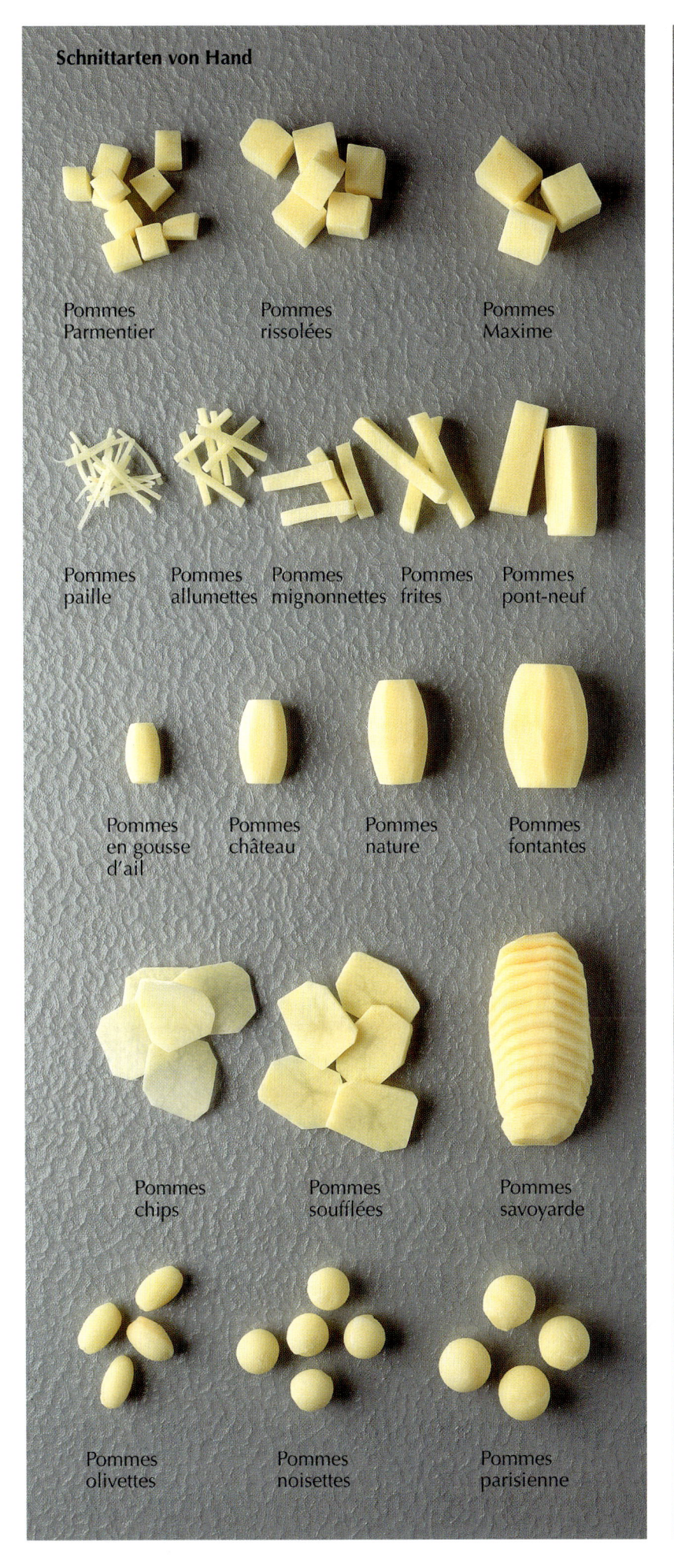

Vorbereitungs- und Schnittarten **Kartoffeln**

Schnittarten von Hand

Pommes Parmentier

Pommes rissolées

Pommes Maxime

Pommes paille

Pommes allumettes

Pommes mignonnettes

Pommes frites

Pommes pont-neuf

Pommes en gousse d'ail

Pommes château

Pommes nature

Pommes fontantes

Pommes chips

Pommes soufflées

Pommes savoyarde

Pommes olivettes

Pommes noisettes

Pommes parisienne

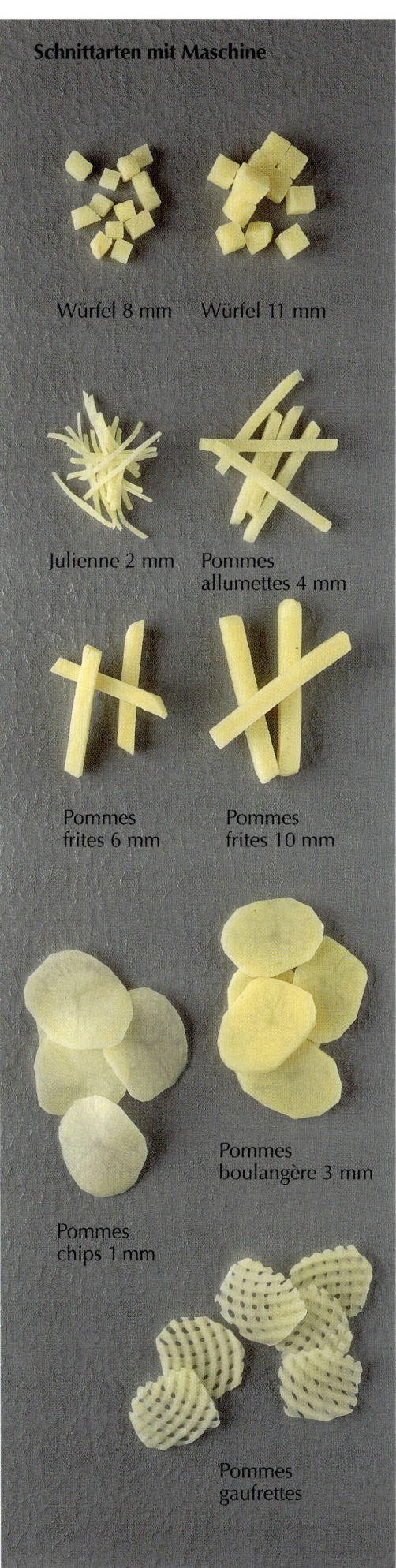

Schnittarten mit Maschine

Würfel 8 mm

Würfel 11 mm

Julienne 2 mm

Pommes allumettes 4 mm

Pommes frites 6 mm

Pommes frites 10 mm

Pommes chips 1 mm

Pommes boulangère 3 mm

Pommes gaufrettes

Vorbereitungs- und Schnittarten **Kartoffeln**

Duchesse-Masse

Pommes duchesse   Pommes galette

Pommes croquettes   Pommes Williams   Pommes Berny   Pommes Saint-Florentin

Dauphine-Masse

Pommes dauphine   Pommes Lorette

Kartoffel-Gnocchi-Masse

Gnocchi piémontaise

Backen von ganzen Kartoffeln

Zutaten für 10 Personen

Kartoffeln	20	Stück
Salz	0,5	kg
Alufolie		
Sauerrahm	0,3	l
Schnittlauch	0,05	kg
Salz, Pfeffer		

Zubereitung

- Brat- oder Backblech mit einer etwa 0,5 cm dicken Schicht Salz bedecken.
- Sauber gewaschene, trockene, ganze, ungeschälte Kartoffeln auf das Salz setzen.
- Bei etwa 170 °C backen (Nadelprobe).

Oder:
- Die vorbereiteten Kartoffeln in Alufolie wickeln (Folie eventuell leicht ölen).
- Auf einem Blech mit oder ohne Salz im Ofen backen.

Vorteil: Die Kartoffeln trocknen weniger aus und behalten ihre Form besser, wenn man sie über längere Zeit warm halten muß.

Anrichten

Auf Platte mit Serviette oder zugedeckt in Spezialkörben.

Beilagen

- Frische Butter
- Sauerrahm oder Quark mit Schnittlauch
- Grillierte Magerspeckscheiben

Backen von gestürzten Kartoffeln

Zutaten für 10 Personen

Kartoffeln	1,8 kg
Geklärte Butter	0,1 kg
Salz, Pfeffer	

Zubereitung

- Frisch geschälte Kartoffeln in Streifen schneiden wie für Strohkartoffeln, nicht waschen, aber gut trocknen.
- In geklärter Butter rasch farblos andünsten, salzen und pfeffern, auf Blech schütten.
- Kokotten oder Metallförmchen mit geklärter Butter ausfetten.
- Kartoffeln einfüllen und fest andrücken.
- Im Ofen bei 220 °C backen und bräunen.
- Etwas abstehen lassen, auf vorgewärmte Platte stürzen.

Ableitungen von gebackenen Kartoffeln

Kümmelkartoffeln *Pommes au cumin*	Kartoffeln sauber waschen, längs halbieren. Die Schnittflächen mit Olivenöl bepinseln, leicht salzen und mit Kümmel bestreuen. Auf Salzbett oder Folie backen.
Rosmarinkartoffeln *Pommes au romarin*	Kartoffeln sauber waschen, längs halbieren. Die Schnittfläche mit Erdnußöl bepinseln, leicht salzen und mit frischen gehackten Rosmarinnadeln bestreuen. Auf Salzbett oder Folie backen.

Gestürzte Kartoffeln

Gestürzte Kartoffeln *Pommes Anna*	Kleine Kartoffeln in 1–2 mm dünne Scheiben schneiden, nicht waschen. Salzen und pfeffern. Eine dickwandige Metallform (leitet die Wärme besser als Porzellan) mit geklärter Butter ausfetten. Mit regelmäßigen Kartoffelscheiben rosettenartig auskleiden. Den freien Mittelraum füllen und fest eindrücken. Geklärte Butter darübergießen, im Ofen backen. Vor dem Stürzen abstehen lassen, überflüssige Butter ablaufen lassen.

Gefüllte Kartoffeln

Mit Spinat gefüllte Kartoffeln *Pommes florentine*	Auf der flachen Seite der gebackenen Kartoffeln einen Deckel abschneiden. Die Kartoffeln zu zwei Dritteln aushöhlen (das Ausgehöhlte der Kartoffeln kann unter den Spinat gemischt werden). Mit sautiertem Blattspinat füllen. Mit Mornay-Sauce überziehen und mit geriebenem Sbrinz bestreuen. Im Ofen gratinieren.
Mit Gemüse gefüllte Kartoffeln *Pommes fermière*	Gleiche Vorbereitung wie oben. Füllung: Kartoffelmasse mit in Butter gedünsteter Gemüse-Brunoise und Eigelb binden, mit Butter und gehackter Petersilie verfeinern. Die Schalen damit hoch füllen. Mit geriebenem Sbrinz bestreuen, mit Butter beträufeln. Im Ofen backen und gratinieren.

Aus Kartoffelmasse mit Eigelb

Duchesse-Masse

Unter 1 kg heiß passierte Kartoffeln 0,025 kg Butter, 3 Eigelb und wenig Muskat mischen.

Gebackene Kartoffelrosetten *Pommes duchesse*	Mit dem Dressiersack Rosetten auf gebuttertes Backblech dressieren, mit Eigelb bestreichen. Im heißen Ofen backen.
Gebackene Kartoffelrosetten mit Tomaten *Pommes marquise*	Masse mit etwas Tomatenpüree versetzen. Meringue-förmig auf gebuttertes Backblech dressieren, mit Eigelb bestreichen. Im heißen Ofen backen.

7.16.6 Braten – *rissoler*

Für das Braten werden
- gleichmäßig geschnittene Kartoffeln,
- tournierte Kartoffeln,
- ausgestochene Kartoffeln

verwendet, die vor dem Braten blanchiert werden müssen, damit die Kartoffeln beim Braten nicht anlaufen und nicht ankleben.

Bäckerinkartoffeln – *pommes boulangère*

Zutaten für 10 Personen		
Kartoffeln	1,8	kg
Salz	0,02	kg
Erdnußöl	0,1	l
Abschmecken	1mal	
Zwiebeln	0,300	kg
Butter	0,05	kg
Petersilie	0,02	kg

Zubereitung

- Kartoffeln in Scheiben schneiden, blanchieren.
- Erdnußöl in Bratpfanne oder Lyoner Pfanne erhitzen.
- Kartoffeln zugeben; sie sollen den Boden des Bratgeschirrs gut bedecken, würzen.
- Im Ofen unter zeitweisem Wenden goldgelb braten, Fett ableeren.
- Im überschüssigen Fett die in Scheiben geschnittenen Zwiebeln dünsten und mit der Butter zu den Kartoffeln geben und fertig braten.
- Mit gehackter Petersilie bestreuen.

Bemerkungen

- Bratkartoffeln können auch mit Bratbutter gebraten werden.
- Bratkartoffeln beim Braten nicht zudecken, da sich sonst Dampf entwickelt, der die Kartoffeln aufweicht.

Ableitungen von gebratenen Kartoffeln

Schloßkartoffeln *Pommes château*	Auf eine Länge von 5 cm tournieren, mit stumpfen Enden.
Maxime-Kartoffeln *Pommes Maxime*	Würfel von 1,5 cm Seitenlänge.
Haselnußkartoffeln *Pommes noisettes*	Mit einem Kartoffelausstecher haselnußgroße Kartoffelkugeln von etwa 1 cm Durchmesser ausstechen.
Gebratene Kartoffelkugeln *Pommes parisienne*	Mit einem Kartoffelausstecher Kartoffelkugeln von etwa 1,5–2 cm Durchmesser ausstechen.
Gebratene Kartoffelwürfel *Pommes Parmentier*	Kartoffeln in Würfel von 5 mm Seitenlänge schneiden.
Bratkartoffeln *Pommes rissolées*	In Würfel von 1 cm Seitenlänge geschnittene Kartoffeln oder kleine geschälte Kartoffeln (im Frühjahr neue Kartoffeln).
Bröselkartoffeln *Pommes sablées*	Kartoffeln in Würfel von 1 cm Seitenlänge schneiden. Kurz vor dem Fertigbraten mit *mie de pain* bestreuen, kurz mitbraten. Mit Petersilie bestreuen.

7.16.7 Sautieren (Rösten) – *sauter à la poêle*

Für das Sautieren werden
- geraffelte, in Scheiben oder in Würfel geschnittene Schalenkartoffeln,
- kleine neue Kartoffeln,
- rohe, fein geraffelte Kartoffeln,
- Kartoffelmassen

verwendet.

Lyoner Kartoffeln – *pommes lyonnaise*

Zutaten für 10 Personen		
Kartoffeln	1,5	kg
Bratbutter	0,1	kg
Salz, Pfeffer		
Butter	0,05	kg
Gehackte Petersilie	0,02	kg
Zwiebeln	0,15	kg
Butter	0,05	kg

Zubereitung

- Gesottene oder gedämpfte Schalenkartoffeln schälen.
- In gleichmäßige, 2–3 mm dicke Scheiben schneiden.
- Bratbutter in Bratpfanne oder Lyoner Pfanne erhitzen.
- Kartoffeln zugeben. Sie sollen den Boden des Bratgeschirrs gut bedecken.
- Leicht anbraten, würzen.
- Unter öfterem Wenden goldgelb braten.
- Die feingeschnittenen, in Butter gedünsteten Zwiebeln dazugeben.
- Butter dazugeben und fertig braten.
- Mit gehackter Petersilie bestreuen.

Ableitungen von sautierten Kartoffeln (Fortsetzung Seite 425)

Rösti *Rœsti*	Schalenkartoffeln schälen, raffeln, in Butter rösten, kuchenförmig auf vorgewärmte gebutterte Platte stürzen. Mit Butter bepinseln.
Berner Rösti *Pommes bernoise*	Schalenkartoffeln schälen, raffeln und in Butter mit Speck und Zwiebeln rösten, kuchenförmig auf vorgewärmte gebutterte Platte stürzen. Mit Butter bepinseln.

Ableitungen von sautierten Kartoffeln (Fortsetzung von Seite 424)

Rösti aus rohen Kartoffeln *Pommes crues sautées*	Geschälte Kartoffeln fein raffeln oder in feine Streifen schneiden, gut waschen und trocknen. In geklärter Butter allseitig anrösten, salzen und pfeffern. Auf beiden Seiten Kruste bilden lassen, kuchenförmig auf vorgewärmte gebutterte Platte stürzen.
Röstkartoffeln *Pommes sautées*	Schalenkartoffeln in Scheiben schneiden, in Butter rösten.

Ableitungen von Kartoffelmassen

Kartoffelgaletten *Galettes de pommes de terre*	Duchesse-Masse in runde Stangen von 5 cm Durchmesser formen, an der Kälte fest werden lassen. In 1 cm dicke Scheiben schneiden, gitterförmig verzieren, leicht mehlen, in geklärter Butter sautieren.
Kartoffelküchlein *Pommes Macaire*	Schalenkartoffeln im Ofen backen, aushöhlen und Ausgehöhltes mit Butter zerquetschen. Mit Salz und Pfeffer würzen. Küchlein formen, diese in geklärter Butter beidseitig sautieren.

7.16.8 Fritieren – *frire*

Kartoffeln, die in der Fritüre gebacken werden, müssen abgetropft und sorgfältig abgetrocknet werden. Das anhaftende Wasser bringt sonst das Fett zum Schäumen (Verbrennungsgefahr, begünstigt Fettverderb).

Kleiner geschnittene Arten werden in einem Arbeitsgang, das heißt ohne Vorfritieren, zubereitet: Sie werden bei 160 °C bis 170 °C mittelbraun fritiert.

Größer geschnittene Arten werden bei 130 °C vorfritiert, wobei sie garen, aber keine Farbe annehmen. Auf Abruf fritiert man sie bei 170 °C mittelbraun und knusprig. Das Innere bleibt dabei weich.

Produkte aus Duchesse- oder Dauphine-Masse werden in kleinen Mengen direkt knusprig ausgebacken.

- Fritierte Kartoffeln immer gut abtropfen lassen und unter Schütteln im Korb oder in einer Schüssel leicht salzen (nicht über der Fritüre, dies würde das Öl verderben).
- Fritierte Produkte aus Kartoffelmasse dürfen nicht gesalzen werden, da die Masse bereits abgeschmeckt ist.
- Fritierte Kartoffeln dürfen nie zugedeckt werden, sonst weicht die Kruste auf.

Tiefgekühlte blanchierte Pommes frites werden unaufgetaut bei 170 °C fritiert, bis sie die entsprechende Bräunung aufweisen.
Bei aufgetauten Pommes frites ist die Oberfläche mit Kondenswasser beschlagen, was zum Schäumen der Fritüre führt und ihren raschen Verderb fördert.
Damit die Temperatur nicht zu stark absinkt, darf nicht zuviel auf einmal in den Korb gegeben werden.

Pommes frites

Zutaten für 10 Personen	
Kartoffeln	1,8 kg
Fritieröl (Ölverlust ca 10%)	
Salz	

Zubereitung

- Die gleichmäßig geschnittenen Kartoffeln waschen und gut trocknen.
- Fritürekorb knapp zur Hälfte mit Kartoffeln füllen.
- Bei 140 °C vorfritieren, bis die Kartoffeln weich sind, jedoch noch keine Farbe haben.
- Herausnehmen, über der Fritüre gut abtropfen lassen.
- Auf Blech ausbreiten.
- Auf Abruf bei 170 °C knusprig fritieren.
- Gut abtropfen lassen (auf Küchenpapier).
- Leicht salzen.
- Auf vorgewärmte Platte mit Papier anrichten.

Ableitungen von fritierten Kartoffeln (Fortsetzung Seite 426)

Ohne Vorfritieren	
Pommes chips	Kartoffeln mit einem speziellen Hobel (Mandoline) oder Maschine in sehr dünne runde Scheiben schneiden. Gut waschen und trocknen. Unter stetem Rühren fritieren. Werden kalt oder warm serviert. Eventuell mit Curry oder Paprika leicht stäuben.
Waffelkartoffeln *Pommes gaufrettes*	Kartoffeln abwechslungsweise quer mit dem Hobel (Mandoline) schneiden. Gut waschen und trocknen. Unter stetem Rühren fritieren.
Strohkartoffeln *Pommes paille*	Kartoffeln in feine Julienne schneiden oder hobeln. Gut waschen und trocknen. Unter stetem Rühren fritieren.

Ableitungen von fritierten Kartoffeln (Fortsetzung von Seite 425)

Mit Vorfritieren	
Zündholzkartoffeln *Pommes allumettes*	In Stäbchen von Zündholzform schneiden, Stärke abspülen.
Fritierte Kartoffelwürfel *Pommes bataille*	In Würfel von 1 cm Seitenlänge schneiden.
Pommes frites	In 1 cm dicke und 5–7 cm lange Kartoffelstäbchen schneiden.
Fritierte Kartoffelstäbe *Pommes Pont-Neuf*	Doppelt so dick geschnitten wie Pommes frites. Können auch im Ofen gebraten werden.
Fritierte Kartoffelstäbchen *Pommes mignonnettes*	0,5 cm dicke und 4 cm lange Kartoffelstäbchen.

Aus Kartoffelmasse mit Eigelb	Duchesse-Masse
	Unter 1 kg getrocknete heiß passierte Kartoffeln 0,025 kg Butter, 3 Eigelb und wenig Muskat mischen.
Fritierte Mandelkartoffelkugeln *Pommes Berny*	Duchesse-Masse mit eingeweichten, feingehackten Totentrompeten vermischen (klassisch mit gehackten Trüffeln). Kleine Kugeln formen, mit gehobelten, zerdrückten Mandeln panieren.
Kartoffelkroketten *Pommes croquettes*	Duchesse-Masse in Stangen von 1,5 cm Durchmesser spritzen. In 4 cm lange Stücke schneiden, panieren.
Kartoffelkroketten mit Spinat *Pommes croquettes florentine*	Unter die fertige Duchesse-Masse sautierten gehackten Blattspinat mischen.
Fritierte Kartoffelkugeln mit Schinken und Fideli *Pommes Saint-Florentin*	Duchesse-Masse mit gehacktem Schinken mischen, zu Kugeln formen, in zerdrückten Fideli panieren.
Birnenkartoffeln *Pommes Williams*	Duchesse-Masse birnenförmig formen, panieren, Mandelstift oder Spaghetti als Stiel einstecken.

Aus Kartoffelmasse mit Brandteig	Dauphine-Masse
	Unter 1 kg getrocknete heiß passierte Kartoffeln 0,4 kg Brandteig rühren.
Fritierte Kartoffelkrapfen *Pommes dauphine*	Aus Dauphine-Masse mit zwei Eßlöffeln Klößchen formen. Auf geöltes Pergamentpapier absetzen.
Fritierte Kartoffelkrapfen mit Käse *Pommes Lorette*	Dauphine-Masse mit Käse vermischen. Gipfel- oder ringförmig auf geöltes Pergamentpapier spritzen.

7.16.9 Gratinieren – *gratiner*

Oft werden fertiggestellte Kartoffelgerichte, wie zum Beispiel gefüllte Kartoffeln, zum Schluß noch gratiniert. Gerichte dieser Art werden ihren herkömmlichen Zubereitungsarten zugeordnet. Das Gratinieren hat nur noch die Aufgabe, das Gericht geschmacklich zu vollenden. Gratinieren als selbständige Grundzubereitungsart eignet sich für die vielen Arten von Kartoffelgratins.

Kartoffelgratin – *gratin dauphinois*

Zutaten für 10 Personen		
Kartoffeln	1,8	kg
Milch	0,6	l
Weißer Kochwein	0,1	l
Vollrahm	0,3	l
Greyerzer, gerieben	0,1	kg
Sbrinz, gerieben	0,1	kg
Knoblauch	0,01	kg
Salz, Pfeffer, Muskat		
Butter	0,05	kg

Zubereitung

– Geschälte Kartoffeln in dünne Scheiben schneiden.
– Milch, Rahm und Weißwein aufkochen.
– Mit den Gewürzen abschmecken.
– Die Kartoffeln beigeben, mischen.
– Die Masse aufkochen.
– Die Hälfte des Käses darunterziehen.
– In eine gebutterte, mit gehacktem Knoblauch eingeriebene Gratinplatte geben.
– Mit dem restlichen Käse bestreuen, mit flüssiger Butter beträufeln.
– Bei 160 °C während 40 Minuten langsam backen.
– Bei 220 °C gratinieren.

Das Backen bei niedrigen Temperaturen verlängert zwar die Backzeit, erhöht aber die Saftigkeit des Gratins.

7.17 Gerichte aus Getreideprodukten – *mets de céréales*

Die Auswahl an Getreideprodukten ist groß – sie ermöglicht es uns, eine Vielzahl von Gerichten daraus herzustellen und unsere Ernährung abwechslungsreicher zu gestalten.
Aus Getreideprodukten können Vorspeisen, aber auch eigenständige Gerichte hergestellt werden. Meist jedoch bereichern sie unsere Mahlzeiten als Sättigungsbeilage.
Unterschieden werden die folgenden Gruppen:

Teigwarengerichte
– aus Industrieteigwaren
– aus hausgemachten Teigwaren

Teiggerichte
Gnocchi-Arten
Reisgerichte
Maisgerichte
Gerichte aus vollem Getreide

7.17.1 Teigwaren

Bei den Teigwaren wird unterschieden zwischen Fabrikware und hausgemachten Teigwaren. Industrieteigwaren bestechen vor allem durch die Vielfalt an Formen. Die hausgemachten Teigwaren dagegen überzeugen durch ihren frischen Geschmack und durch ihren unvergleichlichen «Biß». Beides vermag jedoch nur zu überzeugen, wenn für die Herstellung der Teigwaren nur erstklassige Rohprodukte verwendet und wenn sie frisch konsumiert und nicht getrocknet werden.

Das Garen von Teigwaren

– Teigwaren in viel kochendem Salzwasser sieden: Verhältnis Teigwaren:Wasser mindestens 1:5 (aus Gründen des Umweltschutzes, des steigenden Wasserpreises und der guten Qualität der Teigwaren kann auf größere Wassermengen verzichtet werden).
– Pro Liter Wasser rund 0,01 kg Kochsalz.
– Die Zugabe von etwas Öl verhindert das Überschäumen des Globulins (Protein des Getreides) sowie das Zusammenkleben der Teigwaren; aus Umweltschutzgründen sollte darauf verzichtet werden.
– Nie zudecken.
– In sprudelndem Wasser sieden, wodurch die Teigwaren ständig in Bewegung sind und sich nicht am Kasserollenboden festlegen.
– Teigwaren werden abgeschüttet, wenn sie beim Probieren noch einen «Biß» haben, das heißt, wenn sie «al dente» sind. Zu lange gekochte Teigwaren haften an den Zähnen und schmecken pappig.
– Teigwaren werden oft auf Vorrat gekocht und bei Bedarf regeneriert, weshalb die Kochzeit entsprechend bemessen werden muß.
– Die Kochzeit und die Wasseraufnahme können je nach Fabrikat sehr unterschiedlich sein.

Mengen

Industrieteigwaren von guter Qualität nehmen beim Sieden rund 150% Wasser auf.

Pro Person werden benötigt:

Vorspeise	ca. 0,03	kg
Beilage	0,04–0,06	kg
Hauptgericht	0,07–0,1	kg

Aufbewahren

– Die abgeschütteten Teigwaren mit kaltem Wasser abspülen, bis sie kalt sind, anschließend abtropfen lassen.
– Mit wenig Öl vermischen.
– In flachem Geschirr zugedeckt im Kühlschrank bei 2 °C bis 5 °C kurze Zeit aufbewahren.
– Oder vakuumieren, bei 2 °C bis 5 °C aufbewahren.

Regenerieren

– In kochendem Salzwasser erhitzen, abtropfen lassen, in Butter schwenken, mit Salz und wenig Muskat würzen.
– Oder kalt würzen, Butterflocken dazugeben und im Kombisteamer, im Steamer oder im Mikrowellenherd nach Vorschrift erhitzen.

Gerichte aus Industrie- oder hausgemachten Teigwaren

Gratinierte Makkaroni *Gratin de macaroni*	Al dente gekochte Makkaroni mit einer leichten Cremesauce mischen, in mit Butter bestrichene Gratinplatte geben, mit geriebenem Sbrinz bestreuen und mit flüssiger Butter beträufeln. Im Ofen gratinieren.
Spaghetti Mailänder Art *Spaghetti milanaise*	Frisch abgekochte Spaghetti in Butter schwenken, abschmecken. Champignons und Schinken-Julienne in Butter sautieren, über die angerichteten Spaghetti geben, mit geriebenem Sbrinz bestreuen.
Spaghetti mit Gorgonzola-Sauce *Spaghetti au gorgonzola*	In Cremesauce Gorgonzola schmelzen lassen, mixen, erhitzen, mit den Spaghetti vermischen.
Spaghetti mit Tomaten *Spaghetti napolitaine*	Frisch abgekochte Spaghetti in Butter schwenken. Mit Tomaten-Concassé vermischen, abschmecken, anrichten oder mit der Sauce nappieren. Geriebenen Sbrinz separat dazu.
Nudeln westfälische Art *Nouilles westphalienne*	Nudeln mit sautierter Schinken-Julienne, Cremesauce und geriebenem Käse gratinieren.
Nudeln mit Gemüsestreifen *Nouilles à la julienne de légumes*	Frisch abgekochte Nudeln mit in Butter kurz sautierter Gemüse-Julienne mischen.

Thema 7　**Blatt 142**

Grundrezept für frische Nudeln

Zutaten für 10 Personen		
Weißmehl	0,4	kg
Hartweizendunst	0,1	kg
Eier, pasteurisiert	0,25	kg
Eigelb, pasteurisiert	0,05	kg
Olivenöl	0,025	kg
(wenig Wasser)		

Zubereitung

Variante 1

– Gesiebtes Mehl und Dunst zu einem Kranz formen.
– Restliche Zutaten in Kranzmitte geben und alles von Hand zu einem sehr festen und glatten Teig wirken.
– Mindestens 10 Minuten kneten, bis der Teig elastisch ist (kurz kneten nur, wenn der Teig mit der Nudelmaschine elastisch gemacht wird).
– Mindestens 1 Stunde ruhen lassen.

Variante 2

– Alle Zutaten in den Maschinenkessel geben, mit dem Knethaken zu einem elastischen Teig verarbeiten.
– Knetdauer: rund 5 Minuten.
– Teig kann direkt verarbeitet werden.

Nudel- und Ravioliteig nie salzen, sonst wird der ausgewallte Teig brüchig.

Schneiden der Nudeln

Methode 1 (von Hand)

Von Hand auswallen und schneiden.
Den gut gekneteten elastischen Teig vierteln. Die einzelnen Teigstücke auf einem mit Mehl bestäubten Marmor mit einem Nudelholz dünn ausrollen. Dabei das Nudelholz immer wieder anders ansetzen, so daß sich Rechtecke ergeben. Ist der Teig fast durchsichtig, die Oberfläche mit Dunst bestreuen, damit der Teig nicht klebt. Die Teigplatte von beiden Seiten locker zur Mitte zusammenfalten, so daß die beiden gefalteten Kanten in der Mitte aneinanderstoßen. Nicht drücken, sonst klebt der Teig zusammen.
Den Teig mit einem scharfen Messer in gleichmäßige, beliebig breite Streifen schneiden.
Mit einem langen Messer bei der Faltenkante unter den Teig fahren. Die ganze Klinge darunterschieben und dann mit dem Messerrücken nach oben anheben. Die Nudeln wickeln sich ab und hängen zu beiden Seiten der Klinge herab. Zu losen Nestern legen, damit sie nicht zusammenkleben.

Methode 2 (mit der Maschine)

Mit der Nudelmaschine auswallen und schneiden.
– **Kurz gekneteter Teig** wird mit der Maschine elastisch gemacht.
   Den Teig vierteln, jedes Teigstück mit dem Handballen zu einem flachen Rechteck drücken. Den größten Walzenabstand einstellen. Das Teigstück mit Dunst bestäuben und durch die Walzen drehen. Den Teig so zusammenlegen, daß er die gleiche Dicke erhält wie vor dem ersten Durchdrehen. Den Teig um 90° drehen und obigen Vorgang sechs- bis achtmal wiederholen, bis der Teigstreifen glänzt.
– **Maschinell gekneteter Teig** wird direkt ausgewallt.
   Den Teig vierteln, jedes Teigstück mit dem Handballen zu einem flachen Rechteck drücken. Den größten Walzenabstand einstellen. Den Teig mit Dunst bestäuben und durch die Walzen drehen. Den Walzenabstand jeweils um zwei Stufen verkleinern. Den Teig um 90° drehen und den obigen Vorgang wiederholen, bis der Teig dünn ausgerollt ist. Die ausgerollten Teigbänder leicht antrocknen lassen. Mit der Schnittwalze schneiden. Die geschnittenen Nudeln mit der Hand auffangen und zu losen Nestern legen, damit sie nicht zusammenkleben.

Ableitungen der Hausmachernudeln

Nudelblätter *Feuilles de nouilles*	Dünn ausgewalltes Teigblatt lose mit kleinen Blättern italienischer Petersilie belegen, mit einem zweiten Teigblatt abdecken, nochmals mit der Maschine auswallen. Die gepreßten Petersilienblätter mit einem Teigrädchen ausschneiden.
Basilikumnudeln *Nouilles au basilic*	Das Grundrezept mit frischem, feingehacktem Basilikum ergänzen.
Randennudeln *Nouilles aux betteraves rouges*	Den Grundteig mit Randensaft färben (Teig ohne Wasserzugabe).
Vollkornnudeln *Nouilles à la farine complète*	Anstelle von Weißmehl fein gesiebtes Vollkornmehl verwenden.
Tintennudeln *Nouilles noires*	Grundteig mit der Tinte von Tintenfischen färben.
Safrannudeln *Nouilles au safran*	Grundteig mit Safran färben.
Tomatennudeln *Nouilles aux tomates*	Grundteig mit Tomatenpüree färben (Teig ohne Wasserzugabe).
Spinatnudeln *Nouilles aux épinards*	Grundteig mit gut ausgepreßtem gehacktem Spinat ergänzen (Teig ohne Wasserzugabe).

7.17.2 Teiggerichte

Teiggerichte sind in der Regel frisch hergestellte Teigwaren, kombiniert mit Farcen und Saucen verschiedenster Art. Meist werden sie zusätzlich gratiniert oder mit schaumigheißer Butter übergossen.

Zu den Teiggerichten zählen gefüllte Teiggerichte und Spätzli.

Gefüllte Teiggerichte	Beispiele von Füllungen	Passende Saucen
Ravioli	Fleisch, Gemüse, Spinat, Ricotta, Pilze, Fische, Krustentiere, Tofu	Tomatensauce, Pesto, Rahmsauce, Basilikumsauce, Hummersauce
Tortellini	Fleisch, Pilze, Ricotta, Tofu	Tomatensauce, Rahmsauce, Gorgonzola-Sauce, Peperoni-Coulis
Lasagne	Gemüseragout, Bologneser Sauce, Pilzragout	Cremesauce, Tomatensauce
Cannelloni	Raviolifüllungen jeder Art	Tomatensauce, Pesto, Rahmsauce

Grundteig für gefüllte Teiggerichte

Zutaten für 10 Personen		
Weißmehl	0,6	kg
Eier, pasteurisiert	0,25	kg
Sonnenblumenöl	0,05	l
Wasser, ca.	0,1	l

Zubereitung

- Mehl sieben, zu einem Kranz formen.
- Eier, Öl und Wasser in die Kranzmitte geben.
- Mehl nach und nach in die Mitte mischen, das Ganze zu einem festen Teig aufarbeiten.
- Kneten, bis der Teig elastisch wird, in Plastikfolie einschlagen.
- Vor Gebrauch 1 bis 1½ Stunden ruhen lassen.

Die Herstellung von Ravioli

Ohne Raviolibrett

- Teig sehr dünn in zwei gleich große Stücke ausrollen.
- Auf ein Teigstück die Füllung dressieren, die Zwischenräume mit Eiweiß oder etwas Wasser bestreichen.
- Zweites Teigstück sorgfältig darüber ausbreiten.
- Den Teig zwischen den Häufchen mit einem Stab andrücken.
- Mit dem Teigrädchen die einzelnen Ravioli ausschneiden.

Mit Raviolibrett

- Raviolibrett mit Mehl stäuben und mit dem ausgerollten Teigstück belegen.
- Mit den Fingern den Teig leicht in die Vertiefungen drücken.
- Füllung mit dem Spritzsack dressieren.
- Die Zwischenräume mit etwas Wasser bestreichen.
- Das zweite Teigstück sorgfältig darüberlegen, mit dem Nudelholz andrücken.
- Das Ganze auf bemehlten Marmor stürzen und die Ravioli mit dem Teigrädchen ausschneiden.

Die Herstellung von Tortellini

- Teig dünn ausrollen, Rondellen von etwa 3 cm Durchmesser ausstechen.
- Etwas beliebige Füllung dressieren, den Rand mit Wasser befeuchten.
- Einen Halbmond formen.
- Den Rand um die Füllung mit Daumen und Zeigefinger andrücken.
- Den Halbmond mit beiden Händen greifen und vorsichtig um einen Finger zu einem Ring biegen, bis sich die beiden Enden fast berühren. Gleichzeitig den zusammengedrückten Teigrand nach oben biegen, so daß sich eine grabenähnliche Vertiefung um die Füllung herum bildet.
- Die Enden der gebogenen Halbmonde mit den Daumen fest zusammendrücken, so daß sich ein geschlossener Ring bildet.
- Die geformten Tortellini auf ein bemehltes Tuch absetzen, ohne daß sie sich berühren, sonst kleben sie zusammen.

Die Herstellung von Cannelloni

- Teigstücke von 6 × 8 cm in viel Salzwasser mit etwas Öl «al dente» sieden.
- Abkühlen, abschütten und abtropfen lassen.
- Mit dem Dressiersack der Länge nach beliebige Raviolifüllung dressieren, einrollen.
- Gebutterte Gratinplatte mit beliebiger Sauce ausgießen, Cannelloni nebeneinander einschichten.
- Mit Sauce nappieren, mit geriebenem Sbrinz bestreuen, mit Butter beträufeln und gratinieren.

Die Herstellung von Lasagne

- Teigstücke von 6 × 8 cm in viel Salzwasser mit etwas Öl «al dente» sieden.
- Abkühlen, abschütten und abtropfen lassen.
- Gebutterte Gratinplatte oder Auflaufform mit der gewünschten Sauce ausgießen.
- Eine Lage Lasagne-Stücke darauflegen.
- Die Form abwechslungsweise mit Sauce und Lasagne auffüllen.
- Zuletzt mit einer Cremesauce bedecken.
- Geriebenen Sbrinz und Butterflocken daraufgeben.
- Im Ofen backen und zuletzt gratinieren.

Verschiedene Teiggerichte

Ravioli mit Salbei *Ravioli à la sauge*	Ravioli in mit Butter bestrichene Gratinplatte anrichten. Mit in Butter sautierten Schalotten und feingeschnittener frischer Salbei übergießen.
Quarkravioli *Ravioli au séré*	Ravioli mit einer Spinat-Ricotta-Füllung.
Ravioli Nizzaart *Ravioli niçoise*	Ravioli mit Tomaten-Concassé überbacken.
Fischravioli *Ravioli de poisson*	Mit einer Fisch-Mousseline gefüllte Ravioli mit einer Weißweinsauce.
Tortellini al pesto	Beliebig gefüllte, frisch abgekochte Tortellini in einer Sauce aus Pinienkernen, Knoblauch, Basilikum, Parmesan und Olivenöl schwenken.
Lasagne verdi	Bologneser Sauce mit Vierecken von Spinatnudelteig abwechslungsweise in mit Butter bestrichene Gratinplatte schichten. Zuletzt mit Cremesauce nappieren, mit Käse und Butter gratinieren.

Grundrezept Spätzli/Knöpfli

Zutaten für 10 Personen		
Weißmehl	0,4	kg
Dunst	0,1	kg
Eier, pasteurisiert	0,25	kg
Milch	0,1	l
Wasser	0,1	l
Salz	0,01	kg
Muskat		

Zubereitung

– Gesiebtes Mehl und Dunst in eine Schüssel geben.
– Die anderen Zutaten vermischen und zugeben.
– Rasch zusammenarbeiten und zu einem sehr glatten, nicht zu dünnen Teig schlagen, bis er Blasen wirft, wodurch der Kleber sich voll entwickelt.
– Durch ein Spätzlisieb in siedendes Salzwasser drücken (oder vom Brett schaben).
– Sobald die Spätzli an die Oberfläche steigen, herausnehmen, in kaltem Salzwasser rasch abkühlen und sofort abschütten.

Ableitungen des Grundrezeptes

Spinatspätzli *Spaetzli aux épinards*	Grundteig mit 0,15 kg feingehacktem, gut ausgedrücktem Spinat mischen (beim Teig die Flüssigkeitszugabe reduzieren).
Safranspätzli *Spaetzli au safran*	In der Flüssigkeit des Grundteiges zwei Messerspitzen Safran auflösen.
Tomatenspätzli *Spaetzli aux tomates*	Grundteig mit 0,05 kg Tomatenpüree mischen (beim Teig die Flüssigkeitszugabe reduzieren).
Vollkornspätzli *Spaetzli à la farine complète*	Weißmehl durch feingesiebtes Vollkornmehl ersetzen.
Quarkspätzli *Spaetzli au séré*	Beim Grundteig das Wasser durch 0,15 kg Magerquark ersetzen.
Glarner Spätzli *Spaetzli glaronais*	Spinatspätzli in Butter mit eingeweichten Sultaninen sautieren, mit geriebenem Schabzieger bestreuen.
Tessiner Spätzli *Spaetzli tessinois*	Spinat-, Safran- und Tomatenspätzli mischen.

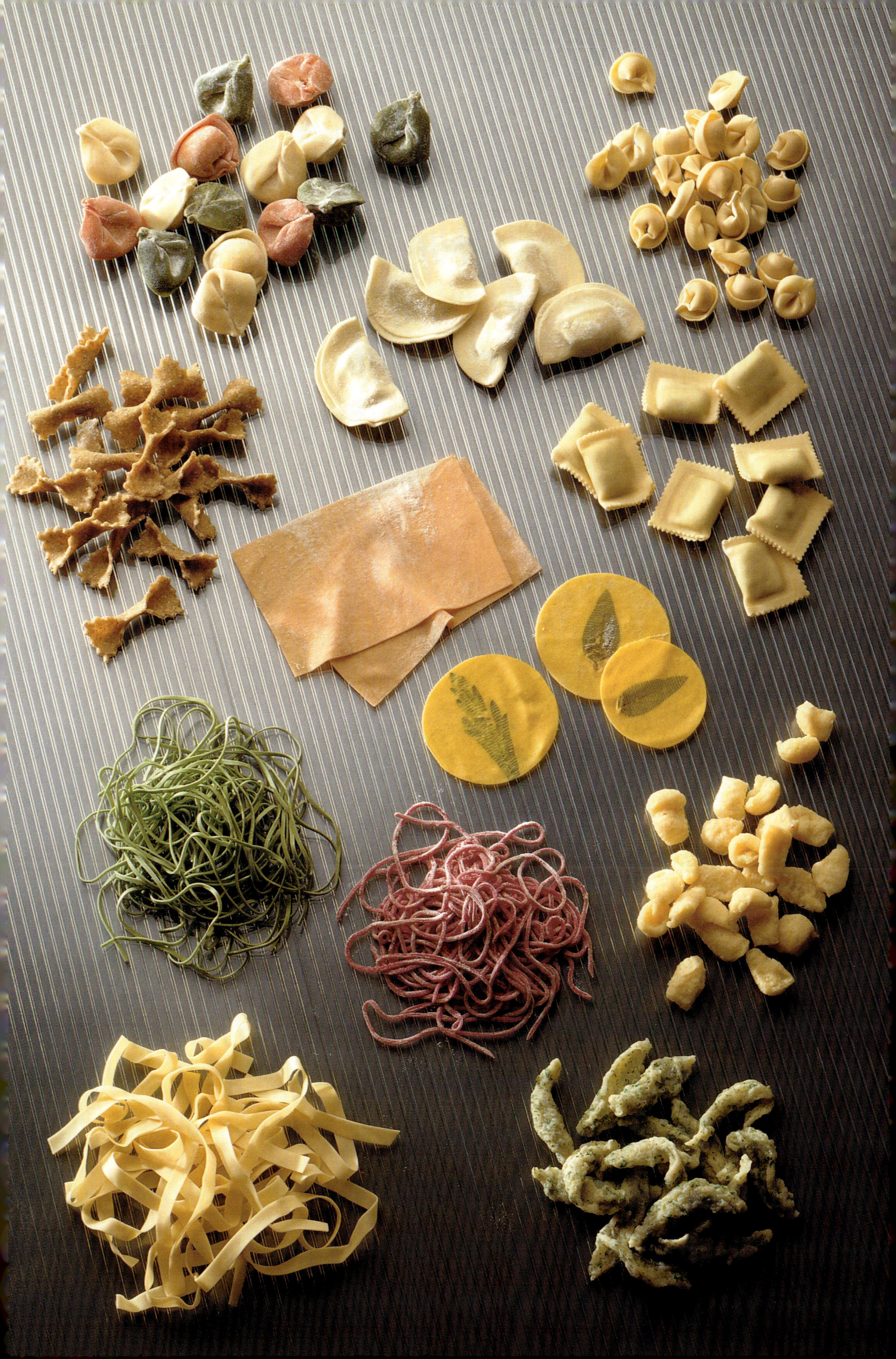

7.17 Gerichte aus Getreideprodukten 427
7.17.1 Teigwaren 427
7.17.2 Teiggerichte 429
7.17.3 Gnocchi 433
7.17.4 Reisgerichte 434
7.17.5 Maisgerichte 435
7.17.6 Gerichte aus vollem Getreide 436

7.17.3 Gnocchi

Brandteignocken –
gnocchi parisienne

Zutaten für 10 Personen

Brandteig	0,8	kg
Cremesauce	0,8	l
Sbrinz, gerieben	0,1	kg
Butter	0,06	kg

Zubereitung

- Mit Hilfe eines Dressiersackes, einer glatten Tülle und einer Dressiernadel oder einer Fleischgabel vom Brandteig nußgroße Klößchen abstreifen und in heißes, nicht siedendes Salzwasser geben.
- Gnocchi pochieren.
- Mit Drahtkelle oder Löchersieb herausnehmen, in kaltem Salzwasser auskühlen.
- Sorgfältig abschütten.
- In mit Butter bestrichene Gratinplatte wenig Sauce geben.
- Darauf eine Lage Gnocchi – nicht zu eng – geben.
- Mit der restlichen Sauce nappieren.
- Mit dem Sbrinz bestreuen und mit Butter beträufeln.
- Im Ofen bei steigender Hitze backen und goldgelb überkrusten lassen.
- Backzeit etwa 20 Minuten bei 180 °C bis 220 °C.
- Die Gnocchi müssen wie ein Auflauf im Ofen aufgehen und sofort serviert werden, da sie keine Abkühlung vertragen.

Kartoffelnocken –
gnocchi piémontaise

Zutaten für 10 Personen

Schalenkartoffeln	1,2	kg
Eier, pasteurisiert	0,15	kg
Salz, Pfeffer, Muskat		
Mehl, ca.	0,2	kg
Tomaten-Concassé	0,7	l
Sbrinz, gerieben	0,1	kg
Butter	0,08	kg

Zubereitung

- Die geschwellten Kartoffeln heiß schälen, trocknen und passieren.
- Die Eier daruntermischen, abschmecken, abkühlen.
- Das Mehl unter die kalte Masse geben.
- Mit dem Dressiersack auf einen mit Mehl bestäubten Marmor Stangen spritzen. Mit dem Messer gleichmäßige Nocken schneiden.
- Nußgroße Kugeln formen, über eine Speisegabel abrollen.
- Die Nocken 5 Minuten im Salzwasser pochieren.
- Zum Abtropfen auf ein Sieb geben.
- Mit Butter bestrichene Gratinplatte mit der Sauce ausgießen.
- Die Gnocchi daraufgeben.
- Mit dem Sbrinz, mit Pfeffer aus der Mühle und mit heißer Butter fertigmachen und im Ofen gratinieren.
- Die Gnocchi können auch nur in Butter geschwenkt oder leicht sautiert werden.

Bemerkungen

- Nur mehlige Lagerkartoffeln verwenden, die viel Stärke enthalten.
- Die Zugabe von Eiern und Mehl richtet sich nach der Feuchtigkeit der passierten Kartoffeln. Die Masse muß trocken sein. Bei feuchten Kartoffeln nur Eigelb verwenden.

Grießnocken –
gnocchi romaine

Zutaten für 10 Personen

Milch	1	l
Butter	0,08	kg
Salz, Muskat		
Hartweizengrieß	0,22	kg
Sbrinz, gerieben	0,1	kg
Eigelb, pasteurisiert	0,075	kg

Zubereitung

- Milch, Salz, Muskat und 0,05 kg Butter auf den Siedepunkt bringen.
- Unter Rühren mit dem Schneebesen Grieß regenartig einlaufen lassen.
- Bei schwacher Hitze zugedeckt etwa 15 Minuten ziehen lassen.
- 0,05 kg Sbrinz und das Eigelb daruntermischen, abschmecken.
- Die Masse etwa 2 cm dick auf ein geöltes Blech ausstreichen und erkalten lassen.
- Mit dem Ausstecher Scheiben oder Halbmonde ausstechen.
- Leicht schräg aufeinandergelegt in mit Butter bestrichene Gratinplatte anrichten.
- Mit dem Sbrinz bestreuen, mit Butter beträufeln und im Ofen gratinieren.

Bemerkungen

- Der Grieß muß richtig quellen, sonst bindet die Masse nicht ab, und die Gnocchi zerfallen beim Gratinieren. Deshalb die Kochzeit unbedingt einhalten.
- Die ausgekühlte Masse mit zerlassener Butter bestreichen, Sbrinz darüberstreuen, mit Butter nochmals beträufeln, ausstechen, gratinieren und dann erst anrichten.
Vorteil: Jedes Stück kann beim Servieren einzeln entnommen werden.

Ableitungen von Gnocchi

Brandteignocken mit Schinken *Gnocchi parisienne au jambon*	Schinken-Brunoise in Butter sautieren, auskühlen lassen. Mit gehackter Petersilie unter den fertigen Brandteig ziehen. Fertigstellen wie gewöhnliche Brandteignocken.
Kartoffelnocken mit Steinpilzen *Gnocchi piémontaise aux cèpes*	Gnocchi in mit Butter bestrichene Gratinplatte anrichten. Mit frischen Steinpilzen und Rahmsauce nappieren, mit geriebenem Sbrinz bestreuen und gratinieren.
Grießnocken mit Geflügelleberragout *Gnocchi romaine au foie de volaille*	Gnocchi ringförmig in runde Gratinplatte anrichten und gratinieren. In die Mitte das Geflügelleberragout mit Madeirasauce anrichten, mit gehackter Petersilie bestreuen.

7.17.4 Reisgerichte

Bei der Herstellung von Reisgerichten wird unterschieden zwischen den Grundrezepten von

- Pilaw-Reis – *riz pilaf*
- Trockenreis – *riz créole*
- Risotto

Pilaw-Reis	Trockenreis	Risotto
Verhältnis Reis:Flüssigkeit = 1:1,5	Verhältnis Reis:Flüssigkeit = 1:5	Verhältnis Reis:Flüssigkeit = 1:3
Siam Patna, Carolina, Parboiled	Siam Patna, Carolina, Basmati, Parboiled	Vialone, Arborio
Butter		Butter, Olivenöl, Geflügelfett, Mark
Zwiebeln Lorbeerblatt		Zwiebeln, Knoblauch Frische Salbeiblätter, Lorbeerblatt
Helle Bouillon, Kalbsfond, Gemüsefond	Salzwasser	Helle Bouillon, Geflügelfond, Gemüsefond
Butter	Butter	Butter, Sbrinz, Weißwein
Feucht-trocken ohne Restflüssigkeit. Gebunden durch die eigene Stärke und die Beigabe von Butter.	Körnig, trocken und locker.	Körnig und leicht fließend. Die verbleibende Restflüssigkeit wird durch die Stärke des unglasierten Reises gebunden. Die Zugabe von Käse und Butter am Schluß verstärkt dies noch.

Pilaw-Reis

Zutaten für 10 Personen

Butter	0,04	kg
Zwiebeln	0,14	kg
Carolina-Reis	0,6	kg
Bouillon, ca.	1	l
Lorbeerblatt	1	Stück
Butter	0,04	kg

Zubereitung

- Feingehackte Zwiebeln in Butter glasig dünsten.
- Reis dazugeben, kurz mitdünsten.
- Mit heißer Bouillon auffüllen, aufkochen, Lorbeerblatt beifügen.
- Im Ofen zugedeckt etwa 15 Minuten garen.
- Herausnehmen, umschütten, um den Garprozeß zu unterbrechen.
- Mit Fleischgabel Butterflocken daruntermischen.

Bemerkung

Der Flüssigkeitsanteil kann je nach Reissorte und Menge stark variieren.
Prinzip: Je größer die Menge, desto weniger Flüssigkeit.

Trockenreis

Zutaten für 10 Personen

Wasser	3	l
Salz	0,04	kg
Siam-Patna-Reis	0,6	kg
Butter	0,05	kg

Zubereitung

- Reis 10–12 Minuten im Salzwasser springend sieden.
- Abschütten, mit kaltem Wasser abkühlen, gut abtropfen lassen.
- In flachem mit Butter bestrichenem Geschirr ausbreiten.
- Eventuell nachsalzen, Butterflocken daraufgeben.
- Mit Butterpapier abdecken.
- Im Ofen oder im Mikrowellenapparat erwärmen, zwischendurch auflockern.

Risotto

Zutaten für 10 Personen

Olivenöl	0,05	l
Zwiebeln	0,15	kg
Knoblauchzehen	0,01	kg
Vialone-Reis	0,6	kg
Bouillon	1,8	l
Weißwein	0,15	l
Lorbeerblatt	1	Stück
Salbeiblätter	2	Stück
Sbrinz, gerieben	0,1	kg
Butter	0,03	kg

Zubereitung

- Feingehackte Zwiebeln und Knoblauch im Olivenöl dünsten.
- Reis dazugeben, kurz mitdünsten.
- Mit Bouillon ablöschen.
- Gewürze dazugeben.
- Fond nach und nach aufgießen.
- 17–18 Minuten langsam sieden, hin und wieder mit dem Holzlöffel umrühren.
- Weißwein, Butter und Sbrinz sorgfältig darunterziehen.
- Abschmecken.

Ableitungen von Reisgerichten

Pilaw-Reis mit Morcheln *Riz pilaf aux morilles*	Pilaw-Reis mit gedünsteten Morcheln und Gemüsestreifen.
Reis mit Früchten *Riz aux fruits*	Pilaw-Reis mit gedünsteten Würfeln von Peperoni, Äpfeln, Pfirsichen, Ananas sowie eingeweichten Korinthen ergänzen. Mit gerösteten Pinien oder Mandelsplittern bestreuen.
Gelber Reis *Riz jaune*	Pilaw-Reis mit Basmati-Reis ansetzen, vor dem Auffüllen mit wenig Kurkuma stäuben.
Ingwerreis *Riz au gingembre*	Pilaw-Reis mit Basmati-Reis ansetzen, etwas frischen Ingwer und Zitronengras mitkochen. Unter den fertigen Reis Würfel von kandiertem Ingwer ziehen.
Risotto mit grünem Spargel *Risotto aux asperges vertes*	Dem Risotto nach einem Drittel der Kochzeit gut blanchierte grüne Spargelspitzen und Spargelstücke beifügen, fertig garen. Mit Spargelspitzen garnieren.
Risotto mit Tomaten *Risotto aux tomates*	Tomatierter Risotto, ergänzt mit Tomatenwürfeln.
Risotto mit Steinpilzen *Risotto aux cèpes*	Getrocknete Steinpilze einweichen, säubern, schneiden, mit den Zwiebeln andünsten, eventuell mit Safran würzen und mit dem Reis mitkochen.
Safranrisotto *Risotto milanaise*	Gegen den Schluß des Garprozesses Safranpulver oder Safranfäden beifügen (der Geschmack des Safrans kommt dadurch besser zur Geltung).
Rotweinrisotto *Risotto au vin rouge*	Den Risotto mit einem kräftigen Rotwein ablöschen. Am Schluß mit dem Rotwein verfeinern.

7.17.5 Maisgerichte

Maisgerichte sind vor allem in Südeuropa und in Südamerika beliebt. Je nach Gericht wird grober (Bramata) bis sehr fein gemahlener Maisgrieß verwendet.

Grundrezept Polenta

Zutaten für 10 Personen

Olivenöl	0,05	l
Zwiebeln	0,1	kg
Knoblauch	0,01	kg
Bouillon	1	l
Lorbeerblatt	1	Stück
Maisgrieß, grob	0,25	kg
Sbrinz, gerieben	0,1	kg

Zubereitung

- Zwiebeln und Knoblauch in Olivenöl dünsten.
- Mit Bouillon ablöschen, zum Sieden bringen.
- Maisgrieß unter Rühren einrieseln lassen.
- Bei schwacher Hitze 5 Minuten unter ständigem Rühren schwach sieden. Der Mais muß dabei Flüssigkeit aufnehmen und abbinden.
- Mit Salz und Pfeffer würzen, Lorbeerblat beifügen.
- Bei schwächster Hitze oder im Ofen etwa 1½ Stunden zugedeckt ziehen lassen.
- Nicht rühren.
- Reibkäse darunterziehen.

Bemerkung

Nach Belieben können als Flüssigkeit 0,6 l Bouillon und 0,4 l Milch verwendet werden.

Ableitungen der Polenta

Maisköpfchen *Timbale de maïs*	Polenta mit mittelfeinem Maisgrieß herstellen. 4 Eigelb darunterziehen, in gebutterte Timbalen abfüllen. Im Ofen backen, abstehen lassen, stürzen.
Maisnocken *Gnocchi de maïs*	Polenta mit mittelfeinem Maisgrieß herstellen. 4 Eigelb darunterziehen, auf geöltes Randblech streichen, abkühlen lassen. Beliebig ausstechen oder schneiden. Gratinieren oder durchs Ei ziehen und sautieren.
Panierte Maisschnitten *Polenta panée*	Die zugeschnittenen Maisnocken panieren, in Butter knusprig sautieren.
Maisauflauf *Soufflé de maïs*	Polenta mit mittelfeinem Maisgrieß herstellen, etwas erkalten lassen. Eigelb darunterziehen. Eischnee unter die Masse melieren. In gebutterte, mit Maisgrieß ausgewälzte Formen füllen, vorpochieren und backen wie einen Auflauf.
Geschmolzene Maisschnitten *Polenta piémontaise*	Unter grobe Polenta Würfel von Fontina-Käse mischen. Die Masse 2 cm dick auf ein geöltes Blech ausstreichen, beliebig ausstechen, mit geriebenem Sbrinz bestreuen und mit Butter beträufeln, im Ofen gratinieren.

7.17.6 Gerichte aus vollem Getreide

Gerichte aus vollem Getreide können nicht nur zu Vollwertmenüs serviert werden, sondern sie lassen sich auch gut mit den Speisen anderer Kostformen kombinieren.

Bemerkungen zur Herstellung von Vollwert-Getreidegerichten

- Nichtraffinierte Getreidekörner müssen vor der Zubereitung immer gewaschen werden.
- Körner vor dem Kochen in kaltem Wasser oder Gemüsefond einweichen, was die Kochzeit verkürzt. Wichtig ist, daß das Einweichwasser oder der Fond zum Kochen mitverwendet werden.
- Getreidekörner lassen sich sehr gut mit Hülsenfrüchten kombinieren.

Grundanleitung zum Kochen von Getreide

Waschen

Die abgewogene Menge in kaltem Wasser gut spülen, abschütten. Buchweizen einmal heiß spülen.

Darren

Die gewaschenen, tropfnassen Körner auf ein Backblech verteilen und bei 60 °C bis 80 °C etwa 60 Minuten im Backofen oder im Umluftofen trocknen. Dadurch wird das Getreide verdaulicher und schmackhafter, da ein Teil der Stärke zu Dextrin abgebaut wird.

Getreideart	Mögliche Anwendungen
Haferkerne	Getreiderisotto, Auflauf
Dinkel	Getreiderisotto, Getreidegaletten
Roggen	Getreiderisotto, Getreidegaletten
Weizen	Getreiderisotto, Getreidegaletten
Gerste	Gerstotto, Getreiderisotto
Buchweizen	Nur zum Mischen mit anderen Getreidekörnern
Hirse	Hirsotto, Hirsering, Getreiderisotto
Naturreis	Pilaw-Reis, Trockenreis, Risotto, Getreiderisotto
Roter Wildreis	Pilaw-Reis, Trockenreis, Risotto, Getreiderisotto
Wildreis	Kombinierbar mit raffiniertem Reis, Getreiderisotto

Einweichen

Je länger das Getreide eingeweicht wird, desto kürzer ist die Kochzeit. Durch das Einweichen werden Nährstoffe gelöst, weshalb das Getreide immer im Einweichwasser gekocht werden soll. Wird zum Einweichen Gemüsefond verwendet, muß das Getreide im Kühlschrank aufbewahrt werden.

Kochen

Ganze Körner immer kalt ansetzen und zum Kochen bringen, abschäumen. Zudecken und knapp am Siedepunkt halten. Nicht rühren!
Das Kochen im Dampfkochtopf verkürzt die Kochzeit um etwa die Hälfte – etwas weniger Wasser nehmen.
Grieß und Flocken immer in siedendes Wasser einrühren.
Schrot immer kalt ansetzen und zum Kochen bringen. Öfters tüchtig rühren.

Salzen

Nach dem ersten Aufkochen wenig salzen.
Im Dampfkochtopf das Getreide mit Salz ansetzen.

Quellen

Auf ausgeschalteter Herdplatte oder im ausgeschalteten Backofen mit verschlossenem Deckel das gekochte Getreide ziehen lassen.
Getreide, das man hat quellen lassen, ist leichter verdaulich und schmackhafter.

Mengen- und Zeitangaben

Die angegebenen Mengen und Zeiten sind Richtwerte. Sie hängen von der Getreidesorte, der Wasserhärte und der gewünschten Konsistenz ab.
Größere Getreidemengen brauchen im Verhältnis weniger Flüssigkeit.

Grundanleitung zum Kochen von Getreide

Zutaten Ganze Körner, sauber gewaschen	Einweichen in Wasser oder Gemüsebouillon	Kochen	Quellen	Besonderes
Dinkel	3–8 Stunden	1–1½ Stunden	30 Minuten	
Gerste	bis 8 Stunden	1–2 Stunden	30 Minuten	
Grünkern	bis 8 Stunden	½–1 Stunde	30 Minuten	
Hafer	bis 8 Stunden	1–1½ Stunden	15 Minuten	
Roggen	5–8 Stunden	1½–2 Stunden	30 Minuten	Vor dem Einweichen darren.
Vollreis	nicht notwendig	¾–1 Stunde	10 Minuten	Langkornreis braucht weniger Flüssigkeit und ist schneller gar.
Weizen	5–8 Stunden	1½–2 Stunden	30 Minuten	
Hirse	nicht notwendig	25 Minuten	15 Minuten	

Grundrezepte für gekochtes Getreide

Weizen, Roggen

Zutaten für 10 Personen		
Weizen	0,2	kg
Roggen	0,2	kg
Gemüsefond	1,2	l
Salz		
Gemüsebündel	0,15	kg
Gespickte Zwiebel	1	Stück
Thymian	1	Zweig

Zubereitung

- Weizen und Roggen waschen.
- Etwa 8 Stunden in kaltem Gemüsefond (im Kühlschrank) einweichen.
- Mit dem Einweichfond kalt aufsetzen.
- Zum Kochen bringen, abschäumen.
- Gemüsebündel, Zwiebel und Gewürz beifügen.
- Nach halber Garzeit leicht salzen.
- Etwa 1½ Stunden zugedeckt schwach sieden lassen.
- 30 Minuten quellen lassen.

Grünkern

Zutaten für 10 Personen		
Grünkern	0,4	kg
Gemüsefond	1	l
Salz		
Gemüsebündel	0,15	kg
Thymian	1	Zweig

Zubereitung

- Grünkern waschen.
- Etwa 6 Stunden in kaltem Gemüsefond (im Kühlschrank) einweichen.
- Mit dem Einweichfond kalt aufsetzen.
- Zum Kochen bringen, abschäumen.
- Nach dem ersten Aufkochen wenig salzen.
- Gemüsebündel, Zwiebel und Gewürz beifügen.
- Etwa 1 Stunde zugedeckt schwach sieden lassen.
- 10 Minuten quellen lassen.

Vollreisrisotto

Zutaten für 10 Personen		
Olivenöl	0,05	l
Zwiebeln	0,1	kg
Knoblauchzehen	2	Stück
Vollreis (Rundkorn)	0,5	kg
Gemüsefond	1,5	l
Weißwein	0,1	l
Salbeiblätter	2	Stück
Sbrinz, gerieben	0,1	kg
Butter	0,03	kg

Zubereitung

- Vollreis waschen.
- Feingehackte Zwiebeln und Knoblauch in Olivenöl dünsten.
- Reis dazugeben, kurz mitdünsten.
- Mit dem Gemüsefond ablöschen.
- Gewürze dazugeben.
- Nicht salzen, sonst bleibt der Reis hart.
- 30–35 Minuten langsam sieden.
- Nicht umrühren, sonst wird der Reis pappig.
- Vom Herd nehmen und 10–15 Minuten nachquellen lassen.
- Weißwein, Butter und Sbrinz sorgfältig darunterziehen.
- Abschmecken.

Ableitungen von gekochtem Getreide

Grünkernkroketten *Croquettes de blé vert*	Gekochten Grünkern erkalten lassen, mit Vollkornmehl, Eiern und frisch gehackten Kräutern zu einer bindefähigen Masse rühren. Stangen formen, schneiden und in Vollkorngrieß wälzen. Knusprig fritieren.
Getreiderösti *Rœsti de céréales*	Gehackte Zwiebeln und Knoblauch in Butter glasig dünsten. Gekochtes Getreide (Weizen, Roggen, Grünkern) beigeben und allseitig sautieren. Kruste bilden lassen, eventuell mit etwas Gemüsefond befeuchten.
Weizenauflauf mit Gemüse *Soufflé de froment aux légumes*	Zwiebeln glasig dünsten, blanchiertes Saisongemüse beifügen, mitdünsten, mit dem vorgekochten Weizen mischen und erhitzen. Mit Eigelb und Rahm binden. Eischnee sorgfältig untermelieren. In eine gebutterte, mit Vollkorngrieß ausgewälzte Auflaufform füllen. Im Wasserbad vorpochieren, bei steigender Hitze etwa 35 Minuten backen.
Hirsering mit Pilzragout *Bordure de millet aux champignons des bois*	Gekochte Hirse in gebutterte Ringform füllen, pressen. Etwas abstehen lassen und stürzen. Mit einem Pilzragout füllen.
Gerstotto *Orgeotto*	Rohgerste 5 Stunden einweichen. Zubereiten wie Vollkornrisotto. Vor dem Ablöschen tomatieren. Kochzeit: etwa 2 Stunden. Mindestens 30 Minuten nachquellen lassen.

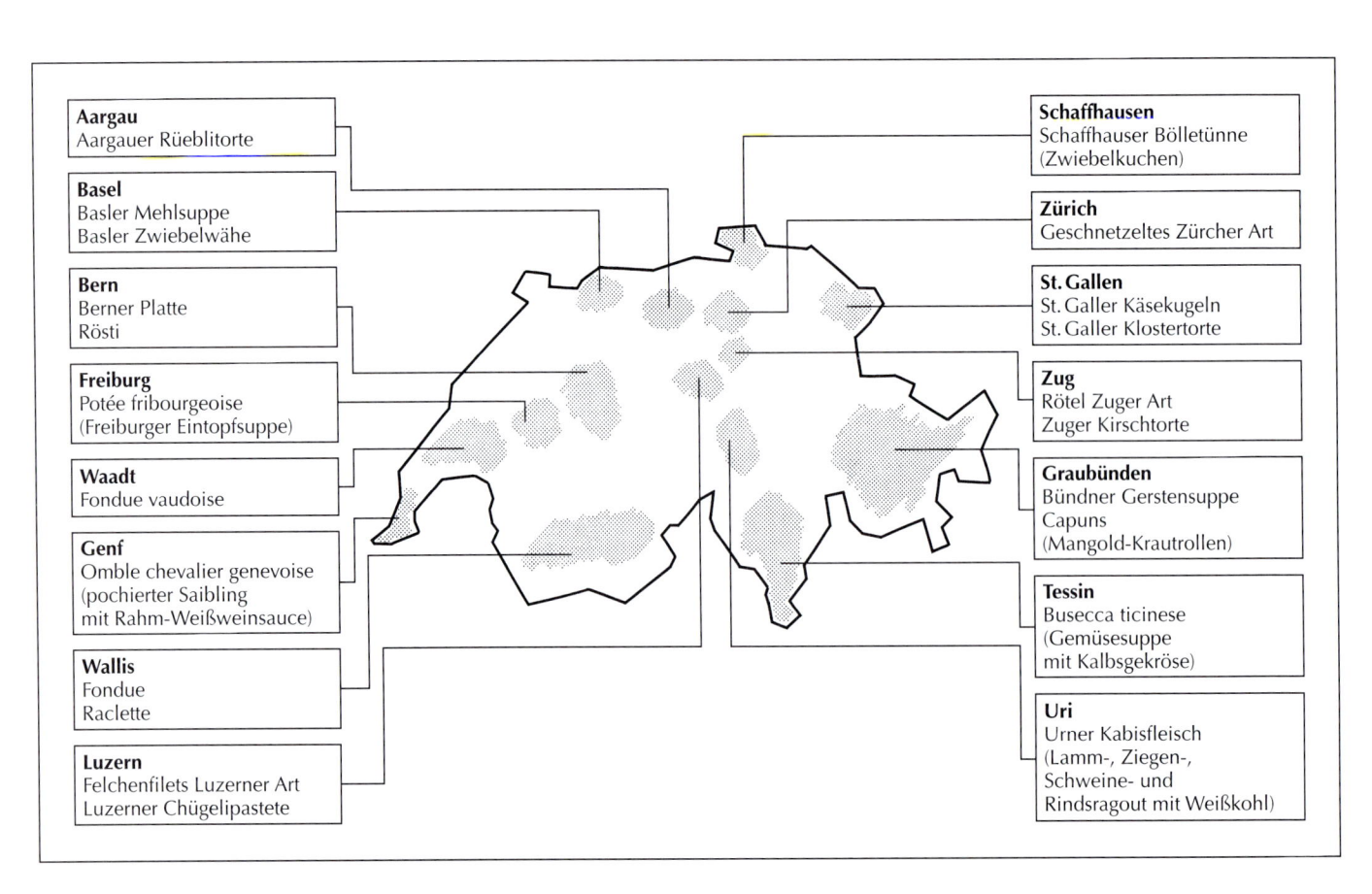

7.18 Nationalgerichte

Der Ursprung eines Nationalgerichtes läßt sich nicht ganz einfach einem Land zuordnen. Mit den Völkerwanderungen früherer Zeiten sind auch Lebensmittel und Speisen in weiteren Gebieten bekannt geworden. Aber auch die Küchenrezepte wanderten, so daß es bei vielen Rezepten unmöglich geworden ist, sie einem eindeutigen Ursprungsland zuzuordnen. Viele Nationalgerichte sind fremde Kreationen, die, häufig etwas abgewandelt, zu Nationalspeisen geworden sind.
Ein Beispiel: Das Wiener Schnitzel, angeblich vom als Feinschmecker bekannten Feldmarschall Radetzky in Wien eingeführt, wurde aus dem italienischen «Cotoletta» abgeleitet, das sich seinerseits über Spanien und Arabien bis nach Byzanz zurückverfolgen läßt.
Durch mehrfache Überlieferung und durch Anpassung an die Eßgewohnheiten sind viele ursprüngliche Rezepte in bezug auf die Zutaten und die Zubereitung abgeändert worden, so daß es vom gleichen Gericht auch mehrere «Originalrezepte» geben kann.
Die Auswahl der im *Rezeptbuch der Küche* aufgeführten Nationalgerichte beschränkt sich auf Speisen, die in Gastronomiebetrieben angeboten werden.

7.18.1 Die Schweizer Küche

Ursprünglich, als der karge Boden wenig hergab und unwegsame Berge ein Tal vom andern abtrennten, bildeten Milch, Rahm, Butter und Käse sowie Schweine- und Schaffleisch die Grundlagen für einfache Gerichte. Auch die dürftigen Kocheinrichtungen erlaubten nur eine einfache Speisenzubereitung, vor allem von Eintopfgerichten.
Zunehmend bessere Verkehrswege vereinfachten den Handel und den Austausch von Lebensmitteln mit den umliegenden Ländern. Die Einflüsse Italiens, Frankreichs, Deutschlands und Österreichs wurden deutlich spürbar. Aus der urschweizerischen Küche entwickelte sich eine internationale, auf der klassischen Kochkunst aufbauende Küche – mit Schweizer Spezialitäten.

Einige typische Schweizer Spezialitäten

Bündner Gerstensuppe
Basler Mehlsuppe
Busecca ticinese
(Gemüsesuppe mit Kalbsgekröse)
Fondue
Ramequin
Raclette
Schaffhauser Bölletünne
(Zwiebelkuchen)
Basler Zwiebelwähe
St. Galler Käsekugeln
Omble chevalier genevoise
(pochierter Saibling
mit Rahm-Weißweinsauce)
Felchenfilets Luzerner Art
Saibling Zuger Art
Luzerner Chügelipastete
Geschnetzeltes Zürcher Art
Urner Kabisfleisch
(Lamm-, Ziegen-, Schweine- und
Rindsragout mit Weißkohl)
Potée fribourgeoise
(Freiburger Eintopfsuppe)
Berner Platte
Capuns (Mangold-Krautrollen)
Rösti
Aargauer Rüeblitorte
Zuger Kirschtorte
St. Galler Klostertorte

Aargau
Aargauer Rüeblitorte

Basel
Basler Mehlsuppe
Basler Zwiebelwähe

Bern
Berner Platte
Rösti

Freiburg
Potée fribourgeoise
(Freiburger Eintopfsuppe)

Waadt
Fondue vaudoise

Genf
Omble chevalier genevoise
(pochierter Saibling
mit Rahm-Weißweinsauce)

Wallis
Fondue
Raclette

Luzern
Felchenfilets Luzerner Art
Luzerner Chügelipastete

Schaffhausen
Schaffhauser Bölletünne
(Zwiebelkuchen)

Zürich
Geschnetzeltes Zürcher Art

St. Gallen
St. Galler Käsekugeln
St. Galler Klostertorte

Zug
Rötel Zuger Art
Zuger Kirschtorte

Graubünden
Bündner Gerstensuppe
Capuns
(Mangold-Krautrollen)

Tessin
Busecca ticinese
(Gemüsesuppe
mit Kalbsgekröse)

Uri
Urner Kabisfleisch
(Lamm-, Ziegen-,
Schweine- und
Rindsragout mit Weißkohl)

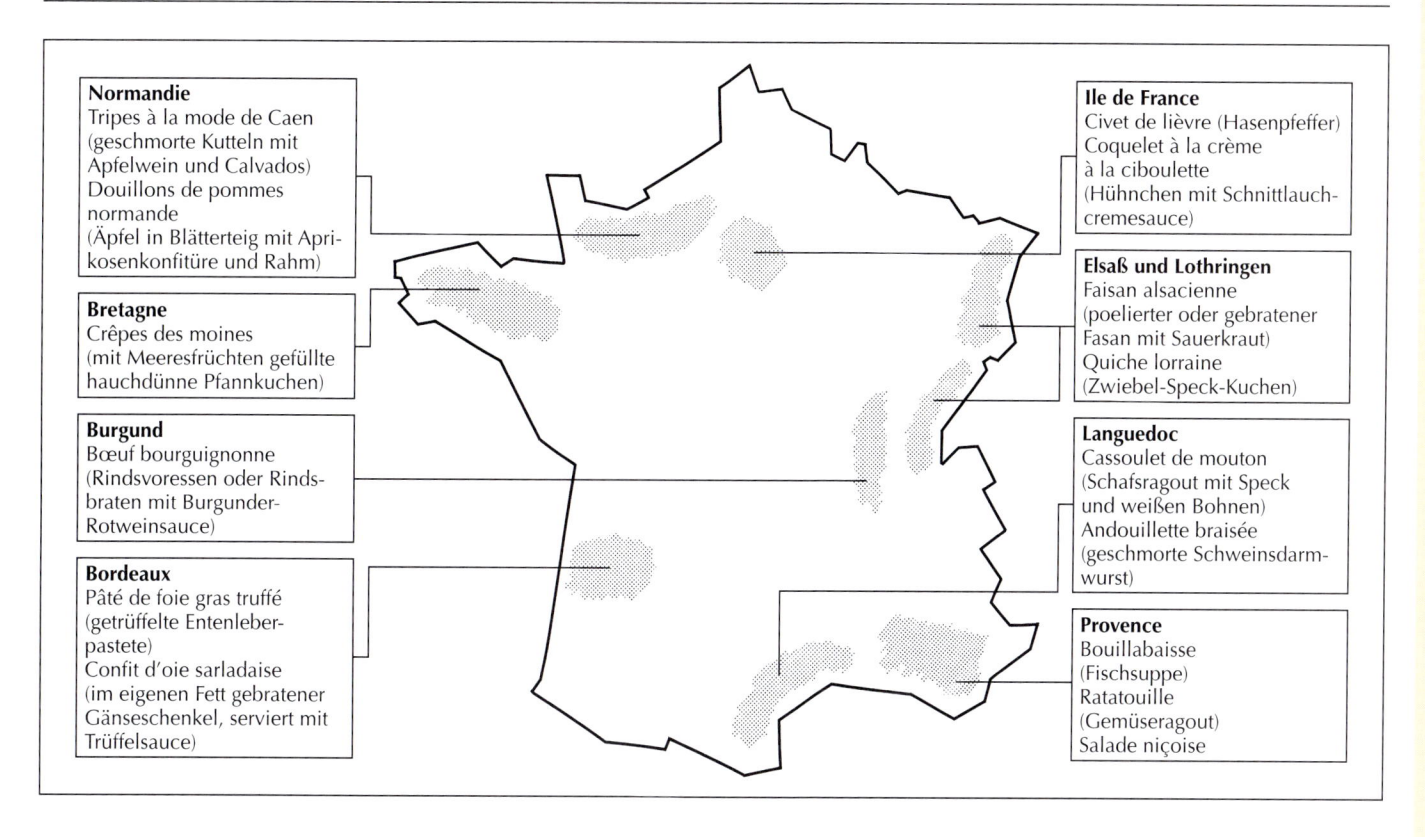

Normandie
Tripes à la mode de Caen
(geschmorte Kutteln mit
Apfelwein und Calvados)
Douillons de pommes
normande
(Äpfel in Blätterteig mit Aprikosenkonfitüre und Rahm)

Bretagne
Crêpes des moines
(mit Meeresfrüchten gefüllte
hauchdünne Pfannkuchen)

Burgund
Bœuf bourguignonne
(Rindsvoressen oder Rindsbraten mit Burgunder-Rotweinsauce)

Bordeaux
Pâté de foie gras truffé
(getrüffelte Entenleberpastete)
Confit d'oie sarladaise
(im eigenen Fett gebratener
Gänseschenkel, serviert mit
Trüffelsauce)

Ile de France
Civet de lièvre (Hasenpfeffer)
Coquelet à la crème
à la ciboulette
(Hühnchen mit Schnittlauchcremesauce)

Elsaß und Lothringen
Faisan alsacienne
(poelierter oder gebratener
Fasan mit Sauerkraut)
Quiche lorraine
(Zwiebel-Speck-Kuchen)

Languedoc
Cassoulet de mouton
(Schafsragout mit Speck
und weißen Bohnen)
Andouillette braisée
(geschmorte Schweinsdarmwurst)

Provence
Bouillabaisse
(Fischsuppe)
Ratatouille
(Gemüseragout)
Salade niçoise

7.18.2 Die französische Küche

Ile de France

Die Region rund um Paris wird als Geburtsort der klassischen Kochkunst, der *Grande Cuisine*, betrachtet. Hier wurden in den Hofküchen der Könige und Fürsten unzählige Gerichte entwickelt und vollendet. Auch aus den anderen Landesgegenden wurden Spezialitäten aufgenommen und integriert.

Typische Gerichte

Civet de lièvre (Hasenpfeffer)
Coquelet à la crème de ciboulette
(Hühnchen mit Schnittlauchcremesauce)

Bretagne

In der Bretagne ist das Meer der Hauptlieferant der Grundprodukte vieler Fisch- und Meeresfrüchtespezialitäten. Die Crêpes, die französische Art der Pfannkuchen, stammen ebenfalls aus dieser Gegend.

Typisches Gericht

Crêpes des moines
(mit Meeresfrüchten gefüllte hauchdünne Pfannkuchen)

Normandie

In der Normandie wird reichlich Viehwirtschaft betrieben, und in der Küche werden sehr viele Milchprodukte verwendet. Man findet zudem in vielen Rezepten Äpfel und den aus ihnen destillierten Calvados.

Typische Gerichte

Tripes à la mode de Caen
(geschmorte Kutteln mit Apfelwein und Calvados)

Douillons de pommes normande
(Äpfel in Blätterteig mit Aprikosenkonfitüre und Rahm)

Elsaß und Lothringen

Diese Gebiete gehörten lange Zeit zu Deutschland, was sich auch in den Spezialitäten der Küche widerspiegelt.
Elsässer Spezialitäten sind Würste und Sauerkraut.
In Lothringen findet man französische Spezialitäten, die berühmteste ist wohl die *quiche lorraine*. In der Provinz schätzt man eine *potée*, eine Krautsuppe mit Schweinefleisch und Gemüse.
Die fruchtigen Rheinweine aus dem Elsaß sind mit denjenigen aus Deutschland sehr nahe verwandt.

Typische Gerichte

Faisan alsacienne
(poelierter oder gebratener Fasan mit Sauerkraut)

Quiche lorraine
(Zwiebel-Speck-Kuchen)

Burgund

Das Burgund ist auf der ganzen Welt durch seine Spitzenweine berühmt. Die Weine spielen denn auch eine wichtige Rolle in der regionalen Küche. Roter Wein ist zum Beispiel die wichtigste Zutat des *bœuf bourguignonne*.
In Dijon, bekannt als die «Senfhauptstadt Frankreichs», findet alljährlich die Gastronomiemesse für Gourmets der ganzen Welt statt.
Das Burgund ist die Heimat des berühmten Charolais-Rindes.

Typisches Gericht

Bœuf bourguignonne
(Rindsvoressen oder Rindsbraten mit Burgunder-Rotweinsauce)

Bordeaux

Wie die Burgunder- sind auch die Bordeaux-Weine weltbekannt. Die Köche des Bordeaux haben der raffinierten

Kochkunst, der *Grande Cuisine,* die *sauce bordelaise* geschenkt.

Am Nordrand des Bordeaux liegen die «Weinbrandhauptstadt» Cognac sowie das Périgueux, wo die schwarze Trüffel für viele Gerichte verwendet wird.

Eines der ältesten traditionellen Gerichte der französischen Küche ist *Confit* von der Gans.

Typische Gerichte

Pâté de foie gras truffé
(getrüffelte Entenleberpastete)

Confit d'oie sarladaise
(im eigenen Fett gebratener Gänseschenkel, serviert mit Trüffelsauce)

Languedoc

Das Languedoc war der Vorposten des römischen Weltreiches. Deshalb ist die Bevölkerung des Languedoc dem altrömischen Cassoulet zugetan. *Cassoulet* ist eine Kombination von weißen Bohnen, Wurst, Gans, Ente und Schweinefleisch oder Hammel.

Das Languedoc ist die Heimat des bekanntesten aller Schafskäse, des Roquefort.

Den Pyrenäen entlang, in Foix und im Roussillon, herrscht der kulinarische Einfluß des Nachbarlandes Spanien vor, besonders bei den Omeletten (mit grünen Peperoni, Tomaten und Schinken).

Typische Gerichte

Cassoulet de mouton
(Schafsragout mit Speck und weißen Bohnen)

Andouillette braisée
(geschmorte Schweinsdarmwurst)

Provence

Die Provence ist Frankreichs bevorzugtes Feriengebiet.

Ihre Küche basiert, wie in vielen Regionen des nördlichen Mittelmeers, auf Knoblauch, Oliven, Olivenöl und Tomaten. Das Gericht, das diese Zutaten alle vereinigt, ist die *Bouillabaisse* aus Marseille, eine Fischsuppe, die oft ein Dutzend Sorten von Fischen und Schalentieren aus dem Mittelmeer enthält.

Die Speisen der Provence sind schärfer gewürzt als die des nördlichen Frankreich.

Typische Gerichte

Bouillabaisse
(Fischsuppe)

Ratatouille
(Gemüseragout)

Salade niçoise

Weitere französische Nationalgerichte

Petite marmite Henri IV

Soupe à l'oignon gratinée

Crème dieppoise

Crème au vin d'Auvergne

Filets de sandre Joinville

Coquilles Saint-Jacques parisienne

Quenelles de brochet lyonnaise

Bœuf bouilli alsacienne

Coq au vin rouge

Escargots bourguignonne

Crêpes Suzette

7.18.3 Die italienische Küche

Die italienische Küche ist eine herzhafte, farbenfrohe Küche, die Ferienträume weckt. Dem Kenner sind aber auch die sehr wertvollen Rohmaterialien bekannt, wie die weiße Trüffel aus dem Piemont, der Parma-Schinken aus der Emilia, herrliches Rindfleisch aus der Romana sowie einfache Teiggerichte und Pizzen aus dem Süden um Neapel. Geschmackvolle Olivenöle und Essige sowie kraftvolle Weine runden das Bild ab.

Piemont

Die Trüffelmetropole des Piemont ist Alba. Die Saison der weißen Trüffel reicht von November bis Januar. Sie wird roh mit einem sehr scharfen Hobel millimeterdünn auf alle möglichen Gerichte gehobelt.

Typische Gerichte

Fettuccine ai tartufi
(Nudeln mit weißen Trüffeln)

Gnocchi piemontese
(gratinierte Kartoffelnocken mit Tomatensauce)

Venetien

Die Küche Venetiens ist geprägt durch eine Vielfalt von Fisch- und Krustentiergerichten.

Typische Gerichte

Zuppa di pesce
(Fischsuppe)

Scampi alla griglia
(grillierte Scampi)

Mailand, Lombardei

Die Mailänder Küche zeichnet sich aus durch die langsam geschmorten **Brasati** und **Ossibuchi.** Zum Sautieren verwenden die Mailänder Köche viel Butter, ähnlich wie die Franzosen. Auch der Panettone und die Senffrüchte stammen aus der Lombardei.

Typische Gerichte

Manzo brasato lombardese
(Rindsschmorbraten mit Rotweinsauce)

Ossobuco
(glasierte Kalbshaxentranche)

Panettone
(Kaffeekuchen)

Risotto milanese

Genua, Ligurien

In der ligurischen Küche dominieren alle Arten von Fisch-, Muscheln- und Schalentiergerichten. Aber auch feine Teiggerichte prägen die Eßgewohnheiten dieses Küstenstreifens.

Typische Gerichte

Ravioli alla ricotta
(mit Frischkäse gefüllte Ravioli)

Pesto genovese
(Mischung von Basilikum, Knoblauch, Pinienkernen und dem italienischen Schafskäse Pecorino)

Bologna, Emilia Romagna

Hier findet man die üppigste und reichhaltigste Küche Italiens: herrliche Fleischgerichte von Kalb und Rind, Parma-Schinken sowie vortreffliche Teiggerichte und Käse.

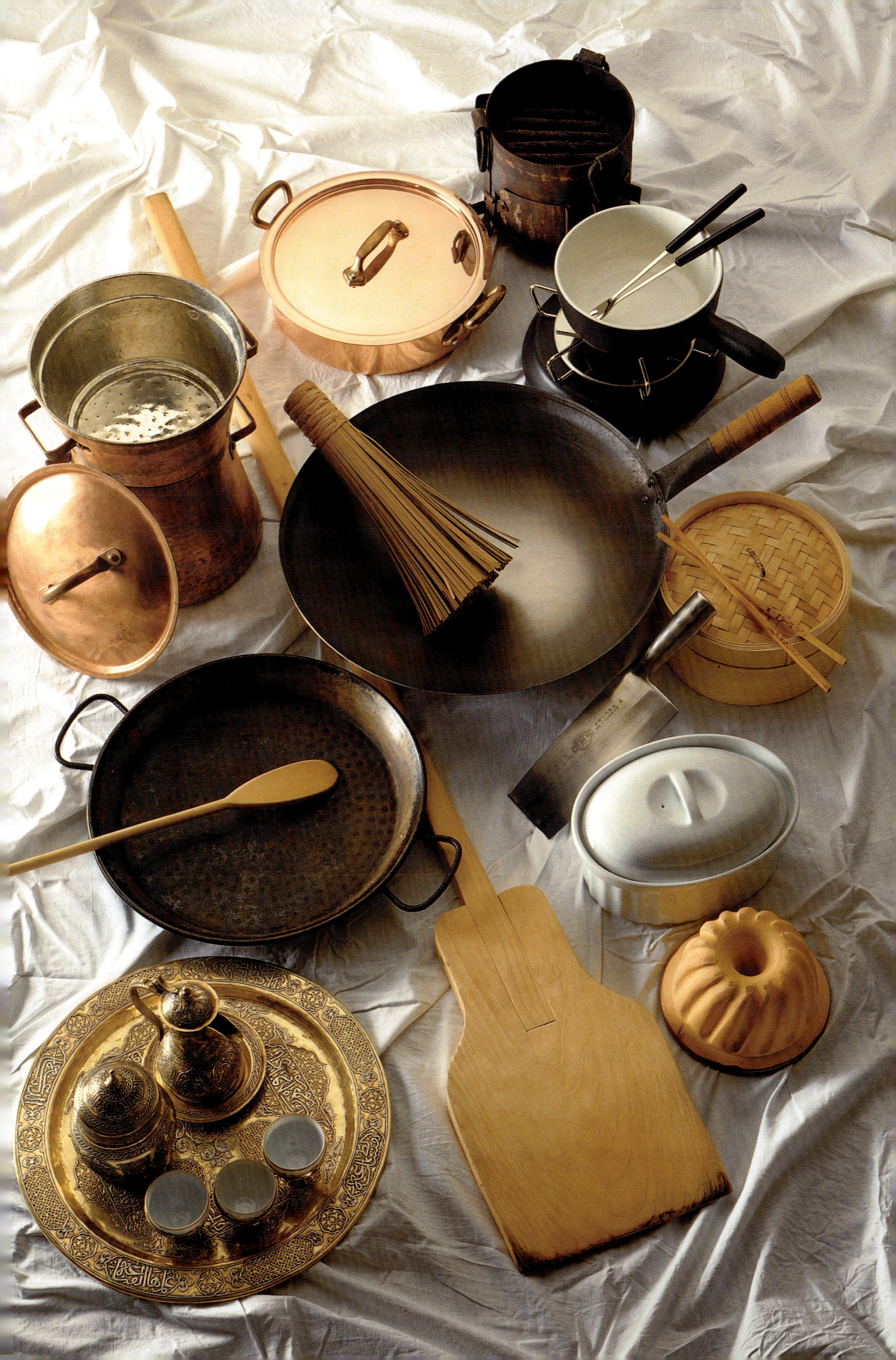

7.18   Nationalgerichte   438
7.18.1   Die Schweizer Küche   438
7.18.2   Die französische Küche   439
7.18.3   Die italienische Küche   440
7.18.4   Die deutsche Küche   444
7.18.5   Die österreichische Küche   445
7.18.6   Die spanische und die portugiesische Küche   445
7.18.7   Die britische Küche   446
7.18.8   Die fernöstliche Küche   446

Mailand, Lombardei
Manzo brasato alla Lombarda
(Rindsschmorbraten mit
Rotweinsauce)
Ossobuco
(glasierte Kalbshaxentranche)
Panettone
(Kaffeekuchen)

Piemont
Fettuccine ai tartufi
(Nudeln mit weißen Trüffeln)
Gnocchi piemontese
(gratinierte Kartoffelnocken
mit Tomatensauce)

Genua, Ligurien
Ravioli alla ricotta
(mit Frischkäse gefüllte
Ravioli)
Pesto genovese
(Mischung von Basilikum,
Knoblauch, Pinienkernen
und dem italienischen Schafs-
käse Pecorino)

Sardinien, Sizilien
Pomodori siciliana
(überbackene Tomaten
mit Sardellen)
Zabaione
(Weinschaumcreme)

Venetien
Zuppa di pesce
(Fischsuppe)
Scampi alla griglia
(grillierte Scampi)

Bologna, Emilia Romagna
Spaghetti bolognese
(Spaghetti mit Fleischsauce)
Involtini cacciatore
(glasierte Kalbsröllchen
mit Geflügelleberfüllung)

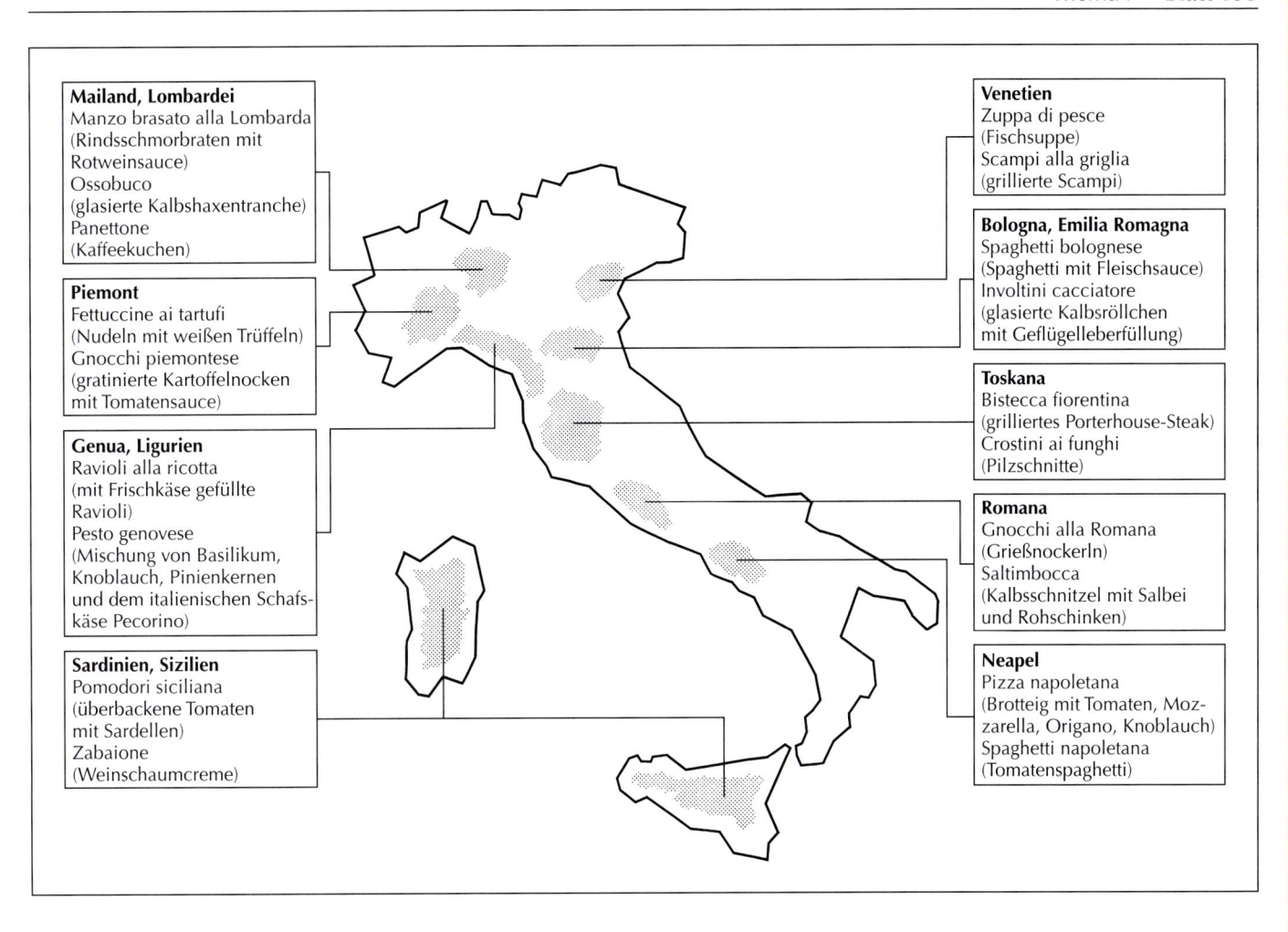

Toskana
Bistecca fiorentina
(grilliertes Porterhouse-Steak)
Crostini ai funghi
(Pilzschnitte)

Romana
Gnocchi alla Romana
(Grießnockerln)
Saltimbocca
(Kalbsschnitzel mit Salbei
und Rohschinken)

Neapel
Pizza napoletana
(Brotteig mit Tomaten, Moz-
zarella, Origano, Knoblauch)
Spaghetti napoletana
(Tomatenspaghetti)

Typische Gerichte

Spaghetti bolognese
(Spaghetti mit Fleischsauce)

Involtini cacciatore
(glasierte Kalbsröllchen
mit Geflügelleberfüllung)

Toskana

Die Küche der Toskana ist echte Hausmannskost. Zubereitet werden die Gerichte aus erstklassigen Rohmaterialien und herrlichen Weinen aus der klassischen Chianti-Gegend.

Typische Gerichte

Bistecca fiorentina
(grilliertes Porterhouse-Steak)

Crostini ai funghi
(Pilzschnitte)

Romana

Wie es sich für die Hauptstadt Italiens gehört, vereinigen sich die Küchen aus Nord und Süd in der Romana. Sie bietet aber auch sehr typische Gerichte.

Typische Gerichte

Gnocchi alla romana
(Grieß-Gnocchi)

Saltimbocca
(Kalbsschnitzel mit Salbei
und Rohschinken)

Neapel

In der neapolitanischen Küche wird sehr herzhaft gekocht: viele Spaghetti- und Makkaronigerichte mit pikanten Saucen und Meeresfrüchten. Pizzen in allen Variationen sind wohl der bekannteste Exportschlager Neapels.

Typische Gerichte

Pizza napoletana
(Brotteig mit Tomaten, Mozzarella,
Origano, Knoblauch)

Spaghetti napoletana
(Tomatenspaghetti)

Sardinien, Sizilien

Die Küche der Inseln unterscheidet sich sehr stark vom übrigen Italien. Sie ist geprägt von nahöstlichen und afrikanischen Einflüssen. Auf diesen Inseln finden wir auch weltbekannte Dessertspezialitäten.

Typische Gerichte

Pomodori siciliana
(überbackene Tomaten
mit Sardellen)

Zabaione
(Weinschaumcreme)

Weitere italienische Nationalgerichte

Busecca
Minestrone
Zuppa pavese
Zuppa mille-fanti
Bollito misto
Carpaccio
Cannelloni
Lasagne
Piccata
Vitello tonnato
Cassata siciliana

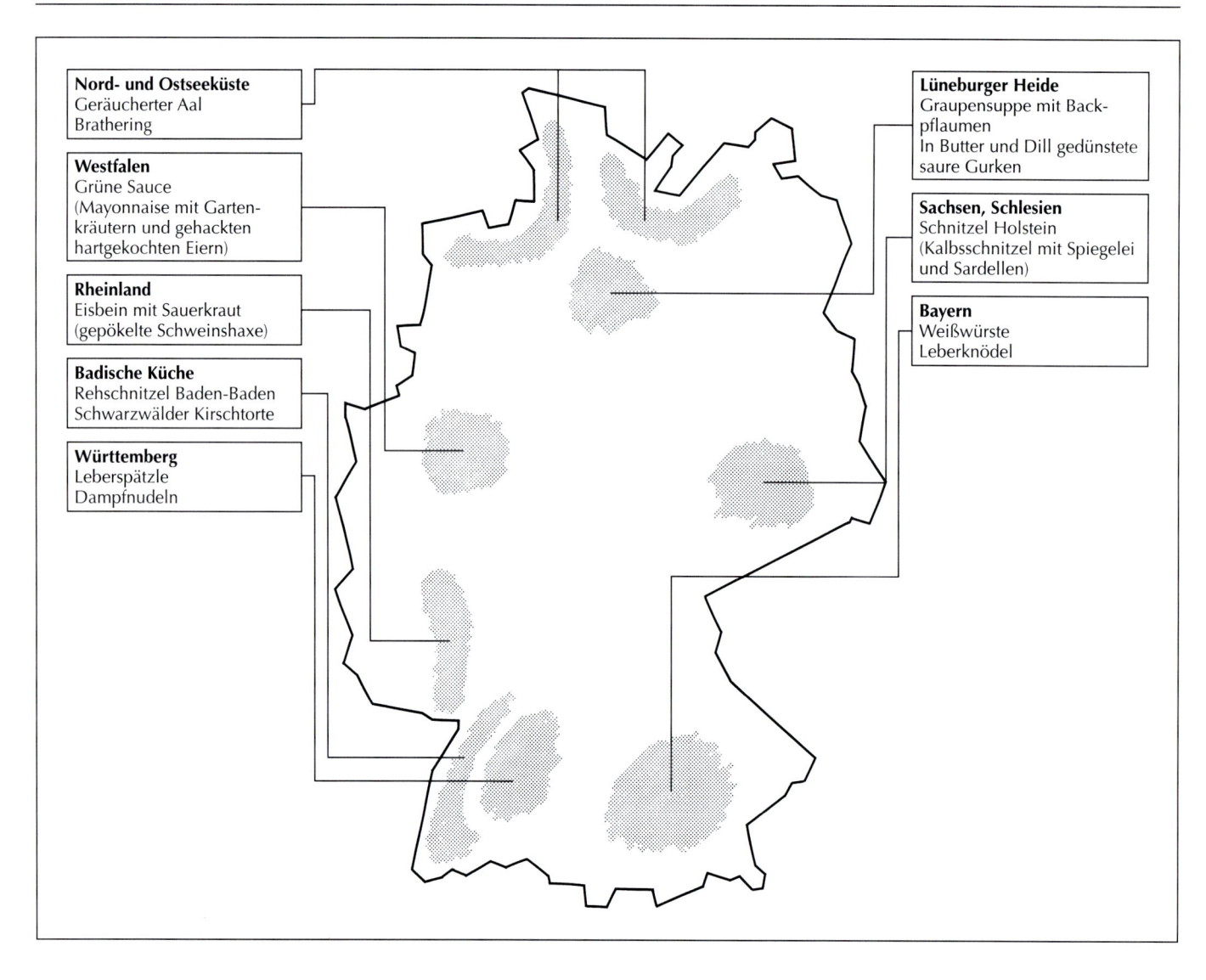

Nord- und Ostseeküste
Geräucherter Aal
Brathering

Westfalen
Grüne Sauce
(Mayonnaise mit Gartenkräutern und gehackten hartgekochten Eiern)

Rheinland
Eisbein mit Sauerkraut
(gepökelte Schweinshaxe)

Badische Küche
Rehschnitzel Baden-Baden
Schwarzwälder Kirschtorte

Württemberg
Leberspätzle
Dampfnudeln

Lüneburger Heide
Graupensuppe mit Backpflaumen
In Butter und Dill gedünstete saure Gurken

Sachsen, Schlesien
Schnitzel Holstein
(Kalbsschnitzel mit Spiegelei und Sardellen)

Bayern
Weißwürste
Leberknödel

7.18.4 Die deutsche Küche

Süddeutschland

Rheinland

Zum bekannten Rheinländer Wein werden einfache Eintöpfe aus Kohl und Rüben mit geräuchertem Speck in den verschiedensten Variationen gereicht, je nach den Regionen (Eifel, Hunsrück, Westerwald, Taunus). Im Rheinland gibt es viele originelle Kartoffelgerichte.

Typisches Gericht

Eisbein mit Sauerkraut
(gepökelte Schweinshaxe)

Badische Küche

Sie gilt als die beste Küche Deutschlands. Aus ihr stammt die berühmte Schwarzwälder Kirschtorte, die in jedem Restaurant oder in jeder Konditorei nach einem andern (immer dem «Original»-)Rezept zubereitet wird.

Typische Gerichte

Rehschnitzel Baden-Baden
Schwarzwälder Kirschtorte

Württemberg

In Württemberg werden die verschiedenen Spätzlesorten hergestellt. Geschätzt werden die Maultaschen und die Schupfnudeln sowie der Schwetzinger Spargel, der in Tettnang angebaut wird.

Typische Gerichte

Leberspätzle
Dampfnudeln

Bayern

In Bayern lebt man nach dem Sprichwort: «Fleisch ist das beste Gemüse.» Beliebt sind vor allem herzhafte Schweinefleischgerichte, Kesselfleisch und Würste aller Art sowie Kalbs- und Schweinshaxen. Zu diesen eher fettreichen Mahlzeiten wird traditionsgemäß Bier getrunken und nach dem Essen ein Enzianbranntwein oder sonst ein Klarer zum Verdauen.

Typische Gerichte

Weißwürste
Leberknödel

Mitteldeutschland

Westfalen

Der bekannte westfälische Schinken stammt von mit Eicheln gemästeten Schweinen. Auf eine Schinkenplatte gehören ebenso ein Paprikaschinken sowie hartgeräucherte Würstchen, Butterkugeln und Pumpernickel (Brot aus grobkörnigem schwarzem und ungesiebtem Roggenmehl; Teig soll 24 Stunden gehen und ebenso lange backen).

Thema 7 **Blatt 155**

Typisches Gericht

Grüne Sauce
(Mayonnaise mit Gartenkräutern und gehackten hartgekochten Eiern)

Norddeutschland

Rauhes und kaltes Klima zwang Fischer und Bauern in Norddeutschland zu kräftigen Mahlzeiten, wie Kohl- und Specksuppen, Gerichten von sauer eingelegtem geräuchertem Fisch, von gebratenen Gänsen und Enten, von Heilbutt, Flundern, Aal und Heringen.

Lüneburger Heide

Aus der Lüneburger Heide stammen die Heidschnucken, eine typische Schafrasse mit gekrümmten Hörnern.

Typische Gerichte

Graupensuppe mit Backpflaumen

In Butter und Dill gedünstete saure Gurken

Sachsen, Schlesien

Sachsen ist bekannt für seine Hefeteigsüßigkeiten wie Bienenstich und Streuselkuchen, Schlesien für seine Eintöpfe.

Nord- und Ostseeküste

Der Hering gilt als der beliebteste Fisch. Er wird als «Matjes», als Bismarckhering oder als Brathering angeboten. Delikatessen sind Katenschinken und Katenwurst, die in den Katen der Bauern geräuchert werden.

Typische Gerichte

Schnitzel Holstein
(Kalbsschnitzel mit Spiegelei und Sardellen)

Hefekranz

Typische Gerichte

Geräucherter Aal

Brathering

7.18.5 Die österreichische Küche

Der Ursprung der österreichischen Gerichte liegt im früheren großen Kaiserreich (Böhmen).

Typische Gerichte

Wiener Schnitzel

Rahmgulasch

Wiener Backhendl

Tafelspitz mit Krensauce
(Siedfleisch mit Meerrettichsauce)

Rostbraten

Kaiserschmarrn

Marillenknödel
(Aprikosenknödel)

Salzburger Nockerln

Palatschinken
(Pfannkuchen mit süßer Füllung)

Wiener Apfelstrudel

Sachertorte

Linzer Torte

7.18.6 Die spanische und die portugiesische Küche

Die Küche der Iberischen Halbinsel ist wie ihre Bevölkerung sehr vielseitig. Unverwechselbar findet man aber immer wieder Knoblauch und Olivenöl sowohl in den spanischen wie auch in den portugiesischen Gerichten.
Die Spanier verpflegen sich üblicherweise tagsüber mit kleinen Naschereien. Je nach Lokal findet man Tapas-Buffets, die bis zu dreißig verschiedene Snacks anbieten: von marinierten Oliven, kleinen Fleischklößchen, Reissalat, eingelegten Fischen, gesalzenen Sardellen bis zu eingemachten Peperoni usw.

Typische Gerichte

Cochinillo asado
(gebratenes Spanferkel)

Sopa de ajo
(Knoblauchsuppe)

Cocido madrileno
(Fleischeintopf)

Gazpacho
(kalte Gemüsesuppe)

Paella
(Reisgericht mit Fisch, Meeresfrüchten und Huhn)

Salsa de ajo
(Knoblauchsauce)

Zarzuela de mariscos
(Fisch- und Meeresfrüchteeintopf)

Pollo a la chilindrón
(gebratenes Huhn
mit Paprikaschoten)

445

7.18.7 Die britische Küche

umfassend England, Schottland, Irland, Nordirland und Wales.

Die britische Küche ist weniger für ihre Raffinesse bekannt als für ihre Rohmaterialien wie Fisch, Krustentiere, Aberdeen-Rinder und Lammfleisch.
Als ehemals wohlhabende Kolonial- und Handelsmacht konnte England es sich leisten, nur das Beste zu importieren.
Britisches Essen ist einfach und unkompliziert und hat seine Vorzüge im Eigenaroma.

Typische Gerichte

Scotch broth
(Eintopf mit Gerste und Gemüse)

Cocky-leeky
(Hühnerbrühe mit Lauch und Backpflaumen)

Scotch woodcock
(gebratene Waldschnepfe)

Welsh rarebit/rabbit
(Käseschnitten mit Bier)

Smoked haddock
(geräucherter Schellfisch)

Roast Aberdeen Angus beef
(Roastbeef von Angus-Rindern)

Yorkshire pudding
(Pudding aus Nierenfett und Eiern)

Boiled leg of lamb
(gesottene Lammkeule)

Roast leg of lamb with mint sauce
(gebratene Lammkeule mit Pfefferminzsauce)

Irish stew
(gesottenes Schafsvoressen mit Gemüse)

Roast grouse
(gebratenes Moorhuhn)

Scotch haggis
(schottische Wurst aus Innereien)

Bread and butter pudding
(Pudding aus Brot und Milch)

Ginger bread (Ingwerbrot)

Scons (Waffeln)

Muffons
(kleine warme Windbeutel zum Tee)

Weitere britische Nationalgerichte

Chicken broth

Clear ox-tail soup

7.18.8 Die fernöstliche Küche

Der Ferne Osten hält eine große Vielfalt an raffinierten Genüssen und Köstlichkeiten bereit. Asiatische Gerichte sind schmackhaft und dabei erst noch bekömmlich und gesund. Obwohl sie einer jahrtausendealten Tradition entstammen, erfüllen sie doch die modernsten ernährungsphysiologischen Bedingungen. Oberster Grundsatz der asiatischen Gerichte ist die Verwendung von Frischprodukten. Reis ist das Grundnahrungsmittel Asiens und wichtigster Bestandteil jeder Mahlzeit.
Wie die Nationen im Fernen Osten, so unterscheiden sich auch Speisenangebot und Eßtradition. Eine indochinesische Mahlzeit wird nicht aus flachen oder tiefen Tellern, sondern aus kleinen Schälchen gegessen, statt Messer und Gabel werden Eßstäbchen verwendet.

Indien, Pakistan, Ceylon

Typische Gerichte

Vegetarische Gerichte

Gerichte mit Curry

Gerichte mit Chutneys

Mulligatawny
(Fleisch- oder Gemüsebrühe mit Curry-Gewürzen)

China

Typische Gerichte

Frühlingsrollen
(fritierte, in dünnen Wasserteig eingerollte Gemüse- und Fleischstreifchen)

Süß-saures Schweinefleisch
(Eintopf mit Schweinefleischwürfeln, Zwiebeln, Pfefferschoten, Ananas usw., mit roter, süß-saurer Sauce)

Peking-Ente
(sehr knusprig gebratene Ente mit verschiedenen Beilagen)

Japan

Typische Gerichte

Maguro
(roher, in feine Scheiben geschnittener Thunfisch; Vorspeise)

Sukiyaki
(vor dem Gast gebratene dünne Scheiben Rindfleisch und Gemüse)

Tempura
(fritierte Fische, Krustentiere und Gemüse)

Thailand, Indonesien, Philippinen

Typische Gerichte

Bahmie
(Fleisch und Fisch, sehr scharf, mit Nudeln und gehackten Zwiebeln)

Nasi-Goreng
(Fleisch und Fisch, sehr scharf, mit Reis und gebackenen Zwiebelringen)

7.19 Kalte Küche – *cuisine froide*

Unter den Begriff kalte Küche fallen heute alle kalt servierten Gerichte, von den kalten Snacks bis zum kalten Buffet. Als Menübestandteile werden kalte Gerichte vor allem als kalte Vorspeise, Salat oder – in der warmen Jahreszeit und zu besonderen Anlässen – als kalte Hauptspeisen serviert. Bei kalten Speisen steht vor allem die Präsentation im Vordergrund. Sauberes, exaktes Arbeiten und Sinn für Formen und Farbkombinationen sind Voraussetzungen dafür. Aber auch die geschmacklichen Ansprüche müssen in jeder Hinsicht erfüllt werden.

7.19.1 Übersicht über die kalten Gerichte

Kalte Suppen – *potages froids* (s. S. 327)
Kalte Saucen – *sauces froides* (s. S. 314)
Kalte Vorspeisen – *hors-d'œuvre froids* (s. S. 328)
Salate – *salades* (s. S. 395)

Kalte Zwischengerichte – *entrées froides*

Pasteten – *pâtés*
Terrinen – *terrines*
Galantinen – *galantines*
Moussen – *mousses*
Aspiks – *aspics*

Kalte Fischgerichte – *poissons froids*

Kalte Krusten- und Weichtiergerichte – *met de crustacés et de mollusques froids*

Kalte Fleischgerichte – *plats de viande froide*

Rind – *bœuf*
Kalb – *veau*
Schwein – *porc*
Lamm – *agneau*
Geflügel – *volaille*
Haarwild – *gibier à poil*
Federwild – *gibier à plume*

Kalte Garnituren – *garnitures froides*

7.19.2 Arbeiten mit Gelee

Der Gelee, auch Sulze oder Aspik genannt, spielt in der kalten Küche eine wichtige Rolle.

Gelee wird benötigt
- zum Ausgießen von versilberten Platten
- zum Chemisieren von Formen
- als dekorativer und geschmacklicher Bestandteil für Pasteten und Terrinen
- als wesentliche Zutat für Moussen
- als Hauptbestandteil für Aspiks
- zum Überglänzen von kalten Speisen

Gelee schützt die Speisen vor dem Austrocknen und vor unerwünschten Farbveränderungen. Allerdings wäre es falsch, Gelee als Konservierungsmittel zu bezeichnen, da er sehr proteinhaltig ist und somit zu den leichtverderblichen Nahrungsmitteln gehört. Gelee muß in hygienisch einwandfreien Gefäßen bei +1°C bis 2°C aufbewahrt werden. Zudem muß jeglicher Händekontakt mit Gelee vermieden werden.
Bei der Herstellung von Gelee (selbst zubereitet oder industrielles Produkt) sollten die Farbe und der Geschmack dem entsprechenden Gericht angepaßt werden.

Unterschieden werden die folgenden Geleevarianten:
- **Fleischgelee:** bernsteinfarben
- **Wildgelee:** bernsteinfarben mit Madeira oder Portwein
- **Geflügelgelee:** helle, leicht hellgelbe Farbe
- **Fischgelee:** wasserklares Aussehen

Die Herstellung von Gelee wird auf Seite 298 beschrieben.
Zum Verfeinern werden in der Regel Weine und Spirituosen, wie zum Beispiel Weißwein, Portwein, Madeira, Cognac, Wermut usw., verwendet.
Für die Verwendung – mit Ausnahme des Ausgießens von versilberten Platten – muß der Gelee kalt, aber noch flüssig sein. Diese Idealtemperatur kann nur dank einer guten Mise en place und einer sorgfältigen Behandlung längere Zeit erhalten bleiben.

Mise en place zum Arbeiten mit Gelee

- Genügend warme und kalte Sulze in Kasserollen
- Fettfreie Schüsseln
- Eiswürfel
- Kandiergitter und Unterlagsbleche
- Passiertuch, Kreppapier
- Kleine und große Schöpfkellen
- Fettfreie Pinsel
- Spachtel bzw. Metallpalette
- Holzspießchen

Gießen von Geleespiegeln

Geleespiegel dienen dem Schutz der teuren Silberplatten, und das Gericht präsentiert besser. Der Gelee für Geleespiegel soll pro Liter Flüssigkeit etwa 10 g Geleepulver mehr enthalten als zum Gelieren. Auf die absolut saubere Platte den nicht zu heißen Gelee mit einer Schöpfkelle vorsichtig von der Mitte aus ausgießen, ohne daß dabei Bläschen entstehen.

Chemisieren von Formen

Die Formen zum Chemisieren sollten aus Chromnickelstahl gefertigt sein und eine saubere, fettfreie Innenfläche aufweisen.
Die Formen in Eiswasser gut durchkühlen, mit kaltem, aber noch flüssigem Gelee auffüllen; etwas anziehen lassen und den überflüssigen Gelee in ein Geschirr gießen. Die Geleeschicht soll nicht dicker als 3–4 mm sein. Vor der Weiterverarbeitung die chemisierte Form gut durchkühlen.

Gelieren von Speisen

Den kalten, aber noch flüssigen Gelee mit einem Pinsel auf die gut durchgekühlten Speisen auftragen oder die Speisen auf ein Gitter auf Unterblech legen und mit Gelee übergießen. Die Geleeschicht sollte dünn, gleichmäßig und ohne Geleetropfen sein. Die Festigkeit des Gelees kann mit warmem Gelee reguliert werden.
Zum Gelieren von Früchtegarnituren verwendet man Frucht- oder Weißweingelee: Klaren Sud von pochierten Früchten mit Gelatine (12–18 Blatt pro Liter Flüssigkeit) durchsetzen. Geleetränen mit einer warmen Metallpalette entfernen.

7.19.3 Pasteten, Terrinen, Galantinen – *pâtés, terrines, galantines*

Begriffserklärungen

Pastete: Füllung in Teig, im Ofen gebacken

Terrine: Füllung in der Form, im Wasserbad im Ofen oder ohne Wasser im Kombi-Steamer pochiert

Galantine: Gefüllte Fisch-, Fleisch- oder Geflügelstücke bzw. Füllung in Haut eingewickelt, im Fond pochiert

Farcen (Füllungen)

Bei den Pasteten, den Terrinen und den Galantinen spielen die Farcen eine wichtige Rolle. Unterschieden werden:
- **Fleischfarcen:** Kalb, Wild, gemischte Fleischarten, Kalbsleber
- **Geflügelfarcen:** Mastgeflügel, Wildgeflügel, Geflügelleber
- **Fischfarcen:** Süßwasserfische, Salzwasserfische
- **Krusten- und Weichtierfarcen**

Zusammensetzung der Farcen

Die klassische Fleischfarce besteht aus drei Teilen:
- Fleisch (Kalb, Wild, Geflügel, Leber)
- Schweinefleisch
- Speck (ungesalzen, ungeräuchert)

Bei dieser Farce übernimmt das fleischeigene Protein die Bindung.

Für eine lockere und luftige Farce sowie zum Binden werden folgende Zutaten verwendet:
- Eier
- Eiweiß
- Milch
- Rahm
- Salz

Für die Farce kommen nur **erstklassige, frische Zutaten** in Frage.

Geschmacksträger der Farcen

Neben dem ausgewogenen Geschmack der Fleisch- bzw. der Fischbestandteile sind die verschiedenen Zutaten für den einzigartigen Geschmack verantwortlich:
- **Gewürze:** Kräuter und Gewürze, Pastetengewürze
- **Gemüse:** Schalotten, Zwiebeln, Knoblauch, Mirepoix, Gewürzpilze
- **Früchte:** Äpfel, Orangenzeste, Zitronensaft, Zitronenzeste
- **Alkohol:** Weißwein, Rotwein, Cognac, Madeira, Porto, Sherry, Pernod, Vermouth (Noilly-Prat)

Einlagen

Je nach Rezept sind die Anteile an Einlagen sehr groß (z.B. Gemüseterrine) oder sehr klein (z.B. Leberpastete).
- **Fleischeinlagen:** zarte Fleischstücke wie zum Beispiel Kalbsfilet, Kaninchenfilet, Rehfilet, Hasenfilet, Geflügelbrüstchen usw.
- **Fischeinlagen:** Kaviar, Lachsfilet, Forellenfilets, Steinbuttfilets, Hummerschwanz usw.
- **Gemüseeinlage:** grüne Bohnen, Spinatblätter, Mangold, Broccoli, Sellerie, Karotten usw.
- **Verschiedene Einlagen:** Pistazien, Kürbiskerne, Baumnüsse, Dörrfrüchte usw.
- **Pilze:** Champignons, Steinpilze, Trüffeln, Totentrompeten, Morcheln

Zubereitung der Farcen

Unterschieden werden die folgenden, unterschiedlich zubereiteten Farcen:
- **Rohe Mousseline-Farce** für Fleisch und Fisch
- **Rohe Mousseline-Farce mit Zugabe von Panaden**
- **Wildfarce:** Schalotten, Äpfel und Leber werden sautiert
- **Gratinfarce:** Alle Zutaten werden kurz sautiert

Eine Farce zubereiten heißt: Fleisch, Geflügel, Wild oder Fisch zerkleinern, damit das freigelegte Protein beim anschließenden Garprozeß bindet.

Folgende Punkte sind bei der Zubereitung zu beachten:
- Alle Zutaten gut kühlen, ebenso sollten alle Gerätschaften gut kalt sein.
- Das sauber parierte Fleisch bzw. den sauber parierten Fisch in kleinere Stücke oder Würfel schneiden.
- Nach Rezept die entsprechenden Mengen abwägen.
- Das geschnittene, gut gekühlte Fleisch vor dem Scheffeln salzen; damit werden die Proteine besser freigelegt und ergeben eine bessere Bindung.
- Das Zerkleinern des Fleisches im Wolf oder im Cutter muß schnell geschehen. Nur einwandfrei funktionierende Maschinen mit gut geschliffenen Messern verwenden.
- Sämtliche Zutaten müssen komplett durchgekühlt sein.
- Für sehr feine Farcen die Füllung durch ein Haarsieb streichen.
- Einlagen erst im letzten Moment untermischen, um eine Verfärbung zu vermeiden.
- Alkohol zum Marinieren oder zum Deglasieren verwenden, nie direkt der Farce zusetzen.

Die Herstellung von Farcen verlangt Sorgfalt und Fachkenntnisse.
Farcen gehören zu den Delikatessen, weisen allerdings einen hohen Energiegehalt und Sättigungswert auf. Deshalb Pasteten, Terrinen und Galantinen nur in kleinen Portionen servieren.

Farce für Kalbfleischpastete

Zutaten für 10 Personen		
Spickspeck	0,2	kg
Schalotten	0,05	kg
Kalbsleber, pff	0,25	kg
Kalbfleisch, pff	0,25	kg
Salz, Pfeffer		
Pastetengewürz	0,005	kg
Nitritpökelsalz	0,005	kg
Vollrahm	0,1	l

Vorbereitung

- Schalotten hacken, Spickspeck in 1 cm große Würfel schneiden.
- Kalbfleisch in mittlere und Kalbsleber in größere Würfel schneiden, kalt stellen.

Zubereitung

- Spickspeck in einem Sautoir an mäßiger Wärme zergehen lassen.
- Die gehackten Schalotten und die Kalbsleberwürfel kurz sautieren, würzen, auf ein Blech leeren und erkalten lassen.
- Wenn alles gut kalt ist, mit dem Kalbfleisch, dem Salz und den Gewürzen im Cutter blitzen, nochmals kühlen.
- Durch ein Sieb streichen, nochmals gut durchkühlen, in eine Schüssel auf Eiswürfeln geben, den Rahm daruntermischen, abschmecken.

Pasteten

Unterschieden werden:

Fischpasteten
Pâtés de poisson

z.B. Lachspastete
Pâté de saumon

Fleischpasteten
Pâtés de viande

z. B. Hauspastete
Pâté maison

Wildpasteten
Pâtés de gibier

z. B. Rehpastete
Pâté de chevreuil

Hasenpastete
Pâté de lièvre

Wildgeflügelpasteten
Pâtés de gibier à plume

z. B. Fasanenpastete
Pâté de faisan

Rebhuhnpastete
Pâté de perdrix

Leberpasteten
Pâtés de foie

z. B. getrüffelte Leberpastete
Pâté de foie truffé

Eine Pastete besteht aus Teig, einer Farce mit Einlagen und Gelee. Zusammensetzungen und Herstellungen von Farcen werden auf Seite 299 beschrieben.

Pastetenteig

Die Hülle bzw. die Kruste um die Füllung verleiht der Pastete das appetitliche Aussehen und schützt die Füllung vor dem Austrocknen während des Backens im Ofen.
Der Pastetenteig gehört zu den geriebenen Teigen.

Zutaten für etwa 0,9 kg Teig

Variante 1

Mehl	0,5	kg
Butter	0,1	kg
Schweinefett	0,1	kg
Wasser	0,13	kg
Salz	0,01	kg
Eigelb (2)	0,05	kg

Variante 2

Mehl	0,5	kg
Schweinefett	0,15	kg
Wasser	0,15	kg
Salz	0,01	kg
Eier (2)	0,09	kg

Variante 3

Mehl	0,45	kg
Blätterteigmargarine	0,2	kg
Wasser	0,15	kg
Salz	0,01	kg
Ei	0,05	kg
Backmalz*	0,015	kg

* Das Malz im Teig bewirkt eine gleichmäßige Bräunung des Teiges beim Backen.

Zubereitung

- Mehl mit Fettstoff fein verreiben.
- Zu einem Kranz formen.
- Übrige Zutaten in die Mitte geben.
- Rasch zu einem Teig aufarbeiten.
- Rechteckig formen und zugedeckt 1–2 Stunden kühl stellen.

Zubereitung der Pasteten

Die Zubereitung der Pasteten kann in folgende Hauptschritte unterteilt werden:
- Farce herstellen (s. S. 299).
- Teig herstellen
- Sulze bereitstellen (s. S. 298).
- Teig ausrollen: Pastetenteig 3 bis 4 mm dick ausrollen. Mit Hilfe der Form die Außenmaße auf dem Teig markieren, wobei an den Seiten jeweils 1–2 cm zugegeben werden. Teig für den Deckel und für Garnituren vorsehen.
- Form mit Teig auslegen: Die Form mit Fett ausstreichen oder mit Backtrennfolie auslegen, den Teig mit wenig Mehl leicht stäuben und vorsichtig in die Form legen. Gut an die Form andrücken. Nach Belieben mit Fettspeckscheiben, Schinkentranchen, Rohschinken oder Räucherlachs usw. auskleiden.
- Farce einfüllen: ¼ der Füllung etwa 2 cm hoch auf den Boden verteilen. Die je nach Rezept marinierten Einlagen auf die Farce legen und mit der restlichen Farce auffüllen. Garnituren gleichmäßig einlegen und mit Farce bis zu ¾ der Höhe der Form füllen.
- Form mit Teigdeckel schließen: Die überhängenden Fettspeckscheiben zur Mitte klappen. Teigränder mit Eiweiß oder Wasser bestreichen, den Teigdeckel darauflegen und an die Ränder andrücken. Mit Gabelrücken oder Teigkneifer befestigen.
- Dampfloch ausstechen: Damit beim Backen der Dampf entweichen kann, mit einem Ausstecher Öffnungen aus dem Teig ausstechen und «Kamine» einstecken.
- Pastete garnieren: Beliebige Garnituren ausstechen, mit Wasser bestreichen und gleichmäßig auf den Teigdeckel legen. Pastete 1 Stunde ruhen lassen und mit wenig mit Kaffeerahm oder Milch verdünntem Eigelb bestreichen.
- Pastete im Ofen backen: In der Regel werden Pasteten bei höheren Temperaturen – etwa 220 °C – während 10–15 Minuten und anschließend bei etwa 180 °C und offenem Dampfabzug gebacken. Die Garzeit kann durch die Nadelprobe erkannt werden oder dadurch, daß der Fleischsaft absolut klar ist. Am besten aber ist die Bestimmung der Garzeit mit dem Fleischthermometer. Wird eine Pastete sofort serviert, kann die Kerntemperatur 55 °C betragen, sonst ist eine Kerntemperatur von 65 °C notwendig.
- Pastete mit Gelee auffüllen, auskühlen lassen. Aus der Form nehmen, diese reinigen und mit Klarsichtfolie ausschlagen. Die Pastete wieder in die Form geben, lauwarmen Gelee einfüllen und vollständig erkalten lassen.
- Die erkaltete und gefüllte Pastete aus der Form nehmen, Klarsichtfolie entfernen und portionieren.

Terrinen

Hauptbestandteil der Terrinen ist die Farce. Sie wird – anders als bei Pasteten – ohne Umhüllung gegart und angerichtet. Auch die Grundzubereitungsarten unterscheiden sich: Statt im Ofen gebacken, werden die Terrinen im Wasserbad im Ofen oder ohne Wasser im Kombisteamer pochiert.
Die Vielfalt und die Auswahl an Nahrungsmitteln, die sich für Terrinen eignen, sind noch größer als bei den Pasteten.

Unterschieden werden:

Fleischterrinen
Terrines de viande

Hausterrine
Terrine maison

Kalbsmilkenterrine
Terrine de ris de veau

Leberterrine
Terrine de foie

usw.

Wildterrinen
Terrines de gibier

Hasenterrine
Terrine de lièvre

Wildschweinterrine
Terrine de marcassin

Rehterrine
Terrine de chevreuil

usw.

Geflügelterrinen
Terrines de volaille

Fasanenterrine
Terrine de faisan

Perlhuhnterrine
Terrine de pintade

Ententerrine
Terrine de canard

usw.

Gemüseterrinen
Terrines de légumes

Gemüseterrine
Terrine de légumes

Broccoliterrine
Terrine de brocoli

Champignonterrine
Terrine de champignons

usw.

Fischterrinen
Terrines de poisson

Forellenterrine
Terrine de truite

Aalterrine
Terrine d'anguille

Lachsterrine
Terrine de saumon

usw.

Zubereitung

Die Herstellung der Farcen wird auf Seite 299 beschrieben.
Bei der klassischen Terrine wird die Form mit Fettspeckscheiben ausgekleidet, die sehr dünn sein sollen. Anstelle von Fettspeck können die Formen auch mit Schinken, Rohschinken oder Gemüse ausgelegt werden. Es empfiehlt sich, die Formen vorgängig mit Klarsichtfolie auszuschlagen.
In der Regel wird die Farce in der länglichen, typischen Terrinenform pochiert. Ovale, feuerfeste Porzellankokotten oder runde Portionentöpfchen eignen sich ebenfalls.
Die Grundzubereitungsart für Terrinen aller Art ist das **Pochieren** im Wasserbad im Ofen oder ohne Wasserbad im Steamer oder im Kombisteamer.
Terrinen läßt man in der Form unter leichtem Druck erkalten, um eine festere und saftigere Farce zu erhalten. Soll eine Terrine längere Zeit aufbewahrt werden können, wird die Form entweder mit Stearin oder mit Schweine- bzw. Gänsefett abgedeckt oder vakuumiert.

Fertigstellen und Anrichten von Terrinen

Von der fertig pochierten Terrine wird die Folie entfernt und der Speck an der Oberfläche weggenommen. Die Terrine in der Form servieren und dem Gast in rund 1 cm dicke Scheiben schneiden oder mit zwei Löffeln ovale Klößchen abstechen.
Oder die Terrine stürzen, rundum das Fett entfernen und die Terrine gut erkalten lassen. Die sauber gereinigte Form mit kaltem Gelee ausgießen (chemisieren) und die Terrine wieder in die Form zurücklegen. Mit Gelee nachfüllen, Terrine komplett überdecken und erkalten lassen. Die Terrine stürzen, in gleichmäßige Tranchen schneiden und anrichten.

Galantinen

Bei der Galantine wird die Farce von einer dünnen Fleischschicht oder Haut umgeben.
Bei den klassischen Galantinen, auch Ballotinen genannt, wird die Farce in ausgebeintes Fleisch oder in Haut gefüllt, wobei die Form des Tieres oder des Teilstückes erhalten bleiben muß. Das Auslösen der Knochen, ohne daß dabei das Fleisch oder das Geflügel zertrennt wird, ist eine aufwendige und schwierige Arbeit.
Heute werden Galantinen mehrheitlich als Rollpastete, das heißt in rundlicher Wurstform, hergestellt. Bei dieser Zubereitung kann das Tier (Fisch, Geflügel) oder das Fleischstück der Länge nach aufgeschnitten werden, so daß die Knochen besser ausgelöst werden können.
Die Herstellung der Farcen wird auf Seite 299 beschrieben.
Galantinen werden nicht gebacken, sondern in entsprechendem Fond pochiert.

Unterschieden werden:

Fischgalantinen
Galantines de poisson

Hechtgalantine
Galantine de brochet

Zandergalantine
Galantine de sandre

usw.

Geflügelgalantinen
Galantines de volaille

Hühnergalantine
Galantine de poulet

Entengalantine
Galantine de canard

usw.

Ballotinen
Ballottines

Gänseballotine
Ballottine d'oie

Lammballotine
Ballottine d'agneau

Ebenfalls zu den Galantinen gehören:

Gefüllte Kalbsbrust
Poitrine de veau farcie

Gefüllter Schweinsfuß / Zampone
Pied de porc farci

7.19.4 Moussen – *mousses*

Die deutsche Bezeichnung Schaumbrot für Moussen ist irreführend, denn mit Brot haben diese Speisen nichts zu tun. Hingegen trifft das Wort **Schaum** eher zu, da das Püree von Geflügel, Schinken usw. mit Schlagrahm und Gelee sowie je nach Rezept mit Velouté durchsetzt wird. Diese luftige Masse wird vorwiegend in chemisierte halbrunde oder becherförmige Formen eingefüllt und gestürzt.
Mousselines sind von der Mousse mit dem Löffel oval abgestochene Klößchen, die auf Brotscheiben, Apfelscheiben oder Gurkenrondellen abgesetzt und nach Belieben mit einer Chaudfroid-Sauce nappiert werden.

Unterschieden werden:

Schinkenmousse
Mousse de jambon

Zungenmousse
Mousse de langue

Geflügelmousse
Mousse de volaille

Geflügellebermousse
Mousse de foie de volaille

Wildmousse
Mousse de gibier

Fischmousse
Mousse de poisson
z. B. Räucherforellenmousse
Mousse de truite fumée

Gemüsemousse
Mousse de légumes
z. B. Spargelmousse
Mousse d'asperges

Tomatenmousse
Mousse de tomates

Zubereitung **Pastete**

1. Mit Hilfe der Form die Aussenmaße auf dem Teig markieren. An den Seiten 1–2 cm dazugeben.

2. Den Teig vorsichtig in die Form legen und gut andrücken.

3. ⅓ der Farce auf dem Teigboden verteilen.

4. Die marinierte Einlage auf die Farce legen und mit der restlichen Farce auffüllen.

5. Teigränder mit Eigelb-Kaffeerahm-Mischung bestreichen und den Teigdeckel darauflegen.

6. Mit Teigkneifer befestigen.

Zubereitung **Pastete**

7. Damit beim Backen der Dampf entweichen kann, Öffnungen ausstechen und «Kamine» einstecken. Garnituren ausstechen und mit Eigelb-Kaffeerahm-Mischung bestreichen.

8. Die Garzeit mit der Nadel oder mit dem Fleischthermometer feststellen. Sie sollte bei Fleisch 55 °C und bei Fisch 45 °C betragen.

9. Die etwas ausgekühlte Pastete mit Gelee auffüllen. Nach dem Erkalten aus der Form nehmen und portionieren.

Zubereitung **Terrine**

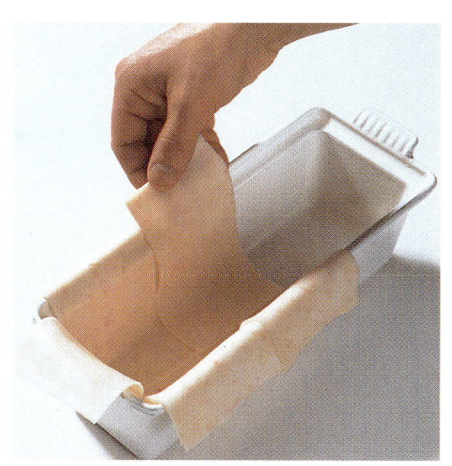

1. Terrinenform mit Rückenspeckscheiben auslegen.

2. Die Farce satt, ohne Zwischenräume einfüllen.

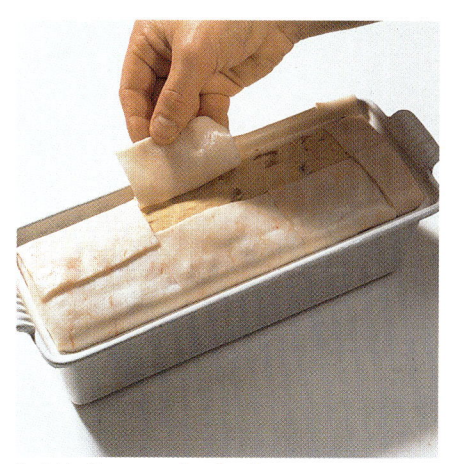

3. Mit Fettspeckscheiben bedecken.

4./5. Die Terrine stürzen, in gleichmäßige Tranchen schneiden und anrichten.

Zubereitung **Pastetenhaus**

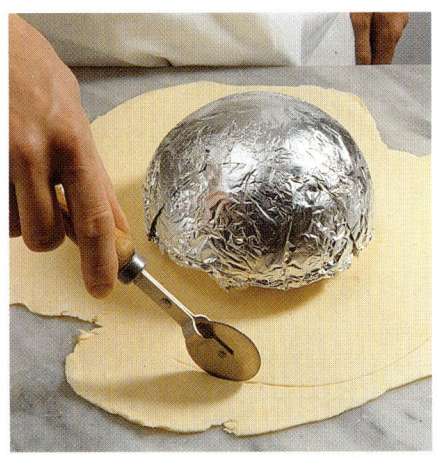

1. Papierstreifen zu einer Halbkugelform in Alufolie einwickeln und auf den ausgewallten Teig legen.

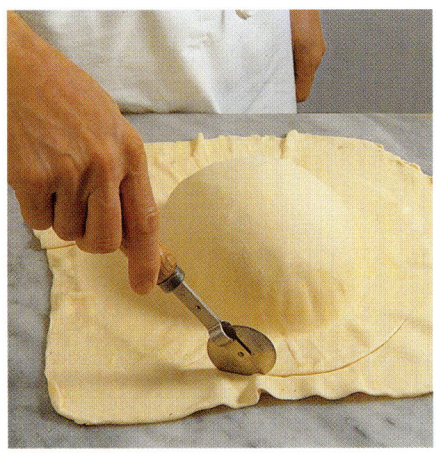

2. Größeres Teigstück darüberlegen und am Rand gut festdrücken.

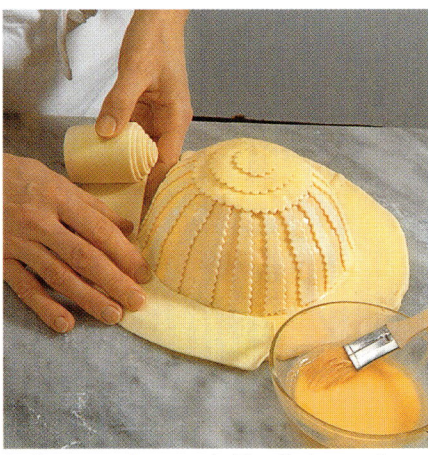

3. Pastetenhaus mit Eigelb bestreichen, mit Teigstreifen verzieren, um den Boden einen Teigrand legen und gleichmäßige Einschnitte anbringen.

4. Vom gebackenen Pastetenhaus einen Deckel wegschneiden. Papierstreifen und Alufolie vorsichtig herausnehmen.

Übersicht über Zutaten und Mengen

Hauptbestandteil	Velouté	Gelee	Rahm	Spirituosen
Schinken 0,25 kg	Bechamel 0,08 kg	Fleischgelee 0,1 kg	Schlagrahm 0,1 kg	Madeira 0,025 kg
Rindszunge 0,25 kg	Bechamel 0,08 kg	Fleischgelee 0,1 kg	Schlagrahm 0,1 kg	Portwein 0,025 kg
Geflügelfleisch 0,25 kg	Geflügel-Velouté 0,05 kg	Geflügelgelee 0,1 kg	Schlagrahm 0,1 kg	Cognac 0,025 kg
Geflügelleber 0,25 kg	–	Geflügelgelee 0,12 kg	Schlagrahm 0,1 kg	Armagnac 0,03 kg
Wildfleisch 0,25 kg	Bechamel 0,05 kg	Wildgelee 0,1 kg	Schlagrahm 0,1 kg	Cognac und Sherry je 0,015 kg
Fisch 0,25 kg	Fisch-Velouté 0,05 kg	Fischgelee 0,1 kg	Schlagrahm 0,1 kg	Pernod 0,02 kg

Zubereitung

Für die Herstellung von Moussen muß der Hauptbestandteil immer gar verwendet, also sautiert, gebraten oder pochiert sein.
Je nach Konsistenz den gegarten Hauptbestandteil durch den Fleischwolf drehen (z. B. Schinken), im Mixer mit Velouté pürieren (z. B. Fisch) oder durch ein feines Sieb passieren (z. B. Tomaten).
Der Hauptbestandteil kann mit der Velouté lauwarm vermischt werden, beide Komponenten sollten aber die gleiche Temperatur haben. Beim Untermischen von Schlagrahm und Gelee sollten alle Zutaten gleich kalt sein. Bevor die Masse anzieht, in die (evtl. chemisierten) Formen einfüllen, erstarren lassen und mit Gelee vollständig auffüllen. Kühl stellen.

7.19.5 Aspiks – *aspics*

Als Ergänzung für den Hors-d'œuvre-Teller, als selbständige kalte Vorspeise oder als Blickfang bei kalten Buffets werden Aspiks in verschiedenen Größen und Formen hergestellt. Obwohl die Zahl der Zutaten für die Füllungen beinahe unbegrenzt ist, wäre es falsch, die Aspiks als Restenverwertung zu bezeichnen.

Variationen von Formen

Form	Füllung
Längliche Form	z. B. Schinkenrolle
Kotelettform	z. B. Rippchen
Kleine Timbalenform	z. B. pochiertes Ei
Große Timbalenform	z. B. Hummermedaillons
Cake-Form	z. B. Wurstwaren

Variationen von Gelees

Wie bei den Pasteten, den Terrinen und den Moussen sollen auch bei den Aspiks der Gelee, die Garnituren und die Füllung geschmacklich aufeinander abgestimmt sein:
– **Fischgelee:** zum Beispiel für Krevettenaspik
– **Fleischgelee:** zum Beispiel für Kalbsmilkenaspik
– **Geflügelgelee:** zum Beispiel für Poulardenaspik
– **Wildgelee:** zum Beispiel für Fasanenaspik

Garnitur als Blickfang

Bei den Aspiks sind Einlage und Garnitur für die Präsentation ausschlaggebend. Das Innere, meist unsichtbar, ist für den Geschmack maßgebend. Garnituren und Einlagen müssen mit der Füllung harmonieren.

Füllung

Als Füllung eignen sich
– Fleisch und Fleischwaren
– Geflügel
– Wild
– Fisch, Krusten- und Weichtiere
– Gemüse
gekocht, pochiert oder gebraten. Diese Zutaten werden in Würfel oder Scheiben geschnitten, mariniert, oder mit einer Sauce angemacht. Es kann damit auch eine Mousse hergestellt werden.

Beispiele von Aspiks

Aspik von Wurstwaren	*Aspic de charcuterie*
Kalbsmilkenaspik	*Aspic de ris de veau*
Seezungenröllchen-Aspik	*Aspic de paupiettes de sole*

Herstellung von Aspik

Beispiel: Seezungenröllchen-Aspik

Vorbereitung

– Rohe Mousseline-Fischfarce herstellen.
– Seezungenfilets parieren, mit Farce bestreichen und einrollen.
– Seezungenröllchen in Fischfond pochieren und darin erkalten lassen.
– Fischsulze herstellen.
– Timbalenform mit Fischgelee chemisieren.
– Garnituren zurechtschneiden.

Zubereitung

– Die Seezungenröllchen gut abtropfen lassen und in gleichmäßige, rund 5 mm dicke Scheiben schneiden.
– Die chemisierte Timbalenform dekorieren und mit Seezungenscheiben auskleiden, gut gelieren.
– Mit pochierten Fischabschnitten eine Mousse herstellen und in die vorbereitete Form einfüllen.
– Erstarren lassen und mit Fischgelee zugießen.
– Gut durchkühlen, stürzen und anrichten.

7.19.6 Kalte Fischgerichte – *poissons froids*

Für die Zubereitung von kalten Fischgerichten kommt ausschließlich das Pochieren in Frage. Unterschieden werden
- das Pochieren im Fond (Fischfilets)
- das Pochieren im Sud (ganze Fische)

Das Pochieren von großen Filets und von Fischrouladen

Dazu eignen sich Seeforellen-, Lachs-, Steinbutt-, Seezungenfilets usw.

Vorbereitung

- Einen kräftigen Fischfond herstellen.
- Die Fischfilets mit der Hautseite auf eine mit Butter bestrichene Unterlage (Einsatz des Fischkessels) legen, mit Klarsichtfolie straff einpacken, so daß die Form des Filets erhalten bleibt. Fischrouladen in Folie einrollen, ebenfalls das für Rosetten vorgesehene Filet. Die eingepackten Fischstücke mit einer Nadel mehrmals einstechen, damit der Fischfond gut eindringen kann.

Zubereitung

- Den Fischfond vor den Siedepunkt bringen und die Fischfilets vollständig damit bedecken. Pro Liter Fischfond vier Blatt Gelatine auflösen und beifügen.
- Bei 75 °C während 10–15 Minuten pochieren. Die Kerntemperatur soll 55 °C betragen.
- Im Sud erkalten lassen, allerdings nicht im Kochgeschirr.
- Folie entfernen und die Fischfilets bis zur Weiterverwendung in Klarsichtfolie straff einwickeln.

Schnittarten

Die Filets können ganz präsentiert werden, was eher selten ist. Vielfach werden aus den pochierten Filets **Tranchen, Medaillons** oder **Koteletts** geschnitten.
Die Fischstücke auf einem Kandiergitter abtropfen lassen, ausgarnieren und gelieren.

Das Pochieren von Bach- oder Regenbogenforellen

Vorbereitung

- Einen kräftigen Sud *(court-bouillon ordinaire)* herstellen und absieben.
- Die frisch getöteten und ausgenommenen Forellen mit Nadel und Bindeschnur hinter den Kiemen und am Schwanz zusammenbinden, sogenannt ringeln.
- Die geringelten Forellen auf Eiswürfeln rund 8 Stunden im Kühlschrank liegen lassen. Mit Klarsichtfolie zudecken.

Zubereitung

- Den kochendheißen Sud über die Forellen gießen und diese zugedeckt etwa 10 Minuten am Herdrand ziehen lassen.
- Forellen im Sud erkalten lassen.
- Forellen auf Kandiergitter abtropfen lassen, vorsichtig Schnur und Haut entfernen und garnieren. Mit Fischgelee gelieren.

Das Anrichten von kalten Fischgerichten

Angerichtet wird
- auf Teller oder Glasplatten (kleinere Fische, Portionenstücke) oder in Schalen *(raviers)*
- auf Schauplatten (Glas, Chromnickelstahl, versilbert) für kalte Buffets (Portionenstücke oder ganze Fische)

Beim Anrichten der Fische auf Teller oder Glasplatten ist eine Unterlage nicht notwendig. Meist wird der Fisch mit der passenden Sauce und Garnitur direkt oder eventuell auf Salatblätter angerichtet.
Größere, ganze Fische werden vielfach auf einen Geleespiegel angerichtet.
Die passenden **Garnituren** sind im Abschnitt 7.19.9, Seite 458, aufgeführt.
Folgende **Saucen** können zu kalten Fischgerichten serviert werden:
- Mayonnaise mit Dill, mit Estragon, mit Kerbel, mit Petersilie und Schnittlauch, mit Sardellenpüree.
- Anstelle der Mayonnaise kann auch Quark oder saurer Halbrahm mit Zitronensaft und den entsprechenden Einlagen serviert werden.

Beispiele kalter Fischgerichte

| Lachsrosetten |
| *Rosettes de saumon* |
| Gefüllter junger Steinbutt |
| *Turbotin farci* |

7.19.7 Kalte Krustentiergerichte – *mets de crustacés froids*

Krustentiere sind ein fester Bestandteil eines *hors-d'œuvre riche* und gehören nach wie vor zu einem klassischen Buffet. Für die Zubereitung kommt ausschließlich das Pochieren im Sud in Frage.

Für die kalte Küche eignen sich zum Beispiel:
- **Languste:** ganz präsentiert, mit Medaillons
- **Hummer:** ganz präsentiert, mit Medaillons und ausgelösten Schalen; halbiert; Cocktails, Salate
- **Riesenkrevetten:** ganz; Cocktails, Salate

Die An- und die Abschnitte sowie das Beinfleisch werden mit Vorteil in die begleitenden Garnituren integriert. Sie eignen sich aber auch für Terrinen und Moussen sowie für Cocktails und Salate.

Vorbereitung

Krustentiere biegen den Schwanz beim Eintauchen in kochendes Wasser ruckartig nach vorne. Will man diese Krümmung verhindern, müssen die Krustentiere auf ein Brettchen gebunden werden, damit der Schwanzteil gestreckt bleibt. Dieser Vorgang muß vorsichtig und im letzten Moment vor dem Eintauchen des Tieres geschehen. Zum Aufbinden ist eine breite Gaze einer dünnen Schnur vorzuziehen.

Sud für das Pochieren von Krustentieren

Wasser	5,0	l
Lauch	0,15	kg
Zwiebeln	0,25	kg
Karotten	0,15	kg
Petersilienstengel	0,025	kg
Lorbeerblatt	1	Stück
Pfefferkörner	0,01	kg
Kümmel, Dillsamen	0,002	kg
Weißwein	0,8	l
Weißweinessig	0,25	l
Salz	0,075	kg

Zubereitung

- Gemüse (Matignon), Kräuter und Gewürze mit dem Wasser 10 Minuten kochen.

- Weißwein und Essig dazugeben und aufkochen.
- Krustentiere **schnell** und **kopfvoran in den kochenden Sud geben.** Die Tiere müssen vollständig mit Sud bedeckt sein.
- Kurz aufkochen und bei etwa 75 °C pochieren.
- Krustentiere röten sich beim Kochen, was auf der Zerstörung der Pigmentschicht beruht, die bei lebenden Tieren den roten Farbstoff verdeckt.
- Krustentiere im Sud erkalten lassen, herausnehmen und in zweckmäßigem Geschirr (Gastro-Norm-Schale) mit abgesiebtem Sud bis zur Weiterverarbeitung aufbewahren.

Anrichten einer Languste

- Languste vom Brettchen entfernen, den Schwanz mit einer Drehbewegung vorsichtig vom Körper lösen.
- Langustenkörper (Karkasse) mit Kreppapier reinigen und frottieren, leicht gelieren.
- Den Langustenschwanz auf der Innenseite mit der Schere beidseitig aufschneiden und das Schwanzfleisch herausnehmen.
- Den Darm entfernen und das Fleisch in gleichmäßige Scheiben (Medaillons) schneiden. Der Darm kann auch erst von den geschnittenen Medaillons entfernt werden.
- Die Langustenabschnitte pürieren und mit schaumig gerührter Butter vermischen, würzen.
- Auf jedes Medaillon eine kleine Rosette Langustenpüree dressieren und je mit einem Trüffelpunkt garnieren, leicht gelieren.
- Die Langustenkarkasse auf einen Sulzespiegel anrichten.
- Langustenpüree oder schaumig gerührte Butter in regelmäßigen Abständen auf die Schwanzschale spritzen.
- Die Medaillons darauf anrichten. Restliche Medaillons in gefälliger Form auf der Platte verteilen.
- Mit den passenden Garnituren umlegen.
- Passende Sauce dazu servieren.

Anrichten von Hummer

- Hummer aus dem Sud nehmen und die Scheren vom Körper trennen.
- Die Scheren aufbrechen und das Fleisch vorsichtig auslösen. Die beiden Chitinstreifen aus den Scheren entfernen. Die beiden kleinen Glieder, die an der Schere haften, abdrehen, aufbrechen und das Fleisch herausholen.
- Den Hummer halbieren, indem die Messerspitze am Ende des Hummerkörpers angesetzt und das Messer in beiden Richtungen – zuerst am Schwanzstück und nachher am Vorderkörper – hinuntergedrückt wird. Das Fleisch herauslösen. Oder den Hummer auf den Rücken legen und mit der Schere auf beiden Seiten der Länge nach aufschneiden. Die Schale von der Unterseite abheben und das Fleisch in einem Stück auslösen.
- Das Hummerfleisch parieren.
- Ungenießbare Teile entfernen. Leber und orangefarbene Eierstöcke (corail) für Püree oder Moussen weiterverwenden.
- Den ganzen Hummerschwanz in gleichmäßige Medaillons schneiden und auf die Karkasse anrichten, wie bei der Languste beschrieben. Oder die halbierte Hummerschwanzkarkasse mit Salatblättern auslegen und mit russischem Salat oder Apfelwürfelchen mit Quarkmayonnaise füllen.
- Das Hummerfleisch in gleichmäßige Scheiben schneiden und darauf anrichten.
- Passende Sauce dazu servieren.

7.19.8 Kalte Fleischgerichte – *mets de viande froide*

Bei den kalten Fleischgerichten handelt es sich durchwegs um Hauptplatten. Das Fleisch wird am Stück gegart und anschließend tranchiert bzw. aufgeschnitten.
Vielfach wird ein ganzes Stück oder ein Teil eines Stückes ganz präsentiert und entsprechend als Schaustück *(pièce de résistance)* garniert. Das Überziehen der Schaustücke mit kalten Decksaucen – Chaudfroid-Sauce – wird aus küchentechnischen Gründen nicht mehr empfohlen: Die Decksauce behindert das anschließende Aufschneiden.
Grundzubereitungsarten für kalte Fleischgerichte sind Pochieren, Sieden, Braten im Ofen, Poelieren, Schmoren, Backen im Ofen.
Bei der Zubereitung von kalten Fleischgerichten ist eine äußerst zuverlässige Garstufenbestimmung von großer Wichtigkeit. Als bewährte Hilfsmittel werden Fleischthermometer oder Kerntemperaturanzeiger verwendet.
Wird *à point* gebratenes Fleisch geliert, müssen diese Fleischstücke etwas mehr gebraten werden, denn der Gelee zieht immer etwas Blut an die Oberfläche, was einen zu stark blutigen Eindruck bewirkt.
Vor dem Aufschneiden müssen die Fleischstücke bis auf den Kern gut abgekühlt sein. Gebratenes Fleisch auf einem Gitter im Kühlraum abkühlen.

Für kalte Fleischgerichte eignen sich:
- **Kalb:** Rücken, Karree, Filet, Nierstück, Unterspälte, Eckstück, Nuß, Brust, Zunge
- **Rind:** Filet, Roastbeef, Hohrücken, Huftspitz, Zunge, Siedfleisch
- **Schwein:** Karree, Filet, Nierstück, Nuß, Schinken, Schulter, Fuß
- **Lamm:** Rücken, Schlegel (Gigot)
- **Haarwild:** Rücken, Karree, Keule
- **Federwild:** Fasan, Wildente
- **Geflügel:** Masthähnchen, Masthuhn, Truthahn (Brust, Schenkel), Perlhuhn, Ente

Beilagen

Die Beilagen können als Garnitur direkt auf die Platte angerichtet oder separat dazu serviert werden. Zu einer Auswahl an verschiedenen kalten Speisen (Buffet) gehören ebenfalls die passenden Salate und kalten Saucen.

Kalte Fleischgerichte vom Kalb

Gebratene oder poelierte Kalbfleischstücke dürfen, damit sie nicht trocken werden, nur etwas mehr als *à point* zubereitet werden. Sie sollten kalt und aufgeschnitten noch leicht rosa sein.

Beilagen

- Gedünstete Gemüse griechische Art
- Gefüllte Artischockenböden
- Gemüsesalate
- Marinierte Pilze
- Früchte nur in Ausnahmefällen als Dekor verwenden

Beispiel für kalte Kalbfleischgerichte

Poeliertes Kalbskarree mit Pilzen
*Carré de veau poêlé
aux champignons*

Kalte Fleischgerichte vom Rind

Dafür werden vorwiegend zwei Grundzubereitungsarten angewandt:
- **Braten im Ofen** und **Niedertemperaturgaren:** zum Beispiel Roastbeef, Hohrücken
- **Sieden:** zum Beispiel Siedfleisch, Zunge

Beilagen

– Gemüse wie Karotten, weiße Rüben, Knollensellerie, Gurken, Zucchetti usw. tournieren oder in kleine Stäbchen schneiden
– Maiskölbchen, Perlzwiebeln, Peperoni, Eierschwämme, Champignons und Steinpilze einzeln oder als Mischung abkochen und marinieren

Beispiele für kalte Rindfleischgerichte

Roastbeef mit Frühlingsgemüse
Roastbeef printanière

Siedfleisch mit Essiggemüse
(Mixed Pickles)
*Bœuf bouilli
aux légumes marinés*

Kalte Fleischgerichte vom Schwein

Dafür werden hauptsächlich die folgenden zwei Grundzubereitungsarten angewandt:
– **Braten im Ofen:** zum Beispiel Schweinskarree
– **Pochieren:** zum Beispiel Schinken, geräuchertes Schweinskarree (Rippchen)

Beilagen

– Glasierte und anschließend marinierte Gemüse oder im Essigsud gekochte Gemüse
– Gedünstete oder pochierte Äpfel, Birnen, Dörrpflaumen
– Senffrüchte
– Mit Maiskörnern gefüllte Tomaten

Beispiele für kalte Schweinefleischgerichte

Schinken mit Spargelspitzen
Jambon aux pointes d'asperges

Geräuchertes Schweinskarree mit Früchten
Carrée de porc fumé aux fruits

Kalte Fleischgerichte vom Lamm

Die in Frage kommenden Fleischstücke wie Rücken, Karree, Schlegel usw. gut parieren, das heißt, alle Sehnen und überflüssiges Fett wegschneiden. Im Ofen wenig mehr als rosa braten.

Beilagen

– Gefüllte Tomaten mit Pilzen
– Bohnensalat oder gemischter Kernbohnensalat, marinierter Stangensellerie
– Artischockenböden mit gekochtem Essiggemüse (Peperoni, Blumenkohl)

Kalte Fleischgerichte vom Wild

Rücken und Keulen von Hasen, Reh oder Hirsch werden *à point* gebraten. Fleischstücke von jungen Wildschweinen benötigen eine längere Bratzeit. Für Wildgeflügel eignet sich das Poelieren: Das Fleisch bleibt dabei saftiger als beim Braten im Ofen.

Beilagen

– Artischockenböden mit Selleriesalat
– Gefüllte Tomaten mit Pilzen
– Selleriescheiben mit Dörrpflaumen
– Äpfel mit Trauben oder Waldorfsalat
– Birnen mit Kastanienpüree
– Eventuell Ananasstücke mit Kumquats
– Blätterteigbödeli *(tartelettes)* mit Wildpüree und Früchten
– usw.

Kalte Gerichte von Geflügel

Ganze Geflügel oder Teile von größerem Geflügel werden am besten poeliert oder pochiert.
Das Überziehen mit Decksauce (chaudfroidieren) eignet sich besser für Geflügelstücke als für ganzes Geflügel.

Beilagen

– Blätterteigböden *(tartelettes* oder *barquettes)* mit Gemüsesalat oder Früchten
– Halbe pochierte Äpfel mit Johannisbeeren
– Halbe, in Rotwein pochierte Birnen
– Apfelscheiben mit Kastanienpüree

Beispiele für kalte Geflügelgerichte

Bresse-Masthuhn
mit exotischen Früchten
Poularde de Bresse exotique

Brust von jungem Truthahn
mit Dörrfrüchten
*Suprême de dindonneau
aux fruits secs*

7.19.9 Garnituren

Zu jedem kalten Gericht gehören die passenden Garnituren. Die Herstellung der Garnituren erfordert genaues Arbeiten.
Die Garnituren sollten
– in Größe und Anzahl zum Gericht passen,
– geschmacklich und farblich auf das Gericht abgestimmt sein,
– eßbar sein; nicht eßbare Dekorartikel sind wegzulassen.

Beispiele von Garnituren

Gemüse

– Artischockenboden mit feingeschnittenem Pilzsalat füllen und mit Streifen von Totentrompeten garnieren.
– Artischockenboden mit gemischtem Bohnensalat (Flageolets, Black Beans und Borlotti-Bohnen) füllen.
– Großen Champignonkopf mit kleinen weißen und roten Silberzwiebeln und mit roten Peperoniwürfelchen bestreuen.
– 2–4 cm lange Gurkenstücke aushöhlen und mit Apfelquark füllen, mit Cocktailkirsche garnieren.
– Sellerie- und Weißrübenbödeli mit gemischtem gedünstetem Gemüse griechische Art füllen.
– Tomaten mit Maiskörnersalat füllen, mit schwarzen Oliven ausgarnieren.
– Tomatenschiffchen mit Thonmousse füllen.
– Fenchelschiffchen mit Hüttenkäse füllen und mit gehackten Cornichons bestreuen.

Obst

– Ausgestochene Apfelscheibe in Weißwein mit Safran pochieren und mit gehackten Dörrfrüchten belegen.
– Apfelhälften in Weißwein pochieren, mit Preiselbeerkompott füllen.
– Halbierte und ausgestochene Birnen in Weißwein pochieren und mit feingeschnittenen Senffrüchten füllen.
– Halbierte und ausgestochene Birnen in Rotwein pochieren, fächerartig aufschneiden.
– Kleine Viertel von Melonenschnitzen mit Melonenkugeln garnieren.
– Pistazienquark auf Orangenscheibe dressieren, mit Cocktailkirsche garnieren.
– Pfirsiche pochieren, vierteln und mit glasierten Kastanien füllen.
– Halbierte Pfirsiche mit Hüttenkäse und gehackten Senffrüchten füllen.

Verschiedene Garnituren

Blätterteig *(tartelettes* oder *barquettes)* mit:
– pochierten und in Würfelchen geschnittenen Geflügelbrüstchen mit Currymayonnaise
– Wildpüree und glasierten Kastanien
– Krebsmousse und Krebsschwanz
– Gemüsesalat

7.20 Süßspeisen – *entremets*

In unserer Umgangssprache bezeichnen wir die Süßspeisen fälschlicherweise als Dessert. Dieser Begriff hat sich so eingebürgert, daß selbst der Fachmann zur besseren Verständigung gegenüber dem Gast das Wort «Dessert» statt Süßspeise *(entremets)* verwendet.

Süßspeisen sind nach wie vor beliebt und bilden den krönenden Abschluß eines guten Essens. Die Süßspeisen haben allerdings auch einen Nachteil: Sie haben zum Teil einen hohen Energie-Gehalt, weshalb der Zucker- und der Fettgehalt wenn möglich reduziert werden sollten.

Als **Nachtisch** – *dessert* werden Käse, Früchte sowie auch Kleingebäck und Torten serviert.

Unterschieden werden

Warme Süßspeisen –
entremets chauds

Kalte Süßspeisen –
entremets froids

Gefrorene Süßspeisen –
entremets glacés

Kleingebäck und Torten –
friandises et gâteaux

Süßspeisen können aus Früchten, Massen, Teigen, Cremen und Glacen hergestellt oder kombiniert werden.

Als Grundlage für die Süßspeisen dienen

– Teige und Massen
– Cremen
– Saucen und Glasuren

7.20.1 Teige

Grundregeln für die Herstellung von Teigen

– Teige genau nach Rezept herstellen.
– Maße und Gewichte genau einhalten.
– Alle notwendigen Zutaten und Gerätschaften (Mise en place) bereitstellen.
– Mehl immer absieben, damit es knollenfrei und locker ist.
– Die Flüssigkeitsmenge (Wasser) nicht auf einmal beifügen.
– Salz bei Flüssigkeitsbeigabe in der Flüssigkeit auflösen.
– Backpulver mit dem Mehl absieben.
– Absolut hygienisch sauber arbeiten.
– Auf speziellen Arbeitsunterlagen arbeiten, die nur für Süßspeisen verwendet werden.
– Händekontakt soweit möglich vermeiden.
– Temperatur von Wasser und Fettstoff je nach Rezept beachten.
– Mischvorgänge vorsichtig ausführen.
– Ruhepausen für den Teig einhalten.
– Teige immer in Klarsichtfolie einpacken, damit sie nicht austrocknen und sich keine Krusten bilden.

Die Teige können in folgende Gruppen eingeteilt werden:

Blätterteige
Pâtes feuilletées

Deutscher Blätterteig
Pâte feuilletée allemande

Blitzblätterteig
Pâte feuilletée rapide

Halbblätterteig
Pâte demi-feuilletée

Gesalzene Mürbteige

Geriebener Teig
Pâte brisée

Pastetenteig
Pâte à pâté

Süße Butterteige

Zuckerteig
Pâte sucrée

Sableteig
Pâte sablée

Linzerteig
Pâte de Linz

Hefeteige
Pâtes levées

Savarinteig
Pâte à savarin

Babateig
Pâte à baba

Berlinerteig
Pâte de Berlin

Briocheteig
Pâte à brioches

Zopfteig
Pâte à tresses

Teig für Hefegugelhopf
Pâte à kugelhopf

Tourierter Hefeteig
Pâte levée tourée

Gebrühte Teige

Brandteig
Pâte à choux

Spezialteige

Strudelteig
Pâte à stroudel

Angerührte Teige

Pfannkuchenteig
Pâte à crêpes

Backteig
Pâte à frire

Brandteig, Pfannkuchenteig, Backteig usw. sind in der Konsistenz nicht fest wie die anderen Teige, sondern gleichen eher einer Masse. Trotzdem werden sie unter die Teige eingereiht.

Blätterteige – *pâtes feuilletées*

Das Aufgehen des Blätterteiges

Bei tourierten Teigen (Blätterteig, Plunderteig) entwickelt sich aus dem Wasser des Teiges Dampf. Die eintourierten Fettschichten verhindern den Dampfaustritt aus den Teiglagen. (Die Schichten dürfen keinesfalls durch unsachgemäße Zubereitung verletzt werden.) Zwischen den Schichten entsteht ein Dampfkissen, das den Teig auftreibt und lockert. Die Trennung durch die Fettbestandteile fördert die blättrige Beschaffenheit des Blätterteiggebäcks.

Zusammensetzung

Mehl: Für Blätterteige wird ausschließlich Weißmehl verwendet. Ein kleberreiches Mehl ergibt einen dehnbaren, elastischen Teig. Bei schwachen Mehlen kann der Kleber durch Säurebeigabe (Essig, Zitronensaft) angeregt werden.
Fettstoff: Butter, Blätterteigmargarine oder Blätterteigfette. Geschmacklich ist Butter besser, hingegen ist verarbeitungstechnisch Margarine oder Fett vorzuziehen.
Salz: Salzbeigabe pro kg Mehl 20 bis 25 g, in Wasser aufgelöst.
Malz: Malzbeigabe bei starken Mehlen ergibt dehnbarere Teige, das heißt, der Kleber wird abgebaut, und der Blätterteig wird weniger zäh.

Zubereitung

Mit dem gesiebten Mehl, dem Fettstoff, dem Wasser und dem darin aufgelösten Salz einen ziemlich festen, gut durchgearbeiteten Vorteig zubereiten. In der Regel gibt man pro kg Mehl 150 g vom Gesamtgewicht des Fettstoffes in den Vorteig. Diesen Vorteig etwa 30 Minuten ruhen lassen.
Den Teig auf die folgende Weise tourieren:

1. Den ausgeruhten Teig in ein Rechteck von etwa 1,5 cm Dicke ausrollen. Den Fettstoff auf die Mitte des Teiges legen und den Teig darüberschlagen. Die Ränder gut andrücken.
2. Den Teig mit dem eingeschlagenen Fettstoff zu einem langgezogenen, 1,5 cm dicken Rechteck ausrollen. Die beiden Teigenden werden gleichmäßig nach der Mitte der Teigfläche gelegt, so daß sie sich berühren. Die beiden Teighälften übereinanderlegen, so daß die vorherige Mitte die seitliche Naht bildet. Dieses Übereinanderschlagen des Teiges nennt man eine **doppelte Tour.**
3. Der Blätterteig benötigt vier doppelte Touren. Nach zwei Touren an einem kühlen Ort ruhen lassen. Für Blätterteigpastetchen gibt man zusätzlich eine Tour.

Unterschieden werden die folgenden Blätterteigarten:

Deutscher Blätterteig
(Teig außen – Fett innen)

Französischer Blätterteig
(Fett außen – Teig innen)

Blitzblätterteig
(Fett als Würfel im Teig)

Halbblätterteig
(nur etwa halb soviel Fett)

Verarbeitung

Für deutschen Blätterteig ist es wichtig, daß der Vorteig genügend geknetet wird, bis er sich von Hand dünn ausziehen läßt.
Die Festigkeit des einzuschlagenden Fettstoffes muß mit derjenigen des Vorteiges übereinstimmen: Zu weiches Fett vermischt sich mit den Teigschichten und wird beim Tourieren herausgedrückt, zu festes Fett läßt sich schlecht verarbeiten.

Die Anzahl Touren richtet sich nach der Fettmenge:

Wenig Fett – weniger Touren
Viel Fett – mehr Touren

Beim Tourieren gleichmäßig etwa 1,5 cm dick ausrollen und vor dem Zusammenlegen das Staubmehl wegwischen.

Den Teig beim Ausrollen exakt in die Ecken arbeiten und genau Kante auf Kante falten.

Ruhezeit vor dem Backen 30–45 Minuten.
Backtemperatur 210 °C bis 220 °C, mit Dampf.

Hinweise

– Zum Ausstechen und zum Schneiden nur scharfes Werkzeug verwenden.
– Teigresten aufeinanderlegen, nicht zusammenkneten.
– Backbleche nicht fetten, nur mit Wasser befeuchten.
– Blätterteiggebäck heiß anbacken und bei fallender Hitze ausbacken.
– Pastetchen mit Dampf anbacken.
– Blätterteiggebäck, das nicht zu stark aufgehen soll, mit einer Gabel oder mit einem Roller stechen. Für diese Gebäcke eignen sich Halbblätterteig oder Blätterteigresten.
– Blätterteig kann auch aufgearbeitet tiefgekühlt, soll aber im Kühlschrank aufgetaut werden.

Deutscher Blätterteig – *Pâte feuilletée allemande*

Zutaten für ca. 1 kg Teig		
Mehl, gesiebt	0,5	kg
Butter, nicht hart	0,075	kg
Wasser	0,25	l
Salz	0,012	kg
Blätterteigmargarine	0,35	kg

Zubereitung

– Mehl und Butter fein reiben.
– Wasser mit darin aufgelöstem Salz dazugeben.
– Die Knetzeit der Mehlqualität anpassen.
– Vorteig 30 Minuten ruhen lassen.
– Die geschmeidige Margarine einschlagen und sofort zwei doppelte Touren und nach 30 Minuten Abstehzeit wiederum zwei doppelte Touren geben.
– Nach 30 Minuten Ruhezeit ist dieser Teig verarbeitungsfähig.

Blitzblätterteig – *Pâte feuilletée rapide*

Zutaten für ca. 1 kg Teig		
Mehl, gesiebt	0,5	kg
Blätterteigmargarine, Würfel	0,4	kg
Wasser	0,25	l
Salz	0,012	kg

Zubereitung

– Die möglichst feste Margarine (aus dem Kühlschrank) in etwa 2 cm große Würfel schneiden.
– Mehl, Margarine, Wasser und aufgelöstes Salz kurz zu einem Teig vermischen.

Thema 7 **Blatt 167**

- Die Margarinewürfel sollen möglichst ganz bleiben.
- In kurzen Abständen vier doppelte Touren geben.
- Vor dem Aufarbeiten etwa 30 Minuten ruhen lassen.

Halbblätterteig – *Pâte demi-feuilletée*

Zutaten für ca. 1 kg Teig		
Mehl, gesiebt	0,5	kg
Butter, nicht hart	0,075	kg
Wasser	0,25	l
Salz	0,012	kg
Margarine, nicht hart	0,15	kg

Zubereitung

Gleich wie beim deutschen Blätterteig, aber nur drei doppelte Touren.

Gesalzene Mürbteige

Zusammensetzung

Mehl: Weißmehl; Spezialrezepte mit Vollkornmehl.
Fettstoff: Neben Butter eignen sich auch Margarine, Bäckereifette oder Schweinefett.
Eier: Ganze Eier, Eigelb oder Eiweiß.

Fehlerquellen

Zäher Teig: Zu stark geknetet, oder die Flüssigkeit ist direkt mit dem Mehl in Berührung gekommen.
Abhilfe: Kleine Fettstücke (Flocken) unterarbeiten.

Geriebener Teig – *pâte brisée*

Zutaten für ca. 0,9 kg Teig		
Mehl, gesiebt	0,5	kg
Butter, nicht hart	0,25	kg
Wasser	0,2	l
Salz	0,01	kg

Zubereitung

- Butter (oder Schweinefett) in Flocken zum Mehl geben und zerreiben.
- Salz im Wasser auflösen, beigeben.
- Nur leicht kneten, damit der Teig nicht zäh wird.
- Kühl stellen, etwa 1 Stunde ruhen lassen.

Pastetenteig – *pâte à pâté*

Zutaten für ca. 0,9 kg Teig		
Mehl, gesiebt	0,5	kg
Schweinefett	0,15	kg
Eier, pasteurisiert	0,1	kg
Salz	0,01	kg
Wasser	0,15	l

Zubereitung

- Mehl und Schweinefett zusammen verreiben.
- Eier und das Wasser mit dem aufgelösten Salz dazugeben.
- Alles gut durchkneten und kalt stellen.
- Vor dem Verarbeiten einige Stunden ruhen lassen.

Süße Butterteige

Die süßen Butterteige werden in drei Gruppen eingeteilt, die sich durch das unterschiedliche Verhältnis von Butter und Zucker unterscheiden (siehe Tabelle).

Einteilung der Butterteige

Butterteig	Butter	Zucker	Mehl
Mailänderliteig	2,5 Teile	2,5 Teile	5 Teile
Mürbteig	3 Teile	2 Teile	5 Teile
Zuckerteig	2 Teile	3 Teile	5 Teile

Zusammensetzung

Mehl: Weißmehl.
Fettstoff: Neben Butter eignet sich auch Margarine.
Zucker: Feinkristallzucker, feiner Rohzucker oder Staubzucker. Grobkörniger Zucker löst sich schlecht auf und kann beim Backen karamelieren.
Eier: 40% des Zuckergewichts. Ganze Eier, Eigelb oder Eiweiß.
Teiglockerungsmittel: Backpulver oder Treibsalz.
Weitere Zutaten: Gemahlene Nüsse, konfierte Früchte, Kakaopulver, Vanilleschote, Zitronenzeste.
Achtung: Feingemahlene Nüsse saugen Flüssigkeit auf (Mehlgewicht reduzieren): auf 3 Teile Nüsse 1 Teil Mehl weniger.

Hinweise

- Zur Lockerung des Teiges kann Backpulver oder Treibsalz verwendet werden, was bei Teigen mit kleiner Butterbeigabe notwendig ist. Das Treibmittel darf nie direkt mit dem Fettstoff in Berührung kommen wegen einer eventuellen Verseifung.
- Mehl erst beigeben, wenn Butter, Zucker und Eier gut vermischt sind.
- Nur so lange mischen, bis alle Zutaten gut vermischt sind.
- Vor der Weiterverarbeitung kühl stellen.

Fehlerquelle

Brandiger Teig: Fettstoff zu weich (Fett verflüssigt sich und dringt in die Mehlpartikelchen ein, und das Mehl verliert seine Bindefähigkeit), oder es ist zu wenig Flüssigkeit beigegeben worden. Brandiger Teig läßt sich schlecht verarbeiten. Er kann durch sorgfältiges Beimischen von Eiweiß wieder gebunden werden.

Zuckerteig – *pâte sucrée*

Zutaten für ca. 0,9 kg Teig		
Mehl	0,4	kg
Butter	0,16	kg
Zucker	0,24	kg
Vollei, pasteurisiert	0,1	kg
Vanilleschote	½	Stück
Zitronenzeste von	½	Stück
Backpulver	0,005	kg
Salz (Prise)	1mal	

Zubereitung

- Eier und Zucker, Vanillemark und Zitronenzeste schaumig rühren.
- Butter in Würfel schneiden und durcharbeiten.
- Mehl, Backpulver und Salz absieben und beifügen.
- Nur so lange kneten, bis alle Zutaten gut vermischt sind.
- Vor der Weiterverarbeitung kühl stellen.

Anwendungsbeispiele

– Törtchen für Früchte wie Erdbeeren, Himbeeren usw.
– Böden für Fruchtkuchen und Torten
– Konfekt

Sableteig – *pâte sablée*

Zutaten für ca. 1 kg Teig		
Mehl	0,5	kg
Butter	0,32	kg
Staubzucker	0,16	kg
Eiweiß	0,06	kg
Vanilleschote	1	Stück

Zubereitung

– Mehl und Butter verreiben.
– Staubzucker, Eiweiß und von der Vanilleschote ausgelöstes Mark verrühren.
– Mit der Mehl-Butter-Mischung vorsichtig zu einem Teig verarbeiten.

Anwendungsbeispiele

– Konfekt
– Fruchttörtchen

Hefeteige – *pâtes levées*

Während Biskuit- und andere Massen ihre lockere Beschaffenheit dem mechanischen Einführen von Luft durch Rühren und Schlagen der Eigelbmasse und des Eiweißes verdanken, müssen bei den Hefeteigen das Aufgehen, das Steigen und das Lockerwerden der Backware durch Gärung erreicht werden.

Zusammensetzung

Milch stärkt den Kleber, die Kruste erhält eine ansprechende Farbe, und die Frischhaltung wird begünstigt.
Mehl: Weiß- oder Vollkornmehl. Kleberreiches Mehl ergibt ein größeres Volumen.
Fettstoff: Butter, Margarine oder Fett.
Malz: Malz ist wie Zucker Nahrung für die Hefe, ergibt bessere Farbgebung.
Hefe: Frische oder tiefgekühlte Preßhefe, Trockenhefe.
Eier: Ganze Eier oder Eigelb. Eier machen das Gebäck schmackhafter.
Zucker: Feiner Kristall- oder Grießzucker.
Weitere Zutaten: Zitronenzeste, Sultaninen, Korinthen, Rum, eventuell wenig Salz.

Zubereitung

Direkte Methode
Die Zutaten alle auf einmal direkt zu einem Teig verarbeiten.
Bei dieser Methode können sich weniger Geschmacksstoffe und Gärungssäuren entwickeln, zudem muß mehr Hefe zugegeben werden.

Indirekte Methode
Mit einem Drittel des Mehls, mit Hefe und Malz oder Zucker wird ein Vorteig (Hebel) zubereitet.
Ideal wäre eine Liegezeit von 8–10 Stunden. Dann erst mit den anderen Zutaten den Teig zubereiten.
Benötigt weniger Hefe und ergibt ein besseres Aroma.

Hinweise

– Alle Zutaten sollen Raumtemperatur aufweisen: ideale Verhältnisse für die Hefe.
– Den fertigen Teig aufgehen lassen und dann nochmals zusammenschlagen: Die Treibkraft wird verstärkt und die Porung gleichmäßiger.
– Der richtige Gärpunkt des Teiges: Der Teig gibt auf leichten Fingerdruck nach und kehrt in die Ausgangslage zurück.

Briocheteig – *pâte à brioches*

Zutaten für ca. 1 kg Teig		
Milch, warm	0,06	l
Hefe	0,04	kg
Zucker	0,03	kg
Malz	0,005	kg
Eier	0,2	kg
Salz	0,005	kg
Butter, flüssig	0,16	kg
Mehl	0,5	kg

Zubereitung

– Milch, Hefe, Zucker und Malz vermischen.
– Eier, Butter und Salz dazugeben.
– Mit dem Mehl zu einem geschmeidigen Teig verarbeiten.
– Im Gärschrank aufgehen lassen.
– Je nach Verwendung weiterverarbeiten.

Beispiele

– Hefegugelhopf
– Savarins
– Babas
– Berliner
– Brioches
– Zopf

Brandteig – *pâte à choux*

Unter Brandteig versteht man Massen, bei denen der Backprozeß eingeleitet wird, bevor die Masse in den Ofen kommt, und zwar durch Wärmeeinwirkung beim Abrösten. Zweck des Abröstens beim Brandteig: Verkleisterung der Stärke und Gerinnen des Klebers.
Mit Milch hergestellte Masse ergibt ein stärker gefärbtes Gebäck.
Weiche Teige mit mehr Eiern gehen stärker auf.

Wenn eine glatte Oberfläche gewünscht wird, ohne Dampf backen (z. B. Eclairs zum Glasieren, Schwanenhälse usw.).

Zusammensetzung

Flüssigkeit: Milch oder Wasser.
Fettstoff: Butter oder Margarine.
Mehl: Weißmehl.
Eier: Ganze Eier und Eigelb.
Weitere Zutaten: Salz und Zucker, eventuell Zitronenzeste.

Zutaten für ca. 1 kg Teig		
Milch	0,4	l
Butter	0,15	kg
Zucker	0,02	kg
Salz	1mal	
Mehl	0,2	kg
Eier	0,35	kg

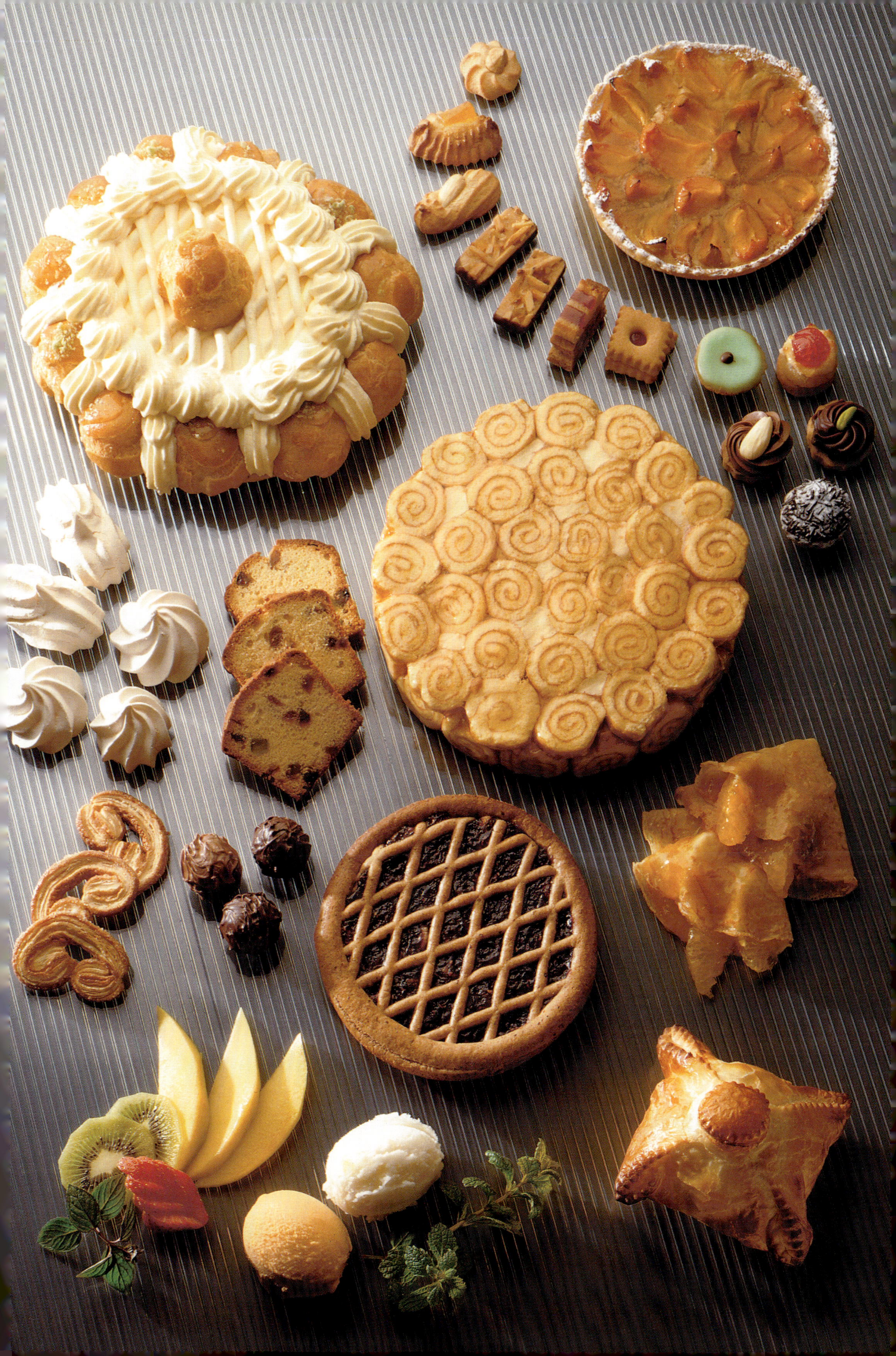

7.20	Süßspeisen	459
7.20.1	Teige	459
7.20.2	Biskuitmassen	465
7.20.3	Cremen	466
7.20.4	Saucen	467
7.20.5	Glasuren	467
7.20.6	Warme Süßspeisen	468
7.20.7	Kalte Süßspeisen	470
7.20.8	Gefrorene Süßspeisen	472
7.20.9	Fachausdrücke	479
7.21	Nachtisch	480

Zubereitung

- Milch, Butter, Zucker und Salz aufkochen.
- Mehl im Sturz beigeben und über der Hitze abrühren, das heißt, unter ständigem Rühren mit dem Holzspachtel bearbeiten, bis sich die Masse von der Pfanne löst.
- Leicht abkalten lassen.
- Nach und nach die Eier unter die warme Masse arbeiten.

Anwendungsbeispiele

- Windbeutel
- Blitzkrapfen
- Kleine Windbeutel
- Saint-Honoré-Kuchen

7.20.2 Biskuitmassen – appareils à biscuit

Die Biskuitmassen können in folgende Gruppen eingeteilt werden:

Warme Biskuitmassen

Genueser Biskuit
Génoise

Schokoladenbiskuit
Génoise au chocolat

Kalte Biskuitmassen

Rouladenbiskuit
Biscuit à rouler

Löffelbiskuits
Pèlerines

Biskuit mit Aufschlagmittel
Biscuit rapide

Schneemassen

Meringuemasse
Meringage

Warme Schneemasse
Meringage italienne

Japonais-Masse
Appareil à japonais

Hüppenmasse
Appareil à cornets

Zusammensetzung

Eier: Ganze Eier oder Eigelb und Eiweiß oder nur Eiweiß.
Zucker: Feinkristall- oder Staubzucker.
Mehl: Das Weißmehl kann bis zu einem Drittel durch Weizen-, Mais- oder Kartoffelstärke ersetzt werden, wodurch das Biskuit eine feinere Porung und eine kürzere Struktur erhält.
Fettstoff: Butter oder Margarine zur Verbesserung der Qualität. Schmelzen, aber nicht zu heiß, am Schluß in die Masse einmelieren.

Treibmittel: Backpulver muß mit dem Mehl abgesiebt werden.
Leichte Massen benötigen kein Treibmittel.
Verschiedene Zutaten: Gemahlene Nüsse, Kakaopulver, Schokoladenpulver; müssen mit dem Mehl vermischt werden.

Unterschieden werden zwei Herstellungsverfahren:

Warme Masse

- Eier und Zucker aufwärmen, bis sich der Zucker unter Rühren aufgelöst hat, was eine Volumenvergrößerung zur Folge hat; zusätzlich erhöht sich die Emulgierfähigkeit des Eigelbs.
- Die Masse bei mittlerer Geschwindigkeit schaumig rühren, bis sie fest und kalt ist.
- Das Mehl absieben und einmelieren.
- Die warme Butter, wenn erforderlich, am Schluß sorgfältig unter die Masse ziehen.

Kalte Masse

- Eigelb und Zucker schaumig rühren.
- Eiweiß mit etwas Zucker (pro Eiweiß 10 g) zu Schnee schlagen (absolut saubere und fettfreie Kessel und Besen!).
- Beide Massen mischen: Zuerst etwas Eischnee mit der Eigelbmasse vermischen, das Mehl einmelieren, dann den restlichen Eischnee unterziehen.

Hinweise

- Fertige Biskuitmassen müssen sofort gebacken werden, sonst platzen die eingeschlagenen Luftbläschen, und die Treibkraft geht verloren.
- Backtemperatur: 190 °C bis 210 °C.

Biskuitmassen mit Aufschlagmittel kann man ohne Volumeneinbuße bis 1 Stunde stehen lassen.

Genueser Biskuit – *génoise*

Zutaten für 2 Biskuitböden	
Eier, pasteurisiert	0,5 kg
Zucker	0,3 kg
Mehl, abgesiebt	0,2 kg
Stärkemehl	0,1 kg
Zitrone (Zeste)	1 Stück
Butter, flüssig	0,1 kg

Zubereitung

- Eier und Zucker unter Rühren im Wasserbad erwärmen, bis sich der Zucker aufgelöst hat, bei höchstens 50 °C.
- Bei mittlerer Geschwindigkeit schaumig rühren, bis die Masse fest und kalt ist.
- Zitronenzeste beifügen.
- Mehl und Stärkemehl absieben und einmelieren.
- Am Schluß die zerlassene Butter sorgfältig unterziehen.
- Dampffrei bei etwa 190 °C backen.

Rouladenbiskuit – *biscuit à rouler*

Zutaten für 2 Rouladen	
Eigelb, pasteurisiert	0,25 kg
Zucker	0,15 kg
Eiweiß, pasteurisiert	0,25 kg
Zucker	0,1 kg
Mehl	0,2 kg
Butter, flüssig	0,1 kg
Zitrone (Zeste)	0,5 Stück

Zubereitung

- Eigelb und Zucker schaumig rühren, Zitronenzeste beifügen.
- Eiweiß mit 50 g des Zuckers zu Schnee schlagen, am Schluß den restlichen Zucker dazugeben.
- Beide Massen zusammengeben und das Mehl einmelieren.
- Am Schluß die flüssige Butter unterziehen.
- Die Masse auf Silikonpapier aufstreichen und sofort bei etwa 200 °C dampffrei backen, mit Zucker bestreuen und mit der Oberseite nach unten auf ein Silikonpapier stürzen.
- Nach dem Erkalten Papier entfernen, mit Konfitüre usw. füllen und sorgfältig einrollen. Gut anpressen, mit Staubzucker stäuben.

Die Backtemperatur ist etwas höher als bei herkömmlichen Biskuitmassen: 210 °C bis 220 °C.
Diese Massen werden immer dampffrei gebacken.

Biskuitmasse mit Aufschlagmittel

Die Rezepturen werden von den Herstellern mitgeliefert und sollen genauestens befolgt werden.

Schneemassen / *Meringages*

Unterschieden werden warme und kalte Schneemassen.

Für Schneemassen nur absolut saubere, fettfreie Gerätschaften und nur einwandfreies Eiweiß verwenden.

Zusammensetzung

Eiweiß: Frisches Eiweiß oder pasteurisiertes Eiweiß.
Zucker: Feinkristall- oder Staubzucker.

Kalte Schneemassen

Zutaten		
Eiweiß	0,3	kg
Zucker	0,5	kg
Stärke	0,03	kg

Zubereitung

- ⅓ des Zuckers mit dem Eiweiß aufschlagen.
- ⅓ des Zuckers nach und nach während des Schlagens beigeben.
- ⅓ des Zuckers in den fertigen Schnee einmelieren.
- Auf 1 l Eiweiß können 0,1 kg Stärke zugefügt werden, das Gebäck nimmt dann weniger Farbe an.

Warme Schneemassen

Zutaten		
Eiweiß	0,2	kg
Staubzucker	0,4	kg

Zubereitung

- Eiweiß und Staubzucker aufwärmen, bis sich der Zucker gelöst hat, höchstens aber 50 °C, dann zu Schnee schlagen.
- Anbacken bei etwa 150 °C, dann bei offenem Zug bei etwa 110 °C fertig trocknen.

Japonais-Masse

Zutaten für 6 Böden		
Eiweiß	0,25	kg
Zucker	0,5	kg
Haselnüsse, gemahlen	0,22	kg
Mehl	0,06	kg
Butter, flüssig	0,025	kg

Zubereitung

- Eiweiß und ⅓ des Zuckers zu Schnee schlagen.
- Haselnüsse, restlichen Zucker und Mehl mischen und einmelieren.
- Butter am Schluß beigeben.
- Bei offenem Zug bei etwa 160 °C backen.

7.20.3 Cremen – *crèmes*

Cremen dienen zum Füllen von Süßspeisen oder, in Coupen, Gläser usw. abgefüllt, als Süßspeisen.
Die Dicke der Creme richtet sich nach ihrer Verwendung.
Rahm oder Schlagrahm verbessern die Qualität.
Die Benennung richtet sich nach den jeweiligen Zutaten.
Cremen sind nur kurze Zeit haltbar.

Bei der Zubereitung sind die folgenden Hygienemaßnahmen zu beachten:
- Abgekochte Cremen auf mindestens 85 °C erhitzen und sofort abkühlen.
- Keinen großen Vorrat herstellen.
- Unter 5 °C aufbewahren.
- Für Cremen, die nicht stark erhitzt werden, sind pasteurisierte Eier zu verwenden.

Die Cremen können in folgende Gruppen eingeteilt werden:

Vanillecremen
Crèmes à la vanille

Vanillecreme
Crème à la vanille
Füllcreme
Crème pâtissière
Diplomate-Creme
Crème mousseline

Bayerische Creme
Crème bavaroise
Gebrannte Creme
Crème brûlée

Buttercremen
Crèmes au beurre

Buttercreme
Crème au beurre

Verschiedene Cremen
Crèmes diverses

Zitronencreme
Crème au citron
Orangencreme
Crème à l'orange
Quarkcreme
Crème de séré
Joghurtcreme
Crème de yogourt

Vanillecreme – *crème à la vanille*

Zutaten für ca. 1 l		
Milch	1	l
Zucker	0,15	kg
Eigelb, pasteurisiert	0,08	kg
Vanillecremepulver	0,06	kg

Zubereitung

- 0,9 l Milch und den Zucker aufkochen.
- Eigelb, Cremepulver und 0,1 l Milch verrühren.
- Unter Rühren mit dem Schwingbesen die heiße Milch dazugeben.
- Aufkochen und sofort abkühlen (Eiswasser).

Bayerische Creme – *crème bavaroise*

Zutaten für 10 Personen		
Milch	0,4	l
Vanilleschote	½	Stück
Salz (Prise)	1mal	
Eigelb, pasteurisiert	0,08	kg
Zucker	0,14	kg
Gelatine	0,012	kg
Schlagrahm	0,4	l

Zubereitung

- Gelatine in kaltes Wasser einlegen.
- Milch und Vanille aufkochen.
- Eigelb und Zucker schaumig rühren, heiße Milch dazugeben.
- Auf max. 85 °C erhitzen.
- Gelatineblätter ausdrücken, beigeben und die Creme passieren.
- In Eiswasser einsetzen und, wenn die Creme zu stocken beginnt, den Schlagrahm vorsichtig unterziehen.
- Sofort weiterverarbeiten.

Buttercreme – *crème au beurre*

Zutaten für 1,3 kg	
Zucker	0,3 kg
Eier pasteurisiert	0,3 kg
Butter	0,5 kg
Staubzucker	0,2 kg

7.20.4 Saucen – *sauces*

Fruchtsaucen werden entweder aus rohen Beeren oder pochiertem Steinobst zubereitet:

Fruchtsaucen aus rohen Beeren im Mixer pürieren, dann passieren und mit Staubzucker binden (Beerensaucen würden beim Aufkochen Farbe und Aroma verlieren). Zum Binden kann auch aufgelöste Glukose zugefügt werden.

Fruchtsaucen aus pochiertem Steinobst: Aprikosen, Pfirsiche usw. in heißem Sirup pochieren und nach dem Erkalten ebenfalls pürieren. Diese Saucen können mit Kirsch usw. parfümiert werden.

Cremesaucen werden mit den gleichen Zutaten wie Cremen zubereitet. Sie können auch durch Verdünnen mit Milch oder Rahm von den Cremen abgeleitet werden.

Die Saucen können in folgende Gruppen eingeteilt werden:

Fruchtsaucen aus rohen Beeren
Himbeersauce *Sauce Melba*
Erdbeersauce *Sauce aux fraises*
Johannisbeersauce *Sauce aux groseilles*

Fruchtsaucen aus gegartem Obst
Aprikosensauce *Sauce aux abricots*
Pfirsichsauce *Sauce aux pêches*

Cremesaucen
Vanillesauce *Sauce à la vanille*
Schokoladensauce *Sauce au chocolat*

Zubereitung

- Zucker und Eier unter Rühren im Wasserbad erwärmen.
- In der Maschine schaumig rühren.
- Butter und Staubzucker schaumig rühren.
- Eiermasse langsam der Buttermasse zugeben.
- Nach Wunsch parfümieren.

Weinsaucen
Rotweinsauce *Sauce bichof*
Weinschaumsauce *Sabayon*

Himbeersauce – *sauce Melba*

Zutaten für 1 l		
Himbeeren, frisch	0,9	kg
Staubzucker	0,25	kg
Zitronensaft von	1	Stück

Zubereitung

- Himbeeren mit dem Staubzucker zusammen mixen und passieren.
- Mit dem Zitronensaft abschmecken.

Aprikosensauce – *sauce aux abricots*

Zutaten für 1 l		
Aprikosen	0,75	kg
Wasser	0,25	l
Zucker	0,2	kg
Zitronensaft von	1	Stück

Zubereitung

- Aprikosen blanchieren, schälen und Steine entfernen.
- Wasser, Zucker und Zitronensaft zu einem Sirup kochen.
- Die Aprikosen dazugeben, pochieren und erkalten lassen. Alles im Mixer pürieren.
- Die Sauce passieren, eventuell mit Aprikosenlikör oder Cognac parfümieren.

Vanillesauce – *sauce à la vanille*

Zutaten für 1,3 l		
Milch	1	l
Eigelb, pasteurisiert	0,25	kg
Zucker	0,15	kg
Vanilleschote	1	Stück

Zubereitung

Milch, und die der Länge nach halbierte und ausgeschabte Vanilleschote aufkochen.

- Eigelb und Zucker cremig rühren.
- Unter Rühren mit dem Schneebesen die heiße Milch dazugeben.
- Unter ständigem Rühren erhitzen (max. 85 °C).
- Durch Spitzsieb passieren und sofort abkühlen.

Weinschaumsauce – *sabayon*

Zutaten für 10 Personen		
Weißwein	0,4	l
Zucker	0,2	kg
Zitronensaft	0,03	l
Eigelb pasteurisiert	0,24	kg
Curaçao	0,08	l

Zubereitung

- Alle Zutaten außer Curaçao im Wasserbad zum Band schlagen.
- Den Curaçao zugeben.
- In vorgewärmte Ballongläser abfüllen.

Bemerkung

Sabayon kann auch mit Marsala, Porto, Sherry usw. zubereitet werden. Man nimmt dann 75 % des entsprechenden Dessertweines und 25 % Weißwein.

7.20.5 Glasuren – *glaces*

Die Glasuren vollenden das Aussehen von Gebäck und Süßspeisen.
Gebäck wird vor dem Glasieren meist aprikotiert, was verhindert, daß die Feuchtigkeit der Glasur vom Gebäck aufgesogen wird und dadurch der Zucker auskristallisiert.
Glasuren werden auch zum Ausgarnieren von Süßspeisen, Torten usw. verwendet oder zum Beschriften.

Fondant besteht aus etwa 10 Teilen Zucker, 1 Teil Glukose und 3 Teilen Wasser und wird als Fertigprodukt gekauft.
Fondant wird vorsichtig auf höchstens 40 °C erwärmt.
Kann mit Sirup verdünnt und beliebig parfümiert werden.

Wasserglasur: Staubzucker mit heißem Wasser im Verhältnis 3 : 1 anrühren und auflösen.
Für Rüeblitorte, Konfekt usw.

Spritzglasur: Staubzucker mit heißem Wasser im Verhältnis 5 : 1 vermischen und schaumig rühren. Mit Folie abdecken, damit sie nicht verkrustet.
Zum Dekorieren, Schreiben usw.

Spritzglasur (Schokolade): Couverture auflösen, mit wenig Wasser oder Kirsch zur gewünschten Festigkeit anrühren, dann auf etwa 40 °C erwärmen.

Fettglasur (Überzugsmasse) ist eine Couverture-ähnliche Masse, bei der die Kakaobutter durch einen anderen Fettstoff ersetzt wurde. Erlaubt eine einfache Verarbeitung, da sie nicht temperiert werden muß.
In verschiedenen Farbtönen und Aromen erhältlich.

Zum Überziehen von Torten, Schnitten usw.

Abricoture: Aprikosenmarmelade mit etwas Zucker aufkochen und passieren; heiß verwenden.
Fertigprodukte müssen nur erhitzt werden.

Sirup oder Läuterzucker

Läuterzucker: 28–30 °Beaumé
Zucker und Wasser im Verhältnis 3:2 aufkochen und abschäumen. Kalt stellen und aufbewahren.
Zum Verdünnen von Fondant, für Fruchtglacen usw., zum Tränken von Biskuits usw.

7.20.6 Warme Süßspeisen – *entremets chauds*

Die warmen Süßspeisen können in folgende Gruppen unterteilt werden:

Aufläufe
Soufflés

Vanilleauflauf
Soufflé à la vanille

Quarkauflauf
Soufflé au séré

Früchteauflauf
Soufflé aux fruits

Gestürzte Puddings
Poudings soufflés

Auflaufpudding
Pouding saxon

Frankfurter Pudding
Pouding Francfort

Pudding Diplomatenart
Pouding diplomate

Englische Puddings
Poudings anglais

Reispudding
Pouding de riz anglaise

Grießpudding
Pouding de semoule anglaise

Brot-und-Butter-Pudding
Pouding de pain et de beurre

Hefeteigsüßspeisen
Entremets à la pâte levée

Savarin mit Früchten
Savarin aux fruits

Savarin mit Weinschaum
Savarin au sabayon

Baba mit Rum
Baba au rhum

Omeletten
Omelettes

Omelette Stéphanie
Omelette Stéphanie

Überraschungsomelette
Omelette surprise

Pfannkuchen
Crêpes

Pfannkuchen mit Äpfeln
Crêpes normande

Pfannkuchen Pariser Art
Crêpes parisienne

Gebackene Krapfen
Beignets

Apfelküchlein
Beignets de pommes

Ananasküchlein
Beignets d'ananas

Brandteigkrapfen
Beignets soufflés

Teigkrapfen
Rissoles

Krapfen mit Konfitüre
Rissoles à la confiture

Quarkkrapfen
Rissoles au séré

Früchtekrapfen
Rissoles aux fruits

Warme Früchtesüßspeisen
Entremets chauds aux fruits

Apfelcharlotte
Charlotte aux pommes

Apfel im Schlafrock
Pomme en cage

Äpfel Hausfrauenart
Pommes bonne femme

Apfelstrudel
Stroudel aux pommes

Birnenjalousie
Jalousie aux poires

Früchtegratin
Gratin de fruits

Aufläufe

Alle Aufläufe werden in den Kokotten serviert, in denen sie gebacken worden sind.
Sie müssen sofort serviert werden, da sie sonst zusammenfallen.
Das Vorwärmen im Wasserbad ist sehr zu empfehlen.

Bei den Aufläufen ist die Zusammensetzung eher einfach. Die Zubereitung ist hingegen etwas aufwendiger und verlangt exaktes Arbeiten.

Vanilleauflauf – *soufflé à la vanille*

Zutaten für 10 Personen		
Milch	0,4	l
Vanilleschote	1	Stück
Salz (Prise)	1mal	
Butter	0,08	kg
Mehl	0,1	kg
Eigelb	0,12	kg
Eiweiß	0,2	kg
Zucker	0,1	kg
Butter zum Ausstreichen der Form	0,01	kg
Mehl	0,01	kg
Staubzucker zum Stäuben	0,01	kg

Vorbereitung

– Kokotte mit Butter gleichmäßig ausstreichen und mit Mehl stäuben, überschüssiges Staubmehl aus der Form klopfen. Die Innenwände der Form nicht mehr berühren, sonst kann die Masse nicht gleichmäßig aufgehen.
– In einer Kasserolle Butter schmelzen, das Mehl dazugeben, glattrühren und den Roux etwas auskühlen lassen.

Zubereitung

– Vanilleschote der Länge nach halbieren, Mark etwas herauslösen und mit der Milch und dem Salz auf den Siedepunkt bringen.
– Die Milch absieben und zum Roux gießen, mit dem Schwingbesen glattrühren.
– Mit einem Spatel auf dem Herd abrühren, bis sich die Masse von der Kasserolle löst. Vom Herd nehmen, leicht auskühlen lassen, Eigelb eines nach dem anderen unter die Masse ziehen.
– Eiweiß und Zucker zu Schnee schlagen.
– Eine kleine Menge Eischnee unter die Masse mischen (zum Auflok-

kern). Den restlichen Eischnee sorgfältig unter die Masse ziehen.
- Masse bis zu ¾ der Höhe der Kokotte einfüllen.
- Im Wasserbad auf dem Herd gut erwärmen.
- Bei 200 °C auf einem Rost backen – die Hitze darf nicht abfallen: Aufläufe vertragen keine zurückfallende Hitze.
- Ob sie genügend gebacken sind, läßt sich am besten durch die «Nadelprobe» feststellen, das heißt, an der Nadel darf beim Herausziehen keine Masse haften.
- Den fertig gebackenen Auflauf mit Staubzucker bestreuen und sofort servieren.

Bemerkung

Im Wasserbad vorgewärmte Massen benötigen etwa folgende Backzeit:
- Servicekokotten: 20 Minuten
- Portionenkokotten: 8 Minuten

Ableitungen vom Vanilleauflauf

Mokkaauflauf – *soufflé au moka*
Gleiche Zubereitung wie Vanilleauflauf.
In die heiße Milch 10 g löslichen Kaffee geben.

Schokoladenauflauf – *soufflé au chocolat*
Gleiche Zubereitung wie Vanilleauflauf.
25 g Kakaopulver ohne Zucker mit dem Eigelb unter die Grundmasse mischen.

Beispiele
- Apfelauflauf
- Auflauf Rothschild
- Früchteauflauf
- Grand-Marnier-Auflauf
- Quarkauflauf

Gestürzte Puddings – *poudings soufflés*

Alle warmen Puddings werden gestürzt.
Zubereitet werden sie wie Aufläufe, sie enthalten jedoch etwas mehr Mehl und Eigelb.
Nach dem Stürzen muß mit dem Entfernen der Form etwas zugewartet werden, damit sich die Form besser vom Pudding löst.

Beispiele
- Auflaufpudding
- Frankfurter Pudding
- Pudding Diplomatenart
- Quarkauflaufpudding
- Reisauflaufpudding

Englische Puddings – *poudings anglais*

Die englischen Puddings werden in speziellen Puddingplatten gebacken und serviert.
Diese Puddings vertragen Hitzeschwankungen und auch das Stehenlassen.
Beim Weichkochen von Reis und Grieß ist zu beachten, daß der Zucker erst nach dem Weichkochen beigegeben wird, sonst werden sie nicht weich.

Beispiele
- Brot-und-Butter-Pudding
- Grießpudding
- Reispudding

Hefeteigsüßspeisen – *entremets à la pâte levée*

Aus Hefeteig werden hauptsächlich folgende Hefeteigsüßspeisen hergestellt:

Savarins

Savarins in Portionengröße lassen sich besser tränken und füllen, und sie präsentieren besser. Serviceformen hingegen wirken auf einem Süßspeisenbuffet dekorativer, sind aber zum Servieren weniger geeignet.
Savarins lassen sich besser mit heißem Sirup tränken, wenn sie am Vortag gebacken worden sind. Teig mit einem Dressiersack bis höchstens zu ⅓ der Höhe der Form einfüllen. Zudem ist darauf zu achten, daß sie schön luftig sind, deshalb vor dem Backen genügend aufgehen lassen.
Savarins werden nach dem Tränken mit Abricoture überglänzt und mit der entsprechenden Füllung sorgfältig gefüllt.

Babas

Babas werden mit Savarinteig hergestellt, dem gut gewaschene Rosinen oder Korinthen beigemischt werden. Dieser Teig muß etwas fester sein (mit weniger Flüssigkeit zubereiten) als Savarinteig und wird in Timbale-Formen dressiert. Auch Babas werden in heißem Sirup getränkt und aprikotiert.
Den Rum gibt man mit Vorteil nach dem Tränken über die Savarins und die Babas, da so das Aroma erhalten bleibt.

Berliner (Pfannkuchen)

Damit die Berliner beim Backen in der Fritüre einen schönen hellen Rand bekommen, muß der Teig weich gehalten werden.
Die Füllung – meist Himbeerkonfitüre – wird nach dem Backen mit einer speziellen Tülle eingespritzt.

Dampfnudeln

Die Schwierigkeit bei der Zubereitung dieser Süßspeise besteht im Backen. Am besten nimmt man Briocheteig und eine Form mit einem hohen Rand, die man noch gut zudecken kann. Beim Einfüllen ist auf genügend Abstand der einzelnen Teigkugeln zu achten.
Den gesüßten Rahm erst nach 10 Minuten Backzeit beigeben und weiterbacken, bis die Dampfnudeln den Rahm aufgesogen haben.
Mit Vanillesauce servieren.

Omeletten – *omelettes*

Omelette Stephanie

Eischnee, Mehl, Rahm, geschmolzene Butter und Zitronenzeste unter die schaumig gerührten Eigelb ziehen.
Diese Masse in einer Lyoner Pfanne im heißen Ofen aufgehen lassen. Eine Hälfte mit Konfitüre oder marinierten Früchten belegen, überschlagen und auf eine vorgewärmte Platte stürzen. Sofort servieren.

Auflaufomelette

Eischnee sorgfältig unter die schaumig gerührten Eigelb mischen. Die Masse auf eine mit Butter bestrichene Platte dressieren, mit Staubzucker stäuben und im mittelheißen Ofen etwa 10 Minuten backen, nochmals mit Staubzucker stäuben und sofort servieren.

Überraschungsomelette

Ein Genueser Biskuitboden auf eine Platte legen. Vanille- und Fruchtglace schichtweise aufdressieren, dabei in der Mitte eine Öffnung freihalten. Marinierten Fruchtsalat in die Öffnung füllen, mit Biskuitscheiben umlegen, zudecken. Mit Auflaufomelettenmasse einstreichen und mit Spritzsack dekorieren. Mit Staubzucker stäuben, kurz im Ofen überbacken und nochmals stäuben, sofort servieren.

Pfannkuchen

Zubereitungsschritte

- Herstellen des Pfannkuchenteiges und Ausbacken von dünnen Crêpes.
- Herstellen der Füllungen, zum Beispiel gedünstete Äpfel mit Rosinen oder andere gedünstete Früchte.
- Füllen und aprikotieren oder mit Staubzucker bestäuben, überbakken.

Beispiele

- Pfannkuchen mit Äpfeln
- Pfannkuchen Pariser Art
- Pfannkuchen Suzette

Gebackene Krapfen – *beignets*

Unterschieden werden **Krapfen mit Backteig** und **Krapfen aus Brandteig.** Beignets werden in der Friture vorgebacken und bei Bedarf in einer etwas heißeren Friture knusprig ausgebakken, auf Papier gut entfettet, in Zimtzucker gewälzt und mit Vanillesauce serviert.
Die Früchte für Krapfen mit Backteig müssen mariniert werden. Zitronensaft verstärkt das Aroma und beeinflußt die Farbe.
Die Brandteigkrapfen müssen bei niedriger Temperatur gebacken werden, damit sie aufgehen können.

Diese Süßspeisen müssen aber in einer separaten Friture zubereitet werden.

Beispiele

- Ananasküchlein
- Apfelküchlein
- Brandteigkrapfen

Teigkrapfen – *rissoles*

Rissolen werden heute vorwiegend im Ofen gebacken.
Bei der Herstellung ist darauf zu achten, daß der Rand gut angepreßt wird, damit die Krapfen beim Backen nicht aufreißen und die Füllung austreten kann.
Blätterteig muß immer gut ausgebakken werden.

Beispiele

- Früchtekrapfen
- Krapfen mit Konfitüre
- Quarkkrapfen

Warme Früchtesüßspeisen – *entremets chauds aux fruits*

Diese Gruppe der Süßspeisen wird heute vom Gast sehr geschätzt, weil sie Abwechslung in das Süßspeisenangebot bringt.
Früchtesüßspeisen lassen sich gut in Schnittenform zubereiten und dann portionieren, wobei die Portionengröße dem Wunsch des Gastes angepaßt werden kann.
Warme Früchtesüßspeisen können auch, wenn nicht alle verkauft worden sind, kalt serviert oder wieder erwärmt werden (z. B. Strudel).

Beispiele

- Äpfel Basler Art
- Äpfel Hausfrauenart
- Apfel im Schlafrock
- Apfelcharlotte
- Apfeljalousie
- Apfelstrudel
- Birnenjalousie
- Birnenstrudel
- Früchtegratin

7.20.7 Kalte Süßspeisen – *entremets froids*

Die kalten Süßspeisen können in folgende Gruppen eingeteilt werden:

Gestürzte Cremen
Crèmes renversées

Karamelköpfchen
Crème renversée au caramel

Mandelcreme
Blanc-manger

Bayerische Cremen
Crèmes bavaroises

Charlotte russische Art
Charlotte russe

Charlotte königliche Art
Charlotte royale

Brandteigsüßspeisen
Entremets à la pâte à choux

Windbeutel mit Creme
Choux à la crème

Blitzkrapfen mit Kirsch
Eclairs au kirsch

Kleine Windbeutel mit Schokolade
Profiteroles au chocolat

Rahmsüßspeisen
Entremets à la crème

Meringues
Meringues chantilly

Vacherin mit Erdbeeren
Vacherin aux fraises

Kastanien mit Schlagrahm
Vermicelles chantilly

Kalte Puddings
Poudings froids

Reis Kaiserinart
Riz impératrice

Grieß Viktoria
Semoule Victoria

Flammeri mit Erdbeeren
Flamri aux fraises

Kalte Früchtesüßspeisen
Entremets froids aux fruits

Portweinbirnen
Poires au porto

Erdbeeren Romanow
Fraises Romanov

Fruchtsalat
Macédoine de fruits

Frische Feigen in Cassis-Likör
Figues à la crème de cassis

Schaumcremen
Mousses

Schokoladenschaumcreme
Mousse au chocolat

Orangenschaumcreme
Mousse à l'orange

Süßspeisen mit Quark und Joghurt
Entremets au séré et au yogourt

Joghurtschnitte mit Birnen
Tranche au yogourt et aux poires

Leichter Apfel-Zitronen-Quark
Mousseline de séré aux pommes et au citron

Früchtetorten und Früchtetörtchen
Tartes et tartelettes aux fruits

Erdbeertorte
Tarte aux fraises

Apfeltorte
Tarte aux pommes

Fruchttörtchen
Tartelettes aux fruits

Gestürzte Cremen

Gestürzte Cremen erhalten die Bindung durch Pochieren im Wasserbad. Bindemittel sind Ei oder Eigelb, die mit Milch, Zucker und Vanille zu einer Royale verarbeitet werden. Die Masse wird in Kokotten eingefüllt und im Wasserbad im Ofen pochiert. Die Temperatur des Wassers darf 80 °C nicht übersteigen, sonst wird die Creme löcherig.
Diese Cremen können auch im Steamer pochiert werden.
Nach dem Erkalten die Cremen auf ein Anrichtegeschirr stürzen, kurz, aber fest rütteln und die Form vorsichtig wegnehmen.

Beispiele
– Creme französische Art
– Gestürzte Creme mit Rahmhüppen
– Karamelköpfchen
– Mandelcreme

Bayerische Cremen

Die bayerischen Cremen werden zur Rose erhitzt. Sie erhalten die Bindung durch die zusätzliche Beigabe von Gelatine.
Aufgelockert werden diese Cremen durch Schlagrahm, den man kurz vor dem Stocken der Creme sorgfältig unterzieht.
Das Erkennen der richtigen Temperatur vor dem Unterziehen des Schlagrahms ist sehr wichtig. Ist die Masse zu warm, zerläuft der Schlagrahm, ist sie zu kalt, stockt die Creme zu rasch und kann nicht mehr abgefüllt werden.
Die Creme sofort in Formen abfüllen und im Kühlraum erstarren lassen. Form kurz in heißes Wasser stellen, Creme stürzen.
Bayerische Cremen gehören zu den Klassikern des Süßspeisenbereiches – die Portionengröße muß aber den heutigen Eßgewohnheiten angepaßt werden.
Die Gelatinemengen unbedingt einhalten – auch nur ein einziges Blatt mehr ist zuviel, und das Resultat ist eine gummige Creme.

Beispiele
– Bayerische Creme
– Charlotte königliche Art
– Charlotte russische Art
– Eugenia-Torte Melba
– Gebänderte bayerische Creme

Brandteigsüßspeisen – *entremets à la pâte à choux*

Brandteigsüßspeisen werden sehr schnell weich, wenn sie mit Creme gefüllt sind, weshalb sie erst kurz vor dem Servieren gefüllt werden sollten. Kombiniert man Brandteigsüßspeisen mit frischen Saisonfrüchten, kann auch diese klassische Süßspeise attraktiv sein.
Bei der Zubereitung des Brandteiges unbedingt beachten, daß man die Masse gut auf dem Herd abrührt, damit die Stärke verkleistert und der Kleber gerinnt und somit das Gebäck nach dem Backen nicht zusammenfällt.
Wichtig ist, daß die Eier nur nach und nach in die abgeröstete Masse eingearbeitet werden, sonst wird der Teig flockig und bindet nicht mehr.
Für Eclairs usw. wird eine leichte Masse mit einem größeren Eieranteil hergestellt, für Garnierelemente muß die Masse fester sein, damit sie beim Backen nicht aufreißt.

Beispiele
– Blitzkrapfen mit Kirsch
– Blitzkrapfen mit Mokka
– Blitzkrapfen mit Schokolade
– Kleine Windbeutel mit Johannisbeersauce
– Kleine Windbeutel mit Schokolade
– Saint-Honoré-Kuchen
– Schwänchen mit Creme
– Windbeutel mit Creme

Rahmsüßspeisen – *entremets à la crème*

Rahmsüßspeisen sind nach wie vor beliebt. Damit sie neuzeitlichen Ernährungsanforderungen entsprechen, kann der Vollrahm ohne arbeitstechnische Probleme ganz oder teilweise durch schlagbaren Halbrahm ersetzt werden (25% Fett). Zum Schlagen muß der Halbrahm sehr gut gekühlt sein. Sie können auch mit Schlagcreme hergestellt werden.
Rahmsüßspeisen mit **Halbrahm oder Schlagcreme müssen entsprechend deklariert werden.**
Süßspeisen, die zur Hauptsache aus Rahm hergestellt sind, wirken sehr schnell unansehnlich. Sie sollten deshalb nur für den momentanen Bedarf zubereitet werden.

Beispiele
– Baba mit Schlagrahm
– Hüppen mit Schlagrahm
– Kastanien mit Schlagrahm
– Meringues
– Vacherin mit Erdbeeren

Kalte Puddings – *poudings froids*

Kalte Puddings erhalten die Bindung durch Gelatine und werden mit Schlagrahm aufgelockert.
Beim Kochen von Reis und Grieß ist zu beachten, daß der Zucker erst am Schluß der Kochzeit beigegeben wird, da sonst ein richtiges Weichwerden nicht gewährleistet ist.
Puddings lassen sich schlecht portionieren. Deshalb ist es ratsam, sie in Portionenformen zuzubereiten. Bei dieser Anrichteart kann zudem die Gelatinezugabe reduziert werden. Auf das Ausgießen der Formen mit Weißweingelee wird vielfach verzichtet.
Vor dem Stürzen kurz in heißes Wasser stellen. Mit wenig Schlagrahm und passenden Früchten ausgarnieren. Fruchtsauce dazu servieren.

Beispiele
– Aprikosen Kaiserart
– Flammeri mit Erdbeeren
– Grieß Viktoria
– Reis Kaiserinart

Kalte Früchtesüßspeisen – *entremets froids aux fruits*

Als beliebteste Süßspeise dieser Gruppe gilt der Fruchtsalat. Er sollte aber mit frischen Früchten zubereitet werden. Die folgenden Punkte sind zu beachten:
– Mit saftreichen, säurehaltigen Früchten wie Orangen, frischen Ananas usw. beginnen. Sofort nach dem Filetieren und dem Schneiden zuckern. Der so frei werdende Saft enthält so viel Säure, daß hellfleischige Früchte wie Äpfel, Birnen, Bananen usw. sich nicht verfärben (d.h. an der Luft nicht braun werden bzw. oxidieren).
– Die verschiedenen Früchte müssen mengenmäßig so zusammengestellt werden, daß sie ein harmonisches Ganzes ergeben.
– Nur einwandfreie, reife Früchte verarbeiten.

Beispiele
– Birchermüesli
– Dörrzwetschgenkompott
– Erdbeeren Romanow
– Frische Feigen in Cassis-Likör
– Frischer Fruchtsalat
– Pfirsichkompott
– Portweinbirnen
– Rote Grütze
– Rumtopf

Schaumcremen – *mousses*

Schaumcremen sind sehr beliebt.
Sie sollen leicht und luftig sein und wegen des hohen Joule-Gehaltes klein portioniert werden.
Da sie vielfach direkt am Tisch portioniert werden, ist es einfach, auf die Wünsche des Gastes einzugehen.

Beispiele
- Apfelschaumcreme
- Dunkle Schokoladenschaumcreme
- Erdbeerschaumcreme
- Orangenschaumcreme
- Weiße Schokoladenschaumcreme

Früchtetorten und Früchtetörtchen – *tartes et tartelettes aux fruits*

Diese Gruppe umfaßt Süßspeisen, die sich nicht nur als Süßspeise in einem Menü eignen, sondern vor allem für das Nachmittagsgeschäft zusammen mit Kaffee.
Sie lassen sich gut vorbereiten und sind über längere Zeit ohne Qualitätseinbußen haltbar, vor allem wenn sie noch mit Gelee überglänzt werden.

Beispiele
- Apfeljalousie
- Apfelkuchen
- Apfelkuchen mit Guß
- Aprikosenkuchen
- Birnenkuchen
- Erdbeerkuchen
- Erdbeerkuchen mit Meringuemasse
- Fruchttörtchen
- Joghurtschnitte mit Birnen
- Zwetschgenkuchen

7.20.8 Gefrorene Süßspeisen – *entremets glacés*

Unterschieden werden
- einfache Eissorten
- leichte Eissorten

Die gefrorenen Süßspeisen können in folgende Gruppen eingeteilt werden:

Einfache Eissorten – *glaces simples*

Cremeglacen – *Glaces à la crème*

Vanilleglace
Glace à la vanille

Schokoladenglace
Glace au chocolat

Mokkaglace
Glace au moka

Fruchtglacen – *Glaces aux fruits*

Erdbeerglace
Glace aux fraises

Himbeerglace
Glace aux framboises

Aprikosenglace
Glace aux abricots

Eispunsch – *Sorbets*

Zitronensorbet
Sorbet au citron

Orangensorbet
Sorbet à l'orange

Apfelsorbet
Sorbet à la pomme

Eismandarinen
Mandarines givrées

Leichte Eissorten – *glaces légères*

Rahmgefrorenes – *Parfait glacé*

Rahmgefrorenes mit Grand Marnier
Parfait glacé Grand Marnier

Schaumgefrorenes – *Mousses glacées*

Himbeeren-Schaumgefrorenes
Mousse glacée aux framboises

Cassis-Schaumgefrorenes
Mousse glacée aux cassis

Verschiedene Eissorten

Eisbomben
Bombes glacées

Eisbiskuits
Biscuits glacés

Cassata
Cassata

Eistorten
Tourtes glacées

Eismeringuen
Meringues glacées

Einfache Eissorten – *glaces simples*

Für bakteriologisch einwandfreie Produkte ist folgendes zu beachten:
- Auf 85 °C erhitzte Cremeglacen **sofort** abkühlen und gefrieren.
- Glace, die kalt angerührt wird, nur in gut gereinigten, desinfizierten und heiß ausgespülten Gefäßen zubereiten und zugedeckt quellen lassen.
- Den Freezer nach dem Herstellen von Glace reinigen:
  - Mit 50 °C warmem Wasser vorspülen.
  - Apparat auseinandernehmen und die Teile mit den Gefäßen und den übrigen Gerätschaften mit einer Bürste und speziellem Reinigungsmittel reinigen.
  - Mit heißem Wasser spülen und trocknen lassen. Nicht austrocknen!
- Glacemassen nie mit den Händen berühren.
- Portionierzangen können größte Infektionsherde sein, deshalb ständige Reinigung (fließendes Wasser usw.).

Cremeglacen

- Milch als gefrierfähige und fettgebende Substanz.
- Eigelb als Bindemittel und fettgebende Substanz.
- Zucker als Süßmittel. Der Zuckeranteil muß groß genug sein, um die Kristallisation zu verhindern. Zuviel Zucker hemmt den Gefrierprozeß.
- Vanillearoma verbessert den Geschmack aller Cremeglacen.
- Rahm verbessert den Geschmack und die Geschmeidigkeit.

Fruchtglacen

- Fruchtmark oder Fruchtsaft dient als Geschmacksträger.
- Zuckersirup als Süßmittel und für das Volumen.
- Zitronensaft erhöht das Fruchtaroma.
- Spezielle Glacebindemittel oder Eiweiß dienen als Bindemittel.
- Rahm verbessert die Geschmeidigkeit, mildert aber das Aroma und die Farbe.

Sorbets

- Können mit Fruchtsaft, Fruchtmark, Wein oder Likör hergestellt werden.
- Sorbets sollen von leichter Konsistenz, aber weicher als normale Glacen sein.
- Als Bindemittel wird am Schluß italienische Meringage zugegeben.
- Sorbets können mit einem Spritzsack in Sektgläser dressiert werden.

Zubereitung **Blätterteig**

1. Mehl und Butter fein reiben und zu einem Kranz formen. Restliche Zutaten in Kranzmitte geben.

2. Rasch zu einem Teig kneten, zu einer Kugel formen und kühl stellen.

3. Fettstoff in den ausgewallten Teig einschlagen.

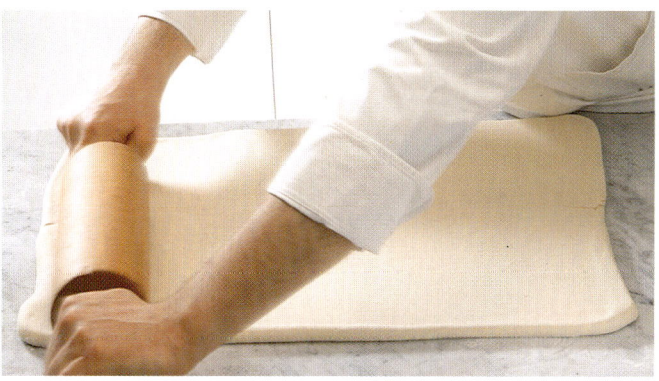

4. Gleichmäßig dick zu einem Rechteck ausrollen.

5. Touren geben. Dazwischen immer wieder kühl stellen. Exakt zusammenlegen.

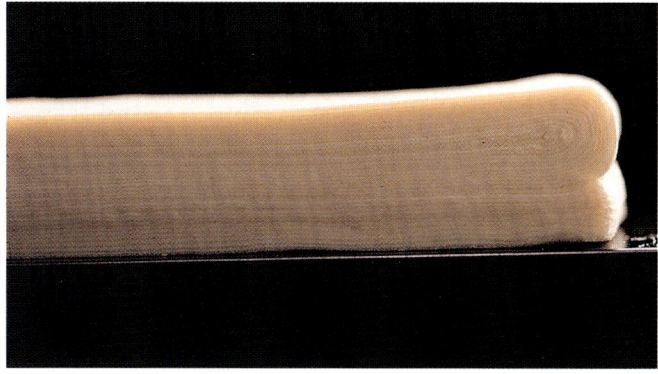

6. Exakt arbeiten, damit die einzelnen Schichten nicht zerstört werden.

7. So kann der Blätterteig schön und gleichmäßig aufgehen.

Zubereitung **Brandteig**

1. Flüssigkeit (Milch/Wasser) mit Butter, Zucker und Salz aufkochen. Das Mehl im «Sturz» beigeben.

2. Auf dem Herd abrühren und trocknen, bis sich die Masse vom Pfannenboden löst.

3. Leicht auskühlen lassen und die Eier, eins nach dem andern, unter die Masse arbeiten.

4. Die Masse muß glänzen und geschmeidig sein, so daß man sie spritzen kann.

5. Mit Sterntülle gleichmäßige Häufchen auf vorbereitetes Blech spritzen.

6. Nach dem Auskühlen quer halbieren, mit Schlagrahm füllen und mit Staubzucker bestäuben.

Zubereitung **Genueser Biskuit**

1. Eier und Zucker vermischen.

2. Im Wasserbad aufschlagen, bis die Masse das «Band» zieht. Anschließend kaltrühren.

3. Abgesiebtes Mehl und Stärke daruntermelieren.

4. Zuletzt die flüssige Butter darunterziehen.

5. Genueser Masse in vorbereitete Formen abfüllen.

6. Nach dem Backen stürzen, damit das Biskuit eine glatte Oberfläche bekommt.

Zubereitung **Bayerische Creme**

1. Eigelb und Zucker cremig rühren.

2. Heiße Milch dazugeben und zur Rose erhitzen (85 °C).

3. Eingeweichte Gelatine ausdrücken, beifügen und in der Creme gut auflösen.

4. Die Creme passieren.

5. Auf Eis kaltrühren, bis die Creme zu stocken beginnt.

6. Den Schlagrahm vorsichtig darunterziehen.

Zubereitung **Eisbombe**

1. Form in eine Schüssel mit Eis stellen. Die erste Glaceschicht gleichmäßig einstreichen. Im Tiefkühler fest werden lassen.

2. Mit den weiteren Schichten gleich verfahren, zuletzt das Parfait einfüllen.

3. Zum Stürzen kurz in heißes Wasser tauchen.

4. Mit Schlagrahm garnieren.

Zubereitung **Eissoufflé**

1. Schlagrahm vorsichtig unter die kalte Eimasse ziehen.
2. In mit Papiermanschette vorbereitete Formen füllen. 
3. Nach dem Durchfrieren Papiermanschette entfernen. 
4. Mit Schokoladenpulver bestäuben.

Leichte Eissorten – *glaces légères*

Die leichten Eissorten werden direkt in Formen abgefüllt und ohne Bewegung im Tiefkühler gefroren.

Hinweise

- Zuviel Zucker und Alkohol hemmen den Gefrierprozeß.
- Formen vor dem Einfüllen gut vorkühlen.
- Gestürzte Massen können mit gezuckertem Schlagrahm ausgarniert werden (der Zucker im Rahm verhindert, daß der Rahm gefriert).
- Rahmgefrorenes und Schaumgefrorenes sollten nicht zu hart gefroren serviert werden.

Rahmgefrorenes – *parfait glacé*

Als Basis dient eine Eier-Zucker-Masse, parfümiert mit Likör usw. und vermischt mit Schlagrahm.

Schaumgefrorenes – *mousses glacées*

Als Basis dient eine italienische Meringage, aromatisiert mit Fruchtmark usw. und vermischt mit Schlagrahm.
Aus diesen beiden Grundmassen können verschiedene Eisspezialitäten hergestellt werden:
- Cassata
- Eisaufläufe – *soufflés glacés*
- Eisbiskuits – *biscuits glacés*
- Eisbomben – *bombes glacées*
- Eistorten – *tourtes glacées*

7.20.9 Fachausdrücke

Aprikotieren	Torten oder Desserts warm mit Abricoture abglänzen
Ascorbinsäure	Vitamin C, Backmittel zur Festigung des Klebers
Blind backen	Blätterteigböden mit Rand oder Törtchen (tartelettes) werden ohne Füllung gebacken
Brandiger Teig	Süße Butterteige, die wegen zu kleiner Flüssigkeitsbeigabe bei der Herstellung nicht zusammenhalten
Couverture	Schokolade mit einem höheren Kakaobutteranteil
Fettglasur	Siehe Überzugsmasse
Gelatine	Tierisches Bindemittel zum Abbinden von Rahm- und Cremesüßspeisen
Glasieren	Überziehen eines Gebäcks mit einer Glasur
Glukose	Traubenzuckersirup, verzögert das Auskristallisieren des Zuckers
Hebel oder Vorteig	Stufenweise Hefeteigherstellung, zur Bildung von Gärsubstanzen und Aroma
Kleber oder Gluten	Die wasserunlöslichen Eiweißstoffe im Mehl, verantwortlich für die Gerüstbildung im Hefeteig
Mandelmasse	Feingeriebene Masse aus weißen Mandeln, Zucker und Zitronenraps
Melieren	Mehl, Butter, Eischnee usw. vorsichtig unter eine Masse ziehen
Modifizierte Stärke	Durch thermischen Aufschluß physikalisch modifizierte Stärke, bindet bereits in kaltem Wasser
Nadelprobe	Backprobe für Puddings, Biskuits usw.
Native Stärke	Stärkemehle wie Weizen-, Kartoffel- und Maisstärke
Porung	Durch Lockerung erzielte große oder kleine Luftlöcher im Gebäck
Pottasche	Lockerungsmittel, wirkt nur zusammen mit Säure; wird nur für Honigteige verwendet
Rösch backen	Gebäck wird im Ofen ohne Dampf knusprig gebacken
Schlagcreme	Schlagrahmersatz, eine pasteurisierte und emulgierte Mischung aus Milch und Fettstoffen
Schwaches Mehl	Mehl mit einer ungenügenden Klebereigenschaft
Silikonpapier	Backpapier, wenn nicht direkt auf dem Blech gebacken wird
Stabilisatoren	Bindemittel zum Festigen von Cremen und Massen
Starkes Mehl	Mehl mit einer starken Klebereigenschaft
Stockgare	Liegezeit eines Hefeteigs zwischen dem Kneten und dem Aufarbeiten
Struktur	Innerer Aufbau eines Gebäcks
Stückgare	Liegezeit eines geformten Teigstücks, bis es in den Ofen kommt
Tourieren	Das schichtweise Einarbeiten des Fettstoffes in einen Blätter- oder einen Hefeteig
Treibsalz	Lockerungsmittel für Zucker- und Honigteige
Trempieren	Eintauchen von Pralinen oder Konfekt in Couverture
Trockenhefe	Preßhefe, der Wasser entzogen wurde; Wassergehalt 5–10%
Überzugsmasse	Schokolade, die Pflanzenfett statt Kakaobutter enthält und nicht temperiert werden muß
Verkleisterung	Beim Backprozeß verkleistert die Stärke mit Hilfe von Wasser und Wärme
Zur «Rose» erhitzen	Milch, Zucker und Eier werden auf 80 bis 85 °C erhitzt und zu einer Creme abgebunden

7.21 Nachtisch – *dessert*

Zum Nachtisch gehören Käse, Früchte, Kleingebäck und Torten.

Kleingebäck

Kleingebäck oder Friandises werden vielfach nach einem gediegenen Menü zum Kaffee angeboten.
Meist werden 3–6 Sorten, pro Gast von jeder Sorte ein Stück, auf einer Platte schön angerichtet und pro Tisch eine Platte eingesetzt.
Das Angebot richtet sich nach der Jahreszeit.
Über die Festtage im Winter ist Weihnachtsgebäck wie Mailänderli, Zimtsterne usw., ergänzt mit Pralinen wie Truffes, üblich.
Während der warmen Jahreszeit sind in vorfabrizierte kleine Mürbteigtörtchen dressierte Fruchtcremen mit passenden Früchten zu empfehlen.

Beispiele

Brezeln	*Bricelets*
Buttermakronen	*Macarons au beurre*
Katzenzungen	*Langues de chat*
Mailänderli	*Petits milanais*
Sablés	*Sablés*
Schmelzbrötchen	*Madeleines*

Cakes

Das Zubereiten von Cakes ist sehr zu empfehlen, wobei die folgenden Regeln einzuhalten sind:
– Bei allen Cake-Rezepten ist zu beachten, daß weiche Butter verwendet werden soll. Dies ergibt beim Schaumigrühren das größere Volumen, und das Produkt wird entsprechend luftiger.
– Eier müssen Zimmertemperatur haben.
– Wenn die Masse greniert (scheidet), sofort einen Teil Mehl beigeben.
– Ist eine Rißbildung erwünscht, ein Horn in Öl tauchen und damit in die angebackene Masse einen Einschnitt machen.
– Früchtecakes bleiben länger feucht, wenn die Früchte vorher etwa 2 Stunden mariniert worden sind.
– Damit die Früchte nicht absinken, kann vor dem Einmelieren wenig Mehl unter die Früchte gemischt werden.
Cakes können über längere Zeit aufbewahrt oder sogar tiefgekühlt werden.

Beispiele

Cake mit kandierten Früchten	*Cake aux fruits confits*
Mandel- oder Haselnußcake	*Cake aux amandes ou aux avelines*
Schokoladencake	*Cake au chocolat*
Zitronencake	*Cake au citron*

Torten

Die Herstellungsart von Torten ist sehr unterschiedlich.
Der Arbeitsaufwand ist teilweise groß, und es ist zu empfehlen, die einzelnen Bestandteile und Zutaten in größeren Mengen auf Vorrat herzustellen.
Biskuitböden und Tortenbestandteile können gut tiefgekühlt und bei Bedarf fertig zubereitet werden.
Torten aus schweren Biskuitmassen wie Rüeblitorte, Sachertorte usw. sind längere Zeit ohne Qualitätseinbuße haltbar.
Viele Tortenmassen lassen sich auch in Schnittenform herstellen.
Schnitten lassen sich besser in kleine Portionen schneiden und sind auch für einen Dessertwagen oder ein Buffet attraktiv.
Die meisten Torten und Schnitten lassen sich besser schneiden, wenn das Messer in heißes Wasser getaucht wird.

Beispiele

Aargauer Rüeblitorte	*Tourte aux carottes argovienne*
Ananastorte	*Gâteau à l'ananas*
Erdbeerrahmtorte	*Tourte aux fraises chantilly*
Kirschtorte	*Tourte au kirsch*
Linzer Torte	*Tourte de Linz*
Sachertorte	*Tourte Sacher*
Schwarzwälder Torte	*Tourte Forêt-Noire*

Anhang

Folgende FachmitarbeiterInnen haben mitgewirkt:

Abfalter Günter
eidg. dipl. Küchenchef

Annen Tony
eidg. dipl. Küchenchef
Berufsschullehrer

Baggenstos Franz
eidg. dipl. Küchenchef
Kochfachlehrer

Bayl Dieter
eidg. dipl. Küchenchef
Schulungsleiter

Beyerle Dieter
eidg. dipl. Küchenchef
eidg. dipl. Berufsschullehrer

Buri Roland
eidg. dipl. Küchenchef

Dal Maso Siro
eidg. dipl. Küchenchef
eidg. dipl. Berufsschullehrer

Dutoit Marjolaine, Hayoz Marcel
Fotostudio

Egli Carlos
eidg. dipl. Küchenchef
eidg. dipl. Berufsschullehrer

Frischknecht Hanspeter
eidg. dipl. Küchenchef
Kochfachlehrer

Fröhling Susi und Urs
Kulinarische Beratung

Fuchs Armin
eidg. dipl. Küchenchef
eidg. dipl. Berufsschullehrer

Gall Erhard
eidg. dipl. Küchenchef
eidg. dipl. Berufsschullehrer

Glauser Günter
eidg. dipl. Spital-
und Heimkoch

Graf Willy
Chef-Patissier

Hanselmann Kurt
eidg. dipl. Küchenchef
und Schulleiter

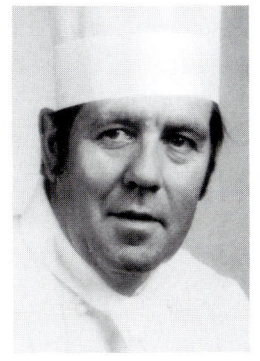

Hediger Hans
Küchenchef

Hubler Andreas
eidg. dipl. Küchenchef

481

Anhang

Huck Marcel
eidg. dipl. Küchenchef
Kochfachlehrer

Hug Hans
eidg. dipl. Küchenchef
eidg. dipl. Berufsschullehrer

Hurter Bruno
eidg. dipl. Küchenchef

Jäger Guido †
Küchenchef

Karolyi Martin
eidg. dipl. Küchenchef
eidg. dipl. Berufsschullehrer

Kugler Adolf
eidg. dipl. Küchenchef
Kochfachlehrer

Kühne Franz
Küchenchef

Luginbühl Rudolf
eidg. dipl. Küchenchef
Kochfachlehrer

Lutz Dieter
eidg. dipl. Küchenchef

Mäder Willy
eidg. dipl. Küchenchef
eidg. dipl. Berufsschullehrer

Meier Felix
eidg. dipl. Küchenchef
Kochfachlehrer

Meili Rolf
eidg. dipl. Küchenchef
Kochfachlehrer

Munderich Fritz
eidg. dipl. Küchenchef
Kochfachlehrer

Müller Hanspeter
eidg. dipl. Küchenchef
eidg. dipl. Berufsschullehrer

Nöckl Werner
eidg. dipl. Küchenchef

Nussbaumer Paul
eidg. dipl. Küchenchef
Direktor Hotelfachschule

Pokora Franz
eidg. dipl. Küchenchef

Reiser Edgar
eidg. dipl. Küchenchef

Rickert Christian
eidg. dipl. Küchenchef

Röllin Walter
eidg. dipl. Küchenchef

Anhang

Roth Marcel
eidg. dipl. Küchenchef

Rüdin Peter
eidg. dipl. Küchenchef
eidg. dipl. Berufsschullehrer

Sager Pierre
eidg. dipl. Küchenchef
eidg. dipl. Berufsschullehrer

Schaffner Peter
eidg. dipl. Küchenchef
eidg. dipl. Berufsschullehrer

Schmid Hannes
eidg. dipl. Küchenchef
Kochfachlehrer

Schmid Konrad
eidg. dipl. Küchenchef
eidg. dipl. Berufsschullehrer

Schmid Rudolf
eidg. dipl. Küchenchef
Kochfachlehrer

Schmitz Helmut
eidg. dipl. Küchenchef
Kochfachlehrer

Schneider Hermann
eidg. dipl. Küchenchef
Kochfachlehrer

Schuhmacher Werner
eidg. dipl. Küchenchef

Schuler Bruno
Küchenchef

Stadelmann Josef
eidg. dipl. Küchenchef
Kochfachlehrer

Stevens Manfred
eidg. dipl. Küchenchef
Fachlehrer

Wandeler Anton
eidg. dipl. Küchenchef
Kochfachlehrer

Wanzenried Regina
eidg. dipl. Konditorin-
Confiseurin

Warga Hans
eidg. dipl. Küchenchef

Wisler Beat
eidg. dipl. Küchenchef

Wyss Peter
eidg. dipl. Küchenchef

Zigerli René
eidg. dipl. Küchenchef

483

Literaturverzeichnis

Für die Neubearbeitung des *Lehrbuchs der Küche* wurden folgende Unterlagen beigezogen:

Arens-Azevêdo, U., Günther, B.: *Ernährungslehre.* Hannover, Dortmund, Darmstadt, Berlin: Schroedel.

Arens-Azevêdo, U., Günther, B., Pletschen, R., Schneider, G.: *Ernährungslehre zeitgemäß – praxisnah.* Hannover, Dortmund, Darmstadt, Berlin: Schroedel.

Bauer, K., Deisi, E.: *Aktuelle Theorie und Praxis der Küche,* Bd. 1: Ernährungslehre und Warenkunde. Linz: Trauner.

Cloetta, B., Vogelsanger, W.: *Lebensmittel, Lehrmittel für Lebensmittelberufe; Hygiene, Deklaration, Kontrolle.* Egg ZH: Quintus.

Cloetta, B., Vogelsanger, W.: *Lebensmittelgesetz, Hygiene,* 5. Aufl. Egg ZH.

Duboux, J.-P., Duboux, M.: *Fachwörterbuch Gastronomie – Hotellerie – Tourismus,* deutsch – französisch – englisch. Thun: Duboux Editions, 1989.

Duboux, J.-P., Duboux, M.: *Dictionary Gastronomy – Hotels – Tourism,* English – French – German. Thun: Duboux Editions, 1990.

Duboux, J.-P., Duboux, M.: *Dictionnaire Gastronomie – Hôtellerie – Tourisme,* français – allemand – anglais. Thun: Duboux Editions, 1991.

Duboux, M., Duboux, J.-P.: *Rechtschreibehilfe für Unterricht und Praxis, Gastronomie – Hotellerie – Touristik.* Thun: Duboux Editions, 1991.

Gavi, R., Anderlini, R.: *Natur ...* Übersetzung Christa Garbe.

Günther, B., Walcher, K.: *Grundkurs Ernährung.* Hannover, Dortmund, Darmstadt, Berlin: Schroedel.

Jagdverbände der Schweiz: *Wild, Jagd und Umwelt.*

Klinger, H., Grüner, H.: *Der junge Koch.* Gießen: Pfanneberg.

Kofrany, E., Wirths, W.: *Einführung in die Ernährungslehre.* Frankfurt a. M.: Umschau.

Kranz, B.: *Das grosse Buch der Früchte.* Exotische und einheimische Arten.

Pauli, E.: *Lehrbuch der Küche.* Zürich: Schweizer Wirteverband; Luzern: Union Helvetia; Aarau: Pauli.

Schweizerische Fachkommission für Berufsbildung im Gastgewerbe: *Ernährungslehre für den Kochberuf.* Weggis.

Scheller, L.M.: *Warenkunde für Frucht- und Gemüsespezialitäten.*

Scheuring, H.: *Früchte und Gemüse im Detailhandel.*

Schneider, G., Vesper, W., Witzel, A.: *Grundstufe Ernährungswirtschaftliche Berufe.* Hannover, Dortmund, Darmstadt, Berlin: Schroedel.

Souci, S.W., Bosch, H.: *Lebensmittel-Tabellen für die Nährwertberechnung,* 2. Aufl. Stuttgart: Wissenschaftliche Verlagsgesellschaft.

Stobart, T.: *Lexikon der Gewürze, Kräuter und Würzmittel.*

Thomi+Franck: *Les Sauces des Maîtres.*

Walz, A.: *Physik für Ernährung und Hauswirtschaft.* Hannover, Dortmund, Darmstadt, Berlin: Schroedel.

Quellenverzeichnis

1.2.3 und 1.2.4 Zusammenzug aus: Bulletin des Bundesamtes für Gesundheitswesen, Nr. 49, vom 16. Dezember 1991.

Abbildung S. 80, Verdauungstrakt: SFG: *Ernährungslehre für den Kochberuf.*

Abbildungen und Tabellen der Benennung der Fleischstücke und ihrer Verwendung, S. 139, 142: Verband Schweizer Metzgermeister, Zürich

Tabelle S. 179, Nährstoffe verschiedener Getreidearten: Nestlé: *Das Wissen um die Ernährung.*

Brot, Nährwerttabelle, S. 183: Souci et al.: *Lebensmittel-Tabellen für die Nährwertberechnung.*

Cremer et al.: *Brot in unserer Ernährung.* Analysenwerte der Bundesforschungsanstalt für Getreide- und Kartoffelverwertung, Institut für Bäckereitechnologie. BRD.

Brot, Textteile aus: Berufs- und Warenkunde für Bäcker, Konditoren, Confiseure. Herausgeber: Fachlehrervereinigung SBKV/SKCV.

Lehrbuch der Lebensmittelchemie, 2. Aufl., Berlin, Heidelberg, Tokio: Springer.

Kartoffeln, Textteile aus: *10 Härdöpfel mitenand.* Schweiz. Kartoffelkommission, Düdingen.

Pilze: *Einheimische Pilze,* Bände 1 und 2: Champignons de chez nous. Lausanne: Piantanida; Neuenburg: Avanti, 1983.

Pilze, Bände 1 und 2: *Blätterlose Pilze.* Zürich: Silva.

Salz, Textteile aus: *200 Millionen Jahre Salz.* Vereinigte Schweizerische Rheinsalinen, Pratteln.

Exotische Gerichte, Textteile aus: *Rezepte köstlicher Spezialitäten.* Heusenstamm: Röhn.

Stichwortverzeichnis

Die Seitenzahlen der fotografischen Abbildungen sind halbfett markiert.

A

A-la-minute-Fleischgerichte 377
A-la-minute-Gerichte 374
aalartige Fische 103, 104
Aalrutte 107, 108
Abalone 121, 327
abattis 66
Abendessen 249
Aberdeen-Rind 446
abkochen, zur Rose 472
Ableitungen der braunen
  Saucen 310
abricot 212, 214, **215**
  – *du Japon* **216**, 217
abricoture 234, 468
Abstehenlassen 379, 382
Acesulfam 21
Aceto
  – balsamico 231
  – di Modena 231
Ackersalat 199
ADI-Wert 21, 24
Adrenalin 80
Aflatoxine 26, 81
Agar-Agar 21, 234
Agglutinine 81
Aggregatzustände 273
aiglefin 93
agneau pré-salé 146
aigrefin 93
aiguillat 93
ail 194, **195**, 197
airelle rouge 221
Aktivität der Mikro-
  organismen 279
Albufera-Sauce 313
Albumine 276, 373
Alginate 234
Alginsäure (Braunalgen) 21
alimentarius, Codex 24
aloyau 144
Alpenschneehuhn 161
alte französische Küche 271
Aluminium 54
amande 219
Ameisensäure 21
amerikanischer Hummer
  113, **114**, 118
amidon de blé 303
amourettes 175
Anadrom 91
Ananas – *ananas* 212, 214, **215**
Ananasäther 234
anchois 95
Anchovy-Sauce 231
aneth **206**, 226
Angelika 235
anguille 104
anis 225
Anis 225
annoncer 66
Anomalie des Wassers 274
Antibiotika 81
Antiklumpmittel 21
Antioxidantien, natürliche 21
Apfel 212, 214, **215**
Apfelsine **216**, 220
appareil 66
Appenzeller 166, **167**, 170
Aprikose 212, 214, **215**
Aprikosen-Gel 234
Aprikosensauce 467
aprikotieren 479
Aquakultur 91
arachide 214
araignée de mer 119

Arborio 180
armoise 225
Arrak 180
arroser 66
Arrowroot 183, 207
art de la cuisine française
  au XIXe siècle, L' 244
Artenschutzabkommen,
  Washingtoner 327
artichaut 192, **196**
Artischocke 192, **196**, 401
Äsche 105
Ascorbinsäure (Vitamin C)
  21, 77, 479
asperge 201
Aspik 233
  Herstellung von – 455
Assam 239
Assam-Hybride 238
Assucro 235
Assugrin 235
ätherische Öle 75
atlantischer
  – Seeteufel 103
  – Zuchtlachs 107
Aubergine – *aubergine* 192, **196**,
  401
Auflaufomelette 469
Aufläufe 338, 468
Auftauen von tiefgekühlten
  Produkten 279
Auskernbohnen (Hülsen-
  früchte) 189
Ausmahlungsgrad 182
Auster 113, **116**, 120, 369
Austernseitling 204, **205,** 208,
  210
Auto-Lunch 249
Avocado 213, **216**
avocat 213, **216**
avoine 180

B

Babaco 214
Babas 469
babeurre 163
Baby-Steinbutt 97, **98/99**, 101
Bachforelle 106
Bachsaibling 107
Back- und Bratofen 50
Backdauer 184
backen
  – im Ofen 354
  rösch – 479
Backmasse 234
Backtemperatur 184
BAG (Bundesamt für Gesundheits-
  wesen) 24
Bahmie 446
bain-marie 67
Bakterien 25
  nützliche – 25
  schädliche – 26
Ballotinen 450
Balsamessig 231
Banane – *banane* 213, **216**
Bankettstation 51
Bankettsysteme 51
bankwürdiges Fleisch 123
bar 102
  – *rayé* 102
Bär 160

barbadine 217
Barbarie-Ente 150
Barbe 117
barbeau 117
Barbecue-Sauce 231
barbue 96
barder 66
bardieren 380
Bärenkrebs 113, **115,** 119
Barock 271
barquette 67
barschartige Fische 102, 105
Barteln 91
basilic **206,** 225
Basilikum **206,** 225
Basler
  – Brot 184
  – Mehlsuppe 326
Basmati 180
batate 207
Batavia(-Salat) 194
baudroie 103
Bauernschinken 148
Baumkuchen 148
Baummelone **216,** 220
Baumnuß 213
Baumnußöl 177
Baumtomate 214, **215**
Baumwollsamenöl 177
baveuse 345
bayerische Creme(n) 466, 471,
  476
BE (Bruttoerfolg) 262
Bearner Sauce 313
bécasse 161
Bechamel-Sauce 308
bêche de mer 122
Behandlung von Fleisch 124
Beifuß 225
beignets 338, 470
Beinschinken 148
Bel Paese 170
belegte Brotschnittchen 332
Belons 120
Beluga 108
Beluga-Stör 108
Benzpyren 81
Bergkäse, Bündner 166, **167**
Bernard, Emile 244
Berner Brot 184
Berliner (Pfannkuchen) 469
Besatzmaßnahmen 91
Betanin 21
Bete, rote 194, **195,** 200
Betriebskosten 262
betterave rouge 194, **195,** 200
beurre 303, 304
  – *au vin rouge* 303
  – *Colbert* 302
  – *Danieli* 302
  – *d'ail* 302
  – *d'anchois* 302
  – *d'aneth* 302
  – *de basilic* 302
  – *de coriandre* 302
  – *de homard* 302
  – *de moutarde* 302
  – *de raifort* 302
  – *de truffes* 302
  – *manié* 66, 303
beurrer 66
Bifidus – *bifidus* 163, 170
BG (Bruttogewicht) 262
Bigarreaux 218
bigorneau 121
Bindearten
  Fleisch **375**
  Geflügel **376**
  Gemüse **411, 412**
  Krustentiere **365**
  Salzwasserfische **455**
  Süßwasserfische **456**
  Weichtiere **366**

Bindenfleisch 148
Bintje 207
Biotin (Vitamin H) 77
Birkhuhn 161
Birne 213, 214, **215**
biscuit à rouler 465
Biskuit, Genueser 465
Biskuitmasse mit Aufschlag-
  mittel 465
Bismarckhering 445
bisque 327, 362
Biß 404
BK (Betriebskosten) 262
Blanc du Tarn 198
Blankett 127, 392
Blanklachs 107
Blätterteig 460
  deutscher – 460
  holländischer – 460
  Zubereitung **473, 474**
Blaubeere 214, **215,** 217
blaue
  – Pflaume 214, **215**
  – Traube 214, **215**
Blaukraut 194, **195,** 200
Blauleng 94
Blausäure 81
Blauschimmelkäse 171
Bleichsellerie 202
blind backen 479
Blitz 52
Blitzblätterteig 460
Blumenkohl 193, 194, **195,** 401
  grüner – 194, **195,** 200
Blut 304
Bobby-Bohnen 193
Bocuse, Paul 244
Bodenfelchen 106
Bodenkohlrabi 193
Böhmen 445
Bohnen 193, **196**
  schwarze – 184, **185**
Bohnenkraut **206,** 225
boissons à base de lait 163
bolet **205,** 209
Bölts-Ente 150
bonite 96
Bonito, echter 96
bordure 67
Borlotti-Bohnen 184, **185**
Bornholmer Lachs 107
Borretsch 225
Boscs Flaschenbirne 213
Boskoop 212
bouchées 340
Boucheriemesser 59
Bouillabaisse 103, 104, 326, 440
Bouillon 304
bouillon de légumes 304
bouillons de viande 321
bouquet aromatique 301
bouquet garni 300
  – *pour fonds blancs* 300
  – *pour bouillon* 300
Bourbon-Vanille 230
bourrache 224
Boursin **168**
Brachse 117
Braisiere 58
Bramata 435
brandiger Teig 461, 479
Brandteig 462
Brandteignocken 433
Brandteigsüßspeisen 471
Brasati 440
Brat- und Backofen 50
Brathering 445
Bratscholle 101
Braunalgen (Alginsäure) 21
brauner Zuchtchampignon
  204, **205**
Breakfast 248

Breiapfel 214, 215, 219
brème 117
Bresse-Ente 150
Bresse-Poularde 150, 151, **153**
Bresse-Taube 150
brider 66
Brie suisse 166, **167**
Brigadekoch 38
Broccoli 193, **196,** 401
Broccoletti 193
brochet 105
brocoli 193, **196**
Broken Orange Pekoe 238
Broken Pekoe 238
Broken Pekoe Souchong 238
Brom 77
Brombeere 214, **215**
brosme 94
Brot
  Basler – 184
  Berner – 184
Brotgetreide 179
Brotschnittchen, belegte 332
Brühwürste 147
Brunch 248
Brüsseler Endivie 193, 401
Bruttoerfolg 262
Bruttogewicht 262
Buchweizen 178, 181, **186**
Buckellachs 107
Buffetmahlzeiten 251
Bug 125, **127,** 143
Bundesrat 22
Bundesamt für
  – Gesundheitswesen
    (BAG) 22, 24
Bündner
  – Bergkäse 166, **167**
  – Fleisch 148
  – Rohschinken 148
  – Suppe 326
bürgerliche Küche 271
Buschbohnen 193
Busecca 326
Business-Lunch 249
Butter 165, 166, 304
Buttercreme 467
Buttermilch 163
Buttermischungen 302
Buttersorten 165
Butterteige, süsse 461
Byssus-Fäden 368

C

CA-Lager 192
cabillaud 93
cacahuète 214
caffé 237, 238
  – *décaféiné* 238
  – *instantané* 238
caille 160
Cakes 480
Calamaretti 113, **116**
Calcium 77
Caldomet 51
calmar 113, **116,** 122
Camembert 166, **167,** 170
Camolino 180
canapés 332
canard sauvage 160
Canderel 235
cannelle 67
cannelle **206,** 230
Cantaloup-Melone 199
capricorne 159
Caquelon 62
Carabinieros 113, **115**
Carageen 21
carambole **216,** 218
caramel 66
carcasse 66
cardamome **206,** 227
cardon 197

Carême, Marie-Antoine
  243, 244, 271
Carolina 180
carotte 194, **195,** 197
Carpaccio 335
carpe 108, 117
  – *à cuir* 117
  – *miroir* 117
Carubin 234
Carrageen (Rotalgen) 21, 234
carrelet 101
cassolette 67
Cassoulet 440
Castelfranco 194
catalogne 193
Catalonia 193
caviar 108
Cayenne **206**
Cayenne-Pfeffer 225
CEE (Europäische Wirtschaftskommission) 24
céleri en branches 202
cèpe **205,** 209
cerf 155, **156,** 159
cerfeuil 227
cerise 214, **215,** 218
Ceylon 239
chamois 155, **157,** 159
champignon 208
  – *de couche* **205,** 208
  – *de Paris* 208, **205**
chanterelle **205,** 209
Charentais-Melone 199
Charlotte 207
Charolais-Rind 439
châtaigne 214, **215,** 218
  – *du Brésil* 221
Chavroux frais **168**
Cheddar **168,** 170
chemiser 66
chérimole 222
Cherimoya 222
cherry plum 220
chevreuil 155, **156/157,** 159
Chianti 443
chicon 193
chicorée 194
  – *amère* 194
  – *de Trévise* 194
  – *frisée* 194
Chicorée 193, **196**
chile 199, **206,** 225
Chili 199, **206,** 225
Chili-Paprika 200
Chili-Sauce 231
Chinakohl 194, **196**
chinesische Stachelbeere
  216, 218
chinois 67
Chinook salmon 107
Chipolatas 147
Chitin 208
Chlor-Methan 62
Chlorid 77
Chlorophyll 21, 404
Cholesterin 75, 77
Chops (Lammfleisch) 139, **142,**
  146
Choron-Sauce 314
chou
  – *blanc* 202
  – *chinois* 194
  – *frisé léger* 203
  – *frisé lourd* 203
  – *pomme* **196,** 198
  – *rouge* 200
chou-fleur 193
chou-rave 193, **196,** 198
choux de Bruxelles 200
Christa 207
Chromnickelstahl 55
Chutney-Saucen 226
ciboulette 229
  – *chinoise* 226
Cicorino 194, **196**
cigale de mer 113, **115,** 119
ciseler 66

Citranquats 219
citron **216,** 219, 222
  – *vert* **216,** 219
Citronensäure 21
citronnelle **206,** 230
civette 229
clams 370
clarifier 66
clémentine 218
cloche 67
clou de girofle 226
Cobalamin (Vitamin B$_{12}$) 77
Cocktailbissen 332
cocotte 67
Codex alimentarius 24
Coffea
  – arabica 237
  – robusta 237
Cognac, Weinbrandhaupt-
  stadt 440
Coho-Lachs 107
coing 221
Colchester-Austern 120
Coli-Bakterien 26
colin 94
Complet 248
Comté 170
conchiert 240
concombre **196,** 197
  – *de couche* 197
Conférence 213
Confit 175, 440
confiture 223
congre 103
conserves 223
  – *de fruits* 223
consommés 318, 321
contre-filet 144
Convenience Food 283, 284
Coppa 145, 148
coq de bruyère, petit 161
coquelet 150
coques 370
coquillages 120
coquille Saint-Jacques 120, 370
Corail
  – *corail* 118, 363, 364, 370
coriandre 227
corne d'abondance **205,** 210
cornichon 197
Coscia 213
côte de b(l)ette **196,** 198
côte de bœuf 129, **134,** 144
coulis 66, 309
courgette 194, **195,** 203
court-bouillon 66
couteau 67, 121
Couverture 240, 479
Cox' Orangen-Reinette 212
crab 119
  king – 113, **115,** 119
  spider – 119
crabe royal 119
Cranberry 221
crayfish, freshwater 113, **114,**
  119
crème 303
  – *à la vanille* 466
  – *au beurre* 467
  – *au citron vert* 327
  – *au vin d'Auvernier* 327
  – *bavaroise* 466
Crème de la Gruyère 164
Creme, bayerische 466, **476**
Cremeglacen 472
Cremen
  bayerische – 471, **476**
  gestürzte – 471
Cremesuppen 323, 324
Crêpe-Pfanne 57
cresson 194, **195,** 198
Creuses de Zélande 120
crevette 113, **114/115,** 118
  – *grise* 118
  – *rose* 119
croquettes 339
crosne (du Japon) 201

croûtes 339, 340
croûtons 66
cuillère 67
cuire
  – *à la vapeur* 351
  – *au four* 354
cuisine classique 244
Cuisine
  – *du marché* 243, 244
  – *naturelle* 243
  Grande – 439
  Nouvelle – 243, 244, 272
Cuisine artistique, La 244
  – *classique, La* 244
  – *de tous les pays, La* 244
Cuisinier Français, Le 243
cuisson sous vide 236, 406
Cumberland-Sauce 316
culotte 144
cumin 227
Curaçao 218
curcuma **206,** 227
Curryblatt 226
Currypulver 226
Currysauce 312
Cyclamat 21, 235

D

daim 159
Damhirsch 159
Dampfnudeln 469
Damwild 159
Danablue **168,** 171
Danieli-Butter 302
dariole 67
Darjeeling 239
Darmbakterien 26
darren 436
datte 214, **216**
Dattel 214, **216**
Dattelpflaume **216,** 217
daurade (vraie) 102
de la Varenne, François
  Pierre 243
déglacer 66
dégorger 66
dégraisser 66
degraissieren 66, 275
déjeuner 248
  petit – 248
Delikatessenhäppchen 332
demi-glace
  – *de gibier* 310
démouler 66
Departement des Innern,
  Eidgenössisches (EDI) 24
Desinfizieren 29
Désirée 207
désosser 66
dessert 459
D'été à cœur jaune 197
deutsche Sauce 312
deutscher
  – Blätterteig 460
  – Kaviarrogen 108
Dextrin 73, 274
Diabetes 84, 85, 223
Diätkoch 38, 39
Diätmenü 250
*Dictionnaire universel de cuisine
  pratique* 307
Dijon 439
Dill **206,** 226
dîner 249
Dinkel 180, **186**
Dinner 249
Dipol-Eigenschaft 272
Dips 233
Disaccharide 73
Distelöl 177
Doppelzucker 274
dorade royale 102
Dornhai 93

dörren 281
Dorsch 93, 97, **98–100**
doucette 199
Dover Sole 101
Dr. Jules Guyot 213
Drachenfisch 102
Drachenköpfe 103
Drachenkopf, großer roter 97, **99,** 103
Drehspieß 50
Druckbraisiere 47
Druckkochkessel 48
Dublin Bay prawn 119
Dubois, Urbain 244
Düngemittel 81
dunkler Seelachs 94
dunkles Mastgeflügel 150
Dunst 182
Duroplast 56
Dust 238

E

échalote **196,** 201
échinodermes 113, **116,** 122
echte Rotzunge 97, **100,** 101
echter
 – Bonito 96
 – Pfifferling 204, **205,** 209
Eckstück (Kalbsstotzen) 125, **126**
Economat 43
écrevisse 113, **115,** 119
écumoire 67
Edamer **168,** 170
Edelfische 90
Edelkastanie 214, **215,** 218
EDI (Eidgenössisches Departement des Innern) 24
EDV-Rezeptprogramm 33
EFTA (Europäische Freihandelszone) 24
EFV (Eidgenössische Fleischschauverordnung) 24
EG (Europäische Gemeinschaft) 24
EGH (Europäischer Gerichtshof) 24
églefin 93
Egli 105, 109, **110–112**
 kanadisches – 105
égoutter 66
égouttoir 67
égrefin 93
Eidgenössische
 – Lebensmittelverordnung (LMV) 24
 – Zollverwaltung 22
Eidgenössisches
 – Departement des Innern (EDI) 24
 – Lebensmittelgesetz (LMG) 24
Eierfrucht 192
Eierschwamm 204, **205,** 209
Eiervorspeisen 342
Eigelb 303
 – mit Rahm 304
Eigenschaften, küchentechnische
 – der Fette 275
 – der Kohlenhydrate 274
 – der Proteine 276
 – des Wassers 272
eindicken 281
einfache Eissorten 472
Einfachzucker 73, 274, 275
Einlegegurke 197
Einteilung der Brote 184, 187
Eisbergsalat 194
Eisbombe, Zubereitung **477**
Eisen 77
Eissorten
 einfache – 472
 leichte – 479
Eissoufflé, Zubereitung **478**
Eitererreger (Staphylokokken) 26

élan 160
Elch 160
Email 55
émincer 66
Emmentaler 166, **167,** 169, 170
Emulgatoren 21, 75, 276
Emulsion 276
encornet 113, **116,** 122
endive 193
Endivie 193
 Brüsseler – 193
 gekrauste – 194, **195**
 glatte – 194
energiearmes Menü 250
Engelwurz 235
englische Puddings 469
Ente 150, 151, **152, 154**
 Nanteser – 150
Entenbrust 149
Entrecôte 129, **134,** 144, 377
Entremetier 39
entremets
 – *à la crème* 471
 – *à la pâte à choux* 471
 – *à la pâte levée* 469
 – *chauds aux fruits* 470
 – *froids aux fruits* 471
Enzyme 278
épeautre 180
épi de maïs 203
Epigramm 146
épinard 194, **195,** 201
Epoxide 81
Erbsen 184, **185,** 194, **195,** 197, 401
 gelbe – 184, **185**
 grüne – 184, **185**
Erdbeere 214, **215**
Erdbirne 202
Erdnuß 214
Erdnußöl 176
Ergosterin 75, 77
Ernährungsberater 38
Ersatzkaviar 108
Erstarren 273
Erste Hilfe 31
Eruca-Säure 81
escargot de Bourgogne 121
escargots 121, 371
Escoffier, Auguste 243, 244, 271
espadon 96
esprot 95
Essig 230
Essig-Kräuter-Sauce 314
Essigfrüchte 223
Essigsäure 21
Estragon – *estragon* **206,** 226
Estragonsauce 313
esturgeon 108
 grand – 107
étamine 67
Europäische
 – Freihandelszone (EFTA) 24
 – Gemeinschaft (EG) 24
 – Wirtschaftskommission (CEE) 24
europäischer Flußaal 105, 109, **111**
Europäischer
 – Gerichtshof (EGH) 24
 – Wirtschaftsraum (EWR) 24
EWR (Europäischer Wirtschaftsraum) 24
Extrahartkäse 170

F

F (Faktor) 262
faisan 160
faisandieren 160
Fäkalkeime 26
Fancy King 119
FAO (Lebensmittel- und Landwirtschaftsorganisation

der UNO) 24
Färberdistel 177
Farbstoffe 81
farce 66
Farcen 448
farcir 66
farine 182, 303
Fasan 155, **158,** 160
Fast-food-Küche 41
Fastenmenü 250
Favre, Joseph 307
FCKW (Fluorkohlenwasserstoff) 62
fécule 183
Federwild 155, **158**
Feige 214, **216**
Felchen 105, 109, **110–112**
Feldchampignon 204, **205,** 209
Feldegerling 209
Feldmarschall Radetzky 438
Feldsalat 199
Fenchel 194, **195,** 197, 401
Fenchelsamen 226
fenouil 194, **195,** 197, 226
féra 105
Ferkel 143
Fertigungsküche, getrennte Produktions- und 41
Festmenü 249
Festtagsmenü 249
Feta **168**
Fette, küchentechnische Eigenschaften 275
Fettfische 90
Fettflosse 91
Fettglasur 234, 468, 479
Fettmolekül 74
Fettsäuren 74
feuille
 – *de curry* 225
 – *de laurier* 227
feuilletage
 – *allemande* 460
 – *rapide* 460, 461
figue 214, **216**
 – *caque* **216,** 217
 – *de Barbarie* **216,** 218
Filet (Rindfleisch) 144
Filetgulasch 129, **134,** 144
Filetsteak 129, **134**
Fines de claires 120
Fischfond 305
Fisch-Carpaccio 334
Fische 90ff.
 aalartige – 103, 104
 barschartige – 102, 105
 dorschartige – 107
 heringsartige – 94
 karpfenartige – 108
 lachsartige – 106
Fish-farming 91
Fischfilets 97, **100,** 112
Fischglace 359
Fisch-Spezialsaucen 359
Fisch-Tatar 334
Fisch-Velouté 308
Fischvergiftungen 91
Fischzucht 91
FIV (Fremd- und Inhaltsstoffverordnung) 22, 24
Flageolet-Bohnen 184, **185**
Flakkeer 197
Fleisch
 – in der Ernährung 123
 bankwürdiges – 123
 Vorbereitungs-, Schnitt- und Bindearten **375**
Fleischbrühen 321
Fleischlagerung 123
Fleischpreis 124
Fleischqualitäten 124
Fleischreifung 124
Fleischschau 123
Fleischthermometer 379
Fleischvögel 125, **128**
Fleischwaren 123
flet 96

flétan 96
 – *de l'Atlantique* 96
 – *noir* 96
fleuron 66
Flocken **186**
Floralp (Sauerrahmbutter) 166
Flowery Orange Pekoe 238
Flunder 96, 97, **100**
Fluor 77
Fluorkohlenwasserstoff (FCKW) 62
Flußaal
 europäischer – 105, 109, 111
Flußbarsch 105, 109, **111, 112**
Flußkrebs 113, **114,** 119
Folsäure 77
fond 66, 305–307
 – *de gibier* 307
 – *de poisson* 305
 – *de veau blanc* 305
 – *de veau brun* 306
 – *de volaille* 305
Fondant 234, 467
Fontina **168,** 170
Food, Ready 236
Forelle 106
Forellenkaviar 108
Formaggini 166, **167**
fouetter 66
fourchette 67
Foyot-Sauce 314
fraise 214, **215**
framboise 214, **215,** 217
Franzosendorsch 93
französische Küche
 alte – 271
 klassische – 271
Freezer 65
Freiburger Vacherin 166, **167,** 170
Freihandelszone, Europäische (EFTA) 24
Freilandgurke 197
Fremd- und Inhaltsstoffverordnung (FIV) 21, 24
freshwater crayfish 113, **114,** 119
Fricktaler 218
Friteuse 49
frire 353
Frischkäse 171
fritieren 353
fritot de légumes 338
Fritot von Gemüse 338
Fritto misto 338
triture 66
Fritüre-Öl 29
Frivolités 332
fromage 166ff., **167, 168**
 – *blanc* 166
Früchte 223, 235
 kandierte – 223, 235
 konfierte – 223, 235
Früchtesüßspeisen
 kalte – 471
 warme – 470
Früchteschnitten 472
Früchtetorten 472
Fruchtglacen 472
Fruchtkaltschalen 328
Fruchtmark 223
Fruchtnektar 223
Fruchtsäfte 223
Fruchtzucker 73, 224, 274
Frühe von Trevoux 213
Frühstück 248
 Schweizer – 248
Frühstücksspeck 148
fruit de la Passion **216,** 220
fruits 223
 – *à la moutarde* 223
 – *confits* 223
 – *de mer* 66
 – *séchés* 223
Fruktose 73, 224
Füllungen 448
fumer 66
fumet 66
 – *de poisson* 305

Anhang

G

GA (Gewinnanteil) 262
GABI 31
Gala-Lunch 249
Galadiner 249
Galaktose 73
Galamenü 249
Galantinen 450
galettes 66
Gallerte 233
Galway-Austern 120
Gans 151, **152/153**
Garde-manger 39, 43
garen im Dampf 351
Garnele 113, **114/115**, 118
garnir 66
garniture 66
Garstufenermittlung durch Fingerdruck 374
GATT (Allgemeines Zoll- und Handelsabkommen) 24
Gazpacho 327
gebackene Krapfen 470
gebundener Kalbsjus 310
gefleckter Meerbarsch 102
Geflügel, Vorbereitungs-, Schnitt- und Bindearten **376**
Geflügel-Velouté 308
Gefrierbrand 279
Gefrieren 273
Gefrierfleisch 123
gefriertrocknen 281
gekrauste Endivie 194, **195**
Gelatine 233, 276, 373, 479
Gelbbarsch 105
gelbe
 – Erbsen 184, **185**
 – Passionsfrucht 217
 – Pflaume 214, **215**
 – Traube 214, **215**
Gelbe von Triest 194
gelber Pfirsich 214, **215**
gelée 223
 – *de fruits* 223
Gelees 447, 455
Gellerts Butterbirne 213
Gemeinde 22
Gemeinschaft, Europäische (EG) 24
Gemse 155, **157**, 159
Gemüse, Vorbereitungs- und Schnittarten **411, 412**
Gemüsebündel 300
 – für Bouillon 300
 – für weiße Fonds 300
Gemüsepaprika 199
Gemüsesuppen 325
Gemüsevorspeisen 341
genièvre 230
génoise 465
gentechnologische Methoden 20
Genueser Biskuit 465
 Zubereitung **475**
Gepökeltes 392
Gerichtshof, Europäischer (EGH) 24
geriebener Teig 461
Gerinnung 278
germon 95
Gerste 180, **186**
gesalzene Mürbteige 461
gestürzte
 – Cremen 471
 – Puddings 469
Gesundheitswesen, Bundesamt für (BAG) 22, 24
Getreide 184, **186**
Getreidesuppen 326
getrennte Produktions- und Fertigungsküche 40
getrocknete Trauben 235
Gewürzlauch 226
Gewürznelke 226
Gewürzpaprika 199
Gewürzsäcklein 301
Gewürzwegerich 226

GHP (Gute Herstellungspraxis) 24
Gianduja 234
gibier à poil 155, **156/157,** 159
Gigot 139, **140, 142,** 146
gingembre **206,** 226
glaces
 – *légères* 479
 – *simples* 472
Gitzi 146
glace
 – *de poisson* 359
 – *de viande* 310
glanis 117
Glarner Schabziger 166, **167**
Glas 55
Glasaal 105
glasieren 386, 479
Glaskeramikkochherd 47
Glattbutt 96
glatte Endivie 194
Glattrochen 93
Globuline 276, 373
Glockenapfel 212
Gloster 212
Glukagon 80
Glukose 73, 80, 224, 479
Glutamat – *glutamate* 231
Gluten 479
Glykogen 73
Gnocchi 342, 433
Gold 21
Goldbarsch 102, 274
Goldbrasse 97, **98,** 102
Goldbutt 101
Golden Delicious 212
Goldorange **216,** 219
gombo 194, **195,** 199
Gorgonzola **168,** 171
gourmandises 332
goûter 66
goyave 217
Grahambrot 184
grains
 – *de maïs* 203
 – *de moutarde* 229
Granatapfel 214, **216**
grand sébaste 102
grande
 – *peigne* 121, 370
 – *vive* 102
Granola 207
Grapefruit **216,** 217
Grashecht 109, **111**
Graupen 182
Gravad Lax 107, 334
Gravensteiner 212
Gravettes d'Arcachon 120
Green-Power 194, **195**
grenade 214, **216**
Grenadille 217
Grenadine-Sirup 214
Gresil-Salz 233
Greyerzer 166, **167,** 170
Griddleplatte 47
Grieß 182
Grießnocken 433
Grießzucker 224
Grill 47
grillen 354
griller 354
Griller 150
groseille 214, **215,** 217, 222
 – *à grappe* 214, **215,** 217
 – *à maquereau* 214, **215,** 222
Grosse pommant seule 197
großer roter Thunfisch 95, 97, **98/99**
großes Petermännchen 102
grouse 155, **158,** 161
Grumolo 194
grüne Erbsen 184, **185**
grüner Speck 148
Grünkern **186,** 437
Grünkohl 203
Grütze 182
Guarkernmehl 234

Guave 217
Guéridon-Service 254
Guide culinaire, Le 243, 244
Gummi arabicum 234
Gurke **196,** 197, 401
Gurkenkraut 225
Gute Luise 213

H

Haarwild 155, **156/157,** 159
Haddock 94
Hafer 180, **186**
Hagelzucker 224
Hähnchen 150, 151, **153, 154**
Haie 92, 93
Haifisch 97, **100**
Haifischflossen 327
Halbblätterteig 461
halbentrahmte Milch 163
Halbhartkäse 170
Halbweißmehl 182
Haltbarmachen der Milch 162
Hämagglutinine 397
Hämoglobin 387
Handelsformen von Geflügel 149
Hardys Butterbirne 213
hareng 94
haricot 193, **196**
Hartkäse 170
Harzer Käse **168,** 171
Hase 159
Haselnuß 217
Haselnußöl 177
Hausen 107
Haxen (Kalbfleisch) 125, **127**
Hebel 479
Hecht 105, 109, **110–112**
Hechtbarsch 105
Hechtdorsch 94
Hefen 25, 27, 275
 nützliche – 27
 schädliche – 27
Hefeteig 462
Hefeteigsüßspeisen 469
Heidelbeere 214, **215,** 217
Heilbutt 96
 schwarzer – 96
 weißer – 96
Heimkoch 38
heiß einfüllen 280
Helford-Austern 120
heller Seelachs 94
helles Mastgeflügel 150
Hemizellulose 274
Herbsttrompete 204, **205,** 210
Hering 94
heringsartige Fische 94
Heringshai 92
Heringskönig 97, **99,** 103
Hermesetas 235
Herstellung von Aspik 455
Herzmuscheln 370
Hexan 174
Hilfe, Erste 31
Himbeere 214, **215,** 217
Himbeersauce 467
Hippokrates 243
Hirsch 155, **156,** 159
Hirse 180, **186**
Histamin 22
Hobelkäse 166, **167,** 170
Hohrücken (Rindfleisch) 129, **130, 132,** 144
holländische Sauce 313
holländischer Blätterteig 460
Holz 56
homard 113, **114/115,** 118
Homogenisation 162
Honig 236
Honigmelone 199
Hormone 81
Hornmelone 214, **215,** 218
Hors-sol-Anbaumethode 190

Huft
 – (Kalbfleisch) 125, **126,** 143
 – (Rindfleisch) 125, **130, 134,** 144
 – (Schweinefleisch) 135, **137,** 145
Huftschnitzel 129, **134,** 144
huître 113, **116,** 120, 369
Huîtres de parc 120
Hülsenfrüchte 184, **185**
Hummer 113, **114/115,** 118
 amerikanischer – 113, **114,** 118
 norwegischer – 113, **114/115,** 118, 119
Hummerbutter 302
Hummersauce 313
Hüttenkäse 171
Hygrometer 64
hygroskopisch 274
Hygrostat 64

I

Iceberg 194
Idared 212
IKS (Interkantonale Kontrollstelle für Heilmittel) 24
Impériales 120
Indigotin 21
Induktionskochherd 47
Industrieküche 41
infusion 66
Ingwer **206,** 226
Instant-Kaffee 238
Insulin 78, 80
Invertzucker 224, 274
IP (Integrierte Produktion) 190
Irish stew 446
italienische Küche 271

J

Jaffa 220
Jägersauce 310
Jakobsmuschel 113, **116,** 120, 370
Japonais-Masse 466
Järb 169
jaune d'œuf 303
Jod 77
Joghurt 163
Johannisbeere 214, **215,** 217
 rote – 214, **215,** 217
 schwarze – 214, **215,** 217
Johannisbrotkernmehl 21
Jonagold 212
Jonathan 212
Joule 72
Jungkoch 38
jus 66
 – *de fruits* 223
 – *de rôti* 306
 – *de veau* 306
 – *de veau lié* 310
 – *meunière* 352

K

Kabeljau 93, 97, **98, 100**
Kaffee 237, 238
 koffeinfreier – 238
 löslicher – 238
Kaffee-Ersatz 238
Kaiser Alexander 213
Kaisergranat 119
kaki **216,** 217
Kaki(pflaume) **216,** 217
Kaktusbirne **216,** 218
Kaktusfeige **216,** 218
Kalbfleisch 125, **126–128,** 147

489

Kalbsjus, gebundener 310
Kalbs-Velouté 312
Kaliumnitrit 21
Kalmar 372
    gemeiner – 113, **116**, 122
kalte
    – Früchtesüßspeisen 471
    – Puddings 471
Kalzium s. Calcium
Kanada-Reinette 212
kanadischer Seesaibling 107
kanadischer Egli 105
kandierte Früchte 223, 235
Kandiszucker 224
Känguruhschwanz 327
Kaninchen 146
Kantonales
    – Laboratorium 22
    – Veterinäramt 22
Kapaun 150
Kap-Stachelbeere 214, **215**
Karambole **216**, 218
Karamel 224
Kardamom **206**, 227
Karde 197, 401
Kardy 197, 401
Kardone 197, 401
Karotin 75
Karotte 194, **195**, 197, 402
    Pariser – 197
Karpfen 108, 117
karpfenartige Fische 108
Karree
    – (Kalbfleisch) 143
    – (Lammfleisch) 139, **141**
    – (Schweinefleisch) 146
Kartoffeln, Schnittarten **421, 422**
Kartoffelnocken 433
Kartoffelstärke 183
Käse 166ff., **167, 168**
Käseherstellung 169
Kasein 278
Kastanie 214, **215**, 218
Katadrom 91
Katen 445
Katzenhai 93
Kaviar 108, 334
Kaviarrogen, deutscher 105
Kebab (Lammfleisch) 139, **142**
Kefe 194, **195**, 197, 402
Kefir – *kéfir* 163
Keime 25
Keimlinge 194, **195**
Kenia-Bohnen 193
Keramik 55
Kerbel 227
Kerbelsauce 312
Kerntemperaturfühler 379
Keta-Kaviar 107, 108
Keta-Lachs 107
Ketchup 231
Keulenrochen 93
Khaki(pflaume) **216**, 217
Kichererbsen 184, **185**, 189
Kidd's Orange 212
Kidney-Bohnen 184, **185**, 189
Kiefererbse 197
Kieler Sprotten 95
Kindermenü 250
king
    – crab 113, **115**, 119
    – prawn 119
    – salmon 107
Kippbratpfanne 47
Kippkochkessel 49
Kirsche 214, **215**, 218, 235
Kirschtorte, Schwarzwälder 444
Kiwano – *kiwano* 214, 215, 218
Kiwi – *kiwi* **216**, 218
Klarapfel 212
klassische französische
    Küche 271
Kleber 276, 479
Kleingebäck 480
Klementine 218
Kliesche 96
Klippfisch 91

knackig 404
Knoblauch 194, **195**, 197
Knochenfische 90, 93ff.
Knollenfenchel 194, **195**, 197
Knollensellerie 194, **195**
Knollenziest 201
Knorpelfische 90, 92, 93
Knurrhähne 103
Kobalt 77
Kochautomaten 50
Kochherd 47
Kochkessel 48
Kochpökelwaren 148
Kochwürste 149
koffeinfreier Kaffee 238
Kohl 203
Kohlenhydrate
    küchentechnische
    Eigenschaften 274
Köhler 94
Kohlrabi **196**, 198, 402
Kokosfett 176
Kokosnuß **216**, 218
Kollagene 276, 373
Kombinationswärme 46
kombinierte Produktions- und
    Fertigungsküche 41
Kombisteamer 48
Kompensboden 56
Kompott 223
Kondensieren 273
Kondensmilch 162
konfierte Früchte 223, 235
Konfitüre 223
Königskrabbe 113, **115**, 119
Königslachs 107
Konservierungsarten
    – der Fische 90
Konservierungsmittel 81
Konsumfische 90
Kontaktwärme 46
kontrollpflichtig 208
Konvektomat 48
konventionelle Küche 40
Kopfsalat 194, **195**, 198
Kopra 176
Koriander 227
Korinthen 235
Kotelettstück
    – (Kalbfleisch) 125, **126/127**,
    143
    – (Lammfleisch) 139, **141**
    – (Schweinefleisch) 135,
    136/137, 145
Krachsalat 194
Kraftbrühen 318
Krake 113, **116**, 122, 372
Krankheiten 26
Krapfen 338
    gebackene – 470
Kräuterbündel 301
Krautstiel **196**, 198, 402
Kresse 194, **195**, 198
Kreuzmuster-Teppichmuschel
    113, **116**
Krevette 113, **114/115**, 118
Kristallzucker 224
Kroketten 339
Krone/Kotelettstück
    (Lammfleisch) 139, **141**
Krustentiere 113, **114/115**, 118,
    119
    Vorbereitungs-, Schnitt- und
    Bindearten **365**
Küche
    alte französische – 271
    bürgerliche – 271
    italienische – 271
    klassische französische – 271
    konventionelle – 40
    neuzeitliche – 272
küchenbatterie 96
küchentechnische Eigenschaften
    – der Fette 275
    – der Kohlenhydrate 274
    – der Proteine 276
    – des Wassers 272

kühlen 278
Kümmel 227
Kumquat – *kumquat* **216**, 219
Kunsthonig 224
Kunststoff 56
Kupfer 54, 77
Kürbis 194, **195**
Kürbiskernöl 177
Kurkuma 21, **206**, 227, 231
Kurkumin 21
Kutter 52
KV (Kochverlust) 262

L

La Cuisine
    – *artistique* 244
    – *classique* 244
    – *de tous les pays* 244
Lab 169, 278
Laboratorium, kantonales 22
Lachs 107, 109, **110**, 112
    Bornholmer – 107
    pazifischer – 107
lachsartige Fische 106
Lachsforelle 106, 109, **110**, 112
Lachsschinken 148
Ladyfinger 194, **195**, 199
lait 161ff.
laitue
    – *d'hiver* 194
    – *pommée* 194, **195**, 198
    – *romaine* **196**, 198
Laktose 73, 224
laktovegetabile Kost 83
Lammfleisch 139, **140–142**, 146
Lampagioni 203
Landschnecken 121
langouste 113, 109, **115**, 118
langoustine 119
Languste 113, 109, **115**, 118
lapereau 160
lapin 160
    – *de Garenne* 160
Lapsang Souchong 238
larder 66
lardoire 67
*l'art de la cuisine française
    au XIXe siècle* 244
Lattich **196**, 198, 402
Lattughino – *lattughino* **196**, 198
Lauch 194, **195**, 199
Läuterzucker 468
Lax, Gravad 107, 334
Le
    – *Cuisinier Français* 243
    – *Guide culinaire* 243, 244
Lebensmittelgesetz, Eidgenössi-
    sches (LMG) 24
Lebensmittelkontrolle 22
    Organisation der – 22
Lebensmittelverderber 25
Lebensmittelvergiftung 25, 26
Lebensmittelverordnung, Eid-
    genössische (LMV) 24
Lederkarpfen 117
Leechy 239
leichte Eissorten 479
Leinsamenöl 177
Leng 94
Lezithin 21, 75, 276
liaison 66, 304
lichee **216**, 219
Liebstöckel **206**, 227
lier 66
lieu 94
    – *jaune* 94
    – *noir* 94
lièvre 159
limande 96
    – *sole* 101
Limburger 166, **167**
lime **216**, 219
limette **216**, 219
Limequats 219

Limette **216**, 219
Limfjords 120
Limon Pickles 232
Limone **216**, 219
Limonensaft 327
lingue 94
    – *bleue* 94
Linsen 184, **185**
Lipide 74
Lipoide 75
litchi **216**, 219
    – *ponceau* 219
Litschi **216**, 219
livèche **206**, 227
LMG (Eidgenössisches Lebens-
    mittelgesetz) 24
LMV (Eidgenössische Lebens-
    mittelverordnung) 24
lobster 113, **114/115**, 118
    Norway – 119, **115**
    slipper – **115**, 119
    spiny – 109, 113, **115**, 118
Lollo **196**, 198
Longane – *longane* 219
Loquat **216**, 220
Lorbeer **206**
Lorbeerblatt 227
löslicher Kaffee 238
lotte 103, 107
    – *de mer* 103
    – *de rivière* 107
louche 67
loup de mer 102
Lumb 94
lunch 248
Lyoner Pfanne 57
Lyr 94

M

mâche 199
Madras-Curry 226
Magerfische 90
Magermilch 163
Magerquark 171
Maggikraut 227
Magnesium 77
Magnetron 49
magret 149
Maguro 446
Mahlstufen 182
Maigold 212
Mainzer Käse 171
Mais – *maïs* 180, **186**
Maiskeimöl 177
Maisstärke 185
Majoran **206**, 227
Makrele 95
Makrelenfische 95
Makronenmasse 234
Malossol 108
Maltose 73, 224
Malzzucker 73, 224, 274
Mandarine – *mandarine* 219
Mandel 219
Mandelmasse 235, 479
Mangan 77
Mango **216**, 219
    – Chutney 232
Mangostane 214, **215**, 219
mangoustan (du Malabar)
    214, 215, 219
mangue **216**, 219
Maniok 207
Mannit 21, 235
maquereau 95
Maracuja 222
Marennes 120
Marennes-Oléron 120
Marinade 379
mariner 66
Marinieren (Fische) 91
marjolaine **206**, 227
Markknochen 129, **134**
Marksaucen 310

Marmelade – *marmelade* 223
Marmite 58
Maronenröhrling 204, **205**
marron 214, **215**, 218
Marrone 214, **215**, 218
Marzipan 235
Mascarpone **168,** 171
Mastgeflügel 150, 151, **152–154**
 dunkles – 150
 helles – 150
Masthahn 150
Masthuhn 150, 151, **153**
Matignon 300
 – für Fischfonds und Suppen 301
Matjes 445
Matjeshering 95
mayonnaise 315
Mayonnaise-Sauce 315
Meeraal 103
Meeräschen 101
Meerbarbe, rote 102
Meerbarben 102
Meerbarsch 102
 gefleckter – 102
Meerbrassen 101
Meeresfische 90ff.
Meeresfrüchtekuchen mit Safran 341
Meeresschnecken 121, 327
Meerforelle 106
Meergurken 327
Meerhecht 94
Mehl **186,** 303
 schwaches – 479
 starkes – 479
Mehlarten 182
Mehlbutter 303
Mehlschwitze 303
Mehlsorten 182
Mehlsuppe, Basler 326
Melangolo 220
Melanoidine 275
Melasse 224
mêler 66
melieren 479
melon **196,** 199
 – *tropique* **216,** 220
Melone **196,** 199
Menage 253
Mengenelemente 77
menthe **206,** 228
Menü
 energiearmes – 250
 vegetarisches – 250
Meringage 466
merlan 94
merlu 94
Metallegierungen 54
Methoden, gentechnologische 20
mets aux pâtes alimentaires 342
meunière 352
 jus – 352
meuron 214, **215**
Miesmuscheln 113, **116,** 120, 370
Mignons
 – (Kalbfleisch) 125, **128**
 – (Schweinefleisch) 136, **138**
Mikroben 25
Mikroorganismen 25, 278
 Aktivität der – 279
Mikrowellenapparat 49
Milch 161ff.
 halbentrahmte – 163
 teilentrahmte – 162
 trinkfertige – 163
Milchmischgetränke 163
Milchsäure 21
Milchsäurebakterien 275
Milchzucker 73, 224, 274
Militärveterinärwesen, Bundesamt für 22
millet 180
Minarine 178
Mineralisation 25

Minestrone 326
Mirabelle – *mirabelle* 220
Mirepoix für braune Fonds –
 – *mirepoix pour fonds bruns* 300
 – für Fleischgerichte 300
Mispel **216,** 220
 japanische – **216,** 220
Mistkratzerli 150
Mittagessen 248
 – für Reisende 249
 schnell zubereitetes – 249
Mixed-Grill 379
Mixer 52
Mocken, runder
 – (Kalbfleisch) 125, **126,** 143
 – (Rindfleisch) 129, **131,** 144
Modelschinken 148
modifizierte Stärke 479
Möhre 194, **195,** 197
mollusques 113, **116,** 120–122
Molybdän 77
Monosaccharide 73
monter 66
Moorhuhn, schottisches 155, **158,** 161
Morchel 204, **205**
morille **205,** 209
 – *conique* 209
 – *ronde* 209
Moro 220
morue fraîche 93
mostarda 223
Mostbröckli 148
moules 113, **116,** 120, 370
Mousseline-Farce, rohe 299
Mousselines 450
Moussen 450
mousses 472
 – *glacés* 479
moutarde 231
 – *de Bordeaux* 231
 – *de Dijon* 231
 – *de Meaux* 231
Mozzarella **168,** 171
Muffins 446
mûre 214, **215**
mûron 214, **215**
Murraya-Strauch 226
Mus 223
Muscheln 120
Muskat **206,** 228
Mutschli 166, **167**
Myoglobin 387
myrtille 214, **215,** 217
Myzel 26, 208

N

Nachtisch 459
Nadelprobe 479
Nägeli 226
Nagelrochen 93
Nantaise 197
Nanteser Ente 150
napper 66
Nasi-Goreng 446
native Stärke 479
Native-Austern 120
Natrium 77
Natrium-Kalium-Verbindungen 21
Natriumnitrit 21
natürliche Antioxidantien 21
Navels 220
navet **196,** 202
nectar de fruits 223
nèfle **216,** 220
 – *du Japon* **216,** 220

Nektarine 214, **215**
Nespola **216,** 220
Netzmelone 199
Neusilber 55
neuzeitliche Küche 272
NG (Nettogewicht) 262
Nicola 207
Niedertemperaturgaren 382
Niedertemperatur-Gargerät 49
Nierstück
 – (Kalbfleisch) 125, **126/127,** 143
 – (Lammfleisch) 139, **140–142**
 – (Rindfleisch) 144
 – (Schweinefleisch) 135, **136/137,** 145
Nigari 189
Nikotinamid 77
Nitrate 81
Nitrit 81
Nitrosamine 81
noisette 217
noix 213, 370
 – *de coco* **216,** 218
 – *de muscade* **206,** 228
 – *de pacane* 214, **215,** 221
 – *du Brésil* 221
Norway lobster 119
norwegischer Hummer 113, **114/115,** 118, 119
Nougat 235
Nouvelle Cuisine 243, 244, 272
Nuß
 – (Kalbfleisch) 125, **126,** 143
 – (Schweinefleisch) 135, **137,** 145
Nüsse **216**
Nüßlisalat 199
Nußschinken 148
nützliche
 – Bakterien 25
 – Hefen 27
 – Schimmelpilze 26

O

Oberkriegskommissariat 22
Obstgelee 223
Obstkonserven 223
Obstmus 223
Ochsenmark 129, **134**
Ogen-Melone 199
oignon **196,** 203
Okara 189
Okra 194, **195,** 199
Oktopus 113, **116,** 120, 122
Öle, ätherische 75
Olive – *olive* 220
Olivenöl 177
omble 107
 – *chevalier* 107
 – *de fontaine* 107
ombre 105
Omelette Stephanie 469
Omeletten 469
omelettes 469
Oncorhynchus 104
Orange Pekoe 238
Orangeat 235
Orangensauce 310
Orangequats 219
oreille de mer 121
Organisation der Lebensmittelkontrolle 22
orge 180
origan **206,** 228
Origano **206,** 228
Originario 180
Orly 368
osciètre 108
oseille 229
Osietra 108
Osietra-Stör 108

Ossibuchi 125, **128,** 143, 440
Ostara 207
Ostender 101
Ostendes 120
Ostergruß 200
ours 160
ovolaktovegetabile Kost 82, 83
Oxalsäure 81
Oxidation 80
 Schutz vor – 404

P

pacane 214, **215,** 221
Paddy 180
Paella 445
Paella-Pfanne 57
Paillard – (Kalbfleisch) 125, **128**
pain de sucre 203
Palatschinken 445
Palla rossa 194
Palma 207
Palmkernöl 177
Palmöl 177
Pampelmuse **216,** 217
pamplemousse **216,** 217
Pancetta 148
Panettone 440
Pangasius 109
Pantothensäure 77
Papaya **216,** 220
papaye **216,** 220
Paprika – *paprika* 227
Paprika (Chili) **196**
Paprikasauce 312
Paranuß 221
Parasiten 91, 372
Parboiling-Verfahren 180
parer 66
parfait glacé 479
Parfumreis 180
Pariser Karotte 197
Parma-Schinken 148
Parmesan **168,** 170
Partie-Koch 38
Passe-Crassane 213
passer 66
Passionsfrucht **216,** 220
 gelbe – 217
passoire 67
Pastetchen 340
Pastete, Zubereitung **451, 452**
Pastetenhaus, Zubereitung **454**
Pastetenteig 461
Pasteurisationsverfahren 162
pasteurisieren 280
Pastinaken **196,** 199, 402
patate 207
Paterno 219
pâte
 – *à choux* 462
 – *à pâté* 461
 – *brisée* 461
 – *sablée* 462
 – *sucrée* 461
pâtes
 – *alimentaires* 342
 – *feuilletées* 460
 – *levées* 461
pâtes alimentaires 342
 mets aux – 342
Patisserie 43
Patisserie/Glacerie 44
Patissier 39
Patisson **196**
pattes bleues 150
paupiettes 125, **128**
pazifischer Lachs 107
Pecan-Nuß 214, **215,** 221
Pecorino **168**
peigne, grande 121, 370
Pekoe 238
 – Fannings 238
 – Souchong 238
Pektin 21, 234

491

Pektine 274
Peperoncino 199
Peperone **196,** 199
Pequins 225
perche 105
  – canadienne 105
perdrix 161
  – blanche 161
  – de neige 161
  – grise 161
Peretti 202
Périgueux 440
Périgord-Trüffel **205,** 210
Peristaltik 79
Perlbohnen, weiße 184, **185**
Perlhuhn 150, 151, **153, 154**
Peroxide 81
persil 228
Persimone **216,** 217
Persipan 221, 235
Personalmenü 250
Petersfisch 97, **99,** 103
Petersilie 228
petit
  – coq de bruyère 161
  – déjeuner 248
  – pois 194, **195,** 197
petite pimprenelle 228
Pfahlmuschel 120
Pfälzer 197
Pfannkuchen 470
Pfeffer 228
Pfefferkraut 225
Pfefferminze **206,** 228
PFF, pff (Pfannenfertig) 262
Pfifferling, echter 204, **205,** 209
Pfirsich 214, **215,** 221
  gelber – 214, **215**
  weißer – 214, **215**
Pflanzenschutzmittel 81
Pflaume 214, **215,** 221
  blaue – 214, **215**
  gelbe – 214, **215**
Phosphor 77
Physalis 214, **215**
Piccadilly-Sauce 232
Piccalilli-Sauce 232
Pie 66
pièces montées 244
pieuvre 113, **116,** 122
pigeon
  – sauvage 155, **158,** 161
pignon 221
pikante Sauce 310
Pilaw-Reis 434
Pilchard – pilchard 95
Pilgermuschel 121, 370
Pilzvorspeisen 341
piment 199
  – doux 199
Pimpernell 228
Pimpinelle 228
pimprenelle, petite 228
Pinienkern 221
piquer 66
pistache 221
Pistazie 221
Pistolas 123
Pitahaya 214, **215**
Pizzen 443
plantain 226
plaquemine **216,** 217
plateau 67
Plattfische 90, 101
pleurote **205,** 210
Pleurotus 208
plie 101
Plonge 43
Plötze 117
pocheteau 93
pökeln 392
Pökelsalze 81, 147
Point, Fernand 244
poire 213, 214, **215**
poireau 194, **195,** 199
pois, petit 194, **195,** 197
poisson chat 117

Poissonnier 39
poissonnière 58
poivre 228
poivron 199
Polenta 435
Pollack 94
Polpo 113, **116**
Polysaccharide 73
Pomelo 217
pomme 212, 214, **215**
  – de Goa **216,** 218
  – liane 217
Population 91
Porterhouse-Steak 129, **134,** 144
portugiesische Sauce 311
Portulak **196**
Porung 479
Porzellan 55
Positivgesetz 20
potages
  – aux céréales 326
  – aux légumes 325
  – crème 323
  – purés 324
Pottasche 479
poudings
  – anglais 469
  – démoulés 469
  – froids 471
poudre de curry 226
Poulet 151, **154**
poulpe 113, **116,** 122
Pralinemasse 235
prawn 119
  king – 119
  Dublin Bay – 119
Preiselbeere 221
Primerouge 212
Prince de Bretagne 192
Prinzeßbohnen 193
Produktions- und Fertigungsküche
  getrennte – 41
  kombinierte – 41
Proteine, küchentechnische
  Eigenschaften 276
provenzalische Sauce 311
Provitamine 77
Provolone **168**
prune 222
psalliote champêtre **205,** 209
Puderzucker 224, 274
Puddings
  englische – 469
  gestürzte – 469
  kalte – 471
puffed 182
Pulpa 239
pulpe 66
  – de fruits 223
Pulverisieren 162
Pumpernickel 440
Püreesuppen 324, 325
purée de fruits 223
Pyefleet-Austern 120
Pyridoxin (Vitamin B_6) 77

Q

Quark 166
quellen 436
quenelles 175
quetsche 222
quiche marseillaise 341
Quick-Lunch 249
Quitte 221

R

Raclette-Käse 166, **167,** 170
Radetzky, Feldmarschall 438
Radicchio 194
Radieschen 194, **195,** 200
radis 194, **195,** 200

  – rose 194, **195,** 200
Rahm 165, 303
Rahmapfel 222
Rahmgefrorenes 479
Rahmsorten 164
Rahmsüßspeisen 471
raie
  – bouclée 93
  – cendrée 93
raies 93
raisin 214, **215,** 222
ramboutan **216,** 221
Rambutan **216,** 221
Rande 194, **195,** 200, 402
Rapsöl 176
Rapunzel 199
rascasse 102, 103
  – du nord 102
  – rouge 103
Rauchtee 239
Räuchern (Fische) 90
ravier 67, 328
Ravigote-Sauce 314
Ready Food 236
Rebhuhn 155, **158,** 161
Reblochon 166, **167,** 170
Re-Caldomet 51
réchauffer 66
Red Delicious 212
Redbank-Austern 120
réduire 66
Regenbogenforelle 106, 109, **110, 112**
Régéthermic 51
Regierungsrat 22
Reh 155, **156/157,** 159
Reineclaude – reine-claude 222
Reis 180, 181, **186**
  roter – 181, 186
Relishes 232
Ren 160
Renaissance 271
Renke 105
renne 160
Rentier 160
repas du soir 249
requin taupe 92
requins 92, 93
Restaurateur 39
Resublimieren 273
Rettich 194, **195,** 200
Rettichsprossen 194, **195**
Rezeptkarten 33
Rezeptprogramm (EDV) 33
Rhabarber 200
Rheinlake 106
rhubarbe 200
Rib-Eye-Steak 144
Riboflavin (Vitamin B_2) 77
Rice-crispies 180
Richtwerte für Backtemperatur
  und Backdauer 183
Ricotta **168**
Riesenkrevette 119
Rindfleisch 129, **130–134,** 144
Rippensteak 129, **134,** 144
Rippli 148
Risotto 434
rissoler 66
rissoles 470
riz 180
  – rouge 181
  – sauvage 181
Roastbeef 129, **130,** 144, 381
Rochen 93
Roggen 179, **186**
rohe Mousseline-Farce 299
Rohpökelwaren 148
Rohrzucker 73, 274
Rohwürste 149
Rohzucker aus Zuckerrohr 224
Roller 203
Rollmops 95
Rollschinkli 148
Romanesco – romanesco 194, **195,** 200
romarin **206,** 229

Rondeau 58
Rondena de champagne **168**
Roquefort **168,** 171
Rosalp (Süßrahmbutter) 166
rösch backen 479
Rosenkohl 200, 402
Rosenstück (Kalbfleisch) 125, **126,** 143
Rose-rouge d'Albi 198
Rosinen 235
Rosmarin **206,** 229
Rossmore-Austern 120
Röstbitter 372
Rösten 292
Rotalgen (Carrageen) 21
Rotauge 109, **110,** 117
Rotbarsch 102
Rotbrasse 97, **98/99**
rote
  – Bete 104, **195,** 200
  – Johannisbeere 214, **215,** 217
  – Meerbarbe 97, **99**
  – Rübe 194, **195,** 200
Rötel 107
  Zuger – 107
roter
  – Drachenkopf 97, **99**
  – Reis 181, **186**
  – Schnapper 97, **98**
Rothirsch 155, **156,** 159
Rotisseur 39
Rotissoire 58
Rotkabis 194, **195,** 200
Rotkohl 194, **195,** 200, 402
Rotlachs 107
Rotweinbutter 303
Rotzunge, echte 97, **100,** 101
rouget 102
  – de roche 102
  – de vase 102
rouget-barbet 102
  – de roche 102
  – de vase 102
Rouladenbiskuit 465
rousette 93
roux 66, 303
Rübe, rote 194, **195,** 200
Rübenzucker 73, 274
Ruchmehl 182
Rüebli 194, **195,** 197
Rum 224
Rumpsteak 129, **134,** 144
runder Mocken
  – (Kalbfleisch) 125, **126,** 143
  – (Rindfleisch) 129, **131,** 144
Rundfische 90
RV (Rüstverlust) 262

S

sabayon 467
Sabléteig 462
Saccharide 72
Saccharin 21, 235
sachet d'épices 301
Safran – safran **206,** 225, 229
Sago 183
Saibling 107, 109, **110, 112**
Saint-Paulin **168,** 170
saint-pierre 103
Sake 180
salade iceberg 194
Salak 214, **215**
Salamander 50
Salatzichorie 193
Salbei **206,** 229
Salm 107
salmerin 107
Salmerino 107
Salmon –
  Chinook – 107
  King – 107
Salmonellen 26
Salmoniden 106
Salpeter 233

Salpikon – *salpicon* 66, 339
salsifis noir **196,** 201
Salzen (Fische) 91
Salzgare 93
Salzspeck 148
Salzwasserfische 90ff., **98–100**
 Vorbereitungs-, Schnitt- und Bindearten **355**
Samballan 232
San Marzano 202
sandre 105
sang 304
Sanguigno ovale 220
Sanguinello 220
Sardelle 95
Sardine – *sardine* 95
sarrasin 181
sarriette **206,** 225
Sashimi 334
Satsuma 219
sauce
 – *à la vanille* 467
 – *aux abricots* 467
 – *bordelaise* 440
 – *hollandaise* 313
 – *Melba* 467
 – *vinaigrette* 314
sauces aux condiments 231
Saucier 39
Sauciere 62
saucière 67
Sauerampfer 229, 327
Sauermilch 163
Sauerrahmbutter (Floralp) 166
sauge **206,** 229
saumon 107
 – *argenté* 107
 – *du Pacifique* 107
 – *Kéta* 107
 – *rose* 107
 – *rouge* 107
 – *royal* 107
Säure 278
sauter 352
Sauteuse 57
Sautoir 57
sautieren 352
Savoury 247
Savarins 469
Sbrinz 166, **167,** 170
scallop 121
scarole 194
Scampo 113, **114/115,** 119
scampo 119
Schabziger, Glarner 166, **167**
schädliche
 – Bakterien 26
 – Hefen 27
 – Schimmelpilze 26
Schalotte **196,** 201
Scharbe 96
Schaumcremen 472
Schaumgefrorenes 479
Scheffel 52
Schellfisch 93
Schildkrötenfleisch 327
Schill 105
Schimmelbildung, Schutz vor 280
Schimmelpilze 25, 26
 nützliche – 26
 schädliche – 26
Schinken
 Schwarzwälder – 148
 westfälischer – 444
Schlachtnebenprodukte 146
Schlagcreme 479
Schlegel 139, **140, 142,** 146
Schleie 117
Schleimzucker 73
Schmelzen 273
Schmelzpunkt 275
Schnapper 97, **98,** 104
 roter – 97, **98**
Schnecken 121, 371
Schneemassen 466
Schnepfe 155, **158**

Schnepfen (des Meeres) 102
Schnittarten
 Fleisch **375**
 Geflügel **376**
 Gemüse **411, 412**
 Kartoffeln **421, 422**
 Krustentiere **365**
 Salzwasserfische **355**
 Süßwasserfische **356**
 Weichtiere **366**
Schnitten 339
Schnittlauch 229
Schnittsalat **196,** 198
Scholle 101
schottisches Moorhuhn 155, **158,** 161
Schüfeli 148
Schulp 122
Schulterdeckel
 – (Kalbfleisch) 125, **127,** 143
 – (Rindfleisch) 145
Schulterfilet
 – (Kalbfleisch) 125, **127,** 143
 – (Rindfleisch) 129, **133,** 145
Schulterspitz
 – (Kalbfleisch) 125, **127,** 143
 – (Rindlfleisch) 129, **133,** 145
Schuppenkarpfen 117
Schutz vor
 Oxidation 404
 Schimmelbildung 280
schwaches Mehl 479
Schwalbennester 327
schwarze
 – Bohnen 184, **185**
 – Johannisbeere 214, **215,** 217
 – Trüffel 204, **205,** 210
Schwarzwälder
 – Kirschtorte 444
 – Schinken 148
Schwarzwurzel **196,** 201, 402
Schwebefelchen 105
Schwefel 77
Schweinefleisch 135, **136–138,** 145
Schweizer Frühstück 248
Schwermetalle 81
Schwertbohnen 193
Schwertfisch 96
Schwertmuschel 121
Schwetzinger Spargel 444
Scons 446
scorsonère **196,** 201
sébaste, grand 102
Seeforelle 106
Seegurke 122
Seehecht 94
Seeigel 113, **116,** 122
Seelachs
 dunkler – 94
 heller – 94
Seeohr 121
Seesaibling, kanadischer 107
Seespinne 119
Seeteufel 97, **98, 100,** 103
 atlantischer – 103
Seewalze 122
Seewölfe 103
Seezunge 97, **99, 100,** 101
seiche 113, **116,** 122, 372
seigle 179
Senape di Cremona 231
Senf 229, 231
Senffrüchte 223, 440
Senfhauptstadt Frankreichs, Dijon 439
Senfkörner 229
Senfsauce 310
Seniorenmenü 250
Sepia 113, **116,** 372
sépiole 122
séré 166
Service
 – *à la carte* 254
 – *à part* 254
Sesamöl 177
Sevruga – *sévruga* 108

Shaouti 220
Sherry-Essig 231
Shortenings 176
shrimp 113, **114/115,** 118
Siam-Patna 180
Sichtküche 41
Silikonpapier 479
silure 117
Sirte 169
Sirtema 207
Sirup 468
SK (Selbstkosten) 262
slipper lobster **115,** 119
Sofort-Kaffee 238
Soft-Ice-Automat 65
Soisson-Bohnen 184, **185,** 397
Sojabohnen 82
Sojakäse 189
Sojaöl 176
Sojaquark 189
Sojasauce 232
Solanin 22, 81
sole 101
Sole, Dover 101
Solette 101
Sommerlauch 194, **195**
Sommertrüffel 210
Sonnenblumenöl 176
sorbetière 67
Sorbets 247, 472
Sorbinsäure 21
Sorbit 235
Sorgum-Hirse 178
Souchong 238
soufflé à la vanille 468
soupes froides aux fruits 328
Spare-Ribs 135, **138,** 145
Spargel 201, 403
 Schwetzinger – 444
Spargelkohl 193
Spartan 212
spatule 67
Spéciales de claires 120
Speck, grüner 148
Speisemorchel 209
Speisewürze 232
Spezialmenü 250
spezielle Zubereitungsarten (Fisch) 357
Spiegelkarpfen 117
spider crab 119
Spinat 194, **195,** 201, 405
spiny lobster 113, 109, **115,** 118
Spitalkoch 38
Spitzmorchel 209
Sporen 25
sprat 95
Springbock 160
Spritzglasur 467
Sprotte 95
Sprotten, Kieler 95
Sprühverfahren 281
Spurenelemente 77
Stabilisatoren 479
Stachelbeere 214, **215,** 222
 chinesische – **216,** 218
Stachelhäuter 113, **116,** 122
Stachys 201
Stahl 54
Stangensellerie 202, 403
Staphylokokken (Eitererreger) 26
Stärke 73
 modifizierte – 479
 native – 479
Stärkemehl 303
starkes Mehl 479
Stärkevorspeisen 342
Starking 212
Starkrimson 212
stationär 91
Staubzucker 224
Steak
 – (Kalbfleisch) 125, **128,** 143
 – (Schweinefleisch) 135, **138,** 145
Steamer 48
Steigaal 105

Steinbock 159
Steinbutt 97, **98/99,** 101
Steinpilz 204, **205,** 209
Steinpilzrahmsauce 313
Steinwild 159
Stella 207
Stelligkeit 479
sterilisieren 91, 280
Sterlet – *sterlet* 108
Sternfrucht **216,** 218
Sternhausen 108
Stielmangold **196,** 198
Stilton **168,** 171
Stockfisch 91
Stockgare 479
Stör 108
Strahlungswärme 46
Streifenbarbe 102
Streumaterial 235
Strandschnecke 121
Struktur 479
Stückgare 479
Sublimieren 273
succédanés de café 238
sucre 224
 – *brut* 224
 – *candi* 224
 – *cristallisé* 224
 – *en morceaux* 224
 – *en poudre* 224
 – *glace* 224
 – *grèle* 224
 – *semoule* 224
Sucrosin 235
Sukiyaki 446
Sultaninen 235
Suppenwürze 232
suprême 66
Surimi 91
surmulet 102
Surrogate 238
süße Butterteige 461
Süßkartoffel 207
Süßmais 203
Süßrahmbutter (Rosalp) 166
Süßstoffe 21
 künstliche – 235
Süßwasserfische 90, 104ff., **110–112**
 Vorbereitungs-, Schnitt- und Bindearten **356**
sweet corn 203
sweet potato 207
Swiss Zmorge 248

T

T-bone-Steak 144, 379
Tabasco 232
Table d'hôte 254
tacaud 93
Tafelpilz 208
Tafelsaucen 231
Tafeltraube 214, **215,** 222
Taleggio **168**
Tamarillo 214, **215**
tamarin 229
Tamarinde 229
tamis 67
tamiser 66
tanche 117
Tangerine 218
Tapas 445
Tapioka 183
Tara 262
Tarocco 220
 – dal Muso 220
tartare 335
tartelette 66
tartelettes aux fruits 472
tartes aux fruits 472
Taschenkrebs 119
Tatar 144, 335
Taube 150

Anhang

Teeanbauländer 239
Teig
   brandiger – 461
   geriebener – 461
Teigkrapfen 470
Teigvorspeisen 340
Teigwaren
   einfache – 342
Teigwarengerichte 342
teilentrahmte Milch 162
Tempura 446
Terrine, Zubereitung **453**
Tête de Moine 166, **167,** 170
Tetrodotoxin 81
Thermometer 64
Thermoplast 56
Thermostat 64
Thiamin (Vitamin B_1) 77
thon 95
   – *blanc* 95
   – *rouge* 95
Thunfisch 95, 97, **100**
   großer roter – 95, 97, **98/99**
   weißer – 95
thym **206,** 229
Thymian **206,** 229
Tiefgefrieren (Fische) 90
tiefkühlen 279
Tiefkühlen, Vorbereitung
   zum 404
Tiergattungen 143
Tigerfisch 107
Tilsiter 166, **167,** 170
Tintenfisch 372
   gemeiner – 113, **116,** 122, 372
Tofu 82, 189
Tomate – *tomate* **196,** 202
Tomaten-Concassé 311
Tomatensauce 311
tomates concassées 311
Tomme vaudoise 166, **167**
topinambour 202
Topinambur 202, 403
Torten 480
Totentrompete 204, **205,** 210
Tournant 39
Tournedos 129, **134,** 144
tourner 66
tournieren 479
tourteau 119
Toxinbildung 27
Tragant 234
tranchelard 67
Trauben
   – gelbe 214, **215**
   – getrocknete 235
Traubenzucker 73, 224, 274
Treibsalz 479
Treibzichorie 193
tremper 66
trempieren 479
Trepang 122, 327
Très fine maraîchère 197
Treviso 194
Trinkjoghurt 163
Trockenfleisch, Walliser 148
Trockenfrüchte 223
Trockenhefe 479
trocknen 91, 281
trompette de mort **205,** 210
truffe **205,** 210
   – *blanche* **205,** 210
   – *d'été* 210
   – *du Périgord* **205,** 210
   – *noire* **205,** 210
Trüffel 204, **205**
   schwarze – 204, **205,** 210
   weiße – 204, **205,** 210, 440
Trüffelfond 327
truite 106
   – *arc-en-ciel* 106
   – *de mer* 106
   – *de rivière* 106
   – *de ruisseau* 106
   – *du lac* 106
Trüsche 107
Trute / Truthahn 151, **152, 154**

Turbomixer 53
turbot 101
Turbotin 101
Tyramin 22

U

U (Umsatz) 262
Überraschungsomelette 469
Übertragungswärme 46
überziehen 281
Überzugsmasse 468, 479
Überzugsschokolade 240
UHT-Verfahren 162, 280
Umluftofen 48
Universalmaschine 52
Urgenta 207

V

V (Verkaufspreis) 262
Vacherin
   – Mont d'Or 166, **167,** 170
   Freiburger – 166, **167,** 170
vakuumieren 281
Vakuummaschine 53
Valencia 220
vangeron 117
vanille **206,** 230
Vanille **206,** 230
Vanilleauflauf 468
Vanillecreme 466
Vanillesauce 467
Vanillezucker 224
Varenne, François Pierre
   de la 243
veau de mer 92
vegetarisches Menü 250
velouté de veau 312
vengeron 117
Venusmuscheln 370
Verdampfen 273
Verdickungsmittel 21
Verdunsten 273
Verjus 231
Verkleisterung 479
Vesiga 234
Veterinäramt, Kantonales 22
Veterinärwesen, Bundesamt
   für (BVET) 22, 24
Vialone 180
Vichyssoise 327
Vielfachzucker 73
vinaigre 231
Violette de Palermo 192
Vitamin
   – A 77
   – B_1 (Thiamin) 77
   – B_2 (Riboflavin) 77
   – B_6 (Pyridoxin) 77
   – B_{12} (Cobalamin) 77
   – C (Ascorbinsäure) 21, 77
   – D 77
   – E 21, 77
   – H (Biotin) 77
   – K 77
Vitaminmangel 77
vive, grande 102
Vollkornmehl 182
Vollmilch 162
Vollwertkostmenü 250
Vollwertküche 243, 272
Vongole 113, **116**
Vorbereitung zum Tief-
   kühlen 404
Vorbereitungsarten
   Fleisch **375**
   Geflügel **376**
   Gemüse **411, 412**
   Krustentiere **365**
   Salzwasserfische **355**

Süßwasserfische **356**
Weichtiere **366**
Vorteig 479
vraie daurade 102

W

Wacholder 230
Wachsbohnen 193
Wachtel 155, **158,** 160
Wachteleier 171
Wädli 148
Waldschnepfe 161
Waller 117
Walliser Trockenfleisch 148
Walloune 197
Walnuß 213
Walzenverfahren 281
warme Früchtesüßspeisen 470
Washingtoner Artenschutz-
   abkommen 327
Wasser
   küchentechnische
      Eigenschaften 272
   Anomalie 274
wasseranziehend 274
Wasserglasur 467
Waxdick 108
Weichsel 214, **215**
Weichtiere 113, **116,** 120–122
   Vorbereitungs-, Schnitt- und
      Bindearten **366**
Weichweizen 179
Weinbeeren 235
Weinbergschnecke 121
Weinsäure 21
Weinschaumsauce 467
Weintraube 214, **215,** 222
weiße
   – Perlbohnen 184, **185**
   – Trüffel 204, **205,** 210, 440
weißer Pfirsich 214, **215**
Weißfische 108
Weißkabis 202
Weißkohl 202, 403
Weißling 94, 97, **100**
Weißmehl 182, 479
   – Typ 405 479
   – Typ 550 479
Weißrübe **196,** 202
Weizen **186**
Weizenkeimöl 177
Wels 117
Weltgesundheitsorganisation
   (WHO) 24
Wermut, wilder 225
westfälischer Schinken 444
Whitestable-Austern 120
WHO (Weltgesundheits-
   organisation) 24
Wiener blauer Glas 198
Wiesenchampignon 204, 209
Wiesmoor weißer Trieb 198
Wild 155, **156–158**
Wild-Demi-Glace 310
Wildente 155, **158,** 160
wilder Wermut 225
Wildfond 307
Wildkaninchen 160
   junges – 160
Wildkarpfen 117
Wild-Pfeffersauce 310
Wildrahmsauce 310
Wildreis 181, **186**
Wildschwein 155, **156/157,** 160
Wildtaube 155, **158,** 161
Williams-Christbirne 213
Wirsing 203
Wirtschaftskommission,
   Europäische (CEE) 24
Wirtschaftsraum, Europäischer
   (EWR) 24
Wirz 194, **195,** 403
   leichtköpfiger – 203
   schwerköpfiger – 203

witloof 193
Wittling 94, 97, **100**
WK (Warenkosten) 262
Wolf 52
Wolfsbarsch 97, **99,** 102
Wollmispel **216,** 220
Worcestershire-Sauce 232
Würfelzucker 224
Würzsaucen 231

X

Xylit 235

Y

Yamswurzel 207
Yasmin 239
Yasoja 82, 190
yogourt 163
Yorkshire pudding 446

Z

Zahnkaries 223
Zander 105, 109, **111, 112**
Zartmachen 373
Zellulose 73
Zerealien 248
zeste 66
Zichoriensalat 194
Zicklein 146
Zimt **206,** 230
Zimtapfel 222
Zink 77
Zinksalze 81
Zitronat 235
Zitrone **216,** 219, 222
Zitronenmelisse **206,** 230
Zitronensäure s. Citronensäure
Zollverwaltung, Eidgenössische 22
Zubereitung
   – bayerische Creme **476**
   – Blätterteig **473, 474**
   – Eisbombe **477**
   – Eissoufflé **478**
   – Genueser Biskuit **475**
   – Pastete **451, 452**
   – Pastetenhaus **454**
   – Terrine **453**
Zubereitungsarten, spezielle (Fisch)
   357
Zucchetto/Zucchetti 194, **195,**
   203, 403
Zucchino 194, **195,** 203
Zuchtchampignon 204, **205,** 208
   brauner – 204, **205**
Zuchtlachs, atlantischer 107
Zuckerarten 224
Zuckercouleur 224
Zuckerhut 203
Zuckermais **196,** 200, 203, 403
Zuckerrohr 223
Zuckerrübe 224
Zuckerschote 197
Zuckersorten 224
Zuckerteig 461
Zucrinet 235
Zuger Rötel 107
Zuppa mille-fanti 326
zur Rose abkochen 479
Zusatzstoffverordnung (ZuV) 24
ZuV (Zusatzstoffverordnung) 24
Zweifachzucker 73
Zwergbanane **216**
Zwergorange **216,** 219
Zwergsepia 122
Zwergwels 117
Zwetschge 214, **215,** 222
Zwiebel **196,** 203
Zwischenmahlzeiten 251